《近思录》集校

集注集评（修订本）

上

程水龙／撰

上海古籍出版社

图书在版编目(CIP)数据

《近思录》集校集注集评／程水龙撰. —修订本
. —上海：上海古籍出版社，2019.11
ISBN 978-7-5325-9359-0

Ⅰ.①近… Ⅱ.①程… Ⅲ.①理学—中国—南宋②《
近思录》—注释 Ⅳ.①B244.72

中国版本图书馆 CIP 数据核字(2019)第 213785 号

《近思录》集校集注集评(修订本)

(全二册)

程水龙　撰

上海古籍出版社出版发行

(上海瑞金二路 272 号　邮政编码 200020)

(1)网址：www.guji.com.cn

(2)E-mail：guji1@guji.com.cn

(3)易文网网址：www.ewen.co

浙江临安曙光印务有限公司印刷

开本787×1092　1/16　印张77.25　插页4　字数1,305,000

2019 年 11 月第 1 版　2019 年 11 月第 1 次印刷

印数：1—1,500

ISBN 978-7-5325-9359-0

B·1114　定价：278.00 元

如有质量问题,请与承印公司联系　T:66511611

序

　　编纂于公元 1174 年的《近思录》，在经过七八百年传播的层层累积之后，最终成为最能代表中国古代主流学术思想的经典之一，这样的结果，虽然有其内在的必然，却无疑是主编朱子及其合作者吕成公所始料未及的。因为朱子当时邀约吕成公在武夷山寒泉精舍"留止旬日"编纂此书的初衷，不过是想替那些僻居穷乡而不能遍观周、程、张诸先生之书的读书人，提供一部能准确、全面、系统概括四子思想，且又切近日用、便宜遵行的理学入门读本。虽说书稿告竣之后，他俩仍书信往返，商榷编例，取去不谓不审，互议不谓不勤，虽说朱子自以为此录详于"义理精微"，堪称"四子之阶梯"，但《近思录》毕竟还算不上朱子最用力、最重视的撰著，至少不能与其临终仍念念不忘的《四书章句集注》相提并论。然而，就是这么一部原初设定的学术思想普及读本，却在朱、吕身后，被后学者一步步发掘出潜藏的巨大学术价值，一步步提升到显要的理学经典地位。这样的结果确实很有意思，而大有意思的更有那个长长的累积过程。

　　回溯历史，早在朱子生前，就已有讲友刘子澄为《近思录》撰作《续录》，及朱子身后，《近思录》注解续补之作更是纷至竞出。弟子辈中有陈埴《杂问》、李季札《续录》、蔡模《续录》《别录》和杨伯嵒《衍注》，再传弟子有叶采《集解》、熊刚大《集解》、何基《发挥》、饶鲁《注》、黄绩《义类》，以及三传弟子程若庸的《近思录注》等。此外还有建安书塾刊行的无名氏《文场资用分门近思录》，更表明此书已进入科试举业读物之列，而知其读者受众势必愈益夥多。故《近思录》于当时，即被视为"我宋之一经，将与四子并列，诏后学而垂无穷者"。继而元代学者，又有赵顺孙为之《精义》、戴亨为之《补注》、柳贯为之《广辑》，并皆尊"《近思录》乃近世一经"。明初，永乐诏修《性理大全》，"其录诸儒之语，皆因《近思录》而广之"，可见此书已对国家意识形态产生不小影响。惟明人注《近思录》者不多，其盛行于世者，只是周公恕据叶采《集解》擅改的《分类经进近思录集解》，而这也多少反映出王学时代朱子《近思录》的社会生态。明末清初,学风蜕变,先是高攀龙《朱子节要》、江起鹏《近思录补》、钱士升《五子近思录》等陆续问世,大多续补仿编之作;而易代之后,王夫之著《释》、张习孔作《传》、丘钟仁撰《微旨》等,则更多反思发挥。洎此以降,终清一朝,《近思录》愈发大行于世,研读成果层出不穷。据调查统计,清代《近思录》研究著述多达四十余种。其中注解诠释者,如张伯行《集解》、李文炤《集解》、茅星来《集注》、江永《集注》、陈沆《补注》、刘之珩《增注》、车鼎贲《注析微》、郭嵩焘《注》、张绍价《解义》等;续补仿编者,如朱显祖《朱子近思录》、张伯行《续录》《广录》、汪佑《五子近思录》、施璜《五子近思录发明》、刘源渌《续录》、郑光羲《续录》、严鸿逵《朱子文语纂编》、黄叔璥《集朱》、黄奭《集说》、管赞程《集说》、姚琏《辑义》、吕永辉《国朝近思录》等;随笔札记者,如汪绂《读近思》、李元绅《随笔》、秦士显《案注》、徐学熙《小笺》、陈阶《札记》、厉时中《按语》等。与此同时,清人对《近思录》的评价也随之一路抬升,谓曰"四子、六经而外,仅见此书","直亚于《论》《孟》《学》《庸》"云。不仅如此,《近思录》在古代朝鲜、日本也得到广泛传播而影响深远,重刻传抄、注释续补者,络绎不绝,留下的版本数量也相当惊人。一部古代学术典籍,能获得后世如此长期恒久的关注和众多密集的研究,这样的故事,自然只会是经典才可能拥有。所以,梁任公、钱宾四先生皆奉《近思录》为宋代理学之首选经典,以为"后人治宋代理学,无不首读《近思录》",绝非故作惊人之语,实在不过是对历史客观存在的一个真切判断。

既为古代学术思想之经典,《近思录》固然有其可以古今转换而历久弥新的思想意义、学术价值。然而,有意义、有价值的还不止于《近思录》一书本身,七八百年来广泛流布于中土东亚的众多《近思录》后续研究著述,同样是一宗值得后世珍视、继承的思想财富、学术资源。陈来先生在替朱高正《近思录通解》所作序文中说:"《近思录》所载的是理学奠基和建立时期的四先生思想资料,其中并没有理学集大成人物朱子的思想资料。钱穆先生推荐的国学书目,《近思录》下面就接着王阳明的《传习录》,跳过了朱子,这是我不以为然的。"所言诚然。惟《近思录》无朱子思想资料,其实是朱子后学们早就深表遗憾和深为关注的问题。清初朱显祖《朱子近思录序》就指出:"自孔孟以后,历汉、唐来千有余载,始得有宋周、张、二程诸大儒,直追尧、舜相传之意,其间精微广大,赖先生《近思》一录为之阶梯,俾后学得以入门,而先生在宋儒中更称集大成者,乃其生平格言实行反未载于录内,岂非读《近思录》者之大憾也乎!"故此,按朱子构建的理学框架来纂集朱子语录，一直是历来诸家续补《近思录》的重头戏。犹如清康熙间张伯行《续近思录序》所说："自朱子与吕成公采撷周程张四子书十四卷，名《近思录》，嗣是而考亭门人蔡氏有《近思续录》，勿轩熊氏有《文公要语》，琼山丘氏有《朱子学的》，梁溪高氏有《朱子节要》，江都朱氏有《朱子近思录》，星溪汪氏又有《五子近思录》，虽分辑合编，条语微各不同，要皆仿朱子纂集四子之意，用以汇订朱子之书者。"而继张氏《续录》之后，复有严鸿逵《朱子文语纂编》、黄叔璥《近思录集朱》等，皆"取朱子《文集》、《或问》、《语类》诸节，仍《近思录》篇目，分次其言"。不但续补者大多旨在"集朱"，注解之作也不乏类似情况，如宋杨伯嵒《衍注》、叶采《集解》，清李文炤《集解》、陈沆《补注》等，皆多载朱子之语，而江永《集注》更是"取朱子之语以注朱子之书"的典型。"集朱"之外，《近思录》后续著述还循例续录了自宋至清程朱学者的相关语录，如宋蔡模《别录》是别录朱子道友南轩、东莱二先生之语；宋佚名编《近思后录》辑录了二程传人谢良佐、杨时、游酢、侯仲良、尹淳、吕原明、吕本中、范祖禹、胡安国、胡宏、刘安礼、刘安节、朱光庭等语；明江起鹏《录补》、清施璜《发挥》、张伯行《广录》又延续至李方子、黄榦、薛瑄、胡居仁、罗钦顺、高攀龙等宋明朱子学者；清末吕永辉《国朝近思录》则将清初四大理学名臣张履祥、陆世仪、陆陇其、张伯行之语汇辑一编。显然，按照《近思录》理学思想体系架构编撰的诸多后续著述，庶几已能构成一系列完整的《近思录》学术史文献。故而，这也无疑是今人研读《近思录》所务必需要一并关注、连同开发的重要思想资源。

自上世纪八十年代始，《近思录》重新进入今人研读经典的视野。尤其是近十多年来，各种《近思录》旧注本、新注本纷纷出版，反映了社会阅读需求的急遽升涨。多项学术研究成果接踵面世，如钱穆《〈近思录〉随劄》、陈荣捷《朱子之〈近思录〉》、《近思录详注集评》、姜锡东《〈近思录〉研究》、张京华《近思录集释》、朱高正《近思录通解》，当然还包括程水龙君的《〈近思录〉版本与传播研究》和《〈近思录〉集校集注集评》。水龙君于2003年膺选华东师大古文献学专业博士，遂与我结师弟子之缘。平日过往闲谈，我惯常会唠叨些自己读书感兴趣、有体会的学术议题，其中就有《近思录》版本与传播的问题，引起了他的研究兴趣，并拟作其博士论文的选题。我建议他秉持文献学与学术史相结合的理念，从一个个具体版本的调查研究入手，为《近思录》学术史研究铺垫扎实可靠的文献基础；提醒他必须迈开双腿，四处奔走，实地调研，实物目验，而绝不能单靠抄抄书目、转载网络敷衍完事。我知道要做到这些会很辛苦、很困难，但水龙君不仅做到了，而且做得比我想象的更苦也更好,不仅博士论文如期顺利通过答辩,而且书稿也很快在两年后正式出版。然而他并未因此止步,随着版本调查考证的步步深入,目验掌握的文献资料越来越丰富,其研究兴趣也越来越浓厚高涨。为了有更多更集中的时间做后续研究,他又进入复旦大学博士后工作站,两年后如期完成研究报告,即此旋将正式出版之《〈近思录〉集校集注集评》。新书杀青之际,水龙君嘱我为序。我幸获先睹,颇感此编取材宏富,义例谨饬,超越以往,裨益来者,既堪为《近思录》校注评集粹的一项新成果,亦庶几《近思录》后续研究著述的一个缩影。此编既出,朱子《近思录》"无朱子思想资料"之缺憾,差堪告慰矣。惟我不只为《〈近思录〉集校集注集评》版行而欣喜,亦为水龙君十年来于《近思录》研究之锲而不舍精神而欣慰。遂不辞而为之序,且望日后更进百尺竿头一步也。

壬辰年处暑日　严佐之序于沪上寓所

目 录

凡　例

一、《近思录》历代刊梓绵绵不绝，而朱熹、吕祖谦原编本已佚。本书从存世诸本中，选用南宋衢州学宫刻本杨伯嵒《泳斋近思录衍注》十四卷为底本。此刻本实收四子语录622条，内容完备。整理时对其《近思录》原文一般不作校改，若有讹、脱、衍、倒者，则改乙增删，均出校记予以说明。该刻本原文中的"旧注"（其他版本多称作"本注"）部分，保持其原有位置照录，且用小一号字体，以示区别。

二、通校本，采用元刻明修本叶采《近思录集解》十四卷，明代嘉靖十七年吴邦模刻本《近思录》十四卷。

三、参校本，选用《近思录》十四卷，清初《朱子遗书》本；《近思录》十四卷，吕氏家塾读本；张习孔《近思录传》十四卷，康熙十七年饮醇阁刻本；张伯行《近思录集解》十四卷，乾隆元年维扬安定书院刻本；李文炤《近思录集解》十四卷，雍正十二年四为堂刻本；茅星来《近思录集注》十四卷，文渊阁《四库全书》乾隆四十六年抄本；江永《近思录集注》十四卷，嘉庆十二年刻本；张绍价《近思录解义》十四卷，民国二十六年青岛同文印书局排印本等。

四、有关《近思录》的校勘记，本书主要采用清咸丰七年湛贻堂刻本《近思录》，其卷末附刻冯景琦《校刻近思录札记》；同治八年江苏书局刻本江永《近思录集注》，其卷末附刻王炳《校勘记》一卷；光绪十年三原刘氏传经堂刻本《近思录》，其卷首刻《近思录考异》；光绪十年广仁堂刻本叶采《近思录集解》，其卷末附刻《近思录集解正文与遗书吕本吕氏家塾本异同考》。国外现存《近思录》校勘文字，有朝鲜李朝仁祖八年木版本《近思录》，其各卷之末刻有洪启禧所作"考异"。对上述各文本按时间先后辑录编次校勘文字（分别用括号标注校勘语出处），其中若有同出一源者，则保留祖本或相对较早本子中的校记。

五、除此五种校勘记外，本书犹将上述通校本、参校本中相关校勘的文字一并辑录编入"集校"部分。若《近思录》中某些文字史上无人校勘，且有必要校勘,笔者则据存世的《周子通书》、《二程集》、《张载集》等进行校勘,间或以按语的方式表明自己观点。

六、《近思录》的注解本,版本繁复。本书选取史上影响大、有代表性、问世较早、文字完整之版本;同出一源者则尽量选用祖本或相对较早的本子,或用后人的精校精刊本。注本依次为:

1. 南宋杨伯嵒《泳斋近思录衍注》十四卷,南宋淳祐四年衢州学宫刻本;

2. 南宋淳祐八年叶采《近思录集解》十四卷,元刻明修本;

3. 南宋陈埴《近思杂问》一卷,元代建宁书坊刻本;

4. 元末明初周公恕《分类经进近思录集解》十四卷,明嘉靖十七年刘仕贤刻本;

5. 清康熙十七年张习孔《近思录传》十四卷,康熙十七年饮醇阁刻本;

6. 清康熙四十四年施璜《五子近思录发明》十四卷,康熙四十四年序刻本;

7. 清康熙四十九年张伯行《近思录集解》十四卷,乾隆元年维扬安定书院刻本;

8. 清康熙五十九年李文炤《近思录集解》十四卷,雍正十二年四为堂刻本;

9. 清康熙六十年茅星来《近思录集注》十四卷,《四库全书》文渊阁抄本;

10. 清乾隆七年江永《近思录集注》十四卷,嘉庆十二年刻本;

11. 清雍乾年间汪绂《读近思录》一卷,光绪十年刻本;

12. 清乾隆十九年黄叔璥《近思录集朱》十四卷,稿本;

13. 清嘉庆年间陈沆《近思录补注》十四卷,稿本;

14. 清黄奭《近思录集说》十四卷,嘉道年间丛书楼抄本;

15. 清张楚锺《小学近思理话》一卷,光绪三年刻本;

16. 民国年间管赞程《近思录集说》十四卷,民国二十六年浙江印刷所铅印本;

17. 民国十三年张绍价《近思录解义》十四卷,民国二十六年青岛同文印书局排印本。

七、历史上东亚朝鲜半岛、日本之注本,一般选择能反映各国学者主体意识、典范性之注本,本书选用了:

1. (朝鲜)郑晔《近思录释疑》十四卷,宋时烈等校,李朝显宗二年木版本；

2.（朝鲜）李瀷《星湖先生近思录疾书》十四卷,李朝时期写本；

3.（朝鲜）朴履坤《近思录释义》十四卷,韩国石板本；

4.（日）贝原笃信《近思录备考》十四卷,宽文八年刊本；

5.（日）泽田希《近思录说略》十四卷,享保五年刻本；

6.（日）佐藤一斋《近思录栏外书》三卷,天保十年写本；

7.（日）东正纯《近思录参考》,大正八年印本。

八、本书按杨氏底本条次《近思录》原文,各条原文之下,分"集校"、"集注"、"集评"三部分。各部分之下,笔者间或加按语。

1."集校"之部,以对校为主,本校、他校为辅,一般不作理校。多于原文下先编列前人校记之语,接之为笔者校记或按语。

2."集注"之部,以撰注者时代先后为次编辑,各注家注语相同或相近者,只录存首次注释者之语；注本中注家引用他人著述或语录文字注释《近思录》者,一般选录首次引用者或较完善者,馀则省略,或者重复的部分用省略号代替。国外注者注文依次列于国内学者之后。

3."集评"之部,主要选取南宋、元、明、清时期学者相关著述中的评说文字,以理学家或学者的时代先后编次评述之语,若辞意相近则保留首言者之语。所辑录国外学者的注评文字则依次列于国内学者之后。

九、《近思录》各卷卷首的"集评"中,主要收录南宋叶采,清人施璜、茅星来,清末民初人张绍价,（朝鲜）金长生、（日）泽田希等人的解题文字。

十、对选入集校、集注部分的版本文字,因避讳而改者,原版本中的字一般不改,传刻本中的一律改正,一般不出校记说明；古今字、通假字一般不改,不出异同校；异体字、俗体字多迳改成通行的正体字,易引起歧义者则不改。杨氏底本文字与他本有异,或《近思录》注本中祖本文字与他本有异,但文义俱通而难判是非者,一般不改,一定需改者则于改动处出校记说明,集注部分则随文出校记于其后。各版本中字迹不清或难辨识者,用"□"代替。

十一、凡"集校"、"集注"、"集评"中所辑录的文字出处,一般用简称,不再注明卷次。

十二、关于《近思录》原文的标点符号,若整条语录为四子中某一人之语,则不用引号标示,如卷二第1条:"濂溪先生曰:圣希天,……不及则亦不失于令名。"若是问答语,一般将问者语标加引号,如卷一第36条:"问:

'仁与心何异?'曰:心譬如谷种,生之性便是仁,阳气发处乃情也。"因问语为程颐弟子语,用了引号。若语录中有四子引据他文或他人的文字,则用引号标明,如卷一第 45 条:"天体物不遗,犹仁体事而无不在也。'礼仪三百,威仪三千',无一物而非仁也。'昊天曰明,及尔出王。昊天曰旦,及尔游衍',无一物之不体也。"因张载语录中引用了《礼记》、《诗经》语,故而用引号。

十三、"附录"部分,收集历代《近思录》版本及其整理本的主要序跋、题记等,分国内、国外两部分,各部分以著者撰写序跋年代或版本时间先后编次。

十四、本书中涉及的文本名称、版本、著编者,屡次出现,且文字繁多,为行文简洁,一般采用简称。例如,南宋叶采《近思录集解》十四卷,元刻明修本,在"集校"部分简称《叶解》本";在"集注"部分,叶采集解的文字简称"叶解";在"集评"部分,从叶采《近思录集解》中辑录者,则于其后用括号注明"(《叶解》)",若以叶采集解语作评语,则迳言"叶采曰",其后不再用括号注明出处。详见"附表"。

附表: 本书涉及的主要文本简称

著编者与书名全称	版 本	简 称	注解者简称	评说者简称	校勘者简称
杨伯嵒《泳斋近思录衍注》	南宋刻本	《杨注》	杨 注	杨伯嵒	
陈埴《近思杂问》	元刻本	《近思杂问》	陈 埴	陈 埴	
叶采《近思录集解》	元刻明修本	《叶解》	叶 解	叶 采	
朱熹、吕祖谦《近思录》	明嘉靖十七年吴邦模刻本	吴邦模刻本			
张习孔《近思录传》	清康熙刻本	《张传》	张 传	张习孔	
施璜《五子近思录发明》	清康熙刻本	《发明》	施 璜	施 璜	
张伯行《近思录集解》	清乾隆元年刻本	《张解》	张 解	张伯行	

续表

著编者与书名全称	版　本	简　称	注解者简称	评说者简称	校勘者简称
李文炤《近思录集解》	清雍正十二年四为堂刻本	《李解》	李　解	李文炤	
茅星来《近思录集注》	清《四库全书》抄本	《茅注》	茅　注	茅星来	
江永《近思录集注》	清嘉庆十二年刻本	《江注》	江　注	江　永	
陈沆《近思录补注》	嘉庆年稿本	《陈注》	陈　注	陈　沆	
张楚锺《小学近思理话》	光绪三年刻本	《理话》	张　话	张楚锺	
汪绂《读近思录》	光绪十年刻本	《汪读》	汪　读	汪　绂	
管赞程《近思录集说》	民国铅印本	《集说》	管　说	管赞程	
张绍价《近思录解义》	民国铅印本	《价解》	价　解	张绍价	
冯景琦《校刻近思录札记》	清咸丰七年刻本	《冯记》			冯景琦
王炳《近思录集注校勘记》	清同治八年刻本	《王记》			王　炳
《近思录考异》	清光绪十年刻本	《考异》			
《近思录集解正文与遗书吕本吕氏家塾本异同考》	清光绪十年津河广仁堂刻本	《异同考》			
《近思录》（朝鲜）洪啟禧"考异"	朝鲜李朝仁祖八年木版本	朝刊《近思录》			洪啟禧
黎靖德编《朱子语类》	清光绪贺瑞麟校刻本	《语类》		朱　子	

著编者与书名全称	版　本	简　称	注解者简称	评说者简称	校勘者简称
《朱子全书·晦庵先生朱文公文集》	上海古籍出版社、安徽教育出版社	《文集》		朱　子	
真德秀《读书记》	《真西山集》本	《读书记》		真德秀	
黄榦《勉斋集》	清《四库全书》本	《勉斋集》		黄　榦	
许衡《许文正公遗书》	清乾隆五十五年刻本	《语录》		许　衡	
薛瑄《读书录》	清《四库全书》本	《读书录》		薛　瑄	
胡居仁《居业录》	清《四库全书》本	《居业录》		胡居仁	
王守仁《王阳明全集》	明隆庆六年谢廷杰刻本	《阳明全书》		王守仁	
刁包《潜室杂记》	清雍正三年刻本	《潜室杂记》		刁　包	
王夫之《船山思问录》	清光绪二十四年刻本	《思问录》		王夫之	
颜元《习斋四存编》	民国四存学会排印本	《习斋》		颜　元	
冯友兰《新理学》	三联书店，2007年1版	《新理学》		冯友兰	
钱穆《宋代理学三书随劄》	三联书店	《随劄》		钱　穆	
钱穆《朱子新学案》	三联书店	《新学案》		钱　穆	
钱穆《朱子学提纲》	三联书店	《提纲》		钱　穆	
陈荣捷《朱学论集》	华东师范大学出版社	《陈论》		陈荣捷	
李珥《李子近思录》	朝鲜笔写本	《李子》	李　珥	李　珥	

续表

著编者与书名全称	版　本	简　称	注解者简称	评说者简称	校勘者简称
郑晔《近思录释疑》	李朝显宗二年木板本	《释疑》	郑晔、宋时烈	李滉、郑晔、金长生	
李瀷《星湖先生近思录疾书》	李朝时期写本	《星湖书》	李　瀷	李　瀷	
朴履坤《近思录释义》	韩国石板本	《释义》	朴履坤	朴履坤	
贝原笃信《近思录备考》	日本宽文八年刊本	《备考》	贝原笃信	贝原笃信	
泽田希《近思录说略》	日本享保五年刻本	《说略》	泽田希	泽田希	
佐藤一斋《近思录栏外书》	日本天保十年写本	《栏外书》	佐藤一斋	佐藤一斋	
东正纯《近思录参考》	日本大正八年印本	《参考》	东正纯	东正纯	

前　言

一、《近思录》及其研究现状、研究意义

1. 《近思录》及其影响

南宋淳熙二年(1175)夏,吕祖谦来建阳寒泉精舍与朱熹相会,讲论学问,"相与读周子、程子、张子之书,叹其广大闳博,若无津涯,而惧夫初学者不知所入也。因共掇取其关于大体而切于日用者"①,辑录周敦颐、张载、程颢、程颐四人论学文字和语录计六百二十二条,编成《近思录》十四卷。朱熹、吕祖谦二人共辑此书,同时期便产生了很大影响,在朱熹生前就有多刻,流布甚广。

《近思录》作为理学入门读物,南宋时期便已成为"引人注目的独特的性理书,对后来程朱理学思想的传播产生了巨大作用",被后世奉为"性理之祖","甚至对现代新儒家的兴起也产生了重要的推动作用"。② 因而,《近思录》面世后,七八百年来一直得到学界推崇,传抄刊刻延续不断,自朱熹身后至今的七八百年间,《近思录》传播久远,包括注释、续编、仿编等各种整理形式的《近思录》版本,国内存世近两百种,韩国现藏高丽、朝鲜时代的传本总计约49种268部(该统计数字可能有少量重复累计)③,其中朝鲜人重刻、注释和

---

① (宋)朱熹《近思录序》,收录在元刻明修本叶采《近思录集解》,(宋)叶采集解,藏中国国家图书馆。
② 束景南《序》,载于程水龙《〈近思录〉版本与传播研究》,上海古籍出版社,2008 年6 月1 版。
③ 统计数据主要依据:(韩国)全寅初主编《韩国所藏中国汉籍总目》,首尔学古房,2005 年6 月初版;(韩国)李荣基编《奎章阁图书韩国本综合目录》,信兴印刷株式会社,1981 年12 月1 版;张伯伟编《朝鲜时代书目丛书》,中华书局,2004 年10 月1 版。(韩国)国立中央图书馆编《古书目录》,国立中央图书馆 1972—1973 年发行。(韩国)国会图书馆司书局编《韩国古书综合目录》,大韩民国国会图书馆 1968 年发行。

续编占相当大的成分;日本现藏传本约 30 馀种近 60 部(著述者为中国人,统计数字可能有少量重复累计),且日本人的注解、讲说文本另有近 50 种。① 其整理出版历久弥盛,甚至连朱子一生特别用力、被朝廷悬为功令的《四书章句集注》也难与比肩。因此,束景南先生说:"在朱熹以后直到近代,程朱理学在很大程度上是借助于《近思录》的注释刊刻流布得到广泛传播的,宋明清后儒们也多以《近思录》为'阶梯',从《近思录》切入到对程朱理学的认识与接受,因而一部《近思录》的注释传刻流布史,也就是一部宋明到近代的理学接受史。"②

《近思录》广泛传刻流布长盛不衰的壮观景象,早已显现出该儒学经典读本在理学发展史上拥有的重要地位。南宋以降,编者、读者、注者等盛赞不息,朱熹尝曰:"修身大法,《小学》备矣;义理精微,《近思录》详之。""《近思录》一书,无不切人身,救人病者。""《近思录》好看。四子(按,即《四书》),六经之阶梯;《近思录》,四子之阶梯。"③至于《近思录》绵远而恒久的影响力,从历代注释、整理传播者所言便可窥其一斑。例如:

叶采曰:(《近思录》)规模之大而进修有序,纲领之要而节目详明,体用兼该,本末殚举。(《近思录集解序》)又曰:《近思录》汇分十有四卷,六百二十二条。凡求端用力之方,暨处己治人之道,破异端之扃鐍,辟大学之户庭,体用相涵,本末洞贯,会六艺之突奥,立四子之阶梯。人文载开,道统复续。(《进近思录表》)

刘仕贤曰:学莫先于知方,故首之以求端;方不可以徒知,故次之以用力;力必为乎己,故次之以处己;成乎己即成乎物,故次之以治人;是数者皆所以黜邪而居正也,故次之以辩异端、观圣贤终焉。(《重刊近思录序》)

张习孔曰:精粗本末,先后之序,条理精善,其功于往圣、德于来者,甚盛心也。……至于此录,上自天地阴阳之奥,下及修己治人之方,无弗具备。上智之士,循习不已,可以入圣。即姿质中下,随其力之所至,亦不失为善

---

① 统计数据主要依据:贾荣贵辑《日本藏汉籍善本书志书目集成》,北京图书馆出版社,2003年6月1版;《和刻本汉籍分类目录》(增补补正版),汲古书院 2006 年;(日本)东京大学东洋文化研究所编《东京大学东洋文化研究所汉籍分类目录》,日本昭和五十六年三月,汲古书院发行,缩印本;(日本)京都大学人文科学研究所编《京都大学人文科学研究所汉籍目录》,日本株式会社同朋舍出版,昭和五十六年十二月发行,缩印版;陈荣捷著《近思录详注集评》,华东师范大学出版社,2007 年 8 月 1 版。
② 前揭束景南《序》。
③ 《朱子语类》卷第一百五,(宋)黎靖德编,王星贤点校,中华书局,1994 年 3 月 1 版,第2629 页。

人。诚学者所当服膺而弗失也。(《近思录传序》)

陈舜锡曰：学者之求端用力、处己治人，与夫辨异端、观圣贤之大略毕载《近思录》中，可以渐达乎《学》、《庸》、《论》、《孟》也哉。(《近思续录小引》)

张伯行曰：惟子朱子承先启后，崇正辟邪，振寰宇之心思，开一时之聋聩，亟取周子、二程子、张子各书，采其关于大体、切于日用者，辑为是《录》，俾学者寻绎玩味，心解力行，庶几自近及远，自卑升高，而诐淫邪遁不能淆，训诂词章不得而汩没焉。(《近思录集解序》)

茅星来曰：古圣贤穷理正心修己治人之要实具于此，而与《大学》一书相发明者也。故其书篇目，要不外三纲领、八条目之间。(《近思录集注原序》)

江永曰：昔朱子与吕东莱先生晤于寒泉精舍，读周子、程子、张子之书，叹其闳博无涯，恐始学不得其门，因共掇其关于大体、切于日用者，为《近思录》十四卷。凡义理根原，圣学体用，皆在此编。(《近思录集注序》)

沈锡周曰：《近思录》一书，发明圣贤大义，微言如皦日中天，明彻无疑，四子、《六经》而外，仅见此书。(《五子近思录发明》跋)

钱穆曰：后人治宋代理学，无不首读《近思录》。又曰：此书所收当可分两大纲，一曰关于大体，一曰切于日用。(《宋代理学三书随劄》)又曰：周、张、二程同称四子，同列为北宋理学大宗，盖自《近思录》成编，而始渐臻为定论。(《朱子新学案》)

(朝鲜)李鲁叔曰：是书诸儒极论学问思辨之功，具众理而圣学终始备矣。(《近思录》跋文)

(朝鲜)金汶曰：读《小学》书以正其操履，读《近思录》以识其门庭而不迷于所从。(《近思录》跋文)

(朝鲜)吴熙常曰：窃惟子朱子《近思》一书，即《四书》之津筏也，大而天人性命之原，细而日用躬行之实，包涵该括，开卷灿然，其所以继往开来者，可谓至深至切矣。(《续近思录序》)

(朝鲜)金宗瑞曰：是书所载，皆正心修身之要。(《朝鲜王朝实录》)

(日)贝原笃信曰：《近思录》之为书，于周、程、张子之道既足见其梗概。学者熟读而有得，则于道亦思过半矣。(《书近思录备考之后》)

(日)泽田希曰：是书实为学之要务，求道之模楷也。(《近思录说略序》)

(日)山崎嘉曰：先生此编以《近思》之名而极高妙之言，小学、大学工夫悉备焉，实学者入道之阶梯，不可不好看也。(《近思录序》)

(日)高津泰曰：学者苟志圣贤之道，而欲穷洙泗之渊源者，舍此书而无他途也。(《近思录训蒙辑疏序》)

几乎可以说，"《近思录》是《六经》、四子之外，理学第一要书"（清乾隆五年大臣奏折）。并且，作为东亚典范性汉籍《近思录》在悠久而广泛的历史空间拥有着世界性影响。

2. 关于对《近思录》的研究

《近思录》在理学思想传播和朱子学研究中具有独特的经典地位，宋元明清以及近现代学者不断开启对《近思录》及其整理本的研究，其中对《近思录》进行注解的注家国内近 30 人，例如，宋代的杨伯嵒《泳斋近思录衍注》、叶采《近思录集解》、陈埴《近思杂问》、熊刚大《近思录集解》、饶鲁《近思录注》（佚）、程若庸《近思录注》（佚）、何基《近思录发挥》（佚）、赵顺孙《近思录精义》（佚），元代的戴亨《近思录补注》（佚）、柳贯《近思录广辑》（佚），明代的周公恕《分类经进近思录集解》、汪道昆《近思录标题释义》，清代的张习孔《近思录传》、张伯行《近思录集解》、李文炤《近思录集解》、茅星来《近思录集注》、江永《近思录集注》、陈沆《近思录补注》，民国年间的管赞程《近思录集说》、张绍价《近思录解义》等。这还不包括对前人注本作进一步校注者。

因而《近思录》注解本历来较多，正如陈荣捷所云：对《近思录》的注解，"中、日注解除儒、道经书以外，恐比任何一书为多"，"有朱子门人陈埴之《杂问》，与再传弟子叶采之《集解》，而至宋末戴亨之《补注》；元代柳贯之《广辑》；明周公恕之《集解》；清代张伯行之《集解》，茅星来之《集注》，江永之《集注》。历五六百年，凡十八种。朝鲜注释亦在七八之数。日本因十七世纪南海朱子派与山崎闇斋及其门徒六千余人之提倡，笔解口述，连一九六〇年山崎道夫所著《近思录研究序》说，注解讲述翻译，不下百馀种"。①

历史上不仅有注释《近思录》者，亦有间或对《近思录》传播过程中的版本文字进行校勘者，历代诸多校勘文字只有少数撰写了校勘记，大都间杂于注本之中。目前，我们从现存版本中发现历史上对《近思录》进行校勘的专门校记有五种，皆为完整篇章的"校勘记"，均附刻在《近思录》相关版本卷前或卷末。不论这些校勘文字是对《近思录》原文部分的校勘，还是对重要注文的校记，均为研究该理学读本的重要材料，有助于我们从中寻觅到文本流传演变的痕迹、古人校勘之用意。可是，至今未见学者对这类文字进行汇集研究。

《近思录》历代注家的注释，实质上是诠释者对理学家语录的再诠释，也

---

① 陈荣捷《朱学论集》，华东师范大学出版社，2007 年 8 月 1 版，第 83—84 页。

是自己新的思想的表达。可以说这些注本具有各时期的时代特征与注家的个人色彩,它们既有助于读者读懂《近思录》、领悟其精髓,也反映出不同时代注释者研究者的学术思想状况,折射出朱子学在他们心中、在他那个时代的影响,同时也促进了《近思录》的普及和传播。而且,注释者自己的诠释评判,以及不同时代理学崇尚者对《近思录》的评说,是我们更好认识四子语录、考察不同时期理学思想发展演变的重要媒介。

然而,近年来对《近思录》及其整理本的研究,对七八百年来东亚区域《近思录》文献全面深入的研究之作难得一见,而是多专注于《近思录》的译注、版本与传播的探究,主要体现在如下几个层面:一是学者对此书的注释品评,如陈荣捷《近思录详注集评》、陈永革注评《近思录》、查洪德注释《近思录》等,二是注重于国内现存《近思录》版本与传播的研究,如程水龙《〈近思录〉版本与传播研究》,三是不断对现存版本进行整理传播,诸如上海古籍、湖南岳麓、江苏古籍等出版社刊行的《近思录》整理本,四是从哲学视角研究其理学思想,如陈荣捷《朱学论集》、姜锡东《〈近思录〉研究》。具体而言:

首先,今人的译注本多在历代注释本基础上对《近思录》各条语录进行简要注解,或用通俗的文字进行译注,或偶加点评,将当代人的思想元素掺入其中。如:刘凤泉译注《近思录》①,简述了宋代理学的产生、特点,四子的思想和地位,《近思录》的逻辑体系、影响。译文以直译为主,辅以意译。每卷前撰有题解,撮其大意,以助读者理解。该书以江永《近思录集注》为底本,订正了其中的个别错讹。然其注文寻本究源尚不够精深。

陈永革注评《近思录》②,简介了《近思录》成书经过、主要内容、注释和流传情况,以及文化价值。该书以张伯行《近思录集解》为底本,并参照了江永《近思录集注》。其版本材料主要取自陈荣捷《朱学论集》中《朱子之〈近思录〉》。作者的注评文字较简明,未能作全面深入论及,校勘不精。

于民雄译注《近思录全译》③,对《近思录》各卷内容分类作了概要性的阐述,每卷开头有基本内容的"说明"。该书以 1936 年上海商务印书馆王云五主编《丛书集成初编》排印本——张伯行《近思录集解》为底本,参校了茅星来《近思录集注》、江永《近思录集注》。译者本欲"力求完整、准确地表达

① 刘凤泉译注《近思录》,山东友谊出版社,2001 年 1 月 1 版。
② 陈永革注评《近思录》,江苏古籍出版社,2001 年 6 月 1 版。
③ 于民雄译注《近思录全译》,贵州人民出版社,2000 年 10 月 1 版。又见该出版社,2009 年 3 月修订本。

原文每句话的原义",并标明原书"引文"的出处。但所选底本并非现存精善之本,译注也不够完善。

查洪德注释《近思录》①,简析了《近思录》编纂时间、定稿之前的刊本以及此书的影响,注释了语录的出处,译文以明理为准,通俗易懂。该书以江永《近思录集注》为底本,参校叶采、张伯行、茅星来的注本。但未出校记,所选注本的版本不够精善,其《附录》部分收录的序跋文不够全面精确。

王华宝译注《近思录》②,以江永《近思录集注》为底本,参校张伯行《近思录集解》,对此书进行了简注、翻译。每卷卷首简要解题,每条后注明原文出处。但该书篇末附录"主要版本概况",多参见陈荣捷《朱子之〈近思录〉》,其中有些著录不妥;且对所列举的底本详情不明。

其次,关于全面而完整地对《近思录》进行集注集评研究,却极少有人问津,仅陈荣捷《近思录详注集评》③(台湾学生书局,1992 年 8 月初版)进行过集评。该书《引言》简述了《近思录》的影响、编者、国内外续录本、注释本的数目。《引言》说:"本书所引之语,达一千三百馀条,而引朱子者特多,在八百以上。此盖效法江永之以朱解朱。除朱子外,馀为宋、元、明、清与韩、日诸儒之语。其中不少借助于江永、茅星来、陈沆等注家,而彼等所未引者亦过半数。上述一千三百馀条,除十七条待查外,皆详其出处。"该书"集评"部分采自朱熹的著述较多,所引用的评论文字多注明出处;"详注"部分对《近思录》涉及的典籍、术语、人名、地名等均加注释,是有词必释,有名必究,引句必溯其源,还采录经典原著帮助注释。该书各卷篇名依据《朱子语类》,叶采拟定的卷目则用括号附录在后。书末编有人名、书名、名词术语的《索引》,便于读者使用。

尽管陈先生导乎先路的贡献实大,但是该书所引评说文字不够全面,且引文中朱熹语录尤多,又存在较多脱讹之处;所引叶采、张伯行、江永等注家的注语不完备,且有脱讹,所依据的底本并非都是现存精善之本,如未采纳元刻明修本《近思录》叶采集解的文字,尤其是著者或许未见到大陆现存一些重要注家的注解本,如张习孔《近思录传》、李文炤《近思录集解》、张绍价《近思录解义》等。集评的文字尚不能汇聚众家于一体。再者,读者在理解陈先生的详注文字时,往往须结合作者的其他相关著述才能读明白。因而,

---

① 查洪德注释《近思录》,中州古籍出版社本,2004 年 1 月 1 版。
② 王华宝译注《近思录》,三晋出版社,2008 年 4 月 2 版。
③ 陈荣捷《近思录详注集评》,华东师范大学出版社,2007 年 7 月 1 版。

该书所引文字的缺失,选用集注版本的不精、不全,都影响了它的完整性、可读性。

再次,笔者的《〈近思录〉版本与传播研究》①,以《近思录》版本与传播为中心,进行文献考订和文化阐释方面的研究。笔者对《近思录》各种重刻本、注释本、续编本进行了实地调查,对其繁多复杂的版本及其源流按类进行了梳理、有重点地进行考订,并透过历代《近思录》一系列整理出版现象的研究,努力去发掘潜藏其后的学术因素和文化思想意义。而在探索古代经典文献整理出版与儒学思想传播的互动关系,与朱子学研究发展的内在联系等方面尚须用功,去进行全面深入研究。

至于上海古籍、江苏古籍、中州古籍、扬州古籍、岳麓书社等出版社的影印本、点校本、注释本等,所选底本差异较大,点校、注释虽可裨益后学阅读这本国学读本,然其中存在校勘不精、注释品评不尽完善之处,这些都削弱了这些整理本的文献价值。

近一年来学界还有《近思录》研究新成果面世,如台湾朱高正《近思录通解》②,作为政治活动家的朱先生,用心体贴这本文化典籍内在的理念,力求应用于生活实践,其通解意在"让现代人可以花最少的时间,减少不必要的困难,汲取先圣的智慧,并接受他们高贵品德的熏陶",故此书"以解或通为要"。与大陆近年来译注本相比,该书呈现明显的特色,正如陈来先生所言,其"注释简要,讲读清楚,文语明白,精而不烦,深入浅出",对读者掌握《近思录》精髓、自己立身处世均有裨益。且吸收朱熹当初编订《近思录》时的意见,将原首卷移至卷末,方便当今读者阅读理解。但是,该书选引古人注文尚不够丰富,读者若作深入研读,仅局限于此书解说恐难尽得《近思录》精髓。

张京华辑校《近思录集释》③,缘于南宋叶采、清张伯行、茅星来、江永四家旧注长期湮没无闻,故以四家合注。四家注除《群书姓氏》、《朱子世家》外,其他则全文收录。张先生对《近思录》古注发掘整理贡献很大,将各家注文按成书先后为序,逐条逐句编次,眉目清晰,以便读者通览各家注文,汲取旧注之长。张先生整理古注,谨守注家原貌,选辑慎重,严谨科学,令人敬佩!然在四种注本的版本选取上似有令人疑惑之处:叶采《集解》、茅星来

---

① 程水龙《〈近思录〉版本与传播研究》,上海古籍出版社,2008 年 6 月 1 版。
② 朱高正《近思录通解》,华东师范大学出版社,2010 年 7 月 1 版。
③ 张京华辑校《近思录集释》,岳麓书社,2010 年 10 月 1 版。

《集注》的底本均已选用了现存最早且善的版本,其馀两种注本的底本现存有清康熙年刻本张伯行《集解》和嘉庆年间刻本江永《集注》,故若以此类版本为底本似比选用民国时的整理本为宜。

姜锡东《〈近思录〉研究》①,是近年大陆学者研究《近思录》学术思想方面难得的著述,其导论部分清楚阐明《近思录》编纂的动机和取舍标准,简述了历史上的研究状况与自己的研究计划。该书不仅按十四卷内容分章论述,且将《近思录》置于宋代理学、东亚儒学的背景下来阐释其体系、影响及普适性。姜先生于《近思录》选录文献的解读与分析评论用功尤深,重在对《近思录》原文进行诠释评析,多联系社会历史实际加以阐释,其见解精深,堪称近年来译注、研究《近思录》成果中的稀见之作。正是因为姜先生对《近思录》情有独钟,从事该经典研究多年,故其专著颇具学术价值。然而因为朝鲜半岛、日本的《近思录》文献难以尽览,关于《近思录》对东亚社会思想的影响,似需作更全面深入探讨。

(韩国)宋熹准编《近思录注解丛编》②十册。朝鲜半岛历史上自高丽王朝开始就不断有《近思录》流布,李朝时期《近思录》的木板本、活字本尤多,既有翻刻重印来自中国的版本,又有朝鲜人自己的注释、续编、仿编本,其中有的已成专著,有的虽未单独成为一部著述,但在相关学者的文集中也可寻到。于是,宋熹准先生选取现存相关《近思录》文献(包括南宋叶采《近思录集解》传本与朝鲜人自己的 88 种著述)编成此书,按作者生卒先后编次,分作十册影印出版。如此,读者可便捷阅览到这些客观真实的历史文献,研究者可获得近似一手文献的珍贵研究资料,如朝鲜时期的权櫶、李滉、郑晔、李瀷、李珥、朴履坤、姜必孝等人的著述均在其中。所以此编可谓汇聚众家于一身,得之差不多可尽览现存朝鲜半岛上《近思录》文献概况。

此外,近几十年来海内外还有一些颇具研究价值的论文,他们的出色之处有助于我们更好地认识《近思录》文献。例如:

钱穆《〈近思录〉随箚》③上下两篇,从中国学术思想的角度简要论述了自己对《近思录》各卷看法,并从各卷中选择三四条语录进行剖析,重在进行中西学术文化思想的比较,有助于研究者考察近现代学者对《近思录》部分语录的理解。

---

① 姜锡东《〈近思录〉研究》,人民出版社,2010 年 10 月 1 版。
② (韩国)宋熹准编《近思录注解丛编》,学民文化社,1999 年 4 月影印本。
③ 收入钱穆《宋代理学三书随箚》,生活·读书·新知三联书店,2002 年 8 月 1 版。

陈荣捷《朱子之〈近思录〉》①,高度评价了《近思录》的价值和影响,重点分析了朱熹取舍四子语录的缘由。文中陈先生对《近思录》选语的统计、来源的考校、程颢与程颐语录的分辨,以及《近思录》文献在朝鲜、日本的发展流变,对我们进一步研究《近思录》的语录出处、海外传播提供了很好的基础。

严佐之先生的《朱子近思录导读》②,以严谨明快的文字对《近思录》作了深入浅出的导读。先生概述了《近思录》成书经过,强调《近思录》的编定是以朱熹为主,吕祖谦助编;简要分析了类编四子语录而成的《近思录》翻刻重印本、补辑续编本如此之多,七百多年来久盛不衰的原因,及它在东亚的影响;探研了朱熹"寒泉著述时期"编辑《近思录》的学术思想,指出它是一本能承载朱子理学体系的理学入门读本,与《大学》"三纲八目"很契合。明确肯定《近思录》是导引入门的理学初级读物,从中可见理学规模和求学者不可阙的"日用切近工夫",故历来为读者喜闻乐见。严先生依据的底本是明嘉靖年间吴邦模刻本,其导读文字很好地向读者推介了其珍爱的《近思录》,为今人阅读认识这部经典文献进行了提纲挈领的指导,也有助于《近思录》研究者去深入思考《近思录》的编辑用意,探研叶、茅、张、江等注家的注解本。

严佐之先生《〈近思录〉与儒家"出处之义"》③一文,重在阐释编者设置《近思录》卷七"出处之义"的用意,"《近思录》的卷帙编次、纲目结构,内容寓着纂者的理论用心","朱熹假四子语录构筑其精巧的理学思想体系",指出《近思录》"出处之义"的主要内容是朱熹有意识辑合而成,"集中反映了集理学大成的朱熹对儒家'出处之义'学说的整体理论思考"。先生将该卷语录的源流解析得通彻明晰,将《近思录》"出处之义"语录的内容归纳成三个方面:一、"欲仕而不自进求仕","求仕非义";二、"进退合道"、"久速因时";三、"重义轻利"、"知命"。先生分别就该卷的语录进行了深入透彻的论述,其品评反映了当代学者对《近思录》卷七内容的理解认识,对我们的研究有重要的借鉴价值。

杜海军《吕祖谦与〈近思录〉的编纂》④,主要论证吕祖谦在《近思录》编纂中一定程度上发挥了主导作用,否定了将《近思录》仅视为朱熹个人专著

---

①　收入陈荣捷《朱学论集》,华东师范大学出版社,2007 年 8 月 1 版。
②　(宋)朱熹《朱子近思录》,上海古籍出版社,2000 年 12 月 1 版。
③　收入《中华文史论丛》第 58 辑,上海古籍出版社,1999 年 5 月 1 版。
④　刊于《中国哲学史》2003 年第 4 期。

的看法。肯定此书是二位大师合作的结果。

李纪祥《〈近思录〉之"录"与〈传习录〉之"录"》①，认为《近思录》与《传习录》皆是兴起于宋明理学中的思想传记类型的著作，《近思录》为"辑略"之新体。"近思"成"录"的方式是自周、张、二程的原典中，选择性地编为一录；《近思录》作为一部"辑略"之书，已有取代四君子的迹象；它是一种双重发声结构之文本。

虞万里《吕祖谦与〈近思录〉》②，勾稽朱、吕文集与两人往来书函，剖析《近思录》中具体内容，论证吕祖谦在该书编纂中应有的历史地位。

张京华《朱子〈近思录〉指略》③，重在分析《近思录》的内容，指出《近思录》是一部反映六子(周、二程、张、邵、朱)的共同思想的精华录，将朱熹、叶采、茅星来三家所拟标题进行了比较分析；并简述了《近思录》编订、整理、注解的情况。值得借鉴的是，张先生简析了朱熹对邵雍的肯定与未选邵氏语录的原因，叶、茅、江、张四位注家注释原因与特色。

姜锡东《论"圣贤气象"》④，就《近思录》卷十四"圣贤气象"阐明宋人圣贤气象的标准，并指出朱、吕编录此书在摘编圣贤人物时的少许不足。其文旨在结合社会现实研究借鉴卷十四之精华，倡导现代社会的新圣贤气象。

高令印《现代日本朱子学》⑤，指出二战后日本学者研究朱子学的情况，虽然现代日本朱子学研究成果较多、资料齐全，但在研究深度上并不一定比中国强。

林明贤《〈近思录〉思想研究》⑥，是一部专门探究《近思录》思想学说的学术论文。正如姜锡东先生所言，林先生所整合的"四论"，颇具新意，论述亦富见地。可是其天人合一论、教学论、修养论、伦理论的划分与《近思录》体系架构并非十分吻合。

何佳骏的硕士论文《〈近思录〉研究》⑦，重点研究了《近思录》选语与周、程、张四子思想原貌的关系，敢于开拓，论述简明扼要，如姜锡东先生所言：在论述的全面性、系统性方面，在具体问题研究方面"多有超越前贤之处"。该论文若能在一些主要问题上展开来进行翔实论述，则更趋完善。

---

① 刊于《盐城师范学院学报》2003 年第 4 期。
② 刊于《温州师范学院学报》2004 年第 1 期。
③ 刊于《吉首大学学报》2005 年第 3 期。
④ 刊于《河北学刊》2006 年第 1 期。
⑤ 刊于《浙江学刊》1988 年第 6 期。
⑥ 林明贤《〈近思录〉思想研究》，(台湾) 私立辅仁大学 2003 年硕士毕业论文。
⑦ 何佳骏《〈近思录〉研究》，(台湾) 台湾师范大学 2000 年硕士毕业论文。

（韩国）宋熹准《〈近思录〉的传入和理解》①，论及《近思录》编撰背景，中国人续编、注解的文本，着重阐述了历史上朝鲜刊行的18种版本及刊行者评说。有助于我们了解朝鲜人心目中《近思录》的价值和地位。

（韩国）姜顺爱《初铸甲寅字本〈近思录〉有关版本研究》②，文章介绍了《近思录》版本传入朝鲜的情况，重点考述了初铸甲寅字本《近思录》版本源流和价值，论及自高丽朝《近思录》叶采集解本传入朝鲜半岛后，有关初铸甲寅字本系列的24种版本，让读者对此系列版本有清晰认知。

上述论文虽非长篇巨制，但均能从一个方面或几个方面对《近思录》展开论述，或考察其编撰用意，或论述纲目的理学体系，或探究其语录源流，或评析四子部分语录的内涵，或从现实的角度审视某些语录的价值，或考述某一系列版本的源流与传播等。它们为我们研究历代的注评提供了很好的向导，其中的观点也成为近现代人评述《近思录》的内容之一。

3. 本书的研究意义

从历史和现今《近思录》研究的情况看，迄今为止尚无一部汇集《近思录》的校勘、注释、评说于一体的专著问世。若要认知《近思录》校勘文字所反映的版本演变，完整全面地考察历代注家的注释，解读历代注评文字的内涵，就有必要进行《近思录》的集校、集注、集评。尽管《近思录》历代刊梓蔚然成风，可是朱熹、吕祖谦原编本佚。笔者则不惮劳瘁，以版本调查为先务，力求尽搜现存版本，考其源流，较其优劣，用宏取精，择善而从。今从存世注本中，选用了南宋衢州学宫刻本杨伯嵒《泳斋近思录衍注》十四卷为底本。"集校"则以现存完整的古人校记为主，并对传世的《近思录》及其精善注本进行比勘，以期真实反映一些重要版本演变的史实；"集注"注重选择精善的底本，以及它们在国内外的代表性，力求完备地汇辑众家注释；"集评"不只是以朱解朱，而竭力汇辑历代各家读评之言，也包括近现代学者的评说和笔者适时品评。

《近思录》代代传诵，影响久远，历朝皆有学者对其进行注释研究、整理传播。几百年来对《近思录》进行校勘、述评的文献资料亦多有存世，其注解本又长盛不衰，绵延传播。因而，对其研究应该是一件非常有意义的事。拙作对"校勘记"的汇辑，"集注"、"集评"的整理，可以展示某些版本曾经的同异，探明本源，发掘其文献价值；可以考察中国历史上第一部哲学选辑，作为"北宋理学之大纲"的《近思录》盛传不息的原因；探求该书历代注者如何通

---

① 收入韩国《韩国学论集》第25辑（1998年）。
② 收入韩国《书志学研究》第24辑（2002年）。

过对经典的解读去表达自己的思想情感,探明他们心目中四子语录及朱子语要的精髓所在;并通过对经典注本的荟萃研究,探明注语特色、历代评说文字异同,进而将这些注释本与《近思录》文献整理相联结,探讨其在朱子学研究及其传播中的价值,以及注评文字蕴藏的思想情感内涵。

拙作竭力在学界几百年来宋明理学研究、《近思录》文献整理研究基础上做一些开拓与创新,使之成为一本精选汇集历代校勘、精善注文、名家注评语于一体的著述,能帮助人们认知《近思录》校勘文字所反映的版本演变情况,能全面完整地考察历代注家的注释内容。同时,读者从本书汇辑的丰富材料也可进一步研讨、发明历代注评文字的内涵。这对我们深入认识《近思录》系列注本的特色,探讨该理学读本《近思录》的影响力、生命力颇有益处。拙作的完成,希望对前人的研究在某种程度上有所总结和提高,对学界宋元明清及民国儒学的研究起到推动和催化作用,也希望有助于国内外学者进行《近思录》文献的深入研究,探寻近七八百年程朱理学思想在国内和受儒学思想影响很深的东亚的发展演变情况,以及各时期学者的研究情况。

二、现存《近思录》校勘记

历史上对《近思录》文本进行校勘,自朱熹时代就已开始,现存《朱子语类》、《文集》中尚存校勘痕迹。但因文献资料的损毁亡佚,我们现在很难获得早期完整的《近思录》校勘记录。目前从现存文献调查发现,清代《近思录》文献版本中附有专门篇章"校勘记",这些版本与"校勘记"如下:

1. 清咸丰七年(1857)湛贻堂刻本《近思录》,(宋)朱熹、吕祖谦辑。湖南省图书馆藏。该刻本以《朱子遗书》本《近思录》为底本,卷十四末刻有咸丰七年冯景琦《校刻近思录札记》。半叶九行十七字,注文小字双行同,左右双栏,白口,单鱼尾。此《札记》,冯氏据《朱子遗书》校勘《近思录》书名,接着考述了四子著述的版本,如《周子太极通书》,《明道先生文集》、《伊川先生文集》、《周易程氏传》、《程氏经说》、《程氏遗书》、《程氏外书》、《横渠先生正蒙》、《文集》,《易说》,《礼乐说》,《论语说》,《孟子说》,《语录》等,并作校勘。然后依《近思录》十四卷分卷分条对原文及"注"进行校勘,校记记录清晰明了(主要是《朱子遗书》、叶采《集解》、江永《集注》等版本的异同),又注明语录的出处。

冯景琦《校刻近思录札记》末跋文云:"案,朱子以首卷阴阳变化性命之理,非始学者之事,既属吕成公为序明之。又言'看《近思录》,若于第一卷有未晓,且就第二第三卷看起'。又答李子能曰'程先生说涵养须是敬,进学则在致知'。《近思录》前三四卷专说此事,此《近思录》读法也。景琦年十三四,先子即课读之,及长漫不加省,殊未有得。咸丰丁巳赵君曾向重刻是录,以校事相属。乃与史君致准遍检各书,用诸本参勘,以《朱子遗书》本为定。叶注据邵刻,江注据江西本。所见粗浅,良多罣漏,又未睹乌程茅氏本,容俟续得后校入也。冬十月武进冯景琦谨记。"

2. 清同治八年(1869)江苏书局刻本《近思录》,(宋）朱熹、吕祖谦辑,(清）江永集注,上海图书馆有藏。该刻本是江永《集注》传本在后期的主要代表之一,是时任江苏布政使的应宝时结合婺源洪氏本、吴棠望三益斋本江永《近思录集注》校刊而成,卷末有应宝时①嘱托王炳所作《近思录集注校勘记》一卷。半叶九行十九字,注文小字双行同;左右双栏,白口,单鱼尾。

该《校勘记》将江永《集注》本的卷首文字、一至十四卷内容分别作了校勘,分列为《近思录集注卷首校勘记》、《近思录集注卷一校勘记》等,条分缕析。校勘时,重点注记王、吴、洪等《近思录》版本文字的异同。

3. 清光绪十年(1884)三原刘氏传经堂刻本《近思录》,(宋）朱熹、吕祖谦辑。华东师范大学图书馆藏。此刻本为清初禦儿吕氏家塾读本《近思录》的重刻本,卷首有《近思录考异》。刻本半叶九行十八字,四周单栏,黑口,对鱼尾。版心刻有"传经堂藏书"。六眼线装。该本卷首有光绪十二年(1886)贺瑞麟《重刻〈小学〉〈近思录〉序》②。据其序,此《考异》可能为贺氏所为。其校勘文字依据清初吕氏刻《朱子遗书》本《近思录》、湖北所刻江永《近思

---

① 应宝时(1821—1890),字敏斋,浙江永康人。清道光二十四年举人。咸丰初年考授国子监学正。同治四年,任苏松太道。创建龙门书院,开办普育善堂。同治九年任江苏按察使,兼署布政使。其《近思录跋》曰:"朱文正公称其'至为精切,裨益于世道人心不浅',非虚言也。往年盱眙吴公得王文恪公江右雕本重刻于袁浦,楚北崇文书局踵而刻之。吴刻传播未广,板携入蜀中,东南学者多以不得其书为憾。予权篆苏藩,值书局开雕书籍,爰出旧藏婺源洪氏刻本,暨吴刻本,属元和王孝廉炳校刊之。孝廉以各本互有异同,复取《语类》、《或问》诸书详加雠校,订正舛讹,然后付诸剞劂。……江氏复有《考订朱子世家》一篇,正邑志之疏失,于朱、陆异同之说,考之尤详,末附《天宁寺会讲辩》,辟谬订讹,皆读朱子书者所不可不知也。贵筑张君序称原本附刻《集注》之后,今王、洪诸本均无之。今据吴氏所刻补刊附后,俾还江氏之旧云。同治己巳夏五月永康后学应宝时谨识。"
② (清）贺瑞麟《重刻〈小学〉〈近思录〉序》云:"兹依某氏家塾本为之重刻,读者能于此二书深究入德之门、造道之方,则圣贤途辙可循而入,不至误落坑堑,而《六经》、《四书》之旨,亦庶乎其不难尽得之矣。书此以资天下有志之士。光绪丙戌九秋三原贺瑞麟识于正谊书院。"

录集注》、津河刻叶采《近思录集解》进行考异,分卷分版扼要记录各校本文字的异同,间作正误判断。与其他校勘本不同的是,对某版所要校勘的文字用方框框住,一目了然。

4. 清光绪十年(1884)广仁堂刻本《近思录》,(宋)朱熹、吕祖谦辑,(宋)叶采集解。上海图书馆藏。此刻本卷末载有《〈近思录集解〉正文与〈遗书〉吕本、吕氏家塾本异同考》,半叶十行二十三字,注文小字双行同,四周双栏,白口,单鱼尾;版心刻有"广仁堂"。此《异同考》将叶采《近思录集解》与吕留良家刻本《朱子遗书》、"家塾读本"的《近思录》刻本进行比较,先校勘卷前序文,然后依《近思录》十四卷编次分卷校勘文字异同,对各卷需校勘者依次校之,各条之间没有明显标示,读者阅读时需仔细辨认。

并且,在朝鲜李氏王朝,也有学者对《近思录》进行校勘,如李朝时期广州府留守洪启禧,结合广州府刊本《近思录》进行校勘。载于朝鲜李朝仁祖八年(1630)广州府刊本《近思录》,(宋)朱熹、吕祖谦辑。半叶十行二十字,夹注小字双行十九字。四周双栏,有界行,白口,单(花)鱼尾。版心刻书名卷次、卷名、页码(如"近思录一"、"道体"、"一")。刻本卷首刻有《近思录》取材的 14 种书目、朱熹序、吕祖谦跋,卷十四末有崇祯三癸丑洪启禧《广州府刊〈小学〉〈近思录〉跋》。据此似可推知该刻本刊于即李朝仁祖八年。首尔大学奎章阁藏本,有佚名用朝鲜文作句读标示。钤朱文印:"京城帝国大学图书章"、"首尔大学图书"。

此刻本以《朱子遗书》本《近思录》为底本,刻印时每卷每条单列,首字顶格,其馀各行皆低一字格刻印。每卷末有洪启禧所作"考异"文字,是对本卷部分文字的校勘考证,简要说明他本与此木刻本的异同。

至于国内外《近思录》注解本中的关于《近思录》原文校勘之语,拙作也选取辑录若干,在此不再一一列举,往往随所引文字注明出处。

三、《近思录》注解本的选取

(一)现存南宋学者的注本

南宋理学尽管遭"庆元党禁",但是并没有因此而消尽朱子学之影响,即使在党禁期间,仍有人专心阅读、注释《近思录》,且在党禁之后,程朱之学在当时更显兴盛。目前现存南宋后期的《近思录》注本,多为朱熹弟子、再传弟子或崇尚理学者所为,例如:

1. 南宋陈埴著《近思杂问》一卷,是陈埴与门人的问答语。此卷主要结合《近思录》中部分语录及朱熹语录,用问答的方式阐述宋儒学说,有助于后学理解理学家思想。

陈埴,生卒年不详,字器之,号潜室,永嘉(今浙江温州)人。嘉定进士,以通直郎致仕。陈埴从朱子于武夷,所见超卓。绍定间赵善湘建明道书院,辟主讲席,四方学者从游数百,陈埴常以理学教导弟子,人称潜室先生。承继其师朱熹传道职志,著有《木钟集》、《禹贡辨》、《洪范解》等。清康熙年间李文炤在集解《近思录》时,犹言及陈埴《近思杂问》,李氏《近思录集解序》云:曾"取叶氏、陈氏、(陈氏,一名埴,字器之,著《近思杂问》。)薛氏、胡氏之说以补之"。《四库全书总目》著录:"《木钟集》十一卷。浙江巡抚采进本,宋陈埴撰。""是编虽以集为名,而实则所作语录。凡《论语》一卷……《近思杂问》一卷,《史》一卷。""明弘治十四年,温州知府邓淮始得旧本重刊。……《近思杂问》始理气,……皆不似尚有前文。"①

经调查,《近思杂问》元刻本尚存世,藏于上海图书馆。浙江图书馆所藏《潜室陈先生木钟集》十一卷,四册。首册刻有《木钟序》,《潜室陈先生木钟集目录》②。此《目录》后有版刻印记:"建安吴氏"、"友于堂刊",看似为元代"建阳吴氏友于堂刊",实则翻刻元代建宁书坊本。《近思杂问》载于第四册,是本每半叶十二行二十二字,左右双栏,有界行,黑口,顺鱼尾;框高19.10厘米,宽12.00厘米;版心刻"木童十"、页码。四眼线装,经藏家修缮过。钤朱文印:"钱塘屠氏孟昭是程堂印信"、"琴隖鉴赏"、"陈章"。

此刻本卷首题名:"潜室陈先生木钟集卷之十""近思杂问附",体例皆先设问而后答之,故陈埴序云"善问者如攻坚木,善待问者如撞钟"。此卷答问约116条,未完全依据《近思录》文本分卷,或结合宋代理学家语要与弟子讨论答辩,或用某家语录解释理学家观点,或评析四子是非功过,或解说《近思录》词句,等等。从其一问一答的内容看,益于后学理解宋代几位理学家的思想,体会其语录内涵。

除此刻本外,《木钟集》尚有两种明刻本,即明弘治十四年(1501)邓淮、高宾刊本,清代丁丙批跋,南京图书馆藏;明代正德年间,木石山人刘宏毅刻本,台北中央图书馆藏。《木钟集》还有清刻本,即同治六年(1867)东瓯郡斋

---

① 《四库全书总目》,(清)永瑢等撰。中华书局,1965年6月1版,第784页。
② 此《目录》下有:"卷之一《论语》,卷之二《孟子》,卷之三《六经总论》(河图洛书,闰法),卷之四《周易》,卷之五《尚书》,卷之六《毛诗》,卷之七《周礼》,卷之八《礼记》(《大学》、《中庸》),卷之九《春秋》,卷之十《近思杂问附》,卷之十一《史》(汉、唐)。"

重刊明弘治年间刻本,湖南省图书馆、温州市图书馆有藏。①

　　《潜室陈先生木钟集》明弘治十四年刻本,是邓淮做温州知府时嘱瑞安令高宾刊梓,以广其传,并作序②记之。高宾于同年六月作序记述刊梓情况,其序曰:"温州多先哲,若潜室陈先生辈皆亲炙程、朱之门,而上承孔、孟之绪者",对于能发明程朱之学的遗书,"必梓行以嘉惠后学,若《木钟集》者其一也"。"书以载道,道不可废,则书不可以不传",因陈氏书,"根据六经,羽翼传注,剖析微奥,精入秋毫,于古圣贤所以立言垂训之旨,发之殆尽"。于是"踊跃用命而不自计其力"刊行此书。

　　邓淮主持刊刻的此书,清同治六年重刊,刻成之时温州知府陈思燏作《序》③记之,从中可察清后期重刻之用意。同治六年刻本《陈潜室先生木钟集》,笔者曾于湖南省图书馆目验过,《近思杂问》收入卷十下,每半叶十二行二十二字,左右双栏,有界行,黑口,单鱼尾;版心刻"木童十下"、页码。四眼线装。版式特征与元刻本相近。此刻本卷前题名:《陈潜室先生木钟集》,牌记:"同治六年十月东瓯郡斋重刊";有陈思燏《序》,邓淮《重刊木钟

---

① （清）孙诒让撰,潘猛校补《温州经籍志》,第583页。见《温州文献丛书》整理委员会编《温州文献丛书》,上海社会科学院出版社,2005年9月1版。

② （明）邓淮《重刊木钟集原序》曰:"今天下之文集繁矣,而《木钟集》则予未之见也,以予之未见,而又欲刻之,无乃益其繁耶? 顾予少时繙阅五经及孔孟性理诸书,凡诸儒之有发明经旨者,必具列其姓氏,而潜室陈氏与焉。予既已知有其人,而亦与闻其言矣,但未知其言之具载于《木钟集》。比者假守温郡,躬祀诸儒,乃知先生实郡人,而其所遗《木钟集》犹有存者。郡有斯人,而有斯集,表而出之,郡守事也,郡守责也。矧斯集之不传久矣,后之学者如予之未见亦多矣。刻之于梓,使皆得而见之者,予心也。体予心而刻之者,瑞安令高君宾也。若宾者可谓知先生知《木钟集》者,可嘉也。至如斯集之命名,则自有先生之题词具在,兹可略。"

③ （清）陈思燏《序》云:陈埴"先生为宋名儒,尝从朱子于武夷,所见超卓。……是集为前明东瓯守邓公淮访求遗稿,刊于郡斋,藏版已无复存。同治癸亥岁,余来守是郡,考献征文,辄乐得先正遗书而读之,而所见惟叶氏《水心集》、王氏《儒志编》、《梅溪集》数种。凤知是集已奉采入《四库全书》,而先生桑梓之邦,竟无一能追仰曩哲,珍守遗编。学术之不明,趋向之失准,深用感喟,因呕思补镌是书。会瑞安孙琴西观察主讲紫阳书院,即从丁松生大令索得旧本,邮寄示余,且谓'是集初锓赖有吉水邓公,今君亦籍隶豫章,能为重谋剞劂,自明迄今,相望遥遥,后先辉映,亦佳话也'。余重赧之,爰与中山院长孙蓂田学士互相商榷,即属永嘉王复斋广文专司校理。篇幅字体,悉仍旧版,阅四月告成。……是集本末具举,体用兼赅,卷帙无多,而内圣外王之学备,且复词少理畅,语约事举,纲振条析,冰解的破,……学者得是编而诵讨之,不啻与先生一堂晤对,辨难质疑,由是触类引伸,旁参曲证,诚如魏鹤山之言曰'千数百年,习浮踵漏,莫知其说者,至是脱然……居然声入心通焉'。……余闻之东瓯凤号'海滨邹鲁',宋时理学尤盛,元明以来,儒林文苑历多传人,及兹教泽寝衰,师承易失,将欲鼓舞而振兴之,则既以是刻志景仰前贤之深意,即以是刻示引进后学之规模,不又重有望于多士之能讲肆服习,胥以是书为圭臬之奉哉!"

集原序》,陈埴《木钟题词》。

陈埴《木钟集》的版本中尚有抄本存世,笔者在浙江图书馆查验过此本,全书四册,内容与元刻本《潜室陈先生木钟集》同,第四册前有《近思杂问》一卷,体例与元刻本同,每行字数亦同,但是每半叶为十一行、无界行,元刻本原墨钉处抄本均补正了文字。抄本中"弘"字不讳。从上述特征看,此抄本当源自元、明刻本,很可能抄于清同治年间。藏本钤有"吴兴刘氏嘉业堂藏书记"、"隆泰福记"、"黄钥"等。

尽管,陈埴《近思杂问》有多种版本存世,但此次整理则选取刊梓早、内容完整的元代刻本及翻刻本,明清刻本仅作参校本。

2. 南宋杨伯嵒是为《近思录》作注第一人,其《泳斋近思录衍注》为注本中现存最早的宋刊本。

杨伯嵒(？—1254),字彦瞻,号泳斋,自称代郡人,居临安(今杭州)。淳祐年间(1241—1252)以工部郎守衢州。南宋学者。宋嘉定十七年(1224)著《九经补韵》一卷。注解朱熹、吕祖谦辑《近思录》,成《泳斋近思录衍注》十四卷。

现存《泳斋近思录衍注》为南宋写刻本,半叶九行十八字,注文小字双行十七字,左右双栏,有界行,白口,顺鱼尾。框高 24.10 厘米、宽 15.80 厘米。版心刻有书名、卷次、页码、大小字数、刻工姓名。各卷卷端题有书名卷次、语录条目数、"代郡杨伯嵒彦瞻"、篇名。十四卷篇名分别是：道体(造化性命),论学,穷理(经史),存养,省察(损人欲复天理),处家,处己(出处),君道,治法(礼乐,兵刑,学校,井田,封建,冠,昏,丧,祭),臣道,教人,警戒(迁善改过),辨异端,圣贤气象。

杨伯嵒《泳斋近思录衍注》辑注语录条数,经统计为 624 条,与元刻明修本叶采《近思录集解》621 条(脱第 622 条)相比,似乎多了 3 条。事实上,杨氏注本卷三的第 79 条文字已包含本卷第 21 条文字,卷十二的第 34 条实际上是截取卷五第 41 条的前一部分而成,因此除去重出语录,杨氏所辑语录实际内容仍为 622 条。

由于现存此刻本无杨氏所作序跋之类的文字,对其衍注时间、刊刻地点,张秀民《中国印刷史》以为：南宋淳祐四年(1244)"衢州学宫刻杨伯嵒《六帖补》"二十卷。① 陈荣捷《朱学论集》认为,杨伯嵒于 1246 年衍注《近

---

① 张秀民《中国印刷史》,上海人民出版社,1989 年 9 月 1 版,第 80 页。

思录》。① 此论若属实,那么杨伯嵒则为《近思录》注解者第一人。历史上两浙东路的衢州为南宋著名刻书处之一,《泳斋近思录衍注》可能于杨氏衢州任上所刻,因而此刻本也就成为《近思录》注本中的第一部刊本。因为南宋叶采《近思录集解》约在淳祐十二年(1252)后才有刻本面世。

　　笔者试着从此刻本的避讳情况,推断出上述结论。《泳斋近思录衍注》卷十,"谢玄"改作"谢元",卷二"人之蕴畜","畜"缺末笔,皆避赵匡胤始祖名玄朗讳。卷一"天下之理,终而复始,所以恒而不穷。恒非一定之谓也,一定则不能恒矣","恒"字均缺末笔,避宋真宗"赵恒"讳。卷二"其(《易》)九四曰:'贞吉,悔亡;憧憧往来,朋从尔思。'""贞"字缺末笔,因与宋仁宗赵祯之"祯"音同,"嫌名,谓音声相近",所以避嫌名讳,卷十四注文"魏徵问","徵"(与"祯"同音)缺末笔。卷二"莫说道将第一等讓与别人","讓"缺末笔,避宋英宗赵曙父亲濮安懿王允讓讳。卷一"性者自然完具","完"缺末笔,避宋钦宗赵桓嫌名讳。卷四"'慎言语'以养其德",卷十三"巧言令色直消言畏,只是须著如此戒慎,犹恐不免,释氏之学更不消言","慎"字与宋孝宗赵昚之"昚"音同,所以避嫌名讳,均缺末笔。卷四"敦笃虚静者,仁之本。不轻妄,则是敦厚也","敦"字与光宗赵惇之"惇"音同,避嫌名讳缺末笔,卷三"焞初到","焞"字亦缺末笔。卷二"故君子之学,莫若擴然而大公,物来而顺应","明善为本,固执之乃立,擴充之则大","擴"字避南宋宁宗赵擴讳,缺末笔;卷十三"所以廓如也","廓"缺末笔。尽管此宋刻本无序跋、牌记表明刊梓时间,但由于刻本文字中避宋始祖、祖,北宋真宗、仁宗、英宗父、钦宗,南宋孝宗、光宗、宁宗讳,而南宋理宗、度宗、恭宗名不讳,因此推断其刊刻时间很可能于南宋理宗与度宗之时。从杨氏卒于理宗朝和当时理宗对朱子学的推崇来看,该刻本极有可能在杨氏完成《衍注》后不久便得以刊刻。因此,该注本大约刻于南宋理宗朝。陈荣捷说于理宗淳祐六年(1246)杨伯嵒衍注《近思录》,基本可信。

　　此南宋刻本,纸白墨黑,版式宽大,字大疏朗。刻工有:潘永年、金通、夏顺、张侁、孙琢、尤贵、张佺、尤遖、田原等。北京大学图书馆藏本,八册。钤朱文印:"贞元"、"季雅"、"燕京大学图书馆珍藏"。据此,是本为明初王世贞小酉馆旧藏。《续修四库全书》收录。

　　杨伯嵒衍注时,多引用孔子、孟子、伊川、南轩、朱子、吕东莱等语要,以及四书、五经等儒家经典来注释,对取自这些资料的文字,注释时常用"伯嵒

————————
　　① 陈荣捷《朱学论集》,第105页。

据"标明;杨伯嵒自己的注语,多用"伯嵒曰"、"伯嵒谓"表明。杨伯嵒《泳斋近思录衍注》刊刻时,每条语录另起一行顶格刻印,同条他行的文字则低一格。

需要说明的是,本书以该南宋刻本为底本。原版中的讳字即如上述所言,为行文简洁,各处相同讳字,不再一一指出。

3. 叶采集解《近思录》成书于宋理宗淳祐八年,现存元刻本三种,或残缺、或补修、或抄配。明清时叶采《近思录集解》刻本繁多,盛行于世。

叶采,字仲圭,号平岩,南宋建安人。尝先后从蔡渊、李方子、陈淳问学,是朱熹再传弟子。淳祐元年(1241)登进士第,授邵武尉,历景献府教授,迁秘书监、枢密检讨、知邵武军,累官翰林侍讲,乞归。除《近思录集解》十四卷外,又有《西铭性理集解》等著述。

叶采的老师陈淳,人称北溪先生,与黄榦、蔡元定、辅广等皆为朱门高第。叶采又曾从学于朱熹门人蔡渊、李方子。叶采受诸位先生熏陶,颇有睿智远见,当年他见到理宗在淳祐元年正月颁诏将理学派创始人北宋四子和南宋理学宗师朱熹从祀孔庙,认为此举并非"徒褒显其人,正欲阐明斯道"。身为朱熹再传弟子的他,坚信后世一定会把理学思想作为"明国家之统纪,表范模于多士"的重要政治思想。当叶采集解《近思录》完成后,淳祐十二年正月,呈给理宗《进近思录表》。

叶采不仅自己研读朱子之书,而且将自己集解的《近思录》"授家庭训习",自觉地在家塾中传播理学思想,以为"寒乡晚出,有志古学,而旁无师友,苟得是集观之,亦可创通大义,然后以类而推,以观四先生之大全"。①淳祐十二年,在朝廷崇文政策的感召下,因理宗皇帝亲自"俯询《集解》之就绪",才上表进呈所作《近思录集解》一部十册。由于叶采有志于道统之学,他在解读《近思录》时,已体悟到它是"求端用力之方,暨处己治人之道,破异端之扁鐍,辟大学之户庭,体用相涵,本末洞贯,会六艺之突奥,立四子之阶梯"②;集解时,"其诸纲要,悉本朱子旧注,参以升堂记闻及诸儒辩论,择其精纯,刊除繁复,以次编入。有阙略者,乃出臆说"。③ 注文中处处可见其引朱子语注解四子语,并时而作以评析,发扬光大之。由叶氏集解此书的漫长历程,以及多引用朱子语注解四子,可见他对四子、朱子思想有很深的认

---

① 宋淳祐八年叶采《近思录集解序》,载于明刻本《近思录集解》,(宋) 叶采集解。上海图书馆藏。
② 宋淳祐十二年叶采《进近思录表》,载于明刻本《近思录》,(宋) 叶采集解。上海图书馆藏。
③ (宋) 叶采《近思录集解序》。

知,崇敬且喜爱,在经历了时间和历史的考验后,经过几十年研读方才感到自己的《集解》"意稍明备"。

叶采集解《近思录》时,还特意根据各卷的主旨,拟定了篇名。朱熹当初与吕祖谦编辑此书时曾有此意,但一直未正式编入,其拟定的《近思录》各卷篇名(亦称纲目)今见《朱子语类》所载。叶采集解时,据《近思录》各卷要旨拟定篇名,与朱子原订"纲目"十分契合,使得原有体例显得更加明晰完备;提炼出的各卷提要,使朱子理学思想内容更加明朗。《集解》在体例上增添的纲目、提要,为后世《近思录》注释者提供了颇有价值的纲领,为后世诸家所宗,叶采所拟篇目几乎成为一种范式,也成为后世续编、仿编者重要的参考纲目。

叶采注本为程朱理学在后世的发扬光大作出了较大贡献,《集解》本流布五六百年来,国内存世叶采《集解》传本异常之多,自不待言,①而且朝鲜半岛、日本的学者尤重叶采《集解》,传刻不断。可以说《近思录》也借叶采集解之力在后世传播得更为广泛深远。

从淳祐八年成书至淳祐十二年献书期间,叶采《集解》并无刊印之本。表奏之后叶采是否付梓行世,则无从考知。不过可以肯定的是,《集解》在南宋已经有了刻印本。如清康熙间邵仁泓重刊本《近思录集解》的刻书跋文提到过宋本:"泓于汲古后人师郑五兄架上得宋刻朱子原本并叶氏原注。"②这说明至少在清康熙间还有宋本《集解》流传于世。但检点历代公私藏书目录,唯有清嘉道间常熟瞿镛《铁琴铜剑楼藏书目录》和民国张元济《涵芬楼烬馀书录》各著录一"宋刊本"。③ 但瞿氏藏所谓"宋刊本",曾遭后世藏家否定,傅增湘就以为:"海虞瞿氏藏,号为宋刊本,实元明之际所刊者。"④该本传存至今,经专家鉴定,确非宋椠;涵芬楼藏"宋刊本"同样如此。虽然结果未免有些令人"失望",但根据该"元明之际"刊本"惇字缺笔"的仿宋避讳特征,仍可以间接证明宋刻《集解》的曾经存在。

---

① 程水龙《宋叶采〈近思录集解〉版本源流考》,《华东师范大学学报》2006 年第 5 期。
② (清)邵沧来《近思录后跋》,载于清康熙年间邵仁泓重订本《近思录集解》,(宋)叶采集解。南京图书馆藏。
③ 《铁琴铜剑楼藏书目录》:"每半叶八行,行十八字,双行夹注,每行十八字,鱼尾注大小字数,'惇'字阙笔,即淳祐时刻本也。"
④ (清)莫友芝、(民国)傅增湘订补《藏园订补邵亭知见传本书目》卷七:"《近思录集解》十四卷,宋叶采撰。元刊本,八行十八字,注双行同,黑口,左右双栏。有淳熙二年乙未朱熹序,三年吕祖谦题辞,淳祐八年戊申叶采序,十二年叶采进书表。海虞瞿氏藏,号为宋刊本,实元明之际所刊者。"中华书局,1993 年 6 月 1 版,第 45 页。

　　元刻叶采《近思录集解》在历代公私藏目中共著录有两种版本,均见清乾隆间《天禄琳琅书目》卷六"元版"著录,一种是"仿宋刊本""一函四册",另一种"一函三册,此本版式较大,纸质亦极坚緻,胜于前本"。① 可惜馆臣没有记录这两种元版的行款、版式,现在也不知其下落。

　　现存元刻《近思录集解》约有三种。其一为《中国古籍善本书目》著录的"元刻明修本"《近思录集解》,现藏中国国家图书馆(藏书号4185号)。这就是《铁琴铜剑楼藏书目录》著录的所谓"宋刊"本。该本每半叶八行十八字,注文小字双行同,左右双栏(间有四周双栏),有界行,黑口,顺鱼尾;框高17.30厘米,宽11.80厘米;版心或刻记大小字数;"恒"字、"惇"字缺末笔避讳;正文前有叶采《近思录集解序》,《集解目录》,《近思录》取材的14种书目、朱熹序、吕祖谦跋,叶采《进近思录表》。其特征与《铁琴铜剑楼藏书目录》著录者悉同。其间杂有版框不一、字体略异之书页,疑为明代修补后印。此刻本卷十四末缺第26条。卷端钤有"汪士钟印"②、"阆源真赏"、"铁琴铜剑楼"、"绍基秘笈"、"子雝金石"等藏书印章,是知即瞿氏原藏之物,而瞿氏又源自汪氏艺云书舍。虽然叶采《近思录集解》元刻本很珍贵,但是由于此刻本存语录621条,有脱损,本次整理未将其作为底本。

　　其二,国家图书馆还另藏一部"元刻明修本"(藏书号7489号),《北京图书馆古籍善本书目》注记其版式特征为:"八行十八字,黑口,四周双边。"③依此,其行格字数、黑口与前一种同,边框有异,宜非同一版本。经笔者目验比对,该本文字内容,避讳字缺笔特征,版式、字体与前一种均相同,卷端也不题编者名,似乎同一版。然该本字迹墨色较浓;卷前的叶采序、集解目录及卷十三第7页系后人抄配,其他卷页还有补刻痕迹;卷二第44页有六处墨丁(卷十四中也有3处)。据卷端钤印有"高氏鉴定宋刊版书"、"纱赏楼藏"、"五岳贞形"、"万宜唐氏藏善本书记"、"参梦庵"、"师鄾乙酉岁莫检书记"、"师鄾耆好"、"建霞"、"涵芬楼"、"海盐张元济经收"等,是知明高濂、清涵芬楼旧藏。按张元济《涵芬楼烬馀书录》著录:"《近思录集解》十四卷,宋叶采集解。宋刊本,八册。高瑞南汪柳门江建霞旧藏。""采尚有自序,已

---

① （清）于敏中《天禄琳琅书目》:"《近思录》,一函四册。宋朱熹、吕祖谦同辑,十四卷。宋叶采集解。……此本系仿宋刊,而纸质不免粗黝之病。"中华书局,1995年8月1版,第112页。

② 据此藏书印可知清人汪士钟曾收藏过,那么其《艺芸书舍宋元本书目》著录的所谓"元板书目""《近思录》十四卷",很可能指的是该刻本,非白文本《近思录》。

③ 北京图书馆编《北京图书馆古籍善本书目》,书目文献出版社,1987年7月1版,第1199页。

佚。半页八行,行十八字。版心阔黑口,间记字数及刻工姓名。姓名全者,
仅有翁生、沅大二人,馀仅著周、钱、有、良、李、大、口、沈八字。宋讳惟恒、
贞、惇等字,偶见阙笔。"①张氏将其断定为"宋刊本"之说,已经后来藏家否
定。此本《善本书目》未予正式收录,②显然是当初编撰书目的专家们对其
刊印年代的鉴定尚存疑意。

　　除此而外,现台湾国立故宫博物院也藏有一部元本,据该院《善本旧籍
总目》著录:"《近思录》十四卷,宋朱熹、吕祖谦同撰,叶采集解。元刊黑口
本,六册。沈赠。"③因注记未详,且无缘得见,故无从考察它的真实情况,比
如它与清宫"天禄琳琅"旧藏的两种元版是否有关。

　　明代《近思录集解》依然流行,但在一个较长的时间内,《集解》主要是
以分类改编的文本形态流布,如周公恕《近思录分类集解》十四卷是"就叶
采《集解》参错杂折之,非叶氏本书也"。周公恕通过对朱子思想、言行、著
述进行解析研究,以叶采《集解》为基础,在大体保持其纲目的情况下,对
《近思录》白文、叶采注文进行分类归并增删,并增设小标题,所编撰的文本
形式上较昔日已有较大改造,常移置语录,多妄为分析。因而,其《分类经进
近思录集解》十四卷在后世名声不好,如清初张习孔说"鹭洲周公恕者,取叶
氏本参错离析之,先后倒乱,且有删逸,仍冒叶氏名,曰'分类集解',创为二
百馀类,全失朱子之意。流传既久,几乱本真。"④"坊本多从周公恕分类,割
裂舛错,尽失其初"⑤。事实上,经过周氏"参错杂折",叶采《集解》文字编
排形式发生较大差异,但究其注释文字,大多仍为叶采《集解》的内容,一定
程度上反映了朱子思想的内含,因此在明代中后期它仍不断被传刻。然而,
我们不难发现周氏类次本的主观用意与《近思录》的编辑有差异。朱、吕编
辑的《近思录》,各卷节之间互相关联,自成体系,学者静心细读完全能够体
会理解其意。而周公恕割裂成二百来类,琐细繁复,其目的是便于"经进",
适应科考,重视"局部"而影响了"全局",故后人严厉批评它"全失朱子之
真",不无道理。所以说周氏分类编次而成的《分类经进近思录集解》,虽是

①　张元济《涵芬楼烬馀书录》。张人凤编《张元济古籍书目序跋汇编》,商务印书馆,2003 年 9
　　月 1 版,第 556—557 页。
②　天津图书馆编《(稿本)中国古籍善本书目索引》著录:"《近思录集解》十四卷,宋叶采撰。
　　元刻明修本。八行十八字,黑口,四周双边。"齐鲁书社,2003 年 4 月 1 版,第 794 页。
③　(台湾)故宫博物院编《国立故宫博物院善本古籍书目》,台北故宫博物院,1983 年 4 月初
　　版,第 652 页。
④　(清)张习孔《近思录传序》,载于清康熙十七年饮醇阁刻本《近思录传》。上海图书馆藏。
⑤　(清)耿文光撰《万卷精华楼藏书记》,中华书局,1993 年 1 月 1 版,第 634 页。

一种新的改造和诠释,但对朱子学传播似有扭曲之感。

周公恕分类改编的《集解》版本,在明清公私藏目中很少著录。王重民先生于上世纪初搜访遗书时,说:"是书今几失传,然明清之间极通行。"然而,随着《善本书目》及各大图书馆藏古籍善本书目、书志的编辑和出版,明刻周公恕类次本也时而浮出水面,目前存世的周氏类次本至少有20部。①明代叶采《集解》的传刻本差不多是以周公恕类次本系统为主流。虽然周氏仍是以叶采《集解》内容为主体,卷端首题"建安叶采集进"。但由于叶采《集解》的原貌在周氏本中已有变化,且周氏本又存在脱讹、错乱等等不足,因而本次整理未予采纳。

从现存文献资料可知,叶采《近思录集解》在最初的传播过程中,宋刻本宜应有之。由于叶采《集解》"裨益后学",元明清三朝皆有叶采《近思录集解》的翻刻本或校订本,元刊本确实存在,明刻本形态不一,清代刊梓叶采《集解》者亦很多,且刻印精美。但因明清时期的叶采《集解》传本晚出,笔者集注时选用了刊刻较早的元刻明修本叶采《近思录集解》,清代《四库全书》本《集解》仅作参校本。

南宋除上述陈埴答问、杨伯嵒衍注、叶采集解《近思录》外,尚有饶鲁《近思录注》(佚),程若庸《近思录注》(佚),何基《近思录发挥》(佚),赵顺孙《近思录精义》(佚)等,尽管这些注本今不存世,无法知其详细内容,然他们多为朱熹再传弟子,其注解为程朱理学的传播理应发挥了一定作用。

(二)元代的注本

从现存文献资料看,元代《近思录》传本少、注解者亦少。目前所知元代的《近思录》注家有柳贯《近思录广辑》三卷、戴亨《近思录补注》,因其皆佚,故此次整理无从辑录。

(三)明代的注本

明代早期新儒家的努力以及其他因素,使得程朱之学位居正学,至明代中叶,程朱理学在思想文化领域已成为正统。然明代中后期学术风气又发生了转变,阳明之学兴起,且逐渐呈蓬勃之势,朱子学曾一度式微。然而,从现存明代嘉靖年间《近思录》传刻本较多的迹象犹可察到,当时的学者诸如贾世祥、吴邦模,面对不务实的学风,仍不断传刻《近思录》,张扬其精髓,欲时人效法圣贤,倡行"近思"。只是因为王阳明心学的冲挤力甚大,明代中后期心学的泛滥,门户之见使得少有人问津朱子理学。因而明代中后期《近思

---

① 参见程水龙《明代中后期〈分类经进近思录集解〉考述》,《图书馆杂志》2008 年第 4 期。

录》的传刻与注解略显萎缩,相比之下,重编或续编《近思录》者却较多。

从现存文献资料可知,明嘉靖年间,刘仕贤因"嘉先儒之垂教,而病学者之遗近",重刻明初周公恕(一说元代末年人)《分类经进近思录集解》十四卷。其重刻本意在纠正当时士子中出现的不重视"切问而近思"的学风,欲以之鼓励学子成贤达圣。周氏《分类》虽有瑕疵,并非全无是处,它毕竟是以叶采《集解》内容为主体而编成,主旨仍是反映程朱理学思想,因而万历年间的吴勉学又校阅再刊。

明末,叶采《近思录集解》稍显复兴之光。陆云龙因厌弃周公恕等人剖碎叶采《集解》、分类编辑的做法,欲力图予以订正,以恢复叶采《集解》的旧貌,于是,在崇祯九年刊梓《集解》。据陆云龙序文,他在回顾秦汉以来儒学发展的历程时,批评了汉唐学者"弗思"、"误思"之过,肯定了北宋四子在理学思想建设上的功绩,赞赏朱、吕二先生能继续四子之学,将理学纲领构筑完备。所以陆氏希望天子能"崇正学",有司能"典教化",学者"讲学以明道,切问近思,止则思为颜、孟,仕则思为伊、周"。① 可以说,明末陆云龙、丁允和重订叶采《集解》,意欲重振程朱之学,也为当时学习程朱理学者提供一个"津梁"。

虽然朱子学在明代仍占据着政治思想统治地位,但从现存文献资料推测,《近思录》的注解仍很有限,国内现存明代注本仅有周公恕《分类》,至于汪道昆《近思录标题释义》十四卷,陈荣捷以为多半为伪作②。笔者在日本访求日藏汉文典籍时,于日本国立公文书馆偶得一部《近思录标题释义》十四卷,与汪道昆关系密切,该馆书目著录为"《近思录集解》选者:叶采(宋),校订者:汪道昆(明)","明万历刊本"。

笔者通过考证发现,汪道昆不曾撰写过《近思录标题释义》,该馆所藏题为汪道昆校订的此刻本很可能是伪作。从该刻本与吴勉学校阅本《分类经进近思录集解》在体例、内容上极其相同的角度考察,该《标题释义》与同时期吴氏校本有同源关系,关于二者之间极少数文字的差异,或书贾有意为之,冒作汪道昆校订;卷前改换书名作"近思录标题释义",意在增强此刻本的新颖度或吸引力;而两种版本中少量文字的差异和错误,或刻工误刻,或校勘不精所致。所以,据此藏本卷端所题"近思录集解",结合其他相关文献

---

① (明)陆云龙《近思录集解序》,载于在明崇正八年陆云龙、丁允和订本《近思录》,(宋)叶采集解。泰州市图书馆藏。

② 陈荣捷《朱学论集》,第 208 页。

信息,可以推断其为明代万历年间刊本,详情仍待考究,故本次整理未选用。

(四) 清代的注本

理学在清代君臣的政治实践、在中国传统文化伦理中,确实发挥着积极作用。程朱理学被视为朝廷正学,《朱子全书》、《性理大全》、《性理精义》之类的书籍不断印行于世。作为"北宋理学之大纲"的《近思录》,关注人伦日用、近思修身,较全面地反映了四子的理学思想,是探寻新儒学思想的重要入门书。其精神内质对国君和学者均有启迪之助,读之可潜移默化导引人们进升理学殿堂。清初的理学家,许多都得益于《近思录》而进入程朱之学。

有清一代存世《近思录》传本中,《近思录》注本在清前期尤多。康熙时代,以叶采《近思录集解》重刻、重订本为主;乾嘉时期,清人的注本纷纷登场,特别是江永《近思录集注》影响尤大。即使到了清后期,仍继续传刻前人的注编本。

清前期儒者大都对程朱之学竭力维护,理学名臣和学者注重整治人心世道,不约而同推崇程朱,躬行实践,甚至亲手编辑注释《近思录》,因而形成《近思录》清初传播的新高潮,康熙年间《近思录》文献缤纷呈现,流布甚广,一时间蔚然成风。此时的《近思录》注释本、续编本之多是别的朝代难以媲美的,如刘源渌《近思续录》、朱显祖《朱子近思录》、汪佑《五子近思录》、张伯行《续近思录》和《广近思录》、郑光羲《续近思录》等。其中的《近思录》注本有:王夫之注《近思录》①,张习孔《近思录传》十四卷、张伯行《近思录集解》十四卷、施璜《五子近思录发明》十四卷、李文炤《近思录集解》十四卷、茅星来《近思录集注》十四卷等。

康熙四十四年(1705),施璜在还古书院为同时代汪佑所编《五子近思录》进行"发明",施璜采辑薛瑄《读书录》、胡居仁《居业录》、罗钦顺《困知记》、高攀龙《遗书》中精要者,来注释《五子近思录》,进而发挥《近思录》微言大义。施璜《五子近思录发明》有助于穷乡晚进之士明了五子之思想,"玩心"朱子之学。自然受到时人及后学的关注,重刊不断。

礼乐名臣张伯行,致君泽民,身体力行集解《近思录》、编辑《续近思录》、《广近思录》,大力推行朱子之学,整理重建纲纪伦常。张伯行"学宗程、朱,不参异说,奉主敬以端其本,穷理以致其知,躬行以践其实"。② 他多

①　陈荣捷《朱学论集》,第258页。
②　(清)徐世昌《清儒学案》卷十二《敬庵学案》。中国书店出版,1990年9月1版,第一册第249页。

年研读程朱著述,对朱熹传播儒学的功绩极为赞赏,其所编所注,刊梓推广,皆有意让程朱之学在他那个时代发挥更大的作用。

李文炤认为人们欲求四子之道,必先读《近思录》,由于此书"微辞奥义,多未易晓,朱子虽往往发明之,而散见于各书,盖学者欲观其聚焉而不得也"①,所以李氏整理辑录朱子著述中的文字,帮助注解,同时援引宋元明三朝信奉程朱之学者的语录以助自己集解,康熙五十九年完成《近思录集解》十四卷。该书对人们读四子书亦有导引之功,对朱子学的广泛深入传播也起到积极的推动作用。

茅星来是目前所知第一位阐明《近思录》内容结构与《大学》相发明的人。《近思录》的篇目与《大学》纲目的吻合,反映出朱子学术思想的严密逻辑,因此,《近思录》纲目结构是体现其地位重要性的关键因素之一。该书作为入"圣道阶梯",故茅氏"反复寻绎,久而稍觉有得,颇思博求注解以资参讨"。② 历经30年,其《近思录集注》才最终完成。

茅氏注本颇具考据色彩,能将考据的正统家法与《近思录》注释相结合,藉以宣扬朱子学。可见即便在考据学盛行的时期,《近思录》的传播似乎也未受到影响。通过现存《近思录》版本与相关资料发现,程朱理学在清代与考据学兴盛并不矛盾,考据学与朱子学相互依存,考据之法也可在诠释传播朱子学方面尽显其长。程朱理学的尊崇者,《近思录》的注解者,也以实际行动推进了考据学发展,如茅星来、江永集注《近思录》,注释内容皆极具考据色彩。

康熙六十年茅星来撰就《近思录集注》十四卷,自云"不揣固陋,辄购取四先生全书及宋元来《近思录》本,为之校正其异同得失,其先后次第,悉仍其旧本",对于旧本舛错的地方不随意改动,"仿朱氏《论孟》重出错简之例,注明其下",又"会萃众说,参以愚见,支分节解,不留疑窦",并且"仿朱氏《论孟》附《史记》'世家'、'列传'例,取《伊洛渊源录》中四先生事状,删其繁复为之注释,以附简端"。③ 因而,陈荣捷在评说中外《近思录》注家时,说:"名物、掌故与校对,远不及茅星来。"④如此看来,茅星来有志于儒学,踔

---

① （清）李文炤《近思录集解序》,载于清雍正甲寅年四为堂刻本《近思录》,李文炤集解。南京图书馆藏。
② （清）茅星来《近思录集注原序》,收录在文渊阁藏《四库全书》本,（清）永瑢等编。台湾商务印书馆,1983 年影印本,第699—129 页。
③ （清）茅星来《近思录集注原序》。
④ 陈荣捷《朱学论集》,第84 页。

武四子、朱子，其集注补充完善了《近思录》，考证了语录来源，其疏治之功，更好地促进了《近思录》的传播。

乾嘉以降，程朱理学表面上呈衰退之势。乾隆时"推行所谓'崇宋学之性道，而以汉儒实之'的文教政策"①，学者们为苟全性命，相率走上了汉学考据的道路，有惠栋吴派、戴震皖派。考据学的兴盛，使朱子学的一统局面开始动摇，"虽其时朝廷提倡程朱，著之功令，而第一流之学者皆不乐道之，其沾沾而谈程朱者，不为势利之徒，即为陋儒"②。清中叶的乾嘉汉学以其非凡的学术成就而掩过了当时的理学，但"汉学诸家之高下深浅，亦往往视其所得于宋学之高下深浅以为判"③。在这种似有被经学考据之风同化的大背景下，乾隆初年仍有王懋竑、江永之流尊崇程朱之学。事实上，考据学与程朱理学也有相通之处，"清代虽以汉学为名，其实亦是程朱一系尊经笃古之流风，只是把尊经笃古的范围缩小于名物训诂之间而已。考据学只是树立汉学穷经的旗帜，贯彻宋儒读书之精神而已"④。即使在考据学的黄金时代，崇信朱子学的人仍然较多，乾隆、嘉庆两朝对《近思录》各种形式整理文本进行刊刻、抄录的，也不逊色于康熙年间，至少有 27 种。从官府的《四库全书》编纂到学者个人的著述、校刊，都可以明察这一时期朱子学依然执着发展的态势。

乾隆七年江永撰成《近思录集注》十四卷。江永热衷"义理"，求真求是，认为《近思录》反映的是"义理根原，圣学体用"，对"学者心身疵病，应接乖违，言之尤详，箴之极切"⑤。作为清代经学大师，江永"邃于经学，究心古义，穿穴于典籍者深"，但他集注《近思录》时，"凡朱子《文集》、《或问》、《语类》中其言有相发明者，悉行采入分注，或朱子说有未备，始取叶采及他家之说以补之，间亦附以己意，引据颇为详洽"⑥。因为其注文引据详多，以朱子精要之言作为理解《近思录》的最好注脚，这既与他之前的注家有别，也弥补了以往注本的不足。作为以朱注朱的重要注家，其注文对《近思录》的"义旨渊微"做了明晰精确的解说，使当时读者更易读懂此书，这对于广泛传播朱子学术思想尤为重要。因此，从江永的注本可以看到，身为考据学派的著

① 李国钧、吴宣德等编《中国教育思想史》（第二卷），华东师范大学出版社，1995 年 11 月 1 版，第 424 页。
② 《清代通史》（二），萧一山著，中华书局，1986 年 9 月 1 版，第 781 页。
③ 钱穆《中国近三百年学术史》，商务印书馆，1997 年 8 月第 1 版，第 1 页。
④ 林国标《清初朱子学研究》，湖南人民出版社，2004 年 9 月第 1 版，第 7 页。
⑤ （清）江永《近思录集注序》，载于清嘉庆十二年刻本《近思录》，江永集注。上海图书馆藏。
⑥ 江永《近思录集注》"提要"，见文渊阁藏《四库全书》影印本。

名学者并非排斥程朱理学,亦崇尚朱子学,尤看重《近思录》近思、践行的价值,并用考据之法来注释,意在回到朱熹的世界寻找解释《近思录》的最好理据。多采用朱熹之言解释622条四子语录,亦类似于考证。可见,用当时兴盛的乾嘉考据学思维方式,来寻求儒学的真正义理,也是一种全新的"注解",考据之术也同样利于程朱理学书籍的阐释,可为传播朱子学服务。事实上,朱熹对朴学界影响也很大,"清代朴学家们从事考证的途径和方法,也有不少的方面是继承朱熹的治学遗规而发展起来的"。① 所以,嘉庆年间朱珪说,江永《集注》"辑朱子之语以注朱子之书,至为精切"②。其评价可谓得当。

与江永同时期的黄叔璥,也受考据之风影响,以为"朱子之言散见于《或问》、《语类》、《大全》、《文集》内,诠释《近思录》所载者什之七、八,有非系正条,以类而推,而其理实相通者,又什之二、三"。如果采录朱子之言有毫发失真,难有说服力;如果不能言明朱子之言中的精洁微妙之理,也难见朱子之精神。所以,他为了真实、全面反映朱子之言,而"衰集荟萃",用考据之法编辑《近思录集朱》。黄氏此编所集朱子之言远比朱熹再传弟子叶采为多,经过黄氏集朱,"不惟四子之真昭然若揭,而朱子渊源有自,其真益著","《集朱》一书,可不谓《近思录》之阶梯哉"。③ 它差不多成为朱子要言之大全。黄氏的辑考,也是考据学与朱子学结合的一个范例,与同时期的江永《集注》一起,依然为朱子学的传播不断地发挥效能。

由于乾嘉时期的多数儒者好考据,为了更好地传扬江永注本,让后学对考据家崇尚朱子学的心态、注解程朱理学之书的情况有更好理解,李承端、汪锐斋等对江永注本进行校雠刊刻。后学此举,既便于时人"体程朱之心"、"为程朱之学",也让后世可察乾嘉考据学盛行之时的朱子学。《近思录》的注本,在清后期尤以江永《近思录集注》本为多,如王鼎校次本、张日晟、吴棠、应宝时重刊本等。④

清代许多学者是朱子学的信徒,他们都能用心读《近思录》,去注释或"发明",去自觉发掘朱子学内涵,弘扬其精神。清代《近思录》传本版本之多、品种之杂、形式之变、重刻之盛,是历史上其他朝代难以企及的。随着

---

① 张舜徽《清儒学记》,齐鲁书社出版,1991年11月1版,第388页。

② (清)李承端跋文,载于清嘉庆十二年刻本《近思录》,江永集注。上海图书馆藏。

③ (清)黄叔璥《近思录集朱序》,见清乾隆年间黄叔璥辑《近思录集朱》,稿本。中国国家图书馆藏。

④ 程水龙《江永〈近思录集注〉版本源流考》,《文献》2007年第1期。

《近思录》注本影响力的增强,朱子学术思想也因此而深入人心。他们的注释,对当时朱子学的广泛深入传播起到了积极的推进作用。

尽管清人注本甚多,但拙作主要选取以下重要的有代表性的注本:

1. 清代张习孔《近思录传》,简洁明朗,注评兼容,是现存清代最早注释《近思录》者。

张习孔①《近思录传》十四卷,清康熙十七年(1678)饮醇阁刻本。半叶九行二十二字,九行二十一字,四周双栏,有界行,白口,单鱼尾。框高 20.30 厘米,宽 14.10 厘米。卷前有清康熙十七年张习孔《近思录传序》,《旧序》,《近思录传凡说》,《近思录群书姓氏》,《近思录目次》等。上海图书馆有藏。钤朱文印“当湖孙氏思补斋珍藏”、“华南屏”等。

此刻本卷端题“新安后学张习孔著,男潮、渐同校”。出身朱子故里的张习孔以为,《近思录》“精粗本末,先后之序,条理精善,其功于往圣、德于来者,甚盛心也。……上自天地阴阳之奥,下及修己治人之方,无弗具备。……习孔自少受读是书,喜其约而备、微而显,昕夕玩诵,意有所会,辄不自揆,敬为传数行,附缀本文之下,以相发明。序次篇章悉本朱子之旧,日诠月徙,积成篇集。自甲寅编定以来,又已数易其稿,间有旁通微辨,要亦本乎心之所明,直而弗有。盖不敢屈抑依附,以蹈不诚之愆,或亦无悖于先贤戒欺之旨欤。”②由此可知,其意在于探究《近思录》义理,以此《传》显其“抱望道未见之志”,宣扬先贤理学思想。张氏认为“保其故物,无使紊轶,固后学所宜有事”,因而所选《近思录》底本,是当时甚为完善的明代新安鲍氏刻本,“以俟后之君子择焉”。此书张习孔康熙十三年编定,又经五年(自康熙十三年甲寅至十七年戊午)修订,后由其子张潮、张渐校勘刊行。

《近思录传》“凡说”云:“此书自周氏督乱之后,历年既远,学者莫知适从。惟明季新安所刻旧本,白文最为完善,与朱宅所藏家本虽有数字传写不同,无伤大体。今刻悉依鲍本,识者详之。”现今此“鲍本”我们无从见到,张习孔之《近思录传》本既为翻刻,则当值得珍视。张氏又云:“此书每条悉载四先生全文”,将周公恕“剪裁分属列为数段”的文字“悉厘正从旧”。不像

---

① 张习孔,生卒年不详,字念难,号黄岳,徽州歙县人。清顺治六年进士,官至山东提学佥事,顺治十六年侨居江都,康熙七年回徽州。著述甚富,有《大易辨志》、《诒清堂集》、《檀弓问》等。《四库全书总目》说“其书甚喜议论而不甚考证,多以私臆断古人”。其子张潮(1659—1707),字山来,号心斋,徽州歙县人。康熙贡生。他以霞举堂、诒清堂号刊行其父张习孔及自著,友人王晫等著作多种。

② (清)张习孔《近思录传序》。清康熙十七年饮醇阁刻本《近思录传》。

他本反复辑录朱子之语;"《传》文原属鄙意,有言则言,无言则止。其有意指显白,词语明了,无事赘衍者,则不复传。亦有只句单行,意无所属,如'九德最好'之类,不知前人立言所向,亦不复传";"愚于东、西二《铭》俱无传,只言性理。诸儒其说已详,愚不敢复赘,实以《西铭》意深难晓,且程、朱诸子极意推崇,愚之暗昧何敢间然,君子于其所不知盖阙如也。愚窃附斯义,《东铭》亦然";"《录》中多引程子《易传》,间有未载经文,治《易》之家固知程子所指,而初学虑有未晰。愚传并疏明经旨,固稍有溢于本文者,然录之所无,皆经之所有,未尝外也,知者详之";"《录》中所载《行状》、《哀词》、先德荐札诸篇,于诸子德业文词已极明备。愚再为之增饰赞诵,转失其人之真,故传文只欲后人效法,不更多语";"夫子曰'辞达而已矣',况著书立说,质今待后,一字聱牙,遂启疑刺。愚于此《传》只如常语,宁质无文,不敢避俚俗之诮";"书加圈点,原是一人之好尚,此然彼否,未必合群心之公,反使意向混乱,故一切不用,但录文间有古奥难句处,读者必再四以意逆志方能得之,兹刻于每句之下,著以小圈,庶便观览"。

因此,从该刻本"传"的内容看,它具有较大的版本文献价值;其原文源自明代鲍氏刻本,又可作为《近思录》文字校勘的重要参考资料;张氏传注之文,简洁明朗,注评兼容,对我们理解四子语录亦有相当的参考价值。而且,因该《近思录传》是清人中最早注释《近思录》者,它在推动程朱理学复兴方面宜发挥了一定的作用,其注文有助于我们考察认识清初朱子学的研究情况。

2. 清代施璜《五子近思录发明》,以薛、胡、罗、高四位学者的言论发明五子之旨,为后学学习五子语录起到很好的阶梯作用。

清初汪佑所辑《五子近思录》使得"濂、洛、关、闽之微言灿然备矣"。施璜①非常重视《近思录》的阶梯作用,认为如果要明《四书》、《五经》,仅有《近思录》还不够,"若不得朱子精粹切要之言合观之,则学者终有所阙憾"。因此,清康熙年间,施璜对汪佑《五子近思录》进行"发明",撰就《五子近思录发明》十四卷。

该《发明》除保留汪氏原本注文中的朱子语外,施璜"略有发明,于叶注之精者而益求其精,其未及注者则蒐辑而补之",采辑"薛子《读书录》、胡子

---

① 施璜,字虹玉,号诚斋,安徽休宁人。于先儒语录多所发明,崇敬紫阳之学。曾从高攀龙之侄高世泰问学于梁溪。学者称诚斋先生。有《思诚录》、《小学发明》、《近思发明》、《紫阳书院志》。

《居业录》、罗子《困知记》与高子《遗书》","汇萃其精要者,以附于各卷之末,盖即以四先生之言发明五先生之旨,而意益亲切,语更详备焉"。① 施璜体悟所得便是文中的"发明"语,这更益于穷乡晚进之士对宋元明三朝理学家有较系统的认知。康熙朝以降,《发明》的重刻者甚多,如英秀堂、聚锦堂、世荣堂、云南书局、新繁沈氏家塾等均有刻本传世。

此次集注所据底本为清康熙四十四年(1705)序刻本《五子近思录发明》十四卷。每半叶九行二十字,注文小字双行同。左右双栏,上白口,下粗黑口,有界行,单鱼尾。框高 19.90 厘米,宽 13.90 厘米。卷前有清康熙四十四年施璜《五子近思录发明序》,《近思录原编书序》,《五子近思录发明例》,《四先生书目》,《参阅校订姓氏》,《受业门人》,《同族弟姪》,《五子近思录补编增入书目》,《五子近思录目次》等。上海图书馆有藏。钤朱文印"王培孙纪念物"等。

此刻本卷端题"新安施璜虹玉甫纂注,同里吴曰慎徽仲甫、汪鉴晦叔甫阅正"。正文各条单列,《五子近思录》原文顶格刻印,施璜的发明语则低一字格刻印。"发明"文字除每卷首尾的解题文字与总结文字外,多见于《近思录》相关原文之后。

3. 清代张伯行《近思录集解》,其注解重在阐述程朱理学之义理,疏解翔实,有其独到之处,故读者难生歧误,从中可体察清人思想理路。

四子因朱子而益著,朱子又启佑了后人。受朱子学影响至深的张伯行②,恪守程朱之学,并重视教化,在其为官之地大力传播《近思录》等理学文献。其《正谊堂全书》在后世影响很大,清代后期不断被传刻,且民国年间仍不断印行。其中张伯行集解《近思录》,也长期受后学推崇。

张伯行在多年探研《近思录》的基础上于康熙四十九年(1710)集解《近思录》十四卷。他以阐明朱子思想为要,希望能以之"维持道脉,光辅圣朝",让朱子之学在他那个时代发挥更大的教化效用。据其《近思录集解序》言,清初理学虽衰,但朝廷特推崇程朱一派,"每于濂、洛、关、闽四氏之书,加意振兴,以宏教育"。张氏非常崇敬程朱之学,以为"集诸儒之成者朱

---

① （清）施璜《五子近思录发明序》,载于康熙四十四年刻本《五子近思录发明》。上海图书馆藏。

② 张伯行(1651—1725),字孝先,号敬庵,又号恕斋,河南仪封人。康熙二十四年进士,历官礼部尚书。谥清恪。恪遵程朱之学,为清代宋学大师。福建巡抚任上,创建鳌峰书院,名其堂"正谊"。一生整理辑刻程朱一派之书,分立德、立功、立言、气节、名儒粹言、名儒文集六部,为清代理学名臣之冠,所刊布先儒理学诸书五十馀种,对后世的影响很大。著述有《濂洛关闽书集解》、《正谊堂文集》、《正谊堂全书》等。

子也,采摭遗书,作《近思录》,而性功王事该焉","惟子朱子承先启后,崇正辟邪,振寰宇之心思,开一时之聋聩,呕取周子、二程子、张子各书,采其关于大体、切于日用者,辑为是《录》,俾学者寻绎玩味,心解力行,庶几自近及远,自卑升高,而诐淫邪遁不能淆,训诂词章不得而汩没焉","集诸儒之成者朱子,故能启佑乎后人也"。"伯行束发受书,垂五十馀年,兢兢焉以周、程、张、朱为标准,而于朱子是《录》,尤服膺弗失。间尝纂集诸说,谬为疏解",希望与天下同志"不负先儒谆复诲诱之心","以维持道脉、光辅圣朝斯文之盛"。其《集解》原刻本是由李丹桂、史大范校刊,清康熙五十一年刊,正谊堂藏板。日本东京大学有藏,因远在东京,本次集注不便取用。

张伯行集解《近思录》的文字与叶采集解有较明显差异,其注文重在阐释语录者的意旨,就语录本身并结合语录出处,做了较全面的阐释,注语精细,不同于叶采集解多引朱子语来解说。

笔者此次集注,所选底本为清尹会一①参订本,即乾隆元年(1736)维扬安定书院刻本。半叶九行十七字,注文小字双行同,左右双栏,有界行,白口、单鱼尾。框高 17.70 厘米,宽 13.30 厘米。卷前有康熙四十九年张伯行《近思录集解序》,乾隆元年尹会一《重刻近思录集解序》。该刻本刻印精美,中国科学院、华东师范大学图书馆有藏。其后世抄本、刻本多源自此本,如乾隆十三年(1748)影抄本,同治五年(1866)福州正谊书局重刻本。

4. 清代李文炤《近思录集解》,裒集朱熹《文集》、《语类》等文字,且兼及他儒,间附己意,故颇具参考价值。

李文炤②集解《近思录》十四卷,写刻本。半叶九行十七字,注文小字双行同,四周单栏,无界行,上白口、下黑口,单鱼尾。卷端题"李文照集解"。卷前有康熙五十九年(1720)李文炤序。华东师范大学藏本残存三卷。

据李文炤序文,他认为《近思录》"著性命之蕴,而天下之言道者有所宗;揭进修之要,而天下之言学者有所准","欲求数君子之道而不先之以是书,固不得其门而入矣。然其微辞奥义,多未易晓,朱子虽往往发明之,而散见于各书,(《四书集注》、《或问》、《大全》、《文集》、《语类》。)盖学者欲观其聚焉而

---

① 尹会一(1691—1748),字元孚,号健馀,直隶博野人。雍正二年进士,累官河南巡抚,工部、吏部侍郎。他笃信程朱,"为学务在力行,于古今学术纯驳审择之"。文以序记居多,有《重订小学纂注》六卷、《健馀文集》十卷等。参见《清儒学案》卷六十二《健馀学案》。

② 李文炤(1672—1735),字朗轩,又字元朗,号恒斋,湖南善化人。康熙间举人,官石城教谕,博通经史,宗朱子之学。主讲岳麓书院数年,从游者甚众。著有《正蒙集解》、《近思录集解》、《恒斋文集》等。

不得也。窃不自揣，为之裒集而次列之，而又取其意之相类与其说之相资者，条而附之，以备一家之言。至其所阙之处，则取叶氏、陈氏、薛氏、胡氏之说以补之，间亦或附己意于其间，庶几可以便观览、备遗忘，以待同志者之取裁而已矣"。可见，李氏集解大多取朱子之说，兼及陈埴、叶采、薛瑄、胡居仁等，间附己意。因此，他认为如果学者读到自己的《集解》，便可寻找到理解诸子百家难为之言、知晓内圣外王之要领的途径。

另据清雍正年李芳华刊梓《宋五子书》时所作序文可知，他接受了李文炤的教诲，确信"《近思》一录纲领该括、节目精深"，是学习四书的阶梯。因为李芳华感到"《近思》之注，诸家互有其醇疵，令读者不能无不备不纯之叹"，特刊梓李氏《集解》，公之于世，希望有裨益后学。

现存李文炤集解《近思录》十四卷，收录在《宋五子书》（七种），为清雍正十二年（1734）四为堂刻本。该《近思录集解》编排在《太极图说解》、《通书解》、《西铭解》、《正蒙》之后，《感兴诗》、《训子诗》之前。湖南省图书馆藏本完整无缺，刻印精美，字大疏朗。其版式与华东师大所藏残本同。因此，这次我们依据此本辑录了李氏集解文字。

5. 清代茅星来尊崇儒学，其集注《近思录》以考据见长，所用文献考据之法有益于我们更完备地认知程朱之学。其注文于版本、校勘、注释上均可嘉惠后学。

茅星来①《近思录集注》十四卷，《附说》一卷，成于清康熙六十年（1721）。文渊阁《四库全书》本收录，抄五本，收语录623条。为编修徐天柱家藏本。半叶八行二十一字，小字双行同，四周双栏，白口，单鱼尾。卷首抄有康熙六十年茅星来《近思录集注原序》，卷十四末抄乾隆元年茅星来《近思录集注后序》。

据茅星来《原序》可知，其父茅默存曾有手抄本《近思录》，茅星来从其父受业，"反复寻绎，久而稍觉有得，颇思博求注解以资参讨"。因茅氏对当时坊间流行的叶采、杨伯嵒的注释本不满，"星来尝取读之，粗率肤浅，于是书了无发明，又都解所不必解，其有稍费拟议处则阙焉，至于中间彼此错乱，字句舛讹，以二子亲承朱子绪论，而其为书乃如此，其他又何论乎？"于是"星来用是不揣固陋，辄购取四先生全书及宋元来《近思录》本，为之校正其异同得失，其先后次第，悉仍其旧本"，对于旧本舛错的地方不随意改动，"仿朱氏

① 茅星来（1678—1748），字岂宿，号钝叟，又号具茨山人，浙江归安人。康熙间诸生。屡应乡试不中，乃专攻经史及程朱著作。有《钝叟存稿》六卷。

《论孟》重出错简之例,注明其下",又"会萃众说,参以愚见,支分节解,不留疑窦",并且"仿朱氏《论孟》附《史记》'世家'、'列传'例,取《伊洛渊源录》中四先生事状,删其繁复,为之注释,以附简端"。茅星来经过三十年的悉心探讨,于康熙六十年完成《近思录集注》,并作序记之。

茅星来尊崇儒学,他在乾隆元年所作《后序》中,批评"《宋史》分道学、儒林为二"的做法;他认为经学与程朱之学是相互依存的,程朱之学是本于汉唐诸家之说,"欲求儒者之道于文章、训诂中则可,而欲以文章、训诂尽儒者之道则不可","马、郑、贾、孔之说经,譬则百货之所聚也;程、朱诸先生之说经,譬则操权度以平百货之长短轻重也。微权度,则货之长短轻重不见,而非百货所聚,则虽有权度亦无所用之矣","欲求程朱之学者,其必自马、郑诸传疏始。愚故于是编,备著汉唐诸家之说,以见程、朱诸先生之有本,俾彼空疏寡学者,无得以藉口焉"。《近思录》"古圣贤穷理正心修己治人之要实具于此"。

对茅星来的注解,乾隆五十三年(1788)学者阴立方曾评说:"茅君究心三十年,博采群书为之训释,稿经数易,详明精确。《录》中但载周、程、张子之言,未及朱子之语,今注中多采朱子之语,以为义理之折衷,即可当朱子《近思录》矣。学者读有心得,则圣学始终之功、致君泽民之道咸备,而凡阳儒阴释之说永不能惑,其嘉惠后学之心可谓盛哉!"[①]

茅星来《集注》是清初重要的《近思录》注本之一,他首开清人以考据方式注解《近思录》之风尚,为乾嘉时期集注《近思录》者导乎先路,其集注融入和整合了清初学术思想的一些要素,详考礼文制度,其考据思路、概念形式、具体诠释方式,在国内外都具有一定的影响力。但是,很少见人雕版,相对而言抄本较多,不知何故。仅《贩书偶记续编》曰:"《近思录集注》十四卷,清归安茅星来撰。道光三年刊。"

茅星来《集注》除《四库》抄本外,浙江省图书馆存有一部抄本,六册,佚名抄录。正文内容与《四库》本完全相同,偶有抄录失误处以夹签作以纠正,很可能是依据《四库》本抄录。茅星来《集注》还有两种抄本藏于国外,参见(日)河田羆编《静嘉堂秘籍志》[②]、《柏克莱加州大学东亚图书馆中文古籍

---

① （清）阴立方《近思录集注序》,载于清嘉庆二十二年刻道光三年印本《近思录》。上海图书馆藏。
② 贾荣贵《日本藏汉籍善本书志书目集成》,北京图书馆出版社,2003年6月1版,第6册第136页。

善本书志》①。此次集注选取《四库全书》文渊阁抄本为底本。

6. 清代江永《近思录集注》，"辑朱子之语以注朱子之书，至为精切"。多荟萃朱子之语以发明《近思录》奥义，其注解用功尤深，颇便初学，为朱子学的广泛深入传播作出了积极贡献。

自南宋至清乾隆时期，在《近思录》众多注本中，叶采《近思录集解》最佳。然而当乾隆初年江永②集注《近思录》问世后，叶采《集解》在注本中的主导地位便让位于它。在此后的一百六十馀年中，江永《集注》的覆刻本、重刻本、校勘本交织出现，现存抄本、刻本、石印本共计不少于29种，其中有对《集注》传本进行校勘编次刊刻，及复加重刻者；有将不同的传本进行合校，增入校勘记录者，及又对其进行重刻或石印者。江永《集注》版本的多样性是除叶采《集解》外的《近思录》注释本中绝无仅有的。江永集注《近思录》，引据详洽，绝非那些空谈尊朱者可比。其传播程朱理学之功可与叶采比肩。

现存江永《集注》除《四库》抄本外，较早的是嘉庆十二年（1807）李承端校订本《近思录》十四卷，卷端题"婺源后学江永集注"。半叶九行二十字，注文小字双行二十字，四周双边，有界行，白口，单鱼尾；框高19.10厘米，宽14.50厘米。版心刻"近思录"、卷次、页码。卷首扉页牌记为"婺源江慎修先生手辑／近思录集注／嘉庆丁卯镌，版存琉璃厂东门桶子□同龙文斋甘姓"，并有乾隆七年江永《近思录集注序》、《近思录书目原序》、《近思录集注凡例》、《近思录集注审定及校勘姓氏》。卷十四末附江永《考订朱子世家》一卷。最后刻有清嘉庆丁卯（十二年）李承端跋文。上海图书馆藏本，钤"莫绳孙"、"莫祥印"、"莫祁图书之印"、"莫棠之章"、"独山莫祥芝图书记"等印章。《增订四库简明目录标注》、《书目答问补正》有著录。

据李承端跋文，嘉庆十年他在京城从朱文正公③处得到《近思录集注》抄本，"端受书退，因与锐斋汪君互相校雠，订其讹舛，请正于师，酿

---

① 《柏克莱加州大学东亚图书馆中文古籍善本书志》，陈先行主编。上海古籍出版社，2005年3月1版。
② 江永（1681—1762），字慎修，号慎斋，安徽婺源人。曾著有阐述宋五子的著述数十卷。作为乾隆时期大儒，他熟读经典，对经学研究精深，尤擅长声律考据，著述甚多。
③ 朱文正公，即朱珪（1731—1806），字石君，号南崖，直隶大兴（今属北京）人，原籍浙江萧山。与兄竹君朱筠齐名。乾隆戊辰科进士，历任很多要职，是乾嘉间的名臣，清高不俗，清明廉洁。卒谥文正。著《知足斋文集》。

资授梓"。① 李承端与汪德钺②校雠订讹的底本应是朱文正公交给的《近思录集注》本,嘉庆十二年刻成时李氏作跋记之。因而,据牌记与李氏跋文推断此刻本为嘉庆十二年李承端校订。

据江永《近思录集注序》,他认为:《近思录》"直亚于《论》、《孟》、《学》、《庸》,岂寻常之编录哉！其间义旨渊微,非注不显。考朱子朝夕与门人讲论,多及此书,或解析文义,或阐发奥理,或辨别同异,或指摘瑕疵,又或因他事及之,与此相发,散见《文集》、《或问》、《语类》诸书,前人未有为之荟萃者。"③其集注之动机,意欲完成前人未做之事,即荟萃朱子之语,以发明《近思录》奥义。且《四库全书·近思录集注》"提要"亦予说明:"淳祐间,叶采纂为《集解》,表进于朝,虽阐发不免少略,尚无所窜乱于其间。明代有周公恕者,始妄加分析,各立细目,移置篇章,或漏落正文,或淆混注语,谬误几不可读。永以其贻误后学,因仍原本次第为之集注。"④事实上江永差不多一生心系《集注》,其自序云:"永自早岁,先人授以《朱子遗书》原本,沈潜反复有年。今已垂暮,所学无成,日置是书案头,默自省察,以当严师。窃病近本既行,原书破碎,朱子精言,复多刊落。因仍原本次第,衷辑朱子之言有关此《录》者,悉采入注。朱子说未备,乃采平岩及他氏说补之,间亦窃附鄙说,尽其馀蕴。盖欲昭晰,不厌详备。由是寻绎本文,弥觉义旨深远,研之愈出,味之无穷。窃谓此《录》既为四子之阶梯,则此注又当为此《录》之牡钥,开扃发鐍,祛疑释蔽,于读者不无小补。"

江永推尊朱子之言,其《集注》一经面世,很快受到世人青睐,得到学术界推崇,成为后世《近思录》注解本的代表,在清代后期非常流行。四库馆臣评价道:"凡朱子《文集》、《或问》、《语类》中其言有相发明者,悉行采入分注,或朱子说有未备,始取叶采及他家之说以补之,间亦附以己意,引据颇为详洽。盖永邃于经学,究心古义,穿穴于典籍者深。虽以馀力为此书,亦具有体例,与空谈尊朱者异也。"⑤

清代中后期至民国初年江永集注《近思录》的传本中,清代嘉、道、咸、同、光等朝多以刻本存世,民国年间石印、铅印尤多。这种盛传迹象为历史

---

① （清）李承端《近思录集注跋》,载于清嘉庆十二年李承端校订本《近思录》,（清）江永集注。上海图书馆藏。
② 嘉庆十二年江永《集注》刻本卷首有《近思录集注审定及校勘姓氏》,载录:"怀宁汪德钺锐斋"、"婺源李承端翼堂"。说明二人确实参加过校勘。
③ （清）江永《近思录集注序》。
④ 《四库全书》（文渊阁本）,第699册,第357页。
⑤ 《四库全书总目》,第781页。

罕见。江永《集注》的不断传刻、广泛流布,对朱子学的广泛传播贡献颇大。

另外,朝鲜半岛、日本所藏及再刻印的《近思录》中国学者注解本中,江永《近思录集注》数量仅次于叶采《集解》,位居第二,其中多为刻本、活字本、石印本。与选取叶采《集解》版本道理一样,笔者此次集注时,不选韩、日所藏或翻刻的江永注本,而重在选取国内珍藏的版本,故取清嘉庆十二年刻本江永《集注》为底本,因《四库全书》文渊阁抄本有脱文,故仅作参校本。后世传刻本中,注文有误者,本书集注时一般不作校勘。

7. 清代陈沆《近思录补注》,用朱子原注及他儒之说补注归重切要处,所引宋元明清学者之语较其他注本多,有较高的参考价值。

陈沆①《近思录补注》十四卷,白石山馆稿本。半叶十行二十五六字不等,注文小字双行二十四至二十七字数不等,四周双栏,白口,单鱼尾(印成蓝色)。无界行。蓝框,框高 20.90 厘米,宽 14.80 厘米。版心印有蓝字“白石山馆抄本”。卷首抄有《近思录书目原序》、《附朱子论近思录》、《附诸儒论近思录》。

陈沆《近思录补注》“每篇增入朱子之言,采入薛敬轩、胡敬斋、罗整庵、高景逸四家语录作注。……书中全用朱子原注,而他说次之;每章以归重切要处而注之。……朱子之学,旨于格物穷理,谓‘《四书》为《五经》之阶梯,而《近思录》为《四书》之阶梯。’使初学者易入《四书》之门,懂治人之要与辨异端、圣贤之大略等。”②

陈沆《补注》各卷篇名悉采《朱子语类》中朱子所言之“纲目”。注语中选录有朱熹晚年认为应补入《近思录》的四子语录,并引李延平、张南轩、吕东莱、黄勉斋、李果斋、真西山、叶采、饶双峰、陈定宇、王巽卿、薛敬轩、胡敬斋、罗整庵、高景逸、刘蕺山、张杨园、茅星来、江永等人语录进行注释,使得补注内容丰富多彩。这对我们理解《近思录》颇具参考价值。如补收朱熹认可的文字,有“《遗书晁氏客语》卷中,张思叔记程先生(程颐)语云‘思欲格物,则固已近道’一段甚好,当收入《近思录》”③,“因举《东见录》中明道曰‘学者须先识仁。仁者,浑然与物同体,义、礼、智、信皆仁也’云云,极好,当

---

① 陈沆(1785—1826),字太初,号秋舫,湖北蕲水(今浠水)人。清嘉庆二十四年进士,授翰林院修撰。能诗,兼治宋儒心性之学。室名“简学斋”、“白石山馆”。著有《白石山馆遗稿》、《近思录补注》等。
② 阳海清主编《中南、西南地区省、市图书馆馆藏古籍稿本提要》,第 199—200 页。
③ 《朱子语类》卷十八,(宋) 黎靖德编,王星贤点校本,第 405 页。

添入《近思录》中"①。

湖北省图书馆所藏此稿本,书名据书皮"简学斋《近思录》手写原稿'补注',魏默深先生批",书内除魏源批注外,另有佚名批注。"简学斋"、"白石山馆"皆为陈沆室名。抄写时"玄"、"弘"均避讳,书中夹有作者浮签及墨笔勾划,知为原稿本。依据陈沆生卒年以及笔者目验所见上述特征,推断其为清嘉庆时陈沆稿本。此书系简学斋后人于1961年通过赵朴初先生赠予湖北省图书馆。钤朱文印:"湖北省图书馆所藏善本"。

陈沆《近思录补注》,也有刻本存世,现存刻本有清道光年间刻本,清华大学图书馆有藏,光绪年间刻本,南京图书馆有藏,《贩书偶记》著录。此次集注选用湖北省图书馆所藏稿本为底本。

8. 清汪绂《读近思录》一卷,有选择性地诠释《近思录》,其心得体会对后学有较高的参考价值。

汪绂②"以宋五子之学为归"。光绪初年,徽州书院刊有汪绂著述多种。关于汪绂《读近思录》,《续修四库全书总目提要(稿本)》著录云:"《读近思录》一卷,家刻本。清汪绂撰。是书无自序,其首一条略云:'《近思录》分十四卷。而以道体开其端。道体五十一条,而以《太极图说》冠其首。此如子思子之作《中庸》,而首言天命之谓性也。性命孔子所罕言,而子思、孟子、周、程、张、朱皆汲汲乎先言之者。''孔子既没,异说横行,于是乎人人各有性命而不知自求。君子不特标其本原而示之,则学者无由知性命之在己,而作圣非异人事也。''曰:性命之微深矣,远矣,得非近思乎? 曰:知为吾之所固有,而自思得之焉,何近如之?'"③

汪绂将自己读《近思录》的心得体会辑成一书,名曰《读近思录》。据其生平,《读近思录》似于乾隆年间完成。其内容虽未明确分卷,却仍依《近思录》十四卷的先后次序,对每卷感兴趣的地方进行了阐述,有感则言,无感则略。

汪绂此书,现存光绪十年(1884)紫阳书院刻本汪绂《读近思录》,半叶十行二十五字,左右双栏,有界行,白口,单鱼尾。框高18.10厘米,宽11.80厘米。卷端题"婺源汪绂(烜又名绂)双池著,阖邑后学校梓"。版心刻"读近思录"、页码。牌记为"光绪十年春月重镌,板藏紫阳书院"。卷首有《汪双

---

① 《朱子语类》卷九十五,(宋)黎靖德编,王星贤点校本,第2447页。
② 汪绂(1692—1759),初名烜,字燦人,号双池,又号重生,婺源人。
③ 中国科学院图书馆整理《续修四库全书总目提要(稿本)》,齐鲁书社,1996年12月1版,第"15-705"页。

池先生著述书目》。《汪双池先生著述书目》中列有"《读近思录》一卷"，其下注文曰："嘉庆戊寅翰林院侍读湖北学政嘉兴沈公维鐈鼎甫先生刊版。光绪癸未，阖邑请吴邑侯节志书捐款重刊，版存紫阳书院。"因此，我们可以推定《读近思录》曾有清嘉庆戊寅年(二十三年,1818)沈维鐈刊本，今不见。光绪癸未(九年,1883)"吴邑侯节志书捐款重刊"本，光绪十年刊成。上海图书馆有藏。另有光绪二十二年重刻本，金华图书馆有藏。

由于此书早期家刻本不得见，故笔者此次整理以清光绪十年刻本为底本，选择辑录了相关文字。

（五）民国年间的注解本

自清末至民国，《近思录》传本从未因改朝换代而停止传播，清后期有代表性的文本，在民国仍不断传播，只是传本流布形态发生了改变，石印本渐多，铅印本流行。民国年间行世的《近思录》注释本中，最具代表性的是管赞程、张绍价所撰注解本，其实这些学者自清末就已开始在前人基础上整理注解《近思录》。

1. 管赞程《近思录集说》十四卷，民国年间由浙江印刷所铅印。此书将《近思录》各卷条目分段归纳概述其内容，间或对一些语录进行解说，宜于读者很快把握《近思录》纲领、各部分概要。

民国二十五年(1936)浙江印刷所铅印本管赞程①《近思录集说》十四卷。半叶八行二十六七字不等，注文双行小字四十一字左右，四周双栏，单鱼尾。版心印有"浙江印刷所承印"。卷端题"近思录集说"、语录条数，"黄岩后学管赞程"。此本由黄岩蔡骧、许宪衡校勘。浙江省图书馆藏本，四册。

该本卷前、卷末分别载有管赞程作于民国二十四年八月《近思录集说序》、二十五年二月《近思录集说后序》。管赞程在《近思录集说序》中说，孟子殁后圣道不传，极力赞颂宋代五子(周子、二程子、张子、朱子)在儒学传承上、在道学阐扬上的地位作用，特意表彰朱熹在《近思录》编辑上的用心，即"教人切近精思，变化气质，痛斥记诵博识为玩物丧志，无心得为买椟还珠，定其学之道曰主敬致知力行。其求端之方虽多，固皆可以入手。惟类聚孔孟言仁，研究大概，最称良法"。强调了吕祖谦序文所揭示的"科级"之义，告诫"后之学者"主敬、致知、力行，玩熟此书，方能"循是而进，自卑升高，自

---

① 管赞程(1871—?)，字向定，台州黄岩人。与同时期学者张绍价同为夏震武门人。张绍价评说管氏："主静立极，圣学心传；……维我向定，独得真诠；阐明奥旨，精蕴毕宣；……祖述鲁叟，步趋宋贤；《近思》一编，尤所精研。"(见浙江印刷所铅印本管赞程《近思录集说》卷首《管向定像赞》)

近及远",才能真切体悟四子之学。

管氏认为《近思录》"前人所注数家,未言求端之方,渐次经由之实",以致"朱子编辑之意既晦,学者入门渐进之路又塞,则此书虽存,而能知其贵者盖鲜"。朱子"历选前圣之书,论其科级具备,序次详明,以及艰难曲折,补偏救弊考功,惟此为密。虽掇拾各书而成,而卷中前后浅深联络一片,如天衣无缝。"管氏认为自己的《集说》虽"不能尽发其蕴,于求端用力之方,其间进步之渐,分章以详其始末,珠联以贯其血脉,随时以救其弊病,使循阶而不可躐等,此则稍有发明。至于辩异端似是之非,开百代未明之惑,关系学者之大,特加详焉。初学之士,其有取焉,则亦未必无少补"。并且,管氏在《近思录集说后序》中,还阐述了《近思录》科级的原理,乾道、坤道的转化关系,以及自己对此书纲目安排的理解,为何选录张载语录进入《近思录》的原因。

管赞程《近思录集说》颇具特色,收罗宋元明清诸多学者解说评议《近思录》的文字宏富,且对各家文字加以甄别,以时代先后编次于各条之下,眉目清晰。管氏在引用前人解说后,常常以"程按"的方式,阐明自己的理解,分章发明。与以往《近思录》注家明显不同的,是管氏将《近思录》各卷各条语录分章概述其大意,其说简明扼要,前后贯通,体现出一种阶梯理念,便于读者能很快把握各卷内容纲领。

2. 张绍价《近思录解义》十四卷,是民国年间出版的有时代特色的新式注本。注解简明平实,颇具个性色彩,从中也可考察传统理学的尊崇者在西学东渐、新文化运动中的思想情感。

民国二十五年(1936)春月青岛同文印书局铅印本张绍价①《近思录解义》。半叶九行二十八字,注文双行小字四十三字左右,四周双栏,单鱼尾。版心印有"青岛同文印书局公记印"。卷端题"近思录解义"、卷次、语录条目数,"即墨后学张绍价"。卷前有张绍价民国十三年《近思录解义序》。各卷卷端有张绍价解题文字,简述本卷大意。卷十四末有民国二十五年朱玉麟《近思录解义跋》。浙江省图书馆藏本,四册。

张绍价序云:"朱子纂辑是书,体裁略仿《学》、《庸》,与《论》、《孟》之单章只句各为一义不相联贯者异。后之注是书者,乃不取则于《学》、《庸》章句,而取则于《论》、《孟》集注,章各为解,节各为说,无由观其会通。朱子当日编辑之意,郁而不明"。因为他对朱熹之后注解《近思录》者不满,于是进行解义,会通前后,偶有己义,则加"价按"二字以示区别。《续修四库全书

---

① 张绍价(1860—?),字范卿,山东即墨人。尝从富阳夏震武游,究心于濂洛关闽之学。

总目》认为"历代关于《近思录》之纂注、成书颇多,而要以范卿此解为最便于初学。虽义理深奥者,恒不能越出宋人窠臼,然不务高论,一趋平实,亦近人中不可多得者也"。① 且从注文中可以感受到,张绍价在清末仍高举程朱之旗帜,捍卫宋明理学之地位,指斥西学不足。这些相关文字已辑录于"集评"部分。

张绍价此注本,是目前所知民国年间出版的具有时代特色的新式注本,注释内容反映了新旧时代交替时期固守程朱之学者的内心世界,具有较高的历史文献价值,其文字平实易懂,因而特选辑其注文,以便读者从一个侧面考察二十世纪初期的社会文化思想。

四、《近思录》国外注本的选取

如果要全面深入探寻《近思录》近八百年来在亚洲的影响,则有必要对历史上朝鲜半岛、日本、越南传播《近思录》的情况进行全面考察,注重探究各国各时期著名的或有影响的注解家和评论家,辑录他们对《近思录》进行注评的文字,进而研究注者、评者的思想情感,探寻东亚典范性汉籍《近思录》在悠久而广泛的历史空间所具有的世界性影响。目前,笔者经不懈努力,已只身前往日本、韩国访寻到一些具有代表性的《近思录》文献,尽管时间紧迫,笔者未能完全掌握领会这些文献的精髓,但还是从中选取了部分版本充实到此书之中。

(一)对朝鲜半岛高丽、朝鲜时代的学者注评文字的探究,笔者将依据下列代表性的版本:

1.(朝鲜)李珥(1536—1584)《李子近思录》上下卷,朝鲜笔写本。半叶十二行二十四字,四周双栏,框高 22.80 厘米,宽 17.20 厘米。有界行,白口,对(花)鱼尾。卷首有李度中《李子近思录》序文、《李子近思录义例》、《诸家记述引用书目》、《李子近思录目次》、《李子事实记略》。梨花女子大学藏本,五眼线装。钤蓝色印"汉阳赵钟灏章",朱文印"梨大"。

此写本每卷标题上有"○",以示区别;每条首字顶格,馀则低一字格书写。上卷内容包括:道体第一、为学第二、致知第三、存养第四、力行克治第五、家道第六、出处第七,下卷内容包括:治道治法第八、九、临政处事第十、教人之道第十一、警戒改过第十二、辨别异端第十三、总论圣贤第十四。

---

① 中国科学院图书馆整理《续修四库全书总目提要(稿本)》,第"1-060"页。

该写本卷端题"门人后孙延安李度中汇编,子垂恭校",且《李子近思录义例》云:"昔汪星溪佑编辑晦翁遗文,名曰'朱子近思录',使其子鉴校正。度中窃依星溪事,汇编栗谷全书,亦名为'李子近思录',使子垂恭校,欲以此为寿道之一脉云尔。"可知,此写本由李度中编,李垂校。具体书写时间待考。

2.(朝鲜)郑晔(1563—1625)编《近思录释疑》十四卷,(朝鲜)宋时烈等校,李朝显宗二年(1661)木版本。刻本半叶七行十八字,四周单栏,框高22.00厘米,宽16.60厘米。有界行,白口,对(花)鱼尾。版心刻印书名卷次、页码(如"近思释疑卷之一"、"一")。首尔大学奎章阁藏本,五眼线装。钤印:"弘斋"、"震宫"、"帝国图书之章"等。

此刻本卷首刻有崇祯二年(1629)金长生《近思录释疑序》,崇祯三十四年(1661)宋时烈《录一部而并以释》,李时烈《近思录释疑后序》。由李时烈作序时间可推知此本刊于朝鲜李朝显宗二年。此书是对《近思录》十四卷绝大多数条目(有时仅就某条中的词句)进行诠释、考证,对叶采"集解"评析质疑处尤多。郑晔编撰此书时,多处引用栗谷(李珥)、退溪(李滉)、沙溪(金长生)之言,宋时烈校雠时,往往加按语以示己见。而且对南宋叶采的集解语提出了较多质疑,并阐明己见。

3.(朝鲜)李瀷(1681—1763)编《星湖先生近思录疾书》十四卷,李朝时期写本。首尔大学奎章阁藏。半叶十一行二十二字。无界行。分条书写。卷首有《星湖先生近思录疾书》序文,未署撰者名及时间。故抄写时间及地点代待考。

此本是李瀷授家塾子弟时,担忧子弟不能见到《近思录》"意趣","辄加笺解,俾有以易入云尔"。① 并非对《近思录》所有语录进行解释或评议,而是有感则言,往往对四子语录进行评析、总结,或对朱子、叶采集解进行质疑,或引用《朱子语类》、朝鲜学者(如李退溪、李良溪等)的语录进行评析,或针对某条语录中难解字词句进行诠释,或考证语录出处,或析四子所引文字的原文与《近思录》之差异,或系联一条语录前后或几条语录间的关联,并阐述己见。也有提醒读者某些文字的解释可详见《心经》、《心经疾书》等。

4.(朝鲜)朴履坤(1730—1783)《近思录释义》十四卷,石板本。韩国国立中央图书馆藏。半叶十行十八字,注文小字双行同。四周双栏,框高

---

① (朝鲜)李瀷《星湖先生近思录疾书》。载于朝鲜李朝时期写本《星湖先生近思录疾书》,(朝鲜)李瀷编。首尔大学奎章阁藏。

23.70 厘米，宽 19.50 厘米。有界行，白口，单（花）鱼尾，版心印书名卷次、页码（如"近思录释义卷一"、"一"）卷首有己巳年（1929）光州卢相稷《近思录释义序》、《近思录释义目录》、《近思录》取材的 14 种书目、《集解目录》、《四先生书中拖引诸说十四贤》。据其卷末内封所印文字，可知此印本是日本昭和八年（1933）四月印刷，慕贤亭发行，即日本占领韩国时期的印本。

由于朴履坤认为《近思录》"叶氏之解尚有不能详明者"，于是"用力于是书，复搜宋儒之论，参订东贤之语，随得随札"。① 该书重在对《近思录》某些词句进行诠释，多见引用程子、朱子、黄勉斋、真西山、饶双峰、陈潜室、栗谷、退溪、沙溪等先贤或本国学者的语录帮助解释，且往往在所引理学家语录之后阐发自己的见解，并对南宋叶采集解提出异议。

关于朝鲜的传本，据（韩国）全寅初主编《韩国所藏中国汉籍总目·子部》记载，有 191 部；（韩国）李荣基编《奎章阁图书韩国本综合目录》记载，有 25 部；南京大学张伯伟编《朝鲜时代书目丛书》记载，有 50 部/件。这些只是韩国公私藏书目录中的一部分，其中也存在重出累计的情况，关于韩国现藏《近思录》文献的具体研究将另文研讨。

目前，国内现藏朝鲜时代的版本主要有：《近思录》十四卷，（宋）叶采集解，朝鲜成川府刻本，复旦大学图书馆藏；朝鲜刻本，辽宁省图书馆藏；李朝世宗十八年（1436）铜活字本，台湾故宫藏。（清）汪佑《五子近思录》十四卷，朝鲜光武年（1897）活字本，中山大学有藏；朝鲜活字本，浙江省图书馆藏。

（二）关于日本人注评《近思录》的文献，笔者将选取下列有代表性的版本：

1.（日）贝原笃信《近思录备考》十四卷，日本宽文八年（1668）吉野屋权兵卫刊本。日本国立公文书馆、京都大学图书馆藏。半叶十一行二十四字，四周双栏，无界行，白口，顺鱼尾。框高 21.10 厘米，宽 15.30 厘米。版心刻书名（如"近思录备考"）、卷次（如"卷之一"）、页码（如"一"）。卷十四末刻有日本宽文戊申年贝原笃信《书近思录备考之后》，接之为牌记："宽文八年岁次戊申七月日/柳马场二条下町/吉野屋权兵卫新刊"。依此，可知此刻本为日本宽文八年吉野屋权兵卫刊本。国立公文书馆藏本，钤朱文印"浅草文库"、"内阁文库"、"日本政府图书"。

贝原益轩（1630—1714），名笃信，筑前人。江户时代前期的儒者、教育

① （韩国）卢相稷《近思录释义序》。载于韩国石板本《近思录释义》，（朝鲜）朴履坤著。日本昭和八年（1933）印刷。韩国国立中央图书馆藏。

家。曾师从松永尺五、木下顺庵、山崎闇斋,主张理气一元论。著有《初学训》、《慎思录》、《大和本草》等。他是日本江户时代前期至中期具有代表性的儒学家之一,日本宽文戊申年(八年)完成该著。这是日本最早的《近思录》标注本。陈荣捷先生说,其"引朱子及其他理学家甚长,亦附己见,为日本研究《近思录》标准之作,其后学者多参考征引之"①。如后世的佐藤一斋讲学时多参考其《备考》。此书二十世纪日本中文出版社有影印本发行。

2.(日)宇都宫遯庵《鳌头近思录》十四卷,即《近思录》十四卷,(宋)朱熹、吕祖谦合辑,(宋)叶采集解,宇都宫遯庵标注。日本延宝六年(1678)刊本。其版式特别,笔者分作内外框两部分描述,内框部分:半叶八行十五字,注文小字双行同。上白口,下黑口,对(黑)鱼尾。框高 16.30 厘米,宽 13.00 厘米。版心印书名卷次(如"近思录卷一")、页码(如"十四")。外框部分:半叶 22 行 36 字。框高 23.80 厘米,宽 17.20 厘米。四周单栏。五眼线装。京都大学人文研藏本,钤朱文印"宝戒"、"岛田"、"京大人文研藏"、"古柳堂藏书记"。

宇都宫遯庵(1633—1707),名由的。对《近思录》原文与叶采注文均作诠释,注文内容丰富,是日本其他学者注释难以匹敌的。此刻本卷十四末刻有宇由的跋文,其左侧刻有牌记:"柳马场通押小路上町　吉野屋权兵卫刊行/延宝六年戊午二月吉辰/大坂高丽桥西壹町目　吉野屋五兵卫刊行"。由此可知此刻为延宝六年刊本。该藏本首册内封墨笔书:"朱晦庵先生、吕东莱先生编集,叶采集解,宫遯标注/鳌头近思录",故又有人称其谓"鳌头近思录"。

3.(日)泽田希《近思录说略》十四卷,日本享保五年(1720)芳野屋权兵卫刻本。半叶十一行二十五字,四周单栏,无界行,白口,单(黑)鱼尾。框高 20.20 厘米,宽 15.20 厘米。版心刻书名(如"近思录说略")、卷次(如"卷之一")、页码(如"一")。卷首刻有享保五年伊藤长胤《近思录说略序》,泽田希《近思录说略序》。卷十四末有牌记:"泽田织部著/享保五龙集仲夏良辰/柳马场通二条下町/芳野屋、权兵卫刊行"。日本国立公文书馆藏本,钤朱文印"浅草文库"、"司籍局记"、"日本政府图书",墨色阳文印"昌平坂学问所"。

泽田武冈,名希,号希斋,生卒年不详,或主要生活在日本宝永至享保年间。《近思录》传至日本后,在日本学者中影响很大。泽田希认为《近思录》

---

① 　陈荣捷《朱学论集》,第 109 页。

"实为学之要务,求道之模楷",他对所阅读的《近思录》各注家注本作出了自己的评判,而且编成《近思录说略》。该书吸收了叶采《集解》部分内容,又评议了撰者之前和同时期解说之言,间附己见。因而,当时的学者伊藤长胤对其《说略》评价很高,认为它"考覈精详,援据明悉,采濂洛之旨,而穷其源委,其才之敏与业之勤,既有以过乎人也"。陈荣捷先生亦云:"日本注以此与贝原益轩、宇都宫遯庵,与佐藤一斋为最好。印本各处甚多。"①

4.(日)中村习斋《近思录讲说》,中文写本。此写本笔者未曾见到,据陈荣捷先生说,中村习斋(1719—1799)"于山崎闇斋灵元十年(1670)所刊之《近思录》之书端及字里行间下注甚多,解词释字甚详,又引朱子、陈淳、三宅尚斋等人之言,并指明其出处,间亦评叶采。其门人亦有注"。② 拙作集评所选《讲说》文字主要依据陈先生所辑。

山崎闇斋(1618—1682),名嘉,字敬义。江户时代前期的儒者。曾师从土佐谷时中,成为朱子学方面的儒者。门人中杰出者有浅见絅斋、中佐藤直方、三宅观澜等人。京都大学藏有《近思录》十四卷,山崎嘉训点,洛阳武村市兵卫、大坂同佐兵卫刊。卷前有宽文十年(1670)山崎嘉《近思录序》。

5.(日)佐藤一斋《近思录栏外书》三卷,日本天保十年(1839)中文写本,今藏东京都立中央图书馆。佐藤一斋(1772—1859),名坦。曾任天保改革时的儒官,信奉阳明学。《近思录栏外书》卷首载:"天保十年,为诸生讲斯篇,因复漫书于读本栏外,以孟秋下澣三日起笔,至朣月中澣十日完业。爱日楼主,时龄六十有八。"此稿于天保十年十二月完成。一斋的注评多引王阳明语,也引宋明理学家和明清《近思录》注家多人的注解,同时直言自己的观点与考证依据,颇多独立思想。此《栏外书》现已收入《佐藤一斋全集》,有株式会社明德出版社,日本平成四年十二月十日印刷本。

6.(日)樱田虎门《近思录摘说》十四卷,日本文化十年(1813)中文写本。樱田虎门(1774—1839),名节,字仲文。据陈荣捷先生说,该书逐句解释其意思,"多引宋明儒及日本注家如中村惕斋、贝原益轩、三宅尚斋等而与之或异,惟遵守朱子之说"。③

7.(日)东正纯《近思录参考》(中文版)。东正纯(1832—1891)"所选宋明儒与中日注家甚佳,议论也精"。此书被收入日本大正八年(1919)《泽泻

---

① 陈荣捷《朱学论集》,第110页。
② 陈荣捷《朱学论集》,第110页。
③ 陈荣捷《朱学论集》,第111页。

先生全集》。本书所选《参考》文字主要依据陈先生所辑。

关于日本的《近思录》文献,从《中国馆藏和刻本汉籍书目》、《中国馆藏日人汉文书目》、《日本藏汉籍善本书志书目集成》,《东京大学东洋文化研究所汉籍分类目录》、《京都大学人文科学研究所汉籍目录》、《和刻本汉籍分类目录》(补正版)等公私藏书目录的著录,以及陈荣捷《近思录详注集评》、《朱学论集》等相关文献查考,差不多可以获知《近思录》在古代日本传刻、注解、续编的版本情况。这将有利于今后进行日本《近思录》传播的专门研究,另文再述。

目前,国内现存日本《近思录》版本主要有:(日)佐藤坦《近思录栏外书》三卷,日本抄本,辽宁省图书馆藏。(宋)蔡模《近思续录》、《近思别录》,日本宽文八年(1668)刻本,北京大学图书馆藏。(日)泽田希《近思录说略》,日本享保五年(1720)刻本,华东师范大学藏。《近思录》十四卷,日本文化九年(1812)浪华书林加贺屋善刻本,辽宁省图书馆藏;(日本)山崎嘉校点《近思录》日本明治四年(1871)佐土原学习馆刻本,上海图书馆、湖北省图书馆藏。《近思录》十四卷,(宋)叶采集解,日本铜活字本,中国国家图书馆藏;日本宽文八年(1668)吉野屋权兵卫刻本,山东大学图书馆藏;日本宽文十年(1670)刻本,湖南省图书馆藏;日本宽文十三年(1673)石渠堂印本,辽宁省图书馆藏;日本刻本,人民大学图书馆藏;日本弘化三年(1846)浪华书林加贺屋善刻本,香港中文大学图书馆藏。(清)汪佑《五子近思录》,日本天保五年(1834)刻本,湖南省图书馆藏。

(三)关于越南人的注解本,笔者目前尚不清楚详情,仅据刘春银、王小盾、陈义主编《越南汉喃文献目录提要》,知道有:"《五子近思录》,汪星溪编辑。今存印本一种,现藏巴黎,嗣德甲子年(1864)印行于洞中瞻拜堂,并藏版于此。598 页,高 24 公分,宽 14 公分,三册。宋代五位名儒周敦颐、程颢、程颐、张载、朱熹的作品,新安汪星溪编辑。原目编为 4763 号,中国重抄重印本。"其他文本有待进一步查考。

《近思录》卷之一
凡五十一条

道体（造化性命）

［集评］

朱子曰：《近思录》首卷难看，某所以与伯恭商量，教他做数语以载于后，正谓此也。若只读此，则道理孤单，如顿兵坚城之下。（《语类》卷一〇五）

吕祖谦曰：《近思录》既成，或疑首卷阴阳变化性命之说，大抵非始学者之事，某窃尝与闻次辑之意，后出晚进于义理之本原，虽未容骤语，苟茫然不识其梗概，则亦何所底止？列之篇端，特使之知其名义，有所向望而已。（《近思录跋》）

黄榦曰：至于首卷，则尝见先生（朱熹）说，其初本不欲立此一卷，后来觉得无头，只得存之。（《勉斋集》卷八《复李公晦》）

叶采曰：此卷论性之本原、道之体统，盖学问之纲领也。

施璜曰：圣人未尝轻以性之本原语人，朱子编辑此书为《四书》、《六经》之阶梯，乃始学者之事，而首卷便掇取《太极图说》冠于篇端，何哉？盖朱子教人从事圣贤之学，而圣贤之所以为圣贤者，不过穷理尽性以至于命而已。虽后出晚进于性命之本原，未容躐等骤语，苟懵然不知其梗概，则趋向恐不得其正，而惑于他岐之说焉。故首列《太极图说》于篇端，使人粗知天理之根源，略明人物之终始，以正其趋向，而定其阶梯，不至于错走路头也。盖学问起头要知性，中间要复性，临了要尽性。人不知性，万事皆低。后世道不明，只是性不明。《四书》、《六经》都是说一"性"字。性即理也，仁义礼智是也。率而由之之谓道，三纲五常是也。《中庸》开卷即从"天命之谓性，率性之谓道"说起，亦是此意。故曰此卷乃学问之纲领，学者必先究心于此，然后可以论尽性至命之事也。熊澶川先生曰："濂溪，宋之仲尼也。其学广大精微，纯粹深密，莫妙于《太极图说》。上续鲁邹之传，下开洛闽之绪，功在斯文，泽流后世,自秦汉以来未有盛于濂溪者也。"故程子兄弟语及性命之际,未尝不因其说,而朱子又条分缕析以释之。其学弘昭于天下后世,有志于圣贤之学者,岂可以为此非始学者之急务,而不熟读精思、虚心涵泳哉?

茅星来曰:此篇就理之本然者而言,必于此精察明辨,而后于道知所从入,可以用力以求至焉。凡五十一条。此卷乃《中庸》之理,而《大学》所未及者,然如曰"明德",曰"至善",曰"天之明命",曰"峻德"以至"身""心""意""知"之类,《大学》固已略见其端,特以方欲明体道之方,而未暇详夫道之体也。此卷乃一一发明之,盖道之体既明,而所以体道者自愈以详审而精密矣。

张绍价曰:朱子曰"此卷道体"。刘缄三曰:"道体一卷,以天体物而不遗,犹仁体事而无不在,君子循而修之所以为吉为主。以天以阴阳五行,化生万物,气成形而理亦赋焉,圣人定之以中正仁义而主静,立人极焉为总旨,以天道理气人心性情为分意。体似立纲,以濂溪《太极图说》为纲,引程子、张子之言以发明之。"

钱穆曰:道体一观念,则为讲究周、张、二程四家言者,一最重要纲领所在。……朱子举道体二字为《近思录》全书之第一目,可谓用意深长矣。(《随劄》)

泽田希曰:体,犹言体段模样。程子曰:"天运不已,水流不穷,皆与道为体"。体字与此同。叶注曰"道之体统",此解恐过深而非朱子名题之本意。盖此篇所载,如太极、阴阳、诚德、中和、性命、鬼神之类,浑皆道之体段。今名其篇,亦只取于此耳。是卷所载阴阳性命之说,苟非初学可骤议者,而朱子以此为篇首者,何也?此盖与《中庸》开口说性道教其意正同,欲使人先知其名义尔,所谓太极性命之类,自汉以下诸儒皆不达其精意,所说差谬,而名义颇违矣。故拣取此等言,以叙一部之始,抑圣贤之立言随时不同,然皆各有当,而无非至教也。孔子曰:"中人以下,不可以语上也。"子贡曰:"夫子之言,性与天道不可得而闻也。"盖圣人之设教随人品之高下,而不敢使躐等,故于高妙之理,未尝轻告人如此,然及子思作《中庸》,首举性道之义,以遍示人,恐与夫子之意似相盭。此盖有以也,当是之时,道学渐微,异端日盛,故子思忧及其久也。邪说益炽,而遂没其真,爰挑道学体要之旨,以释其义,使万世昭昭,无所惑焉。此其时之不得不然也。降至宋朝,则去圣愈远,道学愈废。虽有太极性命等名,人皆不知其本义,况又老佛之徒依时乘暗,借名乱实,偷言害意,蝉噪蛙鸣,不胜其纷纭乎?此其周、程、张子所以谆谆先论辨其道体,而朱子亦所以蒐辑之于此书之始也。以此观之,孔门之教,宋儒之论,其意初不相悖,唯其时势有不同耳。学者不可不知。知名义亦非

小可,名义一误,则标的不正,愈力而愈差矣。此知是篇不可不先讲也,及进为之方,则后篇详论之。(《说略》,下同)

1. 濂溪先生曰[一]:无极而太极。[1]太极动而生阳,动极而静;静而生阴,静极复动。一动一静,互为其根;分阴分阳,两仪立焉。[2]阳变阴合,而生水、火、木、金、土。五气顺布,四时行焉。[3]五行,一阴阳也;阴阳,一太极也;太极,本无极也。[4]五行之生也,各一其性。[5]无极之真,二五之精,妙合而凝。[6]"乾道成男,坤道成女",二气交感,化生万物。万物生生,而变化无穷焉。[7]唯人也,得其秀而最灵。形既生矣,神发知矣,五性感动而善恶分、万事出矣。[8]圣人定之以中正仁义,(旧注:圣人之道,仁义中正而已矣。)[二]而主静,[9](旧注:无欲故静。)立人极焉。[10]故圣人与天地合其德,日月合其明,四时合其序,鬼神合其吉凶。[11]君子修之吉,小人悖之凶。[12]故曰:"立天之道,曰阴与阳;立地之道,曰柔与刚;立人之道,曰仁与义。"又曰:"原始反终,故知死生[三]之说。"[13]大哉《易》也,斯其至矣![14]

[集校]

[一]《张解》本无"先生"二字。此条今见周敦颐《太极图说》,无"濂溪先生曰"五字。对于四子语录的辑录,朱熹、吕祖谦并不完全依原书次第编辑,往往是择其精要进行剪辑。各卷中常见到"某某曰"、"某某先生云"之类的句子,或因表述需要而增。

[二]"旧注",《叶解》本、《茅注》本、《江注》本、《管说》作"本注",下同。吴邦模刻本、《李解》本无"本注"(即《杨注》本的"旧注")二字,下同。《太极图说》无"旧注:圣人之道,仁义中正而已矣。"佐藤一斋云,此句见于《通书》。

[三]"死生"一作"生死"。(《茅注》)

[集注]

[1]杨注:晦翁曰:"上天之载,无声无臭,而实造化之枢纽、品汇之根柢也。故曰'无极而太极',非太极之外复有无极也。"

叶解:蔡节斋曰:"朱子曰:'太极者,象数未形,而其理已具之称。'又曰:'未有天地之先,毕竟是先有此理。'又曰:'无极者,只是说这道理。当初元无一物,只是有此理而已,此个道理便会动而生阳,静而生阴。'详此三条,皆是主太极而为言也。又曰:'从阴阳处看,则所谓太极者便只是在阴阳里,而今人说阴阳上面别有一个无形无影底是太极,非也。'又曰:'太极只是天地万物之理。在天地则天地中有太极,在万物则万物中有太极。'又曰:'非有以离乎阴阳,即阴阳而指其本体。'详此三条,皆是主阴阳而为言也。故主太极而言,则太极在阴阳之先;主阴阳而言,则太极在阴阳之内。盖自阴阳未生而言,则所谓太极者必当先有;自阴阳既生而言,则所谓太极者即在乎阴阳之中也。谓阴阳之外别有太极常为阴阳主者,固为陷乎列子不生不化之谬;而独执夫太极只在阴阳之中之说者,则又失其枢纽根柢之所为,而大本有所不识矣。"愚按,节斋先生此条所论,最为明备,而或者于阴阳未生之说有疑焉。若以循环言之,则阴前是阳,阳前又是阴,似不可以未生言。若截自一阳初动处、万物未生时言之,则一阳未动之时,谓之阴阳未生亦可也。未生阳而阳之理已具,未生阴而阴之理已具,在人心则为喜怒哀乐未发之中,总名曰"太极",然具于阴阳之先而流行阴阳之内,一太极而已。

张解:此周子因"易有太极"之辞,默契道体之本原,立象尽意而复著说,以明其蕴也。"无极"止言其无形,太极者,大而无以复加之至理也。言上天之载,无声无臭,而冲漠无朕之中,万象万化,森然已具。盖本无形迹可求,而实为无以复加之至理。此其所以为造化之枢纽、品汇之根柢也。

茅注:無,宋本作"无",下同。太者,大,无以加之谓;极者,至极之义。以其无形之可见,故曰无极。朱子曰:"'上天之载,无声无臭',是就有中说无;'无极而太极',是就无中说有。"又曰:"老子之言有无,以有无为二。周子之言有无,以有无为一。"又曰:"不言无极,则太极同于一物,而不足为万化之根柢;不言太极,则无极沦于空寂,而不能为万化之根柢。"陈北溪曰:"百家诸子都将太极说属气形去。如《汉志》谓太极'函三为一',乃是指天地人气形已具而浑沦未判。老子说'有物混成,先天地生',正指此也。庄子谓'道在太极之先',所谓太极亦是指此。浑沦未判,而道又别悬空在太极之先,则道与太极分为二矣。不知道即是太极,道以理之通行者而言,太极是以理之极至者而言。惟理之极至,所以古今人物通行;惟古今人物通行,所以为理之极至,无二理也。"陈北溪曰:"未有天地万物,先有是理。然是理不是悬空在那里,才有天地万物之理,便有天地万物之气,才有天地万物之气,则此理便全在天地万物之中。那相接处无些子缝罅,如何分得孰为先、孰为后?"又曰:"理不外乎气,若说截然在阴阳五行之先,及在阴阳五行之中,便成理与气为二物矣。"愚按,《易》所言太极在两仪、四象、八卦之先,此所谓太极即在阴阳、五行、天地万物之中,彼处有次第,此处无次第也。盖彼处在圣人画卦上说,须是以渐生出,故有次第。此则直就阴阳五行、天地万物自然之理言之,故无次第也。

价解:太极在人为性。性之本体,无形无声,故曰“无极”。然虽无形无声,而其理则至极而无以复加,故曰“无极而太极”。

[2]叶解:朱子曰:“太极之有动静,是天命之流行也。所谓‘一阴一阳之谓道’。诚者圣人之本,物之终始,而命之道也。其动也,诚之通也。继之者善,万物之所资以始也。其静也,诚之复也。成之者性,万物各正其性命也。动极而静,静极复动,一动一静,互为其根,命之所以流行而不已也。动而生阳,静而生阴,分阴分阳,两仪立焉,分之所以一定而不移也。盖太极者,本然之妙也。动静者,所乘之机也。太极,形而上之道也;阴阳,形而下之器也。是以自其著者而观之,则动静不同时,阴阳不同位,而太极无不在焉。自其微者而观之,则冲漠无朕,而动静阴阳之理,已悉具于其中矣。虽然,推之于前,而不见其始之合;引之于后,而不见其终之离也。故程子曰‘动静无端,阴阳无始’,非知道者孰能识之?”愚谓:“动而生阳,动极而静;静而生阴,静极复动”若(“若”,当据《四库》抄本作“者”),言太极流行之妙,相推于无穷也。“一动一静,互为其根;分阴分阳,两仪立焉”者,言二气对待之体,一定而不易也。邵子曰“用起天地先,体立天地后”是也。然详而分之,则“动而生阳”、“静而生阴”者,是流行之中,定分未尝乱也。“一动一静,互为其根”者,是对待之中,妙用实相流通也。

张传:“太极动而生阳”,“静而生阴”,此是周子立言,不能一齐并说出,故先说个动而生阳,阳极而静,静而生阴。其实一时具有,不分后先,要看“互为其根”一语,非是待阳动极了然后生静。盖太极有动静,便有盈虚消长之理。动而生阳时,非无静也。第以阳当浸长,则阴自浸消,至阳长之极,即阴消之极。物不可终极也,于是阳浸消而阴浸长,其生亦然,所谓“互为其根”也。

张解:太极者,理也。有理即有气,有气而机见矣。机一动即为阳,是太极之动也,而已生阳矣。动无终动之理,故动极而静。机一静即为阴,是太极之静也,而已生阴矣。静亦无终静之理,故静极复动。夫“动极而静”,是动不一于动,即为静之根也;“静极复动”,是静不一于静,即为动之根也。一动一静,交相为根,循环无端,迭为终始。然其中阴有阴之界,则分为阴;阳有阳之界,则分为阳。而阴仪阳仪两者,相对待而立焉。

茅注:复,扶又反。两仪,谓天地,与《易》画卦两仪不同。朱子曰:“仪,匹也。如俗所谓一双一对是也。"……朱子曰:"太极生阴阳,理生气也。阴阳既生,则太极在其中,理复在气之内也。"又曰:"性,犹太极也;心,犹阴阳也。太极只在阴阳之中,非能离阴阳也。然至论太极,则太极自是太极,阴阳自是阴阳,惟性与心亦然。所谓'一而二,二而一'也。"又曰:"太极动即是阳,非动而后生阳也。动极生静,亦非别有一静来继此动。盖阴气流行即为阳,阳气凝聚即为阴,非真有二物相对也。"又曰:"阴阳有以流行言者,一动一静,互为其根,寒暑往来是也;有以定位言者,分阴分阳,两仪立焉,天地上下四方是也。易有两义:一曰变易,便是流行底;一曰交易,便是对待底。"又曰:"动则此理行,此动中之太极也;静则此理存,此静中之太极也。盖阴阳五行错综不失条绪,便是理。"又曰:"'太极动而生阳',周子偶从动处发端,其实自有天地无非此二者,流行旋转,不动则静,不静则动,中间更无空处。'圣人定之以中正仁义',便是主张此二者。盖圣人之动即天道之元亨,其静则是利贞。所以继天地之志,述天地之事,与《西铭》都相贯通,如云'五行之生'至'变化无穷',亦即'天地之塞吾其体,天地之帅吾其性'之意,但说有详略缓急耳。"

[3] 叶解:朱子曰:"有太极,则一动一静而两仪分;有阴阳,则一变一合而五行具。然五行者,质具于地而气行于天者也。以质而语其生之序,则曰水火木金土,而水木阳也,火金阴也;以气而语其行之序,则曰木火土金水,而木火阳也,金水阴也。"或问:"阳何以言变? 阴何以言合?"曰:"阳动而阴随之,故云变合。"愚谓,水火木金土者,阴阳生五行之序也。木火土金水者,五行自相生之序也。曰:"五行之生与五行之相生,其序不同,何也?"曰:"五行之生也,盖二气之交变合而各成,天一生水,地二生火,天三生木,地四生金,天五生土,所谓'阳变阴合,而生水火木金土'是也。五行之相生也,盖一气之推,循环相因,木生火,火生土,土生金,金生水,水复生木,所谓'五气顺布,四时行焉'是也。"曰:"其所以有是二端,何也?"曰:"二气变合而生者,原于对待之体也;一气循环而生者,本于流行之用也。"

张传:"水火木金土",依《河图》生成之序言。"五气顺布",又是从五行相生之序,依四时流行者言,所谓文王八卦也。

张解:阴阳既分,两仪既立,其中遂不能不相交而生成之用著矣。阳趋乎阴,则主于施而为变;阴迎乎阳,则主于受而为合。于是阳一变生水,而阴以六合成之;阴二合生火,而阳以七变成之;阳三变生木,而阴以八合成之;阴四合生金,而阳以九变成之;阳五变生土,而阴以十合成之。是生水火木金土,而生成自然之序可见。且五行之质在于地,而气运于天,其运也,又各自相生。而木火土金水之五气，遂顺布于天地间。而木气行于春，火气行于夏，金气行于秋，水气行于冬，土气寄行于四季，则四时行焉，而顺布亦有自然之序也。

茅注：朱子曰："又统而言之，则气阳而质阴也；又错而言之，则动阳而静阴也。盖五行之变，至于不可穷，然无适而非阴阳之道。至其所以为阴阳者，又无适而非太极之本然也。夫岂有所亏欠间隔哉？"又曰："水质阴而性本阳，火质阳而性本阴。水外暗而内明，以其根于阳也；火外明而内暗，以其根于阴也。《太极图》阳动之中有黑底，阴静之中有白底是也。横渠言'阴阳之精，互藏其宅'，正此意也。"《书正义》曰："万物成形以微著为渐，五行先后亦以微著为渐。五行之体，水最微为一，火渐著为二，木形实为三，金体固为四，土质大为五。"朱子曰："阳变而助阴故生水，阴合而阳盛故生火，木金各从其类，故在左右。"又曰："以质语其生之序，而水木为阳、火金为阴者，盖天一生水、地二生火、天三生木、地四生金，一三阳也，二四阴也；以气语其行之序，而木火为阳，金水为阴者，盖以四时而言，则春夏为阳，秋冬为阴。"又曰："初生水火，流动闪烁，其体尚虚；次生木金，则确然有定形矣。水火初是自生，木金则资于土。盖天地生物，先其轻清，以及重浊，水火在五行中最轻清，金木重于水火，土又重于金木。"又曰："金木水火分属四时，土则寄旺四季，惟夏季十八日土气为最旺，故能生秋金也。以图象考之，木生火、金生水之类，各有小画相牵连。而火生土、土生金，独穿乎土之内。馀则从旁而过，为可见矣。"问："向闻先生语学者，五行不是相生，合下有时多有，如何？"朱子曰："此难说。若会得底，便自然不相悖，唤做一齐有也得，唤做相生也得。便虽不是相生，他气亦自相灌注。如人五脏固不曾有先后，但其灌注时自有次序。"又曰："天地始初混沌未分时，想只有水火二者。水之极浊便成地，火之极清便成风霆雷电日星之属。"又曰："五行之序，木为之始，水为之终，而土为之中。以《河图》、《洛书》之数言之，则水一木三而土五，皆阳之生数而不可易者也，故得以更迭为主，而为五行之纲。以德言之，则木为发生之始，水为贞静之体，而土又包育之母也。故水之包五行也，以其流通贯彻而无不在；木之包五行也，以其归根反本而藏于此也。若夫土则水火之所寄，金木之所资，居中而应四方，一体而载万类者也。"问："金木水火体质属土。"曰："《正蒙》有一说好，只金与木之体质属土，水与火却不属土。"愚按，唐孔氏谓《大禹谟》"水、火、金、木、土、谷惟修"，与《洪范》之次不同，《洪范》以生数为次，《大禹谟》以相克为次。周子此所言即《洪范》之次也，盖亦就阴阳生五行者而言。若五行相生次序，则又当云"木火土金水"矣。

今俗复有"金木水火土"之语,盖班固《白虎通·五行章》已有之,而《左传·昭二十五年》"用其五行",注亦如此为次。《正义》云:"随便而言之,不以义为次也。"又按,邵氏《皇极经世书》谓:"东赤、南白、西黄、北黑,此正色也,验之于晓午暮夜之时,可见之矣。"张氏嶙曰:"东方木色青,南方火色赤,西方金色白,北方水色黑,中方土色黄,此五行之气色,色之分辨也。东赤、南白、西黄、北黑者,一阳之气色,色之递变也。故婴儿始生而赤,稍变而白,人病而黄,老死而黑;物生地下而赤,稍长而白,萎烟则黄,枯槁而黑也。物皆资一阳以生,此四变者,无物不然。"

贝原笃信曰:阳变动而交阴,阴凝合而交于阳。阴阳交和而生五行之质。又案,无极而太极者,《易》所谓"易有太极"也;动生阳、静生阴者,"是生两仪"也;生水火木金土者,"两仪生四象"也。(《备考》,下同)

[4]叶解:此图即《系辞》"易有太极,是生两仪,两仪生四象"之义而推明之也,但《易》以卦爻言,图以造化言,卦爻固所以拟造化也。

张传:"五行之生,各一其性",五行各有一太极也。合五行观之,原于一太极,分五行观之,而太极全体,又无不在也。

张解:五行既有生成顺布之妙,可见造化发育之具错综变化,无有纪极。然推本言之,则五行虽清浊异质,而质不外阴阳;先后异时,而时不外阴阳;彼此异位,而位不外阴阳。推之无不皆然,是"五行,一阴阳也"。若阴阳之散见,虽无物不有,无时不然,而实乃太极之动静,是"阴阳,一太极也"。至于太极之所以然,则惟存其理,初无声臭之可闻、形象之可见,是"太极本无极"也。

贝原笃信曰:"五行,一阴阳也"至"五行之生也,各一其性",朱子解为一段尤正当。盖此一节总括上文,合而言之。

[5]叶解:张南轩曰:"五行生,质虽有不同,然太极之理未尝不存也。五行各一其性,则为仁义礼智信之理,而五行各专其一。"

张传:"五行之生""生"字,即"阳变阴合而生""生"字。此指五行从阴阳所生时言,止有其理,未堕在气质中。至下文"无极"、"二五"、"妙合而凝",方着在气质上说。此段严时亨与朱子问辨甚繁,皆是将"妙合而凝"意。豫于五行之生处言之,故义理之性、气质之性,二者倐彼倐此,难于区分也。盖五行虽云无二,须知有未受气质之五行,有既受气质之五行。如天一地二所生水火,与漂流燔燎之水火,自有体用道器之分。故既受气质之五行,虽云太极之全体无乎不在,然堕于气质,与从阴阳太极所生者观之,则有别矣。

张解:五行固同处于太极矣,而其生也有成质,则理随气质而具,遂各专于一,以成其性。如木以曲直为性,火以炎上为性,金以从革为性,水以润下为性,土以稼穑为性。是五行各具一太极,而性之无物不有可知也。

茅注:朱子曰:"五行一阴阳,阴阳一太极,则非太极之后别生二五,而二五之上先有太极也。无极而太极,太极本无极,则非无极之后别生太极,而太极之上先有无极也。"问:"无极、太极本非二物?"曰:"无极而太极,则无极之中万象森列,不可谓之无矣。太极本无极,则太极之体冲漠无朕,不可谓之有矣。"又曰:"虽云五行各一其性,然一物又各具五行之理,不可不知,康节曾细推来。"

[6]杨注:无极曰"真",以理言也;二五曰"精",以气言也。二者未尝相离也,非"无极之真"为一物,"二五之精"又为一物。始离为二,而今合为一也。

张传:两仪生四象,只生四行可也,何以生五?且何以止于五而不生六?盖二生四者,是言生卦之序。生五者,乃是天地阴阳所具,只有此数不可增减,与生卦之序意旨自别。今夫中者,一而已矣,有中则有前,有前则有后,有前后则有左右,是前后左右中者,五也。此固不可减之为四,增之为六也。《河图》之数,虽出于龙马所呈,然却是天地自然有此理数部位,所以陈抟、种放辈,缘此想悟而得也。周子曰"五气顺布,四时行焉",亦是从《河图》看出。

[7]杨注:"乾道成男,坤道成女",非特以人言也。凡物之雌雄牝牡皆乾坤之道,男女之象也。气聚成形,形交气感,而生生变化无穷矣。

叶解:《系辞》"天地絪缊,万物化醇",气化也;"男女构精,万物化生",形化也。《图说》盖本诸此。

张解:五行虽各一性,而其本实出于无极。盖无极原是实有之理,所谓真也。至于二气五行载理以出其中,无非粹然之气,所谓精也。真实之理、精醇之气,妙于会合而凝聚成形则见。其阳之健者,乾道也,实成为男,而父道以立;阴之顺者,坤道也,实成为女,而母道以立。于是理宰乎气,而二气错综变化以生万物。是人物之以气化而生者,原得理气真精之妙,而万物同出于太极也。既气化成形,而万物遂各以形气交感,生生不已,而阳变阴化,靡有穷尽。是人物之以形化而生者,又各得理气真精之妙,而万物各有一太极也。夫合言之,而万物统体一太极;分言之,而万物各具一太极。则物之不能离性,而性之随在各足,不又大彰明较著哉!

茅注:朱子曰:"天地方开,未有人种,自是气蒸结成两个人,后方生许多万物,所以先言'乾道成男,坤道成女',然后言'化生万物'。"又曰:"生气流行,一滚而出。初非以其全气付与人,减下一等与物也,但禀受随其所得。

物固昏塞矣,而昏塞之中亦有轻重,昏塞尤甚者于气之渣滓中又复禀得渣滓之甚者耳。"又曰:"太极只是个极好至善底道理,人人有一太极,物物有一太极。"问:"'无极而太极',先生谓此五字增减不得,而此言'无极之真'却不言'太极'。"曰:"'真'字便是太极。"真西山曰:"就其在人物者言之,性即太极,仁义即阴阳,仁义礼智信即五行。"

价解:真即太极也,赋于人为性。理气合而生人生物,人物之生,得天地之理以为性,得天地之气以成形。

[8]叶解:朱子曰:"此言众人具动静之理,而常失之于动也。盖人物之生,莫不有太极之道焉。然阴阳五行气质交运,而人之所禀独得其秀,故其心为最灵,而有以不失其性之全。所谓天地之心,而人之极也。然形生于阴,神发于阳,五常之性感物而动,而阳善阴恶又以类分,而五性之殊散为万事。盖二气五行化生万物,其在人者又如此也。"

茅注:知,去声。朱子曰:"天地之性,是理也。才到有阴阳五行处,便有气质之性于此,遂有昏明厚薄之殊,得其秀而最灵,乃气质以后事。"问:"灵处是心,抑是性?"曰:"灵处只是心,不是性。性只是理。"问:"《通书》多说'几',《太极图》却无此意。"曰:"五性感动,善恶未分处便是几。"

江注:朱子曰:"自非圣人全体太极有以定之,则欲动情胜,利害相攻,人极不立,而违禽兽不远矣。"

佐藤一斋曰:知之神,不虑而知,是良知也;生之形,不学而能,是良能也。(《栏外书》,下同)

[9]张传:"主静者谓何?"曰:"此'静'字不与动平对。盖天德、性真、心原、道妙之总名,而中正仁义之主也。圣人定之以中正仁义,即是主静。精莫精于此,一莫一于此也。惟主静,则人理无以复加,而人之极立矣。若解为对动之静,理难通矣。夫阴不尊于阳,不先于阳,不善于阳,何阳不可主而必主于阴耶?说者谓天地不殽敛,无以为发生;人心不宁息,无以为运用。不知动静互根之理,无偏胜也。使有殽敛而无发生,有宁息而无运用,乾坤不几息,而人理不几绝乎!故动静相资,其重均也。今曰主之而立极,其理专且尊矣。固知周子之所谓'静',非上文'动而生阳'、'静而生阴'之动、静也。其自注云'无欲故静',非指'阳动阴静'之静明矣。此'静'字,立于动静之先,如太极立于阴阳之先,至尊而无偶者也,圣人以此洗心退藏于密,故曰静焉。此'静'字,母也,中又包'动静'二字,子也。如此看,斯于理不悖矣。张南轩以本于敬为主静,亦不与动字平看。"

[10]张解:此承上文,言人为万物之灵,但众人因物有迁,而圣人之教

不得不立也。盖万物虽同具太极,同有其性,而人则得天地之秀,而心独灵于凡物。夫阴之聚而成形者,既生而有其质矣;阳之运而为神者,又发而有其知矣。于是仁义礼智信五性,感物而动。或得义理之正,进乎阳明而为善;或任血气之偏,入于阴暗而为恶,善恶从此分。而遇事接物,万变不同,万事从此出矣。不有以定之,将欲动情胜,其不同于禽兽者几希。幸有圣人出,气质清明,尤为秀中之秀,乃念人同此性,性同此理,于是修道为教,而定之以大中之礼,至正之智,不忍之仁,合宜之义。凡此皆全体太极,无分动静,其动处必如乎静,然后为阴阳合德,性量无亏,故一主乎静,而人极因以立焉。然则同具动静之理,而众人失之于动者,圣人则以动亦定、静亦定者立人极,以一天下之动,其成己、成物之功,抑何大耶!

茅注:朱子曰:"正所以能中,义所以能仁。正与义为体,中与仁为用。中仁是动,正义是静。"又曰:"中正仁义常在此中流转,然必倚着静为之本。如无夜,则做得昼不分晓;无冬,则做得春夏不长茂。《易》言利贞者,性情也。元亨是发用处,必至于利贞,乃见乾之实体,万物至秋冬收敛成实,方见得他本质,故曰性情。此亦主静之说。"问:"不言礼智而曰中正,何也?"曰:"礼智犹说得宽,中正则切而实矣。且谓之礼,尚或有不中节处,谓中则无过不及,乃节文恰好处也。谓之智,尚或有正不正,正则是非端的分明,乃智之正当处也。"

[11]叶解:朱子曰:"此言圣人全动静之德,而常本之于静也。盖人禀阴阳五行之秀气以生,而圣人之生,又得其秀之秀者。是以其行之也中,其处之也正,其发之也仁,其裁之也义。盖一动一静,莫不有以全夫太极之道而无所亏焉,则向之所谓欲动情胜、利害相攻者,于此乎定矣。然静者,诚之复而性之真也。苟非此心寂然无欲而静,则亦何以酬酢事物之变,而一天下之动哉!故圣人中正仁义,动静周流,而其动也必主乎静。此其所以成位乎中,而天地、日月、四时、鬼神有所不能违也。盖必体立而后用有以行,若程子论乾坤动静,而曰'不专一则不能直遂,不翕聚则不能发散',亦此意耳。"李果斋曰"五性感动而善恶分",是五性皆有动有静也。惟圣人能定其性而主于静,故动罔不善而人心之太极立焉。盖人生而静,性之本体湛然无欲,斯能主静,此立极之要领也。或问:"周子不言礼智而言中正,何也?"愚谓:此图辞义悉出于《易》。《易》本阴阳,而推之人事,其德曰仁义,其用曰中正,要不越阴阳之两端而已。仁义而匪中正,则仁为姑息、义为忍刻之类,故《易》尤重中正。

张解:承上文,言圣人全体太极,表里精粗,浑然天理,无往而不合也。

故覆载者,天地之德,而圣人之道德与之合其广大;光华者,日月之明,而圣人之睿智与之合其照临。四时之代嬗,昭其序也,圣人合之而变通,皆出于自然;鬼神之祸福,见其吉凶也,圣人合之而彰瘅,悉归于至当。夫是以成位其中,而阴阳动静之理,直上下与同流矣。

[12]叶解:朱子曰:"圣人太极之全体,一动一静,无适而非中正仁义之极,盖不假修为而自然也。未至此而修之,君子之所以吉也;不知此而悖之,小人之所以凶也。修之悖之,亦在乎敬肆之间而已矣。敬则欲寡而理明,寡之又寡以至于无,则静虚动直,而圣可学矣。"

茅注:朱子曰:"修吉、悖凶,最是此篇喫紧处,而其本则主于静。"

价解:敬则戒慎恐惧随时处中,故修之而吉;肆则纵欲妄行而无所忌惮,故悖之而凶。

[13]叶解:朱子曰:"阴阳成象,天道之所以立也;刚柔成质,地道之所以立也;仁义成德,人道之所以立也。道一而已,随事著见,故有三才之别,而于其中又各有体用之分焉。其实则一太极也。阳也、刚也、仁也,物之始也;阴也、柔也、义也,物之终也。能原其始而知所以生,则反其终而知所以死矣。此天地之间,纲纪造化,流行古今,不言之妙。圣人作《易》,其大意盖不出此,故引之以证其说。"愚谓,一阴一阳之谓道。道即太极也,在天以气言,曰阴阳;在地以形言,曰刚柔;在人以德言,曰仁义。此太极之体所以立也。死生者物之终始也,知死生之说,则尽二气流行之妙矣。此太极之用所以行也。凡此二端发明太极之全体大用,故引以结证一图之义。

张解:此言太极之理,非独圣人宜全,乃人品所由分,吉凶所由系。兼三才者惟此,彻死生者亦惟此也。夫圣人主静立极,固不思不勉,全体太极而动静循环,皆从容而中乎中正仁义之道矣。未能如此,则必修之,敬义夹立,而作德日休,君子所以吉也。不知有此则相与悖之,肆欲妄行,而作伪日拙,小人所以凶也。君子小人之分止在敬肆,人可不勉力持敬,使静虚动直,以庶几圣人之学乎! 圣人所以能兼三才之道、通死生之说者,止是实体太极道理耳。故《易·说卦》曰"立天之道,曰阴与阳",阴阳者,太极之成象者也。"立地之道,曰柔与刚",柔刚者,太极之成质者也。"立人之道,曰仁与义",仁义者,太极之成德者也。随处著见为三才,则皆一太极也。《系辞》曰"原始反终,故知死生之说",推原本始,乃神之伸,然亦只阳耳、刚耳、仁耳,太极之动为之也。反观厥终,乃鬼之归,然犹是阴耳、柔耳、义耳,太极之静为之也。人能兼通乎此,则三才既备而参赞在我,死生顺受而造化无违,吉凶又不足言矣。

茅注:"立天之道"三句,见《易·说卦传》;"原始反终"二句,见《易·系辞上传》。朱子曰:"阳主进而阴主退,阳主息而阴主消。进而息者其气强,退而消者其气弱,此阴阳之所以为柔刚也。阳刚温厚,居东南,主春夏,而以作长为事。阴柔严凝,居西北,主秋冬,而以敛藏为事。作长为生,收敛为杀,此刚柔之所以为仁义也。杨子所谓'于仁也柔,于义也刚'者,乃自其用处末流言之。盖亦所谓阳中之阴,阴中之阳,固不妨自为一义,但不可杂乎此而论之耳。"又曰:"阴阳是阳中之阴阳,刚柔是阴中之阴阳,阴阳以气言,刚柔以质言。"又曰:"仁义中正。既知界限分晓,又须知四者之中仁义是对立关键。盖礼则仁之著,智则义之藏,犹春夏秋冬虽为四时,而春夏为阳,秋冬为阴,是知天地之道不两则不能以立,故端虽有四,而立之者则两耳。"又曰:"说者多以仁为柔,以义为刚,非也。盖仁本是柔,然却是发出来者,便是刚;义本是刚,然却收敛向里者,便是柔。仁之体本静,而其用则流行不穷;义之用本动,而其体则各止其所。此即阳中之阴,阴中之阳,互藏其根之意。"又曰:"始处是生生之初,终处是一定之理,始有处说生,已定处说死,死则不复变动矣。"

佐藤一斋曰:此节两引《易》,盖结上文"圣人定之"节。前证"中正仁义",后证"主静"。……注(按,《叶解》所引朱子语)以阳刚仁为始,以阴柔义为终,恐非周子本意。

[14] 杨注:《太极图》。伯喦据晦翁曰:"太极只是极至,更无去处了。至高至妙,至精至神,更没去处。濂溪恐人道太极有形,故曰'无极而太极',是无之中有个至极之理。如'皇极'亦是中天下而立,四方辐凑,更没去处,移过这边也不是,移过那边也不是,只在中央,四畔合凑到这里。"又(按,疑脱"指")屋极曰:"(按,疑脱"极")那里更没去处了。"又曰:"理与气本无先后之可言,但推上去时,却如理在先、气在后相似。理非别为一物,即存乎是气之中,无是气则是理亦无挂搭处。气则为金木水火,理则为仁义礼智。"又曰:"如'太极动而生阳,动极而静,静而生阴',不成动已前便无静。""程子言'动静无端,阴阳无始',盖此亦且从那动处说起。若论着动以前又有静,静以前又有动,如云'一阴一阳之谓道,继之者善也'。这'继'字便是动之头,若只一阖一辟而无继,便是合杀了。"

张解:结言此图乃所以明《易》之故也。

茅注:问:"孔门工夫皆切己做去。"朱子曰:"此亦未尝不切己,皆非在外,乃我所固有也。"曰:"恐徒长人億度料想之见。"曰:"理会不得者固如此,若理会得者,莫非在我,便可受用,何億度之有?"○此所谓"无极而太极"也,所以动而阳、静而阴之本体也。然非有以离乎阴阳也,即阴阳而指其本体不杂乎阴阳而为言耳。◉此太极之动而阳、静而阴也。中○者其本体也。"愚按,《易》上下卦各三画,而此图左右方亦各外中内三重者,盖天地人三才至极之理,自然而然,而非圣贤心思智虑之所得为也。《周易本义》谓"六爻:五、上为天,三、四为人,初、二为地。"则此图左方外、中二重为天,右方外、中二重为地,左右方内一重为人。又细分之,则"立天之道,曰阴与阳",而左方外一重为阳,中一重为阴。"立地之道,曰柔与刚",而右方外一重为柔,中一重为刚。"立人之道,曰仁与义",而左方为仁,右方为义。问:"左方属天,右方属地,固矣。人则兼左右方言之,何也?"曰:"得天地之理气以成性与形,故自不能离天地而独立也。"◐此阳之动也,太极之用所以行也;◑此阴之静也,太极之体所以立也。◑此阴中之阳。阳,动之根也。愚按,此就右方之白者而言。◐此阳中之阴。阴,静之根也。愚按,此就左方之黑者而言。

此阳变阴合,而生水火木金土也。╱(按,当作╲)此阳之变也,╱此阴之合也。㊌阴盛故居右,㊌阳盛故居左,㊍阳穉故次火,㊎阴穉故次水,㊏冲气故居中。愚按,凡《图解》大小并指太极,其水火木金土各有一小○包之,即所谓"五行之生,各一其性"。性者,即太极也。馀○放此。黄勉斋曰:"质曰水火木金,盖以阴阳相间言,犹曰东西南北,所谓对待者也。气曰木火金水,盖以阴阳相固言,犹曰东南西北,所谓流行者也。"╳此阳变阴合也。水右火左,而此以交系乎上,阴根阳,阳根阴也。水而木,木而火,火而土,土而金,金复生水,如环无端,五气布而四时行也。愚按,动而阳,静而阴,即两仪也。阳之动,阴之静,与阴中之阳,阳中之阴,则四象也。阳变阴合,而生水火木金土,即《易》之"天一地二"云云,而八卦之所由成也。

五行一阴阳,五殊二实,无馀欠也。阴阳一太极,精粗本末,无彼此也。太极本无极,上天之载,无声无臭也。○五行之生,各一其性,而五行各一太极,无假借也。☯此无极、二五所以妙合而无间也。愚按,旧本并作Ⅲ。但细按,似与原图及朱注所谓"经纬错综"者不合,因为正之。其下○者,即上所谓"五行之生,各一其性,而五行各一太极"者是也。又按,╲自左而右,即从上阳之变者直下;⟋自右而左,即从上阴之合者直下,相连不断,以间以水、火字,故似乎中断另起耳。○"乾道成男,坤道成女",以气化者言也,各一其性,而男女一太极也。朱子曰:"在动物如牝牡之类,在植物亦有男女,如麻有牡麻及竹有雌雄之类。"愚按,气化者,谓未有人种,阴阳之气凝结而成者也。○万物化生,以形化者言也。各一其性,而万物一太极也。愚按,形化者,谓既有人种后,交合而生者也。与上"成男"、"成女",并兼人物在内。以上悉本朱子《图解》。……陆氏曰:"《正蒙》云:'由太虚有天之名,由气化有道之名,合虚与气有性之名,合性与知觉有心之名。'"朱子谓:太虚便是《太极图》上面一圆圈,气化便是阴静阳动。此是总说。"合虚与气,有性之名",有这气便有这理。"合性与知觉,有心之名",知觉又是那气之虚处。此二句就人上说,本只是一个太虚,渐细分说得密耳。九峰蔡氏曰:"横渠四语只是理气二字而细分,'由太虚有天之名',即'无极而太极'之谓,以理言也。'由气化有道之名',即'一阴一阳之谓道'之谓,以气言也。'合虚与气有性之名',即'继之者善、成之者性'之谓,以人物禀受而言也。'合性与知觉有心之名',即人心道心之谓,以心之体而言也。"以朱子、九峰之言观之,则知张子此四语备一篇《太极图说》之意。"由太虚有天之名",是指太极之不杂乎阴阳者言之,所谓"一故神"也;"由气化有道之名",是指太极之不离乎阴阳者言之,所谓"两故化"也。下二句则是"无极之真,二五之精,妙合而凝"。

[集评]

朱子曰:"无极而太极",只是无形而有理。周子恐人于太极之外更寻太极,故以无极言之。既谓之无极,则不可以有底道理强搜寻也。又曰:无极者无形,太极者有理也。周子恐人把作一物看,故云无极。(《语类》卷九十四)

朱子曰:五行具,则造化发育之具无不备矣,故又即此而推本之,以明其浑然一体,莫非无极之妙。而无极之妙,亦未尝不各具于一物之中也。盖五行异质,四时异气,而皆不能外乎阴阳,五殊二实无馀欠也。阴阳异位,动静异时,而皆不能离乎太极,精粗本末无彼此也。至于所以为太极者,又无声臭之可言也。(《叶解》)

朱子曰：真以理言，无妄之谓也；精以气言，不二之名也。妙合者，太极、二五本混融而无间也。凝者聚也，气聚而成形。盖性为之主，而阴阳五行为之经纬错综，又各以类凝聚而成形焉。阳而健者成男，则父之道也；阴而顺者成女，则母之道也。是人物之始以气化而生者也。气聚成形，则形交气感，遂以形化，而人物生生变化无穷矣。自男女而观之，则男女各一其性，而男女一太极也；自万物而观之，则万物各一其性，而万物一太极也。盖合而言之，万物统体一太极也；分而言之，一物各具一太极也。（同上）

朱子曰：《图说》首言阴阳变化之原，其后即以人所禀受明之。"秀而最灵"者，纯粹至善之性也，所谓太极也。"形生神发"，则阳动阴静之为也。"五性感动"，则"阳变阴合，而生水火木金土"也。"善恶分"，则成男成女之象也。"万事出"，则万物化生之义也。至"圣人定之以中正仁义，而主静，立人极"，则又有以得乎太极之全体，而与天地混合无间矣。故又言天地、日月、四时、鬼神，无不合也。（《茅注》）

朱子曰：《易》之为书，广大悉备，然语其至极，则此图尽之。其旨岂不深哉！周子手是图以授程氏兄弟，程子之言性与天道多出于此，然卒未尝明以此图示人，是必有微意焉。学者不可以不知也。（同上）

朱子曰：《先天》乃伏羲本图，非康节所自作，虽无言语而所该甚广。凡今《易》中一字一义，无不自其中流出者。《太极》却是周子自作，发明《易》中大概纲领意思而已。故论其格局，则《太极》不如《先天》之大而详；论其义理，则《先天》不如《太极》之精而约。盖合下规模不同，而《太极》终在《先天》范围之内，又不若彼之自然，不假思虑安排也。若以数言之，则《先天》自一而二，自二而四，自四而八，以为八卦。《太极》亦自一而二为刚柔，自二而四为刚善刚恶、柔善柔恶，遂加其一为中，以为五行，而遂下及于万物。盖物理本同，而象数亦无二致，但推得有大小详略耳。（同上）

南轩先生《太极图解义》云：人而不能反其初，则人极不立，而去庶物无几矣，故"定之以中正仁义而主静"，圣人所以立人极也。动为诚之通，静为诚之复。中也仁也，动而通也，始而亨者也；正也义也，静而复也，利以贞者也。中也仁也，本为体而周子则明其用；正也义也，本为用而周子则明其体。盖道莫不有体有用，有体则有用，而用之中有体存焉。此正乾始元而终贞之意。动则用行，静则体立，故圣人主静而动者行焉，动者行而不失其静之妙。此太极之道，圣人所以为全尽之也。然则曰"定"云者，指定之定。有动静之根，未有动静之分，一为物欲所挠，则定者乱而静者无所主矣。圣人全体太极，则静者立而动者行焉。（《杨注》）

陈北溪曰：老子曰"复归于无极"，柳子曰"无极之极"，康节《先天图说》亦曰"无极之前阴含阳也，有极之后阳分阴也"。是周子以前已有无极之说矣，但意各不同。老子、柳子、康节以气言，此则专以理言也。（同上）

蔡节斋曰：易有太极。易，变易也。夫子所谓"无体之易也，太极至极也"，言变易无体而有至极之理也，故周子《太极图说》特以"无极而太极"发明易有太极之义。其所谓"无极而太极"者，盖亦言其无体之易而有至极之理也。是其无极之真，实有得于夫子《易》之一言，而或以为周子妄加者，缪也。且其《图说》无非取于《易》者，而其篇末又以"大哉《易》也"结之，圣贤之言断可识矣。（《叶解》）

陈埴曰：（"无极而太极"）此语为未识太极者设，恐人着相寻求此物也。今人说道、说太极，皆似悬空中有一物高挂，在事物形器之外，闪铄底似，此见解须用脑上着一穴也。（《木钟集》卷之十，以下同）

又曰：气化，谓未有种类之初，以阴阳之气合而生。形化，谓既有种类之后，以牝牡之形合而生。皆兼人物言之。

又曰：阳生阴，阴生阳，犹今日之昼固生今日之夜，而今日之夜又生来日之昼。昼之根在夜，夜之根在昼，所谓"互为其根"也。根者生之义，二气无判然两截之理。本只一气分而为二名耳。阳变生水，即天一生水也。阴合生火，即地二生火也。

又曰："无之极乃有之极，惟其无中有有，故少刻方生得这阴阳五行。若无许多有在里面，如何有许多发出来？"以手闭太极，指无极言："这个只是无。"复以手闭无极，指太极言："这个便是无极中有底。"复以手闭无极、太极，指五行言："这个便是无极太极，其于男女太极、万物太极也。太极所谓冲漠无朕，此之谓也。"

又曰：这便是循环无端处，反复其手而言，阳了阴，阴了阳，何曾穷已。

又曰：五行始生，谓太极流行之后，自气而成质，自柔而成刚，水最柔故居一，火差刚故居次。至木、至金、至土，则浸坚刚，故《洪范》与《易》言所生之序皆如此，气则成四时之序，即五行之序也。今更不须问所生之序，此太极剖判之初也。

又曰：水得气之初，阳气一动便蒸润，便生水。既蒸润便萌达，便生木。既萌达便盛势，便生火。火既盛便剥落，便生土。土既剥落便坚硬，便生金。金既生，依旧又能生水，到春来即萌蘖发生，到夏来都长茂，秋冬都收藏而坚劲，又至一阳来，依旧又生水。盖非归根则不能发达，乃生生不穷之理也。

吴草庐曰：太极无动静，动静者气机也，气机一动则太极亦动，气机一静则太极亦静。故朱子释云"太极之有动静，是天命之流行也"。此是为周子分解太极，不当言动静。以天命之有流行，故只得以动静言也。（《茅注》）

刘蕺山曰："一阴一阳之谓道"，即太极也。天地之间，一气而已，非有理而后有气，乃气立而理因之寓也。就形下之中而指其形而上者，不得不推高一层以立至尊之位，故谓之太极；而实无极之可言，所谓"无极而太极"也。使实有是太极之理为此气从出之母，则亦一物而已，又何以生生不息，妙万物而无穷乎？今曰理本无形，故谓之无极，无乃转落注脚。太极之妙，生生不息而已矣。生阳生阴，而生水火木金土，而生万物，皆一气自然之变化，而合之只是一个生意，此造化之蕴也。惟人得之以为人，则太极为灵秀之钟，而一阳一阴分见于形神之际，由是龁之为五性，而感应之涂出，善恶之介分，人事之所以万有不齐也。惟圣人深悟无极之理而得其所谓静者主之，乃在中正仁义之间，循理为静是也。天地此太极，圣人此太极，彼此不相假而若合符节，故曰合德。若必捐天地之所有而界之于物，又独钟界之于人，则天地岂若是之劳也哉！自无极说到万物上，天地之始终也。自万事反到无极上，圣人之终而始也。始终之说，即生死之说，而开辟混沌、七尺之去留不与焉。知乎此者，可与语道矣。主静要矣，致知亟焉。（清道光二十六年何绍基刻《宋元学案》本《太极图说》附）

刁包曰：读《太极图》，识性之原焉；读《西铭》，识兴之量焉；读《定性书》，识性之体焉；读《颜子好学论》，识性之所以复焉；读《敬斋箴》，识性之所以养焉。自孔孟殁而圣学晦，上下千四百年，无见性者，是以无见道者，至五篇文字出，然后天之所以命人，与人之所以合天者，一一描出，而无复馀蕴，使学者确然有所持循矣。（《潜室杂记》，以下同）

又曰：天地间无一物而非阴阳也，则无一物而非太极，形形色色，盈眸而是也。天地间无一事而非阴阳也，则无一事而非太极，巨巨细细，盈眸而是也。天地间无一时而非阴阳也，则无一时而非太极，往往来来，盈眸而是也。此处放过，便是形不著、习不察，物自物、事自事、时自时，与吾无与也。此处果识得无一物而非太极，无一物而非心也。无一物而非心，而心有一物濡染，则非太极矣。无一事而非太极，无一事而非心也。无一事而非心，而心有一事系恋，则非太极矣。无一时而非太极，无一时而非心也。无一时而非心，而心有一时间断，则非太极矣。无濡染、无系恋、无间断之谓心。无濡染、无系恋、无间断之谓心之太极，无濡染、无系恋、无间断之谓太极之无极。吾儒只说太极，太极便无极，故孔子专言之，而周子统言之，非有二也。若二氏只说无极却遗了太极，是以谈玄说妙都在静里寻觅。至于动中纷至杂投，未免厌烦,遂思屏绝事物,不知事物如何屏绝得,惟有一一还他太极本色而已。

王夫之曰:阴阳二气细缊于宇宙,融结于万汇,不相离,不相胜。无有阳而无阴、有阴而无阳,无有地而无天、有天而无地。故《周易》并建乾坤为诸卦之统宗,不孤立也。然阳有独运之神,阴有自立之体;天入地中,地函天化,而抑各效其功能。(《周易内传》卷一上)

王夫之曰:无极,无有一极也,无有不极也。有一极,则有不极矣。"无极而太极"也,无有不极,乃谓太极;故君子无所不用其极。行而后知有道;道犹路也。得而后见有德;德犹得也。储天下之用,给天下之得者,举无能名言之。天曰无极,人曰至善,通天人曰诚,合体用曰中;皆赞辞也,知者喻之耳。喻之而后可与知道,可与见德。(《船山思问录·内篇》,以下同)

又曰:太极动而生阳,动之动也;静而生阴,动之静也。废然无动而静,阴恶从生哉!一动一静,阖辟之谓也。由阖而辟,由辟而阖,皆动也。废然之静,则是息矣。"至诚无息",况天地乎!"维天之命,于穆不已",何静之有?

或问:"圣人定之者,定其名耶?定其数耶?笔之于书耶?传之于人耶?"愚(按,张习孔)曰:"皆非也。圣人立心制行,无不依于中正仁义,若定之于此而不移也,固未笔之于书。然于《六经》、四子之纪载而观其会通,则有以观夫圣人之所以为圣者,不越于是四者焉。虽其道变化不穷,而是四者其根柢也,故曰定也。此周子功深而识到,故能指示亲切以传世,岂有诬与!"(《张传》)

张伯行曰:广大悉备,《易》之书也,而此图乃《易》中之至精至微,难以言尽而无以复加者也。既图其象,复著为说,其示人之意益深切矣。

茅星来曰:夫子所言太极,亦但就仪象卦画上言耳。周子又就中推去,见得天地万物莫不皆然。且于其中指出无极示人,则其理愈精,而言愈广矣。然要之说个太极,便包个无极在内;说个"《易》有太极",便包个天地万物之太极在内。则夫子之言实足以该周子之言,而周子之言亦无非发明夫子之言也。朱子实始尊信而表章之,其功伟矣。……濂溪分气为二,曰动曰静,而太极在其中,不离乎动静,亦不杂乎动静。横渠分气为二,曰虚曰气,而以太虚为不杂之太极,太和为不离之太极。所以朱子谓其"落在一边",又谓其"有未莹处"。然朱子又尝谓其"议论极精密",则此固犹无碍。惟所谓"气聚散于太虚,犹冰凝释于水",朱子谓"其流乃是个大轮回"。此则与程、朱不可合者也。

吴敬庵曰：五行一阴阳，阴阳一太极，所谓体用一源，显微无间，于此见理之同。五行之生，各一其性，于此见气质之异。性非有异，然囿于气质，而不能相通，故曰各一其性。（《价解》）

刘绳三曰：首段引濂溪先生《太极图说》，论天地生人，圣人尽人合天之旨，为一纲而领起，以下分四段发明。（《价解》）

汪绂曰：《近思录》分十四卷，而以道体开其端。"道体"篇五十一条，而以《太极图说》冠其首。此如子思子之作《中庸》而首言"天命之谓性也"。性命，孔子所罕言，而子思、孟子、周、程、张、朱皆汲汲乎先言之者。孔子既没，异说横行，老、佛塞其源，功利汩其流，于是乎人人各有性命而不知自求。君子不特标其本原而示之，则学者无由知性命之在己，而作圣非异人事也。谓学者未能遽识何？曰：且示之的焉。使先入为主，而己有主乃不惑。"神而明之，默而成之"，存乎学问也。性命之微深矣、远矣，得非近思乎？曰：知为吾之所固有，而自思得之焉，何近如之？

管赞程曰：自首至此为一章，言天地之所以生人，而圣人尽人合天之道。推原无极太极为万化之根，使人知中正仁义所自来。其在人即天命之性，诚之复寂然而静，已有动容周旋中礼气象，故能又以全德应变，则天下归德而定于一，以至静而制动，如众星之共北辰，所以必本于静而立人极。此学圣人良法，通生知以下而言，故列首以明道之大原、圣人之知，而为此书之纲领焉。

张绍价曰：此卷详论天道理气，人心性情，而《太极图说》已备言之。盖太极理也，阴阳五行气也。天地生人生物，予之气以成形，即予之理以成性，中正仁义，性之真也。欲情之动也，定之以中正仁义。无欲而静，圣人所以性其情，而与天地合其德也。以下四段，皆以发明乎此而已。

冯友兰曰：在濂溪之系统中，太极能动、能静、能生，故濂溪之太极是形下底，而不是形上底，此其与朱子之系统根本不同之处。濂溪此图实是老学。其所说，无极而太极，太极生阴阳，即《老子》所说"道生一，一生二"之说。道是无极，一是太极，二是阴阳。（《新理学》）

又曰：（"无极而太极"）此"而"可以说是"大用流行"。大用流行，即是道；宋儒所谓道体，即指此说。（《新理学》）

陈荣捷曰：周敦颐在其《太极图说》开宗明义既谓"无极而太极"，则道家气息自为显然，诚以"无极"一词实来自《老子》。（《陈论》）

又曰：朱子乃致力于太极之说，此朱子所以采用周敦颐之《太极图说》，并以之置于新儒家形而上之首。（同上）

李瀷曰：易之道中正仁义而已，言仁义则四德举之矣。易所谓元亨利贞，即所谓仁义也。所谓或中或正，便是中正也。中正以位言，元亨之类以德言。故须先中正而后元亨也。在人极则仁义者性也，性乃心内所具之物事，心必得中得正，然后仁义之用方尽其道，而极斯定矣。《太极》一篇，本出于《易》。故其说之沕合如此。然朱子尝曰"谓之礼尚或有不中节处，谓之智尚或有正不正"云。此说可疑，如但以其弊则不独礼智，虽仁义亦然。仁有姑息之仁，义有任侠之义，而犹言仁义何也？孟子曰"非礼之礼，非义之义，大人不为"，可以验矣。朱子又曰："亦不知是如何，但中正二字较有力。"然则彼前说者未必是立定议论，特一时问答如此，不可不知。(《星湖书》，下同)

佐藤一斋曰：朱子释"中正"曰："中者，礼之极；正者，智之极。智于四德属贞。"愚案周子本意，恐不如是，若果为礼智，则何不曰"定之以仁义礼智"，而必更曰以"中正"邪？(笔者按，佐藤一斋对朱子语录往往不苟同，有时借王阳明之语录表明自己的观点，凸显出二者差异。)

2. [一]诚，无为；[1]几，善恶。[2]德：爱曰仁，宜曰义，理曰礼，通曰智，守曰信。[3]性焉、安焉之谓圣，[4]复焉、执焉之谓贤，[5]发微不可见、充周不可穷之谓神。[6][二]

[集校]

[一]《张解》本有"濂溪曰"三字。

[二]此条今见《周子通书·诚几德第三》。

[集注]

[1]杨注：伯峉曰："实德自然，何为之有？"(按，此乃朱子语，《杨注》本往往不予注明，似间接引用或化用。而叶采则常注明。以下各卷皆有此类情形，笔者多删除叶采所引，不再说明。)

叶解：《通书》。朱子曰："实理自然，何为之有？即太极也。"

张解：此周子欲人全尽天理而先指未发之体，使人知本然之至善也。诚者，真实无妄之谓；无为者，实理自然，不涉人为也。盖人生而静，此理真实无妄，何为之有？寂然不动之中，但觉浑然至善，能守最初之静正，便是天地之全人，此即太极也。

茅注：问："既诚而无为，则恐未有恶。"朱子曰："当其未感，五性具备，无有不善；及其应事，始有照管不到、处置失宜处。盖合下本但有善，恶是后一截事。"

[2]叶解：朱子曰："几者，动之微，善恶之所由分也。盖动于人心之微，则天理固当发见，而人欲亦已萌乎其间矣，此阴阳之象也。"

张传：几者，动之最先者也，此时即说个善恶。此先生吃紧为人处，过此则无及矣。

张解：此欲人之慎动也。几者，动之微也。自然之发则为善，一有所杂即为恶。其端甚微，辨之贵早。盖人心不能无动，一有所动，则天理自此呈露，人欲亦自此潜萌。所谓"道心惟微，人心惟危"者也，此阴阳之象也。

茅注：朱子曰："《通书》每说'几'字，近则公私邪正，远则废兴存亡，但于此看破，便斡转也。此是日用第一亲切工夫。惟精惟一，克己复礼，即其事也。"又曰："天理人欲之分，只争些子，故周子每说'几'字。然辨之又不可不早，故横渠每说'豫'字。"

[3]叶解：朱子曰："道之得于身者谓之德，其别有是五者之用，而因以名其体焉，即五行之性也。"

张解：此欲人知性中所具之理而尽之也。道得于身谓之德，盖几虽有善恶之分，而善乃性中本然之理所发见。既得之于身，而体用从可知矣。体不可见，于用处见之。其心之恻隐能爱，而仁之理可指名也；心之裁制合宜，而义之理可指名也；心之秩序有条理，而礼之理可指名也；心之明哲能周通，而智之理可指名也；心之确实有操守，而信之理可指名也。此即五行之性也。

茅注：朱子曰："几善恶，德则但就善者言之，为圣为贤都从此五者做就。诚，性也；几，情也；德，兼性情而言也。"

贝原笃信曰：仁义礼智信，诚也；爱宜理通守，几之善者也。

[4]叶解：朱子曰："性者，独得于天；安者，本全于己；圣者，大而化之之称。此不待学问勉强，而诚无不立、几无不明、德无不备者也。"

张解：性则得天独优，安则自全天理，圣者大而化之之谓。盖人同此诚，同此几，同此德，而造诣各有不同。自其不思不勉，从容中道，性焉而诚不待存而自存，安焉而几不待审而自明，其德纯而无亏，浑然闷间，是为大而化之之圣人矣。程子所谓"中心安仁，天下一人"者也。

价解：此即立人极之圣人也。

[5]叶解：朱子曰："复者，反而至之；执者，保而持之；贤者，才德过人之称。此思诚研几，以成其德，而有以守之者也。"

张解：复者，反其所固有；执者，持之而勿失；贤者，才德出众之称。未能至于圣人，则必尽其思诚之功，而复焉以返其性，殚其研几之学，而执焉以坚其所守。而后德日以进,为才德出众之贤人矣。

价解：此即修之吉之君子也。

[6]叶解：朱子曰："发之微妙而不可见,充之周遍而不可穷,则圣人之妙用而不可知者也。"愚谓,性焉、复焉,以诚而言也;安焉、执焉,以几而言也。发微、充周,则几之动而神也,即《通书》次章"诚几神"之义。

张传："发微不可见,充周不可穷",俱是说诚,由几而动也。神字,即诚,诚者其体,神者其用,非有二也。

张解：贤人之复、执,固不能如圣人之性、安,而圣人之妙用,更有可想而像之者。一念方萌,至理已具,发之微妙而不可见。随其所寓,理无不到,充之周遍而不可穷,则是至诚之不贰,直与天为徒。而妙用不测,乃圣而不可知之神矣。夫圣神之极不易几,而贤人之诣则可勉,士诚能存诚审几以成其德,则由希贤、希圣而希天,自有所不能已者矣。

茅注：朱子曰："神,则圣人之德之至妙而不可测者也。"又曰："'发'字、'充'字就人看,'微不可见、周不可穷',却是理如此。"问："诚、几、神,学者当从何入?"朱子曰："随处用工夫,诚是存主处,几是决择处,发用处是神,然紧处在几。"

[集评]

朱子曰："诚无为。"诚,实理也。无为,犹寂然不动也。实理该贯动静,而其本体则无为也。"几善恶",几者,动之微。动则有为,善恶形矣。"诚无为",则善而已。动而有为,则有善有恶。(《语类》卷九十四)

朱子曰：仁、义、礼、智、信者,德之体。曰爱、曰宜、曰理、曰通、曰守者,德之用。(同上)

朱子曰："发微不可见、充周不可穷之谓神。"神即圣人之德,妙而不可测者,非圣人之上,复有所谓神也。发,动也;微,幽也。言其"不疾而速"。一念方萌,而至理已具,所以微而不可见也。充,广也;周,遍也。言其"不行而至"。盖随其所寓,而理无不到,所以周而不可穷也。(同上)

黄勉斋曰：此一段只把"体用"二字来读他,便见诚是体,几是用。仁、义、礼、智、信是体,爱、宜、理、通、守是用。在诚为仁,则在几为爱;在诚为义,则在几为宜。性焉、复焉,发微不可见,是体;安焉、执焉,充周不可穷,是用。(《茅注》)

陈埴曰：阳大阴小,阳贵阴贱,阳明阴暗,阳清阴浊,有善恶之类焉。周子此言(按,即"诚,无为;几,善恶。")是以人心说太极,当其诚实无妄,此实理即为太极,才动便善恶生焉。几者,动之微。盖欲于其萌动而蚤辨之,使之有善而无恶也。

又曰：善言性者，必有验于情，故孟子以恻隐为仁之端，周子以爱言仁，皆是借情以明性。若便以爱为仁，则是借情作性，语死不圆矣，韩子博爱之仁是。

蔡虚斋曰：此虽似皆以用而言，然以五者并列，又有“德”字冠于其上，则其理自明。韩子以其发用之地，而目为道体之全，自不可也。（《茅注》）

王夫之曰：诚斯几，诚、几斯神。“诚无为”，言无为之有诚也；“几善恶”，言当于几而审善恶也。无为而诚，不息几动，而善恶必审。立于无穷，应于未著，不疾而速，不行而至矣，神也。

张习孔曰：此《通书》中一篇，以“诚无为”为纲，由诚而动为几，五常著焉。于是有性而安焉之圣、复而执焉之贤。至于圣而不可知之神，则诚之体尽矣。《中庸》所谓“天下至诚”是也。

陈荣捷曰：诚、性、命、心、太极诸观念，确俱源于《太极图》及《通书》。微周子之贡献，新儒学将有不少之缺隙。微《太极图》之观念，新儒学亦殊缺乏其基础。此朱子之所以苦心孤诣，以周子为道统中重要之一环，初无论其哲学含有道家气味也。（《陈论》）

3. 伊川先生曰：[一]“喜怒哀乐之未发谓之中”，[1]中也者，言“寂然不动”者也，故曰“天下之大本”。[2]“发而皆中节谓之和”，[3]和也者，言“感而遂通”者也，故曰“天下之达道”。[4][二]

[集校]

[一]《张解》本无“先生”二字。此条今见《河南程氏遗书》卷二十五《畅潜道录》，无“伊川先生曰”五字。

[二]此条今见《遗书》畅潜道本，列《文集》，误。（《茅注》）今见《遗书》卷二十五。案，《伊川文集·与吕大临论中书》分注云：“此书其全不可见，今只据吕氏所录到者编之。”此当是书中语。（《冯记》）按，茅氏、冯氏之说异，《杨注》《叶解》皆注此条出自“《文集》”，值得商榷。因笔者所见今《河南程氏文集·答吕大临论中书》中有与此条语录相近的零散语段，而《畅潜道录》却有与此条文字相同的完整语段，因而以为《茅注》可信从。

[集注]

[1]杨注：伯嵒曰：“喜怒哀乐，情也；其未发，则性也。”（按，此条《杨注》本注语前多言“伯嵒曰”，其文字却近似朱子语，而未注明，疑为间接引用或化用。类似情形，以下条目中偶见，不再特别注明。）

〔2〕杨注:"大本者,天下之理皆由此出,道之体也。"

〔3〕杨注:"发皆中节,情之正也。"

〔4〕杨注:《文集》,下同。伯岜曰:"达道者,天下古今之所共由,道之用也。"

叶解:朱子曰:"喜怒哀乐,情也;其未发,则性也。无所偏倚,故谓之中。发皆中节,情之正也,无所乖戾,故谓之和。大本者,天命之性,天下之理皆由此出,道之体也;达道者,循性之谓,天下古今之所共由,道之用也。"

张传:中和以性情言,寂感以心言,虽若有分,然于未发也,见其感通之体;于已发也,见其寂然之用。寂然者,无时而不感;感通者,无时而不寂,是乃天命之全体也。"通"字仍在感者身上说,如同"人通天下之志""通"字。

李解:乐,音洛。"中节"之"中",去声。朱子曰:"中和以性情言者也,寂感以心言者也,中和盖所以为寂感也。观'言'字'者'字,可以见其微意矣。"

茅注:说见《中庸》。"寂然不动"、"感而遂通"二语,《易·系辞上传》文也。

江注:朱子曰:"中和以情性(《王记》云:王、吴本作"情性",《语类》本作"性情",今依洪本。)言,寂感以心言,中和盖所以为寂感也。观'言'字、'者'字,可以见其微意矣。"问:"伊川言'喜怒哀乐未发谓之中,中也者,寂然不动是也'。南轩言伊川此处有小差,所谓喜怒哀乐之中,言众人之常性;寂然不动者,圣人之道心。又南轩辨吕与叔《论中书》说亦如此。今载《近思录》,如何?"曰:"前辈多如此说,不但钦夫。自五峰发此论,某自是晓不得。今湖南学者往往守此说。某看来'寂然不动',众人皆有是心。至'感而遂通',惟圣人能之,众人却不然。盖众人虽具此心,未发时已自汩乱了,思虑纷扰,梦寐颠倒,曾无操存之道,至感发处如何得如圣人中节!("如何得如圣人中节",《王记》云:《语类》作"如何得会如圣人中节",各本无"会"字。)"

价解:中也者,天下之大本,太极之体所以立也。和也者,天下之达道,太极之用所以行也。未发之中,寂然不动,即诚之无为者也;发之初动处是几,发皆中节,感而遂通,则有善而无恶。而爱、宜、理、通、守,均在其中矣。

[集评]

朱子曰:喜怒哀乐未发,无所偏倚,此之谓中。中,性也;"寂然不动",言其体则然也。大本,则以其无不该遍,而万事万物之理,莫不由是出焉。……喜怒哀乐之发,无所乖戾,此之谓和。和,情也。"感而遂通",言其

事则然也。达道,则以其自然流行,而理之由是而出者,无不通焉。(《语类》卷六十二)

朱子曰:天命之性,纯粹至善,而具于人心者,其体用之全,本皆如此,不以圣愚而有加损也。然静而不知所以存之,则天理昧,而大本有所不立矣;动而不知所以节之,则人欲肆,而达道有所不行矣。(《江注》)

王夫之曰:感而后应者,心得之馀也。无所感而应者,性之发也。无所感而兴,若火之始然,泉之始达,然后感而动焉,其动必中,不立私以求感于天下矣。"寂然不动,感而遂通天下之故",鬼谋也,天化也,非人道也。

刁包曰:视听言动,发而皆中节谓之礼;喜怒哀乐,发而皆中节谓之乐。礼也者,天下之大本也;乐也者,天下之达道也。立天下之大本,行天下之达道,则一身与天地同节,一心与天地同和矣。是故三代以前礼乐之制作在唐虞殷周,三代以后礼乐之制作,在邹鲁洛闽。

张伯行曰:程子引《易大传》之文以证明《中庸》未发、已发之义,言喜怒哀乐皆性之动而为情者,而未接于物,在未发之时,乃性体之本然也。以其浑沦无所偏倚,谓之中,即《易》所云"寂然不动"者。虽曰不动,万事万物皆从此出,正是源头处,故为天下之大本。及夫喜怒哀乐之发,道理流露,而适如其本然之节,则情之自然也。以其无过不及、无所拂戾,谓之和,即《易》所云"感而遂通"者。随其所感有个恰好准则,不待安排,而实天下古今所共由,故为"天下之达道"。要而言之,中者和之体,和者中之用。寂即所谓体,以其静者言也,性也;感即所谓用,以其动者言也,情也。性、情非两事,寂、感非两理,《易》与《中庸》相发明,而程子示人之意切矣。

4. ^[一]心一也,有指体而言者,(旧注:"寂然不动"是也。)有指用而言者,^[1](旧注:"感而遂通天下之故"是也。)惟观其所见何如^[二]耳。^{[2][三]}

[集校]

[一]《张解》本有"伊川曰"三字。

[二]"何如",一作"如何"。(《茅注》)"何如",叶本从《文集》作"如何"。(《冯记》)按,"如何"、"何如"古通用。

[三]此条今见《河南程氏文集》卷九《答吕大临论中书》。

[集注]

[1]茅注:朱子曰:"此言情也。"

[2]张传：善观者，体用无间。即上章"寂然不动"、"感而遂通"之理也。

张解：心统性情，故有体用。具众理者其体，应万事者其用；寂然不动者其体，感而遂通者其用。体即性，指其静存于中者言之；用即情，指其动见于外者言之。随其所指，各有所见，亦惟观其所见，故体用以分也。要之，言体而用在其中，言用而体亦于斯焉著矣。

茅注：见伊川《与吕大临论中书》。吕氏以伊川有"凡言心者皆指已发而言"之说，因以书问，而程子答之如此。朱子曰："程子所谓'凡言心者皆指已发'之说，盖指心体流行而言，非谓事物思虑之交也。然与《中庸》本文不合，又恐学者以心为已发，而不知有未发时涵养之功，故自以为未当，而复正之如此。"

价解：仁义礼智，心之体也，性也。恻隐、羞恶、辞让、是非，心之用也，情也。张子曰"心统性情"者也。

[集评]

朱子曰：性，本体也；其用，情也。(《文集》卷七十四)

朱子曰：性以理言，情乃发用处，心即管摄性情者也。(《语类》卷五)

朱子曰：此语甚圆，无病。大抵圣贤之言，多是略发个萌芽，更在后人推究，演而伸，触而长，然亦须得圣贤本意。不得其意，则从那处推得出来？问："心本是个动物，不审未发之前，全是寂然而静，还是静中有动意？"曰："不是静中有动意。周子谓'静无而动有'。静不是无，以其未形而谓之无；非因动而后有，以其可见而谓之有耳。横渠'心统性情'之说甚善。性是静，情是动。心则兼动静而言，或指体，或指用，随人所看。方其静时，动之理只在。"(《语类》卷六十二)

朱子曰：寂然不动是体，感而遂通是用，故横渠云"心统性情"者也。(《李解》)

张绍价曰：自"诚无为"至此凡三节为一段。"诚无为"，发明太极之理；"几善恶"，发明阴阳之理。"德爱曰仁"节，发明五行之理。"喜怒哀乐"二节，发明一动一静之理。

5. [一]乾，天也。天者，天[二]之形体；乾者，天之性情。乾，健也，健而无息之谓乾。[1]夫天，专言之，则道也，"天且弗违"是也；分而言之，则以形体谓之天，以主宰谓之帝，以功用谓之鬼神，以妙

用谓之神，以性情谓^[三]之乾。^{[2][四]}

[集校]

[一]《张解》本有"伊川曰"三字。

[二]"天"，《叶解》本、吴邦模刻本、《张解》本、《李解》本、《茅注》本作"乾"，且《李解》云："一作'天'。"《茅注》云："'乾之'之'乾'，《易传》作'天'。"按，从语意表达上看，作"乾"为宜。

[三]"谓"，《叶解》四库抄本作"为"。

[四]此条今见《周易程氏传》卷一《乾传》，下同。

[集注]

[1]叶解：朱子曰："性情二者常相参。有性便有情，有情便有性。火之性情，则是热；水之性情，则是寒；天之性情，则是健。健之体为性，健之用是情，惟其健所以不息。"

李解：性，体也；情，用也。

茅注：朱子曰："健而不息，便是天之性情。……不可把不息做健。"又曰："性情是天爱健处。"

[2]杨注：《易传》，下同。伯嵒据晦翁曰："公且说天是如何独高？盖天只是气，非独是高，人在地上只见如此高。要之连那地下亦是天。天只管转来旋去，旋得许多查滓在中间。世间无一个物事恁地大，且如地恁地大，他只是气之查滓。"董铢问晦翁曰："天行健，如何？"曰："胡安定说得好，曰'天者乾之形，乾者天之用'。天形苍然，南极入地下三十六度，北极去地上三十六度，状如倚杵。其用则一昼一夜行九十馀万里。人一呼一吸为一息，一息之间天行已八十馀里，人一昼一夜有一万三千六百馀息，故天行九十馀万里，则天之行健可知。因言天之气运转不息，故阁得地在中央，正如弄椀珠底，上恁运转不住，故在空中不坠，少息则坠矣。"晦翁一日论玑衡及黄赤道、日月躔度。潘子善言："嵩山本不当天之中，为是天形敧侧，遂当其中耳。"先生曰："嵩山不是天之中，乃是地之中，黄道赤道皆在嵩山之北。南极北极，天之枢纽，只有此处不动，如磨脐然，此却是天之中。"陈安卿问北辰。晦翁曰："北辰是那中间无星处，这些子不动，是天之枢纽。北辰无星，缘人要取此为极，不可无个记认，所以就其旁取一小星，谓之极星。天之枢纽，如门簨子相似，又似个轮藏心，藏在外面动，这里面心都不动。"黄义刚问："极星动不动？"晦翁曰："极星也动，只是近那辰后，虽动而不觉。如那射糖盘子样，那北辰便是中心椿子，极星便是近椿底点子，虽也随那盘转，缘近椿子便转得不觉。今人以管窥极星，见其动来动去，只在管里面不动出去。向来人

说北极便是北辰,又只说北极不动。至本朝人方去推得北极只在北辰边头,而极星依旧动。"又曰:"辰是星之界分。邵康节说辰是那天上分为十二段底,即十二辰。"

叶解:道者,天理当然之路。专言天者,即道也。分而言之,指其形体高大而无涯,则谓之天;指其主宰运用而有定,则谓之帝。天所以主宰万化者理而已。功用,造化之有迹者,如日月之往来、万物之屈伸是也。往者为鬼,来者为神;屈者为鬼,而伸者为神也。妙用,造化之无迹者,如运用而无方、变化而莫测是也。朱子曰:"功用,言其气也;妙用,言其理也。功用兼精粗而言,妙用言其精者。"

张解:此程子释《乾》名义而从而分别之,以见名有不同,为道一也。盖《乾》之象为天,天言其形体,乾言其性情,有是性情,则有是形体。乾之德为健,健之体是性,健之用是情,惟其性情之健,所以无息。审此而天之为天,可推论矣。夫天非出于理之外,专而言之即道也,《易》曰"天且弗违"是也。而分而言之,则有"天"与"帝"之名,有"鬼神"与"神"之名,复有"乾"之名。要之,非有二也。……性情,则理与气合,而健行乎其间。只是一个道理,分别许多名目,会观而体认之可也。

李解:夫,音扶。

茅注:道兼理与气而言,如下文形体、主宰、功用、妙用、性情皆是。形体以气言,如所谓"天之苍苍"是也。主宰以理言,如所谓"惟皇上帝降衷于下民"是也。功用,造化之有迹者,以二气之屈伸往来者言也。妙用,造化之无迹者,以屈伸往来之不可测者言也。朱子曰:"天地以生物为心,心即天之主宰处也。然所谓主宰者,亦即是理,非心之外别有理,理之外别有心也。"

江注:朱子曰:"'乾者天之性情',指理而言也。谓之'性情',该体用动静而言也。""'性情'二字常相参,情便是性之发,非性何以有情?健而不息,非性何以能此?""健之体便是天之性,健之用便是天之情。静专便是性,动直便是情。""乾坤是性情,天地是皮壳。""'天专言之则道也',所谓'天命之谓性',此是说道;所谓'天之苍苍',此是形体;所谓'惟皇上帝,降衷于下民',此之谓帝。"问:"'以主宰谓之帝',孰为主宰?"曰:"自有主宰。盖天是个至刚至阳之物,自然如此转运不息,所以如此,必有为之主宰者。这样处要人自见得,非语言所能尽也。"问:"'以功用谓之鬼神,以妙用谓之神',二'神'字不同否?"曰:"鬼神之神,此'神'字说得粗。如《系辞》言'神也者,妙万物而为言',此所谓'妙用谓之神'也;言'知鬼神之情状',此所谓'功用谓之鬼神'也。""功用兼精粗而言,是说造化;妙用以其精者言,其妙不可测。""功用是有迹底,妙用是无迹底。""鬼神者,有屈伸往来之迹,如寒来暑往、日往月来、春生夏长、秋敛冬藏,皆鬼神之功用,此皆可见也。忽然而来,忽然而往,方如此,又如彼,使人不可测知,鬼神之妙用也。""鬼神是有个渐次形迹,神则忽然如此,忽然不如此,无一个踪由。要之亦不离于鬼神,只是无迹可见。"

朴履坤曰:天且不违,《易·文言》语。以大人与天地合德,先天而天不违,故言天且不违也。今于天专言,则道也,引用此句,则是天与道为二也。故朱子云:"某亦未敢以为然"。然大概语意好,故又称其好意思。(《释义》,下同)

[集评]

朱子曰:《易传》自是成书。伯恭都撮来作《阃范》,今亦载在《近思录》。某本不喜他如此,然细点检来,段段皆是日用切近功夫而不可阙者,于学者甚有益。(《语类》卷一百一十九)

问:程子曰:"天专言之,则道也,天且弗违是也。"又曰:"天地者,道也。"此语何谓?曰:程子此语,某亦未敢以为然。"天且弗违",此只是上天。曰:"知性则知天",此天便是"专言之,则道"者否?曰:是。(《语类》卷六十九)

朱子曰:《程易》单说道理处,如此章"天专言之则道也"以下数句,皆极精。(《江注》)

黄勉斋曰:合而言之,言鬼神,则神在其中矣;析而言之,则鬼神者其粗迹,神者其妙用也。伊川言"鬼神者,造化之迹",此以功用言也。横渠言"鬼神,二气之良能",此合妙用而言也。(《叶解》)

陈埴曰:气归为鬼,属阴;气伸为神,属阳。此以阴阳之功用言,若偏言神处,即以阴阳不测之妙言。

张习孔曰:人无性情,则不成其为人;天无性情,则不成其为天。《六经》、四子称天者,皆兼性情而言。《易经》"乾"字,天人皆有。先生曰"专言之则道",举一"道"字,则大人合德处,可统观也。

张绍价曰:此论天道,兼理气而言。形体、功用、妙用,气也。性情、主宰,理也。

钱穆曰:《近思录》乃朱、吕两人合编,而两人意见亦有不同。东莱素极重视伊川《易传》,朱子则谓《易传》自成一书,可不收载。今《近思录》中亦有收入,此乃东莱意见,若谓自成一书即不载,则《太极图说》、《正蒙》何以又载入而列之首卷,此本朱子所不欲载,亦以东莱意载入也。(《朱子新

学案》)

钱穆曰：伊川此条大体犹濂溪意，而言之尤明析。……伊川谓鬼神以功用言，神以妙用言，此可谓深得古人之意矣。……朱子所谓关于大体，此即道体，伊川此条所言天帝鬼神皆是也。朱子所谓切于日用，求端用力得门而入者，伊川此条所言之性情即是矣。……伊川此条言天有性情，此乃人本位之观念。(《随劄》)

陈荣捷曰：朱子极不欲将《易传》选录于《近思录》中。其托辞谓《易》已自成书。实则朱子自陷于矛盾。……卒至依合纂者吕祖谦之意，选辑《易传》多段，段段皆是日用切近功夫。(《陈论》)

6.［一］四德之元，犹五常之仁。偏言则一事，专言则包四者。[1]

[集校]

［一］《张解》本有"伊川曰"三字。

[集注]

［1］叶解：《乾卦·象传》。在天为四德，元亨利贞也；在人为五常，仁义礼智信也。分而言之，则元者四德之一，仁者五常之一。专言元，则亨利贞在其中；专言仁，则义礼智信在其中。盖元者，天地之生理也；亨者，生理之达；利者，生理之遂；贞者，生理之正也；仁者，人心之生理也；礼者，仁之节文；义者，仁之裁制；知者，仁之明辨；信者，仁之真实也。朱子曰："仁之一事所以包四者，不可离其一事，而别求兼四者之仁。"又曰："仁是生底意思，通贯周流于四者之中，须得辞逊、断制、是非三者，方成得仁之事。"

李解：朱子曰："以专言言之，则一者包四者；以偏言言之，则一者不离四者。正如天官冢宰以分职言之，特六官之一耳，而建邦之六典，则又统六官也。"

茅注：偏言者，不全言也，必合义礼智，仁字之理方全。今就其中分言之，则"仁"只是四德之一，所谓偏言也。若专言之，则举一"仁"而四德都在其中，故曰"仁者人心之全德"。全者，兼义礼智而为言也。朱子曰："爱之理是偏言，则一事；心之德是专言，则包四者。"又曰："偏言之者，如恻隐之类；专言之者，如克己之类。然即此一事便包四者，盖亦非二物也。"陈北溪曰："礼义智亦是心之德，而不可以心之德言者。如家有兄弟四人，称其家者只举长兄位号而言，则下三弟已包在内矣。"黄勉斋曰："《六经》中专言仁者，包四德也。言仁义而不言礼智者，仁包礼，义包智。"愚按，从黄氏之说推之,言仁礼而不言义智者,仁包义,礼包智。言礼义而不言仁智者,礼即仁之秩然处,义即智之分别事理各得其宜处。盖义礼智皆从仁流出,无仁则生意已亡,义礼智便都没有。故有时不言仁而众善自从仁以出,不能离也。此仁之所以包四德而独尊也。朱子曰:"文王只是说大亨利于贞,不以分配四时。孔子见此四字好,始分作四件说。孔子之《易》与文王之《易》略自不同。"

江注:朱子曰:"要理会得仁,当就粗(《王记》云:王、吴本"初"作"粗",《语类》作"初",洪本同。据下文"就初生处看便是仁","初"字不误。)处看。如元亨利贞,而元为四德之首,就初生处看便是仁。如春夏秋冬,春为一岁之首,由是而为夏为秋为冬,皆自此生出。所以谓仁包四德者,只缘四个是一个。只是三(《王记》云:幹录如此,各本同。方存之先生云:"'三'字恐是'一'字之讹"。万清轩先生云:"北溪先生《字义》,仁义礼智信门第十四条有云'又只是一个元'。又有云'都是一个元',无云'三个元'者,恐以'三'为'一'之误。"其说近是。)个元,却有元之元、元之亨、元之利、元之贞,又有亨之元、利之元、贞之元。晓得此意,则仁包四者,尤明白了。"问:"仁如何包四者?"曰:"《易》便说得好,'元者善之长'。义、礼、智莫非善,这个却是善之长。"又曰:"义、礼、智,无仁则死矣,何处更讨义、礼、智来?""须是统看仁如何包得四者,又却分看义礼智信如何亦谓之仁。大抵于仁上见得尽,须知发于刚果处亦是仁,发于辞逊是非亦是仁。""仁是个温和底意思,义是惨烈刚断底意思,礼是宣著发挥底意思,智是收敛无痕迹底意思。性中有此四者,圣门却以求仁为急,缘仁是四者之先,若常存得温厚底意思,到宣著发挥时,便自然会宣著发挥;到刚断时,便自然会刚断;到收敛时,便自然会收敛。若将别个做主,便(《王记》云:贺孙录同。洪本"便"误"使",依吴本改。)都对副不着了,此仁之所以包四者也。""且就气上看,如春夏秋冬,看他四时界限,又却看春如何包得三时。四时之气,温凉寒热,凉与寒既不能生物,夏气又热,亦非生物之时,惟春气温厚,乃见天地生物之心,到夏是生物(《王记》云:王、吴本作"生物",洪本作"生气",与下"秋是生气之敛,冬是生气之藏"一律,今从之。)之长,秋是生气之敛,冬是生气之藏。若春无生物之意,后面三时都无了,此仁所以包得义礼智也。"问:"仁包四者,就初意上看,就生意上看?"曰:"统是个生意,四时虽异,生意则同。劈头是春生,到夏长养,是长养那生底。秋成遂,是成遂那生底。冬坚实,亦是坚实那生底。草木未华实,去摧折他,生意便死了。仁义礼智,都只是个生意。当恻隐而不恻隐,便无生意,便死了。当羞恶而无羞恶,这生意亦死了。以至当辞逊而失其辞逊,当是非而失其非,心便死,全无那活底意思。"问:"仁可包义礼智,恻隐如何可包羞恶三端?"曰:"但看羞恶时,自有一般恻怛底意思，便可见。”“仁之包四德，犹冢宰之统六官。”“仁乃天地生物之心而在人者，故特为众善之长，虽列于四者之目，而四者不能外焉。所谓‘专言之则包四者’，亦是指生物之心而言，非别有包四者之仁，而又别有主一事之仁也。惟是即此一事便包四者，此则仁之所以为妙也。”“偏言则曰爱之理，专言则曰心之德。”“偏言专言，亦不是两个仁。小处也只是大里面。”“说着偏言底，专言底便在里面；说着专言底，则偏言底便在里面。虽是相关，又要看得界限分明。如孝弟‘为仁之本’，就爱上说，此是说偏言之仁；至说‘克己复礼为仁’，‘居处恭、执事敬、与人忠’，‘仁，人心也’，此是说专言之仁。然虽说专言之仁，所谓偏言之仁亦在里面。”“偏言专言，恰似有个小底仁，又有个大底仁，不知仁只是一个。如知福州是这个人，此偏言也；及专言之，为九州安抚，亦是这一个人，不是两人也。故明道谓义礼智皆仁也。若见得此理，则圣人言仁处，或就人上说，或就事上说，皆是这一个道理。”

朴履坤曰：“贯”字如一个物事，在四个物里面过。“包”字如四个物合在一个物里面。

[集评]

朱子曰：元是初发生出来，生后方会通，通后方始向成。利者物之遂，方是六七分，到贞处方是十分成，此偏言也。然发生中已具后许多道理，此专言也。恻隐是仁之端，羞恶是义之端，辞逊是礼之端，是非是智之端。若无恻隐，便都没下许多。到羞恶，也是仁发在羞恶上；到辞逊，也是仁发在辞逊上；到是非，也是仁发在是非上。（《语类》卷六十八）

问：仁何以能包四者？曰：人只是这一个心，就里面分为四者。且以恻隐论之：本只是这恻隐，遇当辞逊则为辞逊，不安处便为羞恶，分别处便为是非。若无一个动底醒底在里面，便也不知羞恶，不知辞逊，不知是非。譬如天地只是一个春气，发生之初为春气，发生得过便为夏，收敛便为秋，消缩便为冬。明年又从春起，浑然只是一个发生之气。（《语类》卷九十五）

陈埴曰：所谓爱之理，是偏言之，将四端分作四去看，截然界限，不可相侵。心之德是兼言之，将四端只作仁字看，仁为善之长，犹家之嫡长子，包贯得诸子。故独以理言，以心德言，须见移在诸位上用不动，方是诣理。

又曰：仁为四端首，乃众善之长。人有是仁，则谓之人；无是仁，则不足以言人：故曰“仁者人也”。言人所以为人者，以有此理耳。义礼智皆从此分出，义者宜此者也，礼者履此者也，智者知此者也，所以包四端。

张伯行曰：人得天地之理以生，故在天为元亨利贞之四德，在人即为仁义礼智信之五常。而元者天地之生理也，犹仁者人心之生理也。生理不息，循环无端,是以偏而言之,则元者四德之一,仁者五常之一。若专言之,则"亨"只是生理之通,"利"只是生理之遂,"贞"只是生理之藏,一元可以包之。……一仁可以包之。《易》曰:"大哉乾元,万物资始,乃统天。"谓统乎天,则终始周流都是一元。孟子"四端"之说,亦以恻隐一端贯通乎辞让、羞恶、是非之端,而为之统焉。观此而程子之言,允为不易之论矣。

《圣学辑要》曰:太极在天曰道,在人曰性。元亨利贞,道之流者也;仁义礼智,性之所兴者也。(《李子》)

7. [一]天所赋为命,物所受为性。[1]

[集校]

[一]《张解》本有"伊川曰"三字。

[集注]

[1] 叶解:朱子曰:"命,犹诰敕;性,犹职任。天以此理命于人,人禀受此理,则谓之性。"

张解:性命只是一理,不分看则不分晓,故伊川特辨析之。言天以阴阳五行之理,赋予万物,犹命令然,故谓之命。人物得天地之理以生,各有禀受而全具于心,故谓之性。盖命是造化流行之初,生这物便赋予这物,生那物便赋予那物,所谓"继之者善也"。性是人物即生之后,得天地之气以成形,便得天地之理以成性,所谓"成之者性"也。人物所以为性者,理本无异,因气有偏正,故理随之而有通塞,不得不以尽性至命之责专属之人也。

李解:朱子曰:"赋者命也,所赋者理也。受者性也,所受者理也。"

茅注:朱子曰:"理一也。自天所赋予万物言之,谓之命;以物所禀受于天言之,谓之性。"

江注:《乾·象传》。朱子曰:"天以阴阳五行化生万物,气以成形,而理亦赋焉,犹命令也。于是人物之生,因各得其所赋之理,以为健顺五常之德,所谓性也。"

价解:天以元亨利贞赋于人,谓之命;人禀受于天之理,则为仁义礼智之性。在天曰命,以流行而言,继之者善也。在人曰性,以禀受而言,成之者性也。

[集评]

朱子曰:这理在天地间时只是善,无有不善者。生物得来,方始名曰"性"。只是这理在天则曰"命",在人则曰"性"。(《语类》卷五)

薛氏曰:天所赋为命,元亨利贞也。人所受为性,仁义礼智也。天下古

今,万理不出性命。(《李解》)

张习孔曰:指示精确,圣经之功臣,后学之恩师。

8. [一]鬼神者,造化之迹也。[1]

[集校]

[一]《张解》本有"伊川曰"三字。

[集注]

[1] 杨注:伯喦曰:"至之谓神,以其伸也;反之谓鬼,以其归也,则鬼神者皆二气之屈伸往来耳,非迹而何!"伯喦据晦翁曰:"气之屈者谓之鬼。气之只管恁地来者谓之神,洋洋然如在其上,'焄蒿凄怆,此百物之精也,神之著也',这便是那发生之精神。神者是生底,以至长大,故见其显,便是气之伸者。今人谓人之死为鬼,是死后收敛,无形无迹不可理会,便是那气之屈底。"董铢问:"阳魂为神,阴魄为鬼。《祭义》曰:'气也者,神之盛也;魄也者,鬼之盛也。'而郑氏曰:'气,嘘吸出入者也。耳目之聪明为魄。'然则阴阳未可言鬼神,阴阳之灵乃鬼神也,如何?"曰:"魄者形之神,魂者气之神,魂魄是形气之精英,谓之灵。故张子曰'二气之良能',二气即阴阳也,良能是其灵处。"林夔孙问:"在天地为鬼神,在人为魂魄否?"曰:"死则谓之魂魄,生则谓之精气,天地公共底谓之鬼神。"晦翁曰:"口鼻之嘘吸是以气言也,耳目之精明是以血言也。气为魂,血为魄。"或问晦翁曰:"眼,体也,眼之光为魄。耳,体也,何以为耳之魄?"先生曰:"能听者便是魄。如鼻之知臭,舌之知味皆是。但不可以知为魄。才说知便主于心,心但能知,若甘苦咸淡要从舌上过。如老人耳重目昏,便是魄渐要散。"

陈埴曰:神气、雷霆、风雨、霜露,皆迹也。鬼神尸之。

张解:天地间无物不具阴阳,阴阳无所不在,则鬼神无所不有。盖以二气言之,鬼是阴之灵,神是阳之灵。以一气言之,神之为言伸也,气之方伸而来者,属阳为神;鬼之为言归也,气之已屈而往者,属阴为鬼。其实二气只是一气。造化之迹,以阴阳流行著见于天地间者言之,自无而有谓之造,自有而无谓之化,非鬼神何以造化?非鬼神之屈伸往来,造化何以有迹?自其迹观之,则实有是理、实有是气,鬼神之不为荒幻杳冥也明矣。

茅注:《乾·文言传》。陆氏曰:"迹,指能屈能伸者言,非谓有迹可见也。"

江注:朱子曰:"如日月、星辰、风雷,皆造化之迹。天地之间,只是此一气耳。来者为神,往者为鬼。"问:"伯有为厉,此岂亦'造化之迹'乎?"曰:

"皆是也。若论正理,则似树上忽生出花叶,此便是'造化之迹'。又如空中忽有雷霆风雨,皆是也。但人所常见,故不之怪。"

价解:鬼神者,气之屈伸。造者自无而有,化者自有而无。造化微妙,不可得见,而于气之往来屈伸见之。气日至而滋息,神之伸也,造之迹也。气日反而游散,鬼之归也,化之迹也。屈伸者气,而其所以屈伸者,则实理为之,天命流行不已。元亨,诚之通,神之所以伸也;利贞,诚之复,鬼之所以归也。

[**集评**]

或曰:鬼神者,造化之迹。曰:风雨霜露,四时代谢。又问:此是迹可得而见之,又曰"视之不可得见,听之不可得闻",何也? 曰:说道无又有,说道有又无。物之生成,非鬼神而何? 然又去那里见得鬼神? 至于"洋洋乎如在其上",是又有也。(《语类》卷六十三)

钟唐杰问晦翁曰:"《近思录》既载'鬼神者造化之迹',又载'鬼神者二气之良能',似乎不同?"晦翁曰:"'造化之迹',是日月星辰风雨之属;二气良能,是屈伸往来之理。阳魂为神,阴魄为鬼,鬼阴之灵,神阳之灵,此以二气言也。然二气之分,实一气之运。故凡气之来而方伸者为神,气之往而既屈者为鬼。阳主伸,阴主屈,此以一气言也。"(《杨注》)

朱子曰:造化之妙,不可得而见,于其气之往来屈伸者足以见之。微鬼神,则造化无迹矣。(《李解》)

陈埴曰:天地造化万物,万物露生于天地之间者,皆造化之迹也。是孰为之耶? 鬼神也。造化之迹,犹言造化之可见者,(非粗迹之迹。)于今一禽一兽、一花一木,钟英孕秀,有雕斲绘画所不能就者,倏忽见于人间。是孰为之耶? 即造化之迹,鬼神也。

张习孔曰:鬼神与造化,同德而异名。迹非粗迹,犹曰造化之可见者。

冯友兰曰:鬼真可以说是造化之迹,而神则是此迹之所以迹。(《新理学》)

钱穆曰:鬼神之事,亦只一感应。故伊川又曰:"鬼神者,造化之迹。"(《随劄》)

李澂曰:鬼神造化之迹,以此看功用合一;不测之谓神,以此看妙用;昼夜运而生物之心未息,以此看性情。

9. [一]《剥》之为卦,[二]诸阳消剥已尽,独有上九一爻尚存,如硕大之果不见食,将有[三]复生之理。上九亦变则纯阴矣,然阳无可尽之理,变于上则生于下,无间可容息也。圣人发明此理,以见阳与君子之道不可亡也。[1]或曰:"《剥》尽则为纯《坤》,岂复有阳乎?"曰:以卦配月,则《坤》当十月。以气消息言,则阳剥为《坤》,阳来为《复》,阳未尝尽也。《剥》尽于上,则《复》生于下矣。[2]故十月谓之阳月,恐疑其无阳也。阴亦然,圣人不言耳。[3]

[集校]

[一]《张解》本有"伊川曰"三字。

[二]此条今见《周易程氏传》卷二《剥传》,无"剥之为卦"四字。

[三]"将有"之"有",《易传》作"见"。(《茅注》)

[集注]

[1]杨注:《剥》之上九曰:"硕果不食,君子得舆,小人剥庐。"《象》曰:"君子得舆,民所载也。小人剥庐,终不可用也。"

茅注:复,扶又反;下"为复"、"复生",音服,馀同此。间,如字。"硕果不食",《剥》上九爻辞。果中有仁,则天地生生之心存,故有复生之理。"间不容息",出《淮南子·原道训》篇。

[2]叶解:一气无顿消,亦无顿息。以卦配月,积三十日而成二("二",据《四库》抄本当作"一"。)月,亦积三十分而成一爻。九月中,于卦为《剥》,阳未剥尽,犹有上九一爻;剥三十分,至十月中,阳气消尽而为纯《坤》,然阳才尽于上,则已萌于下。积三十分,至十一月中,然后阳气应于地上,而成《复》之一爻也。盖阴阳二气,语其流行,则一气耳;息则为阳,消则为阴,消之终即息之始,不容有间断。

张解:此程子因《剥》上九一爻而发明之,以见阳无终尽之理也。盖《剥》之为卦,五爻皆阴,诸阳已消尽矣,独一阳在上,有复生之机。譬之众果俱落,尚有硕大一果,可复种而生也。如上爻亦变,则纯阴而为《坤》矣。然阴阳消息,循环不已,本无尽理,才变而尽于上,则阳已生于下,不容有一间之息也。阳之道即君子之道,阳之道不可亡,即君子之道不可亡也。乃或疑纯《坤》为无阳者,岂知即以《坤》论之,阳亦何尝亡乎? ……以卦配月而言,则《坤》为十月之卦,十月乃阳月。以气消息而言,消之尽即息之始,阳方消剥为《坤》,已息而渐长为《复》。可知阴阳二气之对待,语其流行则一气,所谓"阳中有阴,阴中有阳"也。

[3]杨注:晦翁曰:"虽是十月为《坤》,十一月为《复》,然自小雪以后,其下面一画便有三十分之一分阳生,至冬至方足得一爻成耳。故十月谓之阳月,盖嫌于无阳也。"或问晦翁曰:"变于上则生于下,乃《剥》、《复》相因之

理,毕竟须经由《坤》,《坤卦》纯阴无阳,如此则阳有断灭也,何以能生于后?"曰:"凡阴阳之生,一爻当一月,须是满三十日方满得那腔子,做得一画成。今《坤卦》非是无阳,阳始生甚微,未满那腔子,做一画未成。非是《坤卦》纯阴便无阳也。此亦非有深奥,但伊川当时解,不曾分明道与人也。"

叶解:十月于卦为《坤》,恐人疑其无阳,故特谓之阳月,所以见阳气已萌也。阴于四月纯《乾》之时亦然。阴之类为小人,故圣人不言耳。

张解:承上文而言,圣人之以十月为阳月者,正恐人疑《坤》之卦有阴而无阳,故特以阳名之。阴于四月纯《乾》之时盖亦如此。只是阳之类为君子,所以圣人言之;阴之类为小人,圣人不言耳。扶阳抑阴之意则然,其无间息一也。

李解:间,去声。月卦之法,《复》当子,《临》当丑,《泰》当寅,《大壮》当卯,《夬》当辰,《乾》当巳,《姤》当午,《遯》当未,《否》当申,《观》当酉,《剥》当戌,《坤》当亥。《诗》曰"日月阳止",正十月之期也。朱子曰:"《剥卦》上九之阳方尽而变为纯《坤》之时,《坤卦》下爻已有阳气生于其中矣。但一日之内,一画之中方长得三十分之一。必积之一月,然后始满一画而为《复》,方是一阳之生耳。《夬》之一阴为《乾》、为《姤》,义亦同此。"

茅注:阴死为消,阳生为息,息有止义,而训为生者,盖一事止则一事生,中无间断,亦剥尽复生之意也。"十月为阳",见《尔雅》。朱子曰:"《剥》之阳,尽于十月。小雪为纯《坤》,然阳于小雪已生三十分之一分,则《坤》固未尝无阳也,但始生甚微,不能成一画耳。须积渐生去,至冬至终满得三十分而成一画。不是昨日全无,今遂一旦都复,所谓'一气不顿进,一形不顿亏'也。"愚按,董仲舒谓:"十月纯阴,疑于无阳,故谓之阳月。四月纯阳,疑于无阴,故谓之阴月。"观此则四月亦有阴月之说。程子以为圣人不言者,盖特据《尔雅》及《易·文言传》而言耳。饶氏曰:"此阴阳消息之理,至精至微,自程子始发之。然但言其理,而未有以验其气数之必然也。"朱子又从而推明之曰:"是当以一爻分三十分,阴阳日进退一分。《剥》之阳剥于九月之霜降,而尽于十月之小雪。《复》之阳则生于小雪,而成于十一月之冬至。《夬》之阴决于三月之谷雨,而尽于四月之小满。《姤》之阴则生于小满,而成于五月之夏至。"于是理与数合,然后知阴阳绝续之际,果无一息之间断。而程子之言为愈信矣。

江注:问:"《剥》、《复》相因,毕竟须经由《坤》,《坤卦》纯阴无阳,如此阳有断灭。"朱子曰:"'阳无可尽之理',伊川说得甚精,且以卦配月,则《剥》九月、《坤》十月、《复》十一月。《剥》一阳尚存,《复》一阳已生,《坤》纯阴,阳气阙了三十日,安得谓之无尽?尝细推之,这一阳不是恁地生出,才立冬便萌芽。上面剥一分,下面便萌芽一分;上面剥二分,下面便萌芽二分。积累到那《复》处,方成一阳。消时亦如此,但伊川说欠几句渐渐消长之意。"问:"冬至子之半,如何是一阳方生?"曰(按,《江注》本无"曰"字。):"冬至方是结算那一阳,冬至以后又渐生成二阳,过一月却成《临卦》。"(《王记》云:吴本脱"曰"字,洪本脱"阳冬"二字。依《语类》补。)"《复》之一阳不是顿然便生,乃是自《坤卦》中积来。且一月三十日,以《复》之一阳分作三十分,从小雪后便一日生一分,上面趱得一分,下面便生一分。到十一月半,一阳始生(《王记》云:《语类》作"一阳始成",各本作"生"。据上文"复之一阳分作三十分,从小雪后,便一日生一分",则此"生"字当作"成"字,意义方足。今依《语类》改。)也。以此便见天地无休息处。""天运流行,本无一息间断,岂解一月无阳?且如木之黄落时,萌芽已生了。不特如此,木之冬青者必先萌芽,而后旧叶方落。若论变时,天地无时不变,不惟月变日变,而时亦有变,但人不觉耳。"(《王记》云:义刚录。"若论变时,天地无时不变",如《楞严经》第二卷首段所载:"非惟一岁有变,月亦有之;非惟月有变,日亦有之;非惟日有变,时亦有之,但人不知耳。"《集注》删节原文改为"不惟月变日变,而时亦有变",又改"知"字为"觉"字。)

[集评]

朱子曰:圣人所以不言者,便是参赞裁成之道。盖抑阴而进阳,长善而消恶,进君子而退小人。虽尧舜之世,岂无小人?但有圣人压在上,不容他出而有为耳,岂能使之无耶?(《李解》)

张习孔曰:乘除之理,刻刻推移,一岁之卦皆然,非独《剥》、《复》也。但阴阳代嬗,唯二卦为最显,故指示示人耳。硕果非不食,硕果之生意,则未尝食。逝者如斯,不舍昼夜,与此象同。

张绍价曰:造化之迹,不外《剥》、《复》两端。《剥》者化之迹,鬼之归也;《复》者造之迹,神之伸也。理无可尽,故气不容息,《剥》由利而向于贞。《坤》纯阴无阳,贞之至也。纯阴中微阳已生,贞下所以生元也。

又曰:良心之在人,亦无灭尽之理。虽旦昼牿亡之极,而夜气之息,良心亦必有生长者,在人之知所养耳。

10.[一]一阳复于下,乃天地生物之心也[二]。先儒皆以静为见天地之心,盖不知动之端乃[三]天地之心也。非知道者,孰能识之?[1][四]

［集校］

　　［一］《张解》本有"伊川曰"三字。

　　［二］《张解》本无此"也"字。

　　［三］两"乃"字下，并当有"见"字。（《茅注》）

　　［四］此条今见《周易程氏传》卷二《复传》，下同。

［集注］

　　［1］叶解：《复卦·彖》曰："复，其见天地之心乎？"朱子曰："十月积阴，阳气收敛，天地生物之心固未尝息，但无端倪可见。一阳既复，则生意发动，乃始复见其端绪也。"

　　张传：以静中见动可也，以静为见心不可也。

　　张解：此释《复卦·彖辞》。言十月纯阴，生意亦几乎息，而一阳复生于下，乃天地生物无时止息之心也。盖天地之心，原无间于动静，且动未始不根乎静。然当其静时，阳气伏藏，天地之心，既无端绪可见。及阳气长盛，万物繁茂，则又散漫而无由见。惟于将绝复续、静极而动之时，所谓端也。天地之心，正于此见耳。先儒皆以静属体，为见天地之心正，而不知其见于动之端也。苟诚知之，则知一阴一阳之谓道，道无止息矣。故程子曰"非知道者，孰能识之"。

　　茅注：朱子谓："动是见天地之心，不是天地之心。如十月岂得谓无天地之心？流行固自若也，但人不见耳。"愚按，《遗书》谓"《复卦》非天地之心，复则见天地之心"，然则程子固已言之矣，盖此为《易传》脱误无疑也。《复·象》曰："复其见天地之心乎。"下，谓初六画，初最居下，故曰下也。端，绪也。阳初复尚微，故以端言之，过此则阳气浸长，万物蕃盛，天地之心反不可得而见矣。朱子曰："学者但如初九《象传》所云，知不善则速改以从善，为最要切处。若云须窥见端倪而心体可识，则又是添却一事也。"

　　江注：朱子曰："天地以生物为心者也。虽气有阖辟，物有盈虚，而天地之心，则亘古亘今，未始有毫厘之间断也。故阳极于外而复生于内，圣人以为于此可以见天地之心焉。盖其复者气也，其所以复者则有自来矣。向非天地之心生生不息，则阳之极也，一绝而不复续矣，尚何以复生于内，而为阖辟之无穷乎？此则'动之端'者，乃一阳之所以动，非指夫一阳之已动者而言之也。"问："伊川以'动之端'为天地之心。"曰："动亦不是天地之心，只是见天地之心。如十月岂得无天地之心？天地之心，流行自若。元、亨、利、贞，贞是结实归宿处，若无这归宿处，便也无这元了。惟有这归宿处，元又从此起，如此循环无穷。十月万物收敛，寂无踪迹，到一阳动处，生物之心始可见。”“言动之头绪于此处起,于此处方见天地之心也。”“不直下‘动’字,却云‘动之端’,虽动而物未生,未到大段动处。凡发生万物,都从这里起,岂不是天地之心?”

[集评]

朱子曰:伊川言“一阳复于下,乃天地生物之心”一段,盖谓天地以生生为德,自元亨利贞,乃生物之心也。但其静而复,乃未发之体;动而通焉,则已发之用。一阳来复,其始生甚征,固若静矣。然其实动之机,其势日长,而万物莫不资始焉。此天命流行之初,造化生育之始,天地生生不已之心,于是而可见也。若其静而未发,则此心之体虽无所不在,然却未有发见之处。此程子所以以“动之端”为天地之心,亦举用以该其体尔。(《语类》卷七十一)

朱子曰:王弼亦以静而言,然以卦爻之意推之,自当以伊川之说为正。(《茅注》)

陈埴曰:一阳复于地下,即是动之端,但萌芽方动,当静以候之,不可扰也。故卦法言“出入无疾”,而《象》言“闭关息民”。盖动者天地生物之心,而静者圣人裁成之道。

李氏曰:“一阳复于下”,程子以动而言也。“利贞诚之复”,周子以静而言也。以静言者,于《坤》爻指其所归之地;以动言者,于《震》爻指其所动之处。所归之地,利贞之德;所动之处,又元之德也。言异而意同矣。(《茅注》)

张习孔曰:复见天地之心,皆以为天地生物之心于此可见,固是。愚以为生物之心,不如言见天地生生之心。盖言生物,犹是天地去生此物;言生生,则天地与此物皆在其内。故曰剥于上则复生于下,阳无尽灭之理,天地亦自生也。天地与物,总是一理,故生则俱生,正如诚者物之终始,而成己成物,总在自成自道内也。

张绍价曰:一阳复于下,气也而理寓焉。《复》为贞下生元之卦,气之伸、造之迹,已微露其端,发生万物,皆起于此,故可以见天地之心。元者善之长,而复则元之元也。

郑晔(或宋时烈)曰:程子曰:自古儒者皆言静见天地之心,惟某言动而见天地之心。据此所谓“先儒”,非独一王弼也。(《释疑》,下同)

11.[一]仁者,天下之公,善之本也。[1]

[集校]

[一]《张解》本有“伊川曰”三字。

[集注]

[1] 叶解：《复卦》六二传。仁者以天地万物为一体，故曰"天下之公"。四端万善皆统乎仁，故曰"善之本也"。

张解：人若不为私欲所累，而有以全其本心之德，则与天地同体，而万事万物皆得其理矣。故程子只教人求仁。

茅注：《复》六二《象》曰："休复之吉，以下仁也。"人心之所同然者谓之公，于下仁上见得仁，天下之公。有仁，则恻隐、羞恶、辞让、是非之端皆由此出，故曰"善之本也"。徐进斋曰："仁谓初刚，刚复于下，在人则恻隐之心，仁之端也。初不远复，二从初而复，故曰以下仁也。"

价解：一阳复于下，天地生物之心，在天为元，在人为仁。

[集评]

朱子曰：伊川此说，说得浑沦开阔无病。此说固好，然说得太浑沦，只恐人理会不得。（《江注》）

李闳祖曰：天下之公，是无一毫私心。善之本也，是万善从此出。（《茅注》）

张习孔曰："仁者，天下之公"，是以一日克复而天下即归仁。

茅星来曰：朱子谓"此语宽而不切"，盖程子本但就下仁上言之，故如此宽说。朱子取之则直以仁之德言矣，与《易传》本旨微别。

冯友兰曰：公与私相对，爱人者无私，至少亦不重私。所以说"仁者，天下之公"。我们所谓道德底行为，以维持社会之存在，为其要素；一社会中之分子之"兼相爱，交相利"，是一社会所以能存在之一基本条件，所以仁亦是善之本。（《新理学》）

李瀷曰：程子曰"公而以人体之故为仁"，合"克己复礼"及"仁者人也"二句而言也。世有以公为心，而或伤于刻迫，须公而有恻隐之心方得，此便是以人体之也。若但言天下之公，此只论其理之无私，而继之云善之本，则便见得万事万物各当于理，而"以人体之"一句自在其中也。

12. [一]有感必有应。凡有动皆[二]为感，感则必有应。所应复为感，所感[三]复有应，所以不已也。感通之理，知道者默而观之可也。[1]

[集校]

[一]《张解》本有"伊川曰"三字。

[二] 王、吴本"皆"作"焉",《遗书》、《集解》阴本作"皆",洪本同,从之。(《王记》)

[三] "所感",《易传》无"所"字。(《茅注》)按,此条今见《周易程氏传》卷三《咸传》,无"所"字。

[集注]

[1] 叶解:《咸卦》九四传。屈伸往来,感应无穷。自屈而伸,则屈者感也,伸者应也;自伸而屈,则伸者感也,屈者应也。明乎此,则天地阴阳之消长变化,人心物理之表里盛衰,要不外乎感应之理而已。

张传:应亦有感,盖感者我心动而及彼,应者彼心动而及我,其动一也,故《咸卦》"感"字,包有"应"字在内。《系辞》"屈信相感而利生",亦如此解。盖"感"字内亦有"应"字,"应"字内亦有"感"字。今日之信,所以应乎昨日之屈,而又以感乎明日之屈;明日之屈,所以应乎今日之信,而又以感乎后日之信。此所谓相感也。

张解:《系辞》于《咸》九四爻,明屈伸往来之理,而程子复因而释之,言天地之间,感应而已。如气机之消而屈也,则为日月寒暑之往;气机之息而伸也,则为日月寒暑之来。其间来而复往,往而复来,屈之终即伸之始,伸之终即屈之始。自感自应,非有别物。凡有动皆为感,感应相为循环,所以不已。此天道自然之常理。人能知此常理,嘿而观之,则知天地之感无心。圣人亦以无心感之,斯为尽道。否则"憧憧往来",有不胜其朋从之扰者矣。

李解:复,扶又反。

茅注:"所以不已也"以上,《咸》九四传。末二语,则《象》"天地感而万物化生"节传也。"有感必有应",总天地万物之理言之。"凡有动"五句,所以申明"有感必有应"之意。盖此理无物不有,无时不然,默而观之,而天地万物之情可见矣。朱子曰:"人之气与天地之气,常相接无间断,人自不见。如卜筮之类,皆是心自有此物,所以才动便应。凡人一睡一觉,一出一入,一语一默,以至盛衰治乱,无不如此。"问:"感应工夫于学者有用处否?"曰:"此理无乎不在,如《系辞传》所云'精义入神,以致用也;利用安身,以崇德也',亦是此理。"

江注:朱子曰:"凡在天地间,无非感应之理,造化与人事皆是。如雨便感得旸来,旸已是应,又感得雨来。寒暑昼夜,无非此理。如父慈则感得子孝,子孝则感得父愈慈,其理亦只一般。"(《王记》云:自"凡在天地间"至"无非此理",是删节寓录,"如父慈"以下,是文蔚录语,两段删并为一段。○按,此类《集注》亦多,后不悉载。)

价解：感应气也，而所以感应者理也。

[集评]

《周易传》言"有感必有应"，是如何？曰：凡在天地间，无非感应之理，造化与人事皆是。且如雨旸：雨不成只管雨，便感得个旸出来。旸不成只管旸，旸已是应处，又感得雨来。是"感则必有应，所应复为感"。寒暑昼夜，无非此理。(《语类》卷七十二)

朱子曰：因这一件事又生出一件事，便是感与应。因第二件事又生出第三件事，第二件事又是感，第三件事又是应。(同上)

陈埴曰：太极动而生阳，此感也。动极而静，静而生阴，此应也。静极复动，此所应复为感也。动极复静，此所感复有应也。大率阳为感则阴为应，阴为感则阳为应，一阳一阴互为感应。此言循环无端之理。

张绍价曰：以人事言，感以公则应以公，感以善则应以善，不公不善反是，是以君子慎其所感也。

钱穆曰：《易》言阴阳，实只一气。二程言感应，实只一动。实则气即是动。性理大道之体，只此两字尽之矣。……二程提出此感应二字，实可谓会通两千年来之文化精义而包括无遗。言人所未言，而实是发明前人所已言。述而不作，妙用如是。(《随劄》)

李瀷曰：感者自此感也，应者自彼应也。所应者，便是回感他，故曰为感也。所感者非变为应也，须于所感处，便生出应来，故曰有应。如阳感而阴应，则阴便生。阴既生，则阳便衰歇。这阴便复感阳来，阳非收回，彼衰歇者为应。彼衰歇者便归尽，而这归尽时又生出阳来。如今日感而今夜应，又今夜感而明日应，则彼夜之应复为感于明日，而今日非明日也。

13. [一]天下之理，终而复始，所以恒而不穷。恒非一定之谓也，一定则不能恒矣。唯随时变易，乃常[二]道也。天地常久之道，天下常久之理，非知道者，孰能识之？[1][三]

[集校]

[一]《张解》本有"伊川曰"三字。

[二]"常"，江改"恒"。(《冯记》)王、吴、洪本作"乃恒道也"，《遗书》阴刻，"恒"并作"常"。按，程《传》本作"乃常道也"，今从之。(《王记》)"乃 常 道"，江本作"恒"。(《考异》)按，"常"，《江注》本作"恒"。

[三]此条今见《周易程氏传》卷三《恒传》。

[集注]

[1] 杨注：天地生物之心，天下感通之理，天地常久之道，观而识之。伊川必归之知道者，此岂耳闻目见之知哉？

叶解：《恒卦·象传》。随时变易不穷，乃常道也。日月往来，万化屈伸，无一息之停，然其往来屈伸，则亘万古而常然也。

张解：此释《恒卦·象传》曰"终则有始"。朱子本注曰："久于其道，终也；利有攸往，始也。终者静之极，始者动之端，终而复始，动静相生，天下之理所以恒久而不穷。"夫"恒非一定之谓也"，胶于一定则无以神其变易之用，而不能恒矣。惟随时变易，至变之中有不变者存焉，乃常道也。日月所以久照，四时所以久成，圣人所以久于其道而天下化成，天道人事皆是如此。非知其道之自然者，则亦孰能识其亘万古而常然也哉！

李解：复，扶又反。释《恒·象传》之义。朱子曰："物理之始终不易，所以为恒而不穷，然所谓不易者，亦须有以变通乃能不穷。论其体则终是恒，然体之常所以为用之变，用之变乃所以为体之常。"

茅注："乃常道也"以上，《恒·象》"利有攸往，终则有始"传。其"天地常久"以下，则下"日月得天而能久照"节传也。天地常久之道，以造化言，如昼夜、寒暑之类是也。天下常久之理，以人事言，如出处、语默之类是也。朱子曰："随时变易，如君尊臣卑，分固不易，然上下不交亦不得。父子固亲亲，而所谓'命士以上异宫'，则又有变焉。"

[集评]

朱子曰："恒非一定之谓"，故昼则必夜，夜而复昼；寒则必暑，暑而复寒。若一定则不能常也。其在人，冬日则饮汤，夏日则饮冰。"可以仕则仕，可以止则止。"今日道合便从，明日不合则去。又如孟子辞齐王之金而受薛、宋之馈，皆随时变易，故可以为常也。（《语类》卷七十二）

朱子曰：能常而后能变，能常而不已，所以能变。及其变也，常亦只在其中。伊川却说变而后能常，非是。（同上）

张习孔曰：人心之恒，亦犹是也。

刘緘三曰：自"乾天也"至此为一段，论天道理气。发明天以阴阳五行，化生万物，气成形而理亦赋之旨，以见天体物而不遗之意。（《价解》）

张绍价曰：《易·恒卦》之义，久于其道，以不变立其体；利有攸往，以变易妙其用，非一定而不变也。天地定位，体之常也；阴阳寒暑迭运，用之变也。圣人抱道在躬，体之常也；仕止久速，各当其可，用之变也。恒非一定之谓，能常而后能变，变正所以为常，知道者默而识之可也。

李瀷曰：道与理何别？ 理谓本来见成底如此，道谓循此理可行底如此。《易传序》曰：吉凶消长之理，进退存亡之道。

14.［一］"人性本善，有不可革者。何也？"曰：语其性则皆善也，语其才则有下愚之不移。[1]所谓下愚有二焉：自暴也，自弃也。人苟以善自治，则无不可移者，虽昏愚之至，皆可渐磨而进［二］。唯自暴者拒之以不信，自弃者绝之以不为；虽圣人与居，不能化而入也，仲尼之所谓下愚也。[2]然天下自弃自暴者，非必皆昏愚也，往往强戾而才力有过人者，商辛是也。圣人以其自绝于善，谓之下愚，然考其归，则诚愚也。[3]"既曰下愚，其能革面，何也？"[4]曰：心虽绝于善道，其畏威而寡罪则与人同也。唯其有与人同，所以知其非性之罪也。[5]

［集校］

［一］《张解》本有"伊川曰"三字。

［二］"进"下，原书有"也"字。（《茅注》）按，此条今见《周易程氏传》卷四《革传》，有"也"字。

［集注］

［1］叶解：《革卦》上六传。性无不善，才者性之所能。合理与气而成气质，则有昏明、强弱之异，其昏弱之极者为下愚。

张解：此因《革卦》上六爻辞而发明之。言人性本善，固宜无待于革，而有不可革者，何也？ 盖以性而言，性即理也，天所以与我之理，则皆善也。以才而言，人受天之理以生，而所生之气质有昏明、强弱之异，故其性之发而为才者，亦异也。下愚不移，则昏弱之极者，然非不可移也，乃不肯移耳。

李解：释《革》上九爻之义。

茅注："下愚不移"，说见《论语》。

［2］叶解：人性本善，自暴者咈戾而不信乎善，是自暴害其性也。自弃者虽知其善，然怠废而不为，是自弃绝其性也。此愚之又下者不可移矣。朱子曰："自暴者，刚恶之所为；自弃者，柔恶之所为。"

张解：因言"下愚之不移"者，有自暴、自弃两种人。盖人性本善，若肯以善自治，发愤向学，百倍其功，断无不可移者。虽其气质昏弱之甚，亦可渐摩而进。所谓"愚必明"、"柔必强"也。……彼自处于不移之地，人安所施其移之之力，虽圣人无如之何。此仲尼之所谓"下愚不移"也。

茅注：渐，音尖。……"自暴自弃"，说见《孟子》。"拒之以不信"者，谓其无有此理也。"绝之以不为"者，则知有此理而谓己之不能为也。

[3]叶解：《史记》称"纣资辨捷疾，闻见甚敏，材力过人，手格猛兽，知足以拒谏，言足以饰非"，则其天资固非昏愚者。然其勇于为恶，而自绝于善。要其终，则真下愚耳。

张解：观自暴自弃之所为，以为不移，真不移矣。然非必其生初之质，果皆昏愚之甚也。如史称商纣……则其天资固非昏愚，而终不免于愚之下者，圣人以其自绝于善，故谓之也。然既自绝于善，则亦真为不善之归矣。然则愚之下者虽属气质，而暴弃则属人事。气质之下愚，所谓困也。暴弃则困而不学者也，其愚尤下矣。

茅注：天资固非昏愚者，然力可以为善，而绝之而不为，非下愚而何？

[4]价解：面，向也。《孟子》"东面而征，南面而征"，与此处"面"字，皆当作"向"字解。革面者，革不善而向善也。先儒皆谓革面而不革心，疑非是。

[5]杨注：《革》之上六："君子豹变，小人革面。"革面者未能心化，特革其面以从上之教令耳。《书》之"象恭滔天"，《鲁论》之"色取仁而行违"，均是人也。虽然，圣贤岂特为小人虑而已。"汝无面从"，事君容悦；朋不心，为面朋：情疏而貌亲，所以为臣下虑，为交际虑，皆恐失之面而不本于心也。学者必若《易》之"美在其中而畅于四支"，《孟子》"仁义礼智根于心，其生色也，睟然见于面"，夫然后可。

叶解：下愚小人自绝于善。然畏威刑而欲免罪，则与人无以异，是以亦能掩其不善而著其善。唯其畏惧有与人同者，是以知其性之本善也。

张解：夫既谓之下愚，而《革卦》上六乃曰"小人革面"。其所以能革者，何也？盖暴弃之小人，心虽自绝于善，然未有不知威刑可畏，而思自脱于法网者，则即此畏威寡罪之一念，犹知所革而与人同也。惟与人同，所以知人性之本善，而其至于为不善者，非性之罪也。非性之罪，亦安得专谓才之罪哉？

江注：问："'语其才则有下愚之不移'，《孟子》'非天之降才尔殊'，语意不同。"朱子曰："孟子之说，自是与程子之说小异。孟子只见得是性善，便把才都做善看，不知气禀各不同，知（《王记》云：各本"如"皆误"知"，依淳录改。）后稷岐嶷，越椒知其必灭若敖，是气禀如此，须说到气禀方得。程子说得较密。""'言非礼义'，以礼义为非而拒之以不信，自贼害也。'吾身不能居仁由义'，自谓不能而绝之以不为，自弃绝也。""习与性成，而至于相远，则固有不可移之理。然人性本善，虽至恶之人，一日而能从善，则为一日之善人。夫岂有终不可移之理？当从伊川之说，所谓虽强戾如商辛，亦有可移之理是也。"

陈注：吾辈之罪在自弃，所谓明知之而不为也，虽云有志，不过畏威而寡罪耳，未尝必欲全其性之善也。此正自弃之尤者也。恃其尚有与人同者，而不知其非人，哀哉！

价解：君子恒于善，能变则善日进；小人恒于恶，不变则以恶终。人性本善，苟能变易从道，虽昏愚之极，亦可化恶而为善。而有下愚之不移者，自暴自弃而已。自暴者据之以不信，自弃者绝之以不为。非不可以移，乃不肯移耳。然心虽绝于善道，而能畏威寡罪，亦可见性之本善。理义之根于人心者，终不可得而灭绝也。

李瀷曰：畏威寡罪，谓其心必知如是而非则有罪，如是而是则无罪。故可以证性善。

[集评]

朱子曰：孟子曰："自暴者不可与有言也，自弃者不可与有为也。言非礼义，谓之自暴也。"非礼义，是专道礼义是不好。世上有这般人，恶人做好事，只道人做许多模样是如何。这是他自恁地粗暴了，这个更不通与他说。到得自弃底，也自道义理是好，也听人说，也受人说，只是我做不得。任你如何，只是我做不得。这个是自弃，终不可与有为。故伊川说："自暴者，拒之以不信。自弃者，绝之以不为。"拒之以不信，只是说道没这道理。绝之以不为，是知有道理，自割断了不肯做。自暴者，有强悍意。自弃者，有懦弱意。（《语类》卷十三）

朱子曰：孔子说"相近"至"不移"，便定是不移了。人之气质，实是有如此者，如何必说道变得！所谓之下愚。而其所以至此下愚者，是怎生？这便是气质之性。孔子说得都浑成，伊川那一段却只说到七分，不说到底。（《语类》卷四十七）

朱子曰：且看孔子说底。如今却自有不移底人，如尧舜之不可为桀纣，桀纣之不可使为尧舜。夫子说底只如此，伊川却又推其说。须知其异，而不害其为同。（同上）

朱子曰：以圣人之言观之，则曰不移而已，不曰不可移也。以程子之言考之，则以其不肯移而后不可移耳。盖圣人之言，本皆以气质之禀而言其品第，未及乎不肯、不可之辨也。程子之言，则以人责其不可移也，而徐究其本焉，则以其禀赋甚异而不肯移，非以其禀赋之异而不能移也。（《江注》）

张习孔曰：自暴自弃者，非其甘心也，总缘嗜欲难遣耳。盖人生而有口体之需,非利有莫济。而利者,不可以仁义忠信得也,是以圣人与居而不能化也。今欲渐磨而进于善,惟有勉之以忍苦节欲,念念于孟子不谓性也之言,斯可耳。

管赞程曰:自"诚无为"至此为一章,以诚为此章之纲领。寂然不动者,诚也,心之体也。感而遂通者,神也,心之用也。有体必有用,此乾道也。而体用之间,《剥》《复》循环,流行不已。其阳初动者,几也。非诚神几,不足为圣人。惟天下之公者,则能尽感应循环之理,与天同为常久。此通上智以下而言,可贤可圣而可入于神也。惟中人之资,可善可恶,不同上智下愚者皆不移焉。故程子曰:"圣虽可学兮,所贵者资;便儇皎厉兮,去道远而。"

15. [一]在物为理,处物为义。[1][二]
[集校]
[一]《张解》本有"伊川曰"三字。
[二]此条今见《周易程氏传》卷四《艮传》。
[集注]
[1]杨注:以上并《易传》。
叶解:理即是义,然事物各有理,裁制事物而合乎理者为义。
张传:精语不易。
张解:理、义一也。对举言之者,理是在物当然之则,所谓"天生蒸民,有物有则"也。义是所以处此理者,所谓"心之制,事之宜"也。陈北溪曰:"理是体,义是用。"要之,能识是物之理,则知所以处之之义矣。
李解:处,上声。理不外乎事物之间,而义所以制其是非可否之宜,故在物为理,而处物即为义,体用之谓也。
茅注:《艮·象传》。程子以顺理合义解"动静不失其时",因复言此以明"理义"二字之意。事物各有当然之则,而在物言之,则谓之理;就吾之所以处之者言之,则谓之义。吕氏曰:"湛甘泉改作'在心为理',便是义外之病。若以物为外,是分内外之道,非皆备之旨也。"又曰:"禅学最怕拈着'理'字,后来便要拈'理'字以明其非。禅只打开'物'字,则'理'字便好活用。此正僧杲教张侍郎所谓'即用儒家言语改头换面,接引人去'之术也。姚江格物之说正是此法。"
江注:朱子曰:"理是在此物上便有此理,义是于此物上自家处置合如此,便是义,便有个区处。如这棹子,于理可以安顿事物,我把他如此用,便是义。"

贝原笃信曰：如扇固有可鼓扇之理，是在物之理也。操之动之，则处物之义也。

[集评]

朱子曰：伊川言"在物为理"。凡物皆有理，盖理不外乎事物之间。"处物为义"。义，宜也。是非可否，处之得宜，所谓义也。（《语类》卷九十五）

朱子曰：义者，心之制事之宜也。彼事之宜虽若在外，然所以制其宜则在心也。非程子一语，则后人未免有义外之见。（《叶解》）

朱子曰：扬雄言"义以宜之"，韩愈言"行而宜之之谓义"。若只以义为宜，则义有在外意。须如程子言"处物为义"则是。处物者，在心而非外也。（《江注》）

陈埴曰：理对义言，则理为体而义为用；理对道言，则道为体而理为用。

吴草庐曰：凡物必有所以然之故，亦必有所当然之则。所以然者理也，所当然者义也。理之有义，犹形影、声响也。（《茅注》）

高攀龙曰：当其寂也，心为在物之理，义之藏于无朕也；当其感也，心为处物之义，理之呈于各当也。（《栏外书》）

张绍价曰：理义具于人心，而原于天性，一物各有一理，而吾所以处之者，各得其宜，则义也。在父子则有慈孝之理，在君臣则有仁敬之理。仁敬孝慈，各尽其道，则为处物之义，推之他事，无不皆然。

冯友兰曰：朱子又说："日用事物之间，莫不各有当行之路。"此当行之路，亦即是义。……此当行之路，亦是本然底。于此我们又须指出，此当行之路，亦是依照某种社会之理所规定之规律而规定者，在一定社会中，某种事有某种道德底本然办法，但在另一种社会中，某种事可有另一种道德底本然办法。在一种社会中，人遇某种事有某种当行之路，但在另一种社会中，人遇某种事，可有另一种当行之路。这些办法，这些路，俱是本然底；但可以各不相同。虽各不相同，但对于其社会中之人，俱是义。（《新理学》）

16. [一]动静无端，阴阳无始。非知道者，孰能识之？[1][二]

[集校]

[一]《张解》本有"伊川曰"三字。

[二]此条今见《河南程氏经说》卷一《易说》。

[集注]

[1]杨注：《经说》，下同。

叶解：动静相推，阴阳密移，无有间断。有间断则有端始，无间断故曰无端、无始也。其所以然者,道也,道固一而无间断也。异时论《剥》、《复》之道,曰"无间可容息也",又曰"其间元不断续",皆此意也。朱子曰:"动静相生,如循环之无端。"

张解:动静者,阴阳之性;阴阳者,二气之名。以《太极图说》观之,先动而后静,若有端倪之可寻,而不知一动一静,互为其根,岂有端乎?以《易大传》观之,先《乾》而后《坤》,若有始初之可推,而其实一阴一阳之谓道,岂有始乎?盖动静阴阳之所以然者,道也。道循环而无间断,有间断斯有起头处,无间断则寻不出起头处,故曰无端、无始。惟知道者,始可与语此。

李解:朱子曰:"以阳动阴静相对言,则阳为先,阴为后,阳为始,阴为终。犹一岁以正月为更端,其实姑始于此耳。岁首以前非截然别为一段事,则是其循环错综,不可以先后始终言,亦可见矣。"又曰:"方浑沦未判,阴阳之气混合幽暗,及其既分,中间放得宽阔光明,一元之前,又是一大开辟,更以上亦复如此。小者大之影,只昼夜便可见,下变而高,柔变而刚。此事思之至深,有可验者。"

茅注:《易·系辞传》。朱子曰:"'动静无端,阴阳无始'。本不可以先后言,然就中间截断言之,则亦不害其有先后也。观周子所言'动而生阳',则未动之前固已尝静矣。又言'静极复动',则已静之后固必有动矣。如春夏秋冬,元亨利贞,固不能无先后,然不冬则无以为春,不贞则无以为元,就此言之,又自有先后也。"

江注:朱子曰:"动之前有静,静之前又有动。推而上之,其始无端;推而下之,以至未来之际,其卒无终。""如云'太极动而生阳',不成动以前便无静。程子曰'动静无端',盖此亦是且自那动处说起,若论著动以前又有静,静以前又有动。""仁为四端之首,而智则能成终成始,犹元虽四德之长,然元不生于元,而生于贞。盖天地之化,不翕聚则不能发散,理固然也。仁智交际之间,乃万化之机轴,此理循环不穷,总合无间。程子所谓'动静无端,阴阳无始'者,此也。""'动静无端,阴阳无始',看来只是一个实理。""'动静无端,阴阳无始',天道也。始于阳,成于阴,本于静,流于动,人道也。然阳复本于阴,静复根于动,其动静亦无端,其阴阳亦无始,则人盖未始离乎天,而天亦未始离乎人也。"

[集评]

朱子曰:"动静无端,阴阳无始。"今以太极观之,虽曰"动而生阳",毕竟未动之前须静,静之前又须是动。推而上之,何自而见其端与始?(《语类》卷九十四)

朱子曰："动静无端,阴阳无始。"说道有,有无底在前。说道无,有有底在前。是循环事物。（同上）

陈埴曰：端,头也。物之圆环者无端,中则有端矣。始者终之对,二气循环不已,故无端；运行不歇,故无始。不断故无端,无终故无始。

茅星来曰：程子于《咸》之感应,《恒》之变易,《复》之见天地之心,皆以归之知道者,而于此复云然。盖其所以感应、所以变易,天地之心之所以见者,无非道也,亦无非太极之阴阳动静也。必于此有默契焉,而后于天地生物之心,天下感通之理,天地常久之道,静观默识,而有以自得之矣。

张绍价曰：动静阴阳,气也,所以无端无始者,则太极之实理为之。天道如是,人心亦如是,道所以不可须臾离也,在人默而识之耳。

17. [一]仁者,天下之正理,失正理则无序而不和。[1][二]

[集校]

[一]《张解》本有"明道曰"三字。陈荣捷云："此语来自《伊川经说》卷六,页二下,而张伯行《近思录集解》误以为明道语。"（《陈论》）

[二]此条今见《河南程氏经说》卷六《论语解》。

[集注]

[1]杨注：无序则非礼,不和则非乐。仁者,其礼乐之本欤！

叶解：子曰："人而不仁,如礼何？人而不仁,如乐何？"人而不仁则私欲交乱,害于正理,固宜舛逆而无序,乖戾而不和也。序者,礼之本；和者,乐之本。

李解：无序则失礼之本,不和则失乐之本。

茅注：《论语说》。失正理,以心言；无序、不和,以事言也。

江注：朱子曰："'仁者天下之正理',只是泛说,不是以此说仁体。""程子说得自好,只是太宽。（《王记》云：铢录本作"程子说天下之正理固好,但少疏,不见得仁"。）须是说仁者本心之全德,人若本然之良心存而不失,则所作为自有序而和。若此心一放,只是人欲私心放（《王记》云：吴本"做"误"放"。笔者按,愚以为人欲私心是自然流露,作"放"为宜。）出来,安得有序？安得有和？"永按,此释"人而不仁,如礼何？人而不仁,如乐何"也。

[集评]

问：仁义礼智,皆正理也,而程子独以仁为天下之正理,如何？曰：便是程子之说有太宽处。此只是且恁宽说。曰：是以其专言者言之否？曰：也是如此。（《语类》二十五）

朱子曰：如义、礼、智皆可谓天下之正理，便是程子之说有太宽处。（《茅注》）

张习孔曰：此仁所以贯四端，兼万善也。

张伯行曰：仁者，人心所具之天理，故为天下之正理。心存则理得，是以秩然而有序者，礼之所由生也。蔼然而和乐者，乐之所由生也。若本心亡而正理丧。

张绍价曰：此释"人而不仁，如礼何？人而不仁，如乐何"也。仁为天下之正理，则作事秩然有序，蔼然以和。失正理，则肆欲妄行，颠倒错乱而无序，情意乖戾而不和，则虽欲用礼乐，而礼乐不为之用也。

18. 明道先生曰：[一]天地生物，各无不足之理。常思天下君臣、父子、兄弟、夫妇，有多少不尽分处。[1][二]

[集校]

[一]《张解》本无"先生"二字。此条今见《河南程氏遗书》卷一《端伯传师说》，无"明道先生曰"五字。

[二]《叶解》四库抄本无此条，当为馆臣漏抄所致。

[集注]

[1] 杨注：《遗书》，下同。伯嵒曰：君臣、父子、兄弟、夫妇并朋友，谓之五常。故君使臣以礼，臣事君以忠；父待子以慈，子事父以孝；兄友于弟，弟恭厥兄；夫刑于妇，妇承于夫。此之谓尽其分。尽其分乃蹈其常，常者即天地生物之理各无不足处。有一不然，是谓不尽其分。不尽其分乃谓之变，变者人失厥初。岂天地付与有不足者乎！虽然，圣贤安行于性分之中，"仰不愧于天，俯不怍于人"，内不惭于心，堂陛正，上下序，闺门睦，固有不可及者。其或君不仁，臣则不可不忠；父不慈，子则不可不孝；兄不友，弟则不可不恭；夫不良，妇则不可不顺。此比干之于纣，大舜之于瞽瞍，周公之于管、蔡，申后之于幽王，各求自尽其分而已。伯嵒据伊川曰："只为人不能尽分。"尹和靖先生曰："看尽分字是多少气象。"

叶解：分者，天理当然之则。天之生物，理无亏欠。而人之处物，每不尽理。如君臣、父子、兄弟、夫妇，一毫不尽其心、不当乎理，是为不尽分，故君子贵精察而力行之也。（按，朴履坤《释义》认为："此语（笔者按，叶采注文）不切。'分'，恐是职分之分。叶氏之意，则以君臣父子为物，而谓君臣父子各无不足之理也。然则此'分'字当以各其分限看可也。然鄙意则以为天地之生人物，各得其理，而无不足。君臣之义、父子之亲，皆在我所当然之理也。然则此'分'字以职分看可也。"）

张传:"天生烝民,有物有则。"此之谓也。此意于流峙动植之物上看更显。

茅注:分,音问。"天地"二句,以其在物者而言。"君臣父子"二句,以人之所以处物者而言。

[集评]

陈埴曰:天理本无不足,人自亏欠他底。

张伯行曰:天理本浑然于有生之初,而人多亏欠于有生之后。如君仁臣敬、父慈子孝、兄友弟恭、夫义妇顺,皆天理也。取诸性分而各足,乃为君臣父子,而不能尽仁敬、慈孝之理;为兄弟夫妇,而不能尽友恭、义顺之理,则是不尽分矣。分者,职分之所当为;理者,性分之所固有。惟不知其为性分之固有,故不能尽其职分之当为,然则如之何而后尽,曰择善而固执之者也。

张绍价曰:天赋人以正理,君仁臣忠,父慈子孝,兄友弟恭,夫义妇正。道理完全具足,必各止于至善,然后能尽其分。其所以不尽其分者,失其正理,故无序而不和耳。

19.　[一]"忠信所以进德","终日乾乾",君子当终日对越在天也。[1]盖上天之载,无声无臭,其体则谓之易,其理则谓之道,其用则谓之神。其命于人则谓之性,率性则谓之道,修道则谓之教。[2]孟子去[二]其中又发挥出浩然之气,可谓尽矣。[3]故说神"如在其上,如在其左右",大小大事,而只曰"诚之不可掩如此夫"。彻上彻下,不过如此。[4]形而上为道,形而下为器,须著如此说。器亦道,道亦器,[5]但得道在,不系今与后,己与人。[6]

[集校]

[一]《张解》本有"明道曰"三字。而《茅注》云:"《语类》以此条为伊川语。"按,此条今见《河南程氏遗书》卷第一,其下注"二先生语"。陈荣捷云:"《遗书》卷一,页三上下,未指明是谁语。《近思录》以为明道语,而《语类》卷七十五,第一○九'伊川'条,页三○七七,则作伊川语。"(《陈论》)宋时烈认为"此实明道语,而以伊川为问答,可疑"。(《释疑》)

[二]"去",《张解》本作"于"。

[集注]

[1]叶解:说见《乾卦》九三《文言》。发乎真心之谓忠,尽乎实理之谓信,忠信乃进德之基。"终日乾乾"者,谓"终日对越在天也"。越,于也。君

子一言一动守其忠信,常瞻对乎上帝,不敢有一毫欺慢之意也。以下皆发明所以"对越在天"之义。

张解:此言知道唯在进德。忠信,德之本也。从心发出无一不尽,是忠。循乎物之实而无违于其理,是信。……孔圣于《乾卦》九三《文言》,直指"忠信所以进德"者,欲君子一言一动守此忠信,终日之间常瞻对乎上帝,不敢少有欺慢也。忠信便是立诚。诚,实也。忠信亦训做实,但诚是自然实底,忠信是做工夫实底。诚则天理之实、人心之实、人事之实,皆在其中。忠信则专指人而言,所以存此实理者。君子见得此理本之乎天,若有一毫怠惰、一毫欺伪之意,则无以立诚,而弃天之所以与我,是以终日乾乾,如对乎天也。

茅注:"对越在天",《诗·周颂·清庙》篇之辞也。忠信则所为皆实,故德自进。乾,天也。……此一节释"终日乾乾"之义。

[2]叶解:"上天之载,无声无臭",所谓"太极本无极"也。体,犹质也。阴阳变易,乃太极之体也,故其体谓之易。其所以变易之理,则谓之道;其变易之用,则谓之神。此以天道言也。天理赋于人谓之性,循性之自然谓之道,因其自然者而修明之谓之教。此以人道言也。惟其天人之理一,所以"终日对越在天"者也。

张解:盖其所以终日对越者,何也?理之在天与在人,一也。……天道为人道之所从出,故天者道之统名,而君子所以"终日对越"也。

李解:朱子曰:"元亨利贞,性也。生长收藏,情也。以元生、以亨长、以利收、以贞藏者,心也。仁义礼智,性也。恻隐羞恶辞让是非,情也。以仁爱、以义恶、以礼让、以智知者,心也。性者,心之理也。情者,心之用也。心者,性情之主也。程子曰'其体则谓之易,其理则谓之道,其用则谓之神',此之谓也。"

茅注:体,体质也,犹言骨子也。该体用而言,静而动,动而静,所以为易之体也。易者,阴阳错综变易之谓,而其所以能阴阳变化者,道也,其功用著见处则谓之神。下三句,说见《中庸章句》。程子尝言"吾儒本天",于此可见。朱子曰:"其体谓之易,在人则心也;其理谓之道,在人则性也;其用谓之神,在人则情也。""其体"三句,就在天者而言;"其命于人"三句,则就在人者言之。

[3]叶解:浩然,盛大流行之貌。盖天地正大之气,人得之以生,本浩然也。失养则馁,而无以配夫道义之用;得养则充,而有以复其正大之体。尽矣,谓无馀事也。此言天人之气一,所以"终日对越在天"者也。

张解：有实理则有实气可知，故孟子于其中又发挥出"浩然之气"。……盖气之盛大而流行者，本天地之气而人得之以生，则天人之气一。故得养而充，即有以养其刚大而复其浩然之本体；失养而馁，即无以配夫道义而不能全浩然之大用。孟子发挥到此，可谓尽天人之蕴而无馀事矣，君子安得不察乎是而"终日乾乾"也！

沙溪（金长生）曰："去其中"，去犹就也。其中指上文自"上天之载"至"修道之教"也。（《释疑》，下同）

[4] 叶解：大小，犹多少也。《中庸》论鬼神如此其盛，而卒曰"诚之不可揜"。诚者实理，即所谓忠信之体。天人之间，通此实理，故君子忠信进德，所以为"对越在天"也。

张解：理也，气也，天人无间即诚也，即忠信之实体也。故子思论鬼神之盛，至于"如在上"、"如在左右"，流动充满，多少大事，而卒曰"诚之不可揜"。言天人之所以相通者，四方上下，往古来今，无少空隙，无少间断，不过此诚而已。则君子忠信以立诚，安得不乾乾对越哉？

茅注：只，音止，俗读若"质"者，非。夫，音扶。

[5] 叶解：说见《系辞》。道者，指事物之理，故曰形而上；器者，指事物之体，故曰形而下。其实道寓于器，本不相离也。盖言日用之间，无非天理之流行，所谓"终日对越在天"者，亦敬循乎此理而已。

张解：彻上彻下，只是一诚，可见日用之间无非自然实理之流行。特以其无迹象之可窥，形而上者为道；以其有事物之可指，形而下者为器。须著如此说耳。其实道寓于器，器以载道，本不相离，一而二、二而一者也，人亦敬循乎道而已。

李解：著，侧略反。

汪读："器亦道，道亦器"，言离道无器，离器无道也。程子此语须善会之。不然，则即心是理，即心是佛矣。"性即气，气即性"二语亦然。

[6] 叶解：不系，犹不拘也。言人能体道而不违，则道在我矣。不拘人己、古今，无往而不合，盖道本无间然也。

张传：君子终日对越在天，是合易道神性而对越之也。夫是以融道器、通今古、合人己而一以贯之也。

张解：人能终日忠信，对越在天，则不违天而道在我矣。

李解：朱子曰："以时节分段言之，便有古今；以血气肢体言之，便有人己。只是一个理尔。"

茅注：著，直酌反，后仿此。上文说道已尽，此以见道体无所不在。上而天地鬼神,下而万事万物,无非此理,因复引《易传》之言以明之。……问:"形而上下,如何以形言?"朱子曰:"此言最的当。盖若以有形、无形言之,则是物与理相间断也。明道所以谓'惟此语截得上下最分明'。器亦道,道亦器,有分别而不相离也。"又曰:"形而上者指理而言,形而下者指事物而言。总是须于事事物物上见得此理,然后于己有益,所以《大学》不谓之穷理,而谓之格物。异端将道理说作玄妙、空虚之物,而以人事为下面粗浊者,故都欲摆脱去也。"此条总发明所以"终日乾乾"之意。以上二条以原书不分二先生语,今仍之,后仿此。

江注:朱子曰:"此是因解'乾'字,遂推言许多名字,只是一理,而各有分别。虽各有分别,又却只是一个实理。诚者,实理之谓也。此一段只是解个'终日乾乾'。在天之刚健者,便是天之乾;在人之刚健者,便是人之乾。'其体则谓之易',便是横渠所谓'块然太虚,升降飞扬,未尝止息'者。自此而下,虽有许多般,要之'形而上者谓之道,形而下者谓之器',皆是实理。""此段只是解'终日乾乾'。忠信进德,修辞立诚,便(《王记》云:王、吴本"更"作"便",《语类》同,洪本作"更"。笔者按,四库抄本作"便"。)无间断,便是'终日乾乾',不必更说'终日对越在天'。下面说'上天之载'云云,便是说许多事都只是一个天。""易者,阴阳错综交换代易之谓,如寒暑昼夜、阖辟往来。天地之间阴阳交错,而实理流行,盖与道为体也。寒暑昼夜、阖辟往来,而实理流行其间,非此则实理无所顿放。故曰'其体则谓之易',言易为此理之体质也。""'体'字与'实'字相似,是该体用而言,如阴阳动静之类,毕竟是阴为体,阳为用。静而动,动而静,是所以为易之体也。""就人身而言,易犹心也,道犹性也,神犹情也。易者,变化错综,如阴阳昼夜,雷风水火,反复流转,纵横经纬而不已也。人心则语默动静变化不测者是也。言体则亦是形而下者,其理则形而上者也。""易是阴阳屈伸,随时变易。大抵古今只是大阖辟、小阖辟,圣人便于六十四卦,只以阴阳奇耦写出来。至于所以为阴阳、为古今,乃是此道理。及至忽然生物,如花木之类,蓦然而出,花时都花,实时都实,生气便发出来,此便是神。"

[集评]

问:详此一段意,只是体当这个实理。虽说出有许多般,其实一理也。曰:此只是解"终日乾坤",故说此一段。从"上天之载,无声无臭"说起,虽是"无声无臭",其阖辟变化之体,则谓之易。然所以能阖辟变化之理,则谓之道。其功用着见处,则谓之神。此皆就天上说,及说到"命于人,则谓之性;率性,则谓之道;修道,则谓之教",是就人身上说。上下说得如此子细,都说了，可谓尽矣。"故说神'如在其上，如在其左右'"，又皆是此理显著之迹。看甚大事小事，都离了这个事不得。上而天地鬼神离这个不得，下而万事万物都不出此，故曰"彻上彻下，不过如此"。形而上者，无形无影是此理；形而下者，有情有状是此器。然谓此器则有此理，有此理则有此器，未尝相离，却不是于形器之外别有所谓理。亘古亘今，万事万物皆只是这个，所以说"但得道在，不系今与后，己与人"。（《语类》卷九十五）

朱子曰：此一段皆是明道体无乎不在，名虽不同，只是一理发出，是个无始无终底意。（《江注》）

陈埴曰：前三句（按，即"上天之载，无声无臭，其体则谓之易，其理则谓之道，其用则谓之神"。）主《易》言，如一阴一阳之谓道。后三句（按，即"其命于人则谓之性，率性则谓之道，修道则谓之教"。）主《中庸》言，各有分付顿放处。

北溪陈氏曰：道不离乎器，道只是器之理。人事有形状处都谓之器，人事中之理便是道，所以明道曰"道亦器、器亦道"。（《江注》）

薛氏曰：器即囿乎道之中，道不离乎器之外。又曰：理气无缝罅，故曰器亦道也，道亦器也。（《李解》）

茅星来曰：《中庸》性、道、教皆就理言，然人亦有明知理之当然，而或不免于疑惧而不能以有为者，则气之未充也。孟子又于其中发挥出浩然之气。盖此气一生，勇往精进，无复疑惮，从此直上，自有以全夫天命之本然。而性可以尽，道可以凝，即教亦可以自我而立矣。四子书中精蕴不外是四者，程子指出示人，学者其详究焉。

魏默深曰：明道先生之言，高远宏阔，当求其着落处、亲切处、下手处。此段只是言天理流行，无处不在，人不可有一息之不体也。"终日对越在天"，是下手处。曰忠信、曰诚，则存主之要也。（《陈注》）

张绍价曰：失正理，不尽分，只是不诚。求诚莫如忠信，忠信所以进德。君子当终日乾乾对越在天也。天地之理，吾得之以谓性，故天人一理。天地之气，吾得之以成形，故天人一气。理气流行于天人间，神妙不测，洋洋如在，诚之不可揜者，彻上彻下，在天在人，无二道也。理之当然为道，气之成形为器。道者器之理，器者道之质，道器不相杂，亦不相离。形上之道，即寓于形下之器。君臣、父子、兄弟、夫妇皆器也，而莫不各有道焉，皆实理也。人能以实心体实理，则道在我矣。以时节言之，则有古今，而道无间于古今。以形体言之，则有人己，而道无间于人己。君子诚之为贵，必忠信以进其德，终日对越在天，无须臾之敢忽，庶得其正理，推而行之，而无不尽之分也。

20.[一]医书言手足痿痹为不仁,此言最善名状。仁者,以天地万物为一体,莫非己也。认得为己,何所不至? 若不有诸己,自不与己相干。如手足不仁,气已不贯,皆不属己。[1]故博施济众,乃圣[二]之功用。仁至难言,故止曰:"己欲立而立人,己欲达而达人,能近取譬,可谓仁之方也已。"欲令如是观仁,可以得仁之体。[2][三]

[集校]

[一] 卷二上,据原注明道语。案,《遗书》《外书》中二先生语多不可分别,朱子各书所指为某先生语,亦间有彼此互异者,兹不悉录,惟二书内原缀二先生字及衔名者录之。(《冯记》)按,《张解》本有"明道曰"三字。《茅注》云为"明道语"。

[二] "圣"下,吕本无"人"字,《遗书》有。(《茅注》)叶从《遗书》"圣"下增"人"字。(《冯记》)"医书"条,"乃圣人之功用",吕本无"人"字。(《异同考》)"圣之功用",叶本"圣"下有"人"字。(《考异》)"圣"下,一有"人"字。(朝刊《近思录》)按,《张解》本、《李解》本、《叶解》四库抄本有"人"字。

[三] 此条今见《河南程氏遗书》卷二上《元丰己未吕与叔东见二先生语》。

[集注]

[1] 叶解:天地万物与我同体,心无私蔽则自然爱而公矣,所谓仁也。苟是理不明而为私意所隔截,则形骸尔汝之分,了无交涉。譬如手足痿痹,气不相贯,疾痛痾痒,皆不相干,此四体之不仁也。

张解:人心之天理,周流无间。少有间隔,便是不仁。如手足有痿痹之病,医书谓之"不仁"。此言最好咀味。盖手足痿痹,外邪间之也;物我扞格,人欲间之也。仁者视天地万物本属一体,莫非己身内事,人能认得亲切,则此心之仁何所往而不至。惟有私欲以间之,则天地是天地,人物是人物,而不属己,自不相干涉。如身与手足,岂非一体? 而气不贯则谓之不仁,其形虽具,不属之己矣。然则药四体之不仁,而贯通于身与手足之间者,医必有方;治心体之不仁,而贯通于身与天地万物之间者,圣人岂无其方乎?

李解:痿,音威。痹,音秘。"手足痿痹为不仁",以其生气之不贯也。亦犹草木之实谓之仁,以其生气之具足也。

茅注:痹,音秘,从畀予之畀,与《尔雅》"鹡鸰雄鹨牝痹"之"痹"从卑者别,彼平声,此去声也。今《四书大全》本从卑音畀者,误。痿痹,张揖曰:

"不能行也"。《内经·痹论》篇云"皮肤不营,故为不仁",又曰"痹在于肉,则不仁"。《痿论》篇云"肌肉不仁,发为肉痿",又云"痹而不仁,发为肉痿,痿与痹分为二"。程子概举而兼言之,又专属手足,亦约略言之耳。陈定宇曰:"仁者之心视人物即己身也,体认得人物皆为己,则此心之仁周流贯通,何所不至? 不然,则私意间隔,与人物自不相连属矣。"朱子曰:"与天地万物为一体,固是仁。然便将与天地万物为一体作仁,不得。盖如此只记得仁之躯壳,必须实见得为己,方为亲切。"黄勉斋曰:"所谓仁者,当于'气已不贯'上求之。"

价解:此承上文人己而言。以四体之不仁,明心体之仁也。天人一理,物我亦一理,天人一气,物我亦一气。仁者心无私欲,以天地万物为一体,莫非己也。认得为己,物我同体,痌瘝乃身,至诚恻怛之心,周流贯通,无所不至。若稍有私意之蔽,视物我为异体,有形骸之隔,即有人己之见。视人之疾苦,于己无关,漠然无动于中,如手足痿痹,痛痒不觉,气不相贯,则手足亦不属己,即四体之不仁。而心体之所以仁,从可识矣。

[2]杨注:伯岊据上蔡先生曰:"活者为仁,死者为不仁。今人身体麻痹,不知痛痒为不仁。桃杏之核可种而生者,谓之桃仁杏仁,言有生之意,推此仁可见矣。"或问晦翁曰:"上蔡以觉言仁,如何?"曰:"觉者是要觉得这道理,须是分毫不差,方能全得此心之德,这便是仁。但知得个痛痒,则凡人皆觉得,岂尽是仁者耶? 医家以顽痹为不仁,以其不觉,故以不仁言之。不觉固是不仁,然便谓觉是仁则不可。"伯岊曰:"己欲立而立人,己欲达而达人",恕之事也,故圣人不直以为仁而必曰"仁之方"也。

叶解:说见《论语》。博施济众,乃圣人之功用。子贡以是言仁,未识仁之体。夫子告之,使知人之欲无异己之欲,施于人者亦犹施于己,近取诸身而譬之于人,则得求仁之术,即此可见仁之体也。朱子曰:"博施济众,是就事上说,却不就心上说。夫子所以提起,正是就心上指仁之本体而告之。"又曰:"博施济众,固仁之极功,但只乍见孺子将入井时有怵惕恻隐之心,亦便是仁,此处最好看。"

张解:承上文而言。恕者,乃圣人示人求仁之方也。博施济众就事上说,乃仁之极功。德与位并而为圣人者,始有此功用,至难言也。所以夫子止就心上指仁之本体而告。立者,扶持之使植其生;达者,通达之使复其性。随时随地触念而发,取之己而至近,譬之人而可通,求仁之方莫切于此。于此观之,可以得仁之体,而天地万物皆属于己矣。

茅注:令,平声。(朱子)曰:"无私,是仁之前事;与天地万物为一体,是仁之后事。惟无私然后仁，惟仁然后与天地万物为一体。学者欲晓得'仁'名义，须并'义、礼、智'三字看。欲真个见得仁模样，须是从克己复礼做工夫去，圣人都不说破，在学者以身体之而已矣。"

　　江注：问："《遗书》中取医家言仁，又一段言医家以不识痛痒为不仁，又以不知觉、不认义理为不仁，又却从知觉上说。"朱子曰："觉是觉于理。"问："与上蔡说同异？"曰："异。上蔡说觉，才是（《王记》云：王、吴本"见"作"是"，可学录作"见"，洪本同。）此心耳。"问："'仁者以天地万物为一体'，此即人物初生时验之可见。人物均受天地之气而生，所以同一体，如人兄弟异形，而皆出父母胞胎，所以皆当爱。"曰："不须问他从初时，只今便是一体，犹之水，江河池沼皆是此水。如以两椀盛得水来，不必寻讨这一椀是这里酌来，那一椀是那里酌来，既都是水，便是同体。如说人与物均受此气，均受（《王记》云：《语类》作"同得此理"，诸本皆作"均受"。）此理，所以皆当爱，便是不如此。'爱'字不在同体上说，他那物事自是爱，不是同体了方爱。惟其同体，所以无所不爱。所以爱者，以其有此心也。所以无所不爱者，以其同体也。""'仁者以天地万物为一体'，说得太深，无捉摸处。《易传》'偏言'、'专言'，又云'仁者天下之公'。此两处说得极平实，学者当精看此等处。""'认得为己，何所不至'，认得个什么？夫仁者己欲立便立人，己欲达便达人，此即仁之体也。'能近取譬'，则是推己之恕，故曰'可谓仁之方'，'欲令如是观仁，可以得仁之体'，这处却（《王记》云：《语类》"却"作"极"，各本作"却"。何子永先生曰："'却'字意思宽。"）好看仁。""'气已不贯'，血脉都在这'气'字上。"问："于此'可以得仁之体'，是此处见得人与己相关甚切，便是生意相贯处否？"曰："亦是，只无私意，理便流通。然此处也是己对人说便恁地，若只就自己说，此又使不得。盖此是仁之发出处，若未发之前，只一念之私，便是不仁。（《王记》云：《语类》作"便不是仁"，各本作"便是不仁"。）"

[集评]

　　朱子曰：明道"医书手足不仁"止"可以得仁之体"一段，以意推之，盖谓仁者，天地生物之心，而人物得以为心，则是天地人物莫不同有是心，而心德未尝不贯通也。虽其为天地，为人物，各有不同，然其实则有一条脉络相贯。故体认得此心，而有以存养之，则心理无所不到，而自然无不爱矣。……"仁至难言"，亦以全体精微，未易言也。止曰"立人""达人"，则有以指夫仁者之心，便于此观，则仁之体，庶几不外是心而得之尔。（《语类》卷九十五）

　　问："程子作一统说，先生作二段说，如何？"朱子曰："程子之说如大屋一般，愚说如大屋下分别厅堂房屋一般。"（《茅注》）

　　问：“《集注》以上一截说仁之体，下一截说仁之术，而程子乃合而言。”曰：“程子合而言之，上下句似不相应，不若分作两截看。然惟其仁者之心如此，故求仁之术必如此也。”（《江注》）

　　薛氏曰：天地与物皆自阴阳造化中来，故天地万物为一体。人知天地万物为一体，则薰然慈良恻怛之心，有不觉而自发于中者。（《李解》）

　　王阳明曰：墨氏兼爱无差等，将自家父子兄弟与途人一般看，便自没了发端处。不抽芽，便知得他无根，便不是生生不息，安得谓之仁？孝弟为仁之本，却是仁理从里面发出来。（《栏外书》）

　　张习孔曰：圣贤语仁者多矣，惟此比况最真切，诸解无以复加。

　　李文炤曰：欲立欲达，仁之体也；能近取譬，乃为之之方也。程子概言之而已。

　　冯友兰曰：（程明道）如此说仁，仁已不只是我们所谓一种德，而是一种精神状态。有此种精神状态者，觉天地万物与其自己为一体，别人所感者，他均感之。此比推己及人尚须“推”者，又进一层。如此说仁，可以说，仁者不仅爱人；但却不能说，仁不是爱人。（《新理学》）

　　21.　[一]“生之谓性”，性即气，气即性，生之谓也。[1]人生气禀，理有善恶，然不是性中元有此两物相对而生也。[2]有自幼而善，有自幼而恶，（旧注：后稷之克岐克嶷；子越椒始生，人知其必灭若敖氏之类。）[3]是气禀有然也。善固性也，然恶亦不可不谓之性也。[4]盖“生之谓性”、“人生而静”以上不容说，才说性时便已不是性也。[5]凡人说性，只是说“继之者善”也，孟子言人[二]性善是也。夫所谓“继之者善也”者，犹水流而就下也。[6]皆水也，有流而至海，终无所污，此何烦人力之为也？有流而未远，固已渐浊；有出而甚远，方有所浊。有浊之多者，有浊之少者。清浊虽不同，然不可以浊者不为水也。[7]如此，则人不可以不加澄治之功。故用力敏勇则疾清，用力缓怠则迟清。及其清也，则却只是元初水也。亦[三]不是将清来换却浊，亦不是取出浊来置在一隅也。水之清，则性善之谓也。故不是善与恶在性中为两物相对，各自出来。[8]此理，天命也。顺而循之，则道也。循此而修之，各得其分，则教也。[9]自天命以至于教，我无加损焉，此舜“有天下而不与焉”者也。[10]

[集校]

[一]《语类》以此条为明道语。(《李解》)《张解》本有"明道曰"三字。陈荣捷云:"出《遗书》卷一,页七下至八上。不知是明道之语,抑伊川之语。《近思录》此处,《语类》卷四,第六十五'问人'条,页一一五,与《朱子文集》卷六十七,页十六下至十八上,均作明道语。然《语类》卷九十五,第三十五'生之'条,页三八五,又作伊川语。"(《陈论》)此条今见《河南程氏遗书》卷一《端伯传师说》。

[二]一本"性"上有"人"字。(《李解》)"孟子言"下,《遗书》有"人"字。(《茅注》)按,"言"下,《叶解》元刻本、吴邦模刻本、《张解》本、《江注》本无"人"。

[三]《叶解》元刻本、吴邦模刻本、《张解》本、《茅注》本、《江注》本无"亦"字。

[集注]

[1] 杨注:告子言"生之谓性",其所谓生者,指知觉运动而言。晦翁曰:"性者人之所得于天之理也,生者人之所得于天之气也。性,形而上者也;气,形而下者也。人物之生莫不有是性,亦莫不有是气。然以气言之,则知觉运动,人与物若不异也;以理言之,则仁义礼智之禀,岂物之所得全哉?"

叶解:人之有生,气聚成形,理亦具焉,是之谓性。性与气本不相离也,故曰"性即气,气即性"。

张解:生是气,生之理是性,然气非理不立,理非气不行。人生而成形,气与理俱而受之,以为在我之性,则言性离不得气,性即气也;言气离不得性,气即性也。而总皆生之谓也。若告子所云,则遗理言气,专以有生之知觉运动者为性,词同而意悬矣。

茅注:"性即气"者,见性之不能离乎气也;"气即性"者,言气以成形,而性即附于其中也。按,告子以气为性,犹佛氏"作用是性"之说,程子却引来见人生以后便已离气不得,与告子语意大别。

江注:朱子曰:"此章内'性'字,有指其堕在气质中者而言,有指其本(《王记》云:王刻"本"误"木"。)原至善者而言。须且分别此一字,令分明不差,方可子细逐项看详。""'生之谓性'一条难说,须子细看。此条程子说得亦未尽。生之谓性,是生下来唤做性底,便有气禀夹杂,便不是理底性了。"问:"'性即气,气即性',此言人生性与气混合者。"曰:"有此气为人,即理具于身,方可谓之性。""'性即气,气即性',这且是滚说。性便是理,气便是气,是未分别说。其实理无气,亦无所附。"

价解：仁者以天地万物为一体，性之本然也；不仁者有人己之私，拘于气也。此条即性与气反复言之。人物未生之前，只谓之理，不谓之性，生而气聚成形，理亦具焉，始谓之性。性与气混合无间，除却性便无气，除却气亦无性，故性即气，气即性也。仁义礼智，性也；知觉运动，气也。告子不知有理，而以所谓气者当之，故认气为性，而以甘食悦色为性，即佛氏所谓作用是性也。程子谓人物既生，即此所禀以生之气，而天命之性存焉，即《易》所谓成之者性也，与告子语同指异。程子所谓气，以清浊厚薄言，告子所谓气，以知觉运动言。所谓性者不同，所谓气者亦异。

[2]叶解：气禀杂揉，善恶由分，此亦理之所有。然原是性之本，则善而已，非性中元有善恶二者并生也。

张解：理本有善而无恶，自人禀阴阳五行之气以生，其中交感错综，参差不齐，则不能无清浊偏正之分，而理斯有善恶。恶亦谓之理者，本非恶，但流而或过或不及，便是恶，是亦理之所有也。虽曰理之所有，而性之本然则善而已。其为恶者，乃气禀为之，而非性中元有善恶二者相对而生也。

茅注：朱子曰："'理'字只作'合'字看，犹言理当如此。"承上文而言。性既离气不得，则人之生也，自不能无善恶之殊矣。然非性中本有此善恶二者相对而生，见性本有善而无恶也。

[3]杨注：《诗·生民》章曰："诞实匍匐，克岐克嶷。"毛氏曰："岐，知意也；嶷，识也。"《说文》嶷作𡠗，曰"小儿有知"。伯岛据《左传》宣四年："初，楚司马子良生子越椒。子文曰：'必杀之！是子也，熊虎之状而豺狼之声，弗杀，必灭若敖氏矣。'谚曰'狼子野心'，是乃狼也，其可畜乎？子良不可，子文以为大慼。及将亡，聚其族曰：'椒也知政，乃速行矣。无及于难。'且泣曰：'鬼犹求食，若敖氏之鬼不其馁而。'后椒为令尹，恶荐贾，以其族杀之，攻楚王，楚子与之战，遂灭若敖氏。"

张解：惟理有善恶，故有自幼而善者，如后稷克岐克嶷之类。有自幼而恶者，如子越椒始生，人知其必灭若敖氏之类。同一生也，而性之不同如是。

[4]叶解：程子又曰："善恶皆天理，谓之恶者本非恶，但或过或不及便如此。"朱子曰："天下无性外之物，本皆善而流于恶耳。"愚谓，原天命赋予之初，固有善而无恶。及气禀拘滞之后，则其恶者，谓非性之本然则可，谓之非性则不可。性一也，所指之地不同耳。

张解：是气禀之清浊偏正，其不同有然也。气禀即是性矣。由是观之，善固为性，恶亦不可不谓之性。盖虽非性之本然，亦是气禀生出来的，所谓

"论性不论气，不备"也。

李解：朱子曰："所禀之气，所以必有善恶之殊者，亦性之理也。盖气之流行，性为之主，以其气之或纯或驳，而善恶分焉。故非性中本有二物相对也。然气之恶者，其性亦无不善，故'恶亦不可不谓之性也'。"

茅注：若敖，即子文之祖也，与栾武子所谓"训之以若敖、蚡冒"之若敖别。盖彼乃楚武王之祖熊仪也。承上文而言，性既本无不善矣，而有自幼而善、不善异者，非其性之有不善也，盖因气禀昏浊，性遂为所汨没，以至于此耳。要之，虽为所汨没，而其本善者固未尝不在也。朱子曰："恻隐是善，于不当恻隐者而恻隐便是恶；刚断是善，于不当刚断者而刚断便是恶。然其原却从天理上来，只是为人欲翻转，故用之不善而为恶耳。如放火杀人可谓至恶，若把火去炊饭，杀其所当杀之人，岂不是天理？又如沟渠至浊，当初若无清底水，缘何有此？"又曰："如墨氏本是恻隐，孟子推其弊至于无父，岂不是恶？然亦不可不谓之性也。"

江注：朱子曰："'人生气禀，理有善恶'，此'理'字不是说实理，犹云理当如此，只作'合'字看。""不是两物相对而生，盖言性善也。"问："既言性善，下却言'善固性也，然恶亦不可不谓之性'，却是言气禀之性，似与上文不接。"曰："不是言气禀之性，盖言性本善，而今乃恶，亦是此性为恶所汨，正如水为泥沙所混，不成不唤做水。"问："恶专是气禀，不干性事，如何说'恶亦不可不谓之性'？"曰："既是气禀恶，便也牵引得那性不好。盖性只是搭附在气禀上，所以谓浊亦不可不谓之水。""他原头处都是善，因气禀偏，这性便偏了。如人浑身都是恻隐而无羞恶，都是羞恶而无恻隐，这便是恶德，这唤做性却不是。"问："恶亦不可不谓之性，疑与孟子抵牾？"曰："这般处难说，乍卒理会未得。（《王记》云：《语类》作"这般所在难说，卒乍理会未得"，《集注》改"所在"作"处"。"卒乍"二字见《语类》颇多，"乍卒"似当改转。）某初看亦自疑，但看来看去自是分明。今定是不错，只著工夫子细看。"

价解：性无不善，气禀拘蔽而后流而为恶。仁性也，慈爱之过流为姑息，则恶矣，然亦仁之为也，不可谓之非性也。义性也，断制之过流为惨刻，则恶矣，然亦义之为也，不可谓之非性也。故程子曰"善恶皆天理，谓之恶者本非恶，但或过或不及便如此"。

[5] 叶解：此重释"生之谓性"。

张解：此释"生之谓性"之意。"人生而静"以上，是人物未生时，其有善无恶不容说，但只可谓之理，不可谓之性。理是天地人物公共底道理，性是人生以后此理具于我而为我所有者。'性'字从生从心，才说性时，此理已附于形气之中,便兼气禀而言,不全是性之本体。张横渠曰:"形而后有气质之性,善反之,则天地之性存焉。"天地之性,乃性之本体也。其实天地之性亦不离气质之中,只就其中认出不相杂者而为之言耳。

李解:"才"与"纔"同,后放此。

茅注:上,上声。"才"本作"纔"。宋徐铉曰:"古亦用'才'为'纔'始字。《晋·谢混传》:'才小富贵,便豫人家事。'"古通用财、裁字,后仿此。"人生而静,天之性也",见《礼·乐记》篇。朱子曰:"'人生而静','生'字已自杂气质言之。生而静以上,便只是理。'才说性','性'字杂气质与本然之性说。'便已不是性','性'字却是本然之性。"

[6] 李解:夫,音扶。朱子曰:"性则理而已矣,何言语之可形容哉!故善言性者,不过即其发动之端言之,而性之蕴固可默识矣。如孟子之论四端是也,观水之流而必下,则水之性下可知;观性之发而必善,则性之蕴善可知也。"愚按,程子恐以就下喻继之之意,下文乃以清喻善耳,更详之。

茅注:"继之者善",见《易·系辞上传》。此以上言"本然之性"。朱子曰:"《易》所谓'继之者善',在性之先,此引来又在性之后说。盖《易》以天道之流行者言,此以人性之发见者言。天道流行如此,所以人性发见亦如此。盖此发见处便见本原之至善,不待别求。若可别求,则是'人生而静'以上却容说也。"

江注:朱子曰:"周子言'无极而太极',程子又言'人生而静以上不容说'。盖圣贤论性无不因心而发。若欲专言之,则是所谓无极而不容言者,亦无体段之可名矣。""'人生而静',只是性之未发,但于此可见天性之全,非真以静状性也。"……"静者固其性,然只'生'字便带却气质了,但'生'字以上又不容说。盖此道理未有形见处,故才说性,便须带着气质,无能悬空说得性者。""'人生而静'以上,天命之本体也。""人物未生时,只可谓之理,说性未得。""'人生而静'以上,只说个天道,下'性'字未得,所以云'夫子之言性与天道',便是如此。所谓'天命之谓性'者,是就人身中指出这个是天命之性,不杂气禀者而言尔。""程先生说性,有本然之性,有气质之性。人具此形体,便是气质之性。'才说性',此'性'字是杂气质与本来性说。'便已不是性',此'性'字却是本然之性。""才说气质底,便不是本然底。(《王记》云:洪本"才"字上误多"性"字,王、吴本"才"字起误分两段,皆无"也"字。按,贺孙录此两句,承上文申言之,以明"才说性时,便已不是性"两句之意,合有"也"字,语意方足。今依《语类》改。)'人生而静'以下,方有形体可说。""如说善,即是有性了方说得善。""凡人说性,只是说'继之者善也',便兼气质了。"问:"恐是兼了情？”曰：“情便兼质了。”“这‘继’字主于人之发用处言之。”“《易》说天命流行处，明道却将来就人发处说。孟子言性善，亦是就发处说，因其发处之善，是以知其本无不善，犹循流而知其源也。《易》以天命言，程子就人言，盖人便是一个小天地也。”“孟子说性，便是从中间斡出好底说，故谓之善。”“性之在人，犹水之在山，其清不可得而见，流出而见其清，然后知其本清也。所以孟子只就见孺子入井皆有怵惕恻隐之心处，指以示人，便（《王记》云：王、吴本“使”作“便”，《语类》作“使”，洪本同，今从之。）知性之本善也。《易》谓‘继之者善’，在性之先，此所引在性之后，天道流行如此，所以人性发见亦如此。”问：“《易》与孟子，就天人分上，各以流出处言。明道则假彼以明此耳。”曰：“然。”

价解：“继之者善”，《易》以天命流行言，程子以人性发动言，性之发为情。孟子言四端，即情之善以明性之善，人之情本但可以为善，而不可以为恶，则性之本善可知。犹观水流之就下，则知水之性下也。

[7]叶解：《系辞》曰：“一阴一阳之谓道，继之者善也。”盖天道流行，发育万物，赋受之间，浑然一理，纯粹至善，所谓“性善”者也。“继之”云者，犹水流而就下，其有清浊远近之不同，犹气禀昏明纯驳有浅深也。水固本清，及流而浊，不可谓之非水。犹性虽本善，及局于气而恶，不可谓之非性。此重释“善固性也，恶亦不可不谓之性”。

张解：此释“善固性也，恶亦不可不谓性”之意。夫子系《易》，有曰“继之者善也”，是就造化源头处，言其气之方动之初，流行赋予，更无别物，只个浑然至善之理。今人说性，正说此一句。盖造化之赋予者本善，则我之受于造化而为性者，亦无不善。可知孟子言性善，意本于此。此语极精，然性之原固善，丽乎气便有善有恶，犹水之源本清，流出去便有清有浊。所谓“继之者善也”者，是专就原本上说来，犹以水就下之性言之，水无有不下者，若于流而未下之时，勘验其远近清浊之分，则固不同矣。有流而至海，终无所污，此无烦人力，源清而流亦清者。有流之未远，已为沙尘所溷而渐浊。有流之甚远，然后沙尘溷之而有所浊。又于溷之之中，亦有浊多浊少。此皆源清而流不清者，犹人之气禀昏明纯驳，各有浅深也。水之清浊不同，不得以浊者为非水。故性之善恶不同，亦不得以恶者为非性也。

茅注：此又以水之清浊譬之，见人之气质不同有如此者。朱子曰：“水之清者，性之善也。流至海而不污者，气质清明。自幼而善，圣人性之，而自全其天者也。流未远而已浊者，气质偏驳之甚，自幼而恶者也。流既远而方浊者，长而见异物而迁焉，失其赤子之心者也。浊有多少，气之昏明纯驳有浅深也。不可以浊者不为水，是恶亦不可不谓之性也。"

[8] 叶解：朱子曰："人虽为气所昏，而性则未尝不在其中，故不可不加澄治之功。惟能学以胜之，则知此理浑然，初未尝损，所谓'元初水也'。虽浊而清者存，故非将清来换浊，既清则本无浊，故非取浊置一隅也。如此则其本善而已矣，性中岂有两物对立而并行也哉！"愚谓，不知性之本善，则不能自勉以复其初；不知性有时而陷于恶，则不能力加澄治之功。二说盖互相发明也。此重释"不是性中元有两物相对而生"。但前以其本言，则曰"相对而生"；此以其用言，则曰"相对各自出来"。

张解：此释"不是性中元有两物相对而生"之意。盖人之气禀虽不同，而性之本善则一。非其本体之善，将于何处用功？非其气禀之有时陷于恶，则亦可无所用其功矣。惟其如此，是以宜加澄治之功。澄治者，择执是也，所以用吾力也。用力敏勇，人一己百，人十己千，则其清速，而愚必明、柔必强矣。若用力缓于前，怠于后，则其清迟矣，况不用力者乎？夫性之恶者，有以澄治之而复其本然之善，则只是元初理也。犹水之浊者，澄治之而及其清，却只是元初水也。固不是此浊彼清，将清来换浊，亦不是既清之外另有浊，取其浊者置在一隅。可见水元来清，性元来善，此孟子以性为善之谓也，岂有善与恶并在性中对立而并行也哉？前曰"相对而生"，此曰"相对各自出来"。前就其涵于中者以体言也，此就其见于外者以用言也。

茅注：却，俗"卻"字。此一节言人能变化气质，则本然之性可复也。……问："水亦可以澄治？"曰："旧有人尝装惠山泉去京师，或时臭了，京师人会洗水，将沙石在笕中，上面倾水，从笕中下去，如此十数番，便渐如故。可见水亦可澄治，但减些分数耳。"

江注：朱子曰："其言水之下与水之清，亦是两意，须细分别。""'犹水流而就下也'，这下更欠言语，须为他作文补这里始得。盖水之就下，是喻性之善，如孟子所谓'过颡在山'，虽不是顺水之性，然不谓之水不得，这便是前面'恶亦不可不谓之性'之说，到得说水之清，却依旧是譬喻。"问："'水流就下'以后，是说气禀否？若说气禀，则生下已定，安得有远近之别？"曰："此是夹习说。"问："以水譬性，天道纯然一理，便是水本来清，阴阳五行交错杂揉而有昏浊，便是水被泥污了。昏浊可以复清者，只因他母子清。"曰："然。那下愚不移底人，却是那臭秽底水。"问："下愚恐他自不肯去澄治。"曰："那水虽臭，想也未至污秽。"问："物更推不去，却似那臭泥。"曰："是如此。"问："此一节是说人变化气质，然变了气质，复还本然之性，亦不是在外面添得。"曰："是如此。""'生之谓性'一段，当作三节看，有言天命者，有言气质者。

'生之谓性'是一节,'水流就下'是一节,'清浊'又是一节。"(《王记》云：各本均连上为一段。《语类》自"生之谓性一段"至"清浊又是一节",系瘄录,以下别见；"横渠云"起,当自为一段。)"横渠云'形而后有气质之性,善反之,则天地之性存焉',将此两个'性'字分别,自'生之谓性'以下,凡说'性'字者,孰为天地之性,孰为气质之性,则其理自明矣。"

陈注：此可悟学问之要,然一时敏勇非难,常敏勇、常清明之为难。少缓则怠,怠则复昏浊矣。故刚健不息,是为天德。

价解：天性浑全,无所污坏,不假修为,生知安行之圣人也。自圣人以下,有气禀之拘,即有物欲之蔽,不能无所污坏,但分数多少有异耳。修身体道,求复其性,或学知利行,或困知勉行,用力有勤惰,则成功有迟速。人一己百,人十己千,虽愚必明,虽柔必强。则性之本然者可复矣。……盖惟气禀有恶,故宜加澄治之功。惟性本善,故加澄治之功,而可以复其性也。

[9] 杨注：天之赋予万物则谓之命,万物禀而受之则谓之性,其目不越乎仁义礼智而已。凡君臣、父子、兄弟、夫妇、朋友,日用常行不可须臾离也。循性之仁而行,则父慈子孝,以至于仁民爱物者,道也；循性之义而行,则君敬臣忠,以至于敬长尊贤者,道也；循其礼则恭敬辞逊之节文,循其智则是非邪正之分别者,亦道也。圣人因其道之自然,立法垂训,为之品节防范,修父子之道而仁之教立,修君臣之道而义之教行。谨其节文而修之,则礼之教也；审其是非而修之,则智之教也。

张解：此又以《中庸》性、道、教之旨明之。言此理之有善无恶,乃天道流行而赋于物者,所谓"在天曰命"也。我受天之命以为性,顺而循之,因其自然之理,以为日用事物当由之路,则道也。道无过不及,而人不能无过不及之偏。圣人于是循其道而制为礼、乐、刑、政以修之,俾各得其本然之分,则教也。教属人事,而其所以修之者,出于天命之本然,则自天命以至于教,非人私智所得加损于其间,而要惟圣人为能尽乎性而至乎命也,故以舜事明之。舜有天下而不与,依然"人生而静"之初,浑然一理在中,所谓性之者也,无烦人力之为也。人未能如舜之性之,则浚其源,澄其流,乌可以不用其力哉？

[10] 叶解：朱子曰："修道虽以人事言,然其所以修之者,莫非天命之本然,非人私智所能为也。然非圣人有不能尽,故以舜事明之。"

李解：朱子曰："此理本天命也,该始终本末而言也。"又曰："但所引舜事,或非本文(按,即《论语》)之意耳。"

茅注：分,音问。与,音预。此一节见学者所以求道,与圣人所以为教,皆一循夫天命之自然,而不得有所加损于其间也。

江注:问:"'此理天命也',这处方提起以此理说,则是纯指上面天理而言,不杂气说。"曰:"固是。"又曰:"理离气不得,而今讲学用心着力,却是用这气去寻个道理。"

陈注:篇中深微至极之言,初学者却不必理会,只看末段亲切处,是近思之要。

价解:人性本然之理,纯粹至善,天所命也。顺而循之,则为日用当行之道。循此而修之,使人安其分,则谓之教。因其性之本然,顺其理之当然,不容以私智穿凿,有所加损。舜有天下,恭己无为,亦行所无事而已耳。初未尝有所矫揉造作于其间也。

朴履坤曰:此言舜亦不过率性修道之尽其极耳,不加毫末于性分之外。虽至于受尧之禅以有天下之大,而此则于舜不相关,所乐不在乎此也。

[集评]

或问"生之谓性"一段。曰:此段引譬喻亦丛杂,如说水流而就下了,又说从清浊处去,与就下不相续。这处只要认得大意可也。又曰:"然恶亦不可不谓之性"一句,又似有恶性相似,须是子细看。(《语类》卷九十五)

问"人生而静以上不容说"一段。曰:"人生而静以上",即是人物未生时。人物未生时,只可谓之理,说性未得,此所谓在天曰命也。"才说性时,便已不是性"者,言才谓之性,便是人生以后,此理已堕在形气之中,不全是性之本体矣。故曰"便已不是性也",此所谓在人曰性也。大抵人有此形气,则是此理始具于形气之中,而谓之性。才说是性,便已涉乎有生而兼乎气质,不得为性之本体也。然性之本体,亦未尝杂。要人就此上面见得其本体元未尝离,亦未尝杂耳。"凡人说性,只是说'继之者善也'"者,言性不可形容,而善言性者,不过即其发见之端而言之,而性之理固可默识矣,如孟子言"性善"与"四端"是也。(同上)

问:"继之者善",《易》与程子(按,《江注》四库抄本作"孟子")之说异。曰:明道先生之言,高远阔阔,不拘本文正意,如此处多。若执其方而论,则所不可通者,不但此句而已。不容说处,即性之本体。如水则只是水,别著一字不得。至谓之善,则性之发,如水之下矣。(《江注》)

朱子曰:天之付与万物者谓之命,物之禀受乎天者谓之性。然天命流行,必二气五行交感凝聚,然后能生物也。性命,形而上者也;气,则形而下者也。形而上者,一理浑然,无有不善;形而下者,则纷纭杂糅,善恶有所分矣。故人物既生,则即此所禀以生之气,而天命之性存焉。程子所以发明告

子"生之谓性"之说,而以"性即气,气即性"者言之也。(《李解》)

朱子曰:"此段引譬喻亦丛杂,如说'水流而就下'了,又说从'清浊'去,与'就下'不相续。这处只认得大意可也。"问:"先生尝云'性不可以物譬',明道以水喻性,还有病否?"曰:"若比来比去,也终有病。只是不以这个比,又不能得分晓。"(《江注》)

问:"告子之言,若果如程先生之说亦无害。而渠意直是指气为性,与程子之意不同。"(按,朱子)曰:"程子之言,亦是认告子语脉小差。果如此说,则孟子何必排之,则知其发端固非矣。"(《江注》)

陈北溪曰:夫子所谓善,是就人物未生之前造化源头处说,善乃重字,为实物。若孟子所谓性善,则是就成之者性处说,是人生以后事,善乃轻字,言此性之纯粹至善耳。其实由造化源头处有是"继之者善",然后"成之者性"时方能如是之善,则孟子之所谓善,实渊源于夫子之所谓善者而来,而非有二本也。(《茅注》)

陈埴曰:赤子之心只是真实无伪,然喜怒哀乐已是倚向一边去了,如生下时便有嗜欲,不如其意便要号啼。虽是真实,已是有所倚着,若未发之中却浑然寂然,喜怒哀乐都未形见,只有一片空明镜界,未有倚靠,此时只可谓之中。要之,赤子之心不用机巧,未发之中乃存养所致,二者实有异义。

又曰:性是心之骨子。性既如此,则心不假言。

王夫之曰:"继之者,善也";善则随多寡损益以皆适矣。"成之者,性也";性则浑然一体,而无形埒之分矣。

颜元曰:若谓气恶,则理亦恶;若谓理善,则气亦善。盖气即理之气,理即气之理,乌得谓理纯一善而气质偏有恶哉?(《存性编》,下同)

又曰:程子云:"清浊虽不同,然不可以浊者不为水。"此非正以善恶虽不同,然不可以恶者不为性乎?非正以恶为气质之性乎?请问,浊是水之气质否?吾恐澄澈渊湛者,水之气质,其浊之者,乃杂入水性本无之土,正犹吾言性之有引蔽习染也。其浊之有远近多少,正犹引蔽习染之有轻重浅深也。若谓浊是水之气质,则浊水有气质,清水无气质矣,如之何其可也?

颜元曰:玩程子云"凡人说性,只是说继之者善也",盖以《易》"继善"句作已落人身言,谓落人身便不是性耳。夫"性"字从"生心",正指人生以后而言。若"人生而静"以上,则天道矣,何以谓之性哉?

又曰:噫!楚越椒始生而知其必灭若敖,晋扬食我始生而知其必灭羊舌。是后世言性恶者以为明证者也,亦言气质之恶者以为定案者也。

张习孔曰:孟子以无不下喻无不善,非以水喻性也。先生(按,程颢)以清喻本来,浊喻缘染,亦非以水喻性也。即以水喻性,自既流以后言也。拟之于性,自气禀以后言也,故曰善固性,恶亦不可不谓之性。犹曰清固水,浊亦水也。苟以水喻性于继善之初,此时正如天一地六之生水,中含有润下之性耳。未著在水流上说,一至流时,便有清浊。天一地六生成时,乃至清之气,何尝有浊哉!此先生所谓"'人生而静'以上不容说,才说性时便已不是性",亦此意也。夫水流而不能不浊者,势也,如人既赋纯粹之性,而有耳目口体之需,非极力澄治,何以复其初乎?故先生教人顺而循之,而修之各得其分,则至于大舜之地位,亦无加损焉。斯合于"人生而静"以上,自不至有两物相对也。

张伯行曰:此是程子兼理与气以言性,正与孟子性善之旨互相发明,而非如告子"生之谓性"之说也。

管赞程曰:自"在物为理"至此为一章,此言通中上以下之资。能知物必有理,而人心则有义。以义处物,为学圣之本,至于义立,则动静无端,阴阳无始,为天下之正理也。天下之正理,发之于君臣夫子兄弟夫妇,各有当然之职分,尽此职分便是圣人。其进德也,顺吾天命之性,自然各有日用当行之道,终日乾乾,可以至于博施济众,而圣人之功用,不过如此。虽如舜之事业,亦尽其性分而已。

冯友兰曰:明道说:"'生之谓性'、'人生而静'以上不容说,才说性时便已不是性也。凡人说性,只是说'继之者善也'。"某事物之义理之性即是其所依照之理;严格言之,性应专指气质之性。所以说:"凡人说性,只是说继之者善也。"事物之义理之性是理,是至善,其气质之性是其所实际地依照于理者,是"继之者善",亦是"成之者性"。(《新理学》)

李珥曰:本然之性,气质之性,非二性也。就气质上单指其理曰本然之性,合理与气质而名之曰气质之性。(《李子》,下同)

又曰:先儒心性情之说详备矣,然各有所主,而言或不一,故后人执言而迷旨者多矣。性发为情,心发为意,云者意各有在,非分心性为二用,而后人遂以情意为二歧,四端专言理,七情合理气,非有二情,而后人遂以理气为互发。情意二歧,理气互发之说不可以不辨。

李瀷曰:此条当作三节看,其间有天命者、有气质者,"生之谓性"是一节,"水流就下"是一节,"清浊"又是一节。

佐藤一斋曰:自气之条理而谓之理,理即性之本原也。自理之运行而谓之气,气即性之作用也。故本原善则作用善,其有不善,则以气有过不及也。所谓"恶亦不可不谓之性"是也。凡人物之生,自禀诸己而有性之名,则未生以前,只是一气流行,即继之者善,未成性也。既禀生,才说气即是性,则落在作用一边,不及其有条理处,故不是性之本原矣。学者须要合理气为一而自得之,是盖明道之意,而文成之说也。

22. [一]观天地生物气象。[1]（旧注：周茂叔看。）[2]

[集校]

[一]《遗书》五卷至九卷本不分二先生语,朱子为是录时亦随手附入,不必尽蒙上某先生曰也。（《冯记》）按,《张解》本有"明道曰"三字。此条今见《河南程氏遗书》卷六。

[集注]

[1]叶解：造化流行,发育万物,溥博周遍,生理条达,观之使人良心油然而生。此即周子窗前草不除去,问之,云"与自家意思一般"是也。

张传：观天地生物性情,便自得其气象。《易》曰"乾道变化",此性情也。又曰"不言所利,大矣哉",此气象也。

李解：胡氏曰："天地只是一个生物,圣人全天地之心,故仁民爱物自不能已。"

[2]茅注：此亦就物之初生时观之。

[集评]

问：程子"观天地生物气象",也是如此？曰：他也只是见如此,便说出来示人。而今不成只管去守看生物气象？（《语类》卷九十六）

张伯行曰：天地间天理流行之妙,随处发见,故万物之生浑是一团太和元气,充塞遍满于上下之内,而不静观不知也。周子谓"窗前草不除,与自家意思一般",正见得天地气象在我,而我之生机流行,亦初无一息之或停矣。

23. [一]万物之生意最可观,此"元者,善之长也",斯所谓仁也。[1]

[集校]

[一]卷十一。据总识"明道语",详书目下。（《冯记》）按,《张解》本有"明道曰"三字。陈荣捷云："见《遗书》卷十一,页三下。此处作明道语,而《语类》卷九十五,第六十二'问伊川'条,页三八六四,作伊川语。"（《陈论》）此条今见《河南程氏遗书》卷十一《师训》。

[集注]

[1]叶解：朱子曰："物之初生,淳粹未散,最好看。及干叶茂盛,便不

好看。见孺子入井时，怵惕恻隐之心，只这些子，便见得仁。到他发政施仁，其仁固广，然却难看。"

张解：此程子欲人于万物生意起时体验仁理也。生理周流，固无一时间断，而于其初生之时，萌芽发露，直达恳切，所谓"生意"也。此处尤最好看。盖万物之生意始于元，元即仁也。《易》曰："大哉乾元，万物资始，乃统天。"谓之"统天"，则贯通乎亨、利、贞之德，彻终始都是一个元。然曰"资始"，则其生意勃发正自此始。前此物犹伏藏而未可观，后此物已散漫而不易观。唯观于此，而知元为众善之长。所谓仁者，触处呈现矣。所以程子尝说鸡雏可以观仁，切脉可以观仁。鸡雏是生意淳粹处，切脉是生意贯通处。

茅注：长，张丈反。"元者，善之长"，见《周易·乾·文言》。

江注：朱子曰："物之初生，其本未远，固好看。及干成叶茂，便不好看。如赤子入井时，怵惕恻隐之心，只些子仁，得见时（《王记》云：各本如此，赐录作"见得时"。何子永先生云："'见'字，读贤遍反，则'得'字宜在上，与上'只些子仁'四字始能联为一句。"）却好看。到得发政施仁，其仁周广，（《王记》云：王、吴本如此，洪本"周"作"固"。何先生云："'周广'与'些子'对，'固'字与上文无相承对处。"今依王、吴本。）便看不见得何处是仁。""仁是个和柔底物事，譬如物之初生，自较和柔，及至夏间长茂，方始稍坚硬，秋则收结成实，冬则敛藏。然四时生气无不该贯。如程子说'生意'处，非是说似生物皆能发动，（《王记》云：各本"只"误"非"，又雄录无"似"字，各本"似"字衍。）死物则不能。如谷种炁杀（《王记》云：各本同，《语类》亦作"蒸杀"，吴竹如先生校本改"杀"字作"熟"，未知所据何本，俟考。），则不能生也。"

陈注：以下数条，明道先生气象如见，学者常常涵泳此气象于胸中，庶有益处。

[集评]

问："万物之生意最可观，此'元者，善之长也'，斯所谓仁也。"此只是先生向所谓"初"之意否？曰：万物之生，天命流行，自始至终，无非此理。但初生之际，淳粹未散，尤易见尔。只如元亨利贞皆是善，而元则为善之长，亨利贞皆是那里来。仁义礼智亦皆善也，而仁则为万善之首，义礼智皆从这里出尔。（《语类》卷九十五）

朱子曰：仁是恻隐之母，恻隐是仁之子。又仁包义礼智三者，仁是长兄，管属义礼智，故曰"元者，善之长"。（《释义》）

张绍价曰：在天曰命，元统四德；在人曰性，仁兼万善。天地生物气象，化育流行，上下昭著，万物生意，纯粹未散。此元者善之长，即所谓仁也。

佐藤一斋曰：此章之意，盖曰万物之生意，四时皆可观。而其最可观，在此阳春之时，即于气，元也；于德，仁也。

24.［一］满腔子是恻隐之心。[1][二]

[集校]

［一］《张解》本有"明道曰"三字。

［二］此条今见《河南程氏遗书》卷三《谢显道记忆平日语》。然《张传》本将此条与第23条接连在一起刻印，未单列，似合为一条，非。

[集注]

[1] 杨注：指微搔而知痒，针微刺而知痛，岂非满腔子是恻隐之心乎！潘时举问晦翁曰："仁包义礼智，元包亨利正（按，"正"当为"贞"），春包夏秋冬。以五行言之，不知木如何包得火金水？"先生曰："木乃生气，有生气然后物可得而生。若无生气，则火金水皆无自而能生矣，故木能包此三者。"

叶解：腔子，犹躯壳也。恻，伤怛也。隐，痛也。人之一身，恻隐之心无所不至，故疾痛痌痒，触之则觉。由是推之，则天地万物本一体也，无往而非恻隐之心矣。朱子曰："弥满充实无空缺处，如刀割着亦痛，针刺着亦痛。"

张解：腔子，犹言躯壳，满腔子即浑身也。恻者，伤之切。隐者，痛之深。恻隐之心，即天地万物一体之心，充塞于人之身者。故程子就人身上指出，见人身是小腔子，天地是大腔子。人身浑是恻隐之心，所以可塞天地。天地亦浑是恻隐之心，所以品物流形，各正性命。

李解：朱子曰："腔子犹言郭郭，此是方言，指盈于人身而言。满躯壳都是恻隐之心，大感则大应，小感则小应。故日用所当应接，更无些间隔，痌痒疾痛，莫不相关。"又曰："此是就人身上指出，此理处最为亲切，若于此见得，即万物一体，更无内外之别。若不见得，却去腔子外寻觅，即莽莽荡荡无交涉矣。"薛氏曰："满天地是生物之心，满腔子是恻隐之心。"

茅注：腔子，洛中语。朱子曰："腔只是此身里虚处。此就人身上指出此理充塞处，最是亲切。若于此见得，即万物一体，更无内外之别。"

江注：朱子曰："恻，伤之切。隐，痛之深。所谓不忍人之心也。腔子，犹言躯壳，是俗语。满腔子，只是言充塞周遍，本来如此。"……问："心所发者不一，便说恻隐如何？"曰："恻隐之心浑身皆是，无处不发，如见赤子有恻隐之心，见一蚁子，亦岂无此心？"问："此莫是人生恻隐之心具足否？"曰："如今也怎地看，事有个不稳当处，便自觉不稳，这便是恻隐之心。"（《王记》云：幹录"这便是恻隐之心"下，尚有"林择之尝说：人七尺之躯，一个针扎着便痛。问吾身固如此"二十三字,下乃接云"处事物亦然否",是句内"亦然"字,乃承上"针扎着便痛"言之,语意警切。《集注》将"人七尺之躯"三句删去,本句语无来脉,与上文"事有不稳当"句相复,似应补入上三句方妥。)问:"处事物亦然否?"曰:"此心应物不穷,若事事物物常是这个心,便是仁,若有一事不如此,便是不仁了。""不特是恻隐之心,满腔子是羞恶之心,满腔子是辞逊之心,满腔子是是非之心,弥满充实都无空阙处。"

［集评］

问:"满腔子是恻隐之心",只是此心常存,才有一分私意,便阙了他一分。曰:只是满这个躯壳,都是恻隐之心。才筑着,便是这个物事出来,大感则大应,小感则小应。恰似大段痛伤固是痛,只如针子略挑些血出,也便痛。(《语类》卷五十三)

胡居仁曰:"满腔子是恻隐之心",则浑身都是此心。如刺着便痛,非心而何? 然要知痛是人心,恻隐是道心耳。(《居业录》卷一)

张习孔曰:满腔子是恻隐之心,便包有羞恶辞让是非之心在。

张绍价曰:远观诸万物,仁之理充满于宇宙;近验诸一心,仁之理充满于吾身。

冯友兰曰:程、朱的说法,则恻隐是情,不是性;仁是性。说恻隐是"仁之端",只可解释为:于人之情中有恻隐,可以见其性中有仁;不能解释为:仁与恻隐本是一件事,其关系如一树之枝与干之关系。(《新理学》)

25. ［一］天地万物之理,无独必有对,皆自然而然,非有安排也。每中夜以思,不知手之舞之足之蹈之也。[1][二]

［集校］

［一］《张解》本有"明道曰"三字。

［二］此条今见《河南程氏遗书》卷十一《师训》,下同。

［集注］

［1］叶解:朱子曰:"阴与阳对,动与静对,以至屈信、消长、左右、上下,或以类而对,或以反而对。反覆推之,未有兀然无对而孤立者。程子谓惟道无对,然以形而上下论之,亦未尝不有对也。"

张解:天地万物之理,不外阴阳。阴阳判而两仪立。其间动静、屈伸、往来、消长、寒暑、昼夜、上下、左右,推而至于方圆、枘凿、善恶、邪正、君子小人之类,或以类而相对,或以反而相对,总未有兀然独立而无对者。此皆真精妙合、自然而然之理,非人力所安排者,即所谓"惟道无对"。然以形而上下论之,则亦未尝不有对也。反覆思之,真令人手舞足蹈,能会于意言之表,而不能知其所以然之故也。

李解:朱子曰:"天地事物之理,亭当均平,无无对者。……盖所对者,或以左右,或以上下,或以前后,或以多寡,……此程子之所以中夜而思,不觉手舞而足蹈也。"又曰:"天下之物未尝无对,然又却只是一理,譬如口中之气,嘘则为温,吸则为寒耳。"

茅注:安排,俗语,犹言布置也。然《庄子·大宗师》篇已有之。朱子曰:"程子谓'无独必有对',要之,独中亦自有对,……又如土亦似无对,然却与金木水火相对。"

江注:朱子曰:"东西、上下、寒暑、昼夜、生死,皆是相反而相对。天地间物未尝无相对者,看得来真个好笑。"……问:"太极便对甚底?"曰:"太极便与阴阳相对,此是'形而上者谓之道,形而下者谓之器'。便对过,却是横对了。如土便与金木水火相对,盖金木水火是有方所,土却无方所,亦对得过,四物皆资土故也。湖南学者云,善无对。不知恶乃善之对,恶者反乎善者也。"

[集评]

问:"天地万物之理,无独必有对。"对是物也,理安得有对?曰:如高下、小大、清浊之类,皆是。曰:高下小大清浊,又是物也,如何?曰:有高必有下,有大必有小,皆是理必当如此。如天之生物,不能独阴,必有阳;不能独阳,必有阴。皆是对。这对处,不是理对。其所以有对者,是理合当恁地。(《语类》卷九十五)

问:"天下之理,无独必有对"。有动必有静,有阴必有阳,以至屈伸消长盛衰之类,莫不皆然。还是他合下便如此邪?曰:自是他合下来如此。一便对二,形而上便对形而下。然就一言之,一中又自有对。且如眼前一物,便有背有面,有上有下,有内有外。二又各自为对。虽说"无独必有对",然独中又自有对。且如棋盘路两两相对,末梢中间只空一路,若似无对。然此一路对了三百六十路,此所谓"一对万,道对器"也。(同上)

薛氏曰:无独必有对,《河图》卦画可见。推之万事万物,无无对者,只是一阴一阳而已。(《李解》)

胡敬斋曰:一物之中各有两仪,如天本属阳,而立天之道曰阴与阳。地本属阴,而立地之道曰柔与刚,岂不是一各含两之义?水虽属阴,亦有阳水阴水,壬癸是也,馀皆然。(《茅注》)

张习孔曰:于独中见两,则独可作两看;于两中见独,则两可作独看。

如一人是独,一人之性情血气有阴阳,是两;阴阳是两,而性情血气,流通周浃,又是独。(所谓"阴阳一太极"。)时是独,时有昼夜是两;昼夜是两,通乎昼夜之道而知,又是独。

张绍价曰:无独必有对,两仪之象也。自然而然,非有安排,则太极之实理为之。

26. [一]中者,天下之大本,天地之间,亭亭[二]当当,直上直下之正理。出则不是,唯"敬而无失"最尽。[1][三]

[集校]

[一]《张解》本有"明道曰"三字。

[二]"亭亭",《张传》本作"停停"。

[三]以上并明道语。(《茅注》)以上皆明道语。(《冯记》)

[集注]

[1]叶解:喜怒哀乐未发之时,此性浑然在中。亭亭当当,直上直下,无所偏倚,此天下之大本而万善之主也。心有散逸,则失其所以为主,唯能敬以存之,则有以全其中之本体矣。

张解:此言未发之中,勉人当敬而无失也。万物莫不本于天,万事莫不本于性。喜怒哀乐未发之时,天命之性即此而在,不偏不倚,无过不及,恰在中间,故曰"中者,天下之大本"。程子体认既久,灼然如一物之在目,见得天地间亭亭当当,直上直下之正理。"出则不是"者,盖中便正,正便一毫不容走作,稍违其正,则出乎中,而不是自然之理矣。然使心有放逸,此理安能无失?必如《中庸》上文所云戒慎恐惧,乃是主敬工夫。学者存养此心,果无须臾之离,则大本克立,而天下万事万物各得其理矣,故曰"唯敬而无失最尽"。

李解:当,去声。

茅注:亭亭当当,俗语也,引以形容中之在我,其体段如此。"出则不是",言发则不可谓之中也。敬不是中,但能敬而无失,即所以全其未发之中也。朱子曰:"中只是浑沦在此,万事万物之理都从此中出,故曰大本。若昏昧放逸,而或失之,则不是所谓中矣。"

江注:朱子曰:"'敬而无失',只是常敬,便是喜怒哀乐未发之中也。"

陈注:出者驰求于外也,敬而无失,则端其大本,而万事之理自然从胸中流出,不待安排计较矣。但敬非难,常敬而无失为难。

价解:此言未发之中,不偏不倚也。"亭亭当当,直上直下",借俗语以形容无偏倚之意。"中者,天下之大本",静而无以存之,则此心放逸于外,而不可以言中。惟戒慎恐惧,敬而无失,则浑然在中,无少偏倚,有以存养天命之性,而大本立矣。

郑畊曰:亭亭,犹言耸立也。当当,犹方正也。……失即间断也。

[集评]

问:"亭亭当当"之说。曰:此俗语也,盖不偏不倚,直上直下之意也。问:敬固非中,"惟敬而无失",乃所以为中否?曰:只是常敬,便是"喜怒哀乐未发之中"也。(《语类》卷九十五)

问:"天地间,亭亭当当,直上直下之正理,出便不是",如何?曰:"喜怒哀乐未发谓之中","亭亭当当,直上直下"等语,皆是形容中之在我,其体段如此。"出则不是"者,出便是已发。发而中节,只可谓之和,不可谓之中矣。故曰"出便不是"。(同上)

陈埴曰:当喜怒哀乐未发之时,便着甚工夫,才着得力便是发了。所以先贤当此境界,不是无工夫,又不可猛下工夫,只是敬以直内,即戒谨恐惧意。敬不唤做中,敬而无失方是中。无失即不偏倚之谓。

张习孔曰:求之古人,其舜也与。夫何为哉?恭己正南面而已矣。

27. 伊川先生曰:^[一]公则一,私则万殊。^[二]人心不同如面,只是私心。[1]

[集校]

[一]《张解》本无"先生"二字。此条今见《河南程氏遗书》卷十五《入闽语录》,无"伊川先生曰"五字,其题下注"或云:明道先生语"。

[二]"殊"下,《入闽语录》有"至当归一,精义无二"八字。

[集注]

[1] 叶解:公则万物一体,私则人己万殊。

张解:人心公私之别,天理人欲之分也。盖天理流行之初,天地万物本皆一体,自牿于有我之见,而以人欲参之,斯与天地万物睽隔。故人之心惟公,则天理浑然,虽有亲疏远近差等之分,而胞与无间,未有不一者也。若人心一私,各分彼此,则朋从憧扰而有万殊之势,不能使之一矣。语云"人心不同如面",正言人各一心,只是私意起而天理亡耳。然则存理遏欲之功,乌可须臾间断乎哉!

茅注:此因《左传》子产之言而论之如此。公、私,以心言。"只是私心”，所以明“人心不同如面”之故也。公则一循夫义理之当然，而不得意为丰约，故一。私则各随其义之所便安，而不循上下之分，故万殊。按，吕氏《童蒙训》亦载此条，语少异。

江注：义理之正，人心所同，故“公则一”。

[集评]

张习孔曰：公则无偏倚，无过不及，无人我，故一。天下归仁，万物皆备，此一之实境也。

刘缄三曰：中则仁之体立，公则仁之用行。（《价解》）

张绍价曰：公则视民物为同体，故一；私则划肝胆为楚越，故万殊。“人心不同如面，只是私心”，去其私心则仁矣。

郑晔曰：“公则一”者，义理公共之心，则千万人之心一也，无彼此之殊。而私则不然，故“人心不同如面，只是私心”也。叶氏所谓“万物一体”者，似是论仁，而恐不亲着于此章之意也。

佐藤一斋曰：公心可以行恕，恕以成仁，物我一也。私心则恕非其恕，人各有欲，人己别也。

28. [一]凡物有本末，不可分本末为两段事。洒扫应对是其然，必有所以然。[1][二]

[集校]

[一]《张解》本有“伊川曰”三字。

[二]此条今见《河南程氏遗书》卷十五《入闽语录》。

[集注]

[1]杨注：洒扫应对与精义入神非两途，格物致知与治国平天下同一贯。伯昷据晦翁曰：“非谓末即是本，但学其末，而本便在此也。”

叶解：朱子曰：“治心修身是本，洒扫应对是末，皆其然之事也。至于所以然，则理也。理无精粗本末。”

张解：统天下之物论之，莫不有本末之辨。然即一物之末，而本亦具乎其中，不可分本末为两段事。盖理，形而上者也，本也；事，形而下者也，末也。然事必有理，则即末不能遗本，如洒扫应对，末矣。是其然，事也；必有所以然，理也。事有本末，理无本末，故不可分为两段。

李解：朱子曰：“有本有末者，其然之事也；不可分者，以其悉具所以然之理也。”

茅注：洒，上声，又去声。扫，去声。齐氏曰："洒扫，如《内则》所谓'鸡初鸣'，'洒扫室、堂及庭'。《曲礼》所谓'为长者粪，加帚箕上，以袂拘而退，以箕自向而扱之'之类是也。应对，如《内则》所谓'在父母、舅姑之所，有命之，应唯，敬对'。《曲礼》所谓长者'负、剑，辟咡诏之，则掩口而对'之类是也。"

江注：问"其然"、"所以然"之说。朱子曰："洒扫应对之事，其然也，形而下者也。洒扫应对之理，所以然也，形而上者也。自形而下者而言，则洒扫应对之理，精义入神，本末精粗，不可同日而语矣。自夫形而上者言之，则初未尝以其事之不同，而有馀于此，不足于彼也。"

价解：事，末也；理，本也。其然，事也；所以然，理也。事有大小，理无精粗，日用常行之事，皆有至当不易之理。本末精粗，一以贯之，为其事而昧其理，俗学也。以日用为粗迹，而别求玄妙之理，异学也。皆分本末为两事也。

[集评]

朱子曰：须是就事上理会道理，非事何以识理？洒扫应对，末也。精义入神，本也。不可说这个是末，不足理会，只理会那本，这便不得。又不可说这末便是本，但学其末，则本便在此也。(《语类》卷四十九)

薛氏曰：洒扫应对虽小子事长之礼，然礼即天理之节文，精粗本末又岂二乎？(《李解》)

张习孔曰：物有本末，不可分，事有终始，则当知先后。学者不可不知本末，教者不可不知先后。跬步之与千里，总是这条路，本末之谓也。适千里者，始于跬步，先后之谓也。

张绍价曰：以事言，则正心修身为本，洒扫应对为末；以事与理对言，则事为末，理为本。事无大小，皆有所以然之理以贯之，故不可分本末为两段事。

29.[一]杨子拔一毛不为，墨子又摩顶放踵为之，此皆是不得中。至如子莫执中，欲执此二者之中，不知怎么执得。识得则事事物物[二]上，皆天然有个中在那上，不待人安排也，安排着则[三]不中矣。[1]

[集校]

[一]《张解》本有"伊川曰"三字。此条今见《河南程氏遗书》卷十七，

题下注"伊川先生语"。

[二]"事事物物",叶本作"凡事物"。(《茅注》、《考异》)"事事物物",叶作"凡事物"三字。(《冯记》)"杨子"条,"则凡事物上",吕本作"则事事物物上"。(《异同考》)按,《张解》本、《叶解》四库抄本作"凡事物"。又按,茅星来很可能依据《叶解》四库抄本的底本进行校勘的,因为《叶解》元刻本作"事事物物"。

[三]"则"江改"便"。(《冯记》)按,"则",《江注》本作"便"。

[集注]

[1]叶解:杨朱为我,故以一毫利天下而不为。墨翟兼爱,故虽摩顶至踵可以利天下而亦为之。杨、墨各守一偏,固皆失其中。子莫,鲁之贤人也,惩二者之偏,欲于二者之间而取中。夫中者,随时而在,不能随时以权其宜,而胶于一定之中,则所执者亦偏矣。故君子贵于格物以致其知,物格而知至,则有以识夫时中之理,而于事事物物各有天然之中,不待着意安排也。若事安排,则或杂以意见之私,而非天然之中矣。

张解:此言事物之中出于天理之自然,而非人力所可安排也。盖中无定体,权乎事物之大小轻重而可否焉。可为则为,为之是中;不可为则不为,不为亦是中。奈何有杨朱者,不知有仁,但知为我,推其心至于拔一毛而不为。又有墨翟者,不知有义,但知兼爱,推其心至于摩顶放踵而为之。此二者之非中,易知也。乃至有徘徊于为不为之间,如子莫者,其为我不敢如杨朱之刻,其兼爱不敢如墨翟之过,而于二者之间,执其中间以为中。不知"惟精惟一,允执厥中",圣人义精仁熟,自然无过不及,而实未尝有意于执之也。若胸无权衡,胶于一定,则中无形状,怎么执得?是徒泥乎中之迹,未识乎中之义者也。识得,则事事物物皆有恰当不易道理,非移彼以就此,非截长以补短,所谓天然之中,即在那事那物之上,不必安排着意。稍着意焉,则杂以人心臆度之私,而失天理本然之妙矣。此子莫之非中难知,而孟子所亟欲辟者也。总之,三圣所执之中,中是生活的。子莫所执之中,中是硬煞的。生活之中,无定而有定,惟其宜而已。故《中庸》曰"时中",又曰"时措之宜"。硬煞之中,当变而不变,则所谓权者安在?故孟子曰"执中无权,犹执一也"。知子莫执中之非中,则庶乎识所谓中矣。

李解:放,上声。著,陟略反,后放此。天然之中,义理之准则也;安排之中,意见之计度也。

茅注:怎,津上声。说见《孟子》。"怎么",俗语辞,犹言那个。"安排",说见前。

价解：此论处事之中，无过不及者也。

退溪(李滉)录云：安，是安顿之安。排，排布也。安顿排布皆用意措置之谓。(《释疑》，下同)

沙溪曰：着，犹言为也。

[集评]

问：杨、墨固是皆不得中。至子莫，又要安排讨个中执之。曰：子莫见杨、墨皆偏在一处，要就二者之中而执之，正是安排寻讨也。原其意思固好，只是见得不分明，依旧不是。(《语类》卷六十)

朱子曰：圣人义精仁熟，非有意于执中，而自无过不及，故有执中之名，而实未尝有所执也。若学未至、理未明，而徒欲求夫所谓中者而执之，则所谓中者，果何形状而可执也？殆见愈执而愈失矣，子莫是也。既不识中，乃慕夫时中者，而欲随时以为中，吾恐其失之弥远，未必不流而为小人之无忌惮也。夫惟明善，则中可得而识矣。(《李解》)

张习孔曰：子莫执字，未尝不可，其病却是认不得中字。有是非之心者，方认得中字，既认得，却正要他执。子莫如宋元祐末年诸臣，惟欲调停两家，竟不知孰是孰非，如此一执，遂成大患。

30. 问："时中如何？"[一]曰：中字最难识，须是默识心通。[1]且试言：一厅则中央为中；一家则厅中非中，而堂为中；言一国，则堂非中，而国之中为中。推此类可见矣。[二]如三过其门不入，在禹、稷之世为中，若居陋巷，则非中也。居陋巷，在颜子之时为中，若三过其门不入，则非中也。[2][三]

[集校]

[一] "曰"，叶上增"伊川先生"四字。(《冯记》)按，"曰"上，《张解》本有"伊川"二字。此条今见《河南程氏遗书》卷十八《刘元承手编》，"曰"上有"季明问：'君子时中'，莫是随时否？"。"曰"下，有"是也"二字。

[二] "矣"下，《刘元承手编》有"且如初寒时，则……更"二十五字。

[三] 以上皆伊川语，江本误合上为一条。(《冯记》)

[集注]

[1] 茅注：须，从彡，俗误从水作"湏"。按，《说文》："湏，古文沫字，有妹、诲二音。"与"须臾"之"须"别。

[2] 叶解：时中者，随时有中，不可执一而求也。意如上章禹之治水九

年于外,三过其门而不暇入。盖得时行道,任天下之责,济斯民之患,如是乃合此时之中。颜子之世,明王不兴,以夫子之大圣而不得行其道,则其时可以止矣。故隐居独善而箪瓢自乐,如是乃合此时之中。是二者若违时而易务,则皆失其中矣。

张解:道之所贵者中,中之所贵者时。故有问"时中"之义于程子者,程子因而详告之。盖中最难识,非难识也,不先明乎善,以究事物之当然,而欲执一求之,则此事之中移之彼事而已非,前日之中迟之今日而又非矣。须是默审其理,识之于心,而变通其所以然。且试以浅而易见者言之,一厅则有厅之中,一家则有家之中,一国则有国之中,不可执厅之中以为家之中,不可执家之中以为国之中。推此类求之,持身处世莫不皆然,而所谓中者可见矣。即如禹、稷之三过不入,何以如是其急?当平世则然也。设以禹稷之世,而若颜子之居陋巷,则非中矣。颜子之居陋巷,何以不改其乐也?当乱世则然也。设以颜子之时,而若禹、稷之三过不入,则非中矣。此正所谓"时中"也。熊敬修曰:"恰好是中,件件恰好是时中。"又曰:"中是经,时中是权,有物有则是中,因物付物是权。"愚谓,中以在物之理言,权以处物之义言。处之之义,各因其物之理,而时之用神焉,故可与权之难也。

李解:一厅一堂之中,一事一物各具之中也。一国之中,万事万物大共之中也。禹、稷时当其治,故以济物为中;颜子时当其衰,故以独善为中。

茅注:过,平声。此苏季明问而程子答也。

价解:时中者,随时以处中,即所谓权也。

[集评]

朱子曰:"三过其门而不入",在禹、稷之时则可,在颜子则不可。"居陋巷"在颜子之时则是中,在禹、稷之时则非中矣。"居陋巷"则似杨氏,"三过其门而不入"则似墨氏。要之,禹、稷似兼爱而非兼爱,颜子似为我而非为我。(《语类》卷六十)

问:"禹、稷当平世,三过其门而不入。"似天下之事重乎私家也。若家有父母,岂可不入?曰:固是。然事亦须量缓急。问:何谓缓急?曰:若洪水之患不甚为害,只是那九年泛泛底水,未便会倾国覆都,过家见父母亦不妨。若洪水之患,其急有倾国溺都,君父危亡之灾,也只得且奔君父之急。虽不过见父母,亦不妨也。(《语类》卷五十七)

陈埴曰:此乃"时中"之"中",初无定体,随时处中,即所谓权也。中不中只在毫厘之间,非理明义精不能到此。

张习孔曰:子华使齐,冉子未请,夫子以无所与为中。冉子既请,则以与釜为中。迨请益,则又以与庾为中。同一事也,同一人也,需之顷刻,即变矣,此之谓时中也。故孟子之解时中,只在仕止久速,惟其可上见得。禹当过门不入时,使呱呱之子候于门,牵衣而拜,亦必慰谕。度禹之时中,或当如是。颜子居陋巷,设时君式庐请教,颜子亦必有忠告,而无峻拒。度颜子之时中,或当如是。

泽田希曰:此章就有方所处还形容出无方所者,以实喻虚,欲人之易晓耳。时中,随时以处中也。

31. [一]无妄之谓诚,不欺其次矣。[1]（旧注：一本云[二]：李邦直云"不欺之谓诚",便以不欺为诚。徐仲车云"不息之谓诚",《中庸》言"至诚无息",非以无息解诚也。或以问先生,先生曰云云。）[2][三]

[集校]

[一]《张解》本有"伊川曰"三字。

[二]吴邦模刻本无"旧注一本云"五字,《江注》本无"一本云"三字。"旧注一本云",《叶解》元刻本及其四库抄本作"本注云"。

[三]此条今见《河南程氏遗书》卷六。

[集注]

[1]杨注:无妄,天也;不欺,人也。

张解:此二语因李邦直云"不欺之谓诚",徐仲车云"不息之谓诚",故或以问程子而程子答之。其所谓诚,盖就人言也。

茅注:"无",俗误作"无",无音寄,饮食气逆不得息也,与"有无"之"无"异。

江注:朱子曰:"非无妄故能诚,无妄便是诚。无妄是四方八面都去得,不欺犹是两个物事相对。"

李灏曰:"不欺"之"欺"当并帖。自"欺"字看,若曰欺人,则工夫便歇后。不欺人者,未必不自欺也。

[2]叶解:无妄者,实理之自然,而无一毫伪妄也,故谓之诚。不欺者,知实理之当然而不自为欺,乃思诚也。

茅注:李邦直,名清臣,魏人。绍圣初为中书侍郎,廷试发策,首倡绍述之说,国事遂变。寻为曾布所陷,出知大名府而卒。徐仲车,名积,楚州山阳人。以聋疾不仕,后赐谥节孝处士。

陈注:学问从无妄上作工夫,更得要省力。刘蕺山先生《人谱》言之精矣。

价解：随时处中，所以行之者诚也。诚，实理也。圣人以实心体实理，无一毫之虚妄，诚者也。不欺，犹未免于有意也，诚之者也，故曰其次。

[集评]

或问：无妄，诚之道。不欺，则所以求诚否？曰：无妄者，圣人也。谓圣人为无妄则可，为圣人为不欺则不可。又问：此正所谓"诚者天之道，思诚者人之道"否？曰：然。无妄是自然之诚，不欺是着力去做底。（《语类》卷九十五）

或问："无妄之谓诚，不欺其次矣。"曰：无妄，是兼天地万物所同得底浑沦道理；不欺，是就一边说。泳问：不欺，是就人身说否？曰：然。又曰：无妄自是我无妄，故诚；不欺者，对物而言之，故次之。（同上）

陈北溪曰："诚"字后世都说差，至伊川谓"无妄之谓诚"，字义始明。朱子又加以"真实"二字，愈见分晓。后世辄以"至诚"二字加人，只成个谦恭敬谨意。不知"至诚"二字，惟圣人可以当之，岂可轻以加人？（《茅注》）

陈埴曰：无妄是实理，自然如此，可以说天与圣人。不欺是欲实其心，只可说学者。

张伯行曰：无妄者，实理自然，无一毫之妄。不欺者，真知实理之当然，无一念之欺。则无妄乃自然之诚，圣人地位，在人适如其在天，所谓"诚者天之道"也。不欺是着力去做工夫，善未明不敢自谓已明，必求其明而后已；身未诚不敢自谓已诚，必求其诚而后已。所谓"思诚者人之道"也，故曰"其次"。若李邦直以不欺为诚，是指工夫为本体，遗却诚字正面；徐仲车以不息为诚，是将功用做道理，亦与"至诚无息"之解异矣。得程子分别出来，诚字之义始明。

32.　[一]冲漠无朕[二]，万象森然已具，未应不是先，已应不是后。[1]如百尺之木，自根本至枝叶，皆是一贯，不可道上面一段事，无形无兆，却待人旋安排引入来教入[三]涂辙。[2]既是涂辙，却只是一个涂辙。[3]

[集校]

[一]《张解》本有"伊川曰"三字。此条今见《河南程氏遗书》卷十五《入闽语录》，下同，其题下注"或云：明道先生语"。陈荣捷云："'冲漠无朕，万象森然已具'句，日本注者多谓此为佛家语，然无佐证。《大汉和辞典》作伊川语，想非误也。"（《陈论》）

　　[二]"朕",《叶解》元刻本及其四库抄本、《李解》本、《茅注》本、《江注》本作"眹"。《语类》、《江注》四库抄本作"冲漠无朕"。按,"眹"通"朕"。

　　[三]"入",一作"人"。（朝刊《近思录》）

[集注]

　　[1]叶解:冲漠未形而万理毕具,即所谓"无极而太极"也。未应者寂然不动之时也,已应者感而遂通之时也。已应之理悉具于未应之时,故未应非先,已应非后。盖即体而用在其中,不可以先后分也。朱子曰:"未有事物之时,此理已具。少间应处,亦只是此理。"

　　茅注:冲、冲通用。眹,从目,直引切,在轸韵,与从月者音义俱别。朕,直稔切,在寝韵,我也,从舟省。冲漠,澹静貌。眹,几微萌兆也。森然,参差布列貌。言冲漠至静之中,萌兆尚未发动,而万事万物之理已森然备具于吾性之中。然则虽未应事接物,而其所以出而应接者,其理固已无弗具焉。及其出而应接,亦即其冲漠无眹中充然具足,而初无待于外求者也,又岂可以先后分乎? 朱子曰:"须看得只此当然之理。冲漠无眹,非此理之外别有一物冲漠无眹也。若形而上下,便有分别。须分得此是体、彼是用,方说得一源;分得此是象、彼是理,方说得无间。若只是一物,却不须更说一源无间也。"

　　[2]叶解:辙,车迹。塗辙,犹路脉也。道有体用而非两端,犹木有根本,是生枝叶,上下一贯,未尝间断,岂可谓未应之时空虚无有,已应之际旋待安排引入塗辙? 言此理具于气形事为之先,本一贯也。

　　茅注:塗辙,犹言规矩尺度。盖古者车之辙迹有一定之度,故云此以明上文之意。不可道上面无形无兆,是未应,不是先也;不是待安排引入来教入塗辙,是已应,不是后也。朱子曰:"天只是一元之气,流行不息,此便是大本,便是太极。万物从此流出去,一一各足,无有欠阙,皆自然而然,不是待人旋安排妆点也。"

　　[3]叶解:言此理流行于气形事为之中,亦未尝有二致也。朱子曰:"如父之慈、子之孝,只是一条路从源头下来。"

　　张传:此即前"物有本末"之说。

　　张解:朱子曰:"如父之慈、子之孝,只是一条路从源头下来。"即伊川所谓"只是一个塗辙"也。若以塗辙待人安排引入,则已应之时,千条万绪,亦必有千万塗辙矣。如塗辙之出于一,则未应已应,一以贯之,而不可分先后也明甚。

　　茅注:此以明上文"一贯"之意,言事虽千头万绪,而其初无有二也。

江注：朱子曰："'既是塗辙,却只是一个塗辙'。如既有君君臣臣底塗辙,却只是元君臣之理也。"(《王记》云：各本作"却只是元君臣之理也",语费解,依《语类》改。)

[**集评**]

问："冲漠无朕"至"教入塗辙"。他所谓塗辙者,莫只是以人所当行者言之? 凡所当行之事,皆是先有此理。却不是临行事时,旋去寻讨道理。曰：此言未有这事,先有这理。如未有君臣,已先有君臣之理。未有父子,已先有父子之理。不成元无此理,直待有君臣父子,却旋将道理入在里面。又问："既是塗辙,却只是一个塗辙",是如何? 曰：是这一个事,便只是这一个道理。精粗一贯,元无两样。今人只见前面一段事无形无兆,将谓是空荡荡,却不知道"冲漠无朕,万象森然已具"。如释氏便只是说"空",老氏便只是说"无",却不知道莫实于理。曰："未应不是先,已应不是后","应"字是应务之"应"否? 曰：未应,是未应此事。已应,是已应此事。未应固是先,却只是后来事。已应固是后,却只是未应时理。(《语类》卷九十五)

问："冲漠无朕"一段。曰：此只是说"无极而太极"。又问：下文"既是塗辙,却只是一个塗辙",是如何? 曰：恐是记者欠了字,亦晓不得。又曰：某前日说,只从阴阳处看,则所谓太极者,便只是阴阳里;所谓阴阳者,便只是在太极里。而今人说阴阳上面别有一个无形无影底物是太极,非也。(同上)

张伯行曰：此言寂之与感,分体用不分先后。体即用之存,用即体之发,无二致也。泉之未发曰冲,沙地旷远曰漠,物之始生曰朕。冲漠无朕,总以形容本体之浑然耳。浑然之中,而森然者已具。盖无其象,有其理,即体而用在其中,所以应之之用,无加于未应之体,如何分得先后? 夫所谓未应者,寂然不动之时也,静也。所谓已应者,感而遂通之时也,动也。动静非两端,犹木之根本枝叶。上下非两物,枝叶是自根本中来者,根本是自能生枝叶者,皆是一贯也。岂可谓未应上面一段事,空虚无有,及至已应之时,待却安排引入,教人去寻途辙乎?

张绍价曰：诚实理也,即太极也。冲漠无朕,太极本无极也。冲漠无朕,而阴阳五行,万事万物之理,已备具其中,无极而太极也。释氏说空,老氏说无,均说向空寂去,与周子无极之旨迥异,学者所宜细参。未应,寂也,体也。已应,感也,用也。寂然之中,而感通之理已具,即体而用在其中,故未应非先,已应非后。非未应之时,无形无兆,空空荡荡,至已应之时,始安排此理,使之循塗守辙也。"冲漠无朕,万象森然已具",一本之所以万殊也。

塗辙只一塗辙，万殊之所以一本也，皆实理也。

佐藤一斋曰：朱子尝疑末二句谓"记者欠了字"，愚案程子语每简，遽读之，往往似索解，其实非有阙字。（笔者按：从中可见，域外学者对朱子言论不一味认同，敢质疑、校正。）

33.　[一]近取诸身，百理皆具。屈伸往来之义，只于鼻息之间见之。屈伸往来只是理，不必将既屈之气，复为方伸之气。生生之理，自然不息。[1]如《复卦》言"七日来复"，其间元不断续。阳已复生，物极必返，其理须如此。有生便有死，有始便有终。[2]

[集校]

[一]《张解》本有"伊川曰"三字。

[集注]

[1]叶解：鼻息呼吸，可见屈伸往来之义。以理而言，则屈伸往来自然不息；以气而言，则不是以既屈之气为方伸之气，如释氏所谓"轮回"者也。朱子曰："此段为横渠'形溃反原'之说而发也。"

张解：盈天地间皆气也，而其所以运是气者，理也。理生生而无穷，则气流行而不息。即以近取诸身言之，人身与天地通，故一息而百理具焉。鼻息呼吸之间，即可以验屈伸往来之义。盖气之往者已屈，气之来者复伸，只是造化之理则然，非是既屈之气转为复伸之气也。如人之鼻息呼出则散，不能转吸入来，后此之呼，又是气至则呼耳。亦如既谢之花蕊，再开定非此蕊，既涸之海水，再盈定非此水。但"生生之理，自然不息"，所以气有往来，无间断。若谓后此方伸之气，仍是前此既屈之气，则是天地间翻来覆去人物，只有许多定数，造化之理亦几乎穷矣。朱子曰："程子此段为横渠'形溃反原'之说而发也。"此说不明，尤易流入于释氏死生轮回因果之谬，其不达于理气之故，甚矣。

茅注：复，扶又反，下"复生"之"复"同。百理，指天地造化之理而言，如下文"屈伸往来"皆是。首二句是统人之一身言之。鼻息之间又其最易见者，故特指以示人。夫子远取诸物而于川流，此近取诸身而于鼻息，其义一也。学者能于此验之，而天地万物之理可不必远求而得矣。问："屈伸往来，气也。而程子曰'只是理'。何也？"曰："其所以屈伸往来者，是理必如此。如'一阴一阳之谓道'，阴阳气也，其所以一阴一阳循环而不已者，乃道也。"

[2]杨注：伯邑据晦翁曰："人呼气时腹却胀，吸气时腹却厌。论来呼

而厌、吸而胀方是。今乃若此者,盖嘘时,此一口气虽出,第二口气复生,故其腹胀;及吸时,其所生之气又从里赶出,故其腹厌。大凡人生至死,其气只管出,出尽便死。如吸气非是吸外气而入,止是住得一霎时,第二口气又出,若无得出便死。老子曰'天地之间其橐籥乎!虚而不屈,动而愈出'。"又曰:"人所以生,精气聚也。人止有许多气,须有个尽时,魂气尽则归于天,形魄降于地而死矣。人将死时热气上出,所谓魂升也,下体渐冷,所谓魄降也。此所以有生必有死,有始必有终。夫聚散者,气也;若理则止泊在气上,初不是凝结自为一物,但人分上合当恁地处便是,理不可以聚散言也。然人死气虽终于散,亦未便散尽,故祭祀有感格之理。先祖世次远者,气之有无不可知,然奉祭祀者既是他子孙,毕竟止是一气,所以有感通之理。然已散者不复聚,释氏却谓'人死为鬼,鬼复为人'。如此则天地间常有许多人来来去去,更不由他造化生生,必无是理也。至于伯有为厉,伊川云别是一般道理。盖其人气未尽而强死,自是能为厉,如子产为伯有立后便有所归,遂不为厉,亦可谓知鬼神之情状矣。"

叶解:日即月也。以卦配月,则自五月阳始消而为《姤》,至十一月阳生而为《复》,自《姤》至《复》凡七月也。消极而生,无有间断,物极必返,理之自然,生死始终皆一理也。

张传:一阴一阳之谓道,互根迭运,循环无端。大自天地之显晦,细至鼻息之呼吸,莫非此理,深体味之自见。

张解:以《易》之《复卦》明之。《易》言"七日来复",非谓既退之阳倒转复来,正言其间阴阳循环,元无断续。剥尽于上,阳已复生于下,物极则反之,理如此也。理通古今而无断续,气随人物而有生死始终,知其所以生则知其所以死,知其所以始则知其所以终。天地间无有伸而不屈、来而不往者,学者先看天地二气之流行,若寒暑、昼夜、古今、消息之故,大段既得,反而验之吾身,自父母生育之始,及少长壮老之变,寝兴作息,熟体精察,则必洞然于理气之说而无疑矣。

茅注:日,即月也,犹《诗》言"一之日"、"二之日"也。程沙随、郑亨仲、陆庸成并云:"日,阳象;月,阴象。八,少阴之数;七,少阳之数。故言阳来之期曰七日,言阴来之期曰八月。"朱子亦谓"七日"只取七义,犹"八月有凶"只取八义。王伯厚曰:"王介甫《诗说》云,彼曰'七月、九月',此言'一之日'、'二之日',何也?阳生矣则言日,阴生矣则言月,与《易·临》'至于八月有凶',《复》'七日来复'同意。四月正阳也,秀葽言月者,以阴始生也。"又曰:"《复》所谓'七日',其说有三:一谓卦气起《中孚》,六日七分之后为

《复》;一谓过《坤》六位,至《复》为七日;一谓自五月《姤》一阴生,至十一月一阳生,凡七月。程、朱并取自《姤》至《复》之说。"李子思曰:"《复》刚长以日云者,幸其至之速;《临》阳消以月云者,幸其消之迟。"

陈注:首二句穷理之要,其以格物为求诸外者,良由昧此。

贝原笃信曰:此("七日来复")言生生之理自然不息,非物死复生之谓。

[集评]

问:"近取诸身,百理皆具。"且是言人之一身与天地相为流通,无一之不相似。至下言"屈伸往来之义,只于鼻息之间见之",却只是说上意一脚否?曰:然。又问:屈伸往来,只是理自如此。亦犹一阖一辟,阖固为辟之基,而辟亦为阖之基否?曰:气虽有屈伸,要之方伸之气,自非既屈之气。气虽屈,而物亦自一面生出。此所谓"生生之理,自然不息"也。(《语类》卷九十五)

李果斋曰:往而屈者,其气已散;来而伸者,其气方生。生生之理,自然不穷。若以既屈之气复为方伸之气,则是天地间只有许多气来来去去,造化之理不几于穷乎!释氏不明乎此,所以有轮回之说。(《叶解》)

江永曰:程子破张子"形溃反原"之说,固为正论。而人物间有投生者,又别有理。理固有常有变也,但学者不可以此溺其心尔。

管赞程曰:此言大用流行,循环不已,使人体诸身而验之,以知天道亦如此。

张绍价曰:至诚无息,天地之为物不贰,则其生物不测。不贰所以诚也,诚故生生之理,自然不息,非以既屈之气,复为方伸之气。程子谓"验之鼻息可见",价谓:验之草木更易见。今岁花叶枯落,屈也,往也,死也,终也。明岁花叶更生,伸也,来也,生也,始也。伸者自伸,非以屈为伸;来者自来,非以往为来。死者不能复生,终者不能复始,岂能以今岁既枯之花叶,为来岁更生之花叶乎?推之人物,始无不然。

佐藤一斋曰:此条理气须做合一说,注(按,即叶采《集解》)分说,非程君本旨,屈伸以呼吸言之。呼为伸,吸为屈。吸取一团气畜在腹,是屈也。吐出一团气发在外,是伸也。注往而屈者,来而伸者,则就易言之。自下而上为往,为屈。自上而下为来,为伸。此与呼吸往来不同,然理则一也。程君来复之说,固与竺家轮回异。然天地之理,"物极必反",一气周流,循环不已,则谓之如轮转,亦无不可,但意义所存本不同耳。

34. 明道先生曰:[一]天地之间只有一个感与应而已,更有甚事?[1]

[集校]

[一]《遗书》十五卷,总题"伊川语",或云明道语,录中惟此条称明道语。(《冯记》)按,"曰"上,《张解》本无"先生"二字。此条今见《河南程氏遗书》卷十五《入闽语录》,有"明道先生曰"五字。佐藤一斋云"伯子此语,盖亦举前条之要"。陈荣捷云:"明言'明道先生曰',而此语来自《遗书》卷十五,页七下。此卷为伊川语。"(《陈论》)

[集注]

[1]张传:此即"一阴一阳之谓道"之说。故《系词》于此章,上推造化,下引圣功,旁及凡庶,与夫物汇之生成,世变之猥杂,胥可以观一贯之旨焉。此先生所谓"更有甚事"也。

张解:天地间消长变化,循环无端,只是一个感应之理。如屈以感伸,则伸为应;伸以感屈,则屈为应。至于屈又感伸,伸又感屈,而屈伸之相应者,充塞而不可穷,昭著而不容掩,无非此理,尚复何事!明乎此,则人当以天地之理体之于身,使其表里内外之间,无所拂戾,无所亏欠,而后得感应之正也。薛敬轩曰:"感应之理,于《太极图》阴阳互根见之。"

茅注:甚,犹何也。朱子曰:"'感应'二字有二义:以感对应而言,则彼感而此应;专于感而言,则感又兼应意,如感恩、感德之类。"又曰:"物固有自内感者,亦有自外感者。如人语极须默,默极须语,以至一动一静、一往一来,自相为感,便是内感。如有人自外来唤自家,便是外感。如此看方周遍平正。"

价解:屈伸往来,皆感应也。天地之感应,至诚无伪,故生生不息。人事之感应,有诚有伪,以诚感者以诚应,以伪感者以伪应,故君子不问人之所以应,而但慎己之所以感。

[集评]

朱子曰:明道言:"天地之间,只有一个感应而已。"盖阴阳之变化,万物之生成,情伪之相通,事为之终始,一为感,则一为应。循环相代,所以不已也。(《语类》卷九十五)

问:天下只有个感应?曰:事事物物,皆有感应,寤寐、语默、动静亦然。譬如气骤则风起,风止则气复聚。(同上)

陈埴曰:一往一来,一屈一伸,一合一辟,一昼一夜,一寒一暑,无处不是,此两扇物事有感必有应,所应复为感,所感复为应。备此三句方是无端无始意。盖"感应"二字贯通阴阳动静,谓阳动为感固可,谓阴静为感亦可;谓阳动为应固可,谓阴静为应亦可。盖今日之昼固起今日之夜,而今日之夜又起明日之昼,天地间不过如此耳。

管赞程曰:自"观天地生物"至此为一章,此言中人之资。当开其温恭慈爱之心,使求与物同体之仁,然后仁心加厚而充满,故能质必有文,无独必有对也。其原出于天下大本,其功则在公而无我,其积之则精义入神,与洒扫应对为一贯,故能顺达时中,以执其中。其中执中者,本于无妄之诚,万象森然已具无极之真。二五之精,妙合无间。所以屈伸往来之不息,一感一应之不已也。

35. 问仁,伊川先生[一]曰:此在诸公自思之,将圣贤所言仁处类聚观之,体认出来。[1]孟子曰:"恻隐之心,仁也。"后人遂以爱为仁。[二]爱自是情,仁自是性,岂可专以爱为仁? 孟子言[三]:"恻隐之心,仁之端也。"[2]既曰仁之端,则不可便谓之仁。退之言"博爱之谓仁",非也。仁者固博爱,然便以博爱为仁则不可。[3]

[集校]

[一]"曰"上,《张解》本无"先生"二字。此条今见《河南程氏遗书》卷十八《刘元承手编》,题下注云"伊川先生语"。

[二]"仁"下,《刘元承手编》有"恻隐固是爱也"六字。

[三]"言"下,《刘元承手编》有"恻隐为仁,盖为前已言"九字。

[集注]

[1]李解:朱子曰:"类聚孔孟言仁处,以求夫仁之说,程子为人之意可谓深切。然专一如此却恐不免长欲速好径之心,资入耳出口之弊,亦不可不察也。"

退溪录云:体,验也。认,辨识也。

[2]杨注:端,绪也,犹茧之有绪,抽之则成丝。

[3]叶解:仁者,爱之性;爱者,仁之情。以爱为仁,是指情为性。端之云者,言仁在中而端绪见于外也。或谓:"樊迟问仁,子曰'爱人',是夫子亦尝以爱言仁也?"曰:"孔门问答,皆是教人于已发处用功。孟子所谓'恻隐之心,仁也',亦是于已发之端体认。但后之论仁者,无复知性情之别,故程子发此义以示人,欲使沿流而溯其源也,学者其深体之。"

张解:程子恐人之论仁者不知性情之别,故因问而使体认圣贤之言,以辨韩子之非也。盖仁道甚广大精微,圣贤随时言仁,各有所指。若不类聚观之,单执一说,则既失之偏,而前后亦相柄凿。如孟子言"恻隐之心,仁也",

是以恻隐知其有仁,就外面之可见者验其中之所有耳。后人遂以爱为仁,不知仁是此心生理,从心中萌动发出,自是恻然有隐。因心之恻隐推到那人物上,遂成个爱,则仁为爱之根,恻隐乃根之萌芽,而爱又萌芽之长茂已成者也。爱是情,仁是性,犹曰"仁是爱之性,爱是仁之情"云尔。若专以爱为仁,是以情为性矣,须合孟子"仁之端也"一节体认出来,便自得之。端,绪也,物在其中而绪见于外也。"既曰仁之端,则不可便谓之仁",而退之乃以博爱为仁,举其用而遗其体,其说非也。盖仁未尝不博爱,博爱乃仁之用见于外者,岂可便以为仁乎?夫子答樊迟问仁,亦曰"爱人",而朱子解之曰"爱人,仁之用",下一"用"字便明。

李解:韩愈,字退之,唐大儒,作《原道篇》,首言"博爱之谓仁"。

茅注:退之,韩氏,名愈,南阳人。南阳,今怀庆府修武县,《后汉志》所谓故南阳,秦始皇更名修武者也。唐贞元八年进士,官至吏部侍郎,谥曰文。

江注:朱子曰:"不可便以爱为仁,此正谓不可认情为性耳。非谓仁之性不发于爱之情,而爱之情不本于仁之性也。仁便是爱之体,爱便是仁之用。""仁离爱不得。上蔡诸公不把爱做仁,他见伊川言博爱非仁也。伊川也不是道爱不是仁,若当初有人会问,必说道'爱是仁之情,仁是爱之性',如此方分晓。"

[集评]

朱子曰:自二程先生以来,学者始知理会"仁"字,不敢只作"爱"说。然专务言仁,而于操存涵养之功不免有所忽略,故无复优柔厌饫之味,克己复礼之实。所以为说恍惚惊怪,弊病百出,殆反不若全不知有"仁"字,而只作"爱"字看,却之为愈也。(《茅注》)

张习孔曰:论仁之本,则大德敦化,天地之仁也。由本而推及于可见可认之处,莫亲切于"恻隐之心,仁也"之言。"爱"字不足尽恻隐,犹夫"端"字不可尽仁,端者端耳。其浑凝蕴蓄处,惟《中庸》"肫肫"两字,可以想见。

张绍价曰:朱子谓"仁是爱之体,爱是仁之用,'爱是仁之情,仁是爱之性'"。斯言最尽。周子言"爱曰仁",即用以指其体,犹孟言"恻隐之心,仁也",即情以验夫性,初非以爱为仁也。后人不达此旨,遂以爱为仁,知用而不知体,知情而不知性,而仁之理晦矣,故程子非之。

冯友兰曰:程、朱所说之性,与孟子所说之性不同。不同之主要观点是:在孟子哲学中无形上形下之分,所以其所说之性,是形下底,而在程、朱哲学中,有形上形下之分,其所说之性,是形上底。(《新理学》)

又曰:宋明道学家以为人之性如完全底宝珠,其在人如一宝珠在混水

中。宝珠虽为混水所蔽,而其为完全底宝珠自若。(同上)

李瀷曰:呼则阳,吸则阴。才吸便呼而寒温却殊,此谓验于鼻息也。仁者爱之理,故周子曰"爱曰仁",斯固当矣。退之云"博爱之谓仁",何以谓不是?"爱曰仁"者,谓其所以爱者,曰仁曰爱而指体也。如退之直指博爱为仁,所以非也。若如周子之云,则自是无害。爱何必待博而后为仁之用耶?是其一"博"字可以见其无头矣。

36. 问:"仁与心何异?"[一]曰:心譬如谷种,生之性便是仁,阳气发处乃情也[二]。[1]

[集校]

[一]"曰",叶上增"伊川"二字。(《冯记》)按,"曰"上,《张解》本有"伊川"二字。《刘元承手编》,"曰"下有"'心是所主处,仁是就事言'曰:'若是,则仁是心之用否?'曰:'固是。若说仁者心之用,则不可。心譬如身,四端……心之用。'或问:'譬如五谷之种,必待阳气而生。'曰:'非是。阳气发处,却是情也。'"

[二]"也",江误"耳"。(《冯记》)王、吴本"也"作"耳",洪本及《遗书》、阴本作"也",今从之。(《王记》)按,《江注》本及其四库抄本均作"耳"。

[集注]

[1]杨注:晦翁曰:"仁者,心之德,爱之理也。"又曰:"爱非仁,爱之理是仁;心非仁,心之德是仁。""耳之德聪,目之德明,心之德仁,且将此意去思量体认。""仁之爱犹糖之甜、醋之酸,爱是那滋味。""爱之理即是心之德,不是心之德了,又别有个爱之理。""爱是恻隐,恻隐是情,其理则谓之仁。心之德又只是爱,谓之心之德,却是爱之本柄。"

叶解:以谷种喻心,生之性,便是爱之理;阳气发处,便是恻隐之情。

张解:学者得孟子"仁,人心也"一语,便认心即是仁,不知仁之与心正自有异,故程子因问而辨之。盖孟子恐人悬空去讨仁,故言仁之切于人。其实心是形之载理者,不过血气做成,犹谷种是壳实结成的,但其中具有生理耳。谷之所以才播种而便萌蘖者,以其有生之性,而即以谷种为生之性则不可。人心之所以自然恻怛慈爱者,亦以其有生之性,而即以人心为生之性亦不可。盖生之性便是仁也,惟仁具于心,触着便动,犹谷种遇阳气之发,自生萌芽,此乃所谓情也。他日谓"自性之有形者谓之心,自性之有动者谓之情",说可参互,而其于仁也,庶为得之矣。

李解：种，上声。

江注：朱子曰："心相（《王记》云：王、吴本"性"作"相"，《语类》作"性"，洪本同，今从之。）以谷种论，则包里底是心。有秫种，有秔种，随那种发出不同，这便是性。心是个发出底，他只会生。又如服药，喫了会治病，此是药力。或温或凉，便是药性。至于喫了有温证、凉证，这便是情。""谷种之喻甚善。若有这种，种在这里，何患生理不存！"问："仁者生之理而动之机。"曰："这自是难说。若要见得分明，只看程先生说'心譬如谷种，生之性便是仁'，便分明。若更要真实识得仁之体，只看夫子说'克己复礼'，克去己私，如何便唤仁？"曰："若如此看，则程子所谓'公'字愈觉亲切。"曰："公也只是仁底壳子，尽他未得在，毕竟里面是个甚物事。'生之性'，也只是状得仁之体。""'生之性'，便是爱之理。"

价解：生之性，犹言生之理也。亲亲仁民爱物，仁之用也，情也。生之理则仁之体也，性也。谷种有此生理，而根茎花实，由此而生。人心有此生理，而亲亲仁民爱物，由此而出。人心私欲锢蔽，则生理摧残，本心之德失，如谷种朽烂，不能复生。克己复礼，所以葆此生理，以全其心之德也。

李瀷曰：程子以谷种比知觉之心，以阳气发比性发，此固矣至。曰是而推之，若以谷种比肝肺等血肉之心，这谷种内所包那阳气者，比知觉运用之心，这气中生之性比仁义之类，阳气发扬，便是心发为意气，非孤行，必和理而动，这便是性发为情也。

[集评]

余景思问仁之与心。曰："仁"字是虚，"心"字是实。如水之必有冷。"冷"字是虚，"水"字是实。心之于仁，亦犹水之冷，火之热。学者须当于此心未发时加涵养之功，则所谓恻隐、羞恶、辞逊、是非发而必中。方其未发，此心之体寂然不动，无可分别。且只惩混沌养将去。若必察其所谓四者之端，则既思便是已发。（《语类》卷六）

朱子曰：程子说生意处，非是说以生意为仁，只是说生物皆能发动，死物则都不能。譬如谷种，蒸杀则不能生也。又曰：以谷种譬之，一粒谷，春则发生，夏则成苗，秋则结实，冬则收藏，生意依旧包在里面。每个谷子里有一个生意藏在里面，种而后生也。仁义礼智亦然。（《语类》卷二十）

陈埴曰：爱是情，理是性，心统情性者也。单说爱字与心字，犹是就情上看，必曰"爱之理，心之德"，方和性在里面，是爱之所以为爱，而心之所以为心者也。是之谓仁。前辈谓心为谷种，能生处即是他所以为谷种处，故桃杏之核皆曰仁。孔门不曾正说仁之体段，只说求仁为仁之方。孟子方说恻恻隐隐处,以状仁之体段,又说"仁,人心也"。须认得仁为人心,方见仁着落,所以不仁之人全无人心。既无人心,问他怎么羞恶、恭敬、是非,仁包四端,即此可见心如谷种,所以生处是性,生许多枝叶处便是情。心亦是有形影底物事,情亦是有形影底物事,独性无形影。

37.〔一〕义训宜,礼训别,智训知,仁当何训?说者谓训觉、训人,皆非也。当合孔孟言仁处,大概研穷之,二三岁得之,未晚也。[1]

[集校]

〔一〕《张解》本有"伊川曰"三字。此条今见《河南程氏遗书》卷二十四《邹德久本》,题下注"伊川先生语"。按,此条《叶解》元刻本未单列刻印,而紧接在第 36 条后刻印,非。

[集注]

[1] 叶解:训者,以其字义难明,故又假一字以训解之。义者,天理之当然,所以裁制乎事物之宜,故训宜。礼者,天理之节文,所以别亲疏上下之分,故训别。智者,天理之明睿,所以知事物之是非,故训知。仁道至大,包乎三者,故为难训。"说者谓训觉"者,言"不为物欲所蔽,痒痾疾痛,触之即觉"。夫仁者固无所不觉,然觉不足以尽仁之蕴也。"训人"者,言天地生人均气同理,以人体之,则恻怛慈爱之意,自然无所间断。夫仁者固以人为体,然不可以训仁也。朱子曰:"仁是爱之体,觉自是智之用。仁统四德,故仁则无不觉,然便以觉为仁则不可。"或谓:"仁只是人心之生理,以生字训之,何如?"朱子曰:"不必须用一字训,但要识得大意通透耳。"

张解:仁义礼智,皆吾心之天理,而仁包乎三者,其道至大,故三者易训,而仁难训。训,犹解也,以此字之义通乎彼字之义而得其解也。……仁则非可以一字训也。有以觉训仁者,谓仁无物欲之蔽,疾痛疴痒,触之即觉。夫觉自是智之用,仁可兼智,故仁者无所不觉耳,究不足以尽仁之蕴也。且仁之知觉纯是理,若专以知觉言仁,恐流入佛氏"作用是性"之说,其说非也。又有以"人"训仁者,谓天地生生之理,以人体之,则恻怛慈爱之意自无间断。夫仁固以人为体,然人是气,仁是理,理从气上识取,认气为理,其说亦非也。当合孔孟之言仁处类聚而观之,或以体言,或以用言,或以体用兼言,得其所以言之意。说开说合,沿流溯源,研穷之久,必有所得,勿虑晚也。

李解:朱子《仁说》曰:"天地以生物为心者也,而所生之物,又各得夫天地生物之心以为心者也。故语心之德虽其总摄贯通,无所不备,然一言以蔽之,曰仁而已矣。盖天地之心,其德有四,曰元亨利贞,而元无不统。其运行焉,则为春夏秋冬之序,而春生之气无所不通,故人之为心,其德亦有四,曰仁义礼智,而仁无不包。其发用焉,则为爱恭宜别之情,而恻隐之心无所不贯。故论天地之心者,则曰乾元坤元,则四德之体用不待悉数而足;论人心之妙者,则曰'仁,人心也',则四德之体用亦不待遍举而该。盖仁之为道乃天地生物之心,即物而在。情之未发,而此体已具,情之既发,而其用不穷,诚能体而存之,则众善之本,百行之原,莫不在是。此孔门之教,所以必使学者汲汲于求仁也。其曰'克己复礼为仁',言能克去己私,复乎天理,则此心之体无不在,而此心之用无不行也。又曰'居处恭,执事敬,与人忠',则亦所以存此心也。又曰'事亲孝,事兄弟,及物恕',则亦所以行此心也。又曰'求仁而得仁',则以让国而逃,谏伐而饿,为能不失乎此心也。又曰'杀身成仁',则以欲甚于生,恶甚于死,为能不害乎此心也。此心何心也?在天地则块然生物之心,在人则温然爱人利物之心,包四德而贯四端者也。或曰:若子之言,则程子所谓'爱情仁性,不可以爱为仁'者,非与?曰:不然。程子之所谓以爱之发而名仁者也,吾之所论以'爱之理'而名仁者也。盖所谓情性者,虽其分域之不同,然其脉络之通各有攸属者,则曷尝判然离绝而不相管哉!吾方病夫学者诵程子之言而不求其意,遂至于判然离爱而言仁,故特论此以发明其遗意,而子顾以为异乎程子之说,不亦误哉!"

茅注:谢氏因程子有"手足痿痹为不仁"之说,故以有知觉识痛痒者为仁。觉则可以得其固有之仁,而不可即以觉为仁也。人则无不具此固有之仁,而不可即以人为仁也。以觉与人为仁,与佛氏"作用是性"之说相似。朱子曰:"仁者,人之所以为人之理也。人则只是形质而已,故'仁者,人也'。仁不在人之外,然便以人为仁则不可。"朱子曰:"学者实欲求仁,莫若力行之近。惟不学以明其理,故其蔽愚。若主敬致知交相为助,则自无此患矣。若欲晓'仁'之名义,不若且将'爱'字推求,如见得仁之所以为爱,与爱之所以不能尽仁,则'仁'之名义意思瞭然在目矣。"诸葛氏曰:"泥'爱'字则不知仁之体,舍'爱'字则不知仁之用。"

江注:《中庸》以人训仁,犹之以宜训义。古人训字多用谐声,苟识得大意,则"人"字未尝不可训。要之,"仁"字之义,朱子"心之德"、"爱之理"二言尽之矣。

[集评]

朱子曰:以名义言之,仁自是爱之体,觉自是智之用,本不相同。但仁

包四德。苟仁矣，安有不觉者乎！（《语类》卷六）

陈埴曰：行是四者（按，即"仁义礼智"）即为道，得是四者即为德。

张习孔曰：仁字岂可以一言训？若认得仁，虽无言可也；若认不得，即训以人字，依旧是囫囵语，何也？未知人，焉知仁也！大抵德性有体有用，五常之性，堕地时即有，以人字训仁，最有味。但学问之道，问者当征实而言，应者当叩端而竭。今乃侗佝泛问，故先生亦以"大概研穷"答之也。

张绍价曰：仁者，以天地万物为一体，痌瘝乃身，有感斯通，固无不觉。然觉者知之用，故不可以训人。《中庸》曰："仁者，人也。"《章句》云："人指人身而言，具此生理，自然便有恻怛慈爱之意。"《孟子》曰："仁也者，人也。"《集注》云："仁者，人之所以为人之理也。"如此则以人制仁，亦无不可。然终费分解，不如义之训宜，礼之训别，智之训知，直捷简明。汉学家以二人偶为仁，谓人与人相偶，则慈爱之心生。此仁之用，非仁之体。如其言，则幽居独处不与人接，遂无所谓仁矣，安可以训仁乎？

李瀷曰：训觉训人，虽曰非也，亦无不是也。类聚观之，体认出来，则觉与人之类当不匮矣。学者须知训此二字之非，而亦必知二字之为有其义也。觉者，须于万物在我处得之。人者，须于圣人践形处得之。

佐藤一斋曰：凡训诂不过姑借其近似者释之，况于一字同音者，岂能尽其意乎？程子固不欲学者拘牵字义，故但曰"二三岁得之，未晚也"。其意可见矣。（笔者按：佐藤一斋推测程子之意，不主张读者勉强训诂。此与国内学者意见一致。）

38.　[一]性即理也。[二][1]天下之理，原其所自[三]，未有不善。喜怒哀乐未发，何尝不善？发而中节，则无往而不善。[四][2]凡言善恶，皆先善而后恶；言吉凶，皆先吉而后凶；言是非，皆先是而后非。[3]（旧注[五]：《易传》曰：成而后有败，败非先成者也。得而后有失，非得何以有失也?）[4][六]

[集校]

[一]《张解》本有"伊川曰"三字。

[二]此条今见《河南程氏遗书》卷二十二上《伊川杂录》，"也"下有"所谓理，性是也"六字。

[三]"自"下，吕本无"来"字。（《茅注》）"自"，叶下增"来"字。（《冯记》）"性即理也"条，"原其所自来"，吕本无"来"字。（《异同考》）按，"自"下，

《张解》本、《茅注》本有"来"字。

[四]"凡言"上,叶本有"发不中节,然后为不善,故"十字。(《茅注》、《冯记》)"发不中节,然后为不善":"性即理也"条,〇《遗书》、《集解》阴、王、吴本均无此九字,《孟子》"道性善"节《集注》有。洪本暨汪、施本同,今从之。(《王记》)《遗书》本无"发不中节,然后为不善"九字。家塾本注:"凡"上,别本有"发不中节,然后为不善"九字。(《异同考》)"不善":此下一有"发不中节,然后为不善,故"十字,一只有"故"字。(朝刊《近思录》)按,《张传》本、《张解》本、《李解》本、《叶解》四库抄本有此十字。

[五]吴邦模刻本无"旧注"二字,或漏刻。

[六]"本注"以下,叶本无之。今从诸本增《易传·大有卦》之《象传》也。(《茅注》)注:《易传·大有·象》。叶本无。(《冯记》)按,《叶解》元刻本、《张传》本无此旧注的注文。

[集注]

[1]茅注:蔡虚斋曰:"理指心中之理而言,故为性。"

[2]李解:乐,音洛。中,去声。朱子曰:"'性即理也'。在心谓之性,在事谓之理。此句便是千万世说性之根基。"薛氏曰:"'性即理也',循天理即率性也。"

[3]叶解:朱子曰:"'性即理也'一语,自孔子后惟伊川说得尽,攧扑不破。性即是天理,那得有恶?"又曰:"未发之前,气不用事,所以有善而无恶。"

张传:先者,天命之本然也。而有先不能无后,此亦阴阳大小必然之势也。惟圣人能先立乎其大者,故扶抑存遏之教兴焉。

张解:此程子决言性之所以善也。性者,人之生理,即所禀于天之理也。斯理也,造化流行之初,则为"继之者善";人生禀受之后,则为"成之者性"。在天在人,一也。然所以不谓之理而谓之性者,理是泛言天地间人物公共之理,性是自家受这理于天而为我所有之理。故"性即理也"一语,朱子谓"自孔子后,惟伊川说得真实精切"。天下无不善之理,安有不善之性?原其所自,从无夹杂,只有仁义礼智四者而已。当其喜怒哀乐之未发也,仁义礼智之性浑然在中,何尝不善?及其发也,仁义礼智之性自然有是,恻隐、羞恶、辞让、是非之情随应而出,适中其节,何往而不善?无他,节本具于性之中,其所以为节者,理也。惟无以养其性而守其理,故或过或不及,而不中其节,然后为不善,而非性之有不善也。善则吉,恶则凶;善者为是,恶者为非。自后而论,是对待的。从本原看来,是分先后的,不可以并提例论也。观程子此言,而孟子性善之旨定矣。

茅注:此唐棣问性如何,而程子答之如此。

江注:问:"所谓理者,仁义礼智是也,不知是否?"曰:"四者固性之纲维,然其中无所不包,更详味之。"

价解:性,即人心所禀之理也。性命于天,原其所自,未有不善,未发之前,气不用事,仁义礼智之性,浑然在中,何尝不善? 性发为情,而后善不善分焉。以理宰气,则中节而善;以气汩理,则不中节,然后为不善。

[4]杨注:晦翁曰:"四端是理之发,七情是气之发。"甘节问:"何以验得性中有仁义礼知?"晦翁曰:"欲要见得性中有仁义礼知,无故不解发得恻隐之类出来。有仁义礼知,故有恻隐之类。"

茅注:如《晋》六五爻辞"失得勿恤"、《系辞上传》"吉凶者,言乎其失得也"、《下传》"以明失得之报"之类,皆先失后得,则程子之言似不必尽拘也。

陈注:人初心未有不善者,多由转念失之,故孟子欲人不失其本心。

[集评]

朱子曰:伊川"性即理也",自孔孟后无人见得到此,亦是从古无人敢如此道。(《语类》卷五十九)

朱子曰:伊川"性即理也"四字,撼扑不破,实自己上见得出来。其后诸公只听得,便说将去,实不曾就己上见得,故多有差处。(同上)

朱子曰:伊川"性即理也",横渠"心统性情",二句颠扑不破。(《语类》卷五)

朱子曰:性是未动,情是已动,心包已动未动。盖心之未动则为性,已动则为情,所谓"心统性情"也。(同上)

蔡虚斋曰:程子"先善后恶"之说固好,然亦有不尽然者,如邪正、灾祥、曲直之类。盖从语言所便,久之遂为不易之成语耳。(《茅注》)

刁包曰:心即理也,故格物者格心;性即理也,故格物者格性;天即理也,故格物者格天。心也、性也、天也,分言之则三,合言之则浑然一物也。推而极之,上下古今何莫非此物,则何莫非此理也,故格物者一以贯之。

灵峰先生曰:善恶、吉凶、是非,先善后恶,先吉后凶,先是后非。程子举语言之先后自然以明其理,邪正、曲直、灾祥,颠倒其辞,取便语言,则非天地自然之理,不足以难程子也。蔡虚斋之言泥矣。(《价解》)

李瀷曰:善恶、吉凶、是非之论,或多疑之,以邪正、死生、否臧之类为证,此虽似然。然惟先善后恶之类,本如程子之意,以此立言,斯已得矣,何必复求他语证其差说而后已耶? 此谓无益之辩也。如必欲求其异同也,则虽谓水溺而火燔亦不可。世间固有入水不溺、入火燔者。

39. 问："心有善恶否？"[1][一]曰：在天为命，在义[二]为理，在人为性，主于身为心，其实一也。[2]心本善，发于思虑则有善有不善。若既发，则可谓之情，不可谓之心。[3]譬如水，只可谓之水。至如[三]流而为派，或行于东，或行于西，却谓之流也。[4]

[集校]

[一]"曰"，叶上增"伊川"二字。(《冯记》)按，"曰"上，《张解》本有"伊川"二字。

[二]姚氏谓："'义'当作'物'字。"今从之。其实一也，言其本无有不善也。(《茅注》)按，《茅注》本作"义"。

[三]此条今见《河南程氏遗书》卷十八《刘元承手编》，"如"作"于"。

[集注]

[1]茅注：此刘安节问也。

[2]李解：在义为理，言事物当然之宜，即理之所在也。或问："既曰'在物为理，处物为义'，又曰'在义为理'，如何？"潜室陈氏曰："理对义言，则理为体而义为用；理对道言，则道为体而理为用。"

[3]叶解：天道流行，赋与万物，谓之命。事物万殊，各有天然之则，统而名之，谓之理。人得是理以生，谓之性。是性所存，虚灵知觉，为一身之主宰，谓之心。实则非二也。推本而言，心岂有不善？自七情之发，而后有善恶之分。朱子曰："既发不可谓之非心，但有不善，则非心之本体。"

张解：此因心而推本言之，见心无不善也。……其实性者心之本体，理者心之所具，命者心之原头，非有二也。则寂然不动之中，浑全天理，心之本善可知。及至事物一触，思虑忽萌，那时天理呈现，人欲亦乘间而入，方有善有不善。盖善其本然，而不善者外诱之私也。人非尽能去其外诱之私，以充其本然之善，是以发而为喜怒哀乐者，未必无过不及，而天命之性之具于心者，或失当然之理而不自知矣。然"既发，则可谓之情，不可谓心"，盖情乃心之用，而非心之体也。愚谓"心统性情"，情亦何尝非心？但情之善者，是任天而动之情，心善故情亦善；情之不善者，是因物有迁之情，情有不善而心无不善。孟子曰："乃若其情，则可以为善矣。"又曰："故者以利为本。"详玩"可以为"三字及"利"字，便见分晓。

李解："心本善"者，以道心之体而言也。"发于思虑则有善有不善"者，以人心之几而言也。然心统性情，既发岂可谓之非心耶？

茅注：盖上三者之本善，人知之，而心则以为杂于形气之私，而不能无不善，故程子特明其为一，以见心之本无不善也。本善，指心之本体而言。既发，承发于思虑而言。不可谓之心，谓不可谓之心之本体也。

[4] 张解：曷不观之水乎？水虽有必流之势，而当其渟注渊涵，未见其流，只可谓之水。犹心有必发之情，而当其冲漠无朕，未见其情，只可谓之心。至于水流而为派，东西分行，有未必安其就下之性者，何尝非水，却谓之流。犹心发而为情，善恶错出，有未必合于自然之中者，何尝非心，却谓之情矣。程子言此，欲人反求而得所谓心，盖不知心之本善，则不识天理流行之妙有莫之为而为者。不知心之流而有不善，则必不致谨于思虑之微，以至离道之远，故综源流而言之。愚谓思虑之发，正天人之交，所谓几也，所谓独也，学者喫紧关头在此。

李解："性""情"之字，皆从心；"源""流"之字，皆从水，岂可谓流非水乎？朱子曰："心譬水也。性，水之理也。性所以立乎水之静，情所以行乎水之动，欲则水之流而至于滥也。"

茅注：此又以水明既发不可谓之心之意。

江注：问："思虑从心生，心若善，思虑因何有不善？"曰："思虑以交物而蔽，故有不善。"问："'既发则可谓之情，不可谓之心'，如何？"曰："心是贯彻上下，不可只于一处看。""'既发则可谓之情，不可谓之心'，此句亦未稳。"

贝原笃信曰：张子曰"心统性情"，故朱子云尔。发于思虑则有善恶，盖气已用事故也。

[集评]

或问：心有善恶否？曰：心是动底物事，自然有善恶。且如恻隐是善也，见孺子入井而无恻隐之心，便是恶矣。离着善，便是恶。然心之本体未尝不善，又却不可说恶全不是心。若不是心，是甚么做出来？（《语类》卷五）

履之问："心本善，发于思虑，则有善不善"章，如何？曰：疑此段微有未稳处。盖凡事莫非心之所为，虽放僻邪侈，亦是心之为也。善恶但如反覆手耳，翻一转便是恶，止安顿不着，也便是不善。如当恻隐而羞恶，当羞恶而恻隐，便不是。又问：心之用虽有不善，亦不可谓之非心否？曰：然。（《语类》卷九十五）

问："发于思虑则有善不善。"看来不善之发有二：有自思虑上不知不觉自发出来者，有因外诱然后引动此思虑者。……曰：谓发处有两端，固是。

然毕竟从思虑上发者,也只在外来底。天理浑是一个,只不善,便是不从天理出来。不从天理出来,便是出外底了。视听言动,该贯内外,亦不可谓专是外面功夫。若以为在内自有一件功夫,在外又有一件功夫,则内外支离,无此道理。须是"诚之于思,守之于为",内外交致其功,可也。(同上)

朱子曰:谓"既发不可谓之心",亦记者之误。程子论心,惟《答吕与叔》最后一篇为尽,而张子所谓"心统性情",亦为切要。若前所谓"心指已发而言"之说,则与此正相反,而胥失之矣。(《茅注》)

陈埴曰:思虑以交物而蔽,故有不善。

张习孔曰:心者,方寸之物也,赋之以性,然后可发而为善恶耳。此先生所谓"心本善,发于思虑则有善不善"也。夫性成于继善,安有不善?故不善只可言情,但此是小人之情,若君子,则孟子所谓"可以为善者"是也。

张绍价曰:此章当从朱子之说"微有未稳",想是记者之误。心统性情,性固心之所具,情亦心之所发,不可谓之非心。譬如水,水之源固谓之水,水之流亦不可谓之非水也。以前章"心一也,有指体而言者,有指用而言者"之说格之,则情正心之用也,焉得以情有不善,遂谓非心所为哉!

李珥曰:五性之外无他性,七情之外无他情。孟子于七情之中剔出其善情,目为四端,非七情之外别有四端也。情之善恶,夫孰非发于性乎?其恶者本非恶,只是掩于形气,有过有不及而为恶,故程子曰"善恶皆天理",朱子曰"因天理而有人欲",然则四端、七情果为二情,而理气果可互发乎?夫以心性为二用,四端七情为二情者,皆于理气有所未透故也。

佐藤一斋曰:程君本意,谓命理性心,随所指而异其名,非有二也。心本善,就本体言,发于思虑,有善不善,谓混于气体而有过不及,过不及处,即为不善也。程此情字,只目气体之感应,非指本体。若专就本体之发见言之,则性善所发,情何曾不善?孟子所云"乃若其情,则可以为善矣"是也。斯知程此情字,只目感应耳。凡读程语,不可拘其语以害其意。(笔者按:佐藤一斋主张,读者不应拘泥于语文而揣测程子之意。)

40.　[一]性出于天,才出于气。气清则才清,气浊则才浊。[二]才则有善有[三]不善,性则无不善。[1][四]

[集校]

[一]《张解》本有"伊川曰"三字。

[二]此条今见《河南程氏遗书》卷十九《杨遵道录》,"才浊"下有"譬犹木焉,曲直者性也,可以为栋梁、可以为榱桷者才也。"

［三］"有"，《杨遵道录》为"与"。

［四］以上并伊川语。(《茅注》)以上皆伊川语。(《冯记》)按,《河南程氏遗书》题下署"伊川先生语"。

[集注]

［1］叶解：性本乎理,理无不善；才本乎气,气则不齐。故或以之为善,或以之为恶。孟子曰："若夫为不善,非才之罪也。"

张传：气者,禀受于父母,钟毓于山川也。

张解："才"字有二义：一训才质,犹言材料质干,以体言；一训才能,犹言他会做事,他不会做事,以用言。性善则才亦宜善,而有不尽然者。盖性即天理之本然,出于天者安有不善? 若人自受形以后,天地之性已为气质之性矣。才出于气,气有清浊,则才亦有清浊,而善不善因之以分。虽气所从出亦理之所为,固非天地之性之外另有所谓"气质之性"。而性是形而上者,全是天理；气是形而下者,阴阳杂揉,便有参差不齐。是以人随所值,或值阳气多者,则其才刚；或值阴气多者,则其才柔；或值阳气之善者,则其才严毅贞固；或值阳气之恶者,则其才躁暴忿戾；或值阴气之善者,则其才巽顺愿谨；或值阴气之恶者,则其才狡谲奸险。种种如此。至于得天地真元会合之气,以为清明纯粹之才者,其唯圣人乎? 此其所以有善有不善,而性则无不善也。孟子谓"非才之罪",及"天之降才非殊"等语,直把才都做善看,是从性善大本处发来,不兼气质之性言也。必欲全备,须如程子之言方密。

李解：天者理而已矣,气则阴阳五行之变,万有不齐,故才或以之为善,或以之为不善,而性则本无不善也。朱子曰："理如宝珠,气如水,有是理而后有是气,有是气则必有是理。但气禀之清者为圣贤,如珠落在清水中；气禀之浊者为愚暗,如珠落在浊水中。"

茅注：朱子曰："气禀之殊,其类不一,非但'清浊'二字而已。人有聪明通达、事事理会者,其气清矣,而所为未必皆中于理,则是其气之不醇也。人有谨厚忠信、事事正稳者,其气醇矣,而所知未必能达于理,则是其气之不清也。推此类求之自见。"又曰："性者心之理,情者心之动,才便是那情之会恁地者。情与才绝相近,情只是所发之路陌,才是会恁地去做底。且如恻隐,有恳切者,有不恳切者,是则才之有不同也。"

江注：朱子曰："程子此说'才'字,与《孟子》本文小异。……盖气质所禀,虽有不善,而不害性之本善。性虽本善,而不可以无省察矫揉之功,学者所当深玩也。"曰："然则才亦禀于天乎?"曰："皆天所为,但理与气分为两路。"又问:"程子谓才禀于气,如何?"曰:"气亦天也。"问:"性之所以无不善者,以其出于天也;才之所以有善有不善,以其出于气也。要之性出于天,气亦出于天,何故便至于此?"曰:"性是形而上者,气是形而下者。形而上者,全是天理;形而下者,只是渣滓。至于形,又是渣滓至浊者也。""一般能为谓之才,(《王记》云:洪本如此,王本作"一般能为谓之才",吴本因之。按,广录"问:孟、程所论才同异。曰:才只一般能为之谓才。又问:《集注》说,孟子专指其出于性者言之,程子兼指其禀于气者言之,又是如何?曰:固是,要之,才只是一个才。才之初亦无不善"云云。据此则"才只一般"为一句,"能为之谓才"为一句,问者因孟、程所论有异,疑其才有两般。朱子答以只是一般。下文申说孟子专以性言,故以为善。程子说到气上,故以为有善有不善。其实只是一个才也,能为之谓才,是释才字,不与上连。《集注》断"一般"二字连下读之,自是纂录之误。王刻改"之谓"为"谓之",亦未见《语类》耳。)才之初,亦无不善,缘他气禀有善恶,故才亦有善恶。孟子自其同者言之,故以为出于性;程子自其异者言之,故以为禀于气。要之,须兼是二者言之方备。只缘孟子不曾说到气上,觉得此段说话无结煞,故有后来荀、扬、韩许多议论。""气质之性,古人虽不曾说,考之经典,却有此意。如《书》云'惟人万物之灵','亶聪明作元后',与夫'天乃锡王勇知'之说,皆此意也。孔子谓'性相近、习相远',孟子辩告子'生之谓性',亦是说气质之性。近世被濂溪拈掇出来,横渠、二程始有气质之说。此伊川论才,所以云'有善有不善'者,盖主此而言也。"

[集评]

朱子曰:孟子言才,不以为不善。盖其意谓善性也,只发出来者是才。若夫就气质上言,此案如何无善恶?(《语类》卷五十九)

朱子曰:孟子专以其发于性者言之,故以为才无不善。程子兼指其禀于气者言之,则人之材质固有昏明、强弱之不同,张子所谓"气质之性"是也。二说虽殊,各有所当,然程子为密。(《叶解》)

朱子曰:孟子论才是本然者,不如程子之备。(《江注》)

陈北溪曰:才,是才质、才能,才质以体言,才能以用言也。孟子以其从性善大本处发来,故以为无不善。要说得全备,须如程子之说方尽。(《茅注》)

张绍价曰:仁义礼智之性出于天,昏明强弱之才出于气。气清则才强明而清,气浊则才昏弱而浊。气质虽有不善,而性无不善。人能百倍其功,则足以变化气质。愚明柔强,而性可复矣。

41.〔一〕性者自然完具，信只是有此者也〔二〕。故四端不言信。[1]

[集校]

〔一〕《张解》本有"伊川曰"三字。

〔二〕此条今见《河南程氏遗书》卷九《少日所闻诸师友说》，"者也"作"因不信然后见"。

[集注]

[1]杨注：五常之信，犹五行之土。"土无定位，无专气，水火金木无不待是以生。故土于四行无不在，于四时则寄王（按，或作"主"）焉。"信亦犹是也，实有是四端，则信在其中矣。

叶解：仁义礼智，分而言之，则四者各立，自然全具。实有是四者，则谓之信。故信无定位，非于四者之外别有信也。孟子论四端而不及信，盖信在其中矣。

张解：性者，人心中之天理，完全毕具，无所亏欠。其大目不外仁义礼智信五者，谓之五常。盖就造化上推，原来即是五行之德。然所谓信，只是实兼此仁义礼智而已，非仁义礼智之外别有所谓信也。如木金火水，定位于东西南北，而土无定位，只寄旺四位之中，各配春夏秋冬，而土无专配，只分旺四季之间。木金火水而无土，都无所该载；仁义礼智而无信，便都不实了。故对五行而言，则谓五常；对四时而言，则谓四端。"四端不言信"者，信已立于四端之中故也。

江注：问："四端不言信。"朱子曰："如恻隐真个恻隐，羞恶真个羞恶，此便是信。"曰："此却是已发时，方有这信。"曰："其中真个有此理。""信是个真实无妄底道理，如信（《王记》云：王、吴本"仁"误"信"。）义、礼、智，皆真实而无妄，故'信'字更不须说。""四端之信，……无成性，（《王记》云：王、吴本作"无成性"，《孟子集注》作"无成名"，洪刻同，从之。）……其理亦犹是也。""五行非土不立，而土无定位；五常非信不有，而信非一端。故曰'诚者物之终始，不诚无物'，亦可以观矣。"

价解：信即诚，实理也。天之命于人，人之得于天。实有此仁义礼智之理，完全具足，即信也。故四端不言信，而信在其中矣。

[集评]

或问：仁义礼智，性之四德，又添"信"字，谓之"五性"，如何？曰：信是诚实此四者，实有是仁，实有是义，礼智皆然。如五行之有土，非土不足以载

四者。(《语类》卷六)

李果斋曰：五常言信,配五行而言；四端不言信,配四时而言也。盖土分旺于四时之季,信已立于四端之中也。(《叶解》)

薛瑄曰：程子曰："四端不言信者,既有诚心为四端,则信在其中矣。"愚谓,若无诚心,则四端亦无矣。故学道以诚心为本。(《读书录》)

张习孔曰：五行应五常,土旺于四季,信贯乎四德,一理也。

42. [一]心,生道也。有是心,斯具是形以生。恻隐之心,人之生道也。[1][二]

[集校]

[一]《张解》本有"伊川曰"三字。

[二]伊川语。(《茅注》《冯记》)按,此条今见《河南程氏遗书》卷二十一下《附师说后》,题下署"伊川先生语"。

[集注]

[1]叶解：心者,人之生理也。"有是心,斯具是形",此言生人之道。"恻隐之心,人之生道",此言人得是心。故酬酢运用,生生而不穷。苟无是心,则同于砂石而生理绝矣。朱子曰："'心,生道也',谓天地以生物为心,而人得之以为心者。"又曰："心是个活底物。"

张传：由是言之,资始、流行、各正、保合,天之生道也。

张解：天地以生物为心,而人得之以为心。心含理与气,有虚灵知觉,是个活底物,故曰"心,生道也。有是心,斯具是形以生"。此就生人之道言之。惟心之全体,生生不息,所以其端绪触动出来,便有恻隐之心。如在天之元,于时为春,万物于此萌芽发露,故曰"恻隐之心,人之生道也"。此就人身上指点言之,盖身犹牿于形气,心则通于神。身行一日不过百里,所历不过十二时；心则一思便思到千万年,顷刻可历千万里。故胡敬斋曰："天下神速莫如心。"所以然者,心具是理,理无不在,千万年共此理,千万里亦共此理,是以思无不到。气速不如神速,神速由于理一,故曰心是个活物也。心之灵如此,可不知所以养乎？

李解：朱子曰："盖天地生物之心是仁,人之禀赋接得此天地之心,方能有生。故恻隐之心,在人亦为生道。"

茅注：心,指仁而言。盖仁乃天地生物之心,而人物之所得之以为心者,故不曰仁而直曰心也。观下"恻隐之心"句可见。但上三句统就天地万物言之，"恻隐"句只就人身上指其发见处言耳。有恻隐之心，故凡疾痛疴痒触着便动，自然生意周流无间，故曰"人之生道"。

江注：朱子曰："'心，生道也'，心乃生之道。'恻隐之心，人之生道也'，乃是得天之心以生，生物便是天之心。""上面'心，生道也'，全然做天底也不得。盖理只是一个浑然底，人与天地混合无间。"问："'生道'者是本然也？所以生者也？"曰："是人为天地之心意。"永按，又有一条云："有是心，斯具是形以生。是心乃属天地，未属我在。"疑非定说。

价解："心，生道也"，言人之心以生为道也，即所谓仁也。天地以生物为心，而所生之物，又各得夫天地生物之心以为心，故人之心以生为道也。仁人之心，至诚恻怛，有触斯动。心之生理，如草木之有生意，畅茂条达，自不可遏，故曰"恻隐之心，人之生道也"。……价按，天人一理，天人一气。圣人与天合德，君子修之，主敬存诚，以理驭气，约情归性。吾心之仁，周流贯彻，无一事之不体，亦如天之体物而不遗焉，则亦可以尽人合天矣。

［集评］

朱子曰："心，生道也。"此句是张思叔所记，疑有欠阙处。必是当时改作行文，所以失其文意。伯丰云：何故入在《近思录》中？曰：如何敢不载？但只恐有阙文，此四字说不尽。（《语类》卷九十五）

刘缄三曰：自"人性本善"至此为一段，论人心性情，发明"圣人定之以中正仁义，主静立人极，君子修之吉"之旨，以见仁体事而无不在之意。（《价解》）

管赞程曰：自"问仁"至此为一章，此求仁资质之下者，言其求之之法，须先类聚圣贤言仁处，体认出来，始有根本可守。但不可认心为仁，以知觉训仁。须精细研究，期以三年而得仁之大概，则其学有本，然后可求同体之仁，以得天下之正理。则知以上四章之义皆通，而无不到之理。盖仁是生之性，性即理也，未有不善。欲知善之真者，莫如未发之时，此乃心之本体，其与天命义理人性一也。性出于天，故性无不善，仁义礼智，自然完具。而仁之发，便是恻隐，恻隐本于天之生道，其在人心，则谓人之生道，可为万善之本。故为学莫有切要于求仁者，程门所教，本于孔门。故道体一卷，采程子语，以此结之，其意深矣。

张绍价曰：此条之说，施氏璜谓"有是形而有知觉运动，生生不穷"，固谬。李青函谓"心存则众善皆由此出，解为本立道生之意"，尤谬。天地之大德曰生，人心之大德亦曰生。天地以生物为心，人亦以生物为心。"生道"二字，借用《孟子》。《孟子》云："以生道杀民，谓本欲生之也。"程子所谓"生道"，犹言生理也，生意也，生机也。观"恻隐之心"四字可见。

郑晔曰："心，生道也"，以天地之心看之，则文势似无源头来历，然以朱子"天地之心是仁，人接得此天地之心，方能有生"之说，及"是心乃属天地，人有是心便自具生理以生"等语观之，则心者天地之心也，生道者生物之理也。有是心斯具是形以生者，人得此生物之理可具是形以生也。"恻隐之心，人之生道也"，恻隐之心，在人亦生物之理也。言其一个生物之理，天人混合无间者也。大概此章朱子疑其欠阙以此为正。

43. 横渠先生曰：[一]气坱然太虚，升降飞扬，未尝止息。此虚实、动静之机，阴阳、刚柔之始。浮而上者阳之清，降而下者阴之浊。其感遇[二]聚结[三]，为风雨，为霜雪，万品之流形[四]，山川之融结。糟粕煨烬，无非教也。[1]

[**集校**]

[一]《张解》本无"先生"二字。此条今见张载《正蒙·太和篇第一》，下同，无"横渠先生曰"五字。

[二]"遇"，《张解》本作"通"。

[三]"聚散"，吕本作"聚结"。（《茅注》）"结"，叶误"散"。（《冯记》）"气坱然"条，"感遇聚散"，《遗书》本"散"作"结"。家塾本"结"下注："一作散"。（《异同考》）宋本"结"作"散"。（《栏外书》）按，《张传》本、《张解》本、《李解》本、《茅注》本、《叶解》四库抄本作"聚散"。

[四]"形"，叶本作"行"，误。（《茅注》）"万品之流行"，吕本"行"作"形"。（《异同考》）"流形"，叶本作"行"。（《考异》）按，《张解》本、《叶解》四库抄本作"行"。

[**集注**]

[1] 杨注：《正蒙》，下同。伯岊据杨道夫问晦翁曰："气坱然太虚，升降飞扬，未尝止息。"曰："此张子所谓'虚空即气'也。盖天在四畔，地居其中，减得一尺地，遂有一尺气，但人不见耳。此是未成形者。""及至'浮而上，降而下'，则已成形者，若所谓'山川之融结，糟粕煨烬'，即是气之查滓。""惟天运转之急，故凝结得许多查滓在中间。地者，气之查滓也。""天运不息，昼夜运转，故地阁在中间，天有一息之停，则地须陷下。"又晦翁曰："霜止是露结成，雪只是雨结成。古人说露是星月之气，不然，今高山顶上虽晴亦无露，露只是自下蒸上，或言极西高山亦无雨雪。"又《孔子闲居》曰："天有四时，

春秋冬夏,风雨霜露,无非教也。地载神气,神气风霆,风霆流形,庶物露生,无非教也。"伯嵒谓:教者,所以成物者也。礼无端倪之可窥,教则显设而可见。

叶解:块然,盛大氤氲之义。块然大(按,据《四库》抄本作"太")虚,周流上下,亘古穷今,未尝止息者,元气也。虚实动静,妙用由是而形,故曰机。阴阳刚柔,定体由是而立,故曰始。判而为上下清浊,合而为风雨霜雪;凝而为人物山川之形质,散而为糟粕煨烬之查滓。消长万变,生生不穷,皆道体之流行,故曰无非至教。

张解:此张子极言气之用,以见即气即理,与"虚空即气"之说合也。盖形而下者是气,形而上者是理,气实理虚,而实者不离于虚之中,一而无二,故曰"块然太虚"。以下正言气之块然处,句句皆有太虚意。末结"无非教也",仍合到"块然太虚"上,言理都从气见得也。大意谓天地之气,块然充满于太虚无声无臭之中,其升降飞扬,所以生人生物者,亘古穷今,无时止息。此虚实动静之妙用,由是而形,其机之所在乎! 阴阳刚柔之定体,由是而立,其始之所由乎! 分阴阳之清浊,判而为上浮下降;因感遇之聚结,合而为风雨霜雪。人物万有不齐,森然流布其形;山川万古流峙,昭然融结其质。即至小而酒之糟粕,火之煨烬,皆气之渣滓。

茅注:块,于党反。粕,匹各反,《庄子·天道》篇作"糟魄"。"升降飞扬",指气之流行者而言。下文所以"虚实动静"、"阴阳刚柔"者,皆此气之升降飞扬者为之也。"虚实动静",气机所以发动者也,故曰机,是言其用;"阴阳刚柔",万物所从以出者也,故曰始,是言其体。以上言其未成形者,浮而上,降而下,则已成形矣。"感遇聚散",言阴阳清浊之气相感相遇,或聚或散,而后各得之以成形,如下风雨、霜雪之类是也。糟,酒滓也。粕,许慎云:"已漉麄糟也"。煨烬,火馀也。无非教也,言无非天地所以为教者也。朱子曰:"'升降飞扬'以下五句,说阴阳之两端。其感遇聚散,则是说游气之纷扰也。"又曰:"《礼记》中'天道至教,圣人至德',与孔子'予欲无言',天地与圣人都一般。精底都从粗底上发见,道理都从气上流行,虽至粗底物,无非是道理发见,天地与圣人皆然。"

江注:朱子曰:"升降飞扬,所以生人物者,未尝止息,但人不见耳。"……问:"'气块然太虚',此是言天地未判之时,为复亘古今如此?"曰:"只是统说,只今便如此。"问:"升降者是阴阳之两端,飞扬者是游气之纷扰否?"曰:"此只是说阴阳之两端。下文'虚实动静'二句,此正是说阴阳之两端。到得为雨露霜雪、流形融结,却正是说游气之纷扰者也。"问:"'虚实动静'两句,欲云虚实动静乘此气以为机,阴阳刚柔资此气以为始,可否?"曰:"此两句只一般,实与动便是阳,虚与静便是阴。但'虚实动静'是言其用,'阴阳刚柔'是言其体而已。"问:"'始'字之义。"曰:"只是说如个生物底母子相似,万物都从这里生出去。上文说'升降飞扬',便含这'虚实动静'两句在里面了,所以虚实动静、阴阳刚柔者,便是这升降飞扬者为之,非两般也。至'浮而上者'两句,便是例。"问:"'无非教也',都是道理在上面发见?"曰:"然。"

[**集评**]

问:"气块然太虚,升降飞扬,未尝止息。"曰:此张子所谓"虚空即气"也。盖天在四畔,地居其中,减得一尺地,遂有一尺气,但人不见耳。此是未成形者。问:虚实以阴阳否?曰:以有无言,及至"浮而上,降而下",则已成形者,若所谓"山川之融结,糟粕煨烬",即是气之渣滓。要之,皆是示人以理。(《语类》卷九十八)

问:"此虚实动静之机,阴阳刚柔之始。"言机言始,莫是说理否?曰:此本只是气,理自在其中。一个动,一个静,便是机处。无非教也,教便是说理。又曰:此等言语,都是经锻炼底话,须熟念细看。(同上)

张习孔曰:此言造化之初。"教"字从《礼记》来,言以此理示人也。

张伯行曰:统而观之,无非上天之以理示人,所谓教也。然则气在而理具,理具而教彰,形上即在形下之中,有无混一,所言"虚空即气"者,于此尤可想见矣。

张绍价曰:此条极言气之功用,末句始说到理上。……盈天地之间皆气,升降飞扬,无须臾停息。虚实动静之机,机以流行者言。阴阳刚柔之始,始以对待者言。对待者上浮为阳,下降为阴。流行者感遇聚散,成形而生万物,至粗之迹,皆实理之所形见,故曰"无非教也"。理寓于气,气载夫理,气之生人生物,成形成质,莫非示人以理也。周子所谓"五行一阴阳,阴阳一太极",意正如此。

泽田希曰:虚实动静阴阳刚柔,此分而言之,则虚实以有无言,动静以作用言,阴阳以气言,刚柔以质言。合而言之,则只是一元气而已矣。机者发动所由,物之所由以决者,言其所系也。言这块然一气以运出虚实动静成立阴阳刚柔,故曰"机",又曰"始"也。

又曰:此章最好看。此是张子一生学力之所至如是。常人者虽日见之,不就以知其味,唯张子深识之。此其所见尽高。古人日用之际,无处而不察道体之趣味也。

44. [一]游气纷扰,合而成质者,生[二]人物之万殊。其阴阳两端循环不已者,立天地之大义。[1]

[集校]

[一]《张解》本有"横渠曰"三字。

[二]洪本"生"误"主"。(《王记》)

[集注]

[1]杨注:晦翁曰:"阴阳两端如磨,游气纷扰如磨中出者。"

叶解:游气杂揉凝而成形者,人物万殊所以生也。阴阳推移循环无穷者,天地大经所以立也。游气纷扰,纬也。阴阳循环,经也。

张传:游气者,阴阳循环而游也。非阴阳之外,别有游气。"扰"字,作充周布濩看,上言小德川流,下言大德敦化。

张解:合而成质者,絪缊交合,凝成人物之形质也。阴阳两端者,以动静言之,动属阳,静属阴;以始终言之,始为阳,终为阴;以先后言之,先为阳,后为阴;以屈伸言之,屈为阴,伸为阳也。循环不已者,阳而阴,阴而复阳,阳中有阴阳,阴中亦有阴阳也。惟天地之大义由此立,故人物之万殊由此生。游气亦不外阴阳,游气是用,阴阳是体。阴阳之循环,即所云乾道之变化;生人物之万殊,即所云各正其性命也。

茅注:朱子曰:"游,流行之意。纷扰,参错不齐也。'游气纷扰,合而成质',是指阴阳交会言之,盖气之用也。'其'下二句,则就其分开处说,是言气之本。"又曰:"'游气纷扰'当横看,'阴阳两端'当直看。昼夜运行无息者,便是阴阳之两端。其四边散出分扰者,便是游气。阴阳循环如磨,游气如磨中出者。'刚柔相摩,八卦相荡。鼓之以雷霆,润之以风雨。日月运行,一寒一暑',此阴阳循环,立天地之大义也。'乾道成男,坤道成女',此游气纷扰,生人物之万殊也。"又曰:"'循环不已'者,'乾道变化'也。'合而成质'者,'各正性命'也。"

江注:朱子曰:"游气、阴阳,阴阳即气也,岂阴阳之外复有游气?所谓游气者,指其所以赋与万物。一物各得一个性命,便有一个形质,皆(《王记》云:各本无"皆"字,依《语类》加。笔者按,《江注》本无"皆"字。)此气'合而成'之也。虽是如此,而所谓'阴阳两端'成片段滚将出来者,固自若也,亦犹论太极,物物皆有之,而太极之体未尝不存也……""游是散殊,此如水车一上一下,只管滚转,便是循环不已。中间带得水灌溉所在,便是生人物之万殊。天地之间,二气只管浑(《王记》云:王、吴本作"浑转",《语类》作"运",洪本同,今从之。)转,不知不觉生出人物,即他这个斡转,便是生物时节。""游气自里而底,如扇相似,扇便是'立天地之大义'底,扇出风来便是'生人物'底。""游气是气之发散生物底气,游亦流行之意。纷扰者参错不齐,既生物便是游气。若是生物常运行而不息者,二气初无增损也。""游气、阴阳,固是一物。"

[集评]

朱子曰:昼夜运而无息者,便是阴阳之两端。其四边散出纷扰者,便是游气,以生人物之万殊。某常言,正如面磨相似,其四边只管层层撒出。正如天地之气,运转无已,只管层层生出人物。其中有粗有细,故人物有偏有正,有精有粗。(《语类》卷九十八)

问:"游气纷扰"一段,是说气与理否? 曰:此一段专是说气,未及言理。"游气纷扰,合而成质者,生人物之万殊",此言气,到此已是渣滓粗浊者。去生人物,盖气之用也。"其动静两端,循环不已者,立天地之大义",此说气之本。上章言"气块然太虚"一段,亦是发明此语。因说佛、老氏却不说着气,以为此已是渣滓,必外此然后可以为道。遂至于绝灭人伦,外形骸,皆以为不足恤也。(同上)

朱子曰:张子说似稍支离,当云"阴阳循环升降往来,所以生人物之万殊,立天地之大义"。(《茅注》)

陈埴曰:上两句(按,即"游气纷扰,合而成质者,生人物之万殊。")说五行,下两句(按,即"其阴阳两端循环不已者,立天地之大义。")说阴阳。五行交错故生万有之不同,二气循环故两仪终古不息。

张绍价曰:游气纷扰,即上章所谓"升降飞扬"者。合而成质,即上章所谓"感遇聚散"者。人物万殊,由此生焉。阴阳两端,即上章所谓"阴阳刚柔之始"。循环不已,即上章所谓"虚实动静之机"。日月运行,寒暑往来。阴而阳,阳而阴。乾道之所以变化,而性命各正。天地之所以缊缊,而万物化醇者,不外乎此,故曰"立天地之大义"。此条虽专言气而不及理,然承上章末句而言,则气之所在,亦莫非示人以理也。

李瀷曰:朱子曰:"游气、阴阳一段,说得似稍支离,只合云阴阳五行,循环错综,升降往来,所以生人物之万殊、立天地之大义也。"盖游气亦只是阴阳中物事,而阴阳循环何尝非主人物之万殊耶? 此不可不知。

45.[一]天体物不遗[1],犹仁体事而无不在也。[2]"礼仪三百,威仪三千"[3],无一物而非仁也。[4]"昊天曰明,及尔出王。昊天曰旦,及尔游衍",无一物之不体也。[5]

[集校]

[一]《张解》本有"横渠曰"三字。此条今见《正蒙·天道篇第三》。《叶解》元刻本未单列刻印,而紧接在第44条后刻印,非。

[集注]

[1]杨注:晦翁曰:"体物者,为物之体,而物无不待是而有者也。"

[2]叶解:朱子曰:"体物,言为物之体也,盖物物有个天理。体事,谓事事是仁做出来。"

[3]茅注:此明"仁体事而无不在"之意。高氏曰:"三百三千,无非肫肫之仁自然流出。不然,则皆虚文而已。"

[4]叶解:礼仪者,经礼也。威仪者,曲礼也。礼文之大小,无非爱敬恳恻之心所发见者,故曰"无一物而非仁也"。不然,则礼特虚文矣。

[5]杨注:出王者,出入往来也。旦,明也。游衍者,游行衍溢也。言天之体著万物,而鉴察之者,无往而不在也。

叶解:王、往通。《诗·大雅·板》篇。出土(按,"土"据《四库》抄本当作"王"),谓出而有所往也。旦,亦明也。衍(按,"衍"上,据《四库》抄本有"游"),宽纵之意。言天道昭明,凡人之往来游息之所,此理无往而不在,因是以证体物不遗之义。

张传:"天体物不遗",与《中庸》言鬼神者同旨。《正蒙》以"天道"名篇,故变鬼神言天耳。《中庸》言至诚经纶天下之大经,而系之曰"肫肫其仁"。先生谓三百三千,"无一物而非仁",即是此意。后"物"字,疑是"事"字。

张解:此言天地日在人中,人当顺理而行也。凡言体者,犹云做他骨子也。……此四语,《大雅·板》诗辞。盖天者理而已矣,仁即人心所具之天理。物物皆有天理,是天为物之体而不遗;事事皆从吾心之天理做出,是仁为事之体而无不在。试思经礼曲礼,三百三千,灿然毕陈,无非爱敬恳恻之心,发见于大纲细目之间,而非繁文缛节之为,则仁之体事而无不在可知矣。若夫人之往来游息,而天皆与之俱,岂真有物在上日监在兹哉?理无往而不在,人无在而非天,由《诗》言观之,则天之体物不遗,尤可见矣。是故人而不仁,必无一事可为,而稍有戏豫驰驱之心,即为获罪于天。知天则知仁,全尽乎仁即为全尽乎天。张子之言极其真切,所以朱子曰:"此数句从赤心片片说出来,岂荀、扬所能到也!"

茅注:王,音往。"昊天"四句,见《诗·大雅·板》之篇。言天道无往不在,以明上文"体物不遗"之意。朱子曰:"此亦但言本体如此,及行时,须事事着实,如礼乐刑政、文为制度,触处皆是。若于此有一毫之差,便于本体有亏欠处也。"

江注:朱子曰:"天体在物上,仁体在事上,犹言天体于物,仁体于事。本是言物以天为体,事以仁为体,缘(《王记》云:洪本如此,《语类》同,王、吴本无"缘"字,下句"故"字意不显,今从洪本。笔者按,《江注》本无"缘"字。)须著从上说,故如此下语。"问:"仁体事而无不在。"曰:"只是未理会得'仁'字,若理会得这一字了,则到处都理会得。""'礼仪三百,威仪三千',须得仁以为骨子。""往来游衍,无非是理。'无一物之不体',犹言无一物不将这个做骨。"

[集评]

朱子曰:横渠谓"天体物而不遗,犹仁体事而无不在"。此数句,是从赤心片片说出来,荀、扬岂能到?(《语类》九十八)

问:"天体物而不遗,犹仁体事而无不在",何也?曰:理者物之体,仁者事之体。事事物物,皆具天理,皆是仁做得出来。仁者,事之体。体物,犹言干事,事之干也。"礼仪三百,威仪三千",非仁则不可行。譬如衣服,必有个人著得。且如"坐如尸",必须是做得。凡言体者,必是做个基骨也。(同上)

张绍价曰:天者理之所从出,一物一理,即一物一天。无一物无理,即无一物无天。故天体物而不遗。仁者心之德,爱之理,遇父则孝,遇子则慈,遇民则爱,故仁体事而无不在。大而纲常伦理,小而事物细微,莫非天理之流行,无一事而非仁也。一本而万殊,万殊而一本,莫非实理之充周,无一物不体也。

46. [一]鬼神者,二气之良能也。[1][二]

[集校]

[一]《张解》本有"横渠曰"三字。

[二]此条今见《正蒙·太和篇第一》。

[集注]

[1]杨注:孟子曰:"人之所不学而能者,其良能也。"晦翁曰:"良者,本然之善也。"则所谓良能者,乃出于天,不系于人。

叶解:良能者,自然而然,莫之为而为也。朱子谓"横渠此语尤精"。

陈埴曰:鬼者阴之灵,神者阳之灵。

张解:此言鬼神之灵出于理之自然也。二气即阴阳,良能言屈伸往来,皆理之自然,不待安排措置。一伸去即生许多事物,一屈来即一物无有。是屈伸者二气,而其能屈能伸者鬼神,此所以为二气之良能也。夫鬼神,以一气言,则至而伸者为神,反而归者为鬼。以二气言,则鬼者阴之灵,神者阳之灵。一气以阴阳之流行者言也,此曰二气,则以阴阳之对待者言。而二气之分,实一气之运,言气而理在其中,谓为良能。朱子所以云"横渠此语尤精"。此下六条集解阙,今照原编补列,注参叶本。

茅注:问:"前载伊川说,今复载此,似乎重也。"曰:"造化之迹,是日月、星辰、风雨之类,良能是屈伸往来之理。然此语尤精,盖程说但只浑沦在这里,此则分明,便见有个阴阳在。"

江注:问:"鬼神是功用良能。"曰:"但以一屈一伸看,一伸去便生许多物事,一屈来更无一物,便是良能功用。"

价解:天体物而不遗,天无为也,其功用谓之鬼神。天之生物,阴阳二气而已。阴阳非鬼神,其往来屈伸,灵妙不可测处,乃鬼神也。鬼神一往一来,一屈一伸,自然而然,非有安排,故谓之良能。鬼神,气也,而理寓焉。天之生物,皆气之屈伸为之,气伸而理在伸中,气屈而理在屈中。天所以体物而不遗也。

[集评]

朱子曰:"鬼神者,二气之良能",是说往来屈伸乃理之自然,非有安排布置,故曰"良能"也。(《语类》卷六十三)

朱子曰:伊川谓"鬼神者,造化之迹",却不如横渠所谓"二气之良能"。直卿问:如何?曰:程子之说固好,但在浑沦在这里。张子之说分明,便见有个阴阳在。曰:如所谓"功用则谓之鬼神",也与张子意同。曰:只为他浑沦在那里。(同上)

问:横渠谓"二气之良能",何谓"良能"?曰:屈伸往来,是二气自然能如此。曰:伸是神,屈是鬼否?先生以手圈桌上而直指其中,曰:这道理圆,只就中分别恁地。气之方来皆属阳,是神;气之反皆属阴,是鬼。日自午以前是神,午以后是鬼。月自初三以后是神,十六以后是鬼。童伯羽问:日月对言之,日是神,月是鬼否?曰:亦是。草木方发生来是神,凋残衰落是鬼。人自少至壮是神,衰老是鬼。鼻息呼是神,吸是鬼。(同上)

陈埴曰:鬼神只阴阳屈伸之气,所以为寒为暑、为昼为夜、为荣为枯,有迹可见。此处便是鬼神。盖阴阳是气,鬼神是气之良能,流转活动处故曰良能。

王夫之曰:人欲,鬼神之糟粕也。好学、力行、知耻,则二气之良能也。

张习孔曰:卓识不可易,此张子独见创语,故自足传。

陈荣捷曰:朱子不欲就世俗所信之鬼神义而言鬼神。(《陈论》)

47.　[一]物之初生,气日至而滋息;物生既盈,气日反而游散。至之谓神,以其申[二]也;反之谓鬼,以其归也。[1][三]

[集校]

[一]"物之初生"。此当自为一条,洪本"物"字上误脱一圈。(《王记》)按,《张解》本有"横渠曰"三字。

[二]"申",《叶解》元刻本及其四库抄本、吴邦模刻本、《张解》本、《茅注》本、《江注》本作"伸"。

[三]此条今见《正蒙·动物篇第五》。

[集注]

[1]杨注:或问死生之说于上蔡谢先生。谢子曰:"人死时气尽也。"曰:"有鬼神否?"谢子曰:"余当时亦曾问明道先生,明道曰:'待向你道无来,你怎生信得? 及待向你道有来,你但去寻讨看。'"谢子曰:"此便是答底语。"又曰:"横渠说得来别,这个便是天地间妙用,须是将来做个题目入思议始得,讲说不济事。"曰:"沉魂滞魄影响底事如何?"曰:"须是自家看得破始得。张亢郡君化去,常来附语,亢所知事皆能言之。亢一日方与道士围碁,又自外来,亢欲接之,道士封碁子,令将去问之。张不知数,便道不得,乃曰许多时共你做夫妇,今日却信一道士胡说,我今后更不来。又如紫姑神,不识字底把着写不得,不信底把着写不得,推此可以见矣。曰:"先生祭享鬼神则甚?"曰:"是他意思别,三日斋五日戒,求诸阴阳四方上下,盖是要集自家精神,所以'格有庙'必于《萃》与《涣》言之。如武王伐商,所过名山大川致祷,山川何知? 武王祷之者以此。虽然如是,以为有亦不可,以为无亦不可,这里有妙理于若有若无之间,须断制得去始得。"曰:"如此却是鹘突也。"谢子曰:"不是鹘突,自家要有便有,自家要无便无,始得。鬼神在虚空中辟塞满,触目皆是,为他是天地间妙用,祖考精神,便是自家精神。"

叶解:物自少以至壮,气日至而滋息。息(按,"息"上,据《四库》抄本有"滋")者,生而就满也。自壮以至老,气日反而游散。游散者,消而就尽也。以其日至而伸,故曰神;以其日反而归,故曰鬼。

张传:神,指人物之精神言。

张解:此即物之聚散消长,以明鬼神之理不外一屈一伸也。物自初生以至少壮,气日至而滋息。滋息者,生而就满也,自壮以至老,气日反而游散。游散者,消而就尽也。以其日至而伸,故曰神;以其日反而归,故曰鬼。盖鬼神一气机之动静,此其所以一往一来、一屈一伸,而不见其或穷,所谓两故化也。张子又言曰："天地不穷，寒暑耳；众动不穷，屈伸耳。鬼神之实，不越乎二端。"其义尽矣。

茅注：息，生息也。游者，散之以渐之意。伸，是气之方长者。归，是气之已退者。朱子曰："人不得其死，其气未散，故郁结而成妖孽。若病死之人，此气消耗已尽，岂更复能郁结成妖孽？然不得其死者，久之亦散，而子孙精神魂魄自有些小相属，故祭祀之礼尽其诚敬，便可以致得祖考之魂魄。此等处自是难说，惟横渠说得好，又极密。"

江注：问："此'息'字是生息之'息'？"曰："然。"……"天下万事万物，只是个阴阳消息屈伸。横渠将屈伸说得贯通。"

[集评]

朱子曰："鬼神者造化之迹。"造化之妙，不可得而见，于其气之往来屈伸者足以见之。微鬼神，则造化无迹矣。横渠"物之始生"一章，尤说得分晓。（《语类》卷六十三）

朱子曰："至之谓神，以其伸也。反之谓鬼，以其归也。"人死便是归，"祖考来格"便是伸。（《语类》卷九十八）

朱子曰：横渠言"至之谓神"，"反之谓鬼"，固是。然雷风山泽亦有神。今之庙貌亦谓之神，亦以方伸之气为言尔。此处要错综周遍而观之。伸中有屈，屈中有伸，便看此意。伸中有屈，如人有魄是也。屈中有伸，如鬼而有灵是也。（同上）

张绍价曰：此承上章而言，良能功用，见于气之屈伸。气至而滋息，则物以始。气反而游散，则物以终。物之终始，莫非阴阳合散之所为。此为鬼神所以体物而不可遗也。鬼神天地之功用。鬼神体物不遗，即天之体物不遗也。

冯友兰曰：照张载横渠的说法，一事物之生长变化，在自复至乾之阶段者名曰神，在自姤至坤之阶段者名曰鬼。（《新理学》）

48.　[一]性者，万物之一源，非有我之[二]得私也。惟大人为能尽其道。是故立必俱立，知必周知，爱必兼爱，成不独成。彼自蔽塞而不知顺吾理[三]者，则亦末如之何矣。[1]

[集校]

[一]《张解》本有"横渠曰"三字。此条今见《正蒙·诚明篇第六》。

[二]"之"下，《张解》本有"所"字。

[三]"理",江改"性"。(《冯记》)《正蒙》如是,《遗书》、阴本、洪本同,王、吴本"理"作"性",今依洪本。(《王记》)按,"理",《江注》本及其四库抄本作"性"。

[集注]

[1]杨注:以上并《正蒙》。

叶解:性原于天而人之所同得也,惟大人者能尽己之性,则能尽人之性。盖性本无二也,故己有所立,必与夫人以俱立。己有所知,必使夫人以周知。爱必兼爱,使人皆得所爱也。成不独成,使人皆有所成也。四者,大人之所存心也。立者,礼之干也。知者,智之用也。爱者,仁之施也。成者,义之遂也。自立于礼,以至成于义,学之始终也。张子之教以礼为先,故首曰"立"。如是而彼或蔽塞而不通,不知所以顺乎理,则亦无如之何。然其心固欲其同尽乎一源之性也。此即《大学》"明明德于天下",《中庸》"成己成物"之道,盖《西铭》之根本也。(按,佐藤一斋认为叶采注文"以礼智仁义配言"四者,"恐拘"。笔者以为叶氏之解可通。)

张传:《中庸》所谓"性之德者,合外内之道也"。

茅注:性为万物一源,非有我得私,言道本如是也。但人隔于形气之私,而不能无彼此之间,故惟大人为能尽之耳。"立必俱立"四句,正大人所以不私其性,而能尽道之实也。

江注:"自蔽塞",谓惟知有我之私也。

[集评]

用之问:"性为万物之一源"。曰:所谓性者,人物之所同得。非惟己有是,而人亦有是;非惟人有是,而物亦有是。(《语类》卷九十八)

张伯行曰:此言性为人所同得,而大人尽性之,非以自私也。万物本乎天,天所命之理是为性,如水有万派,其源则一,非我所得私。但人皆有性而莫之能尽,惟大人能尽己之性,则能尽人之性。

张绍价曰:"立必俱立,知必周知,爱必兼爱,成不独成",皆至诚恻怛之心,自然流露。仁之体事而无不在者然也。

49. [一]一故神。譬之人身,四体皆一物,故触之而无不觉,不待心使至此而后觉也。此所谓"感而遂通","不行而至,不疾而速"也。[1]

[集校]

[一]《张解》本有"横渠曰"三字。此条今见《横渠易说·系辞上》。

[**集注**]

[1] 杨注：《横渠易说》。

叶解：一，谓纯一也；神，谓神妙而无不通也。犹人之四体本一也，故触之即觉，不待思虑拟议。使一有间断，则痛痒有所不觉矣。天地之为物不贰，故妙用而无方；圣人之心不贰，故感通而莫测。

张传："一故神"三字，出于《正蒙·参两篇》。首节云："地所以两，分刚柔男女而效之法也。天所以参，一太极两仪而象之性也。"次节云："一物两体，气也；一故神，两故化，此天之所以参也。""譬之人身"以下，乃朱子之言。愚合《正蒙》上下文而论之，是以太极为一，而行乎两仪之中。太极两在而不居，故不测而神。朱子即此而推，凡物惟一而不隔，则能行乎十百千万之中。如人身之四体百骸，听命于心，不待驱使而自应也。推之天下归仁，时行物生，莫非此理。此见朱子之能取善也。

张解：此言圣人之心，纯一不贰，故随感而皆通也。……譬之人身，四体本是一物，故触之即觉，不待心之思虑，使有所觉而后觉也。此正《易·系辞传》所谓"感而遂通"、"不行而至，不疾而速"也。

李解：直卿云："'一故神'，犹'一动一静，互为其根'；'两故化'，犹'动极而静'、'静极复动'。"

茅注：《易·系辞上传》曰："感而遂通天下之故。非天下之至神，其孰能与于此？""惟神也，故不疾而速，不行而至。"朱子曰："'神化'二字，惟横渠推得极好，但时以伯恭不肯全载，后未及与他添得。……两在者，或在阴，或在阳也。"

江注：问："一故神。"朱子曰："一是一个道理，却有两端用处不同。譬如阴阳，阴中有阳，阳中有阴，阳极生阴，阴极又生阳，所以神化无穷。"

价解：天地之为物不贰，则其生物不测。不贰，一也。不测，神也。天地只此一理，阴阳、升降、上下、日月、寒暑、往来，生人生物，神化无穷。圣人之心，浑然一理，不二不杂，神妙不测，感而遂通，不疾而速，不行而至。天之所以体物不遗，仁之所以体事而无不在，皆一之神为之也。

贝原笃信曰："不待心使至此'云云。愚谓：此感应自然之妙，心与四体本一贯故也。惟非心往而后觉，又非四体来入心。譬如悬镜有物必照，非镜往照物，亦非物来入镜也。

佐藤一斋曰：此说极有深意。盖谓阴阳本太极之动静也，有动有静，则不可测，而统于太极，则体一而用神。

［集评］

朱子曰：横渠云，"一故神。……不疾而速也。"发于心，达于气，天地与吾身共只是一团物事。所谓鬼神者，只是自家气。自家心下思虑才动，这气即敷于外，自然有所感通。（《语类》卷九十八）

问："一故神"。曰：横渠说得好，须当子细看。但《近思录》所载与本书不同。当时缘伯恭不肯全载，故后来不曾与他添得。"一故神"，横渠亲注云："两在故不测。"只是这一物，却周行乎事物之间。如所谓阴阳、屈伸、往来、上下，以至于行乎什佰千万之中，无非这一个物事，所以谓"两在故不测"。"两故化"，注云："推行乎一。"凡天下之事，一不能化，惟两而后能化。且如一阴一阳，始能化生万物。虽是两个，要之亦推行乎此一尔。此说得极精，须当与他子细看。（同上）

李先生云：旧理会此段不得，以身去里面体验方见得平稳，因知为学须如此下工夫。（《茅注》）

钱穆曰：《近思录》乃朱、吕两人合编，而两人意见亦有不同。东莱素极重视伊川《易传》，朱子则谓《易传》自成一书，可不收载。今《近思录》中亦有收入，此乃东莱意见，若谓自成一书即不载，则《太极图说》、《正蒙》何以又载入而列之首卷，此本朱子所不欲载，亦以东莱意载入也。（《朱子新学案》）

50.　^{［一］}心，统性情者也。^{[1][二]}

［集校］

［一］《张解》本有"横渠曰"三字。

［二］（按，此条末）《朱子遗书》本无"《横渠语录》，下同"六字，从叶本补。今与下条并见《拾遗》。（《冯记》）按，此条今见张载《拾遗·性理拾遗》，下同。

［集注］

［1］杨注：《横渠语录》，下同。

叶解：朱子曰："统是主宰。性者，心之理；情者，心之用；心者，性情之主（按，"主"下《四库》抄本有"也"字）。"孟子曰"仁，人心也"，又曰"恻隐之心"。"性"、"情"主（按，"主"《四库》抄本作"上"）都下个"心"字，可见"心统性情"之义。

张解：此言人心之妙，包乎性情，发前圣之所未发，而大有功于后学者也。……盖心是神明之舍，为一身之主宰。性则人所禀受于天之理，而具于心者,其发于智识,触于念虑,皆是情。朱子曰:"未动为性,已动为情,心则贯乎动静而无不在。"

茅注:朱子云:"如统兵之'统',寂然不动,而仁义礼智之理具焉,是统性也。随感而应,而恻隐、羞恶、辞让、是非之端见焉,是统情也。"朱子曰:"孟子言'恻隐之心,仁之端也',是从情上见得心。又言'仁义礼智根于心',是从性上见得心。盖心便是包得此性情,故'性情'字皆从心。"

江注:朱子曰:"统,犹兼也。""性者,心之理;情者,心之动;(《王记》云:王、吴本作"心之动",施本作"心之用",洪本作"性之动"。按,《孟子集注》:"情者,性之动也",与洪本同,今从之。)心者,性情之主。""凡物有心,而其中必虚,人心亦然。只这虚处,便包藏许多道理,弥纶天地,该括古今,推广得来,盖天盖地,莫不由此。此所以为人心之妙与!理在人心,是之谓性。性如心之田地,充此中虚,莫非是理而已。心是神明之舍,为一身之主宰。性便是许多道理,得之于天而具于心者,发于智识念虑处皆是情。故曰'心统性情'。""先生取《近思录》'心统性情'之语示学者。或问曰:'心之未发,则属乎性,既发则情也。'曰:'是此意。'"又曰:"古人制字,亦先制得'心'字,性与情皆从'心'。"

价解:仁体事而无不在,不外于一心,"心,统性情者也"。仁义礼智,性也,而根于心;恻隐、羞恶、辞让、是非,情也,而发于心。仁者本心之全德,统四端,兼万善,静而敬以存之,则有以养其性。仁之体立,而义礼智皆仁也。动而敬以察之,则有以约其情。仁之用行,而善恶、辞让、是非皆恻隐也,仁之体事而无不在者然也。

[集评]

问:"心统性情"。曰:性者,理也。性是体,情是用。性情皆出于心,故心能统之。统如统兵之"统",言有以主之也。且如仁义礼智是性也。孟子曰:"仁义礼智根于心。"恻隐、羞恶、辞逊、是非,本是情也。孟子曰:"恻隐之心,羞恶之心,辞逊之心,是非之心。"以此言之,则见得心可以统性情。一心之中自有动静,静者性也,动者情也。(《语类》卷九十八)

朱子曰:"心统性情",语最精密。横渠此句,乃不易之论。孟子说心许多,皆未有似此语端的,子细看便见,其他诸子等书,皆无依稀似此。"心统性情",二程却无一句似此切。……旧看五峰说,只将"心"对"性"说,一个"情"字都无下落。后来看横渠"心统性情"之说,乃知此话大有功。始寻得个"情"字着落,与孟子说一般。(《江注》)

陈埴曰:心居性情之间,向里即是性,向外即是情。心居二者之间而统之。所以圣贤工夫只在心里著到,一举而兼得之。横渠此语大有功于后学。

新安陈氏曰:"性情"字皆从心,心涵养此性,心统性也;心节制此情,心统情也。性如在营之军,情如临阵之军,皆将实统之。学者以是观焉,则凡所以静存而动察者,皆心实统之,而不可以须臾或放。张子此言可谓深切著明矣。(《张解》)

陈荣捷曰:新儒家自程颐以至王阳明诸学说中,仁之最高实践,即仁者以天地万物为一体。……仁之体用间之关系,直至朱子而始见明晰。……朱子体用俱重,集诸义而简明言之,谓为仁者,"心之德,爱之理"。(《陈论》)

李瀷曰:心统性情。《语类》有一条。朱子但曰季通云"心统性情",不若云:"心者性情之统名。"不复言其是非。愚反复思之,心统性情者,犹云君统臣民。君别是一物,臣民别是一物,彼统于此也。若曰"心者性情之统名",则犹云人者君臣之统名也。君亦人,臣亦人,此人与君臣非二物也。朱子若以西山此说真以为至当,则"心统性情"一句,其义已落在第二科。而后来朱子之取舍在此不在彼,何也?朱子又曰:"仁义是性,然又有说仁义之心,这是性亦与心通。说恻隐羞恶是情,然又说恻隐之心、羞恶之心,这是情亦与心通说,这是性情皆主于心,故恁地通说。"拠此,则此不过通说近可之意耳。朱子曰:"性情皆出于心,故心能统之。统如统兵之统。仁义礼智是性。孟子曰:'仁义礼智根于心。'恻隐、羞恶是情。孟子曰:'恻隐之心,羞恶之心。'以此见得心可以统性情也。"此可以主定矣,宜细考焉。

51. [一]凡物莫不有是性。由通蔽开塞,所以有人物之别;由蔽有厚薄,故有知愚之别。塞者牢不可开,厚者可以开,而开之也难,薄者开之也易,开则达于天道,与圣人一。[1][二]

[集校]

[一]《张解》本有"横渠曰"三字。

[二]以上并横渠语。(《茅注》)

[集注]

[1]杨注:伯嵒据《中庸》曰:"或生而知之,或学而知之,或困而知之,及其知之一也。或安而行之,或利而行之,或勉强而行之,及其成功一也。"又曰:"人一能之己百之,人十能之己千之。虽愚必明,虽柔必强。"伯嵒谓:人之气禀有不同,故觉有先后,知有难易耳。人患不专心致志,苟能自强不息,则气质之不美者,可变而为美矣。不然卤莽灭裂之学,或作或辍,一暴十

寒,而曰"天质不美,非学所能变",是自暴自弃者也。又徐子融,名昭点,铅山人,以书问晦翁先生云"枯槁之中有性有气,故附子热大黄寒",子融谓此性是气质之性。陈才卿亦铅山人,谓即是本然之性。晦翁谓:"子融认知觉为性,故以此为气质之性,性即是理,有性即有气。是他禀得许多气,故亦只有许多理。"才卿谓"有性无仁"。先生云:"此说亦是,是他元不曾禀得此道理,惟人得其全。如动物则又近人之性,然动物虽有知觉,才死则形骸便腐坏。植物虽无知觉,然其质却坚久难坏。"晦翁曰:"性是太极浑然之体,本不可以名字言,但其中含具万理,而纲理之大者有四,故命之曰仁义礼智。孔门未尝备言,至孟子时往往以性为不善。孟子思有以明之,苟但曰浑然全体,则恐其如无星之秤,无寸之尺,终不足以晓天下,于是别而为四端之说。盖四端之未发也,性虽寂然不动,而其中自有条理,自有间架,不是侗侗都无一物,所以外边才感,中间便应。如赤子入井之事,感则仁之理便应,而恻隐之心于是乎形;如过庙朝之事,感则礼之理便应,而恭敬之心于是乎形。盖由其中间众理浑具,各各分明,故外边所遇随感而应,所以四端之发各有面貌之不同。是以孟子析而为四以示,学者便知浑然全体之中而粲然有条若此。夫浑然全体无形象之可见,何以见其粲然有条如此?盖是理之可验,乃依然就他发处验得。凡物必有本根,性之理虽无形,而端绪之发最可验。故由其恻隐,所以必知其有仁;由其羞恶,所以必知其有义;由其恭敬,所以必知其有礼;由其是非,所以必知其有智。使本无是理于内,则何以有是端于外,惟其有是端于外,所以必知有是理于内,而不可诬也。仁义礼智既知得界限分晓,又须知四者之中,仁义是个对立底关键。盖仁,仁也,而礼则仁之著。义,义也,而智则义之藏。犹春夏秋冬虽为四时,然春夏阳之属也,秋冬阴之属也。故曰'立天之道曰阴与阳,立地之道曰柔与刚,立人之道曰仁与义'。是知天地之道不两则不能以立,故端虽有四而立之者则两耳。仁义虽对立而成两,然仁实贯通乎四者之中,故仁者仁之本体,礼者仁之节文,义者仁之断制,知者仁之分别。犹春夏秋冬虽不同,而同出乎春,春则春之生也,夏则春之长也,秋则春之成也,冬则春之藏也。自四而两,自两而一,则统之有宗,会之有元矣。故曰'五行一阴阳,阴阳一太极也'。仁包四端,而智居四端之末,盖冬者藏也,所以始万物而终万物者也。恻隐、羞恶、恭敬,是三者有可为之事,而智则无事可为,但分别其为是为非耳,是以谓之藏。又恻隐、羞恶、恭敬皆是一面底道理,而是非则有两面,既别其所是,又别其所非,是终始万物之象。"

叶解:有是气必有是理,此人与物之所共也。由气有通蔽开塞,故有人物之异；由蔽有厚薄，故人又有智愚之异。塞者，气拘而填实之也，故不可开，此言物也；蔽者，但昏暗而有所不通，皆可开也，顾有难易之分耳。及其既开，则通乎天道，与圣人一，此言人也。

张解：此言人物同具此性，而气不能无异，所贵尽人以达天也。凡物，有是气则有是理，理气合而成性，此人与物之所同也。但性之禀赋虽同，而气之清浊各异。由其气有通蔽开塞，故或灵或蠢，有人物之别。由其蔽有厚薄，故或明或昧，而人有智愚之别。彼塞者得气之极浊，故牢固而不可开，此其所以为物也。若均之为人而不能无蔽。其为蔽之厚者，虽非极浊而邻于浊，故可以开而开之也难。至蔽之薄者，介乎清浊之间，则开之也易。夫人特患不能由学以开之耳，开则以察识之明，加扩充之力，由是上达乎天之道，不与圣人合而为一乎？盖在人为仁义礼智之性，在天为元亨利贞之天。道本同一理，诚不为气拘，而至于开，则天人合一，圣凡同归，人奈何甘自暴弃，而至下同于物乎？

茅注：别，并必列反。易，音异。塞者，牢不可开，谓物也。厚者，开之难，谓愚也。薄者，开之易，谓智也。"达于天道，与圣人一"，所谓及其知之成功而一也。惟圣人气质清明，德性纯粹，固不待于开而自无所蔽，其馀则不能无清浊厚薄之殊，故特言此以见气质不齐有如此者，不可无矫揉变化之功也。愚按，朱子谓"通蔽开塞，似欠了生知之圣"，恐未得张子立言之意。

江注：问："'通蔽开塞'，横渠与吕芸阁说，孰为亲切？"曰："与叔倒分明似横渠之说。看来塞中也有通处，如猿狙之性即灵，猪则全然蠢了。本乎天者亲上，本乎地者亲下。如人头向上，所以最灵，草木头向下，所以最无知，禽兽头横，所以无知。猿狙稍灵，为他头有时也似人，故稍向得上。"……问："人、物皆禀天地之理以为性，皆受天地之气以为形。若人品之不同，固是气有昏明、厚薄之异。若在物言之，不知是所禀之理便有不全耶，亦是缘气禀之昏蔽故如此耶？"曰："惟其所受之气只有许多，故其理亦只有许多。"又问："物物具一太极，则是理无不全？"曰："谓之全亦可，谓之偏亦可。以理言之，则无不全；以气言之，则不能无偏。故吕与叔谓'物之性有近人之性者，人之性有近物之性者'。"问："气质有不同，则天命之性有偏全否？"曰："亦非有偏全。谓如日月之光，在露地尽见之，若在蔀屋之下，则有见有不见。在人则蔽塞有可通之理。至于禽兽，亦是此性被他形体所拘，蔽隔之甚，无可通处。至于虎狼之仁，豺獭之祭，蜂蚁之义，却只通这些子，譬如一隙之光。至于猕猴形状类人，便最灵于他物。若昏愚之人，便在人与禽兽之间，所以终难改。"

陈注：横渠先生之意，专为气质不齐者而言，以见不可无矫揉变化之功，故云"开则达于天道，与圣人一"。若圣人之无待于开而自无所蔽，不待言也。朱子谓通蔽开塞，"似欠了生知之圣"，恐非张子立言之意。

价解：人物之生，同得天地之理以为性。性无不同，而气则有异。由气有通蔽开塞，故有人物之别。由气之蔽有厚薄，故有智愚之别。塞者拘于形体，牢不可开，禽兽之属，与下愚不移者是也。蔽之厚者，困知勉行，非百倍其功，不足以致之，故开之也难。蔽之薄者，学知利行，开之也易。开则理明义精，有以变化气质，复其本然之性，达于天道，与圣人一矣。《中庸》所谓"知之一"、"成功一"也。

[集评]

或问：人物之性一源，何以有异？曰：人之性论明暗，物之性只是偏塞。暗者可使之明，已偏塞不可使之通也。横渠言："凡物莫不有是性。由通蔽开塞，所以有人物之别。"而卒谓"塞者牢不可开，厚者可以开，而开之也难，薄者开之也易"是也。（《语类》卷四）

朱子曰：横渠此段不如吕与叔分晓。吕曰："蔽有浅深，故为昏明；蔽有开塞，故为人物。"（《李解》）

张习孔曰：恻隐、羞恶、辞让、是非，物皆无而人固有，人可言塞，物不可言塞也。开之难易有分，既开而达天至圣，则无分，及其成功一也。

陈沆曰：此卷中但看其亲切下手处，其泛论道体者不必十分理会。但于其亲切处常涵泳玩味，不肯放过，则一切道体自然在此，久之不待思索而契矣。

刘缄三曰：自"横渠先生"至末为一段，论天道理气，人心性情，发明天以阴阳五行化生万物，气成形而理以赋，及圣人定之以中正仁义而主静立人极之旨，以见天体物而不遗，犹仁体事而无不在，而君子修之所以吉也之意。

又曰：天道、圣人，结应卷首《太极图说》之意。自开其蔽，则自明而诚，结应"君子修之"之事，以起下卷"为学"之意。（《价解》）

管赞程曰：自"气坱然"至此为一章，言元气而生物之本。其阴阳刚柔之始，两端循环不已。故生物无穷，但与无极之真，浑融无间。故在天体物不遗，在人体事而无不在。则凡始终万物者，皆阴阳二气之良能也。以理言之则性为万物之一源。以气言则触无不觉，感无不通。以气质言则人有通蔽贤愚之不同，物与人又有开塞之异也。然虽蔽之厚，亦可开以达圣人。则人不可以不变化气质，复其性之一源，以求至乎圣人。

《近思录》卷之二
凡一百一十一条

论　　学

[**集评**]

　　叶采曰：此卷总论为学之要。盖尊德性矣，必道问学。明乎道体，知所指归，斯可究为学之大方矣。

　　施璜曰：朱子编辑之意，首论道体，使人粗知梗概，有所向往，然后教人下手用力之所在。盖教不躐等，而学必要自卑升高、自近及远，有科级、有次第，不能欲速助长也。学者先看此卷，定其趋向，有必为圣贤之志，然后可循序渐进，着实用力焉。呜呼，自孟子没后，圣贤之学失传久矣，士人各以其资性之所近为学，或以词章为可夸美，或以功利为有势焰，或以虚无寂灭为足快乐，总不知圣贤之学，人人分内当为之事也。迨濂溪周子出，而希贤希圣之学始明，又得二程子、张子以及朱子相继发明，而为学之方大备。然其要以立志为先，苟立志必为圣贤，则不为异端惑，不为文采炫，不为功利夺，庶几可以言学矣。至于薛文清、胡敬斋、罗整庵、高忠宪四先生论学之言，更觉明白亲切，故择其精要者附于后焉。

　　茅星来曰：首篇言本然之理，自此至十二卷皆言当然工夫，而此篇及第八卷则所谓统论纲领指趣也。此则“明明德”之事，于学者尤为切要。盖必于此知所趋向，而后可语以学问之全功焉。凡一百一十（按，“一十”当为“十一”）条。

　　张绍价曰：朱子曰“此卷为学大要”。刘缄三曰：“此卷以自明诚为主。以学圣人之道者，志于学，知行并进，敬义夹持，不可以不弘毅为总旨。以乾道坤道，着力得力，古之学者为己，今之学者为人为分意。体似两截。”

　　钱穆曰：人之为学，主要即在学道。……为学大要，则莫大于明道传道。（《随劄》）

　　沙溪曰：首卷论道体，非尊德性也。叶氏以“尊德性”言之，恐未安。若是泛论以起"道问学",则又似赘。

泽田希曰：学字兼知行,求己之所未知,求己之所未能,皆学已。盖明乎道体,知所指归,斯可究为学之方术,此次篇之意也。

　　1. 濂溪先生曰：[一]圣希天,贤希圣,士希贤。[1]伊尹、颜渊,大贤也。伊尹耻其君不为尧舜,一夫不得其所,若挞于市；颜渊"不迁怒,不贰过","三月不违仁"。[2]志伊尹之所志,学颜渊[二]之所学,[3]过则圣,及则贤,不及则亦不失于令名。[4]

[集校]

　　[一]《张解》本无"先生"二字。此条今见《周子通书·志学第十》,无"濂溪先生曰"五字。

　　[二]"子",一作"渊"。(《李解》、《茅注》)按,"渊",《叶解》元刻本及其四库抄本、吴邦模刻本、《李解》本、《江注》本作"子"。

[集注]

　　[1]叶解：朱子曰："希,望也,字本作'睎'。"

　　张解：此周子欲学者立志以几于有成也。希,期望也。道无穷极,学贵上达,圣人生安之质,地位尽高,犹不自满足,孜孜矻矻,思为法天之学。是有心无为之圣,犹望无心成化之天以为期,若斯也。自圣而降则有贤,是才德过人者也。然亦不敢自怠其功力,必朝夕勤苦,以圣人为归。是学知利行之贤,亦望生知安行之圣以自励若斯也。况号为士,乃人中之秀,方入学问之途,可不厚自期待,求致其知、勉其行,以庶几贤人之诣乎！盖能刻励向前,则可渐进不已,由贤以希圣、希天而无难。若不能立志,颓废其功,不惟不可以进于圣贤,并不可以言士矣,学者可不勉乎！

　　茅注：扬子《法言》"睎颜"之"睎",从耳目之目,不从日。问："圣希天者,圣人自是与天相似。"朱子曰："人如何得似天？亦法天而已。"

　　[2]叶解：朱子曰："说见《书》及《论语》,皆贤人之事也。"

　　张解：承上文"贤希圣"而言。商之时有伊尹,圣门之中有颜渊,皆大贤也。伊尹耕于莘野,乐尧舜之道,其应成汤三聘而出也,惟欲尧舜其君民。使其君不为尧舜之君,则伊尹必耻之。天下之大,有一夫失所,则伊尹以为辱。观《书》言而知其心惓惓,以尧舜为期,是伊尹之希圣也。颜渊居于陋巷,乐仲尼之道,其承夫子克复之教,遂能纯养其心性,至于不迁不贰,惩忿深而改过勇,何私欲之净耶！三月不违,历时久而心理纯,何天德之刚耶！

读《论语》而见其孜孜好学,以夫子为归,是颜渊之希圣也。

〔3〕杨注:伊尹之志,视人犹视己。颜子之学,为己不为人。

叶解:朱子曰:"此言'士希贤'也。"

张解:又即上文所谓"希贤"者,以策士也。士固当希贤,而欲希贤必先端所志而审所学。盖志必取乎高,而千古事业之高,孰有如尧舜乎?学必求其正,而古今学术之正,孰有如孔子乎?伊尹之志,志尧舜也。尧舜未可几,而伊尹之志独不可志乎?颜子之学,学孔子也。孔子不易追,颜子之学独不可学乎?故伊尹之志,不必其治亦进、乱亦进也。授受取予之严,即是天下不与之家法,乃伊尹所志而士之当志者也。颜子之学,不必其闻一知十,不违足发也。语不惰而进未止,即是不厌不倦之真传,乃颜子所学,而士之当学者也。士能以此为志,以此为学,所造又何可量耶!

价解:"学"字内兼有知行并进、敬义夹持功夫,有着力处,有得力处。

〔4〕杨注:《通书》。

叶解:朱子曰:"三者随其用力之浅深,以为所至之近远,不失令名,以其有为善之实也。"

张解:过、不及,指用力而言。盖同此所志所学,而用力有浅深,则所至之远近随之。用力精勤,有进而上之之量,则便越于贤而造圣人地位;或用力稍逊,仅得追而随之,则但得与之齐量而为贤人之诣。即用力不足,瞠乎在后而有为善之实,亦自有表见,而不失于令名。此皆工夫之旋至而有效者,士亦何惮而不奋然于所志、毅然于所学乎!

茅注:问:"过则圣,若过于颜子,则工夫更绝细,此固易见。不知过伊尹时如何?"朱子曰:"只是更从容而已。过之便似孔子,伊尹终有担当底意思在。"

价解:志伊学颜,过圣及贤,为己之学也。实至而名自归,故不失令名,有意求名,则为人之学也。

贝原笃信曰:此谓科举之学也。

[集评]

问:"圣希天。"若论圣人,自与天相似了。得非圣人未尝自以为圣,虽已至圣处,而犹戒慎恐惧,未尝顷刻忘所法则否?曰:不消如此说。天自是天,人自是人,终是如何得似天?自是用法天。"明王奉若天道,建邦设都",无非法天者。大事大法天,小事小法天。(《语类》卷九十四)

许衡曰:"志伊尹之所志,学颜子之所学"。出则有为,处则有守。丈夫当如此。出无所为,处无所守,所志所学,将何为?(《语录》卷一上)

胡氏曰：周子患人以发策决科、荣身肥家、希世取宠为事也，故曰"志伊尹之所志"；患人以广闻见、工文词、矜智能、慕空寂为事也，故曰"学颜子之所学"。人能志此志而学此学，则知斯道之大，而其用无穷矣。（《叶解》）

刁包曰：周子说希贤希圣，直说到希天处，莫高于天，故莫高于周子之志。

张习孔曰：希圣希贤者，志学兼励。有此志，必务此学，有此学，自成此志。

张伯行曰：周子论志学而递降以求之如此，其所望于士者切矣。世之为士者，若能知此志此学，乃本天之道，而为圣贤相传之业，自将反其所以希荣射利、好异矜才者，而一归于正大。则志学交进，不患无成。出则为王佐，处则为纯儒。唐虞之风，尚可复睹，而洙泗之泽，庶几再振也夫！

汪绂曰：学以立志为先，志患其狭小自私，故以伊尹为的；学患其务外为人，故以颜渊为的。非有二也。克己复礼，以求至于"不迁怒、不贰过"，"三月不违仁"，则天德日纯，而王道出，尧舜君民事业在我。

张绍价曰：首篇起结皆言天道圣人。此卷以"圣希天"总承上卷，以"贤希圣"二句总领通篇。

又曰：上卷言仁体事而无不在。此卷论为学之道，莫要于志仁，维圣安仁，维贤求仁。伊尹一夫不得其所，若挞于市，则仁之用行。颜子三月不违仁，则仁之体立。

李灈曰：仁在天为元，贞而复元，故天终岁不违元也，在人则有终岁不违仁者，有一时不违仁者，有一月不违仁者，有一日不违仁者。圣人终岁不违，则是希天也。颜渊一时不违，则是希圣也。其馀不能不违，而或一日一至，或一月一至，则是希贤也。颜渊之于圣人，只未及一间。诸子之于颜渊，却是悬绝，是谓大贤。

佐藤一斋曰：伊尹所志，义边为多。颜渊所学，仁边为多。

2. [一]圣人之道，入乎耳，存乎心，蕴之为德行，行之为事业。彼以文辞而已者，陋矣。[1][二]

[集校]

[一]《张解》本有"濂溪曰"三字。

[二]此条今见《周子通书·陋第三十四》。

[集注]

[1]叶解：朱子曰："欲人真知道德之重，而不溺于文辞之陋也。"

张传：徒以文辞者，原未知圣道，求圣道者，当思"蕴"字是何诣境。

张解：此周子欲人为有用之实学，勿为无益之虚词也。学以圣人之道为大，平日讲习讨论，入乎耳必有欣然于所闻者。求之至精，辨之至当，便可存之于心，而涵泳思绎，令其纯熟而浃洽。由是蕴蓄既深，油然自得，美在其中，遂有根心生色之妙。而凡日用动静，无非以心得者见之躬行，而德行俱极其纯粹矣。至于德行既充，作而见之施行，自能以其日新者著为富有，而莫大之事业皆从此出焉。如是乃为有体有用之学也。虽有德必有言，有时英华之发，亦垂载道之文，然德行为本，文艺为末，已非圣人之所重矣。况乎无实之辞，既无当于身心性命之旨，复无益于家国天下之务，君子何取焉？彼工于华丽，徒以悦人耳目而已者，其识趣之卑陋甚矣！学者尚其务，修德而求之，圣人之大道乎！

茅注："德行"之"行"，去声。陈氏曰："圣人之道，仁义中正而已。以此积于中为德行，道之体也；发于外为事业，道之用也。"

[集评]

朱子曰：圣贤之心，既有是精明纯粹之实，以磅礴充塞乎其间，则其著见于外者，亦必自然条理分明，光辉发越而不可掩。盖不必托于言语，著于简册，而后谓之文。但自一身接于万事，凡其作止语默，人所可得而见者，无适而非文也。或者乃徒求工于文辞间，则所谓文者末矣。（《茅注》）

张绍价曰：蕴为德行，发为事业，为己之学也。以文辞而已者，为人之学也。

东正纯曰：从其蕴之而言，谓之德行。从其行之而言，谓之事业。原是一事也。"以文辞而已"，"而已"字是眼目，非勿学文辞也。（《参考》，下同）

3. 或问：[一]"圣人之门，其徒三千，独称颜子为好学。夫《诗》《书》六艺，三千子非不习而通也，然则颜子所独好者，何学也？"[1]伊川先生曰：[二]学以至圣人之道也。[2]"圣人可学而至欤？"曰：然。[3]"学之道如何？"曰：天地储精，得五行之秀者为人。[4]其本也真而静，其未发也五性具焉，曰仁义礼智信。[5]形既生矣，外物触其形而动于[三]中矣。其中动而七情出焉，曰喜、怒、哀、乐[四]、爱、恶、欲。[6]情既炽而益荡，其性凿矣。[7]是故觉者约其情使合于中，正其心，养其性；[五]愚者则不知制之，纵其情而至于邪僻，梏其性而亡之。[8]然[六]学之道，[七]必先明诸心，知所养^[八]，然后力行以求至，所谓自明而诚也。^{[9][九]}诚之之道，在乎信道笃，信道笃则行之果，行之果则守之固。仁义忠信不离乎心，造次必于是，颠沛必于是，出处语默必于是。久而弗失，则居之安，"动容周旋中礼"，而邪僻之心无自生矣。^[10]故颜子所事，则曰："非礼勿视，非礼勿听，非礼勿言，非礼勿动。"^[11]仲尼称之，则曰："得一善，则拳拳服膺而弗失之矣。"又曰："不迁怒，不贰过。""有不善未尝不知，知之未尝复行也。"^[12]此其好之、笃学之^[十]道也。^[13]然^[十一]圣人则不思而得，不勉而中；^[十二]颜子则必思而后得，必勉而后中，其^[十三]与圣人相去一息。^[十四]所未至者，守之也，非化之也。以其好学之心，假之以年，则不日而化矣。^{[14][十五]}后人不达，以谓圣本生知，非学可至，而为学之道遂失。不求诸己而求诸外，以博闻强记、巧文丽辞为工，荣华其言，鲜有至于道者。则今^[十六]之学与颜子所学^[十七]异矣。^[15]

[集校]

[一]此条今见《河南程氏文集》卷八《杂著·颜子所好何学论》，无"或问"二字。

[二]《张解》本无"先生"二字。《颜子所好何学论》无"伊川先生曰"五字。

[三]"动其"之"其"，《文集》作"于"。（《茅注》）按，"于"，《叶解》元刻本及其四库抄本、吴邦模刻本、《茅注》本、《江注》本及其四库抄本作"其"。

[四]"乐"，一作"惧"。（《李解》）《礼运》"乐"作"惧"。（《茅注》）"惧"，叶从《文集》作"乐"，误。（《冯记》）《好学论》"喜怒哀乐"，《遗书》本"乐"作"惧"。家塾本"乐"下注"一作惧"。（《异同考》）按，"乐"，《江注》本及其四库抄本、朝刊《近思录》本作"惧"。

[五]"愚"上，《颜子所好何学论》有"故曰性其情"五字。

[六]"学"上，《颜子所好何学论》无"然"，而有"故曰情其性。凡"六字。

[七]"必"上，《颜子所好何学论》有"正其心……君子之学"十九字。

[八]"养"，一作"往"。（《叶解》）"往"，一作"养"。（《李解》）"往"，一作"养"，朱子曰"从'往'为是"。（《茅注》）"往"，《文集》作"养"，注"一作'往'"，叶改从"养"。（《冯记》）"知所养"，《遗书》本"养"作"往"；家塾本"养"下注"一作'往'"。（《异同考》）按，朱熹主张取"往"字，正如陈荣捷先

生所云：是由于朱子受排道思想的影响，因为"道家重养，以其静；儒家重行，以其动。朱子之去取，非偶然也"。(《陈论》)现存《近思录》版本中，《李解》本、《张解》本、《叶解》四库抄本、《茅注》本、《江注》本及其四库抄本作"往"。

　　[九]"诚"上，《颜子所好何学论》有"故学……睿作圣"三十三字。

　　[十]"之"下，《叶解》元刻本及其四库抄本、《张解》本、《茅注》本、《江注》本及其四库抄本、《颜子所好何学论》有"之"字。

　　[十一]"圣"上，《颜子所好何学论》无"然"字，而有"视听言动皆礼矣，所异于圣人者，盖"十四字。

　　[十二]"颜子"上，《颜子所好何学论》有"从容中道"四字。

　　[十三]"与"上，《颜子所好何学论》无"其"字，有"故曰：颜子之"五字。

　　[十四]"所"上，《颜子所好何学论》有"孟子曰：充实……而有光辉矣"四十字。

　　[十五]"后"上，《颜子所好何学论》有"故仲尼曰：不幸短命死矣。盖伤其……孟子则学而知也"一百二十五字。

　　[十六]"今"，《张传》本作"本"。

　　[十七]"好"，一作"学"。(《茅注》)按，"学"，《叶解》元刻本及其四库抄本、吴邦模刻本、《茅注》本、《江注》本及其四库抄本、《颜子所好何学论》作"好"。

　　按，程颐具体阐释颜渊所追求的圣学，今见《颜子所好何学论》原文有714字，朱、吕编入时删去255字，增10字，大意与原篇相符。但是原文有"故曰性其情"、"故曰情其性"、"从容中道"等，朱、吕选录时进行了剪辑。

[集注]

　　[1]叶解：哀公问："弟子孰为好学？"孔子对曰："有颜回者好学，不幸短命死矣，今也则亡。"六艺：礼、乐、射、御、书、数。《史记》曰："弟子盖三千焉，身通六艺者七十二人。"

　　茅注：好，并去声，下同。朱子曰："先生游太学，胡翼之方主教导，尝以《颜子所好何学论》试诸生。得先生所论，大惊，即延见，处以学职。吕希哲与先生邻斋，首以师礼事焉。既而四方之士从游者日益众。"

　　价解：承上章"学颜子之所学"。

　　[2]价解：学圣人之道，承上二章之意而言，以领起通篇。

　　朴履坤曰：双峰饶氏曰："道者，方法之谓，言学以至乎圣人底方法也。"

下文言学之道与学之得，其道皆此意。

贝原笃信曰："学以至圣人之道也"，此一句一章之骨子。"道"字以方法言，以下自问自答也。

[3] 叶解：圣人生知，学者学而知之，及其知之，则一也。圣人安行，学者勉而行之，及其成功，则一也。

张解：此篇见程子所学之正，而其得力于濂溪者深，故其文无一字不从《太极图说》流出也。当今世儒，劈头一个"学"字便不识，向下东走西作都无是处，不知学乃本天道理，圣人学天，故人欲求天理之学，舍圣人其谁与归？今人若听见学圣人，便相与嗤而怪之，不想儒者不学圣人，将学个甚？勿论发策决科、希荣逐利、怪诞异端之学，弊谬种种，即从事《诗》、《书》六艺，而不切实为己，仿效圣人之为，纵朝夕记诵，作一场话说，无益也。程子始冠，游太学，胡安定以《颜子所好何学论》试诸生，先生据问以答之，而设为辨难之词，谓："圣门弟子三千，独颜子称好学，窃意《诗》、《书》六艺，三千子所时习者，未必颜子独也。颜子默然无以异于众人，而夫子独称之，则其所好者果何学也？"曰："学者非他，凡以求至于圣人之道也。"而或以圣人之道亦高矣，岂后之人所可学而至欤？曰："然。人特患不学耳，不学则不可至，学则无不可至也。"此开篇第一义，正程子喫紧之言也。

[4] 叶解：人物万殊，莫非二气五行之所为也。然人则得其精且秀者，是以能通于道而为圣为贤。

张解：承上文，更设问所学之道而应之也。盖学原所以学其为人，未知学，当先知人所从来。人本之天地者也，天地储藏阴阳之精，会合冲和，以成变化，遂有水火木金土，而五行杂揉，生生之用以著。于是所生之中，得五行之最秀者为人，人乃天地之精英所萃也。无论智愚贤不肖，皆当思其理气之固有，以尽其日用之当然，使徒醉生梦死于天地间，其所以为人者安在乎？此学之所以贵切己也。

退溪曰：精，即《太极图说》所谓"二五之精"。此独言精者，言精而无极之真在其中故也。储，即所谓妙合而凝之义。

[5] 叶解：真者，无极之真也。静者，人生而静，天之性也。曰"真而静"者，谓其天理浑全，寂然不动。而所具之性，其目有是五者，既曰"本"，又曰"未发"。盖本者指其禀受之初，未发者指其未与物接之前也。

张解：此继善成性之事。人生之初，其本粹然，无妄而真，淡然未纷而静。其未发也，冲漠无朕，而中涵变化生成自然之气，以妙变化生成实然之理，而五性已备具，无少欠缺焉。五性之目，曰仁义礼智信，是即所谓性善也。学之所以贵有尽心知性之事也。

茅注：此言人性之本善也。朱子曰："储谓储蓄，盖气散则不能生，惟能储便生。但言五行而不及阴阳者，盖阴阳即在五行中，所以周子云'五行一阴阳'者。本是本体，真是不杂人伪，静言其初未感物时。五性便是真，未发便是静。"

江注：朱子曰："'其本也真而静'，是说未发。真便是不杂，无人伪，静便是未感。""'真''静'两字不同。真指本体而言，静但言其初未感乎物。未发，即静之谓。五性，即真之谓。仁义礼智信者，未发之蕴，而性之真也。""五性便是真，未发便是静，只是叠说。"

退溪曰："其本也真而静"与"其未发也五性具焉"者，固非两截事。但其为说则实作两重说了。第一番只指本然之性，不杂人伪，湛然渊妙处说，故曰"其本也真而静"；第二番再就前所谓静处说破，所谓真者之名目，故曰"其未发也五性具焉"。朱子与蔡元定论此，云伊川文字如此多头项，又谓之叠说是也。

[6] 叶解：此言形生之后，应事接物之时也。物感于外，情动于中，其目有是七者。然喜近于乐，怒近于恶，爱近于欲。其所以分者，盖喜在心，乐发散在外。怒则有所激，其气愤；恶则有所憎，其意深。爱则近于公，欲则近于私。爱施于人，而欲本乎己也。

张解：又言由性而情之事。人生而静，有静则不能无动，而动未有不因乎形者也。盖气虽载理以成形，然形既生矣，便有五官四体之器。有时在外之物，感触其形器而相交相引，遂不能无动于中。其中一动，心志亦因之有所系，而二五之性流为七情，遂纷然有杂出之势矣。七情惟何？曰喜怒哀乐爱恶欲，所谓发而必有其节者，学所以有因性治情之功也。

[7] 李解：好、恶，并去声。夫，音扶。乐，音洛。朱子曰："储谓停蓄，天地储蓄得二气之精聚，故能生出万物。真指本体而言，静言其未感乎物，所谓未发即静之谓也。所谓五性即真之谓也。性固不可凿，但人不循此理，任意妄作，去伤了他耳。"

茅注：七情，见《记·礼运》篇。此言情之动而有不善也。朱子曰："性岂可凿？但人不循此礼，妄有作为，以害之耳。"朱子曰："详味'天地储精'以下数语，与《乐记》'人生而静，天之性也。感于物而动，性之欲也'数语相似。"

[8] 叶解：性动则为情，然情炎于中，末流益荡，则反戕贼其性矣。惟夫明觉之士以礼制情，使不失乎中，故能正其心而不流于邪僻，养其性而不

至于梏亡。愚者反是。梏,犹桎梏,谓拘挛而暴殄之,言人之所以贵于学也。

张解:情出于性者也,而亦足以乱性。盖七情之出,本有相牵日甚之势,若火之然,既炎而不可扑灭,则将放荡而难救。至于放荡难救,满腔子都是情欲用事,此心不能自主,而其性之本根即为凿害而不固矣。是故明觉之人,知有此病,当情之初动,必约束之,使合于无过不及之中而中其节,然后有以正其心而使之无偏,养其性而使之不害。彼昏愚之人,则不知其弊,无以制遏其流,反纵而恣之,使其情之所之流荡忘返,不至于邪侈放辟不止。盖至是则所以梏害其性者已深,势将举其所谓仁义礼智信而尽亡之矣。学所以贵有存心养性之事也。自此以上,论其所以当学之故。

茅注:此言智愚不同,而善不善之所以分,以见学之不可以已也。约,检束也。朱子曰:"'约其情'数语尚是大纲说,下'明诸心'等语便是详此意。"饶双峰曰:"约是工夫,中是准则。'四勿'便是约的工夫,礼便是中的准则。"

郑晔曰:觉,觉其情荡性凿也。约,犹收束底意思。

贝原笃信曰:"纵其情"云云者,不正其心也;"梏其性"云云者,不养其性也。邪僻甚于纵其情,亡之者由梏之也。

[9]杨注:有不善未尝不知,则颜子之明诸心也。不改其乐,颜子之知所养也。三月不违,颜子之力行以求至也。

叶解:朱子曰:"'明诸心,知所往',穷理之事;力行求至,践履之事也。"或曰:"'知所养'应上文'养其性',涵养之功与知行并进。"

张解:言学之道,固当实求诸天人性情之间,然未有不真知之而能好之者也。故必此理先明白了然于心,知其所从入之途,与其所归宿之地,下学上达,自有先后,而不可紊。然后循序渐进,力而行之,以求至于私欲净尽、天理流行之域,若子思子所谓自明而诚,由教而入是也。此学所以必先致知,而好之情从此生矣。

茅注:此承上约情、正心、养性,而予以下手工夫也。"自明诚",说见《中庸》。朱子曰:"紧要处只在先明诸心上。盖先明之心,方见得圣之可学,有下手处,不然则亦无以力行以求至矣。"

价解:知行并进,学之大端。必致知格物,而后能明诸心,知所往。诚意正心修身,则力行以求至也。博文,致知之事;约礼,力行之事。

[10]叶解:此因上文言所以"诚之之道"也。信道笃则不惑,行之果则不止,守之固则不变。朱子曰:"造次,急遽苟且之时。颠沛,倾覆流离之际也。"以上两章论为学之道详尽,其大纲有三焉:"明诸心、知所往"者,智之

事也；"力行以求至"者，仁之事也；"信道笃"以下，勇之事也。然勇之中亦备此三者，故信之笃者知之勇也，行之果者仁之勇也，守之固者勇之勇也。仁义忠信不离乎心者，信之笃也。造次颠沛、出处语默必于是者，行之果也。久而弗失，守之固也。动容周旋中礼，邪僻之心不生，则几于化矣。

张解：承上文明诚而言。既由知而好，而好必至于乐，而后为好之深也。盖思诚之道，在乎实见斯道不远于人，而学必可以进乎道，方谓信之笃。信之笃则所以行乎道者，必果决而不惑。行之果则所以持守乎道者，自坚固而不摇。由是而仁义忠信之道，念念不忘，不使一刻或离于其心。好之切于内者然也。心乎好之，至于急遽苟且之时必于是，倾覆流离之际亦必于是，而好无见于常变矣。极之或出或处，或默或语，而无不于是，而终身之好又可知矣。好之既久而弗失，则处之愈安而常贞。即一举动容貌之间，周旋进退之节，无不适中乎礼。如是则行纯者志愈密，外熟者中愈坚，邪僻之心无自而生，几几乎有从容自得之乐矣！此一节深明好学者之情也。

李解：处，上声。中，去声，下同。

茅注：此节正所谓"力行以求至"也。"信道笃"三句，力行中次序也。而其得力处则全在信道之笃，故不为他岐所惑，而能行果而守固也。"仁义忠信"四句，正极言其行之果、守之固处。三"是"字，指仁义忠信而言。"居之安"以下则自然而然，而非复用力固守之为劳矣。明诸心、知所往，智也；信之笃，仁也；行之果、守之固，勇也。

价解：致知力行，学之着力处也。行果守固以下，申言力行求至之意，久而弗失，居安中礼，则学之得力处也。

贝原笃信曰：纳约自庸，亦自明处入之，谓用之于人己，其理一也。

[11] 叶解：礼者，天理之节文。非礼者，私欲之害乎天理者也。勿者，禁止之辞。凡视听言动，克去己私，则日用之间莫非天理之流行矣。此孔子教颜子为仁之目，而颜子之所请事者也。

张解：即颜子所事克复之目，以明颜子之所学也。颜子深潜纯粹，而博约功多，竭才已久，一闻四者之教，遂坦然信之而无疑。盖视听言动，止绝其非礼之缘，而天理便可浑然无间。颜子终身为学，亲切工夫莫过于此。四"勿"字乃是好学之基，四面掣断而中心自坚也。

[12] 价解：至明以察其几，故有不善未尝不知。至健以致其决，故知之未尝复行。

贝原笃信曰：观物者，观物理也。察己者，明我心之理也。

[13] 叶解：《中庸》："子曰：'回之为人也，择乎中庸。得一善，则拳拳

服膺而弗失之矣。'"拳拳，奉持之貌。服，犹佩也。膺，胸也。凡得一善言善行，则奉持佩服于心胸，不敢忘也。又《语》曰"不迁怒，不贰过"，怒所当怒，各止其所，不迁也。才过即改，已改不再，不贰也。又《易·系辞》（按，"辞"下，《四库》抄本有"传"字）曰："有不善未尝不知，知之未尝复行也。"有不善而必知之，是察己之明也。知之而不复行，是克己之诚也。皆孔子所以称颜子好学之道也。

张解：颜子之学，在于事者易见，而颜子之好，在于心者难明，则惟于仲尼之所称者求之而已。如《中庸》引子之称其为人，则曰"得一善，则拳拳服膺而勿失"，是其好之精神已见于能择能守矣。而其称之以告哀公也，又曰"不迁怒，不贰过"，即系《易》而称其"庶几"，亦曰"有不善未尝不知，知之未尝复行"，非其好有深于中者，安能惩忿窒欲、改过迁善之勇若此也！此其所好之笃、所学之道有历历不诬者，又何怪乎圣人之称之不置，而圣人之道之不从此而几也乎！

李解：复，扶又反。颜子之所事者，约情合中之功也。仲尼之所称者，正心养性之效也。

茅注：此一节正言颜子之好学，以求至圣人之道者也。"非礼勿视"四句，正颜子好学之实，所谓"信道笃"也。"得一善"以下，则皆好学之验，所谓行果而守固也。

[14]叶解：圣人生知，故不思而得；安行，故不勉而中。颜子犹必择善而固执之，然其博文约礼，工力俱到，其未至于圣人者，特一息之间耳。使非短命而死，则不淹时日，所守者化，而与圣人一矣。

张解：此又言圣人、颜子之所以分。见颜子所学乃圣人之道，而圣必可学而至也。夫颜子得圣人为依归，固学之而日期其至者也。然圣人则生而知之，不待思而自得；安而行之，不待勉而自中。颜子则由于学，必待思而后能得其理，必待勉而后能中于道，其与圣人劳逸之相去，止在一息之间。所未能一蹴而至者，特得其道而守之勿失，非与道为一，浑然而化之，忘其思勉之迹者也。惜乎，其得于气数者薄，无以究其所学耳。以其好学之心，若幸而加以年岁之长，则极其思勉，不日亦将进于能化，而圣可几矣！又谁谓学圣如颜子而不可至于圣耶？

茅注：此言颜子之于圣人所以未达一间者也。饶双峰曰："不迁、不贰，皆是守而未化之事。若怒自然不迁，心无过可贰，则化而无事于守矣。"

江注：朱子曰："圣人无怒，何待于不迁？圣人无过，何待于不贰？所以不迁不贰者，犹有意存焉。所谓守之非化之也。"问："守之非化之。"曰："圣人则无这个,颜子则疑于迁贰与不迁贰之间。""大而化之,理与己一。其未化者,如人操尺度量物,用之尚未免有差。若至于化者,则己便是尺度,尺度便是己。颜子未化,若化则便是仲尼也。"

价解:颜子以贤希圣者也。圣人自诚而明,贤人自明而诚。假之以年,不日而化,则其至诚之妙,亦不异于圣人矣。孰谓圣不可学而至哉?

[15]杨注:《文集》,下同。

叶解:后世圣学无传,不知反身修德,徒以记问、词章为学,去道愈远矣。

张解:末言后人所学之非,故去圣日远,非圣不可学也。盖圣如孔子,尝自言好学,而颜子亦以好学见称,此正颜子之善学圣人者也。后人不达其故,以为圣乃绝人之诣,本是生而能知,原非学力可至,遂相与震其名而忘其实,绝口不敢言学圣人,则当其为学之始,而其道固已失矣。舍自己身心,不知其可以为圣,偏求之外物,执其不可为圣者而好之,日从事于《诗》、《书》,广博见闻,勉强记诵,徒以供其弄笔墨之资。于是巧饰其文,富丽其词,以悦人耳目为工,虽使光荣华采,众人群服其言,而大本已非,求所学之至于道者鲜矣。然则今之儒者亦非无所学,而与颜子所好之学自不同耳。夫学非所学,即有所好,一齐差却,徒令圣人之道架漏千载,且谓天地精英历久不一发其奇,何多诬也!

李解:鲜,上声。朱子曰:"不是他乐于为希名慕利之学,为缘他不知圣贤可学,饱食终日,无所用心,不成空过,须讨个业次弄,或为诗,或作文,是他没著浑身处,只得向那去。俗语所谓无图之辈是也。"

茅注:强,区两反。……此言后人之所以不能至乎圣者,此也。博闻强记,训诂之学也。巧文丽辞,辞章之学也。

江注:或谓:"人不知性,故怠于希圣之学,而乐于希名慕利之学。"朱子曰:"不是他乐于希名慕利之学,是他不知圣之可学,别无可做,只得向那里去。因曰世上万般皆下品,若见得这道理高,见世间万般皆低。""《好学论》是程子十八岁时,已做得这文好。这个说话,便是所以为学之本。惟知所本,然后可以为学。""此论说得条理,只依此学,便可以终其身也。"

价解:求诸己,为己之学也;求诸外,为人之学也。为己为人,乃学问紧要关头。必有为己之心,然后可以学圣人之道。

[集评]

朱子曰:如以《颜子论》为首章,却非专论道体,自合入第二卷。(《文集》卷三十三)

蔡元思问：《好学论》似多头项。曰：伊川文字都如此多头项，不愓缠去，其实只是一意。……"其本也真而静"，是说未发。真，便是不杂，无人伪；静，便是未感。"觉者约其情使合于中，正其心，养其性"，方是大纲说。"学之道，必先明诸心，知所往，然后力行以求至"，便是详此意。一本作"知所养"，恐"往"字为是。"往"与"行"相应。（《语类》卷三十）

朱子曰："得五行之秀者为人"，只说五行而不言阴阳者，盖做这人，须是五行方做得成。然阴阳便在五行中，所以周子云："五行一阴阳也。"舍五行无别讨阴阳处。又曰："其本也真而静，其未发也五性具焉。"五性便是真，未发时便是静，只是叠说。（同上）

问：颜子"不迁怒，不贰过"。曰：看程先生《颜子所好何学论》说得条理，只依此学，便可以终其身也。立之因问：先生前此云，不迁怒贰过，是克己复礼底效验，今又以为学即在此，何也？曰：为学是总说，克己复礼又是所学之目也。（同上）

朱子曰：学者惟不知圣之可学，而至误用工夫，故无以至于道。所以为学必以明诸心为先，而是篇之至紧要处全在于此，此不可以不知也。（《茅注》）

陈埴曰：爱者恶之反，欲者爱之流。

胡氏曰：程子此段议论皆自周子《太极图说》来。"天地储精"，"精"字即"二五之精"。"真而静"，"真"字即"无极之真"。但周子自太极说来，故先真而后精。程子只自天地说来，故先精而后真。"储"字即是"凝"字。五性具焉，即所谓"五行之生，各一其性"也。其中动而七情出，即所谓"五性感动，而善恶分、万事出"也。（《茅注》）

刁包曰："博我以文，约我以礼。"此孔门教学定本也。孟子而后，千四百年，一切从事于词章训诂之学，只浮慕得"博我以文"半截，至"约我以礼"，便茫然矣。有宋周、程、张、朱五夫子出，然后推其博文之诱，而一意穷理；推其约礼之诱，而一意居敬，举孔门所谓循循善诱之定本而著明之，始无余蕴矣。

颜元曰："情既炽"句，是归罪于情矣，非。王子曰：程子之言似不非，炽便是恶。予曰：孝子之情浓，忠臣之情盛，炽亦何恶？贤者又惑于庄周矣。（《存性编》）

张习孔曰：先生此篇教人为学入圣之方，详矣尽矣。学者苟能体而行之，斯圣人可学而至矣。其大要则有三焉：一曰情炽而性凿，当约其情使合于中；一曰信道笃，则行之必果，当效颜之拳拳服膺；一曰圣人从容中道，贤人则必藉于思勉。能由守而达于化，则亦至于圣人矣。其言虽有先后，其理则实一贯。学者可不知所从事乎！此因论颜子之学而推言之如此。颜子非礼勿视听言动者，所谓"约其情使合于中，正其心，养其性"，"僻邪之心无自生"也。"得一善，拳拳服膺而弗失"者，所谓"信道笃"而"行之果"、"守之固"也。"不迁怒、不贰过"者，不使情炽热而性凿也。"不善未尝不知，知之未尝复行"者，所谓"明诸心，知所养"，"自明而诚"也。思而得，勉而中者，所谓"力行以求至"也。学者苟从事于先生之言，则其学亦同乎颜子之学矣。

张伯行曰：程子之学得于周子者，今观所论宗旨次第，与《太极》、《通书》处处吻合。其学周子，与颜子学孔子，若出一辙。濂溪有云"学者当寻孔、颜乐处"，又曰"士当学颜子之所学"。方今学人岂无作圣之资乎？愿与寻周、程之所好，而欲学圣人之道者，请自学程子始。

张绍价曰：学圣人之道，须就性情上做工夫，工夫不外敬义。此段明揭性情，暗含敬义，未发而五性具，必敬以直内，而后有以养其性。中动而七情出，必义以方外，而后有以约其情。程子不言敬义，而言知行者，致知力行，于学者入手工夫，为尤切也。知行并进，学之大端，必致知格物，而后能明诸心，知所往。诚意正心修身，则力行以求至也。博文，致知之事；约礼，力行之事。"自明而诚"，乃此卷一篇大旨。学圣人之道，求进于诚而已。以《中庸》言之，明诸心，知所往，择善之功也。力行求至，固执之功也。择善，则可进于明；固执，则可进于诚矣。

李瀷曰：首言学以至于圣人之道，言其学必将至圣人也。中言信笃行果守固，与夫造次颠沛、出处语默必于是，则学之事也。继之云久而不失，动容周旋中礼，而邪僻之心无自生，则至于圣人之事也。终言以其好学之心，假之以年，不日而化，则言学虽如此，亦未由至于圣也。首言志，中言事，终言命。

4. 横渠先生[一]问于明道先生曰：[二]"定性未能不动，犹累于外物，何如？"明道先生曰：[三]所谓定者，动亦定，静亦定，[1]无将迎，无内外。[2]苟以外物为外，牵己而从之，是以己性为有内外也。且以性为随物于外，则当其在外时，何者为在内？是有意于绝外诱，而不知性之无内外也。既以内外为二本，则又乌可遽语定哉？[3]夫天地之常，以其心普万物而无心；圣人之常，以其情顺万事而无情。故君子之学，莫若扩[四]然而大公，物来而顺应。[4]《易》

曰："贞吉,悔亡。憧憧往来,朋从尔思。"苟规规于外诱之除,将见灭于东而生于西也。非惟日之不足,顾其端无穷,不可得而除也。[5]人之情各有所蔽,故不能适道,大率患在于自私而用智。自私则不能以有为为应迹,[6]用智则不能以明觉为自然。今以恶外物之心,而求照无物之地,是反鉴而索照也。[7]《易》曰:"艮其背,不获其身;行其庭,不见其人。"[8]孟氏[五]亦曰:"所恶于智者,为其凿也。"[9]与其非外而是内,不若内外之两忘也;两忘则澄然无事矣;无事则定,定则明,明则尚何应物之为累哉?[10]圣人之喜,以物之当喜;圣人之怒,以物之当怒。是圣人之喜怒,不系于心而系于物也。是则圣人岂不应于物哉? 乌得以从外者为非,而更求在内者为是也? 今以自私用智之喜怒,而视圣人喜怒之正为如何[六]哉?[11]夫人之情,易发而难制者,惟怒为甚。第能于怒时遽忘其怒,而观理之是非,亦可见外诱之不足恶,而于道亦思过半矣。[12][七]

[集校]

[一]"问"上,《张解》本无"先生"二字。

[二]此条今见《河南程氏文集》卷二《书记·答横渠张子厚先生书》,无"横渠先生问于明道先生曰"十一字。

[三]《张解》本无"先生"二字。《答横渠张子厚先生书》无"明道先生曰"五字。

[四]各本同,《语类》"扩"亦作"廓"。(《王记》)按,《叶解》四库抄本、《答横渠张子厚先生书》作"廓"。

[五]"孟子",叶从《文集》作"孟氏"。(《冯记》)按,"氏",吴邦模刻本、《茅注》、《江注》本与四库抄本作"子"。

[六]"何如",一作"如何"。(《茅注》)"如何",叶作"何如"。(《冯记》)按,《张传》本、《张解》本、《李解》本、《茅注》本、《江注》本及其四库抄本、《叶解》四库抄本作"何如"。

[七]贝原笃信曰:《文集》此书首尾尚有数十字,朱子略之。今考《张子全书》无"横渠问明道之书",此是明道答张子之书也,非面话。

按,本条乃改编程颢《答横渠张子厚先生书》一文而成,文字略有出入,删去了最后一节。程朱学派称此文为《定性书》。所谓定性即定心,使心不动,达到物我两忘的境界。是要人做到物我不分,内外两忘,应顺万物而不动情,心不动于物而内欲不萌。

[集注]

[1]杨注:心斋坐忘百念俱泯者,定也。酬酢万变方寸不扰者,亦定也。人知动亦定,静亦定之理,则死生祸福,穷达荣辱,岂足为此性之累哉!

[2]叶解:此章就"犹累于外物"一句反复辨明。盖万物不同,而无理外之物;万理不同,而无性外之理。凡天下之物理,酬酢万端,皆吾性之所具也。所谓定性者,非一定而不应也;发而中节,动亦定也;敬而无失,静亦定也。将,送也。事之往也无将,事之来也无迎,动静一定,何有乎将迎! 寂然不动者存于内也,感而遂通者应于外也,体用一贯,何间乎内外!

张解:此见程子知性之学,即周子所谓"静而无静、动而无动"之理也。通篇就"累于外物"上折辨,而此先与论"定性"之义,盖横渠亦知吾所得于天之理,本自宁一无累,而此中究不能不动,心一动而外物即有纷扰之病矣。故问如何而使之无累,亦是其刻苦意多,于性之自然上少理会也,不知性即理也。天下无不定之理,则无不定之性,才说求定,便已不是性,程子所以先与之论性之定也。所谓定者,非能使之不动,亦非必离动而后定。顺理而动,动亦定也,即静时不过是此理,故静亦定也。天下无性外之物,何所送于事之往? 吾心非无物之性,何所迎于事之来? 吾性即是外物之理,何所分为在内之性? 凡物即是性内之理,何所分为在外之物? 如是方可语定矣。

茅注:此先明"定"字之意。性以气质言,犹俗言"性气"也。朱子曰:"是心字意。将,送也。"问:"《定性书》是正心诚意工夫否?"朱子曰:"是正心诚意后事。时先生为鄠县主簿,子厚以书问定性之道,而程子为破其疑如此。"

贝原笃信曰:定者,德行之立也。动静者,所乘之时也。德行既立,则动静常定,何动之有? 无将迎者,不为外物所累也。无内外者,静而存于中,动而应乎外,动静一理,无内外之间也。盖静时定者寂然不动,性之本体也。动时定者感遂通天下之故,性之妙用也。内外一贯,动静无二理。时有动静,性无内外。

[3]叶解:承上文而言。"苟以外物为外",凡应物者必"牵己而从之",是以性为有内外。如是则方其逐物在外之时,在内已无此性矣,其可乎? 盖有意于绝外物之诱,而不知性本无内外之分也。既分内外为两端,则人在天地间不能不与物接,是无时而能定也。

张解:姑以己性与外物交接时言之。苟以在外之物止属为外应之者,必牵己性以从乎物,是以己性为有内外,必在内方谓之性,外此即非性,而天下无是性也。且以应物之性即将随物而之于外,则当其在外应物时,性必不在内矣。然何尝无在内之性,亦何尝另有个在内之性。今必专就内以求定,是有意于绝外诱之物,而不知性与物理通一无二、原无内外也。今既以内为性、外为物,不相管摄,是性在内为一本,物在外为一本,则感应之际便有之彼之此之纷,又乌可遽谓之定哉? 若性则未尝不定者也。

茅注:此一节正其分为内外而以为累,而欲去之之非。

江注:问:"圣人动亦定,静亦定。所谓定者是体否?"朱子曰:"是。"曰:"此是恶物来感时定,抑善恶来皆定?"曰:"恶物来不感,这里自不接。"曰:"善物则如何?"曰:"当应便应,有许多分数来,便有许多分数应,这里自定。"曰:"'子哭之恸',何以见其为定?"曰:"此是当应也。"问:"圣人定处。"曰:"'知止而后有定',只看此一句,便了得。万物各有当止之所。知得,则此心自不为物动。"曰:"'舜号泣于旻天','象忧亦忧,象喜亦喜'。当此时何以见其为定?"曰:"此是当应而应。当应而应便是定,若不当应而应,便是乱了。当应而不应,则又是死了。"勉斋黄氏曰:"此书分七段读,此首段。'定性'字当作'定心'看,若以心有内外,不惟未可语定,亦且不识心矣。"

价解:性无内外,而《坤·文言》敬义分内外者,敬直于内,内直则外自方;义方于外,外方则内愈直。敬义夹持,乃合内外之道也。

朴履坤曰:西山真氏曰:"理自内出而周于事,事自外来而以应理。理即事也,事即理也。故曰'无内外'。夫能定能应、有寂有感,皆心之妙也。若以定与寂为是,而应与感为非,则是以性为有内外也。事物之来,以理应之,犹鑑之本空者,性也。事物既接,如鑑之有形者,亦性也,内外曷尝有二本哉!"

贝原笃信曰:静存于动,应者内外一本。动而应者,乃所静而存者也。而今当动应时,以性为随物于外,则应接时,性在外而内无有。内无存主,则又乌可遽语定哉!

[4] 叶解:常,常理也。天地之心,运用主宰者是也,然而普遍万物,实未尝有心焉。圣人之情,应酬发动者是也,然而随顺万事,亦未尝容情焉。故君子之学,廓然大公,何嫌于外物? 物来顺应,何往而不定哉! 此二句又此书之纲领也。

张解:夫未知己性,独不观之天地乎? 性命于天地,天地之常理,即性理也。天地何尝不妙万物乎? 虽不可以心言,而所以为主宰、为运用,即其心也。然不过以其心顺动,而此理此气已普遍乎万物,而化工寂然,一如其无心焉,是天地之定也。又不见夫圣人乎? 圣人浑然天地之性,其常性即我之性也。圣人固亦应万事矣，虽不可以常情论，而所以为感通、为孚洽，亦其情也。然不过以其情因应，而随机随宜，已周浃乎万事，而措施恬若，亦如其无情焉，此圣人之定也。故君子之学，学圣人以顺天地者也。莫若涵养其心，使扩然无一私之存，而大公以待天下之来。正不必求其不动，即物之来也，亦随其自然，因其当然，而顺以应之，又何必以之为累，而虑其不定哉？此固性之自定，而定性之功亦莫切于此也。

茅注：此一节正言性之所以定处。"扩然大公"二句，乃一书之纲领也。朱子曰："大公以统体言，顺应则就其中细言之。大公，忠也，所谓'维天之命，于穆不已'也。顺应，恕也，所谓'乾道变化，各正性命'也。""'扩然大公'，是'寂然不动'。'物来顺应'，是'感而遂通'。"又曰："所谓'普万物'、'顺万事'者，即扩然大公之谓；'无心'、'无情'者，即物来顺应之谓。"

江注：问："'普万物'，莫是以心周遍而无私否？"朱子曰："天地以此心普及万物，人得之遂为人之心，物得之遂为物之心，只是一个天地之心耳。今须要知得他有心处，又要知得他无心处。"问："大公顺应，学者卒未到此，奈何？"曰："虽未到此，规模也是恁地。只是除却私意，事物之来，顺他道理应之。且如有一事，自家见得道理是恁地，却有个偏曲底意思要为那人，便是不公，便逆了这道理，不能顺应。圣人自有圣人大公，贤人自有贤人大公，学者自有学者大公。"曰："学者大公当如何？"曰："也是要存得这个在，克去私意。这两句是有头有尾说话。大公是包说，顺应是就里面细说。"勉斋黄氏曰："此第二段。此书大意，不过此二句。扩然大公，是不绝乎物；物来顺应，是不累乎物。"

价解：学圣人之道，在知行尤在敬义。学者用知行工夫，而未能知止有定，往往恶动求静，以累于外物为患，而求绝于物。求绝于物，则自私而不公，故知虽致而不能以有为为应迹；累于外物，则用智而不顺，故行虽力而不能以明觉为自然，皆敬义之功未至也。此篇未明言敬义，而敬义自在其中。盖必敬以直内，则心无私曲，而后能扩然大公；义以方外，则因事制宜，而后能物来顺应。

贝原笃信曰：天地之常者，阴阳昼夜之代序，日月星辰之运转。四时寒暑之往来，生长收藏之推移，亘万世而不易者，皆天地之常也。

[5] 叶解：《咸卦》九四爻辞。憧憧，往来不绝貌，各以朋类从其所思。盖人之一心应感无穷，苟恶外物之诱而欲除灭之，将见灭于彼而生于此，非惟日见其用力之不足，而亦有不可得而除灭者矣。

张解：又引《易》以见外诱之难除也。《易·咸卦》九四曰："贞吉，悔亡。憧憧往来,朋从尔思。"言感物之情,得正则吉而悔亡,若系于私感,憧憧然往来不绝,则物各以朋类从尔所思。可见人心之感应,原有牵引无穷之势,苟规规焉,惟外物之诱是除,恐除则除矣,而一物方去,一物复来,此念才消,转念又然,将见灭得东边火,西边又发烟矣。不但日时不足,那得许多除灭工夫!且其端绪纷纭无穷,亦未易以尽去其根而除绝也。

茅注:此节引《易》以见外物不可去之意。上文"扩然大公",便是贞也。"物来顺应",则吉而悔亡矣。若"规规于外诱之除",所谓"憧憧往来"也。"灭于东而生于西",则"朋从尔思"矣。

江注:朱子曰:"往来不合著憧憧了,便是私意。扩然大公,便不是憧憧。物来顺应,便不是朋从尔思。"勉斋黄氏曰:"此第三段。引《易》以结上段之意。贞吉,则虚中无我,不绝乎物,而亦不累乎物也。憧憧,则累乎物矣。"

价解:"贞"字内具有敬义工夫。贞者,虚中无我之谓也。虚中故大公,无我故顺应。不能虚中,故憧憧往来;不能无我,故朋从而思。

[6]杨注:应迹者,应世之迹也。因物之来而应之,非有心也。

[7]叶解:人心各有所蔽,大概在自私与用智之两端。盖不能廓然而大公故自私,不能物来而顺应故用智。自私者则乐于无为,而不知以有为为应迹之当然;用智者则作意于有为,而不知以明觉为循理之自然。今恶外物之累,已是自私之心也;而求照无物之地,是亦用智之过也,犹反鉴以索照,宁可得哉?盖自私与用智虽若二病,而实展转相因也。或问:"'自私'、'用智'之语,恐即是佛氏之自私?"朱子曰:"常人之私意与佛氏之自私,皆一私也。但明道说得阔,非专指佛之自私也。愚谓横渠欲去外物之累,便已近于释氏,故程子推其病源,自然与释氏相似。然其自私类于释,而用智则又类于老。要之,二氏用意,皆欲不累于外物而已。"

张解:此又言人情之常蔽,以明其不能大公而顺应也。人情见理不明,故各有所蔽,而难与入道。大率所患在于自挟一己之私,而欲用其察察之小智。自私,则出而应物,凡有所为,皆欲以己御物,而不肯应乎事物当然之迹,安得有顺应之妙?用智,则当其存主于中,自负明觉,皆是机心用事,而不能任其本体自然之哲,安得有大公之休?今也以外物为累而恶之,是谓物与性不相关也,私甚矣!是谓性中本无物,欲于无物之性求见其所以定也,不几于用智乎?此犹反其鉴之明,而于背之昏者索其照焉,不可得也。不惟不足以绝外物之来,并与其性之定者而蔽之矣,如之何其可也!

茅注:恶,何故反,下并同。鉴,镜别名。此言性之所以不能定者,其病根固自有在,而不得绝外物以求定也。朱子曰:"应迹,谓应事物之迹。此程子因横渠病处而药之也。"杨氏曰:"非知至意诚,则用智而自私。"王伯厚曰:"反鉴索照,见夏侯湛《抵疑》。"

江注:问:"程子谓释氏自私,先生尝以此自私说得较粗,是常人之自私。然细思之,如'自私则不能以有为为应迹,用智则不能以明觉为自然'。亦自说得煞,恐只是释氏之自私。"曰:"此说得较阔,兼两意。也是见横渠说得有这病,故如此说。"问:"反鉴索照,亦是说绝外物而求定之意?"曰:"然。但所谓'自私而用智',如世人一等嗜欲也是,如异端绝灭外物也是。若廓然大公,物来顺应,便上不沦于空寂,下不累于物欲。"勉斋黄氏曰:"此第四段。只是与前二段相反。自私便是求绝乎物,用智是反累乎物。'不能以有为为应迹',故求绝乎物;'不能以明觉为自然',故反累乎物。"

价解:不能敬以直内,故自私而不公;不能义以方外,故用智而不顺。

贝原笃信曰:恶外物而自私,是本心蔽昧犹反鉴也。求照无物之地而用智,是穿凿妄意而索照也。故注云"虽若二病而实相因也"。盖恶事物而自私,故用智而反累于事物。

[8]杨注:背者,人之所不见也。庭者,接物之地也。"艮其背,不获其身",则内观无我;"行其庭,不见其人",则外观无物。岂非动亦定,静亦定者乎?

[9]杨注:伯喦据孟子曰:"所恶于智者,为其凿也。如智者若禹之行水也,则无恶于智矣。禹之行水也,行其所无事也。"伯喦谓:天下事物之理无非自然,小智之人务为穿凿,所以失之。禹之行水,非以邻国为沟壑也,非以堤堰而壅遏之也,亦因水势之自然而导之耳。

张解:引《艮卦·象辞》及孟子之言,以证自私、用智之不可也。《易·艮·象》曰:"艮其背,不获其身;行其庭,不见其人。"言人心止于所当止,内不见有己,《象》"艮其背,不获其身"。外不见有人,《象》"行其庭,不见其人"。明此心之不可自私也。孟子曰:"所恶于智者,为其凿也。"言世之以其私智言性所可恶者,以其穿凿之见,不出于自然,亦足见小智之不可自用矣。

茅注:为,去声。

[10]叶解:自私、用智之患,其根在于分内外为二,以在外者为非,在内者为是。然在外者终不容以寂灭,故常为外物所挠。惟能知性无内外而两忘之,则动静莫非自然澄然无事矣。所谓廓然大公者也,无事则心无所累,故能明,明则物来顺应,尚何外物之累哉!盖内外两忘,则非自私;能定而明,则非用智也。朱子曰:"内外两忘,非忘也。一循乎理,不是内而非

外也。"

张解：夫自私用智，则是以物之在外者为非，而以性之在内者为是矣。岂知性固无内外乎？与其以外为非，而以内为是，则不若不存内外之见，一以理通之，而是非俱可两忘也。两忘则在内只是万物之理，在外俱为性理之推，而内外澄澈贯通，可无多事矣。无事则无彼此胶葛纷扰，而泰然自定矣。定则以理为主，内外昭灼，无蔽而明矣。明则因物付物，随在皆宜，尚何应物之为累哉！如是则廓然大公，物来顺应，一以贯之，定性固未尝不可动，而遇物之时，亦未尝不如其静矣。

茅注："自私、用智之患，其根在于分内外为二"，故复于此详辩之。吴氏曰："廓然大公，则忘我而不获其身。物来顺应，则忘物而不见其人。动静各止其所，斯能内外两忘。"

江注：朱子曰："'艮其背'云云，《易》中只是说'艮其止，止其所'。人之四支百骸，皆能动作，惟背不能动。止于背，是止得其当止之所。明道《定性书》举其语，是此意。伊川说却不同。"问："内外两忘，是内不自私，外应不凿否？"曰："是。大抵不可以在内者为是，在外者为非。只得随理顺应。"勉斋黄氏曰："此第五段。亦引《易》以结上文。《艮》'不获其身'，则无我，无我则不自私。用智而凿，则不以明觉为自然，故不若内外之两忘也。"

价解：不获其身，不见其人，则不自私而扩然大公，敬之所以直内也。凿，用智也。行所无事，则不用智而物来顺应，义之所以方外也。内直外方而后内外两忘，不诱于物而定，不惑于物而明，定且明，尚何应物之为累哉！

贝原笃信曰：动静具定，内外一贯，谓之内外两忘，无动静内外也。"澄"字，汇直贞切，水静而清也。

[11] 叶解：圣人未尝无喜怒，是未尝自私也。然其喜怒皆系彼而不系此，是未尝用智也。以自私、用智之喜怒，其视圣人之喜怒，一循乎天理之正者，岂不大相戾哉？

张解：此就圣人喜怒以明定性之不为物累也。喜怒，情也。情本于性，最足以验性。圣人何尝无喜，然圣人之喜以物之当喜，何尝自私其喜？圣人何尝无怒，然圣人之怒以物之当怒，何尝自私其怒？是圣人之喜怒不系于心，适以喜怒见性之定也。而喜怒原系于物，亦不得以喜怒于物为物之累也。是圣人固未尝自用其喜怒之智以应，而又岂必性之不动而不应于物哉？夫物之当喜当怒，圣人且不以喜怒为非，又乌得以从外之物为非，而更求在内之性乃为是也？如必谓性以静而定，动则多为物累，今试以自私、用智者之喜怒，其累于物者多矣。视圣人之大公顺应，得其喜怒之正者，相去为何如哉！则定者自定，不定者自不定，而性之不必离物以为定也，明矣。

茅注：此承上"应物"而言，以见非外之不可也。以物之当喜当怒，则是圣人之心初未尝有喜怒也，所谓"廓然大公"也，非自私者可比矣。又以物之当喜当怒，则其可喜可怒者自在物也，所谓"物来顺应"也，非用智者可比矣。

江注：问："圣人恐无怒容否？"朱子曰："怎生无怒容？合当怒时必亦形于色，如要治那人之罪，自为笑容则不可。"曰："如此，则恐涉忿怒之气否？"曰："天之怒，雷霆亦震。舜诛四凶，当其时亦须怒，但当怒而怒，便中节。事过便消了，更不积。""血气之怒不可有，义礼（《王记》曰：各本作"义礼"，吕燕录本作"义理"。《孟子集注》："小勇血气所为，大勇义理所发"，并以"义理"对"血气"，今改正。）之怒不可无。"勉斋黄氏曰："此第六段。以圣人喜怒，明其扩然大公、物来顺应也。"

价解：喜怒系于心，则自私而用智；喜怒系于物，则大公而顺应。

贝原笃信曰：喜怒应物，乃心事之大端，故以此明之。

[12] 杨注：《文集》。伯喦据杨道夫问晦翁曰："向者先生教思量天地有心与无心，近思之，切谓天地无心。若使有心必有思虑，有营为，天地曷尝有思虑来？"曰："如此则《易》所谓'见天地之心'，'正大而天地之情可见'，又如何？如公所说，只说得他无心处耳。程子曰：'以主宰谓之帝，以性情谓之乾。'心便是他主宰处，所以谓天地以生物为心，盖天地别无勾当，只是以生物为心耳。"又问："程子谓'天地无心而成化，圣人有心而无为'。"曰："这是天地无心处，且如四时行百物生，天地何所容心？所以明道云'天地之常，以其心普万物而无心；圣人之常，以其情顺万事而无情'。天地以此心普万物，人得之遂为人之心，物得之遂为物之心，草木禽兽接着遂为草木禽兽之心，只是一个天地之心耳。今须要知他有心处，又要见得他无心处。"

叶解：朱子曰："忘怒则公，观理则顺。"

张解：末就怒之一节使平心观理，自见内外之可两忘也。盖人之情，易发动而难制灭者，惟怒为甚。自非定性，必不能无累于物。然第于怒时，平其心，和其气，忘其所怒，使之廓然大公，因而返观乎理之是非，以求物来顺应之则，则当怒者怒之，不当怒者自不怒。物定而性亦定，亦可见外物之诱不能累性，而恶而绝之，多见其胶于内外之见也。如是则定性之全体于此可验，其于适道亦思过半矣。夫自性术之不明也，庸愚逐外忘内，日为物累而不返，而异端者流每托于清净以自私，自谓内能见性，而不知其遗外者适以灭性。达如横渠，尚有却物求定之意，贤智之过将不免矣。岂知性为吾心之理，推之酬酢万变，无非此理之用。人但能廓然大公，物来顺应，则内外合一,动静胥宜。吾自若其性,物各止其所,天地之无心成化,圣人之有心无为,皆是如此。言天下之至动,而不可乱;极,天下之至赜,而不可厌。善乎濂溪之言:"圣人定之以仁义中正,而主静立人极。"又曰:"无欲则静虚动直"。盖亦逆知天下必有厌动求静之弊,故于动静之交,屡切言之。

李解:夫,音扶。忘怒者,忘其血气之私也。观理之是非者,观其节之中否以自反也。朱子曰:"定性者,存养之功至,而得性之本然也。性定则动静如一,而内外无间矣。天地之所以为天地,圣人之所以为圣人,不以其定乎?君子之学,亦以求定而已。故廓然而大公者,仁之所以为体也。物来而顺应者,义之所以为用也。仁立义行,则性定而天下之动一矣,所谓贞也。夫岂急于外诱之除,而反为是憧憧哉!然常人之所以不定者,非其性之本然也。自私以贼夫仁,用智以害夫义,是以情有所蔽而憧憧耳。不知自反以去其蔽,顾以恶外物为心,而反求照于无物之地,亦见其用力愈劳,而烛理愈昧,益以憧憧而不自知也。艮其背,则不自私矣。行无事,则不用智矣。内外两忘,非忘也,一循于理,不是内而非外也。不是内而非外,则大公而顺应,尚何事物之为累哉!圣人之喜怒,大公而顺应,天理之极也。众人之喜怒,自私而用智,人欲之盛也。忘怒则公,观理则明,二者所以自反而去蔽之方也。夫张子之于道,固非后学所敢议。然意其强探力取之意多,涵泳充养之功少。程子以是发之,其旨深哉!"又曰:"《定性书》言不恶事物,亦不逐事物,不拒不流,泛应曲当,是诚意正心以后事。"

茅注:易,音异。此又但就"怒"言之,而予以制之之方也。人能如是,则随情之所发,皆有以省察而检制之,然后心公理顺,而性可定也。许鲁斋曰:"须于盛怒时坚忍不动,俟心气平时,审而应之,庶几无失。"陆氏曰:"薛文清公自谓二十年治一'怒'字,尚未消磨得尽,以是知克己最难。"

江注:朱子曰:"旧时谓观理之是非,才见己是而人非,则其争愈力。后来看不如此,如孟子所谓'我必不仁也,自反而仁,其横逆由是也,则曰此亦妄人而已矣'。""若知其理之曲直不必校却好,若见其直而又怒则愈甚。""此明道为学者理未甚明底说,言于怒时且权停阁这怒,而观理之是非,少间自然见得当怒不当怒。盖怒气易发难制,如水之澎涨;能权停阁这怒,则如水渐渐归港。"勉斋黄氏曰:"此第七段。未尝无怒,而观理是非,则未至于圣人,而于道思过半矣。此段专说顺应一边,然未尝不怒,则是大公。文公旧说,则兼大公、顺应而言,盖以遽忘其怒为大公也。"[总论]朱子曰:"定性者,存养之功至,而得性之本然也。……"问:"《定性》(《王记》云:各本如此,

《语类》"性"下有"书"字,似当补。)所论,固是不可有意于除外诱。然此说位高者之事,在初学恐亦不得不然否?"曰:"初学也不解如此,外诱如何除得? 有当应者,也只得顺应,便看理如何。(《王记》云:"便看理如何"下,尚有"理当应便应,不当应便不应"二句。)此篇大纲,只在'扩然而大公,物来而顺应'两句,其它引《易》、《孟子》皆是如此。末谓'第能于怒时遽忘其怒,而观理之是非',一篇着力紧要只在此一句。遽忘其怒,便是扩然大公;观理之是非,便是物来顺应。明道言语浑沦,子细看节节有条理。""明道意,言不恶事物,亦不逐事物。今人恶则全绝之,逐则又为物引将去。惟不拒不流,泛应曲当,则善矣。盖横渠有意于绝外物而定其内。明道意以为须是内外合一,动静皆定,(《王记》云:各本同,端蒙录本作"动亦定,静亦定"。)则应物之际自然不累于物。苟只静时能定,则动时恐被物引去矣。""《定性书》一篇中,都不见一个下手处。"或云:"'扩然大公'两句,是下工夫处否?"曰:"这是说已成处。今人私欲万端,如何得大公? 所见与理皆背驰,如何得顺应?"曰:"这便是先生前日所谓'也须存得这个在'。"曰:"也不由你存。(《王记》云:道夫录,"也不由你存"下,尚有"此心纷扰,看着甚方法,也不能得他住"十五字,语意似较完足。)这须是见得,须是知得天下之理,都著一毫私意不得方是,所谓'知止而后有定'也。""明道此书,自胸中泻出,如有物在后逼逐他相似,皆写不办。"直卿云:"此所谓有造道之言。"曰:"然。"问:"此书难理会。"曰:"也不难,'定性'字说得诧异,此'性'字是个'心'字意。明道言语甚圆转,初读未晓得,子细看却成段相应。此书在鄂时作,年甚少。"

　　价解:忘怒则不自私,故公;观理则不用智,故顺。敬义夹持之功也。

[集评]

　　问:《定性书》云:"大率患在于自私而用智。自私则不能以有为为应迹,用智则不能以明觉为自然。"曰:此一书,首尾只此两项。伊川文字段数分明,明道多只凭成片说将去。初看似无统,子细理会,中间自有路脉贯串将去。"君子之学,莫若扩然而大公,物来而顺应"。自后许多说话,都只是此二句意。"艮其背,不获其身,行其庭,不见其人"。此是说"扩然而大公"。孟子曰:"所恶于智者,为其凿也。"此是说"物来而顺应"。"第能于怒时遽忘其怒,而观理之是非。""遽忘其怒"是应"扩然而大公","而观理之是非"是应"物来而顺应"。这须子细去看,方始得。(《语类》卷九十五)

　　朱子曰:明道谓内外两忘,说得最好。便是《易》所谓"艮其背,不获其身,行其庭,不见其人",不见有物,不见有我,只见所当止也。(《茅注》)

真德秀曰：定性者，理定于中，而事不能惑也。理定于中，静之时固定也，动之时亦未尝不定也。不随物而往，不先物而动，故曰"无将迎"。理自内出而周于事，事自外来而应以理。理即事也，事即理也，故曰"无内外"。（《读书记》）

黄榦曰：此书大意，不过此一语："扩然大公"，是不绝乎物；"物来应顺"，是不累乎物。（《陈注》）

陈埴曰：人心如镜，物来则应，物去依旧自在，不曾迎物之来，亦不当送物之去，只是定而应、应而定道理。

又曰：心以宰物言，情以应物言。此先儒用字最精处，移换不得。

张习孔曰：此应是张子初见程子之言。观《西铭》所引舜、禹、申、生等事，处常处变之道备矣。其曰"富贵福泽，厚吾之生；贫贱忧戚，玉女于成。"存顺没宁，正程子所谓"扩然太公，物来而顺应"也，两忘而澄然无事。张子固优于此矣。愚按，程子所言，乃是安常处顺之事，其所认外诱，亦是纷华利达之属。至圣人之喜怒不系于物，亦是居高得为之时，如舜之罪四凶，文之遏徂莒耳。其或事关弘钜，势处危难，若宇文护之报母书，宋高宗之请二帝，利害固可不计，人伦岂可不全？又有剥庐失覆，癫溃命随，外物之累如此。君子亦何能为心哉！愚反复思之，务期合于程子之说，惟有知几先觉，庶为可耳。《礼》曰："父母存，不许友以死。"苟能至诚前知，知势不可为，即勿身当事任。若刘季上有父母，便不当送徒骊山，欲不送徒，便不当为亭长，隐居独善，力作养亲，斯可以其情顺万事而无情，扩然同天地之常矣。岂至烹太公之日，始以分羹为静镇哉？臆见如此，不敢质也，记之以就正有道耳。

张伯行曰：程子此书之旨实本濂溪，其言定性也，反覆详明，但见满腔浑然，遇物洒落，正足以药张子力索之病，而其有功于后学亦岂浅鲜哉！

吴敬庵曰：逐事物，众人之徇欲也；恶事物，异端之虚寂也。学者须知得道理分明，凡事不着一毫私意，只是顺理而行。廓然大公，物来顺应，则内外动静，皆一理之本然，而性定矣。（《价解》）

佐藤一斋曰：定性，即主静也。定性之贯动静，犹主静之兼动静也，非二也。心之本体为性，性固定，何须更定之？但常人之心，亡其本体，必须加功以复诸本体，故曰"定性"。《图说》"定之以中正仁义而主静"，即是也。《大学》"正心工夫"，亦与此同。朱子谓定性，"是正心诚意以后事"，恐不然。（笔者按，因国内学者未就此生疑，一斋此惑，或可使读者慎思之。）

5. 伊川先生《答朱长文书》曰：[一]圣贤之言，不得已也。盖有是言，则是理明；无是言，则天下之理有阙焉。如彼耒耜陶冶之器，一不制则生人之道有不足矣。圣贤之言虽欲已，得乎？然其包涵尽天下之理，亦甚约也。[1]后之人始执卷，则以文章为先，平生所为，动多于圣人。然有之无所补，无之靡所阙，乃无用之赘言也。不止赘而已，既不得其要，则离真失正，反害于道必矣。[2]来书所谓[二]欲使后人见其不忘乎善，此乃世人之私心也。夫子"疾没世而名不称焉"者，疾没身无善可称云尔，非谓疾无名也。名者可以厉中人。君子所存，非所汲汲。[3]

［集校］

［一］此条今见《河南程氏文集》卷九《事启·答朱长文书》，无"伊川先生答朱长文书曰"十字。而《答朱长文书》题下注云："或云：明道先生之文。"茅星来注解曰："或云：'此文乃明道所作'。"

［二］"欲"上，《答朱长文书》无"来书所谓"四字。

［集注］

［1］叶解：耒之首为耜，耜之柄为耒。范土曰陶，铸金曰冶。圣贤之言本非得已也。盖制（按，"制"《四库》抄本作"将"）发明天理，以觉斯民，犹民生日用之具不可阙也。然其言寡而理无不该，亦非以多言为贵也。

张解：朱长文以书通伊川，欲立言以自表见，而伊川戒之，欲其务为实学，勿徒事无益之虚词以蹈好名之失也。言君子为学将以明理致用，言本非所贵。自古圣贤亦有垂世之言，然皆其有感于世道人心，不得已而然。盖其心以为有是言以阐发是理，则是理之精微曲折，乃可显明于天下，使天下得有所考究以尽其用。无是言，则身心固有而不识，日用当行而不知，天下之理必有阙失而不能尽其用焉。譬之器皿，如农夫之耒耜、食用之陶冶，其器皆不可少。有一件不制，则生人饮食服御之道，必有欠缺而不足矣。如是则圣人之言，虽欲已而不著，其可得乎？然虽不得已，犹必宁实无华，其言已包涵尽天下道理，而其卷帙亦甚约，如圣经贤传是也。然则圣贤亦岂苟于立言乎哉？

茅注：长，张丈反。朱长文，字伯源，苏州吴县人。年未冠，举嘉祐四年进士乙科，以病足不肯试吏，筑室乐圃坊，著书阅古，吴人化其贤。元祐中，起教授于乡，召为太学博士，迁秘书省正字。元符初卒。柄曲木曰耒，耒端刃曰耜，耜本金。《易》"斫木为耜"，谓斫木为受耜之处也。《周礼·车人职》云:"车人为耒庛,长尺有一寸,中直者三尺有三寸,上勾者二尺有二寸。"郑元(玄)读庛为刺,刺音七赐反,刺谓耒下前曲接耜者,贾公彦云:"耒面谓之庛。"又云:"耒状若今曲柄枕。"又《匠人》云"耜广五寸",其庛亦广五寸。古者耜一金,二耜为耦,二人各执一耜为耦,若"长沮、桀溺耦而耕"。至汉,耜岐头两金,象古之耦耕,用牛引也。朱子曰:"耜即今之铧锹"。铧,胡瓜反。锹,七消反。耒乃铧柄。叠山谢氏曰:"耒耜今谓之犁。曲木在上,俗名犁冲,即耒也。斫削二片在下,以承铁二片,俗呼犁壁,即耜也。"《考工记》:"攻金之工六:筑冶凫栗段桃。"而"冶氏为杀矢"。"抟埴之工二:陶、旊",而"陶人为甗"。今概以为金工、甄工之通称。此见圣人有不能已于言之理,非其好为文章以表见于后世也。

贝原笃信曰:"圣贤之言",文章词命皆是。"天下之理有阙",教不备也。

[2]叶解:后人徒志于为文,而不足以明理,则非徒无益而已。盖不得其本,未免流于邪伪,反害于道矣。

张解:此言后人之言,无益于世而反害乎道也。后之人不知求道,当其始执卷读书,便以作文章为头一着事,生平刻苦用功,风雨不废,寒暑不辍,所为文连篇累牍,动辄多于圣人。然取其书观之,不切于人心,不关于世道,有之无所补益于人,无之靡所阙失于用。徒烦人耳目,愈多愈可厌,乃无用闲话,若赘疣之物耳。且不止赘而无用,其繁而愈泛,离心性之真,支而愈岐,失事理之正,反为道害,有必然者。学者乌可不戒乎!

茅注:赘,音惴。无益之言为赘,如人身赘肬也。此以见后人之于言皆可已而不已,非惟不足以明理,而且将有害于道也。

沙溪曰:动,动辄之意。

贝原笃信曰:"平生所为",以作为文章言。

[3]杨注:有是实则有是名,名者实之宾也。君子之学为己,本不求名于人也,然没世而名不称,则终其身无可纪之实矣,此君子之所疾也。

叶解:君子学以为己,苟求人知,则是私心而已。

张解:长文来书又云:"欲使后人见其不忘乎善。"噫!不忘乎善,原学者为己事,乃欲作文见意,使后人知而称之乎?此乃衰世好名之私心,其失亦甚矣。或者曰:"夫子尝言'君子疾没世而名不称焉'。"名,原非圣人所禁,然夫子所云者,乃疾此身既没,无实有诸己之善可以为后世称道耳,非空疾其无名也。如以为名者可以鼓舞人为善之心,好名何必不足为君子。顾此第为中人说法耳。君子欲学圣贤,心之所存,自有务实工夫。若虚声所著,非所当汲汲者矣。盖实行若立,则有德必有言,言为世则名亦随之。徒欲以言留名于后,窃恐浮词害道,愈贻后人拟议之端,又何名之与有? 程子之于长文,抑何爱之深而词之切也!

茅注: 此因朱长文书中有不忘乎名之意,故特辩之。

[集评]

朱子曰: 圣人言语,一重又一重,须入深去看。若只要皮肤,便有差错,须深沉方有得。(《语类》卷十)

张习孔曰: 此书深中学者好名之弊。长文欲使后人见其不忘乎善,是其所为,惟欲后人见之耳,岂得为善哉! 乾始能以美利利天下,不言所利。圣人之言,亦犹是耳。

刘缄三曰: 自卷首至此为首段。先引濂溪先生二节为领起。点志仁学圣,以为一卷大旨。曰不失令名,曰彼以文辞而已者陋矣,便伏为己为人之根。引《好学论》,见圣人之道可学而至,明点知行,暗含敬义。引《定性书》,见知止而后有定。言君子之学,敬以直内,扩然而大公;义以方外,物来而顺应。忘怒观理,指明下手工夫。再引答朱长文书以收束之。离真,反收《好学论》;失正,反收《定性书》;害道,反收濂溪二节。复注"疾没世而名不称",以应令名,收束严密。(《价解》)

张绍价曰: 此申言周子以文辞为陋,及程子《好学论》结段之意。学者巧文丽辞,借口于圣贤立言,大抵名心未化耳。名心一萌,为人而不为己,而知行敬义之功弛矣。不知圣贤之言,所以明理,包涵甚约,为己者终至成物。后人执卷为文章,适以害道,为人者终至丧己。无善可称,而汲汲于名,此世俗之私心陋见,非君子之所贵也。

6. [一]内积忠信,"所以进德也";择言笃志,"所以居业也"。[1]"知至至之",致知也。求知所至而后至之,知之在先,故"可与几",所谓"始条理者,知之事也"。[2]"知终终之",力行也。既[二]知所终,则力进而终之,守之在后,故"可与存义",所谓"终条理者,圣之事也"。[3]此学之始终也。[4][三]

[集校]

[一]《张解》本有"伊川曰"三字。

[二]《张解》本无"既"字。

[三] 此条今见《周易程氏传》卷一《乾传》。

[集注]

[1] 叶解：《乾》九三《文言传》。朱子曰："忠信者，'如恶恶臭，如好好色'，表里无一毫之不实。择言谓修辞，笃志谓立诚。立诚即上文忠信。"又曰："内有忠信，方能修辞。德以心言，业者德之事。德要日新又新，故曰进；业要存而不失，故曰居。进，如'日知其所亡'；居，如'月无忘其所能'。进德、修业只是一事。"

张传：忠信进德，与至之与几，俱是去的事；修辞立诚，与终之存义，俱是住的事。自其所进而言之，则谓之德，进而实有所得也；自其所居者而言之，则谓之业，以所得者而居之为富有也。其实德即业也，始终条理，只是一事。忠信正是诚意事，有此实心，自达天载。修辞如修慝之修，治而去之之谓。易修业为居，见修之而至于可居，乃真修也。

张解：此程子释《易·乾卦》九三《文言》之辞。《文言》曰"忠信所以进德"，乃言实心是为学之基，人能尽心而信实，何行不可立？故存于中者无念不实，使此心充积极盛，则无虚假，无间断，而德性遂日进于高明。此所以进德也。又曰"修辞立其诚，所以居业"，乃谓朴质者，载道之器，人能恬默敦笃，何事不可受？故见于事者，修省言辞，择可言而言之，使此志笃实辉光，则无浮伪，无游移，而学业亦可居之以为安，此所以居业也。内外交养，君子进修之功，诚大矣。

李解：朱子曰："进者日新而不已，居者一定而不易。"

茅注：内积忠信，是知之尽其实者；择言笃志，是行之尽其实者。不知则德固无由而进；知之而不实有以行之，则亦无以有之于己而守之而不失也。朱子曰："但诚是自然实者，忠信是做工夫实者。德是得之于心，业是见之于事。德欲日进，业欲始终不易。居，是存而不失之意。"朱子曰："此节言其大纲，下文则详其始终工夫之序。"

[2] 叶解：至，谓至善之地也。求知至善之地，而后至其所知，所重者在知，故曰"可与几"。盖几者，动之微，事之先见者也。致知以正其始，则能得乎事之几微矣。智者，知之至明也。

张解：夫德业必由知入也。其曰"知至至之"，乃致知之事。言欲有所至者，必求知其所由至之途，与其所以至之域，然后循序竭力以至之。知之者，必在于未事之先，则志有定而心亦豫，故可与几。如孟子论孔子，而以乐之始条理喻其智者，亦此之谓也。

茅注：知之而必求，所以至乎其极，是至之也。……可与几，谓未至乎其极，先见夫事几，自能向往而精进也。此明进德之事。

[3] 茅注：终，即居之归宿处也。知之而终，保守不失，是终之也。义者，事事物物之宜。存者，守而不失也。此明居业之事。

[4] 杨注：《易传》，下同。晦翁曰："条理，犹言脉络也。智者知之所及，圣者德之所就。"又曰："发己自尽是之谓忠，且如某今病得七分，对人说只道得三两分，这便是发于己者不能尽。循物无违是之谓信，正如恰方说病相似，他本只是七分，或添作十分，或减作五分，这便不是循物，便是有违。要之，两个只是一理，忠是存诸内，信是形诸外，一事有两端之义也。"

叶解：终，即至善之尽处也。既知所终，则力行而终之，所重在行，故曰"可与存义"。盖义者当然之则，存者守而勿失也。力行以成其终，斯能立乎事之则，义矣，圣者行之至尽也。始终条理之说，详见《孟子》。

张传：至之者，诣其极而后已；终之者，止于是而不迁。知所当至而必至之，则理无不穷，故可与几；知所当终者而必终之，则安之不摇，故可与存义。与几不是知几，乃吾心中几微玄妙，精义入神光景，如《论语》"可与权"之意。存义如《孟子》所谓"集义"，此则举其所集者而存之也，要象居业的意思。

张解：德业又以行而成，其曰"知终终之"，乃力行之事。言既知其所终成之业，则必不留馀力，勇往进前而敬谨持循以终之。守之者，在己事之后自能使工夫有着落，道理有归宿，"故可与存义"。即孟子论孔子，而以乐之"终条理"喻其圣者，亦此之谓也。

江注：朱子曰："内积忠信，积字说得好。某实其善之说虽密，不似积字，见得积在此而未见于事之意。"曰："'知至至之'，进德之事；'知终终之'，居业之事。"

[集评]

朱子曰："内积忠信。"一言一动，必忠必信，是积也。"知至至之"，全在"知"字。"知终终之"，在着力守之。（《语类》卷六十九）

问："内积忠信"，是诚之于内，"择言笃志"，是诚之于外否？曰："内积忠信"是实心，"择言笃志"是事实。又问："知至至之"是致知，"知终终之"是力行，固是如此。然细思，恐知至与知终属致知，至之、终之属力行，二者自相兼带。曰：程子云"知至至之"主知，"知终终之"主行。然某却疑似亦不必如此说。只将"忠信所以进德，修辞立其诚所以居业"说，自得。盖无一念之不诚，所以进其德也。德谓之"进"，则是见得许多，又进许多。无一言之不实，所以居其业也。业谓之"居"，便是知之至此，又有以居之也。（同上）

张伯行曰：此乃学中知行并进，彻始彻终工夫，故《文言》以此明君子进德修业之道。人能法《乾》九三以进修，德不患不崇，业不患不广矣。

陈沆曰：《乾》九三《文言》，明道先生更说得亲切明白，见后条《坤》六二《文言》，则伊川说无以复加矣。盖二先生之所学亦然，一乾道一坤道。故各以其造诣所得者言之，说得亲切如此。

管赞程曰：自篇首至此为一章，皆言乾道圣人之学，以约情合中为本，然后正心养性，以顺达圣人。即《中庸》首章以戒惧慎独，使合未发，然后致中和而顺达位育。此乾道之首出者，由内外两忘而澄然无事，然后定而明，而应物无累，可与圣人对举并论，以直达圣人者，其次也。内积忠信，所以进德，以至圣人存义者，亦是其次也。

张绍价曰：此论知行并进之功，申《好学论》篇意。忠信笃志，皆求诚之事。致知力行，所谓"自明诚"也。忠信所以进德，有所进必有所至。至，即至善之地也。知所至而推致以至之，致知也。知极其至，则精微奥妙之蕴，洞悉无遗，故可与几。孟子所谓"始条理者，知之事也"，在颜子则博文之功也。修辞立诚，所以居业，有所居必有所终，终者至善之归宿处也。知所中而勤勉以终之，力行也。守之既固，则理为我有，不至旋得旋失，故可与存义。孟子所谓"终条理者，圣之事也"，在颜子在约礼之功也。

李瀷曰：明道云："修其言辞，正为立己之诚意，乃是体当自敬而直内义而方外之实事。"伊川《易传》则曰："择言笃志，所以居业。"两说有乍不同。故朱子曰："明道说得来洞洞流转，若伊川以笃志解立其诚，则缓了，此说亦不可易矣。"今叶注引朱子语云："择言谓修辞，笃志谓立诚。立诚即上文忠信。"此条遍求不得，而与见于《语类》者分明不合，则捨之无疑。此曰《易》大传中有，朱子释伊川意者，不察下有结辞，遂拈出为说也，似甚鲁莽。朱子之意，盖谓虽忠信进德，而所以立此忠信又在乎修省言辞。不然，忠信不立，而德亦息矣，业其可居乎？

佐藤一斋曰：自伊川以先后判知行，而晦庵特主张之。论遂定矣，而后世犹有遗议焉。抑谓宋代复古之学，宜以濂溪、明道为标准，而其所谓主静定性，在于自得，不在文字。苟能得其要，则知行就其所本为一固不妨，而又就其所指为两亦无碍。故学者宜能用功于文字之外以得其要，勿必拘于为两为一，可也。（笔者按，佐藤一斋之语似总结性概述，其意可取。）

7.［一］君子主敬以直其内，守义以方其外。敬立而内直，义形而外方。义形于外，非在外也。[1]敬义既立，其德盛矣，不期大而大

矣，"德不孤"也。[2]无所用而不周，无所施而不利，孰为疑乎？[3][二]

[集校]

[一]《张解》本有"伊川曰"三字。

[二]此条今见《周易程氏传》卷一《坤传》。

[集注]

[1]叶解：《坤》六二《文言传》。敬主于中，则动静之间，心存戒谨，自然端直，而无邪曲之念；义见于外，则应酬之际，事当其则，截然方正，而无回挠之私。然义之用达于外耳，义非在外也。

张解：此程子发明《易·坤卦》六二《文言》之辞。《文言》论六二之直，而谓"敬以直内"者，何也？人之内心不直，以其中无主也。敬则心一而有主，故君子之主敬，所以直其内也。《文言》论六二之方，而谓"义以方外"者，何也？人之外行不方者，以行无所守也。义则事宜之可守，故君子之守义，所以方其外也。有主而敬立矣，敬立便能约之使中，持之以健，而内志顺理自直，遂而无回曲之患。有守则义立矣，义立而形于事物之间，皆有整齐画一之轨则，外行有则，自端方而无防检之逾。然义虽形于外，而所以形者皆定于心之裁制，究非在外也。程子恐人因方外而有外义之见，故特指而言之。

李解：朱子曰："敬立而内自直，义形而外自方。若欲以敬要去直内、以义要去方外，即非矣。"

茅注：朱子曰："须先敬以直内，然后能义以方外。"

[2]叶解：内直外方，敬义交养，其德自然盛大，故曰"不孤"也。

茅注：朱子曰："德是工夫已到，实有得于己者，敬义皆立，然后'德不孤'。二者阙其一，则不可行，便是孤。《易》本论六二之德，言人占得此爻，若直方大，则不习而无不利。夫子遂以敬解直，以义解方，以不孤解大字。敬而无义，则作事出来必错了。只义而无敬，则无本，何以为义？皆是孤也。须是敬义立，方不孤。"

[3]叶解：德至于大，则其所行无一而不备，无往而不顺，故曰不疑其所行也。

张解：敬义特患不立耳。敬义既立，夹持而进，其德日新而盛矣。但见笃实辉光，不期大而自大矣。至于内直外方而又盛大，则内外交养，左右逢源，德便不孤。而自此发越推行，无所用而不周通，无所施而不顺利，孰见其所行之窒碍而以为疑乎？人能法《坤》之六二以为学，则体立而用行矣。

江注：朱子曰："直，是直上直下，无纤毫委曲。方，是割截方正之意，是处事皆合宜。如一物四方在面前,不可得而移易之意。"问:"义形而外方。"曰:"义是心头断事,(《王记》云:王、吴、洪本同,寓录"事"下有"底"字,是言义乃所以能断事者,语意尤备。《集注》删去"底"字,是便以心头断事为义矣。)心断于内,而外自方正。万物各得其宜。"

[集评]

朱子曰:"敬以直内",是持守工夫。"义以方外",是讲学工夫。(《语类》卷六十九)

朱子曰:有敬而无义不得,有义而无敬亦不得,须是敬义立,方不孤。施之事君则忠于君,事亲则悦于亲,交朋友则信于朋友,皆不待习而无一之不利矣。(《李解》)

刁包曰:敬以直内,心乎道也;义以方外,身乎道也。心乎道,道凝其心也;身乎道,道淑其身也。内凝其心而身益淑,外淑其身而心益凝,此之谓内外交相养者也。

张习孔曰:内与外合,非一偏之德,故曰不孤。孤则偏于一善,而其德狭。不孤,则众善毕集而其德大矣。

张绍价曰:此论敬义夹持之功,申《定性书》篇意。内不自直,主敬以直其内;外不自方,守义以方其外。直内方外,而不是内非外。内直则公,外方则顺,无不周公也,无不利顺也。敬义既立,不疑所行,尚何应物之为累乎!

李澄曰:何以见得直? 方此物上也,直下也,直左右也,直前后也。直便成方,直者只一个端直是也。内者心也,当未有物时,其心只见得一个端直。敬所以不失此者也。以此遇物,岂不度以直之? 若上直而下不直亦不方,下直而上不直亦不方,左右前后皆然。比如巧工只以一个绳去度物相似也,若不收其心,便容邪曲,如何去度物,使之方哉? 敬义既立,内无不直,外无不方,无往而不为德矣,所以不孤。大如充实而有光辉之谓大,不疑则化之也。直以理言,方以物言。

朴履坤曰:《文言》将敬字解"直"字,义字解"方"字。敬义立而德不孤,即解"大"字。敬而无义,则做事出来必错了,只义而无敬,则无本何以为义,皆是孤也。(《释义》,下同)

8. [一]动以天为无妄,动以人欲则妄矣。无妄之义大矣哉![1][二]虽无邪心,苟不合正理,则妄也,乃邪心也。[2][三]既已无妄,不宜有往,往则妄也。[3]故《无妄》之《象》曰:"其匪正有眚,不利有攸往。”[4]

[集校]

[一]《张解》本有"伊川曰"三字。

[二]从《杨注》宋本刻版体例形式看,以下文字又单列顶格刻版,似为一条。然参照他本,此内容仍归于第8条。

[三]此条今见《周易程氏传》卷二《无妄传》,"既"上有"故有匪正则为过眚"八字。

[集注]

[1]叶解:《震》下《乾》上为《无妄》。震,动也。乾,天也。故曰"动以天"。妄,邪伪也,动而纯乎天理,则无邪伪矣。

张解:此程子释《易·无妄卦·象辞》也。……动以天则所发纯是天心,故为无妄。若动以人而有物欲,则是妄矣。存得无妄之心,则顺理而动,无所不通。无妄之义岂不大哉?占曰"元亨",洵不诬也。孟子云"大人者,不失其赤子之心",正以无妄为可贵耳。

茅注:以上《无妄卦传》。

[2]李解:朱子曰:"'虽无邪心,苟不合正理',该动静而言。盖如燕居独处之时,物有来感,理所当应。而此心顽然固执不动,则此不动处便非正理。又如应事接物处,理当如彼,而吾之所以应之者乃如此,则虽未必出于血气人欲之私,然只此亦是不合正理。既有不合正理,非邪妄而何?不专为庄敬持养,此心既存设也。"

茅注:此释"匪正有眚"之意。不合正理,谓匪正也。正,即《象辞》'利贞'之贞。"则妄也"二句,释"有眚"意。盖不正则为过眚,正则虽不幸而遇灾眚之来,亦顺受其正而不足以为患矣。朱子曰:"此亦兼动静而言之也。如……二者皆为不合正理。盖未必其尽出于有意之私也,但为不见义理之当然,遂陷于不正耳。"又曰:"如王安石,便有邪心夹杂。"

价解:敬以直内,然后无邪心;义以方外,然后合正理。

贝原笃信曰:延平曰:"当理而无私心,乃仁也,乃无妄也。虽无邪心,苟不合正理,犹庸医之杀人,可见其妄。"

[3]茅注:此释"不利有攸往"之意。往,谓私意之营为也。盖既已无妄,则但当循其实理之自然,以听祸福之自来,不可有苟得幸免之心,以往而求之也。

[4]叶解:心虽非出于邪妄,而见理不明,所为或乖于正理,是即妄也,即邪心也,故《无妄》而有匪正之眚。又事至于《无妄》,则得所止矣,不宜有

往,往乃过也,过则妄也,故曰"不利有攸往"。

张解:《无妄》既曰大亨矣,而必利于贞者,何也？无妄之心,虽无人欲之私,而不出于邪,然苟无精义之学,所行或不合于大中至正之理,则亦妄也。即此便是邪心也。且心既已无妄,则但当保其纯一之意,不得别有他岐而有所往,往则离其真而为妄也。故《无妄·象辞》曰"其匪正有眚,不利有攸往",皆戒之之辞。可见学虽以存诚为大,而居敬穷理,亦工夫之最切要者也。

李解:"不利有攸往",连上文"匪正有眚"而言,非谓无妄即不宜往也。时止则止,时行则行,焉有固守如木石而可以为无妄者哉！

茅注:眚,所景反。眚,过也,灾也。以上《无妄·象辞传》。

江注:朱子曰:"人之应事,有不出于意欲之私,而但以不是(《王记》云:王、吴本"不见"作"不是",今依洪本。)义理之当然,遂陷于不正者多矣。董子所谓'以善为之,而不知其义,是以被之恶言(《王记》云:王、吴、洪本同,董子"言"本作"名"。)而不敢辞'者,正谓此耳。如鬻拳强谏之类是也。"

[集评]

问:"虽无邪心,苟不合正理,则妄也。"既无邪,何以不合正？曰:有人自是其心全无邪,而却不合于正理。如贤智者过之,他其心岂曾有邪？却不合正理。佛氏亦岂有邪心者？(《语类》卷七十一)

陈埴曰:应举求合程度,此乃道理当尔。乃若不合程度而萌侥幸之心,不守尺寸而起冒为之念,此则妄矣。应举何害义理？但克去此等妄念,方是真实举子。

张习孔曰:无妄与无私不同,私是欲之肆,妄是理之偏。惟圣人之诚而明者,方可语于无妄。

张绍价曰:敬义夹持,则动以天,无妄而诚矣。否则动以人欲,妄而不诚矣。敬义并重,敬以存心,尤必义以制事。学者知敬而不知义,则虽无邪心,而行事不合正理,亦妄也。申生岂有邪心？而不知大杖则逃之义,故陷父于恶。释氏岂有邪心？而毁四大,去人伦,亦适形其妄而已。

9.[一]人之蕴畜,由学而大,在多闻前古圣贤之言与行。考迹以观其用,察言以求其心,识而得之,以畜成其德。[1]

[集校]

[一]《张解》本有"伊川曰"三字。此条今见《周易程氏传》卷二《大

畜传》。

[集注]

[1] 叶解：《大畜卦·象传》。考圣贤之行，可以观其用；察圣贤之言，可以求其心。有见于此，则蓄德日大，盖非徒多闻之为贵。

张解：此程子释《易·大畜卦·象》之辞也。凡人蕴蓄之大者，莫大于畜德，然非由学问之道则无以大其畜。故君子体《大畜》之《象》，以为学在多读《诗》《书》，闻前古圣贤所垂之言与其所行之事。此非徒资博览也，欲考其行事之迹，以观其利用之道；察其立言之旨，以求其心理之同。默识纴绎，使浃洽而得之于心，自然充积极盛，融彻贯通，蓄成其德。如《乾》之刚健，《艮》之笃实辉光，日进于崇隆而不自知矣。君子之畜何大如之！

李解：行，去声。识，音志。释《大畜·大象》之义。考迹观用，往行之畜也。察言求心，前言之畜也。

茅注：多闻前古圣贤之言与行，总言君子之学。"考迹"二句，所以就"多闻"句而申明之也。识而得之，以畜成其德，所谓"人之蕴蓄，由学而大"者也。

[集评]

杨氏曰：君子多识前言往行，非徒资闻见而已，所以畜德也。畜德则所畜大矣，世之学者夸多斗靡、以资闻见而已，亦乌用学为哉！（《茅注》）

颜元曰：多识自不可废，博学乃只多读书乎？（《存学编》）

张习孔曰："识"字要说入心内，不是口耳工夫，此道问学以尊德性者。

张绍价曰：学以畜德，多识前言往行。致知以明其理，正以为力行之地，故识而得之，可以蓄成其德。彼采辑古人言行，夸多斗靡，专以供文辞之用，则德之弃也。为人之学，非为己之学也。

10.《咸》之《象》曰："君子以虚受人。"《传》曰：[一]中无私主，则无感不通。以量而容之，择合而受之，非圣人有感必通之道也。[1]其九四曰："贞吉，悔亡。憧憧往来，朋从尔思。"《传》曰：[二]感者，人之动也，故《咸》皆就人身取象。四当心位而不言"咸其心"，感乃心也。感之道无所不通，有所私系则害于感通，所谓[三]悔也。圣人感天下之心，如寒暑往来[四]雨旸，无不通、无不应者，亦贞而已矣。贞者，虚中无我之谓也。[2][五]若往来憧憧然，用其私心以感物，则思[六]之所及者有能感而动，所不及者不能感也。[七]以有系之私心，既主于一隅一事，岂能廓然无所不通乎？[3]

[集校]

[一] 叶本凡"《传》曰"上皆增"伊川易"三字，后不悉出。（《冯记》）按，"传"上，《张解》本、《叶解》四库抄本有"伊川易"。此条今见《周易程氏传》卷三《咸传》，无"传曰"二字。笔者又按，对于四子语录的辑录，朱、吕并不完全依原书次第编辑，往往是择其精要进行剪辑。对《周易程氏传》中语句的编辑，常先辑录卦爻象象辞，接之用"传曰"或"伊川传曰"标示以下为程氏传文，对程氏传文进行剪辑，且"传曰"之上的语句，或朱、吕编辑时据《周易程氏传》而增。以下各卷此类语录的辑录也多如此。

[二]《咸传》无"传曰"二字。

[三]"乃有"，叶本、吕本并作"所谓"，今从《易传》。（《茅注》）按，"所谓"，《茅注》本、《咸传》作"乃有"。

[四]《叶解》元刻本及其四库抄本、吴邦模刻本、《张解》本、《茅注》本、《江注》本及其四库抄本、《咸传》无"往来"二字。

[五]"若"上，《咸传》有"憧憧往来，朋从尔思：夫贞一则所感无不通"十七字。

[六]"则思"之"思"，宋本作"心"。（《茅注》）"心之所及"，叶、吕、江俱作"思"。（《考异》）

[七]"以"上，《咸传》有"是其朋类则从其思也"九字。

[集注]

[1] 叶解：咸者，感也，故《咸卦》皆以感为义。推（按，据《四库》抄本宜作"惟"）虚中而无所私主，则物来能应、有感必通也。若夫有量则必有限，有合则必有不合，此非圣人感通之道也。

张解：《咸》之为卦，《兑》上《艮》下，为山上有泽，其气以虚而通。君子体其象，务使此心虚公无我，以受人之感，则亦无有不通之理矣。伊川作《易传》以解之曰："凡人中有所主则实，无所主则虚，皆不足以言感通之妙。惟圣人中无私主，实而能虚，一片天理公心，而未尝先立意见。"如是则人感我应，我感人孚，无感而不通。若未能忘私，其相感也，或示宽深之量以容纳之，恐貌结而心不洽，或择其可合而承受之，恐得其同而或遗其异，皆非圣人大公无我、有感必通之道也。圣人则无所不感，无所不通，如山上之有泽而已。

茅注：朱子曰："人能克去己私，则心无私主，而物来能应，有感必通也。

以量,谓随我量之大小以容之;择合,谓择其见之合于我者而受之。皆谓不虚也。"

江注:问:"心无私主最难。"曰:"只是克去己私,便心无私主。若心有私主,只是相契者应,不相契者则不应。"

价解:以虚受人,敬也而义在其中。中无私主,内之直也;无感不通,外之方也。

[2]叶解:《咸卦》取象人身,初为拇,二为腓,三为股,五为脢,上为辅颊舌。四当心位,而不言心者,感者必以心也。有感则有通,然使在此者有所私系,则为感之道狭矣,必有所不通,是悔也。圣人之感天下,如寒暑雨旸,周遍公溥,无所私系,故无不通应,所谓贞吉而悔亡也。或谓:"真者,正也。未有解为'虚中无我'者。"愚闻之师曰:"诸卦之贞,各随卦义以为正,《乾》以健为贞,《坤》以顺为贞。故曰'利牝马之贞'。'虚中无我'者,《咸》之贞。然此与《象》"以虚受人"异者,盖《象》取山泽通气之义,谓虚中以受人之感;《爻》取回(按,"回"据《四库》抄本当作"四")为感之主,谓虚中以感人也。惟虚则能应人之感,惟虚则能感人之应,其理亦一也。"

张解:感以正而通,九而居四,不中不正,不能无私系者也。故其辞曰:得正则吉,而悔亡,若憧憧往来,则但其朋类从尔所思而已。《程传》解之曰:人之有所感,乃其由静而动之机也。故《咸》诸爻皆以人一身之形取象,四居股之上脢之下,正当心位。辞不言咸其心,盖以感乃此心为之,可不言心也。感之道必无所不通,方见感之大。有所私系,则偏着杂乱,害于感通之正理,所谓悔也,故戒之以贞。言圣人感天下之心至公至正,如天地寒暑之气、雨旸之泽,无不有以通于物,而物亦无不化其气,而应者亦惟得其贞而已。贞者,虚中无我,所谓普万物而无心者也。

茅注:九三咸其股,九五咸其脢,……"不言咸其心"者,心无不该,不可以位言也。问:"《本义》云'贞者正而固',与此不同,何也?"朱子曰:"凡解经,只须依训诂说字。如'贞'字作正而固,细玩自有味。解得此,则'虚中无我'亦在其中。"林次崖曰:"贞者,尽吾所感之道,不必人之应也。惟不必人之应,则心无私系,而无物不感,无感不应,故吉而悔亡。"又曰:"贞只是往来,付之无心,以憧憧往来对看便见。"

[3]杨注:荀子曰:"心卧则梦,偷则自行,使之则谋。"晦翁曰:"某自十六七读时便晓得此意。盖偷心是不知不觉自走去底,不由自家使底,倒要自家去捉他。'使之则谋',这却是好底心,由自家使底。佛家又有所谓流注想,他最怕这个,所以沩山禅师云:'某参禅几年了,至今不曾断得这流注

想。'此即荀子所谓'偷',即自行之心也。"

叶解:"憧憧往来"者,私心也。若无私心,则澄然泰然,何至憧憧也!惟其私心有系,故其所思者有及与不及,而其所感者有通与不通。所谓"朋从尔思"者,盖思惟及其朋类,亦惟朋类乃从其思耳。

张解:一隅,犹言一处也。言感既必以正矣,若物我之间往来憧憧然牵缠不绝,用其私心以感乎物,则意思所及之物或有被其感而动者,意思所不及则不能感之使动也。盖以有所系着之私心,在我既偏倚愊懑,而主于一隅之隘、一事之小矣,岂能廓然洞达,顺而能孚,虚而能受,而无所不通乎?合《咸》之《象辞》与九四之爻辞而参观之,可见圣人之善感,止是"公正"二字。人能虚公正大以存其心,其于感通之道思过半矣。

茅注:朱子曰:"往来是感应常理,憧憧只加一忙迫之心。方往时又便要来,方来时又便要往,犹言助长正心相似。如正其谊便欲谋其利,明其道便欲计其功。又如乍见孺子入井,此心方怵惕欲救,又思内交要誉,便是憧憧之病。"又曰:"廓然大公,则无憧憧之患矣。物来顺应,则无朋从尔思之失矣。"林次崖曰:"憧憧往来,思也。朋则思之所及者,以其思之所及,故从而目之。"曰:"朋,犹云朋党也。"又曰:"伊川说感通处未尽。往来自当还他有自然之理。看夫子说日往月来、寒往暑来,意自分明。"

江注:问:"往来是心中憧憧然,犹言往来于怀否?"曰:"非也。下文分明说日月寒暑往来,安得为心中之往来?伊川说微倒了。一往一来,感应之常理,是自然之往来。此憧憧者,是加私意不好底往来,只是加一个忙迫底心,不能顺自然之理。"

[集评]

(林一之)问:何谓"心无私主,则有感皆通"?曰:"心无私主",不是溟涬没理会,也只是公。善则好之,恶则恶之。善则赏之,恶则刑之。此是圣人至神之化。心无私主,如天地一般。寒则遍天下皆寒,热则遍天下皆热,便是"有感皆通"。(《语类》卷七十二)

朱子曰:"憧憧往来,朋从尔思"。圣人未尝不教人思,知道不可憧憧,这便是私了。感应是有个自然底道理,何必思他?若是义理,却不可不思。(同上)

朱子曰:《易·咸》感处,伊川说得未备。往来有自然之理,惟正静为主,则吉而悔亡。至于憧憧则私为主,而思虑之所及者朋从,所不及者不朋从矣。是以事未至则迎之,事已过则将之。今人皆病于无公平之心,所以事物之来少有私意杂焉,则陷于所偏重矣。(《李解》)

张习孔曰：虚是心体本然，原与人物感通无间者，君子能全其心之本体，故能受人之感。舜之不异野人，孔之无意必固我，虚也。故迩言善行，沛若江河，孺歌鄙问，无不翕悟。要知感通之道，其辨最微。心极真而不可谓之有心，意极挚而不可谓之有意，如大孝之号泣，良臣之赓歌，天性勃发，而绝无安排揣度之私。然谓其一味无心，又不可。舜何日不思得亲乎？三仁何日不思得君乎？然与世俗之子、悻悻之臣，自不同。此"贞吉"与"憧憧"之辨也。"朋从尔思"，不但不能及远，盖其私感凝滞纠系于其思，而憧憧益加甚矣。

张绍价曰：贞兼敬义。贞者虚中无我，虚中则公，故心无私系。无我则顺，故有感必通。若憧憧往来，朋从尔思，内不直则外不方，不能扩然大公，又安能物来顺应乎？

李瀷曰：此说固至矣，而又有一焉。泽者水之渟滀者也，山者地之高峻者也，渟滀于高峻之上，非虚不能，故君子以之。

11.［一］君子之遇艰阻［二］，必［三］自省于身，有失而致之乎？有所未善则改之，无歉于心则加勉，乃自修其德也。[1]［四］

［集校］

［一］《张解》本有"伊川曰"三字。

［二］"阻"，一作"险"。（《李解》）

［三］"自"，江上增"思"字。（《冯记》）按，"自"上，《江注》本及其四库抄本增"思"字。

［四］此条是程颐对《蹇卦·象辞》的解说，辑录时作了删减。今见《周易程氏传》卷三《蹇传》。

［集注］

［1］杨注：《蹇》之《象》曰："山上有水，蹇。君子以反身修德。"

叶解：《蹇卦·象传》。此教人以处险难之道。自省其身而有不善，则当速改，不可以怠而废。苟无愧焉，则益当自勉，不可以沮而废。君子反躬之学，虽遇艰阻，亦莫非进德之地。

张解：此程子解《易·蹇卦·象辞》也。《蹇》象，内《艮》外《坎》，山上有水，则见险当止而不进。君子体《蹇》之象以为遇险而止者，岂徒止而已哉！君子遇险阻之来，必反而自省其身，凡存心行事，或有所失而致此遇乎？如果有失，是在我有所未善，于逆境乎何尤？则当速改其失焉。如果无所失,是在我无歉于心,又何困厄之不可安? 则当加勉而使之无失。此乃自修其身心之德者也。如是则安蹇之善术,亦无非济蹇之要道也。

李解:释《蹇·大象》之义。改之者,不可以怠而废也。加勉者,不可以阻而废也。此处蹇之道也。

茅注:"有失而致之乎",乃自省之辞,所谓反身也。"有所未善"二句,正是君子修德处。此教人以处艰阻之道。

[集评]

朱子曰:有则改之,无则加勉。(《四书章句集注》之《论语·学而》)

张习孔曰:此君子所以有终身之忧也。

管赞程曰:自"君子主敬"至此为一章,言坤道贤人之学。由敬义以致无妄,则有天地圣人之感应。前章虚中受道,此章弘毅笃实,皆能顺势直达圣人,在圣门皆为时雨化之者也。

张绍价曰:君子固无感不通。若遇艰阻,则必反己自省,有则改之,无则加勉。敬义夹持,以自修其德而已。

12.^[一]非明则动无所之,非动则明无所用。^{[1][二]}

[集校]

[一]《张解》本有"伊川曰"三字。

[二] 此条今见《周易程氏传》卷四《丰传》。

[集注]

[1] 杨注:已上并《易传》。《丰》之《象》曰:"明以动,故丰。"

叶解:《丰卦》初九传。知行相需,不可偏废。非知之明,则动将安之,如目盲之人,动则不知所之也。非行之力,则明亦无所用,如足痿之人,虽有见焉,亦不能行矣。

张解:此知行并进之道也。行以知为先,知以行为据。非此心之明,早知事物之所以然,何以循其所当然之道? 则此身之动亦将无所往矣。非此身之动,有以体其所当然之则,虽知其所以然之理,而此理亦终无安顿处,则此心之明,毕竟无所用耳。明动相资,德业自能进于盛大之体,此亦《丰卦·象辞》"明以动,故丰"之义也。

李解:《丰》之为卦,下明上动,知行相须之义也。

茅注:《离》下《震》上为《丰》。《离》为火,明也。《震》为雷,动也。初九,明之始;九四,动之始。宜相须以成其用者,故于此合而言之。

江注:朱子曰:"《丰》'明以动',以明心应事物也。"

价解：明者,致知之功;动者,力行之事。

[集评]

朱子曰：徒行不明,则行无所向,冥行而已。徒明不行,则明无所用,空明而已。(《李解》)

朱子曰：见善明是平日功夫,用心刚是临时决断,二者皆不可阙。而当以平日功夫为先,不然,则其所动者,未必不为狂妄激发过中之行矣。(《茅注》)

陈埴曰：有足而无眼,则欲动而何之？有眼而无足,则虽明而何用？此义取之《噬嗑》,致知力行夹截并进之说。

13. [一]习,重习也。时复思绎,浃洽于中,则说也。[1]以善及人,而信从者众,[二]可乐也。[2]虽乐于及人,不见是而无闷,乃所谓君子[三]。[3]

[集校]

[一]《张解》本有"伊川曰"三字。此条今见《河南程氏经说》卷六《论语解》。

[二]"可"上,《叶解》元刻本及其四库抄本、《茅注》本、《江注》本及其四库抄本有"故"。

[三]"子"下,《张传》本有"也"字。

[集注]

[1]叶解：说见《论语》。绎,往来紬绎也。学者于所学之事,时时思绎,不骤不辍,义理久则浃洽其中,自然悦豫也。

李解：复,扶又反。说,音悦。朱子曰："学而习,习而说,脉络贯通。所谓浃洽者是也。如浸物于水中久,则透里皆湿。"

茅注：重,平声。……陆氏曰："绎如绎丝,谓穷其端绪。"

[2]叶解：善有诸己,足以及人。信从者众,同归于善,岂不可乐也？盖与人为善之意如此。

李解：乐,音洛,下同。朱子曰："须是自家有至善,方可及人。"

[3]杨注：《经说》,下同。

叶解：君子者,成德之名也。虽乐于以善及人,然人或未信,则亦安其在我而已,奚愠焉！盖自信之笃,而无待于外,所以为成德也。

张解：此程子释《论语》首章之义也。学而言习者,重复而习熟之也。

时习何以能说？时时详复思绎，使义理浃洽于中心，则说也。何以言朋来而乐？盖我之学既有所得之善，便可推之以及人，而使之皆善。于是同有是善者，莫不兴起而信从于我，则讲习日众，意气日孚，故可乐也。然又言"不知不愠，乃为君子"，何也？虽乐于及人，而同我者则知之，异我者或未必知之，未知则难免于谤毁，而我恬然处之，绝不生愠怒之意，是即《易》所云"不见是而无闷"者也，乃所谓成德之君子。然则夫子之言，盖谓学者之成己，而成己即有以成物，乃成物之后，犹然为己之心而已。此岂不学者所能知乎？

茅注：陈氏曰："'不见是而无闷'，出《易·乾·文言传》。言不见是于人而无闷于心，引以解'不知不愠'，甚切。"朱子曰："为学之初，固已不求人知，然犹有时为所动，至此方真能无闷也。"

江注：朱子曰："己既有得，何待人之信从始为可乐？须知己之有得，亦欲人之皆得。然信从始但一二人，亦未能惬吾之意。至于信从者众，岂不可乐？"问："初学将自谋不暇，何以及得人？"曰："如传得师友好说话、好文字，归与朋友，亦是及人。"

价解：时习，学之着力处也。说乐不愠，则学之得力处也。

[集评]

朱子曰："学而时习之"，若伊川之说，则专在思索而无力行之功。（《语类》卷二十）

问："以善及人而信从者众"，是乐其善之可以及人乎，是乐其信从者众乎？曰：乐其信从者众也。大抵私小底人，或有所见，则不肯告人，持以自多。君子存心广大，己有所得，足以及人。若己能之，以教诸人，而人不能，是多少可闷。今既信从者众，自远而至，其众如是，安得不乐？（同上）

朱子曰：程子虽但言习于思，然事不思则无以行之，而欲行亦不能外于思，二者自不可分说。（《李解》）

朱子曰："浃洽"二字，宜子细看。凡于圣贤言语，思量透彻，乃有所得。譬之浸物于水，水若未入，只是外面稍湿，里面依前干燥，必浸之久，则透内皆湿。程子之言，极有深意。（《江注》）

张习孔曰：圣门之教，只在性情上做工夫。曰悦、曰乐、曰不愠，使学者自证自验也。时习而悦，即为之不厌。朋来而乐，即诲人不倦。不知不愠，即知我其天。此章盖夫子自叙其心得也，惟自得，故言之亲切有味如此。

张绍价曰：学兼知行，习亦兼知行。思绎浃洽，知也。谢氏所谓坐时习、立时习，行也。兼此二说，其义始备。程子之说，专以知言也。

又曰：君子之学，为己非为人。虽乐于以善及人，人不见是，亦勉进吾学而已，何闷之有？

14. ［一］"古之学者为己"，欲得之于己也；"今之学者为人"，欲见知于人也。［1］［二］

［**集校**］

［一］《张解》本有"伊川曰"三字。

［二］此当是《论语解》。今本"止吾从下"在"所阙"中，详书目下。（《冯记》）

按，《杨注》本、《叶解》本云此条出自《经说》，然今本不见。查洪德、李林慧注释《近思录》时，云此条出自"朱熹《论语精义》卷七下"。今见《论语集注》卷七朱熹集注时所引文字，有："程子曰：'为己，欲得之于己也。为人，欲见知于人也。'程子曰：'古之学者为己，其终至于成物。今之学者为人，其终至于丧己。'"（《四书章句集注》）由此可见，此条是程子解说《论语·宪问》："子曰：'古之学者为己，今之学者为人。'"

［**集注**］

［1］叶解：说见《论语》。为己者，如食之求饱，衣之求温，温饱在己，非为人也。为人者，但求在外之美观，非关在我之实用。故学而为己，则所得者皆实得；学而为人，则虽或为善亦非诚心，况乎志存务外自为欺诳，善日消而恶日长矣！朱子曰："为学且须分内外义利，便是生死路头。"

张传：为己，则天地万物，皆属之己；为人，则形骸耳目，皆属之人。

张解：学所以明理，非欲以博名。古之学者，凡致知力行，皆视为吾身分内事，故有所学。不过尽乎己之当然，而外此皆所不计，惟欲此理实得之于己也。今之学者，凡读书谈道，只以为门面好看事，其有所学，不过求人之称道，而实理俱可不问，乃欲见知于人，以虚名为事而已。程子解《论语》"为己"、"为人"之意如此，学者可不知所务哉！

李解：为，去声。朱子曰："学者视天下之事以为己事之所当然者而为之，则虽甲兵、钱谷、笾豆、有司之事，皆为己也。以为可以求知于世而为之，则虽割股、庐墓、敝车、羸马，亦为人耳。"

茅注：以上二条，说并见《论语》。朱子曰："善乎，张子敬夫之言曰'为己者，无所为而为者也'。此其语意之深切，有前贤所未发者。学者以是而自省焉，则有以察乎善利之间，而无毫发之差矣。"陈氏曰："此便是义利之分。"

[集评]

问：两说不同，何也? 曰：此两段意思自别。前段是低底为人，后段是好底为人。前为人，只是见知于人而已。后为人，却是真个要为人。然不曾先去自家身己上做得工夫，非唯是为那人不得，末后和己也丧了。(《语类》卷四十四)

陈埴曰：为己，是真实无伪。为人，只是要誉近名。圣人此言，是就他源头上分别出来。今学士大夫谓为己不求人知而求天知，才说有求天知意便不是为己。为己者只是屈头塔("塔"，清同治刻本作"橝")重(清同治刻本"重"后有"橝"字)，不计穷达得丧也。

张习孔曰：古之学者，非不知有人，直以独善于己者，兼善乎人。今之学者，非不知有己，第不识性命为己，而徒以声华利达为己。

张绍价曰：浃洽于中，得于己也。为人者欲见知于人，汲汲以求人信从。人不见是，神丧意沮，安能无闷? 名心未化，而所学荒矣，何以为君子?

15. 伊川先生谓方道辅曰：[一]圣人之道，坦如大路，学者病不得其门耳，得其门，无远之不[二]到也。求入其门，不由于经乎?[1] 今之治经者亦众矣，然而买椟[三]还珠之蔽，人人皆是。经所以载道也，诵其言辞，解其训诂，而不及道，乃无用之糟粕耳。[2] 觊足下由经以求道，勉之又勉，异日见卓尔有立于前，[四]后不知手之舞、足之蹈，不加勉而不能自止矣。[3][五]

[集校]

[一] 此条今见《河南程氏文集·遗文·与方元寀手帖》，无"伊川先生谓方道辅曰"九字。

[二] "到"上，吕本无"可"字。(《茅注》)"到"，叶上增"可"字。(《冯记》)各本无"可"字，《二程遗书》有之，汪本、洪本同，今从之。(《王记》)"无远之不可到也"，吕本无"可"字。(《异同考》)"远之不"下，叶本有"可"字。(《考异》)按，"到"上，《叶解》元刻本及其四库抄本、《茅注》本、《与方元寀手帖》有"可"字。

[三] 按，《叶解》元刻本脱"椟"字。

[四] "后"上，《叶解》元刻本及其四库抄本、吴邦模刻本、《张解》本、《茅注》本、《江注》本及其四库抄本、《与方元寀手帖》有"然"字。

[五] 今见《文集·附录》。案，朱子答宋泽之曰："《近思录》比旧本增

多数条,如'买椟还珠之论',尤可以警告今日学者用心之缪。"此条在增多中集内有"书伊川先生与方道辅帖后"。(《冯记》)

[集注]

[1] 茅注:方道辅,名元寀,莆田人。仕终宣义郎、威武军节度推官。此言求道必由于经。

[2] 叶解:经所以载道,犹椟所以藏珠。治经而遗乎道,犹买椟而还其珠。说见《韩子》。

张解:此程子欲道辅之穷经以求道也。道辅,名寀,程子门人也。言学以求道,道以圣人为归,圣人之道平易正直,坦如大路,学者欲行道,所病在未知路头,不得其门而进耳。若得其门,循其序,不息其程,无远之不可至也。夫圣人之道不可见,圣人传道之文则可读。《六经》者,圣人之传道者也。欲求入道之门,不由于经,其可得乎?即今之为学,自号治经者亦不乏人,然而不得其所以治之之要。譬如买珠者,空买其藏珠之椟,至其中之珠则不知取而弃还之。此蔽人人皆然,岂不大可笑乎?曾不思经所以载道也,徒诵其言辞以资记览,解其训诂以便传说,而不能融会旨归,以求圣人之道。虽遗文俱在,乃无用之词,如酒之酝酿无存,特袭其糟粕耳,将何所益于食饮乎?此治经者所当戒也。

茅注:诂,古通作"故"。颜师古以后人改作"诂",为失真。买椟还珠,见《韩子·外储说左上》篇。训诂者,《尔雅》有《释诂》、《释训》。《释诂》者,释古今之异辞。《释训》者,辩物之形貌。椟喻言辞训诂,珠喻道。糟粕,见前。此言治经须知求道。

[3] 杨注:《手帖》。

叶解:道非有形状之可见。盖其志道之切,行道之笃,视听言动,造次颠沛不违乎道,用力既久,所见益为亲切。如有卓然而立于前者,则中心喜乐,自然欲罢不能矣。

张传:由经以求道,固在知之,尤在行之。知而不行,究非真知。此所谓买椟还珠也。

茅注:觊,音记。此一节勉道辅以由经求道。"异日"以下,则其得之之验也。

[集评]

朱子曰:"买椟还珠之论,尤可以警今日学者用心之谬。"朱子以此书示学者曰:"他只恁平铺,无紧要说出来,只是要移易他一两字也不得,要改动他一句也不得。"(《江注》)

薛氏曰：千古圣贤垂训炳明，欲人读其书、行其道也。苟徒资为口耳文词之用，而不行其道，所谓"买椟还珠"也，可不戒哉！（《李解》）

张伯行曰：世间学者有治经之名，无治经之实，虽曰治经，与荒经何异？故望道辅由经以求道，庶几有得于经，至于勉勉不已，沉酣既久，宗旨可悟。异日见圣人之道，卓然如有立于目前而不可移，然后欢欣向慕，有不自知其手舞足蹈者。此时不必加意勉励，亦有不能自止之趣，而圣人之道，亦将沛然行之而有馀地矣。程子之策道辅者如此，经学之要道也。

张绍价曰：圣人之道，备载于经，坦如大路。知行敬义，皆入道之门也，人病不求耳。买椟还珠，为人之学也，故经为无用之糟粕。由经求道，为己之学也，故无远之不可到。知行并进，敬义夹持，勉之又勉，卓尔如见。圣人之道，可学而至，亦求之于经而已。

16. 明道先生[一]曰："修辞立其诚"，不可不子细理会。言能修省言辞，便是要立诚。若只是修饰言辞为心，只是为伪也。[1]若修其言辞，正为立己之诚意，乃是体当自家"敬以直内、义以方外"[二]之实事。[2]道之浩浩，何处下手？惟立诚才有可居之处，有可居之处，则可以修业也。[3]"终日乾乾"，大小大事，却只是"忠信所以进德"为实下手处，"修辞立其诚"为实修业处。[4]

[集校]

[一]《张解》本无"先生"二字。此条今见《河南程氏遗书》卷一《端伯传师说》，"明道"作"伯淳"。

[二]洪本"方外"误"外方"。（《王记》）

[集注]

[1]叶解：修省言辞者，中有其诚，省治之，将以立实德也；修饰言辞者，中无其诚，虚饰之，将以为夸美也。省饰之间，乃天理人欲之分。朱子曰："横渠以立言传后为修辞居业；明道所谓'修辞'，但是非礼勿言。"

茅注：省，息井反。苏季明尝以治经为传道居业之实，居常讲习，只是空言无实，质之两先生，故明道告之如此。子细，详密貌，俗语也。然《北史·源思礼传》已有之。修省言辞，修治而省察之，恐有失言也。问："何不说事，却说言？"曰："事尚可欺人，辞不可掩，故曰言顾行、行顾言。"又曰："人多将言语作没紧要，容易说出来。若一一要实，这工夫自是大。"

[2]叶解：敬义说见前。诚意者，合敬义之实而为言也。体当，俗语，

犹所谓体验勘当也。盖"修其言辞"者,所以拟议其敬义之实事,而非徒事于虚辞也。

张解:体当者,体认使之贴合也。言若修省其言辞,正为立己之诚意而然。将日用间凡有所言便当斟酌,恐心口或有相违,内外未能如一。此乃是体当自家平日主敬守义,无念不实,无事不方底工夫。有此实事而不敢苟,则此中之辞不期省而自省,而当其言辞之省时,即是诚意之立时矣。

李解:为、当,并去声。

茅注:当,丁浪反。体,犹验也。当,俗语辞,如所谓"勘当"、"一副当"之"当",亦唐宋时之方言也。敬义工夫在平日,修省言辞,则其临事勘验也。如一言不敢妄发,便是敬;而其言之发也,必一一当理,便是义。所谓"主(按,"主"作"立"为宜)己之诚意"者如此。吕氏曰:"凡书帖言语之类,不情谬敬,如未尝瞻仰而言瞻仰,未尝渴想而言渴想,种种世情须尽去之,以立其诚。"

[3]叶解:浩浩,流行盛大貌。下手,谓用力处。道之广大于何用功,惟立己之诚意,始有可据守之地。此诚既立,则其业之所就日以广大。

张解:夫君子之所以从事于身心内外者,无非欲以求道耳。道之全体,精深广大,浩浩然,何处着下手工夫? 惟是此理本实,则吾心亦必积于实,才有根基而为可居之处。既有可居之根基,则渐而积之,推而广之,虽富有之大业亦不外是,故可以修业也。

茅注:朱子曰:"立诚然后有地可据,而无私累牵扰之患,故可以修业。业是每日事业,如今日课是也。"

[4]杨注:《遗书》,下同。伯岊据晦翁问辅广曰:"'诚敬'二字如何看?"广云:"先敬然后诚。"曰:"且莫理会先后,敬是如何? 诚是如何?"广曰:"敬是把捉工夫,诚则到自然处。"曰:"敬也有把捉时,也有自然时。诚也有勉为诚时,亦有自然诚时。且说此二字义,敬只是个收敛畏惧、不纵放。诚只是个朴直悫实、不欺诳。初时须著如此不纵放,不欺诳。到得工夫到时,则自然不纵放,不欺诳矣。"

叶解:说并见《易·文言》。君子终日乾乾,是体天行健之事,可谓大矣。然其实则惟忠信积于内,而无一念之不实者,为用功之地;修辞立于外,而无一言之不实者,为见功之地。盖表里一于诚。至诚,故乾乾而不息。

张传:修者,治而去之之谓,《论语》所谓"修慝"是也。先生曰:"修省言辞,便是要立诚。"其所谓"省"者,乃减省之省,非省察之省。

张解:然则合《乾》九三之君子观之,终日乾乾,何故著忙乃尔? 无论多少大的事,别无他法,却只是在内存一点尽心信实之意,以日进厥德为工夫下手处,而在外又不过修省言辞,以立此心之诚意,为修业要紧处。盖忠信内积,则无念不实;修辞外谨,则无言不实。内外交迫,止养得一个诚。天下惟朴实头为可以载道之器。此进德修业之君子,所以不得不于此用功也。

茅注:见《乾·文言传》。

江注:朱子曰:"'敬以直内,义以方外',便是立诚。道之浩浩何处下手?惟立诚方有可居之处,有可居之处,则可以修业。修业便是逐日底事业,以(《王记》云:王、吴本"似"作"以",贺孙录作"恰似日课一般",多一"恰"字,今依洪本。)日课一般。忠信进德为实下手处。如是心中实见得理之不妄,'如恶恶臭,如好好色'。常常恁他(按,"他"《四库》抄本作"地",是),则德不期而进矣。诚便是忠信,修省言辞,便是要立得这忠信。若口不择言,逢事便说,则忠信亦被汩没动荡,立不住了。"

[集评]

朱子曰:明道论"修辞立其诚,所以居业",说得来洞洞流转,若伊川以"笃志"解"立其诚",则缓了。(《语类》卷六十九)

朱子曰:伊川解"修辞立诚"作"择言笃志",说得来宽。不如明道说云:"修其言辞,正为立己之诚意,乃是体当自家敬以直内,义以方外之实事。"(同上)

朱子曰:"择言"是"修辞","笃志"是"立诚"。大率进德修业,只是一事。进德是就心上说,修业是就事上说。(同上)

朱子曰:伊川谓季明曰:"为学治经最好,不自得,虽尽治五经,亦是空言。"盖明道只辨"修辞"二字,理会其大规模。伊川又理会细密处,都无缝罅。又曰:伊川言亦未尽,如人伦日用及一切应事接物间,所当讲求者甚多,岂不更切于治经乎?(《茅注》)

王夫之曰:"修辞立其诚。"无诚之辞,何以修之哉!修辞诚,则天下之诚立,未有者从此建矣,已有者从此不易矣。孔子成《春秋》而乱臣贼子惧,诚也。

张伯行曰:此程子因《易》中"修辞立诚"一语,恐人误认为修饰言辞之意,故切指而言之也。言《易》中"修辞立其诚",最是切实工夫,不可不子细理会其立言本意。盖《易》之所言,乃谓人能修省在外之言辞,便是要立心中之诚意。凡人多言而躁,总为心中诚意少耳。果念念诚实,那得许多闲言语。若错认"修"字为修饰之义,只是以修饰言辞为心矣。以此为心,即当其修饰之时,已是为伪,诚何处立乎?学者不可不猛省也。

张绍价曰：学者当由经以求道。而世之治经者，往往以"立言传后为修辞"，不知《易》所谓"修辞立其诚"，乃谓人当修省言辞。言不妄发，必忠必信，便是立诚，非著书立说之谓也。若以修饰言辞为心，则伪也，非诚也，为人也，非为己也。

朴履坤曰：修辞便是立诚，如今人持择言语，丁一确二，一字是一字，一句是一句，便是立诚。若还脱空乱语，诚如何立？修辞立诚，只于平日语默之际，以气上验之，思与不思而发，意味自别。明道所谓"体当自家敬以直内、义以方外之实事"者，只观发言之平易躁妄，便见其德之厚薄、所养之浅深矣。

17. 伊川先生曰：[一]志道恳切，固是诚意。若迫切不中理，则反为不诚。盖实理中自有缓急，不容如是之迫，观天地之化乃可知。[1]

[集校]

[一]《张解》本无"先生"。此条今见《河南程氏遗书》卷二上《元丰己未吕与叔东见二先生语》，无"伊川先生曰"五字。

[集注]

[1]杨注：一气不顿进，一形不顿亏，天地之化也。

叶解：有志于道，恳恻切至，固诚意也。然迫切之过，而至于欲速助长，则反害乎实理。如春生、夏长、秋成、冬实，固不容一息之间断，亦不能一日而遽就也。

张解：此程子欲学者知宽以居之之道也。言人之于道，原以笃志为期，果能有志求道而勤恳切实为心，岂不是为学之诚意？然若忙迫急切，无宽舒之气，则急遽无序，不中乎道理之次第。此欲速之心即是私意而不诚矣。盖实理中自有缓急相兼之用，如健顺动静，皆迭为终始，故人虽实心向道，亦必优游涵泳，尽其自然之妙，不容如是急迫，反有所害也。独不观之天地乎？天地之化，寒暑昼夜，亦是渐移默运，未尝不循序有常也。观之，而为学之道乃可知矣。

李解："中理"之"中"，去声。

茅注：缓急，犹言先后次序也。朱子曰："读书穷理，则细立课程，耐烦着实，而勿求速解。操存持守，则随时随处省察收敛，而毋计近功。如此积累之久，庶几心意渐驯，根本粗立，而有可据之地矣。"

[集评]

朱子曰：学者正欲胸中豁然大公，明白四达，方于致知穷理有得力处。今乃追咎往昔，念念不忘，窃恐徒自煎熬，无复理义悦心之味。程子所谓"迫切不中理，则反为不诚"，正虑此耳。升高自下，陟遐自迩。能不遗寸晷，而不计近功，则终有必至矣。（《李解》）

张习孔曰：天地之博厚高明而总结之日悠，龙德之学聚问辨而随继之日宽。论治，则董戒之后，陶以九歌；论教，则辅翼之馀，俟其自得。

管赞程曰：自"非明则动"至此为一章，言明动相资，知行并进，亦为敬义之实事。学坤道以成其全德者，故附坤道之后，而为其次者也。

张绍价曰：此承上文立诚而言。志道恳切，固是诚意。然求之太迫，则不中理，而反为不诚。盖实理中自有缓急，优游餍饫，从容涵泳，宽以居之，自有所得。"不容如是之迫，观天地之化可知"。谷之生也，耕耘培拥，苗而秀，秀而实，则须俟其自化。而我无与焉，未可以急迫求也。若揠苗助长，则非徒无益，而又害之矣。

18. [一]孟子才高，学之无可依据。学者当学颜子，入圣人为近，有用力处。[1][二]又曰：学者要学得不错，须是学颜子。（旧注：[三]有准的。）[2]

[集校]

[一]《张解》本有"伊川曰"三字。按，陈荣捷云："此处两语均作伊川语。后语见《遗书》卷三，页二下，为二先生语，未知是谁。惟前语见《遗书》卷二上，页五下。下注有'明'字，显是明道语。"（《陈论》）故张伯行云"伊川曰"，或误。

[二]"又曰"以下，卷三皆明道语。（《冯记》）按，"又曰"上，今见《河南程氏遗书》卷二上《元丰己未吕与叔东见二先生语》；"又曰"下见《河南程氏遗书》卷三《谢显道记忆平日语》，卷三下题"二先生语"，且在此语后另有一行文字记载"右明道先生语"。故陈先生所言"后语""未知是谁"，值得商榷。《冯记》所言正确。

[三]"有"上，叶本有"为"字，今从《遗书》及诸本。（《茅注》）注"有"，叶上增"为"字。（《冯记》）按，"有"上，《叶解》四库抄本有"为"字。

[集注]

[1]叶解：孟子天资超迈，故难学。颜子天资纯粹而功夫缜密，进德有

序,故学者有用力处。

张传:孟子初时,应亦做颜子功夫,其曰"博学而详说之,将以反说约",与"深造自得"章,俱有与颜子相近处。

张解:此程子教人希贤以希圣之事也。学之准的,以圣人为归。而欲希圣者必自希贤始,然贤人之学,各从其资分为工夫,又不可不知所择,以为效法之要。如孟子、颜子,皆大贤也。孟子才气高迈,凡立论行事多据其巅以为见,如言不动心,言仁义,以及辨异端、明王道之类,皆磊磊落落,规模正大,而贴实工夫或少及之。学者欲学孟子,一时寻不着下手处,必无可依据。颜子则从博文约礼上用工夫,随择随守,沉潜切实。学之者以之入圣人之道,其途辙较近。但看圣人平日论学论仁,皆从切近做起,即其自言亦第云"下学上达",则颜子所事工夫,与圣人约略相类,而工夫有所持循,学者亦不患无用力之地矣。

李解:胡氏曰:"孟子才高,在心性源头处理会,便在此下手,非有孟子天资便无可依据。"

茅注:才高以天资言,如孟子所谓"非才之罪",及"天之降才"之"才",故朱子云"孟子才高,自至那地位"。

[2]张传:颜子是学者底事,孟子是教者底事。学者未至行道,须先学道,故须学颜子。

张解:古来学者,何人不可学。然气象广大者,学之恐有疏旷之失;绳墨谨守者,学之恐有狭隘之失。学之而可以无失者,须是学颜子。盖颜子天性纯粹,见得头路已不差,而质性深潜,既入门又能亲切行之,极正大,极细密。人若依颜子做工夫下梢,那有走作处?

李解:问:"如养气处,岂得为无可依据?"曰:"孟子皆是要用,颜子须就己做工夫。所以学颜子则不错。"

茅注:吕氏曰:"如博文约礼,颜子却做得精密,说得平实,乃所谓'准的'也。"

江注:朱子曰:"孔子体面大,不用恁地说,道理自在里面。孟子多是就发见处尽说与人,终不似夫子立得根本住,所以程子谓其'才高,学之无可依据'。"勉斋黄氏曰:"如博文约礼,克己复礼,不迁怒,不贰过,皆用力处。就务实切己下功,所以入圣人为近。"

[**集评**]

朱子曰:"孟子才高,学之无可依据",为他元来见识自高。颜子才虽未尝不高,然其学却细腻切实,所以学者有用力处。孟子终是粗。(《语类》卷九

十五）

朱子曰：伊川曰"学者须是学颜子。"孟子说得粗，不甚子细。只是他才高，自至那地位。若学者学他，或会错认了他意思。若颜子说话，便可下手做。孟子底，更须解说方得。（同上）

谢上蔡亦曰：颜子工夫真百世轨范，舍此应无入路、无住宅，故学者须是学颜子。（《张解》）

王夫之曰：颜子好学，知者不逮也；伊尹知耻，勇者不逮也。志伊尹之志，学颜子之学，善用其天德矣。

陈沆曰：象山先立其大，阳明致良知，皆出于孟子。此亦学者难于依据之验也。但学颜子亦须天资高底人方可学得，若中人之资，则莫若高子所云"学曾子为有依据"也。

张绍价曰：颜、孟皆以贤希圣者也。学者有志于道，当学颜、孟，乃可以士希贤。但"孟子才高，学之无可依据"。颜子博文约礼，知行并进，当下便有用力处，入圣人为近。故学者当学颜子，方有准的，不至于错。

李瀷曰：孟子出世要行道。颜子专心学孔子，此颜子所以尤近于圣人。学者以此看二子亦得。（笔者按，关于学孟子或学颜子，后世理学探究者已有与程朱并非完全相同的观点，即认为学者本身资质好，才具备学颜子的基础，因而提出中等资质者可学曾子。）

19. 明道先生曰：[一]且省外事，但明乎善，惟进诚心，其文章虽不中，不远矣。所守不约，泛滥无功。[1][二]

[集校]

[一]"且"上，《张解》本无"先生"二字。此条今见《河南程氏遗书》卷二上《元丰己未吕与叔东见二先生语》，无"明道先生曰"五字，下同。

[二]以上明道语。（《茅注》）

[集注]

[1]叶解：朱子曰："知至则意诚，善才明，诚心便进。文章是威仪制度之类。此段恐是吕与叔自关中来初见程子时说话。盖横渠学者多用心于礼文制度之事，而不近里，故以此告之。"

张解：此亦明道教人重内之学也。凡事虽无不是学，然毕竟心性工夫为大。学者用工，莫若且省外面繁缛之事，但专心致其知，以明乎吾心本然之善。及善既明，而真妄已分，惟务进此心之诚，使所存无非真实无妄之理，则知至意诚心德，有日新之乐。至于充积极盛，自能发见而当其可。凡其见之威仪,发为文辞,虽不中乎道理,亦所差不远矣。不然,沾沾惟文章是习,而无明善诚身工夫,则所守无实而不约,徒见泛滥,失所依据,终归无功而已。学者可不戒哉?

李解:中,去声。

茅注:省,所井反。……省,简省也。外事,如礼文制度之事皆是。文章,即上所云外事也。"但明乎善,惟进诚心",正其所守之约处。朱子曰:"凡事物应接,有可以省得者,省亦不妨。但其中自有必不可省者,须思如何处置始得。"

佐藤一斋曰:明善诚身,出于《中庸》。守约,见于《孟子》。

[集评]

问:"且省外事,但明乎善,惟进诚心",只是教人"鞭辟近里"。窃谓明善是致知,诚心是诚意否? 曰:然。外事所可省者即省之,所不可省者亦强省不得。善,只是那每事之至理。文章,是威仪制度。"所守不约,泛滥无功",说得极切。这般处只管将来玩味,则道理自然都见。(《语类》卷九十五)

朱子曰:"且省外事,但明乎善,惟进诚心",是且理会自家切己处。明善了,又更须看自家进诚心与未。(同上)

张绍价曰:学无内外,而初学则宜且省外事。明善者致知之事,进诚心者信道笃,行之果,守之力也。自明而诚,有德者必有言。"其文章虽不中,不远矣"。明善进诚心,守约之功也。所守不约,驰心外事,自治必疏,故泛滥而无功。

李瀷曰:朱子曰:"外事所可省事即省之,所不可省者亦强省不得。"又曰:"此说只可施之与叔诸人,若与龟山言,便不着地头耳。"愚按,以不中不远等语考之外事,不过指文章之类,如威仪制度何可专省也。此虽有本末先后之分,要之内外不可偏废者也。今但曰一切皆省,或似有害,此朱子所以云尔也。惟曾子所论动容貌正颜色出辞气,固是兼文章言,所可省者,惟笾豆器数之末而已。方是为至,然后之学者或多循外,为人务饰边幅,本之则蔑矣。明道之训于斯为切。

20. [一]学者识得仁体,实有诸己,只要义理栽培。如求经义,皆栽培之意。[1]

[集校]

[一]《张解》本有"明道曰"。《茅注》云:"《语类》以此为明道语。"按,

陈荣捷云:"《遗书》卷二上,页二下,未指明是谁之语。朱子此处以为明道语。"(《陈论》)

[集注]

[1] 叶解:仁者,天地之生理,人心之全德也。其体具于心,固人之所本有,然必内反诸己,察之精,养之厚,有以见夫仁之全体,实为己有,则吾心所存无非天理。而后博求义理以封植之,则生理日以充长,而仁不可胜用矣。

张传:次之,则在求良师益友可也。

张解:此程子教人居仁之学也。为学工夫,莫切于求仁。盖仁者,天地生物之心,而人得以生者。此理体物而不遗,体事而无不在,至公至纯,至大至密,最难辨识。学者若能认得这个道理,全体明白,有得于心,方为实有诸己,则私欲净尽,天理流行,何所往而不通。如此则根柢已全,只要把事物上所得之义理,时时来栽培,使之充长坚固,即穷经而求其义,无非是要栽培此理之意,则甚矣。仁道之大,学者不可不求,而求之者,又不可以无养也。

茅注:至公无私之谓仁,而其体则天地万物,周流无间。学者于此识得,则于天理之流行充塞无少欠缺者,自有以洞然于心目之间矣。又须时时操存省察,俾夫所存所发,皆有以尽天理之实,而无一毫人欲之伪以杂之,则此理乃实有之于己,而不为悬想亿测之虚见矣。义理栽培,亦即物而穷其理,随事而处夫义,则知愈以明,处愈以当,而吾心固有之仁,日以生长而不可胜用矣。"识得仁体,实有诸己",则于心之本然者无所亏。"义理栽培",则于事之当然者无所失。"如求经义,皆栽培之意",又恐人无处下手,举此以见意也。朱子曰:"知之只知有此物而已,必须得之,而后此物实为己有也。"

贝原笃信曰:"要义理栽培"者,便是讲习讨论之学,日熟经义则良心油然而生。

[集评]

朱子曰:"学者识得仁体,实有诸己,只要义理栽培"。识得与实有,须做两句看。识得,是知之也;实有,是得之也。若只识得,只是知有此物。却须实有诸己,方是己物也。(《语类》卷九十五)

陈埴曰:识得仁体,谓满腔子是恻隐之心。既体认得分明无私意夹杂,又须读书涵泳义理("义理",清同治刻本为"理义")以灌溉滋养之。不尔,便枯燥入空门去。

陆氏曰:《语类》徐寓问:明道"学者先须识仁"。朱子谓:"未须看此,

不如且就博学笃志、切问近思下工夫。"观此则嘉隆来谈"良知"者,以明道识仁语藉口,亦不善读先儒之书者矣。(《茅注》)

张绍价曰:守约莫要于体仁。元者善之长,明善者明此而已。明善然后能识得仁体,进诚心然后能实有诸己。识得者知之事,实有则守之固,而行之力矣。仁体实有诸己,以义理栽培,则生意自畅,否则虽博求经义,栽培个甚!

李溁曰:《六经》莫非求道文学,道之大体曰仁。求仁,莫近于求经义也。要识仁体,知之事也。实有诸己,行之事也。义理栽培,兼知行而言也。若要知行之并进,则莫如义理栽培,要明这义理,亦莫如求经义。

21. ［一］昔受学于周茂叔,每令寻颜子、仲尼乐处,所乐何事。[1]

［集校］

［一］《张解》本有"明道曰"三字。

［集注］

［1］杨注:伯崑据伊川问学者:"颜子所乐何事?"或曰:"乐道。"伊川曰:"若能说颜子乐道,孤负颜子。"邹志完曰:"吾虽未识先生面,已识先生心,何其所造之深也。"周宪问著作王先生曰:"颜子非乐道,果何所乐?"先生曰:"心上一毫不留,若有心乐道,则有倚着。功名富贵,故无足乐;道德性命,亦无可乐。庄子所谓'至乐无乐'。"问:"夫子何以言'不改其乐'?"曰:"自人不堪其忧而言,故曰不改其乐。"伯崑曰:饭疏食饮水,曲肱而枕之,乐亦在其中。夫子何为而乐哉?发愤忘食,乐以忘忧,不知老之将至。夫子之乐意者,其在此也。一箪食,一瓢饮,人不堪其忧,回不改其乐。颜子何为而乐哉?博我以文,约我以礼,欲罢不能。颜子之乐意者,其在此也。

叶解:朱子曰:"按,程子之言,引而不发,盖欲学者深思而自得之,今亦不敢妄为之说。学者但当从事于博文约礼之诲,以至于欲罢不能而竭其才,则庶乎其可以得之矣。"

张传:孔子曰:"乐亦在其中矣"。其论颜子曰:"回也不改其乐"。要寻孔、颜乐处,当就其字绎之。

张解:周子善陶铸人,故常使学者认取孔子、颜子所谓乐者,所乐的是何事?思而得之,便能自见道也。程子既有得之后,乃知周子接引之善,故追而述之，欲人共领此意也。盖仲尼、颜子之乐，乃是人欲净尽，天理流行，身心所值，随处洞达，故能洒落无碍。此一段意趣，悬想不得，执着不得，必工夫到时，泰然有以自得，方能领其大意。故朱子教人以从事博文约礼之诲，以至欲罢不能而竭其才，则庶乎可以得之。愚谓，就境与道上寻，不如就孔、颜身上寻；就孔、颜身上寻，又不如就自己身上寻。寻亦不是空寻其故，须见其有所以乐之实在也。

茅注：乐，并音洛。

江注：问："孔、颜所乐何事？"曰："不要去孔、颜身上问，只去自家身上讨。"曰："观周子之问，其为学者甚切。"曰："然。"顷之，复曰："程子云人能克己，则心广体胖。仰不愧，俯不怍，其乐可知。有息则馁矣。"问："孔、颜之乐，求之亦甚难？"曰："且就圣贤着实用功处求之，如克己复礼，致谨于视听言动之间，久久自当纯熟（《王记》云：洪本"熟"作"粹"，《语类》作"熟"，王、吴本同，从之。），充达向上去。"或说颜子之乐云："天理流行，浑融贯通。颜子见得这个物事分明在面前，其乐自不能已。"曰："也不要说得似有一个物事样，道是个公共底道理，但是安顿不能得恰好。颜子向前见不得底今见得，向前做不得底今做得，所以乐，不是抱（《王记》云：王、吴本"把"并误"抱"。）这一个物事来恁地快活。"

[集评]

问：周子令程子寻颜子所乐何事，而周子、程子终不言。不审先生以为所乐何事？曰：人之所以不乐者，有私意耳。克己之私，则乐矣。（《语类》卷三十一）

问：程子云："周茂叔令寻颜子、仲尼乐处，所乐何事。"窃意孔、颜之学，固非若世俗之著于物者。但以为孔、颜之乐在于乐道，则是孔、颜与道终为二物。要之孔、颜之乐，只是私意净尽，天理昭融，自然无一毫系累耳。曰：然，但今人说乐道，说得来浅了。要之说乐道，亦无害。（同上）

胡敬斋曰：学者未能克己求仁，先要求颜子之乐，所以卒至狂妄。（《价解》）

王阳明曰：乐是心之本体，虽不同于七情之乐，而亦不外于七情之乐。虽则圣贤别有真乐，而亦常人之所同有，但常人有之而不自知，反自求许多忧苦，自加迷弃，虽在忧苦迷弃之中，而此乐又未尝不存，但一念开明，反身而诚，即此而在矣。（《传习录》）

陆陇其曰：邓卫老问"孔、颜之所乐，循理而已矣"。朱子答云："此等处未易一言断。且宜虚心玩味，兼考圣贤为学用力处，实下工夫，方见得如此。

硬是无益于事也。"愚按,言循理亦不甚差。但朱子最怕人硬说,不切身体贴。(《读朱随笔》)

刁包曰:孔、颜之乐有二种:胸中无物则乐,胸中有得则乐。唯无物而后能有得,唯有得而后能无物,二者相因,而其为受用也,则一而已矣。

又曰:曹月川曰:"颜子之乐,颜子之仁也。以其三月不违仁知之。"余意颜子之乐,颜子之礼也。以其非礼勿视听言动,知之也。非礼勿视听言动,则视听言动皆礼,仰不愧、俯不怍,心广而体胖,乐在其中矣。然则克己复礼,乐之工夫。乐者,克己复礼之受用也。克己复礼为仁,谓颜子之乐即颜子之仁亦可矣。

张习孔曰:孔子之时习朋来,好古敏求,不厌不倦,申夭坦荡,与点戏偃,无行不与,时行物生,孔之乐处也。不违如愚,无所不悦,欲罢不能,得善取膺,不远复,无只悔,颜之乐处也。然此皆其迹也,不由迹求之,则其真不可见,如泥其迹,则孔、颜之乐,岂仅在是乎?

陈沆曰:欲寻心之乐处,先察心之所忧,凡忧处皆私欲也。若纯乎天理,自然和矣。

张绍价曰:圣人安仁。颜子不违仁,私欲净尽。天理流形,其乐可知。学者从事于博文约礼之诲,真知力行渐精渐熟,使仁体实有诸己,则亦能乐孔、颜之乐矣。

22. [一]所见所期,不可不远且大,然行之亦须量力有渐。志大心劳,力小任重,恐终败事。[1]

[集校]

[一]《张解》本有"明道曰"三字。

[集注]

[1]叶解:朱子曰:"学者志识,固不可不以远大自期。然苟悦其高而忽于近,慕于大而略于细,则无渐次经由之实,而徒有悬想跂望之劳,亦终不能以自达矣。"

张解:学者所见,每患其智不周而仅明于小,而所期许,亦病其安于近而趣或不广,然行之亦须量才力之所胜与次序之有渐。若不量其力,进不以渐,则立志虽大,不能如其所愿,徒为劳苦其心。力量既小而妄受艰巨之任,其不至于困顿颠越者几何?亦终见其败事而已。故明道重以为戒,欲学者随力自尽,循序渐进,毋蹈骛远好大之弊也。

李解：朱子曰："学者之志，固不可不以远大自期。然观圣人之教，循循有序，不过使人求之至小至近之中，博之文以开其讲学之端，约之礼以严其践履之实，使之得寸则守其寸，得尺则守其尺。如是久之，日滋月益，然后道之全体乃有所向望而渐可识，有所循习而渐可能，自是而往，俛焉孳孳，毙而后已。而其所造之浅深，所就之广狭，亦非可以必诣而预期也。盖于此小差则心失其正，虽有仰高钻坚之志而反为谋利计功之私矣。"

佐藤一斋曰：所见是着眼处，所期是规模处。

[集评]

张南轩曰：学者当以圣人为准的，然贪高慕远，躐等以进，非徒无益而又害之也。(《叶解》)

张绍价曰：士不可以不弘毅。志伊学颜，远大自期，弘也。然人之才质不同，须量其力之所能及。循序渐进，方可有得。志大心劳，力小任重，弘而不毅，恐终败事。

23. ［一］朋友讲习，更莫如"相观而善"工夫多。[1][二]

[集校]

［一］《张解》本有"明道曰"三字。

［二］《张传》本此条与第24条排列位置互易。

[集注]

［1］叶解：朋友相处，非独讲辨之功，熏陶渐染，得于观感，自然进益。

张传：讲习者，以言相观者，言行具有，然又当以久暂分也。

张解：此欲交友者知其所以取益之大也。人之有朋友，总以求其有益，故《易》曰"君子以朋友讲习"，此致知事也。《礼》曰"相观而善之谓摩"，乃力行事也，均之益也。然讲习讨论以辨其义理，工夫之益犹少，更莫如相观感化，有以善其身心之益为多。此亦在取友者之能自得益而已。

李解：《易》曰："君子以朋友讲习。"《记》曰："相观而善之谓摩。"言讲习之益在于观感而为善，不徒辩论而已也。

茅注：朋友讲习，见《易·兑卦·象传》。相观而善，见《礼·学记》篇。

价解：友所以辅仁，有言之益犹浅，无言之益最深。熏陶渐摩，可以涵养德性，变化气质，相观而善，获益良多。

[集评]

茅星来曰：二者(按，"朋友讲习"，"相观而善"。)皆言取友之益，然就中较量，讲习固所以明道，不如相观而善、日薰月染所得更多也。学者但知取友以资讲习,而于相观而善之益,往往习焉不察。程子指以示人,其意深矣。

24.　[一]须是大其心使开阔[二]。譬如为九层之台,须大做脚须[三]得。[1]

[集校]

　　[一]《张解》本有"明道曰"三字。

　　[二]各本并同,洪本"阔"误"闢"。(《王记》)

　　[三]"始",《遗书》及宋本、吕本并作"须"。(《茅注》)"须"叶作"始"。(《冯记》)"大做脚 须 得",叶本作"始"。(《考异》)郑晔云:"'须'字可疑,他本或作'始'。《性理群书》作'方'。"(《释疑》)按,《张传》本、《张解》本、《叶解》四库抄本、《茅注》本、《江注》本及其四库抄本、《元丰己未吕与叔东见二先生语》、朝刊《近思录》均作"始"。

[集注]

　　[1]叶解:心不开阔,则规模狭陋而安于小成,持守固滞而惰于进善。

　　张传:大其心使开阔,中有缜密工夫在。盖九层之台,大做脚,亦须尺寸积累也。

　　张解:学者所志不大,语以圣贤之学,则诿而不敢为;语以心性之事,亦急而不能尽。故须是大其心,使根基开阔,方载得重远之道,即曾子所谓"弘"是也。譬如人欲为九层至高之台,其基址亦须开阔,故必大做起脚方好。不然,无以承载上面积累之势,虽极经营,高亦有限。有志圣贤者,总要拓开心胸,使规模广大,以为后来进德修业之地也。

　　李解:大其心者,不以私意隔碍之也。凡至崇之物,必以至广者为基,不然则倾矣。朱子曰:"学问之后断以宽居,信道笃而又欲执德弘者,人之为心不可促迫也。善之来无穷而吾受之有馀地,则心广而道积矣。"

　　茅注:胡季随曰:"心目不可不开阔,功夫不可不缜密也。"

[集评]

　　朱子曰:心只是放宽平便大,不要先有一私意隔碍,便大。心大则自然不急迫。如有祸患之来,亦未须惊恐。或有所获,亦未有便欢喜在。少间亦未必,祸更转为福,福更转为祸。(《语类》卷九十五)

　　张习孔曰:此二段语(按,即第22、24条)似相反,毕竟以"行之亦须量力"之言为是。

　　张绍价曰:大其心使开阔,则不失于隘陋,而有以居之,所谓弘也。

25. 明道先生曰：[一]自"舜发于畎亩之中"至"百里奚举于市"[二]，若要熟，也须从这里过。[1]

[集校]

[一]《张解》本无"先生"。此条今见《河南程氏遗书》卷三《谢显道记忆平日语》，下同，此处无"明道先生曰"五字。

[二]"百里奚举于市"，叶本作"孙叔敖举于海"，《遗书》同。(《茅注》)"百里"六字，叶从《遗书》作"孙叔敖举于海"。(《冯记》)"孙叔敖举于海"，《遗书》本作"百里奚举于市"；家塾本"海"下注"一作百里奚举于市"。(《异同考》)按，此句，《叶解》四库抄本、吴邦模刻本、《张解》本、《谢显道记忆平日语》作"孙叔敖举于海"。

[集注]

[1]杨注：伯峈据尹氏曰："困穷拂郁，能坚人之志而熟人之仁，以安乐失之者，多矣。"

叶解：说见《孟子》。履难处困，则历变多而虑患深，察理密而制事审。朱子曰："曾亲历过，方认得许多险阻去处。"

陈潜室曰：熟，谓义理与自家相便习，如履吾室中。(《栏外书》)

张解：人生境遇之来阅历之故，皆足为锻炼身心之资，而至于处困，则其淬砺也更深。盖其操心虑患，撰几观变，动忍增益，无所不有，如古来圣贤豪杰多从此中出头。故孟子所序"舜发于畎亩"一节，都是炼成圣贤去处。学者若要身心道理烂熟，亦须从这里过。盖大要锻炼一遭，性情方能处处有下落也。

茅注：这，本倪殿反，迎也。宋儒借作"者"、"个"字用，然唐人诗中已有之，如无名子杂词"况伊如燕这身材"是也，见韦毂《才调集》，则此字之讹用久矣。后凡用"这"字，仿此。

江注：朱子曰："只是要事事经历过。"问："'若要熟也，须从这里过。'人须从贫困艰苦中做来方坚牢。"曰："若不从这里过也，不识所以坚牢者。似一条路，须每日从上面往来行得熟了，方认得许多险阻去处。若素不会(《王记》云：王、吴本作"不会行"，倜录作"曾"，洪本同，从之。)行，忽然一旦撞行将去，少间定堕坑落堑去也。"

[集评]

张习孔曰：从来无安常处顺为圣贤者。文王有贤父圣子，尚有羑里之困，其他可推。

　　张绍价曰：工夫就大处作，尤须就实处做。动心忍性，增益不能。从贫困艰苦中练出毅力，方可以当大任而不惧。故曰"若要熟也，须从这里过"。优游安逸，志弱骨柔，遗大投艰，必至偾事。

　　贝原笃信曰：自"舜发于畎亩之中"，是举孟子语之本末而略其中之词，而无异议。熟者，言义理浃洽、心术纯熟也。这里者，言处困苦而历世变多也。如此数人之所履历是也。

26.　[一]参也，竟以鲁得之。[1]

［集校］

　　[一]《张解》本有"明道曰"三字。

［集注］

　　[1] 叶解：程子又曰："曾子之学，诚笃而已。圣门学者，聪明才辩，不为不多，而卒传其道，乃质鲁之人尔。故学以诚实为贵也。"尹氏曰："曾子之才鲁，故其学也确，所以能深造乎道也。"

　　张解：学者喜言才华，多谓高明乃造道之资，而不知惟笃实之志气，其任道为有力。如圣门曾子，省身常若不及，才华未尝一露，夫子亦以"鲁"称之。然真积力久，圣人终以一贯之道，呼而告之。其后传孔子之道以衍其宗者，惟曾子之泽为最长，故曰"竟以鲁得之"。

　　李解：朱子曰："曾子只缘鲁钝，被他不肯放过，所以做得透彻。若是放过，只是鲁而已。"又曰："鲁钝则无造作。"又曰："鲁钝却能守其心专一。"

　　茅注：竟，终也。说见《论语》。蔡虚斋曰："观《曾子问》一篇，则其才之鲁与其学之确，皆可验矣。"

　　江注：朱子曰："鲁钝之人，却能守其心专一。明达者，每事要入（《王记》云：洪本"入"误"人"。）一分，半上落下，多不专一。""非说须要鲁，鲁是他一般病，但却是上好底病。他却是得这个鲁底力。"

　　价解：曾子诚笃，其学皆自艰难辛苦中得之，质鲁而能深造乎道，得力全在一毅字。学者虽有明敏之资，必用困勉之功，方可有得。若要熟，也须从这里过。不然领会虽易，而持守不固，终不足以达道。

［集评］

　　朱子曰："参也，竟以鲁得之。"曾子鲁钝难晓。只是他不肯放过，直是揣得到透彻了方住。不似别人，只略绰见得些小了便休。今一样敏底见得容易，又不能坚守；钝底揣得到略晓得处，便说道理止此，更不深求。惟曾子不肯放舍，若这事看未透，真是揣得到尽处，所以竟得之。(《语类》卷三十九)

朱子曰：缘他质钝，不解便理会得，故著工夫去看，遂看得来透彻，非他人所及。有一等伶俐人，见得虽快，然只是从皮肤上略过，所以不如他。（同上）

胡居仁曰：见义理不怕见得钝，只怕见得浅。虽见得快，若不精深，亦不济事，故曰："参也，竟以鲁得之。"（《居业录》卷八）

张习孔曰：此教中材之人，不得以资质自诿也。参也所得者何？得道统也。圣门学者，颜子为优，然颜之事业不如曾。曾子作《大学》，继往开来，独得其宗，非七十子之所能并也。故先生深与其得，而尤快其以鲁而得，人可以资禀自限乎！

27. 明道先生[一]以记诵博识为玩物丧志。[1][二]（旧注：时以经语录作一册。[2]郑毅云："尝见显道先生云：'某从洛中学时，录古人善行别作一册，明道[三]见之，曰是玩物丧志。'盖言心中不宜容丝发事。"）[3]

[集校]

[一]《河南程氏遗书》无"明道先生"四字。

[二]《张传》本无"旧注"一段的注文。佐藤一斋认为"此条盖上蔡所录，本注亦其自记，止八字。所引郑毅、胡安国两条，则盖平岩举以证本文。"（《栏外书》）

[三]"明道"下，《叶解》元刻本及其四库抄本、吴邦模刻本、《茅注》本、《江注》本增有"先生"二字。且此旧注部分，《茅注》本为大字。

[集注]

[1]张传：不记诵，则不能博识；不博识，则无以任天下之事；不能任天下之事，则无以称圣贤行义达道之志。先生此言，为徒然记诵博识者发也。有志圣贤者，当记诵时，所见惟在道，初不为博识而记诵；无其志者，只欲为文章之士，是先生之所讥也。或曰："羲、农、稷、契，所读何书？"曰："此大圣也，言即为经，后人安可藉口于是而废学乎？孔子尝自言好古敏求矣，第圣人之学，为己也，后人之学，为人也。不能于颂读见道，是所谓'玩物丧志'也。"

李解：识，音志。丧，去声。

[2]张解：玩物丧志，《周书·旅獒》篇语也。言人耽玩外物，便丧失胸中之志气也。着意记诵博识而无得于大道，则心局于此，而书亦物矣，故为"玩物丧志"。

茅注：按，此条出上蔡记忆平日语中，故不书姓名，犹《论语·宪问耻》篇，先儒以谓疑原宪所记是也。

[3] 杨注：胡安国云："谢先生初以记问为学，自负该博，对明道举史书成篇不遗一字。明道曰：'贤却记得许多，可谓玩物丧志。'谢闻此语，汗流浃背，面发赤。及看明道读史，又却逐行看过，不蹉一字。谢甚不服，后来省悟，却将此事做话头接引博学之士。"

叶解：谢良佐，字显道，上蔡人，程子门人也。人心虚明，所以具万理而应万事，有所系滞，则本志未免昏塞。所贵乎读书，将以存心而明理也。苟徒务记诵为博，则书也者亦外物而已，故曰"玩物丧志"。

茅注："善行"之"行"，去声。行，音杭。蹉，仓坐反，通用"差"。郑毂，字致远，建安人。毂初就学，能知圣人之道在《中庸》，父镇奇之。第进士，以秘书郎守临江，遂丐祠归。显道先生，……中元丰八年进士，历仕州县。建中召对，除书局官，后复去为管库，以飞语坐系诏狱褫官。有《论语说》、《文集》、《语录》行世。胡安国，字康侯，建安人。中绍圣四年进士，仕至宝文阁直学士，谥文定。按，江文卿博极群书，因感朱子之教，自咎云"某五十年枉费工夫，记许多文字"。朱子曰："亦不妨多闻，择其善者而从之，多见而识之。公却无择善一着耳。今知得，便拽转却许多，都有用。"可与程子语相发明。

价解：记诵博识之学，多出于才智明敏之士，主于矜奇炫异，而不主于明道畜德。故程子讥其玩物丧志。鲁者之所以得，敏者之所以失，学者所宜明辨也。

[集评]

朱子曰：明道以上蔡记诵为玩物丧志，盖为其意不是理会道理，只是夸多斗靡为能。若明道看史不差一字，则意思自别。此正是为己为人之分。（《语类》卷九十五）

朱子曰：玩物丧志之戒，乃为求多闻而不切己者发。明道"玩物丧志"之说，盖是箴上蔡记诵博识而不理会道理之病。渠得此语，遂一向扫荡，直要得旷然无一毫所累，则可谓矫枉过其正矣。观其论曾点事，遂及"列子御风"，以为易做，则可见也。明道谓与学者语"如扶醉人"，真是如此。（《江注》）

李延平曰：读书者知其所言莫非吾事，而即吾身以求之，则凡圣贤所至而吾所未至者，皆可勉而进矣。若徒以文字求之，悦其辞义以资诵说，其不为玩物丧志者，几希。（《茅注》）

陈埴曰：徒记诵该博而理学不明，不造融会贯通处，是逐其小者，忘其大者。反以无用之物累其空明之心，是为玩物丧志。

又曰：明道是明睿内照，故书无不记，却不是记问上做工夫。此语正欲点化显道，惜其为记问所障，领会不去。

颜元曰：谢良佐记问甚博，明道谓之曰："贤却记得许多，可谓玩物丧志。"良佐身汗面赤。明道曰："此便是恻隐之心。"可见大程学教犹不靠定书本。仆掀阅至此，悚然起敬，以为此正明道优于伊川、紫阳处，又未尝不爱谢公之有志也。使朱子读此亦为之汗身赤面则善矣；乃曲为之说，谓渠是夸多斗靡，不是理会道理，又引程子看史事证之，总是不欲说坏记诵一道，恐于己读尽天下书之志有妨也。不知道理不专在书本上理会，贪记许多以求理会道理，便会丧志，不得以程子看史一字不差相混也。（《存学编》）

张习孔曰：记诵博识而约之以礼，则不丧志也。

管赞程曰：自"孟子才高"至此为一章，由明善以进诚心，虽不及内积忠信进德之高，然由明善而能独进诚心，直趋忠信进德之路，然后诚心两进，终日乾乾，以寻孔、颜之乐，亦是乾道圣人之学，能学颜子者也。

28.［一］礼乐只在进反之间，便得性情之正。[1][二]

[集校]

［一］《张解》本有"明道曰"三字。此条今见《河南程氏遗书》卷三《拾遗》。

［二］以上明道语。（《杨注》）以上并明道语。（《叶解》、吴邦模刻本、《茅注》）陈荣捷云："有注云'以上并明道语'。《遗书》卷三，页六下，亦云'右明道先生语'。可知自第十九'明道先生曰'至此皆明道语，而第二十九'父子'条以至第四十三'明道先生曰'前，皆伊川语。而张伯行《近思录集解》误以为明道语。"（《陈论》）

[集注]

[1]杨注：礼尚严，常使人有畏心；乐尚和，常使人有喜心，故礼主其减，乐主其盈。然减而不进则销，盈而不反则放，欲养其性而制其情也，难矣。故礼乐之并行者，凡以节适乎性情之正也。

叶解：《乐记》曰："礼主其减，乐主其盈。礼减而进，以进为文；乐盈而反，以反为文。"朱子曰："减是退让、撙节、收敛底意思，是礼之体本如此。然非人之所乐，故须进步向前，著力去做，故以进为文。盈是舒畅、发越、快满底意思，是乐之体本如此。然易至于流荡，却须收拾向里，故以反为文。"

张传：此节当与《礼记》参看。此所谓只在进反之间也。……礼得其报则乐，乐得其反则安。此所谓"得性情之正"也。

张解：程子因其进反之故，而明礼乐之妙用也。言礼乐所以陶淑人之性情，用礼乐无俟他求，但即《记》之言礼而以进为文思之，是谓礼以谦退为体，或非人之所乐，必进前做去，方有当于礼。更即《记》之言乐而以反为文思之，是谓乐以畅满为体，每易至于流荡，须收转向里，方有当于乐。则是用礼乐者，不过于礼一进而用，礼之性情已得；不过于乐一反而用，乐之性情已得。故曰"只在进反之间，便得性情之正"也。

李解：朱子曰："退让、收敛、撙节之谓减，礼之体本如此，进者力行之意。和悦、舒散、快满之谓盈，乐之体本如此，反者退敛之意。礼减而却进，乐盈而却反，所以为得性情之正也。"

江注：问："《记》曰：'礼主其减，乐主其盈。礼减而进，以进为文；乐盈而反，以反为文。'恐减与盈，是礼乐之体本如此，进与反是用功处否？"朱子曰："礼主其减，却欲进一步向前着力去做；乐主其盈，却须退敛节制收拾归里。如此则得性情之正。"问："如此则礼乐相为用矣？"曰："然。""礼主于撙节、退逊、检束，然以其难行，须勇猛力进始得，故以进为文。乐主于舒畅发越，然一向如此，必至于流荡，故以反为文。主于减者，以进为文；主于盈者，以反为文。中间便自有个恰好处，所谓性情之正也。"

[集评]

问："礼乐只在进反之间，便得性情之正"，何谓也？曰：记得"礼减而进，以进为文。乐盈而反，以反为文。"礼，如凡事俭约，如收敛恭敬，便是减。须当着力向前去做，便是进，故以进为文。乐，如歌咏和乐，便是盈。须当有个节制，和而不流，便是反，故以反为文。礼减而却前进去，乐盈而却反退来，便是得情性之正。（《语类》卷九十五）

别隐秦氏曰：性之德中，情之德和。而礼乐进反之间，时常庄敬，而慢易之心不入；时常和乐，而乖戾之心不生，气象自别。（《陈注》）

张绍价曰：记诵之学，不向性情上用功，故玩物丧志，欲理性情者，其必从事礼乐乎。礼之体严，严者常失之不及，故以进为文，行事无所勉强，则严中有和，而不苦其拘迫；乐之用和，和者常失之过，故以反为文，意思务为收敛，则和中有严，而不至于流荡。一进一反，无过不及，故得其性情之正，非记诵之学所及知也。

佐藤一斋曰：礼乐进反，盖皆出于阴阳之自然。礼不极于减，减而进；乐不终于盈，盈而反。各有消长、有交错，所谓文也。故为得性情之正，谓其不偏也。（笔者按，一斋从阴阳、偏正的角度阐述。）

29. ［一］父子君臣，天下之定理，无所逃于天地之间。安得天分，不有私心，则行一不义，杀一不辜，有所不为。有分毫私，便不是王者事。[1]

［集校］

［一］《张解》本有"明道曰"三字。而佐藤一斋认为"此条已下系叔子语，当表'伊川先生曰'字。"此条今见《河南程氏遗书》卷五，题下注云"二先生语"。

［集注］

[1] 叶解：父子君臣，人伦之大端，天下之定理，立于天地之间者，必有而不容废者也。惟能全其天理而无私心者，则处之各当其分。而行一不义之事，杀一不辜之人，虽可以得天下，亦不为也。盖尧、舜受禅，无亏父子之恩；汤、武征伐，无愧君臣之义，皆无私心故也。

张解：父子君臣，乃生人莫大之伦，其道实天下一定不易之理，是天之经也，地之义也。中处大地间者，即欲脱离乎此，而有所不能。然伦出于天理，亦本于天，而有其不容紊之分际。若循天理，安得自然之分际，而不杂以一毫人欲之私心，便能父尽父道，子尽子道，君尽君道，臣尽臣道。如此理得心安，即"行一不义，杀一不辜"而可以得天下，亦有所不为。盖所以为父子君臣者，其天定也。若有分毫私意之起，其中自有多少不可知之处，便不是王者之事矣。此尧、舜所以为人伦之至也。

李解："天分"之"分"，去声。

茅注：安得天分，言能于天分上安得也。天分，即天理也。父子君臣，各安其分之所当然，而初非有所为而为之，故曰"不有私心"。"无所逃"句，出《庄子·人间世》篇。

价解：父子君臣，各有定理，不可逾越。礼之为体至严也。然其体虽严，而其用则和。安得天分，循其理之自然，无所勉强，而不参以私心，则乐之和也。有分毫私心，则不安天分，而失其定理，便非王者之事。

［集评］

朱子曰：天分，即天理也。父安其父之分，子安其子之分，君安其君之分，臣安其臣之分，则安得私？故虽"行一不义，杀一不辜而得天下"，有所不为。（《语类》卷九十五）

朱子尝言：庄子谓"子之于亲也，命也，不可解于心。"至臣之于君，则曰"义也，无所逃于天地之间。"见得君臣之义，却似逃不得，不得已臣服之，更

无一种自然相为一体处。然则此语固有病,程子亦只借以明父子君臣之伦为天分,而不可不安之意。(《茅注》)

张习孔曰:此是为欲为王者之事者说。"行一不义,杀一不辜",尚且不为,况可奸君臣父子之定理而为之乎!

别隐秦氏曰:王霸之辨,陋巷中便当审决。(《陈注》)

30. [一]论性不论气,不备;论气不论性,不明。二之则不是[二]。[1]

[集校]

[一]《张解》本有"明道曰"三字。按,陈荣捷云:"照以上所言,应为伊川语。《语类》卷四,第四十八'蜚卿'条,页一〇八,与卷五十九,第四十二'孟子'条,页二一九,均以为伊川语。《孟子集注·告子上》第六章引此语又引《遗书》,卷十八,页十七下,性即是理之言,皆为'程子曰'。卷十八既为伊川之语,则此处之语亦必为伊川之语。黄宗羲《宋元学案》卷十五,页十五上,采作伊川语,或以此故。然《语类》卷四,第六十四'道夫'条,页一一三;卷六十二,第六十二'问天命'条,页二三七〇;与《朱子文集》卷四十四,页十九上,均作明道语。而于《语类》卷四,第四十四'天命'条,页一〇七;第九十一'问子罕'条,页一二五;卷五十九,第四十八'程子'条,页二二〇二;第五十五'横渠'条,页二二〇五;与《朱子文集》卷三十九,页二十四下,则只云'程子'。表面观之,朱子似是矛盾。然《语类》卷五十九,第四十四'杨尹叔'条,页二二〇〇,不言'明道'、'伊川'、'程子',而言'二程'。可知朱子以此为二兄弟共同之意见。或举明道,或举伊川,或举程子,皆随其便而已。"(《陈论》)

[二]《遗书》无"二之则不是"句,注"一本有"云云。(《茅注》)按,此条今见《河南程氏遗书》卷六,其下注云:"一本此下云:'二之则不是'。"

[集注]

[1]杨注:自昔言"性"者多矣,惟二程子谓"性即理"也,其论深切著明。此一段又于本性之外发明气禀而言。盖有性则有气,有气则有性,与生俱生,气未尝不备也。然性之有明蔽,由其气之有清浊,惟能养其性以胜其气,性未尝不明也。所以不可歧而二之者,此也。尝观舜之命禹,先论人心道心,而终归于精一执中。孟子"存其心,养其性","持其志,无暴其气",其旨皆是也。合体用,抽关钥,百世以俟圣人而不惑,其在兹乎!

叶解：此段疑当在首卷。论性之善，而不推其气禀之不同，则何以有上智下愚之不移，故曰"不备"。论气禀之异，而不原其性之皆善，则是不达其本也，故曰"不明"。然性者气之理，气者性之质，元不相离，判而二之，则亦非矣。愚谓，孟子推原性之本善，虽未及乎气质，固不害其为性也。至于荀、扬但知气质之或异，而不知性之本同，则是不识性也，岂不害道？要之，必若程子、横渠之言，始为明备。

张传：朱子《玉山讲义》："天之生此人，无不与之以仁义礼智之理，亦何尝有不善？但欲生此物，必须有气，然后此物有以聚而成质。"语极明切。质者，身也，气之所成也。理之所赋，则所谓性也。《中庸章句》注云："天以阴阳五行，化生万物，气以成形而理亦赋焉。"夫气本于阴阳五行，是天之气也。何为有清浊昏明之异？盖天以气生物，必合于其父母之所遗，山川之所毓而后成，由是不能无纯杂之间，而又有物欲乘之，遂至相去之甚远耳。如论水者，论源不论流，无以尽水之极致也。故曰"论性不论气，不备"。如曰凡人之生，一听其禀受于父母风土，而学问矫正之功不能为力焉，则又诬性而害教。自古至今，贤人君子，岂皆世德克肖乎？存乎人之自致耳，且愚而明、柔而强者，世不绝也。岂非性生之善，人皆有之乎？如昏镜中，原含明体，苟能磨治，未有不可复其明者，故曰"论气不论性，不明"。

张解：天地生人，气以成行，而理亦赋焉。论其所受则性只是理，至有所成则性已兼气质矣。故论性而不即气以兼论之，则气禀不同，或有不可尽概以理者，将不谓之性乎？是于性之义有不该之理，故曰不备。论气而不推原乎所性之理，则受中以生自有不杂夫气者，将谓性本无所谓善乎？则性之原有所未彻，故曰不明。盖为理与为气，皆性中所有，离而二之，其说便不是。若合而论之，则养性可以御气，治气亦足以复性，是为得性之全者也。

李解：朱子曰："论性不论气，则无以见生质之异；论气不论性，则无以见义理之同。"朱子曰："程子此言所以发明千古圣贤未尽之意，甚为有功。"

茅注：此为论性、论气者言之，非论性与气也。

江注：朱子曰："如只说仁义礼智是性，世间却有生出来便无状底，是如何？只是气禀如此。若不论气，这道理便不周匝；若只论气禀，这个善、这个恶却不论那一原处，这道理又却不明。""天命之性若无气质，却无安顿处。如一勺水非有物盛之，则水无归着。""须是两边都说，理方明备。'二之'正指上两句，'论性不论气'，'论气不论性'，便是二之。"问："气质之说，始于何人？"曰："此起于张、程，极有功于圣门，有补于后学。……故张、程之说立,则诸子之说泯矣。""周子《太极图》却有气质底意思,程子之论,又自《太极图》中见出来。"

价解:定理原于天性之善,私心发于气禀之偏,故继以论性论气。

[集评]

朱子曰:"论性不论气,不备;论气不论性,不明"。盖本然之性,只是至善,然不以气质而论之,则莫知其有昏明开塞,刚柔强弱,故有所不备。徒论气质之性,而不自本原言之,则虽知有昏明开塞、刚柔强弱之不同,而不知至善之源未尝有异,故其论有所不明。须是合性与气观之,然后尽。盖性即气,气即性也。若孟子专于性善,则有些是"论性不论气。"韩愈三品之说,则是"论气不论性"。又曰:"论气不论性",荀子言性恶,扬子言善恶混是也。"论性不论气",孟子言性善是也。性只是善,气有善不善。韩愈说生而便知其恶者,皆是合下禀得这恶气。有气便有性,有性便有气。(《语类》卷五十九)

朱子曰:论性不论气,孟子也;不备,但少欠耳。论气不论性,荀、扬也;不明,则大害事。又曰:韩子《原性》言三品亦是,但不曾分明说是气质之性耳。孟子说性善,但说得本原处,却不曾说得气质之性,所以亦费分疏。使程、张之说早出,诸儒自不用纷争。(《茅注》)

朱子曰:孟子论性不论气,但只认说性善,虽说得好,终是欠了下面一截。孟子终是未备,所以不能杜绝荀、扬之说。韩愈也说得好,只是少个"气"字。(《江注》)

陈埴曰:性者,人心所具之天理。以其禀赋之不齐,故先儒分别出来,谓有义理之性,有气质之性。仁义礼智者,义理之性也;知觉运动者,气质之性也。有义理之性而无气质之性,则义理必无附着。有气质之性而无义理之性,则无异于枯死之物。故有义理以行乎血气之中,有血气以受义理之体,合虚与气而性全。孟子之时,诸子之言性往往皆于气质上有见,而遂指气质作性,但能知其形而下者耳。故孟子答之,只就他义理上说,以攻他未晓处。气质之性,诸子方得于此,孟子所以不复言之。义理之性,诸子未通于此,孟子所以反覆详说之。程子之说,正恐后学死执孟子义理之说而遗失血气之性,故并二者而言之曰"论性不论气不备,论气不论性不明"。程子之论举其全,孟子之论所以矫诸子之偏。人能即程子之言而达孟子之意,则其不同之意,不辨自明矣。

薛瑄曰:"论气不论性,不明",是指告子以知觉运动生之义为性,而不知性即理也。故不明。"论性不论性,不备",言孟子论性善,固得性之本原,然不论气,则不知有清浊昏明之异。故未备。(《读书录》)

胡氏曰：孟子在本原上看，故以性为善；荀子在情欲上看，故以性为恶；韩子在气质上看，故以性有三品。扬子见道不明，故曰善恶混。程、朱通兼本原气禀而言，斯为明备。（《李解》）

冯友兰曰：人有贤愚善恶之不齐。……此所说气谓气质或气禀；此所说性谓人之义理之性，即人之理。必二者兼论，然后性善之说，始可以无困难。盖若不论气质，则关于人之所以有不善，甚难解释。兼气质与义理之性，则我们可说义理之性是善，但关于人之所以有不善，亦有充分底解释。（《新理学》）

31. [一]论学便要明理，[1]论治便须[二]识体。[2]

［集校］

　　［一］《张解》本有"明道曰"三字。此条今见《河南程氏遗书》卷五。

　　［二］"须"，吕本作"要"。（《茅注》）

［集注］

　　［1］茅注：其功夫节目备在下卷。

　　［2］叶解：论学而不明理，则徒事乎词章记诵之末，未为知学也。论治而不识其体，则徒讲乎制度文为之末，未为知治也。

　　张传：能明理，然后能识体。樊迟请学稼圃，是不识体也，然亦由未明理故。

　　张解：此明道先生示人以内圣外王之要也。儒者修己，必端所学。然所学何事？将以全吾所得于天之理也。道理不明不可言学，故必先穷理，务使天人性命洞见其原，人伦日用皆知其则，然后所学一归于正也。王者宰世必隆治道，然治无他术，惟当不失乎立政之体而已。大体不知，何足言治？故必持体要，务使井田学校大定规模，风俗人心勿忘化导，然后所治不流于杂也。不然，记诵词章，非圣贤之学；权谋术数，非帝王之治矣。

　　茅注：朱子曰："如任贤相，杜私门，则立政之要也。择良吏，轻赋役，则养民之要也。公选将相，不由近习，则治军之要也。乐闻警戒，不喜导谀，则听言用人之要也。推此数端，馀皆可见。"又曰："大事不曾为得，却以小事为当急，便于大体有害。如为天子近臣，当謇谔正直，又却恬退寡默。及处乡里，当闭门自守躬廉退之节，又却向前要做事，便都伤大体。"

　　江注：朱子曰："今人议论都是如此，合当举贤才而不举，而曰我远权势；合当去奸恶而不去，而曰不为已甚。"

[集评]

朱子曰:“论学便要明理,论治便须识体”。这“体”字,只事理合当做处。凡事皆有个体,皆有个当然处。问:是体段之“体”否?曰:也是如此。又问:如为朝廷有朝廷之体,为一国有一国之体,为州县有州县之体否?曰:然。是个大体有格局当做处。如作州县,便合治告讦,除盗贼,劝农桑,抑末作。如朝廷,便须开言路,通下情,消朋党。如为大吏,便须求贤才,去脏吏,除暴敛,均力役。这个都是定底格局,合当如此做。(《语类》卷九十五)

张绍价曰:性者万事万理所从出,存之为天德,行之为王道。学之理,治之体,皆吾性中所固有。论学而不明理,则为记诵词章,而不足以达天德;论治而不识体,则为小惠私智,而不足以语王道。

32. [一]曾点、漆雕[二]已见大意,故圣人与之。[1]

[集校]

[一]《张解》本有“明道曰”三字。此条今见《河南程氏遗书》卷六,下同。

[二]按,“漆雕”后,《叶解》元刻本及其四库抄本、吴邦模刻本、《茅注》本、《江注》本及其四库抄本有“开”字。笔者以为此处当有“开”字,疑《杨注》本漏刻。因为此处涉及孔门弟子,宜先姓后名。如曾晳,名点。此处是先言姓,后言名;而“漆雕”为姓,“开”为名,故当称之“漆雕开”为宜。

[集注]

[1]杨注:伯喦据“子使漆雕开仕。对曰:‘吾斯之未能信。’子说。”斯,指此理而言;信,谓真知。其如此而无毫发之疑也。“子路、曾晳、冉有、公西华侍坐。子曰:‘以吾一日长乎尔,毋吾以也。居则曰:不吾知也!如或知尔,则何以哉?’子路率尔而对曰:‘千乘之国,摄乎大国之间,加之以师旅,因之以饥馑;由也为之,比及三年,可使有勇,且知方也。’‘求,尔何如?’对曰:‘方六七十,如五六十,求也为之,比及三年,可使足民。如其礼乐,以俟君子。’‘赤,尔何如?’对曰:‘非曰能之,愿学焉。宗庙之事,如会同,端章甫,愿为小相焉。’点曰:‘莫春者,春服既成,冠者五六人,童子六七人,浴乎沂,风乎舞雩,咏而归。’夫子喟然叹曰:‘吾与点也。’”伯喦曰:人方汲汲于仕进,而开独揆诸心,而有未能自信之言。三子者,皆有志于诸侯大夫之事,而点独安其分,而有优游自得之适,能重内而轻外,不舍己以为人,所以见圣人大意。

叶解:曾点言志,以为“莫春者,春服既成,冠者五六人,童子六七人,浴乎沂,风乎舞雩,咏而归"。盖有见于是道之大,流行充满,而于日用之间,从容自得,有与物各适其所之意。"子使漆雕开仕。对曰:'吾斯之未能信。'"开于是理必有见焉,顾于应酬之际,未能自信其悉中乎是理,此其所见之大而不安于小成,所守之笃而必期于自信。二者虽其行之未成,要皆有见于圣人之大意。朱子曰:"点更规模大,开更缜密。"

张传:朱子曰:"大意便是本初处,若不见得大意,如何下手做工夫?若已见得大意,而不下手做工夫,亦不可。斯者非大意而何?若推其极,只是性,盖帝之降衷便是。"又曰:"人惟不见其大者,故安于小;惟见之不明,故若存若亡。一出一入,而不自知其所至之浅深也。"按,此皆是赞美之词。乃朱子又曰:"见大意则于细微,容或有所未尽。"而程氏亦曰:"开于心体上未到昭晰融释处,所以未敢出仕。其所见处,已自高于世俗诸儒,但其下手工夫不到头,故止于见大意耳。"按,此又有不足之意。

张解:学者所见不大,终日营营,无洒脱处,或少有得,旋又自足,均之病也。圣门曾点、漆雕开俱能见其大,故一则春风沂水,随在自得,一则吾斯未信,轻试实难。将所谓人欲净尽,天理流行,随处充满,无少欠缺,曾点已见及之,开亦同此意焉,故圣人均与之。盖斯理之大,上天下地,亘古亘今,无处不足,无时或穷,能彻乎此,则触处悦心,物胥得所,而凡理欲公私、义利善恶,更无不瞭然目前。此是何等境界!或见得及,或难自信,志趣总皆可用。抑又闻之,朱子谓点规模大,开更缜密,欲学圣人者,须求切实,难希洒落,更当知朱子喫紧为人处也。

李解:朱子曰:"论其资质之诚悫,则开优于点;语其见趣超诣、脱然无毫发之累,则点贤于开。然开之进未有已也。"

茅注:说见《论语》。

江注:问:"如何是'已见大意'?"朱子曰:"是他见得大了,便小合杀不得。开只说得一句,如何便见他'已见大意'?工夫只在'斯'字'信'字上。'斯'是许多道理,见于日用之间。君臣父子、仁义忠孝之理,虽已见得如此,却恐做不尽,不免或有过差。虽是知其已然,未能决其将然。规模小底易自以为是(《王记》云:"瞻录、洪本同,王、吴本'足'作'是'。何先生云:'是字与信字对。'可从。"),规模大则工夫卒难了,所以自谓'未能信'。"《答曾择之》曰:"漆雕语意深密难寻,而曾点之言可以玩索而见其意。若见得曾点意,则漆雕之意亦见得矣。(《王记》云:各本同。《文集》作"亦可得矣"。)且看程子说'大意'二字是何意,二子见得是向甚处,如何见得。"

[集评]

朱子曰：点见得较高，而做工夫却有欠缺。开工夫精密，而见处或不如曾点也。学者须就自己下学、致知、力行处做工夫，久之自渐有得。(《茅注》)

朱子曰：谓开有经纶天下之志，则未必然，正是己分上极亲切处，自觉有未尽处耳。虽其见处不及点之开阔，得处未至如点之从容，然其功夫精密，则恐点有所不逮也。然今日只欲想象圣贤胸襟洒落处，却未有益，须就自家下学致知力行处做工夫，觉得极辛苦、不快活，便渐见得好意思也。旧看皆云曾点高，今看来却是开着实，点颇动荡。点开阔，开深稳。点已见大意却做得有欠缺，开见得不如点透彻，而用工却密。点天资甚高，如一个大屋，但见外面墙围周匝，里面间架却未见得，却又不肯做工夫。如邵康节见得，恁地只管作弄。(《江注》)

蔡节斋曰：点之意欲正，开之意方进而未已。(《叶解》)

张习孔曰：读书者，信传疑经是其大病。此言既有所未明，莫若置之，只于《论语》本文理会，自有入处。其实，子是悦其量而后入，似无他意。

管赞程曰：自"礼乐"至此为一章，言由礼乐而入，以具乾道功用，能行王者之事。故其志同于圣人，有尧舜气象者也。

张绍价曰：见大意者，大处见得分明，所谓弘也，明理识体，皆在其中。曾点洒落，所见极高，而行不掩言，则毅力有所不足。漆雕开笃实，所见不及曾点之高，而工夫精密，则毅力似较优于点。

李瀷曰：君子之道，修己以安人，故虽恶于行道，亦且专心为己，不见是而无闷。此点、开之对，所以见得大意。

33.[一]根本须是先培壅，然后可立趋向也。趋向既正，所造浅深则由勉与不勉也。[1]

[集校]

[一]《张解》本有"明道曰"三字。《李解》本有"伊川先生曰"五字。茅注云："伊川语。"陈荣捷云："此处归明道，然《遗书》卷六，页六上有注'正'字。显为伊川之语。"(《陈论》)

[集注]

[1]叶解：涵养心德，根本深厚。然后立趋向而不差，又勉而不已，乃能深造。朱子曰："收其放心，然后自能寻向上去，亦此意也。"

张解：此欲人务本立志、用力勉学也。学必知根本之所在，如一身为万物之根本,皆一心为万事之根本,皆当居敬穷理。若种植然,先加培壅,使其根本坚固,然后可立志向前,必以圣贤为期,则趋向正矣。趋向既正,便好用力。须知后来所造之浅,乃由于力之不勉;所造之深,实由于力之能勉耳。苟能惟日孜孜,何患心之不正、身之不修,而有志之不竟成哉?

李解:朱子曰:"先立根本,后正趋向,即所谓未有致知而不在敬者。"

价解:学问有得,乃能见大意。为学之初,须先培养根本。身心者人之根本也。庄敬持养,栽培深厚,根本既固,然后趋向可立。以圣人之道为必可学而至,而卓然不惑于歧途,则趋向正矣。趋向既正,苟能孳孳不已,勉之又勉,可以见大意,亦可以达天德矣。

[集评]

朱子曰:涵养持静,便是栽培。(《语类》卷九十五)

朱子曰:此即弟子入孝出弟、行谨言信、爱众亲仁,行有馀力则以学文之意。盖须先从实上培壅一根本,然后学文做工夫去也。(《茅注》)

张习孔曰:立趋向,所谓志于学、志于道也。培壅根本,其小学豫教之方乎。

茅星来曰:古人于事亲敬长之道,小学时都已讲明,使之循循从事,所以培壅其根本也。至十五入大学,便可正其趋向。学者皆然,其所造有不同者,则由勉与不勉之别耳。今先王之教既亡,姑息习染,根本自幼先坏,又何从正其趋向以为作圣之基?此成材所以难也。后有贤父兄,当子弟四五岁,知识未开时,宜将《小学》朝夕与之讲解,使根本笃实。待十五六时,然后教之以《近思录》,以正其趋向。如此陶淑,异时成就必有可观者矣。

李瀷曰:根本是本源,心术培壅是义理涵养,趋向谓为学门路,如《大学》格致诚正,是立得正耳。二者亦须互资而成,根本厚然后趋向可正,趋向正然后根本益厚。

34. [一]敬义夹持,直上达天德自此。[1]

[集校]

[一]《张解》本有"明道曰"三字。茅注云:"《语类》以为明道语。"陈荣捷云:"出《遗书》卷十五,页七下,为伊川语。然《语类》卷九十五,第一四一'因说'条,页三八九一,则谓为明道所说。"(《陈论》)按,此条今见《河南程氏遗书》卷五,未具体标明为谁语。

[集注]

[1]杨注:伯嵒据曾祖道曰:"此个气象,须是气清明时便整齐严肃,昏

时便放过了,如何捉得定?"晦翁曰:"志者,气之帅也。此只当责志。孟子曰:'持其志,无暴其气。'若能持其志则气自清明。"或曰:"程子曰'学者为习所夺,气所胜,只可责志',又曰'只这个也是私,学者不恁地不得'。此说如何?"晦翁曰:"涉于人为便是私,但学者不如此,如何著力!此程子所以下面便救一句云'不如此不得'也。"

叶解:朱子曰:"'直上'者,不为物欲所累,则可上达天德矣。"

张解:此示人下学而可以上达之功也。居敬则心有主,和义则事皆宜,动静相维,无瞬息之间断,则工夫自当直前而上行。敬以守之而内直,义以裁之而外方,表里交密,无毫厘之走作,则心思专直,日进高明。天德之达,不自此可信哉!

茅注:朱子曰:"'夹持'者,表里夹持,更无东西走作去处。'直上'者,不为物欲所累,而倒东坠西之谓也。"又曰:"只一个提撕警策,通贯动静,但无事时一直如此持养,有事时便有是非取舍,所以有直内方外之别。"

沙溪曰:"此",指敬义而言也。

[集评]

仲思问:"敬义夹持,直上达天德自此"。曰:最是他下得"夹持"两字好。敬主乎中,义防于外,二者相夹持。要放下霎时也不得,只得直上去,故便达天德。又曰:表里夹持,更无东西走作去处,上面只更有个天德。又曰:直上者,无许多人欲牵惹也。(《语类》卷九十五)

晦翁曰:上蔡说"敬者,常惺惺法也"。此说极精切,不如程子"整齐严肃"之说为好。未有外面整齐严肃而内不惺惺者。(《杨注》)

薛敬轩曰:敬以直内,戒谨恐惧之事;义以方外,知言集义之事。又曰:敬以直内,涵养未发之中;义以方外,省察中节之和。(《茅注》)

张绍价曰:根本培,趋向正,用敬义夹持工夫,勉勉不已。"敬以直内,义以方外",内外交修,则私意无所容,而天德可达矣。

35. [一]懈意一生,便是自弃自暴。[1]

[集校]

[一]《张解》本有"明道曰"三字。此条今见《河南程氏遗书》卷六。

[集注]

[1]李解:满假怠荒,皆懈意也。必入于自暴自弃之归矣。胡氏曰:"志不可放倒,身不可放弱。"

价解:敬义工夫,夹持直上,不容一息少懈。懈意略萌,则工夫间断,无由上达天德,故谓之自暴自弃。

[集评]

　　张伯行曰:道原于天。体道者必与天相似,方全尽此天理。天行之健无时或息,君子自强不息,乃所以法天。懈意一生,便与道隔,岂非自暴自弃乎?且一有懈意,勿谓后来不得与于道,即懈一时便暴一时,懈一事便弃一事。学者所当猛省也。

　　李灒曰:懈意之生,非独力疲而止,又或智之过,以为不足为而便休,故又添自暴。

　　贝原笃信曰:懈意一生,因于不嗜义理,故与言非礼义者一般,所以为自暴也。

36. [一]不学便老而衰。[1]

[集校]

　　[一]《张解》本有“明道曰”三字。此条今见《河南程氏遗书》卷七。

[集注]

　　[1]叶解:学问则义理为主,故阅理久而益以精明;不学则血气为主,故阅时久而益以衰谢。

　　茅注:血气以老而衰,志气则不以老而衰也。惟不学则志无以持,而气有所不充,则亦不免为血气所移,而志气不能不以老而衰矣。按,朱子尝言陆宣公集医方,富郑公好佛书,以二公之贤,而晚年乃无复曩时刚大之气,由学问之功少也。噫!此古人所以耄而好学,自强不息也欤!

　　江注:或云:“人之晚年,知识却会长进。”朱子曰:“也是后生时都定了,便长进也不会多。然而能用心于学问底,便会长进。若不学问,只纵其客气底,亦如何会长进?日见昏了。有人后生气盛时,说尽万千道理,晚年只恁地阘耾了。”或引程先生云“人不学便老而衰”。曰:“只这一句说尽了。”

[集评]

　　张习孔曰:“不学便老而衰”,后虽欲学,无及矣。读之能不汗下!

　　张伯行曰:天下无不衰之人,而有不衰之学。学者,学乎义理者也。义理无穷,岂有衰时?不学则理不足以养心,志不足以帅气,至老而倦于勤。凡事渐有衰谢之意矣。独不思圣人愤乐相寻,直不知老之将至,即吾衰有叹,死而后已,尚留此不衰之学,以振励万古,安可以不学者自堕吾精神乎!然则无可奈何者,我日斯迈;不能自己者,至理日新。老当益壮,其必由学也夫。

张绍价曰：人能用力于敬义之学，而无敢少懈，则志坚识定，神明内蕴。血气虽衰，而志气不衰。不学则怠胜敬、欲胜义。壮盛之时，客气用事，悻悻自得。及血气既衰，则客气消尽，颓尔如萎，神识日昏，无复能自振拔矣。

37. ［一］人之学不进，只是不勇。[1][二]

［集校］

［一］《张解》本有"明道曰"三字。茅注云："明道语。"陈荣捷云："出《遗书》卷二十四，页三上，为伊川语。"(《陈论》)此条今见《河南程氏遗书》卷十四《亥九月过汝所闻》。

［二］《张传》本将第 35、36、37 条接连在一起，未单列刻印，似合为一条。

［集注］

［1］叶解：志气之勇。

李解：朱子曰："学者立志须教猛勇，自当有进。志不足以有为，此学者之大病。"

茅注：朱子曰："只是见理不明，故提掇不起。不然，则自住不得。"

价解：人能奋然用力，用敬义夹持工夫，学未有不进者。学不进，只是不勇。懈也、衰也，不勇也，皆毅力不足。

［集评］

朱子曰：为学不进，只是不勇。(《语类》卷八)

张伯行曰：学期日进，然既学矣，自当有进境，而亦有学而不进者，或诿诸气质，或托之时势，皆非也。原其故，非懦而无志，则馁而因循，直不勇耳。若勇往直前，则食可忘、忧可忘，何论时势？愚必明，柔必强，何论气质？有不进者，断无是理也。

38. ［一］学者为气所胜，习所夺，只可责志。[1][二]

［集校］

［一］《张解》本有"明道曰"三字。

［二］伊川语。(《茅注》)按，此条今见《河南程氏遗书》卷十五，题下注"伊川先生语"，《入闽语录》题下又注"或云：明道先生语"。故关于《入闽语录》是谁的语录，存有异议。

[集注]

[1] 杨注:"志,气之帅也。"能持其志,则气习不能移矣。

叶解:立志之不大不刚,则义理不足以胜其气质之固蔽,学力不足以移其习俗之缠绕,故曰"只可责志"。

张传:戒惧慎独工夫,皆志之所为也。

张解:学以明理,亦以尽性。然理不足,则为血气所使,而理为所胜矣。性不定,则习俗能移入,而性为所夺矣。然此只可责志,若能勇往向前,则能持其志,而志以帅之,气质可变也。志必于道,而志以道宁,习俗无权也。夫宁得而胜之夺之乎? 学者可知所策励矣。

江注:朱子曰:"为学大端,在于求复性命之本然,求造圣贤之极致。须是立志如此便做去始得。若曰我之志只是要做个好人,识些道理便休,宜乎工夫不进,日渐消靡。"

价解:立刚大之志,强毅不屈,则不为气所胜、习所夺。

[集评]

或以科举作馆废学自咎者。曰:不然,只是志不立,不曾做工夫尔。孔子曰:"不怨天,不尤人。"自是不当怨尤,要你做甚耶! 伊川曰:"学者为气所胜,习所夺,只可责志。"正为此也。若志立,则无处无工夫,而何贫贱患难与夫夷狄之间哉!(《语类》卷十三)

陈埴曰:学者为气禀所拘、习俗所制,不能摆落缠绕,只为做人无立志、不自强,为善不愿作向上人,遂落在旋涡中,无由拔出。学者须是立志为先,此志乃孟子尚志之志。

泽田希曰:气者禀于有生之初,习者染于已生之后。如昏明强弱,是气也。如浮躁苟贱骄侈吝啬之属,此皆习之所移。己只责其志之不正,则自不为此等所累。

39. [一]内重则可以胜外之轻,得深则可以见诱之小。[1]

[集校]

[一] 程子《遗书》,"内重"之上有"内之得有浅深,外之来有轻重"十二字。(《星湖书》)按,《张解》本有"明道曰"三字。此条今见《河南程氏遗书》卷六。

[集注]

[1] 叶解:道义重则外物轻,造物(按,"物"《四库》抄本作"理")深则嗜欲微。

张解：凡人内有不足，方见在外之有馀；中无实得，始觉纷华之可悦。若心性为重，则富贵利达傥来之境，皆在所轻，其荣无加也。所得于学问者深，则物欲攻取系恋之私，自觉其小，其乐不改也。学者亦知所重，而求有得焉耳。

茅注：内，指道义而言；外，指富贵利达而言。得深，就内而言；诱，就外而言。

[集评]

管赞程曰：自"根本培壅"至此为一章，资质虽下，亦可培壅根本，以为坤道贤人之学。然坤道有柔顺之义，恐失之不及，故戒以懈而不学，勉以勇进励志，然后有以得理之深。而德性常用，物欲不行，虽不及由敬义入手之高，便能德盛而直达无妄。但能勇猛前进，不为气质习惯所夺，以至得理之深，亦能步趋坤道之次者也。

张绍价曰：敬义夹持，进学勇，立志坚，则内重得深，而可以进于弘矣。不为气所胜、习所夺，则有以胜外之轻，见诱之小，而可以进于毅矣。

40. [一]董仲舒谓："正其义，不谋其利；明其道，不计其功。"[1][二]孙思邈曰："胆欲大而心欲小，智欲圆而行欲方。"[2]可以为[三]法矣。[3]

[集校]

[一]《张解》本有"明道曰"三字。

[二]《张传》本，将此前的文字作为一条，下面的文字另作一条。

[三]"以"下，《遗书》无"为"字。（《茅注》）按，此条今见《河南程氏遗书》卷九《少日所闻诸师友说》，无"为"字。

[集注]

[1]叶解：仲舒，详见十四卷。义者，当然之理；利者，义之和也。然君子惟欲正其义而已，未尝预谋其利。有谋利之心，则是有所为而为之，非正其义矣。道者，自然之路。功者，行道之效也。然君子惟欲明其道而已，未尝计度其功。有计功之心，则是有私意介乎其间，非明其道矣。

张解：儒者之立心，贵光大而不杂，而用心当专一而不纷。汉儒董仲舒有云："正其义，不谋其利；明其道，不计其功。"盖义者，事理之所宜；利者，人情之所欲；道者，日用之当行；功者，效验之自至。正其心以要乎义理之归，绝无一毫私利自便之谋，致其知以求乎道理之当，总不敢有预期速效之计。

此心何等磊落,何等光明!处则为儒术之醇,出则为王道之大。若董子所言真邪正之大闲,而学者居心之要道也。

李解:董仲舒,汉大儒。朱子曰:"正义未尝无利,明道未必无功,特不自夫功利而为之耳。"

茅注:董仲舒,汉广川人,为江都王相。王问"越王勾践与大夫泄庸、文种、范蠡伐吴,灭之,寡人以为越有三仁,何如?"仲舒对之以此。……问:"贪者举事有费,不能不计度繁约,而为之裁处。此与正义不谋利相妨否?"朱子曰:"当为而力不及者,酌量区处,乃是义也。力可为而计费吝惜,则是谋利而非义矣。"

[2]李解:行,去声。愚按,此语本出《淮南子》,"胆"正作"志"。思邈盖述之耳。

茅注:邈,莫角切。行,去声。思邈,唐京兆华原人。按,《新唐书》卢照邻师事孙思邈,照邻有恶疾,不可为,感而问曰:"高医愈疾,奈何?"思邈曰:"天有四时五行,人有四支五脏,阳用其形,阴用其精,天与人一也。其结陷奔竭而成为灾异,发为疾病,亦天与人一也。高医导以药石,救以砭剂。圣人和以至德,辅以人事。故体有可愈之疾,天有可振之灾。"照邻问:"人事奈何?"曰:"心为之君,君尚恭,故欲小。《诗》曰'如临深渊,如履薄冰',小之谓也。胆为之将,将以果决为务,故欲大。《诗》曰'赳赳武夫,公侯干城',大之谓也。仁者静,地之象,故欲方。《传》曰'不为利回,不为义疚',方之谓也。智者动,天之象,故欲圆。《易》曰'见几而作,不俟终日',圆之谓也。"此盖程子特撮其大旨如此。愚按,必先心之小,而后可出以胆之大,不然,未有不流为狂妄者。必先行之方,而后可运以智之圆,不然,未有不入于机变者,又不可以不知也。王伯厚曰:"心欲小,志欲大,智欲圆,行欲方。盖《文子》书有之。"

[3]杨注:"如临深渊,如履薄冰",谓小心也。"赳赳武夫,公侯干城",谓大胆也。"不为利回,不为义疚",行之方也。"见几而作,不俟终日",知之圆也。

叶解:思邈,隋唐间人。胆大则敢于有为,心小则密于察理,智圆则通而不滞,行方则正而不流。

张解:凡人畏葸者不可与任事,而果敢则又或出于粗疏;拘固者不可以应务,而通方则又流于诡随。立心行己,若斯之难也。唐孙思邈曰:"胆欲大而心欲小,智欲圆而行欲方。"盖胆壮则遇事能断,故欲其大;心细则处事周密,故欲其小;智周则酌理无滞,故欲其圆;行端则威仪可则,故欲其方。人能体此,则果决而出之以精细,明通而持之以庄重,何事不可济乎?

茅注:结上两节。

江注:此仲舒对江都易王语。……问:"正义在先,明道在后否?"曰:"未有先后,此只是合掌底意思。"又云:"微有先后之序。""事成之谓利,所以有义;功成则是道,便不是'惠迪吉,从逆凶',然惠迪亦未必皆吉。"问:"胆欲大"。曰:"彼丈夫也,我丈夫也,吾何畏彼哉!""胆大是千万人吾往处,天下万物不足以动其心。'贫贱不能移,威武不能屈',皆是胆大。心小,是畏敬之谓,文王小心翼翼,曾子战战兢兢是也。""'胆欲大而心欲小',战战兢兢,方能为'赳赳武夫,公侯干城'之事。"……"智是对仁义礼信而言,须是知得是非,方谓之智。"问:"智欲圆转,若行不方正合于义,则将流于权谋谲诈。"曰:"是如此。"

[集评]

问:"正其义,不谋其利,明其道,不计其功",道、义如何分别? 曰:道、义是个体、用。道是大纲说,义是就一事上说。义是道中之细分别,功是就道中做得功效出来。(《语类》卷九十五)

蕫卿云:"智欲圆而行欲方,胆欲大而心欲小"。妄意四者缺一不可。曰:圆而不方则谲诈,方而不圆则执而不通。志不大则卑陋,心不小则狂妄。江西诸人便是志大而心不小者也。(《语类》卷九十五)

朱子曰:孟子言"未有仁义而遗亲后君",则是仁义未尝不利。今董子之言如此,又是仁义未必皆利。盖孟子之言虽理之自然,然至直捷剖判处,却不若董子之有力。(《茅注》)

张习孔曰:自孟子以后数百年,仅见斯言。

张伯行曰:此孙子之言,所以可与董子并传而为法者也。愚谓,养气者壮胆之方,读书者细心之要,穷理者益智之诀,而居敬者摄行之原,又学者所当知也。

张绍价曰:外诱之私,莫甚于功利。正义明道,则内重而得深。不记功,不谋利,则可以胜外之轻,见诱之小,非弘毅而有敬义之功者不能也。

41. [一]大抵学不言而自得者,乃自得也;有安排布置者,皆非自得也。[1]

[集校]

[一]《张解》本有"明道曰"三字。陈荣捷云:"此处似作伊川语。然据

《遗书》卷十一,页四上,实明道语。"(《陈论》)按,此条今见《河南程氏遗书》卷十一《师训》,下同,其题下注"明道先生语"。

[集注]

[1] 叶解:学而有得,则暗者忽而明,疑者忽而信,欣然有契于心,盖有所不能形容者。安排布置,即是著意强为,非真自得也。

张解:此欲学者心领神会,实得斯理之所以然也。盖学期有得,而所谓得者,岂偶然有得而即以为是乎?又岂勉强得之而可据以为安乎?大抵默而识之,深而造之,融会贯通,至于冰释理顺,自然心契其妙,油然有得,乃自得也。否则,安排推测,牵合布置,终是影响附会,心与理未能浃洽,非自得也。岂能实见其精蕴所存,历久而无失乎?是以君子惟自得之为贵也。

茅注:不言,与孟子"四体不言而喻"之"不言"同。下"安排布置",便是言。

[集评]

朱子曰:学者须敬守此心,不可急迫,当栽培深厚。栽,只如种得一物在此,但涵养持守之功继继不已,是谓栽培深厚。如此而优游涵泳于其间,则浃洽而有以自得矣。苟急迫求之,则此心已自躁迫纷乱,只是私己而已,终不能优游涵泳以达于道。(《语类》卷十二)

陈埴曰:安排布置非是见于设施,谓此心此理未到纯熟两忘地位,必有营度计虑之劳,逆施偷作之病。才到自得处,则心便是口,理便是心。心与理忘,口与心忘,处处安行自在,默识心通,不用安排布置也。

张习孔曰:实有体会之言。

江永曰:不言自得者,用力之久,浃洽于中,熟而悦者也。安排布置,勉强而已,安能自得!

价解:学问之功,知行并进,敬义夹持,深造以道,真积力久,乃可自得。自得者,默识心通,自然而得之于己,未可以言语形容,亦无待于安排布置也。安排布置,则非自得矣。

贝原笃信曰:言不能形容而独欣然默识心通者,乃真自得也。若虽如有得而中心不悦豫,而著意强为者非自得也。

42. [一]视听、思虑、动作,皆天也,人但于其中要识得真与妄尔。[1]

[集校]

[一]《张解》本有"明道曰"三字。

[集注]

[1] 叶解：视听、思虑、言动，皆天理自然而不容己者，然顺理则为真，从欲则为妄。

张传：天下之言性也，则故而已矣。故者以利为本，不识得真而以妄出之，则凿矣。所恶于智，为其凿也。

张解：此即所谓省察之功也。天以理与气赋予于人，而人得其秀以生，则一身之五官百骸，皆与天为体，故目之视、耳之听、心之思虑、四体之动作，皆天之灵也。然既属乎人，则形之践者必全乎天性，而物之交也，未必悉合于天则。盖其中循理而发则为真，从欲而发则为妄。必于此识得不爽，然后能知所存、知所遏，而动静可以无违。然则何以识之？惟静会于未发，以见其本原之正；更体察于已发，以验其感应之宜，而真妄之分亦思过半矣。

茅注：朱子曰："妄谓私意，如所谓非礼视听言动处皆是，不是不中节。"又曰："'识'字是紧要处，要识得时须是学始得。"

江注：问："此是颜子之所谓非礼者？"曰："非礼处便是私意。"

价解：学贵自得，尤贵明于真妄之分，天予人以耳目口体心智，即有视听思虑动作。理固天所命，气亦天所赋，莫非天也。但要识得真与妄尔，循理则真，从欲则妄。

贝原笃信曰：皆天也，言皆是天理之发动，犹鸢飞鱼跃亦皆天机也。真者，纯于天理而无挟杂于人欲者也。

[集评]

问："视听、思虑、动作，皆天也，人但于中要识得真与妄耳"。真、妄是于那发处别识得天理人欲之分，如何？曰：皆天也，言视听、思虑、动作皆是天理。其顺发出来，无非当然之则，即所谓真。其妄者，却是反乎天理者也。虽是妄，亦无非天理，只是发得不当地头。譬如一草木合在山上，此是本分。今却移在水中。其为草木固无以异，只是那地头不是。恰如"善固性也，恶亦不可不谓之性"之意。（《语类》卷九十五）

薛氏曰：日用工夫无有切于此者，宜深体力行之。（《李解》）

罗钦顺曰：动以天谓之真，动以人谓之妄。天人本无二，人只缘有此形体，与天便隔一层，除却形体，浑是天也。然形体如何除得？但克去有我之私，便是除也。（《困知记》）

43. 明道先生曰：[一]学只要鞭辟近里，著己而已。[1]故"切问而近思”，则“仁在其中矣”。[2]“言忠信，行笃敬，虽蛮貊之邦行矣。言不忠信，行不笃敬，虽州里行乎哉？立则见其参于前也，在舆则见其倚于衡也。夫然后行。”只此是学。[3][二]质美者明得尽，查滓便浑化，却与天地同体。[4]其次惟庄敬持养，及其至则一也。[5]

[集校]

[一]《张解》本无“先生”二字。此条今见《河南程氏遗书》卷十一《师训》，下同，无“明道先生曰”五字。

[二]《张传》本将下面的文字单列刻印，似别作一条。

[集注]

[1]茅注：辟，婢亦反，《遗书》注云“一作约”。朱子曰：“鞭辟近里，洛中语。辟，驱辟也，言如以鞭驱辟督向里去也。”

[2]叶解：鞭辟近里，著己者切己之谓也。切问近思而不泛远，则心德存矣。

张解：此示人切己之学也。学所以求道，而道即在身心之中，所谓仁是也。鞭辟，犹言警策。近里著己，犹言贴身也。言为学之功，若著一毫虚浮骛外之意，便与道离。只要反求诸身心，着实理会，自然能有所得。如子夏言“切问近思，则仁在其中”者，胥是道也。盖问必求其切实，思勿忽于浅近，则聪明内敛，志意真挚，心存而理从此得矣。此致知之功，近理著己者也。

[3]叶解：言必忠信，而无一辞之欺诞，行必笃敬，而无一事之慢弛，则以是而行于远方，异类犹可以诚实感通。苟不信不敬，则虽近而州里之间，其可得而行乎？然非可以暂焉而强为之也。要必真积力久，随其所寓，常若有见乎忠信笃敬之道，而不可须臾离者。如此一于诚实，自然信顺，无往而不可。以上皆切己之学。切问近思者，致知之事也；“言忠信、行笃敬”者，力行之事也。说并见《论语》。

张解：进学固在致知，而所以实体诸躬者，力行尤其重矣。顾行远原必自迩，而骛为高远者便有难行之病。昔夫子告子张之问行，只就言行为教，如言必忠信而诚实，行必敦笃而恭敬，则近里著己，虽远而蛮貊之邦亦必可行。若言不忠信，行不笃敬，即是不近里著己，虽州里之近，其可行乎哉？且所以求其忠信笃敬者，更须念念不忘，随其所在，常若有见。如立则参前，在舆则倚衡，然后信其可行。此岂非力行之功，近里著己者乎？学莫大乎得仁，而道莫难于可行，乃切问近思而仁在，忠信笃敬而行通，则即此便是学，而又奚事他求？信乎学不可不近里著己也。

李解：行，去声。

茅注：只此是学，言不必外求也。愚按，叶氏以切问、近思二者分属知行，理固不易。然朱子尝言"非以为致知、力行之分"者，何也？盖朱子因问者有"随人资质各用其力"及"行不假于知"之语，知行有偏废之患，故谓程子特引以明近里著己之意，而非以为知与行之分也，非谓此二者之不可分属也。或乃执此以掊击叶氏，误矣。不言博学笃志者，盖恐人误看博学，便有向外意，于近里著己不切故也。

[4] 价解：明者，明善之明。明得尽者，察于人心天命之本然，真知至善之所在，一毫私意容留不得，故查滓便浑化。

[5] 叶解：朱子曰："查滓是私意人欲之消未尽者。人与天地本同体，只缘查滓未去，所以有间隔。若无查滓，便与天地同体。'质美者明得尽'，是见得透彻。如颜子'克己复礼'，天理人欲截然两段，更无查滓。其次既未到此，则须庄敬持养，以消去其查滓。如仲弓'出门如见大宾，使民如承大祭'，常如此持养，久久亦自明彻矣。"

张解：承上文言同此知行而气禀不同，苟能用力而成功自一也。盖求仁求行，既不外切问、近思、忠信、笃敬而得之，学者亦可知所用力矣。但用力亦关气质，气质美者得天清明，见地容易透彻，当其一了百了，私欲净尽，自然不杂，其刚健和顺，自与天地同体。其次未易浑化，则惟端庄恭敬，操持涵养，以俟其熟而自至耳。然及其真积力久，亦自消融明净，与天地同体，其造诣固归于一也。苟能切实为己，何人不可以勉学哉？

李解：此章从《论语集注》文。朱子曰："颜子则明得尽者也，仲弓则是庄敬持养之者也。"

茅注：朱子曰："质美者明得尽，固是知行俱到。其次亦岂有全不知而能行者？但因持养而所知愈明耳。"林氏曰："知行勉强，未到自然地位，皆是查滓。到不思不勉，从容中道，则查滓浑化矣，故曰'与天地同体'。"

江注：问："博学笃志章。"曰："明道常说：'学只要鞭辟近里，著己而已'。若能如此，便是心在己（《玉记》云：各本"已"作"己"读，"便是心在己"为一句。南升录读"便是心在"为句，下句"已是有七八分仁了"，今从之。），是有七八分仁了。""……克己复礼为仁，己是查滓，复礼便是天地同体处。有不善未尝不知，不善处是查滓。曾子言'不忠不信不习'，是曾子查滓处。漆雕开言'未能信'，皆是有些查滓处。只是质美者见得透彻，查滓处都尽化了。若未到此，须当庄敬持养，旋旋磨擦去教尽。"

价解：识真与妄，必由于学；存真去妄，亦必由于学。学要鞭辟近里著己,就身心上切实用功,勿苟且徇外为人。切问近思,致知之鞭辟近里也;忠信笃敬,力行之鞭辟近里也。忠信笃敬,念念不忘。立则参前,舆则倚衡,随其所在,常若有见。鞭辟近里之功,无时或懈,只此是学,记诵训诂词章非学也。质美者明得尽,查滓便浑化。查滓妄也,浑化则真实而无妄矣。无妄诚也,诚者天之道也。人能真实无妄,私欲净尽,天理流行,则人而天矣,故可与天地同体。其次明得未尽,须庄敬持养,以消融其查滓。持养既久,渐明渐尽,查滓渐浑化,亦可与天地同体,及其至一也。

[集评]

问:"行笃敬"。曰:笃者,有厚重深沉之意。敬而不笃,则恐有拘迫之患。(《语类》卷四十五)

至之问:"学要鞭辟近里","鞭辟"如何? 曰:此是洛中语,一处说作"鞭约"。大抵是要鞭督面里去。今人皆不是鞭督向里,心都向外。明道此段下云"切问近思","言忠信,行笃敬"云云,何尝有一句说做外面去? 学要博,志须要笃。志笃,问便切,思便近,只就身上理会。(同上)

朱子曰:"学要鞭辟近里"一段,明得尽者,一见便都明了,更无渣滓。其次惟是庄敬持养,以消去其渣滓而已。所谓持养,亦非是作意去穿凿以求其明。但只此心常敬,则久久自明矣。(同上)

张习孔曰:进学修德具此一篇,学者所当终身服膺也。先生惟其身有之,故言之真切如此,所谓善言德行也。此即生安学利之说,然《中庸》言其概,此则更指示以从入之功。

钱穆曰:此条即孔子所谓古之学者为己,孟子所谓收其放心也。学者所以学为人。为己者,即己之学为人,故曰鞭辟近里,吃紧为人也。学为人主要在行得通。(《随劄》)

44.[一]"忠信所以进德","修辞立其诚,所以居业"者,乾道也;"敬以直内,义以方外"者,坤道也。[1]

[集校]

[一]《张解》本有"明道曰"三字。

[集注]

[1]叶解:《乾》主健主动,故进德修业,皆进为不息之道。《坤》主顺主静,故敬直义方,皆收敛裁节之道。

张解:此两引《乾》、《坤》《文言》之词,以明为学之道也。乾健而动,一而实,有清明强固之意,故《文言》于《乾》九三之学问,言其主于心者,无一念之不诚,德之所以日进;见于外者,无一言之不实,业之所以可居。此就乾之道而论也。坤顺而静,二而虚,有恭谨整齐之意,故《文言》于《坤》六二之学问,言其主于内者,敬以守之,乃有正直之衷;见于外者,义以裁之,自有端方之概。此就坤之道论之也。大抵人之气质清明者,可以用乾道,而气质简重者,可以用坤道。至于德崇业广,则为忠信立诚,为敬直义方,无不同条而共贯矣。

茅注:李氏曰:"乾画 ━ ,实则诚,坤画 ━ ━ ,虚则生敬。故《乾》九二言诚,《坤》六二言敬。'诚敬'二字,始于庖犧心画,而实天地自然之理也。"朱子曰:"此二语分属《乾》、《坤》者,盖取健、顺二体。忠信立诚,自有刚健之体;敬义,便有静顺之体。"又曰:"《乾卦》并格致诚正言之,《坤卦》只是说持守。"

江注:问:"既分圣、贤之学,其归如何?"曰:"归无异,但《乾》所言便有自然底意思,《坤》所言只是作得持守。忠信进德、修辞立诚,是流行发用,朴实头便做将去,是健之义。'敬以直内,义以方外',便只简静循守,是顺之义。大率《乾》是做,《坤》是守。"

价解:此回应前引《易传·乾·文言》言知行,《坤·文言》言敬义之意。《乾》天下之至健也,进德修业,知行并进,勇猛奋发,健而不息,故为乾道。《坤》天下之至顺也,直内方外,敬义夹持,持循裁节,顺而有常,故为坤道。学者体乾坤之道,殚知行敬义之功,则志仁而可以得仁,学圣而可以至于圣矣。

[集评]

朱子曰:"忠信所以进德","修辞立其诚,所以居业",如何是乾德?只是健底意思,恁地做去。"敬以直内,义以方外",如何是坤德?只是顺底意思,恁地收敛。(《语类》卷六十九)

朱子曰:乾道奋发而有为,坤道持重而有守。又曰:进修是个笃实,敬义是个虚静,故曰阳实阴虚。(《李解》)

朱子曰:《乾》言圣人之学,故曰"忠信所以进德","修辞立其诚,所以居业"。《坤》言贤人之学,故曰"敬以直内,义以方外"。(《茅注》)

黄榦曰:《乾》言德业,《坤》言敬义。虽若不同,而实相为经纬也。欲进乾之德,必本之于坤之敬。欲修乾之业,必制之以坤之义。非敬则内不直,德何由而进?非义则外不方,业何由而修?终日乾乾,虽进修夫德业,而所以进修者乃用力于敬义之间。用力于敬义,固可以至于大,而所谓大者,乃德之日新,而业之富有也。(《勉斋集》卷一)

张习孔曰：先生从经旨看出心学，欲学者兼修之也。人能如是，则体备乾坤也。

刘绒三曰：自"忠信进德"至此为上截，言人学以为己，无论乾道坤道，皆须用知行并进，敬义夹持工夫，方能志于仁，以学圣人之道，学而知之之事也。(《价解》)

管赞程曰：自"董仲舒"至此为一章，总论乾道坤道之异，因天资有高下，而工夫有异也。"正义明道"三条，专言乾道以立诚为先，此后则诚明两进，渣滓便化。"鞭辟近里"二条，兼言坤道，以庄敬为主，又辅以义，使敬义夹持，亦能上达天德，所以成功，则一也。自"非明"至此五章，在圣门皆成德之学者也。

45. [一]凡人才学，便须知著力处；既学，便须知得力处。[1]
[集校]

[一]《张解》本有"明道曰"三字。此条今见《河南程氏遗书》卷十二《戌冬见伯淳先生洛中所闻》。

[集注]

[1]叶解：始学而不知用力之地，则何以为入道之端？既学而不知得力之地，则何以为造道之实？学者随其浅深，必各有所自得，不然是未尝实用力于学也。

张解：此示学者以有事勿忘之功也。著力者，身心切要工夫；得力者，所以进德之由也。才学之时，中未有主，若不识工夫要紧所在，则泛然无所持循，非纷而无当，则躐而罔功。既学之后，诣当有进，若不辨功效所从来，则悠然任其蹉跎。势必择焉，而或不能守，忽焉而无以永其趣。故必知著力处，然后能竭才以底于成；亦必知得力处，然后可习复以至于熟。《大学》之"知所先"、"知所后"，亦是此意。

茅注：著力处，是当然工夫，如颜子"博文约礼"之类是也。得力处，是自然效验，如上蔡去个"矜"字之类是也。

[集评]

张氏曰：人做得一种工夫，决有一种得力处。读得一种书，必有一种受益处。目前即不见得，后来自见其效，但当慎择于初耳。(《茅注》)

张习孔曰：知著力处，则不误用力；知得力处，则不虚用力。

刘绒三曰："著力"承上知行并进，敬义夹持。"得力"起下求仁得仁。(《价解》)

佐藤一斋曰：知著力处，如射之树的。知得力处，如射之中的。愚谓此学著力处，人人不可强同，至其极处则同。譬如登山，所登蹊路虽异，而所极山顶则一也。如周子主静，程子居敬，文成致良知，先贤各有著力处，斯有得力处。举此以指示人，竟使人得登山而已，非故表榜之也。此意亦不可不知。

46. 有人治园圃，役[一]知力甚劳。先生曰：《蛊》之《象》："君子以振民育德。"君子之[二]事，惟有此二者，馀无他焉[三]。二者，为己为人[四]之道也。[1][五]

[**集校**]

[一]"役"下，《张解》本有"其"字。

[二]《张解》本无"之"字。

[三]"馀无他焉"，程书作"为"。（《考异》）

[四]"为己为人"，吴本俱作"治"。（《考异》）

[五]此条今见《河南程氏遗书》卷十四《亥九月过汝所闻》，下同。

[**集注**]

[1]杨注：伯峃据伊川《易传》曰："君子观有事之象，以振济其民，养育其德也。在己则养德，于天下则养民，君子之所事无大于此二者。"

叶解：振民，谓兴起而作成之。育德，谓涵养己德。成己成人皆吾道之当然，外此则无益之事，非君子所务矣。

张解：此程子引《蛊卦·象辞》示人以知所务也。园圃之役，细务也。治之而至于智力甚劳，其人之识趣卑陋，甚矣。故先生诵《蛊》之《象辞》以戒之。振民者，振起其民，使之自新也。育德者，涵养吾德，以期大成也。《蛊》坏之象，在民为旧染之污，在己为天德之丧。君子观此而有事，其治民则必振而作之，使民去其旧染之污以自新；其自治则必培而养之，使吾德复其本体之明，而不至昏昧。盖新民者，所以全明德之量；明德者，所以为新民之本。君子所当有事，惟此而已，馀可无他及矣。

李解：知，音智。为，去声。

茅注：治，平声。"圃"字句绝，或于"役"字句者，非。……园圃，按邢氏《论语正义》曰："《周礼·大宰职》云：'园圃毓草木。'注：'树果蓏曰圃，园，其樊也。'"然则园者，外畔藩篱之名，其内之地种树菜果者，则谓之圃。役，用也。知善其所以治之，力则其治之者也。……吴氏曰："《巽》下《艮》上为

《蛊》。《巽》风在内,以鼓动外物,故为振民。《艮》山在外,以涵育内气,故为育德。"

佐藤一斋曰:振民,振作民俗,非役人力;育德,育养己德,非养竹木。

[集评]

朱子曰:役智力于农圃,内不足以成己,外不足以治人,是济甚事!(《语类》卷九十五)

张伯行曰:夫道贵谋其大者、远者,二者乃为己为人之道,所谓大人之事也。若园圃之役,其细已甚,智力之劳何为乎? 此与孔子答樊迟稼圃之学同意。

茅星来曰:役知力于园圃,内不足以成己,外不足以及物,其细甚矣。程子以君子之事告之,亦犹孔子告樊迟之意。

张绍价曰:振民爱物之仁,育德成己之仁,学者所当着力,惟此二事而已。役知力于园圃,成己成物,两无当焉,君子不为也。

47.　[一]"博学而笃志,切问而近思",何以言"仁在其中矣"? 学者要思得之。了此便是彻上彻[二]下之道。[1]

[集校]

[一]《张解》本有"伊川曰"。陈荣捷云:"出《遗书》卷十四,页一上,乃明道语。张伯行《近思录集解》作明道语,盖未考耳。"(《陈论》)按,《张解》本云"伊川",不知陈荣捷先生据何本而言。

[二]吴邦模刻本作"从",疑"從"、"徹"两字形相近而误,当为"彻"。

[集注]

[1]杨注:伯嵒谓:务真实而不务高远,仁者之事也。

叶解:学问思辨,学者所以求仁皆然。"博学而笃志,切问而近思",皆恳切笃厚之意。即此一念,便是恻隐之心流行发见之地,不待更求而仁之全体可识矣,故曰"彻上彻下之道"。

张解:学所以求仁。然求仁者,非一个仁在彼而切切求之也。仁即在吾心,亦即在日用事物之间,随时随事,博以学之,穷其理也。立志诚笃,专其务也。所问至切,辨其真也。近以为思,绎其要也。必有事焉,勿忘勿助,则心常存而思不杂,功无间而理自熟。仁即此而在矣。学者日读子夏之言,试思博学笃志,切问近思,何以不言求仁而言仁在其中? 若能了悟乎此,便知是彻上彻下之道。盖形上即具形下之中,下学即是上达之事,功与心纯熟无累,便谓之仁,无内外精粗,一以贯之也。

茅注：胡雲峰曰："'彻上彻下'，《近思录》两存程子之说。'居处恭'三句，则本文恭敬忠，是彻下；做到尽头处，如'笃恭而天下平，修己以安百姓'，便是彻上。此则'博学笃志，切问近思'，是彻下；'仁在其中'，是彻上。"

江注：问："学者要思得之，莫便是先生所谓'心不外驰，而所存自熟'之意？"曰："然。于四者中见得个仁底道理，便是彻上彻下之道。"问："'了此便是彻上彻下之道'，此是深说也恁地，浅说也恁地否？"曰："是。只是这个道理，深说浅说都恁地。"

价解：育德莫要于求仁。四者皆致知之事，未及乎力行而为仁也。然从事于学问思辨，就笃实切近处用功，则心存而不放。而所以全身心之德者，亦不外是，故曰"仁在其中矣"。

[集评]

晦翁曰：四者，皆学问思辨之事耳，未及乎力行而为仁也。然从事于此，则心不外驰，而所存自熟，故曰"仁在其中矣"。（《杨注》）

陈氏曰：程子欲人思而得之，乃引而不发。朱子于《论语集注》则谓"从事于此，心不外驰，而所存自熟"，尽发以示人矣。（《茅注》）

张习孔曰：学问志思，皆所以摄心而非心也。然舍所摄之心，心更安在？故曰"仁在其中"。

贝原笃信曰："博学"云云，近思是至近之事，故曰彻下。仁之全体在其中，是何等至高至大，故曰彻上也。即至近处至理存焉，自初学至于圣人，亦只一贯事，故曰彻上彻下。

48. [一]弘而不毅，则难立；毅而不弘，则无以居之。[1][二]（旧注：《西铭》，言弘之道。）

[集校]

[一]《张解》本有"明道曰"三字。

[二]以上并明道语。（《茅注》）按，"之"下，《张传》本下无"旧注"的注文。《西铭》本张载《正蒙》中《乾称篇》首段，张载曾抄出贴在西窗上，自题《订顽》，程颐改名为《西铭》。

[集注]

[1]杨注：晦翁曰："弘，宽广也；毅，强忍也。"

叶解：说见《论语》。弘，宽大。毅，刚强也。"弘而不毅"，则宽大有馀而规矩不足，故不能自立。"毅而不弘"，则刚强有馀而狭陋自足，故无以居之。

张传：《西铭》父乾母坤，胞民与物，弘也。于时保之，毅也。

张解：此程子因《西铭》而教人以求仁之学也。仁者，天地万物为一体。《西铭》所言，可谓极其广大而周通，故曰"言弘之道"。然言弘实包曾子"弘毅"二字之义。

茅注：弘毅，说见《论语集注》。不毅，则志气颓惰，而不足以自守，故难立。不弘，则识量浅狭，而不能以有容，故无以居之。程子尝论《西铭》为仁之体，即此所言弘之道也。其能体此意，令实有诸己。笃志固执而不变者，便是毅也。

[集评]

朱子曰：弘了却要毅。弘则都包得在里面了，不成只恁地宽广。里面又要分别是非，有规矩，始得。若只恁地弘，使没倒断了。（《语类》卷三十五）

朱子曰：弘而不毅，如近世龟山之学者，其流与世之常人无以异。毅而不弘，如胡氏门人，都恁地撑肠挂肚，少间都没顿着处。（《江注》）

张伯行曰：盖弘而不毅，则心力或懈，而广大之量何能有所植立而持之以永久？毅而不弘，则度量窄狭，而周通之意何能宽以居之，使其恢廓而无外？此弘毅之所以不可偏废也。

江永曰：弘而不毅者纵弛，毅而不弘者狭陋。《西铭》之道，能实体之，浑然与物同体，弘之至也。

张绍价曰：仁之为器重，为道远，非弘无以胜其重，非毅无以致其远。而不毅，则信之不笃，守之不固，故难立；毅而不弘，则局量褊浅，规模狭隘，故无以居之。

49. 伊川先生曰：[一]古之学者，优柔厌饫，有先后次序。今之学者，却只做一场话说，务高而已。[1]常爱杜元凯语："若江海之浸，膏泽之润，涣然冰释，怡然理顺，然后为得也。"[2]今之学者，往往以游、夏为小，不足学。然游、夏一言一事，却总是实。后之学者好高，如人游心于[二]千里之外，然自身却只在此。[3]

[集校]

[一]《张解》本无"先生"二字。此条今见《河南程氏遗书》卷十五《入闽语录》，下同，无"伊川先生曰"五字。

[二]吕本"心"下有"于"字，《遗书》同。（《茅注》）"于千里"，叶本无。（《考异》）按，《张解》本、《叶解》四库抄本、《茅注》本无"于"字。

[集注]

[1] 叶解：古之为学者有序，随时随事各尽其力，优柔而不迫，厌饫而有馀，故其用功也实，而自得也深。后之学者躐等务高，徒资口耳之末而已。

张解：此程子辨古今为学之异，而叹今之不古若也。优柔，从容自得也。厌饫，沉酣而饱满也。学无古今，一也。而古之学者当其为学，未尝敢以矜浮出之，亦未尝敢以浅尝置之。常从容于存省以俟其动静之安，沉酣于《诗》《书》以博其义理之旨。故其工夫有先后之不紊，其条目有次第之可循，所学何其渐而深也！今之学者则不然，亦尝妄希性命，而探索只资谈柄；亦尝不惮涉猎，而杂博徒供口实，却只做一场话说，务为自高而已。其用功与古人异，曷怪其所得之不同乎！

茅注：饫，于御反。做，俗"作"字，古通用"作"，音佐。

[2] 叶解：杜预，字元凯，作《春秋左氏经传集解》，《序》中语也。江海之浸，则渐积而深博；膏泽之润，则优柔而丰腴。此皆言涵养有渐而周遍融液也。至于所见者，明彻而无滓，则涣然而冰释；所存者，安裕而莫逆，则怡然而理顺。学至于是，其深造而自得也，可知矣。

张解：此引杜预之言以证古人之优柔厌饫也。元凯，预之字。江海之浸，渍之深也。膏泽之润，濡以渐也。冰释者，融解无痕之谓。理顺者，晓畅条达之谓。元凯有言，读书当若江海之浸，渊涵渟蓄，膏泽之润，渐濡默化。久之便能道理融彻，涣然如冰澌之纷解，节目疏通，怡然见条理之直达，然后为深造而自得也。古人之为学如是，宜其功深而得实也。

茅注：杜元凯，名预，晋西安人。官镇南将军，以平吴功进爵当阳侯，著《左传集解》。此则其《序》中语也。引此以明"古之学者，优柔厌饫有序"之意。朱子曰："学者玩理须精熟，使与心浃洽透彻，始得。"

[3] 叶解：言偃，字子游。卜商，字子夏。二子在孔门，固非颜、曾比，然其所言所事皆明辩而力行之，无非实也。今之学者，徒好高而无实得，则亦何所至哉！

张解：又承上文学者之务高而直指今人之病也。言今之学者大抵轻浮浅露，妄肆讥议，虽以圣门文学之游、夏亦小视之，以为不足学，而欲驾而上之。独不思游、夏之文学，原不是徒饰虚词，凡一言一事却是实见实闻，传其中之所得。后之学者，不肯实用工夫，虚夸骛外，了无所得，或影响其辞以云深，或张皇其说以为大，徒好高耳。譬如坐驰之人，游心千里之外，精神亦若飘然遥寄，然总属虚妄，自身却只在此处，未尝实到彼也。用心无益，亦足悲已。然则较量古今之学，正是为己为人之分，学者可不知所警哉！

李解：好，去声。

茅注：此以明今之学者只做话说务高之意。

江注：杜预《春秋左传序》中语，本谓学《春秋》当如是，程子借以言学也。

价解：学固贵弘，而不可以务高为弘。学问之道，知行并进，先卑近，后高远，循循有序。优游厌饫，周遍浃洽。……此实学也，非好高者所及知也。游、夏博学笃志，切问近思，纯向实处致功。着力处实，故得力处亦实。好高者虚而不实，如人游心千里之外，而未尝亲至其地，所以空自大而卒无得也。

[集评]

朱子曰：读书要自家道理浃洽透彻。杜元凯云："优而柔之，使自求之，厌而饫之，使自趋之。若江海之浸，膏泽之润，涣然冰释，怡然理顺，然后为得也。"（《语类》卷十）

朱子曰：不要穷高极远，只于言行上点检，便自实。今人论道，只论理不论事，只说心不说身，其说至高而荡然无守，流于空虚异端之说。（《茅注》）

颜元曰：知及此矣，其教及门，乃亦未见古人先后次序，不又作话说一场而已哉？（《存学编》）

又曰：程子虽失圣门成法，而胸中所见犹实，故其言如此。朱子去此则又远矣。（同上）

张习孔曰：此即古今学者为己为人之别，然子夏之时所谓"今之学者"，又胜于程子时"今之学者"矣。

50. [一]修养之所以引[二]年，国祚之所以祈天永[三]命，常人之至于圣贤，皆工夫到这里，则[四]有此应。[1]

[集校]

[一] 伊川语。（《冯记》）按，"修"上，《张解》本有"伊川曰"三字。

[二][三]"引"宋本作"延"。"永"宋本作"引"。今从《遗书》及叶、吕诸本。（《茅注》）按，茅注所言"宋本"，今未见，存疑。

[四]"有"，江上增"自"字。（《冯记》）按，"则"下，《江注》本及其四库抄本增"自"字。

[集注]

[1] 叶解：人生寿夭有命，而修养之士保炼精气，乃可以引年而独寿。国祚之修短有数，而圣贤之君力行仁义，乃可以祈天之永命。常人资质，其

视夫生知安行者亦远矣,然学而不已,卒可与圣贤为一。凡是三者,皆非一旦之功。苟简超越,幸而得之者,盖其工夫至到,有此应效耳。所以明学圣人者,当真积力久而得之也。

张传:此言理之所必有,欲人信之不疑而著工夫也。孟子曰:"世子疑吾言乎? 夫道一而已矣。"亦是此意,故引成覸、颜渊、周公为证。

张解:此欲人之为圣为贤,而即引年永命以见例,明工夫之可恃也。学者不以圣贤自待,皆谓圣贤不可学而至,即劝之以圣贤之功,亦以为徒虚语耳。不知天下事止问工夫何如,工夫到时有志竟成。即如人之年寿至不可知,然修炼其精神,充养其元气,屈伸吐纳,工夫既久,亦自有延益之效,是所以引年者不虚也。国之享祚,似非可人力致,然积功累仁,工夫既至,亦可以格天而获宁长之佑,是所以祈永命者不虚也。常人之于圣贤,同是人也。第气禀异,而习染分耳。苟百倍其功,自能变化气质,长其聪明而坚其才力。其成功之一可以勉而致者,又岂虚哉? 三者皆有足信,可知有工夫必有效验,工夫到极至,则便有极至之应。学者第患因循怠弃,不肯实用工夫耳,不怕不到圣贤地位也。

茅注:此言凡事不可预期其效,以致工夫不专一也。

价解:三者皆至难之事,而能卒底于成者。专精有恒,百倍其功,人定胜天,只一毅字做成。工夫,著力处也;有此应,得力处也。

[集评]

李文炤曰:修养之引年者,保神炼气而命不能限之也,老、彭是已。国祚之祈天永命者,积功累仁而数不能拘之也,周室是已。常人之至圣贤者,困知勉行而气质不能囿之也,太甲、成王是已。焉有有其功而无其效者哉?

李瀷曰:修养之引年,能引于禀命之外。国祚之祈命,初无定分,常人之至圣贤,得至于本然之分。言所由,则三者虽不同,而其用功夫到这里则均。

贝原笃信曰:如此者,以人力挽回天命者可谓大功。非真积力久,不易得。

51. [一]忠恕[二]所以公平。造德则自忠恕,其致则公平。[1]

[集校]

[一]《张解》本有"伊川曰"三字。

[二]"恕",《江注》本刻作"怒",或因两字形近而误。如南京图书馆藏本中,有无名氏用朱笔改作"恕"。

[集注]

[1] 杨注：能尽己之有则公矣，能推己及人则平矣，故曰中心为忠，如心为恕。

叶解：发乎真心之谓忠，推以及人之谓恕，忠恕则视人犹己，故大公而至平。致，极至也。学者进德则自忠恕，其极至则公平。

张传：忠则无私，故公；恕则无偏，故平。

张解：此见忠恕为立心之本，故反覆言之，欲人之自勉也。尽己谓忠，推己谓恕，人能尽己之心，则此所尽者，乃合乎天理，而为天下之公心。自此推之，使人各如己心，而分愿各得，何平如之，故忠恕乃所以公平之道也。人知为学，莫重乎成德，而德不外此心。心之体用，不外乎忠恕，则欲造其德必自忠恕始，而忠恕之极致则自能公平。至于公平两得，是外内合一，人己孚洽，而性之德全矣，忠恕顾不重乎哉？

李解：尽己之心而忠，久则不待尽而大公无我矣。推己之心而恕，久则不待推而称物平施矣。造德者，当然之功也；其致者，自然之效也。

江注：朱子曰："忠恕是工夫，公平是忠恕之效，所以谓其致则公平。致，极至也。"

价解：圣贤之所以为圣贤，仁而已矣。公平，仁之道也。求仁莫要于恕，行恕必本于忠。忠以尽己，恕以推己。"己所不欲，勿施于人"，则居心公平而仁矣。造德自忠恕，着力处也。其致则公平，得力处也。

[集评]

朱子曰："进德则自忠恕"，是从这里做出来。"其致则公平"，言其极则公平也。（《语类》卷九十五）

茅星来曰：无间物我之谓公，施之各当其分之谓平，盖道本如此也。学者不能大公而至平，惟有尽己之心而推以及物，使彼我之间各得分愿，乃所以公平也。然此非必勉强造作而为之也，其道只在造德而已。造德则省躬克己，私欲渐去而自然忠恕矣。公平则忠恕之尽也。公以体言，忠也；平以用言，恕也。"造德"二句，所以明首句之意。

52. [一]仁之道，要之只消道一公字。公只是仁之理，不可将公便唤做仁。公而以人[二]体之，故为仁。[1]只为公则物我兼照，故仁，所以能恕，所以能爱，恕则仁之施，爱则仁之用也。[2][三]

[集校]

[一]《张解》本有"伊川曰"三字。

〔二〕"人",《叶解》四库抄本作"仁"。

〔三〕以上并伊川语。(《茅注》)

[集注]

〔1〕叶解:仁者,以天地万物为一,其理公而已。然言其理至公而无私,必体之以人,则其宽平普(按,"普"《四库》抄本作"溥")博之中,自然有恻怛慈爱之意,斯所谓仁也。体犹干骨也。朱子曰:"公则无情,仁则有爱。公字属理,爱字属人。克己复礼,不容一毫之私,岂非公乎?亲亲仁民,而无一物之不爱,岂非仁乎?"

张解:仁之道至大而难明,故程子别言之,使人知所体验也。盖仁之为道,取数多而旨各有当。若总而论之,只消说一个"公"字,而仁之旨已无馀蕴。然公者,止是仁之理如此耳,非即仁也。理者,其中之条理也,其理无所不同,无所不统,无所不贯,无所不纯,无所不觉,无事不在,无时或息,皆有公之义。故谓仁之道至公则可,以公而当作仁则不可。惟其本公而以人体之,则身心之间实有所以同,所以能统而贯,所以能纯而觉,所以能体事,能不息,方唤做仁。故孟子亦曰"仁也者,人也"。就人身认取所以公,便得其所以为仁之旨,学者当细思之。

李解:朱子曰:"仁者,心之全德也。在我本有此理,公却是克己之极功。所谓'公而以人体之'者,盖曰克尽己私之后,就自家身上看便见得仁也。"又曰:"不可以公为仁,世有以公为心,而惨刻不恤者,须公而有恻隐之心。"

茅注:要,音腰。做,臧助反,古通用"作"。程子因尹和靖有"仁者惟公可以尽之"之说,故云然。唤,呼也。便,即也。《庄子》"未尝见舟而便操之也"。体,犹《中庸》"体物而不可遗"之"体"。朱子曰:"体者,言以人而体公也。仁为人心本有,人而不公则害夫仁,故必体此公在人身上,以为之骨子,则无所害其仁,而仁流行矣。或以体作'体认'之'体'者,非。"朱子曰:"仁为私意所隔,才克去己私,则仁便流行。如水为沙土壅塞,若去沙土则水自流通。然遂谓无壅塞者为水,则不可。"

退溪曰:消,须也。

〔2〕叶解:恕者推于此,爱者及于彼。仁譬泉之源也,恕则泉之流出,爱则泉之润泽,公则疏通而无壅塞之谓也。惟其疏通而无壅塞,故能流而泽物。

张解:承上文。仁之公而实指其所以推行之妙,即所谓体仁也。言惟仁为至公之理,所以能体之。则于物我之同然者,兼照无遗。故仁,则此心本如彼心，即当使彼心适如此心，所以能恕。仁则一体之怀有感，关切之情辄动，所以能爱。然则恕者，彼我如一，因其可推之理，达其能推之才，则仁之施也。而爱者，满腔恻隐，不忍抑遏其情，不能不直遂其愿，则仁之用也。……状仁之道，亦可谓深切而著明矣。

李解：为，去声。朱子曰："公犹无尘也，人犹镜也，仁则犹镜之光明也。镜无纤尘则光明，人无私欲则心之体用广大光明，而无时不仁，所以能恕能爱。"或问："施与用何别？"曰："恕之所施，施其爱耳。不恕则虽有爱而不能及人也。"

茅注：朱子曰："施是从此流出，用是就事上说。'施'、'用'两字移不得，惟孔孟能如此下。学者极当细看。"又曰："恕是推此爱者，爱是恕之所推者。非恕以推此爱，固不能及物，若中无此爱，则亦无以为推矣。"

江注：朱子曰："仁者，性之德而爱之本。因其性之有仁，是以其情能爱，但或蔽于有我之私，则不能尽其体用之妙。惟克己复礼，廓然大公，然后此体浑全，此用昭著。动静本末，血脉贯通。""仁是爱底道理，公是仁底道理，故公则仁，仁则爱，公却是仁发处（《王记》云：王、吴本皆作"仁爱处"，《语类》作"发"，洪本同，从之。），无公则仁行不得。""仁是本有之性，生物之心，惟公则能体之，非因公而后有也，故曰'公而以人体之，故为仁'。细看此语，却是'人'字里面带得'仁'字过来。""非以公为仁，须是公而以人体之。""'公而以人体之'，此句本微有病，然若真个晓得，方知这一句说得好。所以程子又曰'公近仁'，盖这个'仁'便在这'人'字上。你元自有这仁，合下便带得来，只为不公，所以蔽塞了不出来，若能公，仁便流行。如沟中水被沙土壅塞了，故水不流，若能担去沙土，水便流矣。又非是外面别将水来放沟中，是沟中元有此水。如克己复礼为仁，能去己私，天理便自流行，不是克己了又别讨个天理来放在里面。"永按，此数条重"人"字，恐非定说，当以后答陈安卿一条为正。朱子曰："公之为仁，犹言去其壅塞，则水自流通，然便谓无壅塞者为水，则不可。"董铢问："体犹骨也，如'体物不可遗'之'体'，非'体认'之'体'？"曰："公是仁之方法，人是仁之材料，有此人方有此仁。盖有形气，便具此生理，若无私意间隔，则人身上全体皆是仁。'体'字便作'体认'之'体'，（《王记》云：王、吴本作"非体用之体"，董铢录作"认"。观下文"朱子答"处自明，洪本同，从之。）亦不妨。体认者，是将此身去里面体察，如'体群臣'之体。"又问："先生谓'作体认之体亦不妨'，铢思之未达。窃谓有此人则具此仁，然人所以不仁者，以其私也。能无私心则此理流行，即此人而仁在矣。非是公后又要去体认寻讨也。"曰："'仁'字说得是了，但认'体'字未是。体者,乃是以人而体公。盖人撑起这公作骨子,(《王记》云:洪、王本如此,吴本作"撞起这公作骨字"。按"撑"字,《说文》云:"柱也。"段注"或作撑",又"字"乃"子"之讹,撑从手亦误,今改正。)则无私心而仁矣。盖公只是一个公理,仁是人心本仁。人而不公,则害夫仁。故必体此公在人身上,以为之体,则无所害其仁,而仁流行矣。作如此看方是。"……"仁之发处自是爱,恕是推那爱底,爱是恕之所推者。若不是恕处(《王记》云:王、吴本"去"并作"处",《语类》作"去",洪本同,今从之。)推,那爱也不能及物也,不能亲亲仁民爱物,只是自爱而已。若里面元无那爱,又推个甚么? 如开沟相似,(《王记》云:僴录此句下云:"是里面元有这水,所以开着便有水来。若里面元无此水,如何会开着便有水? 若不是去开沟,纵有此水,也如何得他流出来?"共四十八字,正是申说开沟。即上文"若里面元无那爱,又推个甚么。若不是恕去推,那爱也不能及物"两层意。《集注》删去,语气未了,似宜补入。)爱,水也。开之者,恕也。"问:"施与用如何分?"曰:"恕之所施,施其爱耳。不恕,则虽有爱而不能及人也。""施是从这里流出,用是就事说。推己当恕,恕是从己流出去及那物,爱是才调恁地。爱如水,恕如水之流。"陈淳问:"先生谓'爱如水,恕如水之流'。退而思,有所不合,窃谓仁如水,爱如水之润,恕如水之流。"曰:"说得是。昨日说过了。"

[集评]

朱子曰:"公而以人体之为仁。"仁是人心所固有之理,公则仁,私则不仁。未可便以公为仁,须是体之以人方是仁。公、恕、爱,皆所以言仁者也。公在仁之前,恕与爱在仁之后。公则能仁,仁则能爱能恕故也。(《语类》卷九十五)

问:"恕则仁之施,爱则仁之用。"施与用如何分? 曰:恕是分俵那爱底。如一桶水,爱是水,恕是分俵此水何处一勺,故谓之施。爱是仁之用,恕所以施爱者。(同上)

朱子曰:程子之言,本末甚备,今撮其大要,不过数言。盖曰"仁者生之性也,而爱其情也,孝弟其用也;公者所以体仁,犹言克己复礼为仁也"。学者于前三言可以识仁之名义,于后一言可以知其用力之方矣。(《江注》)

陈安卿问:"先生谓紧要在'人'字上,淳窃谓此段之意,'人'字只是指吾身而言,与《中庸》'仁者,人也'之'人'自不同,不必重看,紧要却在'体'字上。公如何体? 亦不过克尽己私。至于此心豁然,莹净光洁,彻表里纯是天理之公,则天地生物之意常存,此所以能恕能爱。"曰:"此说得之。""恕与爱,本皆出于仁,然非公则安能恕、安能爱?"(同上)

陈埴曰:恕之得名只是推己之义,然所以能推己者,为人心有是仁也。

若元无是心,何处推得来!

张习孔曰:私欲净尽,万物皆备,公在内也;立人达人,能爱能恶,公在事也。施者出于己,爱者推于人。

张绍价曰:无私之谓公,仁者无私,故仁之道只一公而已。然公是仁之理,人知事之贵公,而不知反之于心,体之于身,去人欲之私,以全其天理之公,则虽有仁心,亦阻阏而不得行,何以能恕,何以能爱?公而以人体之,克己复礼,一私不存,廓然大公,物我兼照,所以能推己及人而恕,所以能亲亲仁民爱物。以其所爱,及其所不爱。恕则仁之施,施以推己而言;爱则仁之用,用对本体而言。

李瀷曰:“公只是仁之理”,疑“公”“仁”二字换,不然若曰仁之为理公云尔也。今指公曰是仁之理也,则恐误。仁是理,名公只是形容其理。

53.[一]今之为[二]学者,如登山麓。方其迤逦,莫不阔步,及到峻处便止。[三]须是要刚决果敢以进。[1]

[集校]

[一]《张解》本有“伊川曰”三字。

[二]《张解》本无“为”字。

[三]《遗书》“便止”作“便逡巡”,无“须是”以下九字,疑误入也。今按《张子语录》中有之,但“迤逦”下有“之时”二字,“阔步”下有“大走”二字,“峻处”作“峭峻之处”。盖当是朱子删正耳。(《茅注》)《遗书》“便止”作“便逡巡”,无下句。张子《经学理窟》“学大原”下一条与此略同,末有云“及到峻峭之处便止,须是要刚决果敢以进”。(《冯记》)按,“便止”,《李解》本作“便逡巡”,且下注云:“一作‘便止’”。此条今见《河南程氏遗书》卷十七,“止”作“逡巡”,且无“须是要刚决果敢以进”九字。

[集注]

[1]杨注:人之为学不进则退,譬如登山,中间非驻足之地,兼亦无不进不退之理。古人谓百尺竿头进一步是也。

张解:此言有志为学者不可以无勇也。迤逦,山势坦缓处也。峻,陡急也。人之求道,务造其极,如人之登山,必至其巅,所谓有志者也。然欲至巅必须直上,欲造极则必须勇行。今之为学者,譬如登山麓,方其平缓处,莫不宏阔其步,及到峻险处,则遂畏阻而不前,多是趋易而避难,进锐而退速耳。故须刚决而必往,果敢而无畏,然后进进不已,以至于极也。学者若能如是,将学圣贤必至圣贤,犹之登山麓者必至山巅云尔。

李解:迤,音驼。逦,音里。迻,音悛。

茅注:麓,《尔雅》:"山足也"。迤逦,行貌。峻处,即后第三卷张子所谓"险阻艰难"是也。但彼以知言,而此以行言耳。

佐藤一斋曰:训诂词章之学,是迤逦。道德性命之学,是峻处。(按,一斋的诠释与国内学者角度不同。)

[集评]

朱子曰:为学须要刚毅果决,悠悠不济事,且如发愤忘食,乐以忘忧,是什么精神,什么骨肋!(《叶解》)

张习孔曰:妙喻。峻处要刚决果敢,亦须平处循序,不必阔步。

茅星来曰:盖行到峭峻之处,大段已是用工夫来,若于此畏难退步,则前功尽弃。孟子所谓"深造之以道",正须于此处着力精进,过此则有资深逢原之乐矣。

张绍价曰:仁者先难而后获。见易则进,畏难则止,学者之大病也。刚决果敢以进,愈困难,愈奋勉,以毅力贯彻始终,必跻其巅而后已,则不以难自沮矣。

54.[一]人谓要力行,亦只是浅近语。人既能[二]知见[三]一切事皆所当为,不必待着意,才着意[四]便是有个私心。这一点意气,能得几时子[五]?[1]

[集校]

[一]《张解》本有"伊川曰"三字。

[二]"既能"之"能",一作"有"。(《茅注》)

[三]此条今见《河南程氏遗书》卷十七,"一"上有"岂有不能行?"五字。有此五字,可增强表意语气。

[四]两"着意"下,《遗书》并有"做"字。(《茅注》)按,"着意"下,《河南程氏遗书》卷十七两处皆有"做"字。

[五]"子",《遗书》作"了",今从叶、吕本。(《茅注》)"子",江从《遗书》改"了"。(《冯记》)按,《张传》本、《江注》本与四库抄本、《价解》本作"了"。

[集注]

[1]杨注:于所当为,如饥食渴饮可也。才着意为之,则其进锐者,其退速。

叶解：真知事之当然，则不待着意，自不容已。着意为之，已是私心。所谓私者，非安乎天理之自然，而出乎人力之使然也。徒以其意气之使然，则亦必不能久，故君子莫急于致知。

张解：此亦为急行而不洒落者发也。"非知之艰，行之惟艰"，古人有言矣。故人口头传说，动曰要力行。然须知人谓要力行者，犹是寻常浅近话，至于所以行之，则又不可不知。盖人苟能知一切事皆所当为，即时为之可也。但为之亦自要当平常事，方行得洒落可久，不待另著个要紧意思。一著意要紧，便少自然，而成一个私心矣。此一点急迫不洪，意气能支撑得几时子，不提防，遂休歇，而所行终废矣。故当行则随时随力行之，不必汲汲徒谓要力行也。

茅注：切，音砌，或读如字。……此为不能致知而专要力行者言之。

江注：朱子曰："伊川谓说力行是浅近事，惟知为上，知最要紧。"

价解：刚决果敢以进，力行之事也。然欲履其事，必先明其理。真知事之当为，决然而不可易，循循勉勉，自不能已，不待着意安排。才着意为之，看似刚决果敢，实则一点意气而已。意气用事，必不能久。意气非毅也，真知而力行之，乃毅也。

退溪曰：一切，犹一是也。按《大学》注：壹是一切也。《汉书》注：犹以刀切物，取其齐整。

沙溪云：是"子"犹云日子。

[集评]

或问："力行"如何为"浅近语"？曰：不明道理，只是硬行。又问：何以为"浅近"？曰：他只是见圣贤所为，心下爱，硬依他行。这是私意，不是当行。若见得道理时，皆是当恁地行。又问："这一点气能几时了"是如何？曰：久时，将次只是恁地休了。（《语类》卷九十五）

朱子曰：言必忠信，行必笃敬，事亲必于孝，事长必于弟，自是理所当然，何须时时念念存一必字在心？如此便苦难，安得久！（《茅注》）

施璜曰：此言人能真知，则必力行也。真知事之当为，则自不容已，何待着意？故君子莫急于致知。知至则知之真矣，这一时靠他不得。

李瀷曰：要力行虽是浅近语，初间亦须勉强，如将强之而着力，必将驯至于不待着意之境矣。但人始以一点意气强意等行，不便下手，故程子识之。

55.　[一]知之必好之，好之必求之，求之必得之。古人此个学是终身事。果能颠沛造次必于是,岂有不得道理?[1]

[集校]

[一]《张解》本有"伊川曰"三字。此条今见《河南程氏遗书》卷十七。此条,《叶解》元刻本、《张传》本紧接于第 54 条下刻印,未顶格单列刻印。

[集注]

[1]叶解:学是终身事,则不求速成,不容半途而废。勉焉孳孳,死而后已可也。颠沛造次必于是,则无一事而非学,无一时而不勉。苟能如是,其有得于斯道可必矣。所以诱进学者之不容自己也。

张传:先生此言,盖在致知后。公私是非了然,自当知好求得,不必着意。孔子曰:"仁者安仁,知者利仁。"于"安""利"下,皆著个"仁"字,若从言安利,恐有误处。

李解:好,去声。

茅注:学是终身事,见不是取效旦夕,稍有不得而遂止者也。学者优游渐渍,弗使有间,自无不得之理。

价解:不待着意,无私心而已,非空知而不行也。知之真,必好之笃;好之笃,必求之力;求之力,必得之深。以毅力贯彻于知行之间,学无尽境,亦无止境,终吾身而已矣。造次颠沛必如是,毅之至也,岂有不得道理? 学而无得者,皆毅力有所不足也。

[集评]

张伯行曰:此与孔子"知不如好"节同意。但孔子历言进境以示劝,程子则历决其必然以示勉也。学以必得为归,如进学在于致知,岂徒然乎? 盖知得此理之妙,则自不能已,必中心喜好,觉天下之物无以尚焉。既不能已于好,便要刻苦用功,而汲汲以求之。既不惮工夫以求之,则必能顺其所当然,会其所以然,而实有以得之。须知古人此个学乃是终身离不得,行不尽底事,设若不得,即负却终身。然果能知而好、好而求,无论变故急遽,皆必于是,岂有不得道理? 奈何甘自暴弃,而以必得者让圣贤独得耶!

刘缄三曰:此以上言知行并进者,不可以不弘毅也。(《价解》)

李瀷曰:"岂有不得道理",当以"不得"为句。"不得"字与上"得之"字相帖。

泽田希曰:知之者,知有此道也。好之者,嗜好其道也。求之者,求得之于己也。一节深于一节,直归之得而后已。然知字尤重。人但真知得,则好之求之得之,皆相因而生,犹《大学》知止而后定,静安虑得,相连而来也。

56. ［一］古之学者一，今之学者三，异端不与焉。一曰文章之学，二曰训诂之学，三曰儒者之学。欲趋道，舍儒者之学不可。[1]

[集校]

［一］《张解》本有"伊川曰"三字。此条今见《河南程氏遗书》卷十八《刘元承手编》，下同，其题下注云"伊川先生语"。

[集注]

［1］叶解：释教言为训，释古言为诂。《尔雅》有《释训》、《释诂》是也。儒者之学，所以求道。文章、训诂（按，"训诂"《四库》抄本作"之学"），皆其末流。

张解：此程子叹学术之日分也。言古之时学重为己，务求实得，止有儒者一途，舍儒而外，有异端而已。今之学者多务为人，弊遂日滋，学术已分为三，而异端尚不与焉。其一溺于文词，徒富丽为工，务以悦人，曰文章之学。其二牵于注释，寻章摘句，不观其大，曰训诂之学。其三乃为言坊行表，求修己治人之要，而曰儒者之学。夫自文章、训诂之弊兴，而儒学几于暗淡无色，拘迂而不概于时矣。然欲趋大道之归，舍儒者之学，断断不可。吁！学术多岐，今日之所当辨者，又不徒异端矣！有志卫道者，可不卓然以振兴儒术自命乎？

李解：与，去声。舍，上声。命辞曰文，成体曰章，苏、王之学是也。释言曰训，通古曰诂，郑、孔之学是也。文章浮靡而无实，训诂拘凿而不通，其去道也远矣。欲趋道者，岂可舍儒者而他求哉？

[集评]

朱子曰：道者文之根本，文者道之枝叶。惟其根本乎道，所以发之于文皆道也。（《语类》卷一百三十九）

朱子曰：此切要之言。夫子之所志，颜子之所学，子思、孟子之所传，皆是学也。（《江注》）

朱子曰：古之学者明德新民，各求止于至善而已。自圣学不传，世之为士者不越乎记诵训诂文辞之间，以钓声名、干利禄。是以天下之书愈多而理愈昧，学者之事愈勤而心愈放，词章愈丽，议论愈高，而其事功之实愈无以逮乎古人。（《李解》）

张习孔曰：儒者之学，志乎圣贤道德之旨，而训诂以明之，文章以发挥之，虽有三者而归重则一，故曰"古之学者一"也，否则三矣。

张绍价曰：韩、柳、欧、苏、王、曾，桐城文派，词章之学也；伏、毛、许、郑、贾、孔，乾嘉汉学，训诂之学也；孔、孟、周、程、张、朱，儒者之学也。词章、训诂,皆道之支流,欲趋道,非儒者之学不可。

李瀷曰:文章之学,买椟而还珠者也。训诂之学,贵尽而贱真者也。皆从儒学中出来,而反害于儒。若志于儒者之学,因尽而求真,不害其为训诂;贵珠而饰椟,不害其文章。

贝原笃信曰:三者所读俱是《六经》也。而文章之学,学《六经》以做文章出也;训诂之学,但知《六经》之训诂而不知其理也。要二者,皆无益于其身,只儒者之学,因训诂以求义理,欲实得之己。其作文章者,亦摅发胸中之蕴以示人耳。古之学者,一者唯儒者之学,而无他之学。后世文章之学,如汉相如、唐柳宗元、宋苏轼等是也。训诂之学,如汉马融、郑玄、宋之刑昺是也。儒者之学,如汉董子、隋文中子、宋周子、张子、邵子诸君子是也。

57. 问:"作文害道否?"[1][一]曰:害也。凡为文,不专意则不工,若专意,则志局于此,又安能与天地同其大也?《书》曰"玩物丧志",为文亦玩物也。[2]吕与叔[二]诗云:"学如元凯方成癖,文似相如始[三]类俳。独立孔门无一事,只输[四]颜氏得心斋。"此诗甚好! 昔[五]之学者,惟务养情性,其他则不学。今为文者,专务章句,悦人耳目。既务悦人,非俳优而何?[3]曰:"古者学为文否?"曰:人见《六经》,便以谓[六]圣人亦作文,不知圣人亦[七]摅发胸中所蕴,自成文耳[八]。所谓'有德者必有言'也。[4]曰:"游、夏称文学,何也?"曰:游、夏亦何尝秉笔学为词章也?[5]且如"观乎天文以察时变,观乎人文以化成天下",此岂词章之文也?[6]

[集校]

　　[一]《张解》本有"伊川"二字。

　　[二]"吕与叔"下,吴邦模刻本、《张解》本、《江注》本增"有"字。

　　[三]"始",一作"殆"。(朝刊《近思录》)

　　[四]"只输",一作"惟传"。(朝刊《近思录》)

　　[五]"斋"下,叶、吕本无"此诗甚好"四字,今从《遗书》及宋本增。"古"一作"昔"。(《茅注》)"斋",一作"齐",此下一有"此诗甚好"四字。(朝刊《近思录》)按,《叶解》元刻本及其四库抄本、吴邦模刻本、《江注》本及其四库抄本无"此诗甚好"四字,"昔"作"古";《张解》本无"诗甚好"三字,"昔"作"古";"昔",《茅注》本作"古"。

　　[六]"以为"之"为",一作"谓"。(《茅注》)"谓",叶从《遗书》作"为"。

（《冯记》）按，"谓"，《张解》本、《叶解》四库抄本、《茅注》本作"为"。

　　［七］"亦摅"之"亦"，一作"只"。（《茅注》）

　　［八］"耳"，一作"章"。（《茅注》）

［集注］

　　［1］茅注：此刘安节问也。

　　［2］叶解：人所以参天地而并立者，惟此心为之主耳。苟志有所局，又安能与天地参哉？故玩习外物，则正志丧失。专意为文，亦玩物也。

　　张解：文以载道也。后人习气大盛，富丽相夸，而不知其去道已远，故程子每言词章之病。或者疑文章亦儒者事，因问"作文害道否"，而伊川直应之曰"害也"。盖斯道之大，洋洋优优，包含无外，充塞无间。学者日用性情，当使廓然大公，无息不是天理流行，方能与道为体，何沾沾文词之足云！凡作文之法，心思不专于其中，则不能极其工巧。若专一着意于是，则气拘神滞，志趣已局限于此，卑隘甚矣，又安能刚健含弘与天地同其大？虽有词章，亦当前快意，适观而已。故《尚书》曰"玩物丧志"，言玩弄外物，精神驰逐，心志便不宁而丧失矣。文亦物也，为之而字饰句雕，留恋不舍，非玩物而何？夫以覆载同量之性情，而遂以文词自小之，亦可笑之甚也已！

　　李解：丧，去声。愚谓，明道以记诵为玩物，伊川以作文为玩物，其所以警俗学之文灭质而博溺心者，亦深切矣。

　　茅注：《书》，《周书·旅獒》篇。

　　［3］叶解：吕大临，字与叔，张、程门人也。杜元凯尝自谓有左氏癖，所著训解，凡十馀万言。司马相如作《子虚》、《上林》等赋，徒衒文词，务以悦人，故曰"类俳"。俳优，倡戏也。斋，斋肃纯一之意。心斋，说见《庄子》。

　　张解：因上文言"为文亦玩物"，遂引与叔诗以明其不诬也。癖，偏滞之病也。俳，俳优，伶人之属也。心斋，澄其心若斋时也。庄子言颜子心斋坐忘，与叔实用其语。与叔有诗云："学如元凯方成癖，文至相如始类俳。"盖学如元凯，称博洽矣，而义理不充，物而不化，方成结癖之病。文至相如艳丽极矣，而道德无关，华而鲜实，始类俳优之辈，均无足贵也。继之曰："独立孔门无一事，只输颜氏得心斋。"言为学而立圣门中，别无要紧事，所愧未能涵养性情，只输颜子之心斋而养到耳。与叔之诗如此，可见古之学者性情为重，惟中和之养是务，其他杂博藻丽，皆不屑学。

　　茅注：俳，音牌。斋，侧皆反。……此以上明作文之害道也。吕与叔，名大临，学于横渠之门。横渠卒，乃东见二程先生，而卒业焉。元祐中为太学博士、秘书省正字。范淳夫荐其修身好学，行如古人，可为讲官，不及用而卒。有《易》、《诗》、《礼》、《中庸说》、《文集》等行世。按，吕与叔诗，《上蔡语录》、吕氏《童蒙训》中并有之，但互有异同。谢录"始"作"反"，"事"作"伎"，"输"作"传"，"氏"作"子"。吕则"学"作"文"，"方"作"徒"，"文似"作"赋若"，"始"作"止"，"独立"作"惟有"，"输"作"传"。姑附记以备参考。

宋时烈曰：此"输"字当作"为"字意看。

［4］叶解：圣人道全德盛，非有意于为文，而文自不可及耳。

张解：问者曰："文既若是之弊，是亦不足学矣。古之人亦曾学此否？"伊川曰："文者道之华也，道乃文之实也。有其实而华自见，故美而可传，如《六经》是也。人但见《六经》皆圣人所定，便以为圣人亦作文，不知圣人全体皆道，其见之文者，亦描写发挥其胸中所蕴蓄之理，而性情流露，自然有条理次第而成文章耳。孔子有云"有德者必有言"，盖和顺积中，英华发外，理固然也。《六经》之文，圣人岂必先学之而后作而传之哉？

茅注：摅，抽居反。……宋以《易》、《诗》、《书》、《周礼》、《礼记》、《春秋》为六经，后凡言《六经》者仿此。此以下总以明古人非学为文之意。

［5］叶解：游、夏，盖习于《诗》、《书》、《礼》、《乐》之文者。旧说子游作《檀弓》，子夏作《乐记》之类。凡此皆道体之流行，人事之仪则，固未尝秉笔学为如此之文，而亦非若后世无用之空言也。

张解：问者又曰："文苟不足学，则古来当无复以文擅长矣。而圣门子游、子夏独以文学著称，何也？"伊川曰："游、夏之称文学，乃其天资英秀，学问淹通，凡所著述皆斐然可观，不觉其才华之长乎此耳。亦何尝秉笔构思，计工拙、追时好，欲以词采表见于当世耶！其不得以游、夏藉口亦明矣。"

李解：游、夏之文学，习于《诗》、《书》六艺而得其意耳，非秉笔为文也。以今考之，《礼运》当为子游所作，《丧服传》相传为子夏所作，然亦非若后世无用之空言也。

［6］叶解：说见《贲卦》。天文谓日月星辰之文，人文谓人伦礼乐之文。

张传：言之害道者，惟四六排偶连珠七类律诗词曲之属。

张解：此又引《易·贲卦·象传》之词以明所谓文者，非必如今人所学也。盖天下之灿然有章者，同谓之文，如阴阳交错，自然之理，乃天之文也。君子观之而可以察四时之变，文之变化孰加焉？人伦条理各止其分，乃人之文也。君子观之而有以成天下之化，文之整齐孰加焉？此岂词章之文所可同日而论哉？盖大文不假安排，至文非关粉饰，即《六经》之文亦是如此。故能与天地为昭，与人道终始也。自非知道者，乌足语此！自非知文者，亦乌足语此！彼沾沾著作争奇于字句间者，亦徒劳矣。志气既卑，意旨亦薄，支辞愈多，义理愈晦。愿当世学者，慎毋轻弄笔墨，而以文害道也。

李解：天文，谓日月星辰之象；人文，谓亲疏贵贱之等。此《贲·彖传》文也。

[集评]

朱子曰：才要作文章，便是枝叶，害着学问，反两失也。(《语类》卷一百三十九)

朱子曰：贯穿百氏及经史，乃所以辨验是非，明此义理，岂特欲使文辞不陋而已？义理既明，又能力行不倦，则其存诸中者，必也光明四达，何施不可？发而为言，以宣其心志，当自发越不凡，可爱可传矣。今执笔以习研钻华采之文，务悦人者，外而已，可耻也矣。道者，文之根本；文者，道之枝叶。惟其根本乎道，所以发之于文者皆道也。三代圣贤文章，皆从此心写出，文便是道。(《江注》)

薛氏曰：性者道之体，情者道之用，故养性情即学道也。(《李解》)

胡氏曰：程子以诗文害道。非是诗文害道，是作诗文者志局于此，所以为道之害。若道义发于诗文，又何害？不合他专心致力于此，期于工巧，便与圣贤为己之心不同，于圣贤为学工夫必荒。子美、退之当初若能做圣贤工夫，不学诗文，其造诣必不止此。(同上)

张习孔曰："有言者不必有德"，则害道；"有德者必有言"，则不害道。《六经》文章，其大者在《易·系辞》。孔子之为此，以明道也，非以为文也。岂惟孔子？凡大儒之言皆以明道，后世词章家见之以为文耳。道德之儒，原不以文观也。至于文之工否，亦非因专意而得，其读书之博、见理之明、涵养之盛、阅历之多，弘谟大训，随笔信口，自斐然而成章，非以雕镂润饰而成也。后儒之文，莫善于朱子，今其书具在。观其精深闳博，典雅和粹，且曲折尽致，古今能文之家，何以加之？盖由本以兼末，则文与道岂有二哉？如无得于道，而徒专意为文，其言出入支离，未有无疵者也。是其害道也，必矣。

张伯行曰：今为文者，舍自家性情不养，专务寻章摘句，涂饰美观，以媚悦人之耳目，既掩抑其性情，而妆缀以博观听，其与俳优之修饰声容、取怜于人者，相去几何？夫人而为俳优，丧志已甚，为文者类是，宜其为与叔所讥也。

李文炤曰：《诗》以道志，《书》以道政，《礼》以道行，《乐》以道和，《易》以道阴阳，《春秋》以道名分，皆因所蕴而形之于文也。"和顺积中，英华发外"，德之与言，岂有二乎？

管赞程曰：自"凡人才学"至此为一章，以致知而识仁体，然后勇进以成心之德。初未尝以敬为主,不得称为坤道,在圣门为达财答问之士之学,若又不能切近用功,而为文章训诂所误,终不能成为有用之材者也。

张绍价曰:元凯训诂,相如词章,颜氏儒者。儒者之学,惟务养性情。敬以直内,则有以养其性而无所害;义以方外,则有以约其情使合于中。敬义夹持,乃可以趋圣人之道,他不足学也。为文者专务章句,不以明道,而以悦人。君子岂为之哉? 道与文合为文章,文与道离为辞章。今人作文以害道,古人体道以为文。《四书》、《六经》之文,皆道义充足于中,而文章发见乎外,未尝执笔模拟而为之也。

58. [一]涵养须用敬,进学则在致知。[1][二]

[集校]

[一]《张解》本有"明道曰"三字。陈荣捷云:"分明是伊川语。因其来自《遗书》卷十八,页五下也。而张伯行亦以为明道语。"(《陈论》)按,陈先生所言正确。

[二]此条《叶解》元刻本未单列,而紧接在第57条后刻印;《叶解》四库抄本漏抄此条。

[集注]

[1]杨注:伯嵒据晦翁曰:"如他人不读书,是不肯去穷理,今要穷理,又无持敬功夫。从陆子静学,如杨敬仲辈持守得亦好,若肯去穷理,须穷得分明。然他不肯去读书,只任一己私见,有似个荑稗。今若不做培养工夫,便是五谷不熟,又不如荑稗也。"次日又言:"陆子静、杨敬仲有为己工夫,若肯穷理,当甚有可观,惜其不改也!"伊川云:"主一之谓敬,无适之谓一。"又曰:"人心常要活,活则周流无穷而不滞于一隅。"或者疑主一则滞,滞则不能周流无穷。晦翁曰:"所谓主一者,何尝滞于一隅? 不主一则方理会此事,而心留于彼,这却是滞于一隅。"杨道夫问:"方应此事未了,而复有一事至,则当何如?"晦翁曰:"也须是做这一件了,又理会一件,亦无杂然而应之理,甚不得已,则权其轻重可也。"

叶解:朱子曰:"主敬以立其本,穷理以进其知,二者不可偏废。使本立而知益明,知精而本益固,二者亦互相发。"

张传:主敬者,一念不肆,百念常惺,其养日深。致知者,一理既明,众理渐彻,其学日广。

张解:此示学者以彻始彻终工夫也。凡人为学先求其静,然后心思才可用。然徒主于静而不亹亹于学,恐无以尽天下之无穷,而本然者亦无所据以为安。此涵养进学二者之功,废一不可也。但涵养非守寂之谓,须只畏以一其内,端庄以肃其外,则此心常存,可以为事物之主。进学亦非凭虚可得,在乎即物以究其极,随物以会其通,则此心渐彻,有以全其本明之量。此君子所以大居敬而贵穷理也。居敬穷理,相须并进。《中庸》"尊德性而道问学",亦是如此。

李解:朱子曰:"涵养中自有穷理工夫,穷其所养之理;穷理中自有涵养工夫,养其所穷之理。"

茅注:朱子曰:"两项(笔者按,即涵养、穷理)都不相离,才见成两处便不得。"又曰:"下'须'字、'在'字,便见得要齐头着力,不可道知得了方始行。"朱子曰:"人能于此二者用力,自然此心常存,众理昭著,日用应接,各有条理矣。"又曰:"独不言克己者,盖敬则自无己可克,如存诚则不消言闲邪之意,若有邪僻,只是敬心不纯耳。初学,则须是三者工夫都到。"

江注:朱子曰:"涵养此心须用敬,譬之养赤子,须时其起居饮食,养之屋室之中而谨顾守之,方有向成之期。"问:"涵养又在致知之先?"曰:"涵养是合下在先。古人从小以敬涵养,渐教之读书识义理。今若说待涵养了方去致知,也无期限,须是两下用工,也着涵养,也着致知。"问:"敬先于知,然知至则敬愈分明。"曰:"此正如配义与道。""此两言如车两轮,如鸟两翼,未有废其一而可行可飞者也。""此二言者,体用本末无不该备。"

[集评]

问:"涵养须用敬,进学则在致知"。曰:二者偏废不得。致知须用涵养,涵养必用致知。(《语类》卷十八)

朱子曰:"涵养须用敬,进学则在致知。"无事时且存养在这里,提撕警觉,不要放肆。到讲习应接时,便当思量义理。(《语类》卷九十五)

朱子曰:主敬者存心之要,而致知者进德之功,二者交相发焉,则知日益明、守日益固,而旧习之非自将日改月化于冥冥之中矣。然程子所谓敬者,必以整衣冠、慎容貌为先;而所谓致知者,亦不过读书史、应事物之间,求其理之所在而已,则亦何事于他求也哉!(《李解》)

朱子曰:敬、克己、致知,此三事,以一家譬之,敬是守门户之人,克己则是拒盗,致知则是去推察自家与外来底事。伊川言"涵养须用敬,进学则在致知",不言克己。盖敬胜百邪,便自有克,如诚则不消言闲邪之意。如善守门户,则与拒盗便是一等事,不消更言拒盗。若以涵养对克己言之,则各作一事亦可。涵养譬如将息,克己譬如服药去病。能纯于敬,自无邪僻,何用克己? 若初学,则须是功夫都到。(《江注》)

胡居仁曰：所谓"涵养须用敬，进学则在致知"，是未知之前，先须存养此心，方能致知。又谓"识得此理，以诚敬存之"而已，则致知之后，又要存养，方能不失。盖致知之功有时，存养之功不息。(《居业录》卷二)

张绍价曰：儒者欲趋圣人之道，莫要于居敬穷理。居敬则心，而性情得所养，故涵养须用敬。然居敬而不穷理，则学亦无由而进，故进学则在致知。

冯友兰曰："进学在致知"相当于我们所谓哲学底活动，"涵养须用敬"相当于我们所谓道德底行为。(《新理学》)

钱穆曰：此条补明道上条(按，本卷43条)所未及。人心即生命，当有成长。而他心如己心，圣人先得我心之所同然，贵能就圣贤心努力向前，故有进学工夫，斯我心亦日长日成矣。……倘务于进学而失去其赤子之心，则终亦非进学之正途。(《随劄》)

59. [一]莫说道将第一等让与别人，且做第二等。才如此说，便是自弃。虽与"不能居仁由义"者差等不同，其自小[二]一也。言学便以道为志，言人便以圣为志。[1]

[集校]

　　[一]《张解》本有"伊川曰"三字。

　　[二]"小"，《张解》本作"弃"。

[集注]

　　[1]杨注："舜何人也？予何人也？有为者亦若是。"人之立志当如此。

　　叶解：性无不善，人所同得。苟安于小成，皆自弃也。

　　张解：天地间道只有一个道，无不当尽之理。人亦只是此等人，无可以不全之量。故学者切莫将"第一等"三个字看得夐绝不可到，甘让与别人，我不妨作第二等。此无论后来能作第二等与否，才如此说，便早将本分第一等丢却了，非自弃而何？虽其欲做第二等，犹与自谓不能居仁由义者有别。然试思此第一等，谁做得谁做不得？让而不做，即是自谓不能，其果于自弃一也。故言学便当以道为志，道原人人所当尽也。言人便当以圣为志，圣乃人人所可为也。夫道者，第一等事也；圣者，第一等人也。然道之于人不论等也，圣而尽道亦曰人也，何多让焉？有志者其勉诸！

　　李解：朱子曰："为学大端在于求复性命之本然，造圣贤之极致。若曰我之意只是要做个好人，识些道理便休。宜乎工大(笔者按，当作"夫")不进，日夕渐渐消磨。"

茅注：差，音雌。因门人问"学者须志于大，如何"，而程子告之以此。"不能居仁由义，谓之自弃"，说见《孟子》。杨氏曰："以圣人为志，犹学射而立的。的立于彼，然后射者可视之以求中。若其中不中，则在人而已，不立之的，何以为准？"

价解：居敬穷理，为学之要。然志趣卑下，则亦无以入道，让第一等与别人，而自做第二等，便是自弃。不可言弘，亦即不可言毅。言学以道为志，言人以圣为志，弘之至也。志之必求至之，以志帅气，而毅力生焉。颜渊曰："舜何人也？予何人也？有为者亦若是。"孟子曰"乃所愿，则学孔子也"，"古之人古之人"。未有让第一等与别人，而可以至圣人之道者也。

贝原笃信曰：自弃其身者，犹如仁义之为美但溺于怠惰，自谓必不能行。

[集评]

朱子曰：自弃者，谓其意气卑弱，志趣凡陋，甘心自绝以为不能。我虽言其仁义之美，而彼以为我必不能居仁由义，是不足有为也。（《语类》卷五十六）

朱子曰：为学，须思所以超凡入圣。如何为昨日为乡人，今日便为圣人！须是竦拔，方始有进。（《语类》卷八）

张习孔曰：道二，仁与不仁而已矣。圣人之道与教，原无所谓第二等者。七十二贤，与三千之徒，皆是学第一等者，故曰夫道一而已矣。

茅星来曰：程子此条为人之意可谓深切，临事观书常存此意，工夫自然勇猛，不至因循荒废矣。

贝原笃信曰：学者当以天下第一等为志，而不堕于自弃。

佐藤一斋曰：此条是立志第一紧要处，即"当仁不让于师"之意。

60. 问："'必有事焉'，当用敬否？"^[一]曰：敬^[二]是涵养一事。"必有事焉"，须用^[三]集义。只知用敬，不知集义，却是都无事也。[1]又^[四]问："义莫是中理否？"曰：中理在事，义在心。[2][五]

[集校]

[一]《张解》本有"明道"二字。陈荣捷云："亦出《遗书》卷十八，页十九上，为伊川语，而张伯行又以之归明道。"（《陈论》）按，陈先生所言，是。

[二]"是涵养"上，《遗书》有"只"字。（《茅注》）

〔三〕"须用",《遗书》作"须当"。(《茅注》)按,《河南程氏遗书》作"须当"。

〔四〕《张解》本无"又"字。

〔五〕《张传》本、《张解》本将第 60、61 条接连在一起刻印,似合为作一条。

〔集注〕

〔1〕叶解:孟子言养气,曰"必有事焉",又曰"是集义所生者"。人之所为,皆合于义。自反无愧,此浩然之气所以生也。敬者,存心而已。若不集义,安得谓之"必有事焉"?

张解:此程子恐人以敬为专是主静,而流为寂守之学也。或问"必有事焉,当用敬否",是疑孟子言"必有事"者,或是当用敬以持之,便是有所事也。程子言敬者主一无适,乃是涵养一边事,有事虽不离敬,而必有事焉者,须用集义工夫。盖随事合宜,积累以获此心,裁制之安,方是有事。若只知用敬,空洞洞把持在此,不知就事物上体察其所当然之理,却是都无一事也,何以言必有事乎?

李解:问:"敬不足以尽涵养否?"朱子曰:"采色养其目,声音养其耳,理义养其心,皆是养也。"

茅注:"必有事焉",见《孟子》。必有事焉,即目前寻常举动皆是,敬兼动静而言,则有事未尝不用敬也。观《论语》所言"敬事"、"执事敬"之类可见。然若以敬为有事,专守此心,易流入空虚无用之学,故程子特辩之如此。涵养之敬,就无事时言之,只知用敬,则是都无事也。而以集义为事,则敬自在其中。

〔2〕叶解:义者,吾心之裁制。中理者,合乎事理之宜也,故有在事在心之别。

张解:此程子惧人以义为在外,故因问义而分别言之。或疑义之得名,莫是凡事所行皆中乎理之谓否?程子言:所行中理,乃是就事上论。若第以此为义,不将有外义之意乎?须知义者,吾性中本有之理,故事得宜而心安,心有所以宜之,则然后能裁而制之,使得其宜,则义实在心。然则以心之义处事,事乃无不中理,似可合内外以言义,而究竟中理处止可言事,而所以中理之义乃在心也。

李解:中,去声。胡氏曰:"程子曰处物为义,又曰义在心。详味此言,义内之意自见。"

茅注:朱子曰:"中理,只是做得事来中理,义则所以能中理者也,便有拣择取舍。"

江注：朱子曰："涵养须用敬，处事须是集义。""义莫是中理，如此说却是义在外也。""《易传》曰：'在物为理，处物为义。'"

[集评]

朱子曰：敬有死敬，有活敬。若只守着主一之敬，遇事不济之以义，辨其是非，则不活。若熟后，敬便有义，义便有敬。静则察其敬与不敬，动则察其义与不义。（《语类》卷十二）

问：孟子之所谓有事者，集义而已。程子之论，每以"有事于敬"为言，何也？朱子曰：孟子之学，以集义为养气之本。程子之学，以敬为入德之门。此其言之所以异也。然义非敬则不能以自集，故孟子虽言集义，而必先之以持敬。敬非义不能以自行，故程子虽言持敬，而于其门人有事于敬之问，亦未尝不以集义为言也。（《江注》）

张绍价曰：有求为圣人之志，然后可用敬义夹持之功。涵养须用敬，欲事之中理，则在集义。在物为理，处物为义，一事各有一理，处之使各中乎理，则在无心之裁制。义内也，非外也。

61. [一]问："敬义何别？"[二]曰：敬只是持己之道，义便知[三]有是有非。顺理而行，是为义也。若只守一个敬，不知集义，却是都无事也。[1]且如欲为孝，不成只守着一个孝字。须是知所以为孝[四]之道，所以侍奉当如何，温清[五]当如何，然后能尽孝道也。[2]

[集校]

[一] 叶、吕诸本自"问敬义何别"以下，别为一条。今从《遗书》及宋本并之。（《茅注》）按，此条，《杨注》宋刻本未单列顶格刻印，而是紧接第60条后刻印。今参照他本作第61条。

[二] "曰"上，《张解》本有"伊川"二字。但《张解》本将此条紧接于上条后刻印，似合作一条，张伯行以为上条答者是"明道"，此处答者谓"伊川"。然实则皆为伊川语。

[三] "知"，江误"如"。（《冯记》）王、吴本"知"作"如"，《遗书》阴本作"知"，洪本同，从之。（《王记》）按，"知"，《江注》本作"如"。

[四] "孝"下，《张传》本有"子"字。

[五] "清"，《叶解》元刻本、吴邦模刻本作"清"。按，作"清"为是。

[集注]

[1]张解：此与明道先生之言敬义意同。或问：“敬与义，其用既不同，则二者必有分别而后见其不同也。”伊川言：“敬与义原自不同，安得无别？敬乃用力字，是吾身心本当敛束，持己之道则然耳。义则凡事原有是非，吾心处之，便知有是有非。顺乎至是之理而行，是乃所以为义也。若只守一个敬字，以为学问之道已尽，不知去事上更用集义工夫，则是身心间都无一事，何所着落，不将与致虚守寂者等乎？学者当早辨之。”

茅注：朱子曰：“须敬义夹持，循环无端，则内外透彻。”

[2]杨注：伯嵒据晦翁曰：“敬字，程子说得如此亲切了。近世程沙随犹非之，以为圣贤无单独说敬字时，只是敬亲、敬君、敬长方著个敬字，全不成说话。圣人说‘修己以敬’，曰‘敬而无失’，曰‘圣敬日跻’，何尝不单独说来？若说有亲、有君、有长时用敬，则无亲、无君、无长之时将不敬乎？都不思量，只是信口胡说。”“诸先生说敬各不同，其实只一般。程子曰：‘主一无适。’又曰：‘整齐严肃’也便是敬。谢显道曰：‘常惺惺’也便是敬。尹和靖曰：‘收敛此心，不容一物’也便是敬。瑞岩和尚每日常问主人翁惺惺否，又自答曰惺惺。”或问：“与谢氏惺惺之说如何？”晦翁曰：“其唤醒此心则同，而其为道则异。吾儒唤醒此心，欲他照管许多道理。佛氏则空唤醒在此，无所作为，其异处在此。”“向日曾览《四家录》，有些说话极好笑，亦可骇。大率是说若父母为人所杀，无一举心动念，方始为初发心菩萨，他所以叫主人翁惺惺著，正要如此。‘惺惺’字则同，所作工夫则异，岂可同日而语哉！”

叶解：言此以明集义之道“必有事焉”者也。

张传：有事，是集义之功，与上“行”字相应。集义，须在行处见得。止明其理，而无事，心之慊不慊，未可知也。勿正勿忘，颇有敬字意，故或人以用敬为问。但勿正勿忘，是念虑之纯。若不试之于事为之冲，则义从何集？故必须有事，观“必”字可见。

张解：承上文。守敬不可不知集义，而就孝一事以明其当然也。盖言敬者，乃所以为集义地，非敬而集义即在其中也。且如子之事父当孝，是子所当敬守者，孝道也。然孝自有孝之所宜，亦随事有义也，不成只敬守一个孝字，便可以事父而无憾。须是知吾所以行乎孝者，自有道焉。于是随时随处，小心体贴，凡所以随侍奉养者，当如何尽物，如何尽志。所以冬温夏清者，当如何得宜，如何无旷。方有所循，以敬行吾孝焉。如此之类，皆孝中之义所当集者，体之然后孝道可无愧也。即一孝道而敬义之辨已明，集义之功顾不重乎！

茅注：清，七性反。此申明上文不可不知集义之意。不成，宋人语录中每用在句首，作反决之辞，亦当时方言也。侍奉，如服劳奉养之类。冬温夏清，见《记·曲礼上》篇。温以致其暖，如温被之类；清以致其凉，如扇枕之类。王伯厚曰："丹书敬义之训，夫子于《坤》六二《文言》发之。孟子以集义为本，程子以居敬为先，张宣公谓'工夫并进，相须而相成也'。"

[**集评**]

朱子曰：敬、义只是一事。如两脚立定是敬，才行是义。合目是敬，开眼见物便是义。(《语类》卷十二)

朱子曰：敬者，守于此而不易之谓。义者，施于彼而合宜之谓。(同上)

朱子曰：敬义工夫不可偏废。彼专务集义而不知主敬者，固有虚骄急迫之病，而所谓义者，或非其义。然专言主敬，而不知就日用间念虑起处分，别其公私义利之所在，而决取舍之几焉，则亦未免于昏愦杂扰，而所谓敬者亦非其敬矣。(《叶解》)

张南轩曰：居敬、集义工夫并进，相须而相成也。若只要能敬，不知集义，则所谓敬者，亦块然无所为而已，乌得心体之周流哉！又曰：集义，只是事事求个是而已。(同上)

张绍价曰：敬义不可偏废，居敬尤必集义。敬只是持己之道，义则辨别是非。顺理而行，乃能中理。若专守一敬，而不知集义之功，有体无用。能静而不能动，投之以事，茫然无措。处经事而不知其宜，遭变事而不知其权，粗疏迂拘，欲其中理也难矣。孝亦有常变，侍奉温清，处常之道，固宜深明其理。处人伦之变者，尤必裁以义，乃能中乎理。舜事瞽瞍，求之未尝不在侧，杀之则不可得。圣人精义入神，乃所以为大孝。申生不识此义，杀身而陷父于恶，只谓之恭，不谓之孝。学者只守一敬字，安能处常处变，时措从宜！

佐藤一斋曰：程子诸说，宜善看以得其意可也。凡诲人不可一概，宜先后分释字义，而后意味合诸一。如敬义名目，自涵养而谓之敬，自处事而谓之义，然而其涵养于内，即所以出而处事也，则敬可以为义矣；其炼磨于外，即所以入而自得也，则义可以为敬矣。由是言之，其目虽异，理则一。(笔者按，一斋认为此处前后几条，虽分释而理一，宜以此意会之。其说有补于国内学者之论。)

62. [一]学者须要[二]务实，不要近名方是。有意近名，则是[三]伪也。大本已失，更学何事？[四]为名与为利，清浊虽不同，然其利心则一也。[1]

［集校］

　　［一］《张解》本有"伊川曰"三字。

　　［二］"须是"下，宋本有"要"字。（《茅注》）按，"要"，《叶解》元刻本及其四库抄本、吴邦模刻本、《张解》本、《李解》本、《茅注》本、《江注》本及其四库抄本、《刘元承手编》作"是"。

　　［三］"是伪"之"是"，吕本作"为"。（《茅注》）"为"，从《遗书》作"是"。（《冯记》）按，"是"，吴邦模刻本、《江注》本作"为"。《刘元承手编》无"是伪也"三字。

　　［四］"为"上，《刘元承手编》有"为名而学，则是伪也。今之学者，大抵为名。"十六字。有此语更助于理解本条语录。

［集注］

　　［1］叶解：志于求名，则非务实。有为而为，即是利（按，《四库》抄本作"私"）心。

　　张解：此程子欲人务实而戒人以慕名之失也。学期有得，不务实则浮而无据，安能有得？故须是专务着实而无半点为名意思，方是圣贤之学。盖务实则心皆实心，行皆实行，工夫皆实工夫。着着为己，乃能上达，而处则有真学问，出则有真事功。一有近名之意，亦伪焉而已。立意既差，大本已失，勿谓不学，即学亦一齐差却，更济得甚事？人多谓名原是清洁一途，还属好的，与利之污浊不同。不知为名与为利，意象之清浊虽分，而有所为而为，总以便其人欲之私，立心则一也。此与庄子"为善无近名"词若相类，而旨实不同。此欲人之务实，彼第欲免人之忌而已。本领既差，立言亦别，又不可以不辨。

　　李解："为名"、"为利"之"为"，去声。朱子曰："务实之事，观今日学者不能进步，病痛全在此处。但就实做工夫，自然有得，未须遽责效验也。"

　　茅注：因门人以"子张问达"为问，而语之以此也。大本，即指上务实而言。万事皆从实理以出，而人之为事亦必心无不实，而后可以有成，故曰"大本"。观《中庸》所云"诚者物之终始，不诚无物"，大本意自明。今既为伪，则大本已失。虽有所事，皆虚妄耳。

［集评］

　　朱子曰：为学是分内事，才高自标置，便是不务实也。又曰：虽所为皆善，但有一毫歆慕外物之心，便是利也。（《茅注》）

　　胡氏曰：学者务名，所学虽博，与自己性分全无干涉，济得甚事！（《李解》）

张习孔曰：为利者，惟恐人知。为名者，惟恐人不知。恐人知者，既得利，又欲得名也。恐人不知者，又欲于名中得利也。故曰"其利心则一也"。推勘至此，为学近名者，宁不愧乎！

张绍价曰：学者敬义工夫，须是立诚心，鞭辟近里著己。务实而勿近名，才有意近名，则为人而不为己。虽孜孜致力于学，亦为伪而已。大本已失，更学何事。训诂词章之学，非为名即为利。名利之心未化，何由入圣人之道？

63.　[一]"回也其心三月不违仁"，[二]只是无纤毫私意。有少私意，便是不仁。[1]

[**集校**]

[一]《张解》本有"明道曰"三字。陈荣捷云："来自《遗书》伊川语之卷二十二上，页六上。张伯行亦以为明道语，何也？"（《陈论》）按，陈先生所言，是。

[二]此条今见《河南程氏遗书》卷二十二上《伊川杂录》，"只"上有"不违处"三字。

[**集注**]

[1]叶解：仁者，天理之公，心德之全也。有一毫私意介乎其间，则害乎仁之全体矣。

张解：此因孔子称颜回不违仁，而切言所以为仁之体也。仁者，天理浑然，无杂无间。孔子称回"三月不违仁"，乃其克复功深，故此心能历久纯粹。所谓"不违"者，只是私欲净尽，无纤毫之为累耳。若有些少私意，则心德不纯，非浑然之本体，去仁便远。盖甚矣，仁道之难言也！

李解：私意者，念虑之差，非有形迹之可见也，然已不得为仁之纯矣。

茅注：少，如字，谓微有私意，不甚多也。《汉书》"王陵可，然少戆"，亦读如"多少"之"少"，或读如"稍"者，误。周伯温问"回也三月不违仁，如何？"而程子告之以此。

[**集评**]

朱子曰：三月，言其久。仁者，心之德。心不违仁者，无私而有其德也。（《四书章句集注》）

问："三月不违仁"。曰：仁与心本身一物。被私欲一隔，心使违仁去，却为二物。若私欲既无，则心与仁便不相违，合成一物。心犹镜，仁犹镜之明。镜本来明，被尘垢一蔽，遂不明。若尘垢一去，则镜明矣。（《语类》卷三

十一)

张绍价曰：学以求仁。为名为利，私意之大者，其违仁也远矣。颜子三月不违仁，只是克己复礼，敬义工夫纯熟，人欲净尽，天理流行，无纤毫私意。有少私意，便是不仁，非必为名为利，而后为不仁也。

64. [一]"仁者先难[二]而后获"。有为而作，皆先获也。[三]古人惟知为仁而已，今人皆先获也。[1]

[集校]

[一]《张解》本有"明道曰"三字。陈荣捷云："同出卷二十二上，页十二下，亦伊川语。张氏作明道语，或因《语类》卷三十二，第六十七'问明道'条，页一三一三，朱子论'仁者先难而后获'，先举明道之名也。"（《陈论》）按，本条与上条均出自《伊川杂录》，且《河南程氏遗书》卷二十二上题下注云"伊川先生语"，因而《张解》本云"明道曰"，误。

[二]"先难"下，吕本有"而"字。（《茅注》）按，《叶解》元刻本与四库抄本、《张解》本、《茅注》本无"而"字。《论语》本有"而"字。

[三]"古"上，《伊川杂录》有"如利仁是也"五字。

[集注]

[1]杨注：有心于尽道，无心于计效，非仁者孰能之！

叶解：说见《论语》。后，犹"未有义而后其君"之"后"。先难者，自心之笃而不容一念之或间，克己之力而不容一事之非礼。后获者，顺乎天理而未尝谋其私，发乎诚心而未尝计其效，此仁者之事也。或曰："智者利仁，是亦先获也。"曰："所谓利仁者，以其察之明而后行之决，盖择善而固执之者也，未若仁者安行乎天理之自然而已，又岂区区计功谋效者之为哉？萌计谋之私，则已非仁矣，尚何利仁之有？"

张解：此因《论语》"仁者先难后获"而叹今昔用功之不同也。仁，纯德也。学者求仁，未论造诣，且论用功。孔子言"仁者先难后获"，乃谓仁人用功无所为而为，止先尽其事之当然，绝不敢有畏难之意。至于效之所得，则放在后著，听其自至，全不生计较想。若有所为而然，则是未作之先，必计其有效方才下手，著著希冀，所谓先获者也。

李解："有为"之"为"，去声。"有为而作"，有所为而为之也。

茅注：门人问"仁者先难后获，如何"，而程子告之以此。为仁，凡人道之所当为者皆是。

江注：朱子曰："先计其效，而后为其事，则其事虽公，而意则私。"

价解：程子曰："先难，克己也。"己者一身之私欲，最为难克。仁者用敬义之功以克之，故曰先难。至于效之所得，仁者不计也，故曰后获。才有计效之心，则虽用敬义工夫，乃有为而作，皆先获也。先获，私意也，有私便非仁。古人惟知为仁，无所为而为也；今人皆先获，有所为而为也。

[集评]

问："仁者先难而后获"。曰：获，有期望之意。学者之于仁，工夫最难。但先为人所难，不必有期望之心，可也。（《语类》卷三十二）

朱子曰：人惟有此一心，若有一求获之心，则于所为不专。又曰：夫子以先难为仁，又尝以先事后得为崇德。盖于此小差，则心失其正。虽有修德行仁之志，而反以滋其谋利计功之私，仁何自而得，德何自而崇哉！（《茅注》）

张习孔曰：欲仁斯仁至。后获者，无获之心也。然即此可谓仁，获亦不后矣。今人皆先获，究竟何曾有获？

张伯行曰：试观古人原不如是，但见其朝乾夕惕，为致知为力行，为静存为动察，孜孜矻矻，满腔切实精神，知为仁而已，他不遑计也。今人则大异矣！《诗》、《书》只为科第而读，文章亦因声望而作，即有矫语心性、浮慕圣贤者，或亦捷得为期，庶几一蹴而至，皆先获也。志趣既不古若，工夫亦自此殊，其去仁道也远矣！

65.　[一]有求为圣人之志，然后可与共学；学而善思，然后可与适道；思而有所得，则可与立；立而化之，则可与权。[1]

[集校]

[一]"有"上，《张解》本有"伊川曰"三字。按，此条今见《河南程氏遗书》卷二十五，其题下注云"伊川先生语"，且《畅潜道录》题下又注"胡氏云：识者疑其间多非先生语"；下同。

[集注]

[1]叶解：说见《论语》。学者所以学为圣人也，有志希圣，然后可与共学。学原于思，善于致思，然后能通乎道。思而有实得，然后可与立，而物欲异端不能夺之。既立矣，又能通变而不滞，斯可与权。盖权者，随时制宜，惟变所适，又非执一者所能与也。

张解：学莫先于立志，而志必以圣人为归。有志求为圣人，则与之共学，便能相引于光明而不至流于污下，故必如是，然后可与共学。道由思通，而思必求其善，善思则能专于所入，慎于所往。与之适道，自不至躐等为高，半途而废,故必如是,然后可与适道。至于能用其思,则心力日进而有功矣。然圣道高深,未易言得,或恍惚失所据依者有之,惟有所得则中有定主,乃能不惑于他岐,不夺于外诱,与之言立,其亦可矣。若夫立则所守已固,德性亦自坚定,然执而不化,抑亦入而未优也。惟进于能化,则有所持以得其中,复有所通以适其宜,与之权轻重,而化裁可以利用,变通可以尽神,是圣人之能事矣。

李解:志定则其学有准,思通则适道有方,得之则外物莫能摇而能立矣,化之则应变无穷而能权矣。

茅注:此因夫子之言而论,其所谓可者如此。

江注:朱子曰:"可与共学,知所以求之也。可与适道,知所往也。可与立者,笃志固执而不变也。可与权,谓能权轻重使合义也。"

[集评]

朱子曰:"可与共学",有志于此。"可与适道",已看见路脉。"可与立",能有所立。"可与权",遭变事而知其宜。此只是大纲如此说。(《语类》卷三十七)

谢氏曰:学者须先立志,志立则有根本,如树木必先植其根,而后培养之,能成合抱之木也。故学者必自有求为圣人之志始。(《茅注》)

张伯行曰:此皆彻始彻终工夫,故孔子因其未可与,而历指造圣之候以期之;程子亦因其可与,而历言作圣之功以实之也。

刘缄三曰:此以上皆言敬义夹持者,不可以不弘毅也。(《价解》)

张绍价曰:有求为圣人之志,则不溺于训诂词章,故可与共学。学而善思,则明于进修之方,而知所从入,故可与适道。思而有所得,则有定见,有定夺,故可与立。立而化之,由集义而精义入神,变通化裁,随时处中,故可与权。

66.[一]"古之学者为己",其终至于成物;今之学者为物[二],其终至于丧己。[1]

[集校]

[一]《张解》本有"伊川曰"三字。

[二]"物",一作"人"。(《李解》)"为物"之"物",一作"人"。(《茅注》)各本如此,《二程遗书》、《论语集注》并作"为人"。观朱子言"后段是好底为人",又曰:"后为人却是真个要为人",则是本作"为人"也,当改正。(《王记》)《论语》本注,"物"作"人"。(《释疑》)"为物",《论语集注》作"为人"。

（《星湖书》）按，《畅潜道录》作"为物"。

[集注]

[1] 叶解：为己者，尽吾性之当然，非有预于人也，其终至于成物者。盖道本无外，人己一致，能尽己之性，则能尽物之性矣，然其成物也，亦无非尽己之事也。苟徒务外则将陷于邪伪，反害其性矣。

张解：学所以尽性，而性合内外、通物我，不可相遗者也。然得其实功，成则兼成；役其浮志，丧亦兼丧。故古之学者知实功在于一己，于是为之不懈，务穷天下之理，以尽天命之性，其终也，己之性尽，物之性亦尽，遂至于成物而万物各得其所焉。今之学者，浮气盛而日役于物，亦复为之不置，务工一人之术，以争人世之权，其终也功名不可知，而心术已难问，遂至于丧己，而俯仰亦觉其自惭矣。

李解：为、丧，并去声。为己而成物者，推己以及物也；为物而丧己者，徇物而失身也。朱子曰："程子借圣言以明己意。其曰成物，则固非为人之谓；曰丧己，则其为人也，亦非谓其有济人利物之心也。"

茅注：问："前言为人欲见知于人，与此不同，何也？"朱子曰："彼则但欲见知于人而已，此则实欲有以为人，高下固自不同。但平日无学问自修之功，非惟为人不得，将必且并己而丧之矣。"愚按，前（按，本卷第14条）就当下说，此则要其终而言；前就为工夫处说，此就效验之极处而言。

价解：为己者守道自重，乃能有济于世，故终至于成物；为人者枉道求合，必至失其所守，故终至于丧己。

[集评]

问：伊川云："为己，欲得之于己也；为人，欲见知于人也。"后又云："古之学者为己，其终至于成物。今之学者为人，其终至于丧己。"两说不同，何也？曰：此两段意思自别。前段是低底为人，后段是好底为人。前为人只是欲见知于人而已，后为人却是真个要为人。然不曾先去自家身己上做得工夫，非唯是为那人不得，末后和己也丧了。（《语类》卷四十四）

朱子曰：今之为学，须是求复其初，求全天之所以与我者，始得。若要全天之所以与我者，便须以圣贤为标准，直做到圣贤地位，方是全得本来之物而不失。如此，则功夫自然勇猛。（《语类》卷一百一十八）

张伯行曰：由是观之，古之人成物，以完其为己之量，今之人丧己，即在于为物之私。孰得孰失，何舍何从，学者必能辨之。

佐藤一斋曰：不曰"人"而曰"物"，物是凡外物，包人亦在内。

东正纯曰：着一"终"字，体用隔断。疑记者失之。或曰"竟"字意，然耶？

　　67. [一]君子之学必日新。日新者，日进也。不日新者必日退，未有不进而不退者。唯[二]圣人之道无所进退，以其所造者极也。[1][三]

[集校]

　　[一]《张解》本有"伊川曰"三字。

　　[二]窃疑"圣人之道"上，当有"学至"二字。（《张传》）

　　[三]以上并伊川语。（《茅注》）

[集注]

　　[1]杨注：以上并《遗书》。

　　叶解：君子之学当日进而不已。一或自止，则智日昏，而行日亏矣。唯圣人，理造乎极，行抵乎成，则无所进退。或曰："圣人纯亦不已，固未尝不日新也。"曰："论其心，则固无时而自已。一念之或已，则是间断也，何以为圣人？论其进德（按，"德"《四库》抄本作"退"）之地，则至于神圣而极，不容有所加损也。"

　　张解：此勉人以自强不息之功也。学必造乎其极，而造之以渐，自有月异而岁不同之境。故君子之为学也，必刻励其功，濯旧见以来新机，使其所得有日新之益。日新者学既上进，则所见闻非复旧日境界也。然学无中立之理，念念不忘，自当进进不已。若不日新，便是心有间断，私欲相乘，非昏则倦，日退必矣。未有半上落下，能站得住，不进而不退者。惟有圣人之道，仁至义尽，穷神达化，纯之又纯，既无可进，自不能退，以其所造者已进乎天理之极也。学固以圣为期，然未至于圣，其可忘日进之功乎？

[集评]

　　阳明子曰：义理无定在、无穷尽，尧舜之上善无尽。使善有尽时，文王何以望道而未之见！（《栏外书》，按，佐藤一斋认为"圣人之道，无所进退""恐未莹"，取王阳明语以佐之。）

　　茅星来曰：此勉人进德之语，见不可不日新也。"惟圣人之道"以下，正以见"君子之学必日新"之意。非上言君子之学，下论圣人之道也。

　　江永曰：圣人之学，亦日新不已。盖有独觉其进，而人不知者，然必无所退也，唯其不已，所以无退。

　　张绍价曰：君子存为己之心，用知行敬义之功，精益求精，密益求密，日新而不已，自能日进而不止。少有间断，则不能日新，不日新则必日退，未有不进而不退者。圣人所造者极，故无所进退。学者之去圣人远矣，苟无日新之功，安有日进之效？何以能日新而日进？毅焉而已。

68. 明道先生曰：[一]性静者可以为学。[1]

[集校]

[一]《张解》本无"先生"二字。此条今见《河南程氏外书》卷一《朱公掞录拾遗》，无"明道先生曰"五字。

[集注]

[1]杨注：《外书》，下同。

叶解：智以静而明，行以静为主。

张传：静者性之体，其体未失，故可以为学。

张解：天下无人不可学。然浮动之人，心思既不能入，才气亦易以怠。惟赋性沉静者，其所得于天也较醇，其所以尽人也亦易。盖静则生明，而有以用其体察之功；静则淡定，而有以尽其持守之力；静则从容，而有以深其涵泳之致，皆为学之所取也，故可以为学。然则未能静者，当思变化其气质；既能静者，又当涵养其本原也乎！

李解：涵养以静而虚，致知以静而明，非险躁者可及也。

茅注：姚肆夏曰："天性沉静，方可理会道理。若浮动热闹，则不能有沉潜入理工夫，故不可以为学。"

价解：学之所以不日新日进者，多由于浮躁。资性沉静，则知日明，行日笃，故可以为学。

贝原笃信曰：此"性"之字，气质之性也。

[集评]

朱子曰：未有心不定而能进学者。人心万事之主，走东走西，如何了得？（《语类》卷十二）

朱子曰：心不定，故见理不得。今且要读书，须先定其心，使之如止水、如明镜。暗镜如何照物！（《语类》卷十一）

胡氏曰：人心要深沉静密，方能体察道理，故程子以"性静者可以为学"，若躁动浅露则失之矣。（《李解》）

刁包曰：性者，志学之源头也。源头不了，当学从何处着力，故泾阳曰"惟知性，然后可与言学"。学者，尽性之路头也。路头不真，正性从何处得力？故泾阳曰"惟知学，然后可与言性"。

佐藤一斋曰：虽在浮躁者，亦须克己以养静，则足以为学矣。（笔者按，此论与国内学者认为浮躁者不可为学的观念相左，然明道之言，肯定性静者可以为学，并非否定浮躁者通过养静可以为学。）

69.　[一]弘而不毅，则无规矩；毅而不弘，则隘陋。[1]

[集校]

[一]《张解》本有"横渠曰"三字；《茅注》云"明道语"。陈荣捷云："出《外书》卷二，页一下。下注'伯淳'，即明道之字。此处作明道语是也。张伯行《近思录集解》竟以作张载语，则大误矣。"（《陈论》）按，此条今见《河南程氏外书》卷二《朱公掞问学拾遗》，下同。

[集注]

[1]张传：先生前言"弘而不毅，则难立；毅而不弘，则无以居之"。今又言"弘而不毅，则无规矩"二句，总是一意。规矩，犹言立国之规模。盖毅者坚守而有常也，如立国者欲其可久，须规模尽善方可。弘而不毅，则规模短促，无坚久之气象，故难立。"毅而不弘，则隘陋"，即前所谓"无以居之"也。

张解：曾子有云"士不可以不弘毅"，二者固有兼重之意，而不知二者尚有相维之功。盖弘者并包之量，然无谨严之心，则或骛外以为高，浮夸以自大，而防检废矣，故无规矩。毅者强忍之力，然无宽广之概以居之，则坚确或流于急迫，拘守或入于鄙吝，而规模狭矣，岂不隘陋？是二者原缺一不可也。

茅注：毅有强忍意，强忍则分别是非，卓然不惑，故以规矩言之。

江注：问："程子谓'弘而不毅，则无规矩而难立'。恐'毅'字训'义'，非可以有规矩言之。"朱子曰："'毅'有忍耐底意思，'无规矩'是说目今，'难立'是说后来。"

价解：性静者固可以为学，而尤不可以不弘毅。弘而不毅，则志意高远，而或至过中失正，故无规矩；毅而不弘，则局量褊浅，而无由见大心泰，故隘陋。

[集评]

朱子曰：不弘，便急迫狭隘；不容物，只安于卑陋。不毅，便倾东倒西，既知此道理当恁地，既不能行，又不能守；知得道理不当恁地，却又不能割舍。除却不弘，便是弘；除了不毅，便是毅。这处亦须是见得道理分晓，磊磊落落。这个都由我处置，要弘便弘，要毅便毅。（《语类》卷三十五）

茅星来曰：程子前言"难立"与"无以居之"，是推言其究竟如此。此则就当下病痛言也。盖惟无规矩，所以难立；惟隘陋，所以无以居之也。

泽田希曰：规所以为圆者，矩所以为方者。无规矩，无法则也。

70.［一］知性善以忠信为本，此先立其大者。[1]［二］

[集校]

［一］《张解》本有"明道曰"三字。

［二］以上并明道语。（《茅注》）

[集注]

[1] 叶解：学莫大于知性，真知性之本善，则知之大者。忠信以为质，然后礼义有所措。以忠信为本，则行之大者。

张解：人之果于自暴弃者，皆是于自家性善信不及，故醉生梦死，甘虚过一生而不恤，然欲治其性情而不寻主脑，亦恐无着落处，乃所谓不知务者也。惟真知吾得天之性原纯粹而至善，自不忍自暴其身，以丧吾心本来之良；亦不敢自弃其身，以负上天赋予之意。则由是存心养性，求切实为己工夫，莫若以忠信为主，然后能以实心行实事，而身心人己皆可无憾。此即孟子所谓"先立其大者"。盖大本既立，向后都为有用工夫，工夫到时固能极诚无妄，以全其尽性至命之量。即工夫未到而不昧其心，不欺其志，犹不失其真性之本然。故罗整庵谓程子此条"说得头脑分明，工夫切当，始终条理"，概于三言之中也。

茅注："先立乎其大者"，见《孟子》。大者，谓心也。程子以此语易为异端所借，故特发明之如此。盖人不知性之本善，则以仁义非吾心之所固有，而不知所以立矣。不以忠信为本，则发于念者或有不实，而不能有以立矣。此孟子所以必道性善，而夫子四教必以忠信为之本也。

[集评]

朱子曰："知性善以忠信为本"，须是的然识得这个物事，然后从忠信做将去。若不识得这个，不知做甚么，故曰"先立乎其大者"。（《语类》卷十六）

茅星来曰：学者须先知性之本善，而后于吾性之中，皆一一有以见其所当然，而不容有一毫人欲之伪。所谓以忠信为本也，必于此既立而后可以进于学。

陈沆曰：此即"但明乎善，惟进诚心"之意。盖明道先生教人之要惟此二语。

张绍价曰：知性善，则洞见本原，性中万理皆备，而可以进于弘矣。以忠信为本，则进德有基，以实心体实理，而可以进于毅矣。

泽田希曰："知"字最重，是真个见得性之善也。不然，孟子以来，人谁不知性善,岂皆谓之知之大耶?

71. 伊川先生曰:[一]人安重则学坚固。[1]

[集校]

[一]《张解》本无"先生"二字。此条今见《河南程氏外书》卷六《罗氏本拾遗》,无"伊川先生曰"五字,下同。

[集注]

[1]叶解:躁扰轻浮,则所知者易忘,所守者易隳。

张传:"安重"便与"诚"字相近。

张解:凡人轻浮则气虚而见识不定,亦神散而操守不力。故人能安静厚重,则气实神完,识力自确然不移,而所学因以坚固,此即《论语》"重威"节意也。

价解:内以忠信为主,外以厚重为要。气象安重,则精神内敛,心思沉静,故所学坚固。《玉藻》"九容",最学者所当留心。安重近弘,坚固近毅。

[集评]

朱子曰:轻最害事。飞扬浮躁,所学安能坚固?故学则不固,与不重、不威,只一套事。(《语类》卷二十一)

朱子曰:如人言语简重,举动详缓,则厚重可知。言语轻率,举动轻肆,其人轻易可知。(《江注》)

管赞程曰:自"涵养须用敬"至此为一章,言主敬致知,交修并进,亦坤道贤人之学,推其极可至圣人,故可作第一等人。但当务实为本,求仁为要,不作为物之学,则有日新之益。能为此者,必其性静而有弘毅,故能先立其大,所学皆安重坚固。

72. [一]"博学之,审问之,慎思之,明辨之,笃行之",五者废其一,非学也。[1]

[集校]

[一]《张解》本有"伊川曰"三字。

[集注]

[1]杨注:学而博矣,然博之中不能无是非焉,故必审问之,问而人告之矣。然虽得于人而非自得于心者也,故必谨思之,思而得之矣。然所思或与所问者殊,则又不知孰为是孰为非,故当明辨之。辨之明,则是者真是,非

者真非,于是择其是者而笃行之。此五者君子之所以学,废一不可也。

叶解:说见《中庸》。学不博,则无以备事物之理。既博矣,则不能无疑,疑则不容不问,问或疏略而不审,则无以决疑而取正。问审矣,又必反之心,思以验其实。思之而不谨,则或泛滥而不切,或穿凿而过深,则亦不足以揆所闻之当否。思之谨矣,至于应酬事物之际,而辨其是非疑似之间者,必极其明而不容有毫厘之差焉。然知之明,行之不力,则其所已知者,犹或夺于物欲之私,而陷于自欺之域矣,故以力行终之。此五者虽有次第,实相须而进,不容阙其一焉。

张解:此即《中庸》所谓"诚之"之目也。五者有实义,有实功,有次第,有缓急。如人不可不学,不可不问,不可不思,不可不辨,不可不行,此实义也。学必博,问必审,思必慎,辨必明,行必笃,此实功也。乃学然后问,问然后思,思然后辨,辨然后行,则有次第也。若学问思辨在先,笃行在后,当其始则以学问思辨为从入之门,及其终则以行之笃为归宿之地,则又其缓急处也。古今为学工夫不能出此五者,故曰"废其一,非学也"。

茅注:朱子曰:"五者,多有事在,须先打叠去闲杂思虑,作得基址,方可下手。"

价解:学问思辨,所以择善而致其知,笃行所以固执而践其实。五者废其一,则知无由精,行无由熟,故曰非学。

[集评]

问:学、问、思、辨,亦有序乎?朱子曰:学之博,然后有以备事物之理,故能参伍之以得所疑而有问。问之审,然后有以尽师友之情,故能反复之以发其端而可思。思之谨,则精而不杂,故能有所自得,而可以施其辨。辨之明,则断而不差,故能无所疑惑,而可以见于行。行之笃,则凡所学问思辨而得之者,又皆必践其实,而不为空言矣。此五者之序也。(《江注》)

朱子曰:五者无先后,有缓急,亦是有序而不必胶执意。废其一,则于择善固执之功有阙,故不可也。(《张传》)

王阳明曰:博学、审问、慎思、明辨、笃行者,皆所以为惟精而求惟一也。(《传习录》)

张习孔曰:五者固是以次为序,然有一时并用者,亦有循序渐进者。

李文炤曰:学不博则无以备事物之理,问不审则无以决疑似之介,思不慎则无以达精微之域,辨不明则无以别几微之差,行不笃则无以绝物欲之诱。故此五者序不可紊而功不可阙,乃学之全也。

73. 张思叔请问,其论或太高,伊川不答,良久曰:"累高必自下。"[1][一]

[**集校**]

[一] 以上伊川语。(《茅注》)按,此条今见《河南程氏外书》卷十一《时氏本拾遗》。

[**集注**]

[1] 叶解:张绎,字思叔,程子门人也。学必有其序,不容躐等。积累而高,必自下始也。

张解:学不可躐等,而问必切问,乃为善学。思叔请问而持论太高,其凌躐不切可知。此而答之,非其所及知,既恐滋其所疑,强之以必知,又恐愈以生其妄,故程子不答。然程子虽不答,而所以不当躐等之故,思叔未能自克,则所问终未释然也。故良久第曰"累高必自下",示天下之至高者,皆由积累而成,且其累必有基,基则自下者也。

李解:累,上声。

茅注:张思叔,名绎,河南寿安人。伊川归自涪陵,思叔始从之受学,年二十岁矣。详见《伊洛渊源录》。累,积累也。

江注:思叔与尹彦明同事伊川先生,思叔以高识,彦明以笃行,俱为程子所称。然又谓"尹焞鲁,张绎俊"。俊者,他日过之;鲁者,终有守也。故思叔请问常有过高之病,"累高必自下",所以抑而救之也。

[**集评**]

朱子曰:今之学者多好说得高,不喜平。殊不知这个只是合当做底事。(《语类》卷八)

张习孔曰:累高而能自下者,敛华就实,黜浮近里,学进则能致此。

张伯行曰:此便可知太高之论,皆君子所不答,而不切之问,真可无庸也。至于所问之旨,终未尝言及,是不答者乃所以深于答,而所答者乃其所以不答者也。此伊川之善教也。

张绍价曰:程子尝称"张绎俊"。才俊者往往失之过高,故告以"累高必自下"。千里之行,始于足下,九层之台,基于累土。行远必自迩,登高必自卑,舍卑近而骛高远,则虚而不实。堂堂之子张,所以难与并为仁。而邵子之学,所以谓之空中楼阁也。

74. 明道先生[一]曰:人之为学,忌先立标准。若循循不已,自

有所至矣。[1]

[集校]

[一]《张解》本无"先生"二字。此条今见《河南程氏外书》卷十二《传闻杂记》,"明道先生"作"宗丞先生谓伯温"。

[集注]

[1]叶解:标,帜。准,的。盖期望之地也。为学而先立标准,则必有好高躐等之患,故莫若循序而进,孳孳不已,自有所至。朱子曰:"此如'必有事焉而勿正'之谓。观颜子喟然之叹,不于高坚瞻忽处用功,却就博文约礼上进步,则可见矣。"

张解:此欲学者循序渐进,以至于成也。标,表也。准,的也。言人之为学,固以圣贤为归,以道理为的。然先立一个表的,则希冀欲速之念生,而下学之功废矣。若能循循博文约礼,不已其功,勿忘勿助,以渐而进,自必有所至。虽以之希贤希圣,无不可也,又何必私意期望为哉?

李解:朱子曰:"以圣为志而忌立标准者,'必有事焉而勿正'也。循循不已,而自有所至者,'心勿忘勿助长'也。先难后获,意亦如此。"又曰:"学者固当以圣人为标准,然岂可日日比并而较量之乎?"

茅注:标,卑遥反。标,表也。谓先立之准而求至之,犹以木立之表而为之标记也。此先生所以语邵伯温者如此。朱子曰:"所谓'有为者亦若是',及'如舜而已矣'者,必自有的实平稳下工夫处,非徒昼思夜度,以己所为校舜所为,而切切然惟恐不如舜也。"

江注:问:"为学若以圣人为标准,何不可之有?若无所指拟茫然而去,将何所归宿?"朱子曰:"忌先立标准,如孟子所谓'勿正'者。"

价解:好高者往往先立标准,志大言大,动称古人,而行不足以副之,故空自大而卒无得。若用敬义知行之功,循循有序,孳孳不已,自有所至,不必先立标准也。言人便以圣为志,非就圣人言行摹拟而为之也。善用博文工夫,则知日精,而可以知圣人之所知。善用约礼工夫,则行日熟,而可以行圣人之所行。

[集评]

用之问:"学者思先立标准",如何?曰:如"必有事焉而勿正"之谓。而今虽道是要学圣人,亦且从下头做将去。若日日恁地比较,也不得。虽则是曰:"舜何人也?予何人也?"若只管将来比较,不去做工夫,又何益?问:学者做工夫须以圣人为标准,如何却说不得立标准?曰:学者固当以圣人为师,然亦何须先立标准?才立标准,心里便计较思量几时得到圣人处,圣人地位又如何,便有个先获底心。颜渊曰:"舜何人也? 予何人也? 有为者亦若是。"也只如此平说,教人须以圣贤自期。又何须先立标准? 只恁下着头做,少间自有所至。(《语类》卷九十五)

陈埴曰:标准,犹言限格。学问既路头正了,只札定脚根滔滔做去,不可预立限格,云"我只欲如此便休"。今世学者先立个做时文取科第标准,横在胸臆,煞害事。

张习孔曰:此即先事后得,先难后获之意。所谓"必有事而勿正"也,要会意看。

李瀷曰:颜子曰:舜何人也? 予何人也? 及其用功则曰:有为者亦若是。惟其有舜何、予何之志,故有有为之功。如此者,虽先立标准,未见妨碍。但急于上达,多忽下学,不知下学乃所以上达,而惟高远是期,是可恶耳。比如养禾若始,不期于成实,亦岂有培耨之切? 虽志于成实,更须日日加功,可谓善养禾矣。惟其急于成实,则必有揠苗之害。明道所谓"先立标准"者,只指不能"循循"者而言,后人或错看,反以立志远大为忌,故备论之。

75. 尹彦明见伊川后,半年,方得《大学》、《西铭》看。[1][一]

[集校]

[一] 此条今见《河南程氏外书》卷十二《传闻杂记》,下同。

[集注]

[1] 叶解:尹焞,字彦明,程子门人也。始学之士未知向方,教之以《大学》,使其知入道之门、进学之序也。然学莫大于求仁,继之以《西铭》,所以使其知仁之体,而无私己之蔽也。然有待于半年之后者,盖欲其厚积诚意,蠲除气习,以为学问根本也。

张传:此《学记》所谓"不陵节而施之"也。

张解:此亦教不躐等之意也。《大学》明内圣外王之道,《西铭》通事亲事天之理,规模广大,意义精微,初学见之,未必能无逆于心。即告知曰:此天地大道,圣贤公心,而中未有主,思未能细,不惟无以得其纲领条目之全,通其理一分殊之旨,直以启其好大欲速,而胶葛纷纭,终未有已。故尹焞来见伊川之初,二书犹不与读,至半年后方得看。盖前半年所闻于师者,未尝有放言高论;所见于师者,只是循规蹈矩。主敬穷理,未有涯涘。反身修己,未得归宿。知必有所以然者,一旦看此二书,乃知平日循循下学,只是求此道理,则内外合一,而万物同原,吾身真不可自小也。其豁然猛省,奋然精进,当何如矣。伊川之善诱也如是。

茅注:尹彦明,名焞,洛人。河内先生子渐之孙。靖康元年以布衣召,谢不用,授以和靖处士而归,后官徽猷阁待制。时彦明年二十,方习举业,苏季明指见伊川也。吴氏曰:"半年后方得《大学》、《西铭》看者,盖恐骤与之看,或徒生其欲速求达之弊,而于身心茫未有体会处。故先使之听其言论,观其行事,教以主敬穷理,切己返身。然后以此示之,则进为有方,涣然自得。与骤看之者不同矣。"

江注:尹焞,字彦明,号和靖。问:"也是初入门,未知次第,骤与他看未得。"曰:"是如此。""此意思也好也。有病盖且养他气质,淘漉了许多不好底意思,……固好,然也有病者。"问:"想当时《大学》未成伦绪,难看?"曰:"然。尹彦明看《大学》,临了连格物也看错了,所以深不信伊川'今日格一件,明日格一件'之说。是看个甚么!"

[集评]

朱子曰:尹和靖从伊川半年后,方见得《西铭》、《大学》。不知那半年是在做甚么?想见只是且教他听说话。曾光祖云:"也是初入其门,未知次第,骤将与他看未得。"先生曰:岂不是如此!又曰:《西铭》本不曾说"理一分殊"。因人疑后,方说此一句。(《语类》卷九十五)

问:"尹彦明见程子后,半年,方得《西铭》、《大学》看",此意如何?曰:也是教他自就切己处思量,自看平时个是不是,未欲便把那书与之读。曰:如此,则末后以此二书并授之,还是以尹子已得此意?还是以二书互相发故?曰:他好把《西铭》与学者看。他也是要教他知,天地间有个道理恁地开阔。(同上)

朱子曰:此亦如《学记》所谓"未卜禘,不视学,游其志"之意。然亦微有病者,盖天下有许多书,半年间都不使之看,所以彦明终究后来功夫少了,少间措之事业,便有欠阙。(《茅注》)

颜元曰:伊川虽失孔子学教成法,犹知不可遽语人以高深,犹知不全靠书册,故迟半年方与门人《大学》、《西铭》看。至朱子则必欲人读天下许多书,是将道全看在书上,将学全看在读上,其学教之法又不逮伊川矣。吾谓《大学》可即与看,若《西铭》,虽姿性聪敏者,再迟数年与看,未为晚也。(《存学编》)

张绍价曰:《大学》入德,知行并进。《西铭》论仁,弘毅兼备。以此二书,循循不已,自有所至,勿求之过高也。

沙溪曰:此与《大学》读法朱子说不同。此谓厚积诚意半年之后始读

《大学》、《西铭》，读法则谓读《大学》、《西铭》至于半年之久。

李瀷曰：《语类》引或说："想当时《大学》未成伦绪，难看？"朱子曰："然。"此条甚误。若然，其势有不得已也，朱子何以采之于《近思录》乎？

76. 有人说无心。伊川曰：无心^[一]便不是，只当云无私心。[1]

[集校]

[一] 一本无"伊川曰无心"五字。(《茅注》)按，《张传》本无"伊川曰：无心"五字。

[集注]

[1] 叶解：苟欲无心，则必一切绝灭思虑，槁木死灰而后可，岂理也哉！故圣贤未尝无心，特是心之所存所用者，无非本天理之公而绝乎人欲之私耳。

张解：心者身之主宰，具众理而应万事者也。此身一刻无主，则官骸皆为虚器；遇事一刻无主，则动作皆违物则，如之何其无心！"有人说无心"，不问可知为禅学矣。伊川即辨之曰"无心便不是"。盖说无心者，似乎活泼而无滞碍，不知心一言无，便不是圣学，此正佛氏无心意、无受想之说。若圣学则言心便有性，但能纯乎天理，廓然大公，便能顺应乎物，而尽此心之用。何尝多心？亦何得言无心，故"只当云无私心"而已。

茅注：《邵氏闻见录》云："伊川贬涪州，渡汉江，船几覆。舟中人皆号泣，伊川独正襟安坐如常。比及岸，有父老问曰：'当船危时，君独无怖色，何也？'曰：'心存诚敬耳。'父老曰：'心存诚敬固善，然不若无心。'疑此语为此而发。"朱子曰："子静谓'学者须是除意见'，非也。盖邪意见不可有，正意见不可无。且要除意见之心，即意见也，又如何除之耶！"

江注："无心"之说入于空寂，圣贤之心公而已矣。

[集评]

陈埴曰：此异教语。先儒堕落其中而不知，要知古无纵心语，无心则有之，止谓无计较之私心耳。

杨氏曰：《六经》不言无心，惟佛氏言之；亦不言修性，惟扬雄言之。心不可无，性不假修。故《易》止言洗心尽性；《记》言正心，尊德性；《孟子》言存心养性。(《茅注》)

张习孔曰：此儒、释之分也。

李文炤曰：异端之学贵无心，故至于枯木死灰而后已。若圣贤之学贵无私心，故鉴空衡平而无所累也。

张绍价曰：《大学》言正心，未尝言无心。无心则断绝思虑，沦于空寂。孔子心不逾矩，颜子心不违仁，只是无私心而已。无心，禅学也；无私心，圣学也。

77. 谢显道见伊川[一]，伊川曰："近日事如何[二]？"对曰："天下何思何虑？"伊川曰："是则是有此理，贤却发得太早在。"[1]伊川直是会锻炼得人，说了又[三]道："恰好著工夫也。"[2]

[集校]

[一]"伊川"，一本作"伯淳"。（《杨注》、《叶解》）"伊川"，一作"伯淳"。（《茅注》）

[二]"如何"，江误倒。（《冯记》）按，"如何"，《江注》本与四库抄本作"何如"。

[三]"说了又"下，《遗书》有"恰"字。（《茅注》）

[集注]

[1]叶解：至诚之道不思而得，初何容心。然未能义精仁熟而遽欲坐忘绝念，此告子之不动心而反为心害者也。

张解：谢显道，程子门人，名良佐，上蔡人。平日有志圣学，而所见过高。其来见也，伊川欲发其病而药之，因问近日所事工夫如何，彼即据所见对曰："天下事任其自然，何必思虑以滋纷扰。"盖亦实见得道如此，故引《系辞》以见意也。然义精仁熟之后，而顺其自然，乃是至诚之无事。进学求道之时，而矫语自然，恐类异端之强制，故伊川戒之曰"是则是有此理，贤却发得太早在"。盖明是圣人之言，论理何尝无此境界，但未至其地，如何说得？即果见及，而此语无乃发得太早乎！所谓"谈何容易"是也。

茅注：事，谓所事，犹第五卷"做得甚工夫"也。"天下何思何虑"，见《易·系辞下传》。或问："当初发此语时如何？"谢氏曰："见得这个事，经时无他念，接物亦应副得去。"问："如此却何故被一句转却？"曰："当了终须有不透处，当初若不得他一句救拔，便入禅家去矣。"

[2]杨注：伯嵒据或问上蔡先生曰："太虚无尽，心有止，安得合一？"曰："心有止，只为用，他不用，则何止？""吾丈莫已不用否？"曰："未到此地，除是圣人便不用。当初曾发此口，被伊川一句坏了二十年。"问："闻此语后

如何?"曰:"至此未敢道到何思何虑地位。始初进时速,后来迟。"问:"何故却迟?"曰:"如射弓,到满时便难开。此二十年闻见知识却煞长。"

叶解:锻炼,冶工之冶金,言其善于成冶人也。心无纷扰,乃进学之地,故又曰"恰好著工夫"。

张解:此因上文戒显道之词,又详记伊川一时之语,以明其善教也。锻炼,犹言陶铸也。言伊川先生最能随时诱人,既戒其发言太早,又欲乘机策其下工夫,曰"恰好著工夫"。盖上蔡亦是涵养得有些端倪,见得无欲之妙,但未有着实工夫,后来终成捕风捉影。故戒以轻易自足,复勉以及时下学,便能循循向上去。劝戒有加,无已如此,宜其成就人之速也。

李解:何思何虑,从容中道之候也。故讥其太早,然苟能用力以求之,亦无不可至者,不然则猖狂而自恣矣。

茅注:"锻炼"或作"煅炼",音义并同。……未事而思,临事而虑,使理无不明、处无不当,便是著工夫处也。

江注:事物各有当然之理,何思何虑,顺理而行,因物付物者也。谢氏之学未至此,故谓其发之太早。

[集评]

问:谢氏说"何思何虑"处,程子道"恰好著工夫"。此是著何工夫? 曰:人所患者,不能见得大体。谢氏合下便见得大体处,只是下学之功夫却欠。程子道"恰好著工夫",便是教他著下学底工夫。(《语类》卷九十五)

胡氏曰:若穷理到融会贯通之后,虽无思可也。未至此,当精思熟虑以穷其理,故上蔡何思何虑,程子以为太早。今人未至此,欲屏去思虑使不乱,则必流于禅学空虚,反引何思何虑而欲强合之,误矣。(《李解》)

王阳明曰:上蔡、伊川之意,与孔子《系词》原旨稍有不同。《系》言何思何虑,是言所思所虑,只是一个天理,更无别思别虑耳,非谓无思无虑也,故曰"同归而殊途,一致而百虑,天下何思何虑"。云殊途、云同归,则岂谓无思无虑邪? 心之本体,即是天理,天理只是一个,更有何可思虑得!(《栏外书》,笔者按,此语被佐藤一斋引用,与朱子等人说法有异,可资参究。)

张习孔曰:谢显道是口头剿袭语,先生砭之,正中其隐。若显道果有何思何虑之体,何不举精义入神,以至穷神知化诣境,亲切言之?

张绍价曰:天下之理,皆自然而然,何所用其思虑? 谢氏此言,于道体极有领会,然只是虚见,不是实功,所以谓其"发之太早"。"恰好著工夫"者,所以抑而教之使用下学之功,使不至莽荡空阔,无所依据。否则挟虚见以自高,势将扫除念虑,捐弃事物,以学问思辨为土苴,以空洞洒落为天机,堕入禅学之无心，而不自觉也。

78. 谢[一]显道云：昔伯淳教诲，只管着[二]他言语。伯淳曰："与贤说话，却似扶醉汉，救得一边，倒了一边。"只怕人执著一边。[1]

[集校]

[一]《张解》本无"谢"字。

[二]"管着"之"着"，《上蔡语录》作"看"。（《茅注》）

[集注]

[1] 杨注：以上《外书》。

叶解：朱子曰："上蔡因有发于明道'玩物丧志'之一言，故其所论每每过高，如'浴沂御风'、'何思何虑'之类，皆是堕于一偏。"

张传：谢显道将教诲作言语看，故救得一边，倒了一边。

张解：此上蔡见地明白后，因悟当日受教之难融，并述明道之言，见其善发人之病也。学者中未有主，一闻警戒，把持不定，东走西作，真似不奈何。往往支吾逃遁，多著闲话。譬如酒醉人，颠三倒四，才扶起这边，已倒那边，既不自在，犹自矫强，怕人扶持。此段光景真觉可笑，故显道承先生教"只管着他言语"，而明道因以醉汉形容之也。显道至此，犹追忆其言，其猛省于师教者已久，而得力亦有自来矣。……故学者不可执着，道理方中正也。

茅注："只管着他言语"，谓但于程子之言执守弗失，而不能有以得其意也。末句乃上蔡所以推明程子之意如此。

价解：以天下事为何思何虑，而不用下学之功，则执着一边矣。教人最难，听言亦最难。教者每对症以用药，学者转因药以生病，因其偏而救之，不偏于此，又偏于彼，如扶醉人，救东倒西。学者之通患也，识圣人大中至正之道，善用知行并进敬义夹持之功，庶不倚于一偏乎！然未易言也。

[集评]

朱子曰："扶醉汉"之说，今之学者大抵皆然。如云读史成诵，亦是玩物丧志，学者若不理会得，闻这说话又一齐弃了。（《江注》）

颜元曰：朱子既见谢氏之偏而知横渠之是，即宜考古稽今，与门人讲而习之，使人按节文，家行典礼，乃其所也。奈何尽力诵读著述，耽延岁月？迨老而好礼，又只要著《家礼》一书，屡易稿始成。其后又多自嫌不妥，未及改

正而没,其门人杨氏固尝代为致憾矣。(《存学编》)

管赞程曰:自"博学之"至此为一章,言为学当循序以进,不循序者,必有多般之病。盖以学问思辨而求知,笃行而求仁,可与"惟精惟一"并重。此为乾道圣人之学无疑也。然先言坤道而后言乾道者,可由致知而转入乾道。此能统缴上文而结之,故必终之以此,其说详于后序。

郑晔曰:戒玩物则溺于过高,此救一边倒一边也。只怕人执着一边,恐人偏执一边,不能自立于中途也。

79. 横渠先生[一]曰:"精义入神",事豫吾内,求利吾外也;"利用安身",素利吾外,致养吾内也。[1]"穷神知化",乃养盛自至,非思勉之能强。故崇德而外,君子未或致知也。[2][二]

[集校]

[一]《张解》本无"先生"二字。

[二]《张传》本下有小字注:"'未或致知',疑是'未之或知'。"按,此条今见张载《正蒙·神化篇第四》。

[集注]

[1]叶解:说见《易·系辞》。研精义理,妙以入神,知之功也。然事理素定于内,则施于外者无不顺;顺于致用,以安其身行之功也。然所用既顺于外,则养于内者益以厚。此明内外之交养,而知行之相资也。

张解:此言内外之交养互发,以明《系辞》所言为学自然之机也。天下之理,本无内外,故为学之道不离屈伸。《易》曰"精义入神",乃精于研究义理,以通乎神妙之极,可谓屈矣。然凡事敛其精神,刻入深思,使义理素定于心,则推之于身,无不顺理而裕。如是乃求利吾外也,伸何如乎?又曰"利用安身",乃利于推行事理,使吾身各适其所安,可谓伸矣。然凡事沛然肆应,从容恬适,则吾心之德愈觉光明而日休,是所以致养吾内也,无非屈之机也。然则寂守而不足以利用,是遗外也,非所谓学也。徇物而不足以养心,是遗内也,亦非所谓学也。

茅注:《易·系辞下传》云:"精义入神,以致用也;利用安身,以崇德也。过此以往,未之或知也。穷神知化,德之盛也。"朱子曰:"精熟义理而造于神,事素定乎内,而乃所以求利乎外也。通达其用而身得安,安素利乎外,而乃所以致养其内也。盖内外相应之理。"又曰:"'精义入神',疑与行处不相关,然其理透彻,乃所以致用。'利用安身',亦疑与崇德不相关,然动作得其理,则德自崇。"问:"'求'字似有先获之心,'精义入神'自有以利吾外,何待于求?"朱子曰:"然。当云'所以利吾外'也。"

[2]杨注:《正蒙》,下同。横渠曰:"精义入神,豫而已。学者求圣人之学,以备所行之事。今日先撰次,来日所行,若事在一月前,则自一月前栽培安排,则至是时为有备。言前定、道前定、事前定皆如此。"又曰:"精义入神以致用,谓贯穿天下义理,有以待之。穷神是穷尽其神也,入神是仅能入于神也。言入如自外而入,义固自有浅深。"

叶解:神者,妙万物而无方。化者,著万物而有迹。穷神知化,盖穷理尽性以至于命,是则知行交养,德盛所致,非思之所能得、勉之所能至者。故君子惟尽力于精义以致其用,利用以崇其德,自崇德之外,则有所不能致其力者。故曰"过此以往,未之或知也"。

张传:"未之或知",是形容其致用崇德后,纯熟浑化,存存若忘之妙,所谓"不勉而中,不思而得"也。然内中刻刻有交养互发工夫在,"穷"字做"尽"字看,"入"字着力,"穷"字不着力。"神"字,自道之玄通不测者言,即往来屈伸之本也。化即往来屈伸之理,化出于神,神乃所以为化者耳。穷尽微妙之神,无毫发之遗;通知变化之理,无几微之蔽。盛德者如是也。德即上节"德"字。德至是,无以复加矣,故曰盛。到此地位,只完得何思何虑之本体。《本义》之解极精。

张解:承上文。精义利用,交养互发,日进不已。至于穷极神妙之理而无方,深知化育之机而不测,乃充养之盛,纯熟自至,岂勤思勉力之所能强?《易》所以言"德之盛"也。然神化之盛德,总由精义利用以几之,则君子惟尽崇德之功,而外此未尝致意求知,以生妄希之念也。故《易》又言"过此以往,未之或知也",是不知者屈之意也,自至者伸之义也。学之道,何一非屈伸之自然乎?

茅注:强,区而反。朱子曰:"德盛后便能'穷神知化',如'聪明睿知皆由此出','自诚而明'相似。言穷神知化,乃德盛所自致,自是以上则亦无所用其力矣。"蔡虚斋曰:"神以存主处言,化以运用处言。"

江注:朱子曰:"下学之事,尽力于精义利用,而交养互发之机,自不能已。"

[集评]

朱子曰:入神,是入至于微妙处。此却似向内做工夫,非是作用于外,然乃所以致用于外也。故尝谓门人曰:"吾学既得于心,则修其辞;命辞无差,然后断事;断事无失,吾乃沛然。精义入神者,豫而已。"横渠可谓"精义

入神"。(《语类》卷九十八)

朱子曰："事豫吾内",事未至而先知其理之谓豫。(同上)

陈埴曰：研穷义理之精微,至于入神,即是义理浃洽。纯熟心胸间,悦豫润泽,是"事豫吾内"也。豫吾内者,乃所以利吾外也。利用安身,谓资物之用以养其身,使气体之间安舒顺适,是"素利吾外"也。利吾外者,乃所以养吾内也。横渠释《易》四语,谓皆是内外交相养,平生得此受用。其下云皆释《易》下文。

张绍价曰：精研其义,至于入神。此穷理于内,似于致用无关,然理素明于内,心有定见,推行有本,正所以利吾外也。利其施用,无适不安。此循理于外,似于内养无关,然事顺应乎外,践履既熟,心得自深,正所以养吾内也。入神,知之精;利外,义之方;安身,行之熟;养内,敬之直。知行敬义,交资互发,由乎中而应乎外,制于外以养其中。此下学之事,可以思而得,勉而行。若夫穷极微妙之神,晓知变化之道,乃养盛而自至,非思勉所能强。故君子惟务用知行敬义之功,以崇其德,崇德而外,未或致知也。

80.$^{[一]}$形而后有气质之性,善反之则天地之性存$^{[二]}$焉。故气质之性,君子有弗性者焉。$^{[1][三]}$

[集校]

[一]《张解》本有"横渠曰"三字。此条今见《正蒙·诚明篇第六》,下同。

[二]"存",《张解》本作"在"。

[三]《张传》本将第80、81条接连在一起,未单列刻印,似合为一条。

[集注]

[1]叶解：天命流行,赋予万物,本无非善,所谓天地之性也。气聚成形,性为气质所拘,则有纯驳偏正之异,所谓气质之性也。然人能以善道自反,则天地之性复至(按,《四库》抄本作"全")矣。故气质之性,君子不以为性,盖不徇乎气质之偏,必欲复其本然之善。孟子谓"性无有不善"是也。朱子曰："天地之性专指理而言,气质之性则以理杂气而言。"又曰："性譬之水,本皆清也,以净器盛之则清,以污器盛之则浊。澄治之,则本然之清未尝不在。"

张解：此张子欲人变化其气质也。形,形体也。得天地之气生而成质,故谓之气质。性止是理耳,既成形而理亦赋,则有气质而性亦不能离矣。于是有形质之性,程子所谓兼气质是也。然人虽不能无气质之性,而天地之性乃吾之正性。惟气质不能无偏,而天地之性亦随之而失。故必深自濯磨,反其偏者,使归于正,然后人欲去而天理见。天地之性,自存于吾焉。彼气质虽吾所有,而其性不可恃,君子终不敢以为此亦吾性,而徇之以灭天地之正也。然则变化气质者,复性之要务也。是所望于善反者矣。

茅注:形,谓耳目口鼻成形以后也。反之,犹"汤武反之"之"反"。善反之,诵善于反之也。弗性者,以其非性之本然,故弗以为性也。

江注:朱子曰:"天地之所以生物者,理(《王记》云:洪本"理"作"气",《或问》本作"理"字。今依王、吴本。)也。其生物者,气与质也。人物得是气质以成形,而其理之在是者则谓之性。然所谓气质者,有偏正、纯驳、昏明、厚薄之不齐,故性之在是者,其为品亦不一,所谓气质之性者也。告子所谓'生之谓性',程子所谓'生质之性'、'所禀之性',所谓'才'者皆谓是也。然其本然之理,则纯粹至善而已,所谓天地之性者也。孟子所谓'性善',程子所谓'性之本',所谓'极本穷原之性',皆谓此也。""天地之性,太极本然之妙,万殊之一本也。气质之性,二气交运而生,一本而万殊也。""天地之性是理,才到有阴阳五行处,便有气质之性。于此便有昏明厚薄之殊。""人只是一般人,厚于仁而薄于义,有馀于礼而不足于智,便自气质上来。""气质之性,只是此性堕在气质之中,故随气质而自为一性,正周子所谓'各一其性'者。向使元无本然之性,则此气质之性又从何处得来耶!""《皋陶谟》所谓'宽而栗'等九德,皆是论反气质之意。""若工夫未到,则气质之性不得不重。若工夫至,则气质岂得不听命于义理?"

价解:君子欲崇其德,须先知性。有气质之性,有天地之性。昏明强弱,气质之性也;仁义礼智,天地之性也。人有是形,则有气质之性,而天地之性,亦寓乎其中。善反之,则自明而诚。天地之性,存而不失,可以变化其气质焉。故气质之性,君子之弗性,而惟务反之之功,以复其性之本然。反之之功,亦曰知行敬义而已矣。

[集评]

朱子曰:性只是理。然无那天气地质,则此理没安顿处。但得气之清明则不蔽固,此理顺发出来。蔽固少者,发出来天理胜;蔽固多者,则私欲胜,便见得本原之性无有不善。孟子所谓性善,周子所谓纯粹至善,程子所谓性之本,与夫反本穷源之性,是也。只被气质有昏浊,则隔了,故"气质之性,君子有弗性者焉"。学以反之,则天地之性存矣。故说性,须兼气质说方备。(《语类》卷四)

北溪陈氏曰：自孟子不说到气禀，所以荀子便以性为恶，扬子便以性为善恶混，韩文公又以为性有三品，都只是说得气。近世东坡苏氏又以为性未有善恶，五峰胡氏又以为性无善恶，都只含糊云云。至程子，于本性之外又发出气质一段，方见得善恶所从来。（颜元《存性编》）

王夫之曰：所谓"气质之性"者，犹言气质中之性也。质是人之形质，范围著者生理在内；形质之内，则气充之。而盈天地间，人身以内人身以外，无非气者，故亦无非理者。理，行乎气之中，而与气为主持分剂者也。故质以函气，而气以函理。质以函气，故一人有一人之生；气以函理，一人有一人之性也。若当未函时，则且是天地之理气，盖未有人者是也。乃其既有质以居气，而气必有理。自人言之，则一人之生，一人之性；而其为天之流行者，初不以人故间隔，而非复天之有。是气质中之性，依然一本然之性也。（《读四书大全说》卷七）

陈埴曰：目视耳听，物也；视明听聪，物之则也。来问可施于物则，不可施于言性。若言性，当云：好声好色，气质之性；正声正众（按，清同治刻本作"气"），义理之性。义理只在气质之中，但外义理而独徇气质，则非也。

颜元曰：程、张于众论无统之时，独出"气质之性"一论，使荀、扬以来诸家所言皆有所依归，而世人无穷之恶皆有所归咎，是以其徒如空谷闻音，欣然著论垂世；而天下之为善者愈阻，曰："我非无志也，但气质原不如圣贤耳。"天下之为恶者愈不惩，曰："我非乐为恶也，但气质无如何耳。"且从其说者，至出辞悖戾而不之觉，如陈氏称"程子于本性之外发出气禀一段"，噫！气禀乃非本来者乎？本来之外乃别有性乎？又曰"方见得善恶所从来"，恶既从气禀来，则指渔色者气禀之性也，黩货者气禀之性也，弑父弑君者气禀之性也，将所谓引蔽、习染，反置之不问，是不但纵贼杀良，几于释盗寇而囚吾兄弟子侄矣，异哉！（《存性编》）

张习孔曰："形而后有"四字，最好。扬雄言善恶混，韩愈言性有三品，皆是性外又有性也。自先生谓"形而后有气质之性"，其理始明。盖自天命之初言之，止有至善之性。其悦声色，趋奸利，备众恶者，形而后有者也。盖人有是形，备诸养则适，节诸养则苦，众人则图其所适，君子则安其所苦。君子非恶养也，徇所图，则违所性，故安之也。然则"形而后有"者亦谓之性，此世俗之言，君子则不谓性也。孟子以耳目口体为性者，亦就世俗言之，如孔子所谓"先进""野人也"之意尔。如此看，则天命之性，乃独尊无二矣。

陈沆曰：张子又言"为学大益在自求变化气质"。程子亦曰"学至气质变，方是有功"。盖人自有生之后，本然之体虽存，而气质之权甚重。凡物欲之乘、习俗之染,皆缘气质之偏处而入。"善反"二字正未易言,非百倍其功不能也,然其要莫外于穷理而居敬。

81. [一]德不胜气,性命于气;德胜其气,性命于德。[1]穷理尽性,则性天德、命天理。气之不可变者,独死生修夭而已。[2]

[**集校**]

[一]《张解》本有"横渠曰"三字。

[**集注**]

[1]叶解:义理与气质相为消长。德不胜气,则气为之主,而性命拘于杂揉之质;德胜其气,则德为之主,而性命全乎本然之善。

茅注:言德不能有以胜其气,则气为之主,而性命皆气也。德能有以胜其气,则德为之主,而性命亦无非德矣。朱子曰:"'性命于气',是性命都由气,则性不能全其本然,命不能顺其自然。'性命于德',是性命都由德,则性能全天德,命能顺天命。"愚按,朱子初以命为听命之命,既又以下文分言"性天德、命天理",遂将命与性平说,言性与命皆由于气、由于德也。今从之。

[2]叶解:穷万物之理而尽一己之性,此问学之极功也。学至于是,则查滓浑化,义理昭融,所性者即天之德,所命者即天之理,尚何气质之为累哉!独死生寿夭,则禀气有定数而不可移耳。

张解:此欲人修德以全性,即所谓"善反之"者也。性命于天,出于无为者也。德成于人,可力而勉者也。人不能修德,则性情难以坚定,便为血气所使,而德不足以胜乎气。如是,则我之所受与天之所赋,专职其权于气,而满腔皆是气用事矣。既成其德,则理义已极充盈,血气亦自退听,而德遂有以胜乎气。如是,则我之所受与天之所赋,皆主其权于德,而满腔尽是德用事矣。故穷天下之理,尽人物之性,则我之所受皆天之德,而所赋于我皆天之理,遂成为有德矣。至是而气亦不自知其变矣,所不变者独生死修夭,为气之有定数而不可移者耳。

茅注:朱子曰:"人性本无不善,而气禀所拘,故有气与德之异。……盖即孟子所谓'仁之于父子,义之于君臣','命也,有性焉,君子不谓命也'之意。"

江注:问:"'性命于气'、'性命于德',前日先生说以性命之命为听命之命,适见先生旧《答潘恭叔书》,以命与性字只一般,如言性与命也,所以后面分言'性天德'、'命天理',不知如何?"朱子曰:"也是如此。但'命'字较轻得些。"问:"若将性命作两字看,则于气于德,当云性命皆由于气、由于德。"曰:"横渠文自如此。""若使不用修为之功,则虽圣人之才,未必成性。然有圣人之才,则自无不修为之理。""性与气质从上面流下来。自家之德若不能胜其气,则只是承当得所赋之气。若德有以胜其气,则我之受其赋予者皆是德。故穷理尽性,则我之所受皆天之德,其所以赋予我者皆天之理。气之不可变者,惟死生修夭。盖死生修夭、富贵贫贱,这却还他气,至'仁之于父子,义之于君臣','命也,有性焉,君子不谓命',这个却须由我。"问:"所谓胜者,莫是指人做处否?"曰:"固是。"问:"'性天德,命天理',这处性、命如何分?"曰:"性是以其定者而言,命是以其流行者而言。命便是本(《王记》云:王、吴本,"水"字误"本"。)恁地流底,性便是将椀盛得水,大椀盛得多,小椀盛得少,洁净椀盛得清,污漫椀盛得浊。""人生气禀自然不同,天非有殊,人自异禀。有学问之功,则性命于德。不能学问,然后性命惟其气禀耳。"曰:"从前看性命于德,意谓此性由其德之所命。今如此云,则是性、命二者皆是德也。"曰:"然。""气不可变惟寿夭,要之,此亦可变,(《王记》云:各本同。按,力行录:"横渠云:所不可变者惟寿夭耳,要之,此亦可变"云云。是朱子引横渠语而斡旋之耳。《集注》删去"横渠云""者""耳"五字,改一"气"字,语气迫促欠明了,应补入五字。)但大概如此。"问:"知所摄养者则多寿考,肆其嗜欲者则多夭亡,是死生、修夭亦可变也,故程子以火为喻,与此说不合,如何?"曰:"《正蒙》之言恐不能无偏。"

[集评]

朱子曰:德性若不胜那气禀,则性命只由那气;德性能胜其气,则性命都是那德。两者相为胜负。盖其禀受之初,便如此矣。然亦非元地头不浑全,只是气禀之偏隔着。故穷理尽性,则善反之功也。"性天德,命天理",则无不是元来至善之物矣。(《语类》卷九十八)

黄勉斋曰:穷理尽性,则不但德胜其气而已,且将性命于天矣。德以所得者而言,理以本然者而言,故性曰天德,命曰天理,一而已矣。(《叶解》)

陈埴曰:有气质之性命,有义理之性命。由德上发者为义,由气上发者为气质。虽有禀赋不同,苟能学问以充之,则向之得于气质者,今也性皆天德,命皆天理,所谓"善反之则天地之性存焉"。

又曰:义理不胜气禀,则性与命皆随气禀中去,所以多不善。若义理胜气禀,则性与命皆向义理中来,所以为善。德谓义理之性,气谓血气之性。学问之道无他,不过欲以义理胜血气。

张习孔曰:气不可变,独生死修夭者,言人能性天德,命天理,则吉凶祸福富贵贫贱,皆得自主也。何也? 大德受命不必言矣。即使疏水曲肱,乐亦在中。不义富贵,浮云等视,言寡尤行寡悔,吾何歉乎哉! 以道义配祸福,以修悖为吉凶,故曰皆得自主也。若然,则修短齐化,生死一视可也。何云不可变? 曰身隐而道存,处困而心亨。君子内重外轻,其进修自若也。若颜子之短命,岂可骄语曰"死犹生"乎? 故夫子亦以为不幸,而同于丧予也。

张绍价曰:命于天曰性,修于人为德。不善反之,则德不胜气,气用事,性与命皆由于气,而拘于杂揉之质;善反之,则德胜其气,德为主,性与命皆由于德,以全其本然之善。德何以能胜其气? 穷理以致其知,尽性以力于行,则所受之性,皆能全天之德,所赋之命,皆能顺天之理,而气质可变矣。死生寿夭之数,由天不由人,故不可变。若气质之变,在我而已,百倍其功,弗能弗措,虽愚必明,虽柔必强,何不可变之有?

82.［一］莫非天也,阳明胜则德性用,阴浊胜则物欲行。"领恶而全好"者,其必由学乎![1]

[集校]

［一］《张解》本有"横渠曰"三字。

[集注]

[1] 叶解:"领恶而全好",见《戴记》。郑氏曰:"领,犹理治也。好,善也。"人之气质不齐,要皆禀于天也。阳明而阴暗,阳清而阴浊。禀阳之多者明而不暗,故德性用;禀阴之多者浊而不清,故物欲行。若夫领物欲之恶而不得行,全德性之好而尽其用者,其必由于学乎! 所谓"虽愚必明,虽柔必强"者也。

张传:领者,管辖之意。领物欲之恶,而不得行,全德性之好,而尽其用者,必由学也。

张解:此明变化气质,非学不为功也。……理与气同禀于天,故曰"莫非天也"。理足则阳明胜,而德性用事,故日进于高明。气偏则阴浊胜,而物欲肆行,故日流于污下。德性用事,志洁行芳,天下之善孰加焉? 物欲肆行,神昏行殆,天下之恶孰甚焉? 无以治之将终于恶也,无以体之亦难以有其好也。治之体之,惟有学之一道耳。盖学则格物致知,以明其理,闲邪存诚,以去其私,气质之变实由于此。夫然后静虚动直,清明纯粹,直与天为徒矣!

茅注:莫非天也,兼善恶而言,即下文"阳明"、"阴浊"是也。……恶,指物欲而言。刘氏曰:"领恶犹言克己。好谓德性也。学如讲习、讨论、省察、克治之类。"朱子曰:"禀得气清明者,是阳也,此理只在里面,而德性自用。

禀得气昏浊者,是阴也,此理亦只在里面,但为昏浊进蔽,所以物欲自行。”

江注:朱子曰:“阳明胜,则德性用;阴浊胜,则物欲行。只将自家意思体验便见。人心虚静,自然清明,才为物欲所蔽,复黑暗了。”

[集评]

问:“莫非天也”,是兼统善恶而言否?曰:然。正所谓“善固性也,然恶亦不可不谓之性”。二者皆出于天也。阳是善,阴是恶。阳是强,阴是柔。阳便清明,阴便昏浊。大抵阴阳有主对待而言之者,如阳是仁,阴是义之类。这又别是一样,是专就善上说,未有那恶时底说话。顷之,复曰:程先生云:“视听思虑动作,皆天也。人但于其中要识得真与妄尔。”(《语类》卷九十八)

张绍价曰:变化气质,必由于学,理气皆命于天,德性物欲,莫非天也。阳善阴恶,阳明阴浊。阳明胜,则神清气定,德胜气而善日进,故德性用。阴浊胜,则神昏气惰,气胜德而恶日长,故物欲行。领恶以去物欲,全好以存德性,其必由知行敬义之学乎!

李瀷曰:此承上章,补其馀意。上言德气相胜,而未及乎所以相胜。德者天理也。理与气相须,其气清而性著者,则固无可胜之,可名其实德,非胜气也。理与气各循其本然也,然其谓胜者,气自有阳明阴浊之别,即二者之互胜而理亦以之,阳明胜则德性用,故谓之德胜;阴浊胜则物欲行,故谓之气胜。

83.[一]大其心则能体天下之物。物有未体,则心为有外。世人之心,止于见闻之狭。圣人尽性,不以见闻梏其心,其视天下无一物非我。[1]孟子谓尽心则知性知天以此。[2]天大无外,故有外之心,不足以合天心。[3]

[集校]

[一]《张解》本有“横渠曰”三字。此条今见《正蒙·大心篇第七》。

[集注]

[1]叶解:万物一体,性本无外,苟拘于耳目之偏狭,则私意蔽固,藩篱尔汝,安能体物而不遗?惟圣人能尽此性,故心大而无外,其视物与己本无间然也。朱子曰:“体,犹‘体认’之‘体’,将自身入事物之中,究见其理。”又曰:“只是有私意,便内外扞格,只见得自身上事。凡物皆不得与己相关,便是有外之心。”

张传:先生所谓“体”字,即孟子之“备”字。

张解：万物皆备于我，故心具众理而应万事，本自至大。况天下之物皆实理所为，岂能出吾心之外？然必一私不存，使此心廓然大公，乃能入乎物之中，而体认其理。若物理有所未体，则物与心隔，而心为有外矣。世人之心，私欲蔽塞，故内外扦格，止能于所见所闻者知之，狭隘甚矣。惟圣人全尽天理，觉吾性中所蕴，无一不与天下之物相通。原非推测而知，藉见闻为事，故不以见闻梏限此心之量。而其视天下之大，直无一物不在性中，即无一物而非我也，其心之大又宁有外耶？

［2］茅注：朱子曰："'不以见闻梏其心'，乃说圣人尽性事。学者则须先于见闻上做工夫到，然后脱然有贯通处。"

［3］叶解：人能全心德之大，则知性知天矣。无一物而非天，故天大无外。人之心苟犹有外，则与天心不相似。

张传："天大无外"，而性禀其全，故人之本心，其体廓然，初无限量，只因其梏于形气，滞于见闻，是以有所蔽而不尽。人能即事即物，强恕求仁，至于会通贯彻，而实理在我，则有以尽其本然之体。而吾之所以为性，与天之所以为天者，一以贯之，而天下之物，体于此矣。

张解：承上文圣人之尽性而言。人心与天为一，圣人尽性便是尽心，尽心便可以合天。孟子谓尽心则知性知天亦以此。盖尽此心之量，而于所具之理明彻无蔽，则其所从出之原可推矣。天大无外，则其心亦无外，故有外之心与天殊不相似，何足以合天心？盖人即天心也，心不能如天之大，非人也。彼遗物者，抑何其自小之耶！

江注：朱子曰："'大其心则能体天下之物'，'世人之心，止于见闻之狭'，故不能体天下之物。惟圣人尽性，故不以所见所闻梏其心，故大而无外，'其视天下无一物非我'，孟子谓尽心则知性知天。"问："今未到圣人尽心处，则亦当推去否？"曰："未到那里也，须知闻见之外犹有我不闻不见底道理在。若不知闻见之外犹有道理，如何推得？要之，此亦是横渠之意。孟子之意，则未必然。孟子只是说穷理之至，则心自然极其全体而无馀，非是要大其心，而后知性知天也。"问："只如横渠所说，亦自难下手。"曰："便是横渠有时自要恁地说，似只是悬空想象，而心自然大。""大其心则能遍体天下之物，体犹仁体事而无不在。""横渠此说，只是言人心要广大耳。不知未能尽得此心之理，如何便能尽其心？兼大其心，亦做尽心说不得。"问："'物有未体'，此体字是'体察'之'体'否？"曰："须认得如何唤做体察。"曰："是将自家这身入那事物里面去体认否？"曰："然。犹曰体群臣也，伊川云'天理'二字自家体贴出来，是这样体字。"问："如何得'不以见闻梏其心'？"曰："张子此说,是说圣人尽性事。如今人理会学,须是有见闻,岂能舍此?”“天大无外,物无不包,物理所在,一有所遗,则吾心为有外,便与天地不相似。”“十分事做得七八分,便是有外。所以致知格物者,要得无外也。”

[集评]

问:“物有未体,则心为有外”。“体”之义如何? 曰:此是置心在物中,究见其理,如格物、致知之义。与“体用”之“体”不同。(《语类》卷九十八)

朱子曰:心理流行,脉络贯通,无有不到。苟一物有未体,则便有不到处。包括不尽,是心为有外。盖私意间隔,而物我对立,则虽至亲,且未必能无外矣。“故有外之心,不足以合天心。”(同上)

朱子曰:尽心只是心极其大,心极其大,则知性知天而无有外之心矣。然孟子之意本言穷理之至,则心自然极其全体而无馀,非欲大其心而后知性知天也。横渠说固好,若专如此说,便无规矩。此心瞥入虚空里去,又不可以不知也。(《茅注》)

张绍价曰:学问之功,全在治心。心体至大而无外,大其心则虚中无我。心理周流贯通,故能体天下之物。物有未体,则心为有外。世人之心,止于见闻之狭,虽其父母兄弟,尚不能无物我之见,而有外之之心,安能体天下之物哉? 圣人尽性,不以见闻梏其心,以天地万物为一体,莫非己也。“视天下无一物非我”,故无一物之不体,尽己性,自能尽人物之性也。性之理具于吾心,而原于天命,“孟子谓尽心则知性知天以此”。天大无外,无一物之不体,有外之心则不能体天下之物,故不足以合天心。大其心能体天下之物,弘之至也。

李瀷曰:程、张解尽心在知性之前,朱子却谓知性故能尽性,宜各以其意看。

84. [一]仲尼绝四,自始学至成德,竭两端之教也。意,有思也;必,有待也;固,不化也;我,有方也。四者有一焉,则与天地为不相似[二]。[1]

[集校]

[一]《张解》本有“横渠曰”三字。此条今见《正蒙·中正篇第八》。

[二]“似”下,宋本无“矣”字。(《茅注》)按,“似”下,《叶解》元刻本及其四库抄本、吴邦模刻本、《张解》本、《茅注》本、《江注》本及其四库抄本有“矣”字。

[**集注**]

[1] 叶解：意、必、固、我，盖私意见于应事接物之间，自始至终有此四者。横渠先生解“绝”、“毋”皆为禁止之意，故以此为圣人设教之道。谓自始学以至于成德，其所以克治融释者不外乎此，所谓“竭两端之教也”。意者萌心之始，故曰有思；必者期望于终，故曰有待；固者滞于已往，故曰不化；我者成于己私，故曰有方。朱子曰：“起于意、遂于必、留于固而成于我，意、必常在事前，固、我常在事后。”或问：“四者相为终始，而曰‘有一焉’，何也？”曰：“人之为事，亦有其初未必出于私意，而后来固执而不化者。若曰绝私意，则三者皆无，则曰‘绝一’斯可矣，何用更言‘绝四’？以此知四者，又各是一病。”

张解：此横渠体会圣人身教之妙也。意、必、固、我四者，是常情。自始学至成德，皆不可有此累。两端犹言两头，四者常为终始，中边前后未易净尽。惟圣人浑然天理，绝无意、必、固、我之累，则自始学以至成德，圣人直以身作则，不啻即大小事前前后后之病，节节指示出来，竭尽其教而无馀焉。所谓“叩两端而竭”者，即此可想也。盖意、必常在事前，固、我常在事后。意者，应事接物，先著计较，是有思也。必者，预作主张，做时便要如此，是有待也。固者，守其成见，执而不变，是不化也。我者，顾己地位，意趣不融，是有方也。

茅注：张子解“绝”、“毋”，并为禁止之意，故以此为圣人设教之道，与《论语集注》异。意，是思量要如此也。必者，是事未至而期于必行，若预为之待者然，故曰有待。固者，是事之已过，滞而不化。我者，是事必欲自己出，此心便不弘大，如限于方隅者然，故曰有方。

江注：朱子曰：“‘毋’字，亦是禁止之意。故曰‘自始学至成德，竭两端之教’。”“‘意，有思也’，未安。意却是个有为底意思，为此一事，故起此一意也。”问：“夫子尝言‘学而不思则罔’，又言‘君子有九思’。今横渠言‘意有思也’，与此相反。”曰：“绝四，是圣人事，不思不勉者也。学者则思不可无，但不可有私意耳。”“‘我有方也’，方，所也，犹言有限隔也。”

[**集评**]

朱子曰：横渠之意，以“绝”为禁止之辞。是言圣人将这四者使学者禁绝而勿为。（《语类》卷三十六）

朱子曰：必，在事先。固，在事后。有意、必、固三者，乃成一个我。如道是我怎地做，盖固滞而不化，便成一个我。横渠曰：“四者有一焉，则与天地不相似。”（同上）

张习孔曰：仲尼绝四，看得透时，即与上章尽心知性而知天之旨合。

张伯行曰：常人多是四者之病，循环缠扰，岂知天地无心成化，往过来续,无期待,无留滞。人于四者,若有一焉,安能与天地相似? 惟圣同天,学之者即未能绝,尚思所以毋之乎?

张绍价曰:心之所以不能大,意、必、固、我累之耳。张子以“毋”字为禁止之辞,自始学之勉强禁绝,至成德之自然禁绝,皆有事于此,故曰“竭两端之教”。天地至大而无外,意必固我,四者有一,则不能与天地同其大,故不可以不绝。绝之如何? 维敬与义,直内方外。大公顺应,庶无四者之累矣。圣人不待禁绝,自无四者之累,无所谓毅,而毅莫加焉。学者勉强禁绝,非持以毅力不可。

郑晔曰:思者,人之所不能无者,安得绝之? 横渠此语恐有病。

又曰:此(按,即“必有待也”)与朱子所谓“期必也,必欲其成”之意少异。

李瀷曰:绝四之功,贯乎始终,故曰“竭两端之教也”。有思者,犹言有为也。思而不休,则待其至矣。如有一个物始也。思其为美好,俄而必待其为己有也。不化,谓滞而不舍也。有方,则不复可以转动矣。详著《心经》。

85. [一]上达反天理,下达徇人欲者欤![1]

[集校]

[一]《张解》本有“横渠曰”三字。此条今见《正蒙·诚明篇第六》。

[集注]

[1] 叶解:说见《论语》。反天理,则所趋日以高远;徇人欲,则所趋日以沉溺。

张传:反者,返也。

张解:此张子明《论语》“君子上达”节意也。达只是向前直去之意,上达是向上去,乃复反乎天理者也。天理清明,上升之象,循理则日彻一日,进而不已,即上极乎高明矣。下达是向下去,乃循乎人欲者也。人欲重浊,下坠之象,多欲则日溺一日,流而难返,便究极于污下矣。此君子小人之分,所以有天渊之异也。

茅注:反,复也。

[集评]

张习孔曰:君子亦不是生成的,其初亦有远于天理处,故如游子之返家,一步近一步也。

张绍价曰:达者自此至彼,进而不已之意。上达者德胜气,故日进乎高明,复还其天理之公;下达者气胜德,故日究乎污下,沉溺于人欲之私。

又云:用知行敬义之功则上达,否则则下达。

86.〔一〕知崇,天也,形而上也。通昼夜而知,其知崇矣。知及之,而不以礼性之,非己有也。故知礼成性而道义出,如天地位而易行。[1]

[集校]

〔一〕《张解》本有"横渠曰"三字。此条今见《正蒙·至当篇第九》。

[集注]

[1]叶解:说见《系辞》。人能通昼夜、阴阳之变,智则崇矣,所以效天也。又能守品节事物之礼,性斯成焉,所以法地也。智礼相资而成其性,道义之所从出,犹天地定位而易之理行乎两间也。或问:"'知礼成性'之说。"朱子曰:"如习与性成之意。"又曰:"性者,我所得于天底;道义,是众人共由底。"

张传:知礼字有工夫,效法字无工夫。知礼,当知行字看。礼者,履也。本体昭融,不使私欲障蔽,是为知崇。践履切实,无一毫虚浮,是为礼卑。卑不对高,犹云实地上做工夫。所谓庸德之行是也。先生曰"不以礼性之,非己有也",亦是此意。天地间,只此一理,明得此理透彻,便是知崇;行得此理切实,便是礼卑。天地位而易行其中,易即天地之变化者是。成性存而道义出,道义即成性之运用者是。

张解:此会《易·系》与《论语》所言知礼之意,以见其互相发明也。《易》言"知崇"、"礼卑"。知崇者,穷理则见识高明,日进而上跻如天也,形而上之象也。必如何方可言知崇?如《易》言"通乎昼夜而知"是也。研究事物之理已彻乎阴阳动静之故,乃能通乎昼夜而知其理,其知可谓崇矣。然既已知之而不能行之以礼,使中正在躬,若出天性之固然,尚非己有也。此《易》言"知崇"必继以"礼卑",而孔子言"知及"亦曰"不以礼未善也"。故人能知明礼安以成其性,则知行并进,天下之道义皆从此出。如天高地下,而阴阳之理行焉。是以《易》言"天地设位,而易行乎其中","成性存存,道义之门"也。盖知崇如天,礼卑如地,道义如阴阳,原无二理也。

茅注:"而知"之"知",如字,馀并音智。"知崇礼卑","通乎昼夜之道而知","成性存存,道义之门","天地设位,而易行乎其中",并见《系辞上传》。事物形而下者,其理则形而上也。知崇以造其理言,故曰形而上。礼卑以履其事言,则为形而下矣。性之,谓复其性也。朱子曰:"昼夜即幽明、始终、鬼神之谓。成性,犹言现成之性,性是本然善者。知崇礼卑,则成性便存存。横渠说'成'字,似'习与性成'之意,非是。程子语录谓'万物自有成性,存存便是生生不已’，却好。及解《易》则云‘成其性，存其存’，亦是此病。”又云：“识见高于上，所行实于下，中间便生生不穷。”

江注：朱子曰：“‘知崇，天也’，言知识高明如天。‘形而上’，指此理。”问：“横渠‘知礼成性’之说。”曰：“横渠说‘成性’，谓是浑成底性；‘知礼成性’，如‘习与性成’之意同。”又问：“不以礼性之。”曰：“如‘尧、舜性之’相似。但他言语艰，意是如此。”

[集评]

朱子曰：横渠“知崇，天也”一段，言知识高明如天。“形而上”，指此理。“通乎昼夜而知”，通，犹兼也，兼阴阳昼夜之道而知。知昼而不知夜，知夜而不知昼，则知皆未尽也。合知、礼而成性，则道义出矣。知、礼，行处也。（《语类》卷七十四）

张氏曰：见地有馀，而践履不足，则必流于禅。践履可观，而见地卑下，则止于乡曲而已。学问之道，只“知崇礼卑”四字尽之。（《茅注》）

张绍价曰：上达反天理，天理性也。性本善而不能不拘于气禀，坏于物欲，故必赖知礼以成之。《易》曰：“知崇礼卑，崇效天，卑法地。”知崇，知之事；礼卑，行之事。张子谓“知识高明如天，形而上之理也”。昼夜之道，即幽明死生鬼神之道。通，犹兼也，兼昼夜而知，其知崇矣。然知其理，犹必履其事。知足以及之，而不节之以礼，则性无由成，而理非己有，惟知崇而礼复卑。知识既极高明，践履复极笃实，知行并进，则气禀悉化，物欲不行，而本然之性成矣。知礼成性，而道义由之而出，犹天地设位，而阴阳变化之易行乎其中也。性者，天所命；道义，人所由。大性浑全，一成不易，则天下之道，千变万化，皆从此出矣。

87. [一]困之进人也，为德辨，为感速。孟子谓“人有德慧术智者，常[二]存乎疢疾”以此。[1]

[集校]

[一]《张解》本有“横渠曰”三字。

[二]“存”上，今《正蒙》本无“常”字。（《茅注》）按，此条今见《正蒙·三十篇第十一》，无“常”字。

[集注]

[1]叶解：《系辞》曰：“困，德之辨也。”辨，明也。人处患难之时，则操心危惧而无骄侈之蔽，故其见理也明。置身穷厄而有反本之思，故其从善也敏。德慧谓德之慧，术智谓术之智。疢疾，灾患也。

张传：为德辨者，即《本义》所谓"自验其力"也。为感速者，操心虑患，灵动精警，一触即发也。感，如"无感我悦"之"感"，抑"为感速"句，或有讹字。

张解：此合《易》与孟子之言以明处困之可进德也。辨，别也。大抵人情困厄，则能激发感悟，故困之时，人之德性学问最易进益。《易》曰"困，德之辨也"，言人当困时，忧深虑远，审择乎吉凶之几必详，而慎持乎险阻忧虞之界者必预。用心苦则穷而能通，用力贞则炼而能敏，为德辨、为感速，洵不诬也。即孟子亦云"人之有德慧术智，常存乎疢疾"者，以此之故。盖人之德性所以灵慧，操术所以多智者，常出于遇灾罹患之人。彼其明生于刻苦，而识长于艰难，是以德不病其迂，慧不入于小，术不至于疏，智不流于凿也。凡此皆困之进人者也，此即孟子之深有契乎《易》者也。

茅注：困，德之辩也。见《易·系辞下传》。德辩，谓以处困之亨与否，辩其德之至不至也；感速，谓吾之感发速也。此者，指德辩、感速而言。

[集评]

朱子曰：横渠言"为德辨，为感速。"辨，犹子细。感速，言我之感发速也。（《语类》卷九十八）

张绍价曰：知礼成性，则德修于己，可以处困而亨矣。人处困难，则识之定与不定，守之坚与不坚，皆可于此验之，故为德辨。困心衡虑，则感发自易，故为感速。疢疾，忧患也。处忧患，则操心危，虑患深，而德慧术智，由此而生。困之一境，正所以增人学识，坚人心志，以养成人之毅力也。

88. [一]言有教，动有法；昼有为，宵有得；息有养，瞬有存。[1]

[集校]

[一]《张解》本有"横渠曰"三字。此条今见《正蒙·有德篇第十二》。

[集注]

[1]叶解：非先王之法言不敢言，言有教也；非先王之德行不敢行，动有法也。终日乾乾，昼有为也；夜气所养，宵有得也。气之出入为息，一息而必有所养也。目之开阖为瞬，一瞬而必有所存也。此言君子无往无时而非学也。

张传：此身心六箴也。

张解：此示人以无息之学也。言君子自一身以至于一日一刻皆当操存省察，无少间断，然后能进进不已，以几于圣贤之学。故就一身而论，不能无言也，言则必系世道人心而后为有教。不能不动也，动则必中乎规矩准绳而后为有法。自一日而论,必有事于昼也,昼则勤其功而有为,终日乾乾是也。不可废于夜也,夜必澄其虑以验有得,夕惕若是也。至于密之又密,如一息之间道义不使去心,一瞬之顷天理自觉常存,而终食不违,参前倚衡,不是过也。学者用功,不当如是乎?

茅注:瞬,音舜。

[**集评**]

朱子曰:"息有养,瞬有存。"言一息之间亦有养,一瞬之顷亦有存,如"造次颠沛必于是"之意,但说得太紧。(《语类》卷九十八)

朱子曰:横渠"六有"说极好,亦不必终日读书,或静坐存养亦是。如天地生物,春生夏长,固是不息,秋冬敛藏,生意亦何尝不流行。学者常提撕,令此心常存,则日有进。又"息亦有养,瞬亦有存",如"造次颠沛必于是"之意,但说得太紧。(《茅注》)

刘绒三曰:自"凡人才学"至此为下截,言人学以为己。志于仁以学圣人之道者,无论着力得力,知行并进,敬义夹持,皆不可以不弘毅,困而学之之事也。(《价解》)

张绍价曰:困为德辨,而君子之修德,则无时无处不用其力。有教有法,功无间于言动也;有为有得,功无间于昼夜也;有养有存,功无间于瞬息也。知之真,行之力。敬义夹持,无须臾之或懈,非天下之至毅,孰能与于此?

钱穆曰:此乃言为学工夫。近人则喜言为学方法。工夫用心在一己之内,方法则用心在一己之外。(《随劄》)

89. 横渠先生作《订顽》曰[1]:乾称父,坤称母。予兹藐焉,乃混然中处。[2]故天地之塞,吾其体;天地之帅,吾其性。[3]民吾同胞,物吾与也。[4]大君者,吾父母宗子;其大臣,宗子之家相也。尊高年,所以长其长;慈孤弱,所以幼其[一]幼。圣其合德,贤其秀也。凡天下疲癃残疾、惸独鳏寡,皆吾兄弟之[二]颠连而无告者也。[5]于时保之,子之翼也;乐且不忧,纯乎孝者也。[6]违曰悖德,害仁曰贼,济恶者不才,其践形惟肖者也。[7]知化则善述其事,穷神则善继其志。[8]不愧屋漏为无忝,存心养性为匪懈。[9]恶旨酒,崇伯子之顾养;育英才[三],颖[四]封人之锡类。[10]不弛[五]劳而底豫,舜其功也;无所逃而待烹,申生其恭也。[11]体其受[六]而归全者,参乎!勇于从而顺令者,伯奇也。[12]富贵福泽,将厚吾之生也;贫贱忧戚,庸玉女[七]于成也。[13]存，吾顺事；没，吾宁也。[14][八]（旧注：明道先生曰："《订顽》之言，极醇无杂，秦汉以来学者所未到。"[15]又曰："《订顽》一篇，意极完备，乃仁之体也。[16]学者其体此意，令有诸己，其地位已高。到此地位，自别有见处，不可穷高极远，恐于道无补也。"[17][九]又曰："《订顽》立心便达得天德。"[18][十]又曰："游酢得《西铭》读之，即涣然不逆于心，曰'此《中庸》之理也'，能求于语言之外者也。"[19][十一]杨中立问曰："《西铭》言体而不及用，恐其流遂至于兼爱，何如？"[20]伊川先生曰："横渠立言，诚有过者，乃在《正蒙》。《西铭》之书，推理以存义，扩前圣所未发，与孟子性善、养气之论同功，岂墨氏之比哉！《西铭》明理一而分殊，墨氏则二本而无分。[21][十二]分殊之蔽，私胜而失仁；无分之罪，兼爱而无义。[22]分立而推理一，以止私胜之流，仁之方也。无别而迷兼爱，以至于无父之极，义之贼也。子比而同之，过矣。[23]且彼欲使人推而行之，本为用也，反谓不及，不亦异乎？"[24][十三]）

　　[十四]又作《砭愚》曰：戏言出于思也，戏动作于谋也。发于声，见乎四支，谓非己心，不明也。欲人无己疑，不能也。[25]过言非心也，过动非诚也。失于声，谬[十五]迷其四体，谓己当然，自诬也。欲他人己从，诬人也。[26]或者谓[十六]出于心者，归咎为己戏；失于思者，自诬为己诚。不知戒其出汝者，归咎其不出汝者。长傲且遂非，不智孰甚焉？[27][十七]（旧注：横渠学堂双牖，右书《订顽》，左书《砭愚》。伊川曰："是起争端。"改《订顽》曰《西铭》，《砭愚》曰《东铭》。）[28][十八]

[集校]

　　[一]"其幼"之"其"，叶本作"吾"。（《茅注》）《西铭》今列首卷，《东铭》附《正蒙》末。幼其："其"叶作"吾"。（《冯记》）"其"，一作"吾"。（朝刊《近思录》）按，"其"，《叶解》元刻本、《张传》本作"吾"。

　　[二]宋本无"皆"、"之"二字。（《茅注》）

　　[三]"才"，《叶解》元刻本及其四库抄本、吴邦模刻本作"材"。

　　[四]"颖"，《叶解》四库抄本、《茅注》本、《江注》本及其四库抄本作"颍"。颖，为颍的异体字，通"颍"。

　　[五]"弛"，江误"施"。（《冯记》）按，"弛"，《江注》本及其四库抄本作"施"。《论语》为"无施劳"。

　　[六]"受"，宋本作"爱"，注"一作'受'"。愚按，从"受"为是，且朱子注亦解作"受"。（《茅注》）

　　[七]"女"，吴邦模刻本、《张解》本、《叶解》四库抄本、《茅注》本作"汝"。

　　[八]以上文字，《张传》本单列，似拟作一条。以下文字至本段末，《杨注》本、《江注》四库抄本全为小字，而《叶解》元刻本及其四库抄本、《茅注》

本既有作大字,也间有作小字者。

　　[九]注:"《订顽》之言"至"未到","《订顽》一篇"至"补也",并见《遗书》卷二上。(《冯记》)《订顽篇》下"明道曰订顽之言"以下五段,《砭愚》下"横渠学堂"数句,吕本皆作小注,未知。(《异同考》)按,以上文字,《张传》本单列,似拟作一条。

　　[十]"《订顽》立心"二句见《遗书》卷五。(《冯记》)

　　[十一]"游酢"至"者也"见《外书》卷七。(《冯记》)按,以上文字,《张传》本单列,似拟作一条。

　　[十二]此处,《叶解》元刻本及其四库抄本均有"本注:老幼及人理一也,爱无差等本二也。"

　　[十三]自"明道先生"至此,叶本并大字,无"本注"字。(《茅注》)"杨中立"以下,见《伊川文集》卷五。(《冯记》)"不亦"一作"亦不"。(朝刊《近思录》)按,以上文字,《张传》本单列,似拟作一条。

　　[十四]《叶解》四库抄本增有"横渠先生"四字。《张解》本增有"横渠"。

　　[十五]"谬",《叶解》元刻本及其四库抄本、吴邦模刻本、《茅注》本、《江注》本及其四库抄本作"缪"。

　　[十六]"谓",《正蒙·乾称篇第十七》作"以"。

　　[十七]以上文字,《张传》本单列,似别作一条。

　　[十八]"横渠学堂"下,叶本大字,无"本注"字。(《茅注》)"横渠学堂"以下,见《外书》卷十一,叶并讹作大字。(《冯记》)按,以上文字,《张传》本单列,似拟作一条。又按,此条是《正蒙·乾称篇》首段。张载曾将《乾称篇》首段和末段分别录出,贴在东西两窗上作为自己的座右铭。首段题作《订顽》,末段题作《砭愚》。程颐赏识二篇文字,但以为《订顽》、《砭愚》之名易起争端,即改《订顽》为《西铭》,改《砭愚》为《东铭》。朱熹将《西铭》从《乾称篇》分出,另作注释,成为独立一篇。

[集注]

　　[1]价解:顽者私欲锢蔽,冥顽不灵,与天人不相关,犹痿痹之人,痛痒不觉。作此订之,推论本原,详示工夫,使知求仁之方,庶无私己之失也。

　　[2]叶解:朱子曰:"天,阳也,以至健而位乎上,父道也。地,阴也,以至顺而位乎下,母道也。人,禀气于天,赋形于地,以藐然之身,混合无间,而位乎中,子道也。然不曰天地而曰乾坤者,天地其形体也,乾坤其性情也。乾者,健而无息之谓,万物之所资以始者也。坤者,顺而有常之谓,万物之所

资以生者也。是乃天地之所以为天地而父母乎万物者，故指而言之。"愚按，《礼记》"仁人之事亲也如事天，事天如事亲"。此谓孝子成身，即《西铭》之原也。

张解：此横渠先生顶天立地，深契本原，已见大意，故推生人所由来与此身所自生，融会而参同之，因事亲以明事天，合并而言，交畅其旨，作铭自订，欲使胸中洞达，不致顽而不化也。乾，健也，阳之性，而天之所以为天也。坤，顺也，阴之性，而地之所以为地也。天以至健位于上，为万物所资始，有父道焉，称父可也。地以至顺位于下，为万物所资生，有母道焉，称母可也。资始资生，得天地之气以成形者，其间则有予也。藐然此身，形气与天地混合无间而位乎其中，有子道焉。父天母地，倘不知天下一家道理，恐无以为子，无以为人，天地父母其将谓我何？故下文遂历言其所以然。

茅注：母，叶满补切。……此四句乃一篇纲领，言人为天地之子也。

价解：《西铭》言理一分而分殊。首节似言理一，而分殊亦在其中。盖自其同者言之，则天地人只此一理；自其异者言之，则乾父坤母，人混然中处，其分固自各殊也。

[3] 叶解：朱子曰："乾阳、坤阴，此天地之气塞乎两间，而人物之所资以为体者也，故曰'天地之塞，吾其体'。乾健、坤顺，此天地之志，为气之帅，而人物之所得以为性者也，故曰'天地之帅，吾其性'。深察乎此，则父乾、母坤，混然中处之实可见矣。"

张解：承上文"混然中处"而言。人既处天地中，则此气此理，直与天地通一无二。故阴阳二气充周遍满，乃天地之塞也。吾实以之为体，是此身气血禀受于父母者也。健顺合德，主宰默运，乃天地之帅也。吾实得之以成其性，是此心精爽递传于父母者也。然则吾以此身为天地之分气分形，天地亦以吾身为一脉一气也。混然中处者，可自小其体，自薄其性乎？

茅注：性，叶息与切。朱子曰："吾其体，吾其性，有吾去承当之意。"

价解：吾之气即天地之气，故曰"天地之塞，吾其体"；吾之体即天地之理，故曰"天地之帅，吾其性"。此推言理之一处，而分之所以殊，亦在其中矣。

[4] 叶解：朱子曰："人物并生于天地之间，其所资以为体者，皆天地之塞；其所得以为性者，皆天地之帅。然体有偏正之殊，故其于性也，不无明暗之异。惟人也得其形气之正，是以其心最灵，而有以通乎性命之全体，于并生之中，又为同类而最贵焉。故曰'同胞'，则其视之也，皆如己之兄弟矣。物则得夫形气之偏，而不能通乎性命之全，故与我不同类，而不若人之贵。

然原其体性之所自,是亦本之天地而未尝不同也,故曰'吾与'。则其视之也,亦如己之侪辈矣。惟同胞也,故以天下为一家,中国为一人,如下文之云'惟吾与也'。故凡有形于天地之间者,若动若植,有情无情,莫不有以若其性,遂其宜焉。此儒者之道,所以必至于参天地、赞化育,然后为功用之全,而非有所强于外也。"

张解:此即并生于天地者,推其共本同原,以明父乾母坤者之不容以自私也。人物同得天地之塞以为体,同得天地之帅以为性。但所禀之清浊不同,则体不能无偏正。所赋之纯驳不一,则性不能无昏明。故惟得其秀而最灵者,乃与我同类之民也。其形气与我同其正,性命与我同其全,是形生之最贵者。此如吾之兄弟,属毛离里,同顾复于父母,虽同胞视之可也。至于生质之蠢而为物,乃与我不同类者也。其形气之偏已与我异,性命之杂亦与我分。然同是含生负性之伦,亦犹我之侪辈,往来交接,同关情于父母,即徒与通之不为过也。体同胞之意,则必由亲亲以仁之念。吾与之谊,则必推仁恩以爱之。天下一家,兄弟翕也,庶类咸若,俦侣孚也。天地之所以位,非即父母之所以顺者乎?

价解:民物之生,同得天地之理以为性,同得天地之气以为形,此理之所以一也。民与我为同类,则为吾同胞;物与我为异类,则为吾与,此分之所以殊也。

[5] 叶解:朱子曰:"乾父、坤母,而人生其中,则凡天下之人,皆天地之子矣。然继承天地,统理人物,则大君而已,故为父母之宗子。辅佐大君,纲纪众事,则大臣而已,故为宗子之家相。天下之老一也,故凡尊天下之高年者,乃所以长吾之长。天下之幼一也,故凡慈天下之孤弱者,乃所以幼吾之幼。圣人与天地合其德,是兄弟之合德乎父母者也。贤者才德过于常人,是兄弟之秀出乎等夷者也。是皆以天地之子言之,则凡天下之疲癃、残疾、惸独、鳏寡,非吾兄弟之无告者而何哉!"

张解:此又即同胞之中,别其贵贱尊卑,贤否穷达,明其皆为乾坤所子,皆吾兄弟,而与共事父母者也。天下之人固皆父乾母坤,为天地之子矣。然天地之大统不得不归一人,如一家之统系不可不属之嫡长,则承天地统人物者,大君是也,是为父母百世不祧之宗子也。降而有大臣,则左右大君以整顿乾坤,殆犹诸子之有干才,宗子委以家事,则亦宗子之家相而已。至于天地间有高年焉,理当尊也。而体天地而引年,与推亲亲以敬长,无二道也。天地间有孤弱焉,情当慈也。而承天地而恤孤,与顺父母以抚幼,无二理也。若夫圣人与天地相似,则亦同气中之合德于二人者也。贤人钟天地之英,则亦式好中之挺秀于雁行者也。况旷观天下，或所受不完，或所遭不偶，穷苦难言，如疲癃、残疾、惸独、鳏寡，亦不乏人，类而推之，皆吾兄弟。彼特承受世泽不起，俯仰乾坤，颠连无告耳。然父母之心未常不念之，有兄弟情者，谅不得而恝视之也。

茅注：相，去声，叶息里切，又叶息与切，与上处"与"叶。长，张丈反。……惸，渠盈反。……告，叶居候切，又如字。与下"孝"、"肖"叶。惸，孔安国《书传》曰："惸，单，无兄弟也。"此一节皆就同胞中推出，见其有殊分而无二理也。朱子谓篇首至此如棋局。

价解：亲亲、仁民、爱物，理一而分殊，而三者之中，又各有分之殊焉。同胞中有大君，有大臣，有高年，有孤弱，有圣有贤，有疲癃残疾、惸独鳏寡，莫非父乾母坤，其理未尝不一。然品类不齐，则所以用吾仁者，亦因之而异，或为宗子，或为家相，或尊或慈，或师或友，或矜哀。因其类之高下，以为爱之差等，则分殊中之分殊也。

［6］叶解：朱子曰："畏天以自保者，犹其敬亲之至也；乐天而不忧者，犹其爱亲之纯也。"又曰："若论天地万物与我同体之意，固极宏大，然所论事天功夫，则自'于时保之'以下方极亲切。"

张解：上言天下一家、万物一体，自此以下乃言事天之功不异于事亲也。盖知天地为大父母，则事之敢不敬乎？敬之斯畏之矣！《诗》云："畏天之威，与时保之"，乃子之敬亲，翼翼奉持，恐失者也，又安得不爱乎？爱之斯乐之矣。《易》曰"乐天之命，故不忧"者，乃子之爱亲，仁孝纯笃而无间者也。

茅注："于时保之"，见《诗·周颂·我将》篇。翼，恭敬之意，言子之所以恭敬其亲者也。朱子谓此下如人下棋。

价解：战战兢兢，临深履薄，畏天者也。居易俟命，无入而不自得，乐天者也。畏天乐天，非二人亦非二心。畏天乃能乐天，乐天无不畏天。

［7］杨注："尽人之性而有以充人之形，则与天地相似而不违，故谓之肖。"

叶解：朱子曰："不循天理而循人欲者，不爱其亲而爱他人也，故谓之悖德。戕灭天理，自绝本根者，贼杀其亲，大逆无道也，故谓之贼。长恶不悛，不可教训者，世济其凶，增其恶名也，故谓之不才。若夫尽人之性，而有以充人之形，则与天地相似而不违矣，故谓之肖。"

张解：由是而天人父子之际，逆者自逆，顺者自顺，俱可观矣。

茅注：孝、肖，为韵，而其德贼复自为韵。……济，成也。

价解：悖德子、贼子、不才子，不知畏天，遑知乐天。践形惟肖，乃能畏天乐天，而为与天合德之圣人也。

退溪曰：违，违天也，即《论语》"违仁"之"违"。违仁，即违天也。《孝经》曰："不爱其亲而爱他人者，谓之悖德。"

[8] 叶解：朱子曰："孝子，善继人之志、善述人之事者也。圣人知变化之道，则所行者无非天地之事矣；通神明之德，则所存者无非天地之心矣。此二者皆乐天践形之事也。"又曰："化底是气，有迹可见，故为事；神底是理，无形可窥，故为志。"

张解：此即能践形者而极言之，乃上文乐天之事也。化育之故，著于万物，乃天之事也。盛德之知化，则绍天之事，而推行尽利焉。孝子"善述人之事"，其是之谓乎？神妙之机运于无形，乃天之志也。盛德之穷神，则体天之志，而成性存存焉。孝子"善继人之志"，非此之谓乎？

[9] 叶解：朱子曰："《孝经》引《诗》曰'无忝尔所生'，故事天者，仰不愧、俯不怍，则不忝乎天地矣。"又曰："'夙夜匪懈'，故事天者存其心、养其性，则不懈乎事天矣。此二者畏天之事，而君子所以求践夫形者也。"

张解：又即求践行者而实言之，亦上文畏天之事也。事天者，当使仰不愧，俯不怍，故《中庸》引《诗》言"不愧屋漏"，与《孝经》引《诗》言"无忝尔所生"，可相发明也。事天者当使此心不舍，此性不害，故《孟子》言"存心养性"，与《孝经》言"夙夜匪懈"，又可互证也。

茅注：懈，叶居寄切。

价解：知化穷神知之精，无忝匪懈行之熟，必如此然后可以践形惟肖，所以畏天者在此，所以乐天者亦在此。

贝原笃信曰：不愧屋漏，犹曰不欺暗室。

[10] 杨注：伯岜曰："好饮酒而不顾父母之养者，不孝也。故遏人欲如禹之恶旨酒，则所以事天者，至矣。人与我同出于天地，我能尽孝，亦欲人之尽孝，故乐得英才而教育之，如颖考叔之及庄公，则其锡类者，广矣。"（按，杨氏此注语引朱子语，却云"伯岜曰"，《杨注》本中常见此类注文；然叶采集解则言"朱子曰"云云。各卷多有此情形。）

叶解：朱子曰："好饮酒而不顾父母之养者，不孝也。故遏人欲，如禹之恶旨酒，则所以顾（按，"顾"《四库》抄本作"愿"）天之养者，至矣。性者，万物之一源，非有我之得私也。故育英材，如颖考叔之及庄公，则所以'永锡尔类'者，广矣。"

张解：自此以下三节，乃举古来之善事亲者，以证事天之功也。事天者必绝嗜欲以养性,养性者不忘天也,犹之养身者不可忘父母。人之遏欲,能如禹之恶旨酒而不忘天之养,则与孟子言"好饮酒而不顾父母之养"者,大悬绝矣。事天者必有以成物,然后完其成己之量,犹之事亲必能以孝感化人,然后为孝道之纯。人能本天为教,如孟子所云"得英才而教育",则与颍考叔之推纯孝之类以锡及庄公者,又彼此同揆矣。

茅注:"恶旨酒",见《孟子》及《战国策》。崇,国名。伯,爵。《史记索隐》云:"《连山易》曰:'鲧封于崇。'"《国语》有"崇伯鲧"是也。颍,地名;封人,官名,郑大夫颍考叔也。事见《春秋左传》。

价解:恶旨酒,遏欲所以存理,畏天之事也。育英才,成己自能成物,乐天之事也。

[11] 杨注:为其所当为而天祐之,不弛劳而底豫者也。处其所难处而心安之,无所逃而待烹者也。

叶解:朱子曰:"'舜尽事亲之道,而瞽叟底豫',其功大矣。故事天者尽事天之道,而天心豫焉,则亦天之舜也。申生无所逃而待烹,其恭至矣。故事天者夭寿不贰,而修身以俟之,则亦天之申生也。"

张解:事天者必至能格天,方见尽人之隆,亦如事亲者必顺亲,方见尽孝之大。事天之道若得致天心豫顺,则与舜尽事亲之道而瞽瞍底豫者,其功一也。事天者必当修身以俟,惟天所置,亦如事亲者先意承志,罔敢有违耳。事天之道若能安命奉行,则与申生之被谗、无所逃而待烹,其恭一也。

茅注:弛,施纸反。申生,晋献公世子。事见《春秋》内外传及《礼记·檀弓》。《谥法》:敬顺事上曰恭。朱子曰:"舜之底豫,赞化育也,故曰功。申生待烹,顺受而已,故曰恭。"问:"颍封人、申生皆不能无失处,岂能尽得孝道?"朱子曰:"《西铭》本是说事天,不是说孝。盖事亲有正不正,若天道纯熟,则无正不正之处,只是推此心以奉若之耳。至若申生无所逃而待烹,固为未尽子道,然若事天如此,则又可谓能尽其道者。盖人有妄,天则无妄,若命之死,自是理当如此。惟有听受之而已,固不得以献公比也。"

李元绲曰:"不弛劳而底豫",得天之常者,先畏后乐。"无所逃而待烹",值天之变者,以畏为乐。又曰:格天之功大,有位育之应;俟天之意恭,无侥幸之心。

[12] 杨注:伯奇,尹吉甫子,为后母谮而见逐,作《履霜操》。子于父母,东西南北,惟令所从。若伯奇之履霜中野,则勇于从而顺令也。况天之所以命我者,非人之能为,岂可不素其位而行,而以顺受之乎?

叶解:朱子曰:"'父母全而生之,子全而归之'。若曾子之启手启足,则体其所受乎亲者,而归其全也。况天之所以与我者,无一善之不备,亦全而生之也。故事天者能体其所受于天者而全归之,则亦天之曾子矣。……吉凶祸福,非有人欲之私。故事天者,能勇于从而顺受其正,则亦天之用者(按,"用者"《四库》抄本作"伯奇")矣。"

张解:人受天地之中以生,当无亏乎赋予之良,是即"父母全而生之,全而归之"之义也。不见夫启手足而知免,体其所受于亲者而归其全,曾子之事亲然乎!人能不亵天弃天、保其全受者而全归之,不亦事天之曾子乎?人知天地之命难移,当无拂乎气数之常,是又"子于父母,东西南北,惟命是从"之义也。不见夫履霜鼓琴以从令,伯奇之事亲然乎!人能于吉凶祸福勇决听从而顺受其正,则又一事天之伯奇也。

茅注:奇,叶渠容切。"父母全而生之,子全而归之",见《礼记·祭义》篇。朱子曰:"曾子归全,全其所以与我者,终身之仁也。伯奇顺令,顺其所以使我者,一事之仁也。"

价解:天与我以仁义礼智之理,全而归之,任重道远,则乐中有畏。天命我以吉凶祸福之数,顺而受之,身困心亨,则畏中有乐。

[13] 叶解:朱子曰:"富贵福泽,所以不(按,"不",《四库》抄本作"大")奉于我,而使吾之为善也轻。贫贱忧戚,所以拂乱于我,而使吾之为志也笃。天地之于人,父母之于子,其设心岂有异哉!故君子之事天也,以周公之富而不至于骄,以颜子之贫而不改其乐。其事亲也,爱之则喜而弗忘,恶之则惧而无怨,其心亦一而已矣。"

张解:此又言人能忘遇以事天,则见天之处我者,无非父母之心也。富贵福泽,任人之自取之,无异饱暖安佚,必欲为子谋之,然此岂私奉我哉?将厚资吾生,使之为善,而非以养骄也。贫贱忧戚,虽至伟人而不免,无异艰难刻责,欲宽令子而不能,然此岂私困我哉?盖以玉必琢而后成,拂乱乃所以增益,而劳苦即所以全爱也。夫是以事天之君子,得志则与民由之,不得志则修身见于世,所谓"爱之喜而不忘,恶之劳而不怨"者,凡以此也。

茅注:庸,用也。玉,宝爱之意,言天正所以宝爱之,以使之成就也。

价解:富贵福泽似可乐,而所以厚吾之生,则可畏之甚,故以周公之富,而不至于骄。贫贱忧戚似可畏,而所以玉我于成者,则可乐之至,故以颜子之贫,而不改其乐。

贝原笃信曰:"贫贱忧戚"云云,与《孟子·告子下》"舜发于田亩"章可合考。

[14] 叶解:朱子曰:"孝子之身存,则其事亲也,不违其志而已,没则安

而无所愧于亲也。仁人之身存,则其事天也,不逆其理而已。没则安而无所愧于天也。盖所谓朝闻夕死、"吾得正而毙焉"者,故张子之《铭》,以是终焉。"

张传:诸说,《性理》备矣。愚不敢复赘。("幼吾幼",《性理》作"幼其幼"。)

张解:结言事天事亲,皆必至于生顺死安,无复遗恨而后为至也。孝子之事亲也,身存则顺乎亲而事之,心与之一,而未始有违。身没则返之吾心而安宁,有以为子,无忝所生也。仁人之事天也,身存则顺乎天而事之,理与之通而无所或逆,没则问之吾性而亦安宁,可以为人,无愧两大也。学者诚能存此心,则知藐然此身,其生也有自来,其死也无所负。天下一家,万物一体,精而求之,归诸天德,推而大之,无非王道。卓然效参赞之能事,天地以我为孝子;恬然尽继述之善图,父母亦乐我为仁人。

茅注:宁,奴京切。

价解:乐天畏天,一生工夫,不敢有须臾之或懈,只以求"存吾顺事,没吾宁"焉而已。

贝原笃信曰:《西铭》主意本乎《孟子》,所谓"存其心,养其性",所以事天也者欤。

[15]张解:秦汉以来,学多未纯,张子则毫无驳杂,故所言精粹。此下八节,《集解》阙,原编列本注,今照叶本补。

[16]叶解:仁者本以天地万物为一体。

茅注:陈氏曰:"非指与万物为一体处为仁之体,乃言天理流行无间为仁之体也。"

[17]叶解:体认此意实为我有,所谓真知而实践之,至此则又有见于大本一原之妙矣。

张解:此欲学者领会《订顽》之意,无务求之高远也。仁者本以天地万物为一体,学者须体认此意,实为我有,则地位已高,至此真知而实践之,则自有见于大本一原之妙矣。若不能体认而务求高远,何益哉!

茅注:陈氏曰:"见得此理浑然无间,实有诸己后,日用酬酢无往而非此理,更何用穷高极远?"

[18]叶解:普万物而无私,天德也。

张解:《订顽》彻上彻下直从源头处理会,觉得万物一体,绝无些子隔阂。此心已达得天德也。

[19]叶解:游酢,字定夫,程子门人也。《中庸》惟本乎天命之性,中者性之体,和者性之用,"致中和"至于"天地位、万物育",实则原于天命之本

然。《西铭》以人物之生同禀是气以为体,同具是理以为性,虽有差等,实无二本也。今一视同仁者,亦所以尽一己之性而全天命之本然耳,此即中庸之理也。

张解:张子能会通之,语虽异而旨则同。定夫一见便觑得此理,亦可谓学能逢原者矣。

茅注:游酢,字定夫,建州建阳人。元丰六年进士,调越州萧山尉,用范忠宣公荐,召为太学录,改宣德郎,除博士。忠宣罢政,公亦调外,徽宗即位召还,为监察御史。

[20]茅注:杨中立,名时,五世祖唐末避地闽中,寓南剑州之将乐县,因家马中。熙宁九年进士,后官龙图阁直学士,提举杭州洞霄宫。

贝原笃信曰:以书问也。体者,仁也;用者,义也。

[21]叶解:本注云:“老幼及人,理一也;爱无差等,本二也。”杨时,字中立,程子门人也。《西铭》以天地为父母,万物为同体,是理一也。然而贵贱、亲疏、上下各有品节之宜,是分殊也。若墨氏惑于兼爱,则泛然并施而无差等,施之父母者犹施之路人,是亲疏并立而为二本也。或问:“理一分殊,如同胞吾与、大君家相、长幼残疾皆自有等差,是分殊处否?”朱子曰:“此是一直看,下更须横截看。天气而地质,与父母固是一理,然吾之父母与天地自是有个亲疏,同胞里面便有理一分殊,吾与里面亦便有理一分殊。龟山正是疑同胞吾与为近于墨氏,不知同胞吾与各自有理一分殊在其中矣。”

张解:《西铭》本言理一,欲人推大公之用,因龟山有兼爱之疑,故程子又明其分之殊。盖莫非自然之理也。……疑《西铭》言胞与而不及推行节次,恐流弊几近于墨氏。程子解之,谓横渠《正蒙》中其立言不无有过。至若《西铭》之意,直欲推穷底蕴,揭出示人。前圣未经阐发,如孟子性善养气之论,同一创解,有功性学,不得以墨氏相比。

茅注:陆氏曰:“林次崖谓‘理一分殊,理与气皆有之’。以理言,则太极理一也,健顺五常,其分殊也。以气言,则浑元一气理一也,五行万殊,其分殊也。”此一段发明程子“理一分殊”之说最明,而罗整庵谓其“未睹浑融之妙”,亦过矣。

[22]叶解:徒知分之殊而不知理之一,则其蔽也,为己之私胜,而失其公爱之理;徒知理之一而不知分之殊,则其过也,兼爱之情胜,而失其施爱之宜。

[23]叶解:分立而推其理之一,则无私胜之蔽,此为仁之方,《西铭》是也。施无差等而迷于兼爱,则其极也至于无父,此害义之贼,墨氏是也。

张解：两者判若悬殊，疑其相近，则失旨矣。

［24］杨注：张无垢曰："余观《西铭》大意，以谓人梏于形体而不知我乃天地之子，下与动植同生，上与圣贤同气。要当穷神知化，不愧屋漏，存心养性，以尽为子之道；又当恶旨酒、育英才，以为持己接物之方，以合天地之心。而遇困苦遭患难，当如舜、如申生、如曾参、如伯奇，以听天地之命。而富贵福泽为天地之厚我，贫贱忧戚为天地之成我，存则顺天地，没则安天地，乃为大孝之子尔。呜呼，岂浅学小识所能见此哉！学者当自重焉！"

叶解：《西铭》本言理一，欲人推大公之用。因龟山有兼爱之疑，故程子又明其分之殊。盖莫非自然之理也。或曰："既言理一，又曰分殊，是理与分为二也？"曰："以理推之，则并生于天地之间者，同体同性，不容以异观也。然是理也，则有品节之殊、轻重之等。所谓分也者，特是理之等差耳，非二端也。"

张解：况横渠本意要人实践推行，即体是用，何尝遗却一边。龟山错会，故不免有此疑耳。……此《西铭》义蕴极为精深，得程子发明，则其指益畅，学者所宜深玩也。

茅注：分，并音问。比，必二反。为，去声。问："《龟山语录》云：'知其理一，所以为仁；知其分殊，所以为义。'"曰："仁只是发出来者，至发出来有截然不可乱处，便是义。如爱父母、爱兄弟、爱亲戚、爱乡党，推而大之，以至于天下国家，只是一个爱流出来。而爱之中便有许多等差，是义也。"问："伊川谓《西铭》、《原道》之宗祖，何如？"曰："《西铭》更从上面说来，《原道》言'率性之谓道'，《西铭》则并'天命之谓性'言之耳。"又曰："诸子只得见下面一层，源头处都不晓。"

价解：前半言弘之道。自"于时保之"以下，论工夫处，始之以畏天乐天，要之以存顺没宁，则毅之至也。

［25］叶解：言虽戏，必以思而出也；动虽戏，必以谋而作也。戏言发于声，戏动见乎四支，谓非本于吾心，是惑也，本于吾心而欲人之不我疑，不可得也。

茅注：砭，贬平声，一音去声。谋，叶谟悲切。见，音现。能，叶年弥切，又古韵明、能通，或自相叶亦可。砭，《说文》："以石刺病也。"服虔《春秋传注》："砭，石也。"季世无佳石，故以铁代之。言言动之戏，本出于有心，而以为非心之所为，而欲人之无己疑，所以明长傲之失。吴氏曰："发于声谓戏言也，见乎四支谓戏动也。"

［26］叶解：言之过者，非其心之本然也；动之过者，非其诚之实然也。

失于声而为过言,缪迷其四体而为过动,谓之过者皆误而非故也。或者吝于改过,遂以为己之当然,是自诬其心也。既惮改而自诬,又欲人之从之,是诬人也。此夫子所谓"小人之过也必文",孟子所谓"过则顺之","又从而为之辞"。

茅注:人,叶如丁切。言言动之过,本非出于有心,而以为己之所当然,而欲人之从我,所以明遂非之失。吴氏曰:"失于声谓过言也,缪迷其四体谓过动也。"

[27] 叶解:戏谑出于心思,乃故为也。不知所当戒,徒归咎以为戏,则长傲而慢愈滋矣。过误不出于心思,乃偶失耳,不知归咎于偶失,反自诬以为实,然则遂非而过不改矣。学者深省乎此,则崇德辨惑,矫轻警惰之功亦大矣。然其于戏且误者,克治尚如此之严,况乎过之非戏误者,岂复留之纤芥以累其身心哉?

张解:横渠既作《订顽》,明万物一体之学,又恐日用间言动偶有过差,亦进德修业之累,因作《铭》以砭治其愚,盖亦省察之功也。言学贵内外如一,则思诚慎动,改过不吝,最是亲切工夫。如日间偶然戏谑之言,乃出于心有所思想;或有戏谑之动,乃起于心有所谋虑。盖言乃心之声,四支亦为心之役。明明有言发于声,有动见乎四支,谓非己心为之,是不明于内外相因之道也。明明言动有所出入而不中节,欲人无疑乎己之不是,势不能也。如是而不速悔,试思此过差之言,本非吾心所固有也;过差之动,又非吾心诚实当如是也。既失错于声而为戏言,纰缪迷乱其四支而为戏动矣。若谓己本当如是,是自诬其本心也。因之欲人不以为非,顺从乎我所为,是诬人无是非之公心也,抑已惑矣!或者又转一念曰:吾之言动虽出于心,而所以过失处乃是己之戏耳。且以为戏故失于思,而吾本然之心未尝不真实无妄也。夫思而有失,即是不诚,由心而出,又将谁诿?乃不知戒其言动之出于心,而日恣其戏,且归咎于戏言戏动,以为不出汝者,原非真实之过。如是,则戏可不戒,而傲慢之气将日长。既属于戏,即过亦不妨,而非道之心,亦日自遂而不知所终矣。过恶日深,是非回惑,不知孰甚焉!凡此种种病痛,展转相因,其弊在于省察不严,谨独无功。学者诚以为戒,则言动必诚,身心如一,日用动静,无息而非天理之流行矣。

茅注:己,并音纪。长,张丈反。下"不知"音智。焉,叶余轻切。出于心者,谓戏言戏动也。失于思者,谓过言过动也。言动之戏,本出于有心,故曰"出汝者"。"归咎为己戏",是不知戒也。言动之过,本非出于有心,故曰"不出汝者"。"自诬为己诚",是不知所以归咎也。长傲就归咎为己戏而言,遂非就自诬为己诚而言。

江注:朱子曰:"横渠学力绝人,尤勇于改过,独以戏为无伤。一日忽曰:'凡人之过犹有出于不知而为之者,至戏则皆有心为之也。其为害尤甚。'遂作《东铭》。"问:"《东铭》。"曰:"此正如今法书所谓'改失'(《王记》云:《语类》、洪本同,王、吴本"故失"作"改失"。按,"故失"即今律例,所谓故意失误也,作"改"者误。)两字。"

[28] 杨注:已上并《正蒙》。伯崟曰:戏生于有意,过出于无心。能敬焉则何戏之有? 能悔焉则何过之有? 狎戏以为常,文过以为事,乌在其为智哉?

叶解:顽者,暴忍而不仁;愚者,昏塞而不智。《订顽》主仁,而义在其中。《砭愚》主智,而礼在其中。

张解:张子揭此二则警示学者,伊川恐人泥"愚""顽"字,或左右互讪,以起争端,故改为东西《铭》,不作标题,义指自浑。此一节,《集解》阙,原编列本注,今照叶本补。

茅注:牖,音酉。……牖,《说文》"穿壁以木为交窗也"。

[集评]

朱子曰:张子此篇,大抵皆古人说话集来。要知道理只有一个道理。中间句句段段,只说事亲事天。自一家言之,父母是一家之父母。自天下言之,天地是天下之父母,通是一气,初无间隔。"民吾同胞,物吾与也。"万物皆天地所生,而人独得天地之正气。故人为最灵。故民同胞,物则亦我之侪辈。(《语类》卷九十八)

朱子曰:《西铭》一篇,始末皆是"理一分殊"。以乾为父,坤为母,便是理一而分殊。"予兹藐焉,混然中处",便是分殊而理一。"天地之塞吾其体,天地之帅吾其性",分殊而理一。"民吾同胞,物吾与也",理一而分殊。逐句推之,莫不皆然。(同上)

朱子曰:此文总借事亲以明事天之道。如不愧屋漏、存心养性,是事天,匪懈、无忝,却说事亲。至其说事亲处,皆兼常变,言曾子是常,舜、伯奇之徒是变。此自人事言之则如此,天道直是顺之,无有不当者。(《茅注》)

朱子曰:《西铭》之书,横渠先生所以示人至为深切,而伊川先生又以"理一而分殊"者赞之,言虽至约而理则无馀矣。盖乾之为父,坤之为母,所谓理一者也。然乾坤者,天下之父母也。父母者,一身之父母也,则其分不得而不殊矣,故以"民为吾胞,物为吾与"者。自其天下之父母者言之,所谓理一者也。然谓之民则非真以为吾之同胞,谓之物则非真以为吾之同类矣,此自其一身之父母者言之,所谓分殊者也。又况其曰同胞、曰吾与、曰宗子、曰家相、曰老、曰幼、曰圣、曰贤、曰颠连而无告,则于其中又有如是差等之殊哉！但其所谓理一者,贯乎分殊之中而未始相离耳。此天地自然、古今不易之理,而二先生始发明之。(同上)

朱子曰：程子每以《西铭》开示学者,而《东铭》则未之及。盖《西铭》推人以知天,即近以明远,于学者之用至为深切。诚于此反复玩味,而有以自得之,则心广理明,意味自别。《东铭》虽分别长傲、遂非之失于毫厘之间,所以开警后学,不为不切。然意味有穷,而于下学工夫,则犹有未尽者,固不得与《西铭》"彻上彻下,一以贯之"之旨同日而语也。(同上)

陈北溪曰："塞"字,就"塞乎天地之间"句取一字来说气；"帅"字,就"志,气之帅也"句取一字来说理。此二句言人所以为天地之子之实,朱子谓此篇大要只在此二句。(同上)

真氏曰：《中庸》纲领在性、道、教三言,而终篇之义无非教人以全天命之性。《西铭》纲领亦在其体、其性二言,而终篇反复推明,亦欲人不失乾父坤母之所赋予者,为天地克肖之子而已。故曰即《中庸》之理。(同上)

陈埴曰：二《铭》中言义理匡匼,正好讲量,却不于血肉上理会,乃于皮肤之外起意,岂非顽不知订,愚不知砭耶？横渠悯俗学顽愚,故以此立斋,吾友以此问余,以此想诘,非起争端耶？

又曰：程子曰："《西铭》理一而分殊,墨氏二本而无分。"

高景逸曰：有心戏浪之谓戏,无心差失之谓过。言虽戏,必以思而出也；动虽戏,必以谋而作也。谓非己心,难以欺己,欲人无疑,难以欺人。言之过者,非其心之本然也；动之过者,非其诚之实然也。谓己当然,既以诬己,欲人己从,复以诬人。或者以戏言戏动之出于心者,归咎为己戏,而不知戒其出汝者,乃长傲而恶愈兹矣。以过言过动之失于思者,自诬为己诚,而不知归咎其不出汝者,则遂非而过益深矣,不智孰甚焉。若知戒其出汝,则诚意正心之本立矣；知归咎其不出汝,则迁善改过之门辟矣。非智者而能若是乎？学者急宜警省。(《价解》)

沈毅斋曰：朱子与江西学者说此篇大旨,不越"过""故"二字。盖有心谑浪之谓戏,无心差失之谓过。戏不可有,推其源而谓之故。欲人深戒于言动未发之先,以为正心诚意之本。过不能无,指其流而谓之过。欲人自咎于言动已失之后,以为迁善改过之机。(《茅注》)

王夫之曰："乾称父",父,吾乾也；"坤称母",母,吾坤也。父母者,乾坤之大德,所以继吾善也。

又曰：天地之塞，成吾之体，而吾之体不必全用天地之塞。故资万物以备生人之用，而不以仁民之仁爱物。天地之帅，成吾之性，而吾之性既立，则志壹动气，斟酌饱满，以成乎人道之大用，而不得复如天地之帅以为帅。故喜怒哀乐有权，而生杀不可以无心为用。

刁包曰：文清曰："顽不仁也，有以订之则仁矣。《西铭》一篇，皆勉人为仁之意。"余曰：愚不知也，有以砭之则知矣。《东铭》一篇，皆勉人为知之意。

张伯行曰：至于"理一分殊"之旨，横看直看俱是可以尽仁，可以精义，广大精微，程子论之已详。抑愚尝思之，自乾父坤母推至兄弟无告，乃言尽心知性而知天之事。自"于时保之"至"颖封人之锡类"，乃言存心养性以事天之事。自"不弛劳而底豫"以至末，乃言修身俟死以立命之事。天人性命之理，先贤先儒言之，同条共贯。若合符节，亦可知斯道之四达而不悖也已。

又曰：《西铭》以天地为父母，万物为同体，是理一也。然而贵贱、亲疏、上下各有品节之宜，是分殊也。若墨氏惑于兼爱，则泛然并施而无差等，施之父母者犹施之路人，是亲疏并立而为二本矣。

钱穆曰：横渠此篇，二程极所重视。朱子又特为濂溪《太极图说》及横渠此篇作注。惟《太极图说》重在道体，而此篇则重在为学大要，斯其异。横渠言学重行，学即学于行而已。前言往行，会通合一，而道即在是。……横渠所躬行实践，则确乎其非墨非道非回，而纯乎一儒。……横渠言知化者善述其事，穷神者善继其志，惟同一志，同一事，乃成为文化传统，而其要则在知化穷神。故必学以明道。(《随劄》)

退溪曰：订，平议也，亦有订正讹舛之意。顽者，不仁之名，不仁之人，私欲锢蔽，心顽如石，故谓之顽。此铭反覆推明吾与天地万物一本之故，使其顽然之心融化洞彻，物吾无间，痒痾疾痛真切吾身，而仁道得矣。故名之曰《订顽》。

又曰：以石为针治病谓之砭，以此铭治去愚病，故名之曰《砭愚》。

又曰：《订顽》、《砭愚》二言皆颇隐奥，将致学者辨诘纷然之弊，故程子以为启争端改之为《东铭》、《西铭》也。

佐藤一斋曰：《订顽》，稀疏见韵，似铭非铭，不特义理卓绝，而词亦奇古，他人不跂也。

又曰：横渠自书所得以为警，不拘文体。其曰《订顽》、曰《砭愚》，盖以自指，何干他人事？然如《订顽》，则词奇古有韵，呼为"铭"犹可矣；《砭愚》，则语平稳无韵,不可呼为"铭",毕竟以旧题之为愈。(笔者按,一斋对伊川改名之事持不赞同意见,以为是横渠自警可不改,其言不无道理;而伊川改之则意欲警示他人及后学。)

90. [一]将修己,必先厚重以自持[二]。厚重知学,德乃进而不[三]固矣。[1]忠信进德,惟尚友而急贤。欲胜己者亲,无如改过之不吝。[2]

[集校]

[一]《张解》本有"横渠曰"三字。此条今见《正蒙·乾称篇第十七》。

[二]"持",吴邦模刻本作"特",因二字形近而误。《乾称篇第十七》作"持"。

[三]"不固"之"不",叶本作"日",误。(《茅注》)"不",叶改"日"。(《冯记》)

[集注]

[1]杨注:固,陋也。

[2]杨注:《文集》,下同。

叶解:说见《论语》。君子修己之道必以厚重为本,苟轻浮则无受道之基。然徒厚重而不知学,则德亦固滞而不进矣。然进德之道必以忠信为主,而求忠言(按,"言"《四库》抄本作"信")之辅者,莫急于交胜己之贤,但或吝于改过,则无所施其责善之道,贤者亦不我亲矣。"学则不固"之说与本文异,此自是一义,有益学者故取焉。此(按,《四库》抄本作"凡")录《经说》有与本文异者,放此。

张传:此言君子之学,四条总是一事。威重如耕田,忠信如下种,取友如灌溉,改过如去莠。"德乃进而不固","不"字疑讹,《性理》解作"固滞",又倍却《论语》。

张解:此横渠因《论语》"不重则不威"一章而明其贯串相因之功也。欲修己者,轻浮便非任道之器,故必先厚重以自持。厚重而不知学,则拘固之病不免也。厚重而又知学,德自日进而不固滞矣。

茅注:修己,即《大学》诚意、正心、修身工夫也。厚重,如言语简默、举止端详之类。学,兼博学、审问、慎思、明辨而言。德,凡言行皆是,即上文所谓"修己"者也。朱子曰:"吕、杨之说,盖亦如此。"愚按,注疏"学则不固",其说有二。孔安国云"固,蔽也",疏云:"君子不能厚重,则无威严。又当学先王之道,以致博闻强识,则不固蔽也。"一云:"固,坚固也。"张子盖主孔氏说,而朱子则从其后说耳。按,此条今见《正蒙·乾称》章。

[集评]

　　问:张子"学则不固"之说如何? 朱子曰:此盖古注旧说,而张子从之。但文势若有反戾而不安者。盖曰"不重则不威",则当曰"不学则固"。若曰"学则不固",则当曰"重则有威"。且学之为功,又岂止于不固而已哉?(《论语或问·学而第一》)

　　陈沆曰:"厚重知学,德乃进而不固",虽非《论语》本旨,然有益于学者。世有天资厚重而不明义理,卒至庸陋寡识、执滞不通者多矣。故必知学而后德可进也。忠信是厚重之本,亲贤改过,皆知学之事。

　　张绍价曰:修己者无戏言戏动,则能厚重以自持。厚重知学,闻见博而知益明,德乃进而不固陋。友所以辅仁,相观而善,则诚日进,德日修,故"忠信进德,惟尚友而急贤"。勇于改过,则直谅多闻之士,乐与为友,故"欲胜己者亲,无如改过之不吝"。主敬则能厚重,致知则学不固。义之宜尊贤为大,行之要改过不吝。

　　泽田希曰:《论语》本文"固",坚固之"固",张子乃做"固滞"说去,自是一义。故"学"字亦与本文有死活之异。据张子说"学",学之也,须为活字看。既曰"德乃进而不固矣",又曰"忠信进德",何也? 盖忠信不为之主本,则虽一旦有进而其退也可立而俟已。故唯忠信可以保其进焉。张子以此章为一串说,下亦非《论语》正意,读者不可不知。

　　91. 横渠先生[一]谓范巽之曰:吾辈不及古人,病源何在? 巽之请问。先生曰:此非难悟。设此语者,盖欲学者存意之不忘,庶游心浸熟,有一日脱然如大寐之得醒耳。[1]

[集校]

　　[一]《张解》本无"先生"二字。此条今见张载《拾遗·近思录拾遗》,下同。

[集注]

　　[1]叶解:范育,字巽之。朱子曰:"横渠设此语,正要学者将此题目时时自省,积久贯熟,而自得之耳。"又曰:"人于义理,须如所谓脱然大寐之得醒,方始是信得处。"

　　张传:欲学者存意不忘者,言每事即当思不及古人处,不必一一问也。

　　张解:巽之,名育,张子门人也。学者患在终日悠泛无警觉处,故张子设此语以问巽之,而巽之未悟,因再请其旨。其意以不及古人之病源,一时难以认取,故先生发之曰此无甚难悟。其所以设此语,乃欲学者时时存此不及之意而不忘,自能游心省察,积久浸灌纯熟,必有一日自得病源而去之,脱然如沉睡之得醒耳,非即今便欲苦求所谓病源也。

李解:《文集》,下同。

茅注:范巽之,名育,邠州三水人。赠秘书监祥子也,举进士为泾阳令,以养亲谒归,从横渠学。以荐召授崇文院校书、监察御史里行,仕至给事中、户部侍郎,卒。此语指"不及古人"二语而言。"设此语者"以下,乃记者所以推原张子之意。存意不忘,谓将"不及古人,病源何在"二语时时存之意念之间,不使有忘。如大寐得醒,乃是悟着病源,便可急下修治之功也。

[集评]

问:横渠语范巽之一段,如何?曰:惟是今人不能"脱然如大寐之得醒",只是捉道理说。要之,也说得去,只是不透彻。又曰:正要常存意,使不忘。他释氏只是如此。然他逼拶得又紧。直卿曰:张子语比释氏更有穷理工夫在。曰:工夫固自在,也须用存意。问直卿:如何说"存意不忘"?曰:只是常存不及古人意。曰:设此语者,只不要放倒此意尔。(《语类》卷九十八)

茅星来曰:张子此条微近释氏,但释氏悟破机关一齐放下,瞥入虚空去。横渠须是识破病源,便可从此实用其功,此为不同耳。

张绍价曰:吾辈所以不及古人者,多因高视古人,以为不可企及,自卑自小,安于顽而不知所以求仁,安于愚而不知所以改过,甘为人下,绝不愧耻,病原常在,无药可医。孟子曰:"舜人也,我亦人也。舜为法于天下,可传于后世,我犹未免为乡人也,是则可忧也。"学者常能以不及古人为忧,存意不忘,则激昂奋发;不安于顽愚,进德必勇,改过不吝,庶"有一日脱然如大寐之得醒耳"。

李瀷曰:不及故人,必有他病源。张子引而不发,只曰"此非难悟",欲使学者存意不忘。得至于脱然,咎与释氏庭前柏树之喻相近。故《语类》朱子云:"正要常存意,使不忘。他释氏只是如此。"然释氏只紧守得一个物事,张子则谓"游心浸熟",煞有穷理工夫在,所以不同也。然大寐得醒之类,与顿超相似,或使后学有错者,迷入之弊,更察须识。

92.　[一]未知立心,恶思多之致疑;既知所立,恶讲治之不精。[1]讲治之[二]思,莫非术内,虽勤而何厌!所以急于可欲者,求立吾心于不疑之地,然后若决江河以利吾往。[2]逊此志,务时敏,厥修乃来。[3]故虽仲尼之才之美,然且敏以求之。今持不逮之资,而欲徐徐以听其自适,非所闻也。[4]

[集校]

[一]《张解》本有"横渠曰"三字。

[二]"致思",宋本作"之思",注"一作'致'",吕本作"之"。愚谓,从"致"为是。(《茅注》)"之",叶误"致"。(《冯记》)各本同,杨仲乾问:"之"字一本作"致",恐"致"字为是。吴竹如先生云:"不若仍用'之'字。讲治之思,是穷理之思,有对处事之思,再斯可矣之意而言。盖穷理不精不嫌,近于三思也。"(《王记》)"立心"条,"讲治致思":《遗书》本"致"作"之";家塾本"之"下注"一作'致'"。江苏书局江注《校勘记》引吴竹如先生云"不如仍用'之'字,……近于三思也"。(《异同考》)按,"之",《张传》本、《张解》本、《叶解》四库抄本、《茅注》本、朝刊《近思录》本作"致"。

[集注]

[1]叶解:立心未定,而冬(按,"冬"《四库》抄本作"多")思致惑,则所向或移;立心既定而讲治粗疏,则所业莫进。

张解:学者立心未定而泛用其思,则纷纭多故,反致疑惑。故此时且求立心,而恶多思之为累。既知立心,而徒循讲求克治故事,则粗疏可虑,不能得其精微之蕴,故此时更求刻入精细而恶讲治之浅略。

茅注:恶,去声。朱子曰:"横渠此说甚好,便见有次第处。若是思虑纷然,趋向未定,未有个主宰,如何讲学?"

[2]叶解:承上文而言。致思、讲治,乃穷理之事,皆在吾学术之内,初何厌乎勤?此言讲治之贵精。然所以急于明可欲之善者,盖欲先定吾志,无所疑惑,然后能若决江河,进而不可竭。此言立心之必定。

张解:"可欲"对"恶"字看,承上文"思多"、"讲治"而言。讲治之功,致思之多,莫非吾学术分内之事,虽勤勤于此,亦所不废,何必厌之而有所恶?顾君子为学自有所欲之功耳。所以急于可欲者,求志向坚定明白,立吾心于不疑之地,自无多思之可恶,然后沉潜讲治,优游厌饫,沛然有得。若江河之决,条达流行,任吾所往,无不冰释理顺,而讲治亦无恶其不精矣。如是,乃君子之所贵耳,非谓讲治致思之可不事也。

茅注:术,学术也。可欲者,可欲之谓善也。上言思多致疑,则致思之病也。讲治不精,则讲治之病也。要之,此二者莫非在我学术之内,不可有缺,所以虽勤而不厌也。急于可欲之善,则无善恶之杂,而立吾心于不疑之地矣。若决江河以利吾往,则果于为善,而不患讲治之不精矣。

[3] 李解:朱子曰:"人之所以有疑而不果于为善者,以有善恶之杂。今既急于可欲之善,则'若决江河以利吾往'矣。"

[4] 杨注:"惟学逊志,务时敏,厥修乃来。"

叶解:逊,顺也。逊此志,则立心以定;务时敏,则讲学为急。如是则所修乃日见其进也。说见《尚书》。

张传:先生此篇,前半节言知立,又在好古敏求之先。"逊此志"以下,乃是说虽圣人亦好古敏求,而叹学者之不然也。

张解:此又引《书》辞与孔子之学以明讲治致思之勤,未尝有厌也。《书》言学求逊志,"务时敏,厥修乃来"。言为学当逊顺其志,务时时敏勉其功,所修之学乃进而来会。逊志者,立心已定也。时敏者,讲治之功也。立志讲学,自古重之,故虽仲尼以圣人之才之美,犹必敏皇以求之。今持不及之资质而欲不思不讲,徐徐以听其自至,非吾所闻也。盖所恶于思多与讲治者,恶其多与不精也,非恶其讲治而致思也。

李解:朱子曰:"凡人便是生知之资也,须下困知勉行工夫方得。"

茅注:"惟学逊志"三句,见《书·说命下》篇。"敏以求之",见《论语》。……逊志者,逊顺其志,使入事中,与之理会也。敏者,勇往精进之意。时者,无间断也。不逮,谓不及古人之才之美也。此引《书》及孔子之自言,以见不可不勤之意。

[集评]

问:"未知立心,恶思多之致疑。既知所以立,恶讲治之不精"一章。曰:未知立心,则或善或恶,故胡乱思量,惹得许多疑起。既知所立,则是此心已立于善而无恶,便又恶讲治之不精,又却用思。讲治之思,莫非在我这道理之内。如此,则"虽勤而何厌"!"所以急于可欲者",盖急于可欲之善,则便是无善恶之杂。今既有善而无恶,则"若决江河以利吾往"矣。"逊此志,务时敏",虽是低下着这心以顺他道理,又却抖擞起那精神,敏速以求之,则"厥修乃来"矣。这下面云云,只是说一"敏"字。(《语类》卷九十八)

朱子曰:横渠以孔子为非生知,盖执"好古敏求"一语,故有此言。不知"好古敏以求之",非孔子做不得。(《茅注》)

东莱先生曰:此是传说告高宗以本末源流处。为学之初先要虚心下气,方能受天下之善,既能逊志,又必孜孜不怠,自朝至夕,出入起居,梦觉动静,无非天命之流行。苟一时不修,则天命已不流行。既逊志,又时敏,则已

之所修,进进日益。如井之泉愈汲愈生,以至于日新又新之地,观来之一字,有源源自生底意思。(《杨注》)

陈埴曰:立心,持敬之谓。先立个主人翁了,方做得穷理格物工夫。

张绍价曰:吾辈欲蕲至于古人,不外居敬致知。学者无居敬之功,心未有主,而遽欲读书讲学,则思虑纷扰,适为心累,故"未知立心,恶思多之致疑"。心既立矣,然但知居敬,而不知致知,则空守此心,学亦无由而进,故"既知所立,恶讲治之不精"。万事万物之理,皆学者所当讲求,莫非在我道理之内,用力虽勤,何厌之有!人心真妄错杂,则为善不果,所以急于可欲之善者,欲使吾心有善无恶,立于不疑之地,好善如好好色,恶恶如恶恶臭,然后沛然若决江河,无往不利矣。逊其志而不高亢,敏于学而不颓惰,则其所修,如泉之始达,源源而来矣。孔子生知,犹且敏以求之,如不及,犹恐失,愤忘食,乐忘忧。吾辈持不逮之资,而欲徐徐以听其自适,此其所以不及古人欤!

东正纯曰:立心是居敬之事,讲治是穷理之事。居敬以立体,穷理以达用。内外相依,毕竟无先后可分。

93.[一]明善为本,固执之乃立,扩充之则大,易视之则小,在人能弘之而已。[1]

[集校]

[一]《张解》本有"横渠曰"三字。此条今见《拾遗·性理拾遗》。

[集注]

[1]叶解:明善者为学之本,知之既明,由是固守之,则此德有立。推广之,则此德日大。苟以忽心视之,则所见者亦浸微矣。

张解:此张子合《中庸》、《孟子》、《论语》之言以明为学之功也。学贵知行并进,乃能尽道之量,而入手必自知始,故必先明乎至善之所在,然后用力以求其至,则明善为学之本。知之既明,则必固而执之,其德乃植立而不移。守之既固,则必推广而扩充之,其德乃能光大而不隘。若忽以为易,便是不能明善,而所见亦卑狭,而不足语夫道之大全矣。然则由知而行,由行而大,皆所以尽乎道之量,而不可以自画其功者也。人心有觉,道体无为,弘道之力,岂不在乎人哉!

李解:明善者知之真,固执者行之力,然其大小则视乎能推与不能推耳。此弘道之所以在人也。

茅注：易，音异。四"之"字，皆指"善"字而言。以《大学》八条目言之，则明善，致知、格物之事也；固执，诚意、正心、修身之事也；扩充，齐家、治国、平天下之事也。以《中庸》三达德言之，则明善，智也；固执，仁也；扩充，勇也。弘之者，亦廓而大之，使知之无不至，行之无不尽也。

江注："易视之"，谓玩忽视之，安于固陋，不能扩充也。

[集评]

陈埴曰：圣贤工夫只此两端，在《论语》则为博文约礼，在《大学》则为致知诚意，在《中庸》则为择善固执，在《易》则为"知崇礼卑"。能扩充此二事，即作圣之资，若轻视之，所以为下愚也。

张绍价曰：讲治精则善可明，此学之本也。固守此善则德立，推广此善则德大，易视之则安于固陋而自小，在人能弘之而已。弘兼明执而言，明善而能弘，则全体大用，洞悉靡遗，而不至浅尝辄止；固执而能弘，则迪仁蹈义，笃志不变，而不为曲谨小廉。

94. ［一］今且只将"尊德性而道问学"为心，[1]日自求于问学者有所背否，于德性有所懈否。此义亦是博文约礼，下学上达。以此警策一年，安得不长？[2]每日须求多少为益，知所亡，改得少不善，此德性上之益；[3]读书求义理，编书须理会有所归著，勿徒写过，又多识前言往行，此问学上益也。[4]勿使有俄顷闲度，逐日似此，三年庶几有进。[5]

[集校]

［一］《张解》本有"横渠曰"三字。此条今见《拾遗·近思录拾遗》，下同。此条，《叶解》元刻本、《张传》本紧接于第93条下，未顶格单列刻印。

[集注]

［1］杨注：伯岊据晦翁曰："尊者，恭敬奉持之意；德性者，吾所受于天之正理；道，由也。尊德性，所以存心而极乎道体之大也；道问学，所以致知而尽乎道体之细也。"

［2］叶解：尊者，崇尚敬持之意。道，由也。由学问而惟恐背违，崇德性而惟恐懈怠。日以此自省，积之岁月则内外兼进矣。尊德性则是约礼上达之事，道问学则是博文下学之事。

张解：学者诣业不进，皆由不曾实用工夫，故悠悠泛泛，年复一年，观其志意，一似无可下手处。为今之计，且只将《中庸》所言"尊德性而道问学"，存之于心,常常省察,看日间讲习之功,于问学果有所背否?背,如不精微、不中庸、不知新、不崇礼之类。看日间静存之功,于德性果有所懈否?懈,如不广大、不高明、不温故、不敦厚之类。似此意义,即是夫子教人博文约礼,由下学而可进于上达工夫,果能以此自警省策励,便当有益。未论久后何如,即此不作不辍,着实用得一年,则问学必渐以充,而德性亦渐以隆,安有不长进之理?人亦盍于所以存心致知者加之意乎!

李解:长,上声。尊德性所以存心也,道问学所以穷理也。博文者穷理之功,约礼者存心之要。下学求乎此者也,上达纯乎此者也。

茅注:背,与倍同。长,张丈反。"有所背否"二语,皆自求之辞。道问学是博之以文也,尊德性是约之以礼也。盖皆下学而上达在其中,张子合而言之,以见圣门工夫已尽于此,无俟别求之意。

[3]叶解:学者日省其身,所以增益其不知者何如,所以改治其不善者何如,以是存心,则德日新矣。

张解:自此以下示其求益工夫。言每日既以违背懈怠自警策,又须于德性问学上实得求益工夫,方为有用。知吾心中有所未知,涵泳久而心体自莹彻,便知其所亡。吾心中未能满其本然之善,即是不善,磨砺深而不善亦渐少,是谓改得少不善。此乃德性上之益,而每日所当知者也。

茅注:姚氏曰:"知所亡,是知己乏阙失未善处,与子夏日知所亡微别。"

[4]叶解:读书者,必穷其义理,不徒事章句训诂之末。编书者,必求其言(按,"言"《四库》抄本作"指")归,不徒务博洽纪录之功。多识前哲之言行,以广所知,则学日进矣。

张解:圣贤之书皆义理所寓,不徒文辞而已。读圣贤书必讲求义理,了然心目,不仅佔毕字句之习。古人之书有关于日用伦常者,吾欲采录而编辑之,则必理会其纲领条目、先后次序,使有所归著,勿杂乱凑集,泛然写过,以资博洽而已。又必多识前人之嘉言以广其识,前人之善行以昭其鉴。此乃问学上之益,而每日之所当知者也。

李解:亡,音无。识,音志。行,去声。

茅注:著音略。……求义理,则不徒事章句训诂之末矣。能理会,则不徒事雠校纪录之功矣。多识前言往行,乃其馀事,故言又以兼之。朱子曰:"范淳夫一生作此等编书工夫,圣贤之言只忙中草草抄节一番,未尝仔细玩味,所以从二先生许久,见处全不精明也。"

[5]叶解:君子之学一有间断,则此心外驰,德性日隳,学问日废矣。

张解:末复以工夫之无间者勉其有成也。言求益工夫,当勿使有顷刻虚闲度过，逐日似此周密用功，至于三年之久，庶几进进不已，学日充、德日纯，能底于成。不然，一有间断，终为颓废之归而已。前言警策，一年便有所长，以诱其志。此言求益，三年方能有进，以坚其力。要之，存心致知，总是彻始彻终，工夫纯熟后，则亦至诚而无息矣。

李解：朱子问学者曰："公今在此坐，是主敬是穷理？"久之未对。曰："既不主敬，又不穷理，便是心无所用，闲坐而已。"

茅注：閒，音闲。

[集评]

朱子曰：如今看道理未精进，便须于尊德性上用功，于德性上有不足处，便须于问学上用功。二者须相趱逼，庶得互相振策出来。（《茅注》）

张习孔曰："明善为本，固执之乃立"，所谓诚之者，择善而固执之者也。扩充之，即博学五段事。大者，愚必明、柔必强也。圣贤学问原无二道，故此即是博文约礼，下学上达之事，而道问学有归著处，即是尊德性也。此先生彻上彻下教人处。

张绍价曰：尊德性所以存心，在颜子则约礼之功也；道学问所以致知，在颜子则博文之功也。以此二者，俯焉日有孳孳，默自寻求，严自警策。每日德性上之益若何，问学上益若何，刻刻提撕，时时省察，勿使有俄顷闲度，则其进自不能已矣。

95. [一]为天地立心，为生民立道，为去圣继绝学，为万世开太平。[1]

[集校]

[一]《张解》本有"横渠曰"三字。

[集注]

[1]叶解：天地以生生为心，圣人参赞化育，使万物各正其性命，此"为天地立心"也。建明义理，扶植纲常，此"为生民立道"也。继绝学，谓缵述道统。开太平，如有王者起，必来取法，利泽垂于万世。学者以此立志，则所任至大而不安于小成，所存至公而不苟于近用。

张解：儒者须知此身为三才倚属之身，亦为古今系赖之身，则必自爱而不敢弃亵，必公正而不敢自私。故天地以生生为心，变化万物，而性命因之各正。儒者亦以此为心，而参赞位育，必实全其尽性之能事。生民以伦常为道，爱亲敬长，而好德即洽于秉彝。儒者为之植立，而修道为教，必不虚其知觉之先民。此心此道,圣人修之于身,未必后人皆传其绪,有其继之,道统乃不中绝。故崇正道、辟异端,为先型已往,难忘缵述之苦心。此心此道,今日即亲见之行事,未必利泽之传于永久,故阐心传,昭治法,为有王者起,不患取法之无征。凡此皆先圣先贤毕生之命脉,所俯仰乾坤,纵观万物,上下古今,而难以告人者。

　　李解:为,去声。元亨利贞,寂感之吻合,所以立天地之心。亲义序别,情文之曲尽,所以立生民之道。《诗》、《书》、《礼》、《乐》作,述之同符,所以继去圣之绝学也。修齐治平,体用之一贯,所以开万世之太平也。

[集评]

　　朱子曰:此道自孟子没千有馀岁,若天不欲此道复明,则不使今人有知者。既使人有知者,则必有复明之理。此皆先生以道自任之意。(《江注》)

　　张习孔曰:四语唯孔子当之,尧舜之圣,不得谓之继绝学也。

　　张伯行曰:张子数语老实指出,思深言伟,真是儒者气象。学者于此拓开心胸子细思量可也。

　　张绍价曰:学者以此存心,弘之至也,而所以致其功践其实者,仍不外尊德性,道问学,持以毅力而已。

　　钱穆曰:此乃志于学志于道之主要宗旨。(《随剳》)

　　96. [一]载所以使学者先学礼者,只为学礼,则便除去了世俗一副当习熟缠绕。譬之[二]延蔓之物,解缠绕即上去。苟能除去了一副当世习,便自然脱洒也。又学礼,则可以守得定。[1][三]

[集校]

　　[一]"载"上,《张解》本有"横渠曰"三字。此条今见《张子语录·语录下》,"载"作"某"。

　　[二]退溪曰:"譬之"下恐脱"被"字,似以延蔓之物比世习,言学者被世习缠绕,若能学礼而除去世习缠绕,则自然脱洒长进。若草木被延蔓之物,若有人解去蔓物,则自然长大上去也。但上无"草木"字,又无"被"字,而其下只云"即上去",文理甚不稳。(《释疑》)

　　[三]此条今见《语录》。(《茅注》)

[集注]

　　[1]杨注:已上并《横渠文集》。

　　叶解:学礼,则可以消除习俗之累,又有所据依而自守。

　　张解：此张子教人学礼以消世累也。习熟，谓习熟周旋世故套礼也。言我所以使学者先学礼者，只为学者世累太甚，难与入道。学礼则自有中正节文，便能除去世俗一套周旋世故繁文，省得纠缠纷扰之病。譬之延蔓之物，解却旁边缠绕，即易直向上去。故学者苟能除去了一副习套繁文，心胸便自然超脱洒落，不患系累，而进道无难。且礼又有法度可据，学之则身心以有守而得坚定，更为有益。此礼之所以不可不学也。

　　李解：为、当，并去声。……愚谓，去世习而守之，定则能立矣。

　　茅注："除去"之"去"，并上声。上，上声。此张子自明其所以使学者先学礼之意。一副，总括之词，今犹有此语。当，音义见前。解，脱也。

　　佐藤一斋曰：一副当，犹言一种，俗语指言非本真者。

[**集评**]

　　国秀问：上蔡说横渠以礼教人，其门下稍头低，只"溺于刑名度数之间，行得来困，无所见处"，如何？曰：观上蔡说得又自偏了，这都看不得礼之大体，所以都易得偏。如上蔡说横渠之非，以为"欲得正容谨节"。这自是好，如何废得这个？如专去理会刑名度数，固不得。又全废了这个，也不得。（《语类》卷一百一）

　　薛氏曰：旧习缠绕未能脱掉，故为善而善未纯，去恶而恶不尽。（《李解》）

　　张习孔曰：当世习俗，都不是礼。入其中者，缠绕不已。礼则是截然之天则，不可迁就假借。如孟子之折子敖曰"我欲行礼"，子敖如何缠绕得？即此可观其守得定也。

　　张绍价曰：学者贵尊德性。然谓之德性，犹虑悬而无薄，学者未易着力。礼，则节文度数，确有依据。学之则日用动静语默，一于体而不苟。世俗一切戏谑粗暴卑屈骄慢之习，缠绕纠结，以为身心之累者，皆可解而去之。缠绕既解，则中正和乐，胸怀自然脱洒，且学礼则德性坚定，守得牢固，卓然有以自立，而不为事物之所摇夺矣。脱洒则弘，守得定则毅。

　　97. [一]须放心宽快公平以求之，乃可见道。况德性自广大。《易》曰："穷神知化，德之盛也。"岂浅心可得？[1]

[**集校**]

　　[一]《张解》本有"横渠曰"三字。此条今见《横渠易说·系辞下》。

[**集注**]

　　[1]杨注：《横渠易说》。

叶解：人之德性本自广大，故必广大心求之，偏狭固滞，岂足以见道？

张解：道在天地之间，而实具于吾心之内。自其得乎道而为心之所蕴者，则为德性。道无由见，惟心能见之；心何以见道，惟德性能体之。道本不隘，道本不滞，道本无私无陂，惟人心为物累，故与道隔耳。须是放开此心，使宽容快利，公普平易，以求斯道，乃可以明其体而著其用，况吾心中所受之德性本自广大，而与道为体，安可不尽此心之量以为载道之地乎？《易》曰"穷神知化，德之盛也"。盖谓穷神妙之理，知变化之道，乃德之极盛者能之也。浩浩斯道，岂浅狭之心所可见得乎？

李解：穷神知化，乃德性自然之能事。浅心则私意蔽之，不足以致广大矣。

茅注：道以事物之所当由者而言，德性则道之得于己而为性者也。《易》语见前。

[集评]

张习孔曰：精义入神，其功夫也。至利用安身以后，浅心自无处着矣。

张绍价曰：学礼固可以守得定，然尊德性之功，守之太狭，求之太迫，则隘陋固滞，亦不足以见道，故"须放心宽快公平以求之"，所谓弘也。况德性本自广大，穷神知化，默契造化之妙，上下与天地同流，岂浅心所能得耶？

98. [一]人多以老成则不肯下问，故终身不知。又为人以道义先觉处之，不可复谓有所不知，故亦不肯下问。从不肯问，遂生百端欺妄人，我宁终身不知。[1]

[集校]

[一]《张解》本有"横渠曰"三字。此条今见《拾遗·近思录拾遗》，下同。

[集注]

[1]杨注：《横渠论语说》。伯昌曰：年有老稚，觉无先后。

叶解：言人虚骄，耻于下问，内则欺己，外则欺人，终于不知而已。

张解：此言好问乃为学之益也。凡人耳目心思，不能无所不知，不知而问，固其宜也。人多以年纪已长，既属老成，则欲自尊大，不肯下问于后辈，故终身无以解其惑而终不知。又或为人平日以道义相推重，以先觉相称许，自当无所不知。若一旦问人，是见理不明而有愧其名也，故亦不肯下问。独不思不知而问,何妨于老成? 何伤于道义先觉? 且我既实有不知,又何必以之为讳? 因此不肯下问一端,遂不得不掩饰回护,要瞒得人,种种病痛,皆从此出,自甘做个奸诈之人,宁终身不知而不恤,不亦愚之盛乎?

李解:为,去声。处,上声。

茅注:复,扶又反。此因《论语》"不耻下问"之言而论之如此。

[集评]

张习孔曰:此病最不易除。所以自武王至孔子,中间数百年,止有一卫武公也。

张绍价曰:道问学之功,既学于己,复问于人,质疑辨难,所学乃精,不可以下问为耻。韩子曰:"生乎吾前,其闻道也,固先乎吾,吾从而师之;生乎吾后,其闻道也,亦先乎吾,吾从而师之。吾师道也,夫庸知其年之先后生于吾乎!"年后生于吾,而闻道先乎吾,师之犹可,况问之乎? 人以老成自居,先觉相属,遂不肯下问,终身不知,浅之甚矣!

99.〔一〕多闻不足以尽天下之故。苟以多闻而待天下之变,则道足以酬其所尝知。若劫之不测,则遂穷矣。[1]

[集校]

〔一〕《张解》本有"横渠曰"三字。

[集注]

〔1〕杨注:《横渠孟子说》,下同。

叶解:故,所以然也。酬,应也。心通乎道,则能尽夫事理之所以然,故应变而不穷;不通乎道而徒事乎记问,则见闻有限而事变无涯,卒然临之以所未尝知,则穷矣。

茅注:劫,居怯反,通作"劫",后放此。故,事故也。……劫,以力胁取也。

价解:道问学之功,穷万事万物之理,至于精义入神,乃可通权达变,非徒恃乎多闻也。若以多闻而待天下之变,则事变无穷,而见闻有限,猝然临以不测,则必惶遽失措,而不知所以应之矣。

[集评]

陈埴曰:此言记问之学虽搏(按,清同治刻本作"博")而有限,(中窒故也。)义理之学至约而无穷。(中明故也。)

张习孔曰:孔子所以待天下者,无知也。而两端既竭,尽天下之变,具是矣。多闻岂有加于是哉！

张伯行曰：学贵实有所得，乃可以泛应不穷。若徒求多闻，谓可以博洽为周知之资，则耳目有限而天下之故无穷，何足以尽之？苟欲以多闻待天下事变之来，则其道仅足以应其所尝知者。一旦举其所未尝闻者而试之，便足以夺其所恃，而使之证据无从，则胸无真识，遂穷而无以应之矣。然则多闻虽学者事，而亦非君子之所贵也。

100. ［一］为学大益，在自求变化气质。不尔，皆为人之弊，卒无所发明，不得见圣人之奥。［1］［二］

[集校]

［一］《张解》本有"横渠曰"三字。

［二］此条今见《语录》。（《茅注》）按，此条今见张载《经学理窟·义理》，而茅氏所据《语录》非今日所见之本。

[集注]

［1］叶解：所贵于学，正欲陶镕气质，矫正偏驳。不然，则非为己之学，亦何以推明圣人之蕴哉！朱子曰："宽而栗，柔而立，刚而无虐，简而无傲，便是教人变化气质。"

陈埴曰：变如鸠化为鹰，雀化为蛤，正欲脱离旧壳。化则已脱离旧壳了，见鹰而不见鸠，见蛤而不见雀，痕迹俱泯矣。

张解：人生所赋之理，原自至足而气质不能皆纯，故不得不思，所以变化之。学也者，所以矫偏反正，为变化之要者也。人之为学多端，其莫大之益，只在自求变化其气质。若不能变化，则口耳之功、辞章之为，何与自己事？皆是为人之弊，于学中亲切之故茫然无见，将安所发明乎？如是则圣人奥妙之旨终不能得矣。夫圣人千言万语，无非为学，无非所以变化气质者耳。

李解："为人"之"为"，去声。

茅注：言人之为学，欲以得益也。而益之大者，则在自求变化气质而已。故学者须于身心上细细体认，稍有偏驳处，便自觉察而痛改之。此为己之实学也。不然，则轻浮浅露，无真实切己工夫，故不得见圣人之奥。问："气质不善，可以变化否？"曰："须是变化而反之，如人一己百，人十己千，则虽愚必明，虽柔必强。"

[集评]

或问：东莱谓变化气质，方可言学。曰：此意甚善。但如鄙意，则以为

学乃能变化气质耳。若不读书穷理,主敬存心,而徒切切计较于昨非今是之间,恐亦劳而无补也。(《语类》卷一百二十二)

张习孔曰:为学在"变化气质",先贤格言也。先生增"自求"二字,意更深切。不自求,卒难变也。

陈沆曰:学者不能变化气质,则终身浑是病痛。就令孳孳为学,亦只是于血气上用功,而不能于义理上有得也。安得不百倍其功以自求变化哉?

张绍价曰:为学大益,在于尊德性,道问学,百倍其功,以变化其气质,气质变则自明而诚,可深入于精微之奥。否则虽从事于学,亦为人而已,拘于气禀,学无心得,安能有所发明以见圣人之奥耶?

101.〔一〕文要〔二〕密察,〔1〕心要洪放。〔2〕

[集校]

〔一〕"文"上,《张解》本有"横渠曰"三字。

〔二〕"文理"之"理",叶、吕本作"要",今从宋本正之。(《茅注》)按,"文要"之"要",《茅注》本作"理"。此条今见张载《经学理窟·礼乐》,"文"、"心"下均有"则"字。

[集注]

〔1〕杨注:晦翁曰:"密,详细也。察,明辨也。"

〔2〕杨注:《语录》,下同。

叶解:文不密察,则见理粗疏;心不洪放,则所有狭滞。

张传:夫《易》"彰往而察来"两节,文之密察也。"圣人有以见天下之赜"三节,心之洪放也。

张解:洪,宽广。放,舒展也。密察则见理精细,洪放则志气从容。如是,而外粹美而内安和。文与心洽,纯是天理之流行而已。

李解:密察所以尽精微,洪放所以致广大。潜室陈氏曰:"文,谓节文之文,如周旋中规、折旋中矩之类,虽甚严密,不少舒放,然心里却甚泰然。"

[集评]

朱子曰:便是看义理难,又要宽着心,又要紧张心。这心不宽,则不足以见规模之大。不紧,则不足以察其文理之细密。若拘滞于文义,少间又不见它大规模处。(《语类》卷九)

陈埴曰:此是"几事不密"之密。未与物接之时,无声无臭,无视无听,此密也。

张绍价曰:道体至小,故文要密察。密察以尽精微,则气质之粗疏者可变,道问学之功也。道体至大,故心要洪放。洪放以致广大,则气质之狭隘者可变,尊德性之功也。

102. [一]不知疑者只是不便实作。既实作则须有疑,有[二]不行处是疑也。[1]

[集校]

[一]《张解》本有"横渠曰"三字。此条今见《经学理窟·气质》,下同。

[二]"不行"上,宋本有"必"字。(《茅注》)"有"上,一有"必"字。(朝刊《近思录》)按,"有"上,《叶解》元刻本、《张传》本、《经学理窟·气质》有"必"字。

[集注]

[1]叶解:始学之士,知必有所不明,行必有所不通。不知疑者,是未尝实用功也。

张传:此周公所以仰而思之,孔子所以发愤忘食也。

张解:此言学必有疑,方是实工夫也。人之不知所疑,只因未尝着实用工夫。若既实用工夫,则必有所可疑之处,难道所作之事俱无一节行不去时? 有不行处即是当疑处也。故无疑之中,忽然有疑,则其实作可知。有疑之后,更得无疑,然后无所行而不顺矣。

茅注:作,非止作事,凡讲习讨论、省察克治之类皆是。不行,谓行有所不通也。朱子曰:"学者须于思路断绝无可搜寻处忽地彻悟,方始有得。"

江注:朱子曰:"人须是做工夫方有疑。初做时定是触着相碍,没理会处。如居敬穷理,始初定分作两段,居敬则执持在此,才动则便忘了。"

[集评]

朱子曰:读书无疑者,须教有疑。有疑者,却要无疑,到这里方是长进。(《语类》卷十一)

高景逸曰:凡事行不去时节,自然有疑,有疑要思其所以行不去者,即是格物。(《价解》)

张绍价曰:人不知疑者,只是不实用其力。若实用其力,则尊德性便忘却道学问,道学问又忘却尊德性。才要密察,便不洪放;才要洪放,又不密察。处处有碍,疑绪纷起,其不行处皆疑也。

103. [一]心大则百物皆通,心小则百物皆病。[1]

［集校］

［一］《张解》本有"横渠曰"三字。

［集注］

［1］叶解：心大则宽平弘远，故处己待人无往而不达；心小则偏急固陋，无所处而不为病也。

张解：人心虚灵，具众理而应万事，原是广大的。惟能涵养此心，宽平宏远，自然处己待人无往而不达。若气拘习蔽，不加扩充，则此心褊急固陋，无所处而不为病矣。故学以治心为要也。此下九条《集解》阙，今照原编补列，注参叶本。

李解：朱子曰："如仁则流于姑息，义则入于残暴，皆见此不见彼。"

茅注：通，谓道理通透，行无不得也。病，则窒碍而不通矣。朱子曰："心大，则能容天下之物。随时随处各有道理，泛应曲当，故百物皆通。心小，则卑陋狭隘，动辄见碍，如敬则拘束而碍和，和则流荡而碍敬，仁则煦煦姑息而碍义，义又粗暴决裂而碍仁。着得一个便是，容两个不得，故百物皆病。"

江注：朱子曰："心狭隘，则事有窒碍不行。"问："横渠云'心要洪放'，又云'心大则百物皆通'；孙思邈云'胆欲大而心欲小'。窃谓横渠是言心之体，思邈是言心之用否？"曰："心自有合要大处，有合要小处。"

价解：心大则宽快公平，道理明澈，所知所行，无不顺利，故百物皆通；心小则卑陋狭隘，识见锢蔽，所知所行，无不窒碍，故百物皆病。

［集评］

朱子曰："心大则百物皆通。"通，只是透得那道理去；病，则是窒碍了。（《语类》卷九十八）

朱子曰：此心小是卑陋狭隘，事物来都没奈何，打不去，只管见碍，皆是病。如要敬则碍和，要仁则碍义，要刚则碍柔。这里只看得一个，更着两个不得。为敬便一向拘拘，为和便一向放肆，没理会。仁便煦煦姑息，义便粗暴决裂。心大，便能容天下万物。有这物则有这理，有那物即有那道理。"并行而不相悖，并育而不相害。"（《语类》卷九十五）

张习孔曰：心无私则大，大则物备于我。心有私则小，小则我拒于物。

104.［一］人虽有功，不及于学，心亦不宜忘。［1］心苟不忘，则虽接人事，即是实行，莫非道也。心若忘之，则终身由之，只是俗事。[2]

[集校]

[一]《张解》本有"横渠曰"三字。此条今见《经学理窟·义理》,下同。

[集注]

[1]杨注:心诚,求之虽不中,不远矣。一心以为有鸿鹄将至,以之学奕犹不可,而况学道者乎?

[2]叶解:人有妨废学问之功者,然心不忘乎学,则日用无非道,故曰"即是实行"。心苟忘乎学,则日用而不知,故曰"只是俗事"。实行与俗事非二事,特以所存者不同耳。

张传:心不忘者,念念常在天理也。

张解:此欲学者存心体道不可有间也。人或有他务,妨废学问之功,然道体事而无不在,此心操持在己,到处是学。苟念念不忘,则虽酬接人事,即是学道工夫。若逐事纷驰,毫无见地,则日用而不知,终身汩没于俗事中,何有实行哉?盖心存则为实行,心不存则为俗事,非二事也,心之存亡不同也。然则学者亦何适而可不存其心哉?

李解:行,去声。

茅注:功不及于学,即指下"人事"而言。或奔走衣食,或应酬世务,皆是。不宜忘,谓不宜忘学,如为一事即用心在一事上,便是敬。为一事,即穷究一事之理,便是义。朱子曰:"人能常求放心,不使废惰,则虽接人事,而道理自然随其事之当然而发见矣。学者此最为要,所以孔门只教人求仁也。"

江注:学不止读书,接人事,无非道,即无非学。

[集评]

朱子曰:人多言为事所夺,有妨讲学者。此为不能使船,嫌溪曲者也。遇富贵就富贵做工夫,遇贫贱就贫贱做工夫,兵法一言甚佳,因其势而利导之也。(《李解》)

张绍价曰:功,犹事也。虽应事接物,无暇读书修业以为学,而为学之心,亦不宜忘。学之道,知行敬义而已。心苟不忘,则应事之时,敬焉而心不外驰,义焉而事皆中理。以平日之所知,验临时之所行,"接人事,即是实行,莫非道也"。否则,"终身由之,只是俗事"而已。

105. [一]合内外,平物我,此[二]见道之大端。[1]

[集校]

[一]《张解》本有"横渠曰"三字。

［二］"此",《经学理窟·义理》作"自"。

[集注]

［1］叶解:合内外者,表里一致,就己而为言也。平物我者,物我一体,合人己而为言也。

张传:此所谓忠恕,违道不远。

张解:忠以自尽,恕以与人,而求道不远矣。

茅注:见道之大端,犹曾点、漆雕开见大意而已。若说到细微精密处,则当就内外物我间,一一各究其当然之极,而不使有毫发之差谬,乃真为见得到。从此实下工夫,方可深造自得。

[集评]

朱子曰:道只是致一公平之理而已。(《李解》)

张绍价曰:有内外之见,则是内非外,自私用智,故须合内外;有物我之见,则私己之心胜,爱物之念微,故须平物我。二者见道之大端也。

106.［一］既学而先有以功业为意者,于学便相害。既有意,必穿凿创意［二］,作起事［三］也。德未成而先以功业为事,是代大匠斫,希不伤手也。［1］

[集校]

［一］《张解》本有"横渠曰"三字。此条今见《经学理窟·学大原上》。

［二］洪本作"创造",《遗书》、《集解》阴、施、王、吴各本皆作"创意",今从之。(《王记》)

［三］"起事"下,宋本无"端"字,杨同。(《茅注》)按,"事"下,《叶解》元刻本与四库抄本、吴邦模刻本、《茅注》本、《江注》本与四库抄本有"端"字。

[集注]

［1］叶解:功业,立言、立事皆是也。为学而先志于功业,则穿凿创造,必害于道矣。

张传:此孔子所以悦漆雕开也。

张解:古人德成而功业自见,立言立事皆其道之充积不能以已也。苟方志学而辄思有所创建,其于学必有妨。盖既有意,则一心偏向功业上去,势必私逞胸臆,穿凿创造,多事纷扰,其害道也甚矣!是知无实得而强思创建,犹未能操斤而代匠斫,鲜有不伤手者,可不慎欤!

茅注:"代大匠斫"句,见老子《道德》下篇。先以功业为意,便有先获正助之意,故曰"于学便相害"。大匠,艺之已成者也。艺未成而代之斫,少有不伤手者。言不但斫之不善已也,以喻"于学便相害"之意。胡敬斋曰:"学者只是修身,功业是修身之效。若以功业为意,非惟失本末先后之序,心亦难收。"又曰:"要立功业是私意,不要立功业亦是私意,只循理而已。"

江注:学成自能立功业。若先以此为志,则穿凿创造,有害于道矣。

佐藤一斋曰:功业专指事功,非兼指文章,此条似道荆公一辈人。

[集评]

李弘斋曰:不必待仕宦有位有职事,方为功业,但随力到处,有以及物,即功业也。(《茅注》)

胡氏曰:人要做事业,亦是私意。君子之学只是明理应事,事当为处,则明明为之不倦,不当为处,则截然不为,故禹稷忧而颜子乐也。(《李解》)

颜元曰:所学既失其宗,又将古人成法说坏。试观《大学》之道,才言"明德",即言"亲民",焉得云无意于功业?且入学即是要作大匠,乌得谓之"代大匠斫"?仆教幼学道艺,或阻之曰:"不可,今世不如此。"予曰:"但抱书入学,便是作转世人,不是作世转人。但不可有者,躁进干禄、非位谋政之心耳。"(《存学编》)

张绍价曰:学以为己,非为功业。学而先以功业为意,则主于为人,留心经世之务,而反躬修德之意疏,故于学相害。穿凿创意,作起事端,生心害政,贻祸无穷。德未成而先以功业为事,功业不可建,且往往至于身败名裂。殷深源、房次律,皆代大匠斫而伤其手者也。

107. [一]窃尝病孔孟既没,诸儒嚣然,不知反约穷源,勇于苟作,持不逮之资,而急知后世。明者一览,如见肝肺[二]然,多见其不知量也。[1]方且创艾其弊,默养吾诚。顾所患日力不足,而未果他为也。[2]

[集校]

[一]《张解》本有"横渠曰"三字。此条今见张载《文集佚存·与赵大观书》。

[二]"肝肺",《叶解》元刻本与四库抄本、吴邦模刻本、《张解》本、《茅注》本、《江注》本与四库抄本、《与赵大观书》作"肺肝"。

[集注]

[1]茅注:多,邢昺云古人"多"、"祇"同音。如《左传》"多见疏也",服

虔本作"祗见疏",云"祗,适也"。嚣然,众说争持之貌。约,谓体之一处。源,谓道之体也。如《西铭》所论天地万物一体,及《正蒙》发明性情气质之类,皆是。多,适也。语见《论语》。此一节言汉唐以下儒者,不知反约穷源而急知后世之病。

　　贝原笃信曰:"苟作",乃上章以功业为志也。"多见其不知量也",《语·子张》篇"多见其不知量"。注:多与祗同适也。不知量,谓不自知其分量。

　　[2]叶解:不知反约穷源,故浮浅而无实。默养吾诚,则反约穷源之事也。

　　张传:荀与扬也,后人指其醇疵,岂能撋乎?孔子曰"夫我则不暇",学者当思其何事不暇。

　　李解:诸儒,荀、扬、王氏之类,不知反约则溺于博杂而无统,不知穷源则遂于支流而不根,岂足以欺知道者哉?默养吾诚,盖有意于修辞立诚之学也。

　　茅注:创,昌谅反。艾,音义。此条按《宋文鉴》,乃《与赵大观书》也。创,惩也。艾,治也。诚,即指约与源而言。谓之曰"吾诚"者,以其为吾心所固有之实理也。默养者,见不必人之知之也。

　　价解:孔孟既没,圣学失传。诸儒不知反约穷源,用知行敬义之功,向身心性命,切己自修。而著书立说,勇于苟作,急于见知后世。明者一览,如见其肺肝然。荀、扬文中,所以取讥于后儒也。君子创艾其弊,默养吾诚,反约穷源,犹惧日力之不足,何暇他为哉!反约穷源,默养吾诚,为己之学也。勇于苟作,急知后世,为人之学也。

　　佐藤一斋曰:未果他为,犹言未暇他及。

[集评]

　　张伯行曰:此张子反约穷源之学,见苟作者之妄也。谓孔孟没而微言绝,后人当由博反约,穷其根源,方有实得,不必汲汲以立言自见也。乃汉、唐诸儒,浮浅无实,率意著作,道不足而强为言,不过欲博名后世耳。而明者见之,直笑其妄。我方以此为大戒,惟默养吾诚,以反乎约而穷其源。第患时日有限,不能尽孔孟之精蕴,何敢他为,以蹈苟作之弊哉!

　　茅星来曰:此一节乃先生自道其有志反约穷源,不敢急知后世之意。愚按,学者得程、朱讲明之后,于道之全体大用知之甚易,而不能实用其操存涵养之功,则道终不为己有,是亦口耳之末而已。必如张子所谓"默养吾诚",乃为实得。

108.[一]学未至而好语变者，必知终有患。盖变不可轻议，若骤然语变，则知操术已不正。[1]

[集校]

[一]《张解》本有"横渠曰"三字。此条今见《经学理窟·义理》，下同。

[集注]

[1] 杨注："可与共学，未可与适道；可与适道，未可与立；可与立，未可与权。"学之未至，其可骤然而语变哉！

叶解：变者，非常行之道，盖权宜之事也。自非见理明、制义精者，不足以与此。苟学未至而轻于语变，则知其学术之源已不正，终必流于邪谲矣。

张传：孔子所以未可与权。

李解：好，去声。

茅注：变者，正道所不能行，用此以通之也。盖古人或不得已而出于此。自非义精仁熟，有变化从心之妙者，不能与也。若学未至而轻于语变，未有不流为邪妄者，如王安石之新法是也。

[集评]

张绍价曰：学必精义入神，始可语变。学未至而好语变，妄作偾事，终必有患。贤守经，圣达权，权非体道者不能用，故变不可轻议。理未明，义未精，而骤然语变，操术不正，权谋谲诈，所以终必有患也。

109.[一]凡事蔽盖不见底，只是不求益。[1]有人不肯言其道义所得所至，不得见底，又非于吾言无所不说。[2]

[集校]

[一]《张解》本有"横渠曰"三字。

[集注]

[1] 叶解：行己无隐，则是非善恶有所取正，庶可以增益其所未知、所未能。苟故为蔽覆，恐人之知，是则非求益者也。

茅注：底，典礼反。盘覆曰"盖"，下曰"底"。凡物以盖蔽其上，则底不得见矣，以喻学者掩藏不欲人见之意。

[2] 叶解：人不肯言其知之所得、行之所至，使人不可得而见者。盖苟安自足，恐人之非己，又非若颜子之如愚，于圣言无所不悦者之比也。

张解：学者心地光明磊落，自日务求益，岂甘为自覆之计哉？

李解：说，音悦。

茅注：所得以知言，所至以行言。颜子于圣人之言无所不说，所以默然听受如愚人。今非于吾言无所不说，而使人不得见底，如此总以见其不求益之意。

江注：学者于师友之前不肯自言其所得之浅深，惟恐人之知其底里，与颜子之"无所不说"而"如愚"者异矣。

佐藤一斋曰：底，是底蕴，或释为俗用虚字舛矣。（笔者按，一斋此注虽与茅注异，也可通。）

[集评]

张习孔曰：凡人既不能悦先生之言，又不肯自呈其陋，计惟有蔽盖而已。然礼闻来学，不闻往教，此等人，何须其言道义所得所至，故先生以不屑为教。

陈沆曰：学者于师友之前不肯自言其所得之浅深，惟恐人之知其底里，是岂于言无所不说哉？亦不肯求益而已。

张绍价曰：学者须将所知所能，与所不知不能，毕陈于师友之前，然后人得因其病而药之，长善而救其失。若凡事蔽盖不见底里，不肯言其道义所得所至，此乃不思求益，恐人非笑，巧自掩覆，貌为有学，与颜子之无所不说，终日不违如愚者不同。自欺欺人，虽明师益友，亦无如之何矣。

李瀷曰：求益，始学之事也。于吾言无所不悦，工夫已到，涣然不疑也。非夫子之言，则虽颜子之贤，亦岂至于无所不悦之境？二者皆求助于人，而但有浅深也。凡蔽盖不见底者，固见不求益，而至于道义之所得所至，亦不肯自言，而不得见底者，岂颜子无所不悦之意哉？

110.　[一]耳目役于外，揽外事者，其实是自堕[二]，不肯自治，只言短长，不能反躬者也。[1]

[集校]

[一]《张解》本有"横渠曰"三字。

[二]"惰"，吕本作"堕"。（《茅注》）今并见《经学理窟·义理》。"堕"，叶作"惰"。（《冯记》）吕本"惰"作"堕"。（《异同考》）"是自堕"，叶本作"惰"。（《考异》）按，《张传》本、《张解》本、《叶解》四库抄本、《茅注》本、《江注》本、《经学理窟·义理》作"惰"。

[集注]

[1]叶解：急于自治何暇务外，厚于反躬何暇议人。

张传：此等人甚多，非吾徒也。

茅注：役，用也。揽，兜揽也。所谓外者，凡博闻广见、通晓世务、无所得于身心者皆是。"只言短长，不能反躬"，谓但知讲论古今得失，而不能反求之躬，以实有诸己者也。所谓"耳目役于外，揽外事者"如此。程子以记诵博识为玩物丧志，亦此意也。

江注：好揽外事，则自治轻；徒言短长，则躬行缓。

[集评]

朱子曰：此亦是见理不透，无安自己身心处，所以如此。(《茅注》)

胡五峰曰：以反求诸己为要法，以言人不善为至戒。(《栏外书》)

张伯行曰：言学当近里著己，不可自宽也。人苟急于自治，何暇务外？其聪明驰骛者，良由心思涣散自治不切耳。人苟厚于反躬，何暇议人？其评较短长者，岂知当身之责备哉？学者最宜猛省。

张绍价曰：人苟有反躬自治之心，日夜汲汲，以求真知实践之不暇，何暇他及耶？役耳目、揽外事者，心驰于外，舍己芸人，自惰而不肯自治，好议论短长，常熟于世故人情，而疏于省身克己，不能反躬者也。

111. [一]学者大不宜志小气轻。志小则易足，易足则无由进；气轻则[二]以未知为已知、未学为已学。[1][三]

[集校]

[一]《张解》本有"横渠曰"三字。

[二]此条今见《经学理窟·学大原下》，"则"下有"虚而为盈，约而为泰，亡而为有"十二字。

[三]以上并横渠语。(《茅注》)

[集注]

[1]杨注：学如不及，犹恐失之。易足，则所有必不大。"知之为知之，不知为不知，是知也。"如以未知为已知，则终身不知矣。

叶解：志小则易于自足，故怠惰而无新功；气轻则易于自大，故虚诞而无实得。

张传：观者各宜自省，欲治二病，须从源头上用功，非警戒创艾所能疗也。

张解：学者惟不自画，斯日进无疆；不自欺，斯学古有获，亦在乎虚其心以自厉其志气而已。

茅注：易，音异。"志小易足"以下，所以极志小、气轻之弊，以见学者之大不宜如此也。

江注：志小者恒自画，气轻者多虚夸。

陈注：志与气相因，志小则气必轻，只是一样病，故学者必先立志。

价解：志小则不弘，气轻则不毅。"学"字"志"字，遥应卷首濂溪先生语。志小则得少辄足，自画而不能进，安能志伊学颜、以士希贤、以贤希圣？气轻则虚憍自是，亡而为有，虚而为盈，约而为泰，故"以未知为已知，未学为已学"。

[集评]

黄勉斋曰：理义无穷，如登嵩华，如涉溟渤，且要根脚纯实深厚，然后可以承载。初涉文义，便有跳踉自喜之意，又安能任重而致远耶？（《价解》）

张氏曰：学者于道理有所见，正宜深潜涵养，孜孜惕惕，益勉其所未至。顾乃诩诩自足，甚者抗颜欲为人师，适见其陋而已，何足与语于道哉！（《茅注》）

刘绬三曰：此以上申结今之学者为人，其终至于丧己，皆急求人知，志小气轻故也。朱子以此终篇。玩"大不宜"三字，而士之不可以不弘毅，益昭昭矣。再以"志小则易足，易足则无由进"反结通篇。"气轻则以未知为已知、未学为已学"引起下卷。又曰：自"横渠先生作《订顽》"至末为后段，申言乾道坤道，着力得力，志于仁以学圣人之道，知行敬义工夫，为己而勿为人，不可以不弘毅之旨。（《价解》）

管赞程曰：自"载所以使学者"至此为一章，言当去其障碍，而学可进。

佐藤一斋曰：志小，是规模狭小。气轻，是气性轻浮。愚谓，规模远大则终身而不息，气性敦重则望道而未见。

《近思录》卷之三
凡七十九条

穷理（经史）

按，《叶解》元刻本与四库抄本、《李解》本、《茅注》本卷下题云"七十八条"。本卷《杨注》本的第21条文字是第79条的前一句，内容重复，实际上可算作一条，故仍为78条。

[集评]

叶采曰：此卷论致知。知之至，而后有以行之。自首段至二十二段，总论致知之方。然致知莫大于读书，二十三段至三十三段，总论读书之法。三十四段以后，乃分论读书之法，而以书之先后为序。始于《大学》，使知为学之规模次序，而后继之以《论》、《孟》、《诗》、《书》。义理充足于中，则可探大本一原之妙，故继之以《中庸》。达乎本原，则可以穷神知化，故继之以《易》。理之明，义之精，而达乎造化之蕴，则可以识圣人之大用，故继之以《春秋》。明乎《春秋》之用，则可推以观史，而辨其是非得失之致矣。《横渠易说》以下，则仍语录之序，而《周官》之义因以具焉。

施璜曰：程子读书次序既以类分，则横渠《易说》以下亦当以类相从，便于观览。至于星溪补编，朱子八十八条，总续于横渠后，今亦分类编次，而薛、胡、罗、高四先生论经书者，亦采附于后，俾读者一览瞭然云。

茅星来曰：自此以后则细论条目工夫，而此一篇乃《大学》"致知格物"也。自首卷所论阴阳性命，以至末卷圣贤气象，皆物也，皆其所当格者也，而此卷则其格之之法。汉唐诸儒惟于此未明晓，所以修己治人多不得其道。韩文公《原道》引《大学》之言，独不及致知格物。历汉、唐、宋、明，贤君良相时有，而二帝三王之道，未尝一日行于天地之间，以此故也。此篇乃明善之要，四卷、五卷则诚身之本。朱子于《大学章句》所谓"在初学尤为当务之急，而不可以其近而忽之"者也。凡七十八条（按，《茅注》本实际分为79条）。

张绍价曰：朱子曰"此卷格物穷理"。价按，此卷以格物致知读书为主，以心通乎道、知言穷理、真知自得为总旨，以致思、会疑、通文、求义、得意为分意。体似两截：自首章至"更不复求"，论致知之方，为上截；自"伊川先生曰凡看文字"至末论读书之法，为下截。

钱穆曰：格物穷理乃即万事万物以穷究其分际之理，而道自明，如是则求知自亦为学中一事。……行必兼知，而知必成行，两者和合为一，始是学。……朱子格物穷理，则以人生大道为出发，为归极。（《随劄》）

贝原笃信曰：《周官》，《周礼》也。程子之言载于此篇者，无《周官》之说，横渠之言《易说》之下，记于天官大宰之职，是《周官》之义具也。

泽田希曰："为学"一篇，兼知行说。此篇以下细分学问之目，以教学者，而学莫先于致知，故以此存于存养克己之前。

1. 伊川先生[一]《答朱长文书》曰：心通乎道，然后能辨是非，如持权衡以较轻重，孟子所谓知言是也。[1]心不通于[二]道，而较古人之是非，犹不持权衡而酌轻重，竭其目力，劳其心智，虽使时中，亦古人所谓"億则屢中"，君子不贵也。[2]

[集校]

[一]《张解》本无"先生"二字。按，此条今见《河南程氏文集》卷九《书启·答朱长文书》，题下注云"或云明道先生之文"，则该语录是明道还是伊川所言，尚待考。

[二]"乎"，吕本作"于"。（《茅注》）"于"，叶从《文集》作"乎"。（《冯记》）按，《张解》本、《叶解》四库抄本、《茅注》本作"乎"。

[集注]

[1]杨注：伯嵒据晦翁曰："知言者，尽心知性。凡天下之言，无不有以究极其理而识其是非得失之所以然也。"伊川曰："孟子知言，正如人在堂上方能辨堂下人曲直，若犹未免杂于堂下众人之中，则不能辨决矣。"

叶解：道者，事物当然之理。通，晓达也。知言者，天下之言无不究明其理而识其是非之所以然。

张解：学莫要于致知。致知云者，辨其孰为是、孰为非也。然必心通乎道而后是非有所准，如物有权衡而后轻重有所较。盖权者，锤也，所以往来于一衡之上而取其中。衡者，秤也，所以承载乎一权之用而得其平。道者，当然之理也，所以揆度乎事物之宜而归于正道，即是非之权衡。心通乎道者,尽心知性,于天下之理有以究极于心,而识其是非之所以然也。孟子之"知言",正心通乎道者。物之轻重以权衡较之则自明,非以意为那移;言之是非以道裁之则自见,非以意为测度也。

茅注:通道,如所谓"豁然贯通","全体大用无不明"是也。格物,然后有以通乎道而辩是非。

[2] 杨注:《文集》,下同。

叶解:时中,谓有时而中之。億,以意揣度也。揣度而中,则非明理之致矣。说见《论语》。

张传:孔子六十以前,则持权衡以较轻重者也;六十以后,轻重至前自呈其数,权衡虽称而亦不用矣。

张解:不通乎道,则是非无所折衷矣。而欲较量古人,安知是者不以为非,非者不以为是?轻重在物,而权衡不在我,鲜不淆矣。徒自竭其目力精神,耗而愈眩,劳其心志,私意起而反惑,其不中宜也。虽有时而中,亦是揣度之偶合。夫子所谓"億则屡中",非致知而知至者,岂君子所贵哉?然则君子亦明理而已矣,欲明理必自格物始。

李解:中,去声。朱子与陆子静书曰:"来教所谓'古之圣贤,惟理是视,言当于理,虽妇人孺子有所不弃,或乖理致,虽出古书,不敢尽信'。此论甚当,非世儒浅见所及也。但熹谓言不难择而理未易明,若于理实有所见,则于人言之是非,不啻黑白之易辨,固不待视其人之贤否而为去取。不幸而吾之所谓理者,或但出于一己之私见,则恐其所取舍未足以为群言之折衷也。况理既未明,则于人之言,恐亦未免有未尽其意者,又安可以遽绌古书为不足信,而直任胸臆之所裁也!"

茅注:此申明上节之意。……按,长文来书云:"上能探古先之陈迹,综群言之是非,欲其心通默识,固未能也。"故伊川以通与不通之得失告之。

郑晔曰:此(按,即"时中")谓有时而中也,与《中庸》所谓"时中"不同。

[集评]

江永曰:此言心未通道,未可轻论古人是非也。欲通乎道,穷理而已。后言穷理者,或论古今人物而辨其是非,又即以此为穷理,意与此异。盖彼欲究其是非之实,而此则億度较量,理未明而强辨论也。亦因长文之失而告之。

张绍价曰:此以孟子"知言",承上卷末节"未知"、"已知"之意,以"心通乎道"二句,领起通篇。道者,天下之定理。必理明义精,心通乎道,然后于天下之事,灼然有以辨其是非。如持权衡以较轻重,毫厘不爽,孟子所谓"知言"是也。孟子"知言",在尽心知性之后。性具于心原于天,尽心知性,则心通乎道,故诵诗读书,尚论古人,皆因言而得其心。而于当世为我兼爱,食色并耕,杞柳湍水,性无善无不善,诐淫邪遁之辞,亦皆知其生心害政,决然而无疑也。心不通乎道,而强辨是非,虽使亿中,君子不贵,况未必中乎?

李瀷曰:竭目力,劳心智,而时使或中,则其中处疑若与通乎者一般,而君子不贵,何也? 道如行道之道,交错四向,各有条理,必先于其心了得,彼条向那里,此条向这里,则出门便可识别不错。若先于其心不能了得,到出门方始求别,则其不错亦幸耳。使其有中不过亿而已矣,岂通乎道之谓欤?

2. 伊川先生答门人曰:[一]孔孟之门,岂皆贤哲? 固多众人。以众人观圣贤,弗识者多矣。惟其不敢信己而信其师,是故求而后得。今诸君于某[二]言,才不合则置不复思,所以终异也。不可便放下,更且思之,致知之方也。[1]

[集校]

[一]《张解》本无"先生"二字。此条今见《河南程氏文集》卷九《书启·答门人书》,无"伊川先生答门人曰"八字。

[二]"于",《叶解》四库抄本作"与";"某",《叶解》元刻本及其四库抄本、吴邦模刻本、《张解》本、《茅注》本、《江注》本及其四库抄本作"颐"。

[集注]

[1]张传:信其师者,非特信之而已,将必有所考问而弗明弗措也。惟颜子不违,然则退而足发,岂后学所可几乎?

张解:此程子欲人因疑求信,传而能习,以致其知也。暗者求于明,而师道立焉。人之乐有师者,所以明道解惑也。孔孟门人多矣,其初岂皆什伯庸众之贤哲? 固亦无以异于众人也。未至圣贤地位,欲观圣贤道理,其不识者谅自不少,而卒能相信以进于道者,惟不敢信己而信师也。夫信师者,非一意钦承之谓,将师之言,苦心极力,深探妙契,求而后得,得则未有不信者矣。今诸君于问答之言注意思之,始虽智识之浅,或见为不合,终有会悟之期,必知其不异也。惟才不合便置不复思,不思则不求,不求则不得,不得则异者终异,卒为众人之归而不识圣贤在何处着力矣,岂致知之方乎?

李解:复,扶又反。庄其笃信,是以深思,思得其理,而吾心之知致矣。朱子与张敬夫书曰:"圣贤成书,稍有不惬意者,便率情奋笔,恣行涂改,恐此气象亦自不佳。盖虽所改尽善,犹启末流轻肆自大之弊,况未必尽善乎? 伊川先生尝语学者,病其于己之言有所不合,则置不复思,所以终不同也。"

茅注：曰"门人"者，非一人之词也，观下言"诸君"可见。愚按，学者不得圣贤为师，则程、朱所言具在，潜思静玩，久自有得。

江注：朱子曰："伊川云不信其师，乃知当时有不信者。"

[集评]

朱子曰：学者未能有得，当谨守圣贤训戒以为根基。如程子所谓"不敢信己而信其师"者，始有寄足之地，不然则飘摇没溺，终不能有以自立也。（《茅注》）

张伯行曰：程子谆谆命之，且重望之，其所以广孔孟之传者至矣。

张绍价曰：此承上"知言"而言，而教人以思也。诵圣贤之言而弗识，闻师友之言而不合，自以为是，置不复思，则其理终不明矣。《中庸》"博学、审问"，继以"慎思"。思者致知之方也。学而弗识则思，问而不合则思，思以求其理而得之，庶渐进于知言而无难矣。

3. 伊川先生《答横渠先生》曰：[一]所论大概，[二]有苦心极力之象，而无宽裕温厚[三]之气。非明睿所照，而考索至此，故意屡偏而言多窒，小出入时有之。[1]（旧注[四]：明所照者，如目所睹，纤微尽识之矣。考索至者，如揣料于物，约见[五]仿佛尔，能无差乎？）[2]更愿完养思虑，涵泳义理，他日自当条畅。[3]

[集校]

[一] 一无"先生"二字。（朝刊《近思录》）"伊川"、"横渠"下，《张解》本均无"先生"二字。此条今见《河南程氏文集》卷九《书启·答横渠先生书》，无"伊川先生答横渠先生曰"十字。

[二] "所论大概"，《答横渠先生书》为"徐所论，以大概气象言之，则"。

[三] "厚"，一作"和"。（《茅注》）

[四] "本注"（按，即《杨注》本所称"旧注"）下，叶本有"云夫"二字。（《茅注》）"明"，叶上增"夫"字。（《冯记》）按，"明"上，《叶解》元刻本及其四库抄本、《张解》本有"云"字。"旧注"以下注文，《张传》本无。

[五] "见"，江改"言"。（《冯记》）王、吴本作"约言"，《遗书》、《集解》施、阴本，"言"并作"见"，洪本同，从之。（《王记》）按，"见"，《江注》本及其四库抄本作"言"。

[集注]

[1] 张解：此程子规切张子，抉微洞髓，而知朋友之取益为多也。张子

志道精思,既得于心,则修其辞。观其所论大概,集引古人之言,贯串己意以断事,从杂博中过来者,故有苦心极力之象,而无宽裕有馀、温厚和平之气。盖非从本心之明睿毕照,即始见终者,乃由零碎考索凑合如此。故以己之意释古人之意,则屡偏;以古人之言附己之言,则多窒。虽本原不差,大段皆是,而小有出入,亦时不免也。

[2] 茅注:朱子曰:"如《正蒙》所论道体,觉得源头有未是处,故伊川云过处在《正蒙》。"

[3] 叶解:苦思强索,则易至于凿而不足以达于理;涵泳深厚,则明睿自生。

张解:张子不患其不能思虑,患其苦心强索而精神失完养;不患其不察义理,患其急进勇敢而意味少涵泳,故以此深望之。盖有精思力践之勇,加以完养涵泳之功,优而柔之,使自得之,则明睿自生,他日自当条畅也。张子见二程后,涣然自信,尽弃异学,淳如也,则其受切偲之益,顾不大哉!

李解:完养思虑,则心不至于苦;涵泳义理,则力不至于极。条畅者,宽裕温厚之气所发也。

茅注:完养思虑,则明睿自生;涵泳义理,则非考索所至。上言不思所以不合,此下两条又言思贵优游涵泳,使之自得,不可强探力索以自苦也。

[集评]

朱子曰:答书之中云:"非明睿所照,而考索至此。"盖横渠却只是一向苦思求将向前去,却欠涵泳以待其义理自形见处。如云"由气化有道之名",说得是好,终是生受辛苦,圣贤便不如此说。试教明道说,便不同。如以太虚太和为道体,却只是说得形而下者,皆是"发而皆中节谓之和"处。(《语类》卷九十九)

张习孔曰:读书与穷理,固非两途。至用之为文,亦有二致。命意则得于穷理,遣辞则得于读书。张子之文,意屡偏而言多窒者,意之所至,辞不能达。是以意本全,而览者只觉其偏也。此是读书未熟之故,然观其本传,固尝博学多才,张子岂未读书者哉?意其后来,离博而返约,只从义理考索,而文章之道,弃之久矣。此所以遣词命意,多蹇涩而难通也。

张绍价曰:此承上言致思之道,不可苦心极力强为考索,当"完养思虑,涵泳义理",而后有所得也。强考索者,发之于言,往往偏而不中,窒而不畅,出入而不周遍,见其似而未得其真,不能无差也。完养涵泳,则思虑深沉,义理条畅,深造以道,自有所得。明睿所照,与考索所至,相去悬绝矣。

佐藤一斋曰:致良知至于实际,明睿自发,无复意偏言窒之患。(笔者按,佐藤一斋多化用王阳明观点诠释四子语录,可资参考。)

4. [一]欲知得与不得,于心气上验之。思虑[二]有得,中心悦豫,沛然有裕者,实得也。[1]思虑有得,心气劳耗者,实未得也,强揣度耳。[2]尝有人言比因学道,思虑心虚。曰:"人之血气固有虚实。疾病之来,圣贤所不免。然未闻自古圣贤因学而致心疾者。"[3]

[集校]

[一]《张解》本有"伊川曰"三字。此条今见《河南程氏遗书》卷二上《元丰己未吕与叔东见二先生语》。

[二]"验之思虑",叶本作"量"。(《考异》)"思量有得",吕本"量"作"虑"。(《异同考》)按,"虑",《叶解》四库抄本作"量"。

[集注]

[1]杨注:伯嵒据杜元凯之序《春秋》曰:"将令学者原始要终,寻其枝叶,究其所穷。优而柔之,使自求之;厌而饫之,使自趋之。若江海之浸,膏泽之润,涣然冰释,怡然理顺,然后为得也。"《遗书》此言与杜氏互相发明。

[2]叶解:学固原于思,然所贵从容厌饫而自得,不可劳心极虑而强通。

张解:此言学贵实得,实有所得,则义理足以养心,不患心疾也。学道必由思虑,思虑皆可有得,而欲验其得与不得之候,只须自家心气上体勘便分晓。盖从容厌饫而自得者,胸中道理浃洽,无制缚,无拘碍,心安气顺。如《论语》之言时习而说,如《孟子》之言资深逢原,皆实得之验也。若苦思力索,略见仿佛,亦自以为得之矣。而劳心耗气,精神不条畅,守着这一事,未见触处洞然,则实未得之验也,特勉强揣度已耳。更须涵养到熟,熟则自得之,不患心气之劳耗矣。

茅注:强,区两反。度,待洛反。实得者,深造以道,自然而得之于己也。强揣度者,乃其强探力索而得之者也,盖不免正助之病。

[3]杨注:《遗书》,下同。

张解:承上而言。有谓近因学道遂致心虚之疾者,此无是理。盖心虚之疾,大抵是气虚。人之血气不能无虚实,虚则疾病因之,圣贤或亦不免,然未闻有学道而致心疾者。疑思虑能致心疾,必非能学道者也。或谓前云"心气劳耗",得毋虚乎? 愚谓劳耗是思虑未熟,觉心中无受用处,久后自条畅,恁地快乐,那会虚! 虚则疾病,不能思虑矣。程子前恐人于劳耗时认做实得,不更求进;后恐人以为劳耗易致心虚,并废思虑,故云然也。垂训之义大矣。

茅注:比,音祕。此因上言心气有宽裕劳耗之不同,而类记之也。盖尝有人言于程子,而程子语之如此。比,近也。心,五脏之一也,与他处解作神明主宰者不同。"学道思虑心虚"者,言因学道而思虑,以至心虚也。血气平和则无疾,虚是不足之疾,实是有馀之疾。心疾,即心虚也。心过用则虚,虚则成疾,故曰心疾。

[集评]

张习孔曰:中心悦豫者,理义悦心也。心气劳耗者,欲速助长也。学道当知行并重,徒欲致知而无行以践之,是以终日不食、终夜不寝以思,无益而致疾也。

李文炤曰:学所以养心,非所以病心。观成王之顾命,曾子之易箦,子路之结缨,则圣贤之心,死生如一可知矣。何至于思虑之耗伤乎?

江永曰:此条本欲人致思虑,但其自得与否,心气上亦可验之。学者致思,当由劳苦而后得悦豫。若虑其致心疾,而曰"因学道,思虑心虚",则惮劳者之辞耳。惟思虑过苦者,当如上条完养之说。

张绍价曰:此承上言致思得与不得,固可证之于言,亦可验之于心。中心悦豫,沛然有裕者,明睿所照,完养涵泳之所得,乃实得也。心气劳耗者,考索所至,苦心极力之所得,非实得也,强揣度耳。学道正以养心,优游厌饫,生意益然,心气和乐,安有心疾?苦思而致心疾,非圣贤深造之学也。

5.　[一]今日杂信鬼怪异说者,只是不先烛理。若于事上一一理会,则有甚尽期?须只于学上理会。[1]

[集校]

[一]《张解》本有"伊川曰"三字。此条今见《河南程氏遗书》卷二下《附东见录后》。

[集注]

[1]叶解:讲学则理明,而怪妖不足以惑之矣。

张传:南宫适羿、奡、禹、稷之问,便近鬼神果报之说。故夫子不答,以果报之不可尽信也。若君子尚德,则是学者当然。

张解:儒者之学,将以明理也。理所有者,虽无其事,亦可以其理信之。若无其理,则断无其事。如鬼怪之谈,总属异说,今人不察,多杂信之。只因烛理不精,不向大源头上体究,胡乱就事上理会。事无尽期,凭空臆度,则展转游移,邪说易入。是以君子贵穷理之学也。学则通乎阴阳、昼夜、死生之道,可以知幽明之故,而鬼怪异说何足以惑之哉!

茅注:事,即指鬼怪异说而言。盖若于鬼怪异说一一理会,则其事变幻百出而未有穷。惟学则理明,而鬼怪异说自不足以惑之矣。朱子曰:"如玄武,北方之宿,避圣祖讳改作'真',今乃以为真圣而作真龟蛇,于下又增天蓬、天猷及翊圣真君作四圣。世之所谓鬼神载在祀典者,皆此类也。"顾氏曰:"鬼神之说半是文士寓言,以资谐谑,而后人往往附会成真,甚有如小孤山讹为'小姑',杜拾遗讹为'十姨',诸如此类不可枚举。唐宋时但言灵应,即加封号,而今且必求其人以实之也,荒唐不经,甚矣!"

[集评]

先生曰:神怪之说,若犹未能自明,鲜有不惑者。学者惟当以正自守,而穷理之有无,久久当自见得。(《语类》卷九十七)

江永曰:烛理明,则鬼怪之事皆可以理断之;理有常变,怪者亦不足为异也。

张绍价曰:所贵乎实得者,烛理明而已。理有常变。鬼怪,理之变也。圣人语常而不语怪,为其惑人也。学者烛理不明,故杂信鬼神异说,若于事上理会,则变幻百端,安有尽期? 须于学上理会,烛理既明,则异说不得而惑之矣。

贝原笃信曰:杂信者,固先有信道之心,加之以于信怪异之心也。天下之事无穷,而理只是一个,故学而理明,则事皆贯通。

6. [一]学原于思。[1]

[集校]

[一]《张解》本有"伊川曰"三字。

[集注]

[1] 杨注:孟子曰:"思则得之,不思则不得也。"

叶解:学以明理为先,善思则明睿生,而物理可格。

张解:《洪范》曰:"思曰睿,睿作圣。"夫子曰:"学而不思则罔。"孟子曰:"思则得之。"周子曰:"思者,圣功之本。"自古圣贤言学未有不以思为要者,是知"学原于思",不思则口耳之学茫无实得,知行都无由进矣,故程子言此以示人也。

李解:思为作圣之始功,故孟子以思诚统学问辩行也。

茅注：不思则虽欲为学，无所从入，故曰"学原于思"。朱子曰："学者于敬上未有用力处，且自思入。'思'之一字，于学者最有力。"

[集评]

朱子曰："学原于思"，思所以起发其聪明。(《语类》卷九十六)

张习孔曰：思者，心也。千古载籍，皆圣人之心思所为，学者安得不以其心会之？"思"字只作"心"字看，乃于原字有合，不是终夜不寝，以思无益之思。

张绍价曰：于学上理会，而学原于思。学者穷理之功，思其当然，复思其所以然，精察详辨，然后烛理明而有实得。

7. [一]所谓"日月至焉"，与久而不息者，所见规模虽略相似，其意味气象迥别。[1]须心潜[二]默识，玩索久之，庶几自得。[2]学者不学圣人则已，欲学之须熟玩味圣人之气象，不可只于名上理会，如此只是讲论文字。[3]

[集校]

[一]《张解》本有"伊川曰"三字。此条今见《河南程氏遗书》卷十五《入闽语录》。

[二]"心潜"一作"潜心"，是。(《栏外书》)"心潜"，《张传》本、《张解》本、《叶解》四库抄本、《茅注》本、《江注》本及其四库抄本、《入闽语录》、朝刊《近思录》本作"潜心"。

[集注]

[1]叶解：学者于仁，或日或月而至焉，方其至之时，其视夫三月不违者，所造所见亦无以异，但其意味气象，则浅深厚薄迥然不同。

张解：学圣人者，将以求进乎仁也。仁有生熟之分，圣门诸贤所谓"或日一至，或月一至"者，方其至时亦是实造其域，窥见堂奥。故视三月不违、久而不息者，当场所见，其规模亦略相似。然有内外宾主之辨，意味气象总是迥别。盖不违者，意味浃洽，则气象浑成。若"日月至焉"，不免勉强痕迹，如一座宅子安置器用物件，日在家中者，种种习熟，起居自觉便适；久客才抵家，虽用得着，到处终见生疏耳。

贝原笃信曰："气象"，犹言意气形象，非止言气象之见于容貌者，明忠信进德。

[2]李解：朱子曰："程子非身亲而实有之，安能发明至是耶！"

茅注：迥，户顶反，俗作逈，非。迥，《说文》："远也"。意味，以中之所蕴者言。气象，以外之所见者言。

[3] 叶解：潜玩圣贤意象，庶养之厚而得之深。若徒考论文义，则末矣。

张解：于其别处正须潜心默玩，使其浅深厚薄之气象一一融会，则所见者大，庶几自得，此之谓善学圣人者也。盖学者不学圣人则已，欲学之，须知其气象。气象非一时模拟得出，熟复玩味便觉明白亲切。若只于名上理会，究竟不违是如何，至是如何，茫不知分晓，则为讲论文义之末耳，非心得也。

茅注：上"意味"、"气象"并言，而此只言"气象"者，盖意味只于气象上见，故不别言。只于名上理会者，如训诂之学是已。

江注：玩味圣人气象，亦穷理之事也。

[集评]

问：伊川谓"'日月至焉'，与久而不息者，所见规模虽略相似，其意味迥别"。看来日月至与不息者全然别，伊川言"略相似"，何也？曰：若论到至处，却是与久而不息底一般。只是日月至者，至得不长久。不息者，纯然无间断。（《语类》卷三十一）

张习孔曰：圣门诸贤，一人有一人之气象，岂但心不违仁与日月至者乎？但学者既玩其气象，又须心体而力行之，不然仍是讲论文字也。

张伯行曰：熟玩气象，是从圣人文字上以心体之，而察其所以然，非资谈柄而已。

张绍价曰：此言学者致思，在于潜心默识也。"日月至焉"，与久而不息者，规模虽略相似，意味气象，浅深生熟迥别。"须潜心默识，玩索久之，庶几自得"，未可以浅尝求也。久而不息者，圣人也。圣人之道，蕴于心，见于气象。学者玩味圣人之气象，而圣人之道所以久而不息者，亦可潜心默识而得之，非仅得其气象也。

8. 问："忠信进德之事，固可勉强，然致知甚难。"[1]伊川先生[一]曰：学者固当勉强，然[二]须是知了方行得。若不知，只是觑却尧，学他行事。无尧许多聪明睿智，怎生得如他"动容周旋中礼"？[2][三]如子所言，是笃信而固守之，非固有之也。[3][四]未致知，便欲诚[五]意，是躐等也。[六]勉强行者，安能持久？[4]除非烛理明,自然乐循理。性本善,循理而行,是顺[七]理事。本亦不难,但为人不知,旋安排着,便道难也。[5]知有多少般数,煞有深浅[八]。学者须是真知,才知得是,便泰然行将去也。[6]某年二十时,解释经义,与今无异,然思今日,觉得意味与少时自别。[7]

［集校］

　　［一］《张解》本无"先生"二字。

　　［二］此条今见《河南程氏遗书》卷十八《刘元承手编》,下同,"学者固当勉强,然"作"子以诚敬为可勉强,且恁地说。到底"。

　　［三］"如"上,《刘元承手编》有"有诸中,必形诸外。德容安可妄学"十三字。

　　［四］"未"上,《刘元承手编》有"且如……须是知所以亲亲之道方得"四十九字。

　　［五］"诚",《叶解》四库抄本作"识"。疑"识"之繁体与"诚"形近而误。

　　［六］"勉强"上,《刘元承手编》有"学者固当勉强,然不致知,怎生行得"十四字。

　　［七］"顺",《刘元承手编》为"须"。

　　［八］"学者"上,《刘元承手编》有"向亲见一人,……野人则不然"九十一字。

［集注］

　　［1］杨注:致其知者,推致吾之所知,以及其所不知。伯昷据晦翁曰:"如'丧致乎哀'之致。"

　　叶解:忠信进德,力行也。谓行可以强而进,知不可以强而至。

　　张解:此章问答,见行由于知,未知而欲勉强行之,不唯躐等亦不能久也。《易》云:"忠信所以进德。"忠信,存诚也;进德,力行也。问者之意,以为行可勉强而进,知不可勉强而致,似致知为甚难,学者但从事力行可耳。不知天下有既知而未能行者,未有不知而即可以行者也。

　　［2］叶解:学者当以致知为先,苟明有所不至,徒规规然学尧之行事,其可得乎!

　　张解:程子正其不致知之非,以为进德力行固学所贵,然知行相因,必先知而后行。如尧,圣人也,其行事可学也,然无尧之聪明睿知,而遽欲学其动容周旋中礼,得乎?虽尧之聪明睿知,由于天授,不易几及,然循循由格物穷理渐向上去,则聪明睿知自生。否则正墙面而立,如何行得?

茅注:强,并区两反,下同。觑,音娶。问:"动容周旋未能中礼,于应事接物之间未免有碍理处,如何?"朱子曰:"只此便是学,但能于应酬之顷一一点检,使合于礼,久之自能中礼也。"

[3]叶解:固守者,勉强而坚执;固有者,从容而自得。

张解:倘以致知为难,而欲勉强力行,如或人之所言,则未辨是非,但知笃信,择之未精,遽言固守,所信恐未必正,而所守亦仅出于矫制,非默识心融,从容自得而固有之者也。所谓"固有之"者,知得此理不从外求,不得不信而守之耳。

江注:非固有者,未尝真知故也。

[4]叶解:忠信,即诚意之事。欲诚其意者,先致其知。知有未至,而勉强以为忠信,其能久乎!

张解:忠信是诚意之事,欲诚其意者先致其知。《大学》知所先后之序也,未致知便欲诚意,则凌躐等级,而先后之序紊矣。且勉强行之,安能久而不变?欲学尧之动容周旋中礼,盖亦难矣。

茅注:此就问者之言而辩之也。诚意,即忠信。未能致知,而欲勉强忠信以进其德,则非有以实见其为必然而不容已,故不能以持久。朱子曰:"非谓未致知时意不用诚,但知未至,虽欲诚意,其道无由耳。"

[5]叶解:见理明,则真知而实信之,自然乐于循理。盖人性本善,顺理而行,宜无待于勉强,惟于理有未知,或知有未尽,临事布置,故觉其难。

张解:此以下又正其言勉强之非。勉强则不乐,不乐则觉其难。所以然者,烛理未明故也。欲求其乐,须先明理,盖理是性中自具,合下便善,循之而行,本无拂逆。如动容周旋间,知手容之宜恭,自然以恭为乐;知足容之宜重,自然以重为乐,非待安排而使之然也。恁地快活,曷见其难?人只于理有所未知,不免私意穿凿,临事安排布置便觉难耳。唯其难也,所以不能久也。

茅注:乐,音洛。为,去声。除非,反决辞,若正言之,如云惟有如此也。"性本善"以下,申明"烛理明,自然乐循理"之意。不知者,未致知也。安排者,勉强行也。难,则不能持久矣。朱子曰:"学者不向自己分上精思熟察,而徒务为涉猎书史,通晓世故之学,又程子所谓'玩物丧志'者,不可以不知也。"

江注:此言未致知亦不能诚意耳,非谓诚意功夫有等待也。

〔6〕叶解：真知者，知之至也。真知其是，则顺而行之，莫能遏矣。

张解：由是见致知之为要，而所谓知者非可一概论也。有多少般数，因其多少以为深浅，知得一分则行得一分，知得十分则行得十分。如徒就外面理会，却于里面未理会得莹净，便是知之未真。真知者，知之至也。学者须是真知，才知得是，忠便会尽，信便会立，泰然行之，日进无疆。虽不无笃信固守之功，而亦何待勉强乎？夫子谓半途而废，吾不能已。朱注谓颜子盖真知之，故能择能守。此可以见矣。

李解：问："有人明得此，而涵养未到，却为私意所夺。"朱子曰："只为明得不尽，若明得尽，私意自然留不得。未能透彻，尚有渣滓，非所谓真知也。"

茅注：般、班通用。《广韵》以"煞"为"杀"字之俗，宋人语录中时用之，似又借以为极至之义。盖亦如"这"字之误耳。真知，谓知之深也。泰然，从容自在之貌。朱子曰："《大学》'知至'之'至'，旧作'尽'字说，今见得当作'切至'之'至'。知之者切，然后贯通得诚意。意如程子所谓'真知'是也。"又曰："所以未能真知者，缘于道理上只就外面理会得许多，却未尝于里面十分理会故也。"

贝原笃信曰：知有多者有少者，是般数之差等不同。其少者浅者，非真知也。

〔7〕叶解：此可见先生致知之功，进德之实，而圣经之旨要，必玩味积久，乃能真知，而亦不徒在于解释文义而已。

张传：先生曰"知有多少般数，煞有深浅"，"才知得是，便泰然行将去"，即此意也。先生谓二十时，即解经义，"今日觉得意味与少时自别"，此是真实心得之言。学者读先生之言，随知随行，则致知诚意，日进无疆矣。先生曰："觑却尧，学他行事，无尧许多聪明睿智，怎生如得他动容周旋中礼？"愚谓，致知未至，自然不能有尧之聪明睿智，然须渐渐学去。孟子曰："服尧之服，言尧之言，行尧之行，是尧而已矣。"想亦是从粗处学起。

张解：此又自言其致知之渐以身示教也。言少时解释经义已用许多格致工夫，但年益进则知益进，知益进则行益进，故文义无异而意味自别，知之有真有不真也。此见程子进德之实，可为学者之师，而学以致知为先，不可不亟讲耳。

李解：少，去声。朱子曰："此温故知新之大者，学者当以是为的而日省之，则足以见夫义理之无穷矣。"

茅注：称"某"者，以出门人纪录，不敢名其师也。后仿此。

价解：解释无异，而意味自别者，潜心默识，玩味积久，真知而自得之也。

[集评]

　　说到为学次第,曰:本末精粗,虽有先后,然一齐用做去。且如致知格物而后诚意,不成说自家物未格、知未至,且未要诚意,须待格了知了,却去诚意,安有此理! 圣人亦只说大纲自然底次序是如此。(《语类》卷十五)

　　朱子曰:程子论知之浅深,从前未有人说到。此人果见得分晓,如鸟喙之不可食,水火之不可蹈,见善如饥之欲食、寒之欲衣,则意自实矣。(《江注》)

　　张习孔曰:先生所言,是谓明善然后可以诚身,此圣人不易之理。然下学之士,不能一彻俱彻,须是渐知渐进,当其渐知,即须力行。颜子得一善是知,服膺勿失,即是行。然曰得一善,则非全得可知,盖日知其所仁也。

　　张绍价曰:此言知先于行,而必以真知为贵也。学者于圣人气象固当玩味,然圣人动容周旋中体,乃生而知之,不待思勉而从容中道。无圣人之聪明睿智,而欲学其行事,必不可得,张子所以十五年学恭而安不成也。知之明,乃能行之力。先明乎善,然后能实其善,未致知而欲诚意,勉强行者,安能持久? 须是烛理明,循理而行,何难之有? 理有未明,而强为安排布置,则难矣。知有浅深,见其表而忘其里,得其粗而遗其精,皆非真知。真知者,表里精粗无不透彻之谓也。真知善之当为,则所以为之者,自不容已,泰然行将去,何容勉强安排? 此学之所以贵乎力行,而力行尤必先以真知也。

　　佐藤一斋曰:文公主张知先行后之说,原本程子,而至于后,则亦不免于有弊,故文成出唱知行合一以救其弊。要亦良工苦心,各有功于世,所归一也。学者所须知。(笔者按,佐藤一斋所言,揭示出朱子、王阳明之异,值得深思。)

　　9.[一]凡一物上有一理,须是穷致其理。穷理亦多端:或读书,讲明义理;或论古今人物,别其是非;或应接事物,而处其当。皆穷理也。[1]或问:“格物须物物格之,还只格一物而万理皆知[二]?”曰:怎得便会贯通? 若只格一物便通众理,虽颜子亦不敢如此道。须是今日格一件,明日又格一件,积习既多,然后脱然自有贯通处。[2](旧注:又曰:所务[三]于穷理者,非道尽穷了天下万物之理,又不道是穷得一理便到。只要积累多后,自然见去。)[3][四]

[集校]

　　[一]《张解》本有“伊川曰”三字。

〔二〕"知",《张传》本作"通"。

〔三〕"又曰所务"下,叶本大字,无"本注"字。(《茅注》)注:见卷二上,叶讹作大字。(《冯记》)"又曰:所务"以下,吕本作小注。(《异同考》)按,《叶解》元刻本及其四库抄本、《张解》本无"本注"(按,即《杨注》本所称"旧注")二字,以下为大字。《茅注》既有"本注",又皆为大字。

〔四〕《张传》本将第9、10条接连在一起刻印,未单列,似合作一条。

[集注]

〔1〕叶解:三者,穷理之目,当随遇而究竟。然"读书,讲明义理"尤为要切,而观人处事之准则,要亦于书而得之。

张解:此示人以格物致知之功也。理具于物之中,从统体上推出,万物同此一理;从散殊上看来,一物各有一理。须是一一穷究其理,方有以顺性命之正,处事物之当。而穷理之目亦不一其端,或读书,或论人物,或处事,皆当随寓而穷之。其从读书讲明开示本原而得之者固多,从讨论古今分别是非而得之者最捷,从应接事物处置各当而得之者最实。无时无处不用其功,而穷理之方始尽也。

李解:处,上声。当,去声。朱子曰:"读书,以讲明道义,则是理存于书;论古今人物,以别其是非,则是理存乎古今人物;应接事物,而审其当否,则是理存乎事物。所存既非一端能专,则所格自非一端而尽。"

茅注:别,彼列反。

价解:此言致知之功,在即物以穷理也。穷理亦多端,理在于书,则讲明义理以穷之;理在于古今人物,则别其是非以穷之;理在于应接事物,则处其当否以穷之。皆穷理也。理明则知自真矣。

〔2〕叶解:朱子曰:"程子说格物,曰:格,至也。格物而至于物,则物理尽,意句(按,"句"《四库》抄本作"向")俱到,不可移易。'天生烝民,有物有则。'物者,形也;则者,理也。人具是物而不能明其物之理,则无以顺性命之正,而处事物之当,故必即是物以求之知、求其理矣。而不至(按,"至"《四库》抄本作"知")乎物之极,则事之理有未穷,而吾之知亦未尽,故必至其极而后已。"

张解:此又因或人之问,示以用功次第也。学者务博,要尽穷天下之理,固不是。其务约者,谓穷得一理便到,亦无此容易法门。故答或人曰"怎得便会贯通"。盖到了贯通时候,难道有个异理?但方格之时,则虽明睿如颜子,亦不敢如此说。只要积累多,后自然见。……吕东莱训"格"字,则以为通彻无间。吴敬庵曰:"通彻无间,亦'至'字之义,然比之'至'字较明白而深长,合而观之可也。"

李解:此章从《大学或问》文。本注放此。朱子曰:"颜子高明,不过闻一知十,学问却有渐,无急迫之理,人日用间自是不察耳。若体察当格之物,一日之间尽有之,零零碎碎凑合将来,不知不觉,自然省悟。其始固须用力,及其得之也,又觉不假用力。"又曰:"所谓一日一件者,格物工夫次第也。脱然贯通者,知至效验极致也。不循其序而遽责其全,则为自罔;但求粗晓而不求贯通,则为自画。"朱子曰:"……且如一百件事理会得五六十件,这三四十件也大概是如此。"

江注:问:"一理通则万理通,其说如何?"朱子曰:"伊川尝云虽颜子亦未到此,天下岂有一理通便解万理皆通也?须积累将去。"问:"今日格一件,明日格一件,工夫如何?"曰:"如读书,今日看一段,明日看一段。又如今日理会一事,明日理会一事。积习多后,自然贯通。"曰:"积习既多,自当脱然有贯通处。……此个事不可欲速,欲速则不达,须是慢慢做将去。""所谓不必尽穷天下之物者,如十事已穷得八九,其一二虽未穷得,将来凑会都自见得。"问:"知至若论极尽处,则圣贤亦未可谓之知至。"曰:"然。如何要一切知得?然理会得已极多,万一有插生一件差异底事来,也都识得他破。只是贯通,便不知底亦通将去。某旧来亦如此疑,后来看程子说'格物非谓尽穷天下之物'云云,方理会得。"

[3]杨注:伯嵒据晦翁曰:"致其知者,推致吾之所知以及其所不知,如丧致乎哀之致,穷到极处谓之致。"又曰:"致知、诚意是学者两个关,致知乃梦与觉之关,诚意乃恶与善之关。透得致知之关则觉,不然则梦;透得诚意之关则善,不然则恶。致知、诚意以上工夫较省。"伯嵒曰:"惟天地万物父母,惟人万物之灵",散于动植者物之微,见于日用者物之寓。无非物也,无非理也。其隐显精粗,动静出入,升降聚散,往来屈伸,莫不有自然之理存乎其间。苟日与之接而不尽其理,则识有所不精矣。或格其一而不及其馀,则知有所不遍矣。故《大学》曰"致知在格物",格,至也,即物而穷至其理也。虽然,此格物之理也,若其贯通之妙,则晦翁之言尽之矣。伯嵒并述其后,欲致知者当自诚意始,夫如是则融而会之,一而二,二而一也。

叶解:朱子曰:"今人务博者,却要尽穷天下之理;务约者又谓反身而诚,则天下之物无不在我。此皆不是。唯程子积累贯通之说为妙。"

张解:上积习贯通之说,既示人以穷理之务矣。又言所务于穷理者,非谓驰情浩博,必尽穷天下万物之理而无所遗也,又非谓专守简约,止穷得一物之理,即到贯通之地也。夫理不胜穷,圣人且有所不知,物各有理,执一何可以该万,二者均失。是以穷理之务无他,止要日积月累,由少至多,则聪明以渐而开,事理以渐而著,自然而然,不待推测拟议而无不见矣。盖既不失之于博,又不失之于约,斯为穷理者所当务也。此一节《集解》阙,照原编补。

茅注: 朱子曰:“积习多便是学之博,贯通处便是约。不是贯通后又去里面寻讨约。”

[集评]

朱子曰: 所谓穷理者,事事物物各自有个事物底道理,穷之须要周尽。若见得一边,不见一边,便不该通。穷之未得,更须欵曲推明。(《语类》卷十五)

朱子曰: 古人自小学中涵养成就,所以大学以格物为先。今学者从前无此工夫,而但欲于思虑知识求之,更不于操存处用力,纵使穷理到极处,亦无实地可据。盖“敬”字彻上彻下,格物致知乃其间节次进步处耳。(《茅注》)

朱子曰: 程子此语便是真实做工夫来也,不说格一件后便会通,也不说尽格天下物理后方始通,只云“积习既多,然后脱然有个贯通处”。又曰: 程子此言该内外,宽缓不迫,有涵泳从容之意。(《江注》)

陈氏曰: 初学穷理工夫,须先就圣贤言语实处为准则,随章逐句,虚心详玩。果实有得,则是非邪正大分已明,而胸中权度稍定。然后次而及于论古今人物,以相参质。最其后乃及于应接事物,更相证订,方不至差谬。程子之言,其有序矣。(《茅注》)

陈埴曰: 只格一物便是致知,虽曾、颜不敢如此道。晦翁曰:“日格一物,积久自有豁然贯通处。”此道尽着玩索。日格一物,岂是只格一物?积久贯通到此境界,即明睿洞照,不待物物尽穷矣。

胡氏曰: 穷理非一端,所得非一处。读书得之虽多,讲论得之尤速,思虑得之最深,行事得之最实。(《李解》)

张习孔曰: 先生此篇,教人格物致知之功。其曰“今日格一件,明日又格一件”,“积习既多,自有贯通处”,是言积累而得也。朱子取此意以补格物致知之意,其言益明白真切,而后世如姚江之学者,每有未然之论,多胶泥其字句而訾议之。愚谓,两先生为教人而设,自当于着实处开示。若虚谈灵悟,其弊至于使人废学,故须如此说,俾学者有切实下手功夫,浅深尺寸,皆有所得,上智下愚,行之无弊,至所以致知之道,亦不外是而得之矣。或者以天下之物,不能尽格,则终不能致知。夫两先生亦何尝教人尽格天下之物乎？所谓一旦豁然贯通者，由于用力之久，不由于尽格天下之物也。《中庸》谓"虽圣人有所不知焉"，有不知何害其为圣人乎？人但不得借口此言而诿于不学，如姚江氏之云也。且先生之教人多术矣，或读书，或论古，或应事，皆穷理，皆格物也。此即下学上达之言。天下之理，学者之事，其有能加此乎？则信乎先生之言为无弊也。

管赞程曰：自篇首至此为一章，言格致次第工程，知行并进，以底于大成。

张绍价曰：孟子曰："博学而详说之，将以反说约也。"学非欲其徒博，而亦不可以径约。务博者，欲尽穷天下之理，一物不知，引为深耻，其究必为俗学。务约者，谓格一物而万理皆通，反身而诚，则天下之物无不在我，其流必为异学。圣人有所不知，安能尽穷天下之理？颜子亦只闻一知十，安能格一物而万理皆通？"今日格一件，明日格一件，积习既多"，博也；脱然贯通，约也。知博而不知约，夸多斗靡以为知，汉家学之知，非真知也。不博而欲径约，冥悟坐照以为知，良知家之知，非真知也。惟程子所云积累多后，脱然有贯通处，乃为真知而自得耳。

钱穆曰：伊川此条乃朱子《大学格物补传》所本。（《随劄》）

10. [一]"思曰睿"，思虑久后，睿自然生。[1]若于一事上思未得，且别换一事思之，不可专守着这一事。盖人之知识，于这里蔽着，虽强思亦不通也。[2]

[集校]

[一]《张解》本有"伊川曰"三字。

[集注]

[1] 叶解：说见《尚书》。睿，通微也。人心虚灵本然明德，致思穷理久自通微。

张解：此欲人善用其思也。

[2] 叶解：致知之道弗明弗措，然人心亦有偏暗处，当且置之，庶不滞于一隅。

张解：能通微则无不通。而或于一事思之未得，权将此事放下，别换他事思之，不可拘守此事勉强求得。盖人心是活物，而知识有偏暗处者，是于这处被物遮蔽，且暂置之。后来触类旁通，蔽自然去，睿自然生。若强思力索，则滞于一隅，故人不可不思，尤不可不善用其思也。

李解：强，上声。朱子曰："程子之言诚善。然穷一事未透，又便别穷一事亦不得。彼谓有甚不通者，不得已而如此耳。不可执此而容易改换，却致工夫不专一也。"

江注：问："程子此说与《中庸》'弗得弗措'相发明否？"曰："看来有一样底，若'弗得弗措'，一向思量这个，少间便会担阁了。若谓穷一事不得，便掉了，也不得，程子为见学者有恁地底，不得已说此话。"

佐藤一斋曰：知识，指心之分辨，非闻见之知。

[集评]

问：伊川论致知处云："若一事上穷不得，且别穷一事。"窃谓致之为言，推而致之以至于尽也。于穷不得处正当努力，岂可迁延逃避，别穷一事邪？……曰：这是言随人之量，非曰迁延逃避也。盖于此处既理会不得，若专一守在这里，却转昏了。须著别穷一事，又或可以因此而明彼也。(《语类》卷十八)

仁甫问：伊川此说"若一事穷不得，须别穷一事"，与延平之说如何？曰：这说自有一项难穷底事，如造化、礼乐、度数等事，是卒急难晓，只得且放住。……延平说，是穷理之要。若平常遇事，这一件理会未透，又理会第二件；第二件理会未得，又理会第三件，恁地终身不长进。(同上)

张绍价曰：通微曰睿。人心至虚至灵，故思虑久，则睿自生。然亦有偶有所蔽，思虑愈久，而窒塞愈甚者，则宜暂置不思，别穷一理，俟他日再取思之，则因彼及此，积久生悟，自有豁然以解者。若只拘守一隅，必欲苦心极力以索之，则心气劳耗，纵有所得，非真知实得也，强揣度耳。

钱穆曰：今人言学必重思。……中国人则言思，又言明睿之照，此可谓中国人对人类心理学上一大理论。(《随劄》)

11. 问："人有志于学，然知识蔽固，力量不至，则如之何？"曰：只是致知。若智[一]识明，则力量自进。[1]

[集校]

[一]"知识明"，叶、吕、江本皆作"智"。(《考异》)按，《张解》本、《叶解》四库抄本作"知"。"智"上，《刘元承手编》无"若"字。

[集注]

[1]杨注：晦翁曰："知者，心之神明，妙众理而宰万物者也。神是恁地精彩，明是恁地光明。"或问："知与思如何分别？"晦翁曰："二者只是一事，

知如手,思是使那手去做事,思所以用夫知也。"

叶解:真知事理之当然,则自有不容已者。

张解:人之为学固要识力并进,然识高则力勇,力量未至还是知识未明,而知识之所以蔽固者,则推致之功未尽也。故或以为问,而答之曰"只是致知"。

[集评]

张习孔曰:或人所问,似是谓资质鲁钝,徒有志而力不及耳。先生教以致知,即上章所谓读书明义理,论古别是非,应事处其当也。人能于此着实致功,则随其资质之所及,自成一体段,何必虑其至不至乎?

张绍价曰:此亦前章"烛理明,自然乐循理"之意。真知事理之当然,则其守必定,其气必先,故力量自进。

泽田希曰:知识犹目之视,力量犹足之行。视之明,则足力自进此。

12. 问:"观物察己,还因见物反求诸身否?"[一]曰:不必如此说。物我[二]一理,才明彼即晓此,此合内外之道也。[1]又问:"致知先求之四端如何[三]?"曰:求之情性,固是切于身。然一草一木皆有理,须是察。[2](旧注:又曰:自一身之中[四],至[五]万物之理,但理会得多,相次[六]自然豁然,有觉处。)[3]

[集校]

[一]《张解》本有"伊川"二字。

[二]"我",吴邦模刻本作"有"。

[三]"如何",江误倒。(《冯记》)按,《江注》本作"何如"。

[四]"又曰自一身之中"下,叶本大字,无"本注"字。(《茅注》)注:见卷十七,叶讹作大字。(《冯记》)"又曰:自一身"以下,吕本作小注。(《异同考》)按,《叶解》元刻本及其四库抄本、《张传》本、《茅注》本为大字。

[五]"至",吴邦模刻本作"以生"。"至"上,《叶解》元刻本及其四库抄本、《张解》本、《茅注》本、《江注》本及其四库抄本有"以"。

[六]"相次",叶本作"胸次",误。(《茅注》)"相",叶改"胸"。(《冯记》)王、吴本"胸"作"相",《遗书》同,施、阴、洪本并作"胸",今从之。万先生云:《或问》"自然"作"自当",无"胸次"二字。(《王记》)注:"相次",叶本作"胸"。(《考异》)"胸次自然",吕本"胸"作"相"。(《异同考》)按,"相",《张解》本、《叶解》四库抄本作"胸"。

[集注]

[1] 叶解:天下无二理,物之理即吾心之理也。因见物而反求诸身,则是以物我为二致。

张解:理散于物而实管于吾心,故物之理即己之理,天下无二理也。若分观物察己而二之,谓见物还须反求诸身,则以物我为二致矣,故不必如此说。盖以其迹观之,虽有彼此之分,以其理论之,则明乎彼即晓乎此。内外之道皆为性之德,本是浑成合一的,无内之非外,亦无外之非内也。

茅注:张氏曰:"或谓以吾心之理推之事事物物,则是事物与吾心有二理,非合内外之道矣。"

[2] 叶解:四端,说见《孟子》。理散于万物而实会于吾心,皆所当察也。

张解:欲致知者,近取诸身,先求之恻隐、羞恶、辞让、是非之四端,固可即己之理以通万物之理。然一物各具一理,即如一草一木亦勿放过,须是潜心体察,积累久后融会贯通,方算得物格而后知至。故不能合内外之道,则无以知天下之理之一;不能察物物之理,则无以知天下之分之殊。

李解:从《大学或问》文。朱子曰:"穷理者,欲知事物之所以然与其所当然者而已。知其所以然,故志不惑;知其所当然,故行不谬。非谓取彼之理而归诸此也。"

江注:朱子曰:"知得事物上是非分明,便是自家心下是非分明,所以说才明彼即晓此。"问:"草木当如何格?"曰:"此推而言之,虽草木亦有理存。如麻、麦、稻、粱,甚时种甚时收,地之厚薄不同,宜植某物,亦皆有理。""自一身之中以至万物之理,理会得多,自当豁然有个觉处。""此一段尤要切,学者所当深究。""一身之中是仁义礼智,恻隐四端,与夫视听言动皆所当理会。至若万物之荣悴,与夫动植小大,这底可以如何使,那底可以如何用,皆所当理会。"问:"自一身以至万物之理,所谓由中而外、自近而远,秩然有序而不迫切者。"曰:"然。到得豁然处,是非人力勉强而至者也。"

[3] 杨注:伯嵒据徐寓问于晦翁曰:"《大学或问》'观物察己,还因见物反求诸己',此说亦是,程子非之,何也?"曰:"这理是天下公共之理,人人都一般,初无物我之分。不可道我是一般道理,人又是一般道理,将来比并看。如赤子入井皆有怵惕,知得人有这个,便知自家亦有这个,更不消比并自知。"

叶解:上段曰"积习既多,然后脱然自有贯通处",又曰"积累多后,自然见去",又曰"理会得多,自然豁然有觉处"。再三言之,惟欲学者随事穷格,积习既多,于天下事物各有以见其当然之则,一旦融会贯通,表里洞彻,则觉斯道之大原,全吾心之本体,物既格而知且至矣。其在孔门,则颜子卓然之后,曾子一唯之时乎！或者厌夫观理之烦,而遽希一贯之妙,或专滞于文义之末,而终昧上达之旨,皆不足有见于是道也。

张传:因物反求身者,格物之始功也。明彼即晓此者,备物之成功也。求之四端以察识其固有,此事心之功,固格物之事。自一身以会万物之理,此穷理之事,实合于事心之功。

张解:人心本有觉而未免于昧者,惟其于事物之理理会得少耳。故自一身之中推而极之,以至万物无在非理也。但能随处察识理会得多,则胸次之间自然有觉悟之处矣。

茅注:相次者,渐次之意。朱子曰:"草木皆有理者,如《周礼》'仲夏斩阳木,仲冬斩阴木'。知得此理,处之而各得其当便是。又如鸟兽之情,莫不好生而恶杀,便须见生不忍见死,闻声不忍食肉,非其时不伐一木,不杀一兽,胎不夭,不覆巢,推此类可见。"

[集评]

朱子曰:上而无极太极,下而至于一草一木一昆虫之微,亦各有理。一书不读,则阙了一书道理;一事不穷,则阙了一事道理;一物不格,则阙了一物道理。须著逐一件与他理会过。(《语类》卷十五)

朱子曰:于此一物上穷得一分之理,即我之知亦致得一分;于物之理穷二分,即我之知亦致得二分;于物之理穷得愈多,则我之知愈广。其实只是一理,才明彼即晓此。故《大学》曰"致知在格物",而不曰"欲致其知者先格其物"。盖致知便在格物中,非格之外别有致处也。(《茅注》)

朱子曰:此亦程子因人专欲求之四端,故教以一草一木亦皆有理。其格之也,亦须有先后缓急之序,岂遽以为存心于草木器用之间,而忽然悬悟也哉？今为此学而不穷天理、明人伦、讲圣言、通世故,乃兀然存心于一草木一器用之间,此是何学问？如此而望有所得,是炊沙而欲成饭也！(《李解》)

张绍价曰:此言致知在格物,物理明得一分,即知识进得一分,物我一理,物之是非得失,即我之是非得失,才明彼,即晓此,无待见物反求诸己也。仁义礼智之性,恻隐、羞恶、辞让、是非之惰,具于吾心,而切于吾身,固学者所当讲求。然天下无性外之物,一草一木,亦皆有理,不可不察。一草一木皆有理,不可不察,此极言穷理之功,不容忽于细微耳。须善会,勿泥看。草木固皆有理,然视吾身之性情,则先后轻重,不可同日而语。程子曰"自一身之中,以至万物之理",曰"自"曰"以至",则性情之当急,物理之当缓明矣。

李潢曰:此章问答,盖穷格之事,而问者之意,乃以反求诸身为言,故程子非之也。且既曰明彼晓此,则其明此晓彼,亦可以倒推,然其求之性情,而后必察乎一草一木,何也? 盖人与草木形气既殊,苗脉不同,性情之寂感,物生之荣落,何可以一绰推测耶? 与上人事之当然者不同,宜分别看。

13. [一]"思曰睿","睿作圣"。致思如[二]掘井,初有浑水,久后稍引动得清者出来。人思虑始皆溷浊,久自明快。[1][三]

[**集校**]

[一]《张解》本有"伊川曰"三字。

[二]"如",江误"而"。(《冯记》)王、吴本"如"作"而",洪本作"如",《遗书》、《集解》、施、阴本并同,今从之。(《王记》)

[三]以上并伊川语。(《茅注》)按,《张传》本将第 13、14 条接连在一起,未单列,似合作一条。

[**集注**]

[1]叶解:致思则能通乎理,故明睿生;充其睿则可以入圣域,故睿作圣。然致思之始,疑虑方生,所以溷浊。致思之久,疑虑既消,自然明快。此由思而生睿也。

张解:复引《洪范》之言以明致思之效。思能通理,圣人是全尽此理,故充其思之睿,可以作圣。譬若掘井,渐渐由浑得清。……掘井不及其清者而止,则为弃井也。

李解:始而溷浊,物欲之忧也。久而明快,天机之发也。

茅注:睿,音锐。溷,呼困反。"思曰睿"二语,见《周书·洪范》篇。浑、溷,皆浊也。

[**集评**]

朱子曰:思索譬如穿井,不解便得清水。先亦须是浊,渐渐刮将去,却自会清。(《语类》卷九)

薛氏曰:思索太苦而无节,则心反为之动而神气不清。故凡读书思索之久,觉有倦意,当敛襟正坐,澄定此心,少时再加思索,则心清而义理自见。(《茅注》)

张习孔曰:先生掘井之喻最妙。掘井者,初得浑水,久之浑水尽而清水自来。

14. [一]问:"如何[二]是近思?"[1]曰:以类而推。[2][三]

[集校]

[一] 此条,《叶解》元刻本紧接在第13后刻印,未单列。"问"上,《江注》四库抄本有"或"。

[二] "如何",江误倒。(《冯记》)

[三] 以上皆伊川语,惟九条注无识别。(《冯记》)按,此条今见《河南程氏遗书》卷二十二上《伊川杂录》。

[集注]

[1] 茅注:此郑亨仲问也。

[2] 叶解:思虑泛远而不循序渐进,则劳心而无得,即吾所知者以类推之,则心路易通,而思有条理,是谓近思。朱子曰:"若是真个劈初头理会得一件分晓透彻,便逐件如此理会去,相次亦不难。"又曰:"从己理会得处推将去,便不隔越;若远去寻讨,则不切己。"

张解:此示人以近思之方。物各从其类,因吾所已知者以类推之,则心路易通而思有条理。"若是真个劈头理会得一件分晓透彻,便逐件如此理会去",自亦不难。故近思者,致知之要;而类推者,又近思之方也。若远去寻讨,便不切己。朱子以"近思"名篇,厥旨深哉!

李解:朱子曰:"不要跳越望远,亦不是纵横陡顿,只是就近傍晓得处挨将去。如亲亲推去仁民,仁民便推去爱物,修身便推去齐家,齐家便推去治国。"

茅注:"近思",说见《论语》。朱子曰:"以类而推者,……只是从易晓者推将去,一步又一步,若远去寻讨,则不切于己。"又曰:"自无穿窬之心推之,以至于不言𫗦之类;自无欲害人之心推之,以至于一夫不得其所、若挞于市之类;至如一饭以奉亲,至于保四海、通神明,皆此心也。"

江注:"此语道得好。……如这一件理会得透了,又因这件推去,只管挨将去,次第都能理会得。今人不曾以类而推,不曾先理会得一件,却便理会那一件。须是劈初头要理会教分晓透彻。"

[集评]

蒉卿问:伊川谓"近思只是以类推去"。曰:程子说得"推"字极好。问:比类,莫是比这一个意思推去否?曰:固是。如为子则当止于孝,为臣当止于忠。自此节节推去,然只一"爱"字虽出于孝,毕竟千头万绪,皆当推去须得。(《语类》卷四十九)

问:"程伯子云'学只要鞭辟近里,著己而已,故切问而近思,则仁在其中矣'。叔子云'近思,以类而推'。两程子所谓'近思',其义似不同?"曰:"伯子之意,盖曰思之以不远乎己耳,叔子则以思之有序为近也。伯子之言因得其本旨,然不参以类推之说,则将有捐事弃物,专以反思默造为功,而不自知其陷于异端者。故二子之说不可以偏废也。"(《江注》)

张习孔曰:清水既来之后,自有源源不竭之妙。若又加浚凿,则浑水又出矣。孔子曰"再,斯可矣",与此意亦相近。先生解近思曰"以类而推",亦是此意。以类而推者,足此而通彼也。

张绍价曰:以类而推,即朱子所谓因其已知之理,而益穷之也。由近而推之远,由易而推之难,由浅而推之深,由表而推之里,由粗而推之精,循序渐进,自可推之以至其极,而豁然贯通不难矣。若厌小务大,忽近图远,则徒劳罔功,终无由真知而实得。

李黻曰:思亦有端,思而有得,是其端也,如求珠于暗中,见其一点光彩,即其境也。不然亦汎汎然自懈耳。"近思"者,必从其有得处推类渐通,寂易得力,以至万事万物。物理幽深玄妙,莫非近思也。不然者,虽常行目前之事,犹为远思。

15.〔一〕学者先要会疑。[1]〔二〕

[集校]

〔一〕《张解》本有"伊川曰"三字。此条今见《河南程氏外书》卷十一时氏本《拾遗》。

〔二〕以上并《遗书》。(《杨注》)此条见《外书》时氏本《拾遗》,列《遗书》,误。(《茅注》)

[集注]

[1] 叶解:朱子曰:"书始读未知有疑,其次渐有疑,又其次节节有疑。过了此一番后,疑渐渐释,以至融会贯通,都无可疑,方始是学。"

张解:疑者,悟之阶也。会疑便是用功于学。或于理上推不去,或平时见理以为如此,于这理却又不合,便自反覆求解,弗知弗措。若不会疑,必未尝用功者,是不知其何以是,非不知其何以非。

茅注:朱子曰:"读书逐句逐字,要见着实。若用工粗卤,不务精思,只道无可疑处。非无可疑,理会未到,不知有疑耳。"又曰:"圣人之'不愤不启',须是教之疑,到无可解释处方始与说,彼便通透,并从前所疑虑处,亦每因此触发。盖工夫都在许多思虑不透处也。"

价解:程、朱以前,注疏之说,多与经旨不合,故朱子云然。程、朱以后,群经皆有定说,学者只宜熟读精思,身体而力行之,不可妄生疑窦,自寻荆棘。

[集评]

朱子曰：学者讲学，多是不疑其所当疑，而疑其所不当疑。不疑其所当疑，故眼前合理会处多蹉过；疑其所不当疑，故枉费了工夫。（《语类》卷一百二十一）

张习孔曰：周公之夜以继日，孔子之发愤忘食，皆善疑者。故曰"不愤不启，不悱不发"也。

张绍价曰：学以求宽，能疑乃能有觉，故学者先要会疑。以类而推，推不去处而疑生焉。有疑而审问慎思明辨，则理明而疑释矣。然谓之"会疑"者，疑所当疑之谓也。若妄为穿凿，则不得谓之会疑矣。

16. 横渠先生答范巽之曰：所访物怪神奸，此非难语，顾语未必信耳。[1]孟子所谓[一]知性知天，学至于知天，则物所从出，当源源自见。知所从出，则物之当有当无，莫不心谕[二]，亦不待语而后知。[2]诸公所论，但守之不失，不为异端所劫，进进[三]不已，则物怪不须辩，异端不必攻，不逾期年，吾道胜矣。[3]若欲委之无穷，付之以不可知，则学为疑挠，智为物昏，交来无间，卒无以自存而溺于怪妄必矣。[4]

[集校]

[一] "谓"，吕、叶本并作"论"。（《茅注》）按，"谓"，《叶解》元刻本及其四库抄本、吴邦模刻本、《张解》本作"论"。

[二] 王、吴本"谕"并作"喻"，洪本作"谕"，《遗书》、《集解》、阴本同。按，《礼·学记》故"君子之教喻也"，是谕告之谕，亦作喻。《国策》"寡人谕矣"，是喻晓之喻，亦作谕也。今仍洪本。吴清卿云："《说文》有'谕'字，无'喻'字，是古人谕告喻晓，皆从言，不从口也。"（《王记》）按，此条今见张载《文集佚存·答范巽之书》，"谕"作"喻"。

[三] 《文集抄》。"进进"，叶误"进退"。（《冯记》）

[集注]

[1] 叶解：物异为怪，神妖为奸。见理未明，自不能无疑，虽得于人言，亦未必信。

张解：此言正道明，则怪妄自消。学者当坚守其正也。访，问也。……张子以巽之问及，谓此固无难语者，但灼理未精，则语未必信。君子贵先穷理耳。

茅注：物怪，如"石言于晋"之类；神姦，如"伯有为厉"之类。

[2] 叶解：天者物理之所自出，知天则通乎幽明之故，察乎事物之原，而妖异之所由兴，皆可识矣。

张解：任天下之至奇至变，总不外于此理。性即理也，天即理所从出也。故孟子之言知性知天，反始穷源，通彻无间之学也。学至知天，则有以探其从出之源，而知一本之所以万殊。理所当有，便有此物；理所当无，便无此物。了然明白，返求诸心而自谕之，亦不须提命告语而后知矣。岂有语之而顾不信者乎？

李解：胡氏曰："今人多惑于异怪，是未尝知性知天。夫乾道变化，各正性命，此外俱是异端也，道不必穷也。"

贝原笃信曰："物"字，暗指物怪神姦。"源源"，《孟子·万章》篇曰："源源而来。"注：源源若水之相继也。

[3] 叶解：学者知有未至，且坚守正论，不为邪妄所夺，又能进于学而不已，则怪异不必攻辩，将自识破。

张解：若学未至于知天，则知有或昧，而异端之徒往往创为姦怪之说，以劫夺吾道之正，所以诸公今日亦不免谈论及之。但当坚守其正，勿为所夺。就日用伦常光明正大物事渐渐上进，久而不已，则驯至于知性知天，而所谓怪异者，不必攻辩，自然识破。约略其功候，不过一岁之间，吾道胜矣。朱子云："是真难灭，是假易除。但当力行吾道，使益光明，不必深与之辩。"与此意互相发。

茅注：期，音基。诸公所论，如孔孟之言是也。

贝原笃信曰：诸公所论，言诸名公所辩论之排妖妄异端之说，守之不失也。

[4] 杨注：《文集》，下同。伯昷据叶贺孙问晦翁曰："苌弘死，藏其血于地，三年化为碧。"曰："此如虎威之类。"问："应人物之死，其魄降于地，皆如此，但或散或微，不似此等之精悍。所谓'伯有用物精多，而魂魄强'是也。"因言鬼火皆是未散之物，有人夜行淮甸间，忽见明灭之火当其路头，其人冲过，见皆人形，如庙社泥塑未装饰者，亦未散之气，不足畏。晦翁曰："若论正理，则如树上忽然生花，空中忽然有雷霆风雨，此乃造化之迹，人所常见，故不之怪。忽闻鬼叫，则以为怪。"曰："不知此亦造化之迹，但不是正理，故为怪异。如《家语》云'山之怪曰夔魍魉，水之怪曰龙罔象，土之怪曰羵羊'，皆是气之杂糅乖乱所生，亦非理之无也，必以为无则不可。如冬寒夏热，此理

之正也,有时忽然夏寒冬热,岂可谓无是理? 既非理之常,便谓之怪。孔子所以不语,非学者所当先也。”

叶解:不能坚守正论,内怀疑端,外为邪蔽,久则所惑愈深矣。

张解:若不能坚守吾道,作骑墙之见,以为物理无穷,奸怪或有,只付之变幻不可知,是胸中怀着疑胎。吾学有可以挠之隙,外物亦易昏我之明,将所谓奸怪之来,交错迭见,而我卒无所折衷以自存其是,其溺也必矣。岂天下真有怪妄之事,亦我之不达于理而已矣。

李解:间,去声。

茅注:疑,谓为异端之说所惑也。物,即指物怪神奸而言。疑挠、物昏,谓为疑所挠、物所昏也。

江注:问:“横渠‘物怪神奸’书,先生提出‘守之不失’一句。”朱子曰:“且要守那定底,如‘精气为物,游魂为变’,此是鬼神定说。又如孔子说‘非其鬼而祭之,谄也’,‘敬鬼神而远之’等语,皆是定底。其它变处,如未晓得,且当守此定底。”

[集评]

朱子曰:横渠所谓“物怪神奸”不必辨,且只“守之不失”。如“精气为物,游魂为变”,此是理之常也。“守之勿失”者,以此为正,且恁地去,他日当自见也。若“委之无穷,付之不可知”,此又溺于茫昧,不能以常理为主者也。伯有为厉,别是一种道理。此言其变,如世之妖妄者也。(《语类》卷九十八)

张习孔曰:吾儒之论,不过如此。故季路问事鬼神与问死,或人问禘之说,夫子亦即如此答之。惜乎不全载巽之问语! 愚谓纵有奇诧诡诞之事,不妨竟以不知答之,亦与吾儒之学无愧。何也? 不知为不知也,是知也。虽圣人有不知焉,况下焉者乎?

张绍价曰:天者理之所从出,天下之物,莫不本于阴阳五行之气,莫不本于阴阳五行之理。特其间有常变之异耳。常者为人,为鸟兽,为草木;变者为物怪,为神奸。常者固理之所有,变者亦非理之所无,皆天也。学至于知天,则物之当有当无,自可心谕神会,不待语而后知也。圣人语常而不语怪,语人而不语神,所谓“未能事人,焉能事鬼”,“未知生,焉知死”,所谓“非其鬼而祭之,谄也”,所谓“务民之义,敬鬼神而远之”,皆不易之定理。学者未能知天,但守此定理而不失,其他物怪神奸,置之不辨,则异端不能惑,而吾道胜矣。若不能守定常理,而委之无穷,求之不可知,则学为疑挠而守夺,知为物昏而识扰,惑于异端,不能自存,而溺于怪妄也必矣。

17.〔一〕子贡谓:"夫子之言性与天道,不可得而闻。"既言"夫子之言",则是居常语之〔二〕矣。圣门学者以仁为己任,不以苟知为得,必以了悟为闻,因有是说。[1]〔三〕

[**集校**]

〔一〕"子贡"上,《张解》本有"横渠曰"三字。

〔二〕贝原笃信曰:张子曰"夫子居常语之",《集注》曰"夫子罕言之",二说不同,须以《集注》为至当。

〔三〕此条今见《语录》。(《茅注》)按,此条今见《张子语录·语录上》。

[**集注**]

[1]杨注:夫闻也者,非耳剽壁听之谓也,必有豁然开、怡然顺者,是闻也。其"朝闻道"之"闻"乎!

叶解:性者人心禀赋之理,天道者造化流行之妙。以仁为己任,盖期于实体而自得也。苟知者徒闻其说,了悟者深达其理。然则后之学者,高谈性天而实非领会者,可以自省矣。

张解:此因《论语》之言见学者当领会实得,勿徒以性命资谈论也。性者,人所得于天之正理,天道则造化流行之妙。性与天道是一是二,惟仁可以该之。子贡既明说夫子之言,则其言虽罕,亦时于平居常言之矣。而以为不可得闻者,盖圣门学者实以仁为己任,期于身体自得,不徒以苟知为闻也。苟知者徒窃其说,未曾了悟,了悟则深达其理,几乎自得矣。

茅注:说见《论语》。此引子贡之言而释之,以见其所谓不可得闻者如此。如夫子一贯之言,门人皆与闻也,而唯曾子能以忠恕明之,则曾子得闻,他人不可得而闻矣。又如孔门问仁者多矣,而唯颜渊、仲弓请事斯语,则二子得闻,他人不可得而闻矣。推此类观之,可见以仁为己任者,非有以知之明而信之笃者不能也。故必了悟而后可以为闻,不然则口耳之末而已,济得甚事?

[**集评**]

朱子曰:性与天道,性是就人物上说,天道是阴阳五行。(《语类》卷二十八)

张习孔曰:何谓浩然之气?孟子曰"难言也"。子贡谓"子言性与天道不可得闻",亦有如此景象。观此语,似子贡已得闻也。

张伯行曰:子贡是知至之后得悟一贯之传,因有是说。而张子恐后之学者高谈性天,实无领会,故引子贡言以发之。

张绍价曰：此承上"知性知天"而言。性者人心禀受之理，天道者化育流行之妙，性道贵实体不贵空谈。圣门学者以仁为己任，性与天道之理，期于身体而力行之，故不以苟知为得，必以了悟为期。苟知者，徒闻其说，非真知也。了悟者，深达其理，乃真知也。

18.〔一〕义理之学，亦须深沉〔二〕方有造，非浅易轻浮之可得也。[1]

[集校]

〔一〕《张解》本有"横渠曰"三字。此条今见《经学理窟·义理》，下同。

〔二〕"沉"，一作"玩"。（《叶解》、朝刊《近思录》）

[集注]

[1] 杨注：伯嵒据晦翁曰："明道先生诗云：'道通天地有形外，思入风云变态中。'观他此语，须知有极至之理，非册子上所能载者。人须是自向里入深去理会此个道理。才理到深处，又易得似禅。须是理会到深处，又却不与禅相似方是。今之不为禅学者，只是未曾到那深处，才到那深处，定走入禅去也。譬如人在淮河上立，不知不觉走入番界去定也。只如程门高弟游氏，则分明是投番了，虽上蔡、龟山也只在淮河上游游漾漾，终看他未破，时时去他那下探头探脑，心下也须疑他那下有个好处在。大凡为学，须是四方八面都理会交通晓，仍更理会向里来。譬如喫果子一般，先去其皮壳，然后食其肉，又更和那中间核子咬破始得，若不咬破，又恐里头别更有滋味在。若是不去其皮壳，固不可；若只去其皮壳了，不管里面核子，亦不可，恁地则无缘到得极去处。"

张传：浅易轻浮无事可为，况义理之学乎？

张解：义理之具于物者，莫不有表里精粗。今人都从外面觑得粗浅，便自以为义理之学是猎取而非有造也。须深心沉力穷究到底，方有造耳。浅易看过，轻浮用事，岂有得乎善乎？

茅注：易，音异。李氏曰："学问须深潜缜密，然后蹊径不差。释氏所谓'一超直入如来地'，其失处正坐此，不可不辩。"

[集评]

朱子曰：圣人言语，一重又一重，须入深去看。若只要皮肤，便有差错，须深沉方有得。（《语类》卷十）

朱子曰：子张谓"执德不弘"，"弘"字有深沉重厚之意。横渠谓"义理

深沉方有造,非浅易轻浮所可得",此语最佳。(《江注》)

张绍价曰:义理之学无穷,须思虑深沉,方能由浅入深,由表达里,深造有以自得。浅易轻浮者,纵有所知,苟焉而已,安能有所得耶?

19. [一]学不能推究事理,只是心麤(粗)。至如颜子未至于圣人处,犹是心麤。[1]

[集校]

[一]《张解》本有"横渠曰"三字。

[集注]

[1]叶解:颜子不能不违仁于三月之后者,是其察理犹或有一毫之未精,故所存犹或有一毫之间断。

张传:孔子三十而立,四十始能不惑。颜子短命,则其不能推究事理,宜亦有之。

张解:心具众理,必于众理推究全尽,方完得心之本体,而此心细入无间矣。故不特大段空疏者算做心麤,即至颜子优入圣域,而不能不违仁于三月之后,犹有未达之一间,则此一间心理未融,犹是心麤。直须义精仁熟,全体不息,而后可谓不麤,此则圣人之事也。

李解:麤,粗同。胡氏曰:"心粗最害事,心粗者敬未至也。"

茅注:"麤",经传通作"粗"。

价解:浅易轻浮则心粗,而不能推究事理。虞廷执中惟一,必先以惟精,必察之极其精,然后守之纯于一。一者,无二无杂无间断之谓也。颜子不能不违仁于三月之后,犹微有二处杂处间断处。其所以守之者,未能与圣人之纯一;由其所以察之者,未能如圣人之极其精也。故曰犹是心粗。

[集评]

朱子曰:《近思录》云颜子心粗。颜子尚有此语,人有一毫不是,便是心粗。(《语类》卷九十八)

朱子曰:颜子比之众人纯粹,比之孔子便粗。如"有不善未尝不知,知之未尝复行",是他细腻如此。然犹有此不善处,便是粗。伊川说"未能不勉而中,不思而得,便是过"一段甚好。又曰:圣人言语磨棱合缝、滴水不漏,如言"以德报怨","一言兴邦"之类,无不子细。孟子说得便粗,如"今之乐犹古之乐,公刘、太王好货好色"之类,故横渠说孟子比圣人自是粗。(《茅注》)

朱子曰：心粗，学者之通病。颜子未至圣人，犹是心粗。一息不存即为粗病，要在精思明辨，使理明义精，而操存涵养无须臾离，无毫发间，则天理常存、人欲消去，其庶矣乎！(《江注》)

陈埴曰：心粗是暗处多、明处少，故只见得明白道理，若精微处则分析不去，只为有寸而无分也。圣人心如百分秤，谓体统光明，查滓浑化，故分毫处皆照。颜子未到查滓浑化地位，犹未免有暗处，故谓之心粗。

20.[一]"博学于文"者，只要得习坎"心亨"。盖人经历险阻艰难，然后其心亨通。[1][二]

[集校]

[一]《张解》本有"横渠曰"三字。

[二] 今见《拾遗》。(《冯记》)按，此条今见张载《拾遗·近思录拾遗》。

[集注]

[1] 叶解：下上坎为习坎，卦当重险，而《象辞》曰"维心亨"。人之博学穷理，始多龃龉，积习既久，自然心通。

张解：习，重也。坎，险也。上下皆坎，为重险之象。而其《象辞》曰"维心亨"，亨，通也。张子借"习坎心亨"之义以明博学于文者，只要悟得此意。初闻义理未明，有所龃龉，胸中疑难如历重险，积习既久，自脱然有贯通处，则心亨也。人可以险阻艰难自疑畏，而不求进于心亨之地哉！

茅注：朱子曰："文，如应事接物之类皆是。但以事理切磨讲究，自是心亨。"又曰："理会道理到众说纷然处，却好定着精神看。"

[集评]

问：横渠谓"'博学于文'，只要得'习坎心亨'"，何也？曰：难处见得事理透，便处断无疑，行之又果决，便是"习坎心亨"。凡事皆如此。且以看文字一节论之。见这说好，见那说又好，如此说有碍，如彼说又有碍，便是险阻处。到这里须讨一路去方透，便是"习坎心亨"。(《语类》卷三十三)

朱子曰："博学于文"，又要得"习坎心亨"。如应事接物之类皆是文，但以事理切磨讲究，自是心亨。且如读书，每思索不通处，则翻来覆去，倒横直竖，处处窒塞，然其间须有一路可通。只此便是许多艰难险阻，习之可以求通，通处便是亨也。(同上)

张绍价曰：学欲免心粗之病，其惟习之熟乎！博学于文，文之疑难窒塞，皆险阻也。须潜心玩索，反复研求，习之既久，则疑者释，塞者通，而心亨矣。心亨即孔子所谓"说",程子所谓"浃洽于中"也。

朴履坤曰:《易》之心亨,谓其心诚一,故能亨通也。横渠借此语以言其博学、穷理、积善、勤苦而后心通也。

21.[一]义理有疑,则濯去旧见,以来新意。[1][二]心中有所开,即便劄记,不思则还塞之矣。[2][三]更须得朋友之助,一日间朋友论著,则[四]一日间意思差别。须日日如此讲论,久则自觉进也。[3][五]

[集校]

[一]《张解》本有"横渠曰"三字。

[二]此条"意"下一段文字,《杨注》本、《茅注》无,而《叶解》元刻本及其四库抄本、吴邦模刻本、《张传》本、《张解》本、《江注》本及其四库抄本有。至于为何有这段文字,南宋叶采曰:"此段及'煇到问为学之方'一段,泉州本皆系卷末,而旧本则此段在第二十一,尹问一段在三十三。今考此卷编辑之意,则二段乃总论致知,不当在卷末无疑也。但旧本此段不全载,'心中有所开'以下云云,恐是后来欲添足此数语,传者误成重出耳。又详此段已是专论读书之法,不当在廿一,疑当时欲移在'尹问'之后,故并录之耳。今不敢轻改,姑从旧本,而添入'心中有所开'数语。"(《叶解》)清茅星来则云:"叶氏谓此条及'煇到问为学之方'一条,乃总论致知。泉州本系卷末为非是,因定从旧本而添入'心中有所开'数语。然则此条惟有此二语,'心中有所开'以下,则叶氏所添入也。今据宋本及杨氏本正之。"(《茅注》)佐藤一斋认为"朱、吕当时又欲以类相从,移此条于尹问之后,因就稿本先添足此数语,又姑并录尹问条,意盖不过二条相次之表识,而犹未及缮写也。及后传者不知其意,遽览之,辄疑尹问条之前后重出,乃欲削前存后,因误削连及此数语耳。泉州本则虽不削'心中'已下,而妄意移二条于卷末,是亦谬矣。此平岩之意也。外注文欠分明耳。"(《栏外书》)按,此二语及"心中"以下文字,或原本在此,因传者误削致误,或泉州本非,或叶采所言"旧本"可信。但因《近思录》原本不存,故此段的编次用意尚待考。

[三]自"更须"以下,《叶解》元刻本另起一行单列刻印,形式上似别作一条。

[四]"一日"至"著则",叶本脱。(《冯记》)"助"下,一无"一日间朋友论著,则"八字。(朝刊《近思录》)按,《叶解》元刻本及其四库抄本、吴邦模刻

本无"一日间朋友论著,则"八字。此处,据《杨注》本(第79条)、《张解》本、《江注》本及其四库抄本(第21条)补。

〔五〕以上并《文集》。(《杨注》)按,此条今见《经学理窟·学大原下》。

[**集注**]

〔1〕杨注:以上并《文集》。

叶解:心有所疑而滞于旧见,则偏执固吝,新意何从而生,旧疑何自而释。

张解:此合下节,即日知所亡、月无忘所能之意也。义理有疑于心者,只缘执而不化,心有所系吝,不能推而广之,是以知识为之蔽塞。须濯去旧见,如去浑水引出清者来,便觉新意活泼流动,而疑可释矣。今学究家固滞不通,多为旧见不濯之病。张子此言示人之意切矣。

茅注:旧见,凡旧人之见,与自己旧时之所见皆是。学者于旧见有未安。安若更苦用思索?费力愈多,而于本文之意转加蒙晦。故当一切濯而去之,但就经文虚心涵泳,令其本意了然心目之间,无少差误,然后回视旧所见处,自有以见其得失之所在,而豁然无复窒碍矣。……朱子曰:"学者观书,病在只要向前,不肯退步看。愈向前愈看得不分晓,不若退步却看得审,大概病在执着不肯放下。一是主私意,一是旧有先入之说。虽欲摆脱,亦被他自来相寻。"

〔2〕叶解:疑义有所通,随即札记,则已得者可以不忘,未得者可以有进。不记则思不起,犹山径之蹊间,不用则茅塞之矣。

张解:新意既来,旧障尽撤,则前所未知者而今知之,是"心中有所开"也。随手笔札记录,以时观省,则已知者可以不忘;若不记,则旋得旋失,安能思忆得起?犹山径之蹊间,不用则茅塞之矣。张子处处安置笔砚,有得则识之,或中夜起坐,取烛以书,其生平用功正是如此。

李解:以水去垢,谓之濯。义理之有疑,犹器物之有垢也。濯而去之,则新者可来矣。札记,则已得者可以不忘,未得者可以有进。不记则思不起,而终归于塞。盖义理未熟,不得不如此其勤恳也。

〔3〕张解:此又言朋友讲习之益也。学既勉于自进,更须得朋友之助。若于一日间剖析疑难,觉意思有些差别,即须日日如此。盖会聚一番,精神便收敛一番;讲习一番,义理便开发一番,其进无涯也。张子见二程共语道学之要,遂涣然自信。此亦自以其得力者语人乎!

李解:日日讲论,则无闲废之功而有相长之益矣。

[集评]

朱子曰：横渠云："濯去旧见，以来新意。"此说甚当。若不濯去旧见，何处得新意来？今学者有二种病，一是主私意，一是旧有先入之说。虽欲摆脱，亦被他自来相寻。(《语类》卷十一)

朱子曰：学者不可只管守从前所见，须除了方见新意。如去了浊水，然后清者出焉。(同上)

朱子曰：到理会不得处，便当"濯去旧见，以来新意"，仍且只就本文看之。(同上)

张习孔曰：学者佳境。

张绍价曰：此言学贵日新也。习坎，温故也。心亨，知新也。知新由于温故，而温故尤不可以不知新。人为旧见所囿，胸中滞而不化，心虑闭塞，则新意无由而来，故义理有疑，须濯去旧见，则心虑开而新意来。心有所开，则随时劄记，以备异日观省。否则随得随失，旋开旋塞，无复新意之来矣。更须得朋友之助，朋友讲论一番，则心中必有所开，而新意之来，有不知其何以然者。盖人心中有机，不拨则不动。朋友讲论，正所以拨动其机，机动则新意踊跃而出，如泉始达，源源而来。孔子所以有"起予"之叹，而君子以友辅仁，所以必先以文会友也。

22. [一]凡[二]致思到说不得处，始复审思明辨，乃为善学也。若告子则到说不得处遂[三]已，更不复求。[1][四]

[集校]

[一]《张解》本有"横渠曰"三字。

[二]"凡"，江误"人"。(《冯记》)王、吴本"凡"作"人"，《遗书》、《集解》、施、阴本作"凡"，洪本同，从之。(《王记》)按，"凡"，《江注》本及其四库抄本作"人"。

[三]"遂"，江改"便"。(《冯记》)王、吴本"遂"作"便"，《遗书》、《集解》、施、阴本作"遂"，洪本同，从之。(《王记》)按，"遂"，《江注》本及其四库抄本作"便"。

[四]以上并《横渠语》。(《茅注》)今见《拾遗》。(《冯记》)按，此条，《杨注》本、《叶解》本皆云出自"《横渠孟子说》"，而今见明万历官刻本《张子全书》之《拾遗·近思录拾遗》中有此文，或杨氏、叶氏所据底本与笔者所见有异。

[集注]

[1] 杨注：《横渠孟子说》。告子曰："不得于言，勿求于心。"谓于言有所不达，则当舍置其言，而不必反求其理于心。盖告子但欲固守其心而不动，而不知审思明辨之不可废，此所以不能无蔽而有义外之说也。

叶解：思之其说似穷，然后更加审思明辨之功，则其穷者通而所得者深也。若告子不得于言，不复求之于心，固执偏见而不求至当，此孟子所深病也。此以上总论致知之方，以下乃专论求之于书者，详是卷首。

张解：此言不得于言，当求于心也。思到说不得处，心中不开，正郁而将通之候，最好用力。若天下事都容易得，更何用思？思之思之，思之不通，鬼神将通之。此时复审思明辨，自然至于有得，乃为善学。若冥然悍然，如告子之更不复求，则亦终于不得而已矣。此其所以不知性不知义而见斥于孟子也。按，孟子书谓不得于人之言，此云说不得，则己心之塞而有不得也。释文少异，但当审思明辨，则一耳。

李解：复，扶又反。《孟子说》。告子"不得于言，勿求于心"，所以终于异端也。

价解：此言义理有疑，当反求诸心也。致思到说不得处，疑起而心塞也。更复审思明辨，则心开而疑释，乃为善学。告子以义为外，于言有所不达，不复反求其理于心，不知义故不知性，虽以孟子反复讲论，终不能开其塞，去其旧见。此所以卒陷于异端，而不得其正与。

[集评]

张习孔曰：孔子捐寝食以思之，以为不如学，则继此而如明辨之功必矣。吾人所以必近良师友，乃得此益。告子亦未必不思，乃是倔强，不下气问人耳。

茅星来曰：横渠学问于苦心极力中得来，故往往于难着力处不肯放过，如所云"到峭峻之处要刚决果敢以进，经历险阻艰难然后其心亨通"。此又云"到说不得处，始复审思明辩"，皆是如此。盖此关一过，乃可深造自得耳。（《茅注》）

管赞程曰：自"思曰睿，思虑久后"至此为一章，为格致者各救一病之方也。

张绍价曰：自篇首至此为一段，言致知格物之功，须致思会疑，以穷其理，真知实得，然后能心通乎道，而有以知言。

23. 伊川先生曰：[一]凡看文字，先须晓其文义，然后可求其意。未有文义不晓而见意者也。[1]

[集校]

　　[一]《张解》本无"先生"二字。此条今见《河南程氏遗书》卷二十二上《伊川杂录》，下同，无"伊川先生曰"五字。

[集注]

　　[1]杨注：《遗书》，下同。

　　张传：不晓文义而求意，不免郢书燕说也，看文字何益！

　　张解：读书是格物第一义，则看文字不可不求作者之意。然必先晓其文义，而后意看得出，所以训诂之学，亦不可不用心。若于文义有所未晓，谓可略观大意，必至穿凿附会，失立言之本指矣。或谓："寻章摘句，反成学究者，何也？"曰："正坐不晓文义耳。古人立言各有所指，须看他前后文义如何，或一字分数解，或一义分数类，或断或续，或单或合，或缓读或急读，学究家不潜心理会，误执旧见，拘泥不通，遂使作者之意不明，岂云晓文义者乎？"

　　茅注：文义，文之义也。

[集评]

　　朱子曰：读得通贯后，义理自出。(《语类》卷十)

　　朱子曰：读书不可只专就纸上求理义，须反来就自家身上(以手自指)推究。(《语类》卷十一)

　　张绍价曰：此以下言读书之法，而前十一节其纲领也。圣人之意，备载于书，必先晓其文义，然后可求其意。陆氏谓"六经皆我注脚"，脱略语言文字，而自谓得圣人之意，故其学卒归于禅。

　　东正纯曰：朱子注诸经，先释其词，而后及其义。盖据程子此语为定本也。

　　24.[一]学者要自得。《六经》浩渺，乍来难尽晓。且见得路径后，各自立得一[二]个门庭，归而求之可矣。[1]

[集校]

　　[一]《张解》本有"伊川曰"三字。

　　[二]"立得"下，别本无"一"字。(《茅注》)

[集注]

　　[1]叶解：识路径则知趋向，立门庭则有规模，得于师友者如此，然后归而求之可矣。

张传：各立一门庭，如汉儒专家之学是也。

张解：读圣贤书，须要自得于心，非以徇外夸多为务。如《六经》，圣人明道经世之书，学者所当玩索而涵泳者也。然其言浩渺，骤而读之，有难以尽晓者，且于《六经》之中各认得其路径，如《诗》以理情性、《书》以道政事之类，既知所趋向矣。就中自立一个门庭，如《诗》之贞淫正变、《书》之帝升王降之类，先定其规模而后从事，则浩渺之难晓者，渐次求之，胸中当有洒然处。此在善学者反求而自得之。不务自得，即《遗书》所谓"游骑无归"矣。

茅注：周伯温见程子，而程子语之以此。问："门庭岂容各立？"朱子曰："此说读《六经》只要从师讲问，识得如何下工夫，便是立得门庭。却归去，依此实下工夫，便是'归而求之'。"

李瀷曰：路径，如所谓大旨是也。门庭，如读《易》，程子主教训，朱子主占筮，此便是门庭也。

［**集评**］

问：如何是门庭？曰：是读书之法。如读此一书，须知此书当如何读。伊川教人看《易》，以王辅嗣、胡翼之、王介甫三人《易解》看，此便是读书之门庭。缘当时诸经都未有成说，学者乍难捉摸，故教人如此。或问：如《诗》是吟咏性情，读《诗》者便当以此求之否？曰：然。（《语类》卷九十六）

张绍价曰：学要自得，方异于记诵辞章之习。《六经》各有路径，各有门庭。《诗》理性情，《书》道政事，《礼》谨节文，《易》明吉凶消长之理、进退存亡之道，《春秋》正三纲、明五伦，内诸夏、外夷狄，诛乱臣贼子。道同而用各不同，故读之之法亦异。程、朱以前，群经未有成说，读之不易，经程、朱论定后，经中大义微言，炳若日星，路径门庭，灿然明著，学者循其说以求之，而勿乱以乾嘉汉学之说。《诗》主《集传》，《书》主《蔡传》，《易》主《本义》，兼参程《传》，《礼》主《仪礼经传通解》，《春秋》主程《传》，兼参胡《传》。通其文，识其意，斯可以深造自得矣。

朴履坤曰：读书只就一直道理看，剖析自分晓，不必去偏曲处看。《易》有阴阳，《诗》有邪正，《书》有治乱，皆是一直路迳，可见别无峣崎。

25.［一］凡解文字，但易其心，自见理。理只是人理，甚［二］分明，如一条平坦底道路。《诗》曰："周道如砥，其直如矢。"此之谓也。[1]或曰："圣人之言，恐不可以浅近看他。"[2]曰：圣人之言，自有近处，自有深远处。如近处，怎生强要凿教深远得？[3]扬［三］子曰："圣人之言远如天,贤人之言近如地。"颐[四]与[五]改之曰："圣人之言,其远如天,其近如地。"[4]

[集校]

　　[一]《张解》本有"伊川曰"三字。

　　[二]"甚",《张传》本作"路"。

　　[三]"扬",《叶解》元刻本、吴邦模刻本作"杨",当据《杨注》本作"扬"。自"扬子"以下,《叶解》元刻本另起一行单列刻印,形式上似别作一条。

　　[四]此条今见《河南程氏遗书》卷十八《刘元承手编》,下同,此处"颐"作"某"。

　　[五]"与",一作"欲"。（朝刊《近思录》）欲,宋本、《发明》并作"与"。（《栏外书》）

[集注]

　　[1]叶解:理本平直,苟以崎岖委曲之意观之,乃失之凿。诗见《小雅·大东》篇。

　　张传:易其心者,不可先参入意见,如孔子所谓无知也,方是易其心。

　　张解:此欲人平心观理,不必强生穿凿也。文字皆理之所寓,理在目前,凡解文字,不可以崎岖委曲之心解之,但平易其心,就现成话看现成事,自然见理。所谓理者非他,只是为人之理,著乎日用之间甚分明,如一条平坦大路,易知而可行者。《小雅·大东》之诗曰:"周道如砥,其直如矢。"平而且直,岂不甚分明乎?

　　李解:理只是人理,言三纲五典皆人所共由之理也。

　　茅注:易,音异。砥,诸氏反,孟子引《诗》作"底"。"理只是人理",言只是人人所共具之理也。"甚分明",言易见也。朱子曰:"学者读书,只除却自己私意,逐字逐句平心体会,久久自然有得。"

　　贝原笃信曰:"周道如砥"云云,朱子《诗传》曰:"砥,砺石,言平也。矢,言直也。"

　　[2]茅注:按《遗书》,程子因上文所言而及《随》象"君子向晦入宴息"之说,以谓解者多作"遵养时晦"之"晦"。或问:"作甚'晦'字?"曰:"此只是随时之大者,向晦则宴息也,更别有甚义?"故或人疑以为浅近也。

　　[3]叶解:圣人之道,远近精粗无所不备,故圣人之言道亦无所不至。如"食毋求饱,居毋求安",是其近者;如一贯之旨,性天之言,是其远者。固无非道也,又岂容尽求其深远而过为穿凿耶?

张传：此与上条是一意。圣人之言，言近指远，随学者功力之浅深而各得之。圣言之平易者，亦有深远源头，功深者自能见之，不可凿也。其精微者，亦将推行到明显处来，得其精微者，自能知其所推行，又不待凿也。总之功深则心自易。心不易者，是功未至而凿之，只见其艰险也。究竟所凿者，又不是正路，与圣言不相值，故先生戒之。

张解：圣人之言，正所以明理也。或震圣人之名而谓其言必深远，岂得徒以浅近测之？故程子晓之曰："圣人非能有越于理之外，其发而为言亦有时就近处说，有时就深远处说。其实深远处亦是此理，如近处更自明白切实。强要看做深远，则是以私意窥测而失之凿矣。岂所以为圣人之言乎？"

茅注：强，如字。教，平声。凿，穿凿也。

[4] 杨注：夫妇之愚可以与知，及其至也，虽圣人亦有所不知。道非一于深远也，亦非一于浅近也。圣人之言亦然。

叶解：其远者虽子贡犹未易得而闻，其近者虽鄙夫可得而竭也。或曰："圣人之言包蓄无所不尽，语近而不遗乎远，语远而不遗乎近，故曰'其远如天，其近如地'，非但高远而已。"

张传：先生不言贤人者，贤人在天地中，践其近以致其远也。

张解：扬子雲惟不达于圣人之言，故其著为《法言》，以圣人之言为"远如天"，而以"近如地"者为贤人之言，岂知圣人包蕴无所不尽，语远而不遗乎近，语近而不遗乎远，其远如天，其近如地，不必分远近而二视之也！自贤人以下，则不免所见之偏，而言或滞于一隅耳。

李解：强，上声。……朱子曰："圣人立言本自平易，而平易之中其指无穷。今必推之使高，凿之使深，是未必真能高深，而固已丧其平易无穷之味矣。"

茅注：扬子，名雄，字子雲，为汉光禄卿。"圣人之言远如天"二语，见《法言·五百》篇。此又以见圣人之言，虽极浅近处却自包含无穷，固不必凿之教深远也。如夫子告子路修己以敬，而极其至尧舜有所不能尽；语樊迟以爱人知人，而极其至舜与汤治天下之道有所不能外。程子所谓"他人之语，语近则遗远，语远则不知近，惟圣人之言，则远近皆尽"。推此类可见。

[集评]

朱子曰：今之谈经者，往往有四者之病：本卑也而抗之使高，本浅也而凿之使深，本近也而推之使远，本明也而必使至于晦。此今日谈经之大患也。（《语类》卷十一）

叶采曰：此段本欲人平心以观书，不可妄生穿凿。又谓圣人之言，自有远处,自有近处。如此则谓"语近而不遗乎远"者,意自不同也。前说为是。

张伯行曰:此条正为强凿深远者发,言圣人只是明理,言虽近而指则远也。

张绍价曰:此言读经求圣人之意,当易其心,不可失于凿也。圣人之言,至平至实,无新奇可喜之论,无隐僻难知之理。学者但易其心,则理自明,如平坦道路,人所共由共见,不难知也。乾嘉诸儒,舍康庄而寻荆棘,务为穿凿附会,以与程、朱为难。圣人之旨晦,而经学扫地矣。

又曰:"圣人之言,远者如天,近者如地"。远者如性与天道,虽子贡犹谓不可得闻;近者如孝弟谨信爱众亲仁,虽童孺亦自可晓。读书须平心观理,不可凿近使远,凿浅使深也。……乾嘉诸儒,则又本高也而抑之使卑,本深也而推之使浅,其不能易其心以求圣人之意,则一而已矣。

贝原笃信曰:平易其心,不可求之过深也。

26. [一]学者不[二]泥文义者,又全背却远去;理会文义者,又滞泥不通。如子濯孺子为将之事,孟子只取其不背师之意,人须就上面理会事君之道如何也。又[三]万章问舜完廪浚井事,孟子只答他大意,人须要理会浚井如何出得来,完廪又怎生下得来。[1]若此之学,徒费心力。[2]

[集校]

[一]《张解》本有"伊川曰"三字。

[二]"泥文义"上,宋本有"必"字,《遗书》无。(《茅注》)

[三]"万"上,杨本无"如"字。(《茅注》)按,"万"上,《叶解》元刻本及其四库抄本、吴邦模刻本、《张解》本、《江注》本及其四库抄本、《刘元承手编》有"如"字。

[集注]

[1]李解:泥、将,并去声。不泥文义者,如读书观大略及不求甚解之徒是也。理会文义者,则训诂之流弊耳。

茅注:二段皆以申明上文"理会文义者,又滞泥不通"之意。

贝原笃信曰:此"人"字指泥文义者。

[2]张解:此于《孟子》书中偶举见例,欲人识读书之法也。读书贵识大意,有背理之远而以为不泥文义者,固大害事;若滞泥不通而以为理会文义,则亦徒费心力。如孺子侵郑及舜完廪、浚井二事,孟子只是就事言事,一

取其不背师,一取其善事父。书中文义不过如此,太泥字句反生支节。以事君之道律庚斯,以井、廪得脱之故诘虞舜,此中便有柄凿处,窒碍不通,故格物穷理必归之通儒也。

[集评]

朱子曰:读书专留意小处失其本领所在,最不可。(《茅注》)

张绍价曰:不泥文义者,多失之疏略。拘泥文义者,又执一不通,其不得圣人之意一也。子濯孺子事,孟子只取其不背师,以见取友之宜端。舜完廪浚井,孟子之意,只言象忧亦忧,象喜亦喜,以见天理人情之至。读书须识大意,若只从小处理会,则滞泥不通矣。

李瀷曰:程子此论但为滞泥不通者设,舍其本意,徒拘拘于文句之末,是为无益,故举之为训。后人执此为诿,遂成泛泛不思者口实,其害不止于滞泥之不通,学者宜详之。

泽田希曰:“学者不泥文义者,又全背却远去;理会文义者,又滞泥不通”。此二事,古今学者之通病。全背却远去者,是粗略之弊。滞泥不通者,却用意之太深,不能活看。二者虽详略不同,其害于文义也一矣。

27.［一］凡观书,不可以相类泥其义,不尔,则字字相梗。当观其文势上下之意,如“充实之谓美”与《诗》之美不同。[1]［二］

[集校]

［一］《张解》本有“伊川曰”三字。

［二］此条《横渠易说》、《语录》中并有之,但“《诗》之美”上多一“言”字,“美”下多“轻重”二字。(《茅注》)陈荣捷云:“又见《张子语录》(中),页九上,与《张子全书》卷十二,《语录抄》,页三下,张载语。”(《陈论》)按,《张传》本将第26、27条接连在一起刻印,未单列,似合作一条。

[集注]

[1]叶解:充实之美在己,《诗》之称美在人。如此之类,岂可泥为一义?

张解:学固以类而推,然有不类而实类者,有相类而实不类者,义各有所指耳,安可徒以相类之故而泥为一义?如泥为一义,不知变通,则字字相梗矣。惟当观其文势上下之意,意别则义自别,义别则文之类者亦不类。如充实之美说在己,《诗》称美刺说在人,同一“美”字非同一解,即此可见。窃怪今人解书借彼影此,徒知掠字句之形似,模糊那撮,反于本处意指如风马牛,急当以是正之。

价解:《大学》"正心",与《孟子》"正心"不同。《论语》"令色",与《大雅》"令色"不同。唐虞"执中",与子莫"执中"不同。若不看上下文意,而以相类泥其义,则经中之窒碍处多矣。

贝原笃信曰:文字之相类者,义有同者有不同者,不可以相似泥之而看做一了。

[集评]

朱子曰:凡读书,须看上下文意如何,不可泥着一字。如《扬子》:"于仁也柔,于义也刚。"到《易》中又将刚来配仁,柔来配义。如《论语》(笔者按,《语类》误,今见《孟子·公孙丑上》,而《茅注》引文作"孟子",为是。):"学不厌,智也;教不倦,仁也。"到《中庸》又谓"成己,仁也;成物,智也。"此等须是各随本文意看,便自不相碍。(《语类》卷十一)

薛敬轩曰:古人文字以数千年传写,岂无一字磨错?必欲字字释其义,难矣。朱子谓释其可通者,阙其不可通者,又不可以不知也。(《茅注》)

张习孔曰:先生此篇,教人读书在会其大意,着一泥字不得。圣经中旁意侧出者甚多,不止于子濯孺子与完廪、浚井事。只体其文势大义,乃是善读书人。然古人亦有节取书语,另作一解,所谓断章取义也。又须放下本旨,会意看,如《文言》之论四德是也。扬雄之谓志一动气,如此类,又不必泥本文。

28. 问:"莹中尝爱《文中子》'或问学《易》,子曰:终日乾乾可也。'此语最尽。文王所以圣,亦只是个不已。"[1]先生[一]曰:凡说经义,如只管节节推上去,可知是尽。夫终日乾乾,未尽得《易》,据此一句,只做得九三使。若谓乾乾是不已,不已又是道,渐渐推去,则[二]自然是尽,只是理不如此。[2]

[集校]

[一]"先生",《张解》本作"伊川"二字。此条今见《河南程氏遗书》卷十九《杨遵道录》,下同。

[二]"自然"上,宋本有"则"字,杨同。(《茅注》)按,《叶解》元刻本及其四库抄本、吴邦模刻本、《张解》本、《茅注》本、《江注》本及其四库抄本无"则"字。

[集注]

[1]叶解:陈忠肃公瓘(按,《四库》抄本作"瓘"),字莹中。"子曰"者,文

中子答或人之问,谓"乾乾不息",此语最为尽《易》之道。

张解:此言说经者要周遍精密,穷其指归,勿好高守约也。……隋王通,字仲淹,号文中子。"终日乾乾"者,《乾》九三爻词。文中子取此一句以蔽全《易》,而莹中爱之,谓其说最尽,又推到文王之所以圣,亦只是个"不已"。若有合于夫子一言蔽三百之义也。

茅注:莹中,陈氏名瓘,宋南剑州沙县人。神宗朝进士,为谏官,后谥忠肃。文中子,……隋末不仕,教授于河汾。其弟凝,子福郊、福畤,叙其议论,增益为书,名曰《中说》。……文中子以为学《易》之道无过于此,而以之答繁师玄之问者也。见《中说·周公》篇。"此语最尽"以下,乃莹中赞文中子之言。

沙溪曰:"爱"者,爱文中子之言。

[2]叶解:学经者要当周遍精密,各穷其旨归,而后能通经。苟但借其一语,谓足以盖(按,"盖"《四库》抄本作"尽")一经之旨,岂治经之道? 盖好高求约之病。

张传:"此语最尽"者,言包括得道理尽也。"可知是尽"者,言亦可以说得尽也。疑此是河南方言。"自然是尽"者,言据他说自然是尽底。二语皆不许之词。

张解:程子以为凡经义中每章有每章道理,不可通融,如不论文义所指,只管借其一语,故意节节推上去,则随手拈取,那一语不可通得? 而其实非也。夫《易》之道广大悉备,非"终日乾乾"句便谓完尽无馀,据此一句是说九三忧惧之地,重刚不中,欲使占者玩其象,及时进德修业耳。硬将此句推到"不已"一层,又推到"道"一层,推广言之,究极其义,自然是尽。只是论《乾》之九三,则有九三一爻的道理,论全《易》则有全《易》的道理,不得如此模糊混看也。今人看书心麤,猎取大意,终成廓落,正坐此病。

李解:夫,音扶。

茅注:"乾乾是不已"至"自然是尽",所以申明"节节推上去,可知是尽"之意。只是理不如此,所以结"终日乾乾,未尽得《易》"数句之意。朱子曰:"尝见学者说《诗》,问他《关雎》篇,于其训诂名物都未晓,便说'乐而不淫,哀而不伤'。因言此八字,更添'思无邪'三字,便了却一部《毛诗》,其它三百篇皆成渣滓矣。沈元用问和靖:'《易传》何处切要?'尹氏举'体用一源,显微无间'八字。李先生曰:'尹说固好,然须看得六十四卦、三百八十四爻都有下落,方始说得此语。若学者未曾仔细理会,便与他如此说,岂不误他?'愚闻之竦然,自此读书愈加详细。"

江注：莹中，程子门人。永按，此言道理各有地头，经义各有指归，不可抗之使高也。

[集评]

张绍价曰：此言穷经当周遍精密，不可优侗求约也。陈莹中谓终日乾乾，即文王之纯亦不已，极为有见，而谓足以尽《易》则失之。《易》之为书，广大悉备，天地万物之理，无不包括其中，须逐卦逐爻，一一理会着实，方可识《易》之理。若谓一语足以尽《易》，则当日圣人作《易》，只著"终日乾乾"四字足矣，何必分为六十四卦三百八十四爻乎？又按，一语不足以尽全经，固不可执以为约；一语足尽全经，亦不可执以为约。"思无邪"足以蔽《诗》，然必将三百篇，一一理会着实，方真知"思无邪"之义。"毋不敬"足以蔽《礼》，然必将三千三百，一一理会着实，方真知"毋不敬"之义。由博方能反约，不博而徒执一语以为约，空见也，非实得也。

佐藤一斋曰：文中子就《易》理言，程子就《易》书言，各有所当也。然文中子与"思无邪"之蔽《诗》同一揆，愚有取焉。

29. [一]"子在川上曰：逝者如斯夫。"言道之体如此，这里须是自见得。[1]张绎曰："此便是无穷。"先生曰：固是道无穷，然怎生一个"无穷"便道了得他[二]？[2]

[集校]

[一]《张解》本有"伊川曰"三字。

[二]"了得他"，《张传》本作"他得了"。

[集注]

[1]张解：此取《论语》之言逝者，示学者当切己体察也。逝者，是说天地之化；斯，是说水，水是逝者一端。然逝者之可指而易见，莫如川流，故夫子发以示人，亦可以见圣心纯亦不已之妙，实与道体契合，而学者所当时时省察，无毫发之间断也，故这里须自见得。

李解：夫，音扶。

茅注："道之体""体"字，犹云体质，与"体用""体"字别。能自见得，则无时无处而非道体之所在也。朱子曰："道本无体，但因此可以见道之体耳。"又曰："天下之物皆道之体，只是水上较亲切易见。"

[2]杨注：伯岊据晦翁曰："天地之化，往者过，来者续，无一息之停，乃道体之本然也。然而可指而易见者，莫如川流，故于此发之以示人，欲学者

时时省察,而无毫发之间断也。”

叶解:朱子曰:“固是无穷,须见所以无穷,始得。”

张传:夫子以道他不了,只说一个“逝者如斯夫,不舍昼夜”,故先生曰“怎生一个无穷便道得他了”。善会者,此言却是道得了也。

张解:绎,字思叔,程子门人。因程子之言,故有见于无穷之义。程子又云:“不可以‘无穷’二字,便了此义。”盖往过来续,必有以宰乎往来之中,不二而不息者,反之于身而得,推之天地而准,若只道一个“无穷”,莽莽荡荡,终没巴鼻。故朱子亦曰“固是无穷,须见所以无穷始得”。

茅注:道,并去声。道,言也。朱子曰:“只为张氏道得不亲切,故云然。”

江注:朱子曰:“无穷之言固是,但为渠道出不亲切,故以为不可。”永按,“终日乾乾”,不可以尽《易》;“无穷”不可以了“逝者”。皆欲学者亲切观书,毋以高远浮泛之言,佹侗说过也。

[集评]

徐问:张思叔说:“此便是无穷。”伊川曰:“一个无穷,如何便了得?”何也? 曰:固是无穷,然须看因甚恁地无穷。须见得所以无穷处,始得。若说天只是高,地只是厚,便也无说了。须看所以如此者是如何。(《语类》卷三十六)

张绍价曰:此亦前章之意,道体固是无穷,然但谓之无穷,即了其义,则只是佹侗说过,非真知实得也。朱子曰:“欲学者时时省察,而无毫发之间断。”程子曰:“君子法之,自强不息,及其至也,纯亦不已。其要只在慎独。”学者以程子、朱子之言,反躬而实体之,真知无穷之所以然,方能有得,未可以一语佹侗说过,遂谓足以尽其理也。

冯友兰曰:宋儒以为此是孔子见道体之言。宋儒以为孔子即水之流行,而见大用之流行。道体之本然,即是大用之流行。(《新理学》)

30. [一]今人不会读书。如“诵《诗》三百,授之以政不达,使于四方不能专对,虽多亦奚以为?”须是未读《诗》时,不达于政,不能专对[二];既读《诗》后,便达于政,能专对四方,始是读《诗[三]》。[1]“人而不为《周南》、《召南》,其犹正墙面[四]”,须是未读《诗》时如面墙,到读了后便不面墙,方是有验。[2]大抵读书只此便是法。如读《论语》,旧时未读是这个人,及读了,后来又只是这

个人,便是不曾^[五]读也。^[3]

[集校]

　　[一]《张解》本有"伊川曰"三字。

　　[二]"不达于政,不能专对",《杨遵道录》作"授以政不达,使四方不能专对"。

　　[三]"诗",《张解》本、《江注》四库抄本作"书"。与前后文不一,恐误。

　　[四]"面"下,《杨遵道录》有"而立"二字。

　　[五]"曾",江改"会"。(《冯记》)按,"曾",《江注》本作"会"。疑因"會"、"曾"二字形近而误。

[集注]

　　[1]叶解:说见《论语》。朱子曰:"专,独也。《诗》本人情,该物理,可以验风俗之盛衰,见政治之得失,其言温厚和平,长于风谕,故诵之者必达于政而能专对也。"

　　张解:此言读书之法,当反之于己,致其实用方为有得也。今人徒事口耳,了无心得,名为读书,其实不会读书。如夫子之言诵《诗》者不可鉴乎?未读《诗》时,不晓风俗之盛衰,政治之得失,未能温厚和平,长于讽谕,则其不达于政,不能专对四方,固其宜也。若既读之后,须是一面于《风》《雅》《颂》中思索义理,一面反到自己身上体验力行。确然如此,方算读《诗》之益,否则三百篇中并无一句受用,何益之有?

　　[2]叶解:同上。朱子曰:"为,犹学也。《周南》、《召南》所言皆修身齐家之事。"正墙面",言即其至近之地,而一物无所见,一步不可行也。"

　　张解:又引夫子之训伯鱼者以例之。未读《周南》、《召南》,则于修身齐家道理不曾理会,固无怪于"正墙面"也。到读了后,王道风化之本既已体认精察,自可见之躬行,何至一物无所见,一步不可行? 故必不为昔日之面墙,方是读二《南》有验。以此推之,读书之非尚口耳,明矣。

　　[3]叶解:读书之法,但反诸己,验其实得,致其实用,变化气质,必有日新之功。

　　张解:看来读书无他法,只是既读之后,非同未读之前,此便是法。如《论语》中教人做圣贤、变气质,所以为人之道尽矣。学者着实理会,务要穿透入去,凑到身上来,自然长进。若未读是这个人,读了又只是这个人,便与不曾读一般,枉费工夫,岂不可惜? 反乎此,则以我观书,可处处得益,而有日新不已之功矣。

李解：使，直吏反。

茅注：朱子曰：“读了依旧是这个人，盖因不曾得他里面意思。书自是书，与自己身心无干。”又曰：“如口里读‘思无邪’，心里却胡思乱想，此便是不曾读。又如《书》说‘九德’、《礼》说‘九容’处，皆是。”

价解：会读书者，晓其文义，求其意，身体力行，真知实得，则读《诗》后便达于政，能专对四方。读《周南》、《召南》，便不面墙。读《论语》便别是一个人。不会读者反是。

[集评]

亚夫问：诵《诗》三百，何以见其必达于政？曰：其中所载可见。如小夫贱隶闾党之间，至鄙俚之事，君子平日耳目所不曾闻见者，其情状皆可因此而知之。而圣人所以修德于己，施于事业者，莫不悉备。于其间所载之美恶，读诵而讽咏之。如是而为善，如是而为恶。吾之所以自修于身者，如是是合做底事，如是是不合做底事。待得施以治人，如是而当赏，如是而当罚，莫不备见，如何于政不达？若读《诗》而不达于政，则是不曾读也。又问：如何“使于四方，必能专对”？曰：于《诗》有得，必是于应对言语之间，委曲和平。（《语类》卷四十三）

冯厚斋曰：读书必明其理，明理必达之用。读书不明其理，记诵之末学也。明理不达之用，章句之腐儒也。（《茅注》）

张习孔曰：读书以此自考，人焉廋哉？

31.　[一]凡看文字，如七年、一[二]世、百年之[三]事，皆当思其如何作为，乃有益。[1][四]

[集校]

[一]《张解》本有“伊川曰”三字。

[二]如七年必世百年之事：“凡看文字”条，○洪本如此，各本皆作“一世”。按，《论语》“善人教民七年”，“必世而后仁”，“善人为邦百年”三章，即此所指。《论语》本作“必世”，今从洪本。（《王记》）

[三]“之”，叶误“一”。（《冯记》）

[四]以上并伊川语。（《茅注》）以上皆伊川语。（《冯记》）按，此条今见《河南程氏遗书》卷二十二上《伊川杂录》。

[集注]

[1]杨注：以上并《遗书》。

叶解：《论语》：“子曰：善人教民七年，亦可以即戎矣。”又曰：“如有王者,必世而后仁。"又曰:"善人为邦百年,可以胜残去杀矣。"观圣贤治效迟速浅深之殊,要必究其规模之略、施为之方,乃于己有益。此致知之法也。

张解:圣人之言无一字无下落处,故凡看文字要逐字研究。如《论语》言教民可即戎而约以七年,言王者仁天下而定以必世,言胜残去杀而期于百年,都非虚语。当思其治效之迟速浅深,以究其规模之设施次第,了然胸中,方为明体达用之儒,而所读之书实见其益。此亦致知之一事也。

茅注:或以"善人教民七年,亦可以即戎"为问,而先生以此语之也。朱子曰:"如古人谓三十年制国用则有九年之食。至孔《疏》,则推测那三十年果可以有九年食处。料得七年、一世、百年之类亦如此。"

[**集评**]

张习孔曰:须理会《诗》、《书》二经。古人行事,有可参考者,约略可得。

张绍价曰:穷经将以致用,凡七年必世百年之事,皆当究其规模之略,施为之方。考诸古人而不谬,推之当今而可行,则异日出而用世,必异于俗儒所为,而不贻空疏之议。

32. ⁽一⁾凡解经不同无害,但紧要处不可不同尔。[1]⁽二⁾

[**集校**]

[一]《张解》本有"伊川曰"三字。

[二] 今本《二程外书》未见此条。(《茅注》)《朱子遗书》本,"《外书》"下无"下同"二字,叶本有。此与下条,今《外书》皆无之。(《冯记》)陈荣捷亦云:"今不见《外书》。《外书》卷六,页一下,有语相似。"(《陈论》)按,此条与下条,《杨注》、《叶解》均言出自《外书》。据清咸丰年《冯记》于《外书》中已不见,今本《河南程氏外书》亦无。查洪德注释《近思录》云此条出自"《二程外书》",不知何据。难道仅就今《外书》卷六有语相似而言?

[**集注**]

[1] 杨注:《外书》。伯岊曰:程子于《语》、《孟》有先儒错会处,必与整理,正以"紧要处不可不同尔"。

叶解:紧要,谓纲领也。

张解:解经可以不同者,谓文义也;紧要处不可不同者,谓道理也。如心性理命之旨,道德纲常之要,本领一差则学术都差。若止字句之训诂,意见各殊,固无甚害。夫子云:"《诗三百》,一言以蔽之。"孟子云:"吾于《武成》取二三策。"朱子取胡氏《春秋》,谓其"明天理,正人心,扶三纲,叙九法",皆于紧要处留意也。

李解：紧要处，谓义理之本原也。朱子曰："天下之理万殊，然其归则一而已矣，不容有二三也。知所谓一，则言行之间虽有不同，不害其为一。不知其一而强同之，犹不免于二三，况遂以二三为理之固然，则其为千里之谬，将不俟举足而已迷于户庭之间矣。程子此言殊为有味也。"

茅注：紧要处如道体之大，求道之方，学术之邪正得失系焉，故"不可不同"。

江注：紧要对缓慢者言之，谓有关系处。

[集评]

朱子曰：凡看文字，诸家说有异同处最可观。谓如甲说如此，且持扯住甲，穷尽其词；乙说如此，且持扯住乙，穷尽其词。两家之说既尽，又参考而穷究之，必有一真是者出矣。(《语类》卷十一)

张习孔曰：苟不悖道，无妨不同。

张绍价曰：凡解经，小节目处不同固无害，若大本大原紧要处，如心性理气之辨，决不可以不同。如《邶风·柏舟》，《集注》以为卫之仁人，《集传》则以为妇人之诗。《青衿》刺学校，《白鹿洞赋》亦言其说，《集传》则以为淫奔之诗。一人之解，而彼此不同如是，固无害。荀子言性恶，扬子雲言性善恶混，陆、王之认心为理，乾嘉诸儒解经攻击程、朱之说，不胜枚举，皆紧要处有差，所以为学术之大害。

贝原笃信曰：朱子解经虽与程子不同者多，然其紧要处如合符节，亦此章之意也。

33. 焞初到，问为学之方。先生曰：公要知为学，须是读书。书不必多看，要知其约，多看而不知其约，书肆耳。[1]颐缘少时读书贪多，如今多忘了。须是将圣人言语玩味，入心记着，然后力去行之，自有所得。[2][一]

[集校]

[一] 今本《外书》无此条。(《茅注》)陈荣捷云："(《外书》)今不见。"(《陈论》)按，今本《河南程氏外书》无此条。查洪德注释《近思录》云出自"《二程外书》"，不知何据。

[集注]

[1] 叶解：此言徒贪多而不知其要，则是畜书之肆而已。

张解：伊焞，字和靖。约，要也。为学最重读书，书是圣贤做过工夫，开示后人,读之体验到身上来,岂不受用? 然不必贪多务博,须得其要。盖义理根原,本自贯通,圣贤议论若合符节。苟得其要之所在,此处透得过,别处亦透得过,书虽多,无异道也。若多看而不知其要,则如藏书之肆而已,与书中意味有何交涉!

茅注:焞,他昆反。焞,尹和靖先生名也。杨(按,当作"扬")子《法言》云:"好书而不要诸仲尼,书肆也。"

[2]叶解:又言徒贪多而无玩习之功,则所学者非我有也。玩味而不忘,而又力行其所知,则所得为实得。以上总论读书之法,以下乃分论读书之序(按,《四库》抄本作"法")。

张解:因自道其生平之学以教之。盖读书贪多,有刻苦迫切之病,有涉猎卤莽之病,自然记不得,故程子谓少时如此,今都忘了。是从前所学者非我有也。须将圣人言语熟复玩习,记之于心,令其意味浃洽,然后力行以验其所知,则所学在我,而由约可以观多。朱子谓陈正之"初极鲁钝,后却无书不读",其知约也夫。

茅注:少,去声。玩味圣人言语,不能力去行之,虽读尽古人之书,入心记着,终身不忘,总与自家身心无干。然不能玩味圣人言语,入心记着,则虽有所为,亦私意苟且而已。胡敬斋曰:"读书,一边读一边便要去做,做得一两处到身上来,然后诸处亦渐凑得来,久则尽凑得到身上来,始为不枉用功耳。"朱子曰:"古人书皆用竹简,除非大段有力人方做得。黄霸在狱中从夏侯胜受《尚书》,凡再逾冬而后传。盖古人无本子,除非首尾熟背得方得。东坡作《李氏藏书记》,其时书犹自难得。晁以道尝欲得《公》、《穀》传,遍求无之,后得一本,方传写得。今书皆有印本,写亦厌烦,所以读书苟简。"

江注:尹子之学要约而笃实,盖终身守此言者。

[集评]

朱子曰:读书不可贪多,且要精熟。如今日看得一板,且看半板,将那精力来更更看前半板。两边如此,方看得熟。直须看得古人意思出,方好。(《语类》卷十)

张习孔曰:读书玩味入心后,即力行,自无暇贪多矣。子路尚且惟恐有闻,遑更贪乎?

灵峰先生曰:今日人才之衰乏,风俗人心之沦亡,正由一二矩公,提倡乾嘉支离破碎无用之学,败坏人才,荡灭人心风俗所致。学以身体力行为急,不能身体力行,则孔光不识进退字,张禹、匡衡不识刚正字,许敬宗不识忠孝字,戴圣、刘歆、扬雄、马融不识廉耻节义字。读万卷,何益之有?

（《价解》）

管赞程曰：自"（按，伊川先生曰）凡看文字"至此为一章，言读书之法。若不得其法，则无益而有弊。

张绍价曰：读书须知其约，将圣人言语玩味入心，身体而力行之，自有所得。不知约则为博杂之学，不力行则为口耳之学，虽精如匡衡，博如马融，只成为记诵之俗儒，君子不贵也。

34. [一]初学入德之门，无如《大学》，[二]其他莫如《语》[三]、《孟》。[1]

[集校]

[一]《张解》本有"伊川曰"三字。佐藤一斋曰"此条系伯子语"。

[二]此条今见《河南程氏遗书》卷二十二上《伊川杂录》，"其"上有"今之学者，赖有此一篇书存"十一字。

[三]"论孟"，叶、江本并作"语"。（《考异》）按，"语"《伊川杂录》作"论"。

[集注]

[1]杨注：《遗书》，下同。

叶解：朱子曰："《大学》规模虽大，然首尾该备而纲领可寻，节目分明而工夫有序，无非切于学者之日用。"又曰："不先乎《大学》，无以挈提纲领而尽《论》（按，《四库》抄本作"《语》"）、《孟》之精微，不参之《论》（按，《四库》抄本作"《语》"）、《孟》，无以融会贯通而极《中庸》之归趣。"

张传：古者以《大学》为教人之法，真是知所先后。

张解：《论语》一书多就事言，而理在其中。盖天理人事，精粗无二致，下学人事，即所以上达天理也。《孟子》言学宗旨只是性善，言王政之要只是教养。二书自有要约处。故朱子亦谓……。须先读《大学》，次读《论》、《孟》。

茅注：唐棣初见先生，问初学如何，而先生答之以此。朱子曰："先读《大学》，可见古人为学首末次第，就此立定架子，然后以他书填补教着实，盖他书皆杂说在里许。通得《大学》后，方见得此是格物致知事，此是正心诚意事，此是修身事，此是齐家治国平天下事。"愚按，后来如西山真氏《大学衍义》，便是朱子所谓"就《大学》立定架子，以他书填补教着实"者也。其所以不及治国平天下者，以前此致知格物中，于治平实政已都讲明，故此只须举而措之,不消更出也。又人君所患,在无修身齐家以上工夫,如果能穷理正心以齐其家,不患不行先王之道也。故真氏独详齐家以上者以此。

江注:朱子曰:"今且须熟究《大学》作间架,却以他书填补去。《大学》是修身治人底规模,如人起屋相似,须先打个地盘。""《大学》如一部行程历,皆有节次。今人看了须是行去,今日行到何处,明日行到何处,方可渐到那田地。""伊川旧日教人先看《大学》,那时未有解说,想也看得鹘突,而今著注解,觉大段分晓了,只在仔细去看。""《论》、《孟》、《中庸》,待《大学》贯通浃洽,无可得看后方看,乃佳。《论》、《孟》都是《大学》中肉菜,先后浅深,参差互见。若不把《大学》做个匡壳子,卒亦有未易看得。"

[集评]

朱子曰:某要人先读《大学》,以定其规模。次读《论语》,以立其根本。次读《孟子》,以观其发越。次读《中庸》,以求古人之微妙处。《大学》一篇有等级次第,总作一处,易晓,宜先看。《论语》却实,但言语散见,初亦难看。《孟子》有感激兴发人心处。《中庸》亦难读。看三书后方宜读之。(《语类》卷十四)

问:初学当读何书?朱子曰:《六经》、《语》、《孟》皆当读,但须知缓急。《大学》、《语》、《孟》,最是圣贤为人切要处。然《语》、《孟》随事答问,难见要领。惟《大学》是说古人为学之大方,体统都具。玩味此书,知得古人为学所乡,读《语》、《孟》便易入。后面工夫虽多,而大体已立矣。(《江注》)

张伯行曰:此教人读书之序。《大学》三纲领八条目,于千圣之书无不括尽,而孰者先孰者后,混淆不得,倒置不得。初学者最有依据,故为入德之门。

张绍价曰:《大学》三纲领、八条目,内圣外王,一以贯之。言学术者,合乎此则为圣学,否则为异学俗学。言治术者,合乎此则为王道,否则为霸术夷术。学者由此入德,则庶乎其不差矣。《论》、《孟》为言学言治之权衡。前乎孔孟者,二帝三王之道,悉会归于此,而义理大备;后乎孔孟者,诸子百家之言,悉折衷于此,而是非乃定。

佐藤一斋曰:入德者,《大学》,其门也;《论》、《孟》,其堂室也;《中庸》,则室之奥也。

35. [一]学者先须[二]读《论》[三]、《孟》。穷得《语》、《孟》,自有要约处,以此观他经甚省力。《论》、《孟》如丈尺权衡相似,以此去量度事物,自然见得长短轻重。[1]

[集校]

[一]《张解》本有"伊川曰"三字。此条今见《河南程氏遗书》卷十八《刘元承手编》。

[二]"须先"《遗书》作"先须"。(《茅注》)按,《茅注》本作"须先"。

[三]"论"叶作"语",下同。(《冯记》)"论孟"宋本作"语孟"。(《栏外书》)按,此处,及下"《论》、《孟》"之"论",《张解》本、《叶解》四库抄本、《茅注》本、《江注》本均作"语"。

[集注]

[1] 叶解:《语》、《孟》之书,尤切于学者身心日用之常,得其要领则易于推明他经,而可以权度事物矣。

张解:孔子折衷六艺以立言,而孟子得孔子见知之传。凡所言者,皆切于人伦事物当然之理,而本于天命之性,故天下道理尽于《语》、《孟》。学者先读其书,得其要领处,则道理烂熟。以之推明他经,本末精粗,无不洞晓,如持丈尺以较长短,用权衡以称轻重,其于事物必无差错。若未尝读《论》、《孟》,而遽欲穷他经,犹无量之衡,无寸之尺,亦何所据以取正乎?故朱子用四十年工夫逐字称等,不教偏些子,订定《论》、《孟》集注,正要学者仔细读也。

李解:量,平声。

茅注:省,所井反。度,待洛反。此因门人问圣人之经旨如何穷得,而以此告之也。

江注:朱子曰:"学者若先读得《语》、《孟》十分透彻,其他书都不费力,触处便见。"

价解:《论》、《孟》中有大义有微言,皆要约处也。识其要约处,则《六经》之旨不外是矣,故观他经甚省力。孔孟之言,万世之常道,不易之定理,如丈尺权衡相似。合乎孔孟者,即断其为是;背乎孔孟者,即断其为非。长短轻重,不爽毫厘,而天下无难决之疑,无难处之事矣。读《语》、《孟》得要约处,则心通乎道矣。以此度量事物,自见得轻重长短,所谓能辨是非也。

[集评]

朱子曰:孟子教人多言义理大体,孔子则就切实做工夫处教人。(《语类》卷十九)

朱子曰:看《孟子》与《论语》不同。《论语》要冷看,《孟子》要熟读。《论语》逐文逐意各是一义,故用子细静观。《孟子》成大段,首尾通贯,熟读文义自见,不可逐一句一字上理会也。(同上)

朱子曰：先读《语》、《孟》，然后观他书，则如明镜在此，而妍媸不可逃。不然，则胸中无一个权衡，多为所惑。（《茅注》）

北溪陈氏曰：读《四书》之法，亦惟平心以玩其旨，归而切己，以察其实而已尔。果能于是，四者融会贯通，而载理昭明，则在我有权衡尺度，由是而稽诸经，与凡读天下之书，论天下之事，皆莫不冰融冻释，而轻重长短截然一定，自不复有锱铢分寸之或紊矣！（《释义》）

张习孔曰：先云"无如《大学》"者，入德之方也。此云"先须《语》、《孟》"者，读书之准也。意各有重，非有异也。

36.　[一]读《论语》者，但将诸弟子问处便作己问，将圣人答处便作今日耳闻，自然有得。[二]若能于《论》、《孟》中深求玩味，将来涵养成甚生气质！[1]

[集校]

[一]《张解》本有"伊川曰"三字。

[二]此条今见《河南程氏遗书》卷二十二上《伊川杂录》，下同，此处"若"上有"孔孟复生，不过以此教人耳"十一字。

[集注]

[1]叶解：甚生，犹非常也。

张解：《论语》所载，多圣人与诸弟子问答之辞，大约因其气质而进之以涵养之功也。读者能设身处地，于所问者如己之求释其疑，于所答者如己之亲聆其益，则自然玩味有得。推之以读《孟子》，亦用此法。意味浃洽，涵养之久，将来成一个绝好气质。甚生，犹言绝好也。盖学之不能变化气质者，为其读书不见真切耳。虚心细心熟读而体之于身，当自见功。

李解：朱子曰："孔门问答，曾子闻得底话，颜子未必与闻，颜子闻得底话，子贡未必与闻。今却合在《论语》一书，后世学者岂非大幸事？但恐自家不去用心。"又曰："有人理会得《论语》，便是孔子；理会得'七篇'，便是孟子。"

茅注：周伯温问"学者如何可以有所得"，而程子告之以此。甚生，犹怎生也，洛中语。陈定宇曰："谓愚者明，柔者强，生出好气质也，亦通。"

朴履坤曰：范阳张氏曰："读《论语》如对孔门圣贤，读《孟子》如对孟子。虽生千载之下，可以见千载人矣。"退溪答栗谷曰："叶注意言将来涵养，则可成就非常气质也。但《小学》注熊氏曰'涵养既成'。'成'下绝句，恐当从叶注。"

[集评]

朱子曰:《论语》难读。日只可看一二段,不可只道理会文义得了便了。须是子细玩味,以身体之,见前后晦明生熟不同,方是切实。(《语类》卷十九)

胡氏曰:《论语》之书,涵育薰陶,是尧舜气象。《孟子》七篇,任道扩充,乃汤武气象也。(《李解》)

张习孔曰:先生以自己用功之方教人,易简直捷,无逾于此。

张绍价曰:吾人生数千载后,得读圣人之书,即如亲见圣人无异,但将问处便作己问,答处便作今日耳闻,则身心祗悚,意味亲切,自然有得。读书如服药然,吾有何病,圣贤即有何药以治之。以药治病,病无不愈。若能于《论》、《孟》中,深求其意理,玩味其旨趣,涵养既深,气质自变。愚者可化为明,柔者可化为强,粗疏者可化为缜密,暴慢者可化为庄敬,故曰"涵养成甚生气质"。

37.[一]凡看《语》、《孟》,且须熟[二]玩味,将圣人之言语切己,不可只作一场话说。人只看得此二书切己,终身尽多也。[1]

[集校]

[一]《张解》本有"伊川曰"三字。

[二]"熟"下,一有"读"字。(朝刊《近思录》)

[集注]

[1]叶解:终身尽多,谓一生受用不尽。

张解:大凡读书而终身无所得者,以书自书、我自我也。今人看《语》、《孟》,且须读之甚熟,玩味之久,咀嚼出意义来,直将圣人言语为切己之事,勿作空言看过,方为善读《语》、《孟》者。盖二书备详致知力行之事,大而君臣父子,小而日用事物,那一句话不切于学者之身心!学者看得二书切己,便终身受用不尽。否则只作圣人说话,震之逐之,唇舌应付,释卷茫然矣。

李解:朱子曰:"讲学莫先于《语》、《孟》,而读《语》、《孟》者,又须逐章熟读,切己深思。不通,然后考诸先儒之说以发明之,日用思虑、应接隐微之间,每每加察,其善端之发,慊于吾心而合于圣贤之言,则勉励而力行之;其邪志之萌,愧于吾心而戾于圣贤之训,则果决而速去之。异时渐有馀力,然后以次渐读诸书,旁通当世之务,盖亦未晚。"

茅注:儘,子忍反,古通用"尽"。玩味,方得圣人意思。切己,则于身心有益。儘,犹极也,足也。朱子曰:"切己,就日用常行中着衣、吃饭、事亲、从兄,尽是学问。"辅庆源曰:"切己体察,则一日当有一日之功。若欲只做一场话说,则是口耳之学矣。"

江注:朱子曰:"且如'学而时习之',切己看时,曾时习与否?句句如此求之,则有益矣。如'克己复礼'与'出门如见大宾'等事,须就自家身上体看,我实能克己与主敬行恕否。件件如此方有益。"

退溪曰:"儘"与"信"同。

[集评]

王子充曰:读书未见亲切,须见之行事方切。曰:不然。且如《论语》,第一教人学,便是孝弟求仁,便戒人巧言令色,便三省也,可谓甚切。(《语类》卷十九)

王伯厚曰:吕成公读《论语》"躬自厚而薄责于人",遂终身无暴怒。袁絜斋见象山读《康诰》有感悟,反己切责,若无所容。前辈切己省察如此。(《茅注》)

张习孔曰:习孔自六十后,始知此言。

张绍价曰:圣贤千言万语,无非发明身心之理。将圣人言语反复玩味,切己体察,自有所得。记诵辞章之学,只作一场话说,无一看得切己。书自书,我自我,终岁读书,于身心无益。若能于《论》《孟》二书,句句看得切己,思索体察,反躬实践,则终身用之不尽矣。

38. [一]《论语》,有读了后全无事者,有读了后其中得一两句喜者,有读了后知好之者,有读了后不知手之舞之、足之蹈之者。[1][二]

[集校]

[一]《张解》本有"伊川曰"三字。

[二]此条今见《河南程氏遗书》卷十九《杨遵道录》。

[集注]

[1]叶解:全无事者,全无所得。朱子曰:"有得一二句喜者,这一二句喜处便是入头处。从此着实理会去,将久自解。倏然悟时,圣贤格言自是句句好。"

张解:一部《论语》,几样读法,只因用功有浅深,故其所见不同。全无事者,全无所得也。得一二句喜者,这一二句是入头处,从此着实理会,便知圣贤格言自句句好。好之者,真知其味而必欲得之也。手舞足蹈则自得而乐之矣。学者由喜而好，以至于乐，庶乎圣人之意可得而见欤！

李解：好，去声。全无事者，无得于心者也。得一两句喜者，有会于心者也。进乎此则知好之矣。至于手之舞之、足之蹈之，则能乐之矣。

贝原笃信曰：程子之言谓读《论语》者有此四等。"不知手之舞"云云，《孟子·离娄》篇文。

[集评]

朱子曰：人读书如人饮酒相似。若是爱饮酒人，一盏了，又要一盏喫。若不爱喫，勉强一盏便休。（《语类》卷十）

张绍价曰：看得圣人之言不切己，毫无所知，毫无所得，故读了后全无事。看得圣人之言略切于己，略有所知，略有所得，故喜而好之。玩味圣人之言切己，真有所知，实有所得，故不知手之舞之、足之蹈之。

39.[一]学者当以《论语》、《孟子》为本。《论语》、《孟子》既治，则《六经》可不治而明[二]矣。[1]读书者当观圣人所以作经之意，与圣人所以用心，与圣人所以至圣人，而吾之所以未至者，所以未得者。[2]句句而求之，昼诵而味之，中夜而思之，平其心，易其气，阙其疑，则圣人之意见矣。[3][三]

[集校]

[一]《张解》本有"伊川曰"三字。

[二]"治而明"，江误"明而治"。（《冯记》）（笔者按，"不治而明"）王、吴本误"不明而治"。（《王记》）

[三]以上并伊川语。（《茅注》）以上皆伊川语。（《冯记》）按，此条今见《河南程氏遗书》卷二十五《畅潜道录》。

[集注]

[1]叶解：不治而明，言易明也。

张传：读书到此地位，岂是易得？费数十年修证之功，尚未识能到此否也！既平心易气而读书，又当躬行以体之，则平易之味乃出。

张解：非谓治《语》、《孟》便可不治《六经》，然《六经》之要旨，备于《语》、《孟》。先以《语》、《孟》为本，胸中有个丈尺权衡，以此权度事理自是容易。

李解：孔孟会《六经》之理于心，故发而为言，莫非《六经》之精蕴。学者苟能治之，则其理已不待治而明，非谓《六经》可以不治也。胡氏曰："《四书》、《六经》之理,意皆相贯通。先圣后圣其揆一也。今读其书不实究其理,徒诵其文义,则《四书》、《六经》文字各是一般体面,千头万绪,虽皓首亦无如之何。惟察其理而实体之于身,则体用一贯,又何难哉！程子所谓'《论》、《孟》既治,则《六经》可不治而明',诚哉！是言也。"

江注：此犹前条"以此观他经甚省力"之意。其实治《六经》自有功夫。

[2]叶解：未至,以所行言;未得,以所知言。

张传：先生云"读书者当视圣人所以作经之意,与圣人所以用心",盖以《诗》、《书》者,孔子之所删也。《易》,则伏羲、文、周之言,孔子之所赞也。《礼》、《乐》经,孔子之所定者,今无其传,而圣人之绪言,间有见于今《礼记》、《乐记》之中。《周礼》则周公之制作在焉,而《春秋》则孔子之特笔也。诸经未可作一意读,故欲其句句而求、昼诵而夜思之也。

张解：因概论读经之法。盖圣人作经之意总以明道,圣人之用心总以先觉觉后觉,圣人之所以至圣人,总是能尽其性而无损于天命之本。然吾之所以未至者,必行之未尽;吾之所以未得者,必知之未精。就圣人身上一一体究,又反于吾身一一推勘,当有悟其所以然者,勿作说话混过也。

李解：作经之意,以觉世也。其所用心,则纯乎天理也。行之不力则未至,知之不明则未得。

[3]叶解：句句而求,则察之密。昼昧夜思,则思之熟。然事(按,"事"《四库》抄本作"平")心易气而不失于凿,有疑则阙而不强其通,如是则圣人之意可得而见矣。

张传：阙疑句更切要,在圣人则可删,后生浅识,则阙之而已矣。

张解：句句而求,则字辨句析,不失之卤莽。昼诵而味,则熟复不厌,不失之浅尝。中夜而思,则心理浃洽,不失之扞格。又平其心,不为艰险崎岖之见,只于明白正大上寻讨。易其气,不为好高浮嚣之习,即在切近着实中涵泳。阙其疑,不为穿凿附会之解,俟其融会贯通时发明。如是,则圣人之意可得而见矣。圣人之意即道也,得圣人之意即知道也。道者,吾身自具之道,亦天下事物当然之道,有以知而得之,则亦将至之矣。是在乎善读经者。

李解：易,去声。朱子曰："平其心,放教虚平也。易其气,放教宽慢也。阙其疑,莫去穿凿也。"或问："《论》、《孟》二书,其用力也奈何?"朱子曰："循序而渐进,熟读而精思之可也。"曰："然则请问循序而渐进之说。"曰："以二书言之,则先《论》而后《孟》,通一书而后及一书。以一书言之,则其篇章文句、首尾次第亦各有序而不可乱也。量力所至,约其程课而谨守之,字索其训,句索其旨,未得乎前则不敢求其后,未通乎此则不敢志乎彼。如是而循序渐进焉,则意定理明,而无疏易凌躐之患矣。是不惟读书之法,是乃操心之要,尤始学者之不可不知也。"曰:"其熟读而精思者,何也?"曰:"《论语》一章不过数句,易以成诵,之后反覆玩味于燕闲静一之中,以须其浃洽可也。《孟子》每章或千百言,反覆辨论,虽若不可涯者,然其条理疏通,语意明洁,徐读而以意随之,出入往来以千百数,则其不可涯者,将可以得之于指掌之间矣。大抵观书先须熟读,使其言皆若出于吾口,继以精思,使其意皆若出于吾之心,然后可以有得。至于文义有疑,众说纷错,则亦虚心静虑,勿遽取舍于其间,先使一说自为一说,而随其意之所之,以验其通塞,则其尤无义理者,不待观于他说而先自屈矣。复以众说互相诘难,而求其理之所安,以考其是非,则似是而非者,亦将夺于公论而无以立矣。大抵徐行却立,处静观动,如攻坚木,先其易者而后其节目,如解乱绳,有所不通则姑置而徐理之。此读书之法也。"

江注:问:"'易其气'是如何?"曰:"只是放教宽慢。今人多要硬把捉住,如有个难理会处,便要刻画百端讨出来,只说得自底,那里见圣人之意?又举'阙其疑'一句,叹美之。"

[集评]

朱子曰:《语》、《孟》工夫少,得效多。《六经》工夫多,得效少。(《语类》卷十九)

朱子曰:此段程子说读书最为亲切。今人只因不曾求圣贤之意,才拈得些小,便把自己意硬放入里面,所以愈求而愈远也。(《茅注》)

朱子曰:此条程先生说读书最为亲切。今人不会读书是如何?只缘不曾求圣人之意。才拈得些小,便把己意放里面胡乱说,故教他就圣人意上求。(《江注》)

陈定宇曰:《语》、《孟》既治,学正识精,由是而治《六经》,根本正而易为力矣。非谓真可不必治而自明也。(《茅注》)

张绍价曰:读书观圣人作经立言之本意,与圣人所以用心,则知经之要约,讲求微言大义,而不为支离破碎无用之学。观圣人所以至圣人,而吾所以未至,所以未得者,则切己体察,奋勉力行,以求造于圣人之域。句句而求之,昼诵而味之,中夜而思之,则周遍精密,意味深长,而不涉于疏忽。平其心,易其气,阙其疑,则从容详尽,心虑虚明,而不失之穿凿。如此则圣人之意见矣。

李瀷曰:心不平则滞累而不濯,气不易则躁急而难究,疑不阙则有错看误入之悔矣。

40. ^[一]读《论语》、《孟^[二]子》而不知道,所谓"虽多,亦奚以为"。^[1]

[集校]

　　[一]《张解》本有"伊川曰"三字。此条今见《河南程氏遗书》卷六。

　　[二]"孟",吴邦模刻本刻作"盂",因形近误刻。

[集注]

　　[1]杨注:以上并《遗书》。

　　叶解:《语》、《孟》极圣贤之渊源,为斯道之统会,体用兼明,精粗毕备。读之而不通于道,则章句训诂而已,虽傅(按,"傅"《四库》抄本作"博")而何益?

　　张解:《论》、《孟》二书,自日用伦常至于天下性命,自洒扫应对至于精义入神,体用兼明,精粗毕备,乃斯道之统会也。读之而不知道,则章句训诂之学而已。虽复博涉乎简编之多,终何益矣。有志知道者,宜尽心焉!

　　价解:读书见圣人之意,则圣人之道,不外是矣。《论》、《孟》道之总会,读《论》、《孟》而不知道,则圣贤之言,乃为用之糟粕耳。虽多何益!

[集评]

　　朱子曰:知道,是方理会得为人之道,从此实下工夫,更有多少事。但到此地所见不差,真有广居可居,正位可立,大道可行,向上自然有进步处耳。(《茅注》)

　　张习孔曰:孔孟之言平易近人,读之易晓,实至道之所存也。一字一句,皆有根柢,故先生欲人于此见道。

41. ^[一]《论语》、《孟子》只剩读着,便自意足,学者须是玩味。若以语言^[二]解着,意便不足。某始作此^[三]二书文字,既而思之又似剩。只有些先儒错会处,却待与整理过。^[1]

[集校]

　　[一]《外书》卷五,当是伊川语。(《冯记》)按,"论"上,《张解》本有"伊川曰"三字。此条今见《河南程氏外书》卷五《冯氏本拾遗》。

　　[二]"语言",《张解》本作"言语"。

　　[三]《叶解》元刻本、《张传》本无"此"字。

[集注]

　　[1]杨注:《外书》,下同。

　　张解:剩,馀也,犹言多也。圣贤语意包含完满,后人一偏之见,则未免有破绽处,故读《语》、《孟》者,只熟读精思,则义理本周密而其意自足。若出己见,以语言自为诠释,恐于圣贤言中言外之意不能包括无遗,而反失之疏漏。

李解:读而意足者,神会其理也。言语解而意不足者,言不足以尽意也。朱子曰:"读书须是将本文熟读,字字咀嚼,教有味。若有理会不得处,深思之又不得,然后却将注脚看,方有意味。如人饥而后食,渴而后饮,不饥不渴而强饮食之,终无益也。"

茅注:剩,时正反。些,思计反。吴氏曰:"虚心涵泳,多读而玩味之,则觉得圣贤言语意味深长。若只以语言解着,恐于圣贤言外之意,不能包括无遗也,所以意便不足。"

江注:朱子曰:"《论》、《孟》须是熟读,一一记放心下,时时将来玩味,久久自然贯通。"(《王记》云:按,广录云:如《论》、《孟》集义中所载诸先生语,"须是熟读,一一记放心下,时时将来玩味,久久自然理会得。"今《集注》作"《论》、《孟》须是熟读","理会得"三字作"贯通"二字,或江先生改,或别见,俟考。)

郑晔曰:剩,馀也,又冗长也。下"剩"字冗长意为多。

[集评]

朱子曰:《孟子》要熟读,《论语》却费思索。《孟子》熟读易见,盖缘是他有许多答问发扬。(《语类》卷十九)

张习孔曰:先儒错会处,原当整理,但须深思不易,方敢措语下笔。不然,恐又贻后人整理也。

张伯行曰:程子因自言昔日曾作《论》《孟》解,后来思之又似剩。剩者,本旨尚有馀于所解之外也,故卒不复为,只将先儒旧解其中有些错会处待与整顿,使勿复错而已,其馀不敢复赘。古人之慎于解经如此,世之管窥蠡测,妄窜古书者,其不大失圣贤之意也几希!

张绍价曰:《四书集注章句》,朱子用一生苦功,荟萃群言,折衷至当,发挥圣贤之意,殆无馀蕴。但能熟复玩味,自有所得。乾嘉诸儒,必欲排而去之,而圣人之意,乃沉霾千古矣。

贝原笃信曰:"二书文字",愚谓《论》、《孟》之解也。"先儒"指何晏、赵岐等。整理,改正之意。

42. 问:"且将《语》、《孟》紧要处看如何?"伊川曰:固是好。然若有得,终不浃洽。盖吾道非如释氏,一见了便从空寂去。[1][一]

［集校］

　　［一］此条今见《河南程氏外书》卷十二《传闻杂记》。

［集注］

　　［1］叶解：朱子曰："此是程子答吕晋伯问。后来晋伯终身坐此病,说得孤单,入禅学去。学者读书,须逐一去理会,便通贯浃洽。"

　　张传：攻坚木者,虽有先后,直至相悦以解,然后说得个浃洽也。

　　张解：圣人之道随处皆有妙义,都要一一理会,俟其融贯,触处洞然,自有条理。若欲于《语》、《孟》中择其紧要者去看,固亦是好。然拣择斗凑,未免有得此遗彼之病,义理单薄,纵有所得,终不浃洽,如喫饮食者,择味下筯,腹必不充。惟释氏徒主空寂,一见了便无剩义可再推求,吾道则不尔也。

　　李解：朱子曰："观书须从头循序而进,不以浅深难易有所取舍,自然意味详密,至于浃洽贯通,则无紧要处,所下工夫亦不落空矣。"

［集评］

　　朱子曰：莫云《论语》中有紧要底,有泛说底,且要着力紧要底,便是拣别。若如此,则《孟子》一部,可删者多矣。圣贤言语,粗说细说,皆理会教透彻。盖道理至广至大,故有说得易处,说得难处,说得大处,说得小处。若不尽见,必定有窒碍处。(《语类》卷十九)

　　辅庆源曰：人才只将二书紧要处看,便只是要求近功速效,与天理已不相似。所谓"固是好"者,盖姑取其向学求道之意耳。正使其有近功速效,亦必至于偏枯蹇涩,岂复有优游厌饫、贯通浃洽之意?(《茅注》)

　　张绍价曰：圣贤之言,精粗毕贯。言事而理在其中,须逐一理会,使之浃洽贯通,自有所得。若以言事者为粗,言理者为精,拣择读之,则意思偏枯,易入空寂。按,象山之学亦然,象山教人看《孟子》"牛山之木"以下诸章,正犯程子所戒者,故其学有见于心,无见于性,认心为理,卒陷于禅而不自知也。

　　43. ［一］"兴于《诗》"者,吟咏情性［二］,涵畅道德之中而歆动之,有"吾与点［三］"之气象。［1］［四］(旧注：又云［五］:"兴于《诗》"［六］,是兴起人善意,汪洋浩大,皆是此意。)［2］［七］

［集校］

　　［一］《张解》本有"伊川曰"三字。

　　［二］"性情",宋本作"情性"。(《茅注》)按,吴邦模刻本、《张解》本、

《叶解》四库抄本、《茅注》本、《江注》本及其四库抄本作"性情"。

[三]"点"下，一本有"也"字。(《茅注》)"点"，叶下增"也"字。(《冯记》)按，《张解》本、《叶解》四库抄本、《江注》本有"也"字。

[四]此段文字，今见《河南程氏外书》卷三《陈氏本拾遗》。

[五]"云"，吴邦模刻本、《茅注》本、《江注》本及其四库抄本、朝刊《近思录》本作"曰"。自"又云"以下，今见《河南程氏遗书》卷二上《元丰己未吕与叔东见二先生语》。

[六]"又曰：兴于《诗》"下，叶本大字，无"本注"字。(《茅注》)注：见《遗书》卷二上，叶讹作大字。"曰"叶作"云"。(《冯记》)"又云"以下数句，吕本作小注，"云"，吕作"曰"。(《异同考》)"又曰"，吕本作"石"。(《考异》)按，"又云"句，《叶解》元刻本及其四库抄本作大字，前无"旧注"二字。

[七]注十九字：一本作大字书。注"《遗书》"二字。(朝刊《近思录》)

[集注]

[1]叶解：《诗》大抵出于人情之真，感化之自然者。学者于《诗》吟哦讽咏，其情性涵养条畅，于道德自然有感动兴起之意，此即曾点浴沂咏归之气象。

张解：《诗》三百篇，抑扬反覆，皆出于人情之不容已。学者吟哦讽咏，使其性情油然勃然，涵养条畅于道德之中，歆慕鼓动而不自知，便有曾点浴沂咏归之意。盖曾点是见得性分之内，万理毕具，其乐无穷，故夫子与之。学《诗》而有所感发兴起，则天地之大、品物之细，寓之于目、触之于心，洋洋洒洒，岂不有此气象？

江注：朱子曰："今且先置《小序》及旧说，只将元诗虚心熟读，徐徐玩味，仿佛见诗人本意，却从此推寻将去，方有感发。""读《诗》正在于吟咏讽诵，观其委曲折旋之意，自足以感发善心。"

贝原笃信曰："涵畅"，涵养条畅于道德之中。"歆动之"者，歆动于善意也。"吾与点之气象"者，从容优游而自然进德之谓也。

[2]杨注：伯岊据晦翁曰："兴，起也。《诗》本性情，有邪有正，其为言既易知，而吟咏之间抑扬反复，其感人又易入。故学者之初，所以兴起其好善恶恶之心，而不能自己者，必于是而得之。"

叶解：《遗书》。诗人之词，宽平忠厚，故有兴起人汪洋浩大之意。

张解：夫人学《诗》而能兴者，良以诗人之词宽平忠厚，最可以感发人之善心。吟咏之间，鄙吝既消，性量自广，觉得天理周流，汪洋浩大，触处皆此意象。《诗》能理人性情如此。

李解：汪洋浩大，言善端之发，如水之流溢而不可御也。

茅注：游氏曰："兴起善意，如观《天保》之诗，则君臣之义修矣。观《棠棣》之诗，则兄弟之爱笃矣。观《伐木》之诗，则朋友之交亲矣。观《关雎》《鹊巢》之诗，则夫妇之经正矣。晋王哀有至性，而弟子至于废讲《蓼莪》，则《诗》之兴发善心于此可见矣。"郑渔仲曰："《诗》自齐、鲁、毛、韩四家各为序训而以说相高，汉又立之学宫，以义理相授，遂使声歌之学日微。曹操平刘表，得汉雅乐郎杜夔，夔老矣，久不肄习，所得于三百篇者，惟《鹿鸣》、《驺虞》、《伐檀》、《文王》四篇而已，馀声不传。太和末又失其三，左延年所得惟《鹿鸣》一笙。每正旦大会，太尉奉璧，群臣行礼，东厢雅乐常作者是也。至晋而《鹿鸣》一篇又无传矣。"又曰："得诗而得声者三百篇，则系于《风》、《雅》、《颂》。得诗而不得声者置之，谓之逸诗。如《河水》、《祈招》之类，无所系也。"

李瀷曰：汪洋浩大，即吾与点也之气象。汪洋则流动不息，浩大则充塞天地。所谓上下与天地同流是也。

贝原笃信曰："汪洋浩大"，兴起于汪洋浩大之善心也。

[集评]

朱子曰：善可为法，恶可为戒，则他经皆然。独以为"兴于《诗》"者，以《诗》自有感发人处故也。今读之无所感发者，正是为诸儒注解局定，兴起人善意不得。(《茅注》)

朱子曰：古人作诗，只是说他心下所存事，说出来，人便将他诗来歌，其声之清浊长短，各依他诗之语言，却将律来调和其声。今人却先安排下腔调，然后作语言去合那腔子，却是永依声也，岂不是倒了？古人是以乐去就他诗，后世是以诗去就他乐，如何解兴起得人？(同上)

张习孔曰："兴于《诗》"者，是自己已有工夫了。性情跃跃欲动，然后于吟咏之间，感发于不自己。若平常人虽日诵《诗》，安得见与点气象？先生此等语，皆是自发舒其涵养所得。学者不曾到此地位，徒读先生之言，与己一毫无与也。

张绍价曰：古人之诗，皆被之弦歌，感人较易。古乐沦亡，徒存诗辞，感人较难。然兴《诗》成乐，圣人已分为二事。学者即诗辞反复玩诵，吟哦讽咏其性情，涵养条畅于道德，感发歆动，兴起善意，汪洋浩大，悠然自得，有"吾与点也"之意，直不知手之舞之、足之蹈之。

44. 谢显道云：[一]明道先生善言[二]《诗》，他又浑不曾章解句释，但优游玩味，吟哦上下，便使人有得处。"瞻彼日月，悠悠我思。道之云远，曷云能来？"思之切矣。终曰："百尔君子，不知德行。不忮不求，何用不臧！"归于正也。[1][三]又云：伯淳常[四]谈《诗》，并不下一字训诂，有时只转却一两字，点[2]掇地念过，便教人省悟。石[五]曰：古人所以贵亲炙之也。[3]

[集校]

　　[一] 此条今见《河南程氏外书》卷十二《传闻杂记》，下同，此处无"谢显道云"四字。

　　[二] "言"，《叶解》元刻本作"古"。

　　[三] 此条，宋本及杨本与上分为二。但按此以"又云"字起，恐不得另作一条，今姑从近本并之。（《茅注》）此条宋本平头，连前条为一。（《栏外书》）按，自"又云"以下文字，《杨注》本、《叶解》元刻本另起一行单列刻印，形式上似别作一条。据他本则将两段语录合一，归属于第44条。

　　[四] "常"，江误"尝"。（《冯记》）按，《江注》本及其四库抄本作"尝"。

　　[五] 末句"又曰"之"又"，诸本及外书并作"石"，今据《上蔡语录》改正。然按，谢录中曾怙天隐所记有"石问孟子尽心知性"一条，疑"石"系人名，不书姓，或即谢氏之子欤！而游定夫撰《谢氏墓志》已亡，不可考矣。（《茅注》）"右曰"，按他本作"又曰"。（《释疑》）按，"石"，吴邦模刻本、《张解》本、《叶解》四库抄本、《茅注》本、《江注》本及其四库抄本作"又"。或作"又"为是。

[集注]

　　[1] 杨注：《外书》，下同。

　　张解：此以明道之善言《诗》，为学者读《诗》之例也。《诗》之为教，往往以有尽之言寓不尽之意，拘其义类，泥其字句，便少滋味。故明道先生善言《诗》，不在逐处解释，但将《诗》中文义从容玩味，恬吟密咏，自有天动神解之妙。即如《卫风·雄雉》之篇所云瞻日月而忧道远者，彼第将四句吟哦一番，徐曰"思之切矣"。所云劝德行而戒忮求者，彼第用个"终"字，又将四句吟哦一番，遂曰"归于正也"。"矣"字"也"字呼应顿挫，而发乎情、止乎礼义之意，悠然自见于言外。学者当就其神思遐旷、意象渺茫之中，想见其所以言《诗》之妙。不然，此二句尽人晓得，非先生创解也。

　　李解：行，去声。此即孔子释物则秉彝之训，子思推纯一之法，明道盖得其传耳。

茅注：曾，音层。"瞻彼日月"八句，《诗·卫风·雄雉》篇之辞。盖明道尝诵之以教学者，而谢氏特引之以见明道善言《诗》之意。思之切者，发乎情也。归于正者，止乎礼义也。庆源辅氏曰："思之切而不归于正，便入哀伤淫佚去也。"

［2］杨注：（按，"点"）平声。

［3］叶解：点掇，犹沾缀、拈掇也。意如上章。亲炙，亲近而熏炙之也。

张传："优游玩味，吟哦上下"，其性情当有与古之作者相合，则声气抑扬，开合疾徐之间，听者移情，如见古人，所以令人有得处也。见与古人近者尚兴起如此，而况于亲炙之者乎？

张解：此亦上段之意。多著训诂，非凿则滞。明道不下一字训诂，只转换一二字，于血脉疾徐、唱叹高下之间拈掇出来，便使作者之精神与读者之精神，两两活现，忽然省悟这段妙境。亲炙其下者，闻其謦欬，真觉有书不尽言、言不尽意之趣，虽极鲁钝亦能领取。谢上蔡盖真有得于亲炙者，故不觉又欣然曰"古人所以贵于亲炙之也"。亲炙，言亲近而薰炙之也。

茅注："点掇地"，宋时方言。点，点缀；掇，拈取；地，俗语助也。陈氏曰："《烝民》诗四句，孔子只就中添四字。《沧浪之歌》只换两'斯'字，曾不辞费而意味无穷。明道说《诗》正得此意。"王伯厚曰："魏太子系好《晨风》，而慈父感悟；周磐诵《汝坟》卒章，而为亲从仕；王裒读《蓼莪》，而三复流涕；裴安祖讲《鹿鸣》，而兄弟同食。可谓'兴于《诗》'矣！李聃和伯自言'吾于《诗·甫田》悟进学，《衡门》识处世'，此可为学《诗》之法。故备录之。"

退溪答栗谷曰："点掇地念过"，非诗人点掇，乃明道点掇然也。

朴履坤曰：《性理群书》注曰："只于一句之中点掇一二字读过"。如上文"思之切矣"、"归于正也"之类。

贝原笃信曰：沾缀，拈缀，乃是添补取拾之意，合前之数解而可看其义。

[**集评**]

朱子曰：读《诗》之法，只是熟读涵味，自然和气从胸中流出，其妙处不可得而言。不待安排措置，务自立说，只恁平读着，意思自足。（《语类》卷八十）

薛敬轩曰：观朱子《诗传》只转一两字，点掇念过，盖得明道言《诗》意也。（《茅注》）

何氏子恭曰：读《诗》之法，须归荡胸次净尽，然后吟哦上下，讽咏从容，使人感发方为有益。（同上）

张伯行曰：凡读书者晓用明道点掇之法，便是会读书；凡作文者晓用明道点掇之法,便是好文字。何独说《诗》为然乎!

张绍价曰:明道先生言《诗》,深得孔子家法。"高山仰止,景行行止",孔子只曰"诗之好仁如此"。《鸱鸮》之诗、《烝民》之诗,孔子只赞以"为此《诗》者,其知道乎!"初何尝章解句释?"故有物必有则,民之秉彝也,故好是懿德",亦只转却一两字,点掇念过,便教人省悟。朱子本孔子、程子之意,作为《集传》,定其章句,叶其音韵,分其比兴赋,略加解释,使人自悟,复还温柔敦厚之旨,一洗拘牵穿凿之陋。学《诗》者但依其说读之,优游玩味,吟哦上下,则于诗人之旨,必有心领神会,而自得之者,切勿惑于乾嘉诸儒主张《小序》之说,而轻置之也。

45. 明道先生曰[一]:学者不可以不看《诗》,看《诗》便使人长一格[二]价。[1]

[集校]

[一]"先生曰",《传闻杂记》作"尝言"。

[二]"格"下,近本或无"价"字。(《茅注》)

[集注]

[1] 叶解:观《诗》,则使人兴起感发,便自然有进。

张传:"长一格价"者,意谓使人变化增长也。价,语助辞。

张解:兴观群怨,《诗》之益备矣。看《诗》则己之真性情流露,必能变化气质,长一格价,故不可以不看《诗》。

李解:长一格价,言识趣之高出也。朱子曰:"或有问于予曰'《诗》何为而作也',予应之曰:'人生而静,天之性也。……得之于此矣。'"

茅注:长,张丈反。……朱子曰:"读《诗》必如三复白圭,方始有味。明敏人不如此看,亦无所补;至钝人能如此看,亦随浅深而有所见也。"

[集评]

朱子曰:"读《诗》便长人一格。"如今人读《诗》,何缘会长一格?《诗》之兴,最不紧要。然兴起人意处,正在兴。会得诗人之兴,便有一格长。(《语类》卷八十)

张习孔曰:《六经》中惟《诗》别是一种景况,纯是性情天机,宣畅动荡于音韵之间,所以最易动人。

张绍价曰:看《诗》可以涵养性情,通达事理,扫荡胸中之邪秽,消融拘牵之意见,岂不长一格价?

46. ﹝一﹞"不以文害辞。"文，文字之文，举一字则是文，成句是辞。《诗》为解一字不行，却迁就他说，如"有周不显"，自是作文当如此。﹝1﹞﹝二﹞

[集校]

﹝一﹞《张解》本有"明道曰"三字。

﹝二﹞此条今见《河南程氏外书》卷一《朱公掞录拾遗》。

[集注]

﹝1﹞杨注：以上并《外书》。

叶解：详见《孟子》。《诗·大雅·文王》篇曰："有周不显。"言周家岂不显乎？盖言其显也。苟宜（按，"宜"当依元刊本作"真"）谓之不显，则是以文害辞。

张传：古书中常有义深辞奥不可解说者，只将本文常常讽诵，又不可作一日读。久之渐觉其语气通洽，可以意会而知矣。如"有周不显，帝命不时"，朱子为初学乍见者说，故释之曰："不显，犹言岂不显；不时，犹言岂不时。"若学者讽诵之久，以意义通章理会，则如自问自信之词，宛然在口，何须增"岂"字乎？故先生云自是作文当如此。

张解：孟子言"说《诗》者，不以文害辞"，恐单泥一字之解有害全句之义也。程子因申其说。盖《诗》有律有韵，句法字法，长短难以参差，多有暗藏曲折处，故解《诗》者不得专拈一字解之，却须迁就其说始行得也。

茅注：为，去声。

朴履坤曰："迁就他说"，《性理群书》注"改就他说"。朱子曰："凡读书须看上下文义是如何，不可泥著一字。如扬子于仁也柔，于义也刚；到《易》中，又将刚来配仁，柔来配义。如《论语》学不厌知也，教不倦仁也；到《中庸》又谓成己仁也，成物智也。此等须是各随本意看，更自不相碍。"

[集评]

张绍价曰：此言学《诗》之法，不可以一字之文，害一句之辞。《诗》言"有周不显"，犹言岂不显乎？若直谓之不显，则是以文害辞。然《中庸》引不显之德，借为幽深玄远之意。此则神而明之，无所不可，而不得谓之以文害辞矣。

47. ﹝一﹞看《书》须要见二帝三王之道。如二《典》，即求尧所以治民、舜所以事君。﹝1﹞﹝二﹞

[集校]

　　[一]《张解》本有"明道曰"三字。陈荣捷云："此处为明道语。然既来自《遗书》卷二十四,页一下,则实伊川语。"(《陈论》)

　　[二]此条今见《河南程氏遗书》卷二十四《邹德久本》。

[集注]

　　[1]杨注:《遗书》。

　　张解:《书》以载帝王行事而道即存乎其间,不可徒作文字观也。看《书》者,须如亲当其时,亲为其事,要见帝王之道之所以异,又见帝王之道之所以同。如《尧典》、《舜典》二篇,其文无多,而尧之治民、舜之事君已具见矣。必于读之之时,详察其所以然,则异日之事君治民自可本所学以应之。至于读谟、诰、训、誓,皆当如此。此家修廷献之资也。

　　李解:朱子曰:"尧所以治民,舜所以事君,是事事做得尽。且如《尧典》无非治民之事,《舜典》无非事君之道,然亦是治民之事。"或曰:"二《典》不足以尽之。"曰:"也大概可见。"朱子与蔡仲默书曰:"《书说》未有分付处,因思向日喻及《尚书》,文义贯通,犹是第二义,直须见得二帝三王之心,而通其所可通,毋强通其所难通,即此数语,便已参到七八分,千万便搁置此来议定纲领,早与下手为佳。"

[集评]

　　问可学:近读何书?曰:读《尚书》。曰:《尚书》如何看?曰:须要考历代之变。曰:世变难看。唐虞三代事,浩大阔远,何处测度?不若求圣人之心。如尧,则考其所以治民;舜,则考其所以事君。如《汤誓》,汤曰:"予畏上帝不敢不正。"熟读岂不见汤之心?大抵《尚书》有不必解者,有须着意解者。(《语类》卷七十八)

　　张绍价曰:道兼心法、治法而言。危微精一,执中建极,心法也。礼乐刑政,知人安民,治法也。蔡《传》发挥此旨,极为明畅,穷经将以致用。本心法为治法,而学乃有用。乾嘉诸儒不讲心法治法,而断断焉惟今古文是争,必欲尽废古文,排去蔡《传》,学愈博而无用愈甚。而海外诸国,二百年来,竭智力讲求天文地利物产兵器,以谋富强,中国士大夫,以无用当有用,焉得不败?于是尽弃汉学而讲西学,夫西法非无可采,而治法不本于心法,竞权争利,废经灭伦,而二帝三王之道,扫地尽矣。呜呼痛哉!

　　48.[一]《中庸》之书,是孔门传授,成于子思、孟子。其书虽是杂记,更不分精粗,一衮[二]说了。今人语道,多说高便遗却卑,说本便遗却末。[1]

[集校]

[一]《张解》本有"明道曰"三字。陈荣捷云:"此处亦为明道语。然《遗书》卷十五,页十四上载之,乃伊川语。"(《陈论》)按,此条今见《河南程氏遗书》卷十五,题下注云"伊川先生语",《入闽语录》题下又注"或云:明道先生语"。

[二]"衮"江改"滚"。(《冯记》)按,《江注》本作"滚"。

[集注]

[1]杨注:《遗书》。

叶解:《中庸》,子思所述而传之孟子者也。其言天命之性,则推之于修道之教。言中和,则极之于天地位、万物育。言政而本之于达德、达道。言治天下国家,则合之于诚。小大并举,费隐兼该。盖是道之大,体用相涵,本末一贯,元不相离(按,"离"《四库》抄本作"杂")。说本而遗其末,则亦陷于空虚而未达天下之大本矣。

张解:道之体用相涵,本末高卑,原自一以贯之,安有精粗之间乎?故惟《中庸》一书,乃孔门传授心法,而子思述之以传于孟子者。其书所言,虽多杂记,非出一时,浑成说话,却更不分精粗,一滚说了。始言一理,中散为万事,末复合为一理。……可谓高卑毕陈,本末兼该,令读之者想见斯道本然流行之妙。非如后人之书,语高而遗其卑,语本而遗其末,沦于空虚而不识天下之大本达道者也。故学者必会其极于《中庸》焉。

李解:费隐之道,诚明之德,皆浑合而尽言之,所以无精粗之分也。岂若后世之语道者,不入于径约之失,则流于虚无之弊也哉!

江注:《中庸》语道,高卑本末皆兼之。

价解:《中庸》一书,发明道要,无复馀蕴。道本于性,性命于天。首章由天而推之人,末章由人而归之天,教人以尽人合天之学。其要在于戒惧慎独,择善固执,诚明两尽,尊道并重。由念虑之微,庸行之常,推之以参天地,赞化育,精粗毕具,本末兼赅。学者潜心是书,真知而自得之,何患不心通于道乎?

李瀷曰:"虽是杂记"云者,当时此书未及出表,混在《戴记》中,故云也。不分精粗者,不复分别而咸在其中也。

[集评]

问《中庸》。曰:而今都难恁理会。某说个读书之序,须是且着力去看

《大学》，又着力去看《论语》，又着力去看《孟子》。看得三书了，这《中庸》半截都了，不用问人，只略略恁看过。不可掉了易底，却先去攻那难底。《中庸》多说无形影，如鬼神，如"天地参"等类，说得高；说下学处少，说上达处多。若且理会文义，则可矣。问：《中庸》精粗本末无不兼备否？曰：固是如此。然未到精粗本末无不备处。(《语类》卷六十二)

真西山曰：《中庸》始言天命之性，终言无声无臭，宜若高妙矣。然曰戒慎，曰恐惧，曰谨独，曰笃恭，则皆示人以用力之方。盖必戒惧谨独而后能全夫性之善，必能笃恭而后造无声无臭之妙，未尝使人驰心窈冥，而不尽其实者也。(《茅注》)

张习孔曰：道原无精粗，所以《中庸》一衮说得，《系词》亦然。今人说高与本便须检点顾盼卑末，不然便遗了，所以一衮说不得。

贝原笃信曰：杂记于精粗，则犹宜精自精、粗自粗，而体用大小不贯通了然，如《中庸》所说，体用相涵，本末并举，费隐并该，说本而不遗其末，说末而不遗其本，则可谓"不分精粗，一衮说了"。

49. 伊川先生《易传序》曰：易，变易也，随时变易以从道也。[1]其为书也，广大悉备，将以顺性命之理，通幽明之故，尽事物之情，而示开物成务之道也。圣人之忧患后世，可谓至矣。[2]去古虽远，遗经尚存。然而前儒失意以传言，后学诵言而[一]忘味。自秦而下，盖无传矣。予生千载之后，悼斯文之湮晦，将俾后人沿流而求源，此《传》所以作也。[3]"《易》有圣人之道四焉：以言者尚其辞，以动者尚其变，以制器者尚其象，以卜筮者尚其占。"吉凶消长之理、进退存亡之道，备于辞。推辞考卦，可以知变，象与占在其中矣。[4]"君子居则观其象而玩其辞，动则观其变而玩其占。"得于辞，不达其意者有矣，未有不得于辞而能通其意者也。[5]至微者理也，至著者象也，体用一源，显微无间。"观会通以行其典礼"，则辞无所不备。[6]故善学者求言必自近，易于近者，非知言者也。[7]予所传者辞也，由辞以得意，则在[二]乎人焉。[8][三]

[集校]

[一]"而忘"之"而"，宋本作"以"。(《茅注》)

[二]"在"江改"存"。(《冯记》)按，"在"，《江注》本及其四库抄本作"存"。

　　［三］目存《文集·附录》,见《易传》。(《冯记》)按,此条今见《河南程氏文集》卷八《易传序》。

［集注］

　　［1］叶解:阴阳变易而生万化,圣人象之而画卦爻,使人体卦爻之变易而随时以从道也。或问:"易即道也,何以言变易以从道?"朱子曰:"易之所以变易,固皆理之当然。圣人作《易》,因象明理,教人以变易从道之方耳。如《乾》初则潜、二则见之类是也。"

　　张解:此程子自序《易传》之所以作,欲人由辞得意而尽乎变易之道也。阴阳变易而生万化,圣人则之而画卦爻,故名其书为《易》。见所以变易之故,皆出于阴阳之道之当然,而此书之所由作,总以教人体卦爻之变,为随时从道之方耳。……若非天地间本有许多底道理,《易》何为作哉!

　　李解:於文,日月为易,所以象阴阳之变化也。圣人则之,以示体道之方焉。盖道无不在,因时而形,能随时变易以从之,则无适而不然矣。胡氏曰:"此是指作《易》者与用《易》者而言,则涉乎人矣。若论理,则《易》即道之所寓,非从道也。"

　　茅注:传,直恋反。下"此传"、"所传"同。《易·乾凿度》:孔子曰:"易者,变易也,不易也。"郑玄曰:"易一言而函三义:简易一也,变易二也,不易三也。"朱子曰:"易有交易,有变易。交易是阳交于阴,阴交于阳,是卦图上底,如'天地定位'、'山泽通气'云云者是也。变易是阳变阴,阴变阳,老阳变为少阴,老阴变为少阳,此是占筮之法,如'昼夜寒暑'、'屈伸往来'者是也。"又曰:"程子以《易》为人事之书,故云然。"

　　贝原笃信曰:当其可谓之时,可以潜则潜,可以见则见,是变易从道之谓欤。孔子可以仕云云,孔子圣之时也。

　　［2］叶解:故,所以然也。开物者,使其知之明;成务者,使其行之就也。

　　张解:天下之理散入六十四卦三百八十四爻之内,是以其为书也,就中所含蓄言,则极其广矣;就外所包括言,则极其大矣。广大悉备,皆本于太极两仪,继善成性之自然,是"顺性命之理"也。仰观天文,俯察地理,而得其昼夜上下、南北高深之所以然,是"通幽明之故"也。有以见天下之赜,而拟诸其形容,是"尽事物之情"也。先天下而开其物使知之明,后天下而成其务使行之就,是"示开物成务之道也"。惟顺故通,通故尽,尽故有以示之。圣人恐后世不顺其理,不通其故,不尽其情,而物无由开,务无由成,故数圣相承而共为一书,其忧患后世可谓至矣。后之读是书者,其可不加意乎?

李解：性命之理，三极之道也。幽明之故，两仪之迹也。事物之情，有万不齐之数也。开物者，创所未有知之之明也。成务者，就所已为处之之当也。

茅注：此一节言圣人作《易》之大旨也。

价解：一阴一阳之谓道，阴阳变易而道生焉。天道如是，人事亦如是。如《乾卦》当潜而潜，当见而见，当跃而跃，当飞而飞，随时变易，乃合乎道之当然。若胶于一定，则非道矣。道原于性命之理，而极于万事万物之变，变易从道，则所以顺性命之理，通幽明之故，尽事物之情，举不外是矣。开物以知言，成务以行言。圣人作《易》，使人知吉知凶，以通天下之志，则物开而知之明；使人趋吉避凶，以定天下之业，则务成而行之就。

[3] 叶解：沿流而求源，谓因言以求其意也。（按，朴履坤《释义》曰："叶注谓因言求意，愚则以为因《传》而求《易》也。"）

张解：今之时去羲、文、周、孔虽远，而其遗经固在也。神而明之，吾儒之责，然而前之儒者不得其意，妄为诠释，使后之儒者徒诵其言，反失真义。自秦以来，盖斯道之不传久矣。道无终息，天生程子，千载传灯，斯文在兹，故心焉悼之，不忍其湮没沉晦，后人无从讲习，用是不能自已，将使后人循流而至于源，因作为《传》以发明之，盖心圣人之心者也。沿流求源，即下文所谓"由辞以得意"是也。

李解：沿，循也。薛氏曰："流者，《传》之辞也。源者，《易》之理也。因辞以求理，所谓沿流而求源也。"朱子曰："'随时变易以从道'，主卦爻而言，然天理人事皆在其中。今且以《乾卦》潜、见、飞、跃观之，其流行而至此者易也，其定理之当然者道也。《易》中无一卦一爻不具此理，所以沿流而可以求其源也。"

茅注：湮，伊真反。沿，夷然反。此一节言后人失《易》之旨，而《传》之所以不可不作也。……流，即下文所谓辞也；源，即下文所谓意也。

[4] 叶解：尚，尊用（按，"用"《四库》抄本作"尚"）之也。辞者，圣人所系之辞。变者，阴阳老少之变。象者，天地、山泽、雷风、水火之类是也。占者，吉凶、悔吝、厉无咎之类是也。辞者，言之则也，故以言者尚其辞。变者，动之时也，故以动者尚其变。象事知器，故制器者尚其象。占事知来，故卜筮者尚其占。然辞、变、象、占虽各有尚，而吉凶、消长、进退、存亡，《易》之大用皆具于辞。故变推辞而可知，象与占皆不外乎辞也。

张解：约言作《传》大意，无非与圣人之道相发明。圣人之道四者，即下辞、变、象、占也。……是辞、变、象、占皆有所尚，而天道之吉凶消长，人道之进退存亡,系辞焉而命之,动在其中矣,故推辞可以知变。而象非辞则象无由明,占非辞则占无由决。是象与占,亦皆不外焉。读《易》而不得其辞,圣人之意其不可得而见乎!

茅注:长,张丈反。"《易》有圣人之道"五句,见《易·系辞上传》。朱子曰:"占与辞是一类者,晓得辞方能知得占。变是事之始,象是事之已形者,故亦是一类也。"此以下言学《易》者,当于其辞求之,而其意可得也。

[5] 叶解:玩,厌习也,不止于观而已。盖卦之象可观,而辞之理则无穷,故必玩习其辞。爻之变可观,而占之义则无穷,故必玩习其占。平居而观象玩辞,则各尽乎(按,"乎"下,《四库》抄本另有"卦之理;临事而观变玩占,则各尽乎"十四字)爻之用。然象与变、占皆具于辞,故必由辞以通其意。

张解:玩,习也,谓观之详也。惟其变与象、占皆具于辞,是以君子之于《易》也,在平居则观其象而玩其辞,以求尽乎卦之理,统全体而言之也。到临事则观其变而玩其占,以各尽乎爻之用,指一节而言之也。观象玩辞学《易》也,观变玩占用《易》也。学《易》则无所不尽其理,用《易》则因一时所值之爻究之,动由于居,占视乎辞,故辞不可不得也。既得其辞而不达圣人作《易》之意者,犹或有之。若不得其辞而通其意,则断乎无矣。人当逐卦逐爻句句寻讨,务使其辞可以见之行事应接之间也。

茅注:"居则观其象"二句,见《易·系辞上传》。

价解:观象玩辞,平居尽乎卦爻之理,则能适于裁制之宜。观变玩占,临事尽乎卦爻之用,则不迷于趋避之路。

[6] 叶解:朱子曰:"自理而观,则理为体,象为用,而理中有象,是一源也。自象而观,则象为显,理为微,象中有理,是无间也。"又曰:"会以理之所聚而言,通以事之所宜而言。其实一也。"又曰:"众理会处,使有许多难易窒碍,必于其中得其通处乃可行耳。典礼者,典常之理(按,"理"《四库》抄本作"礼")。"

张解:盖有象斯有辞,有理斯有象。理至微,未形未见者也;象至著,已形已见者也。……而理中有象,是"体用一源"也;象中有理,是"显微无间"也。知其一源无间,则观于理可以得其会,观于事可以得其通,而日用之常于以流行矣。盖理之所聚,易生窒碍,于会处得通,故可行也。典礼者,典常之礼也。其理则于辞无不备,六十四卦三百八十四爻,仔细理会,俱有下落,而不善学者昧昧也。

李解:间,去声。朱子曰:"'体用一源'者,以至微之理言之,则冲漠无朕,而万象昭然已具也。'显微无间'者,以至著之象言之,则即事即物,而此理无乎不在也。言理则先体而后用,盖举体而用之理已具,是所以为一源也。言事则先显而后微,盖即事而理之体可见,是所以为无间也。"

茅注:朱子曰:"言理则先体而后用,盖举体而用之理已具。言事则先显而后微,盖即事而理之体可见。""观会通"句,见《易·系辞上传》。……按,尹和靖受《易传序》归,伏读数日后见伊川。伊川问所见,和靖曰:"'体用一源,显微无间'二语,似太泄露天机也。"伊川曰:"汝看得如此,甚善。某亦不得已而言之耳。"盖伊川《易传》只就用之显然者言之,而其本体之精微处即在其中,顾恐学者之习而不察也,故著此二语。程子示人之意可谓深且切矣。然延平李氏以为"须看得六十四卦、三百八十四爻都有下落,方始见得"。此语之切要,学者又不可以不知也。

李濲曰:上言"备于辞"者,如今爻辞中所言是也。下言"辞无所不备"者,谓观通行典,则其精微委曲可以推类而尽之,便是无所不备也。子曰:"卒以学《易》,可以无大过。"此观通行典之意也。

[7] 李解:朱子曰:"读书之法,要当循序而有常,致一而不懈,从容乎句读文义之间,而体验乎操存践履之实,然后心静理明,渐见意味。不然则虽广求博取,日诵五车,亦奚益于事哉!故曰'善学者求言必自近,易于近者,非知言者也'。"薛氏曰:"积累之久,涵泳之深,当别有所见。"

茅注:易,音异。

[8] 杨注:《文集》,下同。

叶解:道无远近之间,然观书者必由粗以达于精,即显以推其微,本民彝日用之常,而极于穷神知化之妙,不可忽乎近而徒务乎高远也。

张解:学之善者,必须自用以观体,自显以推微。是欲求圣人之言者,未有不自其辞之近也。若以其辞为近而易之,则不可以学《易》,非能知圣人之言者也。故今日所传,正不敢忽近而务远,只因圣人所系之辞而发明之。若夫由辞得意,拟之议之,以成其变化,则在乎人焉,虽圣人不能举以诏天下后世也。

李解:朱子曰:"《易》之为书,更历三圣,而制作不同。若庖犠氏之象,文王之辞,皆依卜筮以为教,而其法则异。至于孔子之赞,则又一以义理为教,而不专于卜筮也。是岂其故相反哉?俗之淳漓既异,故其所以为教为法者不得不异,而道则未尝不同也。然自秦汉以来,考象辞者既溺于术数而不得其弘通简易之法,谈义理者又沦于空寂而不适乎中正仁义之归。求其因时立教,以承三圣不同于法而同于道者,则惟伊川先生程氏之书而已。后之君子诚能日取其一卦若一爻者,熟复而深玩之,如己有疑将决于筮而得之者,虚心端意,推之于事而反之于身,以求其所以处此之实,则于吉凶消长之理、进退存亡之道将无所求而不得,迩之事父、远之事君,亦无所处而不当矣。”

茅注:朱子曰:“‘求言必自近’,乃程子吃紧为人处。学者深味此意,就眼前切近处潜思默契,皆自有高深远大而不可穷者矣。”

江注:朱子曰:“阴阳有相对而言者,有错综而言者。伊川言‘易,变易也’,只说得相对之阴阳流转而已,不说错综之阴阳交互之理。言易须兼此二意。”“此《序》无一字无下落,无一语无次序。其曰‘至微者理也,至著者象也,体用一源,显微无间’。盖自理而言,则即体而用在其中,所谓一源也。自象而言,则即显而微不能外,所谓无间也。”“‘体用一源’者,体虽无迹,中已有用。‘显微无间’者,显中便具微。天地未有,万物已具,此是体中有用。天地既立,此理亦存,此是显中有微。”“体用是物物而不相离,(《王记》云:王、吴本作“物物而不相离”,上“物”字自系“两”字之误,今依洪本。)故可言一源。”“有问尹和靖‘伊川《易传》何处是切要’,尹云:‘体用一源,显微无间’,此是最切要处。后举以问李延平。延平曰:‘尹说固好,然须是看得六十四卦、三百八十四爻都有下落,方始说得此话。’”“会,谓理之所聚而不可遗处。通,谓理之可行而无所碍处。”“‘观会通’,是就事上看理之所聚与其所当行处。辞,谓卦爻之辞。”问《易传序》“以行典礼”。曰:“如尧舜揖逊,汤武征伐,皆是典礼处。典礼只是常事。‘求言必自近,易于近者,非知言者也’,此伊川吃紧为人处。”

[集评]

朱子曰:“《易》,变易也。随时变易以从道”,正谓伊川这般说话难说。盖他把这书硬定做人事之书。他说圣人做这书,只为世间人事本有许多变样,所以做这书出来。(《语类》卷六十七)

朱子曰:“至微者理也,至著者象也。体用一原,显微无间。‘观会通以行其典礼’,则辞无所不备”。此是一个理,一个象,一个辞。然欲理会理与象,又须辞上理会。辞上所载,皆“观会通以行其典礼”之事。凡于事物须就其聚处理会,寻得一个通路行去。若不寻得一个通路,只驀地行去,则必有碍。典礼,只是常事。会,是事之合聚交加分别处。如庖丁解牛,固是“奏刀騞然,莫不中节”;若至那难处,便着些气力,方得通。故庄子又说:“虽然,每至于族,吾见其难为,怵然为戒,视为止,行为迟。”庄子说话虽无头当,然极精巧,说得到。今学者却于辞上看“观其会通以行典礼”也。(同上)

张南轩曰:指其所之者,《易》之辞也,以言者尚之,则言无不当矣。化而裁之者,《易》之变也,以动者尚之,则动无不时矣。象其物宜者,《易》之

象也,制器者尚之,则可以尽创物之智。极数知来者,《易》之占也,卜筮者尚之,则可以穷先知之神间。(《茅注》)

蔡节斋曰:观象玩辞,学《易》也;观变玩占,用《易》也。学《易》则无所不尽其理,用《易》则惟尽乎一爻之用。(同上)

王伯厚曰:冯当可谓"王辅嗣蔽于虚无而《易》与人事疏,伊川专于治乱而《易》与天道远"。又谓"近有伊川,然后《易》与世故通,而王氏之说为可废"。然伊川往往舍画求《易》,故时有不合。又不会通一卦之体以观其全,每求之文辞离散之间,故其误十犹五六。(《茅注》)

罗整庵曰:《易》之为书,有辞、有变、有象、有占,变与象皆出于自然,其理即所谓性命之理也。圣人系之辞,特因而顺之,而深致其意于吉凶悔吝之占,凡以为人道计尔。夫变之极其象斯定,象既定而变复生,二者相为循环,无有穷已。《文言》曰:"知进退存亡而不失其正者,其惟圣人乎。"夫消变于未形,圣人之能事也。自大贤以下,必资于学。《系辞》曰:"君子居则观其象而玩其辞,动则观其变而玩其占,是以自天佑之,吉无不利。"此学《易》之功也。(《价解》)

张习孔曰:《易》所有者三焉:曰理、曰画、曰文。理者圣人之所有洗心而退藏者也,是无极而太极也。画者刚柔相推而生,圣人之所化裁也。理非画也,乃所以为画也;画非理也,乃所以象理也。而文者又所以发挥乎理与画者也。是三者实一物也,理不可见也,画可见而画中之理不易见也,文则可见者也。先生此《序》,欲人玩可见之辞,而进求其无所不备也,故其言曰:"得于词,不达其意者有矣,未有不得于辞而能通其意者也。"若是乎词之不可以已也。又曰:"求言必自近,易于近,非知言者也。"先生之言近矣,然自近云者,谓始基于此耳。其进乎此而所谓意者,先生不传也。非不传也,不可传也,不胜传也,不用传也。此先生之志也。

张伯行曰:夫圣人忧后世之耳目心思,不知天地万物之情,而为卦爻之辞以开示之。程子又忧后世之章句训诂多失圣人设卦观象之辞,而作为《易传》以发明之。同一忧患之深心也。

李瀷曰:朱子以《易》为卜筮之书,别著《本义》。盖以《周礼》三《易》皆掌于大卜故也。以愚观之,亦有可疑处。《易》有圣之道四,而卜筮居其一分,遗其三而举其一,专作卜筮之书可乎?卜筮既居其一,则为太卜之所掌,实无可疑,何也?《周礼》"六诗"亦皆掌于大卜乐师,诗固合为乐律文字,然其忠厚恻怛之辞,亦不可诬也。今若一废感发惩创之义,而专为声乐之用,不亦固乎?故《诗》本主于辞,而声乐在其中。《易》亦主于辞,而卜筮在其中。孔子已该举而详言之矣。伊川之《传》本乎大传,结之曰:推辞考卦,可以知变,象与占在其中尽之矣。

50. 伊川先生[一]《答张闳中书》曰:《易传》未传,自量精力未衰,尚觊有少进尔。[1]来书云:"易之义,本起于数。"谓义起于数,[二]则非也。有理而后有象,有象而后有数。易因象以明理,由象而[三]知数。得其义,则象数在其中矣。[2](旧注:理无形也,故因象以明理。理既见乎辞矣,则可由辞以观象,故曰"得其义则象数在其中矣"。[四])必欲穷象之隐微,尽数之毫忽,乃寻流逐末,术家之所尚,非儒者之所务也。[3]

[集校]

　　[一]《张解》本无"先生"二字。此条今见《河南程氏文集》卷九《答张闳中书》。

　　[二]"则非"上,叶本无"谓义起于数"五字,今从《文集》及诸本增而知之。(《茅注》)按,《叶解》元刻本及其四库抄本、吴邦模刻本、《张解》本、《江注》本及其四库抄本无"谓义起于数"五字,当据《杨注》本、《答张闳中书》补。

　　[三]"而"叶本作"以"。(《茅注》)按,"而",《叶解》元刻本及其四库抄本、吴邦模刻本、《张解》本、《江注》本及其四库抄本作"以"。

　　[四]"旧注"所属的一段文字,《茅注》本作大字。

[集注]

　　[1]江注:程子云:"《易传》已成书,但逐旋修补,期以七十,其书可出。"

　　[2]叶解:张闳中,见《程氏门人录》。"易有太极",形而上之理也。"是生两仪",而后象与数形焉。此作《易》之本也。易之理寓于象,象必有数。知其理,则象与数皆在其中,此学《易》之要也。

　　张解:此言理为象数之本,不可寻流逐末也。……《易传》既作,而其书犹未传。闳中必劝使速传,故答言《易》理难尽,自度己之精力尚健,日就月将,学与年长,冀有进益,再可改订。又来书之意,以为卦爻由图画而设,易之义起于数,而不知非也。"易有太极",太极者形而上之理也。"是生两仪",两仪生四象,四象生八卦,而极数知来之道备焉。理无可见,圣人作为《易》象者,以明理也。理既见乎辞矣,则可由象以知数,是理居象数之先而为易义所由起,得其义则象数俱在中矣。故以易之义为起于数者,其说非也。

茅注:《易传》之"传",直恋反。觊,音冀。……见,音现。张闳中,见《伊洛渊源录》云:"不详其名字。时《易传》成书已久,学者莫得传授,张闳中以书问先生,且曰'易之义本起于数',故程子以此答之。其后先生寝疾,始以授尹焞、张绎"云。然按史,又谓焞"至阆,得程氏《易传》十卦于其门人吕稽中,又得全本于其婿邢纯,拜而受之"。则又似非程子亲授者。又按,杨中立《易传》跋云:"伊川先生著《易传》,方草具,未及成书,而先生得疾,将启手足,以其书授门人张绎。未几绎卒,故其书散亡,学者所传无善本。政和初,予友谢显道得其书于京师,示予,错乱重复,几不可读。东归,待次毘陵,乃始校定,去其重复,逾年而始完。"据此,则程子临终时但以授绎,未尝授尹氏,与史传之言颇合,则《渊源录》所言或传闻之误。

江注:朱子曰:"伊川晚年文字,直是盛得水住。""晚年所见甚实,观《易传》可见,何尝有一句不着实?"

价解:理即太极也,推之则一平,散之则万殊。理无形也,圣人持假象以明之,故有理而后有象,有象而后有数。未有象以前,则象在理中,有理而后有象;既有象以后,则理在象中,观象乃能明理。

[3] 杨注:晦翁曰:"大凡《易》数,皆六十:三十六对二十四,三十二对二十八,皆六十也。以十甲十二辰以凑到六十也。《钟律》以五声十二律,亦积为六十也。以此知天地之数,皆以六十为节。"

叶解:理者,象数之本也。不务求其本而徒欲穷其末,如京房、郭璞之流是也。

茅注:隐微,象之难见者也;毫忽,数之难知者也。《孙子算术》:"蚕所吐丝为忽,十忽为秒,十秒为毫。"言细微之至也。术家,如京房、郭璞之类是也。

江注:朱子曰:"《易传》言理甚备,象数却欠。""伊川说象,只似譬喻,看来须有个象如此,只是如今晓他不出。""王辅嗣、伊川皆不信象,今却不敢如此说,只可说道不及见这个了,且从象以下说,免得穿凿。所以有象底意思不可见,却只就象上推求道理,不可为求象不得,便唤做无。如潜龙便须有潜龙之象。""伊川《易传》亦有未尽处,当时康节传得数甚佳,却轻之不问,似此处却间过了。"

郑晔曰:"毫忽":蚕之吐丝,其细无比,一蚕为忽,十忽为丝,十丝为毫,十毫为釐,十釐为分,十分为寸也。

［集评］

朱子曰：已前解《易》，多只说象数。自程门以后，人方都作道理说了。（《语类》卷六十七）

朱子曰：程子说"《易》得其理，则象数在其中"，固是如此。然溯流以观，却须先见象数的当下落，方说得理不走作。不然，事无实证，则虚理易差也。（《茅注》）

张习孔曰：谓《易》中具有数，可也；谓《易》义本起于数，不可也。今夫天有度，地有里，天地岂无数乎？而天地之义不系是也。善言天地者，《中庸》至矣。然不于数求之也，则夫言《易》者，亦若是则已耳。此先生所谓贵得其义也。

张伯行曰：若以为义起于数，则耳目有限，思虑未周，悬断臆测。而必欲穷其隐微，尽其毫忽，是不务求其本而为寻流逐末之见，如京房、郭璞之流，乃术家所尚，岂吾儒所务哉？要之，理、象、数三者，原不相离，探其本则末不能外，测其末则本恐有遗，此程子意也。

张绍价曰：穷象尽数而不明理，寻流逐末，术家所尚，如京房、郭璞之徒是也。汉儒泥于象，固失之凿。王弼、程子不信象，亦失之疏。《本义》不推求象之所由来，但就象上观理，不凿不疏，学《易》之正规也。

51. ［一］知时识势，学《易》之大方也。[1]［二］

［集校］

［一］《张解》本有"伊川曰"三字。

［二］此条今见《周易程氏传》卷三《夬传》。

［集注］

［1］杨注：《易传》，下同。伯嵒曰：忠质文之异尚，贡助彻之异法，与贤与子不同其迹，揖逊征伐不袭其轨，污樽抔饮不用于鼎俎笾豆八珍毕陈之日，蒉桴土鼓不用于金石丝竹八音克谐之世，巢居穴处不用于上栋下宇层台累榭之际，以至禹之过门不入，颜子之箪瓢陋巷，曾子之去，子思之守，时也，亦势也，无非《易》也。

叶解：《夬卦》九二《象传》。方，犹术也。时有盛衰，势有强弱。学《易》者当道（按，"道"《四库》抄本作"随"）其时势，惟变所适，惟道之从也。

张传：时者，天之所运；势者，人之所为。《易》中之势，则时位之所成，而人事之势类此。《系词》，圣人教之以趋避维挽之道，故《通书》有《势》一篇。

李解：时出于天，势成于人，因而处之，非见道者不能曲当也。

茅注：朱子曰："如《乾卦》虽云大通，然初九'潜龙勿用'，上九'亢龙有悔'，此等处最是《易》之大义。《易》大抵于盛满时致戒，盖阳气正长必有消退之渐，自是时势如此。"钱纯老曰："《下系》谓'六爻相杂，惟其时物'，言惟其时之不同，而其事物亦异。如《乾》之取龙一物也，或潜、或见、或跃、或飞之不同者，时也。如《渐》之取鸿亦一物也，而于干、于磐、于陆、于木之不同者，亦时也。"朱子曰："《下系》谓《乾》至健而知险，《坤》至顺而知阻。险是上视下，见下之险，故不敢行；阻是下视上，为上所阻，故不敢进。盖《易》要人知进退存亡之道，若有险阻而冒昧前进，是知进而不知退，知存而不知亡，岂《易》之道耶？他卦皆然，如《需卦》之类可见。"愚谓，自卦言《否》、《泰》、《剥》、《复》之类，自爻言潜、见、飞、跃之类。

[集评]

朱子曰：大率天下之道，只是善恶而已，但所居之位不同，所处之时既异，而其几甚微。只为天下之人不能晓会，所以圣人因此占筮之法以晓人，使人居则观象玩辞，动则观变玩占，不迷于是非得失之途。（《语类》卷六十七）

薛氏曰：学《易》最要知时识势，不然茫然不知吉凶悔吝之机。（《李解》）

张伯行曰：时有盛衰，势有强弱。知时识势，唯变所适，此学《易》之大法。盖时势皆道之自然，知时识势，则变易以从道，正所谓时中也。

张绍价曰：《易》象以明理，而人所值之时势不同，则处置之理亦异。必知时识势，乃能变易从道，故为学《易》之大方。

52.　[一]《大畜》初、二，乾体刚健而不足以进，四、五阴柔而能止。时之盛衰，势之强弱，学《易》者所宜深识也。[1][二]

[集校]

[一]《张解》本有"伊川曰"三字。

[二] 此条今见《周易程氏传》卷二《大畜传》。

[集注]

[1] 杨注：《大畜》之初九曰："有厉，利己。"九二曰："舆说輹。"

叶解：《乾》下《艮》上，为《大畜》。初与二虽刚健而不足以进者，以畜之时不利于进，初、二俱位乎下，势又不能进也。四与五虽阴柔而能止乎健者，以畜之时在于止，四、五位据乎上，势又足以为止也。

张解：此取《大畜》卦爻以明识时势之义也。……大，阳也；畜，止也。

《乾》之三爻,皆为《艮》所畜,故以四畜初,以五畜二,初、二虽刚健而不足以进者,时不利于进,势又必不能进也。四、五两爻皆柔,所应初、二皆刚,似当以初、二为善,四、五为邪,乃谓阴柔足以止刚者,盖畜之时主乎止,而四、五位据乎上,又有可以止之之势,则其象为以柔善而止夫刚恶也。学者不识此意,必昧进止之宜,至于犯灾取尤,而不足以得喜集庆矣。故时势为学《易》者所当深识也。

李解:《大畜》以《艮》畜《乾》,故刚不进,而柔能止乎健也。

茅注:《大畜》九二《象传》。

[集评]

陈埴曰:有大盛衰,有小盛衰。大盛衰,则三代不似唐虞,秦汉不似三代,晋宋不似秦汉,隋唐不似晋宋。小盛衰,则商初胜如夏末,周初胜如商末,汉初胜如周末,晋初胜似汉末,唐初胜如六朝之类。

吕氏曰:康节谓孟子虽不言《易》,然如说"可以仕则仕,可以止则止",及"禹、稷、颜子,易地皆然"之类,非精于《易》道者未可与语于此。(《茅注》)

张习孔曰:读书而不能保身善道,无为贵读书矣,故圣人诏趋避,《通书》明重轻。

张绍价曰:此承上知时审势而言。《大畜》时也,初、二、四、五势也。

53.[一]诸卦二、五,虽不当位,多以中为美;三、四虽当位,或以不中为过。中常重于正也。盖中则不违于正,正不必中也。天下之理莫善于中,于九二、六五可见。[1][二]

[集校]

[一]《张解》本有"伊川曰"三字。

[二]此条今见《周易程氏传》卷四《震传》。

[集注]

[1]杨注:二为下卦之中,五为上卦之中,以九居二,以六居五,虽非正也,而各得其中,则为刚柔之相济,故多得其吉焉。然又不可以概论也,《讼》之九二而"患至掇",《井》之九二而"瓮敝漏",《豫》之六五而"贞疾",《离》之六五而"出涕",是又当以其时而论之。

叶解:《而(按,当依《四库》抄本作"震")卦》六五(按,《四库》抄本增"传"字)。二者,内卦之中;五者,外卦之中,皆中也。三为内卦之上,四为外卦之下,皆不中也。六爻之位,初、三、五为阳,一(按,或刻工漏刻上横,依《四库》抄本当作

"二")、四、上为阴,以阳爻居阳位、阴爻居阴位为当位,反此者为不当位。当位者正也,不当位者非正也。(按,此处依据《四库》抄本当增补"《坤》六五非正也"六字),而曰"黄裳元吉";《泰》九二非正也,而曰"得尚于中行"。盖以中为美也。《蛊》之三、四皆正也,而三则有悔,四则往吝。《既济》之三、四皆正也,而三则有一(按,"一"《四库》抄本作"三")年之惫,四则有终日之戒。盖以不中为慊(按,"慊"《四库》抄本作"歉")也。正者,天下之定理。中者,时措之宜。正者有时而失其中,中则随时而得其正者也,故中之义重于正。

张传:中而不正者,德至而才有不足,行有不得也。"中则不违于正",似宜云"中则无歉于正"。

张解:于九二、六五观之可见也。叶说备矣。

李解:当,去声。以刚居阳,以柔居阴,谓之当位,故为正。二在内卦之中,五在外卦之中,故为中。正不过不入于邪而已。中则无过不及,是以尤重也。朱子曰:"言中,则正已在其中。盖无正则做中不出来,而单言正则未必能中。如夷惠诸子,其正与夫子同,而夫子之中则非诸子之所及也。"

茅注:朱子曰:"程子谓'中重于正',固也。然须以正为先,如人为一事,必先剖决是非邪正,而后就是与正处斟酌。一无过不及之理,所谓中也。若不能先见正处,又何中之可言乎?""又如饥渴饮食是正,若过了些便非中节,中处乃中也。责善,正也,然父子之间不责善,则是正不必中也。"蔡虚斋曰:"宋敷文阁直学士李椿有云'《易》以九居五、六居二为当位,而辞多艰。六居五、九居二为不当位,而辞多吉者。盖君以刚健为体,而虚中为用。臣以柔顺为体,而刚中为用。君诚以虚中行其刚健,臣诚以刚中守其柔顺,则上下交而其志同矣'。实《易》爻之通例。"

江注:朱子曰:"中重于正,正不必中,中能度量而正在其中。""中须以正为先,若不能先见正处,又何中之可言? 如欲行赏罚,须是先看当赏与不当赏,然后量赏之轻重。若不当赏又何轻重之云乎?"

佐藤一斋曰:过,是"过失"之"过",非"过不及"之"过"。

[集评]

林安卿问:伊川云"中无不正,正未必中",如何? 曰:"君子而时中",则是"中无不正"。若君子有时不中,即"正未必中"。盖正是骨子好了,而所作事有未恰好处,故未必中也。(《语类》卷六十七)

朱子曰:"中重于正,正未必中。"盖事之斟酌得宜合理处便是中,则未有不正者。若事虽正,而处之不合时宜,于理无所当,则虽正而不合乎中。此中未有不正,而正未必中也。(同上)

胡敬斋曰：卦爻固以中正为善，又必有正应，方可有为。盖中正则才德不偏，有正应则君臣相遇，方可以成天下之治。(《茅注》)

张绍价曰：识"时之盛衰，势之强弱"，所以处之者，亦归于中正而已。"中常重于正"者，随时处中，则中无不正。若事得其正，而处之或过或不及，则不得为中也。伯夷之清正矣，一于清而失之隘则非中；柳下惠之和正矣，一于和而失之不恭则非中。孔子仕止久速，各当其可。当清而清，而非一于清；当和而和，而非一于和，所以为时中也。九二、六五，皆不当位，而常吉者，中故也，故天下之理莫善于中。顺亲正也，而从亲之令则非中，谏君正也，而辞气过激则非中。

54. 问："胡先生解九四作太[一]子，恐不是卦义？"先生云：亦不妨，只看如何用。当储贰，则做储贰使。九四近君，便作储贰亦不害。但不要拘[二]一，若执一事，则三百八十四爻，只作得三百八十四件事便休也[三]。[1]

[集校]

[一] "太"，《叶解》元刻本作"大"。

[二] "拘"，《张传》本作"执"。

[三] "也"，近本俱作"了"。(《茅注》)按，"也"，《叶解》元刻本及其四库抄本、吴邦模刻本、《张解》本、《江注》本及其四库抄本作"了"。按，此条今见《河南程氏遗书》卷十九《杨遵道录》，下同。

[集注]

[1] 杨注：《遗书》，下同。

叶解：胡瑗，字翼之，号安定先生。五为君位，四近君，亦可以为储贰。然《易》本无拘，惟其所遇皆可用占。

张传：《系辞》曰"开而当名辨物"。着一"开"字，是教人读《易》法，先生所谓"不要执一"也。

张解：然《易》之为用，无所不该，无所不遍，只看人如何用之耳。若占者所处之地当此爻，则可以此爻做此地位。如当储贰则做储贰使，亦不害。但圣人作《易》，稽实以待虚，一卦一爻，足包无穷之事，不要只以一事拘定说。若太拘执，则三百八十四爻难道只做三百八十四件事，其馀都推不去。盖他书是元有这事，方说出这理，《易》则未曾有此事，先假托都说在这里。故曰"不可为典要"，又曰"惟变所适"。

李解：朱子曰："此真看《易》之法，然《易传》中亦有偏解作一事者。"

茅注：朱子曰："天下之理若正言之，则止作一事用，唯以象言，则当卜筮时随他甚事都应得。如《泰》之初九，若正说引贤进用，便只是引贤进用。惟以'拔茅茹'之象言之，则其它类此者皆可应也。"

江注：问："胡安定将《乾》九四为储君。"朱子曰："《易》不可恁地看。《易》只是卜筮之书，如五虽主君位，然亦有不可专主君位言者。若只将《乾》九四为储位说，则古人未立太子者，不成是虚却此一爻。如一爻只主一事，则三百八十四爻，乃止三百八十四事。""六爻不必限定是说人君。如'潜龙勿用'，若是庶人得之，自当不用，人君得之，也当退避。'见龙在田'，若是众人得，亦可用事。《易》不是限定底物，伊川亦自说一爻当一事，则三百八十四爻只当得三百八十四事，说得自好。不知如何到他解，却恁地说。"

[集评]

问：伊川《易》说理太多。曰：伊川言"圣人有圣人用，贤人有贤人用。""若一爻止做一事，则三百八十四爻，止做得三百八十四事。"也说得极好。然他解依旧是三百八十四爻，止做得三百八十四事用也。(《语类》卷六十七)

问：程《易》说理太多。曰：伊川求之太深，尝说"三百八十四爻"云云，其说也好，似他解时，依旧只作三百八十四般用。程子解《乾》九三云"在下之人，君德已著"，此语亦是拘了。程子笑胡安定以九四为太子云云，此说极是。及到他解《易》，却又拘了。要知此是通上下而言，君臣父子以至事物莫不皆然。(《江注》)

张绍价曰：《易》之为书，广大悉备，六十四卦为体，三百八十四爻为用，万事万物之理，靡不包括其中。变动不居，其用无穷。若拘于一事，则三百八十四爻，只为三百八十四事，而《易》之为用狭矣。

55. [一]看《易》且要知时。凡六爻，人人有用。圣人自有圣人用，贤人自有贤人用，众人自有众人用，学者自有学者用，君有君用，臣有臣用，无所不通。因问："《坤卦》是臣之事，人君有用处[二]否？"先生曰：是何无用？如[三]"厚德载物"，人君安可不用？[1][四]

[集校]

[一]《张解》本有"伊川曰"三字。

[二]《张传》本无"处"字。

[三]"厚德载物",《坤·象传》本文作"坤厚载物"。(《茅注》)按,"厚德",《张解》本作"坤厚"。

[四]以上并伊川语。(《茅注》)

[集注]

[1]张传:此即前篇所谓做储贰使亦可也。众人不可用圣人之占,如南蒯不可用大吉之占。

张解:奇偶数画,该尽天下万物之理。只是阴阳错综,交换代易,而所处之时既异,其用亦因以异。故看《易》且要知时,知时则随各样人,随各样用,不能强同,而无所不通,非谓一爻只当得一人用也。即所问《坤卦》固是为臣之事,难道"厚德载物"人君不用得着? 推之六十四卦皆可相通,在人神而明之耳。

茅注:朱子曰:"太祖一日问王昭素曰'《乾》九五:"飞龙在天,利见大人。"常人何可占得此卦?'昭素曰:'何害? 若臣等占得,则陛下是飞龙在天,臣等利见大人。'此说得最好。此《易》之用所以不穷也。"蔡虚斋曰:"《乾卦》卦辞只是要人如乾,《坤卦》卦辞只是要人如坤,至如《蒙》、《蛊》等卦,则又须反其义,此有随时而顺之者,有随时而制之者。《易》道只是时,时则有此二义,在学者细察之。"

[集评]

问:程《传》大概将三百八十四爻做人说,恐通未尽否? 曰:也是。则是不可装定做人说,看占得如何。有就事言者,有以时节言者,有以位言者。以吉凶言之则为事,以初终言之则为时,以高下言之则为位,随所值而看皆通。《系辞》云:"不可为典要,惟变所适。"岂可装定做人说? (《语类》卷六十七)

朱子曰:古人作《易》只是为卜筮,今说《易》者乃是硬去安排。圣人随时取义,只事到面前审验个是非,难为如此安排下也。伊川有一段云"君有君用,臣有臣用",说得好。及到逐卦解释,却分作圣人之卦,贤人之卦,更有分作守令之卦者,古何尝有此? (《江注》)

56.[一]《易》中只是言反复往来上下。[1]

[集校]

[一]《张解》本有"伊川曰"三字。《茅注》云:"明道语。"陈荣捷云:"作伊川语。但其来源乃《遗书》卷十四,页二上,乃明道语。"(《陈论》)按,此

条今见《河南程氏遗书》卷十四,题下注云"明道先生语"。

[集注]

[1] 叶解:反复,如《复》、《姤》之类;往来,如《贲》、《无妄》之类;上下, 如《乾》、《坤》(按,"《乾》、《坤》"《四库》抄本作"《咸》、《恒》")之类。皆阴阳变易 之道,而《易》之所以为易也。

张解:反覆往来上下者,阴阳之义。在卦有之,在爻亦有之。在卦,则 反复者如《姤》《复》之类,往来者如《贲》、《无妄》之类,上下者如《咸》、《恒》 之类。在爻,则反覆者如阴阳之变、各得其位之类,往来者如阴阳自某卦往、 某卦来之类,上下者,如承乘、比应之类。盖反复往来者,变易也;上下者,不 易也。《易》中只有此二义。

茅注:外卦曰上曰往,内卦曰下曰来,故《泰》曰"小往大来",《否》曰 "大往小来",《咸》曰"柔上而刚下",《恒》曰"刚上而柔下",《睽》曰"火动 而上,泽动而下"。又卦变亦有自某卦来之说,如朱子《本义》"《泰》自《归 妹》来,六往居四,九来居三;《否》自《渐》来,九往居四,六来居三;《蛊》自 《贲》来者,初上二下;自《井》来者,五上上下"之类。反覆者,即往来上下之 反覆也。如《乾》下《坤》上,小往大来而为《泰》。《坤》下《乾》上,大往小来 而为《否》之类是也。然则六十四卦无一卦无往来上下,即无一卦非往来上 下之反覆也。但其中如《乾》、《坤》、《坎》、《离》、《大过》、《颐》、《中孚》、 《小过》八卦反覆观之,止成一卦,馀五十六卦反覆观之,遂成两卦耳。朱子 曰:"《乾》、《坤》、《坎》、《离》、《大过》、《颐》、《中孚》、《小过》八卦为正对, 其馀五十六卦皆反对。正对不变,故反覆观之,止成八卦。反对者皆变,故 反覆观之,共二十八卦。"

江注:朱子曰:"《易》是互相转易之义。观《先天图》,东边一画阴,便 对西边一画阳。东本是阳,西本是阴,东边阴画皆是自西边来,西边阳画皆 是自东边来。"辅广云:"程子所谓'《易》中只说反复往来上下'者,是指此 否?"曰:"看来程子之意又别。邵子《易》,程子多理会他底不得。盖他只据 理说,都不曾去问他。"

贝原笃信曰:反,往去也;复,来复也。《复卦》曰"反复其道"。

[集评]

朱子曰:程子言"《易》中只是言反复往来上下",这只是一个道理。阴 阳之道,一进一退,一长一消,反复往来上下,于此见之。(《语类》卷六十五)

张习孔曰:此自卦变言之,其理势却与阴阳人事相合。

李文炤曰:《易》中正对之卦止于八,反对之卦则有五十六,皆以反复取义。往来以内外言,上下以高卑言,此卦变之法也。惜乎!《易传》不以此说推之耳。

张绍价曰:《易》以阴阳奇偶,交易变易,一进一退,一长一消,反复往来上下;而时之盛衰,势之强弱,均在其中。学《易》者深识其理,乃可以变易从道。

佐藤一斋曰:程意盖谓,《易》只是变化生生之道,无一定方,无一息停,故三百八十四爻,莫非反复往来上下。读者所宜着眼。

57. ^[一]作《易》,自天地幽明,至于昆虫草木微物,无不合。^{[1][二]}

[集校]

[一]《张解》本有"伊川曰"三字。

[二]此条今见《河南程氏外书》卷七《胡氏本拾遗》。

[集注]

[1]杨注:《外书》,下同。

叶解:《易》无不该、无不合者,理之根极,本六(按,"六"《四库》抄本作"一")贯也。

张传:只为一理故,所谓体天地之撰,类万物之情也。

张解:天地间别有甚事?只是"阴阳"两个字,看是甚么物事都离不得,故圣人作《易》以示人,大无不包,细无不该。自《乾》天《坤》地、《离》明《坎》幽之类,以至于《说卦》中称名取类,如昆虫草木之微物,莫不有合者,阴阳本于太极,其理本一贯也。

李解:《易》本仰观俯察、近取远求而得之,故其理无不合。

茅注:昆,公魂反,又如字。昆同蜫,虫总名。郑康成曰:"昆,明也。凡虫得阳而生,得阴而藏,故谓之昆虫。"

[集评]

朱子曰:《易》最难看。其为书也,广大悉备,包涵万理,无所不有。(《语类》卷六十七)

高氏曰:亘古亘今,塞天塞地,只是一生机流行,所谓易也。又曰:知《易》者,一草一木,一禽一兽,皆卦也。静观真有趣耳。(《茅注》)

张绍价曰:自"天地幽明,至于昆虫草木微物",无非一阴一阳之理。圣人作《易》,以阴阳两画,交易变易,模写其理,而天地万物莫能外焉,故无所不合。

58.　[一]今时人看《易》，皆不识得《易》是何物，只就上穿凿。若念得不熟，与[二]就上添一德亦不觉多，就上减一德亦不觉少。譬如不识此兀子，若减一只脚，亦不知是少；若添一只，亦不知是多。若识，则自添减不得也。[1]

[集校]

[一]《张解》本有"伊川曰"三字。此条今见《河南程氏外书》卷五《冯氏本拾遗》。

[二]"与"，《叶解》四库抄本作"只"。

[集注]

[1]叶解：学者当体此意，使于卦象辞义皆的然见其不可易，而后为得也。

张解：天下事，变易之中有不易底道理，盖有这理方有这事，不是人力穿凿来者，自是添减不得。今人不识此意，只于《易》之卦象辞义，巧为穿凿，空作一场念过。若念不熟，以意添减，如不知兀子之方圆平直，易其常制都不知觉矣。若识得，则一物有一物制度，事理有一定恰好，必的然见其不可易，而后为得也。事可添减，理那可添减得！

李解：德者，卦爻之性情，识得则何可添减也。兀子，坐具之名。

李澂曰：按《字汇》："机音己，与几通，俗作兀。"盖兀机之类皆音兀，几机之类皆音己。兀子者，几子也，俗虽通作"兀"，音必作几案之几始得。

[集评]

张习孔曰：不曰添减一字一句，而曰添减一德，此就《象传》说。若爻词小象，其添减亦无定也。

张绍价曰：读经者每易失之穿凿，而《易》学尤甚。《易》言虚理，故可以任意增减。学《易》者观象玩辞，须于消息盈虚之时，贵贱上下之位，刚柔中正不中正之德，上下相对之应，各爻相连之比，逐卦逐爻，字字看得着实，确然而不可易，乃可以真知而自得也。

59.　游定夫问伊川"阴阳不测之谓神"，伊川曰：贤是疑了问，是拣难底问？[1][一]

[集校]

[一]此条今见《河南程氏外书》卷十二《传闻杂记》。

[集注]

[1]叶解：游氏或未之深思，特以言（按，"言"《四库》抄本作"此"）语艰深

而率尔请问,故伊川不答,而深(按,"深"《四库》抄本作"直")攻其心,欲使反己而致思也。

张解:"阴阳不测之谓神",《易大传》文。张子曰"两在故不测",而朱子《本义》引之,言即阴而道在于阴,即阳而道在于阳,此其所以无方而变化不测也。当日未经张、朱之解,义本精深,故以此为问。伊川微窥定夫之心,未曾深思,率尔请问,故不答而直攻其心,欲其反己致思也。盖疑了后问,一与之语,郁而能通,便涣然冰释,久必不忘,自是切问。若拣择来问,心没紧要,口头搬弄,纵与之言,过辄忘了,那有实得。

茅注:拣,通作"简"。……拣,选择也。朱子曰:"拣难底问,自当不答,且使之熟读圣贤明白切实之言,就己分上依次第做工夫,方有益。"又曰:"亦有泛然之问,略不经思索,答之未竟而遽已更端者,若随其所问率然答之,非惟于彼无益,而答之者亦不中语默之节矣。"

江注:有问尽性至命者,朱子不答,少顷(《王记》云:王、吴本无"少顷"二字,洪本承《语类》不删,从之。笔者按,《江注》本无此二字。)云:"不要如此看文字。游定夫问'阴阳不测之谓神',伊川云云。后来人便道游将难底问,大意且要将圣贤言语次第看得分晓,自然知得。"

[集评]

张习孔曰:定夫更当答一语,如此而止,是问之弗得而措也。

张绍价曰:穷经须熟读精思,有疑而问,师友为之剖析,乃可豁然以解。若漫不置思,率尔而问,虽与之详言其理,彼亦不能领会。程子不答游定夫之问,所以抑而教之,使之深思而自得也。

李灌曰:问难之道,必须自思量,思而未通则有疑,然后问以发之,方是有益。若不曾如此,而只拣深句隐语骤然而诘之,则岂有得之之理?盖定夫初见时,其学未及乎此,而游问之如此,故伊川不答其问,而先攻其病。此不但无益于问学也,其于心地上已有妄意循外之病。程子不答,乃不愤不启之意。学者最宜体究。或曰:此非疑而欲得之问,乃拣其难解处试长者之知否,故程子不答。

60. 伊川以《易传》示门人,曰:只说得七分,后人更须自体究。[1][一]

[集校]

[一] 此条今见《河南程氏外书》卷十一《时氏本拾遗》。

[集注]

[1] 叶解：义理无穷，圣贤之心亦无理无穷，学者不可以不自勉。

张解：《易》理无穷，经数圣人而后成书，包含天地万物。今虽熟读精思，作为《易传》，岂遂了无馀义？俟后人推求，故只说得七分。盖理本生于人心，加一番体究，必更一番明透，亦是虚心，亦是实话。

李解：朱子曰："只说得七分，言沉酣浸渍、自信自得之功，是在学者自得力耳，岂是更要别添外料酿玄酒而和太羹也耶！"愚按，此言恐先生亦自知其书之象数未备而致望于后之人也。故朱子又曰："《易传》明白无难看处，但此是先生以天下许多道理散入六十四卦、三百八十四爻之中，将作《易》看即无意味，须将来作事看，即句句字字有用处耳。"

茅注：程子恐学者拘守《传》说不复体究，故云然。非谓于此外别有要妙，而欲学者自得之也。尹氏曰："先生自涪陵归，《易传》已成，未尝示人。门弟子请益，有及《易》书者，方命小奴取书箧以出，身自发之以示门弟子。非所请，不敢多阅。门弟子请问《易传》事，虽有一字之疑，先生必再三喻之。盖其潜心甚久，未尝容易下一字。"

贝原笃信曰："说得七分"者，圣人之道，广博深奥，难说尽，且欲学者之思而自得之，亦引而不尽之意欤。

[集评]

刁包曰：程《传》其至矣乎！说《易》者，固有深于程《传》者矣，或失则凿；固有浅于程《传》者矣，或失则支。深而不凿，浅而不支，舍《本义》其谁与归！

江永曰：此程子不自足之意。然义理无穷，非可以言尽，故朱子又有《本义》，以补程《传》之所未备。

张绍价曰：《易》道广大，而义理无穷，故程子云然。程《传》专主义理，邵子专推象数。朱子《本义》、《启蒙》，兼宗两家，融会贯通，而《易》学大明。然亦间有释彖辞不合于《象传》，释爻辞不合于《象传》，须后人更自体究者。甚矣，义理之无穷也。

61. 伊川先生[一]《春秋传序》曰：天之生民，必有出类之才，起而君长之。治之而争夺息，导之而生养遂，教之而伦理明，然后人道立，天道成，地道平。[1]二帝而上，圣贤世出，随时有作，顺乎风气之宜，不先天以开人，各因时而立政。[2]暨乎三王迭兴，三重既备,子丑寅之建正,忠质文之更尚,人道备矣,天运[二]周矣。[3]圣人[三]既不复作,有天下者,虽欲仿古之迹,亦私意妄为而已。[4]事之谬,秦至以建亥为正;道之悖,汉专以智力持世。岂复知先王之道也?[5]夫子当周之末,以圣人不复作也,顺天应时之治不复有也,于是作《春秋》,为百王不易之大法,所谓"考诸三王而不谬,建诸天地而不悖,质诸鬼神而无疑,百世以俟圣人而不惑"者也。[6][四]先儒之《传》曰:"游、夏不能赞一辞。"辞不待赞也,言不能与[五]斯耳。斯道也,惟颜子尝闻之矣。"行夏之时,乘殷之辂,服周之冕,乐则《韶》舞",此其准的也。[7]后世以史视《春秋》,谓褒善贬恶而已,至于经世之大法,则不知也。[8]《春秋》大义数十。其义虽大,炳如日星,乃易见也;惟其微辞隐义,时措从宜者,为难知也。或抑或纵,或与或夺,或进或退,或微或显,而得乎义理之安,文质之中,宽猛之宜,是非之公,乃制事之权衡,揆道之模范也。[9]夫观百物然后识化工之神,聚众材然后知作室[六]之用。于一事一义而欲窥圣人之用心,非上智不能也。故学《春秋》者,必优游涵泳,默识心通,然后能造其微也。[10]后王知《春秋》之义,则虽德非禹、汤,尚可以法三代之治。自秦而下,其学不传。予悼夫圣人之志不明于后世也,故作《传》以明之,俾后之人通其文而求其义,得其意而法其用,则三代可复也。是《传》也,虽未能极[七]圣人之蕴奥,庶几学者得其门而入矣。[11][八]

[集校]

[一]《张解》本无"先生"二字。

[二]"运",江误"道"。(《冯记》)(笔者按,"天运")王、吴本作"天道",洪本作"运",《程子文集》本作"运",今从之。(《王记》)

[三]"人",《叶解》元刻本及其四库抄本、吴邦模刻本、《张解》本、《茅注》本、《江注》本及其四库抄本作"王"。

[四]自"先儒"以下,《叶解》元刻本单列刻印,形式上似别作一条。然据《杨注》本及他本当属于第61条。

[五]"与"下,《叶解》元刻本及其四库抄本、吴邦模刻本、《张解》本、《茅注》本、《江注》本及其四库抄本、《春秋传序》有"于"。

[六]"室",江误"事"。(《冯记》)王、吴本"室"作"事",《遗书》、《集

解》、汪、施、阴本作"室",洪本同,今从之。(《王记》)按,"室",《江注》本作"事"。

　　[七]"极",《张传》本作"及"。

　　[八]目存《文集·附录》,见《经说·春秋传》。(《冯记》)按,此条今见《河南程氏文集》卷八《春秋传序》。

[集注]

　　[1]叶解:天生烝民,必有司牧为之制节,而后争夺息;导之播植佃渔,而后生养遂;示之五品,教之孝悌忠信,而后伦理明。三者具矣,故建极秉彝而人道立,五气顺布而天道成,山川奠位而地道平。

　　张解:此程子自序《春秋传》之所以作,欲学者因此以极圣人之蕴,复三代之治也。《春秋》一书即人事以明天理,本天理以行王道,故程子从"天之生民"说起,见"天生蒸民",笃生一"首出庶物"之才,畀以君长之任,则必无歉于君长之道,而后无负于天生民之意。故为之制节谨度,以息其相争相夺之风,道在有以治之;为之播植佃渔,以遂其相生相养之业,道在有以导之;为之庠序学校,以尽其人伦物理之常,道在有以教之。三者具矣,建极秉彝而人道立,五气顺布而天道成,山川奠位而地道平,三极之道尽焉。非甚盛德,孰克当之!

　　李解:长,上声。

　　茅注:刘质夫传《春秋》,程子以为不尽本意,故欲更为之,而书未及竟。庄公后解释多残缺,今见《经说》中,序文则崇宁二年作也。或问:"伊川《春秋传》。"朱子曰:"中间有说得极好处,如说滕子来朝,以为滕本侯爵,服属于鲁,自贬降而以子礼见鲁,则贡赋少,力易供。程沙随之说亦然。如难理会处,他亦不为决然之论。"

　　贝原笃信曰:"天之生民"云云,与《大学章句序》"有一聪明睿智能尽乎其性者"云云,"天必命之以为亿兆君师"云云一意。

　　[2]叶解:以大圣人之资,岂不能一旦而尽兴天下之利,而必待相继而始备者,盖圣人之所为,惟其时而已。

　　张解:溯自洪荒之世,草昧初开,而天知生民之道不可不著为政也。是以尧舜而上,代有圣贤,渐次开辟,相继为治。夫以圣贤之姿,得一人焉,已可尽生民之道,而必待相继而始备者,风气各有所宜,圣人亦顺其宜而已。诚以人事准于天道,不先天以开人,而当其可之谓时,各因时以立政也。是故平地成天,六府三事,万世之治自尧舜始。

　　茅注:上,上声。随时有作,谓随其时而有所制作也。天,谓气化也。

朱子曰："先天,谓天时未至而妄以私意先之,如耕获菑畬之类,与《文言》传之'先天'不同。"

[3] 叶解:《中庸》曰:"王天下有三重焉。"郑氏曰:"三重,谓三王之礼。"天开于子,地辟于丑,人生于寅。周正建子为天统,商正建丑为地统,夏正建寅为人统,而天运周矣。夏尚忠,商尚质,周尚文,而人道备矣。

张解:风气日开,规模日广。故自尧舜以下,帝降而王,夏后商周圣人迭兴,议礼、制度、考文三重之事,既已备具。如天开于子,周建子为天正;地辟于丑,商建丑为地正;人生于寅,夏建寅为人正。皆本三才为更始,则天运周矣。夏尚忠,商尚质,周尚文,皆本仁义为致用,则人道备矣。此以上言二帝三王顺天应时,尽其君长之道,而道在于上,则其事行者也。

李解:更,平声。

茅注:"三重",说见《中庸》。程子本郑氏说,谓三重为三王之礼,与朱子《章句》不同。人道备,承忠、质、文更尚而言;天运周,承子、丑、寅建正而言。朱子曰:"三重,诸说不同,虽程子亦因郑注,然于文义皆不通,唯吕氏之说为得。"今《中庸章句》因之。

[4] 价解:古圣人以道德治天下,本于至公至诚之心。后世以刑法取天下,则私意妄为而已。私则不公,妄则不诚,其于圣人之道,殆不啻南辕北辙。

[5] 杨注:伯嵒据《中庸》曰:"非天子不议礼、不制度、不考文。"又曰:"王天下有三重焉,其寡过矣乎!"晦翁《中庸或问》曰:"三重之说,唯吕氏为得之。"吕氏曰:"三重,谓议礼、制度、考文。惟天子得以行之,则国不异政,家不殊俗,而寡过矣。"或问:"天开于子,地辟于丑,人生于寅,是如何?"晦翁曰:"此是邵子《皇极经世》中说,今不可知,他只以数推得是如此。他说寅上生物,是到寅上方有人物也。有三元,十二会,三十运,十二世。十二万六百九十年为一元,岁月日时,元会运世,皆以十二而三十,自三十而十二。至尧时会在巳午之间,今则及未矣。至戌上说闭物,到那里则不复有人物矣。"问:"不知人物消靡尽时,天地坏也不坏?"曰:"也须一场鹘突,既有形气,如何得不坏?但一个坏了,又有一个万八百年为一会。"

叶解:三代而下,王者之迹熄,时君虽欲仿而为之,亦皆无所考证,不过用其私意妄为而已。子、丑、寅建正,盖本三才以更始。秦至以亥月为岁首,自谓水德,欲以胜周。忠、质、文更尚,皆本仁义以致用。汉专以智力把持天下,故谓"汉家自有制度",盖极言世变之不复近古。

张解:若夫三代而下,王者迹熄,世远言湮,虽有锐意复古之君,无所考证，未免私意妄为，而于先王之道未必有当。其尤缪者，秦建亥为岁首，自谓水德，欲以胜周，则于三才之更始者谓何，而天运失其序矣。其尤悖者，汉以智力把持天下，谓汉家自有制度，则于仁义之致用者谓何，而人道失其正矣。世变日甚，彼岂复知二帝三王之道？有心斯世者，不得不引为己责矣。

李解：复，扶又反，下同。

茅注：秦以亥月为正，自谓水德，欲以胜周也。汉专以智力持世，故礼文制度悉袭秦旧，无复三代之遗风也。

价解：亥月纯阴无阳，焉可为岁首？治历明时，圣王之大典，一事谬则百事俱谬矣。汉以智力得天下，亦以智力治之，伪游云梦，杀戮功臣，分杯羹，宠戚姬，君臣夫子夫妇之间，皆失其道，三纲不正，人道不立，又何知有先王之道哉？

[6] 叶解：夫子因鲁史作《春秋》，寓经世之大法，所以上承将坠之绪，下开无穷之治也。故考诸前圣而无差缪，参诸天地而无违背，验诸鬼神之幽而无所疑，待乎百世之远而无所惑。盖天地鬼神同此理，前圣后圣同此心。

张解：夫子生当周季，有出类之才，无君长之任，不得已作《春秋》，假鲁史旧文立百王大法，上接将坠之绪，下开无穷之治。《中庸》所谓不谬、不悖、无疑、不惑者，于是乎在。盖天地鬼神同此理，三王百世同此心，而道在于下，则其说长者也。

[7] 叶解：圣人之辞，本无待于赞助。然游、夏擅文学之科，而不能赞一辞者，以见其微权奥旨，非圣人不能与于此也。颜子克己复礼，以至三月不违，其于道也庶几矣。故四代礼乐独得与闻。其说夏时，谓夏以斗柄初昏建寅之月为岁首，得乎人时之正、始事之宜者也。辂，古之木车也，殷车曰大辂。《左传》曰："大辂越席，昭其俭也。"盖适于用而辨于等，故不厌其质也。冕，祭冠也。《周礼》有五冕，其制始备，盖尊首饰而严祀事，故不厌其华也。《韶》舞舜乐，盖尽善尽美者也。或问："颜子尝闻《春秋》大法，何也？"朱子曰："不是孔子将《春秋》大法向颜子说。盖三代制作大备矣，不可复作，告以四代礼乐，只是集百王不易之大法。其作《春秋》，善者则取之，恶者则诛之，要亦明圣王之天（按，"天"依《四库》抄本作"大"）法而已，故伊川引以为样耳。"

张解：赞，助也。游、夏于圣门擅文学之科，而不能赞一辞者，胡文定所谓"笔则笔，削则削，皆裁自圣心，而游、夏不能与焉"者也。颜子几圣人之道，故尝闻之。

李解：游、夏不能赞者，性命之文，非文学之所及也。有天德，然后可以行王道，故颜子尝闻之。

茅注：与，音预。"游、夏不能赞一辞"，见《史记·孔子世家》。朱子曰："四代之礼乐，经世之大法也；《春秋》之书，亦经世之大法也。然四代之礼乐是以善者为法，《春秋》之书是以恶者为戒。"

[8] 茅注：吕氏曰："《春秋》固是褒善贬恶，然中如朝聘、郊禘、搜狩、卒葬，包举许多典章制度在，则所谓'经世之大法'也。"

价解：孔子告颜子以四代礼乐，损益前王之法，斟酌文质之中，使得君师之位，以行其政教，举而措之，亦犹是耳。道不得行，作《春秋》以明王道。其所存典礼，亦皆以四代礼乐为准的，而不专从周之文，故可为百王经世之大法，非仅褒善贬恶而已也。

[9] 杨注：《春秋》所书凡例，或抑或纵，或与或夺，或进或退，或微或显，姑以隐公十有一年之事明之。国公改元必书"即位"，而隐公阙焉。盖"内不承国于先君，上不禀命于天子，诸大夫扳己以立而遂立焉"，故不书即位者，抑之也。叔段"缮甲兵，具卒乘，将袭郑"，以弟篡兄，以臣伐君，必诛之罪也。乃书曰"郑伯克段于鄢"。克者，力胜之辞，于鄢"操之为已蹙矣"，曷不罪叔段而罪庄公耶？盖姜氏以国君嫡母主乎内，叔段以宠弟多才居乎外，国人又悦而归之，庄公恐其终将轧己，必为后患，故纵使失道不为之所，然后以叛逆讨之。则姜氏不敢主，国人不敢从，是稔其恶者庄公也，曰"克段"，纵之也。天子八佾，鲁僭天子之礼乐旧矣。今考仲子之宫而六羽是用，书曰"初献六羽"，而与之之辞可见矣。王朝公卿书官，大夫书字，上士中士书名。咺位六卿之长，为天子之冢宰，而乃名之。盖以天王之尊，下赗诸侯之妾，人道之大经拂矣。夫天王纪法之宗也，六卿纪法之守也。承命赗妾，恬不知耻，以见宰之非宰也。书曰"天王使宰咺来归惠公仲子之赗"，则夺之之辞可见矣。"公将如棠观鱼"，臧僖伯谏而不听，则称疾不从，可谓忠臣矣。及其卒也，隐公不忘其忠，曰"叔父有憾于寡人，葬之加一等"，故书曰"冬十有二月辛巳，公子驱卒"。必书日者，以见恩礼之厚，所以进之也。古者诸侯大夫皆命于天子，公子公孙有登名于史册者，贵戚之卿也。益师以公子故而自为卿，非天子之命也，故书曰"公子益师卒"。不书官、不书日者，所以退之也。隐公见弑而曰"公薨"，盖不书弑，示臣子于君父有隐讳其恶之礼；不书地者，示臣子于君父有不没其实之忠。非所谓微者乎！使民以时，谓农隙也。时方盛夏，农务正兴，中丘与郎，当夏筑城，兴土功而妨农事。于是直书曰"夏，城中丘"，"夏，城郎"，而不爱民力之意，显然可见矣。故以一公之事考之，则十二公之行事皆可见。以一年之事考之，则二百四十二年之行事皆可见。《春秋》为经世之典，百王不易之大法，岂不信夫！

叶解：《春秋》大义，在尊君而卑臣，贵仁义而贱功利，正中国而外夷狄之类，"其义虽大，炳如日星"也。其易（按，"易"《四库》抄本作"难"）见者，盖在于微辞隐义，各以其时措从宜者，非深明乎时中者未易窥也。或有功而节（按，"节"《四库》抄本作"抑"），或有罪而宥，或功未就而予，或罪未著而夺，或尊而退之，或卑而进之，或婉其辞，或章其实，要皆得乎义理之安，而各当其则。文质之中，而不华不俚。宽猛之宜，而无过与不及。是非之全（案，"全"《四库》抄本作"公"），而无有作好作恶。揆，度也。权衡者，酌一时之轻重。模范者，立万世之轨则。朱子曰："《春秋》大义，如'成宋乱'、'宋灾故'之类，乃是圣人直著诛贬，自是分明。如胡氏谓书'晋侯'为'以常情待晋襄'，书'秦人'为'以王事责（按，"责"《四库》抄本作"待"）秦穆'之类，却恐未必如此。所谓'微辞隐义，时措从宜者，为难知'，政谓此也。"

张解：未笔削之《春秋》，一国之史也。既笔削之《春秋》，天下万世之经也。后世不察，亦仅以史视之，谓义主褒贬而已，而不知其为经世大法也。《春秋》之大义可炳见者，诛乱臣，讨贼子，尊内攘外，贵王贱霸，扶阳抑阴，如此之类，不过数十，乃易见耳。唯其迹有所嫌，不得不微其辞，辞微而未尝不显。事有所讳，不得不隐其义，义隐而愈所以彰。以时措之，悉合乎宜。此非明晓通贯，不能深知其意也。盖《春秋》史外传心之要典，或有功宜扬而反抑之，或有罪宜诛而反纵之，或功犹未就而先予之，或恶犹未著而先夺之，或本尊也而故退之，或本卑也而故进之，或婉其辞，或章其实。要以酌义理之安，而无偏无陂；参文质之中，而不华不俚；剂宽猛之宜，而无过不及；存是非之公，而无毁无誉。一时轻重之权衡，由此而准；万世轨则之模范，由此而立。乃真经世大法，而仅以史视之可乎？

李解：问："孔子有取乎五霸，岂非时措从宜？"曰："是。观其予五霸之中便有一个夺底意思。"

茅注：易，音异。朱子曰："所谓大义易见者，如书'会盟侵伐'，不过见诸侯擅兴自肆耳。书'郊禘'，不过见鲁僭礼耳。至如三卜四卜，牛伤牛死，是失礼之中又失礼也。'不郊犹三望'，是不必望而犹望也。书'仲遂卒犹绎'，是不必绎而犹绎也。如此等，义却自分明。"又曰："如书即位者，是鲁君行即位之礼；不书即位者，是不行即位之礼。若桓公之书即位，则是桓公自正其即位之礼耳。又如王人子突救卫，自是卫当救，当时有子突救之，孔子因存他名字。今诸公解王人本不书字，因其救卫故书字。圣人之意，不解恁细碎。"又曰："苏子由解《春秋》，谓其从赴告，亦是。既书'郑伯哭'，又书'郑世子忽'，据史文而书耳。定哀之时，圣人亲见，据实而书。隐桓之世，时既远,史册亦有简略处,夫子但据史册写出耳。"问:"孔子予五霸,岂非时措从宜?"曰:"是。但其予之中便有夺底意思。"

江注:朱子曰:"程子谓'《春秋》大义数十','炳如日星'者。……须是己之心果与圣人之心神交心契,始可断他所书之旨。不然则未易言也。程子所谓'微辞隐义,时措从宜者,为难知'耳。"

[10]叶解:圣人精义入神,泛应曲当,未可以一端窥测。故学《春秋》者必优游而不迫,涵泳而有馀,心悟自得,庶能(按,"能"《四库》抄本作"几")深造微奥。

张解:由是观之,《春秋》殊未易读。二百四十二年之间,比事属辞,必合全经,始见精义。如测化工者,统观百物,然后知其神;欲作室者,先聚众材,然后备其用。徒执一事,徒拘一义,欲尽得圣人之心于千载之上,难矣。故学者必优游而不迫,涵泳而有馀,默识心通,然后可以造其微焉。未及此而治之,则其说多凿也。

李解:夫,音扶。

茅注:"优游涵泳"二句,见须于逐事逐义而求之,正所谓"观百物而识化工之神,聚众材而知作室之用"者也。

[11]杨注:《文集》。

叶解:通其文而后能明其义,得其意而后能法其用。

张解:夫子作《春秋》之意,欲使后王知折衷也。后王苟知此义,则经文具在,善恶分明,依而行之,即非禹、汤之德,亦可成三代之治。而秦焰一厄,斯学不传,千有馀年,及今不讲,则圣人之志终没于后,是以慨然作传,发挥圣意。盖不通其文,则不能明其义;不得其意,则不能法其用。惓惓之心,正为此耳。古今作《春秋传》者,始自程子,而胡《传》祖之,简当精切,可谓极圣人之蕴奥矣。犹谦言未能,只使学者得门而入,亦犹夫子自言其义窃取焉尔。

李解:夫,音扶。……朱子曰:"'德非禹、汤,可以法三王之治',如是,则无本者亦可以措之治乎?"愚按,程子之言诱后王之勉强也,朱子之言忧后王之假袭也。意各有在,学者审之。

[集评]

朱子曰:《春秋》大旨其可见者,诛乱臣,讨贼子,内中国,外夷狄,贵王贱伯而已。未必如先儒所言,字字有义也。想孔子当时只是要备二百馀年之事,故取史文写在这里,何尝云某事用某法、某事用某例耶?且如书会盟侵伐,大意不过见诸侯擅兴自肆耳。书郊禘,大意不过见鲁僭礼耳。(《江注》)

朱子曰：《春秋序》云："虽德非汤、武，亦可以法三王之治。"如是，则无本者亦可措之治乎？语有欠。因云：伊川甚么样子细，尚如此。难！难！（《语类》卷八十三）

朱子曰：今日得程《春秋解》，中间有说好处。如难理会处，他亦不为决然之论。（同上）

陈埴曰：自是三势如此，不是三代圣人开国之初揭个样范要人如此。

胡敬斋曰：《春秋》，乃孔子因当世之事一一处置，从天理上去，尧舜三代之道具见于此。又曰：读《春秋》便见得君是君、臣是臣、父是父、子是子、长是长、幼是幼，夫妇、朋友、中国、夷狄，截然分明，而各止其所。其于天道，人事无不明备，故曰为百王大法。（《茅注》）

胡氏曰：《春秋》以正大天理观之，则见王道不行，当时诸侯皆是营营于私意，或当为而不为，或不当为而为之，或昏弱而不振，或恃强以为暴，或怠惰而不知修省，或僭逆而无状。圣人之意，盖欲一归天理之正而后已，其于天地生物之心，保民救时之意，生杀予夺之权，隐然见于书法之中，实为百王经世之大法。或者乃欲计区区伯业之盛衰，又以姓氏日月爵号为诛赏，其穿凿琐碎甚矣。（《李解》）

胡敬斋曰：古今说《春秋》者，惟孟子、程子精切，深得圣人作经之意。盖其学邻于圣人，故能得圣人心事。古今作《传》者，亦惟程子第一。胡《传》虽祖程子，不及程子简当，发明有力，故《春秋》当以程《传》为主，以胡《传》及诸儒之说辅翼之，则圣人正大精微之意，虽不中不远矣。（《价解》）

刁包曰：兴于《书》，立于《春秋》，成于《易》。

张习孔曰：据《程子全书》，其作《春秋传》止于桓公九年。按，经文自隐元年至桓九年，共一百三十五节。程子引经而传者，止一百零七节。其桓十年以后至哀八年止，乃是先生间有论著，见于他处，或传闻于人，辑传者采而继续之，三百馀年之间，仅一百零三节，且多有单辞片语，引而未断者。是程子此书，故未成也。朱子以其序文能得帝王治法之大体，故取而录之。学者就此序而详玩，即其已传者而推其所未传者，亦庶乎有得于《春秋》之旨也夫。

张伯行曰：圣人作经以明王道，王道即天理也。程子作《传》以翼圣经，圣经即道统也。守先待后，功岂浅哉！

张绍价曰：此《序》分三段看，前段言帝王顺天应时，立人道以治天下。中段言夫子本圣人之道，作《春秋》以垂百王不易之法。后段言程子作《传》以明圣人之道。二帝三王，继天立极，皆以君而兼师。治之导之君道也，教之师道也。人道莫大于伦理,伦理明,然后人道立。人道立则尽人性,尽物性,可以参天地、赞化育,故天道成于上,地道平于下。三代下人君,但能作君,不能作师,治之而争夺息,导之而生养遂,则有之矣。教之而伦理明,则虽汉明帝之尊师重傅,临雍拜老,唐太宗之大召名儒,增广生员,均不足以语此也。华盛顿百战立国,而不传子孙,岂非振古人杰?然亦但能作君,不能作师,以平等自由之教治其国,伦理不明,人道不立,竞权争利,骄奢淫佚,相习成风。其视二帝三王之治,殆不啻砥砆之于美玉。而中国士大夫,顾艳而羡之,知富强而不知仁义,弊也久矣。

62. [一]《诗》、《书》载道之文,《春秋》圣人之用。[二]《诗》、《书》如药方,《春秋》如用药治病。圣人之用,全在此书,所谓"不如载之行事深切著明"者也。[1]有重叠言者,如征伐、盟会之类。盖欲成书,势须如此,不可事事各求异义。但一字有异,或上下文异,则[三]义须别。[2]

[集校]

[一]《张解》本有"伊川曰"三字。此条今见《河南程氏遗书》卷二上《元丰己未吕与叔东见二先生语》,下同。

[二]下"《五经》之有《春秋》"一条,《遗书》在"《春秋》圣人之用"下,分注细书有"一本此下云"五字。(《茅注》)

[三]"则"下,《价解》本有"其"字。

[集注]

[1]叶解:道非无用,用无非道。然《诗》、《书》即道而推于用,主道而言,故曰"载道之文"。《春秋》即用以明道,主用而言,故曰"圣人之用"。《诗》、《书》如药方,固可以治病。《春秋》如因病用药,是非得失尤为深切著明者也。

张解:道将见之用,用皆本于道,其揆一也。……譬之于药,《诗》、《书》恐人病不知医,制为药方以备不时之需。《春秋》随人之症投以药剂,可试国医之手。夫子云"我欲托之空言,不如载之行事之深切著明也"。此其所以任知我罪我之责乎!

茅注:《史记自序》:闻之董生曰:"子曰:我欲载之空言,不如见之于行事之深切著明者也。"《索隐》云:见《春秋纬》。王伯厚曰:"纬书起哀、平间,董生时未有之,盖为纬书者述此语耳。"

[2] 杨注：伯邑闻之骊塘危先生曰："《春秋》之作托始于隐，而非专为隐作也。"春秋既衰，幽王嬖褒姒而废申后，爱伯服而黜宜臼。申侯怒，与缯、西夷犬戎共攻幽王，杀之于骊山之下。诸侯乃即申侯而立宜臼，是为平王。夫复雠讨贼，《春秋》之大义，中国之所以为中国也。使平王有不共戴天之心，合诸侯之力以讨天下之贼，则周氏中兴之业可成，而五伯不兴，四夷不抚，《春秋》不作矣。方其遭褒姒之难，而作《小弁》之诗，其怨慕哀痛之情至今犹可识也。东迁之后，苟能充是心焉，则其怨慕哀痛当有大于《小弁》之事，而不可一朝居者。独奈何知有母而不知有父，贪其立己之小惠，而忘其不与共天之大耻。内无所承，上不受命，其援而立之者，乃王室之贼、天下之雠也。君臣父子之大伦，于是几绝，方且不抚其民，而远戍母家，遂以复仇讨贼之师反为施恩报德之举，其悖天理咈人心，甚矣！昔晋大夫弒厉公而立悼公，悼公曰："孤始愿不及此，虽及此，岂非天乎？抑人之求君，使出命也，立而不从，将安用君？二三子用我今日，否亦今日。"对曰："群臣之愿也，敢不唯命是听。"辛巳朝于武宫，逐不臣者五人。叔孙之家臣孺牛杀穆子而立昭子，昭子即位，朝其家众，数孺牛之罪而诛之。仲尼曰："叔孙昭子之不劳不可能也。"悼公、昭子不以立己为恩，必正其罪，而逐之诛之者，盖为万世纲常计也。今考隐公之元年，乃平王之四十九年也，老将至而耄及之，复雠讨贼之事终无闻焉。夫义莫大于复君父之雠，而失于讨贼，则篡杀之祸相仍于世，而司马无以正邦国矣。体莫重乎继先王之世而受国于仇，则攘夺之争无国不有，而王命无以宗诸侯矣。为此二者，圣人所以作《春秋》也。然则《春秋》之始于隐公者，其有感于平王之末年而周之终于东也欤！

叶解：《遗书》，下同。

李解：重，平声。

茅注：事事各求异义者，如胡氏谓书"晋侯"为"以常情待晋襄"，书"秦人"为"以王事责秦穆"之类。

价解："一字有异，或上下文异，则义须别。"此读《春秋》之要旨也。然后儒依其说求之，亦多有失之凿者。

[集评]

朱子曰：《春秋》只是直载当时之事，要见当时治乱兴衰。非是于一字上定褒贬。(《语类》卷八十三)

朱子曰：当时史书掌于史官，想人不得见，夫子取而笔削之，欲使人见得。当时治乱兴衰，非是于一字定褒贬。盖初间王政不行，天下都无统属，及五霸出而扶持，方有统属。到后来五霸又衰，如溴梁之盟，大夫亦出与诸侯之会,自是差异不好。孔子据事直书,好恶自易见。若云去其爵,与其爵,赏其功,罚其罪,孔子亦与夺赏罚不得。《春秋》所书本据鲁史旧文笔削而成。若欲如此推说,须是得鲁史旧文参较笔削异同,然后可见,而亦岂复可得也?(《茅注》)

张伯行曰:《春秋》之义,有要分别观之者,亦有不必分别观之者。其间言之重、词之复,如记盟会、征伐之类,或详举列国君大夫,或赘衍年月日时与其地其事。盖欲成书以便后人之观览,其势不得不如此,必欲各求异义则凿矣。至于字法之有异,及上下文之有异者,予夺褒贬,义例存焉,则须分别看耳。是在学者神而明之也。

63. [一]《五经》之有《春秋》,犹法律之有断例也。律令唯言其法,至于断例,则始见其法之用也。[1][二]

[集校]

[一]《张解》本有"伊川曰"三字。

[二]此条《遗书》载在前条"圣人之用"下,细字上有"一本此下云"五字。(《茅注》)

[集注]

[1]杨注:伯嵒据胡氏《春秋传序》曰:"《春秋》见诸行事,非空言比也。公好恶则发乎《诗》之情,酌古今则贯乎《书》之事,兴常典则体乎《礼》之经,本忠恕则导乎《乐》之和,著权制则尽乎《易》之变。百王之法度,万世之绳准,皆在此书。故君子以谓'《五经》之有《春秋》,犹法律之有断例也'。"

叶解:律令者,五(按,当依《四库》抄本作"立")法以应事。断例者,因事成(按,"成"《四库》抄本作"以")用法。

张解:《诗》以正情,《书》以制事,《易》以明变,《礼》以正行,犹律令然。律令者,制为刑书,禁人勿为恶。《春秋》则某事用某律,某罪用某法,断例分明,其中之轻重大小,实见之用者也。前以用药譬之,此以用律譬之,俱是一般意思耳。

茅注:断例者,按《周礼·士师》"掌士之八成",郑司农谓"若今时决事比"。盖取其行事之成者以为品式,即今之断例也。范蜀公曰:"律之例有八:以、准、皆、各、其、及、即、若。若《春秋》之凡。"愚按,今律亦然,或论《春秋》多有变例,所以前后书法不同。

价解:《诗》、《书》空言其理,犹律令之立法以应事也。《春秋》据事直书,或褒或贬,或予或夺,犹断例之因事以用法也。……价按,三传义例纷歧,殊多难通。后儒所说变例,尤为可议,诚有如朱子所论者,然《纲目》于贾、充、褚渊、冯道,皆具官书卒,狄仁杰书唐司空,不书周内史,书卒不书死,亦用变例,又何说乎? 此非末学所敢轻置一辞矣。

贝原笃信曰:法律,谓其大法,如不孝当诛、窃盗当刑之类。断例,谓断罪之条例,如不孝如此者刑之如此,窃盗如此者刑之如此之类。

[集评]

或问:《春秋》多变例。朱子曰:此乌可信。圣人作《春秋》欲褒贬善恶示万世不易之法。今乃复用此说以诛人,未几又用此说以赏人,使天下后世求之而莫识其意,是乃后世弄法舞文之吏之所为也。曾谓大中至正之道而如此乎?(《李解》)

胡文定曰:《春秋》之文,有事同而辞同者,后人因谓之例;有事同而辞异,则其例变矣。是故正例非圣人莫能立,变例非圣人莫能裁。正例,天地之常经;变例,古人之通谊。惟穷理精义,于例中见法,例外通类者,斯得之矣。(《价解》)

张习孔曰:方书与律书,黄帝、尧、舜既昭垂于天下后世矣。而神医及良士师不世出,是人之难于书也。苟无其人,是书具其体,而世未知其用尔。孔子作《春秋》,以发《六经》之旨,其用岂不大哉? 夫子贤于尧舜,此其一也。

64. [一]学《春秋》亦善,一句是一事,是非便见于此,此亦穷理之要。然他经岂不可以穷[二]? 但他经论其义,《春秋》因其行事,是非较著,故穷理为要。[1]尝语学者,且先读《论语》、《孟子》,更读一经,然后看《春秋》。先识得个义理,方可看《春秋》。[2]《春秋》以何为准? 无如中庸。欲知中庸,无如权,须是时而为中。若以手足胼胝、闭户不出二者之间取中,便不是中。若当手足胼胝,则于此为中;当闭户不出,则于此为中。[3]权之为言,秤锤之义也。何物为权? 义也,时[三]也。只是说得到义,义以上更难说,在人自看如何。[4][四]

[集校]

[一]《张解》本有"伊川曰"三字。此条今见《河南程氏遗书》卷十五《入闽语录》,下同。

[二]"但"上,宋本无"理"字,《遗书》同。(《茅注》)按,"穷"下,《叶解》元刻本及其四库抄本、吴邦模刻本、《张解》本、《茅注》本、《江注》本及其四

库抄本有"理"字。

［三］"时"字，《遗书》本作"然"，连下"也"只是作一句读。《语类》时举述此以问，与《遗书》同，今当从之。(《茅注》)"义也、然也"，叶、吕、江本皆作"时"。《朱子语类》作"义是也、然也"云云。(《考异》)"义也,时也"，一本"时"作"然"，属下。(《异同考》)按，"时"《入闽语录》作"然"，作"时"为宜。

［四］《叶解》四库抄本未单列，而是紧接上条后抄录。当据《杨注》本、《叶解》元刻本单列为一条。

[集注]

［1］叶解：较，判别也。《春秋》一句为一事，故是非易决。又考其事迹，而是非易明，故于穷理为要。

张解：此言《春秋》为穷理之要，然必识得义理分明，而后可以穷理也。人不学《春秋》，守经事不知宜，遭变事不知权，故学《春秋》亦善。《春秋》一句为一事，是非存于一句中，乃穷理之要。若论他经，亦可穷理，只是论义当如此，不若《春秋》有事迹可按，是非较然著明，尤为易决，以为穷理之要，洵非无故矣。

李解：论其义者，虚而难测；因其行事者，实而易明也。

茅注：见，音现。……较著，犹《汉书·孔光传》所谓"较然甚明也"，颜师古曰："较，音角，明貌。"

贝原笃信曰：《遗书》"学《春秋》"句，上无文字，言学《春秋》乃穷理之要，故学之亦为善。

［2］叶解：更读一经，如下文所论《中庸》。《春秋》虽于穷理为要，然又须义理通明，然后能察人事得夫(按，"夫"字或刻工缺笔致误，当依《四库》抄本作"失")之机，识圣人裁制之权。

张解：然欲穷理必须识理，未识理而读《春秋》，则理无由穷也。程子言："我平居尝语学者，教他先读《语》、《孟》，谓《语》、《孟》如丈尺权衡，好以此度量事物也。读《语》、《孟》后，似可穷理矣。而此中尚有几微疑似之辨，未易分晓，更须读一经，然后可看《春秋》。"所谓"一经"，即下文言《中庸》是也。总要识得义理精微之极，然后可察人事是非之机，故其先后读法如此。

李解："尝语"之"语"，去声。更读一经，如《诗》、《书》之类。《春秋》虽于穷理为要，然非义理素明，则不能知其是非之真也。

茅注：所以先读《语》、《孟》，更读一经者，欲使之识义理也。

[3] 叶解：《春秋》之权衡，即《中庸》之时中也。若于禹、颜之间取中，则当洪水之时不躬乎胼胝之劳，在陋巷之时不安乎箪瓢之乐，皆失乎时中矣。

张解：事之是非，固准乎《春秋》，而《春秋》以何者为准，其无如中庸乎！《春秋》之法，即中庸之中也。中不是铁板一定的，要量度以取中，故无如权。须权乎时而不失义理之中，始为能读《中庸》之书。若以禹、稷、颜子较之，谓禹、稷手足胼胝，未免太急，颜子闭户不出，未免太缓。较于二者之间，不缓不急而以为中，便非义理之宜，不当乎时而非中矣。唯当急时则急，禹、稷胼胝，中也；当缓时则缓，颜子闭户，亦中也。此《中庸》之时中，惟可与权者知之。学者必先读此一经，然后可与看《春秋》也。

茅注：胼，蒲眠反。胝，章移反。此承上文"先识得个义理"之意，而言其所以识之道也。胼胝，皮坚也。《史记》："禹手足胼胝"。闭户，见《孟子》。问："闭户不出，如有亲戚兄弟在其中，岂可一例不救？"朱子曰："事亦须量大小，若小有斗殴，救之不妨，如兵戈杀人之事，亦只得闭门不管而已。"

[4] 叶解：义者，所以处时措之宜，所谓权也。义以上，则圣人之妙用，未易以言尽也。

张传：《中庸》之权何在？时中是也，故《春秋》以《中庸》为准。此条当与"道体篇"第二十八条"问时中"者参看。

张解：因释"权"字之义，而言当以何物权之，总不离个"义"字。义者，所以酌乎时措之宜，往来于事物之间者也。此就用上说，一事各有一义，只好说到此。若义以上，则自用溯体。处物之义，本于在物之理。在物之理，一实万分，不可以言尽；在人切己体认，自看如何耳。要之，当其可之谓时，随时处宜之谓义，义不胶于一定之谓权，权于过不及之间而得其中之谓中。《中庸》明其理，《春秋》见其事，反覆言之，示人之意切矣。

茅注：秤，丑正反，古通用"称"。锤，直追反。……此节承上"权"字之意而申明之。秤，衡俗名；锤，权俗名。义者，谓事物之所当然。义以上者，则其所以当然之故也。在人自有如何，谓学者功深力到，反求之身而自得之，非可以言语形容也。问："权便是义否？"朱子曰："权是用此义者。"问："中便是时措之宜否？"曰："以义权之而后得中，义似秤，权是以此秤去称量。中是物得其平处。"又曰："权是于精微曲折处，曲尽其宜，所以说中之所贵者权。"

[集评]

叔重问：程子云："权者，言秤锤之义也。何物以为权？义是也。然也只是说到义。义以上更难说,在人自看如何。"此意如何看? 曰: 此如有人犯一罪,性之刚者以为可诛,性之宽者以为可恕。概之以义,皆未是合宜。此则全在权量之精审,然后亲审不差。欲其权量精审,是他平日涵养本原,此心虚明纯一,自然权量精审。伊川常云:"敬以直内,则义以方外;义以为质,则礼以行之。"(《语类》卷三十七)

陈埴曰: 经犹秤衡,铢两斤钧,一成画定。权即秤锤,随物低昂以求合于铢两斤钧。

张绍价曰:《春秋》谨严,是者断其为是,非者断其为非,丝毫不容假借。学《春秋》则是非明白,而不惑于疑似,故为穷理之要。他经言其义,《春秋》因其行事,虚理易差,而实事有据也。

又曰: 权者随时以处中也,禹、稷当平世,则以手足胼胝为中;颜子当乱世,则以闭户不出为中,时为之也。曾子为师,则以远害为中;子思为臣,则以死难为中,时为之也。告而娶礼也,不告而娶权也,时为之也。圣人作《春秋》,进退予夺,时措从宜,如权衡之称物,低昂屡变,而轻重各适其宜,非圣人不能也。何为权? 义也,时也。义者,人所共由之路,凡事只说到义,若夫"精义入神","随时处中",则非礼道者不能,固未可以轻言也。《公羊》乃以祭仲废君为行权,其说甚谬。废君行权,伊霍之事,祭仲迫于大国,逐君以自全其身,权诈之权,岂圣人所谓权哉?

65. [一]《春秋》,传为按,经为断。[1][二] (旧注: [三] 又云: 某年二十时看《春秋》,黄聱隅问某如何看,某答曰: "以传考经之事迹,以经别传之真伪。")[2][四]

[集校]

[一]《张解》本有"伊川曰"三字。

[二] 伊川语,下并同。(《冯记》)

[三] "注"下,《叶解》元刻本及其四库抄本、《李解》本、《茅注》本、《江注》本及其四库抄本有"程子"二字。

[四] "聱",《遗书》作"赘"。又卷二十别作"声"。(《冯记》)《二程全书》"聱"作"赘"。(《释疑》) 黄聱隅:"《春秋》,传为按"条,〇《集解》、洪本作"聱偶",王、吴本作"聲隅",《遗书》、阴本、汪本作"聱隅"。按,《聱隅子》二卷,蜀人黄晞撰。晞自叙云:"聱隅者,枘物之名也。"嘉祐中,韩忠献为枢密使,荐为太学助教,即此黄聱隅也。作"聱偶"、"聲隅"者,并误。(《王记》) 本注"黄聱偶",吕本"偶"作"隅"。《校勘记》云:王、吴本作"声隅"。(《异

同考》)"聱隅",叶本作"聱偶",一本作"聱隅",并误。(《考异》)按,《张解》本无旧注一段的注文。"聱隅",吴邦模刻本作"聱偶"。

[集注]

　　[1] 张解：孔子作《春秋》,每事只举大纲,而以一字断是非,若其详则具于史。朱子谓左氏曾见国史,考事颇精。罗整庵谓左氏作传皆有来历,虽难尽信,终是案底。此所谓以"传为案,经为断"也。他日又云："某年二十时看《春秋》。或曰如何看,答曰'以传考经之事迹,以经别传之真伪'。"舍此两言,无以读《春秋》矣。

　　江注：问读《左传》法。曰："也只是平心看那事理、事情、事势。""伊川论'《春秋》传为案,经为断',尹和靖谓伊川无此言。此两句即'以传考经之事迹、以经别传之真伪'之意,非伊川之言而何？"

　　价解：朱子谓："看《春秋》,且须看一部《左传》首尾意思贯通,方能略见圣人笔削,与当时事之大意。"此确论也。唐人谓三传束阁,独抱遗经。欧阳永叔、方望溪、孔巽轩,皆有经不待传而明之说。此过高之论,而不知其不可通也。"经为断",以经别传之真伪,如经书宋人执郑祭仲,则知仲之逐君,由于迫胁,而公羊行权之说谬矣。经书纳卫世子,则卫辄据国拒父之罪著,而公羊拒父为义之说谬矣。经书赵鞅入于晋阳以叛,则公羊以地正国之说谬矣。黑肱不书邾,以庶其例之,其为阙文无疑,公羊乃有叔术妻嫂为贤之说,注疏亦从而和之,遂至伤教害义而不顾,此真经学之贼也。

　　[2] 李解：朱子曰："《左传》曾见国史,考事颇精,只是不知大义,专在小处理会,往往不曾讲学。公、穀考事甚疏,然义理却精,二人乃是经生,传得许多说话,往往都不曾见国史。"按,此书编辑程子教人读书之意,必先通《大学》、《语》、《孟》而后及《诗》、《书》,次通《中庸》而后及《易》、《春秋》。盖《语》、《孟》之理不明,则《诗》、《书》无所统纪,《中庸》之义不精,则《易》、《春秋》无所权衡也。但礼经曾未之言,岂以《仪礼》残缺、《戴记》讹杂而未易读欤？然以雅言之序观之,则执礼正不可少。此朱子《仪礼经传通解》之篇所为不容已而有作也。

　　茅注：黄聱隅,名晞,字景微,建安人。少通经,聚书数千卷,学者多从之。自号聱隅子。枢密使韩魏公荐以为太学助教。"某年二十"以下,乃唐棣问"《春秋》如何看",而先生答之也。

[集评]

　　问：《春秋》当如何看？曰：只如看史样看。曰：程子所谓"以传考经之事迹,以经别传之真伪",如何？曰：便是。亦有不可考处。曰：其间不知是圣人果有褒贬否？曰：也见不得。……圣人光明正大，不应以一二字加褒贬于人。若如此屑屑求之，恐非圣人之本意。（《语类》卷八十三）

张习孔曰：经为断，传为按，此设喻之最精者也。然吾心无以断圣经之断，何以知千载以上之是非乎？如"公及邾仪父盟于蔑"，此《春秋》开卷之第一义也。仪父称字，左氏曰："贵之也。"公羊曰："褒之也。"穀梁曰："美称也。"而胡氏直曰："例也。蔑之会，以为恶隐公之私也。"既曰恶之，是不与其贵与褒与美称也。如一狱而诸家杂治之，谳词之不一如此。后世何从折其衷，而得圣人之意乎？盟蔑，事之微者也，犹传疑若是，矧事在桓文夷夏之大者乎？然则据传而释经，未见其可也。夫人有是非之心，千百世同然者也，特患有所系而失其正耳。能致知明善，使吾是非之心，一出于天理之正，以是而仰合于圣人之心，其殆庶几乎！

张绍价曰："传为案，经为断"，此学《春秋》者之准的也。

66.[一]凡读史，不徒要记事迹，须要识[二]治乱安危兴废存亡之理。且如读《高帝》一[三]纪，便须识得汉家四百年终始治乱当如何。是亦学也。[1]

[集校]

[一]《张解》本有"伊川曰"三字。此条今见《河南程氏遗书》卷十八《刘元承手编》。

[二]"要识"下，宋本无"其"字。（《茅注》）按，"识"下，《叶解》元刻本及其四库抄本、吴邦模刻本、《张解》本、《茅注》本、《江注》本及其四库抄本有"其"字。

[三]"帝"下，叶、吕本无"一"字。（《茅注》）按，"帝"下，《叶解》元刻本及其四库抄本、吴邦模刻本、《张解》本、《江注》本及其四库抄本无"一"字。

[集注]

[1]叶解：观高祖宽大长者，能用三杰，则知汉所以得天下。观其入关除秦苛法，则知汉所以立四百年基业。观伪游云梦，则知诸侯王次第而叛。观系萧相国狱，则知汉之大臣多不保终。如此之类，皆致知之方也。

张解：史所以载一代之事也，读者非徒要记事，须要明理。盖治乱安危、兴废存亡之事，特其迹耳，而所以然者，有其理也。……若其轻儒嫚骂，不事《诗》《书》，伪游云梦，械系相国，以叔孙通制礼乐，以张苍定律令之类，则规模远逊三代。诸侯王次第皆叛，大臣不克保终，皆由于此。以此读史,致知之方也。昔者伯禽封鲁,吕伋封齐,三年报政,而其始终强弱,明验不爽,亦理有固然者。君子格物穷理,岂夸博涉云尔哉?

李解:宽大长者除秦苛法,所以开四百年之治。母后擅权、宦官枕卧,所以兆四百年之乱。此一代之始终也。朱子曰:"为学之序,为己而后可以及人,达理而后可以制事。故程子教人先读《论》、《孟》,然后看史,其序不可乱也。"或问:"为学只看《六经》、《语》、《孟》,其他史书皆不必看,如何?"曰:"如此即不见古今成败,便是荆公之学。《六经》是三代以上之书,曾经圣人手,全是天理。三代以下,文字有得失,然而天理却在这边自若也,要有主觑得破,皆是学。"

茅注:理,谓治乱安危兴废存亡之所以然也。如要识得,须先讲明道义所在,庶不流为功利之学。

[集评]

朱子曰:读史当观大伦理、大机会、大治乱得失。(《语类》卷十一)

张习孔曰:善读书者类如此,不然是智出石勒下矣,何必读书?

茅星来曰:全史,资钝者不能尽看。如司马公《通鉴》、马氏《文献通考》二书,千百年治乱兴衰、典章制度之得失具在其中。宋以前散见诸史中,究心甚难,今被二公编辑,条理分明。如此不看,何名为读书人?士不通今古而有足用者,未之前闻也。

张绍价曰:读史徒记事迹,则为博杂之学。识其治乱安危兴废存亡之理,乃儒者致知格物之学。

67.　[一]先生每读史到一半,便掩卷思量,料其成败,然后却看。有不合处,又更精思,其间多有幸而成,不幸而败。今人只见[二]成者便以为是,败者便以为非,不知成者煞有不是,败者煞有是底。[1]

[集校]

[一]《张解》本有"伊川曰"三字。此条今见《河南程氏遗书》卷十九《杨遵道录》,下同。

[二]各本同,洪本"见"误"是"。(《王记》)

[集注]

[1]张传:作史者,以后世而记前世之事,于成文之先,其笔意遂有所以致成败之字句。如苻坚之败,凡于其宠鲜卑、拒忠谏处,皆摹写其偏愎之

况。徽钦之祸，于纳张彀，背金盟，皆豫载有识者尤危之语，故其成败，阅半即可料也。

张解：先生，谓明道也。古今事，善者当成，恶者当败，理数感应，自然之符。故先生读史到一半，看其行事如何，便掩卷以思，据理悬断，然后看到终局，大约不出所料者十居六七。其有当成而败，当败而成，不如吾料，则吾之所谓善恶者，恐认不真，须更再三精思，灼见其理之所以然。至于气机不齐，人事难定，幸不幸之间，理亦果有不能料者，先生究以理为衡。此先生格致之学也。今人无识，但据见成，岂知幸而成者，奸雄不得藉口；不幸而败者，圣贤不以易节。论是非不论成败，成者不必皆是，败者不必皆非。以此读史方是胸有千古。

李解：量，平声。如诸葛亮讨贼，虽不成不得为非，谢安却敌，虽不败而未必尽是。以此推之，幸不幸可见矣。

[集评]

朱子曰：读史亦易见作史者意思。后面成败处，他都说得意思在前面了。如陈蕃杀宦官，但读前面，许多疏脱都可见也。"甘露"事亦然。(《语类》卷十一)

薛氏曰：观史不可以成败优劣人，只当论其是非。(《李解》)

张绍价曰：读史掩卷思量，不合又更精思，先定其是非，以逆料其成败，此儒者穷理之学也。有道之世，理胜势，以理之是非为成败，故成败可以定是非。无道之世，势胜理，以势之强弱为成败，故成败不可以定是非。如必以成者为是，败者为非，此计功谋利之私，非儒者正谊明道之学也。

李濩曰：观古人成败，盖幸会较多。若以成败定其是非，则害义转甚，故程子发之。

68. [一]读史须见圣贤所存治乱之机，贤人君子出处进退，便是[二]格物。[1]

[集校]

[一]《张解》本有"伊川曰"三字。

[二]"是"，《张传》本作"易"。

[集注]

[1] 叶解：机，谓治忽动于几微者。

张解：古今治乱，必有其机。机者，治乱虽未至而动于几微之间。圣贤存之于史，以为千古得失之镜，读史者须于此处加意。如贤人君子出而在朝,则世将治之机也;若退而在野,则世将乱之机也。有以见其机,便是格物。若不能格物,无贵读之矣。

李解:处,上声。机,发动所由也。治乱未著,非圣贤不能审其机也。出处进退,乃贤人君子立身之大节,事功特其馀耳。朱子作《纲目》,其序略曰:"表岁以首年而因年以著统,大书以提要而分注以备言,使夫岁年之久近,国统之离合,事情之详略,议论之同异,通贯晓晰,如指诸掌,藏之巾笥,姑以私便检阅,自备遗忘而已。虽然,岁周于上而天运明矣,统正于下而人事定矣,大纲概举而鉴戒昭矣,众目毕张而几微著矣。"是则凡为格物致知之学者,亦将慨然有感于斯矣夫!

[集评]

张习孔曰:此是格得自古天下之物,则见今天下之物,格之而不外是矣。

张绍价曰:圣贤所存治乱之机,贤人君子出处进退,莫备于朱子《纲目》。是书继《春秋》而有作,是非定,天理明,读史者当以是为准的。

沙溪曰:"存"乃圣贤以治乱之机,存之于心而戒谨者也。如是看如何?

69. 元祐中,客有见伊川者,几案间无他书,惟印行《唐鉴》一部。先生曰:"近方见此书。三代以后,无此议论。"[1][一]

[集校]

[一] 此条晁氏客语,时氏本《拾遗》并有之,但时氏本少"元祐中"三字。以上并伊川语。(《茅注》)按,此条今见《河南程氏外书》卷十二《传闻杂记》。

[集注]

[1] 杨注:《外书》。

叶解:范祖禹,字淳夫。按,《外书》又云:"范淳夫尝与伊川论唐事,及为《唐鉴》,尽用先生之说。先生谓门人曰:'淳夫乃能相信如此'。"

张解:元祐,宋年号。……盖历代史学议论之卑,不知王道为何物。程子之说,得淳夫表章之,不是三代下人议论,王道藉以复明,所以几案间常置此部,惓惓不释也。

李解:行,音杭。……《唐鉴》,范祖禹所著,程子门人也。朱子曰:"观史以自家义理断之,大概自汉以来只是私意,其间有偶合处耳。范《唐鉴》亦是此意,然而稍疏。"

茅注：范祖禹，字淳夫，为温公《通鉴》局编修官，分掌唐史，以其所自得者著成此书。

江注：问范太史文字。朱子曰："如《唐鉴》虽是好文字，然多照管不及，评论总意不尽。只是文字本体好，然无精神，所以有照管不到处，无气力，到后面便多脱了。"

价解：《中宗纪》，每岁书帝在房州，以合于《春秋》书公在乾侯之义。朱子《纲目》因之，《感兴诗》所谓"侃侃范太史，受说伊川翁。春秋二三策，万古开群蒙"。即谓此也。后世史论多不惬人意，如《纲目》刘友益书法，尹起莘发明，于朱子之意，似不尽得要领，王船山《通鉴论》、《宋论》，殊多偏僻，其诋李忠定，贬岳忠武，斥许鲁斋，尤为颠倒是非。

[集评]

朱子曰：致堂《管见》方是议论。《唐鉴》议论弱，又有不相应处。前面说一项事，末又说别处去。（《语类》卷一百三十四）

朱子曰：《唐鉴》亦有缓而不精确处。如言租庸调及杨炎二税法，说得都无收煞，只云在于得人，不在于法。法亦岂可苟者？盖范氏见熙宁间变更，故有激而言。要之，只邮有激，便不平正。又一段论太宗本原，亦未尽。太宗行处尽好，只为本领不是，与三代更别。（《茅注》）

张氏曰：《唐鉴》视胡氏《春秋传》更觉简要，学者能读《唐鉴》，方可以治史。（同上）

管赞程曰：自"初学入德"至此为一章，言读经史之次第。

70. 横渠先生[一]曰：《序卦》不可谓非圣人之蕴。今欲安置一物，犹求审处，况圣人之于《易》！其间虽无极至精义，大概皆有意思。观圣人之书，须布遍[二]细密如是。大匠岂以一斧可知哉！[1]

[集校]

[一]《张解》本无"先生"二字。此条今见《横渠易说·序卦》。

[二]"布遍"，《叶解》元刻本及其四库抄本、《张解》本、《茅注》本、《江注》本及其四库抄本作"遍布"。

[集注]

[1]杨注：《横渠易说》。

张解：伏羲之序六十四卦，以卦画生成为次，乃自然之用也。文王《周易》以序六十四卦,则取其名义以为次,所垂教于世者实深。夫子作《序卦传》发明其义,安置审处,不可谓非圣人之蕴。今人安置一物于中边前后,犹必审处停妥,况圣人序《易》岂无意思? 虽《易》之为道广大悉备,其极至精义不专在此,而即此亦足见圣人遍布细密。如大匠作室,规为布置,胸有尺度,非拙工可拟。若徒欲以一斧知之,未极其能事也。

李解:思,去声。韩康伯言"《序卦》非圣人之蕴",故张子辨之。盖天运人事、圣学王猷,皆在其中矣。

茅注:《序卦》,《易》十传之一也。以韩康伯注有"《序卦》非《易》之蕴"之说,故特辨之。

价解:周子谓圣人之蕴,因卦以发。《序卦》借卦名以序相承之意,有相因者,有相反者。义理虽未极其精深,而天道之盈虚消长,人事之得失存亡,国家之兴衰理乱,治道之因革损益,人心之动静真妄,贤人之进退出处,无不备具其中。朱子所谓事事夹杂都有是也,焉得谓非圣人之蕴哉?

[集评]

问:《序卦》,或以为非圣人之书,信乎? 曰:此沙随程氏之说也。先儒以为非圣人之蕴,某以为谓之非圣人之精则可,谓非《易》之蕴则不可。周子分"精"与"蕴"字甚分明。《序卦》却正是《易》之蕴,事事夹杂,都有在里面。问:如何谓《易》之精? 曰:"《易》有太极,是生两仪,两仪生四象,四象生八卦",这是《易》之精。问:如《序卦》中亦见消长进退之义,唤作不是精不得。曰:此正是事事夹杂,有在里面,正是蕴。须是自一个生出来以至于无穷,便是精。(《语类》卷七十七)

张习孔曰:《序卦》义极深微。一部《易》书,消息存亡之理,进退动止之宜,无不包摄其中,是古来一篇大文字,可易视哉!

71. [一]天官之职,须襟怀洪大方看得。盖其规模至大,若不得此心,欲事事上致曲穷究,凑合此心,如是之大,必不能得也。[1]释氏锱铢天地,可谓至大,然不尝为大,则为事[二]不得。若界之一钱,则必乱矣。[2]又曰:太宰之职难看,盖无许大心胸包罗,记得此,复忘彼。其混混天下之事,当如捕龙蛇、搏[三]虎豹,用心力看方可。其他五官便易看,止一职也。[3][四]

[集校]

[一]《张解》本有"横渠曰"三字。

［二］"为事",江误倒。(《冯记》)则为事不得:"天官之职"条,○王、吴本作"事为",《遗书》、《集解》、汪、施、阴本作"为事",洪本同,从之。(《王记》)

［三］各本如此,吴本"搏"误"捕"。(《王记》)

［四］今并见《经学理窟·周礼》。(《冯记》)此条今见《经学理窟·周礼》。

[集注]

［1］杨注:天官之职无所不统,如外廷群有司之宿卫,则属官宫正宫伯掌之;王宫之宿卫,则属官内宰掌之。财赋之出入,酏醢酒浆之微物,洒扫缝染之贱职,幄帟次舍之细事,又皆冢宰属官掌之,甚至膳夫司医官寺嫔御,冢宰无所不统。盖冢宰权尊,足以节制之故尔。

叶解:周建六官,而天官冢宰统理邦国内外之政,小大之事无所不总。若非心量广大,何以包举四海、综理百职?今无此心量,但欲每事委曲穷究,必不能周悉通贯之矣。

张解:周建六官,取法天地四时。冢宰曰天官,以其总御众官,犹天道统理万物。故天官之职,必须胸襟怀抱宽洪广大之人,方可看得。盖其于邦国内外之政、小大之事无所不统,规模可谓至大。若不得此广大之心量,但于每事上委曲穷究,勉强凑合,使心量如是之广大,究之心量本小,必不能周悉而贯通之也。

［2］叶解:释氏论性极广大,然不可以理事,其体用不相涉也如此。

张解:承上文,言人心之广大,有实体然后有实用。若徒空言广大,则蹈释氏之失矣。释氏猖狂,锚铢天地,其论性也,可谓至大。然未尝身为大事而徒空言之,究不可以理事。无论遗之以大,投之以艰,有不可也,即以至小而言,设使界之一钱,亦必有仓皇失措者矣。盖由其遁于虚无,则所谓广大者原非实体,故亦不足以致用也。

茅注:界,音祕。不得此心,谓不得襟怀之洪大也。释氏之所谓大者,只是言论旷荡,未尝身自为之,所以为事不得。陈君举曰:"冢宰一职,惟制御天子身畔之人,一则环卫之人,二则供奉饮膳酒浆之人,三则出纳财贿之人,四则宫中使令之人。盖以此等与天子亵狎,或用内官,或用女奚,他卿不能,谁何?所以冢宰尽制御之。秦汉以环卫之人分入光禄勋、卫尉,以供奉之人分入少府,以出纳财用之人分入司农,而宫中出入侍奉使令之人分与大长秋,是冢宰之职分为三、四矣。"

［3］杨注:《语录》,下同。

张解：《周官》惟太宰之职总兼众职，最为难看。盖无至大之心胸，包括网罗，则于此而记，至彼复忘。盖太宰兼众职之全，"其混混天下之事，当如捕龙蛇、搏虎豹"，全用其心力求之，方可看得。若其他五官便易看，以其所司者止一职也。地官以教化为职，春官以礼乐为职，夏官以师旅为职，秋官以刑罚为职，冬官以度地居民为职，非若太宰之兼众职而无所不统矣。看太宰之职者，可无至大之心胸乎！此下八条《集解》阙，今照原编补。

李解：复，扶又反。……按，《周官》之书，取法天地四时，故六官皆天子之相也。太宰为修齐治平之相，象天之覆，无所不统，故看之为难；司徒为教养之相，象地之载；宗伯为礼乐之相，象春之和；司马为征伐之相，象夏之烈；司寇为刑辟之相，象秋之肃；司空为田赋之相，象冬之藏。各分一职，故看之为易。然至于后世，教养乖戾，礼乐崩坏，兵刑烦苛，田赋紊乱，则五官之职皆当留心，庶足开万世之太平，不可以其易看而忽之也。

茅注：易，音异。朱子曰："《周礼》一书，广大精微，周家法度在焉。后人皆以《周礼》非圣人之书，其间细碎处虽可疑，其大体直是非圣人做不得。胡五峰以为'天官冢宰不当治宫闱燕私事'。盖彼但见后世宰相请托宫闱、交结近习，以为不可。殊不知此正人君治国平天下之本，岂可以后世之弊而并废圣人之良法美意耶？李泰伯《周礼论》甚好，如说'宰相掌人主饮食男女事'，与某意正合。至若所谓'女祝掌凡内祷祀、禬禳之事'，使后世有此官，则巫蛊之事安从有哉？"王伯厚曰："嫔御、奄侍、饮食、酒浆、衣服、次舍、器用、货贿，皆领于冢宰。冕弁、车旗、宗祝、巫史、卜筮、瞽侑，皆领于宗伯。此周公相成王，格心辅德之法。……"又曰："李太伯云'内宰用大夫士世妇，每宫卿二人，皆分命贤臣以参检内事。汉世皇后詹事，以二千石为之，犹有成周遗意'。"

贝原笃信曰："捕龙蛇"云云，须用大力量也。"止一职也"，一官止司一职，不如大宰包括众职也。

[集评]

朱子曰：天官之职，是总五官者。若其心不大，如何包得许多事？且冢宰内自王之饮食衣服，外至五官庶事，自大至小，自本至末，千头万绪，若不是大其心者区处应副，事到面前，便且区处不下。况于先事措置？思患预防，是著多少精神！所以记得此，复忘彼。佛氏只合下将那心顿在无用处，才动步便疏脱。所以吾儒贵穷理致知，便须事事物物理会过。……今文字在面前，尚且看不得，况许多事到面前，如何奈得他！须襟怀大底人始得。

（《语类》卷八十六）

朱子曰：五官止一职，易看固然。然其中亦有难理会者，如主客行人之官当属春官，却掌于司寇。土地疆域之事当属司徒，却掌于司马。盖以诸侯朝觐会同之礼既毕，则降而肉袒请刑，司寇主刑，所以宾客属之，有威怀诸侯之意。诸侯有罪，则六师移之，所以土地封疆属之夏官。陈君举乃谓互相检制之道，过矣。（《茅注》）

薛氏曰：《周礼》后世用其治者，犹不可易，可见其为圣人之书。（《李解》）

张绍价曰：天官之职，正《中庸》所谓"致广大而尽精微"者。治典、教典、礼典、政典、刑典、事典，以一职兼五职，统百官，均四海，体国经野，驭民理财，下至嫔御、奄寺、饮食、酒浆、衣服、次舍、货贿，无不备举。规模极大，节目极详，千条万绪，周遍精密，皆从圣人广大之心自然流出。后人不得圣人之心，而欲以偏私狭小之见，就事上一一穷究，零星凑合，必不能包罗无遗。故天官之职难看，必襟怀洪大方看得。释氏锱铢天地，可谓至大，然以事为妄，以理为障，寄心于空寂无用之地，使之应事接物，无不颠倒错乱，不能尽精微，则所谓大者，亦空见而已，与吾儒之致广大，固不可同年而语也。

72. [一]古人能知《诗》者唯孟子，为其"以意逆志"也。夫诗人之志至平易，不必为艰崄[二]求之。今以艰崄[三]求《诗》，则已丧其本心，何由见诗人之志？[1]（旧注：[四]诗人之情性[五]温厚、平易、老成，本平地上道著言语。今须以崎岖求之，先其心已狭隘了，则无由见得。诗人之情本乐易，只为时事拂着他乐易之性，故以《诗》道其志。）[2]

[集校]

[一]《张解》本有"横渠曰"三字。此条今见《经学理窟·诗书》，下同。

[二][三]"崄"，《江注》本、《经学理窟·诗书》作"险"。

[四]"诗人之情性"下，叶本大字，无"本注"字。（《茅注》）同上，《诗书》。注，今《张子全书》无之，叶讹作大字。（《冯记》）"诗人之情性"以下数句，吕本作小注。（《异同考》）按，"旧注"以下文字，《叶解》元刻本及其四库抄本作大字。陈荣捷云："见《张子全书》卷四，《经学理窟》，页七上，张载语。'诗人'以下不见此处，亦不见张子其他著作，乃朱子所加。惟张伯行《近思录集解》、施璜《五子近思录发明》，与三数其他注家，则以为张子本人之语。"（《陈论》）

[五]"情性"，江误倒。（《冯记》）"情性"，江本作"性情"。（《考异》）按，"情性"，《江注》本及其四库抄本作"性情"。

[集注]

[1] 叶解：人情不相远，以己之意迎彼之志，是为得之。《诗》以感遇而发于人情之自然，本为平易。今以艰嵧之心求《诗》，则已失吾心之自然矣，而何以见诗人之心！

张解：此示人以求《诗》之法也。古之读《诗》者多矣，而能知《诗》者惟孟子，为其以己之意逆《诗》之志，是以能知之也。夫诗人之志有感而发，莫非人情之自然，本为平易，读《诗》者不必以艰险求之。今之人以艰险求《诗》，非出于附会则出于穿凿，是已丧其自然之本心，何由见诗人之志乎？

李解：夫，音扶。易、丧，并去声。以意逆志，以己心之所之而迎古人之心之所之也。平易则得人心之所同，然艰嵧则失之矣。

[2] 杨注：伯邑据咸丘蒙曰："舜之不臣尧，则吾既得闻命矣。《诗》云：'普天之下莫非王土，率土之滨莫非王臣。'而舜既为天子矣，敢问瞽瞍之非臣，如何？"曰："是诗也，非是之谓也。劳于王事，而不得养父母也。曰：'此莫非王事，我独贤劳也。'故说诗者，不以文害辞，不以辞害志。以意逆志，是为得之。如以辞而已矣，《云汉》之诗曰'周馀黎民，靡有孑遗'。信斯言也，是周无遗民也。"

叶解：诗人情性温厚而无刻薄，平易而无艰险，老成而无轻躁。若以崎岖狭隘之心，安能见诗人宽平广大之意！

张解：《诗》本性情。……本平地上道着言语，非有崎岖，今乃以崎岖求之，则己之心先狭隘而不广大矣。盖诗人之情本和乐平易，只为所遇之时，所值之事，拂其和乐之性。如忠臣不得于其君，孝子不得于其亲，故托之《诗》而长言咏叹，以见其志。使其心先狭隘，何由见诗人之情有感而发如此哉？后之求《诗》者法孟子之以意逆志焉，可也。

李解：此为变风、变雅而言也。孤臣放子去妇弃友，皆无已甚之辞，可以知其乐易矣。

茅注："为其"、"只为"之"为"，并去声。易，并音异。嵧，虚检反，通作"险"。崎，音奇。岖，岂俱反。乐，音洛。……逆，迎也，《方言》"自关而东曰逆，自关而西曰迎"。温厚、平易、老成，皆言诗人之情性也。平地上道着言语，见其非有崎岖也。道，言也。时事或美或恶，有所感动而诗作焉。拂，动也。朱子曰："以意逆志者，逆如迎待之意。若未得其志，只得待之。如需于酒食之义。后人读书便要去捉将志来，以至束缚之。"又曰："某所著《诗传》，盖推寻其脉理，以平易求之，不敢用一毫私意。"辅氏曰："温厚、平易、老成，说尽诗人情性。温厚，谓和而不流，怨而不怒。平易，谓所言皆眼前事。老成,谓忧深思远,达于人情事物之变。此等意思,惟平心易气以迎之,则有可得。"

[集评]

朱子曰:"以意逆志",此句最好。逆是前去追迎之之意,盖是将自家意思去前面等候诗人之志来。又曰:谓如等人来相似。今日等不来,明日又等,须是等得来,方自然相合。不似而今人,便将意去捉志也。(《语类》卷五十八)

董仁叔问:"以意逆志"。曰:此是教人读书之法:自家虚心在这里,看他道理如何来,自家便迎接将来。今人读书,都是去捉他,不是逆志。(同上)

张习孔曰:人喜斯陶,陶斯咏;愠斯戚,戚斯叹。咏叹者,言之引长而成音者也。其出则由喜愠,可见诗乃夫人哀乐之情,自然迸出,如水之激石而成声也。若以艰险求之,是无其情而强为造作,岂能得其意哉?

张绍价曰:诗以言志,本人情,该物理,其言温柔敦厚,至为平易。读《诗》者虚心涵泳,以己意迎取作者之志,反复沉潜,优游吟哦,当可神会而自得之。若以艰险求诗,则失其自然之心,何由见诗人之志耶!《楚茨》以下诸诗,何等明白坦易,而《小序》必以为刺诗,正所谓以艰险崎岖求之也。

73.　[一]《尚书》难看,盖难得胸臆如此之大。只欲解义,则无难也。[1]

[集校]

[一]《张解》本有"横渠曰"三字。

[集注]

[1] 张解:孔子删《书》,断自唐虞,迄于三代。其曰德、曰仁、曰敬、曰诚,理无不该矣。礼乐教化、典章文物,政无不备矣。家齐国治天下平,功业无远弗届矣。其规模至大,最为难看。人之胸臆,非若尧、舜诸圣人之广大者,不足以知之。若只欲解其文义,则寻章摘句之士皆能之矣。盖惟圣人之心无乎不包,故所见者大。学者之心亦必无乎不包,而后能见《尚书》之大也。

李解:《尚书》纪内圣外王之迹,故其言至大,如"克明峻德"一章,即具《大学》之规模。"危微精一"数语,即尽《中庸》之精蕴。命官咨岳,而《周礼》皆仿而准之。作歌赓歌,而雅颂皆则而效之。非大其心者,安能测识哉!

[集评]

问:"《尚书》难读,盖无许大心胸。"他书亦须大心胸,方读得。如何程子只说《尚书》?曰:他书却有次第。且如《大学》,自"格物致知"以至"平天下"，有多少节次！《尚书》只合下便大。如《尧典》自"克明俊德，以亲九族"，至"黎民于变时雍"，展开是大小大！分命四时成岁，便是心中包一个三百六十五度四分度之一底天，方见得恁地。若不得一个大底心胸，如何了得？（《语类》卷七十八）

张习孔曰：先生教人读书，当如是也。学者宜思胸臆何由得许大，此功夫自读书之前求之。

张绍价曰：二帝三王治天下之大经大法，备载于《书》。明德新民之纲，修齐治平之目，《尧典》已尽其要。精一执中，开致知力行之端；主善协一，示博文约礼之义。以义制事，以礼制心，明涵养省察之要。羲和之历数，《禹贡》之山川，《说命》之学问，《洪范》之政治，《周官》之官职，《无逸》、《立政》之修己治人，宏纲大用，无不备举。苟无极大胸臆，如何能看？若只欲解其文义，而不求圣人之意，则固无难也。

74.　[一]读书少，则无由考校得义精。盖书以维持此心，一时放下，则一时德性有懈。读书则此心常在，不读书则终看义理不见。[1][二]

[集校]

[一]《张解》本有"横渠曰"三字。

[二]此条今见《经学理窟·义理》，下同。

[集注]

[1]叶解：读书不多，则见义不精。然读书者，又所以维持此心，使无放逸也。故读书则心存，心存则理得。

张解：此言读书所以存心，惟心存而后理得也。读书不多则疑信相半，无由考校得义理精详。盖书以维持此心，使之不放，一时放下则昏惰乘之，德性即因之有懈。盖惟读书则神明不至外驰，而此心常在；使不读书则此心不在虚灵之舍，虽义理自在当前，亦终看不见矣。是读书即治心之功，治心即明理之要。人可不多读书乎！

李解："读书则心存，心存则理得"，可以见尊德性、道问学之相须矣。薛氏曰："读书以防检此心，犹服药以消磨此病。病虽未除，常使药力强，则病自衰；心虽未定，常使书味深，则心自熟，久则衰者尽而熟者化矣。"

茅注：此以见读书非徒穷理之事，实亦养心之要也。

江注：朱子曰："张子说得'维持'字好，盖不读书则此心便无用处。"

[集评]

朱子曰：人常读书，庶几可以管摄此心，使之常存。横渠有言："书所以维持此心。一时放下，则一时德性有懈。"其何可废？（《语类》卷十一）

朱子曰：读书固收心之一助，然只读书时收得心，而不读书时便为事所动，则是心之存时常少、放时常多也。学者当移此读书工夫，向不读书处用力，使动静两得，而此心庶几无时不存矣。（《茅注》）

张习孔曰：读书少则所见义理不广，即前篇所言"难得胸臆如许大"是也。其弊非止"德性有懈"而已。

张绍价曰：读书多，则博观约取，斟酌至当，而精义之学出焉。读书少，则见闻寡陋，道理孤单，无由考校得义精。书以维持此心，将圣人言语，浸灌胸臆，则足以荡涤邪秽，涵养德性，一时放下，则此心无所维持，而德性有懈。读书以维持此心，考究义理，不读书则心无所用，非放逸，即空寂，而义理亦无由而见。由张子之言观之，则欲存心者，不可以不读书，欲穷理者，不可以不读书。陆、王之学，但教人存心，而禁人读书穷理，其说正与张子相反，所以卒为异学也。

贝原笃信曰："书以维持此心，一时放下，则一时德性有懈。读书则此心常在。"可谓格言。

75.[一]书须成诵，精思多在夜中，或静坐得之。不记则思不起，但通贯得大原后，书亦易记。[1]所以观书者，释己之疑，明己之未达，每见每知新[二]益，则学进矣。于不疑处有疑，方是进矣[三]。[2]

[集校]

[一]叶、吕本自"书须成诵"以下，别为一条。今据原书及宋本并之。（《茅注》）按，此条，《杨注》本未单列刻印，而是紧接上条之后。然据他本当为第75条。又按，"书"上，《张解》本有"横渠曰"三字。

[二]"新"，《经学理窟·义理》作"所"。

[三]《张解》本无"矣"字。

[集注]

[1]叶解：朱子曰："横渠作《正蒙》时，或夜里默坐彻晓，他直是恁地勇，方做得。"

张解：此示人以读书之法也。书须熟读，令可成诵，则文义常留于心。

而触处精思，或在夜中，或于静坐，皆可得其解。若未能成诵，便不记得；若存若亡，亦思不起矣。但读书者果能思之至精，通贯书之大原，则理在而辞可忆，义明而文可推，而书亦易记。故惟能记而后能思，亦惟能思而后能记，此其所以交相因也。

李解：成诵者，精熟而可默诵也。通贯大原而书易记者，已得其理，则其言自不能忘也。

茅注：易，音异。承上文读书而言其所以读之法也。朱子曰："读书须反复研究，直待不思索时，此意常在心胸之间驱遣不去，方为有功。"又曰："李先生常言道理须是日中理会，夜间却去静处坐地思量，方始有得。"

[2] 叶解：每见是书而每知（按，"知"《四库》抄本作"加"）新益，则学进矣。然学固足以释疑，而学亦贵于有疑。盖疑则能思，思则能得，于无疑而有疑，则察理密矣。

张解：惟记与思相因，所以观书者已有疑必释之，已有未达必明之。……读书者，诚由记与思之功，而知所未知，于不疑得疑，则所得于书者，不已深乎！

茅注：此又以其验处言之。

江注：朱子曰："读书无疑者，须教有疑，有疑者却要无疑，到这里方是长进。"

价解：此言读书考校义理在于精思，而精思必先以熟读也。

[集评]

朱子曰：读书须是成诵，方精熟。今所以记不得，说不去，心下若存若亡，皆是不精不熟之患。若晓得义理，又皆记得，固是好。若晓文义不得，只背得，少间不知不觉，自然相触发，晓得这义理。盖这一段文义横在心下，自是放不得，必晓而后已。若晓不得，又记不得，更不消读书矣。横渠说："读书须是成诵。"今人所以不如古人处，只争这些子。古人记得，故晓得。今人卤莽，记不得，故晓不得。紧要处、慢处，皆须成诵，自然晓得也。（《语类》卷一百二十一）

朱子曰：横渠云："书须成诵。精思多在夜中，或静坐得之。不记，则思不起。"今学者看文字，若记不得，则何缘贯通？时举曰：缘资性鲁钝，全记不起。曰：只是贪多，故记不得。（《语类》卷八十）

朱子曰：此说最为捷径，盖未论看得义理如何，且是收拾得此心有归著处，不至走作。然亦须是专一精研，使一书通透，都无记不得处，方可别换一书，乃为有益。若但轮流通念，而窍之不精，则亦未免枉费工夫也。须是通

透后,又如此温习乃佳耳。(《李解》)

张习孔曰:先生天资颖绝,其读书尚如是,后学安可卤莽?

76. [一]《六经》须循环理会,[二]义理尽无穷。待自家长得一格,则又见得别。[1]

[集校]

[一]《张解》本有"横渠曰"三字。

[二]"义理"上,《经学理窟·义理》无"理会"二字,有"能使昼夜不息,理会得六七年,则自无可得看,若"句。

[集注]

[1]张传:所谓"温故知新"也。

张解:此言读《六经》之法也。古者以《易》、《诗》、《书》、《礼》、《乐》、《春秋》为六经,宋以《易》、《诗》、《书》、《周礼》、《礼记》、《春秋》为六经。读者须周而复始,深求玩味,其义理自无穷也。待所学有进,知识日增,则所见日高矣。

李解:循环,谓周而复始。长一格者,温故而知新,而识进于高明也。

茅注:长,张丈反。别,皮裂反。

[集评]

茅星来曰:此即《论语》"温故知新"之意。然必于一经理会已到,然后再理会一经。若徒循环泛涉,非根柢务实之学也。

77. [一]如《中庸》文字辈,直须句句理会过,使其言互相发明。[1][二]

[集校]

[一]《张解》本有"横渠曰"。陈荣捷云:"今见《全书》卷七,页二下。"(《陈论》)此条今见张载《经学理窟·学大原下》。

[二]以上并《语录》。(《杨注》)按,《张传》本将第77、78条接连在一起刻印,未单列,形式上似合作一条。

[集注]

[1]张解:《中庸》文字,一句有一义,须逐句深求玩味,使一书之言前后互相发明。

茅注:《中庸》文字辈,凡《诗》、《书》、《论》、《孟》之文皆是。必言《中庸》者,盖古圣贤之书无非发明《中庸》之道,故必于此见之明,而后于事事物物之宜无往不当其可,以之读他书,亦易为力。如前程子所言"读《春秋》以《中庸》为准"是也。句句理会过,则触处洞然无所疑滞,自有以见夫不偏不易之道,随在具足,无少欠缺,融会贯通,不拘所读何书,而无往非中庸之道之所在矣。游定夫读《西铭》,涣然不逆于心,曰"此中庸之理"。亦此意也。

江注:朱子曰:"横渠谓读《中庸》如此,今读《大学》亦然。某年十七八时读《中庸》《大学》,每早起须诵十遍。"

[集评]

朱子曰:《中庸》一书,枝枝相对,叶叶相当。不知怎生做得一个文字齐整。(《语类》卷六十二)

朱子曰:此真读书之要法,不但可施于此篇也。(《张解》)

张绍价曰:《中庸》发明性道教之旨,一理分为万事,万事合为一理,首尾贯通,脉络分明。须句句理会过,使其言互相发明,则于孔门传授心法,庶乎有以得之矣。

78. [一]《春秋》之书,在古无有,乃仲尼所自作,惟孟子能知之。非理明义精,殆未可学。先儒未及此而治之,故其说多凿。[1][二]

[集校]

[一]《张解》本有"横渠曰"三字。陈荣捷云:"今见《全书》卷十四,页四上。"(《陈论》)

[二]此条今见《拾遗·近思录拾遗》。

[集注]

[1]叶解:孟子论《春秋》,皆发明圣人之大旨,举《春秋》之纲领。后人未及于理明义精,而揣摩臆决,故其说多凿。

张传:"先儒未及此"此字,指理明义精。大抵先儒之所谓《春秋》,皆兼传而言。孔子遗经,无单行者,故司马迁曰"《春秋》文成数万"。今圣经厪一万六千馀字,则今之《春秋》亦未必一字一句皆出圣人之手笔也。……按,《春秋》惟国君世子生则书之,子同生是也,其馀虽世卿擅国政,如季氏之徒,其生亦未尝书之于册。夫子万世帝王之师,然其始生,乃鄹邑大夫之子耳,鲁史未必书也。鲁史所不书,而谓夫子自纪其生之年于所修之经,决无是理也。而左氏于哀公十四年获麟之后,又复删经,以至十六年四月,书仲尼卒。

杜征南亦以为近诬。然则《春秋》本文,其附见于三传者,不特乖异未可尽信,而三子以其意增损者有之矣。盖襄二十一年所书者,公、穀尊其师授而增书之也。哀十六年所书者,左氏痛其师忘而增书之也。俱非《春秋》之本文也。三子者,以当时口耳所传授者,各自为传,又以其意之所欲增益者搀入之。后世诸儒复据其见于三子之书者,互有所左右而发明之,而以为得圣人笔削之意于千载之上,吾未之能信也。

张解:此言《春秋》之未易学也。《春秋》之书,唐虞、夏、商之世所未有,仲尼因鲁史旧文而寓褒贬予夺之大义,固其所自作。后惟孟子论《春秋》,为能明圣人之大旨,而举其纲领,自非见理极其明、析义极其精者,殆未可学也。汉、唐诸儒未至于理明义精,而遽欲治之,故揣摩臆决,其说多失之凿。盖《春秋》一书,明百王之大法,正万世之人心,非孔子不能作,非孟子不能知。苟未得孔、孟之心传者,可易言乎?

茅注:治,平声。郑渔仲曰:"有未经夫子笔削之《春秋》,有已经夫子笔削之《春秋》。"孔颖达曰:"《春秋》之名无所经见,惟昭公二年晋'韩起来聘',见《鲁春秋》。《晋语》:'司马侯对悼公曰:羊舌肸习于《春秋》。'悼公使傅其太子。《楚语》申叔时论傅太子之法,亦云教之以《春秋》。由此观之,是周之典礼不存,惟《鲁春秋》为列国所重,皆在夫子未修之前。旧有《春秋》之目,乃周公、伯禽以来,上自天子,下至列国,无不备载,皆周之盛时为先王之典章。此杜预所谓'周之旧典礼经'是也。今《汲冢琐语》亦有《鲁春秋》,记鲁献公十七年事。诸如此类,皆夫子未生之前,未经笔削之《春秋》。惟孟子所谓'《诗》亡然后《春秋》作',鲁史记东迁以后事,已经笔削之《春秋》也。然则是书乃从来所有,夫子特取而笔削之耳。"此言"在古无有"者,亦就其修后言之,见其取义精奥,非他人所得与也。

[集评]

朱子曰:《春秋》所书,如某人为某事,本据鲁史旧文笔削而成。今人看《春秋》,必要谓某字讥某人。如此,则是孔子专任私意,妄为褒贬。孔子但据直书而善恶自著。今若必要如此推说,须是得鲁史旧文,参校笔削异同,然后为可见,而亦岂复可得也?(《语类》卷八十三)

或问:"朱子于《春秋》未有说,何也?"曰:《春秋》是当年实事,孔子书之。后世诸儒学未至,而各立己意,正所谓"非理明义精"而治之,故其说多穿凿是也。惟伊川程子以为经世之大法,得其旨矣。然其间极有无定当难理会处,不若存此胡氏本子与后世看,纵未能尽得之,虽不中不远矣。(《李解》)

刁包曰：张子曰："《春秋》之书，非理明义精，殆未可学。"此为二传未出之先言也，今既有胡《传》继程《传》而作，说的恁地分晓，岂必理明义精而后可学哉？读者但能信的过，觉的津津有味，则其人亦大段知义理矣。

李文炤曰：孟子于《春秋》叙三圣之统，正五霸之罪，可谓深知之矣。先儒若公、穀、啖、陆之徒，虽有得有失，然皆未免于凿也。

管赞程曰：张子之言，自为一章。先读《易》、《礼》、《诗》、《书》，以博其学，可以考校义精以慎其思。此温故知新，循序渐进之法。至于能通《中庸》，则理明义精，可以学《春秋》，以观圣人妙用，则穷理之法，尽于此矣。

张绍价曰：孟子三言《春秋》，存王迹，惧乱贼，无义战，皆《春秋》要义。孟子之学，理明义精，心通乎道，故能辨是非，而有以识圣人之心。后儒理未明，义未精，而以常人之情，强为揣度，故其说多凿。近世讲公羊学者，侈言大义，而以受命改制说《春秋》，则大义之乖实甚，于公羊所以未言者，多方穿凿附会，以诬传而乱经，源于董、何，极于康、梁，离经畔道，倡为非常可怪之论，而《春秋》遂为奖进乱贼之书。大义乖而经学亡，贼民兴而中国危矣。呜呼，恫哉！此节以"惟孟子能知之"，遥应篇首；以"理明义精"，收结通篇；以"殆未可学"，起下卷"圣可学乎"之意。绍价按，自"伊川先生曰凡看文字"至此为一段，言读书之法，须通其文，求其义，得其意，以穷其理，真知自得，然后能心通乎道，而有以知言。

79. 义理有疑，则濯去旧见，以来新意。^[一]心中苟^[二]有所开，即便劄记，不思则还塞之矣。更须得朋友之助，^[三]一日间朋友论著，则一日间意思差别。须日日如此讲论，久则自觉进也。^[1]

[集校]

[一] 叶本此条在前第二十一条"以来新意"下，今从宋本及杨本正之。（《茅注》）按，《杨注》本有此第 79 条，其第 21 条仅有"义理有疑，则濯去旧见，以来新意"句，但是《杨注》本的第 79 条又录入其第 21 条文字（即"义理……新意"），如此则与《叶解》元刻本第 21 条文字大体相同。今若从文字内容上看，杨伯峄辑录的第 79 条似无必要单列为一条，而《杨注》本卷首曰"凡七十九条"又当包括此条在内。《叶解》本无此第 79 条，故卷首云"凡七十八条"。若从《杨注》本此条与前文的关联，此条内容重出诸方面推测，则《近思录》原本或无第 79 条，而此第 79 条文字置于第 21 条处较宜。

[二] "心中"下，一本有"苟"字。（《茅注》）按，"心中"上的文字，《茅

注》本第 79 条无。《茅注》本第 79 条,与《杨注》本第 79 条"心中"以下的文字同,但是《茅注》本第 21 条与第 79 条,在文字上却不像《杨注》本那样存在部分文字重出的情况。

又按,《茅注》本无"苟"字。《叶解》元刻本及其四库抄本、吴邦模刻本、《张传》本、《张解》本、《李解》本、《江注》四库抄本的第 21 条无"苟"。

[三]"朋友之助"下,《叶解》本无"一日间朋友论著则"八字。(《茅注》)按,《叶解》元刻本及其四库抄本第 21 条均无此八字。

[集注]

[1] 茅注:劄,竹洽反。著,直酌反。差,初卖反。别,皮列反。劄,笺劄也,劄记谓以笺劄记之也。差,较也。较,略也。……以上并横渠语。

《近思录》卷之四
凡七十条

存　养

[集评]

叶采曰：此卷论存养。盖穷格之虽至，而涵养之不足，则其知将日昏，而亦何以为力行之地哉？故存养之功，实贯乎知行，而此卷之编，列乎二者之间也。

施璜曰：孔子教人，莫非存心养性之事，但未尝明言之耳，至孟子则明言之也。盖心者，人之神明。性者，人之生理。苟不存养，则心驰逐于外，而性亦难全。惟息息存养，则本心常明，天性自全。故存养工夫甚大，亦是终身事，不可须臾间断也。然未致知之前，不先存养，则心体昏放，大本不立，何能穷理？既穷理之后，若不存养，则理无归着，随得而随失之矣，何能为我有？第知未至时，存养工夫难，意味浅；知既至，存养工夫易，意味深，故古人自小学洒扫应对，事亲敬长，周旋礼乐，习为恭敬，无非存养之事。而程子发明一"敬"字，于学者最有力，以《中庸》存养工夫，只在戒慎恐惧也。且致知即要力行，苟不存养，何以为力行之地？致知力行，工夫虽切要，然有时，惟存养工夫，不可须臾间断，故朱子列存养于致知力行之间。虽曰存养之功，贯乎知行，其实学者自始至终皆离不得存养也。

茅星来曰：存养，谓存心养性也。此与第五卷皆《大学》诚意、正心、修身功夫也。而此卷则以涵养于平日者言之，凡七十条。西山真氏曰："大舜十六字，开万世心学之源。后之圣贤更相授受，虽若不同，然大抵教人守道心之正而遏人心之流耳。孟子于仁义之心，则欲其存而不放，本心欲其勿丧，赤子之心欲其不失。凡此皆所谓守道心之正也。《易》言惩忿窒欲，孔子言克己，《大学》言好乐忧患则不得其正。孟子言寡欲，以小体之养为戒，以饥渴之害为喻。凡此皆所谓遏人心之流也。"愚谓，《近思录》此卷所以守道心之正,第五卷所以遏人心之流。

张绍价曰:朱子曰"此卷存养"。价按,此卷以学者寡欲、循理、立己、熟仁为主。以存诚主敬、涵养吾一为总旨。以静虚动直,知止有定,静安能虑,居处恭,执事敬,与人忠,持其志无暴其气,内外交养为分意。体似立纲,首节为纲,领起通篇,下分五段发明。

钱穆曰:陆王之学,亦称心学,均偏重存养。朱子则存养与格物穷理并重,始为内外交尽,心物并重,得儒家孔孟之正传。(《随劄》)

贝原笃信曰:存养之功,无分动静,而静时为要。若分属,则存养为静时之工夫,克己为动时之工夫。

泽田希曰:孟子曰:"存其心,养其性","存养"二字本于此。存养之功,贯乎知行。盖能存养,则所知者益明,而日可见之行。不然,则虽勉强知之,而不能实有诸己,终无为力行之地矣。故朱子以此卷列之于致知克己之间,其有旨焉哉! 存养之功,其要何在? 曰敬而已矣。唯敬则心斯存,心存而不外驰,则尚何贼性之有? 故此卷所论皆以敬为骨子,存养工夫,舍此而无他道也。

1. 或问:"圣可学乎?"濂溪先生[一]曰:可。"有要乎?"曰:有。请问焉。曰:一为要。一者,无欲也。无欲则静虚动直。静虚则明,明则通;动直则公,公则溥。明通公溥,庶矣乎[1]。

[集校]

[一] 此条今见《周子通书·圣学第二十》,前无"或问"二字,也无"濂溪先生"四字,或朱、吕辑录时所增。

[集注]

[1] 杨注:《通书》。

叶解:一者,纯一而不杂也。湛然无欲,心乃纯一。静而所存者一,人欲消尽故虚,虚则生明,而能通天下之理。动而所存者一,天理流行故直,直则大公,而能周天下之务。动静惟一,明通公溥,庶几作圣之功用。

张传:"一"字,从虞廷授受来。

张解:此论学圣之要在心之一也。诚者,圣人之本。圣人只是诚,故或问圣可学与否,而周子应之曰可也。学之之要,一而已矣。天理诚而无妄,其具于人心者本一,缘人心有人欲之私以杂之,便是二三。无欲则此心纯一不杂,而复乎天理之本然,是以内外俱一。静而未发之时,浑然在中,邪不能入而虚内,一故也。动而将发之顷,惟理是循,物不能挠而直外,一故也。静虚则心无障蔽而明,明则于事物之理无不融彻而通;动直则心无偏陂而公,公则于远迩之间无不周遍而溥。通者明之极,溥者公之极,明通静而动,公溥动而静,则又无时不一也。圣人诚无不一,学者求其一,以至于诚,其亦庶几于圣人乎!信乎,圣人可学,而学之有要也。……盖一即太极,无欲即无极之真,静虚阴之体,动直阳之用。明配木属仁元,通配火属礼亨,公配金属义利,溥配水属智贞,合之即两仪四象之本。而静是性,动是情。明通公溥是性情之德,故云"皆不外乎此心"。圣人之心自然无欲,学圣人者寡之又寡,以至于无,则必戒慎恐惧于心之至静之地,而后静无不一。慎独谨几于心之将动之时,而后动无不一。未有动静不实致其存养省察之功而自能无欲者。既能无欲,则与圣人同一,至诚无息,而天道亦不外于吾身矣。

茅注:朱子曰:"一,即所谓太极。静虚明通,即图之阴静。动直公溥,即图之阳动。"又曰:"心才虚便明,明则道理透彻,故通。通者,明之极也。心才直便公,公则自无物我之间,故溥。溥者,公之极也。静虚明通,精义入神也。动直公溥,利用安身也。"又曰:"静虚动直,便是阴阳。明通公溥,便是五行。"又曰:"学者如何得无欲?故伊川只说'敬'字,庶几执捉得定,有下手处。"

朴履坤曰:明通在己也,公溥接物也。须是就静虚中涵养始得。……明通者静而动,公溥者动而静。在人言之,则"明是晓得事物,通是透彻无窒碍,公是正无偏陂,溥是溥遍万事"。

[集评]

问:一是纯一静虚,是此心如明鉴止水,无一毫私欲填于其中。故其动也,无非从天理流出,无一毫私欲挠之。静虚是体,动直是用。曰:也是如此。静虚易看,动直难看。静虚,只是伊川云"中有主则虚,虚则邪不能入"是也,若物来夺之,则实。实则暗,暗则塞。动直,只是其动也,更无所碍。若少有私欲,便碍便曲。要恁地做,又不要恁地做,便自有窒碍,便不是直。曲则私,私则狭。(《语类》卷九十四)

朱子曰:此章之旨最为要切,学者能深玩而力行之,则有以知无极之真,两仪四象之本,皆不外乎此心,而日用间自无别用力处矣。(《叶解》)

吴敬庵曰:圣人至诚无息,与天地合德,未尝不可学也。学之之要,在一其诚而已,一者纯乎天理,而无人欲以杂之也。有欲则二三矣。无欲则静时此心湛然,外物不能入而虚;动时惟理是循,外物不能挠而直。静虚则心无障蔽而明,明则于事物之理,无不洞悉而通;动直则心无偏陂而公,公则于远迩之间,无不周遍而溥。人能明通公溥,其庶几于圣人矣乎!但圣人自然无欲,学者必由寡欲以至于无。寡欲之方,莫要于主一之敬也。其必戒慎不睹,恐惧不闻,然后能静虚。慎独审几,而后能动直,未有不实用存养省察之功,而可以至于圣人者也。周子所谓一,即太极也。静虚,阴之体;动直,阳之用。明属金,通属水,公属木,溥属火,四时之象也。能学圣人,则天道亦不外于吾身矣。(《价解》)

管赞程曰:此言涵养始终之功,乾道圣学之法,总括卷四而为纲领,故列首以为学者准的焉。

张绍价曰:此节以"圣可学乎",承上卷末节"殆未可学"。而以"一为要。一者无欲也,无欲则静虚动直"领起通篇。程子、张子之说,其源多出于此。

2. 伊川先生曰:[一]阳始生[二]甚微,安静而后能长。故《复》之《象》曰:"先王以至日闭关。"[1]

[集校]

[一] 此条今见《周易程氏传》卷二《复传》,无"伊川先生曰"五字。

[二] "生"下,《复传》有"于下而"三字。

[集注]

[1] 杨注:《易传》,下同。

叶解:朱子曰:"一阳初复,阳气甚微,不可劳动。故当安静以养微阳。如人善端方萌,正欲静以养之,方能盛大。"愚谓,天人之气,流通无间,至日闭关,财成辅相之道于是见矣。

张传:圣人动与天俱,其参赞于渊密者,固有甚精之理。而其大而可见者,则在于闭关静息之政。

张解:此释《复卦》象义也。至日,谓冬至也。冬至之日,积阴之下,阳始生而甚微,不安静以养之,则其气不固,无以为发生之本。故先王以是日闭道路之关,使商旅不行,取安静以养微阳之义,而《易》象以之为训也。《月令》是月斋戒掩身,以待阴阳之所定,亦即此意。夫天地之阳何藉于闭关之养? 而理可相通,所谓天道人事自为流贯也。要知天地有大冬至,人心有小冬至。人当杂念既退,恶极而善,平旦初复之时,正此心冬至之关。主一无适,居敬涵养,闭关之义也。遏过此关,渐渐善端发见。过天地冬至之大关,方能见天地之心。否则反覆梏亡,如萌蘖生而牛羊牧,良心夭阏,其于天地之心,终亦不得而见矣。《复》本以动见天地之心,却又言静以养之者,主乎静以慎其动,尤动根于静之义也夫。

李解:长,上声,下同。朱子曰:"古人所以四十而强仕者,前面许多年亦且养其善端,若一向出来与事物衮了,岂不坏事?"

茅注:至日,冬至之日也。关,《周礼·司关》注:"界上之门"。饶双峰曰:"动者,天地生物之心。而安静者,圣人裁成之道。则政事云为之间,凡可以扶阳抑阴而赞参化育者,必将无所不用其至矣。"

[集评]

问:天地之心,虽静未尝不流行。何为必于复乃见?曰:三阳之时,万物蕃新,只见物之盛大,天地之心却不可见。惟是一阳初复,万物未生,冷冷静静。而一阳既动,生物之心闯然而见。虽在积阴之中,自藏掩不得。此所以必于复见天地之心也。……《大象》所谓"至日闭关"者,正是于已动之后,要以安静养之。盖一阳初复,阳气甚微,劳动他不得。故当安静以养微阳。如人善端初萌,正欲静以养之,方能盛大。(《语类》卷七十一)

潜室陈氏曰:一阳复于下,即是动之端,但萌芽方动,当静以俟之,不可扰也。故卦辞言出入无疾,而《象》言闭关息民。盖动者天地生物之心,而静者圣人裁成之道。(《李解》)

茅星来曰:上章言纯一为学之要,此又以善端发动处言之。所以示学者操存省察之要,而不可以其微而忽之者也。盖上章以统体言,此则又就其切要处言耳。

陈沆曰:初学存养之旨如此。孟子曰"苟得其养,无物不长"。

张绍价曰:此言初学入手之功,在安静以养微阳也。一阳始生于下,其端甚微,安静培养,然后充长。"先王以至日闭关",安静以养微阳也。在人则善端初复,亦当庄敬以持养之,然后盛大。不然,伐以斧斤,牧以牛羊,虽有萌蘖之生,亦终必亡而已矣。

李瀷曰:至日闭关,推类言之。凡人皆可以掩身斋戒矣。以一日之功言,则存养于静中,皆此意也。

3.[一]动息[二]节宣,以养生也;饮食衣服,以养形也;威仪行义,以养德也;推己及物,以养人也。[1]

[集校]

[一]《张解》本有"伊川曰"三字。此条今见《周易程氏传》卷二《颐传》,下同。

[二]"息",江误"静"。(《冯记》)按,"息",《江注》本与四库抄本作"静"。

[集注]

[1] 叶解:《颐卦传》。威仪见于容貌,行义著于事业。

张传:推己及物者,爱人以德,亦欲其所养如己也。与寻常言推己不同,方切养义。

张解:此释《颐·彖传》意也。《颐卦》,《震》下《艮》上,外实内虚,上止下动,故为《颐》之象而以养为义。养有自养、养人二意,程子历言之,见人兼所养,而养不可不得其正。动息节宣之际,血脉周流,无疴痒郁滞之病,岂非所以养生?饮食衣服,口体安适,无饥饱寒暑之伤,岂非所以养形?威仪著于容貌,不刚不柔,而具中和之象;行义见于事业,无过不及,而合礼义之宜,岂非所以养德?己有所欲,推以及物,则立俱立,达俱达,有痛痒之关;己有所恶,推以及物,则不伤财,不害民,有撙节之道,岂非所以养人?故养得其正则吉,而学者当于此观之也。按,《颐》之卦体,下三爻象自养,上三爻象养人,故程《传》以养生、养形、养德释象中"观其自养"意,以养人之义释象中"观其所养"意。而朱子《本义》则以养德、养身释之,是对《大象》"慎言语,节饮食"而配言之,其义小异。

李解:行,去声。养生则神和,养形则身安,养德则心泰,养人则用弘,推颐之义也。

贝原笃信曰:"节"者,起居适节也。"宣"者,发畅也。"推己及物"者,恕也。

泽田希曰:动与息对,节与宣对。节者,节制之"节"。宣者,发畅舒缓之意,犹《语》所谓"申申",字意相似。如人之俨然危坐者,节也;悠悠便坐者,宣也。

[集评]

茅星来曰:上章言安静以养微阳。此又历示以养之之道,见无时无处而不可以养,亦无时无处而可以不养也。

张绍价曰:此下二节,申言静养之功。养生养形,皆学者所当有事。而养德尤要,威仪以肃其貌,行义以践其实,所以养德也。能养德则推己及物以养人,举而措之裕如矣。

泽田希曰:盖人身动而不息,息而不动,节而不宣,宣而不节,皆伤其生。医书言久立伤骨,久坐伤肉,久行伤筋,久寝伤气是已。只其一动一息,一节一宣,变化循环,而后其生自养也。此章历言存养所在,盖存养工夫所该广,日用之际凡有养者,皆存养之一端,故并举言之。

佐藤一斋曰:四者之养,宜以德为本。德已养矣,则养生之道、养形之方,当不外于此,而养人亦其推也已。

4.[一]“慎言语”以养其德,“节饮食”以养其体。[二]事之至近而所系至大者,莫过于言语饮食也。[1]

[集校]

[一]《张解》本有“伊川曰”三字。

[二]“事”上,《颐传》有“不唯就口取养义”七字。

[集注]

[1]杨注:《颐》之《象》曰:“山下有雷,颐。君子以慎言语,节饮食。”

叶解:《颐卦·象传》。言语不谨则败德,饮食无度则败身。

张传:有德者必有言,言亦所以昭德也,故不曰讷言,而止曰慎言。乡党恂恂,朝庙便便,当宜而已。口腹非尺寸之肤,饮食亦所以养身也,故不曰绝饮食,而止曰节饮食。酒不及乱,肉不胜食,适可而已。

张解:此释《颐卦·象辞》也。祸从口出,慎之者时然后言;病从口入,节之者勿为饥渴所害。二者日用之常,人以其近而忽之,易于纵恣情欲,败德害身而不自知,所系至大。故朱子《本义》云“养德、养身之切务”,而程子亦尝云“能尽言语饮食之道,则可以尽去就之道;能尽去就之道,则可以尽死生之道”。是知养德、养身虽不止此,而二者其切务也。

茅注:俞氏曰:“颐,乃口颊之象,故取其切于颐者言之。充此言语之类,则凡号令政教之出于己者,皆所当慎而不可悖出。充此饮食之类,则凡财赋货税之入于上者,皆所当节而不可悖入。”此又就上条中举其至切要者言之。

陈注:慎言语,不独养德亦以养身;节饮食,不独养身亦以养德。二者守身之大要。故程子又云“能尽言语饮食之道,则可以尽去就之道;能尽去就之道,则可以尽死生之道”,诚重之也。

[集评]

或云:谚有“祸从口出,病从口入”,甚好。曰:此语前辈曾用以解《颐》之《象》,“慎言语,节饮食”。(《语类》卷七十一)

真氏曰:天地养万物,圣人养贤以及万民,功用至博大也。而《象传》独以言语、饮食为言者,盖必己得其养,而后可推以及人故也。(《茅注》)

张绍价曰:慎言语,则不以躁妄招尤,而有以养其德;节饮食,则不以醉饱伤生,而有以养其体。言语饮食,至近而所系至大,不可不善所养也。

5.〔一〕"震惊百里,不丧匕鬯。"临大震惧,能安而不自失者,唯诚敬而已,此处震之道也。[1]

[集校]

〔一〕《张解》本有"伊川曰"三字。此条今见《周易程氏传》卷四《震传》。

[集注]

[1]叶解:《震卦·象传》。匕,以载鼎实。鬯,秬酒也。雷震惊百里可谓震矣,而奉祀者不失其匕鬯,诚敬尽于祀事,则虽震而不为惊也。是知君子当大患难、大恐惧,处之安而不自失者,惟存诚笃至,中有所主,则威震不足以动之矣。

张解:此释《震卦·象辞》也。匕,所以举鼎实。鬯者,以秬黍酒和郁金,所以灌地降神者也。《震》为雷,为长子。"震惊百里",取象于雷,以遇变而言也。"不丧匕鬯",取义于长子,以有主而言也。雷之奋也,百里之内,人皆震惊,独主祭者所执之匕鬯,不因而丧失焉,岂非临以大可震惧之事,而不失所主之常者乎?盖长子身当主祭,诚敬中存,交于神明,不敢懈惰,故动亦定如此。此以见君子于大患难、大恐惧之来,能处之安泰而不至改越常度者,亦惟诚敬而已。诚敬则中心有主,外物自不得而摇乱之,所谓卒然临之而不惊,然后可以尽处震之道也。

李解:丧,去声。处,上声。……诚则有物,敬则有主,故威震不足以动之。胡氏曰:"诚敬虽是二事,其实一体。非敬无以入诚,非诚则敬有间断,敬是持守之法,实有是敬而无间,即诚也。"

茅注:"震惊百里"二句,《震卦·象传》文也,下乃解其意。匕,以载鼎实,升之于俎,其形似毕而不两岐,以棘木为之,长二尺,刊柄与末。祭祀之礼,先烹牢于镬,既纳之鼎而加幂焉。将荐乃举幂,而以匕出之,升于俎上。鬯,秬鬯之酒,所以灌地而降神。郑康成《郁人》注云郁鬯者,"筑郁金煮之,以和鬯酒"。《鬯人》注云:"秬鬯,不和郁者。"则是郁者,草名。不和以郁者,则直谓之鬯,言其气调鬯也。郑司农及孔颖达则云:"鬯,是香草。"愚谓,后郑为是。……上二条就处常言,此则又就处变时言之。

[集评]

朱子曰:《震》,未便说到诚敬处,只是说临大震惧而不失其常。主器之

事,未必《象辞》便有此意。看来只是《传》中方说。(《语类》卷七十三)

杨氏曰:震雷能惊百里,而不能失匕鬯于主祭之手者,盖执匕鬯以祭,则一敬之外无馀念,一鬯之外无馀物。当是之时,白刃前临,猛虎后迫,皆莫之觉。故震雷惊百里亦莫之闻,诚敬所至,而惧有所忘也。(《茅注》)

张习孔曰:"不丧匕鬯",与"观盥与而不荐"二句意相似。不但言不失所主,盖匕鬯乃祭主所执以对神。此时至敬专凝,虽烈风雷雨,有所不闻,所谓执事敬也。非平日养之纯熟,何以有此?

张绍价曰:存养之功,在于诚敬。"诚敬"二字,一篇之体要也。处常易,处变难,德养于平日,而见于临时,临大震惧,能安定而不失其常度,惟诚敬而已。然非取办于临时也,主敬存诚之功,养之有素,乃能处变而不失其常也。舜之琴,文之易,周公之鸱,孔子之弦歌,大变当前,不以少动其心,诚敬之至也。

贝原笃信曰:伊川涪陵之行,可谓"临大震惧,能安而不自失"。

6.[一]人之所以不能安其止者,动于欲也。欲牵于前而求其止,不可得也。故艮之道当"艮其背"。所见者在前,而背乃背之,是所不见也。止于所不见,则无欲以乱其心,而止乃安。[1]"不获其身",不见其身也,谓忘我也。无我则止矣,不能无[二]我,无可止之道。[2]"行其庭,不见其人。"庭除之间至近也。在背则虽至近不见,谓不交于物也。[3]外物不接,内欲不萌,如是而止,乃得止之道,于止为无咎也。[4]

[集校]

[一]《张解》本有"伊川曰"三字。此条今见《周易程氏传》卷四《艮传》。

[二]"无",《张传》本作"忘"。

[集注]

[1]叶解:《艮卦·象传》。不见可欲,则心不乱,然非屏视听也。盖不牵于欲,而无私邪之见耳。朱子曰:"即非礼勿视、听、言、动之意。"

张解:此释《艮卦·象辞》也。《艮》以一阳止于二阴之上,有止于极而不进之意,故为止。人之所当止者,义理也。反乎义理则为欲。今人所以不能安于义理,而失其止者,动于欲心之萌也。欲心一动,则意有所牵,只管前面追逐,那能安于其止? 故止之道,当主于至静无欲之地。因取其义于背,盖物在前面有所见,斯有所牵。背之为言背也,物欲之来,我无从而见之。止于其所不见,则冲漠无朕,一理浑然,以不动为众动之本,此心清明纯一,无人欲之乱,而后乃安于所当止之地而不迁矣。此"艮其背"之义也。

茅注:朱子曰:"人之四肢百骸皆能动作,惟背不能动,'止其背'是止于所当止之所。据《象传》'艮其止,止其所也',自解得分晓。程子谓'止于所不见',恐如此说费力。"愚按,王弼谓:"背者,无见之物。无见则自然静止。"程子之说盖本于此。

[2]叶解:朱子曰:"外既无非礼之视听言动,则内自不见有私己之欲矣。"

张解:何谓"不获其身"? 身者,情欲嗜好所由生。是人因身而有欲,止于当止之地则无欲。无欲则只见理而不见其身之所欲,故曰"不获其身"。是之谓内不见己,而忘我之私者也。忘我之私,则理常存而止矣。苟不能无我之私,"憧憧往来,朋从尔思",无可止之道也。此"不获其身"之义也。

[3]叶解:不交于物,非绝物也,亦谓中有所主,不诱于外物之交也。朱子曰:"'奸声乱色,不留聪明,淫乐慝礼,不接心术,惰慢邪僻之气,不设于身体'是也。"

张解:何谓"行其庭,不见其人"? 庭除至近,而未尝无纷华利欲之集,是为有人之地矣。见其身斯见其人,在背而不见其身,则虽至近之处,人之纷华利欲,交集当前而亦不见。是之谓外不见人,而不与物欲交也。此"行其庭,不见其人"之义也。

茅注:除,阶除也。凡门屏之间曰除。朱子曰:"程子所谓'止于所不见'者,只是非礼勿视听言动。'不见其身'者,盖外既无非礼之视听言动,则内自不见有私己之欲也。'不交于物'者,便是'奸声乱色……不设于身体'之意。"

[4]杨注:已上《易传》。

叶解:内欲不萌,"不获其身"也;外物不接,"不见其人"也。人己两忘,内外各定。如是动静之间各得其所止,何咎之有?

张传:"不获其身"三句,是摹写艮背之妙,获者得而有之也。凡人种种嗜欲,为其有身,既不获身,则无受欲之处矣。行庭不见人,又根不获身来,所谓我见既捐,人见亦尽也。

张解:承上文。言外不见人,则外物不接;内不见己,则内欲不萌。如是则止固止,行亦止,动静不失其所,而皆主夫静焉,乃得止之道,此所谓"无咎"之义也。要之,背非块然无用之物,徒以枯守为静者。针灸书云:人之五脏皆系于背,故虽不动而为众动所由系。艮背之学,非定性者不能。"不获其身",静亦定也;"行其庭,不见其人",动亦定也。苟不能定性而欲忘己忘物,非告子之强制,则庄生之齐物矣。

茅注:外物不接,谓不见其人也;内欲不萌,谓不见其身也。按,《语类》或以"外物不接"数语,为只说得静时之止,而朱子然之。盖接物而当于理,欲之动而不失其正,固无害其为止也。观《象传》"时止则止,时行则行,动静不失其时"数语可见。

江注:问:"《易传》说'艮其背'是'止于所不见'。"曰:"伊川之意,如说'闲邪存诚',如所谓'制之于外,以安其内',如所谓'奸声乱色,不留聪明'。此意亦自好,但《易》之本意未必是如此。""'外物不接,内欲不萌',伊川之说只是非礼勿视听言动底意思。"问:"外物无有绝而不接之理"。曰:"此一段亦有可疑,外物岂能不接? 但当于非礼勿视听言动四者用力。"

[集评]

朱子曰:《易传》云:"能使天下顺治,非能为物作则也,惟止之各于其所而已。"此说甚当。至谓"艮其背"为"止于所不见",窃恐未然。据《象辞》,自解得分晓。曰:"艮其止,止其所也。"上句"止"字,便是"背"字。故下文便继之云"是以不获其身",更不再言"艮其背"也。"止"是当止之处。下句"止"字是解"艮"字,"所"字是解"背"字,盖云止于所当止也。"所"即至善之地,如君之仁,臣之敬之类。"不获其身"是无与于己,"不见其人"是亦不见人。无己无人,但见是此道理,各止其所也。(《语类》卷七十三)

朱子曰:据《易》文"艮其背",即止其所之义。而伊川说作两般,恐非《易》之本旨。然其言止欲于无见,乃非礼勿视勿听之义,于学者亦不为无用,更思之。(《李解》)

朱子曰:"艮其背,不获其身",为静之止;"行其庭,不见其人",为动之止。总只见道理当如此,不见有己,亦不见有人也。《易》意本是如此。今从伊川说,至"不获其身"处便说不来。'行其庭,不见其人',愈难通。明道《答横渠定性书》引其语却不差,《周子通书》之说与伊川同。(《茅注》)

朱子曰:人之一身惟背不能动,止于背是止得其所。明道《答定性书》举其语,是此意。伊川说却不同,他解"艮其止,止其所也",又说得分晓,解"艮其背",又自有异,想是照顾不到。(《江注》)

王夫之曰:"艮其背,不获其身;行其庭,不见其人。"无咎之道焉耳。

又曰:"艮其背,不获其身";背非身也,不于身获之。"行其庭,不见其人";身非人也,不于人见之。能止其所,遏恶之要也。循而持之,安而中节,耳顺、从欲不逾矩,自此驯致。

管赞程曰:既闭关以养微阳,则气平神清而又内外两忘以养天理,则天理方长,内欲不萌,而可以得义理养心之功矣。闭关与不接外物,语意相属,而中间夹以"动息"三条者,以明儒者有用之学,在于主敬存诚,本末内外,无所不养,非闭关绝物以养其虚无寂灭之道,而缓渐耐久之意,自在其中矣。

张绍价曰:此承处震之道,申言静养之义。处震能不自失,由于平日能安所止也。人之所以不能安其止者,动于欲也。欲牵于前,则此心逐物流转,欲求其止,不可得也。艮,止也。人之一身,他体皆动,而背独不动。他体皆与物接,而背独不与物接。

7. 明道先生曰:[一]若不能存养,只是说话。[1][二]

[集校]

[一]《张解》本无"先生"二字。此条今见《河南程氏遗书》卷一《端伯传师说》,下同,此处无"明道先生曰"五字。

[二]《张传》本将第7、8条连接在一起刻印,似合作一条。

[集注]

[1]杨注:《遗书》,下同。

叶解:徒事问辩而不加存养,口耳之学也。

张解:存养者,存其心、养其性也。存谓操而不舍,养谓顺而无害。学问之道,固在致知,然非操存涵养,使其讲习之义理实有以得于己,则所知者只为口耳之资,岂非只是说话乎?故人必存养,而后天理本原在内,学问思辨之事,皆有诸己而不失,而要其所谓存养者,不外一敬。朱子谓:"未知者,敬以知之;已知者,敬以守之。敬之所以成始成终也。"

茅注:此为读书讲论者言之。盖古圣贤言语,无非身心切实之学,若不能操存涵养,则无以有之于己。而所以讲论者,亦只古人之说话而已,谓于身心无干也。

价解:止于所不见,而不欲物接,非无所事事也,正欲于闲静之地,做存养工夫耳。讲学而不能存养,则所明之理,无以有之于己。徒资口语,于德性毫无裨益,故曰"只是说话"。

[集评]

朱子曰:心若不存,一身便无主宰。(《语类》卷十二)

朱子曰:读书固不可废,然须以主敬立志为先,方可就此田地上推寻义理、见诸行事。若平居泛然、略无存养之功,又无实践之志,而但欲解晓文义,说得分明,虽尽通诸经,不差一字,亦何所益？况又未必能通而不误乎！
(《李解》)

胡居仁曰：程子曰"若不能涵养,只是说话",言人不能操存涵养,则所讲究之理无以有诸己,适为口语而已。盖能主敬涵养,则天理本原在内,聪明自生,义理日明,所穷之理得于己而不失。(《居业录》卷二)

8.[一]圣贤千言万语,只是欲人将已放之心约之,使反复入身来,自能寻向上去,"下学而上达"也。[1]

[集校]

[一]《张解》本有"明道曰"三字。

[集注]

[1]杨注：孟子曰："学问之道无他,求其放心而已矣。"人能求其放心,则志气清明,义理昭著,而可以上达。否则,纷扰昏昧,虽从事于学,而安能有所发明哉！

叶解：圣贤垂训多端,求其指归,则不过欲存此心而已,心不外驰,则学问日进于高明矣。朱子曰："孟子求放心,乃开示要切之言。程子又发明之,曲尽其旨。学者宜服膺而勿失也。"

张解：此程子发明孟子"求放心"之言,而曲尽其旨者也。有身即有心,心本在腔子里,才私便放,放了愈私,最难收拾。故圣贤开示学者,不啻千言万语,要其指归之所在,无非欲人将已放之心检束收敛,使反复入身来。心既在此,则进学有基,聪明日长,义理日熟,自能节节寻向上去,循下学知行之功,以上达于神圣之域而无难也。盖心之体至足,心之用至神。知求放心者,求着仁便仁在,求着义便义在。所以孟子教人战战兢兢,最为切要。而程子发明之,又极其详切如此。学者所宜服膺勿失也。

李解：朱子曰："所谓'反复入身来',不是将已放出底依旧者收拾转来。如'七日来复',不是将已剥之阳重新将来复生。盖旧底已自过去,这里自然生出。只是知求则心便在,寻向上去,下学上达,是存得此心,方可做去,必不是块然空守得这心便了也。"

茅注：约,约束也。朱子曰："亦非谓只收放心便了。盖收敛得个根基,方可以做工夫。若但知收放心,不做工夫,则如近日江西所说,只是守那死物事。"朱子曰："昔陈烈先生苦无记性,一日读《孟子》至'求其放心'句,忽悟曰'我心不曾收得,如何记得'。遂闭门静坐,不读书百馀日,以收放心。却去读书,遂一览无遗。"

江注：问明道"圣贤千言万语，只是收放心"。曰："讲学读书固是。然要知所以讲学读书，所以致知力行，以至习礼习乐，事亲从兄，无非只是要收放心。学问之道，皆所以求放心。不是学问只有求放心一事。程先生说是如此。""看'自能寻向上去，下学而上达'二句，必不至空守此心，无所用也。"

[集评]

朱子曰：明道说"圣贤千言万语"云云，只是大概说如此。若"已放之心"，这个心已放去了，如何会收得转来？只是莫令此心逐物去，则此心便在这里。不是如一件物事，放去了又收回来。且如浑水自流过去了，如何会收得转？后来自是新底水。（《语类》卷五十九）

张习孔曰：约放心之功有三：未放而存之，此纯养之学；将放而防之，此慎独之学；既放而收之，此善反之学。其上达一也。

张绍价曰：存养之功，求其放心而已矣。人心飞扬跋扈，常放于躯壳之外。圣贤千言万语，所谓讲学读书，所谓致知力行，所谓习礼学乐，事亲从兄，无非"欲人将已放之心，约之使反复入身来"。常在腔子里，不使放逸于外，则志气清明，义理昭著，自能寻向上去，下学上达，非只空守此心也。

钱穆曰：孔孟之道，乃从人心发出，故读其书，不啻将己心收回，重要在一约字上。……所学只是在卑下处，所达始是崇高处。只要此心存在己身，自能从卑下处寻向崇高处。（《随劄》）

　　9. 李籲问："每常遇事，即能知操存之意。无事时如何存养得熟？"[一]曰：古之人，耳之于乐，目之于礼，左右起居，盘盂几杖，有铭有戒，动息皆有所养[1]。今皆废此，独有理义之养心耳。但存此涵养意，久则自熟矣。"敬以直内"是涵养意。[2][二]

[集校]

　　[一]"曰"上，叶本有"明道"字。（《茅注》）曰：叶上增"明道"二字，下条同。（《冯记》）按，"曰"上，《张解》、《叶解》四库抄本有"明道"二字。

　　[二]并《遗书》卷一。（《冯记》）

[集注]

　　[1]茅注：李籲，字端伯，缑氏人。举进士第。元祐中，为秘书省校书郎，卒。尝记二先生语一编，号《师说》，伊川称之。盘，沐浴之盘。盂，饮器。《文中子·礼乐》篇"刻于盘盂，勒于几杖"是也。息，谓静时也。有铭有戒，统承"左右起居"二句而言。

[2] 叶解：李籲，字端伯，程子门人也。彼问养心，本兼动静，但此答"无事时如何存养得熟"，故曰"但存涵养意，久则自熟"。敬则心存于中，无所越逸，即涵养之意。

张解：学问原兼动静，则操存之功不宜忽于无事之时。今李籲以为遇事知操存，而无事时不能存养得熟，是谓无可着力下手处，恐学问功夫有所间断，乃切问也。故程子以"敬"字开示之，言古人无时不敬，无时不养，故其所以养之之方甚详且密。乐以平心，使耳闻之而有所敬；礼以节性，使目习之而有所敬。左右起居，不敢忽也；盘盂几杖，不敢略也。勒之为铭，使有所触而敬心起；著之为戒，使有所惩而敬心存。凡其一动一息，皆有以预养此心，而使之存而勿失，则虽无事而心存，是以驯至于熟也。今皆废之，则失其所以养心之具。但人心不容泯灭，古今惟此义理，古之礼乐铭戒，皆为义理而设，则为今之计，惟有以理义养其心耳。理义如何养？但常存此涵养意，勿坐驰，勿妄想，优游渐渍，久自会熟，而其工夫要不外于一敬。敬以直内，志虑精专，无所放逸，不须礼乐而自知肃，不待铭戒而自知警，即涵养意也。古人设养之之具以生其敬心，今人苟能操敬心以存其养之之意，即此便是着力下手处。动静之间，何适而非义理之发见哉！

茅注：此教以无事时存养之法。

[集评]

陆氏曰：朱子《白鹿洞学规》无"诚意正心"之目，而以"处事接物"易之，其发明《大学》之意最为深切。盖所谓诚意正心者，亦就处事接物之际而诚之正之焉耳。明乎此，而凡阳儒阴释之学可不待辨而明。夫子告颜子克己复礼，而以视听言动实之，亦此意。（《茅注》）

张习孔曰：先生谓无事时，独有理义养心。盖读书之谓也，开卷则哦颂以养之，掩卷则绎思以养之，读书时正好持敬。

茅星来曰：此一节言古人所以存养之道，见无时无处而不用其力也。

张绍价曰：所谓求放心者，非强把捉也，在以义理涵养之而已。古之人礼乐铭戒，耳目起居，动息皆有所养。今皆无之，所恃以养心者，惟义理耳。涵养既久，则心自熟，而不至放于外。敬以直内，是涵养意，敬贯动静。此答无事时存养，则静时之敬也。

东正纯曰：《学》、《庸》、《语》、《孟》，其说静存之方详矣。而汉以来圣学湮灭，仅止省察一边。而及程、朱诸大儒出，始说涵养之方。圣学大明于世。在今日无此等之间，程、朱之泽大矣。

10. 吕与叔[1]尝言患思虑多,不能驱除。[2][一]曰:此正如破屋中御寇,东面一人来未逐得,西面又一人至矣。左右前后,驱逐不暇。盖其[二]四面空疏[三],盗固易入,无缘作得主定。又如虚器入水,水自然入。若以一器实之以水,置之水中,水何能入来?盖中有主则实,实则外患不能入,自然无事。[3]

[集校]

[一]“曰”上,叶本有“明道”二字。(《茅注》)按,“曰”上,《张解》、《叶解》四库抄本有“明道”二字。

[二]“其”,吴邦模刻本刻作“某”,误。据《杨注》本、《叶解》元刻本、《遗书》当为“其”。

[三]诸本“疏”作“疎”,吴本作“疏”。按《说文》:“疏,通也。”本作𣸸,“疎”乃俗字。(《王记》)按,《叶解》四库抄本、《江注》本及其四库抄本作“疎”,《茅注》本作“疏”。

[集注]

[1]杨注:(笔者按,吕与叔)讳大临。

[2]茅注:朱子曰:“李先生尝言:心中恶念却易制伏,惟闲杂思虑乍往乍来,相续不断,难为驱除耳。”

[3]叶解:诚存,则邪自闲矣。

张解:此言人心中有主,则思虑自静,否则日事驱除而有所不能也。吕与叔,程子门人。所患思虑之多者,以闲思杂虑,憧憧往来耳。但言驱除,则是日与外物为敌,费尽气力,思所以攻之之方,未得所以守之之本,故程子以破屋御寇、虚器入水喻之。破屋、虚器,犹言心中之无主;寇来、水入,犹言思虑之多事。盖寇之所以东逐西至,左右前后,周防不及者,缘屋之破,四面空疏,顾此失彼,回惑彷徨,做不得主,是我授盗以易入之隙也。水之所以浸灌渐渍于器之内者,缘中空外溢,水因虚而入。若先以水实于器之内,饱满充足,则虽置之水中,无能再入是器,当予水以无可入之地也。所以人心定而后能静,必须中有专主,整齐严肃,使义理之心充实于内,则外之非僻不得而干之,那有闲思虑之多耶?程子尝云“有主则虚”,此云“有主则实”者。盖彼是言有主则人心退听,而虚以受理义之来;此是言有主则道心常定,而实以祛外诱之入,其理一而已矣。

李解:逐寇喻闲邪,实水喻存诚。

茅注:朱子曰:“实,指理而言。盖以理为主,则此心虚明,一毫私意着不得,如一泓清水,有少许沙土便见。"

江注:永按,与后条"有主则虚"参看。

[集评]

问:"有主则实",又曰"有主则虚",如何分别?曰:只是有主于中,外邪不能入。自其有主于中言之,则谓之"实"。自其外邪不入言之,则谓之"虚"。……又曰:"有主则实"。既言"有主",便已是实了,却似多了一"实"字。看来这个"实"字,谓中有主则外物不能入矣。(《语类》卷九十六)

陈埴曰:有主则实,谓有主人在内,先实其屋,外客不能入,故谓之实;有主则虚,谓外客不能入,只有主人自在,故又谓之虚。知惟实故虚,盖心既诚敬则自然虚明。

张习孔曰:此患人人有之。先生教之实其内,自是除患要法。然何能中便有主,此工夫正自不易。唯知好而乐者,心专于此,自不及于彼矣。

张绍价曰:人心思虑纷起,不能驱除。灭于东而生于西,仆于前而起于后,此贼方驱,彼贼复来。譬如破屋,四面空疏,盗固易入,无缘作得主定。又如虚器入水,水自然入。此学者之通患也。欲免乎此,其惟中有主乎?有主则实,实则义理充积于中,外患自不能入。闲思杂虑,不待驱除而自无矣。中有主,敬也,实则进于诚矣。

贝原笃信曰:与叔之心,专欲除去思虑。程子之意,要中有主,则不除思虑而自然无思虑纷扰。程子曰"欲除思虑则不除",亦此意也。

11.　[一]邢和叔言:"吾[二]曹常须爱养精力,精力稍不足则倦,所[三]临事皆勉强而无诚意。"接宾客语言尚可见,况临大事乎?[1]

[集校]

[一]《二程类语》,"邢恕"上有"与"字,为程子语。《遗书》则与本书同。愚案此《录》限四先生之语,文公《前引》可证,况邢恕于程门为叛人,无由独载其语。《类语》为是。(《栏外书》)按,笔者赞同佐藤一斋所论。

[二]"吾",《叶解》四库抄本作"五"。当据《杨注》本、《叶解》元刻本、吴邦模刻本、《端伯传师说》作"吾"。

[三]"所"下,诸本并无"以"字,今从《遗书》增。(《茅注》)按,《茅注》本有"以"字。

[集注]

[1]叶解:邢恕,宰(按,依《四库》抄本当作"字")和叔。

张传：爱养精力，其粗者也。若孟子之养气，则至大至刚，可以临大事矣。"勉强无诚意"句，最好。盖临事而浮饰支吾者，皆生于精力之倦也。

张解：言人之精力须是爱惜保养，凡事方干办得来，承当得去。若不爱养而致不足，则于体有所不充，萎靡废弛，必至之势，故临事只皆勉强支持，不能彻首彻尾，一意做到底。即如接宾客时，精力稍有不足，应对语言之间尚且散缓忽略，不能炤管，此其浅而可见者，况临大事安能配道义而塞天地乎？盖精力气也，爱养精力，所谓养气也。勉强无诚意，则志亦为之累矣。世有以声色臭味，日肆斧斤，忧伤病沮，坐致销耗者，岂不可痛？然则宜奈何？曰：涵养主敬，最是爱养精力第一义。

李解：强，上声。邢恕，字和叔，程子门人也。和叔非能立诚者，程子乃不以人废言耳。

茅注：此程子述邢恕之言如此，亦不以人废言也。倦，以气而言。无诚意，以心而言。接宾客，就其事之最近者言之。言语言之间，尚可见其倦与无诚意也。

[集评]

管赞程曰：自"阳始生"至此为一段，爱养精力。上贯静养，下起应事，以为动静交养之本。

张绍价曰：前二节言无事时存养之敬，此节以临事明存诚之意。吾人须有过人之精力，方可任天下之大事。精力稍不足，则倦怠而无诚意，故精力不可不爱养也。节嗜欲，慎起居，心勿过劳，思勿过苦，神无过耗，言勿过多，勿揽外事，勿观杂书。即当为之事，当读之书，亦须知止有节，皆所以"爱养精力"也。

李瀷曰：此《录》只载四先生言，其馀门人说话则无有矣。邢恕一条缘何以得载于《遗书》中？朱子又缘何而採之此《录》？况恕，程门之叛卒，其为言不过修饰外面而无所实得，毕竟行事之根柢拯矣，所谓能言如鹦鹉也。然恕之为此言也，其是心未必不乐乎道也。惟义不能胜利，欲私之而乖，反至于如此。每见此言，益觉持心之不可少忽也。

贝原笃信曰：存养之工夫，乃所以爱养精力。爱养精力之方无他，节饮食、慎起居、寡嗜欲、定心气，如此而已。

泽田希曰：此章所言，自是一义。世人多为诚意不足，而厌倦之意生。此是非精力之不足，不真好之也。又有一种人，虽有好之而精力不足，则自不得不倦。如此常须爱养精力而为用功之资耳。亦存养之一事也。

12. 明道先生曰：[一]学者全体此心。学虽未尽，若事物之来，不可不应。但随分限应之，虽不中不远矣。[1]

[集校]

［一］《张解》本无"先生"二字。此条今见《河南程氏遗书》卷二上《元丰己未吕与叔东见二先生语》，下同，无"明道先生曰"五字。

[集注]

［1］杨注：伯嵒据袭盖卿问晦翁曰："致知格物工夫既到，然后应事接物始得其宜。若工夫未到，虽应事接物之际未尽合宜，亦只得随时为应事接物之计也。"先生曰："固是如此。若学力未到时，不成不去应事接物得。且如某在长沙时，处之固有一个道理，今在路途道理又别。人若学力未到，其于应事接物之间，且随吾学力所至而处之。善乎！明道之言曰：'学者全体此心。学虽未尽，若事物之来，不可不应。但随分限应，虽不中不远矣。'"

叶解：体，犹体干。全体，谓全主宰，以为应酬之本。心存而理得，虽有不中于理，亦不远矣。

张解：此言存心为应事之本也。心所以应万事，学所以求尽乎事物之理。但事物在外，其来不穷，必尽天下之事物，一一学之，则有所不给，而应之者纷。故学者惟全体此心，以为因应之主，虽学有所未尽，而于事物之来不可不应之时，各随其分限而处置之。虽不能悉中于理，亦必不甚相远也。所以然者，理具于心而散见于事物，事物之理即吾心之理，随其事之常变。物之大小，莫不各有分限，分限者理之当然也。全体此心则心无偏倚，随其分限应之，所谓心存而理得。若以事物为学，则失为学之本矣。

李解：分、中，并去声。

茅注：分，音问。朱子曰："明道所谓'全体此心'者，盖谓涵养本源，以为致知力行之地而已。未可说得太深，亦不是教人止于此而已也。如云'圣人千言万语，只要人求其放心，自能寻向上去，下学而上达'，亦此意。"

沙溪曰：分限，心之分限乎？事之分限乎？愚意恐是心之分限也。

李瀷曰：全体此心，谓存得本心为之体干，不为私欲所沮也。随分限应之，谓事物之来，有不可以吾学之未尽而不应者也，随吾力量所到而应之，不可强其所不知不能也。

[集评]

朱子曰："学者全体此心。学虽未尽，若事物之来，不可不应。"此亦只是言其大概，且存得此心在这里，若事物之来，不可不应，且随自家力量应之，虽不中不远矣。更须下工夫,方到得细密的当,至于至善处。此亦且是为初学言。如龟山却是恁地,初间只管道是且随力量恁地,更不理会细密处,下梢都衰塌也。(《语类》卷九十六)

朱子曰:"学者全体此心",只是全得此心,不为私欲汩没,非是更有一心能体此心也。此等当以意会。(同上)

张绍价曰:此承上临事而言。学者平日用静养之功,全体此心,不为私欲汩没。事物之来,随分量力以应之,虽有不中于理亦不远矣。"学"字指体用兼备之学。此为初学言,故云未尽。未能存心,而遽欲应事,必不中节。然但知敬以存心,而不知敬以应事,则有喜静厌动之病,而或陷于异端。故无事存养,有主则实,爱养精力之后,继以应事,以明儒者动静交养之功。

13. "居处恭,执事敬,与人忠",此是彻上彻下语,圣人元[一]无二语。[1][二]

[集校]

[一] "元",《张传》作"原"。

[二] 明道语。(《茅注》、《冯记》)

[集注]

[1] 叶解:说见《论语》。恭者,敬之形于外者也。平居之时,斋庄严肃,俨然于容貌而已。及夫执事而敬主于事,与人而忠推于人。自始学以至成德皆不外此,但有勉强、与安行之异耳。

张解:此程子发明《论语》所言之意也。恭、敬、忠只是一心,随时而异其名。朱子谓"此三句,便是存心之法"。盖心存于居处之时,则要动容中礼;心存于执事之时,则要主一无适;心存于与人之时,则要中心不欺。自始学以至成德,止有安勉之分,而理无二致。故程子曰"此是彻上彻下语,圣人元无二语"也。

李解:处,上声。

茅注:彻上彻下,言自始学以至成德皆不外此,但有勉强、自然之异耳。元无二语,见无别下工夫处也。朱子曰:"自诚身而言,则恭较紧;自行事而言,则敬为切。"朱子曰:"学者读书须从自己日用躬行处着力体验,不可有少亏欠处。"

江注:朱子曰:"告樊迟三语,便与告颜渊(《王记》云:王、吴本"渊"作"回"。《论语》记者皆书字,不当直呼大贤之名。今依洪本。)、仲弓都无异。故云

'此是彻上彻下语'。"

价解：此三句提纲，下文乃详言之。

[**集评**]

再问存心。曰：非是别将事物存心。孔子曰："居处恭，执事敬，与人忠。"便是存心之法。如说话觉得不是，便莫说。做事觉得不是，便莫做。亦是存心之法。（《语类》卷十二）

阳明曰：存养，是无事时之省察；省察，是有事时之存养。（《栏外书》，笔者按，佐藤一斋认为此处《论语》语是论存养、省察，二者其实一也，故以为阳明语极捷。）

王夫之曰："居处恭，执事敬，与人忠，虽之夷狄，不可弃"，自尽之道也。"不可与言而不言"，卫道之正也。"不可与言而与之言"，必且曲道以徇之，何以回天而俟后乎！

张习孔曰：此是孔子答问仁，安有二语？他事尚有二语，如答问孝之类，惟仁则一。《论语》中论仁，虽各不同，其旨皆一也。先生之言信矣。

14. 伊川先生曰：[一]学者须敬守此心，不可急迫，当栽培深厚，涵泳于其间，然后可以自得。但急迫求之，只是私己，终不足以达道。[1]

[**集校**]

［一］《张解》本无"先生"二字。

[**集注**]

［1］叶解：养心莫善于持敬。然不可执持太迫，反成私意，于道却有碍。

张解：此言敬非强持之谓也。学者存心主敬，正所以为达道之本，非可急迫求之。要将义理浸灌深透，使此心有所持循，不为事物摇夺，所谓栽培深厚也。优焉游焉，勿忘勿助，涵泳于其间，然后可以涣然冰释，怡然理顺，而谓之自得，自得则达于道矣。若但急迫求之，着意硬持，矫语镇静，虚无枯寂，只是私己而已，何足进于道乎？当时异学亦常言敬，彼其所以为敬者非也，故程子辨之。

李解：朱子曰："涵养持守之功继继不已，是谓栽培深厚。"

江注：朱子曰："道理本自广大，只是潜心积虑，缓缓养将去，自然透熟。若急迫求之，则是起意去赶趁他，只是私意而已，安足以入道？"

陈注：工夫只在有常，不在急迫。有常则涵养自然，日深日厚；急迫则往往反不能常。

[**集评**]

朱子曰:"学者须敬守此心,不可急迫,当栽培深厚"。栽,只如种得一物在此。但涵养持守之功继继不已,是谓栽培深厚。如此而优游涵泳于其间,则浃洽而有以自得矣。苟急迫求之,则此心已自躁迫纷乱,只是私己而已,终不能优游涵泳以达于道。(《语类》卷十二)

胡敬斋曰:心不可放纵,亦不可逼迫,故程子以"必有事焉,而勿正,心勿忘,勿助长"为存心之法。虽借孟子之言,其义甚精。(《茅注》)

张习孔曰:急迫求之者,有意于求速得。虽学问是佳事,然推勘此念,与求利欲相去有几? 故曰"只是私己"。

张绍价曰:敬守此心,必有事焉而勿忘也。急迫求之,正而助之长也,故不足以达道。

15. 明道先生曰:[一]"思无邪","毋[二]不敬"。只此二句,循而行之,安得有差? 有差者,皆由不敬不正也。[1]

[**集校**]

[一]《张解》本无"先生"二字。《元丰己未吕与叔东见二先生语》无"明道先生曰"五字。

[二]"毋",吴邦模刻本作"安",误。《元丰己未吕与叔东见二先生语》作"无",亦通。

[**集注**]

[1]杨注:"《诗》三百,一言以蔽之,曰'思无邪'。""《经礼》三百,《曲礼》三千,一言以蔽之,曰'毋不敬'。"

叶解:《诗·鲁颂》曰:"思无邪。"《曲礼》曰:"毋不敬。"心存乎中而邪念不作,则见之所行自无差失。

张解:此程子撮《诗》、《礼》之要以示人也。"思无邪",《鲁颂·駉》篇之辞;"毋不敬",《曲礼》篇文。撮此二句,《诗》、《礼》之大旨尽矣。学者循此而行之,则邪念不作,而所以揆度皆出于正,存心有主,而所以操持一本于敬。日用之间,物来顺应,安得有差? 凡人之有差者,心无检束,客感纷之,不敬不正故也。……然则无邪由于敬,而敬尤要也。

李解:《诗·鲁颂》曰"思无邪",言此心之常存也。《曲礼》曰"毋不敬",言此心之有主也。发于行事安得有差乎!

茅注：差，初加反。朱子曰：“‘毋不敬’，是用功处，所谓正心诚意也；‘思无邪’，思至此自然无邪，乃功深力到处，所谓心正意诚也。”又曰：“学者求无邪思，当于正心诚意处着力。然不先致知，则正心诚意之功无所施，而所谓敬者亦不得其道，所以应事接物处皆颠倒也，故圣人教人必先自致知始。”

江注：思未能无邪者，亦当勉强禁止。如古人以黑白豆记起念善恶，久之而黑者渐少渐无是也。“毋不敬”，亦兼正容言之。

[集评]

问：“思无邪”、“毋不敬”，是一意否？曰：“思无邪”有辨别，“毋不敬”却是浑然好底意思。大凡持敬，程子所谓敬如有个宅舍。讲学如游骑，不可便相离远去。须是于知处求行，行处求知，斯可矣。（《语类》卷二十三）

张习孔曰：此内外交养之道，《诗》、《礼》二经之精蕴也。

茅星来曰：明道所言“思无邪”，当与“毋不敬”一例看，皆是用功处说，观下“循而行之”诸语可见，不必如朱子所分也。

张绍价曰：有邪思则差，有怠心则差。“思无邪”，则无一念之不正；“毋不敬”，则无一事之敢忽。夫安得有差？

16. [一]今学者敬而不见[二]得，又不安者，只是心生，[1]亦是太以敬来做事得重，此“恭而无礼则劳”也。恭者，私为恭之恭也。礼者，非体之礼，是自然底道理也。只恭而不为自然底道理，故不自在也，须是“恭而安”。[2]今容貌必端，言语必正者，非是道独善其身，要人道如何，只是天理合如此，本无私意，只是个循理而已。[3]

[集校]

[一]《张解》本有“明道曰”三字。

[二]“见”，近本俱作“自”，今从《遗书》及宋本。“不见得”者，谓不见有所得也。若作“自”字，便与下“不安”犯复矣。（《茅注》）按，“见”，吴邦模刻本、《叶解》四库抄本、《江注》本及其四库抄本、《元丰己未吕与叔东见二先生语》、朝刊《近思录》本作“自”。

[集注]

[1]叶解：持敬而无自得之意，又为之不安者，但有（按，“有”《四库》抄本作“存”）心未熟之故。

张解：此程子为恭而不安者发也。敬固是严谨意思，然非出于勉强拘迫之为，故虽战战兢兢之中，未尝不优游自得，且觉如此则安，不如此则不安。此学者所以贵居敬也。今有敬而不自得，乃是勉强为之。又神拘意迫，若有所不便于中者，何也？大概是存于心者尚生，未到纯熟时候，此中尚有扞格处耳。

茅注：此言敬而不和之病，敬则此心常存，必有所得。

［2］叶解：作意太过，勉强以为恭，而不知礼本自然，是以劳而不安也。私为恭者，作意以为恭，而非其公行者也。非体之礼，谓非升降揖逊之仪、铺筵设几之文，盖自然安顺之理。

张解：且非独心生之为患也，亦是把一"敬"字着力做事，未免作意太过。此《论语》所云"恭而无礼则劳"。盖恭合于礼，宜恭而恭，则恭为天理之公，何患其劳？惟恭而无礼，则私为恭之恭，而非天理之公矣。夫所谓礼者，岂徒升降揖逊有形体可象者之谓哉？乃是非体之礼，自然而然底道理。人只私为恭而非出于自然，是以劳而不安。须是行乎吾心之恭，合乎非体之礼，乃是恭而安者，岂有不自在之理？

茅注：此明所以"恭而无礼则劳"之故。私为恭者，言恭乃人之私自为之，而非其本然者也。非体之礼，言礼无形体可求，故人为之恭以明礼之意，然必循自然之礼以出之，则自在也。不为自然，便是私为恭之恭。

贝原笃信曰："做事得重"，愚谓，执持太过也。

［3］叶解：私意，谓矫饰作为之意。循理，则顺乎自然、尽乎当然，何不安之有？

张解：何谓"恭而安"？今如容貌必端，言语必正。恭也，即礼也。非谓吾之独善其身者，要人说我好，作意为之，只是天理合如此。有不端不正而不可者，天理正非体之礼，礼则天理之节文也。本无私意，惟知循理，因其自然，循乎当然，何不安之有？由是言之，心生者持之久而不懈，则自熟矣。否则，私为恭者，矫饰作为，终悖天理，岂不失之远哉？

李解：此节从《孟子或问》文。

茅注：此又明所以能"恭而安"之故。朱子曰："学者初要持敬，身心如何便得安？须先有些勉强，始得。"又曰："着意把捉不得，须是先理会个道理。"

价解：此下二节，承上"敬守此心，不可急迫"而言。

[集评]

朱子曰："只是心生"，言只是敬心不熟也。"恭者，私为之恭"，言恭只

是人为。"礼者,非体之礼",言只是礼,无可捉摸。故人为之恭,必循自然底道理,则自在也。(《语类》卷九十六)

张习孔曰:学问之道深,存养之功熟,则不待作为,自然动容周旋中礼,故曰"本无私意"。私非私欲,只一有心而作,便是私。

李瀷曰:独善其身,恐与《孟子》文不同。"独"字包"要人道如何"一句,谓不但善其言貌取人扬誉,只理合如此。

贝原笃信曰:"容貌必端,言语必正者",恭也。"独善其身",言如乡原所为也。与孟子所谓"穷则独善其身"异。

17. [一]今志于义理[二]而心不安乐者,何也?此则正是剩一个助之长。虽则心操之则存,捨之则亡,然而持之太甚,便是"必有事焉"而正之也。亦须且恁去,[1]如此者只是德孤。"德不孤,必有邻",到德盛后,自无窒碍,左右逢其原也。[2]

[**集校**]

[一]《张解》本有"明道曰"三字。茅注云:"此条《语类》以为明道语。"陈荣捷云:"《遗书》卷二上,页二十一下,不指明为明道语抑伊川语。此处归明道。《语类》卷九十六,第七'明道'条,页三九〇八,亦引之为明道语。"(《陈论》)按,《河南程氏遗书》卷二上,题下注云"二先生语",未明言是何人语。

[二]"今志于义理"条,〇洪本作"义礼",误。(《王记》)

[**集注**]

[1]叶解:有志问学而作意太迫,则有助长欲速之患。朱子曰:"正,预期也,《春秋传》曰'战不正胜'是也。"说见《孟子》。

张解:此为助长者戒也。义理足以养心,人患无志,何患不安乐?今有志焉而于心不安乐者,此无他故,正孟子所谓"助长"之害。盖见识分明,涵养纯熟之后,此心便自会安乐。若无真实积累功用,而遽有求安乐之心,则是只剩一个助长也。虽心要操不要舍,然而频频提醒便是操之之法。若持之太甚,不得安闲自在,一心方为其事,一心预期其效,则非所以操之之法,便是"必有事焉"而正之,正之则比助长矣。凡志于义理者,须是恁地节节做,自能寻向上去,勿持之太甚,以致助长之害也。

李解:乐,音洛。

茅注:长,张丈反。恁,女禁反。恁,如此也,指上"持"字而言。言不可以持之太甚,便放下手,亦须且如此持守去也。

[2] 叶解:孤,谓寡特而无辅也。涵养未充,义理单薄,故无自得之意。及德盛而不孤,则胸中无滞碍,左右逢其原,沛然有馀裕,又何不安乐之有?

张解:夫人之所以助长如此者,只是涵养未充,义理单薄,于吾心中之德,犹觉孤立无靠,故思所以助之长者。若勿忘其所有事,工夫纯熟,则义理充积于中,而德不孤矣。夫子云"德不孤,必有邻",正谓到德盛后,触处天理。东海北海,此心此理之同;百世而上,百世而下,亦此心此理之同。中无滞碍,有左右逢原之妙。此时心不待操而自存矣,何不安乐之有? 愚谓,德者人所同得,断无患孤。此云孤者,就其人之初志义理者言之,邻则对助而言。见德盛之后,义理充足,无事作为,以助之长也。

李解:朱子《与吕伯恭书》曰:"承喻整顿收敛,则入于着力,从容游泳又入于优游。此正学者之通患,然程子尝曰亦须且自此去,到德盛后,自然左右逢其原也。"

茅注:如此者,指上"恁"字而言。孤,谓所得孤单,别无所有也。德盛,则不孤矣。至于左右逢原,则有邻矣。与《论语》本文意别。

江注:朱子曰:"德孤只是单丁有这些道理,所以不可靠,易为外物侵夺。若是处多,不是处少,便不为外物侵夺。""助长固是不好。然合下未能到从容处,亦须且恁去,犹愈于不能执捉者。"

贝原笃信曰:"德不孤,必有邻"。愚谓,程子引此语者,乃断章取义也。与古注疏及程子《经说》、朱子《集注》之义,语意不同。言德大则自无窒碍而有辅也。

[集评]

朱子曰:明道曰:"虽则心'操之则存,舍之则亡',然而持之太甚,便是'必有事焉'而正之也。亦须且恁去。"其说盖曰:虽是"必有事焉,而勿正",亦须且恁地把捉操持,不可便放下了。(《语类》卷九十六)

朱子曰:整顿收敛固不无操持太甚之患,然学者且当就整顿收敛处着力,但不可用意安排等候,即成病耳。(《茅注》)

张习孔曰:"德不孤",从《易》"敬义立而德不孤"来。"必有邻"者,敬义立而交养互益,众善来会。非《论语》之"必有邻"也。

张绍价曰:义理人心之所固有,循理而行,宜其安乐。而反不安乐者,正由着力太重,作为以助之长。操之太甚,有事焉而正之也。亦须且恁去者,助长固非自然,然亦当勿忘其所有事。且恁地把捉收敛,不可以操之太甚为戒,遂舍而不操,一切放下也。

李瀷曰：《易》言"德不孤"，谓敬义立则内外兼备，德盛而不偏孤，不孤是训爻辞中大字也。《论语》言"德不孤，必有邻"，谓有德者必有其类从之，所以不孤也。此云"德不孤"者，分明是《易》中义，而乃兼"必有邻"为说，则程子之解《论语》与《易》未始有不同也，宜各以其义看。

18.　[一]敬而无失，便是"喜怒哀乐未发谓之中"。敬不可谓中，但敬而无失，即所以中也。[1]

[集校]

[一]《张解》本有"明道曰"三字。陈荣捷云："《遗书》卷二上，页二十三下，亦只作二先生语。此处属诸明道。然《朱子文集》卷六十四，页二十九上，则以部分属伊川。"（《陈论》）

[集注]

[1]叶解：此言静而主敬。事物未交，心主乎敬，不偏不倚，即所谓"未发之中"。敬非中，敬所以养其中也。

张解：中者天命之性，敬者存养之心。心所以载性，故心常能存养而不失，则于寂然不动之时，主乎一而无他适，便是无偏无倚，浑然未发之中。盖中属本体，敬属工夫。敬不可即谓之中，然有此工夫方养得此本体，是敬乃所以中也。按，敬之为言，原兼动静，然动时之敬，非有加于静时之敬，犹已发之和，仍不外于未发之中也，故言静可以该动。

李解：朱子曰："言人能持敬而无间断，则喜怒哀乐浑然在中，而无所偏倚也。子夏之言本不为此，程子取其有会于吾心耳。"又曰："敬而无失，乃所以中。此语至约，是真实下工夫处，于日用语默动静试加意焉，当知其不妄矣。"

茅注：乐，音洛。此因学者每欲求中于未发之时，故言此以见不必别求也。敬则此心常浑然在中作主宰，自不为事物所扰乱，故云"即所以中"。

江注：朱子曰："未发之中，本体自然，不须穷索。但当此之时，敬以持之，使此气象常存而不失，则自此而发者必中节矣。故程子于此，每以'敬而无失'为言。"吴伯丰说："敬而无失，则不偏不倚，斯能中矣。"曰："说得慢了。只敬而无失，便不偏不倚，只此便是中。""只是常敬。敬即所以中。"

[集评]

问："敬而无失"。曰：把捉不定，便是失。（《语类》卷四十二）

朱子曰："敬而勿失，即所以中也"。"敬而无失"，本不是中。只是"敬而无失"，便见得中底气象。此如公不是仁，然公而无私则仁。又曰："中是本来底，须是做工夫，此理方著。"（《语类》卷九十六）

张绍价曰：此言静时之敬也。主敬之功，勿忘勿助，约之至静之中，其守不失，心体寂然不动，无少偏倚，便是未发之中。敬是工夫，中是本体，敬则心与理合，由工夫而得本体，故敬非中，"但敬而无失，即所以中也"。

李灜曰：敬而无失，出于《论语》。敬，是通贯动静者也。若曰喜怒哀乐未发谓之中便是敬而无失，则可，今却云"敬而无失，便是喜怒哀乐未发谓之中"，则语意包涵，恐或有错看。未发之中是静时敬而无失，发皆中节是动时敬而无失。此则只举静时之敬也。然动时之敬，亦只本于静时工夫，若静不能无失，动如何持守得定？故于此只把静时论。

19. [一]司马子微[二]尝作《坐忘论》，是所谓坐驰也。[1]

[集校]

[一] 叶增"伊川先生曰"五字于首。（《冯记》）此条上一有"伊川先生曰"五字。（朝刊《近思录》）按，《张解》本有"伊川曰"。《叶解》四库抄本、《茅注》本有"伊川先生曰"。陈荣捷云："《遗书》卷二上，页二十四下，亦只作二先生语。此处以归明道，而茅星来《近思录集注》与张伯行《近思录集解》则以属伊川。"（《陈论》）按，《河南程氏遗书》卷二上，其题下云"二先生语"，不曾分别。

[二]"微"，《遗书》注："一作綦"。（《茅注》）《遗书》曰："微"一作"綦"。（《栏外书》）

[集注]

[1] 叶解：司马承贞（祯），字子微，唐天宝中隐居于天台之赤城。尝著论八篇，言清净无为、坐忘遗照之道。按，程子又曰："有忘之心乃是驰也。"

张解："坐忘"字见《庄子》。司马子微，盖学庄子之学者也，殊不知有意于坐忘，即是坐驰。盖不能操存此心以为一身之主，而徒厌思虑之多，欲一切驱除屏息，即此欲忘之心便已不能忘。故程子又曰"有忘之心乃是驰也"，与此处相发明。学者苟能主敬，则自无此患矣。

李解："坐忘"，出《庄子》，言堕肢体、黜聪明，而一无所系于心也。中无所主，非坐驰而何？

茅注：司马子微，名承祯，唐洛州温人。开元中被召至都，玄宗诏于王屋山置坛室以居。卒，年八十九，赠银青光禄大夫，谥贞一先生。……按，叶少蕴曰："子微作《坐忘论》七篇：一《敬信》，二《断缘》，三《收心》，四《简

事》,五《真观》,六《泰定》,七《得道》。又为《枢》一篇,以总其要。而别为
三戒,曰简缘、无欲、静心。且谓得道者,心有五时,身有七候。一动多静少,
二动静相半,三静多动少,四无事则静,事触还动,五心与道合,触而不动。
谓之五时。一举动顺时,容色和悦;二宿疾益消,心身轻爽;三填补夭伤,还
元复命;四延数千岁,名曰仙人;五炼形为气,名曰天人;六炼气为神,名曰神
人;七炼神合道,名曰至人。谓之七候。道、释二氏本相矛盾,而子微之学乃
全本于释氏,大抵以戒、定、慧为宗,观七篇序可见。"

[集评]

朱子曰:司马子微《坐忘论》,是所谓坐驰也。他只是要得恁地虚静都
无事。但只管要得忘便不忘,是驰也。(《语类》卷九十六)

张习孔曰:大抵宋诸儒以前,说圣贤心学多不得,非独一司马子微也。

张绍价曰:此言勿忘也。敬而无失,即所以中;敬则心存,心存则理得
也。坐忘者专务虚静,而不用主敬之功,则理无由而存,故坐忘即是坐驰。
众人之忘,驰心于物欲之私;异学之忘,驰心于妙明之域,其不能存理均也。

李瀷曰:程子斥其忘而兼坐为言,未知何意也? 意者,"坐忘"之说本出
于《庄子》,未必是两件事。子微乃本此而增其说,故程子只概举而不之
详耶。

20. [一]伯淳昔在长安仓中闲坐,见长廊柱,以意数之,已尚不
疑。再数之不合,不免令人一一声言数之,乃与初数者无差。则知
越着心把捉,越不定。[1]

[集校]

[一] 伊川语。(《茅注》)按,"伯"上,《张解》本有"伊川曰"三字。陈荣
捷云:"与上条《遗书》同页,亦二先生语。此处作明道语,而茅、张二氏亦以
归伊川。佐藤一斋《近思录栏外书》与东正纯《近思录参考》均以数长廊柱,
事近儿戏,故非二程之言。不知明道志在定心,随处可用功也。"(《陈论》)
且,佐藤一斋认为"此条以伯淳称,系叔子语"。(《栏外书》)

[集注]

[1] 叶解:着意把捉,则心已为之动,故愈差。

张解:心为虚灵之物,惟虚故灵,着意把捉,便有所憧扰,而失其虚灵之
本体。明道仓中闲坐,数长廊柱,初间心虚,虚则主一,故数之不疑。及有
疑,再数之,是心不主于一而有他适矣,所以不合。至使人一一声言数之,乃

与初数者不差。可见心非把捉物事,越把捉越不定,须是止于事则自定。能止于事者,其居敬之学乎!

李解:朱子曰:"人心至灵,主宰万变,而非物所能宰。故才有持守之意,即是此心先自动了。此程夫子每言'坐忘'即是坐驰,又因默数仓柱发明其说。而其指示学者操存之道,必曰'敬以直内',而又有'以敬直内,便不直矣'之云也。"

茅注:数,并上声。差,初加反。长安,县名,今隶西安府。

[**集评**]

张习孔曰:此亦偶然。

张绍价曰:此下二节,皆言勿助长之意。主敬之功,欲此心之定也。坐忘者以虚静为定,是气定非理定。以坐忘为戒,而着心把捉,正而助之长。愈求定而愈不定,程子所以有"以敬直内,便不直"之戒也。

21.[一]人心作主不定,正如一个翻车,流转动摇,无须臾停,所感万端。[二]若不做一个主,怎生奈何?[1]张天祺昔尝言:"自约数年,自上着床,便不得思量事。"不思量事后,[三]须强把他这心来制缚,亦须寄寓在一个形象,皆非自然。君实自谓:"吾得术矣,只管念个中字。"此又为中所[四]系缚,且中字[五]亦何形象?[2][六]有人胸中常若有两人焉:欲为善,如有恶以为之间;欲为不善,又若有羞恶之心者。本无二人,此正交战之验也。持其志,使[七]气不能乱,此大可验。要之,圣贤必不害心疾。[3]

[**集校**]

[一] 叶本章首有"明道先生曰"五字。(《茅注》)叶移下条"明道先生曰"于此条之首。(《冯记》)此条上一有"明道先生曰"五字。(朝刊《近思录》)按,"人"上,《张解》本有"明道曰"三字。《叶解》四库抄本有此"明道先生曰"五字。

[二] "若不做"上,《遗书》有"心"字。(《茅注》)按,此条今见《河南程氏遗书》卷二下《附东见录后》,"若"上有"又如悬镜空中,……心"五十一字。

[三] "须强"上,《遗书》有"后"字。(《茅注》)按,《茅注》本无"后"字。

[四] "系缚"上,《遗书》无"所"字。(《茅注》)按,《附东见录后》无"所"字。

　　〔五〕"且中"下,近本俱无"字"字。(《茅注》)按,"中"下,《叶解》元刻本及其四库抄本、吴邦模刻本、《江注》本及其四库抄本无"字",《叶解》四库抄本"亦"作"有"。

　　〔六〕自"有人",《张传》本另起一行刻印,似拟作一条。"有人"上,《附东见录后》有"若愚夫不思虑,冥然无知,此又过与不及之分也"十九字。

　　〔七〕"使",《遗书》作"便"。(《茅注》)按,"使",《附东见录后》作"便"。

[集注]

　　〔1〕茅注:翻车,今农家所用以引水溉田者也。按《后汉书》,灵帝使掖庭令毕岚"作翻车渴乌,施于桥西,用洒南北郊路,以为可省百姓洒道之费"。又鱼豢《魏略》:明帝时博士扶风马钧为园,以无水灌溉,乃作翻车,令儿童转之引水。盖今水车所自始也。又《尔雅·释器》篇:"繴谓之罿,罿也。罿谓之罺,覆车也。"郭璞云:"今之翻车也,有两辕,中施罥以捕鸟。"然则翻车固有二,今观所言"流转动摇,无须臾停"云云,则是谓水车也。此极言作主不定之病。

　　〔2〕叶解:张戬,字天祺。欲强绝思虑,然心无安顿处。司马温公欲寓此心于"中"字,亦未免有所系著。朱子曰:"譬如人家不自作主,却请别人来作主。"

　　张传:人心属火,必丽物而明,上床后,亦无虚而无丽之理。故圣人亦日乾夕惕,不睹不闻时,自有戒慎恐惧功夫,则以道不可须臾离也。异端则有虚无空寂之说,不知是何境象。

　　张解:此要人以敬持志,而为心作主也。盖心者身之主,敬又能做心之主。若无操存,作主不定,翻来覆去,正如翻水之车,流转动摇,无刻停息。夫物之所以感于心者,纷纭万端,而我之所以应之者,无能做得一个主宰,何以握要御烦乎?然所谓作主者,非强制其心,系缚之之谓也。张天祺自约数年,上床不思量事,是患心之流转动摇,而思有以定其心者。毕竟此心何所安顿,必须把心制缚,寄寓一处必偏倚于一处,所谓欲息思虑便是思虑,皆非自然。此天祺之作主不定也。司马温公自谓得存心之术,只管念个"中"字,是又患心有偏倚制缚之弊,而欲以中之理定之者。毕竟中字何处捉摸,有心求中即为中系缚,不多着此一念乎?且中有一定之理,无一定之形象,悬空设想,此心究是动摇,温公之术亦未见作主之定也。

　　李解:量,平声。强,上声。张戬,字天祺,横渠之弟。司马光,字君实,宋大儒也。

　　茅注:强,如字。……此又引张与司马二公之事,以明上文之意。"强把这心"以下,乃程子穷极其弊病,以见天祺不思量事之非自然也。"为中所系缚"以下,亦程子推言其弊如此也。愚按,天祺欲制其外来者,使不以动吾之心。温公欲守其在中者,使不为外物所动。朱子所谓"硬截死守"是也。

〔3〕叶解:此言应事处有善恶交战之患,亦是心无所主故也。苟能持守其志,不为气所胜,则所主者定,何有纷纭?

张传:两念交战,究竟善不胜恶。此其弊始于自怠,中于自恕,成于自欺,极于自是。至于自是而痼不可疗矣。持其志者,先自不自怠始。

张解:盖人止一心,若制之系缚之者一心,而为所制、所系缚者又一心,是两心也。一人而两心,则是胸中常若有两人焉:一心欲为善,又如有为恶之一心以间之;一心欲为不善,又如有羞恶之一心以沮之。本无二人,而反覆如是,此正作主不定,胸中交战之验也。防其交战,须先持志。持之云者,义理为主,涵养为功,如尸如斋,勿忘勿助,使神明自定,而气不能乱,则虽所感万端,物来顺应。天下自纷,吾心自一;天下自动,吾心自静。此大可明验者。若患心之流转动摇,而欲强制系缚之,是害了心疾矣。圣贤顺此心之自然,因物付物,必不使心之为累而自害心疾。所以然者,敬以持志而已。

李解:间,去声。"羞恶"之"恶",去声。……愚谓,不害心疾者,神气俱和也。

茅注:此因人心有善恶交战之验,而示以定之法也。两"此"字,并指"胸中若有两人"四句而言。交战者,见其不能自安于不善也。战胜则为善矣,战不胜则为不善矣,此正要紧关头。"持其志"二语,所以予以自胜之道也。大可验,言大可验其志之能持与否也。心疾,亦指首四句言也。

江注:朱子曰:"程子谓一心之中如有两人,正是言意不诚、心不实处。太(《王记》云:洪、王本"大"讹"太"。)凡意不诚,分明是吾之贼。我要上,他牵下来;我要前,他拖教后。此最学者所宜察。"

退溪曰:"此大可验":"此"指交战处言之,但交战之验以事理言之。"持其志"以下,以做工夫言之,谓欲持志使气不能乱,则当就此交战处看其志果胜与否以为验也。

栗谷曰:"害"恐当作"患"字意看。

[集评]

朱子曰:明道说:"张天祺不思量事后,须强把他这心来制缚,亦须寄寓在一个形象,皆非自然。君实又只管念个'中'字,此又为'中'所制缚。且'中'字亦何形象?"他是不思量事,又思量个不思量底,寄寓一个形象在这里。如释氏教人,便有些是这个道理。如曰"如何是佛"云云,胡乱掉一语,教人只管去思量。又不是道理，又别无可思量。心只管在这上行思坐想，久后忽然有悟。"中"字亦有何形象？又去那处讨得个"中"？心本来是错乱了，又添这一个物事在里面。这头讨"中"又不得，那头又讨不得。如何会讨得？天祺虽是硬捉，又且把定得一个物事在这里。温公只管念个"中"字，又更生出头绪多，他所以说终夜睡不得。又曰：天祺是硬截，温公是死守，旋旋去寻讨个"中"。伊川即曰"持其志"，所以教人且就里面理会。譬如人有个家，不自作主，却请别人来作主。（《语类》卷九十六）

管赞程曰：自"阳始生"至此为一章，言得未发之中，而诚立矣。而"司马子微"三条，申明"思无邪"之后，以至"敬而无失"。当顺势渐进，不可忘助，以应上文"不可急迫"，及"太以敬来做事得重"之弊。

张绍价曰：此承上"着心把捉"而言。做一个主者，居敬以为此心之主，即下文所谓持志是也。怎生奈何者，言无如此心何也。张天祺、司马温公，皆欲治心而不能做一个主。奈何此心不下，天祺不思量事，把捉制缚，固非自然；温公念个中字，又为中所系缚。常人之心，作主不定，胸中理欲交战，皆由不知以敬为主也。居敬以持其志，则心有主而气不能乱，不待把捉制缚，而心自定矣。圣贤持志工夫，正以涵养此心，非强为制缚，以致心劳气耗者比，故必不害心疾。自"学者敬守此心"以下至此，凡八节，皆言居处恭之功也。

22. 明道先生曰：[一]某写字时甚敬，非是要字好，只此是学。[1]

［集校］

[一] 明道语。（《茅注》）"明道先生曰"，一无此五字。（朝刊《近思录》）按，"某"上，《张解》本有"明道曰"三字。《叶解》四库抄本、《茅注》本无"明道先生曰"五字。此条今见《河南程氏遗书》卷三《谢显道记忆平日语》，下同，此处无此五字。

［集注］

[1] 叶解：笃于持敬，无往非学。

张解：此见存养工夫无一息可间断。即写字时，心便当存于写字之中，非屑屑欲字之工也。不诚无物，心一息不存，天理即便间断，推之事事皆然。夫子所谓"执事敬，之夷狄，不可弃"者，正此意也。故曰"只此是学"。不然，所学何事乎？

李解：要字好者,固为人之学,然任意以写之,则心亦不免于放也。君子主敬之学,无适而不然如此。朱子曰:"《书字铭》曰:'握管濡毫,伸纸行墨,一在其中。点点画画,放意则荒,取妍则惑。必有事焉,神明厥德。'"

茅注:写,《说文》:"誊移书也"。《仪礼·特牲馈食礼》:"卒筮写卦"。《汉书·艺文志》:"置写书之官"。"写字"之"写"始此。

江注:问:"作字忽忽,则不成字,是忘也。或作意令好,则愈不好,是助也。以此知持敬者,正勿忘勿助之间。"朱子曰:"若如此说,则只是要字好矣,非明道先生之意也。"

[集评]

薛瑄曰:程子作字甚敬,曰:"只此是学。"盖事有大小,理无大小。大事谨而小事不谨,则天理即有欠缺间断。故作字事虽小而必敬者,所以存天理也。(《读书录》)

张习孔曰:推此而凡事皆当然矣。此所谓"正其谊,不谋其利"。

张绍价曰:此以写字时之敬,明执事之敬也。持志则心有主,可以应事矣。写字要好,乃计功谋利之心,非敬也。甚敬而非要好,只此便是存养之学,无时无处不用其力,事虽小亦不可忽。作字时敬,则无往而不敬矣。

23. 伊川先生曰:[一]圣人不记事,所以常记得。今人忘事,以其记事。不能记事,处事不精,皆出于养之不完固。[1]

[集校]

[一]《张解》本无"先生"。《谢显道记忆平日语》无"伊川先生曰"五字。

[集注]

[1]叶解:圣人无心记事,故其心虚明,自然常记。今人着心强记,故其心纷扰,愈不能记。然记事不能与处事不精,二者又皆出于所养不厚,则明德日昏,故已往者不能记,方来者不能察也。

张解:此言心贵涵养。盖心者,神明之舍,虚则明,明则通。圣人胸中不着一物,无心记事,所以虚而能受,常能记事。今人遇事便横着心中,物而不化,是先有事以窒之,所以昏滞不通,不能记事。然则事已往而记之不真者,固由不能养其心;事方来而处之不精者,亦由不能养其心也。尝验之平旦矣,日间所思不得,及不知所以处置之者,到那时分外记忆,分外精细,岂非夜气之完固而心虚明乎? 此处最可想见。

李解：处,上声。

茅注：不记事者,心之虚也;常记得者,心之明也。

[**集评**]

朱子曰：圣人之心虚明,故能如此;常人记事忘事,只是着意之故。
(《江注》)

张习孔曰：此条要会意看。不记事者,谓心中不可系恋,如曰"君子坦荡荡,小人常戚戚"耳。子绝四,无适莫,无知也,可想见其不记事;多闻而从,多见而识,好古敏求,温故知新,可想见其常记得。若泥其言,则月无忘其所能,何尝不记事? 其三人则予忘之,安能常记得?

张绍价曰：圣人缉熙敬止,其心至虚至明,浑然之中,万理毕具,不着意记事,而自无不记。常人素无主敬之功,其心昏昧窒塞,着意记事,而反不能记。不能记事,处事不精,皆由涵养之功未至,未抵于虚明之域,故不免于昏忘差谬也。

24. 明道先生[一]在澶州日,修桥少一长梁,曾博求之民间。后因出入,见林木之佳者,必起计度之心。因语以戒学者："心不可有一[二]事。"[1]

[**集校**]

[一]《张解》本无"先生"二字。"明道先生",《谢显道记忆平日语》作"伯淳"。

[二]"一",吴邦模刻本作"二"。

[**集注**]

[1]叶解：或问："凡事须思而后通?"朱子曰："事如何不思? 但事过则不留于心可也。"

张解：不滞于已往,不逆于将来,事至而应,心如止水,是谓主敬之学。程子因修桥少长梁,博求而后得之,后遂留心林木,见其佳者辄生计度。固非私意之为,亦觉有些沾滞,故言之以为戒,见其不可有一事。无事则定,定则能止于其事,否则心为之扰矣,岂主敬之谓哉?

李解：度,入声。或问："凡事须思而后通,安可谓'心不可有一事'?"朱子曰："事如何不思? 但事过则不留于心可也。明道肚里有一条梁,不知今人有几条梁柱在肚里。"

茅注：澶,呈延反。度,音铎。澶州于石晋为镇宁军节度。先生差签书判官,故在澶州。问:"佛氏但愿空诸所有,固不是。然明道谓'心不可有一事',如在试院推算康节数,明日问之则已忘矣,恐亦空诸所有意。"朱子曰:"此出《上蔡语录》,只录得他自己意。颜子得一善则拳拳弗失,与孟子必有事而弗忘,何尝要人如此?"

价解:此申言不记事之意。心体湛然虚明,事物之来,随感而应,事过之后,便须消化。若更留滞胸中,便失其鉴空衡平之体矣,故"心不可有一事"。

[集评]

陈埴曰:只为滞着在胸次,虽事过之后犹复萌动,正所谓心有好乐则不得其正。若事往即化,则得其正矣。

张习孔曰:孔子自言无知,遇问而叩竭。不逆不億,疑诈来而先觉。有孔子之圣,则可以心不有一事。见林木而不计度,唯孔子能之。学者不求至于圣人,而徒欲心不有事,未可也。

李文炤曰:明道之学几于圣人,然其见猎而喜也,未能无意。数长廊柱而不合也,未能无必。见林木而起计度也,未能无固。其与圣人,殆不无有间与!

张绍价曰:明道此语须善会,所谓事者指外事而言,非指义理而言。外事不可留滞,义理则须存取。王阳明曰:"心体上着不得一毫留滞,就如那眼中着不得些子尘沙,不但是私念,便好念头亦着不得些子,如眼中放些金玉屑。"充其说,势必将义理扫去,使胸中空空荡荡,方谓之无所留滞,几何而不为释氏也。

25. 伊川先生曰:[一]入道莫如敬,未有能致知而不在敬者。[1]今人主心不定,视心如寇贼而不可制,不是事累心,乃是心累事。当知天下无一物是合少得者,不可恶也。[2]

[集校]

[一]《张解》本无"先生"二字。《谢显道记忆平日语》无"伊川先生曰"五字。

[二]并卷三,第二十四条亦伊川语。(《冯记》)按,《河南程氏遗书》卷三题下注云"二先生语"。

[集注]

[1]叶解:非敬,则心昏杂,理有不能察,而知有不能至。

张解：应事须要致知，而非存心则无以致知，故入道者当先持敬。能持敬则澄心观理，专精之至，是非不淆，而知乃可得而致也。安见有格物穷理而不从操存涵养中来者？

李解：朱子曰："敬则心存之，存则理具于此而得失可验，故曰'未有致知而不在敬者'。"又曰："欲应事先须穷理，而欲穷理又须养得心地本原虚静明澈，方能察见几微，剖析繁乱而无所差错。若只终日驰骛，何缘见得事理分明？程子所谓'学莫先于致知'，又谓'未有致知而不在敬'，正谓此也。"

茅注：朱子曰："未知者，非敬无以知；已知者，非敬无以守。"

[2]叶解：事至当应，初何为累？顾心无所主，不能定应，反累事耳。

张解：今人不能以敬存心而心不定，因恐心为事动，被他纠牵，遂欲屏弃一切，自家系缚其心，不肯思量，则是视心如寇贼不可制，而恶外物之为累也。此岂真事能累心哉？乃自桎梏其心，置心于无用之地，使天下事无所整顿，是心累事也。夫心为应事之主，万物皆备于我，无论大小精粗，皆有其当然与其所以然，那一件是合少得？知其不可少，便当知所以应，如何以为累而恶之？此恶之之心便是不敬，所谓害心疾也。然则主敬以致知，物来而顺应，岂非入道之要务哉？

李解：恶，去声。事至当应，何至于累心？顾人心无主而误应之，反足以累事耳。无一物是合少得者，言日用事物皆不可缺也。

茅注：此节申明不可不敬之意。主心，所以为心之主宰者也。累，系累也。物，即事也。无一物是合少得者，则当即物以穷其理，而顺其理之所当然以应之，不可恶其为心之累，而欲一切屏弃之也。"恶"字，应上"视心如寇贼而不可制"之意而言。

江注：问"未有致知而不在敬者"，曰："心若走作不定，何缘见得道理？如理会这一件事未了，又要去理会那事，少间都成无理会。须是理会这事了，方去理会那事，须是主一。""'未有致知而不在敬者'，此是大纲说。要穷理，须是着意，不着意如何理会得分晓？"《答胡广仲》曰："'敬'之一字，真圣学始终之要，向来谓(《王记》云：王、吴本"谓"误"未"。)必先致知然后有以用力于此，疑若未安。盖古人由小学进于大学，其于洒扫应对进退之间，持守坚定，涵养纯熟，固已久矣。是以大学之序，特因小学已成之功，而以格物致知为始。今人未尝一日从事于小学，而曰必先致知，然后敬有所施，则未知以何为主而格物以致其知也。故程子曰'入道莫如敬，未有能致知而不在敬者'。又论敬云'但存此久之，则天理明'。推而上之，古昔圣贤之言亦莫不如此者。"永按,天下事皆不可少,不可有厌事之心。

沙溪曰:无一物是可无者,谓皆不可无也。"得"字不必释。

[集评]

朱子曰:伊川谓:"学莫先于致知,未有致知而不在敬者。"致知,是主善而师之也;敬,是克一而协之也。(《语类》卷十八)

问:程子云:"未有致知而不在敬者。"盖敬则胸次虚明,然后能格物而判其是非。曰:虽是如此,然亦须格物,不使一毫私欲得以为之蔽,然后胸次方得虚明。只一个持敬,也易得做病。若只持敬,不时时提撕着,亦易以昏困。须是提撕,才见有私欲底意思来,便屏去。且谨守着,到得复来,又屏去。时时提撕,私意自当去也。(同上)

张习孔曰:此当与上章参看,林木亦是不合少者。主得心定,虽治天下,封山浚川,流共咨岳,而不与焉。主心不定,事乃累心,不能养心而但恶事,欲祛其累,不可得也。

张绍价曰:此申言不忘事之意也。道者,天理之本然,人事之当然。敬则戒慎恐惧,乃能存乎道之本然,合乎道之当然,故入道莫如敬。敬则思虑宁静,胸次虚明,然后可以穷事物之理,以致其知,故未有致知而不在敬者。今人做主敬工夫,不得其方,视心如寇贼,欲强制之,而卒不可制,此非事累心也。好静厌动,是内非外,恶物而有绝物之心,乃心累事耳。当知天下无性外之事,大而纲常名教,小而事物细微,皆性中所具之理。无一物是合少得者,不可恶也。心无一事,廓然而大公,静之虚也。心不恶物,物来而顺应,动之直也,皆敬也。

李瀷曰:敬则用心专一,故能知新;持守完固,故能温故,致知之要术也。行必以知为先,故致知为入道之路脉。然敬通贯知行,所谓"入道莫如敬"者,不但为致知之在敬,既致知后行,亦以敬为要。与"涵养须用敬"一节互看。

26. [一]人只有一个天理,却不能存得,更做甚人也?[1][二]

[集校]

[一]《张解》本有"伊川曰"三字。

[二]此条今见《河南程氏遗书》卷十八《刘元承手编》。

[集注]

[1]叶解:人之所以灵于万物者,特以全其天理而已。(按,朴履坤认为:"灵于万物者,从指常人;全其天理,则乃圣人也。上下自相抵牾。"《释义》))

张传：当省。

张解：合下生来无别物，只是所得于天之正理与生俱来，却自不能存得，则其违禽兽不远矣。故曰"更做甚人也"。词旨意痛切极矣！然则如之何而后能存？曰战兢惕励，是存之之法。

茅注：按《遗书》：或问："人与禽兽甚悬绝矣。孟子言'人之所以异于禽兽者几希'，莫是只在去之、存之上有不同处？"伊川答以"固是"，而因语之以此也。

[集评]

朱子曰：天理在人，亘古今而不泯，随其如何锢蔽，而天理常自若，无时不自私意中发出，但人不自觉，去只去得这些子，存只存得这些子，学者所当深察也。（《李解》）

张绍价曰：无一物合少得者，天理之本然也。天理散于万事万物，而具于吾心，人之所以为人者此也。不能敬以存之，则失其所以为人矣。

27.[一]人多思虑，不能自宁，只是做他心主不定。要作得心主定，惟是止于事，"为人君止于仁"之类。如舜之诛四凶，四凶己作恶，舜从而诛之，舜何与焉？[1]人不止于事，只是揽他事，不能使物各付物。物各付物，则是役物；为物所役，则是役于物。"有物必有则"，须是止于事。[2][二]

[集校]

[一]《张解》本有"伊川曰"三字。

[二]已上伊川语。（《杨注》）按，《河南程氏遗书》卷十五题下注云"伊川先生语"，《入闽语录》题下又注云"或云：明道先生语"。

[集注]

[1]叶解：止者，事物当然之则，如《大学》"为人君止于仁"之类。人之应事能止所当止，则亦无思虑纷扰之患矣。舜诛四凶，恶在四凶，自应窜殛，舜何预哉（按，"预哉"《四库》抄本作"与焉"）？（按，朴履坤曰：以"止于仁"言之，则仁乃事物当然之则，不可以"止"字为当然之则。《释义》）

张解：人心不能无感，必无屏绝思虑之理。只是当思虑而思虑，何至憧扰不宁？其所以不宁者，心主不定故也。如何做得心主定？凡事莫不各有所当止之地，随其所当止者，我从而止之，不虚于事之中，不溢于事之外，如《大学》言"为人君止于仁"之类。仁者，君之所当止也，止于仁则止于为君之事矣。又如舜诛四凶,诛恶者天子之事也。舜以其可诛而诛之,而非有私意于其间,则止于诛恶之事矣。事之未来,心何所驰? 事之既往,心何所滞? 此之谓“做得心主定”,而思虑自宁也。

茅注:己,当读作“人己”之“己”,或因以误,《遗书》注“一作他”。与,音预。“止于事”者,谓各随其事之所当止而止之也。止则不为他事所惑,故心主自定。“己作恶”者,言四凶自己作恶也。

[2]叶解:应事而不止其所当止,是以一己之私智揽他事,而不能物各付物者也。所谓“物各付物”者,物来而应,不过其则;物往而化,不滞其迹。是则役物而不为物所役。

张传:此即前篇之意,当参看。

张解:今人不止于所当止,只管包揽他事,如事之所不可为、不必为,非我所得为,非今日所宜为者,皆是也。如此则思出其位,心为所纷,不能使物各付物矣。物各付物者,心为主,物为客,居中以御,各听处分,则是御物。不如是而为物所役。心一而已,物号有万,杂揉纷沓,日不暇给,则是役于物。夫有物必有则,物事也,则理也。则具于物,其所当止者也。因物付物,止其所当止,而止于事者也。须是止于事,则所以治事者,即所以定心,那有思虑不宁之患? 否则,欲屏其所谓思虑者而空之,只是添得许多杂乱。

李解:役,犹使也。物各付物,则物听命于我,是役物也。为物所役,则我听命于物,是役于物也。则,即事之理,止之斯曲当矣。

茅注:此节反覆申明当止于事之意。不止于事,则中无主宰而事物杂投。如见他人之事而为之兜揽者,言其不切己也。不切己,则必不能尽其事之所当然之道,故不能使物各付物。物即事也,则犹道也。问:“有事则止于事,无事时何所止?”曰:“止于敬而已。”朱子谓“静时能存养,则应接处始得力”,又不可以不知也。

[集评]

朱子曰:物各有理,事至物来,随其理而应之,则事事物物无不各得其理之所当然者,如舜之举十六相、诛四凶也。此其所以不为物所役而能役物,岂曰吾任之而已哉?(《李解》)

管赞程曰:此对舜之止事而言者,已得性之本然,直指圣人全体至极而言,故可与圣人并论。《定性书》与天地圣人之无心无情并论,亦此意也。

张绍价曰:人多思虑不宁,作主不定,故志为气流,心为欲诱,而天理之存焉者寡矣。“止于事,为人君止于仁”之类,仁即天理也。止于仁,即所以存天理也。事各有当止之理,止所当止,为所当为,而存心不他,无慕乎其外之意,何思虑不宁之有? 四凶作恶,从而诛之,天理之当然也。舜何与者,诛所当诛,不以私意参之,毫无所动于中也。揽他事者,以事扰心。物各付物者,随事顺理。役物者,我为主,物为役,彼动而我自静。役于物者,物为主,我为役,彼动而我亦随之而动。有物有则,则即天理也。止于事而心不他适,顺乎理之当然,而我无容心焉,则心主自定,思虑自宁,天理自存矣。自"明道先生作字甚敬"至此,凡六节,言执事敬之功。

退溪曰:如妍媸自形于镜,而镜不为妍媸所动,但随其形而应之而已。如舜之诛四凶,举十六相亦如此,乃物各付物也。故孔子曰"老者安之,朋友信之,少者怀之"。

28. [一]不能动人,只是诚不至。于事厌倦,皆是无诚处。[1]

[集校]

[一]《张解》本有"伊川曰"三字。此条今见《河南程氏遗书》卷五。

[集注]

[1] 叶解:诚实恳至,则人无不感。遇事有一毫厌倦之意,则是不诚。

张解:此言接人处事皆要诚也。诚能动物,如获上、治民、信友、顺亲之类。不能动人,只是诚不至。诚则无息,如学自不厌、诲自不倦之类。于事厌倦皆是无诚处。何以存诚? 曰敬而已矣。

李解:不能动人者,诚之不积也。于事厌倦者,诚之有间也。

价解:止于事而心不他适,以真精实贯彻始终,而无一毫虚假之意参于其间,所谓诚也。诚至自能动物,不诚则私心生而物我有间,故不能动人。不诚则怠心起而意气易衰,故于事厌倦。

[集评]

茅星来曰:诚以待人,则人无不感,凡事上接下皆然。诚以处事,则事无不成,凡在己在人一也。

张绍价曰:此节言与人忠之意。

东正纯曰:于事厌倦处,亦是不能动人处。

29. [一]静后,见万物自然皆有春意。[1]

[集校]

[一]《张解》本有"伊川曰"三字。此条今见《河南程氏遗书》卷六,下同。

[集注]

　　[1] 叶解：明道先生诗曰："万物静观皆自得,四时佳兴与人同。"胸年(按,"年"当依《四库》抄本作"中")躁扰,讵识此意?

　　张解：天地生物之心,逐时逐物,发见呈露,无间于大小、精粗,皆自然而然者。是谓春意,非独以四时之首春为春也。人在大化鼓动中,杂感纷纭,所以不见天地生物之心。若涵养得久,凝神定虑,静与天通,随处体验,觉飞跃蠕动,碧绿青黄,眼前看底,耳边闻底,自然皆有勃勃生机之发,昭昭天理之行。明道诗云"万物静观皆自得",即此意也。

　　李解：春意者,万物生生之机也。惟静后则心虚理明而能见之。此主敬所以为体仁之方也。

　　茅注：心主于敬,则无复思虑纷扰自静。静后而此心至虚至明,与天地生意常相接,故"见万物自然皆有春意"。万物之生意无时间断,独言春者,以春则物生之初,生意尤易见也。详见首卷"万物之生意"条下。张氏曰："明道书窗前有草木覆砌。或劝之芟,明道不可,云'欲常见造物生意'。又置盆池,畜小鱼数尾,时时观之,云'欲观万物自得意'。"草之与鱼,人所共见,惟明道见草则知生意,见鱼则知自得意,此岂流俗之见可同日而语!

　　樱田虎门曰：此"静"字是通动静而言,犹言心定也,不专指无事时。(《近思录摘说》,下同)

[集评]

　　陈埴曰：观物内会,静者能之,固是圣贤如此,吾人胸次岂可不见此境界? 静却不分圣贤。

　　张绍价曰：敬则静,诚则静。静则私欲净尽,方寸之内,生意盎然。满腔子皆春,故见万物皆春,此贞下生元之理,所谓仁也。吾儒之静,所以异于释氏也。

　　又曰：此承上"诚敬"而言,以起下章"言仁"之意。

　　30. [一]孔子言仁,只说"出门如见大宾,使民如承大祭"。看其气象,便须心广体胖,"动容周旋中礼"自然。惟慎独便是守之之法。[1]圣人修己以敬,以安百姓,笃恭而天下平。惟上下一于恭敬,则天地自位,万物自育,气无不和,四灵何有不至? 此体信达顺之道。[2]聪明睿智皆由是[二]出,以此事天飨帝。[3]

[集校]

　　[一]《张解》本有"伊川曰"三字。

　　[二]"是",江误"此"。(《冯记》)按,"是",《茅注》本、《江注》本及其四库抄本作"此"。

[集注]

　　[1] 叶解:胖,安舒也。仲弓问仁,子曰:"出门如见大宾,使民如承大祭。"无非敬谨之意。然玩其气象,则必心无隐慝而广大宽平,体无怠肆而安和舒泰,充其至则动容周旋,自然中礼者也。学者守之,则唯在谨独。盖隐微之中常存敬谨之意,则出门、使民之际,乃能及此。

　　张解:此明体信达顺之道,而约其止于敬也。仁体事而无不在,而非敬无以存仁,所以孔子为仲弓言仁,只说"出门如见大宾,使民如承大祭"。夫见宾、承祭,心之形也。一出门,一使民,便要如此。就此看其气象,有无时无事之不宜存仁者。盖仁根于心,施于四体,见于动容周旋之间。有一毫人欲之伪,则心必不广大宽平,体必不安舒自得,动容周旋必不合于天理自然之节文。孔子举出门、使民以为言,要见无适不然意,所以常守此仁也。然非慎于未出门、未使民,人所不知而己独知之地,则倏忽之感,必有持之不及持者。惟慎独,便是守之之法。盖敬贯动静,而由静而动之几,正天理人欲之关,故慎独是主敬第一义。

　　李解:使、中,并去声。谨独则动静如一,非因出门、使民而后有,此敬所以为守之之法也。

　　茅注:胖,音盘。……问:"孔子告仲弓方是持敬之事,程子如此说,岂不有自然、勉强之异乎?"朱子曰:"程子之言,举敬之极致而言也。"陈定宇曰:"程子恐人认见宾承祭作勉强拘束之敬,故云然。盖欲如所谓'礼之用,和为贵'也。"又曰:"谨独便是守之之法,又恐人外貌如此,而中心不如此,必于一念萌动、己所独知之地而致谨焉,便是持守此敬之法。"

　　[2] 叶解:"子路问君子。子曰:'修己以敬。'曰:'如斯而已乎?'曰:'修己以安百姓。'"《中庸》曰:"君子笃恭而天下平"。自其敬以修己,充而广之,则政理清明而百姓安,风化广被而天下平。盖惟上下孚感,一于恭敬,举无乖争凌犯之风,和气薰蒸,自然阴阳顺轨,万物遂宜。《礼运》曰:"凤凰、麒麟皆在郊棷,龟、龙在宫沼。"所谓四灵毕至也。又曰:"体信以达顺。"朱子曰:"信是实理,顺是和气。"

　　张解:夫敬之为功甚密,而敬之为用甚弘,故圣人言"修己以敬",而所以"安百姓"即在其中。《中庸》言君子自笃其恭,而天下之平即在其中。曰安、曰平,则尽乎位育之理,而天地万物,和气休征,统摄乎吾心之内矣。惟上下一于恭敬便能如此。此体信以达顺,其道固有然也。

李解:麟、凤、龟、龙,谓之四灵,盛德之世则至焉。"体信达顺",出《礼运》文。朱子曰:"圣人之敬,薰天炙地,不是独修于九重而天下之人侮慢自若也。如《汉广》之化可见。"

茅注:朱子曰:"体信,是实体此道于身;达顺,是发而皆中节,推之天下而无所不通也。"又曰:"体信是致中意,达顺是致和意。"

[3] 叶解:敬则心专,静而不昏,故明睿生,推此敬可以事天飨帝。天以理言故曰事,动静语默无非事也。帝以主宰言故曰飨,飨郊祀之类。朱子曰:"聪明睿智皆由是出,非程子实因持敬而见其效,何以语及此!"

张解:盖学者之患,惟在不敬。敬则耳目自会聪明,心思自会睿知。以之体天地万物之实理,而达天地万物之和气,未有不由此出者。此无敢戏豫驰驱之心,自可以对越于曰明曰旦之际,则是事天飨帝,亦以此而已。……学者诚能从自己身上体验,何患聪明睿知之不长进哉?

李解:耳目无物交之惑,聪明之所由出也。心思无朋从之扰,睿智之所由出也。天以形体言,故圜丘事之;帝以主宰言,故明堂飨之。非斋戒以神明其德者,孰能致其来格哉?

茅注:人惟惰慢,故身心放逸,而昏昧蔽塞。敬则虚静,而自然通达矣。

江注:朱子曰:"这般处要宽看,识得他意,不可迫切求之。""亦须见得个意思,方谨独以守之。"问:"'心广体胖','动容周旋中礼',是平日功夫(《王记》云:王、吴本作"是平日功夫"。吕焘录作"用功",洪本同,从之。)方能如此。非一旦'出门如见大宾,使民如承大祭',便能如此。"曰:"自这里做去方能如此,只是常能存得此心便能如此。""'体信'是尽这至诚道理,顺即自此发出。所谓'和者天下之达道'。""'聪明睿智皆由是出'者,皆由敬出。以此事天飨帝,此即敬也。"问:"聪明睿智,如何皆由此出?"曰:"且看敬则如何不会聪明,人之所以不聪不明,只缘身心惰慢,便昏塞了。敬则虚静,自然通达。""且以一国之君看之,此心才不专静,则奸声佞辞,杂进而不察,何以为聪?乱色谀说之容,交蔽而莫辨,何以为明?睿智皆出于心,心既无主,则应事接物,何以思虑而得其宜?所以此心常要肃然虚明,然后物不能蔽。"问:"敬中有'诚立明通'道理?"曰:"然。"

价解:此极言敬之功效也。"仁"字承万物皆春言。仲弓问仁,而夫子告之以敬。仁由敬得,未有不敬而可以言仁者。出门如宾,使民如祭,此贤者持敬之功。程子推其极致,至于心广体胖,动容周旋中礼,则圣人之事也。

然敬之气象,见于出门使民,而敬之工夫,则须从隐微幽独中,端庄严肃。敬守此心而不失,然后出门使民之时,乃有此气象也。故曰"惟慎独便是守之之法"。圣人修己以敬,天德也。百姓安,天下平,天地位,万物育,王道也。有天德,便有王道,神圣功化之极,仁覆天下,亦不外一敬而已。体信,则体诸躬者无不实;达顺,则推之四海而皆准。聪明睿智由此出,则静虚明通,精义入神,以此事天飨帝,则诚无不格,敬之极效,至此而无以复加矣。

贝原笃信曰:"事天"者,存心养性,顺天理而不轻易之,乃《西铭》之意也。

[集评]

或问:伊川云"孔子言仁,只说'出门'"云云,至"中礼","惟慎独便是守之之法"。曰:亦须先见得个意思,方慎独以守之。又曰:此前面说敬而不见得,此便是见得底意思,便是见得敬之气象功效恁地。若不见得,即黑淬淬地守一个敬,也不济事。(《语类》卷四十二)

朱子曰:"惟上下一于恭敬",这却是上之人有以感发兴起之。"体信"是忠,"达顺"是恕。"体信"是无一毫之伪,"达顺"是发而皆中节,无一物不得其所。"聪明睿智皆由此出",这是自诚而明。(《语类》卷四十四)

朱子曰:程子曰:"君子'修己以安百姓','笃恭而天下平'",至"以此事天享帝。"此语上下不难晓。惟中间忽云"聪明睿智皆由此出",则非容易道得,是他曾因此出些聪明睿智来。(同上)

张习孔曰:此篇自慎独敬修,推而至于达天育物,无不全备,乃彻上彻下之功。圣贤造诣之极,二帝三王,有其效矣。孔子备其理,而未著其事,下此未之逮也。

张绍价曰:此节总结恭、敬、忠。价按,自"全体此心"至此为一段,言主敬之功。动静无间,引居处恭三言以明之。居处恭,承上段静养而言,执事敬、与人忠,则由静而推之动也。

李瀷曰:以敬、笃恭,修身之事也。上下一于恭敬,新民之效也。四灵皆至,及物之化也。事天飨帝,格神之诚也。

中村惕斋曰:因天下气和,四灵祥瑞,乃应运而至。(《近思录示蒙句解》)

31. [一]存养熟后,泰然行将去,便有进。[1]

[集校]

[一]《张解》本有"伊川曰"三字。

[集注]

［1］叶解：所养厚，则行有馀力。

张传：益长裕而不设。

张解：凡人于日用之间，所行未免拘碍者，皆存养未熟之故也。熟则心安乎理，发便中节，所以泰然行将去，便觉学问有进益处。胡敬斋曰："涵养得本心熟，到清明和畅处，仁可得矣。"

李解：养之熟，斯行之利矣。

[集评]

朱子曰：心存时少，忘时多。存养得熟后，临事省察，不费力。（《语类》卷十二）

薛敬轩曰：收敛检束身心，到至细至密至定至静之极，作事愈有力。（《价解》）

张绍价曰：上章极言敬之功效，此以下复承慎独守之之法，而推论其致功之密也。存养不熟，则气拘物蔽，有所阻碍，而不得进。存养既熟，则气禀悉化，物欲不行，泰然行将去，进于天德不难矣。

32.［一］不愧屋漏，则心安而体舒。［1］

[集校]

［一］《张解》本有"伊川曰"三字。

[集注]

［1］叶解：屋漏者，室之西北隅，谓隐暗之地也。隐暗之地自反无愧，则心安体舒。此谨独之效。

张解：盖不睹不闻之时也，于此而不密其存省之功，则天理间于一息。自家觉有愧歉。愧便不安，愧便不舒。故惟自反无愧，则心安而体舒，与《大学》"心广体胖"意合。

李解：不愧屋漏，意诚之验也。心安则广，体舒则胖。

[集评]

管赞程曰：自"明道先生写字时"至此为一章，言贤人全德之敬。

张绍价曰：屋漏人所不见之地。人欲易肆，于此而不愧，则俯仰无怍，故心安而体舒。

33.［一］心要在腔子里。［1］［二］

[集校]

[一]《张解》本有"伊川曰"三字。此条今见《河南程氏遗书》卷七，下同。

[二]《张传》本第33、34条连接在一起刻印，未单列，似合作一条。

[集注]

[1]杨注：伯嵒据《太元（玄）》以《养》准《颐》。初一曰："藏心于渊，美厥灵根。"《测》曰："藏心于渊，神不外也。"

叶解：腔子，犹所谓神明之舍。在腔子里，谓心不外驰也。

张传：腔子里者，心之本然分量也。莫认作有形方寸。

张解：此言心之不可放也。腔子，犹言身子。心本在身中，只为物欲牵引，思虑缠扰，有梏于形象，滞于方隅，而并游于无何有之乡者，无一刻在腔子里矣。殊不思人之一心，至虚至灵，所以具众理、应万事者，岂可听其放而不在？若要他在，须有操存工夫。操得此心，便觉天地万物皆吾度内，无事静坐，有事应酬，都是心之运用神妙，所以心要在腔子里。朱子又教人在腔子里之法，曰"敬"也。

李解：朱子曰："心要有主宰，继自今，便截胸中胶扰，敬以直内。"

茅注：腔子，犹今言躯壳也。问："于未应接时如何？"曰："只是戒谨恐惧而已。"

江注：问："'心要在腔子里'，莫只是不放却否？"朱子曰："得之。人心终日放在那里去，得几时在这里？孟子所以只管教人'求放心'。"问："心如何得在腔子里？"曰："敬便在腔子里。"

[集评]

问："心要在腔子里。"若虑事应物时，心当如何？曰：思虑应接，亦不可废。但身在此，则心合在此。曰：然则方其应接时，则心在事上。事去则此心亦不管着？曰：固是要如此。（《语类》卷九十六）

朱子曰：但于应事接物时，一一中理，便是在也。若只兀然守此心，则是释氏入定坐禅，一旦有事至于吾前，此心便已放失。（《茅注》）

薛氏曰：人能心在腔子里，则百事可做。（《李解》）

高攀龙曰："心要在腔子里"，是在中之义。不放于外，便是在中，非有所着也。（《高子遗书》）

张绍价曰：心易放而难收，惟敬然后能在腔子里。稍有不敬，则放而不存。此戒惧之功。所以存天理之本然者，不可稍懈也。

钱穆曰：伊川言心在腔子里，即孔子为己之学，与西方言个人主义与群

体主义皆不同。(《随劄》)

34. 〔一〕只外面有些隙罅〔二〕,便走了。[1]

[集校]

〔一〕《张解》本有"伊川曰"三字。陈荣捷云:"出《遗书》卷七,页一下,二先生语。此处朱子作伊川语,惟在《小学》卷五,页十七上,引之,作明道语。"(《陈论》)

〔二〕"隙"下,近本并有"罅"字,《遗书》同,今遵宋本。(《茅注》)

[集注]

[1] 张解:心不可放,而放之最易,只外面有些隙罅,便纵逸奔驰而不可羁。夫视听言动,何一非隙罅处? 隙罅虽在外面,实是内面工夫疏漏,故乘间走出耳。操存完固,打成一片,隙何自生乎?

茅注:陈氏曰:"非是里面本体走出外去,只为邪念感物逐他去,而本然之正体遂为所昏蔽。此所以要操存涵养而不使有些罅隙,以至走出之患也。"

江注:问:"'外面有些隙罅,便走了',莫是功夫间断便外驰否?"朱子曰:"此心才向外,便走了。"

[集评]

朱子曰:此语分明不须注解,只要时时将来提醒,斯便唤得主人公常在常觉也。(《李解》)

张绍价曰:外面略有非礼之端,便是隙罅,心便随之以去,驰骛于腔子之外。此省察之功,所以遏人欲于将萌者,不可稍疏也。

贝原笃信曰:"外面有隙",言耳目口鼻之欲有徇物于外,则心便走了而不在腔子里。故曰:"制于外,所以养其内也。"

35. 〔一〕人心常要活,则周流无穷,而不滞于一隅。[1]

[集校]

〔一〕《张解》本有"伊川曰"三字。此条今见《河南程氏遗书》卷五。

[集注]

[1] 叶解:心常存,则常活。盖随事应酬,心常在我,无将无迎,故常活而不滞。

张解:心本活,才系于物便不活,不活则滞矣。《大学》言"有所""则不得其正"，"有所"二字正是"滞"字病根。常要他活，必须涵养不息，则自然周流不滞，无适非心体之流行矣。

李解：朱子曰："无偏系即活，忧患好乐皆偏系也。"潜室陈氏曰："提撕醒觉之意。"

茅注：朱子曰："天理便是活，人欲便是死，如《大学》之有所忧患好乐，皆滞于一隅也。"或疑主一则滞于一隅。曰："不主一，则方理会此事，而心留于彼。此正是滞于一隅。"

江注：问："心如何是活？"朱子曰："活，是生活之活，对着死说。天理存则活，人欲用则死。周流无穷，活便能如此。"

贝原笃信曰："活"者，活泼之谓，又是常惺惺也。

[集评]

问："人心要活，则周流无穷而不滞于一隅。"如何是活？曰：心无私便可推行。活者，不死之谓。（《语类》卷九十六）

张习孔曰：养以天理则活。

张绍价曰：敬有死活之分，周流无穷则活，滞于一隅则死。上二节以心之体言，此节以心之用言。常在不走则体立，周流不滞则用行，皆敬也，皆存养之所以熟也。

钱穆曰：今日格一物，明日格一物，即此心之活。（《随劄》）

36. 明道先生曰：[一]"天地设位，而易行乎其中"，只是敬也。敬则无间断。[1]

[集校]

[一]《张解》本无"先生"二字。此条今见《河南程氏遗书》卷十一《师训》，下同，此处无"明道先生曰"五字。

[集注]

[1]叶解：朱子曰："天地亦是有个主宰，方始恁地变易无穷。就人心言之，惟敬，然后流行不息。敬才间断，便是不诚无物也。"

张解：此即《易》之言天地者，以推明人心之当敬。《易》谓阴阳之变易流行也。天地亦是有个主宰，故天设位于上，地设位于下，中间会恁地变易，生生无穷，天地只是敬也。就人心言之，唯敬然后流行不息，而义理无间断。若不敬，则所谓"不诚无物"，安能使"成性存存"而为道义之所从出乎？故观于天行之健，而知敬固健也。君子不以人欲害其天德之刚，而后可法天之不息,观于地势之顺,而知敬固顺也。君子必无所处而不安,无所安而非正,而后可应地之无疆。天地人同归于一敬而已矣。

李解:间,去声。朱子曰:"就天地之间言之,是实理;就人身上言之,惟敬然后见得心之实处,流行不息。敬才间断便不诚,不诚便无物,是息也。"又曰:"天地也似有个主宰,方始恁地变易,便是天地底敬。"

茅注:"天地设位"句,见《易·系辞上传》。王伯厚曰:"易立乎其中,体也;易行乎其中,用也。朱子谓'行以造化言,立以卦位言'。"

江注:问:"不知易何以言敬?"曰:"程子说得阔,使人难晓。""天理只是直上去,更无四边渗漏,更无走作。"问:"'子在川上'章也是这意思?"曰:"固是。天地与圣人一般,但明道说得宽。""一念不存,也是间断;一事有差,也是间断。"

[集评]

李丈问:"'天地设位,而易行乎其中',只是敬",如何?曰:易是自然造化。圣人本意只说自然造化流行,程子是将来就人身上说。敬则这道理流行,不敬便间断了。前辈引经文,多是借来说己意。如"必有事焉,而勿正,心勿忘,勿助长",孟子意是说做工夫处。程子却引来"鸢飞鱼跃"处,说自然道理。若知得"鸢飞鱼跃",便了此一语。(《语类》卷九十六)

张习孔曰:天地设位而变化行,知礼成性而道义出。率性之谓道,道有自然之宜为义,而敬在其中矣。《系辞》于天地见出圣德,先生于圣德见出天地,由其本原合也。

管赞程曰:自"心要在腔子里"至此为一章,言贤希圣之学。此为圣人尽性之敬也。

张绍价曰:此承上而言敬无间断也。隙罅有滞,皆间断也。常在腔子,周流无穷,则无间断。何以能无间断?曰"敬"。敬只是有主宰之意。天地有主宰,故实理流行不息,无少间断。人心有主宰,故实心流行不息,无少间断。无间断诚也。敬则无间断,能敬然后能诚也。

37. ［一］"毋不敬",可以对越上帝。[1]

[集校]

［一］《张解》本有"明道曰"三字。

[集注]

［1］张解:此即《礼》之言"毋不敬"者,以推明事天之义。"毋不敬"该动静内外言。斋坐端严,静而敬也;随事检点,动而敬也。思虑湛一,敬

于内也;容貌庄正,敬于外也。帝者天之主宰,天日在人之中。出王游衍而天在焉,尔室屋漏而天亦在焉。一息不敬无以安于心,即无以对于天,故又云"终日乾乾,君子当对越在天"。而孟子则云"存其心,养其性,所以事天也"。

茅注:"毋不敬",说见《记·曲礼》篇。……愚按,不妄思,则心之所存无非天理;不妄动,则外之所为无非天理,故"可以对越上帝"。

[集评]

问:敬何以用工?曰:只是内无妄思,外无妄动。(《语类》卷十二)

张绍价曰:毋不敬,则动静无违,内心交正,俯仰无所愧怍,故"可以对越上帝"。

退溪曰:上帝,指天之主宰处言。盖天即理也,苟知理之无物不有,无时不然,则知上帝之不可须臾离,亦不可须臾忽也。

贝原笃信曰:毋不敬,则天理存。以此可事天飨帝,故可以"对越上帝"。

38. [一]敬胜百邪。[1]

[集校]

[一]《张解》本有"明道曰"三字。

[集注]

[1]张解:邪与正不两立,而有相倚伏之势。如寇从外来,周防不密,彼将乘间窃发,与我为敌,故必有以胜之。惟常常提醒此心,如主人做得主定,只管精神不寐,群盗自退,故曰"敬胜百邪"也。邪言百者,人心只一个义理是正底,反乎义理不独嗜欲为邪,即五官七情为人所不能无者,而邪亦各以类潜滋暗长于其间,其党甚夥。安得不战战兢兢,主一以守耶!

李解:朱子曰:"敬则无己可克,省多少事。"

茅注:朱子曰:"程沙随犹非之,以为孔孟无单说'敬'字者,如敬亲、敬长之类。不知'修己以敬'、'敬而无失'、'圣敬日跻',何尝不单独说来?若有亲长时用敬,则无亲长时便不敬乎?亦弗思甚矣!"

价解:人心所以有间断,私邪累之也。敬则私意无所容,邪僻不得而干,故曰"敬胜百邪"。

[集评]

朱子曰:学者常用提省此心,使如日之升,则群邪自息。……不要苦着力,着力则反不是。(《语类》卷十二)

朱子曰：自秦汉以来，儒者皆不识'敬'字，至程子说得如此亲切。（《茅注》）

张习孔曰：严凝端肃，邪不能干也。

贝原笃信曰：敬，是存天理之工夫。敬而天理存则百邪自除，犹元气复则百病自愈。

39. [一]"敬以直内，义以方外"，仁也。[1]若以敬直内，则便不直矣。[二]"必有事焉，而勿正"，则直也。[2][三]

[集校]

[一]"敬"上，《张解》本有"明道曰"三字。

[二]"必"上，《河南程氏遗书》有"行仁义岂有直乎"七字。

[三]以上并明道语。（《茅注》）并卷十一，明道语。（《冯记》）按，《河南程氏遗书》卷十一题下注云"明道先生语"。

[集注]

[1]叶解：敬立则内直，义形则外方。由内达外，生理条直，而无私欲邪枉之累，则心德全矣。

张传：内本自直，患在私意为之曲挠。敬则本体自是常惺，直者不失其直矣，故曰敬以直内。"必有事焉，而勿正"，即是先难后获之意，故曰仁也。

张解：此取《易·坤卦》六二《文言》之辞而发明之。直者，心无私。方者，事当理。"敬以直内"者，凡人能敬则心自正，正则以循理为念，胸中洞然自无纤毫私意。"义以方外"者，凡人遇事有裁制，则是的决定如此，不是的决定不如此，自截然方正，不可那移。仁者，无私心而当于理之谓。今自内达外，彻表彻里，人欲净尽，天理流行，岂不是仁？故于此决言之。而他日亦曰："把捉不定，皆是不仁也。"

茅注：当理而无私心为仁。敬以直内，则心无所容其私，义以方外，则事又各当于理，故曰仁也。

[2]叶解：《文言》曰"敬以直内"，而不曰"以敬直内"。盖有意于以之而直内，则此心已有所偏倚而非直矣。"必有事焉，而勿正"者，敬所当为，而无期必计效之意也。

张解："必有事焉，而勿正"者，频频提醒，为所当为，而无期必计效之意，则不求直而自直也。若"义以方外"之意，可不烦言而解矣。

李解：以敬直内，则有所倚矣，岂得直乎？

茅注：以敬直内，便有正助之病，故不直言敬，而义可见，故不别言。

　　江注：朱子曰："此亦言'敬以直内，义以方外'，则无一毫私意，而仁自在其中尔。这般处要宽看。"问："以敬直内则不直，何也？"曰："此是解'直'、'方'二字，从上说下来方顺，以敬则不顺矣。"

[集评]

　　问：程子曰："'敬以直内，义以方外'，仁也。"如何以此便谓之仁？曰：亦是仁也。若能到私欲净尽，天理流行处，皆可谓之仁。如"博学笃志，切问近思"，能如是，则仁亦在其中。……看从那路入。但从一路入，做到极处皆是仁。（《语类》卷九十六）

　　问："必有事，而勿正"，二程多主于敬？曰：孟子本无"敬"字，只有"义"字，程子是移将去"敬"字上说，非孟子本意。"（《江注》）

　　张绍价曰：此上三节，皆申言"敬则无间断"之意。仁者，当理而无私心之谓。敬以直内则心无私，义以方外则事当理，故曰"仁也"。若以敬直内，则强为制缚，着心把捉，有意于直，而反为不直。必有事焉，敬所当敬，而无期必计效之心，斯直矣。

40.　[一]涵养吾一。[1]

[集校]

　　[一] 伊川语。（《茅注》）卷十五。伊川语，或云明道语。（《冯记》）按，"涵"上，《张解》本有"明道曰"三字。陈荣捷云："见《遗书》卷十五，页一上，此卷为伊川语。此处则归明道。"（《陈论》）按，此条今见《河南程氏遗书》卷十五《入闽语录》。

[集注]

　　[1] 叶解：心存则不二。

　　张传："一"者何也，曰仁也。"一"字从虞廷授受来，若征实言之，曰心，曰仁，曰诚，曰天理，皆是也。

　　张解：一者，诚也，无欲也。无欲则一，有欲则二三。其谓之"吾一"者，人心一太极，太极本具于吾心，所以不自外面捉搦个一来，只好涵泳持养，勿贰以二，勿参以三，则此心纯乎天理，而无人欲之私矣。要其所谓涵养者，非一朝一夕之事也。

　　李解：一，即主一也。涵养之，则心常存矣。

　　茅注：一，不二不杂，指心之本体言也。有以涵养之，而此心湛然虚明，不至有昏昧放逸之患矣。

[集评]

朱子曰：只敬，则心便一。(《语类》卷十二)

张绍价曰：一，即诚也。以其真实无妄，则谓之诚。以其不二不杂，则谓之一。敬以直内，涵养乎此，则可进于纯亦不已矣。

41. [一]"子在川上曰：'逝者如斯夫！不舍昼夜。'"自汉以来，儒者皆不识此义。此见圣人之心"纯亦不已"也。"纯亦不已"，[二]天德也。有天德便可语王道，其要只在慎独。[1]

[集校]

[一] 明道语。(《茅注》、《冯记》)按，"子"上，《张解》本有"明道曰"三字。陈荣捷云："见《遗书》卷十四，页一下，明道语。《语类》卷三十六，第一一二'或问'条，页一五五六，部分引之，亦云明道语。"(《陈论》)

[二] 此条今见《河南程氏遗书》卷十四《亥九月过汝所闻》，"天"上有"此乃"二字。

[集注]

[1] 杨注：伯嵒据张思叔诵"逝者如斯夫"，范元长曰："此只是道体无穷。"思叔曰："只如此说便不好。陈齐之自言初疑'逝者如斯夫'，每见先达必问，人皆有说以告。及问著作王先生，则曰：'若说与公，只说得我底，公却自无所得。'齐之心服，其后有诗云'兰花乱蕊竞红青，谁信风光不暂停。向此果能知逝者，便须触处尽相应'。"

叶解：朱子曰："有天德则纯是天理，无私意间断，便做得王道。"又曰："学者谨独所以为不已，少有不谨则人欲乘之，便间断也。"

张解：此程子见圣心与道为体，而因取《论语》之言以明之，欲学者知所以体道而慎其独也。盖川流不舍，逝者之一端。天地之化，往过来续，无非逝者。而其所以然之故，乃天命之流行，有不容一息间断者。众人不识天命之本然，是以不能默契而有得。唯圣人全体此心，与天为一。故以心中之逝者，触乎目中之逝者；以目中之水之逝者，会乎天地全体之逝者，而不觉于川上有感焉。自汉以来，儒者不晓此义，则以为在川言川已耳，不知天地之逝者，天地之至诚无息。圣人之有感于逝者，圣心之纯亦不已也。纯亦不已者，浑然天理，无私意之间断，是即所谓天德也。王道必本于天德，盖王道贵纯，不纯即为杂霸。故有天德斯可语王道，而要非无自而能纯也。学者必由慎独之功，兢兢然恐吾心有人欲之私，而少有不谨，则天理为之间断，然后可以渐底于纯。天德王道，一以贯之，而天命之流行不已者在我矣。不然，我生在逝之中，我心不知逝之理，当前错过，一生醉梦，安能与道为体哉？

李解：夫，音扶。朱子曰："无天德则是私意计较，所以做王道不成。"又曰："川流不息，天运也。纯亦不已，圣人之心也。谨独所以为不已，学者之事也。"或问："纯亦不已者，其果圣人之本意乎？"朱子曰："程子之言非以为圣人之意本如是也，亦曰非其心之如是，则无以见天理之如是耳。""其曰'其要只在慎独'者，何也？"曰："言人欲体此道者当如是也。盖道无适而不然，惟慎其独则可以无所间断而不亏真体。"

茅注：朱子曰："能慎独则无间断，而其理不穷。"

江注：问："程子谓'自汉以来，儒者皆不识此义'。"朱子曰："是不曾识得。佛氏却略窥得上面些影子。自汉以来儒者，如仲舒语，只约度有这物事。韩退之虽知有这物事，又说得太阔疏了。""谨独与这里何相关？若不谨独，便去隐微处间断了，如何得与天地相似！"

[集评]

又问：明道云"自汉以来，诸儒皆不识此"，如何？曰：是他不识，如何却要道他识？此事除了孔孟，犹是佛、老见得些形象。譬如画人一般，佛、老画得些模样，后来儒者于此全无相著，如何教他两个不做大！（《语类》卷三十六）

朱子曰：圣人见川流之不息，叹逝者之如斯。原其所以然，乃天命流行不息之体，惟圣人之心默契乎此，故有感焉。于此可见圣人"纯亦不已"之心矣。（《叶解》）

张习孔曰："川上"一语，无所不包，见道亦可以征心，明心亦可以合道。天人俱在其内也。"慎独"一语，则先生之独见。

管赞程曰：自"毋不敬"至此为一章，言诚敬之极，为圣人至命之敬，人而天也。

张绍价曰：纯亦不已，至诚无息也。维天之命，于穆不已，诚而已矣。圣人之心，纯一不杂，亦如天之不已焉，亦诚而已矣。纯亦不已，天德也，有天德便可语王道。能明德则能新民，能尽己之性，则能尽人物之性，以参天地赞化育也。若夫未能纯亦不已，而欲其纯亦不已，则必于隐微幽独之中，慎之又慎，不使一毫人欲之私萌于其间。然后天理常存，而驯致于纯亦不已无难矣。纯亦不已，诚者也。慎独以求进于不已，诚之者也。

李濂曰：圣人之心纯亦不已，故见川流而叹其如此。目击道存也，苟非实有能如此乎？故在川上而发叹者，惟圣人也。见其叹而知其如此者，亦程子也。自汉以来,无有及者。

42. [一]"不有躬,无攸利。"不立己,后虽向好[二]事,犹为化物。不得以天下万物挠己,己立后,自能了当得天下万物。[1]

[集校]

[一]《语类》以为伊川语。(《茅注》)按,"不"上,《张解》本有"伊川曰"三字。陈荣捷云:"见《遗书》卷六,页二上,不指明为谁人语。此处以属明道,而《语类》卷九十六,第二十一'问不有躬'条,页三九一三,则以之为伊川语。"(《陈论》)按,此条今见《河南程氏遗书》卷六。

[二]"好",《张传》本作"毋"。

[集注]

[1]杨注:《蒙》之六三曰:"勿用取女,见金夫,不有躬,无攸利。"

叶解:《蒙卦》六三爻辞。己未能自立,则心无所主,虽为善事,犹为逐物而动。若能自立,则应酬在我,物皆听命,何挠之有?

张解:此取《易·蒙卦》六三爻辞而申其意,见人不可不立己也。《易》以"见金夫,不有躬"为徇欲丧心之譬。程子谓此"不有躬"者,是不立己之故。大凡人不立己,则人化物而灭天理,必不能向好事,即有所为之事偶合于善,亦非己心以为当为而决然为之者,究竟为物之所化,而不能以我御物也。化物者,见化于物,则物得而挠之。学者静虚动直,居己于无欲之地,不得以天下万物挠己。盖一己之中,万物皆备。己以义理为主,天地之塞吾其体,天地之帅吾其性,熟得而挠之?不挠故立。己立之后,忘乎物累,顺乎性命,旁行贯通,其应在我,自能了当得天下万物,又奚至于徇欲丧心而有"不有躬,无攸利"之戒哉?

李解:当,去声。……朱子曰:"此解《易》意在乎以立己为先,应事为后。"又曰:"人多是要求济事,而不知自己身已不立,事决不能成。人自心若一毫私意未尽,皆足以败事,如上有一毫差,下便有寻丈差。"

茅注:挠,挠乱也。了当,犹言了办也。己未能自立,则心无所主。虽为善事,亦不过见事之善,勉强行之,终是为物所化。是不免以天下万物挠乱己也。

贝原笃信曰:"当得天下万物",愚谓,言应事接物之际,物不能扰我,而皆从我所为也。

[集评]

问"不立己,后虽向好事,犹为化物",何也? 曰:己不立,则在我无主宰

矣。虽向好事,亦只是见那事物好,随那事物去,便是为物所化。(《语类》卷
九十六)

朱子曰:下面是伊川解《易》上句,后二句又是覆解此意,在乎以立己为
先,应事为后。今人平日讲究所以治国、平天下之道,而自家身己全未曾理
会得。若能理会自家身己,虽与外事若茫然不相接,然明德在这里了,新民
只见成推将去。(同上)

胡氏曰:看尽天下事,只要不失其本心,心为主,事为客,以主待客则我
不劳而事治。程子曰“己立后,自能了得天下万物”,是有主也。(《李解》)

张绍价曰:此下四节,承上文“慎独”,而教学者以立己主一之学也。
“不有躬,无攸利”者,道义不有于躬,则动多窒碍,不能行之,无不利也。学
不立己,则心无所主,忠孝节廉之事,虽勉慕为之,犹是逐物流转,物至而人
化物。君子之学,役物而不役于物,必敬以持躬,使此心有主,不为事物摇
夺,卓然有以自立。然后推行尽利,攸往咸宜,经世宰物,措之天下无难矣。

43. 伊川先生曰:[一]学者患心虑纷乱,不能宁静,此则天下公
病。学者只要立个心,此上头尽有商量。[1]

[集校]

[一]《张解》本无“先生”二字。此条今见《河南程氏遗书》卷十五《入
闽语录》,下同,此处无“伊川先生曰”五字。

[集注]

[1]叶解:朱子曰:“学者不先立个心,恰似作室无基址。今求此心正
为要立基址。得此心有个存主处,为学便有归着,可以用功。”

张解:学须静也。心虑纷乱不能宁静,则东奔西驰,无归着处,那会进
益?此天下学者之公病。只为这心整顿不起,守不定,不能以义理胜其利欲
之心,而思虑因从而纷乱之耳。苟先立个心,安顿定着,积累上去,尽有
商量。

李解:量,平声。

茅注:“立个心”者,谓敬谨操持,不为事物所摇夺,则自无纷乱、不能宁
静之患矣。此上头尽有商量者,言可为学以进于道也。

[集评]

张绍价曰:立己者立心而已,居敬以持其志,使此心有存主处,然后穷
理力行之功有所施。否则,心虑不宁,虽日从事于学,而道义终无以有之于
躬也。

退溪曰：能立个心，然后其上头可以商量。譬如立屋者，若无基址，岂有商量立屋之事乎？

44. ^[一]闲邪则诚自存，不是外面捉一个诚将来存着。今人外面役役于不善，于不善中寻个善来存着。如此，则岂有入善之理？只是闲邪则诚自存。^[1]故孟子言性善皆由内出，只为诚便存。^[2]闲邪更著甚工夫？但惟是动容貌、整思虑，则自然生敬。^[3]敬只是主一也。主一则既不之东，又不之西，如是则只是中；既不之此，又不之彼，如是则只是内。存此则自然天理明。学者须是将"敬以直内"涵养此意。直内是本。^[4]（^[二]旧注：尹彦明曰：敬有甚形影？只收敛身心，便是主一。且如人到神祠中致敬时，其心收敛，更著不得毫发事，非主一而何？）^[5]

[集校]

[一] 并卷十五，伊川语。注：见《外书》卷十二。（《冯记》）按，"闲"上，《张解》本有"伊川曰"三字。

[二]《张解》本无"旧注"一段文字。

[集注]

[1] 叶解：闲邪之意，即是诚也。苟役心于邪妄而暂欲存其诚，则亦无可存之理。

张解：此言敬为闲存之要，须由敬以入诚也。人心本诚，诚则有善无不善。缘心不主一，则有二三，有二三则邪得以入，而不善之事憧憧往来，于是本来之诚，牿之反复，至于不足以存。而内而妄思，外而妄动，荡然不知有以闲之。此人欲所以日长，天理所以日消。学者终身于其中，执捉不定，无下手处。程子拈出"敬"字，唤醒学者，说"闲邪则诚自存"，见邪之与诚不是对待物事。闲之即所以存之，无两层工夫，亦无两样道理，又不是外面捉一诚将来存着。盖诚非待外求，我生之初，天理浑然，真实无妄，则其当为善，而不当为不善也，深切著明矣。今人之患，平日无涵泳持养之功栽培深厚于其中，以致外面役役为不善，而乃欲于不善之中寻个善来存着，是以善为外铄耶？不然，善何处寻？此寻之之心，正是不能存着之心，岂有入善之理？殊不知善在于心，不须寻，只须存，如之何而存？"只是闲邪，则诚自存"，少一分人欲，便长一分天理。岂闲之者一心、存之者又一心哉？

茅注：此节总以明"闲邪则诚自存"之意。

[2] 江注：人性本善，故人心本诚。其有邪者妄也，去妄则无妄矣，故

诚非外铄。

贝原笃信曰:"孟子言性善皆由内出",愚谓,乃上文所谓"不是外面捉一个诚将来存着"也。

[3] 叶解:孟子言性善,如孩提之爱亲敬兄,如见赤子入井而有怵惕恻隐之心,如四端之发,无非自然由中而出。盖实心非外铄,操之则存矣。所谓闲邪者,亦不过外肃其容貌,内齐其思虑,则敬自然生,邪自然息。

张解:即言存诚之由于闲邪,恐人别求所以闲之之法,莽莽荡荡究无交涉,又推其故而言,以为诚者性也。以其实有是理言之,谓之诚。以其实理具于心言之,谓之性。孟子揭性宗旨,断为性善,则善皆内出,即诚非外铄,本不待存而自存者。今云闲邪以存之,岂"闲邪更著甚工夫"?然外之容貌不有以闲之,则易以惰慢而即于邪;内之思虑不有以闲之,则易以纷乱而入于邪,而诚不可得而存矣。学者但惟是提醒于容貌思虑之间,使此心有所持定,则自然生敬,而闲邪工夫莫过此矣。岂外此别有所谓存诚之方也哉?

李解:为,去声。

茅注:上言"闲邪则诚自存",此节见诚为人心之自然,不假外求。诚存则邪自无从入,更无所用其闲之之功也。

[4] 叶解:敬者心主乎一,无放逸也。静而主乎一,则寂然不动;不散之东西,常在中也。动而主乎一,则知止有定,不滞乎彼此,常在内也。常存此心,则天理自明。

张解:既言敬为闲邪工夫,恐人以敬为别是一事,另以一个敬来主此心,故又言敬非他,只要此心常自整顿而专主乎一也。专主乎一,则不之东、不之西,湛然静虚,无所偏倚,只是中;不之此、不之彼,止于所止,不出其位,只是内。于以关防外邪,洞见本性,自然性中之天理,惺惺了了,如日之方升而无不明,那有闲思杂虑、私而不直之为?是之谓"敬以直内"也。学者须是敬以直内,常常整顿其心,将此意涵养,久之心在腔子里,邪无由入,即是闲之妙法,故曰"直内是本"也。未能直内,则亦安得谓之敬哉?今由程子之言总论之,人生有性,性中所具无他物,只一个理。此理原之于天,本是真实无妄的,故谓之诚。闲邪而外,别无存诚之法。然所以闲之者,究不外于吾心,心放故邪,才收敛便有一个主宰,无许多杂乱邪念,则内直矣。内直诚便存,诚是一,敬是主一,未能诚者,由敬以入诚。诚不是外面捉来存着,敬亦不是另外捉来主着。心要如此,便专主乎此而不适乎他,是之谓敬。时时事事要从此做去,大段总是收敛入来,所以直内是本。朱子曰:"程子有功后学,最是拈一'敬'字有力。"学者其可不尽心乎哉!

茅注：承上文"敬"字而言其义。不之东、不之西，则不偏于一隅，故云"只是中"。不之此、不之彼，则不为外物所动，故云"只是内"。总以明"主一"之义。朱子曰："主一，则所讲底义理方始为我有，不然便无安着处。"

江注：问："动而无二三之杂者，主此一也。静而无邪妄之念者，亦主此一也。主一兼动静而言？"曰："是。"问："或人专守主一。"曰："主一亦是。然程子论主一却不然，又要有用，岂是守块然之主一？""圣人言语，当初未曾关聚，如说见宾承祭之类，皆是敬之目。到程子始关聚说出一个'敬'来教人。然敬有甚物？只如'畏'字相似，不是块然兀坐，只收敛身心，整齐纯一，不恁地放纵，便是敬。""'敬'字，只着一'畏'字形容亦得。故和靖只以收敛身心言之。""这心都不着一物，便收敛。他说入神祠云云，最亲切。今人若能专一此心，便收敛紧密，无些子空罅。若这事思量未了，又走作那边去，心便成两路。""心主这一事，不为他事所乱，便是不容一物。"问："此只是说静时气象否？"曰："然。"

价解：立心之功，在于闲邪存诚。闲后起物欲之邪，则天理本然之诚自存，其功不外一敬。而"主一"二字，尤敬之秘钥也。张南轩曰："伊川谓主一之谓敬，……其在此欤。"此乃程子论诚敬最切实者，南轩又发明循序渐进之功，曲尽其旨。读者当知所用力，而不患天理之不明矣。

［5］茅注：按，和靖自言："初见伊川时，教看'敬'字。焞请益，伊川曰'主一则是敬'。当时虽领此语，然不若近时看得更亲切。"祁宽因问"如何是主一"，而尹氏语之以此。

贝原笃信曰：注"尹彦明曰"，案，是祁宽问"主一"之答也。

[集评]

问：主一。曰：做这一事，且做一事。做了这一事，却做那一事。今人做一事未了，又要做那一事，心下千头万绪。（《语类》卷九十六）

或谓：主一，不是主一事。如一日万几，须要并应。曰：一日万几，也无并应底道理，须还他逐一件理会，但只是聪明底人却见得快。（同上）

魏鹤山曰：孔门说仁处大抵都有敬意，如四勿、二如之类是也。《左传》"敬，德之聚，能敬必有德"，此意极精。自圣学不明，率往往以擎跽曲拳、正坐拱默之类为敬。至周、程以后，如"诚"字、"敬"字、"仁"字，方得圣贤本指。其所谓"主一无适之谓敬"，最为亲切。（《价解》）

张习孔曰：《乾》之二曰："闲邪存其诚。"《坤》之二曰："敬以直内。"二有中德，故圣人著此两语。先生谓"主一，则不之东，不之西，如是则只是中"。正合二爻之义。

郑晔曰："今人"一段说闲邪诚自存，"孟子"一段说不是外面捉一个诚来存着，"动容貌"以下说闲邪工夫，"敬"以下承上文言敬也。

佐藤一斋曰：主一，谓主宰无适，非谓主于一。观下文"主一之谓敬，无适之谓一"，其意可见。"既不之东，又不之西，如是则只是中"，释"主"字，以主宰在中也；"既不之此，又不之彼，如是则只是内"，释"一"字，以专一无他适也。注(按，叶采集解)以动静而言，恐缪。（笔者按，此观点与朱熹、叶采的诠释有别，值得探究。）

45.[一]闲邪则固一矣，然主一则不消言闲邪。[1]有以一为难见，不可下工夫，如何？一者无他，只是整齐严肃，则心便一。一则自是无非僻之奸[二]。此意但涵养久之，则天理自然明。[2]

[集校]

[一]《张解》本有"伊川曰"三字。

[二]"奸"，近本作"干"，古字通用。(《茅注》)按，《叶解》元刻本及其四库抄本、吴邦模刻本、《江注》本及其四库抄本作"干"。

[集注]

[1]叶解：闲其邪思，则心固一矣。然心既主一，则自无私邪之念，不必闲也。

张解：闲邪而诚自存，则心固一矣。然心惟不一，故邪，邪故思所以闲之。若专主乎一，则许多放荡底心都收了，许多杂乱底心都静了，自然无邪，何消说个闲邪耶？则甚矣，主一之要也！

茅注：闲邪，使邪不能入，则心自一矣。然心一则邪自无从可入，更无所事于闲也。

[2]叶解：外整齐而内严肃，则心自一、理自明。

张传：此与"敬胜百邪"参看。

张解：夫一有甚形影？视之不可得而见也，故有疑其难见，未知如何下工夫者。夫一非他也，只是要心在这里，外面整齐严肃，以养其内，则心便一，一便无非僻之犯。人惟涵养未久，心有二用，天理因有间断。但涵养久之，心一乎理，而理之具于心者自然明无不照，不患邪之为累也，故曰"不消言闲邪"。此承上章之意也。

李解：朱子曰："学者须是培养，程子言'存此则自然天理明'，又言'此意但涵养久之，则天理自然明'。今人不曾做得此种工夫，胸中胶扰驳杂，如何穷得理? 从陆子静学,杨敬仲辈持守得亦好,然他不肯读书,只任一己私见,有似荑稗。今不肯做培养工夫,便是五谷不熟,不如荑稗矣。"

茅注:"有以一为难见,不可下工夫",程子因门人有此疑,故教之以整齐严肃,使有下工夫处也。整齐严肃,如正衣冠、尊瞻视之类。一,专一也。

江注:朱子曰:"整齐严肃,此心便存,便能惺惺。""才整顿起处,便是天理。无别天理,但常常整顿起,思虑自一。""持敬之说不必多言,但熟味'整齐严肃','严威俨恪','动容貌,整思虑','正衣冠,尊瞻视'此等数语,而实加功焉。则所谓直内,所谓主一,自然不费安排而身心肃然,表里如一矣。"

贝原笃信曰:卢玉溪曰:"外面整齐严肃,则内面便一;内面一,则外面便无非僻之干。"……余案,叶注与卢玉溪异,将整齐严肃做内外说了,恐非。

[集评]

问:"闲邪则固一矣,主一则更不消言闲邪"。曰:只是觉见邪在这里,要去闲他,则这心便一了。所以说道"闲邪则固一矣"。既一则邪便自不能入,更不消说又去闲邪。恰如知得外面有贼,今夜用须防他,则便醒了。既醒了,不须更说防贼。(《语类》卷九十六)

朱子曰:主一似"持其志",闲邪似"无暴其气"。闲邪只是要邪气不得入,主一则守之于内。二者不可有偏,此内外交相养之道也。(同上)

胡氏曰:心具众理,所患者纷乱放逸惰慢,故须主敬。主一无适,所以整其纷乱放逸;整齐严肃,所以救其惰慢。此存心之要法也。"又曰:"虽整齐严肃,亦要沉潜细密,意思不可把捉太过。(《李解》)

张绍价曰:自"存养熟后"至此为一段。"存养"五节,言主敬工夫之密,以起敬无间断之意。"天地设位"五节,言由敬入诚之功。无间断诚也,敬则无间断,诚由敬入也。涵养吾一,结明一字,遥应首节濂溪"一为要"之义。一者,诚也,纯亦不已。圣人之至诚无息也,其要只在慎独,学者求诚之功也。"不有躬"四节,言学者立心存诚之要,不外一敬,而敬尤莫要于主一也,一诚也,主一敬也。敬以直内,涵养久则天理自然明,能敬乃能诚也。

46. 有言:"未感时,知[一]何所寓?"[1][二]曰:"操则存,舍则亡,出入无时,莫知其乡",更怎生寻所寓? 只是有操而已。操之之道,"敬以直内"也。[2]

[集校]

[一] 退溪曰:《心经》及《遗书》"知"下有"如"字。(《释疑》)按,"知"

下,《入闽语录》有"心"字。补之,语意较明。

　　[二]"曰"上,《张解》本有"伊川"二字。

[**集注**]

　　[1]茅注:知,指心之知觉而言,与他处"知"字不同。

　　[2]叶解:人心无常,亦惟操之则存。学者实用力而有见于斯,则真得所以存心之要,而不患于出入无时,莫知其乡矣。

　　张传:"内"字即其寓也。

　　张解:人心神妙不测。动而应事之时,随事而存,而非为事所系缚。静而未感之时,所以应事者自在,而非有所偏倚,寄寓于一处。今人不达其理,有言"未感时,知何所寓"者。夫心有所寓,则堕落那一边去。有定时,有定处,不算是活物矣。伊川引孟子之言心者,见操便存、舍便亡,倏存倏亡,则出入无时,一出一入,则莫知其乡。心之虚活如此,更何处寻其所寓?只是有操勿舍而已。操亦不是太拘束他,略收拾来即在这里。《易》言"敬以直内",所以操之也。能敬则未感之时,胸中有个主宰,洞洞属属,义理昭著,虽无所寓,亦何在不寓哉?

　　李解:舍,上声。胡氏曰:"今世又有一等学问,言静中不可着个'操'字,若操时又不是静,以何思何虑为主,悉屏思虑,以为静中工夫,只是如此。所以流于老、佛,不知操是持守之意,即静时敬也。若无个操字,是中无主,悠悠茫茫无所着落。若不外驰,定入空无。此学所以易差也。"

[**集评**]

　　用之问:"有言'未感时,知何所寓?'曰:'操则存,舍则亡。出入无时,莫知其乡。更怎生所寓?只是有操而已。'"曰:这处难说,只争一毫子。自是看来看去,待自见得。若未感时,又更操这所寓,便是有两个物事。所以道"只有操而已"。只操便是主宰在这里。(《语类》卷九十六)

　　张绍价曰:此以下言内外交养之功。而前十节,则专就未感时,论操存内养工夫。异学之说,有所谓注心虚空藏者,有所谓栖神于背者,有所谓端白调息者,有所谓观白骨法者,皆主心不定,而欲别寻所寓,以寄顿此心也。然只就气上用功,而不就理上用功,纵能降伏其心,亦只是气定而非理定。儒者操之之道,敬以直内,主一以存天理之本然。理定则心自定,不可别寻所寓也。

47.[一]敬则自虚静,不可把虚静唤做敬。[1]

[集校]

[一]《张解》本有"伊川曰"三字。

[集注]

[1] 叶解：朱子曰："周子说主静，正是要人静定其心，自作主宰。"

张传：敬如一水凝然。无尘杂，虚也。无摇撼，静也。

张解：程子恐人误认周子主静之旨，故言此以示学者。……所谓静中须有物始得，所谓敬也。敬则无闲思杂虑，自虚而静。人若只管求静，空却一切欲，与事物不交涉，是把虚静唤做敬，其不流于窈冥昏默之异学几何哉！

李解：敬则自有主而虚，无欲而静。以虚静为敬，则或入于致虚守静之归矣。

茅注：朱子曰："若把虚静唤作敬，则恐入释、老去。"

[集评]

朱子曰："圣人定之以中正仁义而主静"，正是要人静定其心，自作主宰。程子又恐只管静去，遂与事物不相交涉，却说个"敬"，云："敬则自虚静。"须是如此做工夫。（《语类》卷九十四）

张绍价曰：敬以直内，则无邪思妄念，故自然虚静。若认虚静为敬，则必陷于异学之空寂，故程子戒之。周子所谓主静，定之以仁义中正，非异端之虚静也。程子恐人务虚静而陷于异学，故言敬不言静。

48. [一]学者先务，固在心志。然有谓欲屏去闻见知思，则是"绝圣弃智"。有欲屏去思虑，患其纷乱，则须坐禅入定。如明鉴在上[二]，万物毕照，是鉴之常，难为使之不照。人心不能不交感万物，难为使之不思虑。[1]若欲免此，惟是心有主。如何为主？敬而已矣。有主则虚，虚谓邪不能入；无主则实，实谓物来夺之。[2][三]大凡人心不可二用，用于一事，则他事更不能入者，事为之主也。事为之主，尚无思虑纷扰之患，若主于敬，又焉有此患乎？[3]所谓敬者，主一之谓敬；所谓一者，无適之谓一。且欲涵泳主一之义，不一则二三矣。[四]至于不敢欺，不敢慢，"尚不愧于屋漏"，皆是敬之事也。[4]

[集校]

[一]《张解》本有"伊川曰"三字。

〔二〕"上"，《叶解》元刻本及其四库抄本、吴邦模刻本、《茅注》本、《江注》本及其四库抄本、《入闽语录》作"此"。

〔三〕"大凡"上，《入闽语录》有"今夫……不实"数句。

〔四〕"至于"上，《入闽语录》有"言敬……之义"数句。

〔集注〕

〔1〕叶解：绝圣者黜其聪明，弃智者屏其知虑。老氏之"绝智弃智"（按，"绝智弃智"《四库》抄本作"绝圣弃智"），释氏之"坐禅入定"，皆绝天理、害人心之教也。

张解：此言人心无不思虑之理，只思其所当思，则其所不当思者不能乱。此圣贤主敬之功，所以不同异学也。盖学者先务固在心志之定，纷扰胶结，此诚大病。然不得持心之要，而徒求虚静之道，遂有谓耳目之闻见，心志之知思，皆非自然，欲屏去一切，清净无为者，则是老氏之绝圣弃智，而不识吾心之本体也。又有谓心虽能思，而多思多乱，不如遏绝制缚，看住心在这里者，则须如释氏之坐禅入定，而不知吾心之大用也。夫心如明镜，其体光明洞达，其用自足以照物。是以悬之于此，而万物妍媸，随来毕照，鉴无与焉，此鉴之常。今有是鉴而使之不照，既虚此鉴之本体，而妍媸之异其形，又何所持以显其照之之用？亦见其难为也已。况人不能不感于物，物不能不感于心，心与物交感而思虑起焉。心为思之体，思为心之用，乃以为心无所用思，而弃绝其心之圣智，又患思虑之足以累心而枯守寂坐，以学佛氏之所谓定者。将求静反不得静，欲息思虑反添思虑，岂非难之又难乎哉？

李解：屏，上声。胡氏曰："真能主敬，自无杂虑。欲屏思虑者，皆是敬未至也。"

茅注：此一节总以见思虑不能无之意。"绝圣弃知"，见老子《道德经》上篇。"坐禅入定"，见佛书。

〔2〕叶解：免此，谓有思虑而无纷乱，邪（按，"邪"据《四库》抄本当作"林"）用中《主一铭》云："'有主则虚'，神威（按，"威"《四库》抄本作"守"）其都；'无主则实'，鬼阚其室！"

张解：夫思虑必不可却，而欲免思虑纷扰之患，惟当思者思，不当思者不思。心有所主，自不至为所纷。然如何为心有主？只是敬而已矣。敬者，心之体所以立，心之用所以行。无事时不教心空，有事时不教心乱，是以有主也。有主则虚，虚者，心中若无一事，事来便可否分明，邪何能入？若无主则实，实者不以义理养其心，满腔都是私意，所以物来夺之。观有主、无主之分，可知主敬为学者先务，岂以事物之来、漠然不应，为能持其心耶？

茅注：此一节所以示学者以有思虑而不至于纷乱之道也。

[3] 叶解：主敬，则自不为事物纷扰。

张解：承上文极言有主之效。夫凡人心不可二用，今人为一事而专用其心。如读书时心在书，写字时心在字，执玉捧盈时心在执玉捧盈，干戈战斗时心在干戈战斗，则他事更不能入者，事为之主也。事为之主，不过一时之心之专，尚不为他事纷扰。若时时主敬，则时时皆主于事，又焉有纷扰之患？而必为屏去思虑之见，则亦可谓不察矣。

李解：主事者用之偏，主敬者体之全。然无思虑纷扰之患，则一也。

茅注：焉，于虔反。此又以常情言之，见心之不可无主，以明上文"有主则虚"、"邪不能入"之意。心用于一事，他事更不能入，凡人类然。但若心在此事，或为此事所牵扰，便无复湛然虚明之体，此又不可以不审耳。

[4] 叶解：主一、无适者，心常主乎我而无他适也。盖若动若静，此心常存，一而不二，所谓敬也。不欺不慢，不愧屋漏，皆戒惧谨独之意。此意常存，所主自一。朱子曰："无适者，只是持守得定，不驰骛走作之意耳。无适即是主一，主一即是敬，展转相解。非无适之外别有主一，主一之外又别有敬也。"

张解：此又详解"敬"字之义，使人深思而自得之也。夫所谓敬者，随动随静，专致其心，勿贰以二，勿参以三，主一之谓也。所谓"一"者，当事而存，止于其事，勿东以西，勿南以北，无适之谓也。"无适即是主一，主一即是敬"，且当就主一之义，玩味涵泳，察其所以必主一之故。盖不一则二三矣，二三之憧憧思虑，岂不成纷扰乎？所以不必遏绝思虑，不必屏去闻见知思，只要主一。至于实致其主一之功，随时随事，无非持养用力之地。"不敢欺"，有惕然畏慎意思。"不敢慢"，有肃然整顿意思。"尚不愧于屋漏"，有卓然精明、湛然纯一意思。皆所以实致其主一之功，而为敬之事也。敬不求静而自无不静，圣贤教人只有此法。异学绝天理、害人心之教，岂儒者所可为哉？

李解：朱子曰："'敬'之一字，学者若能实用其力，则虽程子两言之训，犹为剩语。如其不然，则言愈多心愈杂，而所以病夫敬者益深矣。"问："既云'主一无适'，又曰'人心常要活'，或疑主一则滞，滞则不周流而无穷矣。"曰："所谓'主一'者，何尝滞于一事？不主一则方理会此事，而心留于彼，却是滞于一隅。"朱子《敬斋箴》曰："正其衣冠，尊其瞻视；潜心以居，对越上帝；足容必重，手容必恭；择地而蹈，持旋蚁封；出门如宾，承事如祭；战战兢兢，罔敢或坠；守口如瓶，防意如城；洞洞属属，毋敢或轻；不东以西，不南以北；当事而存，靡他其适；勿贰以二，勿叁以三；惟精惟一，万变是监；从事于斯,是曰持敬;动静不违,表里交正;须臾有间,私欲万端;不火而热,不冰而寒;毫厘有差,天壤易处;三纲既沦,九法亦斁;呜呼小子,念哉敬哉;墨卿司戒,敢告灵台。"

茅注:此节释"敬"字之义,以及其事也。"不敢欺",以内而言;"不敢慢",以外而言;"不愧屋漏",又兼内外而言之也。问:"应此事未毕,复有一事至,则当何如?"曰:"须是一事毕又理会一事,亦无杂然而应之理。但甚不得已,则权其轻重可也。"陈北溪曰:"无事时,心常在这里不走作,固是主一。有事时,心主着这个事,更不把别个事来参插,也是主一。"

江注:朱子曰:"心虚则理实,心实则理虚。'有主则实',此'实'字是好字,指理而言。'无主则实',此'实'字是不好字,指私欲而言。以理为主,则此心虚明,一毫私意着不得。""中'有主则实',此重在'主'字上;'有主则虚',重在'敬'字上。言敬则自虚静,故邪不得而奸之也。""'主一无适',此等语须力行之,方见得真实意味。""敬主于一,做这件事,更不做别事。无适是不走作。"问:"思其所当思,如何?"曰:"却不妨,但不可胡思。如思此一事,又别思一件事,便不可。"问:"伊川言主一、无适,又谓'人心常要活,则周流无穷而不滞于一隅'。或疑主一则滞,不能周流。窃谓主一则此心便存,心存则物来顺应,何有乎滞?"曰:"固是。然所谓主一者,何尝滞于一事?不主一,则方理会此事而心留于彼,这却是滞于一隅。"

［集评］

问:"'有主则实',又曰'有主则虚',如何分别?"曰:"只是有主于中,外邪不能入。自其有主于中言之,则谓之'实';自其外邪不入言之,则谓之'虚'。"(《语类》卷九十六)

朱子曰:外邪不能入,是"有主则虚"也。自家心里只有这个为主,别无物事,外邪从何处入?岂不谓之虚乎?然他说"有主则虚"者,"实"字便已在"有主"上了。……"无主则实"者,自家心里既无以为之主,则外邪却入来实其中,此又安得不谓之实乎?(同上)

朱子曰:或谓"主一、主事不同",恐亦未然。盖无事则湛然安静而不骛于动,有事则随事应变而不及乎他。是所谓主事者,乃所以为主一者也。若有所系恋,则必有事已过而心未忘,身在此而心在彼者,与主一无适非但不同,直是相反。(《茅注》)

朱子曰:程子有功于后学,最是拈出"敬"字有力,敬则此心不放,事事从此做去。(《叶解》)

真西山曰:周子"主静"之言,程子"主一"之训,皆其为人最切者也,而

朱子又丁宁反复之。学者诚于是而知勉焉,戒于思虑之未萌,谨于事物之既接,无少间断,则德全而欲泯矣。(《茅注》)

(问:)《近思录》明道言"中有主则实,实则外患不能入"。伊川云"心有主则虚,虚则邪不能入。无主则实,实则物来夺之"。所主不同,何也?(陈埴)曰:"有主则实",谓有主人在内,先实其屋,外客不能入。故谓之实。"有主则虚",谓外客不能入。只有主人在,故又谓之虚耳。知惟实故虚。盖心既诚敬,则自然虚明。

薛瑄曰:程明道曰,"中有……不能入",此实字指敬而言。主敬则天理存,而心实,外患自不能入。伊川曰:"中有……不能入。"此中有主,既主敬之主。敬则理虽实而心体常虚。虚谓外邪不能入。(《读书录》)

张习孔曰:主敬之学,尽于此篇。先生喫紧为人,和盘托出矣。至其切实下手工夫,则总结于不敢欺、不敢慢、不愧屋漏之言也。能是三者,则心俱在天理,岂非有主?虽交感万物,何能夺之?

茅星来曰:朱子谓"主事即所以为主一",与程子说小异。盖程子从常情之主事言之,则主事与主一有别。朱子直就主事之正理言之,则主事即所以为主一。二说虽异,而其实相发明也。

张绍价曰:此承上文而言,以虚静为敬者,恐事物足以累心。势必屏见闻,如老氏之"绝圣弃智";去思虑,如释氏之"坐禅入定"。所谓言语道断,心思路绝也。所谓不思善,不思恶,认本来面目也。所谓不起纤毫修学心,无相光中常自在也,是异学非圣学也。此申言"不可把虚静唤做敬"之义。心如明鉴,鉴不能使之不照物,心不能不感物而生思虑。思虑每患纷扰,若欲免此,其惟心有主乎!如何有主,敬而已矣。敬则心有主而虚,邪恶不能入我灵府。不敬则心无主而实,私欲满腔,外物得以夺之。此治心之功,所以以敬为要也。心系于事,尚不走作,况敬以守其本体,焉有思虑纷扰之患?此申言敬则自虚静之义。无适者,心不驰骛走作之谓,二三则适矣。涵泳主一之义,深知其味,则不贰以二,不参以三,心无所适,自然虚静,何待屏闻见去思虑而后虚静乎?

49.　[一]严威俨恪,非敬之道,但致敬须自此入。[1]
[集校]

　　[一]《张解》本有"伊川曰"三字。

[集注]

　　[1]叶解:敬存于中,严威俨恪著于外者,然未有外貌弛慢而心能敬。

张解：《礼记》："严威俨恪，非所以事亲。"谓是以上临下之敬，即正衣冠，尊瞻视，俨然人望而畏之者也。程子既以为非敬之道，而又谓致敬自此入者，盖不齐其外，无以养其内，外端则内自肃。胡敬斋谓"端庄整肃，严威俨恪，是敬之入头处"是也。

江注：严威俨恪，外面勉强把捉而已。然致敬却须自此始。

[集评]

问敬。曰：不用解说，只整齐严肃便是。（《语类》卷十二）

张习孔曰：总此四字，力持则非道，纯熟则是道。

李瀷曰：固有严威俨恪，而不至于敬者矣。亦未有不严威俨恪，而能至于敬者也。

50. [一]"舜孳孳为善。"若未接物，如何为善？只是主于敬，便是为善也。以此观之，圣人之道，不是但嘿[二]然无言。[1]

[集校]

[一]并《遗书》卷十五，伊川语。（《冯记》）按，"舜"上，《张解》本有"伊川曰"三字。

[二]"嘿"，《张解》本、《叶解》四库抄本、《茅注》本作"默"。

[集注]

[1]叶解：孳孳者，亹亹不倦之意。圣人为善固无间断，然方其未接物之时，但有主敬而已，是即善之本也。"不是但嘿然无言"，谓其静而有所存也。（按，《四库》抄本下增"静而有存，故善。"）

张传：一"敬"字，推之无所不合。

张解：程子恐人专要去静处求，便以默然无言谓可明心见性，不知静中要有个存主，故拈孟子言"舜孳孳为善"。当鸡鸣之时，未与物接，如何为善？盖天理无间，圣人为善之心亦无间，虽未接物，而惺惺存存必主于敬。使吾心之内天理流行，便是孳孳；勉而不已，便所以为之也。以此观之，圣人岂但是默然无言？其所以戒慎恐惧者，盖无时无处而不用其力也已。

李解：敬则天理存而百邪退，善莫大焉。默然无言，异学之守此心也。

茅注：主于敬，则恶念无从而入，故曰"便是为善"。朱子曰："程子未接物时之论，尤能发明孟子言外之意，学者所当深念也。然程子又尝言'不独财利之利，凡有利心便不可。如作一事，须求自家稳便处，皆利心也'。如此则善利之间相去毫发，苟辨之不明，其不反以利为善者，鲜矣。此《大学》之道所以虽以'诚意正心'为重,而必以'致知格物'为先也。"

江注:朱子曰:"主于敬,是存养此心在这里,照管勿差失。"

[集评]

用之问:"舜孳孳为善。"未接物时,"只主于敬,便是为善"。以此观之,圣人之道不是默默无言。圣人之心"纯亦不已",虽无事时,也常有个主宰在这里,固不是放肆,亦不是如槁木死灰。曰:这便如夜来说只是有操而已一段。如今且须常存个诚敬做主,学问方有所归着。如有屋舍了,零零碎碎方有顿处。不然,却似无家舍人,虽有千万之宝,亦无安顿处。今日放在东边草里,明日放在西边草里,终非己物。(《语类》卷六十)

张绍价曰:敬贯动静,接物时固当敬,未与物接,亦当存养此心,俾无走作。若于此放过,敬于动而不敬于静,则敬有间断,而非所以存诚矣。圣人之心,无间断于动静,不是但嘿然无言,而无所事也。

51. [一]问:"人之燕居,形体怠惰,心不慢,[二]可否?"曰:安有箕踞而心不慢者? 昔吕与叔六月中来缑氏,闲居中,某尝窥之,必见其俨然危坐,可谓敦[三]矣。学者须恭敬,但不可令拘迫,拘迫则难久也[四]。[1]

[集校]

[一] 此条,《叶解》元刻本紧接在第 50 条后刻印,未单列,似与上条合作一条。此条今见《河南程氏遗书》卷十八《刘元承手编》,下同。

[二]《遗书》"慢"下无"者"字。(《茅注》)"可否",叶上增"者"字。(《冯记》)"心不慢者",吕本无"者"字。(《异同考》)按,"慢"下,《叶解》四库抄本、《茅注》本有"者"字。《江注》四库抄本无"者"字。

[三]"敦"下,杨本无"笃"字。(《茅注》)按,"敦"下,《叶解》元刻本与四库抄本、吴邦模刻本、《茅注》本、《江注》本及其四库抄本有"笃"字。

[四]"久"下,一本无"也"字。"也",《遗书》作"矣"。(《茅注》)"久",叶下增"也"字。(《冯记》)"难久也",吕本无"也"字。(《异同考》)按,"久"下,《叶解》元刻本、吴邦模刻本、《江注》本及其四库抄本无"也"。"也",《刘元承手编》作"矣"。

[集注]

[1] 叶解:盘曲(按,"曲"《四库》抄本作"坐")曰箕,蹲跱曰踞。箕踞乃敖

惰之所形见。学者始须庄敬持守,积久自然安舒。

张传:此视人精神血气之坚脆。

张解:形体者,心之征也。怠惰见于燕居之形体,即此便是不敬。而以心有不慢为问,亦未达于内外交养之义矣,故程子告之以此。"盘坐曰箕,蹲踞曰踞",皆怠惰之形。盖外面严肃整齐,则中自然宁一,岂有外箕踞而心不慢者?吕与叔,程门高弟也。六月盛暑之时,在缑氏闲居中,非见宾承祭之地,犹必俨然危坐,不见怠惰,则其整齐严肃,终身守敬之敦笃可知矣。夫发于外之谓恭,存诸中之谓敬,只是一般意思。学者须内外交养,而后可以进于道。但亦有勉为恭敬,而卒不能久者,以其把捉太重,觉有拘苦急迫之意,故始严终怠而不能久。如吕与叔之俨然危坐,彼若有拘迫意,岂能镇常如此?此是索性从整齐严肃做上来,久成自然者。

李解:缑氏,县名。

茅注:踞,居御反。缑,居侯反。……箕踞,申两足,以手据膝,形如箕也。《汉书·张耳传》作"箕倨"。《曲礼》:"坐毋箕"。缑氏,宋县名,属河南府。熙宁五年省偃师入缑氏,八年复置偃师县,省缑氏为镇。尹和靖曰:"尝亲闻此,乃谓刘质夫也。"薛敬轩曰:"古人衣冠伟博,皆所以庄其外而肃其内也。后人服一切简便短窄之衣,起居动静惟务安适,所以流为轻佻浮薄,不可救药也。"

李潢曰:六月,怠惰之时。闲居,得肆之地也。窥之者,欲验其诚笃而有以教之也。

[**集评**]

或问:主敬只存之于心,少宽四体亦无害否?曰:心无不敬,则四体自然收敛,不待十分着意安排,而四体自然舒适。着意安排,则难久而生病矣。(《语类》卷十二)

朱子曰:近世学者之病,只是合下欠持敬工夫,所以事事灭裂。其言敬者又只说能存此心,自然中理,至于容貌辞气,往往全不加功,又况心虑恍惚,未必真能存得耶!程子言敬必以整齐严肃、正衣冠、尊瞻视为先,又言未有箕踞而心不慢者。如此乃是至论。(《李解》)

胡氏曰:人坐不端庄,则昏惰之气必生,心因以不存而理亦昏矣。人之昏困,是气也,持其志则昏困去。(《李解》)

张绍价曰:敬兼内外,内固当直,外亦当肃。外貌斯须不庄不敬,则易慢之心入之,安有箕踞而心不慢者?此程子论敬必以整齐严肃为言,而朱子《敬斋箴》,亦先言正其衣冠,尊其瞻视,足容必重,手容必恭也。学者须恭敬,但不可过于拘迫。拘迫则身体劳乏,无从容闲适之意,不能持久。此申上二节之意。燕居,即未接物时也。俨然危坐,即严威俨恪,而主于敬也。主敬者非失之缓,即失之急,故既言怠惰之不可,而又戒以勿拘迫、勿忘助也。

52. "思虑虽多,果出于正,亦无害否?"[一]曰:且如在宗庙则主敬,朝廷主庄,军旅主严,此是也。如发不以时,纷然无度,虽正亦邪。[1]

[集校]

[一]《张解》本有"伊川"二字。

[集注]

[1]叶解:敬存于执事,庄示于等威,严施于法制,皆发于心而见于事者。发之而当,则无害也。苟发不以时,或杂然而发,或过而无节,其事虽正,亦是邪念。

张解:此即君子思不出其位之意也。思以位为准,位以时为定,日用间一言一动莫不各有其则,故其发之思虑者,稍违乎时便是出位。或问思虑苟出于正,虽多似不为害,而程子告之以此。盖思虑不失其时,方是不失其正。如时在宗庙,则忾见僾闻,以敬为主;时在朝廷,则严威俨恪,以庄为主;时在军旅,则介胄不可犯,以严为主。所谓时也,即便是正也。若移宗庙之敬于朝廷,移朝廷之庄于军旅,移军旅之严于宗庙朝廷,岂得谓之不正?而发不以时,胸中纷然无有限度,则不必邪思妄念乃是为邪,虽正亦邪,甚害事也。学者平时但当涵养本原,澄然无事,主敬之功既至,则发必中节,自无此患矣。

李解:朝,音潮。

价解:思虑必止于事,主于一而后能中。宗庙则一于敬,朝廷则一于庄,军旅则一于严,当事而存,靡他其适,发之必以其时,斯无不中矣。发不以时,虽正亦邪,中无不正,正未必中也。

[集评]

张习孔曰:思出于正,则不得谓之多。禹思日孜孜,周公之思,夜以继日,一日二日万几,可辞多乎?苟不应思而思,是孔子所谓忘寝食而无益者耳,亦非邪也。

茅星来曰:吕与叔患思虑纷扰,程子告以主于敬,则自然不纷扰。因又以此为问,而程子语之如此。敬以事言,庄以容言,严以法言,三者亦非截然分属,盖程子特各就其重者言之耳。

53. 苏季明问:"喜怒哀乐未发之前求中,可否?"[1][一]曰:不可。既思于喜怒哀乐未发之前求之,又却是思也。[二]既思即是已发。[2](旧注:思与喜怒哀乐一般。)才发便谓之和,不可谓之中也。[3]又问:"吕学士[三]言当求于喜怒哀乐未发之前,如何?"[四]曰:若言存养于喜怒哀乐未发之前,则可;若言求中于喜怒哀乐未发之前,则不可。[4]又问:"学者于喜怒哀乐发时,固当勉强裁抑,于未发之前,当如何用功?"曰:于喜怒哀乐未发之前,更怎生求? 只平日涵养便是。涵养久,则喜怒哀乐发自中节。[5]曰:"当中之时,耳无闻,目无见否?"曰:虽耳无闻,目无见,然见闻之理在始得。[6][五]贤且说静时如何? 曰:"谓之无物[六]则不可,然自有知觉处。"[7]曰:既有知觉,却是动也,怎生言静? 人说"《复》其见天地之心",皆以谓至静能见天地之心,非也。《复》之卦下面一画,便是动也,安得谓之静?[8]或曰:"莫是于动上求静否?"曰:固是,然最[七]难。释氏多言定,圣人便言止,所谓止[八]如"为人君止于仁,为人臣止于敬"之类是也。《易》之《艮》言止之义曰:"艮其止,止其所也。"[九]人多不能止,盖人万物皆备,遇事时各因其心之所重者更互而出,才见得这事重,便有这事出。若能物各付物,便自不出来也。[9]或曰[十]:"先生于喜怒哀乐未发之前,下动字? 下静字?"曰:谓之静则可,然静中须有物始得,这里便是难处。学者莫若且先理会得敬,能敬则知此矣。[10]或曰:"敬何以用功?"曰:莫若主一。季明曰:"昞尝患思虑不定,或思一事未了,他事如麻又生,如何?"曰:不可。此不诚之本也。须是习,习[十一]能专一时便好。不拘思虑与应事,皆要求一。[11]

[集校]

[一]《张解》本有"伊川"二字。

[二]《张传》本无"既思……思也"句。

[三] 与叔于元祐中为太学博士,秘书省正字,未尝为学士,疑"学"字乃"博"字之讹,今《中庸辑略》作"博士"。(《茅注》)

　　〔四〕今见《刘元承手编》，"曰"上有"信斯言也，恐无着摸"；"曰"下有"看此语如何地下"。

　　〔五〕"贤"上，《刘元承手编》有"曰：中是有时而中否？……却于喜怒哀乐已发之际观之"。

　　〔六〕朱子曰："'无物'字，恐当作'有物'字。"（《叶解》）《粹言》作"有物"。（《茅注》）

　　〔七〕"最"，江误"是"。（《冯记》）王、吴本"最"作"是"，洪本及《遗书》、《集解》各本皆作"最"，今从之。（《王记》）按，《江注》本作"最"。

　　〔八〕一本下有"所谓止"止字。（《李解》）"便言止"下，近本无"所谓止"三字，今照《遗书》及宋本增。（《茅注》）按，《叶解》元刻本及其四库抄本、吴邦模刻本、《李解》本、《江注》本及其四库抄本无"所谓止"三字。

　　〔九〕"人"上，《刘元承手编》有"言随其所止而止之"句。

　　〔十〕"曰"，《叶解》四库抄本作"问"字。

　　〔十一〕"习习"，《张传》本作"事事"。

〔集注〕

　　〔1〕茅注：苏季明，名昞，武功人，亦横渠门人，而卒业于程氏者。元祐末，吕进伯荐其德性纯茂，强学笃志，自布衣召为博士，后坐上书邪党，窜鄱阳。

　　〔2〕张解：此程子辨别心之动静，极明极细，足以辟异端主静之非，与《易》理相发明，使人有着力下手处也。盖论道理自有动有静，论工夫亦兼动静。静时即已涵动时之理，动时正以密静时之功。静时道理多于动时见，动时工夫要于静时做。此动静之体用，原自无间，而据其地头言之，则有辨别。静是无思无虑，才有思虑便是动。故《中庸》言"喜怒哀乐之未发谓之中"，是因既发之后推原未发之前，就其地头认其名状，见人心确有此未发道理。这道理确是亭亭当当，直上直下，无少偏倚，虽未喜怒哀乐，而所以当喜当怒当哀当乐之节全具其中。人若涵养得好，则发便中节，与未发之中无异。其立言本意，欲人认识天地间无处不是道理。事物之来当随处以道理应之，乃无亏于天命之中。非欲人只管向静处求，舍日用现成物事，去无形迹处寻讨。毫厘之差，必有谬以千里者，故程子因苏季明之问而详辨之。苏季明，……其以"求"字为问，求非出于思不可，思与喜怒哀乐一般，即是已发。盖未发是性体，性体无形象可见，无方所可寻。子思即喜怒哀乐之可见可寻者，体贴出不可见不可寻者，使知性体即此而在，仍须于喜怒哀乐上识取，不可于未发之前求中也。求必思，思必有喜怒哀乐，岂非即是已发乎？其后

罗、李二先生教人静坐、观气象。观者,思虑未萌,与"求"字不同。而朱子以为说终有病,不如程子之说得平,学者宜细察之。

[3] 叶解:苏昞,字季明,张、程门人也。喜怒哀乐未发谓之中,发而皆中节谓之和。方其未发,此心湛然无所偏倚,故谓之中。一念才生,便属已发之和矣。

张解:人之思虑才发便谓之和者,如思其所当喜,则心已向喜一边;思其所当怒,则心已向怒一边。虽其喜怒中节,无过不及而和,和亦是得喜怒之中,然算做喜怒一边底中,非浑然包涵全体毕具之中。是以谓之和,不可谓之中,推之哀乐亦然。然则中、和一理而异名,不可不辨也。

李解:乐,音洛,下同。

茅注:朱子曰:"程子'才思即是已发'一语,能发明子思言外之意。盖言不待喜怒哀乐之发,但有所思即是已发。此意已极精微,说到未发界,至十分尽头,不可以有加矣。"

郑晔曰:"才发便谓之和":此恐记录有误。发而中节谓之和,岂可以才发不论中节,不中节皆谓之和乎?叶注"便属已发之和","属"字足以补程子之语意。

[4] 叶解:吕学士,与叔也。喜怒哀乐(按,"喜怒哀乐"《四库》抄本作"四者于")未发之前可以涵养,是中。若有意于求之,则不得谓之未发。

张解:知和不可谓中,则欲求喜怒哀乐之中便是求和,不可言求中。故季明又举吕学士之言为问。……程子以为未发时只可言存养,不可言求,言求则太着力也。夫存养岂非所以求之?且亦是人心要如此,似亦算做已发。而程子以为可者,盖有是本体必有是工夫。工夫都属动,而动中仍分动静,必从静处做工夫起,以为动处之用。存养正是静处做起,非一意求静。谓工夫即此完备,了无馀事,故可言存养不可言求也。

李解:涵养则自然,求之则有意。问:"延平亦谓验喜怒哀乐未发之前为何如,此说又似与季明同。"朱子曰:"但欲见其如此耳,然亦有病。不得其道,则流于空。"

茅注:胡敬斋曰:"学者做工夫不可太过,太过反成助长。如与叔所谓'求见未发之中,执而弗失',亦是太过处。虽横渠,不免此病,如曰'不舍其虚明善应之体'之类是也。"罗豫章令李延平静坐中看喜怒哀乐未发时作何气象,李先生谓:"此意不惟于进学有力,亦是养心之要。"陆氏曰:"朱子言敬每云'略绰提撕',盖惟恐学者下手过重,不免急迫之病,故于延平'观喜怒哀乐未发'一语,虽悔其始之辜负而服膺之。然于'观'之一字,则到底不敢徇见。于答刘淳叟诸书至《观心说》一篇,极言'观'之病。虽指佛氏而言,而延平之言不能无病,亦在其中。此用力于敬者,所不可不知也。"

[5] 杨注:"喜怒哀乐未发,谓之中;发而皆中节,谓之和。"当其未发之时不可思也,不可求也。倘可得而思,则已有端绪矣,不得为未发也。倘可得而求,则已有形迹矣,亦不得为未发也。独可于平日存养加功耳。存养之要在乎敬,敬在乎主一,主一亦在乎习而已。

叶解:未发之前不容着力用功,但有操存涵养而已。

张解:夫未发虽只言存养,而存养亦有工夫。故季明因问学者于发时用得勉强工夫,以裁抑其过不及,使之中节而和,若未发时如何用存养之功。程子以为这个中尚在未发,更怎生求,只是平日虚心平气,体察玩索,主宰分明,义理昭著。所谓涵养云者,便是所以存养之也。涵养既久则中随事而见,喜怒哀乐发皆中节,亦岂待于勉强裁抑之为哉?

茅注:强,区两反。中,去声。问:"未发时,当以理义涵养?"朱子曰:"未发时着理义不得,才知有理有义便是已发。当此时,有理义之原,未有义理条件,只一个主宰严肃,便是涵养工夫。"

[6] 叶解:朱子曰:"喜怒哀乐未发之时,虽是'耳无闻,目无见',然须是常有个主宰操持底在这里始得,不是一向空寂了。"

张解:闻程子涵养平日之说,亦可晓然于存养与求之辨矣。而季明之意,又以为明说一个"中"字,便是有可指名。有名斯有象,有象斯有闻见,有闻见斯有思。今谓思而求之便是已发,则当中之时,耳目无闻见否?程子以为事物未接,思虑未起,自是无闻见。然心具众理,虽未有闻见,而闻见之理自在。如未遇孺子之入井,怵惕恻隐之心未发,难道便无此心?未见牵牛于堂下,不忍觳觫之心未发,亦难道便无此心?学者须体会此心原不落空,于中之理始得。盖惟有其理,是以谓之中,非中可得而闻见也,闻见又是已发,不是静。

李解:朱子曰:"未发之时,但为未有喜怒哀乐之偏耳。若其耳之有闻,目之有见,则当愈益精明而不可乱。岂若心不在焉,而遂废耳目之用哉?""子思只说喜怒哀乐,今却转向闻见上去,所以说得愈多愈见支离纷冗,都无交涉。此乃程门请问记录者之罪也。"又曰:"心之有知与耳之有闻、目之有见,为一等时节,虽未发而未尝无。心之有思,乃与耳之有听,目之有视为一等时节,一有此则不得为未发。故程子以有思为已发则可,而记者以无闻无见为未发则不可。"

茅注:朱子曰:"程子'耳无闻,目无见'之答,以下文'若无事时须见须闻'之说参之,其误必矣。"

[7]张传:静时自有知觉处,然"谓之有物则不可",此语最精,是即"无极而太极"也。"闻见之理在"一语,即是"自有知觉处"一语。

张解:程子恐季明于静时境界尚未分明,故复设问"静时如何",欲因其蔽而开晓之也。谓之"无物则不可"者。季明盖谓静时未与物接,固不可谓之有物。然自有知其当然,觉其所以然处,似不得谓全无闻见,仍欲于未发之前求中之意也。

[8]叶解:复者,动之端也。故天地之心于此可见。

张解:程子以为季明之言静者非也。不但言求言思是动,即言有知觉却亦是动。盖以心体论之,固是具有知觉之理,所谓虚灵不昧是也,谓之明则可,谓之照物则不可。明是体属静,照是用属动。中是体属静,有知觉是用属动。故曰"怎生言静",因以《易》理明之。《易》于《震》下《坤》上之《复卦》曰:"复其见天地之心"。人皆以为静然后见,不知积阴之下,天地生物之心几于灭息。至此阳气始生而复可见,阳气始生是动也。其卦五画皆阴,唯下面一画从剥尽复生为阳爻,岂不是动?安得谓之静?盖天地之心,动静无端,何处不在?而人之见之,则于动时最为著明。前此伏藏收敛,无端倪可寻;后此流行亨通,尽散在万物上去。惟此冬至之时,万物未生,一元之气才动,故其生生之心可见。知动为见天地之心,则人心之知觉,人心之动也,不可以言静明矣。盖天地一大人心也,人心一小天地也。天地著在人心上,即是天地以知觉之用属之于人,故人心中自具有知觉之理。而人心未著事物上,则知觉之用尚寂,固不谓无知觉,而要不可以知觉言中也。

李解:朱子曰:"当至静之时,但有能知觉者,而未尝有所知觉也。故以为静中有物则可,而便以才思即是已发为比,则不可。以为《坤卦》纯阴而不为无阳则可,而便以《复》之一阳已动为比,则未可也。"

茅注:此承上"既有知觉"、"怎生言静"之意而言,非以征喜怒哀乐未发至静之时也。朱子乃谓于《易》卦当为纯《坤》,不为无阳之象,而不得以《复》之一阳已动为比。盖误以此为言喜怒哀乐之未发故耳。

贝原笃信曰:以《复》之一阳已动,为见天地之心。人心亦天地之心,人心常活而醒却是动也,怎生言静?虽然,喜怒哀乐未发谓之静,亦可也。

[9]叶解:此段问答皆论喜怒哀乐未发之中。此条问者乃转就动处言也。"止其所"者,动中其则而不迁也。若心有所重,则因重而迁。物各付物,而我无预焉,则止其所止而心不外驰矣。

张解：以下三条皆在旁者设问，而程子答之之辞，或见程子与季明问答。悟静时之体，因动而见，而动时之用，须如静时方可，故问是于动求静否。程子以为其理甚是，而工夫却最难也。因论儒、释之分，使人知所以实用其功者。释氏多言定，定亦吾儒所常言。然吾儒之所谓定以理言，释氏之所谓定以忘物言。忘物而无所为，自谓求静，不知天下之物是那一物合少得？有一物即有一物所当止，故圣人惟言止，止无定而有定。无定者其事，有定者其理，虽动而未尝动，如文王"为人君止于仁，为人臣止于敬"之类。当止则止，初不以己意与乎其间，乃真能于动上求静者。《易》于兼山之《艮》，取极上而止之义，而其《象传》之辞曰："艮其止，止其所也。"所者就事上言，则为无过不及之和，而此无过不及之和，原天命之自然，即是喜怒哀乐未发之中。人多于平日不能涵养，故遇事不能止其所，所谓发不中节也。所以然者，人心万物皆备，寂然之时，不偏不倚，本无偏重。因遇事时心系于事，便有偏重之弊。各因其心之所重者，更互而出。如偏于喜则喜心重，偏于怒则怒心重，偏于哀则哀心重，偏于乐则乐心重。才见得这事重，便有这事之或过或不及，而出于其所矣，故多不能止也。若圣人之言止者，因物付物，各得其所。喜以物之当喜，怒以物之当怒，哀乐亦然，则便不出来而止其所止矣。止其所止，动亦静也。然非从涵养中来，那能如此？岂不最难？

李解：更，平声。朱子曰："'动上求静'之云，则问者又转而之他矣。"

茅注：释氏，为释迦之教者。定，即前所谓"坐禅入定"是也。万物，如喜怒哀乐之类皆是。更互而出，如或喜、或怒、或哀、或乐是也。盖人万物皆备，无所偏倚，随感而应，各当其可，便是止其所也。若心有偏重，则因物而迁，所以人多不能止也。朱子曰："止于仁敬者，静也。欲止于仁与敬者，便是动。一动一静，循环无端。"

[10] 叶解：朱子曰："静中有物者，只是敬，则常惺惺在这里。"又曰："静中有物，只是知觉不昧。"或问："伊川云'才有知觉便是动'。"曰："若云知寒觉暖，便是知觉已动。今未曾着于事物，但有知觉在，何妨其为静？不成静坐便只是瞌睡。"

张解：或又问："既于动上求静，则存养于未发之前亦是动工夫。先生今将以未发为动乎、为静乎？"先生应之曰："这地头是静，谓之静则可。然静非空也，此中须有物始得。有物者，是常有个操持主宰，无虚寂昏塞之患。这里太着力不得，便是难处。盖有物方要存养，无物则存个甚？养个甚？却又非临时存得此物来，养得此物来。学者不用求静，且先理会得敬。敬该动静，时时整顿。其动也，知此心之所以动；其静也，知此心之所以静。则已发一如其未发,而所谓中者,灼然无遗蕴矣。

李解:或问:"此物云何?"曰:"只太极也。"

茅注:朱子曰:"此即《坤》中不能无阳,到动处却是《复》,只将十二卦排,便见。"朱子曰:"未发之时必有事焉,是乃所谓静中之知觉,《复》之所以见天地之心也;及其已发随事观省,是则所谓动上求静,《艮》之所以止其所也。持敬之功,则贯乎动静之间,而学者不可有须臾之间断者也。"

[11]叶解:心不专一,则言动皆无实,故曰"不诚之本"。犹学弈者一心以为鸿鹄将至,则非诚于学弈也。思虑者动于心,应事者见于言行,皆不可不主于一。

张传:"思一事未了,他事如麻又生",当事任者所不能免,周公思兼三王以施四事,当其未得,或有重大机务之来,岂可置之不问? 先生盖重言不主一之不可也。今人盖有本无关系重大之事,而浮游旁骛,是则先生之所戒也。

张解:以程子之言思之,言静恐做病,言敬则无偏,其说精矣。或又问"敬何以用功",盖敬是大总括,须有使人依法力行,可见功效者,而程子以主一之义蔽之。"主一"犹言专一,朱子所云"无事则湛然安静,而不骛于动;有事则随事应变,而不及乎他"者是也。季明闻程子主一之言,自愧不能主一,常恐思虑不定,一事未了,他事复生如麻。问何如而后能一,程子戒其不可如此。因言此为不诚之本,诚自无不一,不一所以不诚,不诚则发为喜怒哀乐者,皆勉强不和,而中之本然者,不可得而识矣。欲去不诚之患,须是习。习者,觉得不当思虑,便莫思虑。初时未能遽断,渐习渐定,久之打成一片,自然无闲思虑,故曰"习能专一时便好"也。思虑在应事之先,应事在思虑之后;思虑者动于心,应事者见于言行。总要敬,总要求一。一则诚,动静之间,无非天理之流行。程子反覆辨论详尽如此,此以见人心皆有未发之中,即不主敬之人,此理亦未尝无。但在嗜欲日纷之中,无由知之。知其中者,是平日主敬方会晓得。敬正是存养,存养不专在静,即对省察而谓之静,亦是从工夫中对举言之。其实有工夫即都是动,都是已发,不可言未发之前求中也。"求"字有冥心以专求之之意,专求于静必遗却动,伊川所以力辨其差。而朱子亦云:"若以世之纷扰人观之,会静得固好,讲学则不可有毫发之偏也。"

茅注:"昺"同"炳",亦作"昺",必井反。麻,谓苎麻也。陆玑《草木疏》云:"苎,一科数十茎,宿根在土中,至春自生,不须栽种,一岁三刈。"故以为心乱之喻。其馀如荫麻、大麻之类,则须种乃生,又一科一茎,一岁一刈,便不得为心乱之喻矣。朱子曰："修养家,无者硬想成有。参禅家,有者硬想成无。亦是专一方有功,然彼所为却难。今以人所固有之理而自求之,却甚顺而易。"

江注:朱子曰："此条记得极好。涵养于喜怒哀乐未发之前,只是戒慎乎其所不睹,恐惧乎其所不闻,且未有一个动绽,大纲且约住,执持在这里,到谨独处便是发了。……下面说《复卦》便是说静中有动,不是如瞌睡底静,中间常自有个主宰执持。后又说《艮卦》,又是说动中要静。《复卦》便是一个大翻转底《艮卦》。《艮卦》便是两个翻转底《复卦》。""但操存得在时,少间喜怒哀乐自有一个则在。"问:"心本动物,不审未发之前全是寂然而静,还是静中有动意?"曰:"不是静中有动意。周子谓'静无而动有'。不是无,以其未形而谓之无;非因动而后有,以其可见而谓之有耳。方其静时,动之理只在。伊川谓当中时,'耳无闻,目无见,但见闻之理在始得',及动时,又只是这静底。""'谓之无物则不可','无物'恐当作'有物'。"问:"未发之前,当戒谨恐惧,提撕警觉,则亦是知觉,而伊川谓'既有知觉却是动',何也?"曰:"未发之前,须常恁底醒,不是瞑然不省。若瞑然不省,则道理何在? 成甚大本?"曰:"常醒便是知觉,知觉须是动,何以谓之未发?"曰:"知觉须是动,不害其为未动。若喜怒哀乐,则又别也。"问:"知觉须(《王记》云:王、吴本"虽"并作"须",洪本作"虽"。按,淳录本皆作"虽"。《集注》二句并删改原文,今从洪本。)是动,而喜怒哀乐却未发否?"曰:"是。下面说'复见天地之心',说得好。《复》一阳生,岂不是动?"问:"一阳虽动,然未发生万物,便是喜怒哀乐未发否?"曰:"是。""其言静时既有知觉,岂可言静? 而引《复》以见天地之心为说,亦不可晓。"问:"静中有物,莫是含喜怒哀乐之理否?"曰:"喜怒哀乐乃是感物而有,犹镜中之影。镜未照物,安得有影?"曰:"然则静中有物,乃镜中之光明。"问:"某作事时多不能主一。"曰:"只是心不定,人须是定其心。"问:"非不欲主一,然竟不能。"曰:"这个须是习。程子也教人习。"问:"莫是气质薄否?"曰:"然。亦须涵养本原,则自然别。""无事时固是敬,有事时敬便在事上。所以程子说到专一时方好。盖专一,则有事无事皆是如此。程子答或人问末梢这一句,是紧要处。"

贝原笃信曰:"如麻",言繁也。

[集评]

问:旧看程先生所答苏季明"喜怒哀乐未发,耳未闻、目无见"之说,亦不甚晓。昨见先生《答吕子约书》,以为目之有见,耳之有闻,心之有知未发,与目之有视,耳之有听,心之有思已发不同,方晓然无疑。不知足之履,手之持,亦可分未发已发否? 曰:便是书不如此读。圣人只教你去喜怒哀乐上讨未发已发,却何尝教你去手持足履上分未发已发? 都不干事。且如眼见一个物事,心里爱,便是已发,便属喜。见个物事恶之,便属怒。若见个事物心里不喜不怒,有何干涉?(《语类》卷九十六)

朱子曰:此条是听他人之问而从旁窃记,非惟未了答者之意,亦未悉问者之情,故其谬误最多。读者详之。(《茅注》)

陈埴曰:程门虽有以觉言仁,然不专主此说,其他话头甚多。上蔡专主此说,故流入禅学去,所以晦翁绝口不言,只说爱之理、心之德。此一转语亦含知觉在中,可更思求。

胡氏曰:天命之性与生俱生,不可须臾离,故静而未有事接之时,则此心未动,此理未发。然此时此心寂然在内,此理全具于中。故戒谨恐惧以存养之,若真无心与理,又戒惧做甚,又存养个甚? 必有物在内,故须主敬,须存养。故程子以为静中有物,静中虽无知觉,亦有知觉在。(《李解》)

张习孔曰:喜怒哀乐未发之前,即是中,如何欲求中? 如王皇端拱,即是主,如何又求主? 苏季明、吕学士总是多一"求"字,此程子之意也。然苏、吕是为学人言,程子是为圣人言。问者意指未明,故为程子所否。其实问者之所谓"求",即答者之所谓"养"也。苟问者曰"于未发前求致中",则亦未尝不可。盖人非上圣,当未发前,岂能便合乎中? 必有所养之功夫在。欲善吾养,先须察识,如《中庸》"谓之"中"谓"字,非察识而何? 有察识而合者,即有察识而不合者。孩提之童,不俟察识而合也。牿亡之后,非察识无由知其合不合也。苟谓既思即是已发,才发便谓之和,不可谓中,是惟以动静为中和,更不问其合不合也。

管赞程曰:自"不有躬"至此为一章,皆言补偏救弊之法。

张绍价曰:此章要旨,反复说来,总归于求一,此程子喫紧为人处。思虑应事能专一则心静,心静则未发气象可得而识,而涵养之功,始有所施也。

54.[一]人于梦寐间,亦可以卜自家所学之浅深。如梦寐颠倒,即是心志不定、操存不固。[1]

[集校]

[一]《张解》本有"伊川曰"三字。

[集注]

[1]叶解:朱子曰:"魂与魄交而成寐,心在其间依旧能思虑,所以做出

梦。若心神安定,梦寐亦不至颠倒。"

张传:梦寐清宁,此境最难到。盖人可为,天不可为也。

张解:人志定则气清,志不定则气昏。即一梦寐间,而旦昼之操存于此验焉。故曰可以卜所学之浅深。……盖寐者心之静也,梦者静中之动也。人不及知而己独知之,此亦睹闻之隐微也。自家静体而默识之,亦庶乎其知所慎矣。

茅注:此下二条,皆答刘安节之问也。

贝原笃信曰:寤时魂发于外,及寐时魂专于内,是魂与魄交也。

[集评]

胡氏曰:心为万物之至灵,人之所以有梦,梦之所以多变也。然圣人诚存,贤人存诚,则梦治。若夫思虑纷扰,精神不定,则所梦杂乱,或正或邪,亦与旦昼之所为等耳。善学者既谨其言动,而又必验诸梦寐之间。(《江注》)

张绍价曰:此因论未发,而推之梦寐,使以自考。所谓夜卜诸梦寐也,所谓夜梦验工夫也。

55. 问:"人心所系着之事果[一]善,夜梦见之,莫不害否?"[二]曰:虽是善事,心亦是动。凡事有朕兆[三]入梦者却无害,捨此皆是妄动。[1][四]人心须要定,使他思时方思乃是。今人都由心。[2]曰:"心谁使之?"曰:以心使心则可。人心自由,便放去也。[3]

[集校]

[一]"善"上,《刘元承手编》有"则夜见于梦。所著事"。

[二]《张解》本有"伊川"二字。

[三]"朕兆",一作"兆朕"。(朝刊《近思录》)"朕兆",《叶解》元刻本、《张传》本作"兆朕"。

[四]"人"上,《刘元承手编》有"或曰:孔子尝梦见……岂是夜夜与周公语也"数句。

[集注]

[1]杨注:清明在躬,志气如神,有如商之高宗恭默思道。此心之诚,纯一无间,故见之于梦,无非兆朕之先见,故既梦得(按,疑脱"傅")说,则自信而不疑,营求于野而果得之。常人心志不定,虽有梦而不敢自信也。高宗之梦,其《周礼》之所谓"正梦"欤?伯岳据刘彦冲曰:"莫大于生死,莫小于违顺,莫重于生死,莫轻于梦寐。违顺之来,怵然惊怖;梦寐之间,纷然错乱,莫

知所主,况死生之变耶? 学者未须论此,但当昼验之违顺,夜察之梦寐,若湛然如一,无少动摇,则生死去来,直犹昼夜。"

叶解:吉凶云为之兆见于梦者,则此心之神,应感之理,却不为害。苟无故而梦,皆心妄动。

张传:此当与孔子梦见周公参看。

张解:此言人心常操则定,有所系著则妄动也。《周礼》"六梦",一曰思梦。盖人之梦多由于思,日间所思之事,或已往而未忘,或当事而偏重,则心有系著而梦为之扰,是害也。或问:若系著之事果善,夜见于梦,未始非拳拳不忘之意,莫是不为害否? 程子以为心当静时总不要动,虽梦善事亦动也。盖心中若无一事便是敬,有所系恋却是私意。以心之有所著而梦,则非无一事系恋者矣。惟事未至、心未尝动,而吉凶云为之朕兆,先发于梦,此却无害。所以然者,人心常操则存,存则天理自然明。天地之气复于子,人心之气息于夜。夜之所梦,气方静而忽动,在虚灵不昧之本体,先事而呈者,固不为害。舍此则皆"意必固我"之为累,而动为妄动,虽善亦害矣。

茅注:《周礼·春官·占梦》:"一正梦,二噩梦,三思梦,四寤梦,五喜梦,六惧梦。"心所系着而梦,《周礼》"噩梦"以下皆是,即乐广所谓"想"也。惟有朕兆入梦者,《周礼》所谓"正梦",乐广所谓"因"也。程子特从而论其得失如此。朱子曰:"圣人无所不用其敬,观《周礼》梦亦有官掌之可见。愚每梦见故旧亲戚,次日若不见其人,亦必接其书信或人说及,如此等便是正梦。"又曰:"'吾不复梦见周公',自是个征兆如此。盖圣人志虑未衰,天意犹有运转,故遂梦见周公,非以思虑也。要之,圣人精神血气与时运相为流通。"

佐藤一斋曰:"捨此"之"此",指善时之动,与兆朕之无害。

[2] 李解:人心非但藏往,亦能知来,此朕兆之所以入梦也。因思而生梦,则妄动而已。或问:"高宗之梦傅说,孔子之梦周公,岂非思与?"曰:"此至诚之感通也。若必并此而绝之,则是异端至人无梦之学矣。"

[3] 叶解:人心操之则在我,放而不知求则任其所之。以心使心,非二心也,体用而言之耳。

张传:思时方思,平时不思,此唯不逆億而先觉者能之。

张解:承上文。言人心要定。定者,以义理定其心也。定自无妄动,使他思时是心有所感而动,不得不思,方用其思,则动亦定也,如此乃为有主之心。今人心中无主,如不系之舟,妄动不定,是都由心耳。因设问曰:心谁使之思? 随应之曰:"以心使心则可"。夫人那有两心? 非以一个心使一个心。常操常存,则心为义理之心。以义理之心用其知觉之心,故曰以心使心,非二心也。义理者,心之体。知觉者,心之用。以心使心者,分心之体用而言之耳。今人不能操存便放去,宜其梦亦颠倒也。

李解:朱子曰:"'以心使心',谓自作主宰,不使其散漫走作耳。"

茅注:今人都由心,谓心无所主宰也。"以心使心"句,所以明"使他思时方思"之意。"人心自由"以下,所以明"今人都由心"之意。

江注:问:"孔子梦周公,恐涉于心动否?"朱子曰:"心本是个动物,怎教他不动? 夜之梦犹昼之思也,思亦是心之动处,但无邪思可矣。梦得其正何害? 心存这事,便梦这事。常人便胡梦了。""只是一个心,被他说得来却似有两个。子细看来,只是这一个心。"

佐藤一斋曰:"以心使心",犹言以道心使人心。

[集评]

问:"以心使心",此句有病否? 曰:无病。其意只要此心有所主宰。(《语类》卷九十六)

陈淳曰:上"心"字即是道心,专以理义言之也。下"心"字即是人心,而以形气言之也。"以心使心",则是道心为一身之主,而人心其听命也。朱子批曰:亦是如此。然观程先生之意,只是说自作主宰耳。(《文集》)

管赞程曰:今人心都未定,而思虑皆自由,我不能统之,必须由我所使,则可矣。若是自由,便是放心,则知所学犹未自得,未能无失于未发之中也。

张绍价曰:梦寐颗(按,疑当为"颠")倒,其学浅者其病深,梦见善事,其病浅矣。然心亦是动,则操存之功,犹未极其精密也。

56. ［一］"持其志,无暴其气",内外交相养也。[1]

[集校]

［一］《张解》本有"伊川曰"三字。

[集注]

［1］杨注:伯嵒据孟子曰"持其志,无暴其气"者,何也? 曰:"志壹则动气,气壹则动志也。今夫蹶者趋者,是气也,而反动其心。"则"人固当敬守其志,而亦不可不致养其气"也。

叶解:"持其志"者,有所守于中;"无暴其气"者,无所纵于外。然中有所守,则气自完;外无所纵,则志愈固,故曰"交相养"。

张解:孟子曰:"持其志,无暴其气。"盖志者心之所之,不持则驰骛泛驾。气者心之辅,暴则动止乖愆。持,守也;暴,害也。朱子曰:"横渠以不戏谑为持志之一端,是真能主敬者。"又曰:"凡人多动作,多笑语,做力所不及底事,皆是暴其气也。"持志则有所主于中,无暴气则无所纵于外。中有主则气愈充,外无纵则志愈固,故曰交相养。要只是内无妄思,外无妄动耳。

茅注:说见《孟子》。心之所之,谓之志。心有所之,当敬谨操持,不可妄有向往。"无暴其气"者,如一语言,一步趋,安详和缓,以至喜怒有节之类皆是。志不持,则无以养其气,而气不养,则虽欲持其志不可得也。故曰"内外交相养也"。愚按,敬以直内,则志自持矣。义以方外,则气无暴矣。

[集评]

朱子曰:"持其志,无暴其气",是两边做工夫。志只是心之所向。而今欲做一件事,这便是志。持志者,便是养心。不是持志外别有个养心。问:志与气如何分别?曰:且以喜怒言之。有一件事,这里便当审处,是当喜,是当怒?若当喜,也须喜。若当怒,也当怒。这便持其志。若喜得过分,一向喜;怒得过分,一向怒,则气便粗暴了,便是"暴其气",志却反为所动。(《语类》卷五十二)

朱子曰:持志所以直其内也,无暴其气所以防于外也。两者各致其功,而无所偏废焉,则志正而气自完,气完而志益正。其于存养之功,且将无一息之不存矣。以"志壹则动气,气壹则动志"观之,则见内外交相养之理矣。(《江注》)

薛氏曰:志固难持,气亦难养。主敬可以持志,少欲可以养气。(《李解》)

张习孔曰:志与气皆有内外,非志内而气外也。

张绍价曰:学之浅深,验于梦寐,而工夫则在平日。内外交养,然后操持固而心志定。

57.　问:"'出辞气',莫是于言语上用工夫否?"[一] 曰:须是养乎中,自然言语顺理。[1][二] 若是[三] 慎言语,不妄发,此却可着力。[2]

[集校]

[一]《张解》本有"伊川"二字。

[二]"若"上,《刘元承手编》有"今人熟底事,说得便分明"十字。

[三]《张解》本无"是"字。

[集注]

[1] 杨注:伯岊据上蔡先生曰"出辞气",犹所谓从此心中流出。

[2] 叶解：曾子曰："出辞气，斯远鄙倍矣。"中有所养而后发于外者，不悖。至若谨言语，此亦学者所可用力，但不可专于言语上用工。

张解：辞气者，辞之气也。或问："曾子是教人于言语上用工夫否？"程子穷本之论，以为辞由中出，中得其养，发之词者，自然有典有则，雅而不鄙，是彝是训，正而不倍。所谓言不妄发，发必中理，有德者之言也。若于言语上用功，此固学者事，然却可着力，未为涵养纯熟之候，是以君子贵涵养也。

茅注：却可着力，言犹可勉强也。惟养乎中，使自然顺理乃为难耳。

[集评]

陈埴曰："出辞气"，"出"字着工夫不得，工夫在未出之前。此是静时有工夫，故才动道理便在此，动时自有着工夫者，如修辞、安定辞之类。

张习孔曰：此安勉之谓也。虽不于言语上用功，然工夫深浅，则安勉所由分。

张绍价曰：此以言语明内外交养之意。养乎中，即持志工夫，言语顺理，养中之效也。慎言语，所以制其外也，多言不惟招尤，亦足伤气。言不妄发，亦无暴其气之一端。

泽田希曰：此章之意，欲内外兼用其力，而又要见得这里有本末轻重之等。盖心犹印文也。印文正，打过千张纸万张纸俱正。若印文不正，则千张万张俱不正。故唯中有所养而后发于外者，自然罔悖。然又不可谓用力于中，则于言语上全不省。故曰"若是慎言语，不妄发，此却可着力"。

58. 先生[一]谓[二]绎曰："吾受气甚薄，三十而浸盛，四十、五十而后完。今生七十二年矣，校其筋骨，于盛年无损也。"[三]绎曰："先生岂以受气之薄，而厚为保生邪？"夫子默然，曰："吾以忘生徇欲为深耻。"[1][四]

[集校]

[一] "先生"，《张解》本作"伊川"。

[二] "谓"，《叶解》四库抄本作"语"。

[三] 此条今见《河南程氏遗书》卷二十一上《师说》，"绎"上有"又曰：人待老而求保生，是犹贫而后蓄积，虽勤亦无补矣"句。

[四] 以上并伊川语。（《茅注》）卷二十一上。以上皆伊川语。（《冯记》）按，《河南程氏遗书》卷二十一上题下注云"伊川先生语"。

[集注]

[1] 杨注：以上并《遗书》。

张解：此见圣贤守身之道，非同修养引年之术也。受气甚薄，而由少而壮，由壮而老，年弥高，筋骨弥固。盖由持志养气之功，充积完满，故晬然有道之气象，不与日月为迁流。张绎以为因受气薄之故，厚自保生。此言何尝不是？而不知程子保生之学，非徒斤斤养其血气之躯而已。此生中处乾坤，受形父母，如何可忘？忘生而徇声色嗜欲，至于斧斤交伐，酖毒日损，何以储五行之秀，称万物之灵？故深以为耻。耻之云者，临深履薄之意，朝乾夕惕之心也。旨哉！……学者敬体此言，可以守身矣。

茅注：挍、校通。

[集评]

张南轩曰：若他人养生要康强，只是利。伊川说出来，纯是天理。（《叶解》）

张习孔曰：人人当书一通佩之。

管赞程曰：自“人于梦寐间”至此为一章，以考其功效之小大也。

张绍价曰：此言养气转弱为强之效，不徇欲，无暴其气之事也。欲之溺人也甚于水，所以伐吾之性，戕吾之生者，皆是物也。不徇欲则精不摇，神不扰。庄敬日强，气得其养，无意于保生，而生自可保。此气之所以始而薄，继而盛，终而完也。

退溪曰：思叔之问主养气而言，如今人以药物护生。先生答以“忘生”云云者，主义理而兼养气。“默然”者，深思而答，盖以思叔之问为非也。

李瀷曰：保生，多为惧死。惟程子之保，只为“以忘生殉欲为深耻”故也。苟命之短也，亦将乘化而不耻。若曰“受气之薄”故如此云尔，则不可。此非易以言者，故嘿然而后答。

59. [一]大率把捉不定，皆是不仁。[1]

[集校]

[一]《张解》本有“伊川曰”三字。此条今见《河南程氏外书》卷一《朱公掞录拾遗》。

[集注]

[1]杨注：《外书》，下同。伯嵒曰：仁，人心也。把捉不定，则心非我有矣。此何异于医家言手足痿痹为不仁者乎！

叶解：仁者，心存乎中，纯乎天理者也。把捉不定，则此心外驰，理不胜欲，皆是不仁。

张传：仁，人心也。失其心，故不定。

张解：仁者，纯乎天理，其心存而不放。固不须着力把捉，自安所止而有定者也。把捉不定则是理不胜欲，而心为物夺，故程子以为皆是不仁。有志于仁者，只理会一个"敬"，庶几捉得定耳。不然，越把捉，心越不定也。

茅注：皆是不仁，原所以把捉不定之故也。

江注：问："心之本体，湛然虚明，无一毫私欲之累，则心德存。把捉不定，则为私欲所乱，是心外驰而其德亡矣。"曰："如此，则是把捉不定，故谓之不仁。今此但曰'皆是不仁'，乃是言惟其不仁，所以致把捉不定也。"

[集评]

朱子曰：人心本湛然虚定，私欲夺之而动摇纷扰矣。然则把捉得定，其惟笃于持敬乎？（《李解》）

张绍价曰：仁者无欲，心体定静，不待把捉，而自不外驰。不仁则多欲，不能自作主宰，而外物得以乱之，虽欲强制其心，而卒不可制。此把捉不定，所以皆由于不仁也。

李瀷曰：凡五辟、四不正之类，究其源，则皆生于人心之私欲，若去此而天理流行，岂有把捉不正之理？

60. 伊川先生曰：[一]致知在所养，养知莫过于"寡欲"二字。[1][二]

[集校]

[一]《张解》本无"先生"二字。此条今见《河南程氏外书》卷二《朱公掞问学拾遗》，无"伊川先生曰"五字。

[二]《张传》本第60、61条连接在一起刻印，未单列，似合为一条。

[集注]

[1]叶解：外无物欲之挠，则心境清；内有涵养之素，则明睿生。

张解：致知、存养虽两事，而功实相因。盖人心之灵莫不有知，缘为物欲所昏，则无以穷理，而理之既穷者，亦不能得已而不失。如镜本是光明物事，尘染污之则昏，故在乎有以养之，而养之之道，莫过于寡欲。寡欲，则心境清而天理著，精神完而明睿生，知何患不致乎？此与《大学》"致知在格物"意互相发。《大学》实指其功，此穷探其本。不得其本，功无由致；不尽其功，本无由扩。学者宜尽心焉。

李解：从《大学或问》文。

茅注：朱子曰："故欲养其知者，当思有以寡其欲也。"问："既致知后，如此养否?"曰:"此不分先后。未知而不养,固无以致知。既知而失其所养,则知亦不能以无失矣。"

江注:朱子曰:"二者自是两个话头,本若无相干,但得其道则交相为养,失其道则交相为害。"问:"'养知莫过于寡欲',此句最紧切?"曰:"便是这话难说,又须是格物方得。若一向靠着寡欲,又不得。"

[集评]

朱子曰:"致知在乎所养,养知莫过于寡欲"二句。致知者,推致其知识而至于尽也。将致知者,必先有以养其知。有以养之,则所见益明,所得益固。欲养其知者,惟寡欲而已矣。欲寡,则无纷扰之杂,而知益明矣。无变迁之患,而得益固矣。(《语类》卷十八)

陈埴曰:程子以持敬为入德之门。盖欲格物致知,须是心常存在才可,所以有寡欲之说。恐引出心向外去也。

张绍价曰:养心、致知,本属二事,而交相为用。心不存则昏昧纷乱,知何由致,故致知在所养,寡欲则无纷扰之患。心得其养,本然之天理日明,而在外事物之理,亦可默识其当然与其所以然矣。

61. [一]心定者其言重以舒,不定者其言轻以疾。[1]

[集校]

[一]《张解》本有"伊川曰"三字。此条今见《河南程氏外书》卷十一《时氏本拾遗》。

[集注]

[1]叶解:心专而静,则言不妄发,发必审确而和缓。浮躁者反是。

张解:言者心之声,故因其言可知其心。重,审慎也;舒,和缓也;轻,浅易也;疾,躁急也。人有操存涵养之功,则中有所主而其心定,言必不妄发,发之必郑重审确而又安舒自得,无急遽躁率之病。其不定者反是。学者非必于言上着力,但须养于中耳。

价解:此以言考其心也。言为心声,心定者其气静,故发于言者,必安重而舒迟。不定者其气浮,故发于言者,必轻易而急迫。

[集评]

朱子曰:"心定者其言重以舒"两句。言发于心,心定则言必审,故的确而舒迟。不定则内必纷扰,有不待思而发,故浅易而急迫。此亦志动气之验也。(《语类》卷九十六)

张习孔曰:先生以言征心,以心征知,以定征养,以养征致。学者皆须理会。

62. 明道先生曰：[一]人有四百四病，皆不由自家[二]，则是心须教由自家[三]。[1]

[集校]

[一]《张解》本无"先生"。此条今见《河南程氏外书》卷十二《传闻杂记》，下同，此处无"明道先生曰"五字。

[二][三]两"自家"下，疑皆有"治"字。（《张传》）

[集注]

[1]叶解：只有此心操之在我，不可任其所之也。

张解："四百四病"，见内经。其言曰："四大不调，四百四病，一时俱动。"四大谓地火水风，一大不调有百一种病，合四大则为四百四种病，而宿食为病根。程子引此以为喻，言凡病之来，皆由外感，非自家所能计度。若心则人之神明，所以为此身之主，在内不在外。其操舍须全由我，不可听其若存若亡，自家放去也。噫！在外之病易医，在心之病难医。心不操存，吾恐其在于膏肓，而仓、扁无如何矣。

李解：人有四百四病，出医经。此血气之戾，非人之所能为也。心则贵有操存之功，岂可任之而已哉？

茅注：四百四病者，地、水、火、风四者各有一百一病，合之为四百四病也。说见佛书。要看"须教"二字，言当操而存之，不可听其出入也。

江注："四百四病"，佛家之说。谓人身为四大之合，各有百一病也。气体之病非人所能为，心则操之在我而已。

贝原笃信曰："心须教由自家"，愚谓，以心使心之谓。

[集评]

张习孔曰：孔子于无所用心者，曰"难矣哉"。孟子于放心不知求者，曰"哀哉"。总是不能代他治，惟有哀叹之而已。

张绍价曰：此承心定而言，佛家谓人身为四大之合，各有百一病也，共为四百四病也。身之病非我所能自主，心之病则须自医。教由自家者，自作主宰，不使物欲得以乱之，而后心可得而定也。

63. 谢显道从明道先生于扶沟。明道[一]一日谓之曰："尔辈在此相从，只是学颢言语，故其学心口不相应，盍若行之？"请问焉。

曰:"且静坐。"[1]伊川每见人静坐,便叹其善学。[2]

[集校]

　　[一] 江误脱"明道"二字。(《冯记》)按,《江注》本及其四库抄本无"明道"二字。

[集注]

　　[1] 李解:朱子曰:"明道教人静坐,盖为是时诸人相从,只在学中无甚外事,故教之如此。今若无事固是只得静坐,若特地将静坐做一件工夫,则却是释子坐禅矣。但只着一'敬'字通贯动静,则于二者之间自无间断处,不须如此分别也。"

　　[2] 杨注:以上并《外书》。

　　叶解:心以静而定,理以静而明。朱子曰:"静坐则收拾得精神定,道理方有凑泊处。"

　　张解:此见静坐之法,为涵养入门之要也。扶沟,地名。谢上蔡从明道有年,乃程门高弟。而明道谓"其学心口不相应"者,盖学之而不养,养之而不存,是空言也。故欲其舍言语之学,行存养之道。及上蔡请事斯语而问行之之要,则曰"且静坐"者。初学之心,杂念胶结,谅所不免,且学静坐,收住此心,使无他适,可以补小学培养一段工夫,滋夜息清明之气,故诏之以此。而伊川每见人静坐,亦便叹为善学。夫心以定而静,理以静而明,静坐之为用大矣。……或以伊川平日谓只用敬不用静,朱子亦以明道教人静坐为学终是小偏,与此条似有碍,而不知非也。伊川恐人专要去静处求,则遗却日用现在道理,故言敬则无偏,而朱子从之。若欲制其飞扬之心,消其粗厉之气,非静坐不可。盖以静坐为敬之入门,非以静坐为敬之全功也。

　　茅注:扶沟,县名,宋属开封府。时明道知扶沟县,故其门人多于此相从也。朱子曰:"亦是程子见人多闲杂思虑,故教之收拾此心耳。然终是小偏。盖道理自有动时、有静时,学者不可不专于静处求。伊川谓只用敬,不用静,便说得平。亦是伊川经历多,故见得如此。"又曰:"方无事时,敬于自持;及应事时,敬于应事。读书时,敬于读书。便自然该贯动静,心无时不存。"

　　江注:朱子曰:"明道教人静坐,李先生亦教人静坐。盖精神不定则道理无凑泊处。"又云:"须是静坐方能收敛。"问:"伊川见人静坐,如何便叹其善学?"曰:"这却是一个总要处。"

　　价解:学者从师讲论,而无操存涵养之功,则学问义理虽能举之于口,不能有之于心,故心口不相应。教以静坐,使之收拾此心。正本澄源,则义理有之于己。然后心口相应，而非徒空言无实也。静坐用戒慎恐惧工夫，足以收敛身心，凝定精神，消沉物欲，涵养天理，故程子叹其善学。

[集评]

朱子曰：明道在扶沟时，谢、游诸公皆在彼问学。明道一日曰："诸公在此，只是学某说话。何不去力行？"一公云："某等无可行者。"明道曰："无可行时，且去静坐。"盖静坐时，便涵养得本原稍定，虽是不免逐物，及自觉而收敛归来，也有个着落。譬如人出外去，才归家时，便自有个着身处。若是不曾存养得个本原，茫茫然逐物在外，便要收敛归来，也无个着身处也。(《语类》卷九十六)

胡氏曰：程子教人静坐，所以救学者之偏，亦所以定其纷扰杂乱之心。(《李解》)

颜元曰：因先生只说话，故弟子只学说话，心口且不相应，况身乎，况家国天下乎？措之事业，其不相应者多矣。吾尝谈天道、性命，若无甚扞格，一著手算九九数辄差。王子讲冠礼若甚易，一习初祝便差。以此知心中醒，口中说，纸上作，不从身上习过，皆无用也。责及门不行，彼既请问，正好教之习礼习乐，却只云"且静坐"。二程亦复如是。噫！虽曰不禅，吾不信也。(《存学编》)(笔者按，颜元对明道"静坐"之说持有异议。)

张习孔曰：学者须善体先生之意。先生之叹美善学者，必有以观之于精神气象之微。苟以迹求之，则失之远矣。

管赞程曰：自"大率把捉"至此为一章，兼言去病考功。

张绍价曰：自"有言未感时"至此为一段，言主敬存诚，内外交养，引"持其志勿暴其气"以发明之。末节结归静坐，遥与濂溪静虚、伊川静养之说相应，静坐涵养未发，功用最大，而流弊亦最多。学者收其益，而勿蹈其弊，乃为善学也。

李瀷曰：学其言而心未必喻也，心虽喻而身未必行也。体之于身，则心可喻而言可符矣。行之之方，且从静坐始。

贝原笃信曰：静坐之说，自二程始。朱子曰"孔孟以上却无此说"。盖初学之人思虑烦扰，心志由何而定？故二程姑教人静坐而已。

64. 横渠先生[一]曰：始学之要，当知"三月不违"与"日月至焉"内外宾主之辨，使心意勉勉循循而不能已，过此几非在我者。[1][二]

［集校］

　　［一］《张解》本无"先生"二字。

　　［二］今见《拾遗》。(《冯记》)按,此条今见张载《拾遗·近思录拾遗》。

［集注］

　　［1］杨注:《文集》。

　　叶解:仁,犹人之安宅也。居之三月而不违者,是在内而为主也,其违也暂而已。"日月至焉"者,是在外而为宾也,其至也暂而已。过此,谓"三月不违"以上大而化之之事,非可以勉强而至矣,故曰"非在我者"。朱子曰:"不违仁者,仁在内而为主,然其未熟,亦有时而出于外;'日月至焉'者,仁在外而为宾,虽有时入于内而不能久也。"愚按,前说则是己不违乎仁,后说则是仁不违乎己,虽似不同其实则一也。

　　张传:"几非在我",不止于"三月不违",超颜子而上之矣。穷神知化,未之或知,是其境乎?

　　张解:此勉学者以求仁为要也。夫子称颜子三月不违仁,其馀日月至焉。而张子举以示人,使当知不违与至之辨。盖仁,人之安宅也。居之三月不违,是在内而为主;日月至焉,是在外而为宾。学者之始,专其心意,由日月之至以驯致于三月之不违,勉勉焉尽其功,循循焉致其渐,以是欲罢不能。过乎此,则大而化之之事,有非可勉强而至者,故曰"几非在我"。然不已而底于熟,则亦将至之而不自知矣。

　　李解:朱子曰:"诚知此辨,则其不安于客而求为主于内必矣,故曰'使心意勉勉循循而不能已'。用功至此而极矣。过此以往,则必德盛仁熟而自至,而非吾力之所能与也。"

　　茅注:说见《论语》。勉勉,工夫不间断也。循循,有次序貌。问:"过此几非在我者。"曰:"此只说循循勉勉,自然住不得。但此关难过,才过得,则所谓欲罢不能,如水涨船行,更无着力处。"

　　江注:朱子曰:"内外宾主之辨。在内之日多,即是为主;在外之日多,即是为客。"问:"'三月不违'者,是仁常在内,常为主。'日月至焉'者,是仁常在外,常为宾否?"曰:"此倒说了。心常在内,常为主;心常在外,常为客。"问:"如此,则心不违仁者,是心在仁内否?"曰:"不可言心在仁内,略略是恁地意思。""'勉勉循循'之说,犹(《王记》云:王、吴本"须"作"犹",明作录作"须",洪本同。)是真个到那田地,实知得那滋味,方自不能已,要住不得。'过此几非在我',言不由我了,如推车相似,才推动了,自然不停。"永按,或问谓"不违者,仁在内而我为主;日月至焉者,仁在外而我为客"。盖朱子未定之说。

[集评]

至之问：横渠言，"始学之要，当知'三月不违'止。过此几非在我者"。曰：且以屋喻之，"三月不违"者，心常在内，虽间或有出时，然终是在外不稳便，才出即便入。盖安于内，所以为主。"日月至焉"者，心常在外，虽间或有入时，然终是在内不安，才入即便出。盖心安于外，所以为宾。日至者，一日一至此。月至者，一月一至此，自外而至也。不违者，心常存。日月至者，有时而存。此无他，知有至未至，意有诚未诚。知至矣，虽驱使为不善，亦不为。知未至，虽轧勒使不为，此意终迸出来。故贵于见得透，则心意勉勉循循，自不能已矣。"过此几非在我者"，犹言"过此以往，未之或知"。言过此则自家着力不得，待他自长进去。（《语类》卷三十一）

张绍价曰："三月不违"者，心常存，常在内而为主。"日月至焉"者，心存时少，亡时多，常在外而为宾。学者常存此心，深知其意，勉勉循循，其进自有不能已者，过此则三月不违以上大而化之之事，则须俟其自化，非我所能为力，颜子所以欲从末由也。

65.[一]心清时少，乱时常多。其清时，视明听聪，四体不待羁束而自然恭谨。其乱时反是。如此何也？盖用心未熟，客虑多而常心少也，习俗之心未去，而实心未完也。[1][二]人又要得刚，太柔则入于不立。亦有人生无喜怒者，则又要得刚，刚则守得定不回，进道勇敢。载则比他人自是勇处多。[2]

[集校]

[一]"心"上，《张解》本有"横渠曰"三字。

[二]宋本与下分作二条，但按下文"人又要得刚"句，则此与下本是相承说，自不得分为二。今从近本并之。（《茅注》）今见《经学理窟·学大原下》，"人又"以下见《拾遗》。（《冯记》）按，自"人又"以下，《张传》本单列刻印，似别作一条。佐藤一斋以为"别为一条者为是"。但从前后内容以及现存《杨注》本来说，合为一条为宜。

[集注]

[1]叶解：心者，耳目四肢之主。天君澄肃，则视明听聪，四体自然从令。若存心于道者未熟，则客虑足以胜其本心，习俗足以夺其诚意。朱子曰："横渠大段用功夫来，说得更精切。"

张传：先生此言，犹是中人以上。

张解：此张子涵养熟后，体验精切，因言心清心乱之辨，复自道其所得以示人也。心为天君，耳目四肢之所听命，而载生初本来之理。义理是纯粹至善底，本清者也。心存义理不为物欲所扰，故清。物欲是昏浊底，本乱者也。义理之心不足以胜之，故乱。人往往清时少、乱时多，尝验之矣。当其清时，视自明，听自聪，四体自恭谨。盖天君澄肃，而百体从令，清时之验如此。及其乱时，非无心于视，而视不能明；非无心于听，而听不能聪；非无心于拘束其四体，而四体不能恭谨。乱与清时相反之验如此，如此者何也？用心于义理者，不可以不熟也。用心不熟，在外之虑足以胜吾本然之心，则客虑多而常心少；气习之染足以胜吾真实之心，则习俗之心未去而实心未完。故清时少、乱时多也。

茅注：朱子曰："学者固未免有散缓时，但才觉便收敛。渐渐做去，但得收敛时多，散缓时少，便是长进处。"

价解：在内为主者心常清，在外为宾者心常乱，形气统于一心。心清则以理宰气，视明听聪，虽处屋漏暗室之中，而坐必正，体必直，手容必恭，足容必重，不待羁束，自然恭谨。所谓四体不言而喻也，所谓天君泰然、百体从令也。乱则以气汩理，故反是。客虑，浮泛之思虑也。习俗之心，习染偏胜之心也。实心，义理之心也。义理之心未充，不足胜其客虑习心，任其缠绕纠结，则以气动志，而心清时少，乱时常多矣。

[2] 杨注：《语录》，下同。

叶解：刚则守之固，行之决，故足以进于道。柔懦委靡，必不能有立矣。

张解：承上文。言人之心固贵于清，而气又要得刚。刚，天德也。不刚做不得事来，故"太柔则入于不立"。不立者，遇事委靡，操持不定也。人生有喜怒，人情之常，乃亦有无喜怒者，是其本质得柔之气多，则又要得刚以变化其气质。盖刚者，坚强有力，物不得而挠之，故守得定而不回。于以求进乎道，勇猛敢为。勇猛者气之迅，敢为者胆之决。张子因遂以身示教，谓我"比他人自是勇处多"。夫勇，所以成知仁而尽择守，所谓刚也。刚柔之气禀于阴阳，虽不偏废，然人生而后、静极而动之时，其动也刚，故刚为进道之资。观天地之春，万物勾萌，四德之仁，生意流动，皆以刚为用者，则人之要刚也审矣。张子积累功深，不以人欲害天德之刚，故比他人勇处多。而言之亲切如此，欲人涵养于义理之中，操持不息，则心自会清，气亦自会刚。于以消融其客虑习俗之心，进进于道而不已。否则，心清气柔，其如道何哉？

李解：朱子曰："人也须是刚，虽则是偏，然较之柔不同。《易》以阳为君子，阴为小人。若是柔弱不刚之质，少间都不会振奋，只困倒了。"

茅注：此承上节而言。虽用心渐熟，必要刚而后可以有为也。不立，如为外物所动皆是，而喜怒为甚。故下接言亦有无喜怒者，如刘宽、牛弘之类，终身不见其有喜愠之色，而卒不能有所作为，故曰"又要得刚"。盖人于不立，则守不定而回，惟刚则守得定而不回矣。无喜怒者，或苦于进道之不勇，而刚则进道勇敢矣。末句勇即刚也，兼不回、勇敢而言。变文言勇者，固张子不敢以刚自居之意，亦以发用处言也。朱子曰："横渠作《正蒙》时，或夜里默坐彻晓。他直是如此勇，方做得。"

价解：欲存义理之实心，莫要于刚。刚则有以胜其人欲之私，卓然自立，不为事物所摇夺。持守坚定，进道勇敢，实心日完，而客虑习心自化矣。

[集评]

问：横渠说，"客虑多而常心少，习俗之心胜而实心未完"。所谓客虑与习俗之心，有分别否？曰：也有分别。客虑是泛泛思虑，习俗之心便是从来习染偏胜底心，实心是义理底心。(《语类》卷九十八)

朱子曰：刚虽未必中道，然终是有筋骨，孔门曾子便过于刚，与孟子相似。世衰道微，人欲横流，若非刚介有筋骨人，定立不住。(《茅注》)

朱子曰：看来这道理须是刚硬立得脚住，方能有所成。曾子、子思、孟子都是如此，刚果决烈，方能传这道理。若慈善柔弱底，终不济事。(《江注》)

张习孔曰：观先生所谓"刚"，人之有志者是也。三军可夺帅，匹夫不可夺志，非刚而何？

张绍价曰：程子言"未有箕踞而心不慢"者，外正然后内直也。张子言"心清则四体恭谨"者，内直则外自正也。

66.　[一]戏谑不惟害事，志亦为气所流。不戏谑，亦是持气[二]之一端。[1]

[集校]

[一]"戏"上，《张解》本有"横渠曰"三字。按，此条今见《经学理窟·学大原上》，下同。

[二]"气"，《张解》本作"志"。

[集注]

[1]叶解：朱子曰："横渠学力绝人，尤勇于改过，独以戏为无伤。一日忽曰'凡人之过，犹有出于不知而为之者，至戏则皆有心为之也，其为害尤甚'。遂作《东铭》。"

张解：戏谑虽小，往往至于害事，且心无诚实，而气多轻浮，气壹则动志，故志亦为所流。若不戏谑，则出于心、作于谋者，无过言过动而要于诚，虽持志工夫不止乎此，此亦其一端也。

价解：戏谑不惟纳侮启衅招尤致悔。志为气流，亦大为心术之害。戏谑，发于言而生于心，先有玩侮之意，而后有戏谑之言。故必敬以持志，使庄肃之心，常胜其轻狎之心，然后能不戏谑，所谓德胜不狎侮也。不戏谑，所以制其外也。持志，所以直其内也。

[集评]

朱子答刘子澄曰："戏谑亦是自家有此玩侮之意以为之根，而日用间流转运用，机械活熟，致得临事不觉出来。又自以为情信辞巧，主于爱人可以无害于义理，故不复更加防遏以至于此。盖不惟害事，而所以害于心术者尤深，昔横渠先生尝言之矣。此当痛改，不可缓也。（《江注》）

江永曰：张子作《东铭》，亦以戏言、戏动为戒。戏谑之害事，纳侮启衅、招尤致悔是也。人之有口才，多机智而好狎侮者，尤易犯此病，当深戒之。

贝原笃信曰：戏则气惰，惰则志流。

67.　[一]正心之始，当以己心为严师。凡所动作，则知所惧。如此一二年，守得牢固，则自然心正矣。[1][二]

[集校]

[一]"正"上，《张解》本有"横渠曰"。

[二]今并见《经学理窟·学大原上》。（《冯记》）

[集注]

[1]叶解：视心如严师，则知所敬畏，而邪僻之念不作。

张解：人惟无戒慎恐惧之心，故肆欲妄行，无所忌惮，而不得其正。以己心为严师，则一动一作，自知自惧。知是心之明，惧是心之诚。明与诚合，愈知愈惧，愈惧愈知。心常在腔子里，至于一二年之久，坚牢贞固，无少走作，心自然正矣。夫所师之心，与其所欲正之心，无二心也。只要提撕警觉，亦临亦保，所谓诚意以正心者，而岂如佛氏本心观心之学哉？

价解：持志而不戏谑，则心可得而正矣。奉心为严师，常存敬畏，无敢少忽。凡有动作，如临师保，不敢萌一毫邪念，日用之间，常使道心为主。人心听命，则守得牢固，自然心正矣。

[集评]

朱子曰：正心，却不是将此心去正那心。但存得此心在这里，所谓忿

嚏、恐惧、好乐、忧患,自来不得。(《语类》卷十六)

朱子曰:持守之要,固贵此心常自整顿。然学未讲,理未明,亦有错认人欲作天理者,又不可以不察也。(《茅注》)

张习孔曰:此即无自欺之说,诚意正心,功实一贯。

68.[一]定,然后始有光明。[二]若常移易不定,何求光明?《易》大抵以艮为止,止乃光明。[1][三]故《大学》"定"而至于"能虑",人心多则无由光明。[2]

[**集校**]

[一]"定"上,《张解》本有"横渠曰"三字。

[二]此条今见《横渠易说·上经·大畜》,"若"上有"惟能定已是光明矣"句。

[三]"故"上,《横渠易说·上经·大畜》有"时止时行,……定则自光明"数句。

[**集注**]

[1]杨注:心犹水也,鼓之以风,投之以物,则混为昏浊。风不动而物不挠,则其明可以烛毫发。《艮》之"其道光明",于此观之可也。

[2]杨注:《易说》,下同。

叶解:此心静定而明生焉。水之止者可鉴,而流水不可鉴,亦是理也。

张解:人心静定而明生焉。盖不役于妄动,则泰宇定而天光发。苟使纷移变易,扰攘不宁,智识何由而开乎?《易》之《艮》象,以止为义,惟止乃笃实而有光辉。故《大学》必自有定做起,自然渐次到能虑,其言正互相发明。可见人心凝一则虚灵,若烦杂必昏塞矣。此澄源之功,所宜亟讲也。此下三条《集解》阙,今照原编补。

茅注:《大畜·象》曰:"能止健,大正也。"……愚按,学者见理不明则不知所止,故无以有定而光明。此《大学》言"止于至善",所以必以知止为先也。

价解:心正则无烦扰之患,而心自定矣。光明者心体虚明,足以照察事物也。移易不定者,思虑忽彼忽此也。艮,止也;止,即定之意。定则气澄神清,故足以烛理而光明。

佐藤一斋曰:心多,谓多端不一。

[**集评**]

问:《艮》之象,何以为光明?曰:定则明。凡人胸次烦扰,则愈见昏

昧。中有定止,则自然光明。庄子所谓"泰宇定而天光发"是也。(《语类》卷七十三)

张习孔曰:见得彻,然后守得定。故以知止为先,由明而得定,既定而益明,互相发也。

张绍价曰:佛氏由定生慧亦此意,然特持守之久,心之灵光发见,空明而已。投之以事,则必乱矣,与吾儒定而至于能虑,明物察伦者迥异。

69. [一]"动静不失其时,其道光明。"学者必时其动静,则其道乃不蔽昧而明白。[1]今人从学之久,不见进长,正以莫识动静,见他人扰扰,非关[二]己事,而所修亦废。由圣学观之,冥冥悠悠,以是终身,谓之光明可乎?[2]

[集校]

[一]"动"上,《张解》本有"横渠曰"三字。按,此条今见《横渠易说·下经·艮》。

[二]"关",《叶解》元刻本作"一",《张传》本作"干"。

[集注]

[1]茅注:"动静不失其时"二句,《艮·象传》文也。"学者"以下,乃张子所以释《象传》之意。

[2]叶解:《艮卦·象辞》。动静各有其时,然学者多失于不当动而动。因循废学,终何光明之有?

张传:此节正旨"时"字,即下文"所"字。道是止道。先生断章言之,理亦通也。

张解:欲学者慎动而自发其光明也。《易·艮卦·象辞》言动静因时,则道自光明。故学者惟时行时止,动静不失,则心无淆杂,灵明自生,不患学无进益。今之因循不振者,总缘不知动静之有时,而此心驰骛,逐事纷纭,因之内治之功俱废,学何由长进?律以圣学,则是昏昧悠忽,过了一生,终何光明之有?甚矣,学者当审几慎动,勿失之不当动而动也!

茅注:长,张丈反。此一节言今之学者不能时其动静之病。从学,谓人之从己为学者也。见他人扰扰,初非关己之事也,而己亦为其所动,不能存诚养志以至于光明,故曰"所修亦废"。此所以必"行其庭,不见其人",而后可以止也。

贝原笃信曰:"扰扰",乃不止也,不当动而动也。

[集评]

朱子曰：学问临事不得力，固是静中欠却工夫。然欲舍动求静，又无此理。盖人之身心，动静二者循环反覆，无时不然。但常存此心，勿令放失，则随动随静，无时不是用力处矣。（《茅注》）

张绍价曰：定，非一于静而不动也，不失其时而已。当静而静，而非以绝物；当动而动，而非以逐物。虽万变纷纭，而不足以扰吾心。其心安定而不扰，其道乃明白而不昧。学之所以不进者，由于动静失时，不当动而动。见他人扰扰，以为于己无害，随俗浮沉，逐物流动，胸次烦扰，神识滑昏，而功修堕矣。冥冥，则昏昧而不明；悠悠，则惰慢而不进。因循终身，何光明之有？

李灜曰：以心使心者，有主宰之谓也。正心而以己心为严师，其义相类。心未必正，故有以正之，其欲正之者，亦心也。此主宰已立也，故以为严师。如今人都由心，则岂有可师之道？凡人多动，当而动，动者几稀，大抵都是非干己事而亦动也。

70. [一]敦笃虚静者，仁之本。[1]不轻妄，则是敦厚也；无所系阂[2][二]昏塞，则是虚静也。此难以顿悟，苟知之，须久于道实体之，方知其味。夫仁亦在乎熟之而已。[3][三]

[集校]

[一]"敦"上，《张解》本有"横渠曰"三字。

[二]"阂"，《张传》本作"阏"。

[三]以上并横渠语。（《茅注》）按，此条今见张载《拾遗·近思录拾遗》，而《杨注》本、《叶解》本均言出自"《易说》"，或因各自所据底本有异。

[集注]

[1]茅注：仁之本，言是乃为仁之本也。

[2]杨注："阂"与"碍"同。

[3]杨注：《孟子说》。

叶解：阂，闭碍也。言动轻妄而不敦笃，则此心外驰，非仁也。有所系阂昏塞而不虚静，则此心罔觉，非仁也。然必存心之久，实体于己，然后能深知其味。

张解：此言存仁之熟，其味始见，欲人实体于己也。……盖吾心之仁，本敦笃而无间，虚静而不有一物者也。人若言动轻妄而不敦笃，则此心外驰,有所系阂昏塞而不虚静,则此心罔觉,均非仁矣。故持重存诚,即所以为敦厚而祛除缘染,自可以虚静。然非工夫纯熟者不知,未可以顿然明悟也。苟知得此理,须是存心之久,实实体验,然后深知敦笃虚静,仁之本味有如是也。然则存仁之功,惟在纯熟其心而已,卤莽灭裂者岂有当哉?

茅注:"不轻妄"四句,明"敦笃虚静"四字之意。"此难以顿悟"以下,乃申明敦笃虚静所以为仁之本也。

江注:李孝述问:"仁为动之始,礼为动之极,义为静之始,智为静之极。智无所作为,又所以为动之本,而仁礼之所由发也。"曰:"横渠先生曰'虚静者,仁之本',亦此意。"

价解:仁者,人心之全德,天理之本然也。敦厚,则言动不轻妄而心常存;虚静,则心体无所系阂昏塞而理日明,故以为仁之本。然儒者体仁之学,非如释氏之说,单超直入,可以顿悟苟知之也。必操存之久,实体诸己,方能深知其味。夫仁亦在乎熟之而已,涵养省察之功,日新不已,然后心德可全,天理可复,驯致于三月不违之域,而仁始可庶几也。

[集评]

问:"敦笃虚静者仁之本"。曰:敦笃虚静是为仁之本。(《语类》卷九十八)

朱子曰:张子"敦笃虚静"之说,于学者为有功。敦厚虚静,是为仁之本。(《江注》)

茅星来曰:盖不轻妄、无所系阂昏塞之为敦笃虚静,人犹或知之。而敦笃虚静之所以为为仁之本,则非久于其道,实有以体验之于心不能知也。张子引而不发,亦欲学者深思而自得之耳。

管赞程曰:自"横渠先生曰始学之要"至此为一章,言始学有得,而终可以成德。言为仁之本者,则成德之事,尽于此矣,故以此结之。

张绍价曰:自"横渠先生"至此为一段。"始学之要"三节,言内外交正之功。"正心"节承上起下。"定然后"三节,言动静交养之功,于中四段程子之言,互相发明。末二节回顾篇首周子之说,而久道实体,仁在乎熟,又以起下卷"乾乾不息于诚"之意。

《近思录》集校

集注集评 （修订本）

下

程水龙／撰

上海古籍出版社

《近思录》卷之五
凡四十一条

省察（损人欲复天理）

按，《李解》本、《茅注》本注云"凡四十二条"，即较他本多第 42 条。
[集评]

叶采曰：此卷论力行。盖穷理既明，涵养既厚，及推于行己之间，尤当尽其克治之力也。

施璜曰：《大学》教人做格物致知工夫，即教人做诚意正心工夫。《论语》教人博文，即继之以约礼。《孟子》教人尽心知性，即继之以存心养性。《中庸》教人择善，即继之以固执。故此书先论致知存养，即继之以力行克治，此圣贤教人一定不易之次第，无非要人实从事于圣贤之学，而勿务空知。知人心道心之辨矣，则必实使道心为主，而人心听命；知义理之性、气质之性有殊矣，则必以义理变化其气质，毋徒曰吾姑辨之、姑养之，发为议论，可以悦人耳目而已。一息弗敢懈也，一言一动弗敢苟也。如是，则所涵养者，可以推之于行己之间，克去己私，复还天理，而于圣人之道亦不远矣。苟或致知而不能力行，存养而不能克治，则平日所穷之理，无安顿处，操存涵养，亦无所用，不亦甚可惜乎！故朱子于此卷论克治，尤加警策语以勉人着实用力焉。

茅星来曰：性无不善，而情之动则有不善，故当省察而克治之。而情不外喜怒哀乐爱恶欲，其存之身也，不外视听言动。而七情之发稍不中节，便是过；视听言动稍不自检，便有过。而其中有气质之偏，有物欲之蔽，反其偏，开其蔽，以复其本然之善，则此卷最为切要。凡四十二条。按，《语类》此卷作"改过迁善，克己复礼"。

张绍价曰：朱子曰"此卷改过迁善，克己复礼"。价按，此卷以慎动养心为主，以诚之于思，守之于为，顺理则裕，从欲惟危为总旨，以惩忿窒欲、迁善改过、寡欲克己为分意。体似立纲,首三节一篇纲领,下分四段以发明之。

钱穆曰:中国人为学主在学为人,学为一理想人。……人之为学,始知在己有过,则必改。始知于道有善,则必迁。中国人之从事于学,主要在为一善人,而达于贤与圣。……周、张、二程,昌明道学,汲汲于明道,不务于行道,此乃鉴于当时之新旧党争。而为悔过知变,改易辙之一道,此为世运转移一大机。(《随劄》)

泽田希曰:此篇论力行,盖格致存养者,将以行之也。故穷理既明,涵养既厚,则推之于行己之间,尤当竭其克治之力。是此篇之所以相受也。朱子曰:"克己固学者之急务。"又曰:"克己亦别无巧法,譬如孤军猝遇强敌,只得尽力舍死向前而已,尚何问哉!"

1. 濂溪先生曰:[一]君子乾乾不息于诚,然必惩忿窒欲,迁善改过而后至。《乾》之用其[二]善是,《损》、《益》之大莫是过,圣人之旨深哉![1]吉凶悔吝生乎动。噫!吉一而已,动可不慎乎?[2]

[集校]

[一]《张解》本无"先生"二字。此条今见《周子通书·乾损益动第三十一》,无"濂溪先生曰"五字。

[二]朱子曰:或曰:"其"字亦是"莫"字。(《杨注》)朱子曰:"乾之用其善是","其"字疑是"莫"字。(《张传》)一本作"莫"。(《李解》)朱子曰:"'其'字难通,疑当作'莫'字。"今从之。(《茅注》)佐藤一斋认为朱子"此说是也,但尚疑'善是'亦似误倒,'莫是善',指'惩忿'二句。"(《栏外书》)

[集注]

[1]叶解:重《乾》相继,故九三曰"君子终日乾乾"。言君子体乾,健而又健,至诚不息,此用《乾》之善者也。山泽为《损》,激于忿,象山之高,必惩创之;溺于欲,象泽之深,必窒塞之,此用《损》之大者也。风雷为《益》,迁善象风之烈,则德日长;改过象雷之迅,则恶日消,此用《益》之大者也。

张解:此合《乾》、《损》、《益》三卦发明圣人之蕴,而示人以思诚之方也。乾乾,健而又健之意。《乾卦》九三爻辞言"乾乾",《大象》言"不息",《文言》言"修辞立其诚"。周子则总其意而曰"乾乾不息于诚",盖修德之本,朱子所谓"乾乾不息者,体也"。《损·大象》"君子以惩忿窒欲",《益·大象》"君子以见善则迁,有过则改"。周子又括其辞而曰"必惩忿窒欲,迁善改过而后至",盖修德紧要中事,朱子所谓"去恶迁善者,用也"。非体则用无以行,非用则体无所措,故合而言之。言君子终日乾乾,健而又健,自强不息,以存无妄之诚。然其所以用力之要则固有在也,必治其难制之忿而惩之,遏其易流之欲而窒之。善者人心之天理,迁之不可不亟;过者人心之私欲,改之不可不勇,而后可以至于诚。是则乾乾之用,莫此为善。而损其所当损,益其所当益,亦莫有过于是者也。圣人之蕴,因卦以发,而教人思诚之方,著于三卦之中者,其旨不亦深哉!

茅注:朱子曰:"学者于日用应接、思虑隐微之间一一加察,其善端之发慊于吾心,而合于圣贤之言,则勉厉而力行之;其邪志之萌愧于吾心,而戾于圣贤之训,则果决而速去之。总不使有顷刻悠悠意态,则为学之本立矣。"

贝原笃信曰:去恶者,惩怒窒欲也。进善者,迁善改过也。

[2] 杨注:《通书》。伯嵒据晦翁曰:"此以《乾卦》爻辞,《损》、《益》《大象》发明思诚之方。盖乾乾不息者,体也。去恶进善者,用也。无体则用无以行,无用则体无所措,故以三卦合而言之。"

叶解:动而得则吉,失则凶,悔则过失而自咎,吝则私小而可羞。四者,一善而三恶,动其可不谨乎?

张解:又引《易》辞以见人之诚不诚皆于动处见之,而叹其不可不慎也。《系辞下传》有云"吉凶悔吝生乎动"。盖人之动也,忿欲与善过形焉,而吉凶悔吝四者所由以生。四者之中,吉居其一,凶悔吝居其三。是人之所值,福常少,祸常多,可不于方动之时审之而致其慎乎?慎动则必尽惩窒迁改之方,以得损益之道,而去其不诚以归于诚,斯能善乾乾之用者,于圣人作《易》之旨庶乎其有得也!所以然者,人生而静,以上本皆诚也。动而为忿,如火之燎原,而诚于是掩。动而为欲,如水之溃堤,而诚于是荡。见有善则姑待之,见有过则姑恕之。其动于意者,不自慊而自欺,而诚于是亏,所以君子思诚要于慎动。周子综厥《易》辞,归结大意,至于发为嗟叹而不能禁也,读之能无憬然?

茅注:"吉凶悔吝"句,见《易·系辞下传》。朱子曰:"四者,一善而三恶,故人之所值,福常少而祸常多,不可不谨。"

[集评]

朱子曰:乾乾不息于诚,便是修德之事;惩忿窒欲,是《损卦·大象》;迁善改过,是《益卦·大象》。修德者,必须如此而后能至于成德。又曰:是者,指去恶进善而言。盖《乾》之体,乾乾不息,而其用则莫善于去恶进善也。《损》、《益》二卦,大义亦莫过于此。圣人作《易》之旨意深矣!(《茅注》)

问:此章前面"惩忿窒欲,迁善改过",皆是自修底事。后面忽说动者,何故？曰：所谓"惩忿窒欲，迁善改过"，皆是动上有这般过失。须于方动之时审之，方无凶悔吝。所以再说个"动"。（《语类》卷九十四）

张习孔曰：此一节，朱子既有所疑，而犹载之"克己"篇首。此见朱子乐善之诚，取善之大，盖无一节之或遗也。

吴敬庵曰：君子终日乾乾，健而又健，自强不息，以存其无妄之诚。然其用力之方，非一端也。盖人有难制之忿，易流之欲，未尽善而有过者，诚之所以亏也。必惩忿窒欲，损去己私，迁善改过，资益其天理，而后可至于诚，是则乾乾之用，莫善于惩窒、迁改也。损所当损，益所当益，亦莫大于惩窒、迁改也。圣人作《易》以教人思诚之方，其旨岂不深哉！且人之动也，忿欲与善过形焉，而吉凶悔吝所由以生。噫！四者之应，吉一而已，凶悔吝居其三，是福常少而祸常多也！凡有动作，可不慎乎？慎动则得损益之道，而善乾乾之用矣。（《价解》）

张绍价曰：此言君子思诚之功，当慎之于动也。"不息于诚"，承上卷末节而言；"惩忿窒欲、迁善改过"，领起通篇之意。

2. 濂溪先生曰：[一]孟子曰："养心莫善于寡欲。"予谓养心不止于寡而存耳。盖寡焉以至于无。无则诚立明通。诚立，贤也；明通，圣也。[1][二]

[集校]

[一]《张解》本无"先生"二字。

[二]陈荣捷云："今见《周子全书》卷十七，页三三四。"（《陈论》）查洪德注释《近思录》，云此条出自"周敦颐《濂溪集》第九《养心亭说》"。佐藤一斋曰"《通书后录》载此文"（《栏外书》）。

[集注]

[1]杨注：《遗文》。伯昷据晦翁曰："诚立，谓实体安固；明通，则实用流行。立，如'三十而立'之'立'，通则不惑，知命而乡乎耳顺矣。"

叶解：或问："孟子与周子之言果有以异乎？"曰："孟子所谓欲者，以耳、目、口、鼻、四肢之欲，人所不能无，然多而无节则为心害。周子则指心之流于欲者，是则不可有也。所指有浅深之不同，然由孟子之寡欲，则可以尽周子之无欲矣。"

张解：此周子因孟子之言而推扩其量，见无欲之即为圣贤也。孟子恐人不上圣贤之路，且只教人寡欲，以求此心之存。周子恐人不尽养心之功，故言须至无欲,以几圣贤之域。其意以为学者之心,可圣可贤之心也。千病万病,只是欲为之根。孟子言"养心莫善于寡欲"者,谓欲寡则心存,洵学者克治之要也。

茅注:见与张宗范《养心亭说》。仇氏曰:"孟子言寡欲,从初学言之也。周子言无欲,从成德言之也。叶氏不察,以孟子指欲之不可无者,故只云'寡';周子指欲之不可有者,故必言'无'。殊不知声色货利,人心不可有之欲,正由耳目口鼻,人心不可无之欲,不能节制,以至于此也。其为欲无有二也。孟子亦正欲渐次克治,归于无欲而后已。非谓欲不可无,但可寡也。"

江注:朱子曰:"欲未便说到那邪僻不好底物,事只是眼前底事,才多欲,便将本心俱纷离(《王记》云:王、吴本"杂"作"离",贺孙录本作"杂",洪本同,从之。)了。孟子说寡欲,如今且要得寡,渐至于无。"问:"周子言'不止于寡',如何?"曰:"语其所至,则固然矣。然未有不由寡欲而能至于无者也。语其所至而不由其序,则无自而进;语由其序而不要其至,则或恐其安于小成也。是以周子之说,于此为有相发之功焉。""'立'字轻,如'三十而立'之'立';'明'字就见处说,如'知天命'以上之事。"

[集评]

朱子曰:濂溪言"寡欲以至于无",盖恐人以寡欲为便得了,故言不止于寡欲而已,必至于无而后可耳。然无底工夫,则由于能寡欲。到无欲,非圣人不能也。曰:然则"欲"字如何? 曰:不同。此寡欲,则是合不当如此者,如私欲之类。若是饥而欲食,渴而欲饮,则此欲亦岂能无? 但亦是合当如此者。(《语类》卷九十四)

黄勉斋曰:寡欲,固善矣。然非真知夫天理人欲之分,则何以施其克治之功哉? 故格物致知,又所以为寡欲之要,学者之所当察也。(《茅注》)

陈埴曰:此谓私欲耳。克去私欲,当自寡而至于无。若饮食男女之欲,发而中节者,是理义之当然,虽大圣不能无,濂溪即非寂灭之谓也。

张伯行曰:以予观之,所谓养心者非止于欲之寡而致其存焉已耳。盖欲不能寡,则流于不肖之归,能寡则人心日消,道心日长,必寡之又寡,以至于无。无欲者,诚也。诚则明,明则通。实理具于人心之中者,其体用原是如此,则实心不杂以人欲之私者,虽圣贤岂外乎此? 由无欲而诚立,由诚立而明通。……故曰"诚立,贤也;明通,圣也"。圣贤非有异心,亦尽其所以养之者而已。

陈沆曰:周子学圣之要在此,此是一了百当工夫,省得后人许多说知说行说动说品宗旨。

张绍价曰：此言寡欲之功也。君子慎动，动于心而足为心之累者，莫甚于欲，故孟子言"养心莫善于寡欲"。周子恐人以寡欲为止境，故言不止于寡欲而已。必寡欲焉以至于无而后可，无欲则进于诚立之贤、明通之圣矣。"明"字作"实"字看，人心本明，有欲则窒，无欲则通。无欲非圣人不能。学者日用工夫，则全在寡欲着力。

3. 伊川先生曰：^[一]颜渊问克己复礼之目，夫子曰："非礼勿视，非礼勿听，非礼勿言，非礼勿动。"四者身之用也，由乎中而应乎外，制于外所以养其中也。^[1]颜渊^[二]事斯语，所以进于圣人。后之学圣人者，宜服膺而勿失也。因箴以自警。^[2]《视箴》曰："心兮本虚，应物无迹。操之有要，视为之则。蔽交于前，其中则迁。制之于外，以安其内。克己复礼，久而^[三]诚矣。"^[3]《听箴》曰："人有秉彝，本乎天性。知诱物化，遂亡其正。卓彼先觉，知止有定。闲邪存诚，非礼勿听。"^[4]《言箴》曰："人心之动，因言以宣。发禁躁妄，内斯静专。矧是枢机，兴戎出好。吉凶荣辱，惟其所召。伤易则诞，伤烦则支。己肆物忤，出悖来违。非法不道，钦哉训辞！"^[5]《动箴》曰："哲人知几，诚之于思。志士厉行，守之于为。顺理则裕，从欲惟危。造次克念，战兢自^[四]持。习与性成，圣贤同归。"^[6]

［集校］

［一］《张解》本无"先生"二字。按，此条今见《河南程氏文集》卷八《杂著·四箴》，无"伊川先生曰"五字。

［二］"渊"下，《叶解》元刻本及其四库抄本、吴邦模刻本、《张解》本、《李解》本、《茅注》本、《江注》本及其四库抄本、朝刊《近思录》本有"请"字。

［三］"而"江改"则"。（《冯记》）按，《江注》本作"而"。

［四］"自"，吴邦模刻本作"是"。

［集注］

［1］叶解：朱子曰："'由乎中而应乎外'，谓视听言动，乃此心之形见处。'制乎外所以养其中'，谓就视听言动上克治也。上二句言其理，下二句是工夫。"

张解：此程子学颜子之学，实做克己复礼工夫，约其大意著为训辞，而引学者使至于圣人之域也。夫有身则有视听言动，有视听言动则非礼之私得而干之，所谓己也。故颜渊问克复之目，夫子以"四勿"示之。勿者，禁止辞,拔本塞源之意,非窒流断港之谓,乃真克己工夫也。盖四者身之用,确有所谓当视、当听、当言、当动之则,是之谓"礼"。己与礼常相敌,不克其非礼之己,无以复乎礼之本然。故视听言动为此心之形见处,固"由乎中而应乎外";而勿视听言动,是就视听言动上克治,必"制于外所以养其中"。

茅注:朱子曰:"由中应外,是推本视听言动四者,皆由中而出。盖泛言其理如此耳,非谓从里面做工夫也。制外养中,方是说做工夫处。"问:"克己工夫在内,此言'制于外',何也?"曰:"制却在内。"又问:"此但说仁之体而不及用。"曰:"制于外,便是用。"

江注:朱子曰:"非礼者,己之私也。勿者,禁止之辞。是人心之所以为主,而胜私复礼之机也。私胜则动容周旋无不中礼,而日用之间莫非天理之流行矣。""上句是说视听言动,皆自此心形见,下句即是克己工夫。'制于外所以养其中',这一句好看。""然这般处也难。古人亦有以御之,如云'奸声乱色,不留聪明;淫乐慝礼,不接心术'。"

价解:此言克己之功也。己者,身之私欲,凡非礼处皆是也。视听言动四者,身之用也。"由乎中而应乎外",自然之势也。非礼勿视听言动,所以制之于外,使外物不为吾心之累,而有以养其中,克己之功也。四者皆兼明健二意,灼然知其非礼,明之所以察几也。知其非礼,即断然勿视、勿听、勿言、勿动,健之所以致决也。明健并用,乃能胜私欲而复于礼。

贝原笃信曰:耳目口体皆有欲,故一任之则放避邪侈无不为。若以礼制心,则欲去而理存,故曰仁。

[2]叶解:或问:"明知其不当视而自接乎目,明知其不当听而自接乎耳,则将如何?"朱子曰:"视与见异,听与闻异。非礼之色虽过乎目,在我不可有视之之心。非礼之声虽过乎耳,在我不可有听之之心。"

茅注:"箴"与"鍼"通,俗作"针"。箴,以铁为之,所以治病者也,故有所警戒,以自治其病者,谓之箴。"服膺勿失",说见《中庸》。以上二节,言所以作箴由也,乃《四箴》之序。

[3]叶解:人心虚灵,应感出入,无迹可执,操存之要,莫先谨视,则犹节也。苟物欲之蔽,交乎吾前,惑于所见,中必移矣。惟能制之于外,目不妄视,则神识泰定,内斯以安。久而诚,则实理流行,动容周旋中礼矣。

张解:此发明"非礼勿视"之要旨也。视与见异。色突然而入目,何能不见?但我不可有欲视之之心。故程子之箴,以为心体本虚可以应物,而无迹可寻则难得其要。欲求操之之要,先谨视之之则。则,犹准也。心之准在于内,为天理;视之准见于外,为天理之节文。天理向明,万象无隐。物交乎前,顾影斯蔽,不去其蔽,心随以迁。是外之失其准,即为中之失其准矣。惟制其外,目不妄视,以安其内,心泰神定,所谓克以复之以求其诚者。日日克之,不以为难,动容周旋,真理流行。礼即诚也,诚即仁也。"四勿"之功,故视为先。

李解:陈氏曰:"心之体本自虚明,而其用则随物而应,无有形迹。操而存之之要,以视为则而已。盖物欲之蔽交接于前,则心随之以迁,此非礼之视所以当制也。制之于外,克己也;以安其内,复礼也。至于真积力久,则诚矣。诚者,从容不勉者也。"

茅注:内,叶奴大切。矣,叶于礼切。陈氏曰:"盖物欲之蔽交接于前,则心随之以迁,故必制之于外,使凡有非礼者不得以接于吾目,而此心虚明之体自安而无所摇矣。如是,乃所以克己而复礼也。至于用力之久,无有间断,则自然诚实,不待勉强,乃所谓仁也。"辅庆源曰:"人之视最在先。遇不当视者,才起一念要视他,便是非礼,故当以视为操心之则。"薛氏曰:"所谓蔽者,非只谓非礼之色,凡见一切可好之物,目逐之而动者,皆是。"问:"'制之于外,以安其内',却似与'克伐怨欲不行'相似。"朱子曰:"克己工夫,其初亦须着禁制始得。到纯熟后,私意自渐消磨去矣。"愚按,首二句以心之本然者而言。"蔽交于前"二句,则物欲累之而失其本然也。"制之于外"句,以功之当然者而言。"久而诚"句,则功夫之尽而各得其所当然也。制之于外,谓非礼勿视也。内,指仁而言。蔡氏曰:"始而克复,有以用吾力。久而诚,则私欲净尽,表里一贯,自无所容其力矣。"

江注:朱子曰:"四者惟视为切,所以先言视,而《视箴》之说,尤重于听。"

价解:心为一身之主,其体至虚,本无一物;其用至灵,应物无迹。操心有要,以视为之准则。苟有非礼之色,交于吾前,则为其所蔽,而心随之而迁。克己者制之于外,使无非礼之视,则其心始安而礼可复。克己之功,久而不息,则存养熟,而可进于诚矣。

[4] 叶解:人秉五常之性,本无不善。惟知识诱于外而忘返,物欲化其内而莫觉,由是所禀之正,日以丧矣。诱者化之初,化者诱之极也。知止者知其所当止也,有定者得其所当止(按,"止"《四库》抄本作"立")也。闲邪于外,所以存诚于中也。

张解:此发明"非礼勿听"之要旨也。听与闻异。声突然而入耳,何能不闻?但我不可有欲听之之心。故程子之箴,以为人生之初,秉执五常之德,是皆原之于天,所性皆善者也。情感意纷,知诱其外,渐而忘返。如响斯应,声入心动,物化其内,久而神移,有听斯受,于是天理之正日就牿亡。常人皆然,贤者不免。惟卓然精明之先觉,知心所当止而有定,不为知诱,不为物化,外闲其邪,内诚斯存,听德惟聪。非礼勿听,则秉彝全乎天,而克复尽乎人矣。继视而有所事者,以是为次焉。

李解:陈氏曰:"性即理也。人之秉彝乃得乎天之正理也。听非礼,则心知为物所引诱,与之俱化,而正理遂亡矣。惟彼先觉之人,卓然自立,知其所当止,而志有定向,故能防闲其邪妄于外,而存其实理于内,自然非礼勿听也。"

茅注:"知诱物化",本《乐记》"知诱于外,物至而人化物"语。沈诚庵曰:"'人有秉彝'二句,是大概说,'知'字,方从听上来。盖声一入于耳,则吾心之知遂为所诱,而与物俱化矣。'亡其正'者,亡其秉彝之天性也。知止有定,声来自觉善恶,此心作得主宰,不能诱之也。"朱子曰:"视是将这里底引将去,所以云'以安其内'。听是听得外面底来,所以云'闲邪存诚'。"又曰:"物至,则智足以知之而有好恶,这是自然如此。到'好恶无节于内,知诱于外',方始不好去。"胡雲峰曰:"眼在前,不正之色只是前一面来,故云'蔽交于前,其中则迁'。耳在两旁,不正之声左右前后皆可来,故曰'知诱物化,遂亡其正'。目之明在外,故当'制之于外,以安其内'。耳之聪在内,故惟在内者,'知止有定'乃可耳。"

江注:问:"视何以说心? 听何以说性?"朱子曰:"互换说也得。然谚云'开眼便错',视所以就心上说。道理本自好在这里,却因杂得外面言语来诱化,听所以就理上说。"问:"知诱物化。"曰:"《乐记》云:'人生而静,天之性也;感于物而动,性之欲也。物至知知,然后好恶形焉。好恶无节于内,知诱于外,不能反躬,天理灭矣。'人莫不有知。"问:"《听箴》前面亦大概说,不知可改'听'字作《视箴》否?"曰:"《视箴》说又较切。视最在先,开眼便是,所以说得切,至听处却较轻也。"

贝原笃信曰:此以先觉为耳不妄听之法。

[5]叶解:躁,轻肆也。妄,虚缪也。言语之发,禁其轻肆则内静定矣,禁其虚缪则内专一矣。枢,扉臼也。机,弩牙也。户之阖辟,射之中否,皆由之发。言乃吾身之枢机,故一言之恶或至于兴师,一言之善或可以合好。得则有吉有荣,失则有凶有辱。躁而伤于易,则诞肆而不审;妄而伤于烦,则支离而远实。肆,纵情也。肆己者,必忤物,躁之致也。悖,乖理也。悖而出者,必悖而反,妄之致也。

张解:此发明"非礼勿言"之要旨也。言者心之声,心感物而有动,何能不言？但我不可不慎所以言之之心。故程子之箴，以为心无由宣，言以宣之。由其发之也易，必其禁之也严。躁者轻肆，嚣而不静；妄者虚谬，纷而不专。虽曰内能静专，可以慎其所发，尤必发禁躁妄，斯以安其内存，况乎人之有言，犹物之有枢机。……皆言之所召致，如之何不谨？故言不可躁，躁者伤易，易则诞而不审；言不可妄，妄者伤烦，烦则支而不实。肆者，纵情之谓，肆于己者必忤于物，躁之致也；悖者，乖理之谓，悖而出者必悖而入，妄之致也。是皆非法之言，总不克己之由。惟非礼勿言之戒，与非法不道之语，同为切要之训辞，必致钦敬之至意。程子于此箴尤谆且严矣。

茅注：好，如字，叶去声。易、道，并去声。宣，布也。发，发言也。矧，况也。……户之阖辟由于枢，弩之张弛由于机，人之吉凶荣辱由于言，故以为比，《易·系辞上传》所谓"言行，君子之枢机"是也。戎，兵也。好，善也。"惟口出好兴戎"，见《书·大禹谟》篇。道，言也。"非法不道"，见《孝经·卿大夫孝章》。训辞，即指"非法不道"句而言。朱子曰："'人心之动'八句，是就身上谨。'伤易则诞'四句，是当谨于接物间。都说得周遍。"辅氏曰："躁属气，妄属欲。不为气所动，故静；不为欲所分，故专。"沈诚庵曰："易、烦之病在己，故支诞以损其德；肆、悖之病及人，故违忤以反乎己。"吕泾野曰："如在官言官，在朝言朝。或言及之而不言，言未及之而言，未见颜色而言，皆是非礼处。推此类可见。"胡云峰曰："易是轻言，烦是多言，肆是放言，悖则纯乎不善矣。朱子以为是四项病，而诸家只解归'躁'、'妄'二字，非矣。"

江注：朱子曰："《言箴》说许多，是人口上有许多病痛。""上四句是就身上最紧要处，须是不躁妄，方始静专。才不静专，自家心自做主不成，如何去接物？'矧是枢机'四句，是说谨言底道理。下是说四项病：伤易则诞，伤烦则支，己肆则物忤，出悖则来违。""心气和则言顺理，然亦须就言上做工夫，'发禁躁妄，内斯静专'是也。内外表里，照管无少空阙，始得相应。"

[6] 杨注：《文集》。伯嵒据或问："夫子何不言'非礼勿思'？"曰："动即思也。如情动于中，岂不是思？伊川作《动箴》曰：'哲人知几，诚之于思；志士厉行，守之于为。'曰思曰为，盖兼言之矣。"

叶解：朱子曰："思是动之微，为是动之著，思是动于内，为是动于外。"明哲之人知其几微，故于所思而诚之，一念之动不敢妄也。立志之士，勉励其行，故于所为而守之，一事之动不敢忽也。顺理而动则安裕，从欲而动则危殆，守于为也。造次俄顷而克念不忘，战兢恐惧而自持不失，诚于思也。习谓修于己，性谓得于天。习与性合，则全其本然之善，而与圣贤一矣。

张解：此发明"非礼勿动"之要旨也。动者心之符，五性感动而万物出，何能不动？但我不可不慎所以动之之心。故程子之箴，以为动于心而有思，则思是动之微。惟明哲之人，克灼几先，思而诚之，一念之动不敢妄也。动于身而有为，则为是动之著。惟立志之士，勉励其行，敬以守之，一事之动不敢忽也。凡思与为，以理为主，顺理而动，必得安欲。苟违乎理，则欲易纵，从欲而动，必致危殆。是以俄顷之间，常存此念，虽极造次，勿之敢忘。明旦之际，持守不失，一于战兢，勿之敢斁。其习之于己者，久而渐熟，与得之于天者，合成自然，则原其本然之性，圣贤固与我无异。全其继起之修，我亦可与圣贤同归。此克己之全功，复礼之归宿也。

李解：行，去声。陈氏曰："思者，动于心也，惟知几之哲人能诚之；为者，动于身也，惟励行之志士能守之。二者虽不同，然皆顺理则安裕，从欲则危隐也。动于心，造次而能念；动于身，战兢而自持，内外交致其力也。习之久而与气质之性俱成，则贤亦圣矣。"

茅注：几，犹"几善恶"之"几"。惟哲人有以知之，而念虑所动，必一于善而无有不实也。若志士，则当于其行而厉之，而凡有所动作必一于善，而无敢有失也。克，能也。"克念"，《书·多方》篇所谓"惟狂克念作圣"也。"战兢"，《诗·小旻》篇所谓"战战兢兢"也。战战，恐惧；兢兢，戒谨。"克念"、"战兢"并承"造次"言。言虽造次之顷，而克念战兢不敢有忽也。克念以诚于思言，战兢自持以守于为言。圣，性之也，谓哲人；贤，习之也，谓志士。及其成功一也，故曰"同归"。朱子曰："哲人只于思虑间便见得当为与不当为，志士须于事为已著方见得。"又曰："盖思于内，不可不诚；为于外，不可不守。"又曰："'顺理则裕'二语，是最紧要处。此是生死路头。"陈氏曰："循天理之公，则无馁于中，故裕；逐人欲之私，则易陷于下，故危。"愚按，非礼不动便是顺理，从欲则非礼而动矣。礼者，理而已。"从欲惟危"以上，见动之不可不谨也。"造次克念"二语，乃为学者言所以存理遏欲工夫也。克念，则动于心者无不实；战兢，则动于身者无不谨，内外交致其力也。陈定宇曰："《商书》曰：'兹乃不义，习与性成。'此伊尹之言本谓习于恶而与性成者，程子引用此句，则言习于善而与性成者。此'性'字，盖以气质之性言，与上文'本乎天性'之性不同。"

江注：朱子曰："诚之于思，是动之于心；守之于为，是动之于身。""为处动，思处亦动。思是动于内，为是动于外。……然专诚于思而不守于为，不可；专守于为而不诚于思，亦不可。""视听言动，该贯内外，不可谓专在外面工夫。须是诚之于思，守之于为，内外交致其功可也。"问："哲人、志士是两般人否？"曰："非也。只是诚之于思底，却觉得速；守之于为者，及其形于事为,早是见得迟了。此觉有迟速,不可道有两般,却两脚做工夫去。”“虽是有两样,大抵都是顺理便安裕,从欲便危险。”“《动箴》那句是紧要? 或云‘顺理则裕’。”曰:“更连‘从欲惟危’句都是。这是生死路头。《四箴》意思都该括得尽。有说多底,有说少底。多底减不得,少底添不得。”

[集评]

朱子曰:《四箴》精确缜密,无纤芥之可疑。(《江注》)

朱子曰:《四箴》精确缜密。其曰制外闲邪而禁躁妄,则克己复礼之事也。其曰安内存诚而内静专,则吾心之德于此其得之矣。学者深体而力行之,其庶几乎!(《李解》)

朱子曰:“由乎中而应外乎”,这是势之自然;“制于外所以养其中”,这是自家做工夫处。(《语类》卷四十一)

朱子曰:“操之有要,视为之则”,只是人之视听言动,视最在先,为操心之准则。此两句未是不好。至“蔽交于前”,方有非礼而视。故“制之于外,以安其内”,则克己而复礼也。如是工夫无间断,则久而自从容不勉矣,故曰“久而诚矣”。(同上)

许白雲曰:视听言各指一事,动则举一身而言,故《动箴》兼心说,谓内而心之动,外而身之动,皆出于正,表里如一,则天理流行。若强制于外而动于中者,或未尽善,则病根不除,未为得也。此即慎独工夫。(《释疑》)

又曰:制于外养其中,盖仁主于存心应事,兼动静而言。“四勿”是就动处用功,主于一事中,则心之全体,于动处事事是当,则是养于中者熟,及其成功,则私欲净尽,天理流行,于视听言动之间,自然皆礼,而不待“勿”矣。(《栏外书》)

张习孔曰:先生(按,程颐)《四箴》发明中外资养之理,最为明切。愚不揣敬赓四章,非敢上媲先贤,亦用自警云尔。《视箴》曰:“主一者心,顺应者迹。触瞻虽纷,内有天则。视瞻维虔,岂随物迁。息明用晦,返观乎内。常目在是,非几绝矣。”《听箴》曰:“虚受最灵,传声达性。弗即于淫,厥心乃正。闻古或卧,中靡有定。郑声佞人,慎防莹听。”《言箴》曰:“文以贯道,匪言曷宣。应酬问辨,亦心所专。嗟彼躁人,徒夸美好。舌逝莫扪,圭玷自召。永言顾行,务实去支。无曰苟矣,千里恐违。立诚居业,允修尔辞。”《动箴》曰:“书云虑善,时勑厥思。吉凶悔吝,惟动之为。先见乃吉,不与斯危。隐微当慎,矧在行持。视履考详,其旋是归。”

张伯行曰:“四勿”之功,非至明无以察其几,非至健无以致其决。颜渊闻夫子之语而以请事为己任,有一番真精神、真力量,是明而健者,所以进于圣人。后之欲学圣人者,亦要从"四勿"做去,奉持而著之心胸之间,固守而勿失也,于是作箴以自警。盖继颜子而事斯语者,舍伊川其谁? 今读其箴,句句皆制外养中意,朱子谓此箴发明亲切,学者最宜深玩。

又曰:合而观之,非颜子不能事斯语,非程子不能作斯箴。圣人原可学而至,唯当以"四勿"为进学之要;"四勿"难一蹴而成,唯当以《四箴》为力行之实,学者所当勖也。

钱穆曰:心在腔子里,故能制此四者以复于礼。……视听言动四者,乃人生大节目所在,岂能一一克去。然亦能一一任其自由。人各反己以求,斯自知之矣,何烦多辩。(《随劄》)

4.《复》之初九曰:"不远复,无祗悔,元吉。"[一]《传》曰:阳,君子之道,故《复》为反善之义。初,《复》之最先者也,是不远而复也。[1]失而后有复,不失则何复之有? 唯失之不远而复,则不至于悔,大善而吉也。[2]颜子无形显之过,夫子谓其庶几,乃"无祗悔"也。过既未形而改,何悔之有?[3]既未能不勉而中,所欲不逾矩,是有过也。然其明而刚,故一有不善,未尝不知;既知,未尝不遽改,故不至于悔,乃"不远复"也。[4]学问之道无他也,惟其知不善,则速改以从善而已。[5]

[集校]

[一]"传"上,《张解》本、《叶解》四库抄本有"伊川易"三字。此条今见《周易程氏传》卷二《复传》,"吉"下无"《传》曰"二字。

[集注]

[1] 叶解:阳往为剥,阳来为复。《复卦》乃善之返,初爻乃《复》之先,过而先复,是不远而复也。

张解:此释《复卦》初九爻义及夫子《系辞》之言。见惟颜子能不远复,人当学颜子之学也。《剥》之一阳,穷上返下而为复。复者,阳既去而复反,以阳爻居卦初,故有不远之象,而无至于悔,为大善而吉。祗,抵也,至也。程子释之以为圣人扶阳抑阴,阴为小人,阳为君子。前乎此者,自《姤》而《剥》,阴主于内,阳行逆境。今自《剥》而《复》,一阳复生,义取去不善以反于善。又初之为爻,《复》之最先者也。失之未远,能复于善,是不远而复也。此释"不远复"句意。

茅注:明道曰:"'祗'与'底'通用,至也。"俞氏曰:"初居震动之始,方动即复,故曰'不远而复'。"

[2] 叶解:人必有所失而后有所复,既有失则不能无悔。惟未远而复,故不至于悔,乃元吉也。

张解:夫人有所失则必有所悔。今既失而复,而《易》以为"无祗悔,元吉"者,盖失者人所时有,只以复为贵耳。不能无失而后贵于复,如无所失则何待复乎? 但恐失之既远,是以悔不能免。惟未至于远,则不至于悔,而有以全其元善之道而吉也。此释"无祗悔,元吉"意。

李解:阳主淑,阴主慝,故阳自《剥》之上六而为《复》之初九,乃反于善也。

茅注:惟圣人本非有失,自无有复,下此则不能以无失,但复之有远近不同耳。失之而复,自不能无悔。……此以上明初爻所以为复之不远而不至于悔者也。

[3] 叶解:有过而知之敏、改之速,不待其形显,故无悔也。

张解:《复》之初九,惟颜子足以当之。颜子地位高,平日从克己复礼用功,偶有无心之过,不待形于身、显于事而后能复于无过。故"夫子谓其庶几,乃无祗悔也"。庶几,近辞,言近道也。夫过而能改即为无过,况未形而改,何悔之有? 此释《系辞传》"颜氏之子,其殆庶几"意。

茅注:子曰:"颜氏之子,其殆庶几乎?"见《系辞上传》。形显,谓形之显著也。

[4] 茅注:中,去声。此以上因《系辞上传》夫子之言而释之,以见必如颜子之明且刚,而后能是有不远之复也。以上初九爻《传》。

[5] 杨注:《易传》,下同。

叶解:不待勉强而中乎道,从心所欲而不过乎则,是圣人之事,无过之可改者也。颜子未能及是,故未免于有过。然其明也,故过而必知;其刚也,故知而即改。

张传:先生曰:"失而后有复,不失则何复之有?"此"失"字要看得细,非既失于事为而未远也。念头起处即知,知处即复,故曰不远。或问:"起念未尝不知,知之未尝复行,此不善是何等念头?"曰:"不善者,对善而言。少未合于天理,即谓之不善,非如今人之恶念也。"《中庸》曰:"得一善,则拳拳服膺。"当一善未得时,即不善矣。孔子卒《易》,始无大过,七十始能从心。谓人起念即善者,虽圣人不能。惟能念起即觉,觉即化,斯可谓之大贤矣。

张解:天下惟圣人无过之可改,彼盖不待勉强而自中乎道,从心所欲而不逾乎法度之则。下此则虽未达止一间,亦不能无过。然辨于非礼之介者,明足以察其几。而从事于"四勿"之间者,刚又足以致其决。明则有过而即知,刚则既知而即改,此其所以不至于悔,乃"不远复"之学问,非颜子莫能然也。此释"有不善,未尝不知"三句意。今人何者不可学?何者不当学?学问之道岂有他哉?惟知其不善则速改以从善而已。结言人当学颜子意。夫善无终息之理,即极梏亡,亦有来复之期。责人无过,则为过刻。若过可以改,改即为善。拓充前去,并得元吉,乃始为"频复"之厉,终为"迷复之凶"。千百年来,"无祇悔"之学,仅有一庶几之颜子。是以阴阳言之,天运无不复;以盛衰论之,世道无不复;而以善恶言之,人心竟一往而不复也,亦独何哉?

李解:形显之过,谓口过身过之类。未能不勉而中,则必有几微之疏;未能所欲不逾规,则必有毫厘之差,此过之所由生也。惟明故能知之真,惟刚故能改之决。朱子曰:"最要在'速'字着力。凡有过,若今日不便改,过愈深而善愈微。若从今日便改,则善可自此而积。今人多是口难过了日了。"朱子曰:"蔡季通书曰:'所谓一剑两段者,改过之勇固当如此。'然改过贵勇,防患贵怯,二者相须,然后真可以修慝辨惑而成徙义之功。自今以往,设使真能一剑两段,亦不可以此自恃,而平居无事尝存祇畏警惧之心,以防其源,则庶乎其可耳。"

茅注:知不善,明也。速改以从善,刚也。此三句,初九《象传》。尹起莘曰:"仲虺善成汤之德,以'从谏弗咈、改过不吝'为首称。盖过者,人所不免,惟能知之而速改之,乃其所以为贤也。"

江注:朱子曰:"《易传》云'惟其知不善则速改,以从善而已',这般说话好简当。"

[集评]

朱子曰:"颜子有不善未尝不知,知之未尝复行"。今人只知"知之未尝复行"为难,殊不知"有不善未尝不知"是难处。今人亦有说道知得这个道理,及事到面前,又却只随私欲做将去,前所知都自忘了。只为是不曾知。(《语类》卷七十六)

敬轩薛氏曰:不善之端,不待应物而后见。如静中一念之薄即非仁,一念之贪即非义,一念之慢即非礼,一念之诈即非信。君子所以贵慎独也。(《茅注》)

管赞程曰:自篇首至此为一章,言中和为第一等资质,可为乾道圣人之学。故首言"乾乾不息","惩忿窒欲,迁善改过",务以立诚为本。次言制外养中以全其德。末言无所间断与天合德。盖非立诚为先,不知性天合一之道,希天为度内之事,不继之以制外养中。不能动容周旋中礼,终有空言无实之病,何以希天? 不终之以希天,则未能尽性至命,诚与天地合德,日月合明,四时合其序,鬼神合其吉凶。三者一串相关,有志于乾道心传者,当加意玩味焉。

张绍价曰：此所谓哲人知几诚之于思也。过而发于言,行于身,见于事,而后知而改之,故不免于悔。颜子无形显之过,只在几微上用力,故夫子谓其庶几乃无祗悔也。颜子几于圣人,而未达一间,未能如圣人之不勉而中,所欲不逾矩,隐微间略有纤毫私意,便是有过。然能至明以察其几,才一萌动,即洞见纤微,故有不善未尝不知。至刚以致其决,才见纤微,即立与消释,故既知未尝不遽改,此所以不远复而不至于悔也。学问之道,知不善则速改以复善而已。所以知者,明之察也；所以速改者,刚之决也。

5.《晋》之上九："晋其角,维用伐邑,厉吉,无咎,贞吝。"[一]《传》曰：人之自治,刚极则守道愈固,进极则迁善愈速。如上九者,以之自治,则虽伤于厉,而吉且无咎也。严厉非安和之道,而于自治则有功也。[1][二]虽自治有功,然非中和之德[三],所以[四]贞正之道为可吝[五]。[2]

[集校]

[一]"传"上,《张解》本、《叶解》四库抄本有"伊川易"三字。

[二]此条今见《周易程氏传》卷三《晋传》,"虽"上有"复云贞吝以尽其义,极于刚进"十二字。

[三]"德",江误"道"。(《冯记》)王、吴本"德"作"道",《遗书》、《集解》、阴、汪、本作"德",洪本同。按,《伊川易传》本是"德"字,今从洪本。(《王记》)"中和之 德 ",江本作"道"。(《考异》)按,《江注》本作"道"。

[四]"于",宋本作"所以",今从《易传》。(《茅注》)《易传》,"所以"作"故于"。(《栏外书》)按,"所以",吴邦模刻本、《张解》本、《李解》本、《叶解》四库抄本、《茅注》本、《江注》本及其四库抄本、《晋传》作"故于"。

[五]"吝"下,吴邦模刻本、《张解》本、《李解》本、《叶解》元刻本及其四库抄本、《茅注》本、《江注》本及其四库抄本有"也"。

[集注]

[1]叶解：以阳居上,刚之极也。在《晋》之终,进之极也。刚进之极,动则为过,惟可用之以自伐其邑。伐邑,内自治也。以是自治,则守道固而迁善速。虽过于严厉,吉且无咎。

张解：此释《晋》上九爻义也。晋，进也。角之为物，刚而居上者。伐，治也。削去之谓，非征伐之谓也。邑，私邑也。盖《晋》之上九，……刚极则过猛，进极则躁急，动多为害，故只用之以自伐其邑。自伐其邑者，是内自治之事。自治者，守道要固，迁善要速。刚进之极，愈固愈速，则虽过于严厉，亦吉且无咎。盖严恐不和，厉恐不安，道固以安和为贵，而以之自治，则有守道迁善之功也。有功故吉而无咎。

茅注：治，平声，下同。角，刚而居上之物。上九以刚居卦之极，故取为象。四方为外，居邑为内，伐邑以象内自治也。厉，严厉也。刚极，谓以阳居上也。进极，谓在《晋》之终也。

［2］叶解：刚进之极，有乖中和，终为疵吝。

张解：既曰"吉且无咎"，而又曰"贞吝"者，盖以之自治虽得其正，然而中和之德，则有刚克、柔克相济之美。今则刚进之极，乖于中和，故可羞吝。夫功高无震主之嫌，禄厚无焚身之惧，上下一德，处刚进而不极，猗欤休矣！今因过极其分惧不免焉，深自贬损，冀倖无罪，终非臣道之光。然世之人往往盈满招损，倾覆是灾，不知危厉，以内自治，则亦昧于《晋卦》上九之旨矣。

茅注：朱子曰："吝不在克治。正以其克治之难，而言其合下有此吝耳。'贞吝'之义，只云贞固守此则吝，不应于此独云于正道为吝也。"

［集评］

问："晋其角，维用伐邑"，《本义》作"伐其私邑"，程《传》以为"自治"，如何？曰：便是程《传》多不肯说实事，皆以为取喻。伐邑，如堕费、堕郈之类是也。（《语类》卷七十二）

张习孔曰：凡人之情，每刻于治人，而宽于治己。《晋》上九之自治如此，亦诚贤矣。然子路有闻，未之能行，惟恐有闻，夫子则以其兼人而退之。颜子于高坚恍忽之际，夫子亦循循而诱之。程《传》之释《晋》上九，用此义也。

张绍价曰：此所谓"志士励行守之于为也"。明不足而刚有馀，以之自治，亦可有功。《晋》之上九，以阳居上，刚之极也；在《晋》之终，进之极也。刚极则坚确不移，故守道愈固；进极则奋发有为，故迁善愈速。自治如此，虽伤于厉，而吉且无咎。然严厉非安和之道，虽自治有功，究非中和之德，故于贞正之道为可吝。若更进以沉潜涵泳，能如颜子之刚明而中和，则善矣。价按，此二节为一段，发明迁善改过之义。

6.　［一］《损》者，损过而就中，损浮末而就本实也。［二］天下之害,无不由末之胜也。峻宇雕墙,本于宫室;酒池肉林,本于饮食;淫酷残忍,本于刑罚;穷兵黩武,本于征讨。凡人欲之过者,皆本于奉养,其流之远,则为害矣。先王制其本者,天理也;后人流于末者,人欲也。《损》之义,损人欲以复天理而已。[1][三]

[集校]

[一]《张解》本有"伊川曰"三字。

[二]此条今见《周易程氏传》卷三《损传》,"天下"上有"圣人以宁俭为礼之本,……诚为本也。"数句。

[三]此条,《叶解》元刻本紧接在第5条后,未单列刻印,形式上似合为一条。

[集注]

[1]叶解:《损卦·象传》。天下之事,其本皆出于天理。民生日用之常,治道之不可废者。其末流,则末胜本,华胜质,人欲胜天理,其害有不胜言者矣。故《损》之为用,亦惟"损过以就中,损浮末而就本实",损人欲以复天理耳。

张解:此因《损》之卦义以垂戒也。损,减省也。天下有当损而损者,凡事起初皆是天理应如此,本无过不及而得其中,后来私意日增,遂流于过,过则皆为人欲之私矣。故程子以为"损者,损过而就中",正是"损浮末而就本实也"。末未有不浮者,本未有不实者,故并言之。因极推末盛之害,如宫室、饮食、刑罚、征讨之类。先王知天下之不可无居也,于是宫室之制兴,取其可以蔽风雨而已。而其末流则高峻其宇,雕饰其墙,是本于宫室而过焉者,其害一也。先王知天下之不可无食也,于是饮食之制兴,取其可以免饥渴而已。而其末流则有酒如池,有肉如林,是本于饮食而过焉者,其害二也。先王知天下之不可无法也,制为刑罚以驭天下,盖刑期无刑也。而其末流则有淫刑以逞,酷虐为政,残民之生,忍民之死者矣,是本乎刑罚而过焉者,其害三也。先王知天下之不可无威也,制为征讨以一天下,盖兵期无兵也。而其末流则有穷尽民力以事兵革,贪黩无节以侈武功者矣,是本乎征讨而过焉者,其害四也。诸如此类,凡人心之欲,日生日炽,过其限度而不自知者,其要皆本于奉养之私,求便其身,图而流则为害矣。夫先王之制,皆民生日用之常,治道之不可缺者,其本无非天理之当然,后人不知合乎理之中,反藉先王之制以恣一己之欲,遂使人欲肆而天理亡。末胜之害一至于此,奈之何不损?故损之为义甚大。总要损人欲以复天理,使之适得其中,此圣人作《易》

意也。

李解：养，去声。宫室所以安身，饮食所以奉体，刑罚征讨所以御暴，故皆为奉养之具。其当然者为天理，过之则为人欲矣。

茅注：《损·象》："曷之用二簋，可用享。"愚按，宫室、饮食，固人生日用所不可无，而刑罚、征讨，亦国家治道所不可废者。然其末流之过，至于穷奢极欲，任酷吏，好远略，其害有不可胜言。如秦始、隋炀以此亡国殒身。然则天理人欲之间，其始甚微，其终则不可救，学者顾可以不谨乎！

[集评]

陈埴曰：喜怒发而中节，则为和；发不中节，则为害。此事全在当人，责天不得。"山下有泽，损，君子以惩忿窒欲。"奉行此语。

又曰：五峰曰"天理人欲同行异情"，此语尽当玩味。如饮食男女之欲，尧舜与桀纣同，但中理中节即为天理，无理无节即为人欲。

张习孔曰：《益》以损上益下为卦，《损》以损下益上为卦。此卦义之无可改易者也。但六十四卦，无有以非义训者。若以"元吉无咎"之词，而劝之于剥民奉君之主，则圣人为助虐矣。故程子以损过就中，与奢宁俭之意为传。此见贤者取善之学，于不美之中节取而见其美焉。如《大象》之"惩忿窒欲"，《系词》之"损以远害"，皆所谓断章取义也。若论圣人名卦之正义，与夫损下益上，其道上行之《象》辞，岂能曲为之解哉！愚谓，即如正意释之，亦有于理不悖者，卦词不云乎"二簋可用享"，享神大事，尚可损至二簋，况于下者可以不急公乎？盖国家当困绌之时，其道不得不出于损。如天潢之日繁，匪颁之日广，而灾眚侵陵，一时并集，当此之时，安得不损？岂以供一人之纵逸哉！然则所谓损下者，非刻削之谓，樽节爱养，食时用礼，与夫朝廷之赉予，□国之班给，皆从节损也。所谓益上者，非厚以自奉之谓，纾国保宗，安我社稷也。第损非人情所欲，必其至诚之念，彰信于民，使天下晓然，知我之出于不得已。然后虽劳不怨，虽供不惜，大吉而无咎矣。惟减损之事，出于至诚，且可为后世法也，而所往何不利乎？

张绍价曰：近世渐染夷风，习为奢华，灭天理而穷人欲，日新月盛，风俗大坏。而昧者犹诩为文明，有王者作，则必在所损矣。

钱穆曰：此处提出天理人欲之辨，实即是本末之辨，源流之辨。人欲亦本于天理。（《随劄》）

7. [一]夫人心正意诚，乃能极中正之道，而充实光辉。若[二]心有所比，以义之不可而决之，虽行于外，不失其中正之义，可以无咎,然于中道未得为光大也。盖人心一有所欲,则离道矣。[三]故《夬》[四]之九五曰:"苋陆夬夬,中行无咎。"而[五]《象》曰:"中行无咎,中未光也。"[六]夫子于此,示人之意深矣。[1]

[集校]

［一］叶上增"《夬》九五曰:苋陆夬夬,中行无咎。《象》曰:中行无咎,中未光也。《传》曰"二十四字,中去"故夬"至"光也"二十五字。(《冯记》)此上一有"《夬》九五曰:苋陆……《传》曰"二十四字。(朝刊《近思录》)按,"夫人"上,《叶解》元刻本及其四库抄本、《张传》本、《张解》本、《茅注》本均有"《夬》九五曰:苋陆夬夬,中行无咎。《象》曰:中行无咎,中未光也。《传》曰("传曰"《张解》本作"伊川易传曰")"二十四字。此条今见《周易程氏传》卷三《夬传》。

［二］"若",一作"五"。(朝刊《近思录》)"若",《叶解》元刻本、《夬传》作"五"。

［三］吕本爻象之词,在"则离道矣"下。……"夫子于此"二句,在末作结,无"传曰"二字。(《茅注》)吕本"故《夬》之九五"止"光也"数句,在"离道矣"下。(《异同考》)按,"夫人"至"道矣"数句,《张解》本放在"中未光也"下。

［四］"《夬》九五曰","夬"上有"故"字,下有"之"字。(《茅注》)"故夬之"至"光也",叶本置此条之首,上削"故"、"之",下增"传曰"两字。(《考异》)按,现存《叶解》元刻本及其四库抄本、《张解》本、《茅注》本均如茅氏所言,并将"故"下"《夬》……传曰"文字,放在"夫人"前。

［五］将此段文字放置于"夫人"前的《叶解》元刻本及其四库抄本、《张解》本、《茅注》本均无"而"。"而"字,疑衍字。

［六］一无此二十五字(按,即"故夬……光也")。(朝刊《近思录》)

[集注]

［1］叶解:九五与上六比,心有所昵,未必能正,特以义不可而勉勉决去之,意亦未必诚也。但九五中正,故所行犹不失中正之义,仅可无咎。然心有所比,不能无欲,其于中行(按,"行",《四库》抄本作"正")之道,未得为光大。圣人发此示人,欲使人正心诚意,无一毫系累,乃能尽中正之道,充实而有光辉也。

张解:此释《夬卦》九五爻象也。苋陆,今马齿苋,感阴气之多者。夬夬,决而又决也。《夬》之卦体,下《乾》上《兑》,五阳决一阴,而九五又以刚居刚,为《夬》之主,必不系累于阴柔者,但与上六切近,如苋陆得阴气之多,恐不能无所比。虽迫于众阳之合力,且已有阳刚中正之德,必能决而决之,不失中行之道,可以无咎。而《象》谓"中未光"者,程子释其意,以为人必心正无私昵,意诚无勉强,乃能极大中至正之道,充实于内而光辉于外。今九五比于上爻,狎习亲昵,心未必正,特以迫于义之不可而勉强决去之,则其意亦非尽出于诚。虽所行中正,有无咎之道,然胜人之邪者,必先自胜其邪,邪念一分未尽,天理便一分未光。何也?人有所欲,则离道矣。夫子于此发以示人,欲人正心诚意,无一毫系累,而后中正之道得光大也。圣人于《夬》之九五,盖有深望焉。

李解:夫,音扶。比,毗至反。心有所比,谓与上六之柔说切近而昵之也。道贯显微,故心一有所欲,则离道于隐微之间矣。

茅注:苋,许战反。比,音避。苋陆,《本义》及程《传》并云"今马齿苋",孔《疏》引马融、郑玄、王肃并云"一名商陆",皆以苋陆为一,唯董氏分为二,而朱子发因之。然《语类》亦有"苋者,马齿苋。陆者,章陆,一名商陆"之说,未详孰是。《本草》谓:"其根至蔓,虽尽取之,而旁根复生。"盖其类难绝,故取为象。九五切近上六之阴,昵于小人者深,故曰"心有所比"。然为决之主,其义不可以不决,故曰"以义之不可而决之"。又九五阳刚,其力尚足以决,而居中处正,又不为过暴,故所行犹不失中正之义。有欲,指"心有所比"而言,所以未得为光大也。如宋神宗以人言而罢王安石,不久复用,正坐此病。有所比,则心不正,以义之不可而勉强决之,则意不诚。

[集评]

朱子曰:事虽正而意潜有所系者,荀子所谓"偷则自行",佛家所谓"流注不断",皆意不诚之本也。(《茅注》)

薛氏曰:此克己所以为难也。(《李解》)

张习孔曰:古来石显虽去,而王商亦不能久于位。安石虽免,而郑侠、冯京、王安国亦不得宽其谪。则以朝廷之小人去,而君心之小人未去也。程子发明爻象之义,至深切矣。

张绍价曰:损人欲以复天理者,必心极其正,意极其诚,乃能极中正之道,充实光辉,表里洞然。若心有所系累,徒迫于义之不可,始勉强决而去之,则虽事得其正,可以无咎,然于中道则未为光明正大也。盖人一有所欲,则心有所系而不正,意有欺而不诚,而离道远矣。

8. [一]方说[二]而止,《节》之义也。[1] [三]

[**集校**]

[一]《张解》本有"伊川曰"三字。此条今见《周易程氏传》卷四《节传》,下同。

[二]"说",江误"诚"。(《冯记》)"说":"方说而止"条,〇王本误"诚"。(《王记》)按,"说",《李解》本作"悦"。

[三]《张传》本将第8、9条连接在一起,未单列刻印,似合作一条。

[**集注**]

[1]叶解:《节卦·象传》。《兑》上(按,当为"下")《坎》下(按,当为"上")为《节》。兑,说也。坎,险也。见险则止矣。人惟说则易流,方说而能止,是《节》之义也。

张解:此释《节》之卦义也。节,有限而止也。其卦,《兑》下《坎》上。……人情说便易流,惟说而能止,方无放纵淫佚之失,而合于天理,当于人情,此《节》之义也。非勇于自克者,其孰能之?

李解:《坎》险而《兑》悦,悦而知其险,则止而不陷矣,所以为《节》。

价解:说者,人心所欲也。止者,禁其欲使不得肆也。方说而能止,则有所防检,而不敢侈然以自放,《节》之义也。

[**集评**]

朱子曰:"说以行险",伊川之说是也。说则欲进,而有险在前,进去不得,故有止节之义。又曰:节,便是阻节之意。(《语类》卷七十三)

9. [一]《节》之九二,不正之节也。以刚中正为节,如惩忿窒欲,损过抑有馀是也。不正之节,如啬节于用,懦节于行是也。[1]

[**集校**]

[一]《张解》本有"伊川曰"三字。

[**集注**]

[1]杨注:以上并《易传》。伯嵒据:九二:"不出门庭,凶。"《象》曰:"不出门庭,失时极也。""二虽刚中之质,然处阴居说,而承柔处阴,不正也。居说,失刚也。承柔,近邪也。"失其刚中之德,所以为不正之节也。

叶解:九二以刚居柔,在《节卦》是为不正之节也。"惩忿窒欲,损过抑有馀"者,节其过以就中,此刚中正之节也。节于用而为吝啬,则于用有不足;节于行而为柔懦,则于行有不足。此不正之节,九二是也。

张解：此释《节》九二爻义也。……盖九二位居人臣，当可行之时，而有不出门庭之象，则知节而不知通，不正之节也。夫节之为义，知时识变，要于中正。故有当节而节者，有不当节而不节者，如"惩忿窒欲，损过抑有馀"，是当节而节，非刚健不能致其决，所谓"刚中正为节"也。若太节用则为吝啬，太巽怯则为柔懦，是不当节而节。九以阳居二阴，失刚不正，有啬与懦之病，所谓不正之节而凶也。盖当禹、稷之任，欲守颜子之节，则反为失节，故曰"当位以节，中正以通"。

李解：行，去声。啬节于财，失其当用者。懦节于行，失其当为者。

茅注：九二以刚居柔，在《节卦》是为不正之节也。刚中正，谓九五也。"啬节于用"二者，程子亦偶举以见意耳。他如待人之节而失之薄，处己之节而失之固，皆是。

[**集评**]

张绍价曰：《节》之义善矣，然有正有不正焉。"惩忿窒欲，损过抑有馀"，刚中正之节，学者所当勉也。若节于用而为吝啬，节于行而为柔懦，则为不正之节，学者所当戒也。

10.　[一]人而无克伐怨欲，惟仁者能之。有之而能制其情不行焉，斯亦难能也，谓之仁则未可也。此原宪之问，夫子答以知其为难，而不知其为仁也[二]。此圣人开示之深也。[1][三]

[**集校**]

[一]《张解》本有"伊川曰"三字。

[二]"为仁"下，宋本有"也"字。(《茅注》)按，《叶解》元刻本及其四库抄本、吴邦模刻本、《张解》本、《李解》本、《茅注》本、《江注》本及其四库抄本无"也"。

[三]当是《论语解》，今阙。(《冯记》)按，此条《杨注》、《叶解》均云出自《经说》，但陈荣捷云：(《经说》)"今不见。《遗书》卷九，页四上略同。"(《陈论》)按，今见《论语集注》卷七《宪问第十四》有此条前一部分语句。查洪德注释《近思录》云此条出自"《程氏经说·论语解》"，然今不见其所据之本。

[**集注**]

[1]杨注：《经说》。伯嵒曰："克，好胜；伐，自矜；怨，忿恨；欲，贪欲。""仁则天理浑然，自无四者之累，不行不足以言之也。"

叶解：克，忮害；伐，骄矜；怨，忿恨；欲，贪欲。四者皆生于人心之私也。

天理流行自无四者之累,则仁矣。四者有于中而能力制于外,则亦可谓之难能,然私欲之根未除,故未可谓之仁。朱子曰:"克己为仁者,从根源上便斩截了,更不复萌。不行者,但禁制其末,不行于外耳。若其本则著于心,而未能去也。"

张解:此因《论语》夫子答原宪者而发明之也。……仁则纯乎天理而自无私欲。若未能无而制使不行,斯其克治惩窒之功,亦难能也。然病根未除,潜藏隐伏,有制之不胜制者,且不久又生于心,谓之仁则未可也。此夫子答宪意也。盖开其蔽而示之,使由勉强进于自然,则仁矣。须知不行工夫与克己异。

茅注:说见《论语》。朱子曰:"学者见有不善处,便须划去。若只是遏之使不行,此根常留在里,便不得。"饶氏曰:"拔去病根,其道有二:平时庄敬涵养,此积渐消磨法也;临事省察克治,此勇猛决去法也。"

江注:朱子曰:"克好胜,伐自矜,怨忿恨,欲贪欲,有是四者,而能制之使不得行,可谓难矣。"

价解:曰损、曰决、曰节,皆寡欲之方,而未必能无欲也。无欲者其惟仁乎!……仁人之心,纯乎天理,不待制之,而自无四者之累。若心中有此四者,但强制之使不得行,治其末而未能正其本,塞其流而未能清其源,谓之难则可,谓之仁则未也。

贝原笃信曰:知不知,自孔子言之。

[集评]

问:克伐怨欲不行,何以未足为仁?必克己复礼,乃得为仁?曰:克己者,一似家中捉出个贼,打杀了便没事。若有"克伐怨欲",而但禁制之,使不发出来,犹关闭所谓贼者在家中。只是不放出外头作过,毕竟窝藏。(《语类》卷四十四)

问:"程子以为圣人开示之深,而原宪不能再问。使宪也而再问,夫子告之宜奈何?"曰:"圣人未发之旨,孰能测之?然以程子之意而言,则四者之不行,亦制其末而不行于外耳。若其本则固著之于心,而不能去也。譬之木焉,不去其根,则萌蘖之生自不能已。制而不行,日力亦不给矣。且虽或能制之,终身不见于外,而其郁屈不平之意,乃日斗进于胸中,则夫所谓仁者亦且殚残蔽害,而不能以自存矣,必也。绝其萌芽,蹶其根本,不使少有毫发留于心念之间,则于仁也其庶几乎!非程子之学之至,何足以及此?然以为学者苟不能深省而力行之,则亦徒为无当之大言而已。故虽发之而亦有所不敢尽其言者,其旨深矣。"(《李解》)

张绍价曰：自"损者"至此为一段，皆发明寡欲之义。而此一节，则寡之以至于无之意也。

11. 明道先生曰：[一]义理与客气常相胜，只看消长分数多少，为君子小人之别。义理所得渐多，则自然知得客气消散得渐少，消尽者是大贤。[1]

[集校]

[一]《张解》本无"先生"二字。此条今见《河南程氏遗书》卷一《端伯传师说》，无"明道先生曰"五字。

[集注]

[1]杨注：《遗书》，下同。

叶解：义理者，性命之本然。客气者，形气之使然。

张传：客气者，私意偏见，愤盈流逸，而不自知也。即义理虽明，而无礼行孙出之养，终是客气未除。

张解：义理者，天命之本然；客气者，形气之使然。天命牿于形气之私，其势常相胜而迭消长。义理长则为君子，客气长则为小人。学者须辨二者相为消长之数，兢兢集义，循理而行，使义理之得于心者积累渐多，则知形气之私在外为客，有以胜之而禁其方长之势。消了一分，义理愈长一分。散得渐少，便为君子。至于私欲净尽，消无可消，则气质变而学问成，浑身都是义理，有以复其天命之本然，岂非大贤之事？若圣人则合下无欲，不烦消散矣。

茅注：长，张丈反。分，音问。别，必列反。客气者，血气也，以其非心性之本然，故曰客气。"知得客气"，"知"字要体认。盖义理所得渐多，则志气清明，稍有客气，便自知觉，不为所用事矣。朱子曰："初学者只要牢札定脚跟与他捱，捱得一毫去，则逐渐捱将去，此心莫退，终须有胜时。"

江注：如克、伐、怨、欲、骄、吝之类，皆客气也。

[集评]

管赞程曰：自"《晋》之上九"至此为一章，言刚勇为第二等资质。刚则不屈于欲，其进道之锐，直可以达大贤。

张绍价曰：此下详言克己之功。己私有三：气质之偏，一也；人我忌克之私，二也；耳目口鼻之欲，三也。以下皆就此三项，发明克己之义。义理原于天命之性，客气起于形气之私。客气胜则为小人，义理胜则为君子。客气消尽，则义理冲积于中，发见于外。不伐善，不施劳，虑以下人，犯而不校，无矜己陵人之失,有晬面盎背之乐,是以谓之大贤。

钱穆曰:理在己为主,气在外为客。无客则不成主,无气则不见理。(《随劄》)

12. 或谓:人莫不知和柔宽缓,然临事则反至于暴厉。[一]曰:只是志不胜气,气反动其心也。[1]

[集校]

[一] 按《遗书》当是伊川语,旧本作"明道",误。(《茅注》)卷十七,与下条并伊川语。叶误增"明道"二字于"曰"字之上。(《冯记》)按,"曰"上,《张解》本、《叶解》四库抄本有"明道"二字,《李解》有"明道先生"四字,《茅注》本有"伊川"二字。此条今见《河南程氏遗书》卷十七,题下注云"伊川先生语"。

[集注]

[1] 叶解:学以立志为本,而后气质可变化。(按,佐藤一斋认为此注立志气质,与本文不相干。)

张伟:看得亲切。

张解:学以持志为本。志,帅气者也。人之气,和而不乖,柔而不迫,宽而不褊,缓而不急,岂不是好?或谓人皆知之,临事则不能然者,其故云何?程子以为是皆志不胜气之故。盖知和柔宽缓之为美者,志也。临事反暴厉者,不胜其气也。志不胜气,则心反为气动,所以反动其心。此由于不持其志也。不持其志,则无以帅气。平居气未用事,心尚分晓,临局仓卒,只凭气质做去,躁暴亢厉,俱所不免。事过又悔,悔后临事,又是如旧。此变化气质之难,而持志涵养之功所不可一日断者也。

江注:不能持志,则客气用事,故多暴厉;能持其志,则不为气所胜,而临事自然从容。

[集评]

李文炤曰:志为之主,而气听命焉。志不能为主,则反听命于气矣。

张绍价曰:消散客气之功,全在持志。能持其志,则以志胜气,暴厉可变为和柔宽缓;不能持志,则志不胜气,气反动心。平日虽知和柔宽缓之为美,而暴厉之气,不能不发于临时仓猝之顷。此变化气质之难,而欲胜其气者,不可不持其志也。

13. [一]人不能祛思虑,只是吝,吝故无浩然之气。[1]

[**集校**]

[一]《张解》本有"明道曰"三字。此条今见《河南程氏遗书》卷十五《入闽语录》。

[**集注**]

[1]叶解:吝,则为私意小智所缠绕,而无浩然正大之气。

张解:吝者气歉,常为私意小智缠绕,故人有闲思杂虑不能袪者,只是吝。惟其吝也,浩然正大之气馁而不充,是以不能袪思虑。若克治功深,养得浩然之气,遇事劈成两畔,何至如此缠绕!

茅注:袪,丘於反,驱同,从"示"与从"衣"者别。袪,攘却也。不能袪思虑是病,吝乃其致病之本也。吝则心胸狭隘,私意缠扰,故无浩然之气。

江注:思虑者,心多计较,私意小智也。不能袪者,只是心有系吝,故无浩然正大之气。

[**集评**]

张习孔曰:"吝"字要看得广,又要看得深,非"吝财"之"吝"。

李文炤曰:吝则气歉,不能浩然,而思虑足以缠绕之。

张绍价曰:暴厉发于外,思虑藏于中。思虑亦气之所为也,气质偏驳者,思虑亦多浮杂。纠结缠绕,不能割舍,只是心有所系吝。吝则蔽于私意,歉然而馁,故无浩然正大之气。

14.[一]治怒为难,治惧亦难。克己可以治怒,明理可以治惧。[1]

[**集校**]

[一]《张解》本有"明道曰"三字。此条今见《河南程氏遗书》卷一《端伯传师说》。

[**集注**]

[1]叶解:怒,气盛则不能自遏;惧,气怯则不能自立,故治之皆难。然己私既克,则一朝之忿有所不作矣;物理既明,则非理之惧有所不动矣。

张传:能治怒,则有发而中节之怒;能治惧,则有临事而惧,恐惧不闻之惧。

张解:七情皆人所有而不可不治者,怒与惧,其最难也。怒者,气盛不能自遏;惧者,气歉不能自立。故一朝之忿,有忘身及亲者,有怒于室而色于市者,有独行而惧心者,有见蛇蝎而股慄者。

李解：克己则胜私，故可以治怒；明理则辨妄，故可以治惧。

价解：怒与惧皆出于气。……克己则心平而气自降，故可以治怒；明理则志定而气自充，故可以治惧。

[集评]

胡叔器问：每常多有恐惧，何由可免？曰：须是自下工夫，看此事是当恐惧不当恐惧。《遗书》云："治怒难，治惧亦难。克己可以治怒，明理可以治惧。"若于道理见得了，何惧之有？（《语类》卷一百二十）

张伯行曰：总之，不克己故怒多，不明理故惧生。己私既克，则躬自厚而薄责于人。即可怒而怒，亦以物之当怒，而我何与焉？穷理既明，则浩然之气配义与道，虽千万人吾往矣，何惧之有哉？

茅星来曰：气刚而不能以自制，则易怒；气柔而不能以自胜，则多惧。惟克己则意气自消，故可以治怒；明理则事至不惑，故可以治惧。

李瀷曰：克己则物各付物，何怒之有？明理则可生而生，可死而死，何惧之有？

15. [一]尧夫解"他山之石，可以攻玉"：玉者温润之物，若将两块玉来相[二]磨，必磨不成，须是得他[三]个麄（粗）砺底物，方磨得出。譬如君子与小人处，为小人侵凌[四]，则修省畏避，动心忍性，增益预防，如此便道理出来。[1]

[集校]

[一]《张解》本有"明道曰"三字。《李解》本无"尧夫解"三字。

[二]"来"下，宋本无"相"字。（《茅注》）

[三]"个"上，叶本无"他"字。按，《遗书》有"相"字、"他"字。（《茅注》）"须是得个"，吕本"个"上有"他"字。（《异同考》）按，《张解》本、《叶解》四库抄本无"他"。

[四]"凌"，《叶解》元刻本及其四库抄本、吴邦模刻本、《张解》本、《茅注》本、《江注》本及其四库抄本作"陵"。此条今见《河南程氏遗书》卷二上《元丰己未吕与叔东见二先生语》，"凌"作"陵"。

[集注]

[1]叶解：邵康节先生，名雍，字尧夫，解《诗·小雅·鹤鸣》篇。君子与小人处，为小人所侵陵，则修省其身者必谨，畏避小人者必严，动心而不敢苟安，忍性而不敢轻发，增益其所不能，预防其所未至。如此，则德日进而理

日明矣。

张解："他山之石"二句，《诗·小雅·鹤鸣》篇。程子盖有所感而引尧夫解《诗》之言也。夫玉之温润，天下之至美也。然质美未完，不能不有以磨之，两玉相磨，不可成器，必得粗砺之石磨之，硪错功深，倍加精莹。玉固如此，于人亦然。如君子之与小人，熏莸自不同类，学问反资进益。盖与小人处，小人易肆侵陵，惟虑其侵陵也，则修省其身者必谨，畏避其祸者必严。动其仁义礼智之心，不敢苟安；忍其声色嗜欲之性，不敢妄发。增益其才智之所不能，预防其患害之所未至。至于德日崇、慝日修、惑日辨，其于天下事必知之明、处之当，而道理便出来矣。谗拘挤排，讵非玉汝于成？艰难险阻，正将以利吾器。常存此心，何处非学？乃有一遇小人，而忧伤病沮不能自振者，亦未闻尧夫解《诗》之义，而不足为君子也已。

李解：从《诗集传》文。释《诗·鹤鸣》之义。

茅注：此程子述邵氏之言如此。

江注：君子与小人不并立者也。然或有时不幸而与之处，善修己者正资之以为进德之助，如粗石能磨玉也。

[集评]

陈埴曰：学道人，处处是进道之机，逆境处进人益峻，是他自做小人，吾辈却因他做君子。老子云"不善人者善人之资"，亦此意。先贤此等处训人真切，但当三复受用。

张习孔曰：小人侵凌君子，欲害君子也。彼若知转为君子之益，则其肆害之意，或少艾矣。此言当使小人知之。

张绍价曰：粗砺之石，可以攻温润之玉，相反者适相成也。君子小人亦然。人为小人侵凌，每惧其中伤，而不知无可惧也，且当善用其惧也。若能修省畏避，动心忍性，增益豫防，操心危，虑患深，德慧术知自此而生，则小人者正君子进德之资也。"他山之石，可以攻玉"，信矣，夫何惧！

陈荣捷曰：邵雍之所以全然摒弃，乃由于邵子于孔门谈论仁义之基本教义，几至未予论述。但尤为重要者为邵子哲学在本质上道家气味过重。邵雍象数之学得自于道家李之才，而李则由陈抟所传授。朱子避而不录邵子者，乃使新儒学远离于道家之轨道。（《陈论》）

16. [一]目畏尖物，此事不得放过，便与克下。室中率置尖物，须以理胜他，尖必不刺人也，何畏之有！[1]

[集校]

[一]《张解》本有“明道曰”三字。此条今见《河南程氏遗书》卷二下《附东见录后》。

[集注]

[1] 叶解：人有目畏尖物者，明道教以室中率置尖物，习见既熟，则不复畏之矣。克己之功，类当如是。

张传：不刺人之尖物，不足畏也。倘遇必刺人之尖物，又当临事而惧，思患豫防。

张解：此即明理可以治惧之意也。天下不乏可畏之事，吾心自有不畏之理。循理而行，卒然临之而不惊。即如物之尖者，易以刺人，目之所畏者也。当于此事思其所以刺人者如何，求其所以不至于刺者如何，不得放过，便与克去其畏之之心，使此心直可放下。遇室中率然置有尖物，须以理胜他。如动容周旋中礼，行安节和，坐作进退，皆有常度。物虽当前，心泰神定，尖必不刺人也，何畏之有？若夫举趾高、心不固者，蹶趋以自暴其气者，一跬步便是荆棘，虽无尖物，开目便错，能无畏乎？克己之功，类当作如是观也。叶平岩训“率”字为“常”字，言明道教人于室中常置尖物，习见既熟，则不复畏，是所谓“衽金革”之强，北宫黝不目逃之勇，近世抄化僧之坐针龛，岂可云以理胜者乎？

茅注：愚按，《遗书》：“人有患心疾，见物皆狮子。伊川教之以见即直前捕执之，无物也。久之，疑疾遂愈。”与此可参看。

江注：问：“前辈说治惧，室中率置尖物。”曰：“那个本不能害人，心下要恁地惧，且习教不如此妄怕。”问：“习在危阶上行底，亦是此意否？”曰：“那个却分明是危底，只教习得不怕着。”问：“习得不怕，少间到危疑之际，心亦不动否？”曰：“是如此。”

[集评]

安卿问：伊川言“目畏尖物，此理须克去。室中率置尖物，必不刺人。”此是如何？曰：疑病每如此。尖物元不曾刺人，他眼病只管见尖物来刺人耳。伊川又一处说此稍详。有人眼病，尝见狮子。伊川教他见狮子则捉来。其人一面去捉，捉来捉去，捉不着，遂不见狮子了。（《语类》卷九十六）

张伯行曰：畏自在境，不畏自在心。心亦非强制也，义理明透，定静安虑，震惊百里，不丧匕鬯，夫何畏？不然，天下岂少刺人之尖物哉？

张绍价曰：目畏尖物者，心有疑病，不明于理，而妄生畏惧者也。程子教以室中率置尖物，明于尖不刺人之理，则有以胜之，而无所用其畏惧矣。

此二节申明理治惧之义。自"义理与客气"至此,凡六节,即变化气质,以明克己之功也。人之轻怒易惧,皆由于气质之偏,治怒治惧,皆所以化其偏也。

17. 明道先生曰:[一]责上责下,而中自恕己,岂可任职分?[1]

[集校]

[一]《张解》本无"先生"二字。《李解》本无"明道先生曰"五字。此条今见《河南程氏遗书》卷五,也无此五字。

[集注]

[1]叶解:专务责人而不知责己,是舍己职分而忧人之忧者也。

张解:"以责人之心责己,则尽道"。盖己之职分,所当任者,尽不容恕。己不自责,而暇为人责,是忧上下之忧,而不知忧己之忧,岂可谓能任职分哉?职分所该者广,不必专以居位守官言也。

李解:责上则不能尽忠,责下则不能尽礼,恕己则不能反身,以之任职分,无所往而不废矣。

茅注:分,音问。朱子曰:"恕,本取义如心,谓如治己之心以治人,如爱己之心以爱人也。故但可施之于人,而不可以施之于己也。汉光武谓'郅恽善恕己量主',范忠宣公亦谓'恕己则昏'。后世循习,因以宽赏为义,非其解矣。"愚谓,程子平日解"恕"字最分晓,此云"恕己",疑纪录者之误。专务责人而不知责己,则于自己职分必不能尽,故不可任以职分。

[集评]

张绍价曰:居其职必任其责,任其责始克尽其职。责上责下,诿其责于人,而宽其责于己。岂可任职分哉?

朴履坤曰:徒知上之无礼,责下之不忠而已,在中间自恕其不能。

东正纯曰:明道此语,似暗指王安石者矣。(笔者按,佐藤一斋注解也有此猜测。)

18. [一]"舍己从人"最为难事。己者我之所有,虽痛舍之,犹惧守己者固,而从人者轻也。[1]

[集校]

[一]《张解》本有"明道曰"三字。此条今见《河南程氏遗书》卷九《少日所闻诸师友说》。

[集注]

[1]张传:惟是非之心最明,则可以祛此疾。不然,则当用矫枉过直之

功,第患是非不明,未免有失己徇人之事耳。

张解:孟子称大舜"舍己从人",盖其大公之心,善与人同,成见忘而形迹化。若学者,则未免胸中为一"己"字罣(挂)碍,斤斤以为我之所有,虽痛舍之,犹有惢懘。惧其守己者固执而不化,从人者勉强轻缓也。然闻义能徙,由勉几安,则亦无难于舍而从之矣。

李解:舍,音捨。

茅注:"舍己从人",说见《书·大禹谟》及《孟子》。

[**集评**]

或问:程子有言:"'舍己从人',最为难事。己者,我之所有,虽痛舍之,犹惧守己者固,而从人者轻也。"此说发明得好。曰:此程子为学者言之。若圣人分上,则不如此也。"无适也,无莫也。义之与比"。曰"痛舍",则大段费力矣。(《语类》卷九十六)

张绍价曰:圣人之心,至虚至公,己未善则舍以从人,自然而非勉强。学者但见己长,谓人莫己若,欲其舍己从人,岂非最难之事?己者我之所有,必痛舍之,大段用力克治,而后可庶几也。张子见二程而彻皋比,非大勇不能,学者所当取法也。此二节言物我之间,当尽克己之功也。

19.　[一]"九德"[二]最好。[1]

[**集校**]

[一]《张解》本有"明道曰"三字。此条今见《河南程氏遗书》卷七。

[二]"德",《叶解》元刻本作"为"字。

[**集注**]

[1]杨注:伯喦据皋陶曰:"宽而栗,柔而立,愿而恭,乱而敬,扰而毅,直而温,简而廉,刚而塞,强而义。"此所谓九德也。东莱曰:"大率人宽而多失之阔略,须是宽中又自有整齐处。人柔多失之委靡,须是柔中又自有卓立处。人愿则做事谨愿,耻言人过,与人交多不尽情。凡人有不是处便不敢说,彼必自以为恭。殊不知责难于君,谓之恭;待人不以诚,实乃为不恭之大者。乱者,能治乱之人,必恃才作为,大则为鲧,小则为盆成括,须是加之以敬,则处事必当。扰者能惯熟其事,才恃其能,惯熟其事,便把事做慢看了,反失之犹豫不决,当加果毅之工夫。直者多失于讦,须是养之以温。简者多失之卤莽,须是有圭角廉隅。刚者多不充实其内,便是血气之刚,如'枨也欲,焉得刚',则不可谓之刚。惟刚而能塞,如孟子至大至刚,浩然之气塞乎天地。强者,多失于勇而无义以为乱,惟有义,如孟子之勇于义。"

叶解：皋陶曰："亦行有九德：……强而义。"宽弘而庄栗，则宽不至于弛；和柔而卓立，则柔不至于懦；愿而恭，则朴愿而不专尚乎质；乱，治也。乱而敬，则整治而不徒事乎文。盖恭著于外，敬守于中也。驯扰而毅，则扰不至于随。劲直而温，则直不至于讦。简大者，或规矩之不立，今有廉隅，则简不至于疏。刚者或伤于果断，今塞实而笃厚，则刚不至于虐；强力者或徇血气之勇，今有勇而义，则强不至于暴。盖游气纷扰，有万（按，《四库》抄本作"万有"）不齐，其生人也，有气禀之拘。自非圣人至清、至厚、至中、至正，浑然天理，无所偏杂。盖自中人以下，未有不滞于一偏者。惟能就其气质之偏，穷理克己，矫揉以归于正，则偏者可全矣。是知学问之道，在唐虞之际，其论德已如是之密矣。

张解：栗，庄栗也。愿，朴也。乱，治也。恭著乎外，敬守乎中也。扰，驯也。廉，有廉隅也。塞，实也。每上一截是说所禀之性，每下一截是说学问之功。学问以化其气禀而德成焉。列之为九，要不外以刚济柔，以柔济刚之义。盖天下惟圣人生而清明纯粹，大中至正，浑然无所偏倚。其馀有气禀之拘，皆不免滞于一隅，必加学问之功，矫揉以归于正。此后世之学问皆本唐虞，而程子以为"九德最好"也。

茅注：朱子曰："九德皆是论反气质之意，只不曾说破气质耳。"问："'而'下一字便是工夫否？"曰："然。"

朴履坤曰："九德"当从本注之释。叶氏以植立为卓立，以整治为文，以简易为简大，皆未稳。至于"刚而塞"，本注以笃实释"塞"字，而叶氏以为不至于虐，大失其意。（按，指出叶解之不足。）

[集评]

朱子曰：九德分得细密。（《语类》卷七十八）

朱子曰：皋陶九德，只是好底气质。然须两件合将来，方成一德，凡十八种。（同上）

陈几亭曰：宽、柔、愿、扰是沉潜，下四者即刚克之法。乱、直、简、刚、强是高明，下五者即柔克之法。阳数常胜，故阳五阴四。（《茅注》）

张绍价曰：此言克己之功，在于变化气质也。人之禀赋，不偏于刚，即偏于柔。自宽而栗以下，或以刚济柔，或以柔济刚，皆以学问之功，化其气质之偏也。

李瀷曰：何以谓"九德最好"？此皆刚柔相济者也。凡一念之动，一事之作，必用此推类。刚处济之以柔，柔济之以刚，此觉者处克己养性之大端。

20.　[一]饥食渴饮，冬裘夏葛，若致[二]些私吝心在，便是废天职。[1]

[集校]

[一]《张解》本有"明道曰"三字。江注云"伊川云"。此条今见《河南程氏遗书》卷六。

[二]"致",江从《朱子语类》改"着"。(《冯记》)按,"致",《江注》本作"着"。

[集注]

[1]叶解:食饮衣服,各有当然之则,是天赋之职分也。有一毫私己贪吝之意,即是废天职。

张传:如此看天职最好。不然,天职惟上人所操矣。"私吝"字要会意看,少有过中,即先生所谓私吝也。

张解:饮食衣服,本天地间公共道理,而为人生所不可缺者。天固尽人授之以职,虽有富贵贫贱之不同,而莫不各有当然之分。循其当然才是不废天职。若沾沾有所私于己,而致一贪吝之心,如欲独享膏腴、独侈奢华之类,便废当然之职分,徇一己之私欲。此克治之功不可不谨也,意与《孟子》"口之于味"节相互发。

茅注:朱子曰:"饮食衣服,皆道之所在也。若便谓即此是道,则又与庞居士运水搬柴神通妙用同一般病痛。"

江注:或谓:"手之不可履,犹足之不可持,此是天赋。(《王记》云:王、吴本作"天赋",《语类》本作"职",洪本同,从之。)率性之谓道,道只循此自然之理。"(《王记》云:王、吴本作"率性谓道,道只循此自然之理",《语类》本作"率性之谓道",洪本同,今从之。)曰:"不然。桀、纣亦会手持足履,如何便唤做道?若便以为道,是认欲为理也。明道云(《王记》云:《语类》作"伊川云"。):'夏葛冬裘,饥食渴饮,若着些私吝心,便是废天职。'须看'着些私吝心'字。"

[集评]

问:"饥食渴饮,冬裘夏葛",何以谓之"天职"?曰:这是天教我如此。饥便食,渴便饮,只得顺他。穷口腹之欲,便不是。盖天只教我饥则食,渴则饮,何曾教我穷口腹之欲?(《语类》卷九十六)

张绍价曰:"饥食渴饮,冬裘夏葛",天之所以命我者,各有正理,故谓之天职。若着些私吝心,则动于欲,而失其正理,便是废天职。此耳目口体之欲,所以宜力加克治也。

贝原笃信曰:"饥食渴饮,冬裘夏葛",皆是人事之当然,日用不可欽(按,疑为"缺")者,而天赋之分也。故得顺理而无贪心,则四者亦天职也。

21.　[一]猎,自谓今无此好。周茂叔曰:"何言之易也? 但此心潜隐未发,一日萌动,复如前矣。"后十二年因见,果知未也。[1]（旧注:一本注云[二]:明道先生[三]年十六七时好田猎,十二年暮归。在田野间见田猎者,不觉有喜心。）

[集校]

[一]《张解》本有"明道曰"三字。此条今见《河南程氏遗书》卷七。

[二]注:原注叶误去"一"字。案,一本乃《遗书》别本。(《冯记》)按,吴邦模刻本无"旧注"二字,《张传》本无"旧注"以下注文。《叶解》元刻本、《茅注》本、《江注》本无"一本注云",《茅注》本自"本注(按,即"旧注")"以下皆为大字。

[三]一无"先生"二字。(朝刊《近思录》)按,《叶解》元刻本及其四库抄本、《张解》本、《茅注》本无"先生"二字。

[集注]

[1]叶解:周子用功之深,故知不可易言。程子治心之密,故能随寓加察。在学者警省克治之力,尤不可以不勉也。

张解:此程子以身示教,见治心不可不密也。……盖病症虽治,病根未除,潜藏隐伏,有所触时不免复发。故程子"自谓今无此好",而周茂叔窥其隐而示之。非周子用功之深,不知其不可易言,非程子治心之密,亦不能随在省察,学者所当警也。

李解:好、易,并去声。解见《通书·附录》。

茅注:易,音异。复,扶又反。见,谓见田猎者。未也,指不觉有喜心而言。

价解:此因程子见猎心喜,以见学者省察克治之功。当无时无处而不用其力也。虞氏集曰:"自颜子而降,若程子之高明而敦厚,纯粹而精微,一人而已。十数年间,岂无所用其功哉? 而是好也,深藏密伏于纤微之际,不能不发见于造次之间。非周子致察之精,固不足以知其必动于十数年之前;非程子致察之密,亦何足以自觉其动于十数年之后。而后人乃欲以鲁莽苟且之功,庶几近似其万一,可乎?"

[集评]

或问明道五十年犹不忘游猎之心。曰:人当以此自点检。须见得明道气质如此,至五十年犹不能忘。在我者当益加操守方是,不可以此自恕。(《语类》卷九十三)

张传:此心日久必萌,他人不知,即自己亦不知。而周子何以豫知之?

学者正当于此处观周子。

陈沆曰：以明道之天资，又亲炙周子，而喜猎之心至十二年而未能不动，习心之难消如此。学者当何如哉！

贝原笃信曰：凡人之情欲潜隐未发者，多矣。未可谓己无是欲，一旦触之，则情窦忽开而不可止。

22. 伊川先生曰：^[一]大抵人有身，便有自私之理，宜其与道难一。^[1]

[集校]

[一]《张解》本无"先生"二字。此条今见《河南程氏遗书》卷三《谢显道记忆平日语》，下同，此处无"伊川先生曰"五字。

[集注]

[1] 叶解：人有耳目鼻口四肢，自然有私己之欲，惟能克己然后合天理之公。

张传：诚实不欺。

张解：耳目口鼻四肢之欲，人身之私也。不能无私，便不能合天理之公，宜其与道难一。唯圣人为能尽其性以践其形，下此则必有赖于省克之功也。

茅注：道者，纯乎天理而不杂以人欲者也。有身，则不能以无欲，欲动情胜而去道也远矣。愚按，私，即身而具，非从外至，所谓"虽上智，不能无人心"也。"理"字可玩，惟其为理之自然，所以修之最难。稍不自检，则流为人欲矣。

江注：朱子曰："不待接事时，方流入于私欲；只未接物时，此心已自流了。须是未接物时，也常剔抉此心，教他分明，少间接事，便不至于流。如为人谋而不忠，只是为别人做事，自不着意。这个病根尤深于计较利害。伊川云：'人才有形，便有彼己，所以难与道合。'释氏所谓流注想，如水流注下去，才有此形，便有此事。其端甚微，须用省察。"

[集评]

问：此为理之自然，何也？曰：饥饱劳逸，身自知之，而于他人则不之知也。喜惧爱恶，身自知之，而于他人则不之知也。惟其如此，故有身便有自私之理，而与道难一。是以君子必尽己之心，而推以及物，庶几心公理得，而道可一也。（《茅注》）

张绍价曰：人有身，便从形体上起见，故不免于自私。私，兼私意私欲而言。以私意自蔽，则无由造于广大；以私欲自累，则无由进于高明。故"与道难一"。

李瀷曰：自私之理，人心也。搯着痛，爬着痒，不食则饥，不衣则寒，此无与于他人而在己则切急，故不可以不私者也。道者天理之公也，圣人虽不能无自私之心，而与道为一，所谓人心听命于道心也。众人不能然，故为私所流，日与道背驰，一之则人心亦道心也。着一"难"字可见其自私亦合有之理。

23．[一]罪己责躬不可无，然亦不当[二]长留在心胸为悔。[1][三]

[集校]

[一]《张解》本有"伊川曰"三字。

[二]伊川语。"当"，江改"可"。(《冯记》)《二程遗书》如此，《朱子遗书》、《集解》、阴、汪本、洪本同，王、吴本"不当"作"不可"。(《王记》)按，"当"，《李解》本、《江注》本作"可"。

[三]此条，《杨注》本紧接于上条刻印，未单列。据他本此段文字当单列作第23条。

[集注]

[1]叶解：有过自责，乃羞恶之心。然已往之天(按，"天"《四库》抄本作"失")长留愧沮(按，"沮"《四库》抄本作"怍")，应酬之间，反为系累。

张解：有过自责，君子克治之学也，岂可无乎？然有不是处便改，改后不复行心胸，向前上去尽好商量。若已往之失长留为悔，则应酬之间反为系累，是甚学问？

李解：朱子曰："信意做去后，荡然不知悔，固不得。若既知悔，后次便改了，何必常常恁地悔？"薛氏曰："常留在心作悔，则心体为所累而不能舒泰也。"

茅注：朱子曰："固不可常在胸中为悔，然若竟说不悔，则今番做错便休，明日做错又休，不成说话。"问："如何是酌中的道理？"曰："不可不悔，但不可留滞。既做错此事，他时更遇此事，或与此事相类，便须惩戒，不可再做错也。"

[集评]

问：程子曰："自讼不置，能无改乎？"又曰："罪己责躬不可无，然亦不当长留在心胸为悔。"今有学者,幸知自讼矣,心胸之悔,有若何而能不留耶？
曰：改了便无悔。又问：已往之失却如何？曰：自是无可救了。(《语类》卷
二十九)

阳明曰：悔悟,是去病之药,然以改之为贵,若留滞于中,则又因药发
病。(《栏外书》)

张习孔曰：己有可罪责处,即当改。改之则无,何必常留在心？ 其有一
失不可追者,如误杀一人,不可复生则当修德以胜之。德多而罪少,德厚而
罪薄,德常而罪暂,则亦可解也。

张绍价曰：罪己责躬,亦克己之事,胜于自私者多矣。然长留在胸中为
悔,则亦足以累心,而为进道之障碍。盖有过而痛自改悔可也,有过而徒为
懊丧不可也。

24. ［一］所欲不必沉溺,只有所向便是欲。[1]

[集校]

［一］以上并伊川语。(《茅注》)卷十五,伊川语。(《冯记》)按,《张解》本
有"伊川曰"三字。此条今见《河南程氏遗书》卷十五《入闽语录》。

[集注]

［1］叶解：一念外驰,所向既差,即是欲也。

张解：所欲如口目耳鼻四肢之欲,岂人所能无？ 然多而不节,未有不失
其本心者,故不必沉溺于其中始为非理之正,只一念之差,偏有所向,被他牵
惹,即已是欲,不可不克治也。

江注：朱子曰："只是才有意在上面,便是欲,便自(《王记》云：王、吴本
"是"作"自"。鹤孙录作"是",洪本同,从之。《语类》此句下有"东坡云：'君子可以寓意
于物,不可以留意于物'。这说得不是,才说寓意便不得"三十字。)动自家心。人好
写字,见壁间有碑轴,便须要看别是非;好画,见挂画便须要识美恶。这都是
欲,皆足以为心病。"

[集评]

辅庆源曰：学者须是于欲有所向处,便加克治;若待其张皇,则用力难
矣。(《茅注》)

张习孔曰：故君子必慎其独也。

张绍价曰：耳目口体之欲,不必沉溺始为失其正理,只有所向便是欲,
便足为吾心之病,即当力加克治,不可放过。此知几之哲人,所以贵诚之于
思也。

25. 明道先生曰：[一]子路亦百世之师。[1][二]

[**集校**]

[一]《张解》本无"先生"二字。此条今见《河南程氏遗书》卷三《拾遗》，无"明道先生曰"五字。

[二]"师"下，《张解》本有"本注云：子路，人告之以有过则喜。"《茅注》本有"本注云：人告之以有过则喜。"

[**集注**]

[1]杨注：人告之以有过则喜。（按，疑此注文当作"旧注"的注文，且脱"旧注"二字，以致误以为杨氏注文。《叶解》本、《张解》本、《茅注》本皆可作佐证。）

叶解：本注云："人告之以有过则喜。"闻过而喜，则好善也诚，改过也速。子路以兼人之勇，而用之于迁善改过，其进德也，庸可既乎？是足为百世师矣。

张传：举子路以见诸贤，故著一"亦"字。

张解：盖闻过而喜，则其改也速。子路以兼人之勇，而速于改过，其进德庸可量乎？故周子曰"仲由喜闻过，令名无穷焉"，而程子亦以为百世师。夫人情畏难苟安，遂非文过。闻子路之风，足令傲心恭，怠心奋，亢心消，吝心释。岂非与夷、惠同足兴起百世者哉？

茅注：说见《孟子》。

[**集评**]

朱子曰：喜其得闻而改之，其勇于自修如此。（《江注》）

陈定宇曰：程子深赞子路，欲学者师之，以修身补过也。（《茅注》）

王夫之曰：人役而耻为役。如耻之，莫如为仁。若子路，人告之以有过则喜，善用其耻矣。夫唯不以悔累其心也。

张绍价曰：世之喜谄恶规，拒谏饰非，怙过不悛者，当常以此自省。

26. [一]"人语言紧急，莫是气不定否？"[二]曰：此亦当习。习到[三]自然缓时，便是气质变也。学至气质变，[四]方是有功。[1]

[**集校**]

[一]"人"上，《张解》本有"明道曰"三字。按，此句非程子语，疑《张解》本有误，"明道"宜在"曰"字上。

[二]卷十八，与下条并伊川语。（《冯记》）按，"曰"上，《茅注》本有"伊川先生"四字。陈荣捷云："出《遗书》卷十八，页七上。显是伊川所云。今

则以属明道。"(《陈论》)此条今见《河南程氏遗书》卷十八,题下注云"伊川先生语",下同。

〔三〕"到"下,吕本无"言语"字。(《茅注》、《异同考》)自,叶从《遗书》,上增"言语"二字。(《冯记》)"习到"下,叶本多"言语"二字。(《考异》)按,"到"下,《叶解》元刻本及其四库抄本、《张解》本、《茅注》本、《刘元承手编》均有"言语"二字。

〔四〕"方"上,宋本无"变"字,疑脱去。(《茅注》)按,"也学至气质变"六字,《杨注》本无此六字。据《叶解》元刻本及其四库抄本、吴邦模刻本、《张解》本、《茅注》本、《江注》本及其四库抄本、《刘元承手编》,皆有此六字,恐《杨注》本脱。

[集注]

〔1〕张传:气质变,则可以验性情,故曰有功。

张解:心定者,其言重以舒。语言紧急,自是气不定使然。在以学问之道变之,故当渐渐习,习之既久,觉语言间自然和缓,无复紧急之病,便是气质变也。气质无不可变化者,学问之为功于气质,亦匪一端,即"语言"一节可以观矣。

价解:言语紧急,气质之偏也。须刻刻留心,每于发言时,以从容详审出之;习到自然缓时,则克治功深,而气质变矣。

[集评]

朱子曰:人之为学,却是要变化其禀。……须知气禀之害,要力去用功克治,裁其胜而归于中乃可。(《语类》卷四)

吕东莱曰:为学必须于平日气禀资质上验之。如滞固者疏通,顾虑者坦荡,智巧者易直。苟未如此转变,要是未得力耳。(《价解》)

管赞程曰:自"或谓人莫不知"至此为一章,言各有气质之病,各可有变之方,各有成功之日。但不可畏难而作辍,须要习久以成功。

27. 问:"不迁怒,不贰过,何也?《语录》有怒甲不迁〔一〕乙之说,是否?"伊川先生〔二〕曰:是。曰:"若此则甚易,何待颜子而后能?"曰:只被说得粗了,诸君便道易,此莫是最难,须是理会得因何不迁怒。[1]如舜之诛四凶,怒在四凶,舜何与焉?盖因是人有可怒之事而怒之,圣人之心本无怒也。譬如明镜,好物来时便见是好,恶物来时便见是恶,镜何尝有好恶也?[2]世之人固有怒于室而色于市。且如怒一人，对那人说话能无怒色否？有能怒一人而不怒别人者，能忍得如此，已是煞知义理[三]。若圣人因物而未尝有怒，此莫是甚难。[3]君子役物，小人役于物。今见[四]可喜可怒之事，自家著一分陪奉他[五]，此亦劳矣。圣人之心如止水。[4]

[集校]

[一]"迁"江改"移"。(《冯记》)按，"迁"，《江注》本与四库抄本作"移"。

[二]"先生"，叶无此二字。(《冯记》)按，《张解》本、《叶解》四库抄本、《茅注》本无"先生"。《刘元承手编》无"伊川先生"四字。

[三]"义理"下，吕本无"者"字，《遗书》同。(《茅注》)"已是煞知义理者"，吕本无"者"字。(《异同考》)按，《张解》本、《李解》本、《叶解》四库抄本、《茅注》本有"者"字。

[四]"见人"从宋本，叶本、吕本并作"今见"，《遗书》作"今人见有"。(《茅注》)按，"今见"，《茅注》本作"见人"。《刘元承手编》作"今人见有"。

[五]"奉"下，叶、吕本并有"他"字。(《茅注》)按，"奉"下，《茅注》本无"他"。

[集注]

[1]叶解：怒甲而不迁其怒于乙，概而观之，则禀性和平者，若皆可能。然以身验其实，而求其所以不迁怒之由，则非此心至虚至明。喜怒各因乎物，举无一毫之私意者，殆未易勉强而能也。

张解：此见颜子之心，即是圣人之心，所谓因物付物也。"不迁怒，不贰过"，本夫子称颜子之辞。《语录》释"不迁怒"句，谓怒于甲者不迁于乙。或问其说是否，程子答之曰"是"。又言诚如此说，禀性和平者似皆能之，无甚难事，夫子何以独称颜子？程子反复示之，以为《语录》之说，说得粗浅，令人易晓耳，个中却有意义可寻，诸君不曾细察，便见为易，不知能如此者最难，须是潜心理会其所以不迁之故。苟非此心至虚至明、物来顺应而无一毫私意者，未易勉能也。程子又尝曰"不在血气则不迁"。

茅注：易，并音异。甲、乙，设为彼此之辞也。古人于事理难明，或众说纷纭者，往往假托甲乙丙丁，如《韩非子》"罪生甲，祸归乙"，《关尹子》"甲言利，乙言害，丙言或利或害，丁言俱利俱害"是也。粗，谓不得其所以然而率口道之也。须看"因何"二字。许鲁斋曰："'不迁怒'如何便到得？且自'忿思难'为始。"

［2］杨注：圣人因事当怒而怒之，是怒因物而生，又岂有之于己耶？譬明镜照物，妍媸在物，非镜先有妍媸也。（按，《叶解》注文与《杨注》近似，此不录。）

张解：苟知其所以不迁之故，便知颜子已近圣人地位。如舜，大圣人也。诛四凶者，怒四凶也。其实舜非有心于怒之，可怒在彼，己无与焉。盖圣人之怒不自心作，因其人有可怒之事而怒之，则虽有怒而无怒也。"譬如镜之照物，妍媸在物，镜未尝自有妍媸"，谓镜不没人之妍媸则可，谓镜有好恶则不可。此圣人心如明镜，唯颜子为能庶几也。

茅注：与，音预。好、恶，并如字。此以下皆反复明"不迁怒"之所以为难也。

［3］叶解：怒气易发而难制。世固有怒于其室而作色于市人者，其迁怒也甚矣。有能自禁持怒此人，而不以馀怒加辞色于他人者，已不易得，况夫物各付物而喜怒不有于我者，岂非甚难者耶？

张解：若以常人论之，怒气一发难制，有不自知其迁怒之甚者。夫室与市不相涉也，怒于其室而作色于市，甚无谓也。气不能定者，固亦有之，况且怒在这人，对那人说话，辞色之间，能无迁怒及之乎？盖其怒以己不以物，物迁而怒与俱迁，常人大概然也。然则有能怒一人，而不以馀怒之辞色加于别人，已是能自禁持，不为血气所使，而知以义理制之者，算是难事。矧夫圣人之怒，因物而生，不以己意与乎其间，岂不甚难？彼颜子之不迁亦是内外相忘，澄然无事之候，非止谓怒一人不怒别人，即足以尽"怒甲不迁乙"之旨也。盖怒一人不怒别人者胸中犹着个怒意在。怒甲不迁乙者，发中其节，过而忘之，不曾系着于心，即使复见其人，非如前日之可怒，则亦不复怒之矣。

茅注："怒于室"句，见《春秋左传》令尹子瑕言蹶由于楚子之语。原文作"室于怒，市于色"，杜注谓"忿于室家而作色于市人"也。《韩策》周最亦有此语，盖当时方俗言也。

［4］杨注：以上并《遗书》。

叶解：役物者我常定，役于物者逐物而往。圣人之心常湛然如止水，无有一毫作好作恶。

张解：由是而知君子小人之分矣。君子以我御物，心有主而物听命，役物者也。小人逐物而往，心无主而为物所引，役于物者也。夫喜怒原在事，不在己，今人客气横溢，胸中劳扰，见一可喜可怒之事，自家先着一分浞灂。是物为主，我为陪，往迎而奉之，不得活泼泼地。此段神情亦见其劳矣。惟圣人之心，湛然如水之止。盖止水喻其静，明镜喻其虚。虚故静，静愈虚，二义相须,故本文两言之。圣人乃自然而然者,颜子皆由平日实致其克复之功以至于此。学者涵养未深,理会未熟,正未可易视也。

茅注:役,犹使也,用也。物,如喜怒之类皆是。见有可喜之事便为喜所动,如屐齿之折是也;见有可怒之事便为怒所动,如机杼之投是也。见可喜可怒之事而动,如追随其后而奉承之,自家全不能作主宰,故曰陪奉。止水,言物来毕照,而水未尝有物,以喻“圣人因物而未尝有怒”也。此又言常人之情与圣人所以不同者如此。

江注:问:“‘不迁怒’,伊川说得太高,浑沦是个无怒了。”曰:“喜怒哀乐发皆中节,天下之达道,那有无怒底圣人? 只是(《王记》云:洪、王本同,吴本“只”作“凡”,淳录作“只”,无“是”字。笔者按,《语类》无“是”字。)圣人分上着‘不迁’字不得。颜子不迁怒,便尚在夹界处。”

[集评]

敬之问:颜子“不迁怒,不贰过”,莫只是静后能如此否? 曰:圣贤之意不如此。如今卒然有个可怒底事在眼前,不成说且教我去静! 盖颜子只是见得这个道理透,故怒于甲时,虽欲迁于乙,亦不可得而迁也。见得道理透,则既知有过,自不复然。(《语类》卷三十)

朱子曰:明道谓“能于怒时遽忘其怒,而观理之是非”,此为学者理未甚明者言之耳。若颜子分上,不消如此说,只是见得理明,自不迁不贰矣。(《茅注》)

薛氏曰:观圣贤之去小人,皆从容自在若无事者。所谓可怒在彼,己何与焉者也!(《李解》)

张习孔曰:说得粗者,谓不迁于人。如怒甲不迁于乙,故易。说得精者,谓不迁于心。谓甲过则怒亦过,故难。“怒于室而色于市”,其怒固迁。怒于人而动于己,其心亦迁也。

秦别隐曰:程子之论“不迁”者,详且切矣。朱子分出志气两端,而归本于见道分明,更极精要。盖非讲学致知,持志养气,工夫做到纯熟处,未易言不迁不贰也。(《陈注》)

张绍价曰:此论颜子之不迁怒,以明克己之功。前云克己可以治怒,即明道所谓于怒时遽忘其怒,而观理之是非,乃初学临时治怒之法。颜子平日克己功深,其心纯乎理而无私,虚如明镜,静如止水,几于圣人之无我,故能因人之可怒而怒之,而自不迁于他人也。

28.　[一]人之视最先,非礼而视,则所谓开目便错了。次听、次言、次动,有先后之序。[1]人能[二]克己,则心广体胖;仰不愧,俯不怍,其乐可知。有息则馁矣。[2]

[集校]

[一]《张解》本有"明道曰"三字。此条今见《河南程氏外书》卷三《陈氏本拾遗》。

[二]"能",江误"有"。(《冯记》)王、吴本"能"误"有"。(《王记》)按,《江注》本与四库抄本作"能"。

[集注]

[1] 茅注:说见《论语》。愚按,《洪范》以人生本然者而言,故先貌、次言、次视、次听。夫子以日用当然者而言,故先视、次听、次言、次动,犹《易》八卦方位之有先后天也。独不言"思"者,盖说一"非"字、"勿"字,而"思"已立于其中,亦犹四端不言信之意。饶双峰曰:"视听言动四者,横渠《东铭》只云'戏言戏动',却是二件。《中庸》'非礼不动',又只是一件。详略不同,何也? 盖详言之是四件,约言之只二件。所谓'言行,君子之枢机'是也。言是言,视听属动是行。又约言之都只是动,视是目之动,听是耳之动,言是口之动,动是身之动,故《中庸》只说'非礼不动'。"或问:"此亦与五行之数合乎?"曰:"眼主肝属木;金声清亮,故听属金;言发于气,属火。朱子于《书·洪范》篇已言之矣,唯动不言。要之,水动物也,则动之属水明矣。按《五行传》以五事分属木金火水土,其次第颇与此相符,盖亦主相克而为言。但如《书》'六府:水火金木土'云云,皆自上克下。此乃倒相克,自下克上耳。盖《五行传》以貌属木,言属金,视属火,听属水,则貌言视听思,乃为下克上也。"

[2] 杨注:《外书》,下同。

叶解:身心无私欲之累,自然安舒。俯仰无所愧怍,自然悦乐。少有间断,则自视歉然矣。朱子曰:"此数语极有味。"又曰:"当初亦知是好语,谩录于此,今看来直是恁地好。"(按,《四库》抄本将"朱子曰……地好"抄录于"身心"前。)

张传:声妓接席,吾心寂然,此非礼勿视听也。昔有问于有道者云:"隔窗闻钗钏声,吾心当如何?"答曰:"莫作此安排更好。"非礼勿视听,到此地位,则与程子之论"不迁怒"者合矣。

张解:人之视听言动本乎心、见乎体,一般要紧。然人心才感而动,便是目与物接,而耳次之,随后方言动,故有先后之序。要之,己之宜克则一也。当夫己之未克,心有所累,那能广大光明? 其体遂物而驰,那见安舒自得？不能合乎天理之本然，俯仰自有愧怍，愧怍便不得乐。乐之真不流行于心体之间，而有一息之间断，则以行之不慊，致气不充而馁矣。当日颜子实能于视听言动上约之以礼，故箪瓢陋巷，不改其乐。程子又于中分别出先后来，盖从体验之后，得其用功次第，而深知克己之效，真有与天地同其广大，与万物同其安舒，无自欺而自慊，俯仰从容，浩然常伸者。……愚按，周茂叔"每令寻孔、颜乐处"，此是程子寻着说出也。

李解：乐，音洛。人之所以不乐者，以有愧怍也，故克己而乐生焉。有息则愧怍复萌，不能广且胖，而至于馁矣。

[集评]

朱子曰：如今见得直如此说得好。（《语类》卷四十一）

尹和靖曰：克己唯在克其所好，便是下手处。然人未有不知所好处而能克之者，如好财即于财上克，好酒即于酒上克。今人只为事事皆好，便没下手处，然须择其偏好甚处先克也。（《茅注》）

张习孔曰："四勿"以难易为序。人有目，则物自当前；有耳，则声自能入，非可瞑而塞也。能不因物交而引之，故难。拟之而后言，议之而后动，犹有可执持处，故次之。

张绍价曰：此以非礼勿视听言动，明克己之功，而又极言其效也。"四勿"工夫，"四箴"已详，此特略举之耳。人能克己，则心无私欲之累，广大宽平，而体常舒泰。仰不愧天，俯不怍人，其乐可知。少有间断，则不慊于心而馁矣。颜子所乐何事，即此可以想见。吾人欲学颜子之乐，须从克己上痛著工夫。

29.　[一]圣人责己感也处多，责人应也处少。[1]

[集校]

[一]《张解》本有"明道曰"三字。此条今见《河南程氏外书》卷七《胡氏本拾遗》。

[集注]

[1]叶解：圣人所谓厚于责己而薄于责人者，非若后世欲为长厚之意。盖有感而后有应，责人之应而不自反其感之之道，则是薄于本而厚望于末，无是理也。

张解：人己之间有感有应，然必我先有以感乎彼，而彼乃有以应乎我。若徒责人之应，而不自责其所以感之之道，薄于本而厚望于末，无是理也。所以圣人责己处多，责人处少，非故为长厚之行也，揆之感应之理当如是耳。

是故己所不欲,勿施于人,行有不得,反求诸己,自尽其所为感,不问其应不应,及其归也,其应如响矣。

　　李解：薛氏曰："大抵常人之情,责人太详而自责太略,是所谓以圣人望人,以众人自待也。惑之甚矣!"

　　茅注：处,上声。

　　江注：此感彼应,常理也。有不应焉,反求诸己而已。虽亦有时惩恶禁非,而责己之意恒多也。

　　贝原笃信曰：感者,吾诚意使人感也。应者,他人应吾感之也。感者,工夫也。应者,效验也。

[集评]

　　陈埴曰：为经文有以己求人,以己非人之嫌,却自己才有善便去求人之善,己才无恶便去非人之恶,不是君子反躬意思。故先贤下此一转语,方见全是为己,大意谓欲责人先须责己,不是才责己了便责人。此君子小人、为己为人之分,毫厘间耳。

　　张习孔曰：圣人修其在我,止尽感应之理,而不能必之于事。

　　茅星来曰：圣人责己之所以感之者,每处其多;而责人之所以应之者,常处其少,亦"躬自厚而薄责于人"之意。责己处多则德愈修,责人处少故人自服。

　　张绍价曰：有感必有应,常理也。而圣人则厚于责己,薄于责人。万方有罪,罪在朕躬。一夫不获,时予之辜。行有不得者,皆反求诸己,责己感处常多也。若夫求诸人,非诸人,虽不能不责人之应,然亦少矣。此下四节,复即人我之间,详言克己之功。

30. 谢子与伊川先生[一]别一年,往见之,伊川曰：相别又[二]一年,做得甚工夫[三]？谢曰："也只去个'矜'字[四]。"曰：何故？曰："子细点检[五]得来,病痛尽在这里。若按伏得这个罪过,方有向进处[六]。"[1]伊川点头,因语在坐同志者曰："此人为学,切问近思者也。"[2]

[集校]

　　[一]"先生",叶无此二字。(《冯记》)一无"先生"二字。(朝刊《近思录》)按,《叶解》元刻本及其四库抄本、《张传》本、《张解》本、《茅注》本无"先生"二字。此条今见《河南程氏外书》卷十二《传闻杂记》,也无此二字。

[二]"相别"下,诸本无"又"字,今从《遗书》及宋本增。(《茅注》)按,《叶解》元刻本及其四库抄本、吴邦模刻本、《张解》本、《李解》本、《江注》本及其四库抄本无"又"字。

[三] 做得甚工夫:"谢子"条,○ 王、吴本作"功夫",《遗书》、《集解》、洪本并作"工"。按,《说文》:"工,象人有规矩也。"人有规矩,所以治事,故《正韵》云"工,事任也"。工夫亦治事之称,与"功绩"字异。(《王记》)

[四] "矜"下,宋本无"字"字,《遗书》有。(《茅注》)

[五] "点检",《叶解》元刻本及其四库抄本、《张解》本、《李解》本、《茅注》本、《江注》本及其四库抄本、《传闻杂记》作"检点"。吴邦模刻本刻作"捡点"。

[六] "进"下,宋本无"处"字。(《茅注》)

[集注]

[1] 茅注:《遗书》有"子细检点得来"句,"病痛尽在这里"句,姚本于"点"字句,"得来病痛"句,非。

退溪曰:"检点",犹言考察。

[2] 叶解:胡文定公问上蔡:"'矜'字罪过,何故恁地大?"谢曰:"今人做事,只管要夸耀别人耳目,浑不关自家受用事。有底人食前方丈,便向人前喫,只蔬食菜羹,却去房里喫。为甚恁地?"愚谓,充谢子为己之学,则一切外物皆不足以动其心矣。

张传:一年去得一字,由此日新不已。其上达岂有穷乎!

张解:谢子,即谢上蔡。师弟一年之别,相见即以工夫为问,可见昔贤汲汲于学。上蔡谓"去个矜字",实据其工夫以对,有难之之意。伊川又问"何故"者,将以验其工夫之实有所得与否也。矜者夸张务大,是为人之学。不知省察者,看做没要紧,仔细检点,百般病痛都从此处挂根,须着实克治,按得此心住,伏得此心下,免这个罪过,才是为己不为人,可以向进上去。上蔡言之痛切,而伊川即点头心契,又恐在坐同志者未悉此意,急为称许,欲人以上蔡为法。盖"切问近思",为己之学,矜心未伏,问那肯切? 思那肯近? 能切而近,方按伏得"矜"字。按,胡文定公问上蔡:"'矜'字罪过,何故恁地大?"谢曰:"今人做事……是甚恁地?"由谢子此言观之,《中庸》尚𫄧、《大易》藏密,何莫非此去矜之心?

李解:去,上声。切问近思,则能内反于身,自知其病之所在而乐之矣。

茅注:时朱公掞以谏官召,过洛见伊川,显道在坐,公掞不语,程子指显道谓之如此。

[集评]

问：人之病痛不一,各随所偏处去。上蔡才高,所以病痛尽在"矜"字。曰：此说是。(《语类》卷一百一)

朱子曰：谢氏谓去得"矜"字。后来矜依旧在,说道理爱扬扬地。(同上)

张氏曰：今人才有意为学,即有一种抗颜为人师之气,威仪容貌已全不似学者。此当入"骄"字罪过,而不止如上蔡所云"矜"字也。如此则读书说道理,适以长傲而已。长傲必饰非,难以言学矣。(《茅注》)

江注：颜子"愿无伐善无施劳",亦去"矜"字之病也。谢子语胡文定公以饮食夸耀人之类为矜,而说理之好张大处,犹有未及觉者。学者当随时省察。

张绍价曰：人己相与之间,矜字病痛甚大,必克而去之,学方有进。上蔡之所以能去矜,全在子细检点,知病痛之所在。然后克己之功,始有所施,故伊川称为"切问近思"。吾人病痛,甚于上蔡者多矣,而不知克而去之者,总由不子细检点耳。

李瀷曰：去个"矜"字,克己之要也。克己,则为仁矣。非切问近思,未能行得如此。所以谓"仁在其中"也。

31. 思叔诟骂^[一]仆夫,伊川曰："何不动心忍性？"思叔惭谢。^{[1][二]}

[集校]

[一]骂,《叶解》本、《张解》本、《茅注》本、《江注》本作"詈"。

[二]此条今见《河南程氏外书》卷十二《传闻杂记》。

[集注]

[1]叶解：朱子曰："动心忍性,谓性(按,"性"《四库》抄本作"悚")动其心,坚忍其性。然所谓性者,亦指气禀而言耳。"说见《孟子》。

张传：拂逆相加,当以动心忍性处之。家之仆夫,须问其有罪与否。罪当责,不可姑息。此条宜与"不迁怒"参看。

张解：明道尝曰："治怒为难"。其《答横渠定性书》亦曰"惟怒为甚"。盖人为血气所使,往往偶然之怒,发于不及觉而不能制,故以张思叔之贤亦不免有诟詈仆夫之举也。仆夫愚狠固执,不识事体,其足起人恼怒者甚多。伊川教以动忍,动忍则义理为主,彼之无知姑恕之,我之不便姑安之。知世间原有多少拂乱之事,知此身本无恣意顺适之期,则心性定而怒自消。思叔闻言即自惭谢,亦可谓勇于自治者矣。

茅注：此冯忠恕所记尹氏语如此。

[集评]

朱子曰："动心忍性"者，动其仁义礼智之心，忍其声色臭味之性。（《语类》卷五十九）

李文炤曰：责人而至于诟詈，则理义之心微，而气禀之性恣矣。惭而谢之，不可谓勇于受过者乎！

江永曰：今人好诟詈下贱者多矣，当以此言自省。

陈沆曰：处俗人、小人之道，皆如此。

张绍价曰：诟詈仆夫，暴怒所发。动心忍性，教以克己之功也。

32.　[一]见贤便思齐，有为者[二]若是。"见不贤而内自省"，盖莫不在己。[1]

[集校]

[一] 卷二，明道语。（《冯记》）此条明道语。（《栏外书》）按，《张解》本有"伊川曰"三字。陈荣捷云："《外书》卷二，页一下，注明伯淳语。今此处似作为伊川语。"（《陈论》）此条今见《河南程氏外书》卷二《朱公掞问学拾遗》。

[二] "者"下，宋本无"亦"字，《遗书》有。（《茅注》）按，《叶解》元刻本及其四库抄本、吴邦模刻本、《张解》本、《李解》本、《茅注》本、《江注》本及其四库抄本、《朱公掞问学拾遗》有"亦"字。

[集注]

[1] 杨注：以上并《外书》。

叶解：说见《论语》。见人有善即思自勉，则谁不可及；见人不善惟当自省，亦无非反己之地。

张解：《论语》言"见贤思齐"者，以贤皆可为也。当初是从有为来的，思而为之则齐矣。故复引孟子之言为证。《论语》言"见不贤内自省"者，以不贤虽在人，而不可不反之己也。世间尽有知人则明、自知则暗者，内省则莫非切己工夫，故曰"莫不在己"。总之，未见之先，原有一个为善去恶之实心，则随所见皆是为学，否则悠悠泛泛，日见贤不贤何益！

茅注：此因《论语》夫子之言而发明之，如此以见学者当自勉也。

江注："莫不在己"，谓反躬自省，人之不善，己皆有之也。

价解：见贤思齐，见不贤而内自省。如此存心，固无忌克之私，而所以变化气质之偏，克治耳目口体之欲，亦无不在于是焉。

［集评］

薛敬轩曰：不独见当时之人当如此，以至读古人之书、见古人之贤者皆思齐，见古人之不贤者皆自省，则进善去恶之功益广矣。（《茅注》）

管赞程曰：自"问不迁怒"至此为一章，统言圣贤常人以结之，以明工夫不已，皆可以至圣人。而病根在矜，入手在视听言动，切实工夫，则在动心忍性也。

张绍价曰：自"明道先生曰义理与客气"至此为一段，皆以发明克己之义，而惩忿窒欲、迁善改过之方，亦均在其中矣。

33. 横渠先生曰：[一]湛一，气之本；攻取，气之欲。口腹于饮食，鼻口[二]于臭味，皆攻取之性也。知德者属厌而已，不以嗜欲累其心，不以小害大、末丧本焉尔。[1][三]

［集校］

［一］《张解》本无"先生"二字。此条今见《正蒙·诚明篇第六》，下同，无"横渠先生曰"五字。

［二］"舌"，吕本作"口"。（《茅注》）"口"叶改"舌"。（《冯记》）"鼻舌"，吕本"舌"作"口"。（《异同考》）按，"口"，《李解》本、《茅注》本、《江注》本及其四库抄本、《叶解》四库抄本、《正蒙·诚明篇第六》作"舌"。

［三］《张传》本将第 33 条与 34 条连接在一起刻印，未单列，似合作一条。

［集注］

［1］杨注：《正蒙》，下同。

叶解：湛而不动，一而不杂者，气之本体也。饮食臭味之嗜，而营求攻取于外者，气之动于欲者也。攻取之性，即气质之性。饫（按，"饫"《四库》抄本作"属"）足也。属厌，犹（按，"犹"下《四库》抄本增有"饫足也"，则语意完备）君子知德之本。故凡饮食臭味才取足而已，不以嗜好之末而累此心之本也。孟子所谓无以口腹之害为心害，毋以小害大、贱害贵是也。

张传："湛一，气之本"，谓清湛纯一，则足以帅气，而为气之本也。

张解：此即孟子所谓"性也有命焉，君子不谓性"之意。湛者不动，一者不杂。……攻取，亦曰性者气质之性也。属，足也；厌，饱也。"属厌而已"者，适可而止，无贪心也。人生之初，气以成形，有气则有欲，如"口腹于饮食，鼻口于臭味"之类。然从其本而溯之，湛然纯一，未尝有此，乃是后来攻取于外，感物而始有之者，虽亦人所不能无，然任此为性，而不知有以制之，则义理之性反为所累，而无以会其本心之德矣。故惟知德者为能尽其性，不以气质之性为性。其于饮食臭味，取足而已。攻取之嗜欲，不足以累之也。盖心，大也，本也；嗜欲，小也，末也。不以小害大、末丧本，则气亦可验性，欲亦可征理，虽在攻取之中，不失其湛然之体，非知德者孰能知之？

茅注：湛，床减反。……属，之玉反。厌，于兼反，又如字。丧，去声。"属厌而已"，见《左传》。……愚按，"口腹"三句，申明"攻取，气之欲"，亦以见人之所不能无也。"属厌"二句，言君子不以口腹鼻舌之欲而失其湛一之本然也。"不以小害大"二句，又申明所以"属厌而已，不以嗜欲累其心"之故也。朱子曰："如孔子失饪不食，不时不食，不多食，无非天理。若贪口腹，不当食而食，便是人欲。"

退溪曰："攻"如攻伐之"攻"，其所以攻伐之者，欲取其物以入之于己也。

[集评]

问"湛一气之本，攻取气之欲"。曰：湛一，是未感物之时，湛然纯一，此是气之本。攻取，如目之欲色，耳之欲声，便是气之欲。曰：攻取，是攻取那物否？曰：是。(《语类》卷九十八)

张绍价曰：此发明寡欲之义。

34.　[一]纤恶必除，善斯成性矣；察恶未尽，虽善必粗矣。[1]

[集校]

[一]《张解》本有"横渠曰"三字。

[集注]

[1]杨注："少成若天性，习惯如自然"，故曰"纤恶必除，善斯成性矣"。善恶不两立，出彼则入此，故曰"察恶未尽，虽善必粗矣"。

叶解："成性"者，全其本然之天。

张解：此去恶莫如尽之意也。性之由来者本善，而不除其恶无以成其善。除者，拔其根而去之；成者，复其初而完之也。不除由于不察，察之未尽，即云为善，亦粗而已，安能纯粹至善以复其本然之天？故人之省克，不可一日已也。

茅注：纤，细也。成性，犹习与性成之意。恶不在大，自念虑之微，以至于一言一动之细，稍有未善处即恶也。恶无纤而不除，则日用隐微无不一于善，而性之本善者，斯以成矣。然虽纤恶必除，而苟察之有未尽，则虽其所作为，未尝不出于善，而小过不及之间，或未尽当焉，而不免有所粗矣。朱子曰："'善斯成性'句，有语病，似性本未善，必如此而后善成性也。"

江注：问："张子言'纤恶必除'云云,学者须是毫发不得放过,德乃可进。"朱子曰："若能如此,善莫大焉。以小恶为无伤,是诚不可。"

陈注：自欺根子,只是一容字。

[集评]

朱子曰：横渠言"成性",与古人不同。他所说性,虽是那个性,然曰"成性",则犹言"践形"也。又曰：他是说去气禀物欲之私,以成其性。(《语类》卷七十四)

张绍价曰：上节"性"字,以气质言。此节"性"字,以义理言。天命之性,粹然至善,一落形气,便有物欲。省察克治之功,密之又密,纤细之恶必除,则纯乎善,而本然之性成矣。若仅去大段之恶,而纤恶之伏于隐微者,察之有未尽,则除之必不力,虽云为善,必夹杂而粗矣。

35. [一]恶不仁,故[二]不善未尝不知。徒好仁而不恶不仁,则习不察、行不著。[1]是故徒善未必尽义,徒是未必尽仁,好仁而恶不仁,然后尽仁义之道。[2]

[集校]

[一]《张解》本有"横渠曰"三字。此条今见《正蒙·中正篇第八》,下同。

[二]"故"江误"是"。(《冯记》)"故不善",江本作"是"。(《考异》)按,"故",《江注》本及其四库抄本作"是"。

[集注]

[1]叶解：人能恶不仁,则其察己也精,有不善必知之矣。苟徒知仁之可好,而不知不仁之可恶,则所习者或未之察,所行者或未之明,虽有好仁之心,而卒陷于不仁而莫之觉矣。

张解：人心之中只有一仁,而学者欲成其德,确有好仁、恶不仁两段工夫。好仁是慈爱意思多,恶不仁是断制意思多。好属仁,恶属义,人能恶不仁,故其察己也精。见不善之事,非己所能姑容,而一有不善,必知之矣。……此夫子所为以"好仁"、"恶不仁"并言之也。

茅注：好、恶,并去声,下同。人能恶不仁,则省躬克己,惟恐有失,故"不善未尝不知"。不然,则不仁之端,且有潜滋暗长于隐微之中,而不自知者矣,故"习不察、行不著"。

[2]叶解：徒好仁而不恶不仁,则虽有向善之意而无断制之明,故曰

"未必尽义"。徒恶不仁而不好仁，则虽有去非之意而无乐善之诚，故曰"未必尽仁"。

张解：盖仁为元善，而仁之中有义。义，所以裁决是非者也。若徒好仁而不恶不仁，则虽有向善之心而无裁决之明，岂能尽义？不尽义则无以别其为非，徒见为是，此心未必悉当乎理，岂能尽仁？仁与义合一，而后仁之道尽；好与恶并用，而后仁义之道尽。

茅注：此申明上节之意。善，谓好仁也。好仁，有善善之意，故以善言。义主于断制，故必恶不仁，而后有以尽义，是谓恶不仁也。恶不仁，得是非之正，故以是言。仁主于乐善，故必好仁而后有以尽仁。

[集评]

张习孔曰：好恶者，天地阴阳之正性。有好而无恶，非天命之本然矣。

张伯行曰：世有含糊做好人，苟且行好事，终无着落，反成害道者，始知张子之言至精切也。

江永曰：去不善乃能尽善。徒知向善而不知恶恶，徒为其是而不务去其非，皆好仁而不恶不仁者也。此张子自为一说，以"好仁"、"恶不仁"为一人，若《论语》则是言两种人也。

张绍价曰：好仁，仁也。恶不仁，义也。仁义似相反而实相成，未有不合于义而可以言仁者也。颜子克己复礼，以义成仁也。非礼勿视听言动，有不善未尝不知。恶不仁，正所以为仁也。若徒好仁而不恶不仁，所习或未之察，所行或未之明，含糊苟且，无适无臭，而不能义之与比。"是故徒善未必尽义，徒是未必尽仁"。惟好仁而恶不仁，察恶必尽，纤恶必除，绝去不仁之事，不使少有及于其身。惟其义之尽，乃为仁之至，好仁恶不仁。……此二节发明"迁善改过"之义。

36. [一]责己者，当知无天下国家皆非之理。[1]故学至于不尤人，学之至也。[2] [二]

[集校]

[一]《张解》本有"横渠曰"三字。

[二]此条，《叶解》元刻本紧接在第35条之后刻印，未单列。据他本当单列为第36条。

[集注]

[1]茅注：此君子所以贵反求诸己也。

[2] 杨注：以上并《正蒙》。

叶解：处世有乖违，岂在人者皆非、在我者皆是？以此存心，则惟务尽己而不必咎人矣。

张解：不责己者，多要非人。苟知所以责己，则不惟可以情恕，可以理遣。实自家有不是处，断无天下国家皆非之理，将惴惴求免人尤之不暇，而敢尤人乎哉？故学至于不尤人，真能密操存、公物我，而为学之至者也。

茅注：不尤人，则必能自反而愈修其德，故曰"学之至"。

江注：在人者未必皆非，故不敢尤人，而惟务尽己。

[集评]

张习孔曰：孔子不怨天、不尤人，至于下学而上达，则天犹知之，而人终不知也。故不尤人，视不怨天为更难。虽不尤人，亦不失己而殉人。责己者，当明是非以为从违可也。

张绍价曰：此言人己之间，当尽克己之功也。常人之情，宽以责己，刻以责人。一若己独是而人皆非，而不知其无是理也。君子正己而不求人，"故学至于不尤人，学之至也"。遁世无闷，不见是而无闷，惟潜龙之德能之。颜子犯而不校，亦庶几焉。遇横逆三自反，抑亦其次也。

37. [一]有潜心于道，忽忽为[二]他虑引去者，此气也。旧习缠绕，未能脱洒，毕竟无益，但乐于旧习耳。[1]是故[三]古人欲得朋友与琴瑟简编，常使心在于此。惟圣人知朋友之取益为多，故乐得朋友之来。[2]

[集校]

[一]《张解》本有"横渠曰"三字。此条今见《拾遗·近思录拾遗》。

[二] 今见《拾遗》。为他："为"江误"焉"。（《冯记》）王、吴本"为"作"焉"，《遗书》、《集解》、阴、汪本皆作"为"，洪本同，今从之。（《王记》）"忽忽为"江本作"焉"。（《考异》）按，"为"，《江注》本及其四库抄本作"焉"。或"為"与"焉"形近而误。

[三]"古人"上，近本无"是故"二字，今从宋本增。（《茅注》）按，《叶解》元刻本及其四库抄本、吴邦模刻本、《张解》本、《李解》本、《江注》本及其四库抄本、《近思录拾遗》无此"是故"二字。

[集注]

[1] 叶解：旧习未除，志不胜气，则心虑纷杂。

张传：三代盛时，庠序教化，达于天下，故成人为易。三代衰，教法废，不得不自求夹辅之益。

张解：此言人之志道贵专也。专始获益。世亦有潜心于道者，庶几知所志矣。然而闲思杂虑不能自禁，此心忽忽如有所失，反被他事牵引，则不专矣。此无异故，志不胜气也。气用事则诱于习染，习染深则积新成旧，交相缠绕，于是心为所掣，不能脱然无累，洒然自得。本欲求益，毕竟无益。但觉吾道之拘，反乐旧习之诱，宜其引之而去也。

李解：乐，音洛，下同。

茅注：潜心于道者，义理之良心也。他虑，如出见纷华而悦之类。气，即所谓客气也。旧习，亦此气之习熟者也。脱洒，脱然无系累也，犹言除去也。乐于旧习，言以此为乐，虽明知其无益而不能以除去也。

价解：此下二节，言变化气质之功。潜心于道，而为他虑引去。旧习缠绕者，不能持志，志不胜气，而气反动其志也。胡敬斋曰："心在重处发，熟处难忘。那边熟，心只从放那边，是恋着旧习也。若非勇猛奋发，择善固执，改革旧习，虽勉强操持，心未易收。"

［2］杨注：《横渠论语说》。

叶解：朋友有讲习责善之益，琴瑟有调适情性之用，简编有前言往行之识。朝夕于是，则心有所养，而习俗放僻之念不作矣。然三者之中，朋友之益尤多，故有朋自远方来所以乐也。

张解：欲胜其气，究在先定其心。夫心何由定乎？必得朋友相与观摩，则有所以辅吾心矣。而由是琴瑟以调养之，使心得其和；简编以涵泳之，使心得其正。常使其心专有所在，而不及乎他，则思虑自除。古人之欲为此具者，皆将以求益耳。惟圣人知三者之益，朋友最多，故有朋自远方来，是以乐也。乐在乎此必不在乎旧习，而讲习责善，以为潜心于道之助，其益岂不大哉？

茅注：常使心在于此，则不为他虑引去矣。

［集评］

问：为他虑所引，必是意不诚、心不定，却以为气，是如何？朱子曰：人谁不要此心定？到不定时也不奈何得，如重担担不去，只为力量不足。心之不定，只是合下无工夫，且"持其志，无暴其气"可也。若我不放纵此气，自然心定。（《江注》）

阳明子曰：琴瑟简编，学者不可无，盖有业以居之，心便不放。（《栏外书》）

江永曰：朋来而乐，程子言之切矣。此谓乐其取益，亦张子自为一说。

陈沆曰：古人无故不去琴瑟，所宜养其和敬之心也。今既无此，则简编朋友之益，岂可一日离哉？

张绍价曰：朋友讲习，相观而善，琴瑟以调适性情，简编以涵泳义理。优游渐渍，常使心在于此，则他虑不能引，而旧习可化矣。三者之益，朋友最多。有朋友讲习，则意味浃洽，志气感发，生机畅茂条达，有不知其何以然者。若独学无友，则虽刻苦用功，终觉意思枯燥，此朋来之所以可乐也。

钱穆曰：明道言客气，似多指身外言。横渠言习气，则指本身旧染言。明道言客气消散，似主消散，似主消于外，以存其内。横渠言琴瑟简编朋友，则皆取于外，以成其内。（《随劄》）

李溎曰：凡古人之欲得朋友之类，要使心常在于此道也。然人未必知之深也，惟圣人能知之深，而以朋友之来为乐也。

38. [一]矫轻警惰。[1]

[**集校**]

[一]《张解》本有"横渠曰"三字。此条今见《经学理窟·气质》。

[**集注**]

[1]杨注：《语录》，下同。

叶解：轻则浮躁，惰则弛慢，二者为学之大患。然轻者必惰，虽二病而实相因，其进锐者其退速，轻与惰之谓也。

张传：四字既得，又当推而之他。使一身之疾尽祛，可以为难矣。

张解：此欲学者戒轻惰之弊也。学以养重为先，轻则失之浮躁，而所学不固，是在有以矫之。礼陶乐淑，以变化其气质，矫轻之道也。学以勤敏而进，惰则失之弛慢，而学且日隳，是在有以警之。恪恭震动，以淬厉其精神，警惰之方也。然轻者必惰，虽二病而实相因，其进锐者其退速，轻与惰之谓矣，可不戒乎？此下四条《集解》阙，今照原编补。

茅注：轻则不能厚重以自持，惰则不能振作而有为。二者为学之大患，故必有以矫之警之，而后可以进于学。

[**集评**]

朱子曰：知有此病，必去其病，此便是疗之之药。如觉言语多，便用简默。意思疏阔，便加细密。觉得轻浮浅易，便须深沉重厚。张先生所谓"矫轻警惰"，盖如此。（《语类》卷九）

薛瑄曰：矫轻警惰，只当于心志言动上用力。（《读书录》）

胡氏曰：学者之所患最是轻与惰。轻则物欲恣，惰则自治废，只"敬"字

可以治之。(《李解》)

管赞程曰：自"湛一"至此为一章，言天资美者能知湛一为本。故知德者不以嗜欲累心。自大本而推之达道，以变化气质为度。

张绍价曰：轻与惰，皆出于气。气之轻者浮躁，矫之以厚重，而学始固。气之惰者弛靡，警之以奋勉，而学乃进。

39.　[一]"仁之难成久矣！人人失其所好。"盖人人有利[二]欲之心，与学正相背驰，故学者要寡欲。[1]

[集校]

　[一]《张解》本有"横渠曰"三字。此条今见《经学理窟·学大原上》。

　[二]"利"，江误"私"。(《冯记》)王、吴本作"私欲"，《遗书》、《集解》、阴、汪本皆作"利"，洪本同。(《王记》)按，"利"《江注》本作"私"，"利欲"《张解》本作"欲利"。

[集注]

　[1]叶解：仁者天理之公，利欲者人心之私，故背驰。

　张解：此言求仁之方在于寡欲也。仁道至大而至精，其难成久矣。夫仁本固有而所以难成者，以人人失其所好，好所不当好也。盖公与私不并立，仁者天理之公，无所为利欲。利欲者人心之私，显悖乎天理。今人人有欲利之心，则与为仁之学分途异迳，正相背驰矣。故学者求仁有要道焉，惟在寡欲而已。纷华靡丽不以动其心，耳目口体不敢逞其欲，寡之又寡，以至于无，则其于仁也何难成之足患哉！

　李解：好，去声。

　茅注："欲"或作"慾"。首二句，《礼·表记》篇，夫子之言。下三句，张子释人之所以失其所好之故也。能好仁，则当其所好而仁可成矣。人皆反此而失其所好，仁之所以难成也。盖学莫大于求仁，而有利欲之心则不能矣，故曰"与学正相背驰"。陈氏曰："仁之难成，私欲间之也。私意行，则所好非其所当好矣。"

[集评]

　张习孔曰：真实体会，方有此言，然又须明理。不然，则巢父、许由矣。

　张绍价曰：仁者，人心固有之德，所以难成者，失其秉彝之好，好所不当好。人人有利欲之心也。理欲互为消长，利欲长一分，则天理消一分，与学正相背驰，仁何由成？学者要寡欲，欲寡则心存，心存则理得，而仁庶几可成也。

　　东正纯曰：寡欲之欲与利欲之欲不同。如利欲之欲必要无之，岂止寡哉？盖此亦以存养功夫言之耳。

　　40.〔一〕君子不必避他人之言，以为太柔太弱，至于瞻视亦有节。视有上下，视高则气高，视下则心柔，故视国君者，不离绅带之中。学者先须去其客气，其为人刚行，终不肯进。"堂堂乎张也，难与并为仁矣"。[1]盖目者人之所常用，且心常托之，视之上下，且试之。己之敬傲，必见于视。所以欲下其视者，欲柔其心也。柔其心，则听言敬且信。[2]〔二〕人之有朋友，不为燕安，所以辅佐其仁。今之朋友，择其善柔以相与，拍肩执袂以为气合，一言不合，怒气相加。朋友之际，欲其相下不倦，故于朋友之间主其敬者，日相亲与，得效最速。[3]〔三〕仲尼尝曰："吾见其居于位也，与先生并行也。非求益者，欲速成者。"则学者先须温柔，温柔则可以进学。[4]《诗》曰："温温恭人，惟德之基。"盖其所益之多。[5]〔四〕

[集校]

　　〔一〕《张解》本有"横渠曰"三字。此条今见《经学理窟·气质》。

　　〔二〕《张传》本将此40条分作三条，至此似分作一条。

　　〔三〕《张传》本至此似分作一条。

　　〔四〕《张传》本至此似分作一条。

[集注]

　　[1]叶解：学者当去轻傲之气，存恭谨之心。刚行，粗暴也。其为人粗暴，必不肯逊志务学，而亦终不能深造于道。子张气貌高伉，而无收敛诚实之意，故曾子以为"难与并为仁"。

　　张解：此欲人存恭谨之心也。大凡君子持身自有定见，不必避他人之言，以为太柔太弱，宜济之以刚强，至于瞻视之间，亦有自然之节制，不可稍过。盖视有上下，视高则近于轻扬，而其气必高；视下则近于巽顺，而其心必柔。此不独视常人然也。即视国君者，即其瞻视以定吉凶，不离绅带而已得之。故学者必先去其轻傲之客气，然后进道有基，如其为人粗暴，则客气未除，必不肯逊志务学，而亦终不能进于道。昔曾子尝有言曰"堂堂乎张也，难与并为仁矣"。正以其气貌高亢无收敛笃实之意，不可辅而为仁，亦不能有以辅人之仁也。

李解：去，上声。行，音项。避他人之言，所以自反也。视国君不离绅带之中，所以致敬也。刚行，粗厉貌。终不肯进者，志不能逊也。子张容貌矜庄，未免于客气之胜，故曾子以为"难与并为仁"。

茅注：视国君不离绅带者，如《曲礼》："天子视不上于袷，不下于带。国君绥视。大夫衡视。士视五步。"及《士相见礼》"凡与大人言，始视面，中视抱，卒视面"之类皆是。张子盖亦约略言之耳。客气，说已见前。刚行，刚强貌。"堂堂乎张也"二句，见《论语》。不必避他人之言以为柔弱者，盖人多于此致病，故先以此破其疑也。张子于"畏人非笑"尝再三言之，意可见矣。古之学者言动举止皆有节制，而视最易忽，故又抽出言之。玩"至于"字、"亦"字可见，见无在而可苟也。末又引曾子之言，以证"为人刚行，终不肯进"之意。

江注：刚暴者，常有矜高之病。

[2]叶解：心之神寓于目，故目视高下，而心之敬傲可见。心柔者听人之言，必敬且信，而不敢忽（按，"忽"《四库》抄本作"怠"）慢矣。

张解：所谓视有上下，而气与心随之者，盖人身五官之用，视居其先，故目者尤人之所常用。且心之神常于目托之，视之上下且于目试之，己之恭敬傲慢，亦即于所视而见，所以欲下其视者，岂徒致谨于视哉？正欲制外以安内，而借以柔其心也。人诚能柔其心，则虚以受人，其于听人之言，必敬且信，而不敢怠惰矣。

李解：见，音现。人心固不可偏于柔，然接物听言之际，非柔则必自恃，岂能虚心以受天下之益哉？

茅注：此一节明"瞻视亦有节"之意。试之者，欲其反己自验，而有以知其诚然也。

[3]叶解：始则气轻而苟于求合，终则负气而不肯相下，若是者其果有益于己乎？故朋友之间以谦恭为主，则其相亲之意无厌，相观之效尤速。

张解：此言交友以谦恭为主。人之有朋友，原非为相习于燕安，所以共勉于存理遏欲，而辅佐其仁。今人之交，不能亲近直谅之士，但择其工于媚悦而柔逊者，以相与拍肩执袂，以为气味相合，既非道义之孚，则必凶终隙末。一言不合，遂至怒气相加，岂复成朋友乎？夫朋友之际在乎取善辅仁，必卑以自牧，相下而无厌倦，方为得之。故惟能主其敬者，日相亲与，则彼之善有以资乎我，我之善有以助乎彼。涵育熏陶，不自知其转移之捷，其得效为最速也。交友之道，张子言之尽矣，学者宜取法焉。

李解：陈氏曰："善柔，谓善为柔媚。气合，谓意气相合。相下，谓彼此相让。效，则忠告善道之益也。"

茅注："不为"之"为",去声。下视柔心接物皆然,此又于其中抽出朋友言之。"今之朋友"五句,所以极言为燕安,而取友之病,以见非下视柔心不可之意。主敬又下视柔心之本也。

江注:敬则相下,而非善柔,日与之亲,亦得相观之益。

[4]叶解:阙党(按,"党"《四库》抄本作"里")童子居则当位,行则与先生并,盖轻傲而不循礼,故夫子以为非能求益者,但欲速于成人而已。故学者当以和顺为先,则谦虚恭谨有以为进学之地。

张解:此言进学以温柔为主。昔仲尼尝有言曰礼有之,童子必隅坐,必随行。今阙党之童子则不然。吾见其居不让坐,俨然居于先生之位也。行不后长,俨然与先生并行也。是非求学问之进益者,乃欲速跻于成人之列者。

茅注:此又引夫子之言以明当下视柔心之意。温柔则心虚志逊,而可以进学。其不然者,反是。

[5]叶解:《诗·大雅·抑》篇。温和恭敬,为德之本。

张解:尝观诸诗矣,《大雅·抑》之篇有曰:温温然恭敬之人,是为进德之根基。盖以人自处于高亢,则志骄气盈,无由得益。惟温和恭谨,则德日进,而所益者多矣。是满则招损,谦则受益。无事不然也,学者其勉之。

李解:温柔,刚行之反也。

茅注:引此以见温柔之得益也。

[集评]

阳明曰:处朋友,务相下则得益,相上则损。又曰:与朋友论学,须委曲谦下,宽以居之。(《栏外书》)

张习孔曰:君子以心善其视,不以视善其心。先生欲以视验其心,故即心以教其视。

又曰:朋友关系之重如此。今人以为狎媟之资,是五伦废其一也。欲学之成也,得乎?

又曰:此小学之书,所以善体仲尼之志也。

张伯行曰:由此观之,则凡为学者必先温和柔顺。诚温和柔顺则谦能受益,而后有以为进学之地也。

张绍价曰:为人刚行,则务外自高。务外则不能实心体道,自高则不能虚心求益。故不可辅而为仁,亦不能有以辅人之仁也。

又曰:傲即客气,最为恶德。象之恶,丹朱之不肖,亦只一傲字而已。学者所当深戒也。

又曰:朋友取其辅仁,非取其善柔。高傲者矜己陵人,喜谀恶规。规其过则曰是诬我,劝以善则曰尔何知。怒气相加,反唇相稽,如仇敌然,何以辅仁? 何以获益? 朋友之间,主其敬者以相与,然后可获观摩之益。

又曰: 此节言克己之功,当戒高傲学温柔。温柔则卑以自牧,虚以受人,乃可以进学,而为修德之基。

41. [一]世学不讲,男女从幼便骄惰坏了,到长益凶狼[二]。只为未尝为子弟[三]之事,则于其亲,已有物我,不肯屈下。病根常在,[四]又随所居而长,至死只依旧。[1]为子弟,则不能安洒扫应对;在[五]朋友,则不能下朋友;有官长,则[六]不能下官长;为宰相,[七]不能下天下之贤。[2]甚则至于狥私意,义理都丧,也只为病根不去,随所居所接而长。[3]人须一事事消了病,则义理[八]常胜。[4]

[集校]

[一] "世学不讲",各本同。《小学》引此,"世"上有"今"字。(《王记》)按,"世"上,《张解》有"横渠曰"三字。今见《经学理窟·学大原上》"世"上有"今"字。

[二] "狼",《杨注》本刻作"狼",误,当据他本改作"狼"。

[三] "子弟",宋本作"弟子"。(《茅注》)

[四] "又"以上文字,今见《学大原上》;自"又"以下,今见《经学理窟·学大原下》。

[五] "在朋友",《小学》作"接朋友"。(《王记》)

[六] "有官长"下,宋本无"则"字。(《茅注》)按,《学大原下》无"则"字。

[七] "宰相"下,吕本无"则"字。(《茅注》)同上,《学大原上》。"又随"以下见《学大原下》。"相",叶下增"则"字。(《冯记》)"相"下,一有"则"字。(朝刊《近思录》)按,"宰相"下,《张解》本、《李解》本、《叶解》四库抄本、《茅注》本、《江注》本及其四库抄本有"则"字。

[八]《学大原下》无"义理"二字。

[集注]

[1] 李解:"只为"之"为",去声,下同。陈氏曰:"安详恭敬不讲,而矜骄惰慢成习,此天理所由灭,而人欲所由炽也。坏,谓坏其质性。亲,父母也。有物我,犹言分彼此。病根,即骄惰也。"

茅注：长,并张丈反,下同。……世学不讲,谓今之世为学之道不讲也。子弟之事,如洒扫应对进退之类皆是。病根,即骄惰也。

[2]李解：相,去声。陈氏曰："此言病根随所居而长也。安,谓安意为之。下,谓屈己下之。"

[3]茅注：丧,去声。此本上文之意而推言之,正见其病根随所居而长也。居,居处,以地而言。接,交接,以人而言。

[4]杨注：后世小学既废,父母爱逾于礼,恣之骄惰而莫为禁止,病根既立,随寓随长,卒至尽失其良心,盖有自来。学者所当察其病源,力加克治,则旧习日消,而道心日长矣。(按,《叶解》注文与《杨注》同,此不录。)

张解：此言教子弟者当慎之于始也。古者教人必先小学,所以收放心养德性,而预绝其骄惰之根也。近世小学不讲,父母于子,爱逾于礼,是以男女从幼即习于骄傲怠惰,坏了气质,及其长也,暴戾恣睢,遂益形其凶狠。此岂其天性然哉？只为未习小学,身为子弟之事,则于一体之亲已分彼此,不肯安意下之,骄惰之病根常在,又随身之所居而日有所长。夫人之骄惰日长,则焉往而不败乎？当其为子弟不能安子弟之分,凡洒扫应对之节,皆所不屑为,由是在朋友则蔑视侪辈,意气自用,足高气扬,虽遇胜己之友,亦不能相下矣。又或时而遇有官长,则平日虚愇之气习惯自然,将以卑逾尊,蔑礼犯分,其所必至,如何能下官长？设使为宰相,则封己自足,嫉贤妒能,亦其所不免,安肯虚怀折节下天下之贤？又其甚者,但徇夫一己之私心,尽丧其本然之义理,此岂有他故哉也？只为骄惰之病根不去,随所居之地与所接之人,积习渐长,为害滋甚,故人须随在精察,力加克治,使事事消除骄惰之病,则人心退听,道心日长,而本然之义理常胜矣。教子弟者,其可不慎之于始乎！

李解：去,上声。陈氏曰："徇,从也。居,居处。接,交接。"朱子曰："《诫子书》曰：只是'勤谨'二字,循之而上有无限好事。吾虽未敢言,而窃为汝望之。反之而下,有无限不好事。吾虽不敢言,而未必不为汝忧之也。"

[集评]

张习孔曰：先生历言凡人堕落之病。虽至贵为宰相,而其病不瘳,虽贵何补？至究其受病之原,则一言以蔽之曰"未尝为子弟之事"而已。然则人欲已其病,而使世宙不受凶狠之毒,舍孝弟之道何从乎？《论语》曰："其为人也孝弟,而好犯上作乱者,未之有也。"故曰"孝弟为仁之本"。推而至于伐一树、杀一兽,有所不忍也。不匮之仁,遍于六宇矣。吾愿人熟记先生之言,从幼即教其男女。此胜残去杀之一道也。

茅星来曰：此又结言克治之道。盖义理常胜，则病根渐去，自不至随所居所接而长矣。上章言学者贵于柔顺谦和，此又就不能柔顺谦和者推其病根，以穷极其流弊也。

陈沆曰：弟子者，国家之元气。自小学失教，人才不成人才，风俗不成风俗，非细故也，岂非君相父兄之责哉？

管赞程曰：自"仁之难成"至此为一章，言人之资，多务外而不好仁，其病原于刚傲，所以仁之难成，其来久矣。药其病者，道在温柔。若以温柔为不足为，则终身无得仁之日，可不惧哉！

张绍价曰：世学不讲，家庭无善教育，庠序安得有贤子弟？为父母者，溺爱子女，养成骄惰凶狠之性，于其亲已有物我，不肯屈下，何有于他人？病根不去，随在而长，为子弟，接朋友，事官长，为宰相，一以骄惰凶狠行之，徇私灭义，无所不至。学者须深察病根，力加克治，使义理胜其气质，变凶狠为温柔，然后可以进学而修德也。此节以"义理常胜"，回应首章"乾乾不息于诚"，而"为子弟之事"，又以起下卷之意。

又曰：自"横渠先生"至此为一段，皆以发明迁善改过、寡欲克己之义。

泽田希曰：此章欲人深察其病源，力加克治之功。先儒谓：病根不去，犹一粒稊稗不除，未有不为五谷之害也。学者可不念焉哉！

42. 凡所当为一事意不过，则推类如此善也；一事意得过以为且休，则百事废。[1][一]

[集校]

[一] 此段吕氏本有之。（《李解》）此条近本无之，杨亦并前条失去，今照宋本增。（《茅注》）按，《杨注》本、《叶解》元刻本及其四库抄本、《张传》本、《张解》本、《江注》本及其四库抄本无此条。此条今见《李解》本、《茅注》本。茅氏言"照宋本增"，又云"杨亦并前条失去"，其所指恐不是《杨注》本，因为《杨注》本有第41条，并未"失去"。

[集注]

[1] 李解：推类则过可改，且休则善不迁。

茅注：又采此条以发上条末二句未尽之意。意不过，谓心有所未安也。为一事而心有未安，则当以类而推，凡心之有所未安者，皆不可以苟为也。事事如此，周详审慎，自无有不善者矣。若以意所便安，不复求进，则天下之事皆视为不甚经意而有所不为矣，故曰"百事废"。以上并横渠语。

《近思录》卷之六
凡二十二条

处　家

　　朱子曰：又事亲居家事直在第九卷，亦似太缓。今欲别作一卷，令在出处之前，乃得其序。（《文集》卷三十三）

　　叶采曰：此卷论齐家。盖克己之功既至，则施之家，而家可齐矣。

　　施璜曰：致知、存养、克治，皆所以修身也。身不修，不可以齐其家；身修，则家可教矣。故此《录》论力行克治之后，即继之以家道，但家道不离日用工夫，只是平常，《大学》"齐家"一章，提出"孝弟慈"三字，那一家不日用的是孝弟慈，那一人不日用的是孝弟慈。至于平天下之老老长长恤孤，也只是这个孝弟慈。高汇旃先生曰："此孝弟慈三字，岂非性之所固有？终日用之而不穷，终身用之而不尽，此性何人不见，何以君子必言教成，必言足法？但恐一边用之而不全，颠倒用之而失当，诚不可无学问思辨之藉也。"又曰："齐家一事，虽无望为名德闻望之门，但数椽茅舍，相对家人，亦有父子，亦有兄弟，亦有妻孥，比屋比闾，谁不各有其家。宁不发一愿言，欲其家中内外敦睦，少长肃雍，粗粗成一诗礼之风，不汩染于嚣陵恶薄之俗？仔细看来，亦不容易，则自修身以上之工夫，密一著，便有密一著之见效；松一步，便有松一步之见效。其何以使清夜无眠之梦，上质祖宗、下示子孙而无憾也哉！然则欲质祖宗、示子孙而无憾，则学问思辨之藉，诚不可无。"此卷论齐家，皆切实要领工夫，学者要讲教成足法之道，当尽心于此焉。

　　茅星来曰：此以下，即《大学》新民之事也。而此卷则论齐家之道，于父子、兄弟、夫妇以至睦族、恤孤之道，无不具焉。凡二十二条。

　　张绍价曰：朱子曰"此卷齐家之道"。价按，此卷以弟子之职、家人之道为主。以正伦理、笃恩谊，先严其身为总旨。以顺父母、友兄弟、谨夫妇、慈卑幼、御婢仆为分意。体似立纲,首节引起,下分四段发明。

钱穆曰:己与家和合成为一体。……夫妇父母齐家之道,为中国传统文化最要纲目。(《随劄》)

泽田希曰:此篇论措家之道。《大学》曰:"身修而后家齐。"盖克己之功至则身斯修矣,可举而措之于家,相受之序如此。

1. 伊川先生曰:[一]弟子之职,力有馀则学[二]文。不修其职而学[三],非为己之学也。[1]

[集校]

[一]《张解》本无"先生"二字。此条今见《河南程氏经说》卷六《论语解》,无"伊川先生曰"五字。泽田希曰:《论语集注》引此语,"弟子"上有"为"字,此处亦当入一"为"字看。

[二]"学",一作"先"。(朝刊《近思录》)

[三]"而学",叶下增"文"字。(《冯记》)按,《张传》本、《张解》本、《江注》本及其四库抄本有"文"字。

[集注]

[1]杨注:《经解》。

叶解:说见《论语》。为弟为子者,其职在于孝悌而已。行之有馀力,而后可学《诗》、《书》、六艺之文。职有未尽而急于学文,则是徒欲人之观美,非为己之学也。

张传:力有馀者,谓一日之间,事尊长之事已毕,则以其间而学文。《内则》所谓"日出而退,各从其事"者也。

张解:《易》曰:"蒙以养正,圣功也。"弟子之职乃作圣之基,故必端其本行,如孝弟谨信,爱众亲仁,皆日用伦常之所当尽者,随时随处,力而行之。或有馀裕,当闲暇之时,则留心于《诗》、《书》、六艺之文,以博其义理之趣。然亦正所以广其见识,养其性情,为力行地耳,非别有他事也。苟不修其弟子之职分,而汲汲于辞章记览之学,适足以长其浮夸骛外之习,便非切实为己之学矣。后世教弟子者,本行未敦,即以科举之文期之,是当成童而志趋已教坏了,何怪乎圣学之日远也!

李解:为,去声。

茅注:此为后世之教子弟以文者言之。文,凡《诗》、《书》、礼、乐、射、御、书、数皆是,亦非后世之所谓文也。然且必待力有馀而后学焉,则其教之先后缓急盖可见矣。

江注：不修其职而学文，虽《诗》、《书》、六艺，犹为务外为人，况习为浮华妍巧之词乎？

［集评］

问：《集注》云："力行而不学文，则无以识事理之当然。"且上五件条目，皆是天理人伦之极致，能力行，则必能识事理之当然矣。如《集注》之说，则是学文又在力行之先。曰：若不学文，则无以知事理之当否。如为孝为弟亦有不当处。孝于事亲，然事父之敬与事母之爱便别了。（《语类》卷二十一）

张伯行曰：程子即《论语》之教弟子，而重致其叮咛。朱子于"家道"中首列此条，无非以圣贤望人。谁无弟子，而使之竞逐时趋，以汩没其根器，则亦非尽弟子之咎也。

茅星来曰：弟子之职既修而不学文，则为子为弟之道必有所不明，而所以修弟子之职者亦苟焉而已，又不可以不知也。

张绍价曰："弟子之职"，承上卷末节之意，并以领起通篇。圣功基于蒙养，为弟子者，宜力行孝弟谨信，爱众亲仁，以尽其职，而后学《诗》、《书》六艺之文，乃为为己之学。不修其职而学文，务外为人，适以长其浮华而已，何以为作圣之基乎！

2. ［一］孟子曰："事亲若曾子，可也。"未尝以曾子之孝为有馀也。盖子之身所能为者，皆所当为也。[1]

［集校］

［一］"孟子"上，《张解》本有"伊川曰"三字。此条今见《周易程氏传》卷一《师传》，"孟子"，作"唯孟子为知此义，故"。

［集注］

［1］杨注：《易传》，下同。

叶解：《师卦》九（原作"六"，据《周易》改作"九"。）二传。可者，仅足而无馀之称，竭其所当为，无过外也。

张解：此因孟子称曾子之孝而申言其义，明孝道乃人子尽分之事也。古来善养志者必推曾子，然孟子称之只云"事亲若曾子可也"，则虽以曾子之孝，孟子未尝谓其于孝有馀量也。盖人子之身，即是父母之身。人之自养其身，未尝以所能为者，为身不当为之事。以子事亲，又安得以子身所能为者，为事亲不当为之事？所以古来之纯孝，只有事父未能之心，初无当然已尽之意。诚以孝道之大原，无处说得起也。然则如曾子，然后可以事亲，而未能如曾子，皆其不可为子、不可为人者也。普天下子，舍中所当为者何事？所能为者何事？但求尽其分内亦足矣。

李解：可者，仅足而无馀之称。子之身且非己有，则所能为者，岂有过于本分之事哉？

茅注：说见《孟子》。同氏曰："曾子尝芸瓜作羹，家故贫窭，乃每食必有酒肉。又其父子性情各不相似，奉事甚难。且观曾晳言志乐与人同，必呼群引类以为常。兼其所与，未必一一为曾子之乐与，而能先意承顺，终身不变如此。此可以为后世法矣。"

江注：《师》六二传。（《王记》云：王、吴本作"《蛊》初六传"，洪本作"《师》六二传"。按正文乃伊川"《师》九二传"，各本并误，今改正。）

[集评]

朱子曰：程子论曾子事，先儒所不到。（《江注》）

辅氏曰：孟子只平说去，至程子方看得"可也"有深意。以此知读书不可不熟读玩味。（《茅注》）

张习孔曰：曾子事亲仅曰"可也"，则他人之不可者多矣。

张绍价曰：可者仅可而有所未尽之辞。曾子事亲，主于养志，其孝可谓至矣，而孟子止曰"可也"。盖子之身，父母之身也，欲报之德，昊天罔极，身所能为者，皆所当为，纵十分尽力，犹恐未满乎孝之量，无所谓"有馀也"。

3.[一]"干母之蛊，不可贞。"子之于母，当以柔巽辅导之，使得于义。不顺而致败蛊，则子之罪也。[1]从容将顺，岂无道乎？[二]若伸己刚阳之道，遽然矫拂则伤恩，所害大矣，亦安能入乎？在乎屈己下意，巽顺相承[三]，使之身正事治而已。[四]刚阳之臣，事柔弱之君，义亦相近。[2]

[集校]

[一]《张解》本有"伊川曰"三字。此条，《叶解》本紧接于上条后刻印，未单列作一条。

[二]此条今见《周易程氏传》卷二《蛊传》，下同，"若"上有"以妇人言之，则阴柔可知"。

[三]"将承"，从《易传》，吕本作"相承"。（《茅注》）按，"相"，《叶解》元刻本及其四库抄本、《张传》本、《张解》本、《茅注》本、《蛊传》作"将"。

［四］"刚阳"三句，《蛊传》在"子之于母"上。

[**集注**]

［1］叶解：《蛊卦》九二传。干，治也。蛊，事之弊也。人子事亲，皆当以承顺为主，使事得于理而已。然妇人柔暗，有难以遽晓，尤当以柔巽行之，比之事父又有间矣。但为矫拂而反害其所治之事，则子之过也。

张解：此释《蛊卦》九二爻辞也。……盖言子之于母，本以恩胜，平日当柔婉巽顺，辅佐而开导之，使合于事理之当然，乃为善事母者也。若不能巽顺，反致坏事，则是子不善辅导之罪也。此九二之于六五为子干母蛊之象，而圣人不能不为之斟酌其宜者也。

茅注：下则程子所以释之者如此。九阳刚而二居下，上与六五为应，是以阳刚之才在下而干在上，阴柔之事，故取子干母蛊为义。二《巽》体而处柔，于顺之义为多。

佐藤一斋曰：败蛊，只是败坏，不专训为事。

［2］杨注：伯嵒据《蛊》之九二曰："干母之蛊，不可贞。"《象》曰："干母之蛊，得中道也。"

叶解：以强直之资，遽为矫拂，内则伤恩，而有害天伦之重；外则败事，而卒废干蛊之功。"刚阳之臣，事柔弱之君"，若孟子于齐宣王、诸葛孔明于蜀后主是也。

张解：子于母蛊，其不得不思所以干之者，理也，亦情也。然将奉而顺承之，抑岂无道以善其后乎？若直行己志，恃其刚阳之道，遽然矫制而拂逆之，则伤母子之恩，所害于伦理大矣，亦安能入母心而化之？是在屈抑自己之气，低下其意思，巽顺相承，潜移默化，有以喻之于道，使之感悟，而身终处于正，事究归于治，而后此心乃安耳。子之于母所当尽者如此。彼刚阳之臣事柔暗之君，其不可直遂，而务尽其婉转匡救之道者，义与此正相近。九居二，上承六五而得中失正，故取象如此，而戒以不可贞也。

李解：从，七容反。……妇人之性多柔暗，故贵于将顺而不贵于矫拂也。身正事治则已，岂可过望之乎！

茅注：刚阳，谓九也。伸己刚阳之道，则是贞也。贞则矫拂而伤恩矣，以释"不可贞"之义。屈己下意，谓下卦也。巽顺将承，谓《巽》体也。末又从事亲推广言之。

[**集评**]

朱子曰："干母之蛊"，伊川说得是。（《语类》卷七十）

陈芝拜辞，先生赠以《近思录》，曰："公事母，可检'干母之蛊'看，便自见得那道理。"因言："《易传》自是成书,伯恭都撺来作《阃范》,今亦载在《近思录》。某本不喜他如此,然细点检来,段段皆是日用切近功夫而不可阙者,于学者甚有益。"(《语类》卷一百一十九)

张习孔曰:事亲有隐而无犯,而况于母乎?母之育子以慈胜者也,子何忍以阳刚贼恩乎?蛊不可不干也,而又不可贞,其间不知费几许苦心,天地鬼神,亦必阴佑而济其所干矣。

4. [一]《蛊》之九三,以阳处刚而不中,刚之过也,故"小有悔"。[二]然在《巽》体,[三]不为无顺。顺,事亲之本也,又居得正,故"无大咎"。[四]然有小悔,已非善事亲也。[1]

[集校]

[一]"蛊"上,《张解》本有"伊川曰"三字。此条今见《周易程氏传·蛊传》,《蛊传》无"《蛊》之九三",或朱、吕二人编辑时增入。

[二]《蛊传》无"故小有悔"四字。

[三]"不"上,《蛊传》有"虽刚过"三字。

[四]"然"上,《蛊传》有"以刚阳之才,……终无大过咎也"数句。

[集注]

[1]杨注:伯嵒据《蛊》之九三曰:"干父之蛊,小有悔,无大咎。"《象》曰:"干父之蛊,终无咎也。"

叶解:九爻阳而三位刚,位又不中,刚过乎中者也。事亲而过刚,不能无悔矣。然《蛊》之下卦为《巽》,巽者顺也。又阳爻居阳位,居得其正,则亦不至大过,故无大咎也。但谓之"小悔",则于事亲之道已非尽善者矣。

张解:此释《蛊》九三爻义也。盖"干父之蛊"当以承顺为主。九三以阳之德处刚之位,而在下之上不得其中,乃刚之太过者也。过刚则为拂逆之病,其小悔所必有,然犹在《巽卦》之体,不可谓无巽顺之意。巽顺者,所以事亲之根本也。且以阳为刚为得正位,故无大咎。但既小有悔,则与下气怡色,柔声以谏,心与之一而未始有违者不相俟矣。干蛊若九三,亦非可谓善于事亲者也。

李解:处,上声,后同。善事亲者,论亲于道而不见其迹。

[集评]

问:九三"干父之蛊,小有悔,无大咎"。言"小有悔",则无大悔矣。言"无大咎",则不免有小咎矣。但《象》曰"终无咎",则以九三虽过刚不中,然

在《巽》体不为无顺而得正,故虽悔而无咎。……曰:……九三有悔而无咎,由凶而趋吉也。(《语类》卷七十)

张习孔曰:君有诤臣,父有诤子,圣人之训也。九三虽有犯颜之迹,而无违道之辜,故孔子与之曰"终无咎"也。

茅星来曰:此上三条,论事亲之道。

管赞程曰:自篇首至此为一章,言事亲以顺为正。

5. [一]正伦理,笃恩义,家人之道也。[1]

[集校]

[一]《张解》本有"伊川曰"三字。此条今见《周易程氏传》卷三《家人传》,下同。

[集注]

[1]叶解:《家人卦·象传》。正伦理则尊卑之分明,笃恩义则上下之情合。二者并行,而后处家人(按,"人"《四库》抄本作"之")道笃矣。然必以正伦理为先,未有伦理不正而恩义可笃者也。

张传:"父父、子子、兄兄、弟弟、夫夫、妇妇,而家道正",正伦理也。"王假有家,交相爱也",笃恩义也。

张解:古今莫难于齐家,而家之所以齐者,分与情耳。分之不严,则尊卑长幼,不能各安其所,而家道紊矣;情之不亲,则爱敬绸缪,不能相通无间,而家道乖矣。故必正伦理,使父父子子、兄兄弟弟、夫夫妇妇,有秩然不敢干之名分。然后大小相畏,上下相维,而家道以正,家运以兴。又必笃恩义,使父慈子孝、兄友弟恭、夫和妻柔,有肫然不可解之至情。然后天合者不拂,人合者无违,而家道以和,家声亦振。家人之道,孰有逾于此乎?

茅注:新安陈氏曰:"《皋陶谟》:'惇叙九族。'惇者,即此所谓'笃恩'也;叙者,即此所谓'正伦理'也。'惇'、'叙'二字,尽齐家之道。"

贝原笃信曰:是亦以正伦理为先之意。

[集评]

或问:《易传》云:正家之道,在于"正伦理,笃恩义"。今欲正伦理则有伤恩义,欲笃恩义又有乖于伦理,如何?曰:须是于正伦理处笃恩义,笃恩义而不失伦理,方可。(《语类》卷七十二)

汪绂曰:家道不外于正伦理、笃恩义。而大体尤在于己之言有物、行有恒,言有物、行有恒则闲家者在是,所谓威如者亦在是,嗃嗃之厉以加人者稍过耳,然不失为吉也。

张绍价曰：此二句，一篇之大旨。正伦理，即《大学》之让；笃恩义，即《大学》之仁。二者不可偏废，笃恩义而不正伦理，则名分紊乱，而或至尊卑相陵。正伦理而不笃恩义，则情意乖离，而或至父子相夷。二者交尽，乃得家人之道。

6. [一]人之处家，在骨肉父子之间，大率以情胜礼，以恩夺[二]义。惟刚立之人，则能不以私爱失其正理，故《家人卦》大要以刚为善。[1]

[集校]

[一]《张解》本有"伊川曰"三字。

[二]"夺"，江改"笃"。（《冯记》）王、洪吴本皆作"以恩笃义"，费解。《遗书》、《集解》、阴本并是"夺"字，今改正。（《王记》）"以恩 夺 义"，江本作"笃"。（《考异》）按，"夺"，《江注》本作"笃"。

[集注]

[1] 叶解：《家人卦》六二传。相亲附，犹骨之于肉。

张解：此见处家之道不可无刚方之意也。人之处家，所与朝夕者，无非至亲之人。其在骨肉父子之间，大抵动于情之不能已，而礼法之严在所不拘，是以情胜礼也。出于恩之不忍薄，而义理之正或所不计，是以恩夺义也。惟刚方卓立之人，自能至公无私，不以一偏之爱，失其至正之理。故《家人》一卦之爻，大要以刚阳为善，观圣人所系之辞可见矣。

李解：刚则不至于颓废，是以能立也。

茅注：此指初、三、上三爻而言也。王巽卿曰："《象传》谓'家人有严君焉，父母之谓也'。盖父道固主乎严，母道尤不可以不严。犹国有尊严之君长也。无尊严则孝敬衰，无君长则法度废。故《家人》一卦大要以刚严为尚。"引此以足上条之意。

江注：初九之"闲有家"而悔亡，九三之"嗃嗃"而吉，上九之"威如终吉"，皆以刚为善。九五之"王假有家，勿恤，吉"，刚而得中，尤善之至也。

[集评]

问：父母之于子，有无穷怜爱，欲其聪明，欲其成立。此谓之诚心邪？曰：父母爱其子，正也。爱之无穷，而必欲其如何，则邪矣。此天理人欲之间，正当审决。（《语类》卷十三）

张习孔曰："家人有严君焉，父母之谓也。"母亦称严，况于父乎？此刚之所为善也。

张绍价曰：刚之为道，事父母则不顺，待妻子则得正。人于妻子，不患恩义之不笃，而患其姑息纵弛，"以情胜礼，以恩夺义"。惟刚立之人，则能不牵于私爱以失其正理。故《家人卦》以刚为善，刚然后能整躬率物，而伦理可得而正也。

7. [一]《家人》上九爻辞，谓治家当有威严，而夫子又复戒云，当先严其身也[二]。威严不先行于己，则人怨而不服。[1]

[集校]

[一] "家人"上，《张解》本有"伊川曰"三字。《家人传》此处无"《家人》上九"四字。

[二] "身"下，宋本无"也"字。（《茅注》）

[集注]

[1] 杨注：伯嵒据《家人》之上九曰："有孚威如，终吉。"《象》曰："威如之吉，反身之谓也。"

叶解：所贵治家之威者，非徒绳治之严，盖必正己为本，使在我持身谨严而无少纵弛，则家人自然有所严惮而不敢逾越，有所观感而率归于正。月（按，当据《四库》抄本作"凡"）御下之道皆然。齐家本于修身，则尤为切近。

张传：上九爻辞："有孚威如"，四字一串。威如者，有孚之象也。故曰"如非孚外又有威"。盖诚信与人，自生敬畏。《象》曰"反身之谓"，反身者，反其孚。孚则自威，威则自吉。

李解：复，扶又反。齐家必本于修身，则不令而行矣。

茅注：上九《象传》。此承上条而言，治家固贵刚立，而又必以正己为先也。赵氏曰："爻于初言闲，三言嗃嗃，上言威。圣人虑后世，以为威严有馀而亲睦不足，故特释之，以反身见非严厉以为威也。"朱子发曰："威非外求，反之于身而已。后世不知此义，或身不正而尚威严，则父子相夷，愈不服矣，安得吉？"此上三条，统论治家之道。王伯厚曰："谨独者，齐家之本，故《家人》之吉在于反身。"

[集评]

张伯行曰：此释《家人》上九爻辞及《小象》之义也。上九爻辞"有孚威如，终吉"，是谓治家之道当有威严之意以行之，则整齐严肃而终吉。而夫子系《象》又曰"威如之吉，反身之谓也"，乃言欲严以治家，当先严其身，如视听言动与应事接物,皆必恭敬自持,以为一家之率,然后一家之人畏而服之,而家可齐。若威严之意不先行于一身,则一家将怨其拘束之严,而不服其整齐之教矣。《大学》言"欲齐其家者先修其身",《孟子》亦言"家之本在身",正是此意。

张绍价曰:刚则治家有威严,所谓"威如之吉"也。然《家人》之本在身,必先严以治身,言有物,行有恒,以为一家之表率。然后家人有所严惮,而不敢为非;有所效法,而勉于为善。若不严于治身,而但严于治家,则人怨而不服。所谓身不修不可以齐其家也。先严其身,即《大学》藏身之恕,亦一篇之大旨也。

8. ^[一]《归妹》九二,守其幽贞,未失夫妇常正之道。世人以媟狎为常,故以贞静为变常,不知乃常久之道也。^[1]

[集校]

[一]"归"上,《张解》本有"伊川曰"三字。此条今见《周易程氏传》卷四《归妹传》,此处无"《归妹》九二"四字。

[集注]

[1]杨注:伯喦据《归妹》之九二曰:"眇能视,利幽人之贞。"《象》曰:"利幽人之贞,未变常也。"

叶解:静正,乃相处可久之道;媟狎,则玩侮乖离所自生。

张解:此释《归妹》九二及《小象》之义也。《归妹》九二爻辞言"利幽人之贞"者,乃阳刚得中,能坚守其幽闲贞静之德,未失夫妇常正之道。世人以媟褺玩狎习为故常,故以贞静之德为异,而反目之以变常,不知贞静乃夫妇常久不易之道。故孔子系《象》,特表而出之,曰"未变常也",所以明幽贞之可贵也。

茅注:媟,音屑。此为妇人而遇夫之不良者言之。九二阳刚而得中,女之贤正者也。上有正应而反阴柔之质,则是女贤而配不良者也。五虽不正而动于悦,二能自守其幽静贞正,乃所利也。

[集评]

朱子曰:男女居室,人事之至近,而道行乎其间,幽暗之中,衽席之上,人或亵而慢之,则天命有所不行矣。然非知几慎独之君子,其孰能体之? 知言曰:道存乎饮食男女之事,而溺其流者不知其精。(《价解》)

李氏曰:自古人君修身谨行而无流连荒亡之祸,非独有忠臣义士,亦由有贤后妃夙夜警戒以成其德。周宣之姜后,齐桓之卫姬,楚庄之樊妃是也。

不独人君为然。吴许升为博徒，妻吕荣躬勤家业，以养其姑，数劝升修学，升感激自励，乃寻师远学，遂成名。贤妇之助如此。(《茅注》)

张习孔曰：司徒之教，不曰"夫妇有情"，而曰"夫妇有别"，正合此义。

张绍价曰：严于治身，莫先于夫妇。夫妇居室，以贞静相处，乃为可久之道。《传》所谓"相敬如宾"，匡衡所谓"情欲之感，无介乎仪容，宴私之意，不形于动静"是也。若以媟狎为常，则玩悔乖离，由此而生，非可常久之道也。夫妇人伦之始，贞静媟狎，而伦理之正与不正判焉矣。

9. [一]世人多慎于择婿，而忽于择妇。其实婿易见，妇难知，所系甚重，岂可忽哉？[1]

[**集校**]

[一]《张解》本有"伊川曰"三字。此条今见《河南程氏遗书》卷一《端伯传师说》。

[**集注**]

[1] 杨注：《遗书》，下同。伯畧据诚斋曰："正莫易于天下，而莫难于一家。莫易一家之父子兄弟，而莫难于一妇。一妇正，一家正。"

张解：夫妇，人伦之始，天地之大义。父母为儿女择妇择婿亦人情之常，但世人往往欲嫁其女，则必郑重详慎择其快意者而许之。至于为儿娶妇，又多因循苟且忽于选择，竟有不知其贤否而遂订之者，何其昧于难易轻重之分耶！夫男子在外，言辞晋接之间，其品行犹易见；女子居内，闺门幽邃之中，其德性则难知。且娶妇所以承宗祧，古人有以妇之贤否卜其家之兴废者，其所系甚重，宁可轻易不择哉？此伊川所以重为之戒也。

李解：男子之行显于外，女子之行隐于内。然家之兴衰由妇人，故所系为甚重也。

茅注：易，音异。上条言夫虽不良而女能自守其幽贞，为不失其常道，故复录此以见当慎择于始也。婿之行见乎外，故易见；妇则无事可见，故难知。

江注：古人纳采之后，加诸卜而后纳吉，是以卜筮择之也。今择之之法，宜就知其性行者审于谘问，迟之稍久而后议婚。如问不能详审，则以筮决之。《易》中元有"取女吉"、"勿用取女"诸辞，或遇他辞不言取女者，亦可以意断之也。

价解：男子在外，故性行易见；女子伏处闺中，故性行难知。奉舅姑，睦姊姒,相夫子,教子女,皆将责之于妇,故所系甚重。《关雎》寤寐于淑女,倾城痛恨于哲妇。妇贤则家必兴,不贤则家必败。恶可忽而不慎择之哉!

佐藤一斋曰:妇入居室难见,择之当察其家风。

[集评]

袁氏曰:择婿择妇,固不可忽,然又须自量自家子女如何。若不相当,则子女终身抱恨,至有不和而生他事者,又不可以不审也。(《茅注》)

陆世仪曰:择婿易,择妇难。婿露头角,选择可凭;妇在深闺,风闻难据也。(《思辨录辑要》)

张习孔曰:《易》曰:"归妹,人之终始也。"胤嗣之贤愚,家道之隆替,恒必由之。故礼重大昏,圣人之教深矣。

茅星来曰:今之择婚以富贵贫贱为主,而男女贤否往往置之不论,甚有明知其不贤,而以其家之富贵或聘财资装之丰厚勉强俯就,是自误其子与女也。且富贵无常,而男女之贤否已一定而不可移易矣,可不谨哉!

管赞程曰:自"正伦理"至此为一章,言治家以严为正。能严则无媟狎,而择妇亦能不轻忽也。

张绍价曰:自"孟子曰事亲"至此为一段,言顺以事亲,严以治家,贞静以处夫妇之道。"正伦理,笃恩义","先严其身",三句一篇之大旨,通篇皆发明此意。

10.〔一〕人无父母,生日当倍悲痛,更安忍置酒张乐以为乐?若具庆者,可矣。[1]

[集校]

〔一〕《张解》本有"伊川曰"三字。此条今见《河南程氏遗书》卷六。

[集注]

[1]叶解:具庆,谓父母俱存。

张传:陈安卿问朱子曰:"程子有言'人无父母,生日倍当悲痛'。如先生旧时,亦尝有寿母生朝,与贺高倅词。恐非先生笔,不审又何也?岂在人子自己言,则非其所宜,而为父母、待亲朋,则其情又有不容已处否?然恐为此,则是人子以礼律身,而以非礼事其亲,以非礼待于人也。其义如何?"朱子曰:"此等事是力量不足,放过了处,然亦或有不得已者,其情各不同也。"详朱子语意,似谓力量不能使吾亲以礼自律,又世俗沿习已久,难于猝变,此所谓"不得已"也。安卿此问极好,朱子所对亦老实不欺,如此问答最可观。

李解:"为乐"之"乐",音洛。陈氏曰:"念父母鞠育之劬劳,故倍增悲痛。"父母俱存,曰具庆。可者,可置酒张乐也。

价解:人无父母,生日悲痛,此人之至情也。哀哀父母,生我劬劳,而忍忘之耶。置酒张乐以为乐,则随俗习非而忍于忘亲矣。具庆谓父母俱存,则藉此以娱亲可矣。

[集评]

张伯行曰:言人子初生时,正是父母鞠育艰难之日。人若既无父母,则此日更是人子念亲弥切之日,故当倍加悲伤痛悼,更安忍置酒高会、张乐娱宾以自博快乐?此惟父母俱存称具庆者,或假此日为嬉戏娱亲之事,则庶乎可耳。

佐藤一斋曰:窃为此恐难拘,但视我之心所感何如耳。我感父母生我之劬劳,则固当废宴,如太宗可也;若又感父母生我之欢喜,则置酒张乐亦或无不可。人子以父母之心为心,事亡如事存,生日乃父母欢喜之辰也,何用悲痛之为。是亦一感也,故不必拘。

11. 问:"《行状》云:'尽性至命,必本于孝弟。'不识孝弟何以能尽性至命也?"[1][一]曰:后人便将性命别作一般事[二]说了。性命、孝弟,只是一统底事,就孝弟中,便可尽性至命。[2]如洒扫应对与尽性至命,亦是一统底事,无有本末,无有精粗,[3]却被后来人言性命者,别作一般高远说。故举孝弟,是于人切近者言之。[4]然今时非无孝弟之人,而不能尽性至命者,由之而不知也。[5][三]

[集校]

[一]卷十八,伊川语。"曰",叶上增"伊川"二字。(《冯记》)按,"曰"上,《张解》本、《叶解》四库抄本、《茅注》本有"伊川"。

[二]叶本"般"下无"事"字。(《茅注》)"般事",叶脱"事"字。(《冯记》)吕本"般"下有"事"字。(《异同考》)"一般 事",叶本无。(《考异》)按,"般"下,《叶解》元刻本及其四库抄本、《张传》本、《张解》本无"事"字。

[三]此条今见《河南程氏遗书》卷十八《刘元承手编》,下同。

[集注]

[1]茅注:行,去声。《行状》者,伊川先生所以状其兄明道之行者也,详见末篇。"尽性至命",说见《说卦传》。

[2]叶解:伊川先生所作《明道先生行状》。孝弟者,人道之本,百行之

原,仁民爱物皆由是推之。人能尽孝弟之道,扩而充之至于极致,则可以尽性至命矣。朱子曰:"此与'孝弟也者,其为仁之本与'一意。"又曰:"若是圣人,如舜之孝,王季之友,便是尽性至命事。"

张解:《行状》言明道"尽性至命,必本于孝弟",或人不识其义,故以为问,而伊川答之。盖性命者天人赋受之理,孝弟者人伦全尽之称。性命无处见,于伦物上见之。后人不知其同条共贯,便将性命看得太深,别作一般道理说了。其实人所受谓性,天所赋谓命,征之于事则为事亲从兄之道,而谓之孝弟,只是合一统贯底事。就孝弟中尽到无憾,即是尽性至命,如仁义,本性中所具而命于天之理也。亲亲即所以尽仁,敬长即所以尽义,故曰"仁之实,事亲是也;义之实,从兄是也"。又谁谓尽性至命不自孝弟中见之哉?

李解:亲亲仁也,敬长义也,故可以尽性。事父孝,故事天明;事母孝,故事地察;长幼顺,故上下理,故可以至命。

茅注:"般",同"班"。朱子曰:"……如孝弟为仁之本,非谓孝弟便是仁,但为仁自孝弟始。"

价解:此言尽孝弟之道,便可尽性至命也。后人将性命孝弟,歧而为二,以孝弟为粗迹,以性命为精微。此不知道之言也。性命孝弟,是一统事。孟子曰:"仁之实,事亲是也;义之实,从兄是也。"仁义即性命也,而其实即在事亲从兄之间,存之于心为性命,见之于事为孝悌。由孝弟便可尽性至命,本末精粗,一以贯之。朱子所谓"如舜之孝,王季之友"是也。

[3]江注:程子尝言"洒扫应对是其然,必有所以然"。其所以然者,即精也、本也。

价解:洒扫应对,与尽性至命,似有本末精粗之分,然亦是一统事。洒扫应对之事,程子所谓"其然",形下之器也,末也粗也;其理则程子所谓"所以然",形上之道也,本也精也。道外无器,器外无道,形上之道,即寓于形下之器,初无本末精粗之可言也。

[4]叶解:天下无理外之事,亦无事外之理。即其末而本已存,即其粗而精实具,本末、精粗非二致也。

张解:此又类而推之,以明此理之通一无二也。如洒扫应对,乃事之至粗浅者,论其道理,却与尽性至命亦是一统事。虽性命是本,洒扫应对是末,而本即寓于末之中,末即通乎本之原,无有本末也。虽性命为精,洒扫应对为粗,而精必由粗以见,粗亦得精以传,无有精粗也。却因此理不明,被后来之人穿凿言之,便把性命别作一般穷高极远话说,使人竞谓性命无处窥寻,故举孝弟以示之,是就人最切近者言耳。若论道理统贯,即洒扫应对亦无不本于性命,何况孝弟为人根本事乎?

贝原笃信曰:张子、朱子之说与程子异。《语类》七十七,及《易大全》可考。

[5]叶解:今之孝弟者,未必能尽性至命。盖行不著、习不察,故亦不能扩充之,以抵作圣之极功。

张解:尽性之命既本于孝弟,则有孝弟之人宜无不尽性之命矣。然今时非无善事父母兄长,可称为孝弟之人,而究不能尽全所受之性,以彻乎所赋之命者。此由其天性本厚,学问功疏,故行不著、习不察,由之而不知其道,有如孟子之所云耳。其实与性命之理未尝不暗合也。

价解:后人以性命为高远,别为玄妙之说,而不知求诸人伦日用之实,故举最切近之孝弟言之。然今时非无孝弟之人,而行不著,习不察,由之而不知其道,故不能推而极之,尽性以至于命也。

[**集评**]

问:“尽性至命,必本于孝弟”。尽性至命是圣人事,然必从孝弟做起否?曰:固是。又问:伊川说,“就孝弟中,便可尽性至命。今时非无孝弟人,而不能尽性至命者,由之而不知也”。谓即孝弟便可至命,看来孝弟上面更有几多事,如何只是孝弟便至命?曰:知得这孝弟之理,便是尽性至命,也只如此。若是做时,须是从孝弟上推将去,方始知得性命。(《语类》卷九十六)

胡居仁曰:程子以“尽性至命,必本于孝弟”,盖孝弟是性命中事,至亲至切而要者。此处能精察而力行之,则性命不外是矣。(《居业录》卷八)

王夫之曰:“尽性以至于命。”至于命,而后知性之善也。天下之疑,皆允乎人心者也;天下之变,皆顺乎物则者也。何善如之哉!测性于一区,拟性于一时;所言者皆非性也,恶知善?

张习孔曰:孝悌出于《孝经》、《礼记》者,由之而知之也。出于愚夫愚妇者,由之而不知也。然其本则具矣。“虽曰未学,吾必谓之学矣”。便许其尽性至命也可。

钱穆曰:伊川此条言,自孝悌至尽性至命亦是一统,只是一条线一条路,从头到尾,仍此一道。……其实不仅是一条线一条路,孝悌与尽性至命还是同一件事,故伊川说无有本末精粗了。……人有孝悌,而不知即此便是大道,故伊川此条特作如此言。(《随劄》)

李瀷曰:此《行》所论,恐非以见言,却于行上说。或者彼乃伯子之言,又或前后之异说也。

佐藤一斋曰:此条全说穷理,而无穷理字,读者宜致思焉。

12.　问："第五伦视其子之疾与兄子之疾不同，自谓之私，如何？"[一]曰：不待安寝与不安寝，只[二]不起与十起，便是[三]私也。父子之爱本是公，才着些心做，便是私也。[1]又问："视己子与兄子有间否？"曰：圣人立法，曰"兄弟之子犹子也"，是欲视之犹子也。[四][2]又问："天性自有轻重，疑[五]若有间然。"曰：只为今人以私心看了。孔子曰："父子之道，天性也。"此只就孝上说，故言父子天性，若君臣、兄弟、宾主、朋友之类，亦岂不是天性？只为今人小看却，不推其本所由来故尔。己之子与兄之子，所争几何？是同出于父者也。只为兄弟异形，故以兄弟为手足。人多以异形故，亲己之子异于兄弟之子，甚不是也。[3]又问："孔子以公冶长不及南容，故以兄之子妻南容，以己之子妻公冶长。何也？"曰：此亦以己之私心看圣人也。凡人避嫌者，皆内不足也。圣人自[六]至公，何更避嫌？凡嫁女，各量其才而求配。或兄之子不甚美，必择其相称者为之配；己之子美，必择其才美者为之配。岂更避嫌邪？若孔子事，或是年不相若，或时有先后，皆不可知。以孔子为避嫌，则大不是。如避嫌事，贤者且不为，况圣人乎？[4]

[集校]

　　[一]"曰"上，《张解》本、《叶解》四库抄本、《茅注》本有"伊川"二字。

　　[二]"不起"上，《遗书》有"是"字。（《茅注》）

　　[三]便是私也："问第五伦"条，○ 王、吴本上句并作"便自私也"。《遗书》、《集解》、阴本作"是"，洪本同，从之。（《王记》）按，《江注》本及其四库抄本作"自"。

　　[四]《张解》本脱"是欲视之犹子也"句。

　　[五]"疑"，《江注》本及其四库抄本作"宜"。

　　[六]"至公"上，叶本无"自"字。"自"下，《遗书》有"是"字。（《茅注》）"自至"，叶脱"自"字。（《冯记》）"自至公"，叶本无。（《考异》）一无"自"字。（朝刊《近思录》）按，"至"上，《叶解》元刻本及其四库抄本、《张解》本无"自"。

[集注]

　　[1]叶解：《后汉·第五伦传》。或问伦曰："公有私乎？"对曰："吾兄子尝病，一夜十起，退而安寝；吾子有疾，虽不省视，而竟夕不眠。若是者，岂可谓无私乎？"人知安寝与不眠为私爱其子，而不知十起与不起亦私意也。

盖事事物物各有自然之理,不容安排。父子之爱天性,今子疾不视,而十起
于兄子,岂人情哉? 着意安排即是私矣。

张解: 第五伦,汉时人,字伯鱼,为人长厚诚笃。……或疑其自谓私者,
未必是私。伊川据理答之曰: 公私之辨甚微。纯乎天理,无一毫私意较计,
方谓之公。如伦所言,不待论其安寝与不安寝方谓之私,只就其有意不起、
有意十起,便是私也。子疾既关切,何得不起? 不起者,畏人议其私也。兄
子之疾亦同关切,又何必十起? 十起,欲人见其公也。即此畏人议私,欲人
见公,便是私意。盖父子之爱,本是天理人情之至,才著些少意见,周旋做
去,即是私,即与浑然天理之公不合也。

茅注: 第五,氏,伦,名,字伯鱼,汉京兆人,仕至司空。……事见《后汉
书》列传。朱子曰:“只就理所当为处便为,若又怕人道如何,此却是私意。
但伦见得此意,已大段会省察也。”

[2] 叶解: 视兄弟之子亦如己子。

张解: 或又疑伦之异视己子与兄子,亦未谓不是。因问人情之视己子
与视兄子,原亦有间否。伊川曰:“圣人立人伦之法,曰‘兄弟之子犹子’。
既谓犹子,则亦何得以有间视之?”盖分形虽微有间,而视之之情,其亲爱原
不当以有间分也。

茅注: 间,去声,下同。“丧服,兄弟之子犹子也,盖引而进之也。”见《檀
弓上》篇。欲视之犹子,程子所以释《礼》之意也。

江注: 丧服,兄弟之子与己众子皆期服。

[3] 杨注: 伯嵒据老泉《族谱引》曰:“吾父之子,今为吾兄。吾疾在身,
兄呻不宁。数世之后,不知何人。彼死而生,不为戚欣。兄弟之亲,如足于
手,其能几何? 彼不相能,必独何心。”

李解: 间、“只为”之“为”,并去声。“兄弟之子犹子也”,《檀弓》文。服
制既同,则爱宜均矣。或问:“兄之子常欲爱之如己子,每以第五伦为鉴。但
爱己子之心终重于爱兄之子。”朱子曰:“‘常欲’二字,即十起之心也。须是
见得天理之本然,则所以处厚薄虽有差等,而不害其理之一矣。”

茅注:“父子之道,天性也。”见《孝经·圣治章》。此两节总以明己子与
兄子一体之意,不得有所异同于其间也。

价解: 问者所谓“天性”,从形骸上起见,乃人欲之私也,非天理之本然
也,故程子斥之。

贝原笃信曰:“以兄弟为手足”,愚谓,言欲为一体而亲爱之,故古人以兄
弟为手足。《礼记》曰:“骨肉之恩,手足之爱。”又李华云:“谁无兄弟,如手

如足!"

[4]叶解:圣人所为,至公无私,安行乎天理,何嫌之可避?凡人避嫌者,皆内有不足而不能自信者也。

张解:或又疑父子主恩,原属天性,即视兄子有间,虽私亦不害其为公,故问天性自有轻重不同,疑若有间,是有差等。伊川曰:"天性本是至公的道理,只为今人满腔是私意,遂以私心看却天理,谓虽私不害,其实不然。孔子曰'父子之道,天性也'。此只就孝上说,见得子之事亲,由于天性而不容自己,故言父子天性。若统论道理,即若君臣、兄弟、宾主、朋友之类,亦是本天而出,即有此数伦,岂不是天性?只为今人无廓然大公之心,小看却这些伦理,不能推其本原所由来,故不知其皆出于天,皆性中所固有,故如此分别尔。且如己所生之子与兄所生之子,所争差曾有几何?固同出于父,均为父一气之亲也。只为兄弟不能无分形,故以兄弟为手足,究之手足亦合而为一身者也。人多以形既有分,故亲爱乎己之子,更笃于兄之子,不知己子为父之一脉,兄子亦为父之分脉。既知天理之爱,其为当爱则一耳。异而视之,甚不是也。"又问:"若己子兄子之爱不容有间,则圣人必不有分于间矣。乃孔子以公冶长之贤不及南容,故以兄之子妻南容,择其贤者以避薄兄之嫌;以己之子妻公冶长,取其稍逊者以远自私之嫌。若非有间,何必委曲如是?"伊川曰:"此亦在己先有私心,故以此窥测圣人,遂看差了当日情境耳。在圣人固无此意也。凡人行事畏人讥议,遂存避嫌之见者,以在内之道理未真知实得而有所不足,故自己信不及,恐他人亦不之信。是以不能不费周旋也。若圣人至公无我,如青天白日,人人共见,何嫌何疑,而更有所避乎?大凡嫁女亦自有嫁女之道,当各量其才之高下而求配。设或兄之子才不甚美,则必择其才之相称者以为之配,必不尽取于贤可知;或己子之才原为甚美,则必择其才美之配方为相称,又不妨择取于贤者可知。岂必委曲周旋求免口实以避嫌,而碍于嫁女之公耶?避嫌即私意矣。今试悬而度之,若孔子事,或是年岁之多少不相同,或是议配之时有先后之异,皆不可知,何可执其事迹以泥其亲疏、较其厚薄?如以孔子之妻己子与兄子谓避嫌而然,不惟无当于当日事情,并大不是观圣人见识矣。如避嫌之事,稍有学问,若贤人之诣且不屑为,况圣人天理浑然,意见尽融而乃有如此惢惢乎?知圣人之无私而不避嫌,则第五伦之'不起与十起'皆太著意矣,其不得谓之无私明矣。"

李解:度,入声。"长幼"之"长",上声。此节从《论语集注》文。问:"避嫌是否?"曰:"合避岂可不避?如'瓜田不纳履,李下不整冠',如'君不与同姓车舆,与异姓同车不同服',自是道理合如此。如避嫌者却是怕人道如何,这却是私意。"

茅注:妻,并音娶。……称,去声。此又借孔子之事以明避嫌不可之意。事见《论语》。

江注:问程子避嫌之说。曰:"合当委曲,便是道理当如此,且如避嫌亦不能无。如通判与太守是亲戚,也合当避嫌。第五伦之事,非不见得如此,自是常有这心在,克不去。今人这样甚多,只是徇情恁地去,少间将这个做正道理了,大是害事,所以古人于正心诚意上,更做工夫,正怕到这处。"问:"若是有一项合委曲而不可以直遂者,这不可以为避嫌。"曰:"自是道理合如此。如避嫌者,却是怕人道如何,这却是私意。如'十起与不起,便是私',这便是避嫌。只是他见得这意思,已是大段做工夫,大段会省察了。"

贝原笃信曰:"必择其相称者"云云,愚谓,非言择庸恶者配我女,唯欲其才知之相称而已。……愚谓,孔子妻于南容与公冶长,或其女与婿之年不相若,或妻之有先后,非一时之事,皆不可知也。

[集评]

问:公冶长可妻。伊川以"避嫌之事,贤者不为,况圣人乎?"自今人观之,闺门中安知无合着避嫌处?曰:圣人正大,道理合做处便做,何用避嫌?问:"古人门内之治恩掩义,门外之治义断恩"。寓恐闺门中主恩,怕亦有避嫌处?曰:固是主恩,亦须是当理方可。某看公浙人,多要避嫌。程子所谓"年之长幼,时之先后",正是解或人之说,未必当时如此。大抵二人都是好人,可托。或先是见公冶长,遂将女妻他。后来见南容亦是个好人,又把兄之女妻之。看来文势,恐是孔子之女年长,先嫁;兄之女少,在后嫁,亦未可知。程子所谓"凡人避嫌者,皆内不足",实是如此。(《语类》卷二十八)

张习孔曰:圣人制服,亲疏有等,岂好为是分别哉?酌乎天性人情而制其中焉已耳。推吾事亲之心,则敬其所尊,爱其所亲,乃为孝也。父有十子,无不欲爱之维均,体父之心者,九子之子,皆当同吾子之爱也,然力有所不能赡矣。且推是心而上之高、曾之所蕃衍,初皆一父之子也,又安得为缌功之杀乎?盖天性有所不可假,恩义有所不可移,非但以力不赡、势不行也。然则爱兄弟之子,其情差减于吾子,其亦圣人之所许乎?第五伦以"不起"、"十起",矫情避嫌,固非性情之正矣。先生谓圣人至公,不避嫌,诚为至论。

张绍价曰:此言慈幼之道。兄弟之子与己子,当亲之如一,出于至公,而不可参以私也。

佐藤一斋曰:第五伦事未知其在当时事体如何。兄子有病,若看护无人,则虽十起而非私;其子有病,看护有人,则不起亦非私。于今竟不可识也。但程子因此事论其理，非论第五伦。……此条学者宜深体察之，君子推万物一体之仁，工夫下手处正在于此。

13. 问："孀妇，于理似不可取，如何？"[一]曰：然。凡取以配身也。若取失节者以配身，是己失节也。[1]又问："或有孤孀贫穷无托者，可再嫁否？"曰：只是后世怕寒饿死，故有是[二]说。然饿死事极小，失节事极大。[2][三]

[集校]

[一]"曰"，叶上增"伊川"二字。(《冯记》)按，《叶解》四库抄本、《茅注》本有"伊川"二字。

[二]"是"江改"此"。(《冯记》)按，《江注》本作"是"。

[三]卷二十二下，以上皆伊川语。(《冯记》)按，此条今见《河南程氏遗书》卷二十二下《附杂录后》。但是，《张解》本改用另一段文字替换此条，即："伊川曰：今人多不知兄弟之爱。且如闾阎小人，得一食必先以食父母，夫何故？以父母之口重于己之口也。得一衣必先以衣父母，夫何故？以父母之体重于己之体也。至于犬马亦然。待父母之犬马，必异乎己之犬马也。独爱父母之子却轻于己之子，甚者至若仇敌。举世皆如此，惑之甚矣。"(今见《河南程氏遗书》卷十八)

又按，张伯行所辑语录侧重于兄弟亲情之伦理原则。对朱熹、吕祖谦所辑此语，张伯行动用了"作者"式的"编者"权进行改动，可察《近思录》原文在清康熙年已绝非皆是原编不动，朱熹选辑之理念似有被动摇之迹象。陈荣捷先生认为张伯行此行为有离于朱子的客观精神。

[集注]

[1]叶解：妇人从一而终者也，再嫁为失节。

李解：取，音娶。陈氏曰："此言孀妇不可取。"无夫曰孀。

[2]叶解：饿死事极小，所恶有甚于死也。

张传：推此志也，男子尤当自励，所恶有甚于死者，故患有所不避也。

李解：陈氏曰："此言孀妇不可再嫁。"愚按，自古皆有死，民无信不立，而君臣之义定矣。"饿死事极小，失节事极大"，而夫妇之义定矣。处变而不失其常，非可与权者，安能为此言哉！

茅注：怕，普驾反。怕，畏惧也。此言孀妇不可再嫁，正以见其不可取之意。盖孀妇或有借口寒饿，故程子言此，所以极言节之不可失也。愚按，

《周礼·媒氏》:"中春,司男女之无夫家者而会之。"注:"司,察也。无夫家谓鳏寡者。"《小司徒》注:"夫家,犹言男女也。"贾《疏》:"夫,丈夫。"则男。《春秋传》曰:"男有室,女有家。"妇人称家,故以家为女。王氏曰:"'一与之齐,终身不改',固女子之节。然苟尽责其如此,则失所者必多。且非贞节之人,徒使之不嫁以避失节之名,则其阴至于败俗,必有甚者。故圣人特于中春创为会无夫家者之法,以待中人。其娶之者,亦孟子所谓'娶妻非为养,而有时乎为养'也。"

陈注:杨氏曰:"先生此论,若不是见得道理分明,如何敢说这样话。"(按,此稿本,清人批注云:按,推此则士人守身之道可无倦依违迁就矣,"不得已"三字丧尽无限名节。)

价解:此申言夫妇之义。取失节者,即是己失节,自爱者所不为也。世俗中年丧耦必再娶,老年丧耦必觅媪自侍。或为子者,觅媪以奉其父,则人争誉之为孝。甚矣,恶俗之难挽也!《易》著从一,《诗》录《柏舟》,《春秋》书叔姬归酅,圣人之重节义如是。程子言饿死事小,失节事大。以羞恶之本心,决生死之取舍,至理名言,有功名教。章炳麟氏乃訾为一言以为不知,奇衺之士从而和之,斥三从为妖说,谓女子必广交游,夫死不嫁为悖中道。荡灭妇女之廉耻,躯而纳诸禽兽之域,诚不知其何心也!

[集评]

朱子曰:夫死而嫁,固为失节。然亦有不得已者,圣人不能禁也,则为之制礼以处其子,而母不得与其祭焉,其贬之亦明矣。(《文集》卷六十二)

朱子曰:伊川先生尝论此事,以为饿死事小,失节事大。自世俗观之,诚为迂阔。然自知经识理之君子观之,当有以知其不可易也。(《文集》卷二十六)

刘宗周曰:"饿死事小,失节事大",吾今而后,知孟子所言"无以饥渴之害为心害,则不及人不为忧矣。"明乎此者,其于道也几乎。(《刘子全书》)

汪绂曰:孀妇不可娶,以自修君子言之。若市井小人,何能问此?然或疑程子此章之言之过,则程子此言非过也,常理而已。孀妇怕寒饿而失节,何异于臣怕战而降贼哉?孀妇再嫁,孀妇亦羞之。羞之而可为,则亦何不为之有?可以知人道之大防意矣。

秦别隐曰:自有此论,"节义"二字乃常存于天壤之间,纵有犯者,清夜羞恶之良不没,皆此论有以留之也。(《陈注》)

陈荣捷曰:张伯行之删去卷六"家道"第十三"问孀妇"条,而以伊川论兄弟之爱一段以补填之,谅必以伊川"饿死事极小,失节事极大"之言为太

苟。……伯行效忠朱子,可谓鞠躬尽瘁,然去朱子之客观精神,则甚远矣。(《陈论》)

郑畊曰:吴氏曰:"娶妇共承宗庙以传嗣续,若娶失节者为配,则与己之失节同矣"。

沙溪曰:周恭叔尝于宴席有所瞩目,伊川曰:"以父母之遗体配贱倡可乎? 禽兽不若也。"以此观之,则畜贱倡亦在配身之中也。

李溪曰:王蠋曰:"忠臣不事二主,烈女不更二夫,其义一也。臣之事君恩绝于此,则未尝不之于彼,如圣贤游宦可见也。"蠋之所谓特恩犹未绝,而目(道)范先政也。至于女之事夫,恩若已绝,则亦可以嫁矣。故《记》云:"妇当丧而出,则除之。"若无更嫁之义,则虽出不除,当矣。此何以云尔? 然《记》云:"一与之齐,终身不改。"故夫死不嫁,何也? 是夫死而恩则未绝也。夫男女昏因,信誓终老,不幸而夫死,与被黜恩绝者不同,当以死守之,岂以寒饿为怕哉? 即此所谓孤孀者是也。

贝原笃信曰:《小学章句》:"人皆有死守节而至饿死,则饿死比之失节为小矣。失节,则无人道,而不可以立于天地之间,故曰事极大。"此一章言孀妇不可再嫁人,而人亦不可娶也。

宇都宫遯庵曰:《集说》吴氏曰:饿死极小,谓人谁不死,欲求守节,有甚于求生也。失节极大,谓失身再嫁,中心羞愧,无以自立于天地之间,虽生何益哉!(《鳌头近思录》)

泽田希曰:此章前一节言孀妇不可娶,后一节言孀妇不可再嫁。……此章之言最剀切,岂独妇人之戒哉? 死生亦大矣,非信道之笃,孰能以饿死为极小事乎? 学者幼而读书,心知其义,口谈其说,然而那个上面果能心甘意肯否? 须试思之。此吾所自愧也。

佐藤一斋曰:出妇于前夫义绝,嫁固可矣,娶亦无不可。孀妇则义不绝,嫁娶两失节也。世儒一概谓妇人不可再嫁,则无出妇孀妇之辨,甚误矣。然世往往有孀妇真怕寒饿再嫁者,在贱人不必深责,但在士君子则断断不可而已。

按,笔者以为:关于"饿死事极小,失节事极大",宋儒与明清学者皆有所感。清代中后期学者认为,此问题于君子与市井小人而言,可有不同评判之标准。此条与本卷第17条程颐言其父取甥女归嫁一段相矛盾,再嫁或恐因实际生活不得已,故而朱熹曰:"大纲恁地,但人亦有不能尽者。"(《语类》卷九十六)清代张伯行撰、尹会一修订本《近思录集解》改换了《近思录》卷六第13条语录,而原本辑录的程颐语录,并非有太苛刻之意;"饿死事极小,失节事极大"的深层意味并非只是针对孀妇而言,而是涉及到人的品行节操,成为一种社会伦理原则。若从读者、研究者及其阅读研究活动的视野进行分析,可以发现后世对于程颐此语,接受者似有你言在此而吾意在彼之趋向,存在不同视角的理解,既有对此语所潜藏的人性"常理"的理解与接受,也有一律否定孀妇再嫁行为者。宋代理学与明清理学存有差异,程颐不反对程氏家族内的寡妇改嫁,其语并非仅局限于女性改嫁一事,后世则偏重贞操一事,显现出对程朱理学的一种偏差解读。并且,关于孀妇再嫁之事,并非中国特有,历史上东方文化圈中的朝鲜、日本深受中国传统儒学影响,特别是朱子学对其国民影响至深,他们对"孀妇再嫁""再娶"甚至"配贱倡",持有与程、朱相同的观念,很重视守节,并强调唯有笃信君子方能甘意守节;同时,在此事上,他们又能做到因人而异,若夫妇恩绝则可改嫁,且有"出妇"与"孀妇"之异、"贱人"与"君子"之别。

14. [一]病卧于[二]床,委之庸医,比之[三]不慈不孝。事亲者,亦不可不知医。[1]

[集校]

[一]"病"上,《张解》本有"伊川曰"三字。佐藤一斋云:"此条为伯子语。"按,陈荣捷云:"此处似作伊川语。朱子《小学》卷五,页八下,引之亦然。惟《外书》卷十二,页七上,分明谓明道云。"(《陈论》)

[二]《外书》卷十二,明道语。"于",江改"在"。(《冯记》)按,"于",《江注》本与四库抄本作"在"。

[三]此条今见《河南程氏外书》卷十二《传闻杂记》,"之"作"于"。

[集注]

[1]杨注:《外书》,下同。

张解:此戒人以敬身谨疾之道也。人以敬身为重,节饮食,慎起居,勿致有病,此其要也。不幸病卧于床而不知医道,委之庸医之手,则脉理不明,症候不的,必至误治而有伤生之患。夫此身上承父母,下系子孙,乃以病体寄之庸俗之医,而死生存亡俱未可知,承先启后之谓何乎?故"比之不慈不孝",未为过也。若事亲者以亲身为重,亦不可以不知医。盖知医则朝夕奉侍,于寒暑阴阳,必能时其衣服饮食。设或有病,亦能斟酌良医以善其调理,而不至为庸医所误。然则以医书为人子之须知,岂诬也哉?

李解:陈氏曰:"委,犹付托也。病者生死所系而委之庸医,是饮药以加病也。故子有疾而委之庸医，比之不慈；亲有疾而委之庸医，比之不孝。子能知医则可以养亲，且不为庸医所误矣。"

茅注：父兄之于子弟，皆不可委之庸医，是兼为父兄者言之也。而人子事亲，尤不可以不谨，故下句专就人子言之。程长年曰："医不可不知，但不可行。行医即近利，熟于世法，人品心术遂坏。"

陈注：程子尝云"必须识医药之道理，别病是如何，药当如何，然后可任医者"。又曰"未能尽医者之术。如自己曾学，令医者说道理，便自见得。或已有所见，亦要与他商量"。正谓此也。

朴履坤曰：二程《粹言》曰："'病'字上有'身'字，盖吾之身即父母之遗体矣。病死生所系，而委之于庸医之手，用药或差致误其身，则比之不慈不孝，事亲者尤不可不知医术也。"

[集评]

张绍价曰：病卧于床，生死存亡所关，延医诊治，宜如何详审郑重。若漫不经心，委之庸医，必至误用药而伤人，于祖为不慈，于亲为不孝，故事亲者不可以不知医。

15. 程子葬父，使周恭叔主客。客饮[一]酒，恭叔以告，先生曰："勿陷人于恶。"[1][二]

[集校]

[一] "饮"，《叶解》元刻本及其四库抄本、吴邦模刻本、《张解》本、《茅注》本、《江注》本及其四库抄本、《胡氏本拾遗》作"欲"。

[二] "明道卒在父前"，此当是伊川语。(《冯记》)按，此条今见《河南程氏外书》卷七《胡氏本拾遗》。

[集注]

[1] 叶解：周行己，字恭叔。临丧饮酒，非礼也。

张传：客不能受丧礼之节制，是非贤也。按，《文公家礼》："凡丧立、护丧、主宾、相礼、司书、司货皆用择，固不可使不贤者厕其间。"既伤主人之意，而亦自纳于恶也。

张解：此见程子之于葬礼有以自处，亦有以处人也。周恭叔，程子弟子。主客者，主待宾客之事也。葬父，凶事也。人子方在哀戚之时，客之来会必其皆有关切之谊者也。此时但当修吊奠之仪，安可为宴饮之事？乃有向主客之人而欲酒者，其悖礼甚矣！故恭叔以告，而先生曰"勿陷人于恶"。

盖彼不知礼法,而自蹈于非礼之恶,已为可悯,我知而顺彼之欲,则彼之恶乃我陷之也。故不与之酒,而主客俱两无憾矣。

李解:朱子曰:"若行吊礼而遇饮酒,此须力辞。必不得已而留,亦须数辞先起,不可醉饱。"

茅注:周恭叔,名行己,永嘉人。元祐六年进士,官至秘书省正字。《遗书》第十七卷或云"乃其所为也"。其行实见《伊洛渊源录》。按《礼》:"行吊之日,不饮酒食肉。"

[集评]

朱子曰:《近思》数段,已补入逐篇之末,今以上呈,恐有未安,却望见教。所欲移入第六卷者,可否? 亦望早垂喻也。丧礼两条承疏示,幸甚。或更有所考按,因便更望批报也。(《文集》卷三十三)

张伯行曰:世之人有事于葬亲,乃置酒高宴,以侈美观,而为客者亦习为固然。风俗移人莫知其悖,闻程子之言可以少警矣。

张绍价曰:丧事用酒肉款宾,最为相沿恶习。滔滔流俗,恬不为怪。守礼之君子,所宜亟思变革也。

16.^[一]买乳婢,多不得已。或^[二]不能自乳,必使人。然食己子而杀人之子,非道。必不得已,用二乳^[三]食三子,足备他虞。或乳母^[四]病且死,则不为害,又不为己子杀人之子,但有所费。若不幸致误其子,害孰大焉?[1]

[集校]

[一]"买"上,《张解》本有"伊川曰"三字。

[二]"或不"之"或",叶本作"我"。(《茅注》)"或",叶误"我"。(《冯记》)按,"或",《叶解》四库抄本作"我"。

[三]"二"下,吕本无"子"字。(《茅注》)"二乳",叶"二"下增"子"字。(《冯记》)"用二 子 乳",吕本无。(《考异》)"二乳",一作"二子乳"。(朝刊《近思录》)按,"二"下,《叶解》元刻本及其四库抄本、《张解》本、《茅注》本有"子"字。

[四]或"乳母"下,疑落一"子"字。(《张传》)按,"母"下无"子",语意可通。此条与《近思录》其他版本,及今见《河南程氏外书》卷十《大全集拾遗》的文字,差异较大。

[集注]

[1]叶解:"幼吾幼以及人之幼",其虑之周盖如此。

张传：律制有乳母之服。以乳母必不可省，故显然而为之制。凡阉人与乳婢，皆非人情，而先生不去者，以事体之必不可去也。购他妇食己子，必厚酬其直。乳妇得直，亦必有善全其子之道。或其子已能食食，或其子又可求乳他人，故未尝杀人子也。先生委曲而为之计，是足以徵先生之仁耳。

张解：人家生子而置乳婢以养之，大抵皆出于不得已之事。或自己不能自养，必使人代养，亦所不免。然以一母养二子，势不能无所妨。若使专食己子，恐至杀害其子，此大非道理之宜。必不得已，当再置乳母，以二子之乳养三子，则以一子分给于二子之馀，彼此两全，足以备他端不虞之事。即或乳母有病且将死，亦有他婢而不为害，又不至以食己子之故而杀他人之子，但此中多有所费耳。如此则于不得已之中，善全其道，亦所谓"幼吾幼及人之幼"者，仁人君子之用心，固宜若是。若不思所以善全之设，不幸以己子之食杀他人之子，其害于仁道孰大焉！

李解：食，音嗣。"为己"之"为"，去声。

茅注：不得已者，如晚年得子，或母有疾之类。然则世之非有不得已而买乳婢者，固非矣。杨诚斋夫人罗氏生四男三女，悉自乳。曰"饥人之子以哺吾子，是诚何心哉？"此可谓得伊川之心者矣。愚按，《礼·内则》："国君世子生，卜士之妻，大夫之妾，使食子，三年而出。大夫之子有食母，士之妻自养其子。"则乳婢固于礼有之也，但当曲为体恤，如程子所言耳。

佐藤一斋曰：二子乳，即二乳母也。

[集评]

管赞程曰：自"人无父母"至此为一章，言孝弟慈爱之理。夫妇之节义，又推其慈以及人之子。

张绍价曰：此慈幼之心所惟，仁者以其所爱，及其所不爱，故不敢惜小费，以致误杀人之子。推是心也，即以保四海育万物可也。又按，有子而使人乳之，择人甚难。苟不得人，不惟有损于子之性行，并有害于子之身体。种种危险，未易殚述。苟非万不得已，虽富厚之家，总以有子自乳为宜。

又曰：自"人无父母"至此为一段，申言孝悌慈之理。孀妇理不可取，夫死不宜再嫁，推言夫妇之道。

17. 先公太中讳珦，字伯温。前后五得任子，以均诸父子孙；嫁遣孤女，必尽其力；所得俸钱，分赡亲戚之贫者。伯母刘氏寡居，公奉养甚至。其女之夫死，公迎从女兄以归，教养其子，均于子侄。

既而女兄之女又寡,公惧女兄之悲思,又取甥女以归,嫁之。时小官禄薄,克己为义,人以为难。[1]公慈恕而刚断,平居与幼贱处[一],惟恐有伤其意,至于犯义理,则不假也。左右使令之人,无日不察其饥饱寒燠。[2]娶侯氏。侯夫人事舅姑以孝谨称,与先公相待如宾客。先公赖其内助,礼敬尤至。而夫人谦顺自牧,虽小事未尝专,必禀而后行。仁恕宽厚,抚爱诸庶,不异己出。从叔幼姑[二],夫人存视,常均己子。[3]治家有法,不严而整。不喜笞扑[三]奴婢,视小臧获如儿女。[4]诸子或加呵责,必戒之曰:“贵贱虽殊,人则一也。汝如是大时,能为此事否?”[5]先公凡有所怒,必为之宽解,唯诸儿有过,则不掩也。常曰:“子之所以不肖者,由母蔽其过而父不知也。”夫人男子六人,所存惟二,其爱慈[四]可谓至矣,然于教之之道,不少假也。[6]才数岁,行而或踣,家人走前扶抱,恐其惊啼,夫人未尝不呵责曰:“汝若安徐,宁至踣乎?”饮食常置之坐侧,常食絮羹,[7]即[五]叱止之,曰:“幼求称欲,长当何如[六]?”[8]虽使令辈,不得以恶言骂之。故颐兄弟平生于饮食衣服无所择,不能恶言骂[七]人,非性然也,教之使然也。与人争忿,虽直不右,曰:“患其不能屈,不患其不能伸。”及稍长,常使从善师友游,虽居贫,或欲延客,则喜而为之具。[9]夫人七八岁时,诵古诗[八]曰:“女子不夜出,夜出秉明烛。”自是日暮则不复出房阁。既长,好文而不为辞章,见世之妇女以文章笔札传于人者,则深以为非。[10][九]

[集校]

　　[一]“处”,《家传》作“语”。(《茅注》)

　　[二]“孤”吕本作“姑”,误。(《茅注》)“幼孤”,《朱子遗书》本作“姑”,《文集》、叶本作“孤”。(《冯记》)“从叔幼孤”,《遗书》本“孤”作“姑”。(《异同考》)“从叔幼 孤 ”,吕、江本作“姑”。(《考异》)按,《张解》本、《叶解》四库抄本、《茅注》本、《上谷郡家传》作“孤”。

　　[三]扑,从手或从木,作“朴”误,古通用“扑”。(《茅注》)各本同。吴本作“撲”,按《虞书》“扑”作“教”,刑笞“扑”字当从此。(《王记》)按,“笞扑”之“扑”,吴邦模刻本、《张解》本作“朴”,可通。

　　[四]“爱慈”,江误倒。(《冯记》)按,《江注》本及其四库抄本作

"慈爱"。

　　[五]"即",吕本作"皆",《家传》同。……按,朱子与张敬夫论胡文定家程集之误云:"如'尝食絮羹叱止之',无'皆'字,则不成文理。"据此则"即"字当作"皆"为得,然愚以谓"叱"上无"皆"字,亦未至不成文理,依此作"即"字亦未为不可,不知朱子何见而云然也。(《茅注》)"皆",叶误"即"。江云:尝食与絮羹二事,他本作"即"者非。(《冯记》)按,"即",吴邦模刻本作"既"。《江注》本及其四库抄本、《上谷郡家传》、朝刊《近思录》本作"皆"。

　　[六]"何如",江从《文集》作"如何"。(《冯记》)按,《江注》本作"如何"。

　　[七]"骂",吴邦模刻本作"马",或刻工误刻。

　　[八]"诵古诗",《家传》作"教以古诗"。(《茅注》)按,《上谷郡家传》无"七八岁……既长"句。

　　[九]此条乃摘编程颐《先公太中家传》、《上谷郡君家传》两文而成,即程颐为其父母分别作的传文。

[集注]

　　[1]叶解:任子,谓保任使之入仕。诸父,谓从父也。

　　李解:"奉养"之"养",从并去声。任子,谓父兄在位,保任其子,使之仕也。诸父,谓伯叔从父。

　　茅注:大,音泰。珦,许亮反。从,才仲反,下"从叔"之"从"同。太中,宋寄禄官名,元丰定官制,以太中大夫换谏议大夫。伯温以太中大夫致仕。太中,旧名温,字君玉,既登朝后改今名。任子,犹今所谓荫生也。

　　[2]李解:处,上声。以上叙其父之行。

　　茅注:令,平声,下同。燠,音郁,燠暖也。以上言太中公之德,详见《太中家传》。

　　[3]茅注:侯夫人,润州丹徒县令讳道济女,太原盂县人。禀,受命也,如《商书》"禀令"、《左传》"禀命"是也。

　　李濂曰:"幼姑",伊川《文集》作"幼孤",即夫之从兄弟之子也。

　　[4]叶解:男仆曰臧,女仆曰获。

　　[5]李解:事,谓劳役之事。

　　茅注:笞,丑知反。……棰击曰笞,杖击曰扑,今则以为扑责之通称。应劭曰:"扬雄《方言》云:海岱之间骂奴曰臧,骂婢曰获。燕之北郊,民而聋婢谓之臧,女而妇谓之获。"盖骂奴婢之丑称也,今则以为奴婢之通称。大,谓年之长大也,对上"小臧获"小字而言。

[6]茅注:为,去声,下"为之"同。六人者,长应昌、次天锡、五韩奴、六蛮奴并夭,并明道、伊川为六也。

贝原笃信曰:案,《伊川文集》:长应昌,次天锡,皆幼亡。次颢、次颐。次韩奴、蛮奴二人皆夭。

[7]杨注:伯邕据《曲礼》注云:"絮,犹调也,为其详于味也。"

[8]叶解:絮羹,调羹也。

茅注:踏、仆同,芳故反。絮,敕虑反。……称,去声。长,张丈反,下同。饮食置之坐侧者,言每当饮食时必使侍食于坐侧,以便教导之也。絮羹,谓羹无味,而就器加以盐梅调和之也。《曲礼》:"毋絮羹。"郑注:"絮,犹调也。"

江注:絮羹嫌味薄,复以厚味调和也。絮,摛虑切。尝食与絮羹二事,皆求详于味。他本作"常食絮羹,即叱止之"者,非。

[9]李解:不右,不以为是而庇之也。

茅注:稍,苏老反。右,助也。稍,渐也。

佐藤一斋曰:右,是尊尚而佑之之意。

[10]杨注:《文集》。

张传:附《程氏先世考》。永新刘文安公定之《记程氏义田》云:公之先家徽郡,忠壮公灵洗蔓延厥系于海内。明道、伊川,实祖之。邓州李文达贤表程亚中公墓云:灵洗仕陈,至开府仪同三司。五世孙大辨徙中山博野,六世少师羽再迁河南醴泉。三世曰元白,宋宜春令,追封冀国公。四世曰琳、曰珦。琳,宋太师中书令,谥文简。珦,大中大夫,子为明道、伊川。按,欧阳文忠撰文简父冀国公碑铭"中山之程,出自灵洗,实昱裔孙,仕于陈季"云云。程子祖墓尚在今歙之篁墩,去朱子祖墓不数里,而近历代碑禁樵牧云。

张解:此程子所作大(按,即"太")中公及侯夫人合传也。大(按,即"太")中公至公无我,前后以恩例五得任子,皆以均诸父之子孙,又尽力嫁遣孤女,俸钱则分赡亲戚之贫乏。奉养伯母,甚恭且至。至其从女兄之寡,亦迎以归,并教养其诸甥甚笃。即其寡甥女,亦体女兄意,取妇而嫁之。其于内外周亲,亦极恩意之备至矣。官卑禄薄,而克去己私以为义,可不谓难欤!既慈恕复刚断,故虽幼贱之人犹欲体恤其心,而过犯之举则未尝宽焉。他如左右使令之辈,其饥饱寒燠体察必周,古之所谓宽严互济、恩威并至者,先生有焉。夫人侯氏孝于舅姑,必敬必戒,以相夫子,故相待如宾客,亦贤内助也。观其谦顺自牧,事必禀而后行,殆所谓"地道无成而代有终"者。至于仁恕宽厚,抚庶子如己出,视孤叔均于己子。治家整肃,遇奴婢以恩,不为子掩过,不以爱慈而有姑息之教。是以谨其步趋,戒其饮食,严其恶言,惩其争忿,无非教子婴孩之意,使之习惯以成自然,而又择师友以教之,延宾客以成之。若夫人可谓善于教子者也。乃若闺房之出入维谨,笔墨之流传是戒,尤其律身以礼法,而揆诸《内则》,无一而不合者。夫是以相夫子以齐其家,而家道以正。其养成明道、伊川之德器,以继孔孟之传也,宜矣。

李解:复,扶又反。好,去声。以上叙其母之行。

茅注:阁,古沓反,与"阁"别。古诗,未详。"诵古诗",《家传》作"教以古诗",则知夫人之淑德,所得于庭训者深也。《记·曲礼》:"女子出门,夜行以烛,无烛则止。"阁,《尔雅·释宫》篇:"宫中之门谓之闱,其小者谓之闺,小闺谓之阁。"以上言侯夫人之德,详见《上谷郡君家传》。

[集评]

问:取甥女归嫁一段,与前孤孀不可再嫁相反,何也?曰:大纲恁地,但人亦有不能尽者。(《语类》卷九十六)

张习孔曰:朱子详载程氏先德,以为后世仪法,莫非教也。此篇文字,俱采入宋史。先生全德至行,久而弥耀,使异代史臣,推本所生,编之国史,与天地同其不朽矣。人子之孝,孰大于是!

茅星来曰:此编皆《文集》居先,而此独在后者,盖以是章乃统叙治家之道,凡事上抚下、睦族恤孤之道,无弗具焉,故系之此也。

管赞程曰:此篇自为一章,言太中公治家律己之严,孝友慈爱之实;侯夫人事上御下有法,修身之道,可为后世齐家者取法焉。

张绍价曰:此述太中公之事,以为齐家之法。克己为义,先言于身也。于奉伯母见其孝,于均任子,迎从女兄,见其友;于遗孤女,嫁甥女,见其慈。慈恕故能笃恩义,刚断故能正伦理。犯义理不假,则无不正之伦理。左右使令,日察其饥饱寒煖,则无不笃之恩义。

又曰:此述侯夫人之事,以为治家之法。事舅姑以孝谨,相夫子以谦顺。仁恕宽厚,恩义之所以笃也。不严而整,伦理之所以正也。"不喜笞扑奴婢"以下,御下以恩也。"诸儿有过"以下,教子以义也。日暮不出,不为辞章,先严于身也。价按,此节自为一段,引太中公侯夫人之事,以征孝弟慈之实。

李溎曰:早孀再嫁,世之通行,而太中之恩义可见,故只取其大义耶?

18. **横渠先生**[一]尝曰:事亲奉祭,岂可使人为之?[1]

[集校]

[一]《张解》本无"先生"二字。此条今见《附录·吕大临横渠先生行状》,无"横渠先生"四字。

[集注]

[1] 杨注:《行状》。

叶解:使人代为,孝敬之心安在?

张解:事亲所以尽子之道,奉祭所以达己之诚。此二事岂是人可以代的?事亲必亲为之,而后饮食起居得竭其承欢之情;奉祭必亲为之,而后僾见忾闻得致其如在之意。若使人为之,则孝心不能以自达,诚敬不能以自通。此孝子所以有"不遑将父"之悲,圣人所以有"祭如不祭"之憾也。

李解:朱子《诫子书》曰:"吾不孝,为先公捐弃,不及供养。事先妣四十年,然愚无知识,所以承顺颜色者,甚有乖戾,至今思之,常以为终天之痛,无以自赎。惟有四时享祀,致其谨洁,犹是可着力处。汝辈及新妇等切宜谨戒,凡祭肉臠割之馀,及皮毛之属,皆当存之,勿令残秽亵慢,以重吾不孝也。"

茅注:事亲,谓事生者。奉祭,谓事死者。言皆不可不亲致其诚也。按,先生之家,童子必使洒扫应对、给侍长者。女子之未嫁者,必使亲祭祀、纳酒浆,而因自言如此。吕荥阳曰:"《穀梁》言'天子亲耕以供粢盛,王后亲蚕以供祭服。国非无良农工女也,以为人之所尽事其祖祢,不若以己之所自亲者也'。此说最尽事亲之道。"盖孝子事亲,须事事躬亲,不可委之使令也。

[集评]

张习孔曰:人子事亲奉祭,非曰神嗜饮食,以牲醴而济其馁也。《祭义》云:"齐(按,即"斋")之日,思其居处,思其笑语,思其志意,思其所乐,思其所嗜。祭之日,入室,僾然必有见乎其位。周还出户,肃然必有闻乎其容声;出户而听,忾然必有所闻乎其叹息之声。"盖以己之精神接亲之精神,如此,方不虚其为祭。祭而使人为之,是徒袭其文,而忘其义矣。祭何为哉!

张绍价曰:事亲而使人代为,则无以尽孺慕之忱,何以得父母之欢心?奉祭而使人代为,则无以尽如在之诚,何以致鬼神之来享?

19. [一]舜之事亲有不悦者,为父顽母嚚,不近人情。若中人之性,其爱恶略无害理,姑必顺之。[二][1]亲之故旧,所喜者,当[三]极力招致,以悦其亲[四]。凡于父母宾客之奉,必极力营办,亦不计家之有无。然为养,又须使不知其勉强劳苦,[五]苟使见其为而不易,则亦不安矣。[2]

[集校]

[一]《张解》本"横渠曰"三字。此条今见《拾遗·近思录拾遗》,下同。

[二]《小学》引此,"略"作"若","姑必"作"必姑"。(《王记》)

[三]今见《拾遗》。"当",江改"须"。(《冯记》)"当极力",江本作"须"。(《考异》)按,《江注》本及其四库抄本作"须"。

[四]"亲",江改"心"。(《冯记》)按,"亲",《江注》本及其四库抄本作"心"。

[五]亲之故旧,所喜者,须极力招致,以悦其心。凡于父母宾客之奉,必极力营办,亦不计家之有无。然为养,又须使不知其勉强劳苦:《小学》引此,"亲"上有"若"字,无"者""以悦其心""凡于父母""亦""为养"十二字,"须"、"必"皆作"当办",下多"务以悦亲为事"句,"计"上多"句"字,"使"下多"之"字。(《王记》)

[集注]

[1]叶解:事亲以顺为主,非甚不得已者,固不可轻为矫拂也。

张解:此见为子之道当以顺亲为要也。不顺乎亲,不可以为子。顺亲者,悦亲者也。古今惟舜为尽事亲之道。而有不悦者,只为父顽母嚚,不近人情之故,非舜无以悦之也。若中人之性,其爱恶未必大拂乎人情,苟略无其害于义理,尚有可从之道,姑必顺其志而为之,不必过执己见,以伤亲之心也。

李解:为、恶,并去声。陈氏曰:"今天下人之父母若舜之父母者,盖寡矣。事亲不悦,何以为人乎!"

茅注:嚚,音银。……见事亲非有甚害理不可从者,必当曲为承顺,而不可轻为矫拂也。

[2]杨注:《横渠记说》。

叶解:所谓养志者也。

张解:顺亲之道非一,即亲之朋友往来,亦足以为悦亲之端。如亲之平日故交旧友,有意气相投为所喜者,时常聚首谈心,亦晚景之快事。为子者当极力招致之于家,以悦亲之志,凡于父母宾客之来,其奉之也必极尽其力,经营取办,不可计家中有无,以贻吝啬之羞。然所以尽其奉养者,又须委曲行之,示以优裕,使不知其出于勉强之艰、劳苦之力。苟使见其子之所以为此奉者,原有不易备之数,则亲之心亦有所不安矣。不安则乌能悦乎?此养志者所以必尽其道也。

李解：强，上声。《礼记说》。既竭其力，又安其心，所谓养志者也。

茅注：易，音异。《横渠杂说》。故旧所喜，谓故旧中所喜者。此承上"顺"字之意而申明之。

[集评]

张习孔曰：曾皙有大杖责子之时，未必一于慈爱。曾子有捉襟露肘之困，未必时有赢馀。而酒肉之养，必能承志，而未尝露其窘乏。曾子岂有奇术乎？其豫为营办者，亦必竭尽心力矣。故曰"事亲若曾子可也"。不然，古之孝事其亲者多矣，何必独称曾子？此千古人子所当师也。

陈沆曰：此即曾子养志之事，更说得委曲精详，其实只是一"顺"字。

张绍价曰：此言事亲以顺为主，亦前章程子之意也。孔子曰："父母其顺矣乎？"子思子曰："顺乎亲有道。"孟子曰："惟顺于父母可以解忧。"圣贤论事亲，皆以顺为主，然顺亲亦有浅深，顺乎亲之心犹易，使亲顺乎理则难。朱子解"得亲顺亲"曰：得者曲为承顺，以得其亲之悦而已；顺则有以论之于道，心与之一，而未始有违，尤人所难也。舜之所以为大孝者，父顽母嚚，而卒能厎豫允若，顺亲而非仅得亲。程、张所言，犹是得亲之事，未及乎舜之顺亲也。然苟能如是，则亦足以养父母之志，而可谓之孝矣。

李瀷曰："不计家之有无"者，亦指力可以为之者也。若营办过分，或反致害于养道，不可不省。

20.[一]《斯干》诗言："兄及弟矣，式相好矣，无相犹矣。"言兄弟宜相好，不要厮[二]学。犹，似也。人情大抵患在施之不见报则辍，故恩不能终。不要相学，己施之而已。[1]

[集校]

[一]《张解》本"横渠曰"三字。

[二]上"不要相学"之"相"，吕本作"厮"，盖长安读"相"为"厮"，思必反，亦通作"厮"，又音斯。(《茅注》)"厮"，叶作"相"。(《冯记》)"相"学，吕本作"厮"。(《考异》)"厮"《小学》作"相"。(《释疑》)"厮"《小学》作"相"。(《释义》)厮、相同，《小学》作"相"。(《栏外书》)按，"厮"，《张传》本、《张解》本、《叶解》四库抄本、《茅注》本作"相"。

[集注]

[1]杨注：《诗说》，下同。

叶解：兄弟友爱尽其在我，不可视报以为施。兄友而弟不恭，不可学弟而废其友;弟恭而兄不友,不可学兄而废其恭。

张传:《斯干》之诗,盖有所戒而言。观《棠棣》之四章及"阋于墙",而五章遂曰:"虽有兄弟,不如友生。"则甚矣。然则无相犹者,为不好之兄弟言耳。若相好之兄弟,则一门之内,自相师友,何患乎犹?

张解:此释《诗·斯干》之辞也。《斯干》之诗有曰:"兄及弟矣,式相好矣,无相犹矣。"乃言凡人之为兄弟者,宜相和好,不要相学,而效其不和之所为。犹者,相似之义也。凡人之情,大抵所患者,在我如是以施之,而彼未必如是以相报,则因之辍其所施,故恩爱之情不能终笃而不衰。岂知兄弟之恩,本出于性情之自然而不容已,当然而不可易。不要彼此相视,学其所为。其报不报,俱可勿计,但尽其在己,而以式好之情施之而已。……故"式相好"、"无相犹"之诗,张子甚喜其言之有味而释之也。

李解:好,去声。从《诗集传》文。朱子曰:"此于本义或未必然,然意则善矣。"

茅注:《斯干》,《小雅》篇名。式,语辞。好,和好。辍,止也。己施之而已,言当自尽其道,而不必计人报否也。……愚按,张子亦第就《斯干》之诗言之耳。从此类推,则君虽不仁,臣不可以不忠;父虽不慈,子不可以不孝;夫虽不良,妇不可以不顺。亦各自尽其当然之分而已。

[集评]

杨问:横渠说《斯干》"兄弟宜相好,不要相学",指何事而言?曰:不要相学不好处。且如兄取友弟,弟却不能恭其兄;兄岂可学弟之不恭,而遂亦不友?为兄者但当尽其友可也。为弟能恭其兄,兄乃不友其弟,为弟者岂可亦学兄之不友,而遂忘其恭?为弟者但当知其尽恭而已。如寇莱公挞倒用印事,王文正公谓他底既不是,则不可学他不是,亦是此意。然《诗》之本意,"犹"字作相图谋说。(《语类》卷八十一)

问:横渠说"不要相学",指何事而言?朱子曰:不要相学不好处。诗之本意"犹"字作相图谋说,横渠说于文义或未必然,然实则善矣。(《释义》)

张氏曰:此本非正解,朱子既载入《诗》注,又于《小学》、《近思录》载之,其示人之意切矣。盖兄弟相谋,自非至不令者未忍出此,唯施报相学,常情类然,不可以不谨也。(《茅注》)

张绍价曰:兄弟之道,宜相好不宜相学。兄友弟恭,天性也。吾但尽吾之天性,以施之于彼而已。至彼之报与否,则不必问也。兄勿以弟之不恭而弛其友,弟勿以兄之不友而弛其恭,则天性可全,而恩义日笃矣。象日以杀舜为事,而舜之友爱愈笃,象忧亦忧,象喜亦喜,圣人所以为人伦之至也。人能以舜为法,又安有不和之兄弟哉!

21.〔一〕"人不为《周南》、《召南》,其犹正墙面而立。"常深思此言,诚是。不从此行,甚隔着事,向前推不去。盖至亲至近,莫甚于此,故须从此始。[1]

[集校]

〔一〕《张解》本"横渠曰"三字。

[集注]

[1]杨注:伯邑据,子谓伯鱼曰:"女为《周南》、《召南》矣乎?人而不为《周南》、《召南》,其犹正墙面而立也欤?"《仪礼·燕礼》有房中之乐。郑氏注:"弦歌《周南》、《召南》之诗,而不用钟磬之节也。谓之房中者,后夫人之所讽诵以事其君子。"《诗大序》:"《关雎》、《麟趾》之化,王者之风,故系之周公。南,言化自北而南也。《鹊巢》、《驺虞》之德,诸侯之风也。先王之所以教,故系之召公。""《周南》、《召南》,正始之道,王化之基。"郑氏曰:"自,从也。从北而南,谓其化从歧周被江汉之域也。"朱氏曰:"周公制礼作乐,于是取文王时诗,分为二篇。其言文王之化者,系之周公,以周公主内治故也。其言诸侯之国被文王之化以成德者,系之召公,以召公长诸侯故也。"程氏曰:"天下之治,正家为先。天下之家正,则天下治矣。二《南》,正家之道也。陈后妃夫人、大夫妻之德,推之士庶人之家一也。故使邦国至于乡党皆用之。自朝廷至于委巷,莫不讴吟讽诵,所以风天下。为此诗者,其周公乎?古之人由是道者,文王也。故以当时之诗系其后,其化之行、俗之成,至如《麟趾》、《驺虞》,乃其应也。"

叶解:"宜其家人",而后可以教国人。不然,犹正墙面,隔碍而不可通行也。

张传:"不从此行"与"莫甚于此",二"此"字,皆是指闺门风化之始。孟子曰:"身不行道,不行于妻子。"使人不以道,不能行于妻子。道者何?修身是也。不能修身尽道,先是妻子隔着,而况国与天下乎?故曰"向前推不去"也。

张解:《论语》言"人而不为《周南》、《召南》,其犹正墙面而立"。张子以为常深思此言之旨,甚切当而不可易。人不从此实用工夫,则不能修身齐家,未出门庭,于事便多阻隔,向前许多事皆推行不去。盖至亲至近,莫如夫妇居室之间,此而能尽其诚敬,何处不是此诚此敬之推?非然,则无以对至亲,何论及疏?无以通至近,何论及远?故最要紧者莫甚于此,而存诚主敬须从此著脚。程子所谓"有《关雎》、《麟趾》之意,然后可行《周官》之法",亦是此意。

李解:朱子曰:"所谓正墙面而立者,不以为不明乎治家之道,而以为不通乎治国之事。其意欲密,而其所以为说者反疏矣。"

茅注:说见《论语》。此引夫子之言以见正家为急。"不从此行"三句,接上"是"字之意而申明之。"至亲至近"三句,又明所以"不从此行"、"向前推不去"之故也。

江注:朱子曰:"《周南》、《召南》所言,皆修身齐家之事。'正墙面而立',言即其至近之地,而一物无所见,一步不可行。"

[集评]

亚夫问"不为《周南》、《召南》,其犹正墙面而立"。曰:不知所以修身齐家,则不待出门,便已动不得了。所以谓之"正墙面"者,谓其至近之地,亦行不得故也。(《语类》卷四十七)

张氏曰:古人凡事谨小慎微,家庭间尤为紧要,能于嫌隙几微处潜消默化,不使积渐而长,则善矣。(《茅注》)

张习孔曰:尝思为《周南》、《召南》,是如何为?若谓修身齐家,便是为《周南》、《召南》,则夫子何不直言修齐之道,而顾为是隐语乎?愚深思之,夫子此教,或者专指宜家之道,而后儒未之疏明也。盖闺门衽席之地,有许多细微曲折。既不可以严厉乖恩,又不可以燕私害义,非寻常礼法格言所能尽、所能及者。惟是性情之用,感人于不言,故以此教之。二《南》之旨,不淫不伤,肆习既深,优游涵泳,永言以达其情,推行以类其事。则性情之地,宣畅动荡,自不能已。使当之者,气静心和,泮然俱化。然后语之而即喻,道之而即从,薰蒸灌彻,和气洽于庭闱,由是施于有政,御于家邦,一理无外矣。非然者,迩且弗格,何能及远乎?

张绍价曰:此言夫妇之道。《周南》、《召南》所言修身齐家之事,皆造端于夫妇。夫妇人伦之始,万化之原,至亲至近,莫甚于此。主敬存诚之功,先从夫妇居室着力,隐微幽独之地,不弛其戒慎恐惧,则狎侮无自而生,乖违无自而起。夫妇之伦既正,则父子兄弟之伦,亦易正矣。若不从此着力,则夫妇之道乖,身不修,家不齐,譬犹正墙面而立,一物无所见,一步不可行矣。

22.　[一]婢仆始至者[二],本怀勉勉敬心,若到所提掇更谨则加

谨,慢则弃其本心,便习以性成[三]。故仕者入治朝则德日进,入乱朝则德日退,只观在上者有可学无可学尔。[1][四]

[集校]

[一]《张解》本有"横渠曰"三字。此条今见《经学理窟·学大原上》。

[二]"至"下,吕本有"者"字。(《茅注》)"至者",叶无"者"字。(《冯记》)"婢仆始至",吕本"至"下有"者"字。(《异同考》)一无"者"字。(朝刊《近思录》)按,"至"下,《叶解》元刻本及其四库抄本、《张传》本、《张解》本、《茅注》本无"者"字。

[三]"习以成性",吕本作"性成"。(《异同考》)"性成",叶本作"成性"。(《考异》)按,"性成",《叶解》元刻本及其四库抄本、《张传》本、《张解》本、《茅注》本作"成性"。

[四]以上并横渠语。(《茅注》)

[集注]

[1]杨注:《语录》。

叶解:提掇,谓提起警策之也。

张传:仆婢贱人,原无恒心,故随人提掇而成性。仕者则君子也,岂无挟持自主者乎?何以德随乱朝而退也?若此仕者,是与仆婢一类矣,其才岂足齿乎?

张解:此言御婢仆者须时常警策,使之勿怠勿惰也。提掇者,提醒而点掇之也。婢仆初来之时,本欲自献其忠勤,以示可用,故常怀勉勉敬慎之心。若在上之人所提掇更严,则彼亦愈加勤谨。或纵而慢之,则彼将弃其初来之本心,久之便习懒以成性。若出仕之人亦是如此,入治朝,则在位多君子,纪纲整肃,不得不勉勉以赴功,故德日进;入乱朝,则在位多小人,法度废弛,遂亦因循而自堕,故德日退。然则德之为进为退,只观在上位者有可学与无可学之人耳。仕者且然,况婢仆辈乎!

李解:朝,音潮。提掇,犹言提撕。下之应上,犹响之应声也。

茅注:此并及教养婢仆之法。盖一家之中,必使婢仆下人皆得其道,而后可以为齐也。末又就上文推广言之。

江注:"提掇更谨"者,莅之以庄,御之以道,令其自不敢惰慢,非徒尚威严之谓也。

[集评]

管赞程曰:自"横渠先生"至此为一章,言齐家以顺亲为首,而次及兄弟友、夫妇正。而末兼言御婢仆之道也。

　　张绍价曰：此言驭婢仆之法。婢仆就役于人，始至之时，本怀敬勉之心。为主人者，若能慈以畜之，而不涉于姑息，庄以莅之，而不启其轻侮，时时就其本心，提掇而警觉之，则彼必益加恭谨，而不敢怠于所事。若惰慢纵弛，则彼且弃其本心，而不可使令矣。仕者入治朝，则上有可学，而德日进；入乱朝，则上无可学，而德日退。其理亦犹是也。待婢仆者，亦惟先自正其身，御之有道，使彼有可学，斯善矣。此节以"学"字回应篇首，以"仕者入治朝"起下卷"出处进退"之意。价按，自"横渠先生"至此为一段，言顺父母、友兄弟、谨夫妇、待婢仆之道。

《近思录》卷之七
凡三十九条

处己（出处）

[集评]

叶采曰：此卷论出处之道。盖身既修，家既齐，则可以仕矣。然去就取舍，惟义之从，所当审处也。

施璜曰：出处之道，孔孟尚矣。进以礼，退以义，孔孟去就之家法也。程、朱立朝在野，皆守孔孟家法，故此《录》论出处于身修家齐之后，言人既为圣贤之学，致知、存养、克治，以修其身、齐其家，则出而应世，为行道也，非为利禄也。出处乃做人立品之大节，岂可不守正以自重乎？周濂溪先生曰："志伊尹之所志，学颜子之所学。"出则有为，处则有守，希贤之士当如此。若出无所为，处无所守，所志所学何事？故士之出处，当知孔孟家法。孔孟之出处，惟以礼义为权衡。礼义之所可，圣人未尝不可；礼义之所不可，圣人未尝可。故孔子仕止久速，皆当其可；孟子不见诸侯，至于诸侯卑礼厚币以招贤者，则又未尝不见，此得礼义之中正者也。凡为士者，皆当以孔孟为法。而此卷所论又得明礼精义之切要者，居恒玩索而有得焉，则进退去、就亦可以随时变易而合乎圣人之道矣。

茅星来曰：身既修，家既齐，则可以出而措之国与天下矣，而出处尤不可苟。汉唐诸儒惟不明此义，故虽王仲淹、韩文公之贤，犹不能无欲速干进之意，因特于此具论之，以见可以出而有为，则治道治法具在，举而措之焉可也。不然，则明其道以传之其徒无不可者。所以十一卷特详教学之道，使有所据依，其十卷临政处事之方，出与处皆可用也。凡三十九条。

张绍价曰：朱子曰"此卷出处进退辞受之义"。价按，此卷以贤者之进退当待而不当求为主，以守正志、见实理为总旨，以道义命利为意。体似段落，共分五段。

钱穆曰：在家重仁，出门则必兼重义，仁义为儒学大纲，一重内，一重外，故以此继齐家目后。……辞受出处进退终必义而不违于其仁。（《随劄》）

1. 伊川先生曰：[一]贤者在下，岂可自进以求于君？苟自求之，必无能信用之理。古人之[二]所以必待人君致敬尽礼而后往者，非欲自为尊大，盖其尊德乐道之心[三]不如是，不足与有为也。[1]

[集校]

[一]《张解》本无"先生"二字。此条今见《周易程氏传》卷一《蒙传》，无"伊川先生曰"五字。

[二]吕本"古之人"作"古人之"。（《茅注》）"人之"，叶本作"之人"。（《考异》）按，"古人之"，《叶解》元刻本及其四库抄本、《张传》本、《茅注》本作"古之人"。

[三]《易传》"道"下无"之心"二字。（《茅注》）按，《蒙传》无"之心"二字。

[集注]

[1]杨注：《易传》，下同。

叶解：《蒙卦·象传》。贤者之进，将以行其道也。自非人君有好贤之诚心，则谏不行、言不听，岂足以有为哉？

张解：程子释《蒙·象传》意也。盖《蒙卦》九二上应六五之童蒙，是为人君纯一不杂，虚中以受之义。时亨而行，为得其中，非干进也。贤者之进，将以行其道耳，岂可自求于君？苟自求之，则君不求我，而我轻身以枉道，彼且将有所挟以傲我，安有信用之理？古人所以守不见之义，必待人君内致其敬，外尽其礼，而后往见之者，非故自尊大也。道在我，则我为有德者。人君欲有为于天下，必需道德之佐，而不致敬尽礼，如是，则其尊德乐道之心未至，安足与有为哉？故惟《蒙》九二为刚中，而孟子亦云"大有为之君，必有所不召之臣"，欲贤者知所以自处也。

李解：释《蒙卦·象传》"匪我求童蒙，童蒙求我"之意。

[集评]

张习孔曰：贤者惟期其君大有为，故望其尊德乐道。非以自尊，实以尊君也。

张绍价曰：此节以贤者之进，承上卷末节"仕者入治朝"之意，以不求而待领起通篇。贤者德修于己，可以用世，其进也，将以行道也。干进自求，必去能信用之理，枉己者未有能直人者也。子贡言求贾，夫子言待贾，出处之际，但当待而不当求。古人所以必待人君致敬尽礼而后往者，初非高其声价，自为尊大。盖人君必有尊德乐道之诚心，乃能行吾之道，否则不足与有为。伊尹必待诚汤三聘，而后相以伐夏；武侯待昭烈三顾，而后许以驰驱，正为此也。

钱穆曰：出而从政，必先求君臣之相应相和。……中国古人主尚贤，今人则尚多数，但多数未必即多贤。(《随劄》)

2.[一]君子之需时也，安静自守。志虽有须，而恬然若将终身焉，乃能用常也。虽不进而志动者，不能安其常也。[1]
[集校]

[一]《张解》本有"伊川曰"三字。此条今见《周易程氏传》卷一《需传》。
[集注]

[1]杨注：伯嵒据《需》之初九曰："需于郊，利用恒，无咎。"《象》曰："'需于郊'，不犯难行也；'利用恒，无咎'，未失常也。"

叶解：《需卦》初九《象传》。静退以待时，而终至于失常者，盖其身虽退而志则动也。

张解：此程子释《需》初九《象》义也。需，须也。君子藏器于身，待时而动，道之常也。初九以阳刚在下，安静自守，虽有上进之志，而远居于郊，其心恬然，若将终身，是谓能用其常久之道。彼未进而志先动者，躁也妄也，岂能安其常哉？孔子曰"我待贾者也"，其对哀公曰"儒有席上之珍以待聘"，与此意互相发。

李解：释《需卦》初九《象辞》"利用恒"之意。
[集评]

茅星来曰：上条言贤者不可急于求进，此条言虽不进而志或不能不动，则亦不能以守其常也，所以足上条未尽之意。

张绍价曰：此承上节"待"字而言。……孙氏曰："人惟中无常主，或为才能所使，或为意气所动，或为事势所激，虽犯险难而亦进，所以不失常为难。"

3.《比》："吉，原筮，元永贞，无咎。"[一]《传》曰：人相亲比，必有其道，苟非其道，则有悔咎。故必推原占决其可比者而比之，所比得元永贞，则无咎。元，谓有君长之道；永，谓可以常久；贞，谓得正道。上之比下，必有此三者，下之从上，必求此三者，则无咎也。[1]

[集校]

　　[一]"传"上，《张解》本、《叶解》四库抄本有"伊川易"三字。此条今见《周易程氏传》卷一《比传》，无"传曰"二字。

[集注]

　　[1]叶解：群然相比而非得所主，苟焉为比而非可久，邪媚求比而不由正，皆不能无咎者也。

　　张传："原筮"朱子训作"再筮"，良是。《蒙》之筮，问之于人也，不一则不尊。《比》之筮，问其在我也，不再则不审。

　　张解：此程子释《比·象辞》也。比，亲辅也。原，推原也。筮，占决也。"原筮"云者，指来筮之人而借言之，令自推原占决也。大凡人相亲比必有其道，不可妄从。苟非其可比者而比之，则为非道而有悔咎，故必自为推原占决，得有"元永贞"三者之德，乃所谓可比者也。元有君长之道，言可以宗而主之也。永者可常久，言其终始如一，无凶终隙末之祸也。贞者得此道，言以道相合，而非邪媚谀说之私也。有是三者，则得其道；无是三者，则非其道。上之比下，下之从上，皆要审度然后可以无咎。否则，有不胜自失之悔者矣，人可不慎所比哉！

　　李解：比，毗至反。

　　茅注：比，并音避。长，张丈反。推原占者，谓推原象占之吉凶，以决其可比与否也。元、永、贞三者，正所谓"决其可比者而比之"也。上比下必有此三者，谓当修其在己者也。下从上必求此三者，谓当审其在人者也。修其在己，使可以当众之比而无咎；审其在人，亦必其实，有足以当吾之比而后可以无咎也。不然则事不成，必有戮辱之及，事成亦蒙恶逆之名，安能免于咎乎？胡云峰曰："'原筮'，《本义》读如原蚕、原庙，及末'有原'之'原'，训作'再'，与程《传》异。"

　　价解：元，谓体仁足以长人，有人君之道。永，谓可以长久，不至凶终隙末。贞，谓得其正道，非同邪媚苟合。

[集评]

　　江永曰：朱子《本义》谓："筮得此卦者，当为人所亲辅，然必再筮以自审,有元善长永正固之德,然后可以当众之归而无咎。"与程《传》意异。《传》专以君臣相比言之。

张绍价曰:君子安静需时,时之既至,可相亲比,而必有其道焉。比非其道,则有悔咎,必推原而思之慎,占决而辨之明,择其有元善永常贞正,合于道者而比之。……上下相比皆必有此三者,乃可无咎。

4.《履》之初九曰:"素履,往无咎。"[一]《传》曰:夫人不能自安于贫贱之素,则其进也,乃贪躁而动,求去乎贫贱耳,非欲有为也。既得其进,骄溢必矣,故往则有咎。[1]贤者则安履其素,其处也乐,其进也将有为也,故得其进则有为而无不善。[2]若欲贵之心与行道之心交战于中,岂能安履其素乎?[3]

[集校]

[一]"传"上,《张解》本、《叶解》四库抄本有"伊川易"三字。此条今见《周易程氏传》卷一《履传》,无"《履》之初九曰"五字,且无"传曰"二字。

[集注]

[1]叶解:小人志在富贵,故得志则骄溢。

张解:此程子释《履》初九爻辞也。《履》之为卦,有往进之义。初九阳爻得正,素行之修可知,故发轫之初,率其素而行,即可无咎。而程子发明之,以为人当贫贱不能自安,则谄屈媚人,违道苟合,必不能守其非仁无为、非礼无行之节,其进乃贪躁而动,求去乎贫贱耳。幸而得之,量浅则骄,器小则溢,必至之理。盖贫贱而移者,未有不富贵而淫也,所以"往则有咎"。

茅注:去,上声。此就人之不能安履其素者痛言之,以见其必有咎也。

[2]叶解:贤者素其位而行。穷而在下,初无贫贱之忧;达而在上,将遂行道之志。以是而进,何咎之有?

张解:贤者则不然。夫贤者之学,出处二端而已。当其处也,安其贫贱之素,不贪躁而妄动,如莘野之乐、陋巷之乐,若将终身。及其进也,则将以尧舜其君民为禹稷之饥溺,所谓达不离道,骄溢之志于何而生?故得其进则利有攸往而无不善,何咎之有?

茅注:处,上声。乐,音洛。九,阳刚之才可以上进,而初处至下,能安其素而往,是不以贫贱而改其所乐者也。异日出而有为,可即于此而信之矣。此亦孟子所谓"禹、稷、颜子易地皆然"之意。以上初九爻《传》。

[3]叶解:欲贵之心胜,则必不能安行乎素位,而亦卒无可行之道矣。

张解：贤者之进为行道计，非为欲贵计也。人止一心，心无两用，若欲贵之心与行道之心交战胸中，则欲贵之心居其胜，而道必不可行，岂能安履其素？每见近世士大夫初终作两截人，论者讥其变节而不知其素履然也，向特未有骄溢之具耳。

李解：夫，音扶。去、处，并去声，下放此。欲贵之心主乎利，行道之心主乎义。交战者，两相争而不决也。

茅注：承上文。言贤者之进而有为者，是专以行道为心者也，天理之公也，故无不善。若使有欲贵之心交战于中，则是犹未免乎人欲之私矣，故不能安履其素。初九《象传》。

[集评]

张习孔曰：士君子有志于时，抱欲往之志者，多矣。惟初九率其素履以往，此所谓"国有道，不变塞焉"者也。先生曰"其处也乐，其进也将有为也"，深得贤者之心矣。

张绍价曰：亲比以道，又必率其素履，乃能有为，而行其道也。人不能安于贫贱之素，躁动求进，以求去乎贫贱，未得进而牢骚，既得进而骄溢，安能有为？故往则有咎。夫居仁由义，贤者素所履也，率其素履以往，而不变塞焉。其处也乐，既不以贫贱而移；其进也有为，亦不以富贵而淫。有为而无不善，所谓达不离道也。若欲贵之兴，与行道之心，交战于中，中先自乱，安能不变其素履乎？

5. [一]大人于否之时，守其正节，不杂乱于小人之群类，身虽否而道之亨也。故曰："大人[二]否亨。"不以道而身亨，乃道否也。[1]

[集校]

[一]《张解》本有"伊川曰"三字。

[二]此条今见《周易程氏传》卷一《否传》，无"大人"二字。

[集注]

[1]叶解：《否卦》六二传。身之否亨，由乎时；道之否亨，由乎我。大人者，身有否而道无否也。盖《否》之时，小人群集，君子不入其党，身则否矣。然直道而行，无所挠屈，道则亨也。

张解：此程子释《否》六二爻《象》也。大人以道自重，故当否之时，小人群集，而能守其正节，不入其党，身虽否而道无否，此大人之所以否亨也。若不以道自重,惟身是谋,枉道以进其身,则道否矣。虽身之亨,曷足贵乎?

茅注:否,批美反。"不以道"以下,指"小人吉"而言。道否,见不足为吉也,所以足夫子未尽之意。胡雲峰曰:"二阴在下,小人之群也。大人不为其群所乱,虽否而亨矣。"

[集评]

张氏曰:小人颇多学为包承者。君子但当安守其否,以俟道亨,不可以彼包承于我,自失其守也。慎之慎之!(《茅注》)

张习孔曰:不入于小人之群易,不乱于小人之群难。乱者,迷惑之意。小人显与吾敌,君子岂肯就之? 惟其承顺于我,不觉其异,久之渐与相忘矣。

张绍价曰:欲行道而道不得行,否之时也。大人当此,直道而行,守其正节,不乱于小人之群,身虽否而道自亨。若枉道从人,与小人为群,以苟一日之禄,则名节扫地,身虽亨而道则否矣。

6. [一]人之所随,得正则远邪,从非则失是,无两从之理。《随》之六[二]二,苟系初,则失五矣。故《象》曰[三]:"弗兼与也。"所以戒人从正当专一也。[1]

[集校]

[一]《张解》本有"伊川曰"三字。

[二]此条今见《周易程氏传》卷二《随传》,"二"上无"《随》之六"三字。

[三]"弗"上,《随传》无"故《象》曰"三字。

[集注]

[1]杨注:伯嵒据《随》之六二曰:"系小子,失丈夫。"《象》曰:"系小子,弗兼与也。"

叶解:《随》六二与九五为正应,然下比初九,苟随私昵,必失正应。

张解:此程子释《随》六二象义也。人之所随,邪正是非,无两从之理。《随》之六二曰"系小子,失丈夫"。盖初阳在下,小子之象。五阳在上,丈夫之象。初于二为近,五虽正应而远,六二阴柔,则见理不明,持守不固,又阴性躁急,不能自守,将苟且以自比,其势必遗五之远而就初之近,安能兼与之乎?《易》之取象如此,以此戒人,当择其正者而从之,专一靡他。得此则失彼,不能兼亦不可兼,非苟焉而已也,垂戒深矣。

李解:远,去声。五者二所应,初者二所比。

茅注：《随》六二《象传》。正与是，指五之正应而言；邪与非，指初而言。二若志系于初之小子，则舍九五之丈夫，必不能于二者兼而与之也。故学者当慎择所从，使可宗而主，然后为得也。

[集评]

高氏曰：里克之中立，邓析之两可。坏名丧节，多由于此，可不戒哉？（《茅注》）

张习孔曰：二与五正应。岂甘为小子之系哉？第恐其意以为君子之度，宏广为期，大贤之交，巨细不择，以为可以兼而与之耳。不知邪正不同途，薰莸不同器。苟系小子，断不能兼与丈夫也。二可不戒乎哉！

张绍价曰：不乱小人之群，从正而不从邪也。邪正是非，不容并立，无两从之理。六二阴柔，见理不明，持守不固，系初九之小子，失九五之丈夫。《象》曰“弗兼与”，戒人从正当专一，不可以不慎择也。

7. [一]君子所贵[二]，世俗所羞；世俗所贵，君子所贱。[三]故曰：“贲其趾，舍车而徒。”[1][四]

[集校]

[一]《张解》本有“伊川曰”三字。此条今见《周易程氏传》卷二《贲传》。

[二]“君子所贵”之“贵”，《易传》作“贲”。（《茅注》）“君子所 贲 ”，叶、吕、江皆作“贵”。（《考异》）按，“贵”，《叶解》元刻本、《贲传》作“贲”。

[三]“贱”下，《贲传》无“故曰：‘贲其趾，舍车而徒。’”句。

[四]此条一本在“蛊之”条（按，本卷第8条）后。（《考异》）

[集注]

[1]杨注：伯昬据《贲》之初九曰：“贲其趾，舍车而徒。”《象》曰：“舍车而徒，义弗乘也。”

叶解：君子所贵者，行义也；世俗所贵者，势位也。《贲》之初九，所贲在下，故为趾、为徒行。世俗以失势位为羞，君子以得行义为荣。

张解：此程子释《贲》六二爻义也。君子不以富贵在外之物为荣，而以守节处义为荣。世俗则反是矣。故《易》于《贲》之初九曰“贲其趾，舍车而徒”。盖《贲》之为卦，《离》下《艮》上，初九刚德明体，自贲于下，为贲其趾，取居下之义。所以宁舍非分之车而安于徒步者，由其取舍审于义利，不以世俗之所贵为贵耳。

李解：舍，音捨。

茅注:《贲》初九《传》。"君子所贵"二语,指"贲其趾"而言。"世俗所贵"二语,指"舍车而徒"而言。贲其趾者,自尽其所当为之道义也。舍车而徒者,不处非道之富贵也。愚按,王弼注云:"在《贲》之初,以刚处下,居于无位,弃不义而安徒步,以从其志者也。"其说颇与此相发明,因录之。

[集评]

张习孔曰:令德在躬,不愿文绣。岂以初之贫贱自守,而遂失所贵哉?栖迟丘漈,徒步当车,贲亦在其中矣。两象一意,舍车而徒,所以为趾之贲也。

江永曰:世俗以势位为荣,君子以道义为贵,故宁舍非道之车而安于徒步。

张绍价曰:人之苟于随者,欲贵之心胜,而忘在己之良贵耳。君子所贵,与世俗异,不以势位为贵,而以道义为贵,贱世俗之所贵,而贵世俗之所贱。以此自贲于下,宁舍非道之车,而安于合道之徒步也。

8.《蛊》之上九曰:"不事王侯,高尚其事。"《象》曰:"不事王侯,志可则也。"[一]《传》曰:士之自高尚,亦非一道。有怀抱道德,不偶于时,而高洁自守者;[1]有知止足之道,退而自保者;[2]有量能度分,安于不求知者;[3]有清介自守,不屑天下之事,独洁其身者。[4]所处虽有得失小大之殊,皆自高尚其事者也。《象》所谓"志可则"者,进退合道者也。[5]

[集校]

[一]"传"上,《张解》本、《叶解》四库抄本有"伊川易"三字。此条今见《周易程氏传》卷二《蛊传》,无"传曰"二字。自"蛊"至"传曰",或朱、吕编辑时所增。

[集注]

[1]叶解:"伊尹耕于莘野,太公钓于渭滨之时是也。"

张解:此程子释《蛊》上九爻义也。《蛊》之上九,以阳刚之才超然人世之外,有不事王侯之象,高尚其事,如孟子言"尊德乐道"之意。程子取而发明之,以为高尚亦非一道,各随其时各因其品,其有道德积躬,怀抱非常,而与时未合,且高洁以自守者。……所谓藏器于身,待时而动,达可行于天下而后行之,此一道也。

茅注:上九以阳刚之才居《蛊》之终,无系应于下,处事之外无所事之地,是贤人君子"不偶于时,而高洁自守者"也,故下文因此而历推之。

[2]叶解:张良、疏广之类是也。

张解:其有知止不殆,知足不辱,功成身退,明哲保身者。……所谓见几而作,不俟终日,又一道也。

茅注:朱子曰:"如疏广父子,虽未尽出处之正,然亲见不可辅导,计惟有去而已。观自云'不去,惧贻后悔',亦是省事恬退底人。"

[3]叶解:徐孺子、申屠蟠之类是也。

张解:其有量在己之能度为下之分,自安贫贱,不求闻达者。……所谓量而后入,不入而后量,又一道也。

茅注:分,音问。问:"此与上何以别?"朱子曰:"知止足,是能为者;量能度分,是不能为者。"

[4]叶解:严陵、周党之类是也。

张解:其有清风介节,于天下事一切不屑,而以洁身为主者。……所谓不资其力而利其有,则能忘人之势,又一道也。

李解:度,入声,后同。

[5]叶解:四者虽处心有小大,处义有得失,要皆能高尚其事者。若《蛊》上九,阳刚之才,超然斯世之表。《象》谓其"志可则"者,盖指怀抱道德、进退合义者言也。

张解:之数者,时地不同,品格亦异,如可以守而守,可以退而退,其人固无遗议。若一意不求知,不屑天下事,亦未免所见者小,而不能无失。然虽有得失小大之殊,要皆高尚其事者也。《象》所谓"志可则"者,以其进退合道,不为事物势分所侵乱,是可法而则耳。若夫洁身乱伦以为高尚,则圣人亦何取乎尔!

茅注:《蛊》上九《传》。

[集评]

朱子曰:"不事王侯",无位之地,如何出得来?更干个什么?(《语类》卷七十)

张习孔曰:上九超然于事功之外,一似乎无裨于帝王之治者。不知确然不拔之志,固可以为当世之师表也。"志"字,不是隐居不仕之志,是清高而不染之志。国家之坏,由官邪也。今方能饬治而振起,则尊高洁之志,以励天下之廉耻,使不至于复坏,故曰"志可则"也。

张绍价曰:舍车而徒,则不事王侯,而高尚其事矣。士之自高尚,亦非一道。

贝原笃信曰："怀抱道德"云云者,得而大者也。独洁其身者,失而小也。知止足与量能度分者,亦比之"怀抱道德"云云者为小。

9. [一]《遯》者,阴之始长,君子知微,故[二]当深戒。而圣人之意,未便遽已也,故有"与时行","小利贞"之教。[1]圣贤之于天下,虽知道之将废,岂肯坐视其乱而不救? 必区区致力于未极之间,强此之衰,艰[三]彼之进,图其暂安。苟得为之,孔孟之所屑为也,王允、谢安之于汉、晋是也。[2]

[集校]

[一]《张解》本有"伊川曰"三字。

[二]"固",叶作"故"。(《冯记》)按,《叶解》元刻本、《茅注》本、《江注》本及其四库抄本作"固"。

[三]"艰",叶本作"难"。(《茅注》)"艰",叶作"难"。(《冯记》)按,"艰",《张解》本、《叶解》四库抄本作"难"。

[集注]

[1]杨注:伯嵒据《遯》之《彖》曰:"遯亨,遯而亨也。刚当位而应,与时行也。小利贞,浸而长也。"谓虽遯之时,尚当随时消息,苟可以致其力,犹当尽力以扶持,不可决意遯藏缩手而不之教也。阴浸而长,亦必以渐,尚可以其道而小正之。

叶解:《艮》下《乾》上为《遯》,二阴初长,固所当戒。然《乾》刚在上,九五、六二中正而应,君子于此犹可与时消息。不一于遯,虽未能大正,尚幸其小有可正也。

张解:此程子释《遯·彖传》意也。遯,退避也,为卦《乾》上《艮》下,二阴浸长。君子固当知微深戒,见几而遯,以避小人之祸。然《乾》刚在上,九五当位,而下有中正六二之应,若犹可以有为,故圣人之意犹未遽已,而有与时消息、欲行其道之心,但未能大正而利于小而贞耳。按,朱子《本义》:"小指阴柔小人而言,谓小人利于守正,不可以浸长之,故其势将盛而侵迫于阳也。"说与程子异。然《易》不可为典要,二说兼存而义始备。

茅注:长,张丈反。杨诚斋曰:"二阴虽长于内,然渐而未骤,四阳犹盛于外,其势犹可以小有所正而未至大坏也。"问:"以《彖辞》'小利贞,浸而长'之语观之,则小当为阴柔小人。言小人利于守正,不可以浸长之故,而浸迫于阳也,似与程《传》意不同?"朱子曰:"如程《传》所云,则于'刚当位而应,与时行也'之下,当云'止而健,阴进而长,故小利贞'。今但云'小利贞,浸而长也',而不言'止而健,阴进而长',则小指阴柔之小可知。况当遯之时,事势已有不容正之者。程《传》虽善,而有不通矣。"愚按,王注:"阴道欲浸而长,正道亦未全灭,故小利贞。"程子之说,盖本乎此。

[2]叶解:强此之衰,扶君子之道未尽消;艰彼之进,抑小人之道未骤长。

张解:圣贤之于天下未尝一日忘也,《遯》虽非可以有为,而为道将废之日,然天下事苟非大败坏而不可救,安有坐视之理?必区区致力,幸阳之未尽消,阴之未尽长,而思所以维挽之。此谓阳也,彼谓阴也,强此之衰,扶阳而伸,君子也。难彼之进,抑阴而遏小人也。凡以图其暂安,如孔子当周之衰,浮海兴嗟,思遯早矣,而东西南北辙不停执,卒老于行。孟子于齐、梁之君,屡惓惓焉,至于三宿出昼,交际不却,岂非苟得为之,即屑屑欲为者乎?三代而下,如王允、谢安,虽非圣贤之比,而允值汉之季,董卓擅政,安值晋之乱,王敦、桓温相继叛逆,力任其艰,尽心匡扶,皆略得圣贤小利贞之教者也。

李解:长、强,并上声。

茅注:王允,字子师,太原祁人。汉献帝初平初为司徒,与司隶校尉黄琬、仆射士孙瑞等密谋诛董卓。详《后汉书》及《魏志》。谢安,字安石,陈国阳夏人也。时桓温权震内外,安为吏部尚书、中护军,与王坦之尽忠匡翼,卒安晋祚。详见《晋书》。上条言"高尚其事",又恐如沮溺之流,避世长往而不顾,故以此条继之。言虽知道之将废,亦不可坐视其乱而不之救也。

[集评]

朱子曰:伊川说"小利贞",云尚可以有为。阴已浸长,如何可以有为?所说王允、谢安之于汉、晋,恐也不然。王允是算杀了董卓,谢安是乘王敦之老病,皆是他衰微时节,不是浸长之时也。兼他是大臣,亦如何去!此为在下位有为之兆者,则可以去。大臣任国安危。君在与在,君亡与亡,如何去!(《语类》卷七十二)

张习孔曰:小人浸长者,遯之时也。所以善处此时者,义也。时义大,不是赞君子。言当遯之时,其所以处此而宜者,至大而难尽,君子不可不知也。知其时义,必有善其时行者矣。

张绍价曰:进退合道,道不得行则当遯。《遯卦》二阴始长,君子知微,不可以不遯。而圣人之意,犹未欲使之遽遯也。圣人有周万物之智,尤有济天下之仁,道之不行,已知之矣,而天下滔滔,岂肯坐视?不可而犹为,莫知而不已。竭诚尽智,致力于未极之间,强此之衰,以扶君子,难彼之进,以抑小人。苟得为之,孔孟所屑为也。王允、谢安值汉、晋之衰乱,而欲扶持之,亦略得圣贤之意者也。

10. ［一］《明夷》初九,事未显而处甚艰,非见几之明不能也。如是,［二］则世俗孰不疑怪?［三］然君子不以世俗之见怪,而迟疑其行也。若俟众人尽识,则伤已及而不能去矣。[1]［四］

[集校]

［一］“明”上,《张解》本有“伊川曰”三字。此条今见《周易程氏传》卷三《明夷传》,无“《明夷》初九”句。

［二］“则”上,《明夷传》无“如是”,而有“夫知几者……其见伤未显而去之”数句。

［三］“然”上,《明夷传》有“故有所往适,则主人有言也”句。

［四］“明夷”条,一本在“晋之”条(按,本卷第11条)后。(《考异》)

[集注]

[1] 杨注:伯嵒据《明夷》之初九曰:“明夷于飞,垂其翼;君子于行,三日不食。有攸往,主人有言。”《象》曰:“君子于行,义不食也。”垂翼,谓害其所以行者。君子知几,故亟去之。

叶解:《离》下《坤》上,《明夷》。离,明。坤,地也。明入地中,伤明也。初九伤犹未显,而爻之《彖》(按,“彖”《四库》抄本作“象”,皆非;据下文当为爻辞)曰:“君子于行,三日不食。”盖知几而去之速,处人之所难而不疑也。楚王戊不设醴酒,而穆生去之,曰:“不去,楚人将钳我于市。”当时虽申公之贤,犹以为过。其后申公受胥靡之辱,至是欲去而不得矣!

张传:程《传》曰:穆生去楚,申公、白公且非之,不知其以避胥靡之祸。袁闳当汉末,名德之士方雀起,而独潜身土室,人以为狂生,而卒免党锢之难,所谓“主人有言”也。

张解:此程子释《明夷》初九爻义也。夷,伤也,为卦《离》下《坤》上,离火之明入坤之地中,明而见伤,曰“明夷”。初九伤犹未显,人不及察,处之甚难。非见几之明者,不能避之早而去之决。故其爻曰:“明夷于飞,垂其翼;君子于行,三日不食。有攸往,主人有言。”

李解:释爻辞“君子于行,三日不食”之意。

茅注:处,上声。《明夷》初九,明体居初,虽有见伤之端,其事未显。日入地中,明伤而昏暗,使不得上进,是处甚艰也。君子于行,谓去禄退藏,见几之明也。有所适而主人有言,世俗之疑怪也。……君子固欲有为于世,而见几明决亦不可少,故以此条继之。

朴履坤曰:传:"《明夷》,昏暗之卦。"暗君在上,明者见伤之时也。日入于地中,明伤而昏暗也,故为明夷。君子明照,见事之徵,故行去避之。此薛方所以为明,而扬雄所以不获其去也。君子于行,谓去其禄位而退藏也。三日不食,言困穷之极也。《本义》曰:"惟义所在,不食可也。"

[集评]

张伯行曰:盖以初之德言,则为阳刚之君子;以初之时言,则为明而见伤之始;以初之位言,则为有可远避之义。故宁三日不食,不可以不行;宁主人有言,不可以不往。处人之所,难而不疑也。所谓俗之疑怪者,指爻中主人言之。主人谓四爻,初与四应而先去,四必怪其洁身之太早。然君子不因有言而迟疑其行者,众人多见于事后,君子独炳于几先,若俟众人尽识,则已伤而不能去。如醴酒不设而穆生去楚,以申公、白公之贤犹且非之,况众人乎? 其后卒有受胥靡之辱,欲去而不得者,岂非明证?

管赞程曰:自篇首至此为一章,言士当进退以道,必其道行而身不辱为主。

张绍价曰:当避而犹不遽避,固贵有救乱之心。当避而决于必避,尤贵有见几之哲。

又曰:自首至此为一段,言贤者在下,当待而不当求。守其正志,进退以道,身进则道在必行,道屈则身在必退。

11. [一]《晋》之初六,[二]在下而始进,岂遽能深见信于上? 苟上未见信,则当安中自守,雍容宽裕,无急于求上之信也。苟欲信之心切,非汲汲以失其守,则悻悻以伤于义矣。故曰:[三]"晋如,摧如,贞吉。罔孚,裕无咎。"[1]然[四]圣人又恐后之人不达宽裕之义,居位者废职失守以为裕,故特云初六裕则无咎者,始进未受命当职任故也。若有官守,不信于上而失其职,一日不可居也。[2]然事非一概,久速唯时,亦容有为之兆者。[3]

[集校]

[一]《张解》本有"伊川曰"三字。此条今见《周易程氏传》卷三《晋传》。

[二]"在"上,《晋传》无"《晋》之初六"四字。此或朱、吕编辑时所增。

　　[三]"晋"上,《晋传》无"故曰"二字。

　　[四]"圣人"上,《晋传》无"然"字,有"无进……不裕也"数句。

[集注]

　　[1]叶解:在下则势疏,始进则交浅。上未见信,惟当安于守正,宽以待人,岂可求其信也?求信之急,则必汲汲以失其贞正之守。求信愈急,人愈不信,则必悻悻以伤其事上之义。《晋》之初六未敢必于进也。进而复退,得正则吉,未敢必人之信也。宽裕以待之,则无咎。

　　张解:此程子释《晋》初六爻象也。晋,进也,为卦《坤》下《离》上,当明盛之时可以出而仕矣。然初六以阴居下,筮仕新进之始,而应不中正,必有从而挤排之者,岂遽能深见信于上?苟上未见信,则当安于中心,尊德乐义,尽其在我之守,以雍容宽裕处之,无急于求上之信。此君子处进退之道也。若求信之心切,则其始也将汲汲以失其守,而行已未必守其正;其继也且悻悻以伤于义,而居心未必处于裕矣。故爻辞曰"晋如,摧如,贞吉。罔孚,裕无咎"。摧,挫折也。贞,正也。孚,信也。裕,宽裕也。贞以行言,裕以心言,所行者正,庶乎见信于上而可以获吉矣。设犹不信,亦当处以宽裕之心,然后进退不失其正而无咎也。

　　李解:释爻辞之意。

　　茅注:此以明罔孚当裕之意。初居《晋》之下,是始进也。晋如,遂其进也;摧如,不遂其进也。总之,惟得正则吉耳。以上初六爻《传》。

　　[2]叶解:卦之初为无位,《晋》之始未当职任,故宽裕以待,其自信可也。苟有官守而不见信于上,必将废职失守,急去可也。岂容宽裕以处之哉?

　　张解:圣人垂教之切如此,读其辞可以知其义矣。又恐后之人有所不达,而以为概宜宽裕,则在位必将怠慢废职,反失事守,故特叮咛之,曰"裕无咎"者,未受命也。言初在《晋》始,未有官守之命,则未任其职,所以进退绰有馀裕。若有官守而上不见信,动多猜嫌,事辄掣肘,安能不失其职?则不可一日居,以速旷官之罪。此又爻辞言外之意也。

　　茅注:此又以见宽裕以待其自信者,惟始进者则可,而不可以概之有官守而不见信者也。一日不可居,所以极言有官守不信于上而失职者之不可也。胡云峰曰:"孟子云'我无官守,我无言责,则我进退岂不绰绰然有馀裕',即此意。"

　　[3]杨注:伯嵒据《晋》之初六曰:"晋如,摧如,贞吉。罔孚,裕无咎。"《象》曰:"晋如摧如,独行正也。裕无咎,未受命也。"初以阴居下,应九四又

不中正，欲晋而见摧者也，惟守正则吉。罔孚者，谓"设不为人所信，亦当处以宽裕，则无咎"。

叶解：兆，几微之见。君子知几，则可久可速，不失其时矣。

张解：要而言之，未受命则以宽裕为无咎，当职任则以废职为失守，固理之常，然事非可一概论也。可久可速，不失其时，亦容有为之兆者。所贵知几之君子神而明之，以变通乎大易之教则善矣。

李解：释《象传》之意。

茅注：此又承上文"一日不可居"而言。见君子当随时审处，不得执此而遂同小丈夫之悻悻也。为之兆，如明道为条例司之类。说见《孟子》。以上初六《象传》。

江注：裕者，不急进亦不遽退。孟子所谓"无官守言责，则吾进退绰绰然有馀裕"者也。兆，事之端。为之兆，谓若孔子之不去鲁，示以道有可行之端也。

[集评]

张习孔曰：初当进身之始，故圣人教以义命自安之道。当进而摧，在常人非激而热中，则矫而决绝，而君子则守正而已。正字要认。正者，君子所持以进之道。吾尽吾道，不以见摧而辍易也。此等精神，所谓言寡尤，行寡悔，终必遂其进矣。裕字即贞，非贞之外又有裕也。以事言，则见其贞。以心言，则见其裕。凡人初进而摧，犹事理之常。至于反身行正，理宜得吉，而犹不见信。此时最易动心，故又以裕言之。盖戒其所守，则犹可勉然，进观其神明，则逾密矣。无咎只是不失正。

张绍价曰：在下始进，交隔势疏，岂遽能见信于上？当安于义命，自守其正，雍容宽裕，无急于求上之信，则吉而无咎。若欲信之心切，汲汲以失其守，如寇莱公之以天书再进，悻悻以伤于义；如贾生出为长沙太傅，而郁郁自伤，皆咎也。圣人恐人以宽裕废职，故言六之裕无咎者，乃未受命当职任之故，非有官守者所当然也。

12. [一]不正而合，未有久而不离者也。合以正道，自无终暌之理。故贤者顺理而安行[二]，智者知几而固守。[1]

[集校]

[一]《张解》本有"伊川曰"三字。此条今见《周易程氏传》卷三《暌传》。

　　[二] 顺理安行者："不正而合"条，○ 王、吴本并脱"者"字。(《王记》)
按,《江注》本无"者"字。
[集注]
　　[1] 叶解：《睽卦》六三《象传》。贤者,顺是理之当然,安而行之;智者,
知其几之必然,固而守之。皆谓必以正道而后合者。

　　张解：此程子释《睽》六三《象》义也。为卦《兑》下《离》上,水火之性既
已相违,中女少女之志又不相同,是以《易》至于睽,如三之应上,志非不专,
而介于前后二阳之间,后为二所曳,前为四所掣,以致上九之猜狠,致有弑、
刖之伤。然天下惟以不正合者,其始虽合,久亦必离。若正应则有终合之
理,故其《象》曰"无初有终",言邪不胜正,事久则疑自释也。是故贤智之处
于世,惟顺其理之自然而安行无事,知其几之必然而固守不惑,则心安者身
亦必安,有守者人亦必不能夺其守。否则违乎理,昧乎几,毋论必不得合,即
合亦非其正,而必至于离,则何益矣!

　　李解：离,去声。顺理安行,待其自合,知几固守,不肯苟合。此处《睽》
之道也。

　　茅注：睽,当从目,后放此。……以六居三,不正也,但上九正应,终必
得合,故曰"自无终睽之理"。

　　朴履坤曰：离,火炎上;兑,泽润下。二体相违,《睽》之义也。
[集评]
　　江永曰："顺理安行"者,随时之宜,无心遇合也;"知几固守"者,知事之
微,不苟求合也。

　　张绍价曰：安裕自守,不急求合也。不正而合,合以利,不合以义,未有
久而不离者。合以正道,以义相与,自无终睽之理。贤者顺事理之宜,安而
行之,无心求合。智者知事几之微,固守己志,不苟求合,皆所谓裕也,皆义
之当然也。

　　13. [一]君子当困穷之时,既尽其防虑之道而不得免,则命也,
当推致其命,以遂其志。知命之当然也,则穷塞祸患,不以动其心,
行吾义而已。[1]苟不知命,则恐惧于险难,陨获于穷厄[二],所守亡
矣,安能遂其为善之志乎?[2]
[集校]
　　[一]《张解》本有"伊川曰"三字。此条今见《周易程氏传》卷四《困

传》,下同。

[二]"戹",《江注》四库抄本作"危",疑因形近而误。

[**集注**]

[1] 叶解:《困卦·象》曰:"君子以致命遂志。"推致其命,知其当然而不可免,则无所挠惧,而能遂其为义之志矣。盖命者,出乎气数而不可易;义者,在我裁制而不可违。彼已定之祸福,虽忧惧而何益,行吾义而已。

张解:此程子释《困卦·大象》之辞也。……盖《困》之为卦,《坎》下《兑》上,水下漏则泽上枯,正困穷之时,君子于此苟尽防虑之道,而得免于困焉,则亦幸矣。如不得免亦命之当然也,则当推致其命以遂其志,方为善处困之君子。盖无一毫计私避害之心,虽死亦所不恤,而一以行义为主,身安道泰,志固遂也。杀身成仁,志亦遂也。何则?命者,气数之适然;义者,天理之当然。志不在沽名,志不在任性,义所当行则必行,斯为义命合一之学。

茅注:《困·象传》。推致者,谓于命之所当然,一一推而致之,以辨其正不正也。遂志者,谓于命之正者,顺而受之,而死生祸福有所不计也。朱子曰:"《蹇》与《困》不同。《象》曰:'泽无水,困。'是尽干燥处困之极,事无可为者,故只得致命遂志。若'山上有水,蹇',则犹可进步。如山上之泉,曲折多艰阻,犹有可行。故教以'反身修德',自不得以《困》比也。"愚按,孔《疏》谓"遭困厄之世,期于致命丧身,必当遂其高志,不屈挠而移改",则致命固亦作"委致其身命"解也。冯氏当可曰:"君子之处困也,命在天而致之,志在我则遂之。困而安于困者,命之致也;困而有不困者,志之遂也。若小人处之,则凡可以求幸免者无不为也,而卒不得免焉,则亦徒丧其所守而已矣。体《坎》险以致命,体《兑》说而遂志。"

[2] 杨注:伯嵒据《困》之《象》曰:"泽无水,困。君子以致命遂志。"

叶解:陨获,犹颠隮也。

张传:为善之志,人皆有之。其不能自遂者,视命太重耳。委置其命,则惟有一志,畅然于天地间矣。

张解:不知命则不能行义。祸患方来,逡巡退却,中情回惑,其初止为恐惧于险难,而继且前跋后疐,陨获于穷厄之中,所守亡矣,安能遂其为善之志乎?故遂志惟君子能之。

李解:难,去声。释《困卦·大象》之意。朱子曰:"君子道穷之时,但当委致其命,以遂吾之志而已。虽委致其命,而志则自遂,无所回屈。"

茅注:戹,乌革反,通用"阨",俗借用"厄",非。厄,五果切。《说文》"科厄,木节也",与"戹"别。此又反言以明命之不可不致之意。

江注：陨获，谓为穷厄所压而颠坠消落。

[**集评**]

李敬子问："致命遂志"。曰："致命"如《论语》"见危授命"与"士见危致命"之义一般，是送这命与他。自家但遂志循义，都不管生死，不顾身命，犹言致死生于度外也。（《语类》卷七十三）

张绍价曰：固守由于见几，则识尚矣。君子当困穷之时，亦安于命而已。然当推致其命，始可以遂其志。程《传》解作推致，以识言;《本义》解作委致，以守言。识定然后守定，知命之当然，识之定也。穷塞祸患，不以动其心，行吾义而已，守之定也。不知命则无识，遇险难则恐惧，处穷厄则坠落，而"所守亡矣，安能遂其为善之志乎"？

陈荣捷曰：朱子采用伊川之语，并不更改，以复孔孟古经之原。……"君子当困"条，伊川解《论语》"见危致命"之"致命"为"推致其命"。朱子不以其改《论语》"授命"为"推命"而不采，而毅然以客观态度采之。（《陈论》）

李瀵曰：致命，朱子看着"见危授命"之义，然困与危亦不同。当困穷之时，君子只得安之而已，岂必以授命为心？伊川说所以为长。

14. [一]寒士之妻，弱国之臣，各安其正而已。苟择势而从，则恶之大者，不容于世矣。[1]

[**集校**]

[一]《张解》本有"伊川曰"三字。

[**集注**]

[1]叶解：《困卦》九四传。

张解：此程子因《困》九四《象传》而概言之，以为寒士之妻无慕富之理，弱国之臣无远去之义，惟当各安其正而已。盖《困》之初六乃九四正应，但九四以阳处阴，为不当位而不能济物，有寒弱之象。究是正应，于义在所当与，不可不从。故《象传》曰"虽不当位有与也"。若以其寒弱弃之，贪慕九二之刚中，喜其近己而有欲从之志，则是择势而从，乃恶大莫容，人人得而诛之者也。昔曹爽之妻夫亡，父母欲夺而嫁之，誓曰"仁者不为盛衰改节，义者不为存亡易心"，可不谓贤乎！

李解：此与人处困之道也。

茅注：寒士、弱国，指四而言。其妻与臣，谓初也。势，指二而言。四与初为正应，然四以不中正处困，其才不足以济人之困。初比二，二有刚中之才,足以拯困,则宜为所从矣。若不安其正,而惟势是从,则恶之大者也。

[集评]

张习孔曰:豪家多姬妾,强国备公卿。其夫与君,犹或有非道者,而其姜之见弃,三闾之被谗,且守死不变。若夫寒士之妻、弱国之臣,处势艰难,相倚为命,忍见背乎?此先生所以甚恶之也。

张绍价曰:忠臣不事二主,烈女不更二夫。寒士之妻,弱国之臣,皆有命焉。知命之当然,亦各安于义之正而已。苟择势而从,则不如贫家之犬,尚知恋主,恶之大者也。朱买臣之妻,下堂求去,贻羞千古。韩非欲覆其宗,卒杀其身,千古有明鉴矣。

15. [一]《井》之九三,渫治而不见食,乃人有才智而不见用,以不得行为忧恻也。[1][二]盖刚而不中,故切于施为,异乎"用之则行,舍之则藏"者矣。[2]

[集校]

[一]"井"上,《张解》本有"伊川曰"三字。此条今见《周易程氏传》卷四《井传》,"井"下无"之九三"三字。

[二]"盖"以下文字,是《井》九三爻《传》中的语句,《周易程氏传》卷四《井传》非直接编次于"忧恻也"下,而前段文字为《井》九三象传中的语句。此类编次,或朱、吕所为。

[集注]

[1]茅注:渫,息列反。渫,不停污也。《广韵》云:"除去也。"九三阳刚而处下卦之上,在《井》则已渫治而可食矣。以居下未得其用,故不见食。《象传》"行恻"之"行",犹《孟子》"行道之人不受"之"行",程子却解作"道不行"之"行",故云"以不得行为忧恻"。九三《象传》。

[2]杨注:伯昌据《井》之九三曰:"井渫不食,为我心恻。可用汲。王明,并受其福。"《象》曰:"井渫不食,行恻也;求王明,受福也。"

叶解:九三阳刚而处下卦之上,在《井》则已渫治而可食矣。然而无得于五,故不见食。爻位刚而不中,切于施为,故忧恻。异乎圣贤视用舍为行藏,泰然不以累其心者矣。

张解:此程子释《井》九三爻义也。……九三以阳刚之德居下之上,未为时用,为《井》已渫治清洁,而不为人食之象。犹人有才智不见用者,以不得行于时为忧恻也。夫君子出处当以时为权衡,乃合乎道之中。三有刚德而不得中,但知切于施为而以不行为忧,则与圣贤行藏无心得用舍之宜者异矣。

李解:舍,音捨。按,《象传》"行恻也",言行道之人,皆恻然之意。《传》谓"以不得行为忧恻",颇似迂曲难通。

茅注:爻位刚而遇中,故切于施为,正于爻辞忧恻上见也。盖程《传》解"心恻"作三自恻,与《本义》异,故云然。按,孔《疏》亦解作"使我心中恻怆",与程《传》同。九三爻《传》。

[集评]

张习孔曰:朱子《本义》:"行恻者,行道之人皆以为恻。"程《传》谓九三"自以不得行为忧恻"。愚谓九三阳刚贤者,似朱说为优。

张伯行曰:按,朱子《本义》"行恻"指行道之人言,说与程子异。盖九三自恻,则为躁切。若以行道之人言之,则好善自有同心,故不胜其扼腕叹望也。

张绍价曰:人宜各安其正,非特择势而从为不可,即求用太急亦不可。人有才智而不见用,每以不得行为忧恻。盖刚而不中,才有馀而德不足,汲汲求进,切于施为,以思自展其才,义之当否有不暇计,若贾生之痛哭流涕是也。圣人用行舍藏,进以礼,退以义,非才智之士所及知也。

16. [一]《革》之六二,中正则无偏蔽,文明则尽事理,应上则得权势,体顺则无违悖。时可矣,位得矣,才足矣,处《革》之至善者也。[二]必待上下之信,故"巳[三]日乃革之"也。[1]如二之才德,[四]当进行其道,则吉而无咎也;不进,则失可为之时,为有咎也。[2]

[集校]

[一]《张解》本有"伊川曰"三字。此条今见《周易程氏传》卷四《革传》,无"《革》之六二"。

[二]"必"上,《革传》有"然臣道不当为革之先,又"十字。

[三]吴本"巳"并误"己"。(《王记》)

[四]"当进"上,《革传》有"所居之地……天下之治"数句;"当进"下,《革传》有"而上辅于君,以"六字。

[集注]

[1]叶解:六二居中得正,下卦为《离》,故曰文明。二与五应,故曰应上。爻位皆柔,故曰体顺。时当变华(按,"华"当依《四库》抄本作"革")则时可矣,居中应上则位得矣,文明体顺则才足矣,是处革之至善者。然必待上下尽信而后革,故辞曰"巳日乃革之",谨之至也。

张解：此程子释《革》六二爻辞也。君子欲出而有为，必须内度其才德，外度其时势与其所居之位，然后可以行其德。今《革卦》，《离》下《兑》上，水火相息而为革。而六二一爻居中得正，则无偏蔽之病，又当《离》体，其内文明，则尽事理之实。五为正应，有应于上，则得权势之资。爻位皆阴，其体柔顺则无违悖之嫌。是故以其时言，当变革之世，则其时可；以其位言，应上得权，则其位得；以其才言，中正文明而柔顺，则其才足。无一不善，故曰"处《革》之至善者也"。然必巳日而后革者，臣之于君未可自擅，必待上下尽信，然后革之，谨之至也。卦曰"巳日乃孚"，谓变革之初，人犹未信，须巳革之日而后信。爻曰"巳日乃革"，谓可革之日足以自信，而未必上下之信，须巳信之日而后革也。

茅注："巳日乃革之"，爻辞也。必待上下之信，指卦辞"巳日乃孚""孚"字而言，盖必孚而后能革也。

［2］杨注：伯嵒据《革》之六二曰："巳日乃革之，征吉，无咎。"《象》曰："巳日革之，行有嘉也。"

叶解：革固不可遽，然当其时，处其位，有其才，岂容自己？故辞曰"征吉，无咎"。

张解：居心固不可不谨，而行道尤不可以后时。如二之才德，当进而进，乘时勿失，故爻曰"征吉，无咎"，言进则吉而无咎也。若当此时而不进以行其道，失可为之时，其咎将安所归？

李解：二为中，柔居之为正，《离》为文明，应五为应上，纯柔为体顺。

茅注：此系为得时乘势而道可大行者言之。

[集评]

张习孔曰：《革》道固忌疏率，然已详审至善。而复濡滞不决，则人怀怠安，事失机会，又以不革而生患矣。故圣人直决之曰"革之"，所以劝其断也。

张绍价曰：人欲有所施为，必有其时、有其位、有其才，而后可进而有为。《革》之六二，中正而无偏蔽，文明而尽事理，则有其才；应上而得权势，则有其位；体顺而无违悖，则有其时。时可位得才足，处《革》之至善者也。夫未信而谏，则上以为谤；未信而劳，则下以为厉。必待上下尽信而后革，故"巳日乃革之"，谨之至也。如是而进行其道，则吉而无咎，不进则失时而有咎矣。

17．［一］《鼎》之"有实"，乃人之有才业也。当慎所趋向，不慎所往，则亦蹈［二］于非义。［三］故曰："鼎有实，慎所之也。"[1]

[集校]

[一]《张解》本有"伊川曰"三字。

[二]"陷",一作"蹈"。(《茅注》)按,"蹈",《叶解》元刻本及其四库抄本、吴邦模刻本、《张解》本、《茅注》本、《江注》本及其四库抄本作"陷"。

[三]此条今见《周易程氏传》卷四《鼎传》,"故曰"以下文字无,此处或朱、吕编辑时节略。

[集注]

[1]杨注:伯邑据《鼎》之九二曰:"鼎有实,我仇有疾,不我能即,吉。"《象》曰:"鼎有实,慎所之也。我仇有疾,终无尤也。"

叶解:抱负才业,急于有为,每不暇谨择所向,则反为才业累矣,如荀彧之类是也。

张解:此程子释《鼎》九二《象》义也。九二以刚居中,为有实之象,如人之有才业固足贵也。然鼎以有实为贵,尤以不杂为美。初为阴爻与二比近,恐其杂以疾恶之味,乃非我之正应而为我之仇者。二能刚中自守,以上从六五之正应,而初之阴邪不得而杂之,是能慎所趋向。人之有才业者当如是也,不如是而昧于所往,则必陷身不义,反为才业所累,故其《象传》曰"鼎有实,慎所之也"。之,往也。荀彧之类,岂非殷鉴乎?

茅注:《鼎》九二《象传》。九二以刚居中,为鼎有实之象。二居中应中,不至失正,然与初阴密比,己虽自守以正,彼或迫以相求。如董卓曰"我力能族人",而蔡邕惧祸就征。华歆初与管幼安齐名,后从曹操主谋为首恶。盖利欲熏于中,祸患怵于外,失身从人,陷于不义,而不自知也。呜呼,可不戒哉!慎所之者,谓当从六五之正应,而虽以初阴之密比,有不得而昵就之也。此为人之有才业而急于自见者言之也。

[集评]

张习孔曰:《鼎》二刚中自守,盖贤者也,故自能"慎所之",所谓吾爱吾鼎也。

张绍价曰:人之有才业者,未值可为之时,而急于有为,往往不慎所趋向,陷于非义,身败名裂,贻讥千古。若班固之于窦宪,蔡邕之于董卓,荀彧之于曹操,皆是也。

18.[一]士之处高位,则有拯而无随。在下位,则有当拯,有当随,有拯之不得而后随。[1][二]

[**集校**]

[一]《张解》本有"伊川曰"三字。此条今见《周易程氏传》卷四《艮传》,下同。

[二]"士之"条,一本在"君子"条(按,本卷第19条)后。以上三条似是。(《考异》)

[**集注**]

[1] 杨注:伯嵒据《艮》之六二曰:"艮其腓,不拯其随,其心不快。"《象》曰:"不拯其随,未退听也。""六二居中得正,上无应援,不获其君矣。三居下之上,为止之主,主乎止者也。二之行止系乎所主,非得自由,故为腓之象,股动则腓随,止在股而不在腓也。二既不得以中正之道,拯救三之不中,则必勉而随之,不能拯而唯随焉。言不听,道不行,故其心不快,退听下从也。"今以在上者未能下从,所以不拯而唯从也。

叶解:《艮卦》六二传。在上位者,当以正君定国为己任,故有拯而无随;在下位者,职守所在,是当拯也;职所不及,是当随也。又有拯之不得而后随者,如孔子尝从大夫之列,故请讨陈恒,然不在其位,则亦随之而已。

张解:此程子释《艮》六二爻象也。拯,救正也。随,从也。《艮》之六二居中得正,为止其腓之象。腓,足肚也。而以过刚不中之九三止于其上,二体柔弱不能往而救正之,不得已而随从,所谓"拯之不得而后随"者也。位有上下,出于君相之措置;义当拯随,行乎吾心之可安。如处高位者,以正君定国为任,则有拯无随。在下位者,职之所在,则以拯为义,职之所不及,则以随为义,亦有不得拯而后随者,谓本欲行道,道既不行而身犹未可去,不得不委曲随从,以为可拯之地。如鲁人猎较,孔子亦猎较,请讨陈恒而不可,则亦随之。非依阿苟合也,所居之位然也。

茅注:在上位者,可以直行己志,故有拯无随。如必拯之而不得,则有去而已,不苟随也。若在下位,则有不得直行己志者矣,故有法所可为者,是当拯也,束于法而不得为者,是当随也。拯之不得而后随者,盖事所不便,则为之。请于上,上不见听,则于随之之中委曲调护,必于事无有所害而后可也,非徒曰随之而已。

[**集评**]

张习孔曰:有拯而无随,是贤者也。有当拯,有当随,则当择而处之矣。拯之不得,已违其志,况又从而随之乎?"守道不如守官",二葛不闻焉!

李文炤曰:《艮》六二爻辞"不拯其随",言《随》九三而不能拯之耳。今分拯、随为二事,非本旨也。

江永曰：拯者救其弊，随者随其失也。处高位不可坐视其失，在下位则有职所不及、力所不能者矣。

张绍价曰：此言士之居位，或拯或随，皆酌于义而已。

19. [一]"君子思不出其位"。位者，所处之分也。[1]万事各有其所，得其所，则止而安。若当行而止，当速而久，或过或不及，皆出其位也，况逾分非据乎？[2]

[集校]

[一]《张解》本有"伊川曰"三字。

[集注]

[1]杨注：伯岊据《艮》之《象》曰："兼山，艮。君子以思不出其位。"

[2]杨注：伯岊据明道先生见寺墙上书"要不闷，守本分"，云"此是好语"。

叶解：《艮卦·象传》。位者，所处当然之分也。处之不逾其分，是不出其位也。所谓止者，当其分而已。苟当行而止，当速而久，或过或不及，皆为出位，而非得其止者也。况逾越常分，据非所据者，乃出位之尤者也。

张解：此程子释《艮卦·象辞》也。《艮》为山，两山并立，有各止其所之象。位者，所处之分，即所谓"所"也。天下万事各有其所，常人思在位外，而反遗乎位之理。君子思不出其位，则能致专一之思，以精求至善之用，是谓"得其所，则止而安"者也。如行止久速，皆有一定不易为所当止之位，或过或不及，则非止于其所而为出位矣。

李解：释《艮·大象》之意。逾分非据，出位之尤者也。

茅注：分，音问。"君子思不出其位"，《艮·象传》文也。下则程子所以释其意如此。

[集评]

张习孔曰：君子素其位而行，行无歉乎其位，所谓"不出其位"也。先生以行止久速解"不出其位"，深合动静不失其时之旨。

张绍价曰：或拯或随，各视其位。位之所在，即义之所在。"'君子思不出其位'。位者，所处之分也。"大而纲常名教，小而事物细微，各有义理当然之极，为人所当止之位。人能止所当止，随遇而安，自无出位之讥。"若当行而止，当速而久，或过或不及，皆为出位"。况逾越常分，据非所据，又为出位之尤者乎！

20.^{〔一〕}人之止，难于久终，故节或移于晚，守或失于终，事或废于久，人之所同患也。《艮》之^{〔二〕}上九，敦厚于终，止道之至善也，^{〔三〕}故曰："敦艮，吉。"[1]

[集校]

〔一〕《张解》本有"伊川曰"三字。

〔二〕"上"上，《周易程氏传》卷四《艮传》无"《艮》之"，此或朱、吕节略。

〔三〕"也"下，《艮传》无"故曰：敦艮，吉"，此或朱、吕节略。

[集注]

[1] 杨注：伯嵒据《艮》之上九曰："敦艮，吉。"《象》曰："敦艮之吉，以厚终也。"

叶解：人之止，易于暂而难于久，易于始而难于终。《艮》之上九，止之终也。止道愈厚，是以吉也。

张解：此释《艮卦》上九爻《传》也。敦，厚也。上九以阳刚居止之极，有敦厚于止之象。大凡人之止，难于终如其始，故节移于晚则丧其节，守失于终则夺其守，事废于久则虚其事，皆不笃实之故。《艮》体笃实，上爻居终，愈久不变，见精守定，止至善之极功也，何吉如之！

茅注：敦，笃实也。项氏曰："上九与三相类，皆一卦之主，然九三当上下之交时，不可止而止，故危。上九当全卦之极，时可止而止，故吉。"

[集评]

张习孔曰：大人之止至善，圣人之安汝止，上九当之。

张绍价曰：人之安于所止，暂易而久难，始易而终难。《艮》之上九，有阳刚之德，敦厚于终，安于义理之当然，历久不变，物莫能夺，止道之至善者也。

21.《中孚》之初九曰："虞吉。"《象》曰："志未变也。"《传》曰^{〔一〕}：当信之始，志未有所从，而虞度所信，则得其正，是以吉也。[1]^{〔二〕}志有所从，则是变动，虞之不得其正矣。[2]

[集校]

〔一〕"传"上，《张解》本、《叶解》四库抄本有"伊川易"三字。"当"上的爻象辞文字，或为朱、吕节略。

〔二〕此条今见《周易程氏传》卷四《中孚传》，"志"上有"盖其志未有变动”七字。

[集注]

[1] 茅注：信，就《中孚》而言。始，谓初爻也。未有所从，如孔明之躬耕南阳，不求闻达于诸侯是也。所信，谓于义可从，而其人又可与有为者也，如孔明之从昭烈是也。虞度所信，如孔明之必待三顾乃见是也。

[2] 叶解：处卦之初，未有所从，则中无私系，虞度所信，得其正矣。苟志有所系，则好恶成于中，是非变于外，所度者牵于私意，安能得其正哉？

张解：此程子释《中孚》初九爻象也。孚，信也。虞，度也。相信之道，当审于始，初九居《中孚》之始，志未有他岐，中怀无妄，于此度其所以可信者，必能详审而得其正，是以为吉。若志有所从，则恐牵于偏系之私，而好恶成于中，是非淆于外，必易变动，而失其所度之正矣，何吉之有？故《象》曰“志未变”者，坚之之词，亦危之之词也。

李解：变动则或信非所信矣。

茅注：度，待洛反。志有所从，而后为之虞度其可否焉，则是变动不常矣，岂为得其正乎？

[集评]

陈沆曰：同一虞度，未有所从而虞，则因不失其亲；既有所从而虞，则私意起而反惑。蔡氏谓只从初上说道理是也。

管赞程曰：自“《晋》之初六”至此为一章，言为臣当守正而不阿，处困穷而不变。

张绍价曰：人之所止，当要其终；人之相信，贵慎其始。……《中孚》之初，志未有他，虚静无私，当酌之于义。度其可信者而信之，则因不失亲，得正而吉。若有他志，则中有私系，变动而失其正矣。价按，自“《晋》之初六”至此为一段，言君子出处进退，皆决之于义。安其正命，笃志固守，而不可少变也。

22. [一]贤者惟知义而已，命在其中。中人以下，乃以命处义。[1]如言“求之有道，得之有命，是求无益于得”，知命之不可求，故自处以不求。[2]若贤者则求之以道，得之以义，不必言命。[3]

[集校]

[一]《张解》本有“伊川曰”三字。陈荣捷云：“《遗书》卷二上，页四下，不指明为何人语。此处作伊川语。宇都宫遯庵《鳌头近思录》与泽田武冈

《近思录说略》均谓依《遗书》乃明道语，不知何据。"(《陈论》)按，此条今见《河南程氏遗书》卷二上《元丰己未吕与叔东见二先生语》，下同。

[集注]

[1]叶解：命者，穷达夭寿，出于气质，有必然之数。义者，是非可否本乎天理，有当然之宜。贤者惟知义之当然，命固在其中矣。中人以下，于义未能真知而安行，然知命之已定，则亦不敢越义以妄求，故曰"以命处义"。

张解：命者，穷达屈伸，主之于天。义者，是非可否，断之于己。贤者唯知己有当然之理，本乎心，达乎事，而因以决吾身之去就取舍，命非所计也。究之所以立命者，即在尽义之中。若中人以下，于义未能真知，而以安命之说制之。谓命定于有生之初，非我所能为，则亦不敢越义妄行，乃是以命处义也。语有之曰"义所以责贤者，命所以安中人"是也。

茅注：贤者知义，则自然安命；中人以下知命，则自不为非义。二者高下虽不同，其素位而行，不愿乎外，则一也。

[2]叶解：孟子所谓"求之有道"，谓不可以苟求也；"得之有命"，谓不可以幸得也；"是求无益于得"者，谓得非可以求而遂也。此言，要亦为中人以下者设尔。

张解：唯命为中人言之，是以圣贤教人勿求富贵利达，未与论义不义，但与计益不益。曰求有道，则不可妄求矣；曰得有命，则不可必得矣。求之无益，如此则人亦知以命处义，而求之之心庶乎其自止也。

茅注：说见《孟子》。此所谓中人以命处义者也。程子又曰："孟子之言，犹只为中人言之。若为中人以上而言，却只道求之有道，非道则不求，更不消言命也。"

[3]杨注：《遗书》，下同。

叶解：求之必以道，不枉道以求之也。得之必以义，不非义而受之也。所求所得惟道与义而已，命何足道哉？愚谓命虽定于事物之先，实显于事物之后。义虽因事物而有，实著于应酬之时，如去就辞受之间，要决于义也，而后命从之以显。苟应事之时，欲以命决之，其可乎？故君子求之道义而已，命不必言也。

张解：若夫知义之贤者，则固不必信于命而后决也。内重则外轻，何尝有意于必求？借曰求之，其求亦以道耳。禄在其中，亦或有时得之，然必无不当得而得者，其得盖以义耳。道即义，道属天理之自然，义兼人心之裁制，故对求与得而分言之。其实求以道，则得便是以义，无两意。此所谓"道"与上文"求之有道"意异，上言不可妄求，此言揆之于理。

茅注：求之以道，不枉道而妄求也；得之以义，不非义而苟得也。此所谓贤者知义而命在其中者也。张氏曰："吴忠节公常言'要穷就穷，要死就死'，所以后来能以身殉国。盖人之失身，只为怕穷怕死，所以无所不至。"

江注：朱子曰："君子之所急当先义，语义则命在其中，如'行一不义、杀一不辜而得天下，不为'，此只说义。若不恤义，惟命是恃，则命可取有得，虽万钟有不辨礼义而受之矣。义有可取，如为养亲，于义合取，而有不得，则当归之命尔。"

[集评]

朱子曰：程子言义不言命之说，有功于学者，亦前圣所未发之一端也。
（《李解》）

张习孔曰：贤者求之以道，道谓尽吾所以求之事。如患所以立，求为可知是也。义即命字，但言命，有诿而自弃者。言义，则有自修工夫在。先生谓中人以下，知命不可求，故自处以不求。此不求者，当求者乎，抑不当求者乎？且未尝求之，何以便知其不可求也？贤者则问其当求不当求耳。苟在当求，则孔子之栖栖皇皇以求合，未尝不可也。道之不行，已知之矣，岂可以命而自诿乎！

张绍价曰：贤者惟知义之当然，而无计较利害之私。义之所在，即命之所在，故曰"命在其中"。中人不知义之当然，但能知命之有定，而不敢妄求，则亦可不大悖于义，故曰"以命处义"。

钱穆曰：此条伊川辨义命有极深意。……今人则不信命，不尚义，遂多求，而离于道，此更要不得。（《随劄》）

23. [一]人之于患难，只有一个处置，尽人谋之后，却须泰然处之。有人遇一事，则心心[二]念念不肯捨[三]，毕竟何益？若不会处置了，放下便是，无义无命也。[1]

[集校]

[一]《张解》本有"伊川曰"三字。

[二]后一"心"字，《叶解》元刻本作"必"。

[三]"捨"，《江注》四库抄本作"捻"。

[集注]

[1]叶解：人遇患难，但当审所以处之之道，所谓义也。若夫处置之后在己无阙，则亦安之而已，成败利钝亦无如之何，所谓命也。或遇事不能处

置,是无义也;或处置了而不能放下,是无命也。

张解:此言素患难行乎患难而不愿其外也。人不幸而遇患难,皆天所命,只有一个处置之方,所谓义也。义有当趋者,义有当避者,义有当维持调获者,须尽人事之所当谋。既谋之后,在我无阙,成败利钝,泰然安之于命可也。若遇此等事,脚忙手乱,只管怨天尤人,横着胸中,念念不舍,究归何益?……岂所以处患难之道哉?

李解:难,去声。朱子曰:"处置者,求合乎义也。放下者,顺受乎命也。"

茅注:只有一个处置,是义也;尽人谋之后,却须泰然处之,是命也。心心念念不肯舍,是无命也;不会处置了,放下,是无义也。

贝原笃信曰:"处置"者,初处之以义也。"放下"者,既处了而安命也,非一夺事。

[集评]

张习孔曰:人谋之后,再无可为,方说得一"尽"字。此时则当泰然放下,若张巡之御敌,直至西向拜时,方得放下也。

茅星来曰:自首句至"泰然处之",言处患难之道当如此。"有人遇一事"以下,则言人之未尽其道者也。

24. [一]门人有居太学而欲归应乡举者。问其故,曰:"蔡人赕习《戴记》,决科之利也。"[1] [二]先生曰:汝之是心,已不可入于尧舜之道矣。[2]夫子贡之高识,曷尝规规于货利哉?特于丰约之间,不能无留情耳。且贫富有命,彼乃留情于其间,多见其不信道也,故圣人谓之"不受命"。有志于道者,要当去此心,而后可[三]语也。[3]

[集校]

[一] 卷四,据原注伊川语。(《冯记》)按,"门人"上,《张解》本有"伊川之"三字。

[二] 此条今见《河南程氏遗书》卷四《游定夫所录》,"先生"上的文句,与本条并非完全一样,而语意相近。或编辑时改动。

[三] "语"上,吕本无"与"字。(《茅注》)各本无"与"字,洪本及汪、施本有,今从之。(《王记》)"可"下,一有"与"字。(朝刊《近思录》)按,"可"下,《叶解》四库抄本、《茅注》本有"与"。

[集注]

　　[1]茅注：尠，苏典反，今通作"鲜"。蔡，州名。上蔡，其属县也，宋为淮康军节度，属京西北路，今河南汝宁府。尠，少也。按，《遗书》游录云："人有习他经，既而舍之，习《戴记》。问其故，曰：'决科之利也。'"与此小异。

　　[2]叶解：尠，甚少也。得失有命，妄起计度之私，是利心也，故不可入尧舜之道。

　　张解：此言人之应举，不可有利心也。朝廷设科，固以问功名之路；士子应举，止自尽学问之长。伊川之门人，盖蔡人而来居太学者。此处就试亦可见知，岂京师无宾兴之期，而欲归蔡乡举耶？伊川问其故，乃以蔡人尠习《戴记》，为决科之利，故不惮仆仆欲归耳。抑思穷经，将以致用也。圣贤所垂经世之书，只为侥幸梯荣之阶，是不知义命而工于谋利者，此心岂可以入道？道者，尧舜以来相传之道，纯乎天理而无一毫人欲之私者也。兹则满腔都是人欲，故伊川斥言之。

　　[3]叶解：谓不能安受乎天命，而有心于贫富也。

　　张解：因引夫子之论子贡者以罪之。夫以见识之高如子贡，岂如今之规规计锱铢者，一心谋道，复一心谋食？特于丰约之见未忘，不免留情耳。夫财之丰者，富也；财之约者，贫也。命定之矣。子贡留情其间，便非笃信于道者，故圣人谓之"不受命"。命非人所得为，不怕他不受，只著些计较安排，便是不受。有此心事，志趣不高，把持不定，故有志于道者，要当去了此心也。《集注》谓子贡闻性天后必不为此，大约是早年事耳。夫以家计货殖，即不为圣人所许，况功名傥来，何所加损？惢慄即士品之卑，贪躁更儒行之贱。近世夤缘丐钻，蝇营狗苟，奔走若狂，以视归应乡举，较量难易者何如，尚可与之入道哉？

　　李解：夫，音扶。去，上声。门人，谓谢显道。……决科、货殖，皆同一利心，非信道之笃者也。朱子曰："此可警学者计较之私，日用之间所当深察。"

　　茅注：见游定夫所录二先生语，祁宽所记尹和靖语亦同，注谓谢上蔡事。一本云："明道知扶沟县事，伊川侍行，谢显道将归应举。伊川曰：'何不止试于太学？'曰：'蔡人尠习《礼记》，决科之利也。'先生云云，显道乃止，是岁登第。"注云："尹子言其详如此。"惟吕坚中所记尹和靖语作游定夫事，误也。

[集评]

　　尝论科举云：非是科举累人，自是人累科举。若高见远识之士，读圣贤之书,据吾所见而为文以应之,得失厉害置之度外,虽日日应举,亦不累也。居今之世,使孔子复生,也不免应举,然岂能累孔子邪?(《语类》卷十三)

张卓庵曰:学者多言治生为急,观孔子称回之屡空,而不取赐之货殖,则知治生之说,终是后人怕饿死,非"志士不忘在沟壑"之义。他人无识见者,不知为"治生"两字坏却多少,宜急取孔子之言正之。(《茅注》)

张习孔曰:朱子常言科举坏人心术,即先生之意也。

张绍价曰:人之不能安于义命者,动于利也。得失有命,居太学则应举于京可矣。乃因蔡人欶习《戴记》,而欲归应乡举,以求决科之利。不知命无以为,君子有计利之心,即不可入于尧舜之道矣。子贡货殖,留情丰约之间,信道不笃,故圣人谓之"不受命"。有志于道者,必尽去其利之心,而后能以义命自安,可与语道也。

25.[一]人苟有"朝闻道,夕死可矣"之志,则不肯一日安于所不安也。[1]何止一日,须臾不能。如曾子易箦,须要如此乃安。[2]人不能若此者,只为不见实理。实理者,实见得是,实见得非。[3]凡实理得之于心自别,若耳闻口道者,心实不见。若见得,必不肯安于所不安。[4]人之一身,尽有所不肯为,及至他事又不然。若士者,虽杀之使为穿窬,必不为,其他事未必然。至如执卷者,莫不知说礼义。又如王公大人,皆能言轩冕外物,及其临利害,则不知就义理,却就富贵。如此者,只是说得,不实见。及其蹈水火,则人皆避之,是实见得。须是有"见不善如探汤"之心,则自然别。昔曾经伤于虎者,他人语虎,则虽三尺童子[二],皆知虎之可畏,终不似曾经伤者,神色慑惧,至诚畏之,是实见得也。[5]得之于心,是谓有得[三],不待勉强,然学者则须勉强。[6]古人有捐躯殒命者,若不实见得,则乌能如此?须是实见得,生不重于义,生不安于死也。故有杀身成仁,只是成就一个是而已。[7]

[集校]

[一]卷十五,伊川语。(《冯记》)按,"人"上,《张解》本有"伊川曰"三字。此条今见《河南程氏遗书》卷十五《入闽语录》。

[二]"之童",吕本作"童子"。《遗书》同。(《茅注》)"童子",叶作"之童"。(《冯记》)"三尺之童",吕本"之童"作"童子"。(《异同考》)按,"童子",

《张解》本、《叶解》四库抄本、《茅注》本作"之童"。

［三］"德"，杨本作"得"。(《茅注》)按，"得"，《叶解》元刻本及其四库抄本、吴邦模刻本、《张解》本、《茅注》本、《江注》本及其四库抄本作"德"。

［**集注**］

［1］杨注：闻，学妙矣。子贡游夫子之门，盖日闻所不闻矣，乃曰"性与天道，不可得而闻"。盖不以口传耳授为闻，而以了悟为闻也。夫子恐学者守易晓之空言，而不闻至精至赜之道也，故曰"朝闻道，夕死可矣"。

［2］叶解：朱子曰："道者，事物当然之理。苟得闻之，则生顺死安，无复遗恨矣。"

张解：此程子欲人心安义理，而勿安于所不安也。因引《论语》"朝闻道，夕死可"之句，以为道者义理之当然也，闻者真知义理之当然，而造次颠沛必于是也。人苟积平昔研索涵养之功，至于一旦沛然有得而闻乎道，则一切事理见真守定，全生全归，夕死可矣。存得此志，必不肯一日安于所不安也。盖弃义悖理，是所不安；偷生苟荣，是安于所不安。闻道之后，无论一日安之，有所不可；即须臾安之，亦有所不能。如曾子病革易箦之夕，只须臾耳，必要得正而毙，不肯安于华皖之箦，非矫也，如此乃安耳。是曾子之闻道也，人何不以曾子为法耶！

江注：朱子曰："程子引易箦之事，盖以道之重于生，明正之安于死，言有夫子所言之志，而后能有曾子所处之事耳。非以闻道便为得正，亦非以闻道而得正者，便无馀事而可以死也。"问："曾子易箦，当时若差了这一着，唤做闻道不闻道？"曰："不论易箦与不易箦，只论他平日是闻道与不闻道。平日已是闻道，那时万一照管不到，也无奈何。"问："若果已闻道，到那时也不曾放过？"曰："那时是正终大事，既见得，自然不放过。"

价解：人之不信道者，由于实理之未见。道者，事理当然之理，实见其理，而无毫发之疑，始可谓之闻道。不闻道，虽久生何益？闻道虽夕死无憾。人苟有"朝闻道，夕死可矣"之志，则必不使不仁者加乎其身，安肯一日安于所不安，如曾子临殁，生死呼吸之际，而不肯安于大夫之箦，必易之而后安也。

［3］叶解：朱子曰："实理与实见不同，恐记录漏字。"愚谓，本以人心见处而言。推实见是非之理，然后为实理。盖理无不实，但见有不实耳。

张解：大抵人之不能如曾子而安于所不安者，非有他故，只为未闻道而于实理不曾见得耳。见即闻也，闻则实见其是非而得之于心矣。

茅注：为，去声。说见《论语》及《檀弓》。或曰："实理者指理而言也，实见者指见而言也。"曰："善。"

江注：朱子曰："伊川说实理有不可晓处，云'实见得是，实见得非'，恐是记者之误。'见'字上必有漏落。理自是理，见自是见。"……永按，叶氏说亦可通。

价解：人之安于所不安者，只为未见实理。……实见，即程子所谓真知也。实见得是，真知善之当为，必为之而后安。实见得非，真知恶之当去，必去之而后安，又焉肯一日安于所不安哉？

[4] 李解：易、为，并去声。朱子曰："盖物物有实理，人须是实见得。"愚谓，所谓实见，即真知也，故得之于心而非口耳所及，程子所以合言之欤。

[5] 叶解：此一节反复推明实见之理，最为亲切。学者要亦察理之明，立志之刚，知行并进，豁然有悟，然后所见为实见。充其所见，死生利害皆不足以移之矣。

张解：自此以下反覆推明，皆言人有实见则得于心，其不得于心者，不见者也。凡实理得之于心，自有一段磊落俊伟之象，光明正大之气，与徒耳闻口道者不同。盖耳闻口道者，不过道听途说，心里终欠明白，所以谓之不见。若见得则心必安于是，必不安于非，那肯安于所不安乎？夫人无论智愚，当身尽有所不为，所谓羞恶之心也。但不能达于所为，故至他事又未必然。如士尝读书识义理，一旦使为穿壁窬墙之盗，吾知虽杀之亦必耻而不为矣。此心正无穿窬之心，义之所当充者也。奈何为他事，则有类于穿窬而亦为之者，此何说也？又如执卷读书者，礼义是口头惯说的；为王公大人者，轩冕已极，亦会说是没紧要的。就其言观之，似能了然于义理富贵之际，及其利害关心，不就义理却就富贵，此又何说也？凡如此类总是心无实见耳。所谓实见云者，如蹈水火而畏伤，避之惟恐不速，《语》云"见不善如探汤"是也。诚能如是，见地自别。譬如猛虎，三尺童子皆知畏之，然曾有经伤于虎者，则与徒聚谈虎者，又另有一样神色。何则？实见与未实见之殊也。实见水火，不避不能；实见虎，不惧不得；实见道，不安不肯。甚矣，实见之者之鲜其人也！

李解：语，去声。

价解：实理得之于心，知之真斯行之力，安于所当安，必不肯安于所不安。耳闻口道者，道听途说，并无真见实得，故平日亦知说礼义。及临利害，则不知就义理而就富贵。人之见理，必如曾经伤于虎者，神色慑惧，至诚畏之，然后乃为实见也。

[6] 江注：朱子曰："这'不待勉强'，不是不勉而中，从容中道，只是见

得通透,做得顺便,如所谓乐循理底意思。"

价解:实理得之于心,真知而笃好之。如恶恶臭,如好好色,何待勉强?在初学则须勉强,然后可望有实得也。

[7]叶解:心有实见而后谓之有德,此则不待勉强。学者实见有所未尽,则亦勉而行之可也。

张解:苟有其人,是行道而有得于心者,则谓"有德"。有德之人,不待勉强,自安于是,不安于非。然此乃学问纯熟之后,非可为始学例也。学者之初,必须从事择执,用勉强工夫,以求所谓道者。而实见之,方不为富贵利害所移。古人有轻生不惜死者,若非实见乌能如此?彼实见得义为重而生为轻,则生不安而死为安也。故有杀身成仁,岂以仁为美名而市之哉?只成就一个是而已。反乎是则为非,是非之关道之大闲,闻者闻此而已,见者见此而已。人虽不肖,必无甘蹈于非而自以为是之理,不能察识其本心而扩充之,汩没一生,空死无闻,得罪天地。程子谆谆提醒,其如人心之聋瞆,何哉?可慨也!

李解:朱子曰:"困厄有重轻,力量有大小。若能一日十二时辰检点自己,念虑动作都是合宜,仰不愧,俯不怍。如此而不幸填沟壑、丧躯命都不暇恤,只成就一个是处。如此则方寸之间全是天理,虽遇大困阨,有致命遂志而已,亦不知有人之是非向背,惟其是而已。"

茅注:强,并区两反。

价解:死生亦大矣。人之捐躯殒命者,实见得义重于生,死安于生。生则一日不能安,必死而后安,乃能如是耳。杀身成仁,舍生取义,心安理得,只成就一个是而已。

[集评]

问:"朝闻道,夕死可矣。"曰:所谓夕死可者,特举其大者而言耳。盖苟得闻道,则事无大小,皆可处得。富贵贫贱,无所往而不可。故虽死,亦有死之道也。(《语类》卷二十六)

朱子曰:伊川曰:"实理者,实见得是,实见得非。"实理与实见不同。今合说,必记录有误。盖有那实理,人须是实见得。见得恁地确定,便有实见得,有都闲了。(《语类》卷九十七)

朱子曰:致知便要穷究彻底,真见得决定如此。程子虎伤之譬,甚好。今人行到五分,便是他只知得五分。譬诸穿窬,稍是个人便不肯做,盖真知穿窬之不善也。虎伤事亦然。(《江注》)

朱子曰:曾见人解"杀身成仁",言杀身者所以全性命之理。人当杀身时,何暇更思量我是全性命之理? 只为死便是,生便不是。不过就一个是,故伊川说"生不安于死"。至于全其性命之理,乃是旁人看他说底话,非是其人杀身时有此意也。(同上)

张习孔曰: 先生此言显明剀切,诚度世津梁也。"不实见得"之言,发圣人之所未发,却又是圣人所含之意。圣人曰"如恶恶臭,如好好色",以其实见得也。"君子喻义,小人喻利","喻"字即是实见得。王公大人只就富贵,只为他实见得富贵之妙耳。然何以只实见得富贵,不实见得义理? 此却是无学问之功,师友之辅,风教之渐磨也。

26. [一]孟子辨舜、跖之分,只在义利之间。言间者,谓相去不甚远,所争毫末尔。[1]义与利,只是个公与私也。才出义,便以利言也。[2] [二]只那计较,便是为有利害。若无利害,何用计较? 利害者,天下之常情也。人皆知趋利而避害,圣人则更不论利害,惟看义当为不当为,便是命在其中也。[3]

[集校]

[一]《张解》本有"伊川曰"三字。此条今见《河南程氏遗书》卷十七,下同。

[二]"只"以下文字,《张传》本另起一行单列刻印,似别作一条。

[集注]

[1]杨注:"惟圣罔念作狂,惟狂克念作圣。"圣狂相去何啻霄壤,而特在一念之间。然则一念在义则为舜,一念在利为跖,舜、跖之分不待见诸行事也,顾所念虑者如何耳。

[2]张传: 舜、跖之相去,何止天渊! 而其间只争毫末,危哉! 微哉!

[3]叶解: 张南轩曰:"无所为而为之者,义也;有所为而为之者,利也。"愚谓,义之与利,始于毫厘之差,实则霄壤之判。有心于计较利害者,即是人欲之私,有所为而为者也。不论利害,惟义所在者,即是天理之公,无所为而为者也。圣人惟义之从,固不论利害。况义如是,则命亦当如是,又何趋避之有?

张解: 此辨义利于心术之微,以发明《孟子》之意也。……分,以地位之相悬言;间,以彼此之初判言。初判只毫厘之差,而相悬有千里之谬,只争"公"、"私"两个字。公是天理,私是人欲,天理人欲中间站立不得,才出此便入彼。故同一事也,著那计较念头,便是私心,为利害起见,而不循天理之安者。若无利害,物来顺应,独往独来,则计较何用?大抵利害者,人之常情也。常情为此二字挂搭,不肯放下,是以趋避之术生,有日流于跖而不自知者。圣人则惟见义而已,义所当趋,虽害不避;义所当避,虽利不趋。盖知利不可苟得,害不可苟免,便是命在其中。此圣人定命之学,即圣人精义之学也。舜之为舜,何以加兹?

李解:"为有"之"为",去声。

贝原笃信曰:无所为而为之者,只知从当然之理,而不为利害而为之也。虽公天下事,以私意为之者,非善也。

[集评]

杨氏曰:舜、跖之分,固只在义利之间。然讲之不熟,见之不明,未有不以利为义者,又学者所当深察也。(《茅注》)

张习孔曰:此所谓"正其谊,不谋其利"也。

张绍价曰:义利之间,相去只争毫末,必实理有得于心,乃能辨其公与私也。

泽田希曰:程子以"义"字换"善"字,盖"善"字泛,"义"字切,且对"利"字最的当也。

27.[一]大凡儒者,未敢望深造于道,且只得所存正,分别善恶,识廉耻。如此等人多,亦须渐好。[1]

[集校]

[一]《张解》本有"伊川曰"三字。

[集注]

[1]张解:此程子望人渐进于道,而以其所存决之也。大凡心为学问所从出,彼深造于道而不已其功者,此好学之儒未敢遽望,且只得存心端正,好善恶恶,知廉识耻。虽致知力行,尚须察识扩充之功,循序渐进,必假岁月积累之久。但如此等,人到底渐好。盖心正则无邪念,无邪念则无岐趋,无岐趋则无倦志,以之深造不难矣,能无于斯人有望哉?

茅注:别,必列反。所存正,谓所存于心者正也。如利禄不以动其心,耳目口体之欲不以系其怀,皆是。此以体之存而言。"分别善恶"二句,以用之发而言。盖所存正则其本立,分别善恶则知所择,识廉耻则能自守。

[集评]

张习孔曰:此先生救世之言。盖深痛世风,而望胜残去杀也。

张绍价曰：见得实理，惟义之从，深造于道者也，未易遽望之学者也。但只心术趋向，所存者正，分别善恶而有识见，识廉耻而有操守。此等人多，亦须渐好。

28. 赵景平问[一]："'子罕言利[二]'，所谓利者，何利？"曰：不独财利之利，凡有利心便不可。如作一事，须寻自家稳便处，皆利心也。[1]圣人以义为利，义安处便为利。[2]如释氏之学，皆本于利，故便不是。[3]

[集校]

[一] "问"下，一本无"伊川曰"三字。（《茅注》）"问"，叶下增"伊川曰"三字。（《冯记》）按，"问"下，《张解》本、《叶解》四库抄本、《茅注》本有"伊川曰"三字。

[二] 此条今见《河南程氏遗书》卷十六《己巳冬所闻》，"利"下有"与命与仁"。或朱、吕辑录时删去。

[集注]

[1] 李解：朱子曰："如此，则善利之间相去毫发，苟辩之不明，其不以利为善者，鲜矣！此《大学》之道以诚意正心为重，必以格物致知为先也。"

[2] 叶解：圣人处义不计其利，然事当乎义，处之而安，乃所以为利也。

张解：赵景平，程子弟子。景平亦心知圣人之"罕言利"者，必不独财利之利，故以为问。盖财利之利，浅而易晓也。程子就人心上剖析，其旨微矣。盖存一利心，便只知有己，徇己之欲，即如作一事要寻自家稳便处，便于己者未必便于人，即未必便于理，岂非利心？岂不害义？圣人惟知有义而已，义安处便为利。所谓利者义之和也。事理得宜，处之而安，乃义之和，利莫大焉。单言义，则利在其中，可以不言所利，若对义而言，则为害甚大，夫子所以罕言之也。

茅注：赵景平，名、字、爵里未详。

[3] 叶解：释氏恶死，则欲无生；恶物欲乱心，则绝灭人伦。推其本心，惟欲利己而已，是贼义之大者。

张解：释氏空诸色相，似非言利，而不知其为自私自利之尤者也。以人伦为可灭绝，以山河大地为见病，皆是要寻自家稳便处。且念佛是要求福，布施是要免灾，得道是要超脱苦海，岂非皆本于利？说愈精，害义愈甚，儒者所当力辟也。

李解：朱子曰："只万物各得其分，便是利。所谓利者，义利之私也。"又曰："释氏要空妄心见真性，惟恐死而失之，非自私而何？是犹所谓'廉贾五之'，不可不谓之货殖也。"

［集评］

问：程子曰："义安处便为利"，只是当然而然，便安否？曰：是也。只万物各得其分，便是利。君得其为君，臣得其为臣，父得其为父，子得其为子，何利如之！此"利"字，即《易》所谓"利者义之和"，利便是义之和处。然那句解得不似此语却亲切，正好去解那句。义初似不和而却和：截然不可犯，似不和；分别后万物各得其所，便是和。不和生于不义，义则和而无不利矣。（《语类》卷九十六）

29. 问："邢七[一]久从先生，想都无知识，后来极狼狈。"先生[二]曰：谓之全无知则不可，只是义理不能胜[三]利欲之心，便至如此也[四]。[1]

［集校］

　　［一］"恕"，吕本作"七"。（《茅注》）"七"，叶作"恕"。（《冯记》）"邢七"，叶本作"恕"。（《考异》）吕本"恕"作"七"。（《异同考》）按，"七"，《张传》本、《张解》本、《叶解》四库抄本、《李解》本、《茅注》本作"恕"。

　　［二］"先生"，《张解》本作"伊川"。此条今见《河南程氏遗书》卷十九《杨遵道录》，题下注云"伊川先生语"。

　　［三］"胜"下，叶本有"其"字。（《茅注》）"胜"，叶下增"其"字。（《冯记》）按，"胜"下，《张解》本、《叶解》四库抄本有"其"字。

　　［四］"此"下，吕本有"也"字。（《茅注》）"也"，叶无此字。（《冯记》）吕本"此"下有"也"字。（《异同考》）一无"也"字。（朝刊《近思录》）按，《叶解》元刻本及其四库抄本、《张传》本、《张解》本、《茅注》本无"也"字。

［集注］

　　［1］叶解：邢恕事，见国史及《语录》。

张解：他且勿论，即如洛党祸兴，尽弃所学，又从而诪构之。程子编管涪州，谢良佐以为族子公孙及邢恕之所为狼狈极矣。或问："从学已久，何至于此？想其从学时都无知识，教无所施，故有后来之狼狈耳。"程子谓："非全无知，缘他知得不真切，易为利欲所汩没，而本来义理之心不足以胜之。是以天理日消，人欲日长，便至如此，圣门所以重克治也。"

李解：邢恕，为四凶之一。狼前足短，狈后足短，其走多颠蹶，故以为失行之喻。朱子曰："斯言也，以责人言之则恕，以教人言之则切。"

茅注：此谢上蔡问而伊川答之也。恕朋比蔡京、章惇诸奸，诬宣仁有废立意，同文之狱，组织万端，祸几莫测。详见《宋史》。朱子曰："他有意为恶，又济之以才，故罪过多。"

江注：邢七，邢恕也，附章惇为恶。

[集评]

张习孔曰：岂惟一邢恕而已哉？人人俱当猛省。

张绍价曰：聪明才智之士，从师受学之初，非必全无知识；惟一入仕途，富贵念重，操守不定，义理之心日微，利欲之心日炽，遂至附炎趋势，无恶不作。君子之学，所以贵于有识，尤必贵有守也。

贝原笃信曰：学者当使义理胜利欲之心，义理胜利欲之心，是学问之功也。不然，说话而已。

30. 谢湜自蜀之京师，过洛而见程子。子曰：尔将何之？曰："将试教官。"子弗[一]答。湜曰："如何[二]？"子曰：吾尝买婢，欲试之，其母怒而弗许，曰："吾女非可试者也。"今尔求为人师而试之，必为此媪笑也。湜遂不行。[1][三]

[集校]

[一]"不答"之"不"，吕本作"弗"。（《茅注》）"弗"叶作"不"。（《冯记》）"子弗答"，叶本作"不"。（《考异》）按，《张解》本、《叶解》四库抄本、《茅注》本作"不"。

[二]"如何"，《叶解》元刻本及其四库抄本、吴邦模刻本、《张解》本、《茅注》本、《江注》本及其四库抄本作"何如"。

[三]此条今见《河南程氏遗书》卷二十一上《师说》。

[集注]

[1]张传：可见师友夹辅之功，为益实大。

张解：谢湜，程子弟子。儒者有席上之珍以待聘。往京就试，自荐自媒，卑陋已甚，况求为人师乎？程子买婢之喻，其所以讽之者，切矣。噫！"女非可试"，媪犹能为此言，乃今有求试而不得者，有试辄见斥而易术诡遇者，又有全无可试之具，而钻请干谒、巧于营进者。盖不胜江河日下之感矣！

茅注：湜，音直。……媪，乌考反。谢湜，字持正，金堂人。元丰进士，官至国子博士。一本云："湜不能用"。又曰："湜求见者三,不许,因陈经正以请。先生云:'闻其来问《易》,遂为说以献贵人。'注:献蔡卜,如'用脱桎梏'之类。"按,《宋志》:初,内外学官多朝廷特注,后稍令国子监取其旧试艺等格优者用之。熙宁八年始立教授试法,即舍人院召试大义五道,元祐中罢试法。

[集评]

有少年试教官。先生曰:公如何须要去试教官? 如今最没道理,是教人怀牒来试讨教官。某尝经历诸州,教官都是许多小儿子,未生髭须;入学底多是老大底人,如何服得? 某思量,须是立个定制,非四十以上不得任教官。(《语类》卷一百九)

张伯行曰:谢湜纡其途以见师,闻师言而遂止,岂非笃学君子可为今世之仪刑者乎?

张绍价曰:教官一职,所关綦重。士之有道有德者,朝廷命以此官,然后可为人师。若教官而以考试得之,是急于利禄,而不计义之可否,何以为人师哉? 昔之训导教谕,出自捐纳;今之校长教员,出自运动。卑污苟贱,廉耻扫地,使程子见之,又将以为何如也!

31. [一]先生在讲筵,[二]不曾请俸。诸公遂牒户部,问不支俸钱。[1]户部索[三]前任历子,先生云:"某起自草莱,无前任历子。"[2](旧注:旧例,初入京官时,用下状出给料钱历。先生不请[四],其[五]意谓朝廷起我,便当廪人继粟、庖人继肉也。)[3]遂令户部自为出券[六]历。[4]又不为妻求封。范纯甫问其故,[七]先生曰:"某当时起自草莱,三辞然后受命,岂有今日乃为妻求封之理?"[5]问:"今人陈乞恩例,义当然否? 人皆以为本分,不为害。"先生曰:"只为而今士大夫道得个乞字惯,却动不动又是乞也。"因[八]问:"陈乞封父祖,如何?"先生[九]曰:"此事体又别。"再三请益,但云:"其说甚长,待别时说。"[6][十]

[集校]

[一]《张解》本有"伊川"二字。

[二]此条今见《河南程氏遗书》卷十九《杨遵道录》,"不"上有"尝典钱使,诸公因问,必是俸给大段不足,后乃知到任"句。

[三]"索",《叶解》元刻本、《张传》本作"案"。

　　［四］《杨遵道录》无"先生不请"句。

　　［五］一无"其"字。（朝刊《近思录》）按，《叶解》元刻本无"其"。"其"，《张解》本为"者"。

　　［六］各本皆作"劵"。按《说文》："券，从刀，夬声"。以木牍为要约之书，以刀剖之。从力之"劵"，《说文》云："劳也"。盖即"倦"字。劵历即契券之券，应从刀。（《王记》）按，《叶解》四库抄本、《江注》四库抄本作"劵"。吴邦模刻本、《张解》本、《江注》本作"券"。

　　［七］沙溪曰：他书"甫"作"夫"，祖禹字。（《释疑》）按，《杨遵道录》无"又不为妻求封。范纯甫问其故"句，但有与此内容相近的文字，或编者所为。

　　［八］一无"因"字。（朝刊《近思录》）按，《叶解》元刻本、《张传》本无"因"。

　　［九］《叶解》元刻本、《张传》本无"先生"。

　　［十］以上并伊川语。（《茅注》）以上皆伊川语。（《冯记》）

［集注］

　　［1］茅注：通直郎，料钱十八贯。时先生尝典钱使，诸公因问，必是俸给大段不足，后乃知不曾请俸也。

　　佐藤一斋曰：牒，是官府移文，书板也。支，是分付也。

　　［2］叶解：先生元祐初，以大臣荐，除校书郎，三辞不听。除崇政殿说书，未几除侍讲。

　　茅注：前任者，盖以先生曾受西监之命故也。历者，料粮院所给料钱历。盖据状所开受官月日，以令赴户部支俸钱者也。子，俗语助。不支俸钱，则无现任之历可知，故索前任历子。先生以布衣荐召，虽恩命屡下，并未受职，故以"起自草莱"答之。

　　［3］茅注：料钱，宋制有柴料、茶料之类，即俸钱也。

　　［4］张解：此见程子之出处以道自重，而不效请乞之陋习也。即如官之有俸，国家养廉之大典。旧例：初入京官时，下状出给料钱历，与户部支领，户部存留开销。历，犹履历也。先生在讲筵不请者，意谓朝廷起我，便当廪人继粟、庖人继肉，何待于请？同事诸公代为牒移请给，而户部以索前任历子为辞，盖以常人之例例先生也。先生谓"起自草莱，无前任历子"，固是据实以对。言外见得莘野、磻溪三聘而来，后车而载，岂是循例领给之比？其抱道自重如此。迨后户部自出券历，则礼士之意自上出，而己非干禄，亦可受，斯受之而已。

茅注：为，去声，下"为妻"、"只为"并同。诸公以先生无料钱历，因特令户部自为出券历，以给之俸也。按，先生后自涪陵归，复官半年不曾请俸，料量院吏忽来索请券状子，先生云"自来不会写状子"，只令弟子录与受官月日事，与此相类，合而观之，而君子辞受取与之道盖可见矣。……叶竹野曰："按《周礼》，司禄中士四人，下士八人。郑氏以为主班禄，今此官职阙，意即孟子所谓'诸侯恶其害己而去其籍'者。然尝以郑氏说推之，则周人班禄必使司禄班之，宫正、内宰自给之，不独杜官吏侵欺，且以养士大夫廉耻。今世班禄有所谓'打请'，有所谓'养券'，尽丛集在料粮院，而使士大夫自请，甚非养廉耻之意。伊川所以不请俸，只缘不免持状而请，岂有'廪人继粟'之意哉？"

[5]茅注：范纯甫，即淳夫，盖以音义相近而通也。纯甫，名祖禹，字梦得，后改淳父，又或作醇父。陆务观曰："本字淳，朋友以一字难呼，故增'父'字，非其本也。"按，《遗书》，时先生与赵侍郎暨纯甫同在后省，行见晓示，至节令命妇进表，贺太皇及太后、太妃。问先生，先生云"某家无命妇"。二公愕然，问何不叙封，先生因语之如此。

[6]叶解：封亲与封妻，事体不同。显荣其亲，亦人子之至情，谓之不当求则不可，谓之当求，则先生特召，与常人异，故难为言也。或云："若是应举得官，便只当以常调自处，虽陈乞封荫可也。"朱子曰："此自今常人言之如此可也，然朝廷待士却不当如此。伊川所以难言之也，但云'其说甚长'，其意谓要当从科举法都变了，乃为正耳。"

张解：近世士大夫有陈乞封荫之例，先生又不为妻求封，因门人范纯甫之问，而言其所以不求之故。盖先生元祐初，以大臣荐，除校书郎，三辞不听，除崇政殿说书，未几除侍讲，故"三辞然后受命"也。己则辞之，而为妻求之，于理可乎？范纯甫以乞恩，似无妨义。今人皆以为本分事，不为害，不知"乞"之一字，败名丧检，回面污行，岂可萌于士大夫之心，出于士大夫之口？只缘沦胥日甚，而今道得惯了，公然敢说，靦不知愧，动不动又是乞也。纯甫又问乞封父祖，于义如何。先生以封亲与封妻事体不同答之，而不言其当否，至于再三请益，终不明白说破。需以别时者，盖显荣其亲，亦人子之至情。谓之不当求则不可，谓之当求则先生特召，当有隆赉，与常人异，何须陈乞？别时泛论道理，可以显说，此时难为言也。

李解："自为"、"为妻"、"以为"之"为"，分，并去声。

茅注：分，音问。而今，犹如今，古字通用。

江注：问："封父母，此自朝廷合行之礼，当令有司检举行下，亦不必俟陈乞也。"曰:"如此名义却正。"

[集评]

先生云:某因说"甚长"之意,思之,后来人只是投家状,便是陈乞了。以至入仕,事事皆然。古者人有才德,即举用。当时这般封赠,朝廷自行之。何待陈乞?程先生之意恐然也。观后来郊恩都不曾为太中陈请,则乞封赠,程先生亦不为之矣。(《语类》卷九十七)

张习孔曰:陈乞封祖父母,虽有事例,此朝廷法制之不善也。当封便封,岂有待人陈乞之理?所以先生再三问而不答。如今时封典出自上,都不用陈乞,便足养人廉耻之心。

张伯行曰:由前之不请俸观之,可见先生以礼自处;由不与妻乞封观之,可见先生以义自裁;由不答封亲之问观之,可见先生斟酌于礼义之中,而不以义掩恩,亦不以恩掩义,总一重道之心也。洵可为天下后世法矣。

张绍价曰:此言请俸求封与陈乞恩例之非也。"而今士大夫道得个'乞'字惯,却动不动又是'乞'也。"二语说尽仕路通病。昔人云,逢人即有求,所以百事非。动辄言求,总是利心所使,充是心也,其势不为墦间之乞人不止,君子所当深戒也。

又曰:自"贤者知有义"至此为一段,反复言义利之辨。贤者求之以道,得之以义,言义而命在其中。圣人以义为利,小人义不胜利,必实见此理,得之于心,然后能知义而不计利,安于命而无所求也。

32. [一]汉策贤良,犹是人举之,如公孙弘者,犹强起之乃就对。[1]至如后世贤良,乃自求举尔。若果有曰"我心只望廷对,欲直言天下事",则亦可尚已。若志[二]富贵,则得志便骄纵,失志则便放旷与悲愁而已。[2]

[集校]

[一]《张解》本有"伊川曰"三字。此条今见《河南程氏遗书》卷一《端伯传师说》。

[二]"若志"下,吕本无"在"字。(《茅注》、《异同考》)"志",叶下增"在"字。(《冯记》)"志"下,一有"在"字。(朝刊《近思录》)按,"志"下,《叶解》元刻本及其四库抄本、《张传》本、《张解》本、《茅注》本、《端伯传师说》有"在"。

[集注]

[1]叶解:武帝初即位,招贤良文学之士。是时,公孙弘以贤良征为博

士,使匈奴,还报,不合意,乃移病免归。元光五年,复征贤良文学,菑川国复推上弘,弘谢曰:"前已尝西用,不能,罢。愿更选。"国人固推弘。

张解:此言士君子出处宜正也。三代以上,言扬行举,旁求俊义,君求士,士不求君。秦汉而下,已非三代之旧,……菑川又固推弘,则是强起之乃就对耳。虽弘之为人奸诈无足取,而其始进之初犹知自重如此。

李解:公孙弘,汉丞相。

茅注:强,区两反。……见《史记》及《汉书》。

[2]张解:世风日靡,士陨厥守,其所谓贤良者,非上以是加之也,交相标榜,自求举耳。至于求举,其出处已非正矣,且试问其求举之志何为也?若果经济为心,欲以忠言谠论对于天子之廷策,天下事直言无隐,则志犹可嘉。若今人之志,徒在富贵耳。志富贵,则自家气节与国家大利大害,一切丢置。只晓争名逐利,患得患失,得则骄奢纵恣,失则放旷悲愁。以是而自号贤良,亦轻朝廷而羞当世士矣。然则周贵秦贱,非士自为之耶?

李解:廷对直言,如刘蕡是也。富贵能淫之,故骄纵;贫贱能移之,故高者放旷,卑者悲愁。朱子曰:"坡公在黄州猖狂自恣,不得志之说,恐指此而言也。"

茅注:马氏曰:"汉自孝文策晁错之后,贤良方正皆上亲策而第其优劣。或所对意有未尽,如武帝之于仲舒,再策、三策,必使理明意尽而后已。孝昭年幼,未即政,故无亲策之事。然诏有司问以民所疾苦,如盐铁、均输、榷酤,皆当时大事,令建议之臣与之反复诘难,讲究罢行之宜,卒从其说,为之罢榷酤。不似后世之策士,徒为具文也,故其得人为较盛。"又曰:"汉以贤良方正与孝廉二科并行,然贤良一科,文帝、武帝每对辄百馀人,又征诣公车上书,自衒鬻者以千数。而孝廉之选,文帝十二年诏,以为万家之县无应令者;武帝元朔之诏,亦以为阖郡不荐一人。盖贤良则稍有文墨才学者皆可充选,而孝廉则非有实行可见者不容谬举故也。"

[集评]

张氏曰:三代后,人才汉为盛,亦以取士之法近古。如以力田为科,可使天下无闲田;以孝弟为科,则乱臣贼子不作,风俗自然淳厚。今国家即不制为科,学者其可不以此自勉乎!(《茅注》)

张习孔曰:此事亦在朝廷法制之善,人举与自举,俱出上旨。若使公卿推荐,而无召人自赴之令,人岂有自举者?可见善风俗、正人心者,全在上耳。

陈沆曰:末二语说尽后世文人情态。

张绍价曰：欲直言天下事，志在功名，犹可言也。若志在富贵，则不仁之人，失其本心，得志便骄纵，不可以处乐；失志便放旷悲愁，不可以处约。

33. 伊川先生曰：[一]人多说某不教人习举业，某何尝不教人习举业也[二]！人若不习举业[三]而望及第，却是责天理而不修人事。但举业既可以及第即已，若更去上面尽力求必得之道，是惑也。[1]

[集校]

[一]《张解》本无"先生"二字。此条今见《河南程氏遗书》卷十八《刘元承手编》，下同，此处无"伊川先生曰"五字。

[二]"业"下，《叶解》元刻本无"也"。

[三]《叶解》元刻本脱"人若不习举业"六字。

[集注]

[1]张传：先生只是不教人去上面尽力求必得之道，人便说不教习举业，然则世人之所谓举业者，可知已矣。

张解：此言举业无累于人，人不当为举业累也。当时有以程子为不肯教人习举业者，故程子言某何尝如此。方今朝廷以及第取士，应举者便当以是为事，廷献之资，致泽之阶，坐言起行，于是乎在。若不习举业而望及第，是闭门叉手，谓福可从天降，责天理而不修人事，如之何其可也！但习之者，度其可以明圣贤之旨趣，合功令之科律，无愧及第，则亦已矣。本领工夫，身体力行，尚有别可尽力处。若只求工举业，专去上面尽力而求所以必得之道，则必有以斗奇夸艳为尚者，有以循声习吻为精者，有以专说吉祥、避嫌远忌为工者，有以寻行数墨、比字栉句为诀者，又其甚者，缔结声气，弥缝主司，借决科名目为终南捷径，得失关情，身心废弃，种种弊窦，岂非大惑？言念及此，举业直如敝帚矣！

李解：朱子曰："做举业不妨，只是把格式隐括自家道理，都无追逐时好、回避忌讳底意思方好。"

茅注：若于上面尽力求必得之道，便须追逐时好，曲避忌讳，私意横生矣，故曰"是惑也"。

[集评]

朱子曰：举业亦不害为学。前辈何尝不应举？只缘今人把心不定，所以有害。才以得失为心，理会文字，意思都别了。(《语类》卷十三)

潜室陈氏曰：应举求合程度，此乃道理当尔，乃若不合程度，而萌侥幸之心，不守尺寸而起冒为之念，此则妄矣。应举何害义理，但克去此等妄念方是真实举子。（《李解》）

茅星来曰：举业已非根柢切实之学，今更以揣摩为必得之道，而尽力求之，于是东剽西窃，愈趋愈下。如邱琼山所谓"不知史册名目、朝代先后、字画偏旁者"，幸登一第，出司文教，而老儒宿望反欲俯而听其甲乙，可叹也！

张绍价曰：不习举业而望及第，犹不耕而望获。责天理而不修人事，固非义之所许。但举业既可及第，则当听之于命，置得失于度外。若更揣摩时好，尽力以求必得，则是志在富贵，而不知命之有定，惑之甚者也。

34. 问："家贫亲老，应举求仕，不免有得失之累，何修可以免此？"伊川先生[一]曰：此只是志不胜气。若志胜，自无此累。家贫亲老，须用禄仕，然得之不得为有命。曰："在己固可，为亲奈何？"曰：为己为亲，也只是一事。若不得，其如命何？孔子曰："不知命，无以为君子。"人苟不知命，见患难必避，遇得丧必动，见利必趋，其何以为君子？[1][二]

[集校]

[一]《张解》本无"先生"二字。《刘元承手编》无"伊川先生"四字。

[二]伊川语。（《冯记》）

[集注]

[1] 杨注：以上并《遗书》。伯嵒据上蔡先生曰："知命虽浅近，也要信得及，将来做田地，就上面下工夫。余初及第，年岁前梦入内庭，不见神宗，而太子涕泫，及释褐时，神宗晏驾哲庙嗣位。如此事直不把来草草看却，万事真实有命，人力计较不得。吾平生未尝干人，在书局亦不谒执政。或劝之，余对曰：'他安能陶铸，我自有命在。'若信不及，风吹草动便生恐惧忧喜，枉做却闲工夫，枉费却闲心力。若信得及，便养得气不折挫。"

张解：此言知命之君子，必不以得失累其志也。人生为"得失"二字，汩没多少精神，而况家贫亲老，其于应举求仕之际，以得失累心者，贤智不免，故或以为问，而疑其免此之难也。不知人贵定志，志者以理义为主，心一于是，而气从之者也。志不胜则不识义理，都是血气用事，所谓"气壹则动志"，所谓"不慊于心则馁"，故为得失所累。若志胜则得失置之度外，而自无此累矣。不是说家贫亲老，不用禄仕，然尽其在我，听其自至，得之不得，有命存

焉。知其为命,何累于心? 或又以为亲念重,不比为己功名,可得可失,奈何
便能脱然? 程子又应之曰"不要看为己、为亲是两件事。亲者己所从出,为
亲正是为己;己者亲之所生,为己正是为亲。故守身便能事亲,不能守乌能
事? 若仕之不可得,无害于事亲也,命也。人其如命何哉! 孔子言"不知命,
无以为君子"。盖患难、得丧、利害,一切皆命。人不以此惑志,见真守定,然
后可以着力做君子? 否则,志不胜气,为累多矣,何以为君子? 窃怪今之恬
退守拙者,不汲汲于富贵,则群嗤为无志;奴颜婢膝,终日奔竞,幸邀升斗,众
共夸耀焉。吾不知所谓志者,何志也!

李解:"为亲"、"为己"之"为"、难、丧,并去声。

茅注:"为有"、"以为"之"为",如字,馀并去声。……上言习举业者,不
可尽力求必得之道,又恐藉口家贫亲老,故著此条。

江注:朱子曰:"死生有定命,若合死于水火、死于刀兵,看如何逃不得。
此说虽甚粗,然所谓知命者不过如此。若这里信不及,才见利便趋,见害便
避,如何得成君子?"

贝原笃信曰:"若不得,其如命何",愚谓,虽为亲求仕,然不得禄仕,则亦
难奈命何也!

[集评]

朱子曰:以科举为为亲,而不为为己之学,只是无志。以举业为妨实
学,不知曾妨饮食否? 只是无志也。(《语类》卷十三)

张习孔曰:为亲而求禄仕,固不免得失之虑,然不过愿其得而不愿其
失,如毛义之喜可耳。苟为不得,岂可因亲老而为钻营不肖之术乎? 古孝子
养亲,必求仁者之粟;以不义之食而养亲,虽五鼎之丰,不如啜菽饮水之为愈
也。以善养,不以禄养,子心何歉乎! 亲之欲善,岂不如子? 先生曰:"为己
为亲,也只是一事。"其言简而尽矣。

张绍价曰:应举有得失之累,只是志不胜气。若义理之志胜,则尽其在
人,听其在天,不汲汲于得,不戚戚于失,何累之有? 家贫亲老,须为禄仕,此
自昔为士者所借口。然为己为亲,只是一事,得之不得为有命,若不得其如
命何! 人生各有定命,勤力供职,菽水承欢,以善养何必以禄养。此义不明,
并心壹志,求科名之荣,期于以禄养亲,是不知命也。不知命则见害必避,见
利必趋,遇得丧必动,何以为君子?

35. 或谓科举事业夺人之功,是不然。且一月之中,十日为举

业,馀日足可为学。然人不志[一]此,必志于彼。故科举之事,不患妨功,惟患夺志。[1][二]

[集校]

[一]"不志"下,吕本无"于"字。(《茅注》)"此",叶上增"于"字。(《冯记》)"志"下,一有"于"字。(朝刊《近思录》)按,《叶解》元刻本及其四库抄本、《张传》本、《张解》本、《茅注》本有"于"。

[二]此条今见《河南程氏遗书》卷十一《师训》。

[集注]

[1]杨注:《外书》。

叶解:夺志则根本废矣。故妨功之患小,夺志之患大。朱子曰:"科举亦不害为学。但今人把心不定,所以为害。才以得失为心,理会文字,意思都别了。"又曰:"科举特一事耳。自家工夫到后,那边自轻。"

张解:古人之学是志道德,今人却志功名。科举事业,功名之阶梯也。然道德因功名而显,举业本是阐发圣贤义理,或必以为夺人之功,是大不然,人患不肯着实用功耳。且如一月之中分十日为举业,馀日尚多,何患妨功?只是我辈所志何志,须把持得定。才以得失为心,则理会文字,意思都别了。盖不志于此,必志于彼,故不患妨功,唯患夺志。苟志之不夺,自家工夫用得到,那边得失便看轻,举业何能累人耶!

李解:朱子曰:"士人先要分别科举与读书孰轻孰重,若读书有七分志,科举上有三分,犹自可。若科举七分,读书三分,将来必被他胜。况此志全是科举,所以到老使不着。盖不关为己也,圣人教人,只是为己。"或以不安科举之业请教,朱子曰:"道二,仁与不仁而已。二者不能两立,知其所不安,则反其所不安,以就吾安耳。圣人千言万语,只是教人做人而已。前日科举之习,盖未尝不谈孝弟忠信,但用之非耳。若举而反之于身,见于日用则安矣。"

茅注:《外书》。以上三条,为人之应科举者言之。朱子曰:"祖宗时科举法疏阔。张乖崖守蜀,以士人无应举者,特去寻得李畋出来举送去。如士人要应举时,只是着布衫麻鞋,陈状称:百姓某人,今闻朝廷取士来应举,连投所业。太守略看所业,请就客位,换襕幞相见,方得请试。只一二人,试讫举送。旧亦不糊名,仁宗时方糊名。"

贝原笃信曰:为举业者,为得失所动,心常躁竞,故曰"患夺志"。

[集评]

朱子曰:科举累人不浅,人多为此所夺。但有父母在,仰事俯育,不得

不资于此,故不可不勉尔。其实甚夺人志。(《语类》卷十三)

问科举之妨功。曰:程先生有言:"不恐妨功,惟恐夺志。"若一月之间著十日事举业,亦有二十日修学。若被他移了志,则更无医处矣。(同上)

朱子曰:非是科举累人,自是人累科举。若高见远识之士,读圣贤之书,据吾所见而为文以应之,得失利害置之度外,虽日日应举,亦不累也。居今之世,使孔子复生也不免应举,然岂能累孔子耶?(《李解》)

张习孔曰:先王之教出于一,故应举之业,即修身之业,其志不分。后世之教出于二,既欲士之修身,又责其应举,欲其无夺志,必上与下不相求应,斯可耳。故欲求士风习俗之善,惟贤良经义之制,庶为得之,降此而诗赋宏词,未有不妨功夺志者也。

管赞程曰:自"贤者惟知义"至此为一章,言士必严辨义利于毫厘之间,乃能实见此理,而不为利禄科举所夺。

张绍价曰:自"汉策贤良"至此为一段,论科举之学,当安于命,不可以得失累心,使之夺志。

李濂曰:一月之中,虽一日为举业,而馀皆为学,其一日之业足以夺二十九日之志,利之在彼也,程子盖不得已而言。此即衰世之意也。(按,朱熹与吕祖谦编《近思录》时,曾选入数端说科举坏人心术处,当时吕祖谦不肯。而本卷的第33—35条,或是伯恭没后所增。李濂所言朱子增添的数段,或前文。)

36. 横渠先生曰:^[一]世禄之荣,王者所以录有功,尊有德,爱之厚之,示恩遇之不穷也。为人后者,所宜乐职劝功,以服勤事任,长廉远利,以似^[二]述世风。而近代公卿子孙,方且下比布衣,工声病,售有司。^[三]不知求仕非义,而反羞循理为不^[四]能;不知荫袭为荣,而反以虚名为善继。诚何心哉^[五]![1]

[集校]

[一]《张解》本无"先生"二字。此条今见张载《文集佚存·策问》,无"横渠先生曰"五字。

[二]"似",《张传》本、《文集佚存·策问》作"嗣"。

[三]"不知"上,《文集佚存·策问》有"为不得已为贫之仕,……习久风变,固"数句。

[四]"无能"之"能",宋本作"不",吕本同。(《茅注》)"不"叶作"无"。(《冯记》)"为 无 能",吕本作"不"。(《考异》)"无能",《遗书》本"无"作

“不”。（《异同考》）按，“不”，《叶解》元刻本及其四库抄本、《张传》本、《张解》本、《茅注》本作“无”。

　　［五］《文集佚存·策问》“诚何心哉”四字，在“有司”后。

［集注］

　　［1］杨注：《文集》。伯邑闻之诚斋先生曰：“始仕之法大概有六：一曰廉，二曰惠，三曰明，四曰勤。非惠不能爱民，非明不能烛物，非勤不能举职。三者具矣，非根之以廉，则惠一变至于虐，明一变至于昏，勤以汲汲于其私而悠悠于其民，故举一而三自应。此外有馀力则以读书学文，如不读书终为凡民，如不学文终为俗吏。”诚斋之言，其后进之药石欤！故《周官》小宰“弊群吏之治”，而六计皆以廉为首。使居官皆廉吏，而天下不治者未之有也。

　　叶解：声病，诗律有四声八病，今进士诗赋之学是也。求仕非义，谓投牒觅举之类。循理，谓服勤事任、似述世风者也。

　　张解：此为世家子弟不务循理者戒也。自古以来，仕有世禄之典。盖念其上世功德在民，故恩遇及于子孙，以见其爱之厚之，而思所以报之不穷也。为人子孙者，席祖宗之积累，受国家之宠眷，正宜乐职劝功，以服习其所当为之事，勤效其所现居之任，长廉远利，以比似于先世之人，嗣述于阀阅之风，方为守义循理。奈何近代公卿子孙，不知自贵重，而下比布衣营升斗者之所为。如诗赋之学，有四声八病之说，转相傲效，以望售于有司。此布衣之求仕也。既食世禄，犹沾粘然，专工此技，投牒觅举，终日求售，则亦陋矣。不知求仕之非义，而反以安分循理为拙而无能；不知荫袭之光荣，而反以诗赋虚名为贤而善继。此义理之心，不胜其名利之心，上负朝廷，下玷祖父者。

　　李解：乐，音洛。远，去声。比，毘至反。世禄，即任子法也。声，谓四声；病，谓八病。进士诗赋之律式用之。夫既以任子入官，则不当复为科举之习，以争寒士之进，是循理而不好虚名者也。不然，是惑而已矣。

　　茅注：长，张丈反。……此条，按《宋文鉴》，乃策问题也。事任，谓事之责任也。似、嗣同。世，谓先世。世风，犹言家风也。声，四声，平上去入也。病，八病。按，李淑《诗苑类格》，沈约曰：八病者，一平头，第一字不得与第六字同声，第二字不得与第七字同声，如“今日良宴会，欢乐难具陈”，“今”、“欢”字同声，“日”、“乐”字同声也。二上尾，第五字不得与十字同声，如“西北有高楼，上与浮云齐”，“楼”、“齐”字同声也。三蜂腰，第二字不得与第五字同声，两头大、中心细，似蜂腰也，如“闻君爱我甘，切欲自修饰”，“君”、“甘”皆平声，“欲”、“饰”皆入声也。四鹤膝，第五字不得与十五字同声，两头细、中心粗，如鹤膝也，如“客从远方来，遗我一书札，上言长相思，下言久离别"，"来"、"思"皆平声也。五大韵，重叠相犯，如以"亲"字为韵者，九字内不得更用"津"、"人"字，如"吴姬年十五，春日正当垆"，"吴"、"垆"同声也。六小韵，非韵脚相犯，但九字中有两字同韵，如"客子已乖离，那宜远相送"，"子"与"已"同韵，"离"与"宜"同韵也。七正纽，如"壬"、"紝"、"任"、"入"一纽也，一句内有"壬"字，不得犯"紝"、"任"、"入"字，如"我本汉家女，来嫁漠北庭"，"家"与"嫁"系正纽也。八旁纽，如一句内有"月"字，便不得更用"元"、"阮"、"愿"等字，如"丈人且安坐，梁陈将欲起"，"丈"、"梁"二字系旁纽也。王伯厚曰："唯上尾、鹤膝最忌，馀病亦通。"杨龟山曰："应举，乃寒士不得已，藉以进身耳。既得矣，何用应举？"朱子曰："先德遗风具在方策，有能诵其言，行其行，不替其志节，则所以世其家者，孰大于是？而区区之荫袭又不足道矣。"

[集评]

顾氏曰：人主设科以待寒畯，不宜使大臣子弟得与其间，大臣亦不当使其子弟与寒士竞进。魏孝文时，于烈为光禄勋卿，子登引例求进，烈疏请黜落，孝文以为有识之言，虽武夫犹知此义也。宋仁宗患缙绅奔竞，用宰臣文彦博等言，以韩维好古嗜学，安于静退，召试学士院不赴，除国子监主簿，可谓得化理之本者矣。唐宋时，大臣子弟多以嫌，不使应科举，间有及第者，便招物议，以致考覆黜落。至于有明，此法不讲，又以非进士一科不能显达。三百年来，惟闻一山阴王文端，子中解元，不令赴会试，而唐宋之风，荡然无存矣。（《茅注》）

张伯行曰：噫，张子之言切矣！顾今之时去张子又加远矣。裘马淫戏，熏灼逼人，夸张门户，武断乡曲，间有敲诗论文者，便是翩翩佳公子，安望守义循理哉？

张绍价：此言世家子弟不求实学，而务虚名之失也。世禄之职，先王所以录有功而尊有德。为人后者，正宜乐职劝功，长廉远利，上以报君恩，下以光先德，乃为善继善述。夫进士诗赋之学，求工诗律，有四声八病之说，此布衣之士之所为，公卿子孙乃亦下比布衣，工声病，以求售于有司，不知求仕非义，而反羞循理为无能，轻荫袭之实荣，重科第之虚名，蔑君恩而掩前徽，诚不知其何心也！

37. [一]不资其力而利其有，则能忘人之势。[二][1]

[集校]

[一]《张解》本有"横渠曰"三字。

〔二〕按,今《正蒙·作者篇》有此条,但"力"作"势","则"作"然后"。(《茅注》)按,此条今见《正蒙·作者篇第十》,"力"作"势","则"作"然后"。

[集注]

〔1〕杨注:《孟子说》。

张解:人所以不能忘人之势者,非资其力以为汲引之阶,则利其有以为肥润之计。若无所资利,则何所歆羡? 是以忘也。忘之云者,非羞称富贵,骄语贫贱也。心中不设此念头,眼底不着些渣滓耳。

贝原笃信曰:资力,谓藉资于他人富贵之势位;利其有,谓贪于人之所有也。

[集评]

叶采曰:人之歆动乎势位者,皆有待于彼也。惟不藉其力而利其所有,则己自重而彼自轻。

38. 〔一〕人多言安于贫贱,其实只是计穷力屈才短,不能营画耳。若稍动得,恐未肯安之。须是诚知义理之乐于利欲也,乃能。[1]〔二〕

[集校]

〔一〕《张解》本有"横渠曰"三字。此条今见《经学理窟·气质》。

〔二〕此条,《叶解》元刻本紧接于第37条后刻印,未单列。《张传》本将本卷第37、38条连在一起刻印,未单列,形式上合为一条。

[集注]

〔1〕杨注:《语录》,下同。

叶解:朱子曰:"人须是读书洞见此理,知得不求富贵,只是本分,求着便是罪过。不惟不可有求之之迹,亦不可萌求之之心。"愚谓,真知义理之可乐,然后富贵不足动其心。

张解:此勘破世俗矫语贫贱之人,而为诛心之论也。安是心安,非勉强排遣。其所以能安者,乐在其中,义理足以养心故也。俗人亦动说安贫贱,推原其由,只是计穷、力屈、才短三者,营求无门,区画无路耳。若计有所出,力有可为,才有足济,稍会转动,未有不趋走如骛者,恐未肯安之也。必具真知义理之可乐,内重者外自轻,一切利欲无足以动其心,乃能安乎贫贱耳。

李解:乐,音洛。

江注:朱子曰:"人须是读书洞见此理,知得不求富贵,只是本分,求着便是罪过。不惟不可有求之之迹,亦不可有(《王记》云:各本"萌"字皆作"有",吴竹如先生校本改"萌",又云:"不可萌求之之心"下,仍有"不惟不得说着求字,亦不可说着不求字。方是真能自守,不求人知也"数语,甚精,似宜补入。)求之之心。"

佐藤一斋曰:稍动得,谓以富贵势利动之。

[集评]

朱子曰:人之所以戚戚于贫贱,汲汲于富贵,只缘不见这个道理。若见得这个道理,贫贱不能损得,富贵不曾添得,只要知这道理。(《语类》卷十三)

张习孔曰:此孟子所谓饱仁义者,方能不愿膏粱也。苟非其人,箪食豆羹见于色矣。

张绍价曰:此言真知义理之可乐,然后能安于贫贱也。

39. [一]天下事,大患只是畏人非笑。不养车马,食麄衣恶,居贫贱,皆恐人非笑。不知当生则生,当死则死,今日万钟,明日弃之,今日富贵,明日饥饿亦不恤,惟义所在。[1][二]

[集校]

[一]"天"上,《张解》本有"横渠曰"三字。

[二]以上并横渠语。(《茅注》)按,此条今见《经学理窟·自道》。

[集注]

[1]叶解:义之所在,则死生去就有所不顾,况夫怀龌龊之见,畏人非笑而耻居贫贱,岂有大丈夫之气哉?

张传:我重物轻,则不畏人非笑。

张解:懦夫不能自立,只管畏人非笑,满天下都是这般病痛。殊不知今之非笑人者,皆其自可非笑,而以人之非笑为畏者,正其大不足畏也。如不养车马,粗恶衣食,所居贫贱,乃分之常,何损于我? 卑俗心肠,或相非笑,自家没见识,遂惴惴以此为恐,正坐不见有义耳。义之所在,可生可死,可万钟可富贵,亦可弃之而饥饿,只当如此便如此,倏忽转移,惟义之适。大丈夫心事无愧怍,奚恤人言? 有意要人服便是伪,有意畏人诮便是俗。

李解:朱子曰:"学者常以志士不忘在沟壑为念,则道义重,而计较死生之心轻矣。况衣食至微末事,不得未必死,亦何用犯义分、役心志,营营以求之耶? 某观今人因不能咬菜根,而至于忘其本心者,众矣。可不戒哉?"

茅注:张子因始持期丧,恐人非笑,己亦若有羞色者,后虽大小功亦服之,人亦熟之,不以为怪矣。因言此,以见人非笑之不必畏也。

[**集评**]

　　张伯行曰：试观今之高车驷马，纨绔膏粱者，或从攘窃而来，或由朘削而得，寡廉鲜耻，何等可非可笑！自不知畏，旁观亦或艳而羡之，吾不知于义何居？此又今日之大患也！

　　管赞程曰：自"横渠先生"至此为一章，言士当去利存义。

　　张绍价曰：自"横渠先生"至此为一段，申言义利之辨。

　　又曰：此言人之行事，当视乎义，不可畏人之非笑也。不养车马，食粗衣恶，恐人非笑，此最为鄙俗识见，君子亦自行其是已耳。当生则生，当死则死，弃万钟如敝蹝，轻富贵如浮云。义之所在，虽饥饿而死，亦所不恤，何暇畏人非笑哉？此节以"惟义所在"，收结通篇，回应起处"天下事"三字，略以起下卷之意。

《近思录》卷之八
凡二十五条

君　道

[集评]

叶采曰：此卷论治道。盖明乎出处之义，则于治道之纲领不可不求讲明之。一旦得时行道，则举而措之耳。

施璜曰：治天下之道，吾儒分内事也。使不预求讲明，则不知帝王作君作师之大任，所以欲明明德于天下者何为。故出处之义既明，则治道不可不讲，然欲讲明治道，须知天之明命，有生之所同得，非有我之得私也。是以君子之心廓然大公，其视天下，无一物而非吾心之所当爱，无一事而非吾职之所当为。虽或势在匹夫之贱，所以尧舜其君、尧舜其民者，未尝不在吾之分内也。学者有如此心胸，则规模广大，私吝之心自消。推而行之，岂有一民不被其泽，一物不得其所哉？此儒者之学，必至参天地，赞化育，然后为功用之全也。故此《录》论出处后即论治道，有志之士尚当勉力以成善治，兴教化、美风俗，三代可复也。

茅星来曰：此二卷乃《大学》治国平天下之道，而此则其大纲也，犹前致知、存养、省察详言为学工夫，而二卷乃先言为学大要。盖此书所以发明《大学》，先论纲领，次详条目，固《大学》之书然也。凡二十五条。

张绍价曰：朱子曰"此卷治国平天下之道"。价按，此卷以端本立志为主，以诚心为总旨，以治天下之道法为分意。体似立纲，首三节为一篇之纲，下分三段以发明之。

钱穆曰：中国人言学，必于修、齐、治、平四层次能一以贯之。故治平之道，主要亦在学人一己之心之存养。（《随劄》）

泽田希曰：出处之义明则应时而仕，然治道未致，则虽授之以政，而不能悉达矣。故前篇之后叙以治体、治法，合此二卷而政治之本末备焉。古者学而后入政,则于治道之纲领条目,既可讲明于未出之前,只方仕而行道,其迹始可见已。此斯二卷所以列于出处之后也。

1. 濂溪先生曰：[一]治天下有本,身之谓也;治天下有则,家之谓也。[1]本必端,端本,诚心而已矣。则必善,善则,和亲而已矣。[2]家难而天下易,家亲而天下疏也。[3]家人离,必起于妇人,故《睽》次《家人》,以"二女同居",而其[二]"志不同行[三]"。[4]尧所以釐降二女于妫汭,[5]舜可禅乎? 吾兹试矣。是治天下观于家,[6]治家观身而已矣。身端,心诚之谓也;诚心,复其不善之动而已矣。[7]不善之动,妄也;妄复,则无妄矣;无妄,则诚焉[四]。[8]故《无妄》次《复》,而曰"先王以茂对时,育万物",深哉![9]

[集校]

[一]《张解》本无"先生"二字。此条今见《周子通书·家人睽复无妄第三十二》,无"濂溪先生曰"五字。

[二]"其志",江脱"其"字。(《冯记》)"其志不同",江本无。(《考异》)一无"其"字。(朝刊《近思录》)按,《叶解》元刻本、《张传》本、《李解》本、《江注》本及其四库抄本无"其"字。

[三]"行"下,《叶解》元刻本及其四库抄本、《张解》本、《李解》本、《茅注》本、《江注》本及其四库抄本、《家人睽复无妄第三十二》有"也"。

[四]"焉",原书作"矣"。(《李解》)"矣"从原书,叶、吕本并作"焉"。(《茅注》)"焉",江从《通书》改"矣"。(《冯记》)按,"焉",《张解》本、《茅注》本、《江注》本及其四库抄本作"矣"。

[集注]

[1]叶解：朱子曰："则,谓物之可视以为法者,犹俗言则例、则样是也。"

[2]叶解：朱子曰："心不诚,则身不可正;亲不和,则家不可齐。"以上总论治天下者,其本在身,其则在家也。

张传：亲者,一家之人,推之一本九族,主、伯、亚、旅皆亲也。和者,戚疏贵贱,施之皆中节也。

茅注：此承上文言所以端本、善则之道。真西山曰："心不诚,则私意邪念纷纷交作,欲身之修得乎? 亲不和,则闺门乖戾情意隔绝,欲家之正得乎?"

[3]杨注：伯峀曰："亲者难处，疏者易裁。"（笔者按，《叶解》所引朱子语，其前标明"朱子曰"，而《杨注》往往不标注，直言"伯峀曰"。）

叶解：朱子曰："亲者难处，疏者易裁。然不先其难，亦未有能其易者也。"

茅注：易，音异。真西山曰："亲则私情易溺故难，疏则公道易行故易。"

[4]杨注：伯峀曰：《睽》次《家人》，《复》次《无妄》，皆卦之序也。则，谓物之可视以为则者，犹俗言准则与则例也。《睽·象》"二女"，谓《兑》下《离》上，兑少女、离中女也。阴柔之性，外和悦而内猜嫌，故同居而异志。

叶解：朱子曰："《睽》次《家人》，《易》卦之序。'二女'以下，《睽·象传》文。"

[5]杨注：伯峀曰："釐，理也。降，下也。妫，水名。汭，水北，舜所居也。"

[6]叶解：朱子曰："尧理治下嫁二女于舜，将以试舜，而授之天下也。"以上论善则在和亲之道。

茅注：妫，音规。汭，如锐反。此因上文二女同居不同志之意，而遂引此以实之也。妫水，在今山西平阳府蒲州界。

贝原笃信曰：《书》经讲义之说，亦同于蔡《传》。

[7]叶解：朱子曰："不善之动息于外，则善心之生于内者，无不实矣。"

张解：此篇综论治体，而首引周子之论《易》卦者以发明之。言治天下者，不求之于天下也，有其本焉。本者，万事之根本，身之谓也。有本斯有则焉。则者，天下所视以为法，家之谓也。惟身为天下之本，本欲其端，而心不诚则身不正，故端本在诚其心。惟家为天下之则，则欲其善，而亲不和则家不齐，故善则在和其亲。和亲，犹亲亲也。和有二义，不嘻嘻而狎，不嗃嗃而离也。综天下之大势论之，家于身为近，而齐之最难；天下于身为远，而治之较易。所以然者，家亲而天下疏耳。亲者义难胜恩，疏者公易制私。天下未有不先其难而可及其易者，而要其难齐之故，大都起于妇人。故《易》卦之序，《睽》次《家人》，而其《象传》之辞曰"二女同居，其志不同行"。盖《睽卦》，《兑》下《离》上，《兑》为少女，《离》为中女，合成一卦，以人事言，则是同居。《离》火炎上，《兑》泽润下，水火异性，以人事言，则是志不同行。妇人阴柔之性，外和悦而内猜嫌。此家人所以多离也。不离则家齐，而治天下有则矣。昔者尧将禅天下于舜，而未知舜之可否，下嫁二女以试之。试者，试其能刑于二女，则可禅以天下也。

［8］叶解：程子曰：“无妄之谓诚。”

茅注：双溪王氏曰：“复者，贤人之事。无妄者，圣人之事。无妄则诚，而复者所以求至于无妄者也。”

［9］杨注：《通书》。

叶解：茂，笃实盛发之意。对，犹配也，谓配天时以育物。朱子曰：“《无妄》次《复》，亦卦之序。‘先王’以下，引《无妄卦·大象》，以明对时育物。惟至诚者能之，而赞其旨之深也。”以上论端本在诚心之道。

张传：“复其不善之动”“复”字具二义。复，反也，反其所动也。复，覆也，倾覆其所动，不使之存也。又一解曰：妄与诚对，不容并立。诚归于吾之心，妄归于妄之所，如驱之而使反。是又一说也。

张解：不善之动，狥人欲，违天理，乃私伪之妄也。今有以反其妄，则人欲去天理存，而无妄矣。无妄则实理不亏，而心诚矣。夫心亦莫难于诚耳，诚则能动物，以之修身，而身端者此也；以之齐家，而亲和者亦此也。举而措之天下，直易易耳。而特患吾心之妄，有以间之，斯诚之难也。故《易》卦之序，以《无妄》次《复》，而其《大象》曰：“先王以茂对时，育万物。”对，犹顺也。言惟先王至诚无妄，故能盛大，其顺时育物之功，而天下无不治也。《大象》之意不亦深哉！合《易》四卦之言而融会其意义，无非圣人之蕴，示人以为治之体。有志于治天下者，未有不得其本与则，而可以复三代之盛者也。

茅注：程《传》。茂，盛也。对时，谓顺合天时。

贝原笃信曰：“对时育万物”者，乃王者法天而平治于天下也，故于治天下之道言之。

［**集评**］

真西山曰：汉高祖能诛秦戮项，而不能割戚姬、如意之宠；唐太宗能取孤隋，攘群盗，而闺门惭德顾不免焉。可见情欲之私，虽英雄之主尚不能以自克，而家之所以不齐者率由于此，不可以不谨也。（《茅注》）

吴敬庵曰：天下虽大，而治之有要，以身为之根本，以家为之准则也。本必端，端本之道，在诚其心，而身可正矣。则必欲其善，善则之道，在和其亲，而家可齐矣。夫治天下必以正家为先，何也？盖家难齐，而天下易治。以家亲而私恩掩义，天下疏则公道易行故也。《家人》以女贞为利，其情义乖离，必起于妇人之嫌隙，故《睽卦》次于《家人》之后。其象《离》、《兑》皆阴卦，离火炎上，而兑泽润下。以人事而言，是二女同居而异志也。盖女子阴柔之质，多私善疑，故其志不同行也。尧所以治装下嫁二女于妫水之北，将以大位禅舜，未知可否，而以此试之也。观其能型于二女，则家之难治者已齐,而天下之治易易矣。是治天下必先观于家也。然家之本在身,故治家又观于身。心者又身之主也,身之所以端,由其心之诚也。诚心之方,在复其不善之动以为善而已。不善之动乃私为之妄也。妄既复于善,则无妄矣。无妄则实理不亏,而心诚矣。故《无妄》次《复》,而曰"先王以茂对时,育万物",盖惟先王至诚无妄,故能盛大。其对时育物之功,则天下无不治矣。《大象》之旨岂不深哉!(《价解》)

张伯行曰:由是言之,治天下必先观于家,审矣。然家之本在身,故治家尤先观于身,身之所以端,由其心之诚。心者,身之主也,而心何以诚? 在复其不善之动以为善而已。复,反也。心本善而动有不善,故君子慎动。此修身之要,而治天下之本也。

张绍价曰:此节以"治天下有本",承上卷末节之意。以"端本,诚心"领起通篇。

佐藤一斋曰:端本在诚心,善则在和亲,全然是《大学》古本之意。

2. 明道先生言于神宗曰:[一]得天理之正,极人伦之至者,尧舜之道也;用其私心,依仁义之偏者,霸者之事也。[1]王道如砥,本乎人情,出乎礼义,若履大路而行,无复回曲。霸者崎岖反侧于由迳[二]之中,而卒不可与入尧舜之道。[2]故诚心而王,则王矣;假之而霸[三],则霸矣。二者其道不同,在审其初而已。《易》所谓"差若毫厘,缪以千里"者,其初不可不审也。[3][四]惟陛下稽先圣之言,察人事之理,知尧舜之道备于己,反身而诚之,推之以及四海,[五]则万世幸甚。[4]

[集校]

[一]《张解》本无"先生"二字。"先生"下,《张解》本、《李解》本、《叶解》四库抄本、《茅注》本、《江注》本及其四库抄本有"尝"字。此条今见《河南程氏文集》卷一《表疏·论王霸劄子》,无此"明道先生言于神宗曰"句。

[二]"曲径"之"曲",杨本作"由"。(《茅注》)按,"由迳",《张解》本、《李解》本、《叶解》四库抄本、《茅注》本、《江注》本及其四库抄本、《论王霸劄子》作"曲径"。"曲"作"由"者,疑因形近而误刻。

[三]"霸",《叶解》元刻本、《张传》本作"伯",下同。

[四]"惟"上,《论王霸劄子》有"故治天下者,……时不可失"数句。或辑录时编者剪裁。

［五］“则”上，《论王霸劄子》有“择同心一德之臣，……需然不疑”数句。故贝原笃信曰：“此《劄子》尚有数百字，朱子载之时节略之耳。”

[集注]

［1］叶解：熙宁二年，先生以大臣荐，召除太子中允，权监察御史里行。上疏首言王霸之事，有天理人欲之分、纲常纯驳之辨。

张解：此论治道醇杂之辨，而举尧舜以为治天下之准也。天理即仁义之理，仁义之理何由见？即见于五品人伦之间。众人气拘物蔽，鲜有得其正者，故于仁义或过或不及，而不能尽人伦之至。圣人得其正，则有以全天命之性；极其至，则有以尽修道之教，此所谓尧舜之道也。尧舜之道岂有他哉？亦曰仁义而已矣。若夫不得天理之正，而用其私心以依倚乎仁义之偏，则其不尽乎人伦者多矣。盖不正故私，私故偏，此霸者之事，非尧舜之道也。

［2］叶解：王道本乎人情之公，出乎礼义之正，平易正直而无回邪委曲之行。崎岖，艰险。反侧，不安之意。迳，委曲小路也。

张解：尧舜之道，王道也。无偏无陂，有如砥石之平，是皆本乎人情之同然，出乎礼义之不得不然者。无他，人情即天理，礼义即仁义。若履大路而行，无回邪私曲之为也。彼五霸者，舍大路而由曲径，既崎岖而不直，且反侧而不安，准于人情而失其平，衷以礼义而违其则，非复天理之正，而卒不可与入尧舜之道矣。治道之不同如此。

李解：仁育万物，义正万民，天理之正也。仁以亲亲，义以尊贤，人伦之至也。以施小惠为仁，以借虚名为义，则私心以依仁义之偏而已。砥石之至平者，本乎人情，则至公；出乎礼义，则至当。返直曰回，旁偏曰曲。崎岖，艰险也。反侧，不安也。径，路之小者。胡氏曰：“王者是行其所无事，霸者是有所造为，故王道简易，霸道崎岖。”

贝原笃信曰：本人情，愚谓，民之所好好之、民之所恶恶之也。

［3］叶解：王者，修己爱民，正中国，攘夷狄，无非以诚心而行乎天理。霸者，假尊王攘夷、救灾词（按，“词”当依《四库》抄本作“讨”）版之名义，以号令天下而自尊大耳。其道虽霄壤之不侔，然其初但根于一念之公私诚伪而已。

张解：推原其故，只在诚伪之分而已。尧、舜之于仁义，性之也。彻内外，贯始终，实心实政，无少间断。以是而兴道致治，则王道之宗而为王矣。霸者之于仁义，假之也，市美名，行小惠，虽能动人，终难自信。以是而取威定霸，则王道之降而为霸矣。欲知其道之所以不同，在审其一念之初而已。初之诚伪差若毫厘，而治之醇疵缪以千里。古《易》辞所深以为戒，论治道者不可不审也。审乎此，而知治天下之本莫要于诚，其心明矣。

李解：王，去声。

茅注：差，初加反。缪，音谬。"差若毫厘"二语，见《礼记·经解》。裴骃曰："今《易》无此，而《易纬》有之。"陈遯斋曰："按王充《论衡》注，乃《易》之纬文也。"陆德明曰："盖《连山》、《归藏》之词，未详孰是。《大戴礼》'差若'作'失之'，'缪以'作'差之'。"

[4] 杨注：《文集》，下同。伯岊曰：卫鞅见秦孝公，说以帝道，不悟也；说以王道，未入也；说以霸道，不自知膝之前于席。秦虽富强，而秦之本拨矣。太子见汉宣帝以刑绳下，劝以"宜用儒生"，帝作色曰："汉家自有制度，本以霸王道杂之，奈何纯任德教。"汉虽号为中兴，而汉之脉微矣。

张解：心之诚与不诚，非他人所得与也，在人主耳。诚能稽于易而思先圣立言之意，察于治而思人事盛衰之理，则知尧舜可为，而其道皆备于己，何也？尧舜之道，仁义之道。仁义命乎天，具乎性，足乎内，无待乎外，反求之身而已矣。反身而诚，则存养克治之功深，粹然无复计功谋利之念；仁民爱物之意切，坦然皆成荡平正值之规。举斯加彼，推及四海，中外禔福，遐迩蒙休，万世之后，以为尧舜复生，岂不幸甚？

[集评]

问宣帝杂王、伯之说。曰：须晓得如何是王，如何是伯，方可论此。宣帝也不识王、伯，只是把宽慈底便唤做王，严酷底便唤做伯。明道《王伯劄子》说得后。自古论王、伯，至此无馀蕴矣。(《语类》卷一百三十五)

朱子曰：古之圣人致诚心以顺天理，而天下自服，王者之道也。后之君子能行其道，则不必有其位，而固已有其德矣。故用之则为王者之佐，伊尹、太公是也。不用则为王者之学，孔孟是也。若夫齐桓、晋文，则假仁义以济私欲而已。设使侥幸于一时，遂得王者之位而居之，然其所由则固霸者之道也。故汉宣自谓汉家杂用王霸，其自知也明矣。但遂以为制度之当然而斥儒者为不可用，则其见之谬耳。(《李解》)

陈埴曰：司马温公无王伯之下。要之，源头只是"王"、"伯"两字，以其为天下王，故谓之王；以其为方伯，故谓之伯。以王天下言之，谓之王，犹伯之为伯也，未见其美玉珷玞之辨。后来制字有不备，故伯字有霸字，王字只是王字点法为之。然伯字亦无诈力之义，故言三王以其王天下也，言五霸以其伯诸侯也。自其有三王之至公，有五霸之智力，而后有王霸是非诚伪之分。故今之言王霸之分者，当以孟子德行仁、力假仁为正。

张习孔曰：此先生之举一隅也。神宗苟能以三隅反，则先生必举人才得失、政事之善败，凡与尧舜之道相违合者，指实而言之矣。惜乎！神宗仅闻此数言而止也。

张伯行曰：观程子此言，真所谓尧舜其君者！而辨诚伪于心术之微，抑亦深切而著明矣。

张绍价曰：此言治天下者，当行王道，黜霸功。在于审其初，以诚其心也。王霸之分，公私而已。王者之心公，故存天理，本人情，荡平正直，若履大路而行；霸者之心私，依托仁义之偏，崎岖反侧，卒不可与入尧舜之道。始不过毫厘之差，终乃至千里之缪。此其初不可不审也。审其初而稽之先圣，察之人事，道备于己，反身而诚，天德也。推之以及四海，王道也。有天德乃可语王道，此治天下者，所以必端本于诚心也。又曰：尧、舜、禹、汤、文、武之治，王道也。桓、文、汉、唐、欧、美之法，霸术也。不法尧、舜而法欧、美，悖天理灭人伦，弃仁义谋功利，求富而得贫，求强而得弱，而国之亡无日矣。

3. 伊川先生曰：[一]当世之务，所尤先者有三：[二]一曰立志，二曰责任，三曰求贤。今虽纳嘉谋，陈善算，非君志先立，其能听而用之乎？君欲用之，非责任宰辅，其孰承而行之乎？君相协心，非贤者任职[三]，其能施于天下乎？此三者，本也；制于事者，用也。[四]三者之中，复以立志为本。[五]所谓立志者，至诚一心，以道自任，以圣人之训为可必信，先王之治为可必行，不狃滞于近规，不迁惑于众口，必期致天下如三代之世也。[1]

[集校]

[一]《张解》本无"先生"二字。此条今见《河南程氏文集》卷五《上书·为家君应诏上英宗皇帝书》，无"伊川先生曰"五字。

[二]"当世之务，所尤先者有三"，《为家君应诏上英宗皇帝书》为"今言当世之务者，必曰所先者：宽赋役也……请为陛下陈之"数句。

[三]"任职"，江误倒。(《冯记》)王、吴本作"职任"，《遗书》、《集解》阴本并作"任职"，洪本同，从之。(《王记》)按，《江注》本作"职任"。

[四]"三"上，《为家君应诏上英宗皇帝书》有"有其本，不患无其用"句。

[五]"所"上，《为家君应诏上英宗皇帝书》有"君志立而天下治矣"句。

[集注]

[1]叶解：立志笃实而远大，则不胶于浅近(笔者按，佐藤一斋云"近规，只是近世规则，犹言近例。注(按，叶采注解)以为浅近，或引《国语》近臣尽规，并误")，不

惑于流俗。

张传：君志奚能自立，必资启迪之功，此又在三者之先。先生此言，正所以启迪之，诚知所先务也。而在廷无知之者，惜哉！

张解：此程子告君以为治之本，而尤以人君之立志为责任求贤之本也。盖治当世之务，必期于事治，而不相其所尤先者急务之，则事不可得而治。故主治者君也，君志宜先立。辅治者宰也，宰宜先责任。分治者贤也，贤宜先求。不然者，嘉谋善算，下非无款款之愚诚，而君志不立，则听用不专。君有听用之志，而不责其任于宰辅，则奉行不力。君相协心，号称一德矣，而非贤者分布庶职，则亦孰与施于天下？此三者，当世之先务也，所谓本也。本立则事治，由是而临时之宜，酌而应之，皆制于事之用也。未有本不先而用可理者，而三者之中，则尤以立志为本。志者，宰辅视之，以为从违；贤才视之，以为进退。故其所谓立志者，非好事喜功、偏听独任之谓。示人以诚，使人不疑；自任以道，使人知准。黜百家之权谋术数，而以圣人之训为必可信；远霸术之智名勇功，而以先王之治为必可行。力图乎久大，不狃于近规而有滞心；严绝乎二三，不迁于众口而有惑志。此志一立，股肱宣力，群材辐辏，三代可期而致，其本计得也。

李解：相，去声。复，扶又反。

价解：此言治天下者，在于人君立志，至诚一心，以道自任也。灵峰先生曰："君道必以立志为先，志不立则异学、霸学得以乱之，必不能用力于格致诚正修齐治平，以求臻乎治道之极。立志者，立必为圣人，必法唐虞三代之志，笃信力行，不囿于流俗，不惑于邪说。"

[集评]

至之问：程先生当初进说，只以"圣人之说为可必信，先王之道为可必行。不狃滞于近规，不迁怒于众口。必期致天下如三代之世"，何也？先生曰：也不得不恁地说。如今说与学者，也只得教他依圣人言语恁地做去，待他就里面做工夫有见处，便自知得圣人底是确然恁地。（《语类》卷九十三）

陈定宇曰：程子说"立志"一段，最为切要。学者亦当如此，但在身在天下有大小不同耳。（《茅注》）

张伯行曰：程子此言乃大人格心之要论。盖君非无励志锐治者，往往计目前之利害，狃近忘远，而众论异同又从而惑之。故虽有嘉谋善算，亦始用之，终弃之，病根总在不诚。不诚者，信道不笃故也。"至诚一心，以道自任"，伟哉言乎！

茅星来曰：上条言王霸之辨，以定所趋向。趋向既定，而其所当先者则在此三事也。然愚又以为，如宋之神宗志向何尝不立？责任吕、王诸人，何尝不专？而宋室大坏。此朱子所以必以"致知格物，正心诚意"为君言也。此为太中公上英宗应诏书中语也。

　　张绍价曰：自首至此为一段，言治天下者端本诚心，行王道，黜霸功，在于人君之立志。一篇之纲领也。

　　4.《比》之九五曰："显比，王用三驱，失前禽。"[一]《传》曰：人君比天下之道，当显明其比道而已。如诚意以待物，恕己以及人，发政施仁，使天下蒙其惠泽，是人君亲比天下之道也。如是，天下孰不亲比于上？[1]若乃暴其小仁，违道干誉，欲以求[二]下之比，其道亦已狭矣，其能得天下之比乎？[2][三]王者显明其比道，天下自然来比。来者抚之，固不煦煦然求比于物。若田之三驱，禽之去者，从而不追，来者则取之也。此王道之大，所以其民皞皞而莫知为之者也。[3][四]非唯人君比天下之道如此，大率人之相比莫不然。以臣于君言之，竭其忠诚，致其才力，乃显其比君之道也。用之与否，在君而已，不可阿谀逢迎，求其比己也。在朋友亦然，修身诚意以待之，亲己与否，在人而已，不可巧言令色，曲从苟合，以求人之比己也。于乡党亲戚，于众人，莫不皆然，"三驱，失前禽"之义也。[4]

[集校]

　　[一]"传"上，《张解》本、《叶解》四库抄本有"伊川易"三字。此条今见《周易程氏传》卷一《比传》，无"传曰"二字。

　　[二]"求下"，叶作"求天下"。（《冯记》）叶、江本"求"下有"天"字。（《考异》）按，"求"下，《李解》本、《叶解》四库抄本、《江注》本有"天"字。

　　[三]"王"上，《比传》有"故圣人以九五尽比道之正，……故曰失前禽也"数句。

　　[四]"非"上，《比传》有"邑人不诫吉，……于显比见之矣"数句。

[集注]

　　[1]叶解：积诚实之意以待物，推爱己之心以及人，发政施仁，公平正大，群心自然豫附人君，显比天下之道也。

　　张传：显比不过一正，君臣朋友之间，俱不可不正。

　　张解：此程子因《比》九五爻辞而发明比道也。盖有意求比而比之，则人未必比,而其比也私;无意求比而比之,则人皆来比,而其比也公。故以人君比天下之道言之,但当显明其比之道,非以私恩小惠要结百姓也。如积诚实之意以待物,示天下以不欺;推恕己之心以及人,示天下以无私;发于政者皆仁之施,示天下以所欲与聚,所恶勿施,而惠泽之远暨此。人君拊循教养,所以亲比天下之道,应如是也。故天下皆在德洋恩普之中,如万物覆帱于天地,则人孰有不亲比于上者?

[2] 叶解:暴小惠以市私恩,违正道以干虚誉,以是求比,则非显比矣。

张解:若以一念一事之小仁,窃窃然恐人不我知,而故为表暴之;又或违于当好当恶之道,沽名市惠,干求百姓之誉己。此则有意于下之比者也。其所谓道,私而不公、隘而不广,非《易》所谓显比之道也。天下之人早已窥其心而见之,又安能得其比乎?

茅注:比,并音避,下同。暴,音仆。此一节明所以显比之意。

沙溪曰:暴,犹显示也。

[3] 叶解:煦煦,日出微温之貌。礼,天子不合围,盖搜田之时,围于三面,前开一路,来者取之,去者不追。亦犹王者显明比道,初不执小惠,以求人之比也。皞皞,广大自得之意。

张解:王者则不然,凡其纪纲法度之施,悉皆荡平正值之规。盖自以显明其比道,而群心悦服,自然来比。来则如赤子投于父母之怀,须鞠育抚字之,固非欲物之比我,而我先煦煦然求比于物也。如田猎之际,开一面之网,不合围而用三驱,任彼前禽之失,纵之不追,惟其自来,则不拒而取之,而非期于必得也。王道之大如此,此所以政立于上,化成于下,道德一,风俗同,皞皞而莫知为之者也。为人上者,乌可不知《易》乎?

李解:比,毗至反,下同。暴,音卜。

茅注:煦,音许。田、畋通。此就“王用三驱,失前禽”而释之,以见所以为显比之意。来者取之,以喻下四阴之顺乎五也;去者不追,以喻上一阴之背乎五也。胡氏曰:“《师》、《比》之五,皆取田象。《师》之‘田有禽’,害物之禽也;《比》之‘失前禽’,背己之禽也。在《师》则执之,王者之义也;在《比》能失之,王者之仁也。”

江注:树旌以表门,御者驱而过之,毂击则不得入,此未田之前,习过君表之御法也。逐兽则设驱逆之车,非以驱车入门为驱兽。记录有小差,读者得其大意可也。

[4] 杨注:《易传》,下同。

张传:既失禽不计,虽三驱不用可也,何以曰用三驱?盖王者道德齐礼,修其在我者,固不可略也。此而自背王化,如苗之逆命,则姑置耳。盖王者亦不愿有前禽之失也,故不曰王者不诚,而曰"邑人不诫"。盖不诫在邑人,不失淳闷之风;不诫在王者,终碍反身之旨。故圣人立言,自有斟酌。然则"上使中"谓何?曰《象》言"上使中"耳,未言上使不诫也。上使中在平日,不诫在临时。惟平日养成淳闷之民,故今日有不诫之事。

张解:又因人君比天下之道而推言之。见人有求比之私心,则无往而可也,如臣比于君者也。然内尽其心,而忠诚有所必竭;外尽其职,而才力有所必致。显比之道则然,用否在君,非所计也。若阿顺面谀,逢迎君意,庶几君之昵我,是容悦也,其可乎?又如朋友亦有相比之义。然修身以正,而言动嚬笑之不苟;诚意以接,而忠告善道之不欺。亦显比之道则然,亲否在人,非所计也。若巧令澳涩,曲从苟合,以冀友之亲我,是狎客也,其可乎?至于乡党有相友相助之道,亲戚有同灾共患之道,众人有一视同仁之道,莫不皆然。要非有意于人之比己。此《易》所谓"三驱,失前禽"之义也。凡为人者,又乌可不知《易》乎!

茅注:此复就"显比"推广言之。此条言人君自有公平正大之体,纲纪法度之施,以亲比于天下,而不必用私恩小惠以取悦也。

[集评]

问:伊川解"显比,王用三驱,失前禽",所谓来者撺之,去者不追,与"失前禽"而杀不去者,所譬颇不相类,如何?曰:田猎之礼,置旆以为门,刈草以为长围。田猎者自门驱而入,禽兽向我而出者皆免,惟被驱而入者皆获。故以前禽比去者不追,获者譬来则取之,大意如此。无缘得一一相似。(《语类》卷七十)

张伯行曰:人生无孤立之理,尊卑贵贱,亲疏远迩,情涣义睽,则人道息,《比》之时义大矣哉!只是出乎中心之诚,便合天理之公。盖光明正大,显之义也。若有一毫私意,即暧昧不可告人,我愈欲求比于彼,适足以增彼之怨怒忿恨,遑言比乎?人情物理,旷古如斯。子曰"君子周而不比",朱子释之曰"周公而比私",比非私也,有意求比,则为私耳。程子发明《易》理,示人之意切矣。

管赞程曰:自篇首至此为一章,言治天下,首重心术,当以无妄为本。用感之道举,而措之天下无难矣。所谓垂衣裳而天下治,此第一等治法。尧舜之治,不能外此。故列于首章,以为万世法焉。

张绍价曰:此言王者比天下之道,当廓然大公,显明其比。如积诚实之意以待物,而天下无不达之情,推爱己之心以爱人,而天下无不推之恩。诚求絜矩，发政施仁，而不以私恩小惠，违道干誉，天下蒙其惠泽，群心自然亲附。光明正大，而无偏党之私。如王者田猎，开一面之网，用三驱之礼，向我者取之，背我者不追，初不期于必得，此王道之所以为大也。

5.　[一]古之时，公卿大夫而下，位各称其德，终身居之，得其分也。位未称德，则君举而进之。士修其学，学至而君求之。皆非有预于己也。农工商贾勤其事，而所享有限。故皆有定志，而天下之心可一。[1]后世自庶士至于公卿，日志于尊荣；农工商贾，日志于富侈。亿兆之心，交骛于利，天下纷然，如之何其可一也？欲其不乱，难矣！[2]

[集校]

[一]《张解》本有"伊川曰"三字。此条今见《周易程氏传》卷一《履传》。

[集注]

[1]杨注：《履》之《象》曰："上天下泽，履。君子以辨上下，定民志。"

[2]叶解：上之人不度其德而制爵位，则庶士以至公卿日志于尊荣。不明其分而立品节，则农工商贾日志于富侈。贵贱竞趋，而心欲无穷，此乱之所由生也。

张解：此言为治在定民志也。人情莫不慕尊荣而羡富侈，无以品节限制之，则人心贪欲无穷，志不定而难治，今之所以不古若也。古之时，使人循循然皆有以自劾，而无侥幸苟得之心，故自公卿大夫而下，度德授官，终身居于其职，而无分外之营求。其位不称德者，举而进于上僚，则君自举之，而非有预于己也。其学修于家者，不求闻于人，而君自求之，亦非有预于己也。如是，则自庶士至于公卿之志定矣。等而下之，以及农工商贾，各事其事，则各食其食，皆不敢舍业以嬉，而所享之利必称其事之勤惰，则农工商贾之志亦定矣。志之定者心自一，三代而上，久安长治，盖以此也。后世则不然，位不称德而妄希超擢，有小人贻羞负乘者矣。学求人知，而夤缘干谒，有终身奔走形势者矣。此辈志在尊荣，既汲汲老死而不暇。而农工商贾则又自伤卑贱，徒以货财相夸尚。既富者越分逾涯，敢于恣肆而罔惮；未富者摩顶放踵，羞为寒素而乞怜。此辈志在富侈，尤随波而靡，而不知所底，则是自上及下，利之所在，趋走如骛，亿兆其人，亦将亿兆其心，熙熙攘攘，孰能一之？

李解：称、分、与，并去声。释《履·象传》之意。

茅注：分，音问。贾，并音古。……《诗》："万亿及秭。"注："万亿为兆"。孔颖达曰："亿之数有大小二法，其小者数以十为等，十万为亿，十亿为兆也；其大数以万为等，万万为亿，万亿为兆也。"此以见上下各有定分，但当尽力于其所当为，而不可有慕乎其外之心也。

[集评]

张习孔曰：深识治本之言，其要在"位各称其德"五字。后"世亿兆之心，交骛于利"者，以位可徼幸而得，不必其德之称也。于是以智巧营之，而果能得之，斯人亦何爱而不为哉？然则上之人，不能诚身明善，以称德而官人，而欲绝天下交骛之心，以杜争凌杀伐之祸，何可得乎？

张伯行曰：夫乱之所由生也，由言利以为阶，未有天下之人皆志于利，而心可得而一，世可得而治者。程子所以望古之时而慨然也。

张绍价曰：此言治天下之道，在于定民志也。

又曰：上下亡等，民志不定，泯泯棼棼，天下嚣然。今日之祸，开辟未有，举四百兆人民之命，胥殄绝于"自由平等"四字，甚于洪水猛兽，惨于夷狄兵戎，则不得不太息痛恨于提倡西学始作俑者之某某也。

6. 《泰》之九二曰："包荒，用冯河。"[一]《传》曰：人情安肆，则政舒缓，而法度废弛，庶事无节。治之之道，必有包含荒秽之量，则其施为宽裕详密，弊革事理，而人安之。若无含弘之度，有忿疾之心，则无深远之虑，有暴扰之患，深弊未去，而近患已生矣，故在包荒也。[1][二]自古泰治之世，必渐至于衰替，盖由狃习安逸，因循而然。自非刚断之君、英烈之辅，不能挺特奋发以革其弊也，故曰"用冯河"。[2]或疑上云"包荒"，则是包含宽容，此云"用冯河"，则是奋发改革，似相反也。不知以含容之量，施刚果之用，乃圣贤之为也。[3]

[集校]

[一]"传"上，《张解》本、《叶解》四库抄本有"伊川易"三字。此条今见《周易程氏传》卷一《泰传》，其"人情"上的文字，或编者剪裁而成。

[二]"自"上，《泰传》有"用冯河……济深越险也"数句。

[集注]

[1]叶解：当泰之盛，上下安肆，政令舒缓而不振，法度废弛而不立，庶事泛溢而无节，未可以亟正骤起之也。必有包含荒秽之量，而后见于施为

者,宽裕而不迫,详密而不疏,不迫不疏,则弊可革,事可理,而人且安之矣。或者见其百度弛慢,不能含忍而遽怀忿疾之心,则不暇详密,何有深远之虑?不能宽裕,宁免暴扰之忧?无深远之虑,则深弊未易革;有暴扰之忧,则近患已生矣。

李解:不详密则无深远之虑,不宽裕则有暴扰之患。

茅注:冯,音凭,下同。此明所以当包荒之意。

[2]叶解:治泰之道,虽不容峻迫,然人情玩肆,因循苟且,渐已陵夷。苟非一人刚断,宰辅英烈,则亦未能挺特(按,"特"《四库》抄本作"持")自立,奋发有为,而作新积弊也。无舟渡河曰冯,谓必用冯河之勇也。

李解:刚断则挺特而自立,英烈则奋发而有为。

茅注:断,都玩反。此明所以"用冯河"之意。

[3]叶解:有含容之量,则刚果不至于疏迫;有刚果之用,则含容不至于委靡。二者相资,而后治泰之道可成也。

张解:此程子因《泰》九二爻辞,而发明圣贤保泰之道也。盖圣贤之治天下也,量欲其宽,不宽不足以容物;用欲其决,不决不足以干事。时当泰运,称极治矣。然人情狃于安肆,则震动恪共之意少,因舒缓而废弛,因废弛而无节,亦其弊之必至者。九二以刚居柔,上应六五,正以纲纪政教,而为法度所由出,庶事所由裁者。则治之之道,不可不亟讲也。必以柔为用,而有"包荒"之义焉。夫荒秽虽在必去,而急则扰,扰则残,故其量主于包含。则夫见之施为者,宽而不偏,裕而不迫,详而不略,密而不疏,既无舒缓废弛之弊,从容事理,而人亦循循相安于教化。否则,躁心浅虑,反成暴扰,弊未去而患已生,故在包荒也。又必以刚为用,而有"用冯河"之义焉。夫冯河似乎气猛,而自古泰极而衰者,往往狃于安逸,逸则怠,怠则玩。自非其君有刚断之资,而复得英烈之臣以辅之,则旧习难改,必不能挺然特立、奋然发动,以革其因循之积弊,故"用冯河"也。或者不察,以冯河之奋发改革,以与上文包荒之含宏宽容义有相反。不知用柔所以善其刚,用刚所以济其柔。有含容之量,则刚果不至于躁迫;有刚果之用,则含容不至于萎靡,二者相资,而后保泰之道成。古圣君贤相,静以养天地之元气,动以振宇宙之人心,其作为有如此者。

茅注:此明"包荒"与"用冯河"相反而实相成之意。含容,谓二;刚果,谓九。

江注:神宗用王安石更新法,而宋室以否,有冯河之果,而无包含(《王记》云:王、吴本"包荒"作"包含",今依洪本。)之量故也。

宇都宫遯庵曰：冯河，谓其刚果，足以济深越险也。(《鳌头近思录》)

[**集评**]

朱子曰：何万一之尝论：本朝自李文靖、王文正当国以来，庙论主于安静，凡有建明，便以生事归之，驯至后世，天下弊事极多。此说甚好！且如仁宗朝是甚次第时节，国势却如此缓弱，事多不理。英宗即位，已自有性气要改作，但以圣躬多病，不久晏驾。神宗继之，性气越紧，尤欲更新之，却撞出介甫来承当，所以作坏得如此。(《茅注》)

张习孔曰："用冯河"三句，皆包荒中事。要笼统看，方合中行意。冯河，断也。不遐遗，周也。朋亡，公也。刚决好断者，每忽略而多疏；精察无遗者，或揽权而植党。今三者并用而相济，一中道之无偏矣。五固中行之主也，而二亦得以配尚之矣。如此以为包荒，岂有疏纵之虞乎？

张绍价曰：此言治天下之道，贵有含容之量，尤贵有刚果之用也。

贝原笃信曰：圣人非尚冯河，以诫子路之言可见之。此谓"用冯河"者，借以言刚果而已。

7.《观》："盥而不荐，有孚颙若。"[一]《传》曰：君子居上，为天下之表仪，必极其庄敬。[二]如始盥之初，勿使诚意[三]少散。如既荐之后，则天下莫不尽其孚诚，颙然瞻仰之矣。[1]

[**集校**]

[一]"传"上，《张解》本、《叶解》四库抄本有"伊川易"三字。此条今见《周易程氏传》卷二《观传》，无"传曰"二字，而有"予闻之胡翼之先生曰"。笔者以为"君子居上，为天下之表仪，必极其庄敬。"当为胡氏语，《茅注》云"此安定胡氏之言，而先生引之也"，可为佐证。

[二]"如"上，《观传》有伊川传语"盥，谓祭祀之始，……当庄严"数句。

[三]"意"，江改"心"。(《冯记》)王、吴、洪本"意"作"心"，《易传》本作"意"，《遗书》、《集解》阴本同，今改正。(《王记》)按，"意"，《江注》本及其四库抄本作"心"。

[**集注**]

[1]叶解：盥者，祭祀之始，盥洗之时也。荐者，献腥献熟之时也。方盥之始，人心精纯严肃。既荐之后，则礼仪繁缛，人心渐散。故为人上者，必外庄内敬，常如始盥之时，则天下之人莫不诚信其上，颙颙然仰望之矣。

张解：此程子发明《观卦·象辞》。见上以诚感，而后下以诚应也。盥，将祭之始,用水以洁手也。荐,奉酒食以祭也。颙若,诚敬积中、仰而畏之之象也。《观》之九五,以阳居阳,居中得正,四阴群仰,是君子在上位而为天下之表仪,必外之容貌极其庄,内之心思极其敬,如郊天格祖,方盥之初,有严有翼。勿使诚意少散,如既奉酒食以荐之后,礼毕而怠。盖表正则影端,有仪斯可象,君以孚诚感其下,下敢不以孚诚应其上?莫不颙然而瞻仰之,固其宜也。否则,虽帝天之尊,雷霆之威,亦貌承而心不服矣。夫子曰"临之以庄",又曰"庄以莅之",虽单言"庄",而实兼"敬"字之义,盖此意也。

茅注:观,古玩反。此安定胡氏之言,而先生引之也。……朱子曰:"盥与灌不同。灌是以秬鬯之酒灌地以降神,盥只是洗手。凡祭祀数数盥手,一拜则手拊地,便又着洗,盖谓精诚之至。但是盥涤而不待乎荐享,有孚已自颙若也。"愚按,程《传》"盥谓祭祀之始,盥手酌郁鬯于地",则程子固未尝直以盥为灌也。但所谓盥者,乃就灌之时而言耳。惟王弼注言:"宗庙之可观,莫盛于盥,至荐简略,不足复观。"且引夫子"禘自既灌而往,吾不欲观"之言为证,则似直以盥为灌,而其意亦与程《传》荐后诚意少散云云相似,盖胡说之所本也。又"有孚颙若",伊川主天下之人说。《本义》以谓"孚信在中而尊严,故下观而化之",主在上者说。二说不同。然按《象传》"下观而化"之言,则夫子明以"有孚颙若"为下之化,其在上者之自尽其诚敬,已在"盥而不荐"句内,程《传》得之。惟说"盥而不荐"处,诚如朱子所驳。《观》所云但盥而不待荐享,有孚已自颙若,则朱子亦以"有孚"句作效验说也。不自从《本义》而从程《传》,盖明以程《传》为可从也。孔《疏》"下观此盛礼,莫不皆化,悉有孚信而颙",然则亦就下之人言也。

[集评]

问:"盥而不荐",是取未荐之时诚意浑全而未散否?曰:祭祀无不荐者,此是假设来说。荐,是用事了;盥,是未用事之初。云"不荐"者,言常持得这诚敬如盥之意常在。若荐,则是用出,用出则才毕便过了,无复有初意矣。《诗》云:"心乎爱矣,遐不谓矣。中心藏之,何日忘之!"《楚辞》云:"思公子兮未敢言。"正是此意。说出这爱了,则都无事可把持矣。惟其不说,但藏在心中,所以常见其不忘也。(《语类》卷七十)

朱子曰:盥是洗手,不是盥鬯。伊川承先儒之误,恐非《易》本意。若云荐馈之后,诚意懈散,则先王祭祀只是灌鬯之初犹有诚意,及荐馈之后皆不成礼矣。(《李解》)

张习孔曰:示人者必有所示之事。然事迹者,其末也。精神者,其本也。圣人推本言之,以明其所重,故以不荐、有孚尽《观》之义。《本义》释

"有孚"与此别。固并行不悖也。

张绍价曰：此言君子在上，当极其庄敬严肃。常如祭祀始盥之初，勿使诚意少散。如既荐之后，则天下莫不信而仰之，所谓笃恭而天下平也。……盥将以荐，无盥而不荐之理。此特假设言之，欲人常存诚敬，如盥而未荐时耳。

8. [一]凡天下至于一国一家，至于万事，所以不和合者，皆由有间也，无间则合矣。以至天地之生，万物之成，皆合而后能遂，凡未合者，皆为[二]间也。若君臣、父子、亲戚、朋友之间，有离贰怨隙者，盖谗邪间于其间也。[三]去其间隔而合之，则无不和且治[四]矣。《噬嗑》者，治天下之大用也。[1]

[集校]

[一]《张解》本有"伊川曰"三字。

[二]"间"上，吕本无"有"字。(《茅注》、《异同考》)叶"为"下有"有"字，《易传》作"皆有间也"。(《冯记》)叶、江本"为"下俱有"有"字。(《考异》)"为"，一作"有"；又"为"下一有"有"字。(朝刊《近思录》)按，"为"下，《张解》本、《李解》本、《叶解》四库抄本、《茅注》本、《江注》本有"有"字。此条今见《周易程氏传》卷二《噬嗑传》，"为间"作"有间"。

[三]"去"上，《噬嗑传》有"除去……皆使"数句。

[四]且治："治"江误"洽"。(《冯记》)则无不和且洽矣："凡天下"条，王、吴本同，各本"洽"作"治"，《御纂周易折中》本作"洽"字，今从之。(《王记》)"治"，一作"洽"。(朝刊《近思录》)按，"治"，《江注》本及其四库抄本作"洽"。

[集注]

[1]杨注：伯嵒据《噬嗑》："亨，利用狱。"《彖》曰："颐中有物，曰噬嗑。噬嗑而亨。"

叶解：《噬嗑卦传》。天地有间，则气不通，而生化莫遂；人伦有间，则情不通，而恩义日睽。"颐中有物，曰噬嗑"，(按，此处《四库》抄本增有"噬")而合之，所以去间也，有治天下之大用焉。

张解：此释《噬嗑》之义，以发明治天下之大用也。"颐中有物，曰噬嗑。"噬，啮也。嗑，合也。啮之而后合，去间之义也。"间也"者，隔断于其间也。凡天下有天下之间，一国有一国之间，一家有一家之间，一事有一事之间。盖物必合而后和，有以间之，则中生衅隙而不合，不合则欹斜杌楻，那能得和？若无间则自合,而和不须言矣。以至天地之生,万物之成,莫非二气䜣合,是以能遂其生成之功。凡阴阳舛错,五行僭忒,其有未合者,皆为戾沴乘之而有间也。若人之五伦,交相维系,何等亲切？乃有情爱离贰,积成怨隙者,岂其天性异人哉？良由谗邪乘间,浸灌滋润,积微成巨,堕其术中而不之悟也。去其间隔而合之,则以恩合者,动于情之不容已。以义合者联于分之相比属,无不和且治矣。此《易》于《噬嗑》正所以明治天下之大用也,何也？《离》上《震》下,《噬嗑》之卦也。离,明也；震,动也。非明无以致其辨,非动无以致其决。明动相资,严于去间,虽有大奸邪,敢睥睨于其间哉！

李解：去,上声。

茅注：间,并去声,惟“之间”、“于其间”,如字。……“且治”之“治”,去声。按,程《传》,此卦上下二刚爻而中柔,外刚中虚,人颐口之象也。九四一阳间于其中,为口中有物之象。口中有物,则隔其上下而不得合矣。有间,指九四一阳爻而言也。

江注：朱子曰：“噬,啮也。嗑,合也。物有间者,啮而合之也。”

[集评]

张习孔曰：圣人之去间,岂别无化诲之术？而“利用狱”,何也？盖物而谓之间,非但蠢然无知,自外王化已也,必其显为抗衡,欲以挠败盛治。此而犹以文法优容,则养乱而为生民害矣,故虞之四凶,周之三叔,鲁之少正卯。圣人到此,亦无他法,不得不用兵刑矣。盖刑书之设,所以生全天下,故自唐虞迄今,不能废也。

别隐秦氏曰：亲戚朋友,邪谗间之,即是自家先有物欲之昏。谗人乃得乘间而离异之,所谓木先腐而后虫生也。然则噬嗑之用,必先去其私欲之间于内,然后有以辨奸去谗,而绝其间于外。(《陈注》)

张绍价曰：此言治天下之道,在于去间。有间则彼此相疑,诚意无由交孚,君臣父子亲戚朋友,所以离贰怨隙。恩义日睽者,皆由谗邪以为之间。去其间而后可合。卦体上《离》下《震》,离明则有以烛奸,震威则有以除恶。明威并用,而后间可得而去,故“《噬嗑》者,治天下之大用也”。

9.《大畜》之六五曰：“豮豕之牙,吉。”[一]《传》曰：物有总摄,事有机会,圣人操得其要,则视亿兆之心犹一心。道之斯行,止之则戢,故不劳而治,其用若“豮豕之牙”也。[1]豕,刚躁之物。[二]若强制其牙,则用力劳而不能止；[三]若豮去其势,则牙虽存,而刚躁自止。君子法豶豕之义,知天下之恶不可以力制也,则察其机,持其要,塞绝其本源^[四],故不假刑法严峻,而^[五]恶自止也。^[2]且如止盗,民有欲心,见利则动,苟不知教,而迫于饥寒,虽刑杀日施,其能胜亿兆利欲之心乎?圣人则知所以止之之道,不尚威刑而修政教,使之有农桑之业,知廉耻之道,虽赏之不窃矣。^[3]

[集校]

[一]"传"上,《张解》本、《叶解》四库抄本有"伊川易"三字。此条今见《周易程氏传》卷二《大畜传》,无"传曰"二字。

[二]"若强"上,《大畜传》有"而牙为猛利"句。

[三]"若"上,《大畜传》有"止其躁猛,……不能使之变也"数句。

[四]"源",《叶解》元刻本及其四库抄本、吴邦模刻本、《张解》本、《李解》本、《茅注》本、《江注》本及其四库抄本作"原"。

[五]"而"江误"则"。(《冯记》)王、吴本"而"误"则"。(《王记》)"而恶自止",江本作"则"。(《考异》)按,"而",《江注》本及其四库抄本作"则"。

[集注]

[1]叶解:得其要会,则视繁犹简,令行而禁止矣。

[2]茅注:豶,音坟。道,音导。强,如字。豶,豕去势也。"道之斯行",谓导之为善也。"止之则戢",谓禁其为恶也。势,外肾也。程子又曰:"教人之术,如童牛之牿,当其未能触时已先制之,善之大者。其次则豶豕之牙也。"

[3]叶解:圣人所以制强暴者,盖亦察其机要而治其本原,则人自服矣。如所谓止盗之法是也,非若后世权谋之术,执其要害以御人之谓也。

张解:此释《大畜》六五爻辞,而言圣人止恶之道,不在威刑而在政教也。天下事非得其要而操之,则令不行禁不止,劳而不可为治。所以物有总摄,总摄者,总其柄而摄持之也;事有机会,机会者,弩之发而赴于其的也。皆所谓要也。圣人操得其要,则亿兆虽纷,视之如一,欲使之行则行,欲使之戢则戢,不劳而治,即《易》所云"豶豕之牙"之义也。豶,豕之去势者。豕性刚躁,牙足为害而不可以强制。惟去其势,则有以柔其性,故牙虽存而刚躁自止。君子观此爻之象,而知止恶之义矣。夫暴横强御,性之桀骜而不可驯者,不啻豕也。严刑峻法,民之狃于犯上而不忌者,非可以力制也。察其机而持其要,以塞绝其本原,有不假于区区刑法之间者,且即以止盗言之。盗之起也,起于欲心之生。利者,人所同欲也,平昔无礼义之教,恒心既失,又况饥寒驱之,不得不迫而为盗。不知其本,徒执三尺之刑法以绳其后,刀锯死也,饥寒亦死也,死刀锯者十之一,死饥寒者十之七,激而愈甚,其能胜亿兆利欲之心乎？以是止恶,恶不可得而止也。圣人知止之之道,不在威刑而在政教。威刑,强而制之道也；政教,操得其要之道也。于是修其政,使有农桑之业以遂其生,则民有所赖而不为恶；又修其教,使知廉耻之道以复其性,则民皆观感而乐于为善,虽赏不窃。以"止盗"一节类推之,莫不皆然。然则察其机、持其要,以塞绝其本源,是所望乎有天下之责者。

李解：强,上声。道之斯行,所以迁善。止之则戢,所以禁非。农桑之业,政之所施也。廉耻之道,教之所被也。

茅注：此又就止盗言之。此条言圣人化强暴之法,贵察其机要而治其本原,不徒威刑之是尚也。

[集评]

张习孔曰：除恶务本,阐发详至。

陈沆曰：人君止天下之恶,固当如此。即学者止一心之恶,亦当及其未发,塞绝本原。周子所谓"几",张子所谓"豫"者,此也。

张绍价曰：此言治天下之道,在于操得其要也。物有总摄,事有机会,所谓要也。圣人操得其要,以简御烦,以静制动,劝善而道之斯行,惩恶而止之斯戢,不劳而天下治矣。如豮豕然,豕之刚躁在牙,而刚躁之本则在势,机也,要也。豮去其势,则性自调伏,牙虽存而无能为。去恶之道,亦犹是也。严刑峻法,以力制天下之恶,而恶卒不可制,察其机,持其要,绝其本原,则人自服,恶自止,何待力制哉！

10.《解》："利西南。无所往,其来复吉。有攸往,夙吉。"[一]《传》曰：西南,坤方,坤之体,广大平易。当天下之难方解,人始离艰苦,不可复以烦苛严急治之,当济以宽大简易,乃其宜也。[1][二]既解其难而安平无事矣,是"无所往"也。则当修复治道,正纪纲,明法度,进复先代明王之治,是"来复"也,谓反正理也。[三]自古圣王救难定乱,其始未暇遽为也；既安定,则为可久可继之治。自汉以下,乱既除,则不复有为,姑随时维持而已,故不能成善治,盖不知"来复"[四]之义也。[2]"有攸往,夙吉",谓尚有当解之事,则早为之,乃吉也。当解而未尽者,不早去则将复盛；事之复生者,不早为则将渐大,故夙则吉也。[3]

[集校]

[一]"传"上,《张解》本、《叶解》四库抄本有"伊川易"三字。此条今见《周易程氏传》卷三《解传》,无"传曰"二字。

[二]"既"上,《解传》有"如是,……圣人"数句。

[三]"自"上,《解传》有"天下之吉也。其,发语辞"数句。

[四]"来复"江误倒。(《冯记》)王、吴本作"复来",《遗书》、《集解》各本作"来复",按,"其来复吉",乃《易》本文,作"复来"者,误。(《王记》)按,《江注》本为"复来"。

[集注]

[1]叶解:文王八卦方位,《坤》居西南维,故西南为坤。大难初解,与民休息之意。

李解:难、离,并去声,下同。

茅注:解,音蟹,下同。易,并音异。……复,扶又反,下"不复"、"复盛"、"复生"并同。《坎》下《震》上为《解》。以卦变言,其卦自《升》来,三往居,四入于《坤》体,故以坤方言。"文王八卦方位,《坤》居西南维,故西南为坤",平易之方也。此一节言《解》之所以利西南也。

[2]叶解:大难既解,虽已安平而无所事。然兴废举坠,修复治道,以为久安长治之计者,不容苟且而遂已也。

茅注:此一节释"无所往"、"来复吉"之义。

价解:此言治天下者,难解之后,所以处之之道也。大难初平,人离艰苦,当济以宽大简易,所谓抚民以宽也,所谓"刑新国用轻典"也。然非因循苟且,遂可以为治也。安平无事之时,正宜整饬纪纲,修明法度,进复三代明王之治,乃为长治久安之策。

[3]叶解:张柬之等不杀武三思,及其势复成,乃欲除之,则亦晚矣。

张传:难生而蹇利西南,难散而解亦利西南。以此取之,亦以此守之也。"无所往"以下,正是利西南处。不言不利东北者,蹇在险中,恐其愤激侥幸,蹇难既解,则直利于平易,而他不必言矣。

张解:此释《解卦·彖辞》,言难之方解,宜与民休息也。盖蹇难之后,元气初复,多一纷更则多一苦难,所以《解》之为言解也。其卦《震》上《坎》下,坎险也,震动也,取险以动,动而免乎险之义,谓苟可以免乎险,则不必复有所动,须与天下相安于无事。故程子释之之意,以为"利西南"云者。利,宜也;西南属坤阴,静之方也。其体广大平易,象政之宽大简易也。人始离于艰苦,不可复以烦苛严急之治治之,则西南乃其宜耳。然天下虽安,不可忘治。苟其既解之后,安平无事,是免乎险而可无动矣,则为"无所往"者也。便当振作废坠,修明治道,使先代明王之盛复见于今日,是"来复"之义也。复,反也,反乎理之正而非有新法之变也。自古圣王当其戡定祸乱之始,纪纲未暇遽正,法度未暇遽明,以时未安定故耳。既已安定,则立典则,以示可久,如《周官》《周礼》之为。昭垂统绪,以示可继,如卜洛定鼎之世,守治所以称善也。自汉而后补偏救弊,随时维持,而不能成善治于除乱之后,盖昧于《易》所云"来复"之义也。其又云"有攸往,夙吉"者,谓"无所往",固宜相安于无事;有所往,则亦不可忘其所有事。如难虽既解,而或尚有当解之事,是犹险而宜动,则当早为解之,乃吉也。盖去恶务尽,无使滋蔓。故其未尽者,不早去之,势将复盛;其蘖芽之复生者,不早为之所,久将渐大。是以宜夙不宜迟也。

李解:所谓"图难于其易,为大于其细"也。解既终而苟安,则患复生矣。

茅注:去,上声。……节释"有攸往,夙吉"之意。

朴履坤曰:震,动也。坎,险也。动于险外,出乎险也,故为患难、解散之象。本义若无所往,则宜来复其所而安静。若尚有所往,则宜早往早复,不可久烦扰也。

[集评]

先生举"无所往,其来复吉"。程《传》以为"天下之难已解,而安平无事,则当修复治道,正纪纲,明法度,复先代明王之治"。夫祸乱既平,正合修明治道,求复三代之规模,却只便休了。两汉以来,人主还有理会正心、诚意否?须得人主如穷阎陋巷之士,治心修身,讲明义理,以此应天下之务,用天下之才,方见次第。因言:神庙,大有为之主,励精治道,事事要理会过,是时却有许多人才。若专用明道为大臣,当大段有可观。明道天资高,又加以学,诚意感格,声色不动,而事至立断。当时用人参差如此,亦是气数舛逆。(《语类》卷七十二)

张伯行曰:要之,无往之复,所以培养血脉,而非扰也;有往之夙,所以诛锄稂莠,而亦非暴也。宽以济猛,静而毋动,圣人首系之曰"利西南",而程子又详言之,其旨微矣。

张绍价曰:自汉以下,乱既除,则不复有为。远如文帝谦让未遑,用黄老之术,清净无为,而三代之治,遂不可复。近如同治中兴,金陵克复,诸臣歌咏太平,而无复励精图治之思,及外患日迫,则又但知效西法,而不知复古法,以开今日用夷变夏之患,皆昧于"来复之义"也。

又曰：当解而未尽者，不早去则将复盛。如张柬之不杀武三思，而武氏再乱唐室，诸人亦卒不保其身，是也。事之复生者，不早为则将渐大。如安史之乱初平，以降将薛嵩、田承嗣、李怀仙为河北诸镇节度使，而唐失河北，实自此始，是也。

11. [一]夫有物必有则。父止于慈，子止于孝，君止于仁，臣止于敬。万物庶事，莫不各有其所。得其所则安，失其所则悖。圣人所以能使天下顺治，非能为物作则也，唯止之各于其所而已。[1]

[集校]

［一］《张解》本有“伊川曰”三字。此条今见《周易程氏传》卷四《艮传》。

[集注]

［1］杨注：伯嵒据，“艮其止，止其所也”。

叶解：《艮卦·象传》。事物各有天然之则，圣人非能为物作则，但处之各当其则而已。

张传：《艮》辞曰：“时止则止，时行则行。”

张解：此言圣人因物付物之治也。物必有则，则者理也，即至善之所在，而为物所当止者也。以其各有是当然之理言之，谓之则；以其当然之理一定不可易言之，谓之所；以其适合于一定不易之理言之，谓之止。如父子君臣，物也；慈孝仁敬，则也。止于慈孝仁敬，止于其所也。推之万物庶事皆然，得之则安，失之则悖。所以然者，天命人心所自具，非可意为得失也。圣人自尽其则，而因以尽天下之则，其修道以品节之，而能使天下顺治者，非能为物作则，而有加于其物之外也。物自有其当止者，而我因而止之，物物止于其所，即物物各当其则。所谓因物付物而己不与，即以其人之道还治其人之身也。夫天生物而各正其性命，圣人治天下而万物各得其所，圣人亦顺乎天而已矣。

李解：夫，音扶。为，去声。释《艮·象传》之意。朱子曰：“万物各有其所止，著自家私意不得。‘艮其背，不获其身’，只见道理，不见自家。‘行其庭，不见其人’，只见道理，不见他人也。”

[集评]

朱子曰：伊川又却于解“艮其止，止其所也”，又自说得分明。（《语类》卷七十三）

张习孔曰：先生以慈孝仁敬释"止其所"，是止之中有行在。止之时，所在止；行之时，所在行。时行时止，便是止其所，谓艮背之义盖如此。

张绍价曰：此言圣人之治天下，使人各止于其所。父慈子孝，君仁臣敬，各止其所，各守其定分，而无不安其位之意，此天下所以顺治也。今之言治者吾惑焉，废三纲，灭五伦，弃五千年之文明，而用彝翟平等自由之教，竞权争利，人心嚣然不靖，而大乱起矣。

12. [一]《兑》，说而能贞，是以上顺天理，下应人心，说道之至正至善者也。[1]若夫"违道以干百姓之誉"者，苟说之道。违道不顺天，干誉非应人，苟取一时之说耳，非君子之正道。君子之道，其说于民，如天地之施，感之于[二]心而说服[三]无斁。[2]

[集校]

[一]《张解》本有"伊川曰"三字。此条今见《周易程氏传》卷四《兑传》，无"《兑》"字，或编者增入。

[二]"之于"，《易传》作"于其"。(《茅注》)按，《兑传》为"于其"。

[三]"说"下，吴邦模本无"服"字。《兑传》有"服"字。

[集注]

[1]叶解：《兑卦·彖》曰："说以利贞，是以顺乎天而应乎人。"

茅注：说，并音悦，下同。说，就柔外而言，谓三与上也；贞，就刚中而言，谓二与五也。

[2]杨注：伯崐据《兑》之《彖》曰："兑，说也。刚中而柔外，说以利贞，是以顺乎天而应乎人。"

叶解：道出于天，违道则非顺天矣；誉出于人，干誉则非应人矣。

张解：此释《兑卦·彖辞》，而言君子说民之道，顺乎天应乎人也。《兑》之为卦，柔在外而刚得中。柔有"说"之义焉，刚有"贞"之义焉。说而能贞，是上顺天理之正，以下应人心之公，为至善之正道也。正故善耳。夫君子之于天下也，固无咈百姓以从己欲之理。然道所当然，顺之而行，不令人怒，亦不令人喜。若有意于百姓之誉己，而违道以干之，则是苟焉而已。讵知道出于天，违道则不顺天，天理即人心，干誉则不应人。虽一时或能取说，究非君子之正道。天地以正道说万物，君子以正道说万民。天地不言恩，君子不市德。而受天地之施者，感之于心，说服无有厌斁，民于君子亦若是焉已矣。

茅注：斁，音亦。干，求也。违道、干誉，如所谓私恩小惠是也。斁，厌也。此言说之所以顺天应人者也。朱子曰："悦若不刚中,便是违道干誉。"愚按,后世君相于道之所在,可以稍有利于人者,偏不去讲求,甚有知之而不肯为,而私恩小惠沾沾焉欲以干百姓之誉。究之百姓绝不蒙其利益而已,亦不足以致誉。此皆所谓"苟悦之道",君子不取也。

[集评]

张习孔曰:说以先民,民忘其劳;说以犯难,民忘其死。前此必有所以致之者,非以说去先民,以说去犯难也要分晓。先生以天地之施比君子之说,甚妙。盖天地之施,从来如此久矣,非临事而然也。

张绍价曰:此言治天下之道,不可以妄说于民也。说出于正,揆之天理而顺,即之人心而安。说出于苟,私恩小惠,要结人心,违道以干百姓之誉。道原于天,违道则不顺天;誉出于人,干誉则非应人。取说一时,非君子之正道也。

13.^[一]天下之事,不进则退,无一定之理。济之终,不进而止矣,无常止也,衰乱至矣,盖其道已穷极也。^[二]圣人至此奈何? 曰:唯圣人为能通其变于未穷,不使至于极也^[三],尧舜是也,故有终而无乱。^[1]

[集校]

[一]《张解》本有"伊川曰"三字。

[二] 此条今见《周易程氏传》卷四《既济传》,"圣"上有"九五之才,……理当必变也"数句。

[三] 于极也:叶脱"也"字。(《冯记》)按,《叶解》元刻本及其四库抄本、《张传》本、《张解》本、《李解》本、《江注》本无"也"字。

[集注]

[1] 杨注:伯岊据《既济》之繇曰:"既济:亨小,利贞。初吉,终乱。"

叶解:《既济·象》曰:"终止则乱,其道穷也。"盛止必衰者,天下之常势;有盛无衰者,圣人之常道。常人苟安于既济,乃衰乱之所由生;圣人通变于未穷,故有终而无乱。《易大传》曰"尧舜氏作,通其变,使民不倦"是也。

张传:尧以不得舜为忧,舜以不得禹皋为忧,盖不使其道至于穷极也。

张解:此因《既济·象传》之辞而释之,欲人以义理挽回气数也。盖《既济》之卦,水火既得其性,阴阳各顺其序,六爻又各当其位。以人事言之,可谓极盛极治矣。然天下之运,不能有盛而无衰;生民之道,不能有治而无乱。故夫子释《既济》之《象传》有曰"终止则乱,其道穷也"。而程子复发明之,以为天下之事不进则退，无一定之理。盛治犹进也，衰乱犹退也。《既济》终爻，无复可进而止矣。事无常止而不迁者，常人苟安于既济，而不知盛治不可以为常，则衰乱至矣。何也？其道已穷极也。因设一辨以为所贵乎圣人者，谓能使天下永无衰乱耳。若听其穷极亦诿之气数，无奈何乎？则应之曰：惟圣人为能以义理通其变于未穷，而不使至于极。如尧舜值中天之运，念切平成，修府事之和，时厪咨儆，惟恐一物不得其所，不敢自谓已治已安。是其犹病之心，正有以持《既济》之终，而通其变于未穷者。故可以继五帝之后，开三王之始，有终治而无乱也。然则制治于未乱，保邦于未危，赖有学尧舜之道者，而圣人系《易》必以《未济》终焉，岂非深思远虑哉？

茅注："无常止"，盖虽止而有常心，犹可蒙业而安。如汉之文帝，宋之仁宗是也。然既有止心，则怠忽乘之，往往不能以有常，此衰乱所以至也。《系辞下传》云："神农氏没，黄帝、尧、舜氏作。通其变，使民不倦；神而化之，使民宜之。《易》穷则变，变则通，通则久。"独言尧、舜者，举其极盛者而言也。观《孟子·许行》章所言，其大略可概见。张希献曰："卦曰'终乱'，而《象》曰'终止'，则乱非终之能乱也，于其终而有止心，此乱之所由生也。"俞玉吾曰："人之常情，处无事则止心生，止则怠，怠则有患，而不为之防，此所以乱也。当知终止则乱，不止则不乱也。"

朴履坤曰：既济，事之既成也。卦，水火相交，各得其正，故为既济。

[集评]

薛氏曰：亢极之治，惟圣人有道以持之，使不至于倾。如尧之治极矣，时当衰也，有舜则能持其盛。舜之治极矣，时当衰也，有禹则能保其治。使尧之后无舜，舜之后无禹，则鸣条牧野之事不待后世而后见也。乃知治乱盛衰相寻无端者，理之当然。或当衰不衰，当乱不乱者，则圣人干旋造化之功也。（《李解》）

管赞程曰：自"古之时"至此为一章，言欲致治，光（按，当为"先"）须辨上下，定民志，塞乱原，革敝政。要以宽容刚果并用，庄敬诚意为本。然后乃能去逸间，持要领，正纪纲，明法度，防微杜渐，以臻郅治，而卒归功于父慈子孝君仁臣敬，为说道之至正至善，则能保其终而无乱也。如医家疗病，先泻而后补，先去秽而后生新，此不易之法也。

张绍价曰：此言治道当善其终也。天下之事，不进则退，乱极则治，治极则乱。《既济》之终，人情安于无事，则止心生，止则怠而不复进，衰乱自此起矣。日中则昃，月盈则食，道已穷极。治之终，即乱之始，天运也，亦人事也。圣人以人事挽回天运，兢兢业业，持盈保泰，于未穷之时，而预有以通其变,不使至于极。终止则乱,不止则不乱。圣人有终而无止,"故有终而无乱"也。

又曰:自"《比》之九五"至此为一段,言人君当推诚心,以道治天下。

14.　[一]为民立君,所以养之也。养民之道,在爱其力。民力足则生养遂,生养遂则教化行而风俗美,故为政以民力为重也。《春秋》凡用民力必书,其所兴作不时害义,固为罪也,虽时且义,必书,见劳民为重事也。[1]后之人君知此义,则知慎重于[二]用民力矣。[三][2]然有用民力之大而不书者,为教之意深矣。僖公修泮[四]宫,复閟宫,非不用民力也,然而不书。二者,复古兴废[五]之大事,为国之先务,如是而用民力[六],乃所当用也。人君知此义,知为政之先后轻重矣。[3]

[集校]

　　[一]《张解》本有"伊川曰"三字。

　　[二]"慎重于民"下,叶本无"用"字。(《茅注》)"于 用 民力",叶本无。(《考异》)按,"于"下,《张解》本、《李解》本、《叶解》四库抄本无"用"字。

　　[三]一无此(按,即"后之……民力矣")十六字。(朝刊《近思录》)按,《叶解》元刻本、《张传》本脱"后之人君知此义,则知慎重于用民力矣"两句。

　　[四]"泮",《礼记》作"頖"。(《茅注》)

　　[五]一作"兴废复古"。(朝刊《近思录》)

　　[六]"民"下,《叶解》元刻本、《张传》本脱"力"字。

[集注]

　　[1]叶解:《春秋》书"不时"者,如隐公七年"夏城中丘"之类;书"时"者,如桓十六年"冬城向"之类;书"不义"者,如庄二十三年"丹桓宫楹"之类;书"义"者,如庄元年"筑王姬之馆"之类。

　　[2]杨注:春夏秋当农之时,不可以用民力,故左氏例以为不时;至冬则农工既毕,无妨民事,故左氏例以为得时。若隐七年夏城中丘,桓五年夏城祝丘,是以"不时"而书也。若宣八年冬城平阳,定六年冬城中城,是虽"得时"而亦书也。伯邑据《左传》曰"凡土功,龙见而毕务,戒事",谓周十一月三务始毕,戒民以土功之事也。"火见而致用,水昏正而栽,日至而毕。"周十一月即今九月。龙星角亢,晨见东方。火见者,大火心星,次角亢见者。《诗》曰:"定之方中,作于楚宫。"《尔雅》曰:"营室谓之定。"郑氏曰:"定星

昏中而正,于是可以营制宫室,故谓之营室,谓小雪时。"长乐刘氏曰:"建亥之月,定星方中,致用者致筑作之物。水昏正,即今十月定星昏而中也。栽者,树板幹而兴作。日至,日南至微阳始动,故土功息。"

李解:"为民"之"为",去声。

茅注:"养之"、"养民"之"养",并去声,馀如字。……见《春秋》隐公七年"夏城中邱"传。此一节释《春秋》所以用民力必书之意。庐陵彭氏曰:"三代之君,不敢鄙夷其民以从己之欲,每有兴作,谋及庶民。如盘庚迁殷,登进厥民而告之。三代世守此道,观《十月之交》诗曰:'胡为我作,不即我谋。'盖可见矣。"

[3] 杨注:《经说》,下同。

叶解:泮,半也。诸侯之学,乡射之宫,其东西南方有水,形如半璧,以其半于天子之辟廱,故曰泮宫也。閟,闭也,幽阴之义。宫,庙也。毛氏曰"先妣姜嫄之庙"。孟仲子曰"是禖宫也"。泮宫者,所以教育贤材。閟宫者,所以尊事祖先。二者皆为国之先务,以是而用民力,故无议焉。

张解:此程子因《春秋》书"城中邱",而统论人君养民之道,当慎重于用民力也。鲁隐公城中邱而以夏。夏之时,正"俶载南亩"之时,夺民时以有事于城,非养民之道,故《春秋》书之。而程子原上天立君之意,以为不养民,则无以兴教化而美风俗,不重民力,则无以使民力足而得其养,为政者不可不知所重也。《春秋》凡用民力必书。其书"不时"者,如城中邱、城郎之类;书"害义"者,如丹桓宫楹、新作南门,及城虎牢、城费、新作雉门及两观之类。其书"时"者,如城向、城防之类。其书"义"者,如筑王姬之馆之类。盖不时害义,轻于劳民,固当书以示罪。虽时且义而亦书者,盖以人君养民之心视之,则劳民皆为重事。《春秋》之意,总欲后之人君知此义,即于不能不用之时,尚当凛一不敢用之之心,而况必不当用之时,奚忍轻于一用之理?然僖公尝修泮宫、复閟宫矣,岂非用民力之大者?而《春秋》不书,则有深意焉。泮宫所以教育人材,閟宫所以尊事祖先。尊祖者,生人之本也;育材者,国家之用也。二者之兴废所关甚大,皆为国先务,以是而用民力,故《春秋》无讥焉。人君知所以不可用,又知所以当用,则先后轻重各得其宜,而养民之道出其中,教民之道亦出其中矣。

茅注:此又将《春秋》之用民力而不书者言之,正以见民力之不可轻用也。……以节观者,诸侯则半于天子之制也。……事并见《诗·鲁颂》。

贝原笃信曰:案,《泮水》、《閟宫》,皆见《鲁颂》之诗。……孔氏《正义》:"姜嫄庙,鲁亦有之,不唯在周也。"

[集评]

张习孔曰：修泮复閟，固为劳民，然以千乘之国为之，其役亦微矣。劳民之大者，则在会盟征伐，此春秋所为无义战也。

茅星来曰：按，《小序》："《泮水》，颂僖公能修泮宫也。《閟宫》，颂僖公能复周公之宇也。"盖《序》以《泮水》篇有"既作泮宫"句，《閟宫》篇有"复周公之宇"句，故云。然朱子辨之，则谓："《泮水》燕饮落成之诗，不为颂其能修也；《閟宫》言'庄公之子'，又言'新庙奕奕'，则为僖公修庙之诗明矣。但《诗》所谓'复周公之宇'者，祝其能复周公之土宇，非谓其能复周公之屋宇也。"愚谓，朱子说固然，然《序》于《閟宫》篇，但言颂僖公能'复周公之宇'，未尝言'屋宇'。《正义》释之，亦以谓鲁初土地特大，异于他国，其后君德渐衰，邻国侵削，境界狭小，至是僖公有德，更能复之，故作诗颂之，亦未尝有"复屋宇"之说也。要其于二者，能举而修之，则是凿然无疑者。朱子与旧说一也。

张绍价曰：天生民而立之君，使司牧之，所以养之也。人情莫不欲逸，先王节其力而不伤，民力足而后生养遂，教化可行，风俗可美，《春秋》所以重用民力也。

李瀷曰：兴作，创始也。创始不谨则其弊也，必有不当作而作者也。至于先王之政，则当复而已，故不书。

东正纯曰：《春秋》之义，未必若是。但程子之意如此耳。

15. [一]治身齐家以至平天下者，治之道也。建立治纲，分正百职，顺天时以制事，至于创制立度，[二]尽天下之事者，治之法也。圣人治天下之道，唯此二端而已。[1]

[集校]

[一]《张解》本有"伊川曰"三字。此条今见《河南程氏经说》卷二《书解·尧典》。

[二]"创制立度"，《张传》本作"创立制度"。

[集注]

[1]叶解：道者，治之本。法者，治之具。不可偏废，然亦必本之立，而后其具可举也。

张解：治道即《大学》之道，治法即《周官》之法，二者不可以偏废。然道为制治之本，法为辅治之具，"必有《关雎》、《麟趾》之意，然后可以行《周官》之法度。"若外道以为法，徒恃其具而不探其本，则亦三代以下之法，而非圣人之治矣。

茅注:"治之"、"治纲"之"治",并去声,馀如字,后放此。见《书解》"命羲和"章。……愚按《经说》治道就"克明俊德"至"于变时雍"而言,治法就"乃命羲和"至"庶绩咸熙"而言。或疑治道固尽于此矣,治法似非"治历明时"所可尽者。不知察阴阳,验气候,以布顺时之政,使人得遂其生养之道。事之最大最先,孰过于此!故《尧典》首举而详载之。然则程子于此,所以提挈纲维,示人为治之要,亦深切矣。

[集评]

朱子曰:圣人治天下之道,固不外此二端,然必人主之心术公平正大,无偏党反侧之私,而后治之法可得而行;必亲贤远佞,讲明义理之归,闭塞私邪之路,而后治之道可得而尽。又不可以不知也。(《茅注》)

张习孔曰:有治道,无治法,徒善不足以为政。有治法,无治道,徒法不能以自行。

16. 明道先生曰:[一]先王之世,以道治天下,后世只是以法把持天下。[1]

[集校]

[一]《张解》本无"先生"二字。此条今见《河南程氏遗书》卷一《端伯传师说》,无"明道先生曰"五字。

[集注]

[1]杨注:《遗书》,下同。

叶解:先王治天下以仁义为主,法固在其中。后世惟恃法令以控制天下,而法亦非先王之法矣。

张传:又其后也,并法亦无之矣。

张解:言治天下当以道为主也。先王之世,躬行仁义,凡其纪纲制度,无非劝民为仁义之事,则是以道治天下,而法亦在其中,然非以是为把持之具也。若后世只以法持天下,则是控驭之,束缚之,权驱势压,而法亦非其法矣。毋怪乎唐虞三代之治,不可复见于后世也。

李解:朱子与同甫书曰:"尝谓'天理人欲'四字,不必求之于古今王霸之迹,但返之吾心义利邪正之间,老兄视汉高帝、唐太宗之所为,而察其心果出于义邪?出于利邪?出于邪邪?出于正邪?若以其能建立国家、传世久远,便谓其得天理之正,此是以成败论是非,但取其获禽之多而不羞其诡遇之不出于正也。千五百年之间正坐如此,所以只是架漏牵补过了时日,其间虽或不无小康,而尧、舜、三王、周公、孔子所传之道,未尝一日得行于天地之间也。若论道之常存却又初非人所能与,虽千五百年被人作坏,终灭殄他不得耳。汉唐所谓贤君,何尝有一分气力扶助得他耶!"

茅注:鹤山魏氏曰:"荆公云'《周礼·小宰》言以法掌祭祀,则亦不与道揆故也'。荆公尝以道揆自居,而元不晓道与法不可离。法不本于道,不足为法;道不施于法,亦不见其为道。荆公以法不与道揆,故其新法皆商君之法,而非帝王之道,所见一偏,为害不小。永嘉二陈作《唐制度纪纲论》,云:'得古人为天下法,不若得之于其法之外。'彼以道德为法外事,皆因荆公判道、法为二,后学遂为此说。如《周礼》三百六十官,甸稍、县鄙、井地、沟洫、比闾、族党,教忠教孝,道正寓于法中。后世以刑法为法,故法为申商。"

[集评]

薛氏曰:帝王以道治天下者,盖自天德推之王道也。后世只是以智力把持天下者,则无天德以行王道,但用智力之私以防制之耳。(《李解》)

茅星来曰:先王以道治天下,道尽而法已具,法固不外于道也。后世以法把持天下,法立而道已多不合矣。观后世之天下而曰"把持",盖亦不足以言治也。

灵峰先生曰:先王之法,皆本于道。离道而言法,汉、唐、欧美之法,非先王之法也。天下必无一法可出于道之外,习惯、宗教、舆情、学说、外国法,凡法之不本于道者,非法之法,皆不可以为法也。先王之法,道法合一,万世无弊。有王者起,修订法律,必自黜绝耶教平等之义、西学权利之说始矣。(《价解》)

钱穆曰:中国人言治国,又必兼言平天下。平亦治义。治平亦一道相承。能治其国,斯亦能平天下矣。(《随劄》)

17. [一]为政须要有纪纲文章,[1] 先有司[2]、乡官[二][3] 读法[4]、平价[5]、谨权[三]量[6],皆不可阙也。[7] 人各亲其亲,然后能不独亲其亲。[8] 仲弓曰:"焉知贤才而举之?"子曰:"举尔所知。尔所不知,人其舍诸?"便见仲弓与圣人用心之大小。推此义,则一心可以丧邦,一心可以兴邦,只在公私之间尔。[9][四]

[集校]

[一]《张解》本有"明道曰"三字。此条今见《河南程氏遗书》卷十一,

题下注云"明道先生语"。

　　[二]　"乡官",《张传》本作"乡射"。

　　[三]　"权"下,《李解》本有"审"字。

　　[四]　以上并明道语。(《茅注》)明道语。(《冯记》)

[集注]

　　[1]　茅注:大曰纲,小曰纪。《白虎通》曰:"纲谓纲之大绳,纪谓纲中丝缕之目。"文章,其中之品节条理也。"先有司"以下五者,纪纲文章之条目也。

　　[2]　茅注:说见《论语》。愚按,《日知录》谓:"明初,钱粮掌于县丞,案牍掌于主簿,税课掌于大使,为令者总其要而无所与焉。"又自言其家有嘉靖时屋契,犹用税课司印,则其事一归之于县,固在嘉靖后也。然则谓佐贰官不得擅受民词,非通论矣。但明制佐贰限于资格,清流往往耻为之,其人亦以卑职冗员自弃,作奸犯科,不自爱重,所以至后来遂举其事一归之于县,县于是政令繁琐,而不暇及教化养民之事,吏治之所以愈衰也。今欲凡事必先之有司,使得各举其职,须要厚其俸,不限以资格,使之退可自给,进知所奋。然后严为之考成,以计功过,亦所以使之各尽其材能也。

　　[3]　茅注:详见下卷"乡党"条下。魏庄渠曰:"乡遂群吏,汉散为亭长、三老、啬夫,尚以教导为务。至唐为里正、坊正、村正,宋为保长、耆长,则仆仆执役于官,惟征催钱粮,勾摄公事耳。古意荡然矣。"王氏曰:"汉之乡老、啬夫,亦皆百石。魏之州县乡官,悉由吏部。唐之里正、村正,皆以勋品。宋以后则胥徒任之,贱而多责,人不乐为。"礼库曰:"古者许多长民之官,往往多自民间推择。且如五家为比,有比长,即是五家中自推一人来做。朝廷因爵以下士,命之为比长。五比为闾,有闾胥,亦是二十五家中自推一人来做。朝廷因爵以中士,命之为闾胥。此岂非进贤使能耶?要之,朝廷才进贤使能,天下便知贤者之可尊,能者之可贵,而自勉于善矣。"

　　[4]　茅注:按,《周礼·地官》:州长"正月之吉,各属其民而读法,以考其德行道艺而劝之,以纠其过恶而戒之。岁时祭祀州社,则属其民读法,亦如之。正岁,则读教法如初"。党正"四时孟月吉日,则属民而读邦法以纠戒之。春秋祭祭,亦如之。正岁属民读法,而书其德行道艺,以岁时莅校比"。族师"月吉属民读邦法,书其孝弟睦姻有学者。春秋祭酺,亦如之"。闾胥"于凡祭祀、役政、丧纪,聚众庶,既比则读法,书其敬敏任恤者"。贾公彦曰:"读法者,谓对众读一年政令及十二教之法,使知之也。乡大夫管五州,去民远,不读法。州长管五党,去民渐亲,故岁四读法。党正去民弥亲,则岁七读

法。族师则十四读法。闾胥则不拘时节,但聚众庶,既比即读法矣。"王氏曰:"大司徒之职,'因此五物者民之常,而施十有二教焉'。又曰'以乡三物教万民,而宾兴之'。小司徒,'正岁则帅其属而观教象之法,徇以木铎曰,不用法者,国有常刑'。则所谓读邦法者,即此十二教与三物之谓也。朱子谓'《周礼》中多有说事之纲目者,如属民读法,其法不可知',盖亦偶未之思耳。"愚按,读法使民知之者,无非欲感发人之善心,惩创人之逸志而已。乡三物、十二教之类,所以感发其善心也。乡八刑、徇木铎之类,所以惩创其逸志也。读法如今州县官讲乡约之类,但古以乡官主之,与民既亲,而其责专。又有纠考劝戒之法,而选举之典即出其中,故官民皆不敢视为具文。今州县地广事繁,以此为虚行故事而已。是则乡官不设,则读法亦不能独行也。王昭禹曰:"乡官之读法,与夫书考民之德行道艺、孝友睦姻,每于属民者,非特众而已,亦所以公是非而明好恶;每于岁之正月吉日者,非徒谨其始而已,亦使之日有所改,月有所化。"朱子曰:"《周礼》岁时属民读法,其当时所读者不知云何。今若将孝、弟、忠、信等事撰一文字,或半岁,或三月一次,或于城市,或于乡村,聚民而读之,就为解说,令其通晓,及所在立粉壁书写,亦须有益。"

[5]茅注:王氏曰:"《周礼》贾师'禁贵价者,使有恒价',亦惟三代上可行之。盖三代圣王,养民者周,而取民者略。商贾五口而当农夫一人,亦受田于国,荒则去几札,丧则无征。又市政森严,所以使之安其业,而乐乐利利者尤备。是故当其贪渔无厌,乘天患而高价厉民,则贾师为之展成而奠价。后世皆民自为养,而关津之使,因公擅敛,以掊克之,无所不至。倘贾师之法行,则惟有裹足不至,而小民坐稿而已矣。赵清献公在会稽,不减粟价,四方商贾辐辏,岁凶而民不饥。后世有以禁民贵粜为救荒奇策者,此刍狗《周官》而不知润泽者也。"愚按,《贾师》就天患之时言之,故王氏之论如此。程子则就其常者言之也。盖末世人情多欺,商贾尤甚,故必立司市之官,以平其价,使不得欺诳愚民也。按,《地官·司市》:"凡市入,则胥执鞭度守门,市之群吏平肆展成奠价。"其诈伪、饰行、价慝者,则胥师察而诛罚之,使不得欺诳买者。其或有用后始得其情,亦或货多不及详检,则质人治其质剂。国中一旬,郊二旬,野三旬,都三月,邦国期。期内治,期外不治。盖既不得使愚民见欺,又为之期限,使不得好讼,所谓仁之至、义之尽也。

[6]茅注:说见《论语》。权,铢、两、斤、钧、石也;量,龠、合、升、斗、斛也;度,分、寸、尺、丈、引也。不言者,引文不具也。谨权量,如《夏官》合方氏"同其数器,壹其度量"是也。顾亭林曰:"《虞书》'同律度量衡',则通于

天下，五岁巡狩而一正之者也。《月令》'日夜分，同度量，钧衡石，角斗甬，正权概'，则行于国中，每岁而再正之者也。"陈氏曰："舜以五岁同度量，周十有二岁同度量。此步尺所以一而得其正也。后世之尺，或以黍，或以忽，或以指，然黍有大小，丝有巨细，指有长短。此步尺所以异也。"又曰："周公颁度量，出以内宰，掌以司市，以合方氏一之以质，人行之同之。其同民心、出治道如此。"愚按，马贵与氏谓："律度量衡四者，惟律差之丝忽，则无以谐声以定乐，故不可以不同。度量衡则随世立法，随地从宜，取其适于用，而初无害于事，固不必尽同也。"愚以谓马说固然，然愚尝往来北方，见其丈尺斗斛有大小二等，而其物之价，亦适如其大小之数以为之各别，则不同固无害其为同也。独权衡之大小，四方不同，南方尤甚，甚有以小者出而以大者入，其弊不可穷诘。此关乎人心风俗之大，而非止权衡之不谨而已。有王者起，当亟思所以正之也。但按《宋志》，称宋既平定四方，其一应权度斗斛之制，诏有司精考古式，作为定制，以颁天下。其有不中式者，悉去之。乾德中，又禁民造者，由是尺度量衡之制，尽皆复古。然则权量之谨，宋初固行之矣。但未能如先王设官专责，岁必考较，故其法不久遂废，为可惜也。

[7] 叶解：大曰纲，小曰纪。文章，谓文法章程也。有司，众职也。必先正有司，而后考其成，会其要。乡官，如党正、族师、闾胥、比长之属。读法，如州长于正月之吉及岁时祭祀，"各属其州之民而读法，以考其德行道艺而劝之，以纠其过恶而戒之"是也。平价，如"贾师各掌其次之货贿之治，辨其物而均平之，展其成而奠其价"之类是也。权五，铢、两、斤、钧、石也。量五，龠、合、升、斗、斛也。

李解："审"字，从《孟子》注文。量，平声。……读法，月吉四孟月朔读法之类。平价，贾师平价之类。……朱子曰："为政以宽为本者，谓其大体规模意思当如此耳。及其施之于政事，便须有纪纲文章、关防禁约，截然而不可犯，然后吾得以随事及人，而无颓敝不举之处，人亦得以通达明白，实受其赐，而无间隔欺蔽之患。圣人说政以宽为本，而今反欲其严，正如古乐以和为主，而周子反欲其淡。盖今所谓宽者乃纵弛，所谓和者乃哇淫，必以是矫之，乃得其平耳。"

茅注：以上言治之法。法必待人而行，故下两节详言所以得人之道。

[8] 叶解：使人各亲其亲，则亲亲之道公于天下。

茅注：二语并出《记·礼运》篇。引之以起下文，当各举所知之意。

[9] 叶解：仲弓欲以一人之知举天下之贤，故疑其不足。夫子则因天下之贤举天下之贤，惟见其有馀。用心之公私、小大如此，推其极致，则一可

以丧邦，一可以兴邦。

张解：此言为政者自用则私，用人则公，推此公心，可以兴邦也。盖政有大体，必斤斤自为，不唯势所不给，此心亦私而不公。只须要有纪纲文章，使之条理不紊。故夫子所云"先有司"者，诚以有司之中，分职课功，不一而足。如乡官读法、平价、谨权量诸事，皆政之不可阙者。而贱者职详，贵者职要，下有申详，上有稽查，次第以考其成，即是纪纲文章之所在。凡若此者，总为一人耳目心力有限，必因天下之人，干办天下之事。如人各亲其亲，然后可以统天下之治，合成一人之治，不独己之得亲其亲，而政于是乎成矣。夫子"先有司"一语，虽与"举贤才"分两件事，而大公无私之意已寓于其中。及仲弓有"焉知贤才"之疑，是以贤才为必己知己举，则亦私之乎见矣。故夫子告以尔知、尔举，人知、人举，一片公心。岂非不独亲其亲者乎？即此见仲弓与圣人用心之大小。盖私则小，公则大也。推此义也，功皆不必自己出，名皆不必自己成。私智自用，邦之丧也由于斯；广思集益，邦之兴也由于斯。只在公私之间而已，为政者其知之。

李解：焉，于虔反。舍，上声。丧，去声。朱子曰："人各举其所知，则天下之事无不举矣，不患无以知天下之贤才也。兴邦丧邦，盖极言之，然必自知而后举之，则遗才多矣，未必不由此而丧邦也。"

茅注：此条明治之法。

江注：问："何以言'人各亲其亲，然后能不独亲其亲'？"曰："此所以明夫人必各举其所知，然后可以得其所不知也。""于此可见圣贤用心之大小，仲弓只缘见识未极其开辟，（《王记》云：王、吴本作"开辟"，广录本作"阔"，洪本同，今从之。）故如此。人之心量本自大，缘私故小。蔽锢之极，则可以丧邦矣。""仲弓之问，未见其为私意。然其心浅狭，欠阙处多，其流弊便有丧邦之理。凡事微有过差，才有安顿不着处，便是恶。"问："所谓'公私'者，岂非仲弓必欲人才皆由己举，圣人则使人各得而举之否？"曰："仲弓只是见不到，才见不到便陷于私。学者见程子说'兴邦'、'丧邦'，说得甚险，多疑于此。然程子亦曰惟其义耳。"

[集评]

朱子曰：程子曰："为政须要有纲纪文章，谨权审量，读法平价，皆不可阙。"所谓文章者，便是文饰那谨权审量、读法平价之类耳。（《语类》卷九十六）

朱子曰：程子之意固非谓仲弓有固权市宠之意，而至于丧邦也。但一蔽于小，则其害有时而至此也，故极言之，以警学者用心之私也。又曰："人各亲其亲"以下，旧本或别为一条，则全章之旨首尾衡决，而皆失之矣。程子

此章之说,广大精微,无所不备,学者所宜详玩也。(《李解》)

张习孔曰:人之欲善,谁不如我。圣人视天下人之心,一如己之心也。仲弓则见不到此,故止就一己顾虑。此识量大小之分,而非私也。但推极其致,凡守己自封,而不能见大,则私意乘之,其弊可至丧邦尔。

茅星来曰:此与下卷所论"十事",皆明道就经书中举其最切要者,以为天下万世法,亦犹孔子论为邦而举四代礼乐也。但此摘其要,故载之治道;彼及其详,故列于治法也。惟"乡官"一项,下"十事"中亦有之,其馀四者则有以补十事之所未及。彼以法之大者言,此以法之小者言也。

张绍价曰:徒善不足以为政,故纪纲文章诸事,皆不可阙。徒法不能以自行,故又推本于心,心之公私,而邦之兴丧分焉,可无慎乎?

佐藤一斋曰:此条宜分两节看。前节言治法,后节言治道。治法在纪纲文章,《周官》制度不可阙;治道在亲亲尊贤。宜推此心,公以致之远。"人各"二句属后节。

18. [一]治道亦有从本而言,亦有从事而言。从本而言,惟从[二]"格君心之非","正心以正朝廷,正朝廷以正百官"。若从事而言,不救则已。若须[三]救之,必[四]须变,大变则大益,小变则小益。[1]

[集校]

[一] 卷十五,与下条皆伊川语。(《冯记》)陈荣捷云:"此处以属明道,惟《遗书》卷十五,页十七上,乃伊川语。"(《陈论》)按,"治"上,《张解》本有"明道曰",《李解》本有"伊川先生曰"。此条今见《河南程氏遗书》卷十五,题下注云"伊川先生语",《入关语录》下又注"或云:明道先生语"。

[二] "从",《张传》本、《张解》本、《李解》本、《叶解》四库抄本、《茅注》本、《江注》本及其四库抄本、朝刊《近思录》本作"是"。

[三] "须",《李解》本作"欲"。

[四] "必",一作"则"。(朝刊《近思录》)按,"必",《张传》本作"则"。

[集注]

[1] 叶解:论治本,则正君而国定矣。就事而言,则必有大更革,然后能救积弊。然要以格君心为本。

张传:此言先生必有所指,非概为无弊之朝言之也。

张解:此言人臣因时行道,有从本、从事之分,而其为辅治一也。盖君心为万化之原,君心正,则朝廷百官一归于正。故必积诚以感孚之,纳牖以开导之,格其非心,而非仅适间于用人行政之失。此从其本而言之也。若以事言,其为事之可不救者则已,倘利害所系,国步民生所关,必须救之者,则当振刷精神,厘奸剔弊,勿牵于旁挠,勿惑于浮辞,而力为变更之。盖不变则所损必多,大变获大益,小变获小益。此从事而言之也。君子当从容讲幄之时,则以正本清源为先,而本不可不知,当随事补救之时,则以刚果勇决为主,而事亦不可坐视。至于出入承弼有格心之责,兵农分曹司补救之方,职有不同,道亦各异。此皆辅治者之所宜讲明也。

李解:朝,音潮,后同。朱子曰:"天下万事有大根本,而每事之中又各有切要处。所谓大根本者,固无出于人主之心术,而所谓切要处者,则必大本既立,然后可推而见也。若徒言正心而不足以识事物之变,或精核事情而特昧夫天理之归,则是腐儒迂阔之论,俗士功利之谈,皆不足与论当世之务矣。"

茅注:格,正也。……此条明治之道。

江注:此谓事有积弊,不可不变革者,须变乃有益。倘轻于故作,或变之不得其道,则不惟无益,而已有烦扰之害矣。

李瀷曰:"从本"、"从事",皆以承其弊者为言。

[集评]

真西山曰:人君能正其心,湛然清明,物莫能惑,则发号施令,罔有不臧,而朝廷正矣。朝廷正,则贤不肖有别,君子小人不相易位,而百官正矣。自此以下特举而措之耳。(《茅注》)

薛敬轩曰:法虽善,久必有弊,要在随时以审其势之轻重以救之,勿使至于偏甚,则善也。(《茅注》)

灵峰先生曰:程子所谓变者,变汉唐功利苟且之法,以复三代之法,非教人用彝变夏,并三纲五常而变之也。用彝变夏,大变则大乱,小变则小乱,不举二帝三王冠带礼义之天下,一朝而亡之,必不止矣。(《价解》)

佐藤一斋曰:"不救则已"以下,盖就时事言,似斥荆公新政。大变大益,小变小益,非指祖宗法。

19.　[一]唐有天下,[二]虽号治平,然亦有夷狄之风[三]。三纲不正,无君臣、父子、夫妇,其原始于太宗也。故其后世子弟皆不可[四]使。[五]君不君,臣不臣,故藩镇不宾,权臣跋扈,陵夷有五代之乱。[1]汉之治过于唐,汉大纲正,唐万目举。本朝大纲正,万目亦未尽举。[2]

[**集校**]

[一] 并伊川语。(《茅注》)按,"唐"上,《张解》本有"明道曰"三字。陈荣捷云:"《遗书》卷十八,页四十下,乃伊川语。此处则以为明道之言。"(《陈论》)实为伊川语。

[二] "虽号"上,《遗书》有"如贞观开元间"六字,今当增入。(《茅注》)按,此条今见《河南程氏遗书》卷十八《刘元承手编》,有此六字。

[三] 《叶解》四库抄本无"有夷狄之风"五字,由"非尽善之道"五字代之。二者,《张解》本均无。

[四] "可"下,一有"止"字。(朝刊《近思录》)《全书》"皆不可"下无"止"字,"使"字当属上句读。"皆不可使"下,又有"玄宗才使肃宗便篡,肃宗才使永王璘便反"十七字。(《星湖书》)按,"可"下,《张传》本有"法"字。

[五] "君"上,《刘元承手编》有"玄宗才使肃宗,便篡。肃宗才使永王璘,便反"句。

[**集注**]

[1] 杨注:太宗初欲起义兵,高祖未从。裴寂私以晋阳宫人侍高祖,因从容言曰:"二郎阴养士马,欲举大事。正为寂以宫人侍公,恐事觉并诛,为此急计耳。"杀建成、元吉,废太子承乾,宠魏王泰,立皇子明为曹王。明母杨氏,巢刺王之妃也,有宠于帝。太宗手杀元吉,曾不愧耻,复纳其妃,恶莫大焉! 以明继元吉后,是章其母之为弟妇也。三代之君,莫不修身齐家以正天下,而唐之人主起兵而诛其亲者,谓之定内难。逼父而夺其位者,谓之受内禅。闺门无法,不足以正天下,乱之大者也。

叶解:太宗以智力劫持取天下,其于君臣父子之义有亏,闺门之间又有惭德。三纲皆已不正,是以后世子孙气习相传,纲常陵夷而不可止。玄宗使肃宗至灵武,则自立称帝,使永王璘使江南,则反。君臣之道不正,遂使藩镇披猖(按,"披猖"《四库》抄本作"割据")于外,阉竖擅专于内,驯致五季之极乱也。

李解:使,直吏反。

茅注:"其原始于太宗"者,如太宗以晋阳宫人侍高祖,便无君臣父子夫妇之义。……藩镇谓外,权臣谓内。跋扈,强梁貌。陵夷,言邱陵隤堕,渐与地平,风俗颓败,亦类于此也。

贝原笃信曰：阉竖，指宦者，高力士等也。宦者之多，自玄宗始也。

[2]叶解：大纲，谓纲常。唐之治目，若世业，若府兵，若租庸调，若省府，其区画法制，略仿先王之遗意，故亦足以维持天下。

张解：此综论汉、唐、宋，而叹为治之难也。本朝，程子自谓当时也。君臣、父子、夫妇之伦，谓之三纲；礼、乐、政、刑、制度、文为之属，谓之万目。唐虞三代之治，纲举目张，尚矣。自此以后，皆不能尽善。如两汉之治，莫盛于高、光，当时政尚宽平，黎民醇厚，其光明正大之气象，犹有三代馀风，岂非以三纲克正之故乎？其万目之未及举者，经嬴秦之后，一时改制立法，未暇复古，于封建井田、庠序礼乐，概多疏略。唐之太宗，三代下号称英主。观其晋阳建议，义旗伐隋，奋扬武功，足以安内攘外；增修文德，用能致治保邦；霁颜纳谏而言路宏开，省灾肆赦而霖雨大沛。遣囚纵狱，图圄为之空虚；给复蠲租，生民藉以休息。立府兵之法，使耕战兼修；定租庸之制，使赋役皆平。贞观二十馀年之治，自汉以还，不能数见。然而后儒犹有遗议者，盖律以古帝王正心、修身、齐家、治国之道，未能表里如一耳。程子所以称其万目举，而不取大纲也。宋自艺祖开基，真、仁继序，政体皆务宽仁，而柄权多归宰辅。其时声容盛而武备衰，议论多而成功少。大纲粗正，其万目未尽举者，诚为确论矣。

李解：大纲，伦纪也。万目，若世业，若府兵、租庸调，及省府之类。宋虽以篡得国，而内治无亏，若其官冗兵弱，敌强国贫，则万目之不举者多矣。

茅注：大纲，如民风、士习、吏治之类。万目，如口分、世业、租庸调、府兵、省府之类。朱子曰："北周宇文泰及苏绰有意复古，制度颇详尽，唐因之，故万目举。"吕微仲曰："自古人主事母后，朝见有时，如汉武帝五日一朝长乐宫。祖宗以来，事母后皆朝夕见。此事亲之法也。前代太长公主用臣妾礼，仁宗以侄事姑之礼见献穆太长公主。此事长之法也。前代宫闱多不肃，宫人或与廷臣相见；本朝宫禁严密，内外整肃。此治内之法也。前代外戚多预政事，本朝母后之族皆不与事。此待外戚之法也。前代宫室多尚华侈，本朝宫殿止用赤白。此尚俭之法也。前代人君虽在宫禁，出舆入辇；祖宗皆步自内庭，出御后殿。此勤身之法也。前代人君在禁中，冠服苟简；祖宗以来，燕居必以礼。此尚礼之法也。前代多深于用刑，本朝臣下有罪，止于罢黜。此宽仁之法也。"王伯厚曰："真文忠公论本朝治体，曰：立国不以力胜仁，理财不以利伤义，御民不以权易信，用人不以才胜德。恩结乎人心，富藏于天下。君民相孚而猜忌不作，材智不足而忠信有馀。"

[集评]

陈埴曰："与仁同过"，如唐太宗之处兄弟，与周公之处兄弟，均是过也。但周公之过，光明正大而无私心，终不离乎仁。太宗则阴贼倾危，纯是私欲上行，仁心已不在矣。

张扬园曰：夫子论为邦，斟酌四代而损益之；学者遭时遇主，斟酌于汉、唐、宋、明之制，择其善者而从之，庶乎小康矣。(《茅注》)

张习孔曰：大纲君德也，万目政事也。汉大纲正，亦是从严肃质直处见得，且高、惠之后，济之以文、景之君也。以去古未远，制度疏略，故其目有未详。宋之大纲正者，开国数君，定乱继治，生民脱五代之膏火，易于见德，且宫闱无唐之秽行也。万目未举者，取天下易，原无远猷，且逼于二敌，不遑及也。

张伯行曰：三纲者，天地之经纪，宇宙之元气，不容一日泯于人心。若大纲果正，则动循天理，人伦明而礼乐兴，岂有万目不举之理？求天下之治者，要以正三纲为本。

茅星来曰：观此二条所言，于程子所谓"大纲正"者可以略见。此就汉、唐、宋以明治道治法之意。

沙溪曰：宋得国不义，何以曰"大纲正"？

东正纯曰：三代而下，唯汉唐宋可论也。汉唐立国犹强，宋则不振矣。汉承统尤正，唐次之，宋则几篡，较优五代诸氏耳。宋之所以并汉唐，惟在学术正而风俗厚耳。(按，朝鲜、日本学者认为程颐此语不当，进行反驳。)

20. [一]教人者，养其善心而恶自消；治民者，导之敬让而争自息。[1][二]

[集校]

[一]《张解》本有"明道曰"三字。

[二]《外书》卷十一。(《冯记》)按，此条今见《河南程氏外书》卷十一《时氏本拾遗》。

[集注]

[1]杨注：《外书》，下同。

叶解：道之以德，齐之以礼。

张解：此为教人治民者发探本之论也。人性本自皆善，其为恶者习染之污耳。善心未尝息也，养其善心则恶自消，有潜夺默移而不自知者，善与恶正相反也。人情莫不知让，其有争者，不敬之积耳，敬意未尝忘也。导之敬让，则争自息，有终身愧悔而不敢出诸口者，敬与争正相反也。养有涵育熏陶之意，导有躬先倡率之意，养主教而导主治者，教本于心，治见于事也。

李解：善心，固有之德性，故养之而恶自消。敬让，当由之礼俗，故导之而争自息。

茅注：教谓教化也，治谓法制禁令也。

陈注：敬让，礼意也。争之所在，惟礼可以止之。

[集评]

张习孔曰：此谓知本。

茅星来曰：即前"豵豕之牙"一条之意。此见治天下不徒法度之是尚，以起下条之意。

泽田希曰：不曰消其恶心，而曰"养其善心"。不曰禁其争夺，而曰"导之敬让"。学者须要念所以养之导之者，只能养之导之，则恶消争息者，盖有不期然而然者。

21. 明道先生[一]曰：必有《关雎》、《麟趾》之意，然后可[二]行《周官》之法度。[三][1]

[集校]

[一]《张解》本无"先生"二字。此条今见《河南程氏外书》卷十二《传闻杂记》，此处也无此二字。

[二]"可"下，一本有"以"字。（《茅注》）"行"，叶上增"以"字。（《冯记》）"行周官上"，叶、江本有"以"字。（《考异》）"可以行周官之法度"，吕本无"以"字。（《异同考》）按，"可"下，《张解》本、《李解》本、《叶解》四库抄本、《江注》本有"以"字。

[三]"《周官》之法度"，《传闻杂记》为"周公法度"。

[集注]

[1]叶解：《关雎》咏文王妃姒氏有幽闲贞静之德。《麟趾》咏文王子孙宗族有仁爱忠厚之性。

张解：此言徒法不能自行也。《关雎》、《麟趾》，皆《周南》之诗。文王后妃有幽闲贞静之德，故宫人作《关雎》以美之；文王之子孙宗族，有仁爱忠厚之性，故诗人咏《麟趾》以比之。周官，《周礼》之六官。法度，礼乐制度也。德化为治之本，法度为治之具，二者交致则治业盛。然必先有其意而后可以行其法，否则内多欲而外施仁义，未见其能行也。

[集评]

问："'必有《关雎》、《麟趾》之意'，只是要得诚意素孚否？"朱子曰："须是自闺门衽席之微，积累到薰蒸洋溢，天下无一民一物不被其化，然后可以行周官之法度。不然，则为王莽矣。扬雄不曾说到此，后世论治，皆欠此一意。孟子云'徒善不足以为政，徒法不能以自行'。程子尝言'为政须要有纲纪文章，谨权、审量、读法、平价，皆不可阙'。而又曰'必有《关雎》、《麟趾》之意，然后可以行《周官》之法度'。正谓此也。"（《江注》）

张习孔曰：此言齐家而后可以治国也。

灵峰先生曰：《关雎》、《麟趾》之意，本也。《周官》之法度，末也。无其本而徒学其末，不为王莽，必为王安石。为人君者，可不求端其本哉！（《价解》）

22. [一]"君仁莫不仁，君义莫不义。"天下之治乱，系乎人君仁不仁耳。离是而非，则"生于其心"，必"害于其政"，岂待乎作之于外哉？[1]昔者，孟子三见齐王[二]而不言事，门人疑之。孟子曰："我先攻其邪心。"心既正，然后天下之事可从而理也。夫政事之失，用人之非，知者能更之，直者能谏之。然非心存焉，则一事之失，救而正[三]之，后之失者，将不胜救矣。"格其非心"，使无不正，非大臣[四]其孰能之。[2]

[集校]

[一] 卷六，伊川语。（《冯记》）按，"君"上，《张解》本有"明道曰"三字，《李解》本有"伊川先生曰"。陈荣捷云："《外书》卷六，页十上，有注'伊川'二字。今则作明道语，显误。"（《陈论》）此条今见《河南程氏外书》卷六《罗氏本拾遗》。

[二] "齐王"，本作"宣王"。（《茅注》）

[三] 王、洪本同，吴本"正"误"政"。（《王记》）

[四] "臣"，《叶解》元刻本及其四库抄本、吴邦模刻本、《张传》本、《张解》本、《茅注》本、《江注》本及其四库抄本作"人"。

[集注]

[1] 叶解：一国以一人为本，一人以一心为本。使人君有一念私邪，必将害于其政，奚待作于外而后可知？

茅注：是谓仁，非谓不仁也。

[2] 叶解：孟子见齐王，首言仁术，曰"是心足以王"，至将求其所大欲，则曰"缘木求鱼，后必有灾。王欲行之，盍反其本？"凡皆以格其非心而兴其善意。至于一政事之得失，固未暇论。

张解：此见君心为万化所从出，而唯大人能格君心之非也。孟子有言曰："君仁莫不仁，君义莫不义。"仁义者，心之理有是无非。循之则安，而天下治；悖之则危，而天下乱。故君心所系为甚重。单言仁者，全乎天理之公，便合乎事物之宜，言仁而义在其中也。如君心一念私邪，离是而非，则生心害政，岂待形迹著见作之于外，而后知不仁不义之为害大哉？是以圣贤正君之道，必先正其邪心，如孟子于齐王是已。当其时，三见王而不言事，以致门人之疑，孟子乃解之曰：我固未暇言事，唯以攻其邪心为先，心正而后事可理也。今读《孟子》书，观其与王言仁术、言反本、言是心足王，又因其一时嗜好之心，而推之以"与民同"，无非攻心妙剂。大抵政事之失，用人之非，虽亦国家大体，而智者直者皆可以施补救之力。不正其本、清其源，以致非心犹存，则事不胜救，知者安能尽更，直者安能尽谏，而使之无不正乎？故必随其非心而格之。君心之非不一端，有忿心，有欲心，有骄心，有吝心，有怠心，有忌心，而总皆不仁不义之非心。格之之道亦不一端，有以诚格，有以忠格，有以学格，有以言格，有以直格，有以巽格，而总必自正其心，始可以正君之心。故曰"非大人其孰能之"。大人者，正己而物正者也。吁！当此者，其伊尹之辅太甲、周公之辅成王乎！

李解：夫，音扶。更、胜，并平声。相，去声。从《孟子集注》文。朱子入对，有要之于路，以正心诚意为上所厌闻，戒以勿言者。先生曰："吾平生所学只有此数字，岂可回互以欺吾君乎？"乃入奏对曰："陛下即位二十七年，而因循苟苴，无尺寸之效，可以仰酬圣志，尝反复而思之，无乃燕闲蠖屈之中，虚明应物之地，天理有所未纯，人欲有所未尽欤！天理未纯，是以为善不能充其量；人欲未尽，是以除恶不能尽其根。一念之顷，公私邪正，是非得失之几，朋分角立，交战于其中。故礼貌大臣非不厚，而便嬖侧媚得以深被腹心之寄；嫉痛英雄非不切，而柔邪庸谬得以久窃廊庙之权。非不乐闻公言正论，而有时不容；非不深堲谗说殄行，而未免误听；非不欲报复陵寝雠耻，而不免畏怯苟安；非不爱养生民财力，而未免叹息愁怨。凡若此者不一而足，愿陛下自今以往，一念之顷，必谨而察之，果天理耶，则敬以充之，而不使少有壅阏；果人欲耶，则敬以充之，而不使少有凝滞。推而至于言语动作之间，用人处事之际，无不以是裁之，则圣心洞然，中外融彻，无一毫人欲之私得以介乎其间,而天下之事将惟陛下之所欲而无不如志矣。"

茅注:知,音智。"孟子三见齐王",说见《荀子·大略》篇。"齐王"本作"宣王"。一事之失,兼政事、用人而言。此承上治道而言,以归本于君心也。

江注:朱子曰:"大人者,大德之人,正己而物正者也。"

[集评]

张习孔曰:大人不易得,纵得之,每难安于辅弼之位。孟子之于齐、梁、滕、鲁是矣,此盛治之所以不复见也。

灵峰先生曰:君心者,天下之本。君心正,则天下之事,必不能出于不正。君心不正,则天下之事,必不能出于正。此自然之理,为君以正心为先,为臣以正君心为急。孟子曰:"大人者,正己而物正者也。"格心非之大人,非伊周孔孟,不足以当之矣。(《价解》)

管赞程曰:自"为民立君"至此为一章,言治天下在教养,而教养由于道法也。

张绍价曰:自"为民立君"至此为一段,详论治天下之道法,必端本于君心。

23. 横渠先生曰:[一]道千乘之国,不及礼乐刑政,而云"节用而爱人,使民以时"。言能如是,则法行,不能如是,则法不[二]徒行。礼乐刑政,亦制数而已耳[三]。[1]

[集校]

[一]《张解》本无"先生"二字。此条今见《正蒙·有司篇第十三》无"横渠先生曰"五字。

[二]"不徒"之"不",叶本作"亦",误。(《茅注》)"不"叶作"亦",非是。(《冯记》)王、吴本如此,《遗书》、阴本同,《集解》洪本"不"作"亦"。按《正蒙》本作"法不徒行",今从之。(《王记》)

[三]"尔",叶误脱。(《冯记》)按,"耳",《茅注》本作"矣",《李解》本、《江注》本及其四库抄本无"耳"。

[集注]

[1]杨注:《正蒙》,下同。

叶解:说见《论语》。道,治也。千乘,诸侯之国,其赋可出兵车千乘者。治国以人心为本,必节己裕民,德意孚洽,民安其生,然后礼乐刑政有所措。

张解：《礼》曰："制国不过千乘。"故诸侯之国，其大者曰千乘，言其地可出兵车千乘也。《论语》载夫子言治国之要，只言其所存，未及治法，而张子发明之，以为法不徒行。礼乐刑政，所云法也。而法皆本于君心，必人君有不敢伤财之心，而用则节焉；有不忍害民之心，而人则爱焉；有不妨民自便之心，而凡所役使必以农隙之时焉。此治本也。能如是，则见于礼乐刑政之间者，实心美意，不令而行。否则亦制数而已，徒法不能自行也。制，品制；数，条件。夫子首言敬信，而张子略之者，敬信彰于节爱时使之间，举其尤显见者言之也。

茅注：说见《论语》。"节用爱人，使民以时"者，即孟子所谓"仁心"也。"礼乐刑政"，即孟子所谓"仁政"也。

[集评]

杨氏曰：此特论其所存而已，未及为政也。苟无是心，则虽有政不行，焉正？（《江注》）

张习孔曰：敬事而信中，莫不有礼乐刑政。

茅星来曰：张子言此，一以见夫子之言，尚未及其法，使后之人知所以求之也。一以见治国之道，不当徒恃其法，使后之人知所以先之也。亦即孟子"徒善不足以为政，徒法不能以自行"之意。

张绍价曰：礼乐刑政，为治之法也。敬信节爱，则人君之存心也。有是心以为之本，则法可行。苟无是心，则徒法不能以自行，礼乐刑政，亦空文而已，恶能治国家？

24. [一]法立而能守，则德可久、业可大。郑声、佞人，能使为邦者丧所[二]以守，故放远之。[1]

[集校]

[一]《张解》本有"横渠曰"三字。此条今见《正蒙·三十篇第十一》。

[二]"所"下，宋本有"以"字，与原书合，但原书"所"上无"其"字。（《茅注》）按，"所"上，吴邦模刻本、《李解》本、《叶解》四库抄本、《茅注》本、《江注》本及其四库抄本、朝刊《近思录》本有"其"字；"所"下，吴邦模刻本、《张解》本、《叶解》四库抄本、《茅注》本、《江注》本及其四库抄本无"以"字。

[集注]

[1]叶解：郑声者，郑国之俗淫邪。其作之诗，著于乐者，声皆淫靡。佞人者，口给而（按，"而"《四库》抄本作"面"）谀之人也。夫子既告颜子以四代

之礼乐,而必欲"放郑声、远佞人",盖二者荡心之原、败法乱纪之要也。

　　张解:《论语》载夫子告颜子为邦之言,而张子发明之,以为夫子举虞夏商周之治,诚帝王之德业也。而又以放远为戒者,盖为治不可丧其所守。法立而能守,斯可以持心德之全,终如其始而可久,建事业之宏远,无不该而可大。若夫淫靡邪僻之声,口给面谀之人,二者荡心之原,败法乱纪之尤,皆能使人丧其所守。故以"放远"终焉,诚千秋金鉴也。

　　茅注:丧、远,并去声。……说见《论语》。"可久则贤人之德,可大则贤人之业。"见《易·系辞上传》。

　　陈注:横渠先生又曰:"礼乐,法也;放郑声远佞人,法外意也。一有不谨,则法坏矣。唐虞君臣更相戒饬,意盖如此。"

[集评]

　　茅星来曰:上为行法者言之,欲使后之人知所以立其本也。此为守法者言之,欲使后之人知有以去其害也。

　　张绍价曰:法贵能立,尤贵能守。郑声淫靡邪僻,足以流荡心志。佞人卑谄便给,足以变乱是非,能使为邦者丧其所守,故必放远之。然后法立而不废,德业可久可大。

　　25.　横渠先生《答范巽之书》曰:[一]朝廷以道学、政术为二事,此正自古之可忧者。巽之谓孔孟可作,将推其所得而施诸天下邪?将以其所不为而强施之于天下欤?[1]大都君相以父母天下为王道,不能推父母之心于百姓,谓之王道可乎?所谓父母之心,非徒见于言,必须视四海之民如[二]己之子。设使四海之内皆为己之子,则讲治之术,必不为秦汉之少恩,必不为五伯[三]之假名。[2]巽之为朝廷言,"人不足与適,政不足与间",能使吾君爱天下之人如赤子,则治德必日新,人之进者必良士。帝王之道,不必改途而成;学与政,不殊心而得矣。[3]

[集校]

　　[一] 此条今见张载《文集佚存·答范巽之书》,无"横渠先生答范巽之书曰",此句或编者所增。

　　[二] "如",《江注》本作"子"。

　　[三] "伯",《张解》本、《李解》本、《叶解》四库抄本、《茅注》本作"霸"。

[集注]

[1] 叶解：道学、政术分为两途，则学与政皆非矣。使孔孟复生，必将推其所得之道，措之天下，必不以政术非吾所事，而姑以是强施之天下也。

李解：道学，本也；政术，用也。为两途则道学必入于迂疏，政事必入于功利矣。

茅注：邪，音耶。强，区两反。"所得"，谓道学也。施之天下，谓政术也。"所不为"，谓有出于道学之外者也。

江注：所得，即所学之道；所不为，谓非其平日所学者也。叶氏谓"不以政术非吾所事"，非是。

价解：学术可发为治术，治术必原于学术。体用本末，一以贯之，后世以道学为迂阔无用，不可施之政术。而所谓政术者，皆功利苟且之私，歧道学、政术为二事，三代下所以无善治，实由于此。……孔、孟有作，必将推其所学之道，施诸天下，以为政术；必不以其所不学者，迎合世俗，施诸天下。此则可断言者也。

朴履坤曰：将以其所不为而强施之于天下者，是捨是道，而以他术强施之意。注所谓"政术非吾所事"者，似非本意，姑以是云者亦未莹。（按，指出叶解不足。）

[2] 叶解：视民犹子，则所以抚摩、涵育、教诲、辅翼之者，何所不尽！秦汉惨激（按，"激"《四库》抄本作"刻"）少恩，五伯（按，"伯"《四库》抄本作"霸"）假义图利，皆无诚爱之心者也。

李解：相，去声。见，音现。

茅注：此所以讲求治术者，必以道学为本，而非徒如后世法制禁令之为也。

[3] 杨注：《文集》。伯嵒曰："適，过也。间，非也。孟子曰：'人不足与適也，政不足与间也，惟大人为能格君心之非。'言人君用人之非不足过谪，行政之失不足非间。惟有大人之德，则能格其君心之不正以归于正，而国无不治矣。"

叶解：惟能爱民如赤子，恳恻功（按，"功"《四库》抄本作"切"）至，则治德将日新，何忧为政之失？所任皆良士，何忧用人之非？帝王之道，即今日之政事，非有两途。今日之政术，即平日之学问，非有二心也。

张解：此言道学、政术之出于一，而二之者非也。张子答巽之来书，以为道学明其理，政术行其事，非有二也。朝廷分而二之，正自古之可忧者，彼盖以道学非为政之急务，而不知孔孟之学即孔孟之政，不可不熟思明辨也。

因设一问,谓起孔孟于今日,必推其学之所得,而施诸天下之政;必无以平昔学术所不为者,而强欲施其政术于天下。巽之可深思而自得之矣。何则?孔孟之学,王道也。大都君相以父母天下为王道,则政即学耳。苟不能推父母之心于百姓,非政之善者矣,而以为王道之学,可乎?学与政,只在空言、实事之别,然所谓父母之心者,原非欲托空言也,必须行之于政,视民如己子。设使其政之行,真能视民如己子,则其平居讲治之学术,必以王道为准,而不为秦汉之惨覈少恩,五霸之假仁义以沽名也,明矣。

李解:为、间,并去声。适,音谪。

茅注:间,音谏。"人不足与适"二句,见《孟子》。上二节泛论其理,此节乃为巽之言所以事君之道,以深明道学、政术非二事之意。治德必日新,则不忧为政之失矣。所进皆良士,则无虑用人之非矣。

[集评]

张习孔曰:巽之以荐举为御史,承神宗之谕,即请用《大学》以治天下。《大学》中云:"如保赤子,心诚求之。"又曰:"此之谓民之父母。"是父母斯民之意,固巽之之所常言也。其以书抵张子,问孔孟之道,岂其以所不为者而强施之于人?意当时必有龃龉其道,使之姑舍所学而从,故巽之困心横虑,而请质于师友,冀有所开发而广其意也。张子不答所问,而答所不问,何耶?未几,巽之即被诏行边,而条上诸事,极言配夫督办,民困官病之苦,是即所谓望其君相恤民如子之说也。斯或得于张子答书之益也与。

张伯行曰:由是言之,道学、政法岂诚二事哉?故巽之欲为朝廷计,不在规规适间于用人行政之间,但能以王道导其君,使君尽父母斯民之道,则治必日新,而何政之可间?进必良士,而何人之可适?以是行五帝三王之道,不必改途易辙,而政术成矣。而要不外于平昔之道学而得之,非有殊心也。否则学之不明,政于何出?慎勿谓道学为迂阔不适用也。

茅星来曰:道学,体也;政术,用也。就其所得于身心者而言则曰道学,而以之施于天下,即政术也,无二事也。自后世分为两途,而道学无用,则非所以为道学;政术无体,则又何以为政术哉?故特引张子此言,以见学与政非有二事,以结全篇之意。

管赞程曰:自"横渠先生"致此为一章,言道法一贯。

张绍价曰:推父母斯民之心,以行王道,则必爱民如子。讲求治术,教养兼施。以仁心行仁政,必不如秦汉之惨刻少恩;以实心行实政,必不为五伯之假仁义以为名。诚爱之心,恳恻切至,则治德日新,良士进用。今日所行之政,即平日所学之道,非有二事也。此节以"心"字回应篇首濂溪之言,以"王道"回应明道之言,收结篇中许多"心"字"道"字。以"政术"收结"法"子(按,"子"当为"字"),起下卷论制度之意。价按,自"横渠先生"至此为一段,言法不徒立,法贵能守,当推父母之心,以行王道。

贝原笃信曰:道学所以行政术,政术是道学之所行也。无道学之政术,伯道是也;无政术之道学,异端是也。

泽田希曰:此篇大抵言人君躬行心得之道,治邦国天下之本体,于是乎立焉。

《近思录》卷之九
凡二十六条

治法（礼乐、兵刑、学校、井田、封建，冠、昏、丧、祭）

按，此卷实际有二十七条。《叶解》元刻本及其四库抄本、《张解》本、《李解》本、《茅注》本、《价解》本均标注为"二十七条"。

[集评]

叶采曰：此卷论治法。盖治本虽立，而治具不容缺。礼乐刑政有一之未备，未足以成极治之功也。

施璜曰：古先圣王以道治天下，而法即在其中。盖圣人无一事不从道理中出，如礼乐刑政虽曰圣人治天下之大法，然皆因天理顺人情而为之防范禁制，即道也。后世道不明，礼乐刑政与道判而为二，故礼乐废而刑政倚于一偏。今欲讲明治法，以成极治之功，则当遵先王之法。《诗》曰："不愆不忘，率由旧章。"《孟子》曰："遵先王之法而过者，未之有也。"第道者出治之本，法者辅治之具。凡事有则，循其则即理也。裁而制之则为法度，法度立则弊可革。然行之则在得人，久或弊生，又可变而通之，以适于宜。故道为万古不易之道，而法则可随时斟酌损益也。此圣人大用所在，立法之后须以公守之，以仁行之。中者立法之本，信者行法之要，神而明之，全在乎人耳。故朱子编次治道后即继之以治法，学者宜尽心焉。

茅星来曰：此篇乃斟酌先王之道，使可行于今者，以为万世不易之准，学者宜究心焉。凡二十七条。按，《语类》此卷作"制度"。

张绍价曰：朱子曰"此卷制度"。价按，此卷以帝王之治为主，以道字为总旨，以礼乐刑政教养之法为分意。体似立纲，首节为一篇纲领，下分四段以发明之。

钱穆曰：中国人言治平之道，重在制度。……朱子编为此书，仍必设有此目，亦可见中国学人治学论道之大体。此目中所收四家言，亦更可窥其持

论立说之大意所在矣。(《随劄》)

1. 濂溪先生曰：[一]古[二]圣王制礼法,修教化,三纲正,[1]九畴叙,[2]百姓大[三]和,万物咸若,[3]乃作乐以宣八风之气,以平天下之情。[4]故乐声淡而不伤,和而不淫[四],入其耳,感其心,莫不淡且和焉。淡则欲心平,和则躁心释。[5]优柔平中,德之盛也;天下化中[五],治之至也。是谓道配天地,古之极也。[6]后世礼法不修,刑政[六]苛紊,纵欲败度,下民困苦。谓古乐不足听也,代变新声,妖淫愁怨,导欲增悲,不能自止。故有贼君弃父,轻生败伦,不可禁者矣。[7]呜呼! 乐者,古以平心,今以助欲;古以宣化,今以长怨。[8]不复古礼,不变今乐,而欲至[七]治者,远哉[八]![9]

[集校]

[一]《张解》本无"先生"二字。此条今见《周子通书·乐上第十七》,无"濂溪先生曰"五字。

[二]"者"字,今本俱无。(《茅注》)"古"下,一有"者"字。(朝刊《近思录》)按,"古"下,《茅注》本有"者"字。

[三]"大",《张解》本、《李解》本作"太"。

[四]"淫"江误"流"。(《冯记》)按,"淫",《江注》本及其四库抄本作"流"。

[五]朱子曰：或云"化中"当作"化成"。(《叶解》)"中",当作"成"。(《李解》)"化中"之"中",一作"成"。(《茅注》)

[六]"刑政",叶从《通书》作"政刑"。(《冯记》)"刑政",叶、江本作"政刑"。(《考异》)按,"刑政",《叶解》元刻本及其四库抄本、《张解》本、《李解》本、《茅注》本、《江注》本及其四库抄本作"政刑"。

[七]"至",江改"致"。(《冯记》)"而欲至治",江本作"致"。(《考异》)按,"至",《江注》本及其四库抄本作"致"。

[八]"矣",今本多作"哉"。(《茅注》)"哉",叶无此字。(《冯记》)按,"哉",《茅注》本、《周子通书·乐上第十七》作"矣"。

[集注]

[1]杨注：伯崮曰,"纲,网上大绳也。三纲者,夫为妻纲、父为子纲、君为臣纲也。"(按,此为朱子语。)

[2]杨注：九畴,畴类也。

[3] 叶解：朱子曰："纲，网上大纲也。三纲者，夫为妻纲、父为子纲、君为臣纲也。畴，类也。九畴见《洪范》。若，顺也。此所谓理而后和也。"

张解：此濂溪《通书·乐上》篇文也。濂溪言古圣王之宰世也，制为礼法，使人有可循、修教化之道，使风俗归于淳厚。三纲之在天地间者，既正而不紊。《洪范》之所谓九畴者，既顺而有叙，天下之百姓莫不时雍而太和，两间之万物莫不并育而咸若。此可谓治定而功成者矣。

[4] 叶解：朱子曰："八音以宣八方之风。见《国语》。宣，所以达其理之分；平，所以节其和之流。"

张解：言圣王治平之后，乃作乐以象功德，所以宣通八方之风气，使顺时有节，因以平天下之情，使之各适其性，自若其天也。

茅注：八风者，八方之风也。按《史记·律书》，西北不周风，北方广风，东北条风，东方明庶风，东南清明风，南方景风，西南凉风，西方阊阖风。阳生于五，极于九，五九四十五日变，故每风各四十五日而一至。如距冬至四十五日为立春，而条风至，又四十五日为春分，而明庶风至是也，馀六风放此。贾逵并服虔以为，八卦之风，《兑》音金，为阊阖风；《乾》音石，为不周风；《坤》音革，为广莫风；《艮》音匏，为融风；《震》音竹，为明庶风；《巽》音木，为清明风；《离》音丝，为景风；《坤》音土，为凉风。又《周礼·保章氏》"以十有二风察天地之和，命乖别之妖祥"。贾氏云："三月、六月、九月、十二月皆不见风，惟有八风以当八卦八节，云十二风者，盖《乾》之风渐九月，《坤》之风渐六月，《艮》之风渐十二月，《巽》之风渐三月，四维之风主两月故也。"陈氏《乐书》谓：《乾》西北之维，为秋冬之交；《坤》西南之维，为秋夏之交；《巽》东南之维，为春夏之交；《艮》东北之维，为春冬之交。则贾氏谓"四维之风主两月"，于理自通。盖金、木、水、火分行四时，故各有专气而风应焉。惟四季属土，无专气，故无专风也。李嘉会曰："八卦主八风，惟辰、戌、丑、未之月，有立春、立夏、立秋、立冬在其中，故风无定风。如立春在前月，则兼前月之风，在后月，则兼后月之风。立夏、立秋、立冬皆然。"亦通。顾亭林曰："今乐久无匏、土二音。笙以木加漆而不用匏，埙以木为之，而八音但有其六矣。"元熊朋来谓："笙不以竹称，而以匏称，是所重在匏也。匏音亡，而清廉忠敬者之不多见，为礼乐之官者，尚申请而改正之。"愚按，宋范蜀公谓："笙竽以木攒竹，而以匏裹之，是无匏音也。埙以木为之，是无土音也。"则是八音无匏、土二音，宋儒已先言之矣。然笙竽犹以匏裹之，则匏之音未尽亡也。至元以后，并不复用匏矣。叶少蕴《避暑录话》谓："元丰末，范蜀公献乐书，以为言，未及行，至崇宁更定大乐，始具之。旧又无篪，至是亦备。"据此则匏、土二音,宋崇宁时已复,不知何时又废,如熊氏所云也。

[5] 叶解:朱子曰:"淡者,礼之发;和者,和(按,"和"《四库》抄本作"乐")之为。先淡后和,亦主静之意也。然古圣贤之论乐曰'和而已'。此所谓淡,盖以今乐形之,而后见其本于庄正齐肃之意耳。"

张解:惟乐为可平天下之情,故先王作之必求其至,而理取乎至正,气本乎大中。声之出由于至正之理,便淡而不至于伤;乐之发得乎大中之声,便和而不至于淫。以其淡且和之音,入于人之耳,感于人之心,则人心亦将莫不淡且和焉。夫人心特患不能淡耳,淡则天真流而人欲消,欲心有不平者乎! 特患不能和耳,和则正性定而浮念止,躁心有不释者乎!

[6] 叶解:朱子曰:"欲心平,故平中;躁心释,故优柔。言圣人作乐功化之盛如此。"

张解:夫人躁心既释,则性情便优容柔顺;欲心既平,则襟怀便平易中正。此乃德之充积美盛者然也,而乐有以使之。至天下之人咸化而协于中道,此又治之至极而不可加者也,而乐有以致之。若是者,乐本于礼,而礼乐无非易简之道,故其功效之盛如此。是谓道配天地,而古圣人之作乐,可谓至极而无以复加者矣。

[7] 叶解:朱子曰:"废礼败度,故其声不淡而妖淫;政苛民困,故其声不和而愁怨。妖淫,故导欲而至于轻生败伦;愁怨,故增悲而至于贼君弃父。"

张解:此言后世治法颓坏,故淫乐遂作。淫乐既作,则听之者淫心日长,而害有不可胜言者矣。

[8] 叶解:朱子曰:"古今之异,淡与不淡、和与不和而已。"

张解:此因古今作乐之异而叹之也。由是观之,同一乐也,古人习舞审音,原欲以平其心;今人嫚舞娇声,只欲以助其情欲。古人调气流和,原所以宣雅化;今人幽悽愁叹,只以长人之怨恨。用意一差,其谬至此,甚可慨也!

[9] 杨注:《通书》。

叶解:朱子曰:"复古礼,然后可以变今乐。"

张解:礼乐不可斯须去身,岂可听其流而不变乎? 故乐本于礼,变乐当由于变礼。不复古礼,不变今乐,其所为治,皆苟而已。欲求如古至治之隆,岂不相去甚远哉!

茅注:朱子曰:"自秦灭学,礼学先坏。汉晋以来,诸儒补辑,竟无全书。其颇存者,三《礼》而已。《周官》一书,固为礼之纲领,至其仪文度数,则《仪礼》乃其本经,而《礼记》'郊特牲'、'冠义'等篇,特其义疏耳。前此犹有三《礼》、通礼、学究诸科,礼虽不行,而士犹得以诵习而知其说。自王安石变乱旧制,废罢《仪礼》,而独存《礼记》之科,弃经任传,其失已甚。而博士诸生,又不过诵其虚文,以供应举而已。一有大议,率茫然不知所措。至若乐之为数,则又绝无师授。律尺长短,声音清浊,学士大夫莫有知其说者,而不知其为阙也。"郑渔仲曰:"三代既没,汉魏嗣兴,礼乐之来,陵夷有渐。始则风雅不分,次则雅颂无别,次则颂亡,次则礼亡。"按,《上之回》、《圣人出》,君子之作也,雅也。《艾如张》、《雉子班》,野人之作也,风也。合而为鼓吹曲。《燕歌行》,其音本幽蓟,则列国之风也。《煌煌京洛行》,其音本京华,则都人之雅也。合而为相和歌。风者,乡人之用;雅者,朝廷之用。合而用之,是为风雅不分。然享,大礼也。燕,私礼也。享则上兼用下乐,燕则不得用上乐,是则风雅之音虽异,燕飨之用则通。及明帝定四品:一曰大予乐,郊庙上陵用之;二曰雅颂乐,辟雍享射用之;三曰黄门鼓吹乐,天子燕群臣用之;四曰短箫铙歌乐,军中用之。古者雅用于人,颂用于神。武帝之立乐府采诗,虽不辨雅风,至于《郊祀》、《房中》之章,未尝用于人事,以明神人不可以同事也。今辟雍享射,雅颂无分,应用颂者而改用大予,应用雅者而改用黄门,不知黄门、大予于古为何乐乎? 风雅通歌,犹可以通也;雅颂通歌,不可以通也。曹魏准《鹿鸣》作《于赫篇》,以祀武帝;准《驺虞》作《巍巍篇》,以祀文帝;准《文王》作《洋洋篇》,以祀明帝。且《清庙》祀文王,《执竞》祀武王,莫非颂声。今魏家三庙,纯用风雅,此颂之所以亡也。颂亡则乐亡矣。是时乐虽亡,礼犹存。宗庙之礼不用之天,明有尊亲也。鬼神之礼不用于人,知有幽明也。梁武帝作十二雅,郊庙、明堂、王朝之礼,展转用之;天地之事,宗庙之事,君臣之事,同其事矣。乐之失也,自汉武始;其亡也,自魏始。礼之失也,自汉明始;其亡也,自梁始。礼乐沦亡之所由,不可不知也。马贵与曰:"案夹漈之论,拳拳乎风雅颂之别,而以为汉世颇谬其用。然汉明帝之乐凡四,今所传者惟短箫铙歌二十二曲,而所谓大予、所谓雅颂、所谓黄门鼓吹,则未尝有乐章。至于短箫铙歌,史虽以为军中之乐,多叙战阵之事。然以其名义考之,若《上之回》,则巡幸之事也;若《上陵》,祭祀之事也;若《朱鹭》,则祥瑞之事也。至《艾如张》、《巫山高》、《钓竿篇》之属,则又各指其事而言,非专为战伐也。魏晋以来,仿汉短箫铙歌为之而易其名,于是专叙其创业以来,伐叛讨乱、肇造区宇之事,则纯乎雅颂之体,是魏晋以来之短箫铙歌,即古之雅颂矣。"

[集评]

朱子曰：居今而欲行古礼，恐情文不相称。不若只就今人所行礼删修，令有节文制数等威足矣。古乐亦难遽复，姑于今乐中去其噍杀促数之音，并考其律吕，令得其正。更令掌词命之官，制撰乐章，其间略述教化训戒，及宾主相与之情，人主待臣下恩意之类，令人歌之，亦足以养人心之和平。（《茅注》）

张习孔曰：考历代史，前朝帝王，多有留心制作，咨访贤才，详辨乐音，亦常有得古钟于水底，获古尺于土中，准以合律，多谓克谐。然所定者，音之高下洪纤耳。至于乐章，历朝各有其文，铺扬先德，不相袭也。今先生曰"后世礼法不修"，"谓古乐不足听"。"代变新声"，是乐之不古，由于礼之不修也。而朱子亦曰"复古礼，然后可以变今乐"，其注《乐记》云："看《乐记》大段形容得乐之气象，当时许多名物度数，人人晓得，不须说出，故止说乐之理，如此其妙。今许多度数都没了，只有乐之意思是好，只是没顿放处。"观朱子此言，是乐制之亡久矣。今人言古乐，盖意想之耳，虽欲竭思尽智，求合古之宣八风而配天地者，其道无由。惟于礼制之非古者，加意修复，无使刑政繁苛，纵欲败度，以极下民之困苦。是则两先生之志耳。

管赞程曰：自篇首至此为一章，言礼乐为教化之本，必由此而后可臻极治，故以此为称首焉。

张绍价曰：此节以治道礼乐刑政，承上卷末节"道学政术"，领起通篇。礼乐，治天下之大经，古圣王制礼作乐，以成至治。后世礼法不修，代变新乐，助欲长怨，为害甚大。降及今日，弃中礼而用西礼，弃中乐而用西乐，三纲废，九畴堕，天秩天序荡然无存，蔑上下之分，溃男女之防，变人类而禽兽之。西乐之兴，始于赫德，成于袁氏，推演于谋得利。全国陆军军乐，海军军乐，大学中学军乐，无一不出于欧美。淫靡噍杀流僻之音，遍于神州，举朝野上下，昏然日夜倡优淫乐是趋，祸乱之兴，正不知伊于胡底矣！价按，此节为一段，一篇之纲领也。

2. 明道先生言于朝曰：[一]治天下以正风俗、得贤才为本。[1] 宜先礼命近侍贤儒及百执事，悉心推访有德业充备、足为师表者，其次有笃志好学、材良行修者，延聘敦遣，萃于京师，俾朝夕相与讲明正学。[2]其道必本于人伦，明乎物理。[3]其教[二]自小学洒扫应对以往，修其孝悌[三]忠信，周旋礼乐。其所以诱掖激厉[四]、渐摩成就之道,皆有节序。[4]其要在于择善修身,至于化成天下,自乡人而可至于圣人之道。[5]其学行皆中于是者为成德。取材识明达、可进于善者,使日受其业。[6]择其学明德尊者,为太学之师,次以分教天下之学。[7]择士入学,县升之州,州宾兴于太学,太学[五]聚而教之,岁论其贤者能者于朝。[8]凡选士之法[六],皆以性行端洁、居家孝悌[七]、有廉耻礼逊、通明学业、晓达治道者。[9]

[集校]

[一]《张解》本无“先生”二字。此条今见《河南程氏文集》卷一《表疏·请修学校尊师儒取士劄子》,无“明道先生言于朝曰”句。

[二]“教”江误“道”。(《冯记》)各本同,王本“教”作“道”。(《王记》)按,《江注》本作“道”。

[三]“孝悌”之“悌”,吴邦模刻本、《张解》本、《李解》本、《叶解》四库抄本、《茅注》本、《江注》本及其四库抄本作“弟”。

[四]“厉”,《张解》本、《李解》本、《叶解》四库抄本、《茅注》本、《江注》本作“励”。

[五]“聚”上,叶本无“太学”二字。(《茅注》)“聚”,叶上无“太学”二字。(《冯记》)“州宾兴于太学”,吕本下多“太学”二字。(《异同考》)按,“聚”上,《叶解》元刻本及其四库抄本、《张解》本少“太学”。

[六]按,此条编者剪辑明道先生《请修学校尊师儒取士劄子》而成,文字表达上进行了多处删减合并。

[七]“悌”,《张解》本、《李解》本、《叶解》四库抄本、《茅注》本作“弟”。

[集注]

[1]李解:朝,音潮,后同。陈氏曰:“风者上所化,俗者下所习;贤有德者,才有能者,二者固治天下之本。然得贤才斯可以正风俗,则得贤才又正风俗之本也。”

江注:此句纲领。

[2]李解:好、行,并去声,下同。朝,如字。陈氏曰:“悉,尽也。推访,推求访问也。延聘,谓迎之以礼。敦遣,谓送之以礼。萃,聚也。京,大也。师,众也。天子之都曰京师。”

茅注:近侍贤儒,近侍中之贤儒也。延聘,谓朝廷以礼延聘也,所以待德业充备、足为师表者也。敦遣,谓命州县以礼遣之至京也,所以待笃志好学、材良行修者也。萃,聚也。此节言当择师以讲明正学。顾亭林曰:“元虞集谓:'师道立则善人多。今学官猥以资格滥授,何以望师道之立？莫若使守令求经明行修为成德之君子者,身师尊之,以教于其郡邑。其次,则求操履近正而不为诡异骇俗者,确守先儒经义师说而不敢妄为奇论者,众所敬服而非乡原之徒者。又其次,则取乡贡至京师罢归者。'今欲求成德之人,固不可遽得,而如所谓操履近正、确守先儒之说、为众所敬服者,亦未至乏人也。而徒因其'又次之'一言,至今循而不改,而乇鄙之夫遂以学官为餬口之地,教训之员,名存而实废矣。"

江注:以上求贤讲学。

贝原笃信曰:本于人伦,明乎物理,圣人之道也。反是者为异教。

[3] 叶解:大而人伦,微而物理,皆道之体也。

[4] 叶解:诱掖,引而进之。激厉,作而兴之。渐摩则有渐,成就则周足。

[5] 叶解:择善者,致知格物也。修身者,诚意正心修身也。化成天下者,齐家治国平天下也。乡人,乡里之常人。孟子曰:"我犹未免为乡人"是也。

李解:渐,音尖。陈氏曰:"诱之掖之使有进,激之励之使无退,渐之摩之使不苦其难,皆所以成就之正学,不出于人伦物理而已。洒扫应对以至周旋礼乐,小学之教也。诱掖激励,渐摩成就之,成其始也。择善修身以至化成天下,大学之教也。自乡人而至于圣人之道,成其终也。"

茅注:弟,音悌。渐,音尖。此言教士之道,即上所谓"正学"也。人伦,以道之大者言;物理,以道之小者言。洒扫应对,小学之教也。以往,则兼大学言之矣。

朴履坤曰:其要,谓教之之要。

[6] 叶解:所学所行中乎是者,谓择善修身足以化成天下,盖成德之士也。则又取夫材识明达、可与适道者,使受学于成德之人。

江注:以上言教学之法,小大体用具备。

朴履坤曰:其学行皆中于是,言萃京师讲正学,其学行中于是者也。

[7] 叶解:教成使为学官,推教法于天下。

李解:中,去声。陈氏曰:"中于是,谓合于小学、大学之教者,以成德为师。取材识之明达者受其教,及学之既成,上者使教国学,其次以分教州县之学也。"此三节言择师之法。

茅注:此二节言择师之法。学以知言,行以行言。"是",指其道、其教、其要而言。

[8]叶解：此仿《周礼》乡大夫宾兴，司马论士之制。

李解：陈氏曰："县谓县学，州谓州学。《王制》曰：'论定然后官之。'"

[9]杨注：《文集》，下同。

叶解：以此选士，则通于理而适于用，本于身而及于天下。其与后世以文词记诵取士者有间矣。

张传：此即《周官》选造进士之法。

张解：此程子论朝廷取士之法，以端治原也。治天下有法，而法必以正风俗、得贤才为本。欲得贤才，非有以教育之不可。故宜先隆其礼遇，命亲近辅侍之贤儒，以及百执事之职，使尽心访问有德性学业充足全备、足为人观法而无愧师表者，若而人。其次有实心笃志、好修学问、材质循良、品行修洁者，若而人。咸致恭而延聘之，隆重而敦遣之，萃聚于京师首善之地，使朝夕讲明圣贤之正学。所讲之学，其道必本于生人五伦之常，明乎事物同然之理。其学中之教，必有切实工夫，自小学之节，如洒扫应对，循循以进，修其入孝出弟之行，忠诚信实之心，与夫周旋进退之仪，礼乐中和之旨，无不习熟而切究之。其所以立教之术，必诱而掖之，以一其趋；激而励之，以坚其力。又必渐摩之，以俟其自化；成就之，以底于纯全。凡其养育之道，莫不皆有节目次序，而其要归在于致知格物以择乎善，而诚意正心以修其身，然后自家及国，教成而化，可通于天下。斯道也，何道也？自乡人而可循序渐进，以至于圣人之道也。学之已久，其所学所行，有中于是道者，方是实得于己，而为有成之德。更取材识之明敏通达、可进于善者，使朝夕受其学业。学业既成，则就中择其学术通明、道德尊崇者，为太学之师以表率之。而其次亦分而任之，以教天下各府州县之学，以广其传。又如学中选择士子入学之法，则自县而升之于州，自州而举宾兴之典，送之于太学。于是聚四方所贡之士而教之，教成而材为可用。一岁之中，又论其有德而贤、有才而能者于朝，以待人主之用焉。此皆依仿《周礼》中乡大夫宾兴士子，与司马辨论官材之制度，历历行之有效者。至于选士之法，则所取皆以性行端方清洁，居家孝亲弟长，立志有廉耻，威仪能礼逊，内则通明乎圣贤之学业，外则晓达乎帝王之治道者，然后得与是选。如是，则贤才得而风俗正，天下安有不治者哉！

李解：陈氏曰："此两节言择士之法。"朱子曰："古者圣王设为学校以教其民，由家及国，大小有序，使其民无不入乎其中而受学焉。而其所以教之之具，则皆因其天赋之秉彝而为之品节，开导而劝勉之，使之明诸心、修诸身，行于父子、兄弟、夫妇、朋友之间，而推之以达于君臣、上下、人民、事物之际,必无不尽其分焉者。及其学之既成,则又兴其贤且能者,置之列位。是以当世之时,理义休明,风俗醇厚,而公卿大夫列士之选,无不得其人焉。至于后世学校之设,虽或不异乎先王之时,然其师之所以教,弟子之所以学,则皆忘本逐末,怀利去义,而无复先王之意,其效至于风俗日敝,人才日衰,然犹莫有所以然者,顾遂以学校为虚文而无所与于道德政理之实。于是为士者求道于老子、释氏之门,为吏者责治于簿书期会之最。盖学校之仅存而不至于废者,几希矣。"

茅注:士,民之俊秀者也。学,县学。州,州学,即今之府学也,宋以上惟京郡及潜藩之地方得称府。宋初州县不立学,仁宗庆历四年,从范仲淹议,始立学。"宾兴",见《周礼·大司徒》章,谓以宾礼兴起之也。端洁、孝弟、廉耻、礼逊,以性行言;通明学业,以经义言;晓达治道,以材能言。言以此三者宾兴之也。此一节言择士之法。此熙宁元年先生为监察御史时所上疏也。按,《文集》:"始自藩府,至于列郡。择士之愿学、民之俊秀者入学,皆优其廪给,而蠲其身役。凡其有父母骨肉之养者,亦通其优游往来,以察其行。其大不率教者,斥之从役。渐自太学及州郡之学,择其道业之成、可为人师者,使教于县之学,如州郡之制。异日则十室之乡,达于党遂,皆当修其庠序之制,为之立师,学者以次而察焉。县令每岁与学之师,以乡饮之礼会其乡老。学者众推经明行修、材能可任之士,升于州之学,以观其实。学荒行亏者,罢归而罪其吏与师;其升于州而当者,复其家之役。郡守又岁与学之师行乡饮酒之礼,大会郡士,以经义、性行、材能三物宾兴其士于太学。太学又聚而教之,其学不明、行不修与材之下者,罢归以为郡守学师之罪。升于太学者,亦听其以时还乡里,复来于学。太学岁论其贤者能者于朝,谓之选士。朝廷问之经以考其言,试之职以观其材,然后辨论其等差而命之秩。凡处郡县之学与太学者,皆满三岁,然后得充荐;其自州郡升于太学者,一岁而后荐;其有学行超卓、众所信服者,虽不处于学,或处学而未久,亦得备数论荐。""在州县之学,则先使其乡里长老,次及学众推之。在太学者,先使其同党,次及博士推之。其学之师与州县之长,无或专其私。苟不以实,其怀奸罔上者,师长皆除其任,籍终身不齿。失者亦夺官二等,勿以赦及去职论。州县之长莅事未满半岁者,皆不荐士。师皆取学者成否之分数,为之赏罚。凡公卿大夫之子弟皆入学,在京师者入太学,在外者各入其所在州之学,谓之国子。其有当补荫者,并如旧制,惟不选于学者,不授以职。每岁,诸路别言一路国子之秀者升于太学,其升而不当者,罪其监司与州郡之师。太学岁论国子之有学行材能者于朝,其在学宾兴考试之法皆如选士。国子自入学,中外通及七年,或太学五年。年及三十以上,所学不成者,辨而为二等。上者听授以管库之任,自非其后学业修进、中于论选,则不复使亲民政。其下者罢归之。虽岁满愿留学者,亦听其在外学。七岁而不中升选者,皆论致太学而考察之,为二等之法。国子之大不率教者,亦斥罢之。凡有职任之人,其学业材行应荐者,诸路及近侍以闻,处之太学。其论试亦如选士之法,取其贤能而进用之。凡国子之有官者中选,则增其秩。""如此则既一以道德仁义教养之,又专以行实材学升进,去其声律小碎、糊名誊录、一切无义理之弊,不数年间,学者靡然丕变矣。"又按,元齐履谦为国子司业时,初命国子生岁贡六人,以入学先后为次第。履谦曰:"不考其业,何以兴善而得人?"乃酌旧制,立升斋、积分等法,每季考其学行,以次递升。既升上斋,又必逾再岁始与私试。孟月、仲月试经疑经义,季月试古赋、诏诰、表策。辞理俱优者为一分,辞平理优者为半分。岁终积至八分者充高等。以四十人为额,然后集贤、礼部定其蓺业,及格者六人,以充岁贡。三年不通一经,及在学不满一岁者,并黜之。帝从其议,自是人人励志,多文学之士。

[集评]

朱子曰:有王者作,必欲乘时改制,以渐复先王之旧,而善今日之俗,则必如明道此议,然后可以大正其本,而尽革其末流之弊。如曰未暇,则莫若且均诸州之解额以定其志,立德行之科以厚其本,罢去词赋而分诸经子史时务之年,以齐其业。又使治经者必守家法,命题者必依章句,答义者必通贯经文,条举众说,而断以己意。学校则遴选实有道德之人,使专教导,以来实学之士。裁减解额,舍选谬滥之恩,以塞利诱之途,则有定志而无奔竞之风,有实行而无空言之弊,有实学而无不可用之材矣。此其大略也。(《茅注》)

张绍价曰:治天下之道,其具在礼乐刑政,其本则在学校。朝廷欲得贤才,以正风俗,诚善治,必须兴学校,讲明正学以教之。择师选士,以遵先王之成法,以德行为本,以材识为用。师道立,贤才多,然后政刑可明,礼乐可兴,而风俗可成也。

3.[一]明道先生论十事:一曰师傅,[1]二曰六官,[2]三曰经界,[3]四曰乡党,[4]五曰贡士,[5]六曰兵役,[6]七曰民食,[7]八曰四民,[8]九曰山泽,(旧注:修虞衡之职)[9]十曰分数。(旧注:冠、昏、丧、祭、车服、器用等差[二]。)[10]其言曰:无古今,无治乱,如生民之理有穷,则圣王之法可改。后世能尽其道则大治,或用其偏则小康,此历代彰灼著明之效也。[11]苟或徒知泥古,而不能施之于今,姑欲徇名而遂废其实,此则陋儒之见,何足以论治道哉?然傥谓今人之情皆已[三]异于古,先王之迹不可复于今,趣[四]便目前,不务高远,则亦恐非大有为之论,而未足以济当今之极弊也。[12]

[集校]

　　[一]《叶解》元刻本将此条紧接在第2条后,未单列刻印。据他本当单列作第3条。此条今见《河南程氏文集》卷一《表疏·论十事劄子》,无"明道先生论十事"句。

　　[二]注:并见原《劄》。"差",江误"事"。(《冯记》)王、吴本作"等事",《遗书》、阴本作"等 差 ",洪本同,从之。(《王记》)"等差",江本作"事"。(《考异》)按,《江注》本作"事"。

　　[三]"皆已"之"已",吕本作"以",注"一作已"。(《茅注》)按,"已",吴邦模刻本作"以"。

　　[四]"取便目前",吕本"取"作"趣"。(《异同考》)按,"趣",《李解》本作"趋"。

[集注]

　　[1]叶解:古者自天子达于庶人,必须师友以成就其德业。今师傅之职不修、友臣之义未著,所以尊德乐善之风未成。

　　笔者按,《茅注》四库抄本偶有将《近思录》原文、叶采集解的注文混杂在一处,如同《近思录》其它原文一样抄作大字,貌似作原文,接之双行小字进行注解。本卷及他卷中遇此情形,则先录《茅注》本"大字",另起一行辑录茅注小字注文。以下各节皆如此。

　　本条《茅注》本大字:"明道先生论十事:一曰师傅。""古者自天子达于庶人,必须师友以成就其德业",故舜、禹、文、武之圣,亦皆有所从学。"今师傅之职不修、友臣之义未著,所以尊德乐善之风未成"于天下。

　　茅注:《书·周官》:"立太师,太傅,太保。兹惟三公,论道经邦,燮理阴阳。官不必备惟其人。少师,少傅,少保,曰三孤。贰公弘化,寅亮天地。"《汉书·百官公卿表》曰:"《记》曰'三公无官',言有其人,然后充之也。"云舜、禹、文、武之圣,皆有所从学者。按,《荀子·大略》篇:"尧学于君畴,舜学于务成昭,禹学于西王国。"刘向《新序》:"子夏对哀公曰:'汤学于威子伯,文王学于铰时子斯,武王学于郭叔。'"君畴,《汉书》"人物表"及刘向《新序》并作"尹寿"。务成昭,《新序》作"务成跗"。《白虎通》又云"尧师务成子,舜师尹寿"。但按《尸子》载务成昭教舜之语,则《白虎通》疑误。又按,《荀子》杨倞注引《新序》,"威"作"成","斯"作"思",无"铰"字。朱子曰:"周不置三公之官,只是冢宰以下六卿为之。周公尝以冢宰为太师。《顾命》'乃同召太保奭、芮伯、彤伯、毕公、卫侯、毛公',注:'此六卿也,称公则三公矣。'盖三公、三孤以师道辅佐天子,本是加官。后世官制紊乱,遂以为阶官贴职之类,不复有师保之任、论道经邦之责矣。旧犹文臣之有勋德者方除,以其有辅导天子之名故也。后世或以诸王、或以武臣为之,讹谬益甚。既是天子之子与武臣,岂可任师保之责耶?"郑节卿曰:"古者官不必备,惟其人。有其人则备,无其人则兼。以三公言之,召公为保,周公为师,而太傅无有焉,二公实兼之也。周公既没,召公为保,而太师、太傅无有焉,召公实兼之也。三公之下有三少,当时不见其人,召公又兼之。'乃同召太保奭、芮伯、彤伯、毕公、卫侯、毛公',是六卿之长,召公又兼之。盖一人之身,而兼总七职矣。又周公以三公兼冢宰,召公以三公兼宗伯,苏公以三公兼司寇,毕公、毛公以三公兼司马、司空,是则六卿之官亦不必备也。故尝以《周礼》考之,二乡则公一人,是三公兼乡老也。一乡则卿一人,是六卿兼乡大夫也。军将皆命卿,是六卿又兼六军之将也。甚者,太公以太师而兼司盟之职,'载在盟府,太师职之'是也。苏公以三公而兼太史之职,'太史,司寇苏公'是也。然则所谓'官不必备,惟其人'者,固不独三公为然也。"叶竹野曰:"周官三百六十,已倍于夏商。通考其乡大夫士之数,六官几三千人,大抵多兼摄也。盖官属有不必专置者,地官如角人、羽人、掌炭、掌荼等职,但征一物;秋官如庶氏、冥氏、穴氏、翦蒧氏、赤犮氏等官,但攻一事。不可兼乎? 有不必常置者。田诅则有甸祝、诅祝,祭祀军旅共杖禁器则有伊耆氏、衔枚氏,丧纪则有职丧、丧祝、夏采,不可摄乎? 盖周人因事而置官,《周礼》因官而存名。置官而不兼其职则官冗,兼官而不存其名则官废。知《周礼》兼官之职,又知《周礼》存官之名,则可与言官制矣。"陈及之曰:"齐桓令国子、高子各率五乡。晋景公命士会将中军,且为太傅,命韩厥将新军,且为仆大夫。晋悼公令戎御属校正,司右属司士,皆古制也。后人疑周官之冗,盖不知兼摄之义也。"

[2] 叶解:天地四时之官,历二帝三王,未之或改。今官秩淆乱,职业废弛,太平之治,所以未至。

《茅注》本大字:"二曰六官。"王者必奉天建官,故天地四时之职,历二帝三王,未之或改,所以百度修而万化理也。

茅注:天地四时之官者,谓天官冢宰、地官司徒、春官宗伯、夏官司马、秋官司寇、冬官司空也。今《周礼》"冬官"职阙。《书·周官》:"冢宰掌邦治,司徒掌邦教,宗伯掌邦礼,司马掌邦政,司寇掌邦禁,司空掌邦土。"吕伯恭曰:"六卿者,万事之纲也。为天下者,始于立纲纪,故一曰邦治。纲纪既立,首教以人道之大,故二曰邦教。人道立,则必有节文之者,故三曰邦礼。教立礼行,而犹有干纪乱常者焉,则将帅之事也,故四曰邦政。大罪陈之原野,降此则有司之法在,故五曰邦禁。民迁善远罪,然后可以永奠其居,故六曰邦土终焉。六卿分职,上下相统,丝牵绳联。且冢宰相天子,总百官,则司徒以下皆其所统,乃并列之为六卿,何也?纲固在网之中,而首不处乎身之外。乾坤之与六子并列于八方,冢宰之与五卿并列于六职,一也。"愚按,孔氏《礼记正义》:"《书·甘誓》'将战,而召六卿',郑云:'《周礼·夏官》:天子六军,其将皆命卿。则三王同矣。'"案《甘誓》及郑注,则三王同有六卿。郑注:"大传《夏书》云:'所谓六卿者,后稷、司徒、秩宗、司马、士与共工也。'而不说殷家六卿之名。"案,《曲礼》六太、五官、六府、六工等,郑皆云殷时制。盖以上非夏法,下异周典,故指为殷礼也。是则太宰、司徒、司马、司空、司士、司寇,殷之六卿也。但周之六卿放天地四时,而殷之六卿则太宰为一卿以象天时,司徒以下五卿法地之五行,其取象异也。盖天官尊,故并着太宰之下。隶属太宰之官,曰太宰、太宗、太史、太祝、太士、太卜也。地官卑,故五官并列而已。又案,贾氏《周礼正义序》云:"郑氏云:初,尧冬官为共工。舜举禹治水,尧知其有圣德,必成功,故改名司空以宠异之,非常官也。至禹登百揆之任,舍司空之职,为共工与虞。故曰'垂作共工,益作朕虞'。又云:'尧初天官为稷,至尧试舜天官之任,谓之百揆。舜即真之后,命禹为之,即天官也。"然则六卿之官,唐虞三代皆有之,而其名各殊。至以天地四时之官为六卿,则自周始也。其云"冬官为共工","天官为稷",盖皆就后世之官况之,非唐虞时有天官、冬官之名也。犹《左传》言"祝鸠氏,司徒"之类,先儒谓本名祝鸠,言司徒者,以后代官况之是也。马融、郑玄以尧命羲和为天地之官,分命、申命为四时之官。孔安国《书》注亦云:"羲氏、和氏,世掌天地四时之官。"盖犹今钦天监之春、夏、中、秋、冬之五官,正非六卿也。至周,以羲和之职分为太史、冯相、保章诸职,而天地四时之官则始为六卿之任矣。陈及之曰:"汉尚书自是少府属官,当时诸府皆有尚书,所以分为四曹。如常侍曹主公卿事,二千石;曹主郡国,二千石;事民曹主凡吏民上书;客曹主外国夷狄事。光武又分主客曹为南主客曹、北主客曹,凡六曹。然则今之尚书,与汉设尚书意异矣。"王氏曰:"自汉成帝初分尚书,置四曹,至光武分为六曹,迄于魏晋,或五或六,初无常制。宋齐以来定为六曹,稍似《周

礼》。至隋定为六部。今考其职，则天官冢宰为尚书令，非吏部也。司士掌
群臣之版，其吏部乎？"愚按，不独吏部于古不合，户部似周之司会，非司徒之
职也。俞寿翁谓司空之职，散见于五官之中，而不知五官之分属各有意义，
岂得以其近似也，遂可混为司空之职耶？如治官则服食器用，节制王宫，有
关治道者属焉。教官则山林川泽，禁约万民，有关教道者属焉。礼、政、刑三
官仿此。其所以使之各事其事，以遂其所以为生之计。如太宰九职，司徒十
二职事之类，则司空之职也，故曰事典。观《书·周官》篇，谓司空"居四民，
时地利"，则其为太宰九职、司徒十二职事无疑矣。四民即所谓农工商贾、嫔
妇臣妾、闲民之类皆是。地利即所谓九谷、草木、山泽之材、薮牧八材、货贿、
丝枲、疏材之类皆是。"三农，生九谷"之类，各有其官掌之。今冬官亡，故不
可得而详。盖古者民事最重，大约太宰总其大纲，司徒亲自颁行，而司空则
专主其事者也。至谓禹为司空平水土，而共工则咨垂焉。司空之官甚重，而
于百工之事无与，亦非也。夫平水土，工事之大者，故司空亲自掌之。共工
及虞，皆其属也，则分任之。观《列女传》谓益生五岁而佐禹平水土，则益为
禹之佐明矣。故百工之事，未尝非司空之职，但工事乃其职之一端，非如今
制，遂以此尽司空之职也。程子又曰："后世惟宇文周氏制度为最善，隋文虽
小有善处，然皆出于臆断。唐治道付之尚书省，近似六官，但法不具也。"

《茅注》本大字：至唐犹仅存其略，当其治时尚得纲纪小正。

茅注：按，《唐六典》三十卷曰：理典、教典、礼典、政典、刑典、事典。即
《周官》太宰之六典也。惟治典以避高宗讳，改作"理"耳。今所传《六典》本
止纪官阶职掌，无复理、教、礼、政、刑、事之目，卷帙如旧。宋詹棫《原刻题
志》固云"比缘兵火，所在阙文"，此或其一也。程子所谓唐仅存其略者，盖
指《六典》而言也。但《六典》以侍中、中书令、尚书令为宰相之职，则政既不
出于一，而宫掖属之宫官，环卫属之卫尉，衣服饮食属之光禄、殿中监，器用
财货出纳属之司农、太府、少府诸官。事权迭出，官职冗滥，非复周家太宰之
制矣。又按，武后光宅元年，改六曹为天地四时六官。治时，指贞观、开元时
而言也。

《茅注》本大字："今官秩淆乱，职业废弛，太平之治所以未至。"

茅注：陈氏曰："古之六卿，其分职也未尝不通，其联事也未尝不分。司
徒掌教，司马掌政，未尝不分也。有发兵则司徒教士以车甲，升造士，则司马
辨论官材未尝不通也。司马之属司士曰'以德诏爵'，此司马辨论官材之谓
也。"魏氏曰："王举太宰，太宰举五官于王，六卿各举其僚属之长数人，使自
以类相举。此乾坤易简之道也。汉制，六卿亦得自举掾属，争以辟士相高，

其治犹为近古。后世天下之官尽选于吏部,人才不能周知,不得已而用资格,贤不肖大混淆矣。"顾亭林曰:"古人以财为末,故舜命九官,未有理财之职。《周官》财赋之事,一皆领之于冢宰,而六卿无专任焉。汉之九卿,八大农,九少府。大农掌财在后,少府掌天子之私财又最后。唐大略与汉不殊,而户部不过尚书省之属官。今与吏、礼、兵、刑、工并列而为六,以大司徒教民之职,遂为理财之专官,非重教化、后财货之义矣。"愚按,《汉书·百官表》:汉初沿秦之旧,以丞相、御史大夫、太尉为三公。至武帝元狩四年,初置大司马,以冠将军之号。成帝绥和元年,更名御史大夫为大司空。哀帝元寿二年,更名丞相为大司徒,而司徒、司马、司空之官始具。《哀帝纪》亦云:"元寿二年五月,正三公官分职,以董贤为大司马,孔光为大司徒,彭宣为大司空。"盖其时古文《尚书》未出,故不见《周官》。《书》中所谓三公、三孤及六卿之官,但见伏生口授《牧誓》及《立政》篇,有所谓"司徒、司马、司空"者,遂误以为三公而置之。东汉后一因其制,惟易司马为太尉,为少异耳。太尉主兵,即司马之职,司徒主民,司空主土,皆六卿之任,非三公也。又司徒、司马、司空三卿,乃周为诸侯时制度,为天子则当设三公、三孤与六卿也。后世踵谬袭讹,莫或正之。又其馀大小官属,都因事设官,无复条绪。至西魏,宇文泰有意复古,命苏绰及尚书令卢辩依《周礼》更定官制,置三公、三孤以为论道之官,次置六卿以分司庶务,自馀大小官职皆仿《周礼》为之,制度颇为详尽。隋文帝受禅,从内史崔仲方言,复依汉魏旧制,而《周官》之法遂罢。然隋既沿汉魏旧制,以太尉、司徒、司空为三公矣。又本北齐制,别置太师、太傅、太保为三师,殊不知三师即三公也。而隋岐而二之,误矣。唐三师三公因隋之旧,而六省九卿等官亦皆损益隋制而为之者。宋、元官制丛杂淆乱更甚,无足论者。至明,设立大学士,以仿古之三公,六部尚书以仿古之六卿,似矣。然宰相无所不统,而明制大学士必兼一部衔,则兼礼部者,而兵部之事遂不当问耶?此其失一也。既有礼部,又有太常寺;既有刑部,又有大理寺。设官重复,此其失二也。《周礼》酒正、醯人之属隶于天官,大小行人之属隶于秋官,如网之在纲,有条不紊。今光禄、鸿胪等官,各为统领,繁冗纷沓,此其失三也。至于外官,如布政司乃一道之主,而专司钱谷,然则国家命官分职,惟财用之为务耶?此其失四也。明之官制视唐、宋以来,差为得之,而犹未为精密。姑附记于此,以俟后之君子定焉。

[3] 叶解:制民常产,使之厚生,则经界不可不正,井地不可不均。今富者跨州县而莫之止,贫者流离饿殍而莫之恤。幸民虽多而衣食不足者,盖无纪极。生齿日益繁,而不为之制,则衣食日蹙,转死日多。

《茅注》本大字："三曰经界。"天生烝民，立之君使司牧之，必制其恒产，"使之厚生，则经界不可不正，井地不可不均"。此为政之大本也，唐尚能有口分、授田之制。

茅注：分，音问。唐高祖武德七年，初定均田租庸调法，民年十八以上给田一顷，笃疾癈疾给四十亩，寡妻妾三十亩，皆以什之二为世业，八为口分。朱子曰："周家每年一推排，十六岁受田，六十者归田。其后想亦不能无弊，故蔡泽言商君'决裂井田，废坏阡陌，以静百姓之业而一其志'。唐制，每岁十月一日，里正预造簿，凡应受田者，皆集于县令庭中而升降之。若县令非才，则是日乃胥吏之利耳。"范氏曰："唐初定均田，有给田之制，盖由有在官之田也。其后给田之制不复见，盖官田益少矣。"林氏曰："周制步百为亩，百亩仅得唐之四十馀亩。唐之口分，人八十亩，几倍于古。盖贞观之盛，户不及三百万，永徽惟增十五万。周则王畿千里，已有三百万家之田，列国不与焉。是以唐制授田倍于周，而地亦足以容之。狭乡虽裁其半，犹可当成周之制。然按一时户口，而不为异日计，则后守法难矣。既无振贫之术，乃许之卖田，后魏以来敝法也，是以启兼并之渐。永徽中，洛多豪右，占田逾制。"叶水心曰："周制百步为亩，唐却阔一步，长二百四十步为亩。然则百亩为顷，一夫授田一顷，视周制却是二倍有馀。八十亩为口分，二十亩为世业，是一家之田，口分须据下来人数占田多少。周制八家皆私百亩，唐制若子弟多则占田愈多。又唐制田多可以足其人者为宽乡，少者为狭乡，狭乡授田减宽乡之半。其地有厚薄，岁一易者倍授之，宽乡三易者不倍授。工商者，宽乡减半，狭乡不给。并与周制不同。先王建国，只是有分土，无分民，但付之以百里之地，任其自治。盖治之有伦，则地虽不足，民有馀。苟不能治，或德不足以怀柔，民不心悦而至，则地虽多，而民反少。唐既止用守令为治，则分田之时不当先论宽乡狭乡，当以士论，不当以人论。今却宽乡自得多，狭乡自得少，自狭乡徙宽乡者，又得并卖口分、永业而去。周制虽授田与民，其间水旱之不时，凶荒之不常，上又振贷救恤，使之可以相补助，而不至匮乏。若唐但知授田而已，而无补助之法，纵立义仓振给之名，而既令自卖其田，便自无恤民之实矣。周之制，最不容民迁徙，惟有罪则徙之。唐却容他自迁徙，并得自卖所分之田。方授田之初，其制已自不可久。故唐之比前世，其法虽为粗立，然已无复先王之制矣。"愚按，《唐·食货志》："徙宽乡者，县覆于州，出境则覆于户部"，"自畿内徙畿外、京县徙馀县，皆有禁"。田耗十四者免其半，耗十七者皆免之。又置义仓、常平仓以备凶荒。则唐虽容民迁徙，仍官为作主。其水旱蠲除，皆制为定法。便虽有不肖，有司不得意为上下。此后世所不能及也。《周官·大司徒》"不易之田家百亩,一易之田家二百亩,再易之田家三百亩"。《遂人》"上地一夫田百亩,莱五十亩;中地一夫田百亩,莱百亩;下地一夫田百亩,莱二百亩"。《小司徒》"家七人以上,则授之以上地;家六人,则授之以中地;家五人以下,则授之以下地"。是则周制未尝不计地之薄厚、口之众寡也。但唐制止据一时户口,又令得自卖其田,当立法之初已自不为长久计,则后欲其久而不变也,得乎? 朱子曰:"今虽未能复古井田之法,宜令逐州逐县各具民田一亩,岁入几何,输税几何,非法科率又几何。其一乡内,逐乡里不同者,亦依实开州县一岁所收金谷总计几何,诸色支费总计几何,逐项开明有馀者归之何许,不足者何所取之。俟其毕集,然后选忠厚通练之士数人,类会考究而大均节之。有馀者取,不足者与,务使州县贫富不至甚相远,则民力之惨舒亦不至大相绝矣。"愚按《遗书》,二程先生谓:"地形不必宽平,可以画方,只可用算法折计地亩授民。"横渠谓:"必先正经界,经界不正,则法终不定。地有坳垤处不管,只观四标竿中间地,虽不平饶,与民无害。就一夫之间,所争亦不多。又侧峻处,田亦不甚美。又经界必须正南北,假使地形有宽狭尖斜,经界则不避山河之曲,其田则就得井处为井,不能就成处,或五七,或三四,或一夫,其实田数则在。又或就不成一夫处,亦可计百亩之数而授之,无不可行者。如此则经界随山随河,皆不害于画之也。"愚按,横渠说较胜,推此则叶水心所谓"江汉以南,潍淄以东,不能行井田之处",亦有可行者矣。姑存之,以俟后之君子酌焉。

《茅注》本大字:今则荡然无法,"富者跨州县而莫之止,贫者流离饿莩而莫之恤。幸民虽多,而衣食不足者,盖无纪极。生齿日益繁,而不为之制,则衣食日蹙,转死日多"。此乃治乱之机也,岂可不渐图其制之之道哉?

茅注:按,唐口分、世业之制,其源肇于后魏,而法则宇文周为最备。如置载师掌任土之法,辨夫家田里之数,会六畜车乘之稽,审赋役敛弛之节,制畿疆修广之域,颁施惠之要,审牧产之政。其于民间纤悉微细,无不周密详尽如此。其分田而授宅也,则有司均之,官掌其政令。凡人口十以上,宅五亩;口九以下,宅四亩;口五以下,宅三亩。有室者田百四十亩,丁者田百亩。盖不但田有制,里亦有制,使之得以安居,而后可以乐业。又宅不别起赋税,如古者五亩之宅,即在公田百亩之中。窃意茔地亦当如是,随贵贱为等差,给地使之安葬,与宅地同不起科。所谓"养生丧死无憾"也。至于田之赋税,则司赋之官掌之。有室者田百四十亩,其赋于上者,岁不过绢四丈、绵八两、粟五斛而已。非桑土则布四丈、麻十觔而已。丁者田百亩,则其赋仅半之而已。中年征其半,下年征什一,无年则不征其赋。盖其时所入于上者,皆不过本其民之所自为,与夫田之所出者而已。又其为额轻而力易供,而关梁、川泽、茶盐、矾香诸杂税,非有如后世之铢锱搜摘无不到也。然苏绰且自叹税法太重,譬之张弓,"非平世法,后之君子,谁能弛之?"其子威闻其言,尝以为己任。至隋文帝受禅,定税法,威奏减赋役,务从轻简,文帝悉从之。于是酒榷、盐铁、市税概行罢免,调绢一疋者减为二丈,役丁十二番者减为二十日。夫文帝未为盛德之主,苏威亦非不世出之贤臣,然且知减赋役以弛民困,君若臣同心一德如此,况其贤于文帝、苏威者乎? 唐建中间,用杨炎议,改作两税法,于是始以钱为赋,而论者往往极言其害,以谓使农人贱卖穀帛,易钱入官,所以民困愈甚。至明,纳以银,而钱粮之称犹仍宋元之旧,然其先田税犹极轻。自宋迄元,江南粮重之处,每亩不过二升、三升,至五升而止。明初亦不过三升,五升,最下有三合、五合者。自嘉靖后,以官田均摊,而赋始重极矣。后有有志斯民者,慨然返宋、元上之轻额,与民更始,而后革唐以来输钱与银之积弊,使民各随土地所宜以为之税,民病庶其有瘳乎? 愚按,经界之法,宋绍兴间曾行之。至光宗时,朝议复欲举行泉、漳、汀三州经界。朱子讲求其说,至弓量算造之法,无不毕具,为疏于朝,卒不果行。然亦止均其税,而未及均其田也。惟林勋《本政书》欲仿古井田之制,一夫占田五十亩,十六夫为一井,每井赋二兵、马一匹,其匹妇之贡绢三尺、绵一两,非蚕乡则布六尺、麻二两。无田及游惰末作者皆驱之,使为隶农以耕田之羡者。其法颇为详备。朱子谓勋一生留意此事,后在广中作守,画为数井,亦是广中无人烟可以如此云。王伯厚曰:"苏氏云:'三代之君开井田,画沟洫,谨步亩,严版图,因口之众寡以授田,因田之厚薄以制赋,经界既定,仁政自成。下及隋唐,风流已远。然其授民田有口分、世业,皆取之于官。其敛民财有租庸调,皆计之于口。其后变为两税。户无主客,以见居为簿;人无丁中,以贫富为差。贫者急于售田,则田多而税少。富者利于避役,则田少而税多。侥幸一兴,税役皆弊。嘉祐中,薛向、孙琳始议方田,量步亩,审肥瘠,以定赋税之入。熙宁中,吕惠卿复建手实,抉私隐,崇告讦,以实贫富之等。元丰中,李琮追究逃绝,均虚数,虐编户,以补失陷之税。此三者皆为国敛怨,所得不补所失。'昔宇文融括诸道客户,州县观望,虚张其数,以实户为客,虽得户八十馀万,岁得钱数百万,而百姓因弊,实召天宝之乱。均税之害,何以异此?"

[4]叶解:古者,政教始乎乡里,其法起于比、间、族、党、州、乡、酂、遂,以相联属统治,故民相安而亲睦,刑法鲜犯,廉耻易格。

《茅注》本大字:"四曰乡党。""古者,政教始乎乡里,其法起于比、间、族、党、州、乡、酂、遂，以相联属统治，故民相安而亲睦，刑法鲜犯，廉耻易格。"此亦人情之所自然，行之则效者也。

茅注：比，必二反。酂，作管反。说见《周礼》。比、闾、族、党、州、乡，《大司徒》章"六乡"也；邻、里、酂、鄙、县、遂，《遂人》章"六遂"也。并在国中，百里内为乡，百里外为遂。不言邻、里、鄙、县者，盖特举其大略耳。按《周礼》，遂官各降乡官一等。如乡大夫，卿；而遂大夫，中大夫；乡之州长，中大夫；而遂之县正，下大夫之类是也。陈氏曰："按《周礼》六乡，五家为比，比有长。五比为闾，闾有胥。四闾为族，族有师。五族为党，党有正。五党为州，州有长。五州为乡，乡有大夫。六遂则五家为邻，邻有长。五邻为里，里有宰。四里为酂，酂有长。五酂为鄙，鄙有师。五鄙为县，县有正。五县为遂，遂有大夫。其间大小相维，轻重相制，纲举目张，周详细密，无以加矣。而要其自上而下，所治皆不过五人。盖于详密之中，而得易简之意。此周家一代良法也。后世人才远不如古，欲以县令一人之身，坐理数万户口，色目繁猥，又倍于昔时，虽欲事不丛脞，其可得乎？"按沈约《宋书》："汉制五家为伍，伍长主之；二伍为什，什长主之；十什为里，里魁主之；十里为亭，亭长主之；十亭为乡，乡有乡佐、三老，有秩、啬夫、游徼各一人。乡佐、有秩主赋税，三老主教化，啬夫主争讼，游徼主奸非。"观此则汉制详密，犹有乡党官遗意，故其制最为近古，民风淳穆，有由来也。但按《后汉志》本注曰："有秩，郡所署。其乡小者，县置啬夫，皆主知民善恶，为役先后，知民贫富，为赋多少，平其差品。"观此则大乡有秩，小乡啬夫所主相同，无有赋税争讼之分也。《风俗通》"十里一乡"，亦与沈《志》不合。《前汉·百官表》无乡佐，亦不言有秩所掌。马贵与曰："国学有司乐、司成，专主教事，而川闾乡党之学，未闻有司职教之任者。及考《周礼·地官》，党正各掌其党之政令教治，孟月属民而读法，祭祀则以礼属民，州长掌其州之教治政令，考其德行道艺，纠其过恶而劝戒之。然后知党正即一党之师也，州长即一州之师也。以至下之为比长、闾胥，上之为乡、遂大夫，莫不皆然。盖古之为吏者，其德行道艺俱足以为人之师表，故发政施令，无非教也。以至使民兴贤，出使长之；使民兴能，入使治之。盖役之则为民，教之则为士，官之则为吏，皆此人也。秦汉以来，儒与吏始异趋，政与教遂分途矣。"顾亭林曰："北魏李冲奏立邻里党正长之官，苏绰亦以为宜精加审择，俾各得一乡之选以相监统。隋文帝开皇十五年，始尽罢州郡乡官，历代良法遂一废而不可复，惜哉！"又曰："明初，命有司择民间公正可任事者，理其乡之词讼。邑里皆置申明、旌善二亭，民有善恶则书之，以示劝惩。凡乡里争讼，里老于此剖决。事涉重者，始白于官。若不由里老处分,而径诉县官,谓之越诉。今县门榜所谓'越诉笞五十者'以此,亦古者乡党官遗意也。"愚案,马氏谓古之吏皆可以为师,不似后世儒与吏异趋,政与教分途,其论极精。至谓州闾乡党之学无司职教之任者,盖亦据《周礼》言之,其寔恐未必然。观《尚书大传》所谓"大夫为父师,士为少师",则士大夫归老乡里者,皆其司职教之任者也。又《白虎通》谓:"古之教民,百里皆有师,里中之老,有道德者为里右师,其次为左师,教里中之子弟以道艺、孝悌、仁义。党中立学,教里学所升者。遂中立学,教党学所升者。"然则闾里以上皆有学,则皆有师可知。又《公羊》何注谓:"一里八十户,八家共一巷中。里为校室,选其耆老有高德者,名曰父老,其有辩护伉健者,为里正,皆受倍田,得乘马。春夏田作之时,父老及里正旦开门坐塾上,晏出后时者不得出,暮不持樵者不得入。至秋冬入保城郭,里正趋缉绩,男女同巷相从,夜绩至于夜中。故女功一月得四十五日作,从十月尽正月止。男女有所怨恨,相从而歌。饥者歌其食,劳者歌其事。男年六十、女年五十无子者,官衣食之。使之民间求诗,乡移于邑,邑移于国,国以闻于天子,故王者不出户牖,尽知天下所苦。十月事讫,父老教于校室,其有秀者移于乡学,乡学之秀者移于庠,庠之秀者移于国学,学于小学。诸侯岁贡小学之秀者于天子,学于大学。其有秀者,命曰进士。行同能偶,别之以射,然后爵之。"愚按,何氏所谓"乡学之秀者移于庠",即《王制》所谓选士也。"庠之秀者移于国学,以学于小学",即《王制》所谓俊士也。"诸侯岁贡其秀者于天子,以学于大学",即《王制》所谓造士也。乡学即闾党之学也,闾党皆属于乡,总曰乡学。

[5] 叶解:庠序,所以明人伦、化成天下。今师学废而道德不一,乡射亡而礼义不兴。贡士不本于乡里,而行实不修。秀民不养于学校,而人材多废。

《茅注》本大字:"五月(按,"月"当为"日")贡士。"庠序之教,先王所以明人伦化成天下。

茅注:此三句言先王所以为教者如此。下师学乡射四者,即所谓庠序之教也。

《茅注》本大字:"今师学废而道德不一。"

茅注:古者自王宫、国都、闾巷、党遂,莫不有学。国学之政,大司乐及乐师掌之;闾巷之塾,则以大夫士之归老乡里及里老之有道德者使教焉,所谓师学也。小学则教之洒扫应对进退之节,礼学射御书数之文。大学则教之致知、格物、诚意、正心、修身、齐家、治国、平天下之道。趋向正而心志专,道德之所以一也。自师学废而人自为说,家自为书,故道德不一。《三礼义宗》曰:"四代之学,虞及殷各立其学,周则兼而立之。有虞大学为上庠,小学为下庠。夏后氏大学为东序,小学为西序。殷大学为右学,小学为左学。周大学为东胶,小学为虞庠。"又曰:"《内则》云'人君之子,十年出就外傅'。傅者,教学之官。《文王世子》云:'立太傅、少傅以养之。'然则未入学时,已有傅矣。是以《内则》云'出就外傅',谓就外室而受教也。外室,在虎门之左,师氏之旁,而筑宫焉,即所谓异宫也。"郑刚中曰:"周人立五学。中曰辟雍,环之以水。水南为成均,水北为上庠,水东为东序,水西为瞽宗。学礼者就瞽宗,学书者就上庠,学舞干羽籥者就东序,学乐德乐语乐舞者就成均。惟天子承师问道,及养老更之类,乃就辟雍。"陈氏《礼书》曰:"周又有辟雍、成均、瞽宗之名。辟雍即成均也。商之右学,在周谓之西学,亦谓之瞽宗。夏之东序,在周谓之东胶,亦谓之太学。"又曰:"诸侯之学,小学在内,大学在外。故《王制》言'小学在公宫南之左,大学在郊',以其选士由内以升于外,然后达于京故也。天子之学,小学居外,大学居内,故《文王世子》言'凡语于郊,然后于成均取爵于上尊',以其选士由外以升于内,然后达于朝故也。"又曰:"《尚书大传》谓:'上老平明坐于右塾,庶老坐于左塾。'班固《食货志》曰:'里胥平旦坐于右塾,邻长坐于左塾。'盖古者合二十五家而为之门塾,坐上老、庶老于此,所以教之学也。坐里胥、邻长于此,所以教之耕也。又《周礼》贾《疏》:'《文王世子》云:礼在瞽宗,书在上庠。'郑注云:'学礼乐于殷之学,功成治定与己同。'则学礼乐在瞽宗,祭礼先师亦在瞽宗矣。若然,则书在上庠,书之先师亦祭于上庠。其诗则春诵、夏弦,在东序则祭亦在东序也。故郑注《文王世子》云:'《礼》有高堂生,《乐》有制氏,《诗》有毛公,《书》有伏生',是皆有先师当祭可知。"长乐刘氏曰:"周立四代之学,虞庠以舜为先圣,夏学以禹为先圣,殷学以汤为先圣,东胶以文王为先圣。各取当时左右四圣成其德业者,为之先师以配享焉。此天子立学之法也。"东莱吕氏曰:"《周礼》大司乐既掌学政,又延请有道德者敬事之,使之教国之子弟,以此见古人心至公。死为乐祖,祭于瞽宗,其选择之精可知。"愚按,崔氏谓《内则》人君之子"十年出就外傅",则未入学时已先有傅。然观"六年教之数与方名,七年男女不同席、不共食,八年出入门户及即席饮食必后长者"之类,则未就傅时,固先有以教之矣。盖古人自孩提时便已教以正道,使义理浸灌滋润,故后虽欲为不善,不可得也。"朝夕学幼仪",幼仪如洒扫应对进退之类。必十年乃学之者,盖前此年尚小,非其所能故也。可见古人当未入学时,便先教以礼节,使知事亲敬长之道。至入小学,乃从受诗书礼乐射御书数之业耳。然则张子以礼教学者,最得古人为教之意。但按《内则》"四十始仕,五十命为大夫,服官政",则似非专指人君之子言之也。《大戴礼》注云:"《内则》十年就外傅,谓公卿以下,教子于家也。《曲礼》十年曰幼学,盖指就外傅言也。"则非专指人君之子可知。又案,《北史·刘芳传》:"周以上学惟有二,或尚西,或尚东;或贵在国,或贵在郊。至周则学有六,师氏居内,太学在国,四小在郊。"师氏者,国学也。然则国学与太学固为二也。云四小在郊,则是每郊各置一小学也。《周礼》:"近郊五十里。"则是去都五十里皆有学也。又云:"《祭义》:'天子设四学,当入学而太子齿。'注:'四学,周四郊之虞庠也。'《大戴·保傅》篇云:'帝入东学,上亲而贵仁;帝入南学,上齿而贵信;帝入西学,上贤而贵德;帝入北学,上贵而尊爵;帝入太学,承师而问道。'"学分东西南北,又与太学并列为五,则刘氏以为四郊虞庠之证,颇似有理。且郑注固以四学为周四郊之虞庠,虽《正义》有设虞夏商周四学之说,而复引皇氏说以为四郊皆有虞庠,则刘氏之说未为无据也。但按《王制》"虞庠在国之四郊",郑注"周立小学于西郊",《祭义》"祀先贤于西学",郑注"周小学也",疏云"《王制》所谓虞庠在国之西郊"是也。则虞庠似惟西郊有之,而孔氏释四学为四代之学者,当为得之郑氏《祭义》注,疑一时偶误也。六学亦不见。郑注又言:"蔡氏《劝学》篇云'今之祭酒,则周师氏',《洛阳记》'国子学宫与天子宫对,太学在开阳门外'。"汉魏以降,无复四郊之学,至后魏孝文迁都洛邑,始置小学于四门,与国子太学为三。《唐六典》仍之,设立国子、太学、四门三馆,而四门学生乃取七品以上,及侯、伯、子、男子弟补充,非如魏制专为小学也。吕伯恭曰:"《周礼》设官,下至射天鸟、除蠹物,至微至纤之事尚皆具载,独于州序党庠教学之官反不见何人掌之,亦不见其法何如。盖缘学校不是官司,非簿书期会之事,故不领于六官。惟国子是世禄之家,'鲜克由礼,以荡陵德',不可不设官以教养之。至其所以教养之法,均非簿书期会之可领,学者当识先王之意可也。"愚按,陈氏《礼书》谓成均居中,左东序,右瞽宗,并违于一邱之上,并西郊虞庠为四学,与《祭义》所谓设四学者颇合。盖于虞存其小学,于夏、殷存其大学,而成均则本朝之制,故居中。然则四学者,三大学一小学也。此最为得之,惟以东胶为太学,则误也。陈氏既谓成均即辟雍,而辟雍自文王始建,后遂以名天子之学,且居中。南面其为太学无疑,东胶则《大戴记》所谓东学也。但案蔡邕谓:"'春夏学干戈,秋东学羽籥,皆于东序。'又谓'大司成论说在东序',是诏学皆在东序。"故以东序为太学。而郑氏《礼记注》亦有名太学为东胶之说。《正义》云:"《王制》谓'周人养国老于东胶',以养国老,故知为太学也。"是则以东序为太学,不自陈氏《礼书》始也。郑刚中以辟雍居中为太学者,得之;而谓南成均与辟雍分为二,则非也。又《大戴》东、南、西、北学,刘芳以四郊、虞庠当之,则小学也;郑刚中以上庠、东序等学当之,则大学也。然皆无确据,姑存之以广异闻。

《茅注》本大字:"乡射亡而礼义不兴。"

茅注:《地官》州长"春秋以礼会民而射于州序"。贾《疏》:"先行乡饮酒之礼乃射,故云以礼也。"郑注:"序,州党之学。"疏云:"按下党正亦云饮酒于序,故知党学皆名为序,若乡则名庠。故《礼记·乡饮酒》载云'主人迎宾于庠门之外'。彼乡大夫行宾贤能,非州长党正所行,故知庠则乡学也。"郑云:"此州长所行,而谓之乡射者,盖乡虽管五州,而乡大夫或宅居此州之内,则当来临此射礼,故州长所行而名乡射也。"《礼记正义》云:"或乡之所居,州党不必别立州党之学,有事则就乡学为之,故州之射、党正之正齿位,皆曰乡也。"又云:"乡所居州党,则乡大夫代州长、党正为主人,故得称乡射、乡饮酒。若州党非乡所居,则乡大夫不得为主人,不得称乡射、乡饮酒,但谓之州射、党正饮酒可也。"又"乡老及乡大夫三年献贤能之书于王,退而以乡射之礼五物询众庶。一曰和,二曰容,三曰主皮,四曰和容,五曰兴舞"。郑注:"和载六德,容包六行也。主皮则六艺之射,和容谓礼,兴舞谓乐。"以六艺中御与书数于化民稍缓,故特举礼乐与射而言之也。又《乡射记》"惟君有射于国中,其馀则否"。注云:"臣不习武事于君侧,以其乡射在城外,众庶皆观焉,故得询五物。"又《乡大夫》贾《疏》:"案《仪礼·乡射》云'豫则钩楹内,堂则由楹外'。又云'序则物当栋,堂则物当楣'。堂谓乡学。"据《乡大夫》所云射礼也。豫谓州学,盖州长春秋习射于序,名为乡射,今乡大夫还用此乡射之礼也。郑云:"豫,读如'成周宣榭灾'之'榭',《周礼》作'序',今从'榭'。凡屋无室曰榭。"贾云:"有虞氏之庠,周以为乡学;夏后氏之序,周以为州党之学。夏时之序有室,周时州党之序无室,名同制别。射于序乡,饮酒在庠,以其序无室,庠有室。"郑刚中曰:"州长射而不饮,党正饮而不射,至于乡大夫乃有饮射。观乡大夫以礼礼宾之,则乡饮可知。"又云:"以乡射询之,则乡射可知。射义言乡大夫将射,先行乡饮酒之礼,则有射有饮,乃为乡饮。州党之中未可行乡饮,故但言以礼会,以礼属之而已。"吕与叔曰:"礼射者,必先比耦。故一耦皆有上耦下耦,皆执弓而挟矢。其进也,当阶及阶,当物及物,皆揖;其退也亦如之。其行有左右,其升降有先后。其射皆拾发,其取矢于福也。始进,揖;当福及福,皆揖。取夫,揖;既搢挟,揖;退与将进者,揖。其取矢也,有'横弓却手兼弣,顺羽拾取'之节焉。卒射而饮,胜者袒决遂执张弓;不胜者袭脱决拾加弛弓,升饮相揖如初。则进退周旋必中礼可见矣。"邱琼山曰："太祖初得天下,即令天下府州县每日讲读经书罢,于学设一射圃,教学生习射。其有司官闲暇时,与学官一体习射。"

《茅注》本大字:"贡士不本于乡里,而行实不修。"

茅注:按《周礼·地官》,乡大夫"正月之吉,受教法于司徒,退而颁之于其乡吏,使各以教其所治,以考其德行,察其道艺"。"三年则大比,考其德行道艺而兴贤者能者。乡老及乡大夫帅其吏与其众寡,以礼礼宾之。厥明,乡老及乡大夫群吏献贤能之书于王,王再拜受之。"其州长、党正以下,详见前卷"读法"注。贾公彦曰:"按《射义》云'古者天子之制,诸侯岁献贡士'。注引旧说:'大国三人,次国二人,小国一人。'盖大国三乡,次国二乡,小国一乡,所贡之士与乡同,则乡送一人至君所。"愚按,《王制》"命乡大夫论乡学之秀者以升之司徒,曰选士",盖先名惟在乡,今升名进于司徒,其身则犹在乡学也。"司徒又论其秀者以升于大学,曰俊士",盖此身升于大学,非惟升名而已。升于司徒者,犹给乡之繇役;升于学者,犹给司徒繇役。盖以学业未成故也。其学业既成,而免于繇役者,则为造士。"大乐正又论其秀者以告于王,而升于司马,曰进士"。进士者,谓可进受爵禄也。造士以上,专就乡之学者言之也。至大乐正论造士之秀者,以升之司马为进士,则总乡之学者及王子公卿之子,凡学业成者言之也。盖乡人卑,节级升之,故为选士、俊士以至于造士。王子与公卿之子本位既尊,不须积渐,学业既成,即为造士。《尚书大传》曰:"诸侯于天子,三岁一贡士。一适谓之好德,再适谓之贤贤,三适谓之有功。有功者,天子赐以衣服弓矢,再赐以秬鬯,三赐以虎贲百人,号曰命诸侯。"又云:"贡士一不适谓之过。注云'谓三年时也'。再不适谓之敖,注云'谓六年时也'。三不适谓之诬,注云'谓九年时也'。一绌以爵,再绌以地,三绌而地毕。注云'凡十五年'。"愚按,绌爵犹今之革职留任也。盖三不适则绌爵,又三年不适则绌地,又三年不适则地尽绌矣。故曰"凡十五年"。孔氏《乡饮酒义》疏云:"天子六乡,诸侯三乡,卿二,乡大夫一,乡各有乡大夫,而乡有乡学。取致仕在乡之中大夫为父师,致仕之士为少师,在于学中名为乡先生,教于乡中之人,谓之乡学。每年入学,三年业成,必升于君。若天子乡,则升学士于天子,诸侯乡,则升学士于诸侯。凡升士必用正月。将欲升之先,为乡饮酒之礼。"陈祥道《礼书》曰:"闾胥聚民无常时,族师属民有常月。族师岁属以月吉与春秋,党正岁属以孟吉与正岁,州长岁属以正月之吉与春秋,然后乡大夫三年大比之。以卑者其职烦,尊者其事简也。由党正而下,有所读,有所书;州长则有所读,无所书,而有所考;乡大夫则考而与之,无所读。敬敏任恤,易知者也,故闾师书之。孝弟睦姻有学,难知者也,故族师书之。德行则非特孝弟也,道艺则非特有学也,故党正书之。书之者易,考之兴之者难,故书之止于党正,攻之在州长,兴之者在乡大夫。以卑者其职轻,尊者其任重也。"吕东莱曰:"《王制》论乡秀士升于司徒,曰选士。司徒又论其士之秀者而升之学,曰俊士,然后方免其繇役。大乐正又论造士之秀者升之司马,曰进士。司马辨论官材,论其贤者以告于王而定其论,论定然后官之,任官然后爵之,位定然后禄之。一人之身未入仕前与既入仕后,凡经七级,然后得禄。汉、唐以后,大抵自重而渐轻,自缓而渐速。"浚仪王氏曰:"《通典》乡老、乡大夫举贤能而宾其礼,司徒教三物而兴诸学,司马辨官材以定其论,太宰诏废置而持其柄,内史赞予夺而贰其中,司士掌其版而知其数。择材取士如此之详也。汉成帝建始四年,初置尚书,有常侍曹,主公卿事;又有二千石曹,掌郡国二千石。后汉改为吏曹,主选举、祠祀,尚书令总之。后又为选部。魏改选部为吏部,主选事。"又曰:"裴子野曰:'《周礼》始于学校,论之乡里,告诸六事,而后贡于王庭。其在汉家,州郡积其功能,然后为五府所辟;五府举其掾属而升于朝,三公参其得失,尚书奏之天子。一人之身,所阅者众;一贤之举,其课也详。故官得其才。魏晋易是,所失弘多。万品千群,俄折于一面;庶僚百位,专断于一司。吏曹按阀阅而选举,不遑访察于乡邑。'"又曰:"《周礼》乡大夫使民兴贤,出使长之;使民兴能,入使治之。是使民兴乡之贤能,还以长治其乡。士自修于家,民自为乡谋,故毁誉公,贤否明。众宾之席弗属,堂下之观礼者弗坐,无异辞也。"王光远曰:"五家之比,比有长。初未有可书之事,不过防其奇衺而已。五比之间,则书其敬敏任恤者,是于六行之中可书者二。四闾之族,则书孝友睦婣,是于六行之中可书者四。其于德行道艺,有所未备矣。五族之党,书其德行道艺,然书之而未能考之。五党之州,又从而考之。考之而未能宾兴之,五州之乡于是而宾兴之。盖其作成人材之法,如此其详且悉也。"魏庄渠曰:"闾胥选于五比二十五家,小善亦取,故书敬敏任恤者。族师选于百家,累善乃取。故书孝友睦姻,有学者质美,未学者弗与矣。党正选于五百家,善有大焉而后取,故书德行道艺者,其学皆已成材。于是州长考之,以核其实;乡大夫宾兴,而拔其尤。其法可谓备矣。汉举孝廉、茂才,尚存古制,得人亦多。魏晋而降,州郡各置九品中正,以别人才,汉制亦渐废矣。后世科举之法,自隋炀始;殿试之法,自武曌始。可胜叹哉!"又曰:"汉举贤良、方正、茂才,犹《周礼》乡大夫之宾兴贤能。其举孝弟力田,犹遂之兴甿,古意犹有存者。故三代以还,两汉得人为盛。后世徒存其名而鲜实效,由上下皆以伪蒙也。"王明斋曰:"按《周礼》诸侯岁贡士于天子,盖自邦君之子与民间俊秀,皆在其中。贤者或留用于朝，或反其国。司士于三岁则稽考诸侯所贡之贤否，以行赏罚，《记》所谓'进爵绌地'也。然司士必言稽士，任以进退其爵禄者，盖以其任职而观之，为得其贤否之实也。"范氏曰："唐杨绾论进士、明经之弊，请令县令察孝廉，取行著乡里、学知经术者，荐之于州。刺史考试，升之于省，任各占一径。朝廷择儒学之士，问经义二十条，对策三道。上第即注官，中第得出身，下第罢归。其议最为近古可行，而卒为庸人沮止。况先王所以致治之具，欲举而措之天下，不亦难乎！"

《茅注》本大字："秀民不养于学校，而人材多废。"

茅注：《学记》曰："大学始教，皮弁祭菜，示敬道也。宵雅肄三，官其始也。入学鼓箧，孙其业也。夏楚二物，收其威也。未卜禘不视学，游其志也。时观而弗语，存其心也。幼者听而弗问，学不躐等也。此七者，教之大伦也。"《王制》曰："春秋教以礼乐，冬夏教以诗书。王太子、王子、群后之太子、卿大夫元士之适子、国之俊选，皆造焉。"《周礼》："诸子春合诸学，秋合诸射，以考其艺而进退之。"郑注："学，太学。射，射宫。"贾《疏》："太学在国中，即夏后氏东序，在王宫之左也。射宫，即国之小学，在西郊，则虞庠是也。王之子得适庶俱在学，若群后、畿内诸侯以下，则庶子贱，不得在学，故皆云适子也。"陈氏《礼书》曰："《学记》：'一年视离经辨志，三年视敬业乐群，五年视博习亲师，七年视论学取友，谓之小成；九年知类通达，强立而不反，谓之大成。'此中年考校之法也。大胥掌国学士之版，春合舞，秋合声。于其合声，则颁次其所学而辨异之。诸子掌国子之倅，春合诸学，秋合诸射，以考其艺而进退之。比年考校之法也。又曰："《王制》命乡简不率教者，至于四不变，然后屏之。小乐正简国子之不率教者，止于二不变则屏之者，先王以匹庶之家为易治，膏粱之性为难化。以其易治，故乡遂之所考常在三年大比之时；以其难化，故国子之出学常在九年大成之后。三年而考，故必四不变然后屏之。九年而简，则虽二不变屏之可也。古之学政，其轻者有鞭挞，其重者不过屏斥而已。若夫万民之不服教，其附于刑者归于士。"王伯厚曰："古者养士于成均，以观其德行，虽天子之元子，亦齿于士也。列之于王闱，以考其中失，虽大夫元士之子，亦列于王子也。《礼记正义》曰：'按《司马法》：百里郊，二百里野。'《周礼·遂人》云：'掌邦之野。'既二百里为野，遂人掌之，则此不帅教者移之在遂，自应遂大夫掌之，则亦遂大夫帅国之俊，选于遂学而行礼也。但六乡州学主射，党正主正齿位。遂则与县州同，鄙与党同。县鄙皆属于遂，虽各立学，总曰遂学。或遂之所居县鄙不立，县鄙之学有事则在遂学，与乡同。"杨龟山曰："按太宰八则，'三曰废置，以驭其吏；四曰禄位,以驭其士'。盖自乡论秀士升之于司徒,自司徒而升之于学,曰造士。而后大司乐论造士之秀者,升之司马,曰进士。则所谓士者,盖未有禄位也。司马辨论官材,论定然后官之,任官然后爵之,位定然后禄之。非修之于乡,升之于司马,则禄位不可得也。故以禄位驭之。太宰岁终令百官正其治,受其会,听其致事,而诏王废置。三岁大计群吏之治而诛赏之,则为吏者有职任焉,与士异矣。故以废置驭之。禄位废置初不相因也。而王介甫曰:'废置所以治之,禄位所以待之。'治之者政也,待之者礼也。徒治之以政而不待之以礼,则将免而无耻,失其旨矣。"《文献通考》曰:"先公尝言:西汉博士隶太常,有周成均隶宗伯之意。州有博士,郡有文学掾。五经之师,儒宫之官,长吏辟置,布列郡国,亦有党庠遂序之意。然有二失。乡里学校人不升于太学,而补弟子员者自一项人。公卿弟子不养于太学,而任子尽隶光禄勋自有四科。考试殊途异方,下之心术分裂不一,上之考察驰骛不精。"愚按,《礼记正义》,则《王制》"简不帅教",至于四不变,即《学记》中年考校之法也。其"命乡简不帅教者以告",谓初入学一年之终也。不变右乡移之左,左乡移之右,谓三年之时。"不变移之郊",谓五年之时。"不变移之遂",谓七年之时。"不变屏之远方",谓九年之时。"如初礼"者,谓"习射上功、习乡上齿"也。又《周礼》乡大夫三年大比,而此则中年考校者,盖彼据乡之选举言,此就学之考试言也。中犹间也,谓间一年而考校之也。

[6] 叶解:古者,府史胥徒受禄公上,而兵农未始判也。今骄兵耗匮国力,禁卫之外,不渐归之农,则将贻深虑。府史胥徒之役毒遍天下,不更其制,则未免大患。

《茅注》本大字:"六曰兵役。""古者,府史胥徒受禄公上。"

茅注:按《周礼》宰夫八职:"五曰府,掌官契以治藏;六曰史,掌官书以赞治;七曰胥,掌官叙以治叙;八曰徒,掌官令以征令。"郑注:"凡府史,皆其官长所自辟除。胥徒,民给徭役者。胥读如谞,谓其有才智为什长。"贾《疏》:"按《礼记·王制》云:下士视上农夫食九人,禄足以代耕,则府食八人,史食七人,胥食六人,徒食五人。其官并亚士,故号庶人在官者也。"王氏曰:"按《周礼》,太宰为正,小宰为贰,宰夫为考,以至旅下士凡六十三人,而府史胥徒止百五十人。五官亦然。夫官若是其众,而其下吏止若此,先王所以省吏员者亦至矣。吏省则其禄易给,禄厚则人知自爱。故当时庶人之在官,凡有秩禄者无非贤德之人。而汉犹仿此意,佐史有斗食之秩,长安游徼吏有百石之秩,左冯翊有二百石卒史。张敞为胶东相,吏追捕有功者,得一切比三辅,尤异。自是以后,百石吏皆差自重贤人,君子往往多出其间,得先王遗意。后世不然,自乡差之法变为顾役,天下之事付之游手之民,又从而夺其庸,是教之为奸而又授之其也。上自朝廷,下至州县,每一职一司,官长不过数人,而胥吏不胜其众,则夫官之不胜吏奸也亦明矣,天下何从而治哉!由是言之,则夫太宰之所以省吏员者,直欲夫禄之易给也。吏之所以必给其禄者,直欲人之知自爱也。"又曰:"成周之制,下士与庶人在官者同禄,故知官与吏无甚分也。汉去古未远,萧、曹以刀笔吏佐命为元勋,故终西汉之世公卿多出胥吏,而儒雅贤德之人亦多借径于吏以发身,博士弟子之明经者多补太守卒吏。东汉流品渐分,然以胡广而为郡散吏,袁安世传《易》学而为县功曹,应奉读书五行并下而为郡决曹吏,王充、徐穉皆以从事功曹起家,而不以为屈。无他,始有禄以养其廉,而后有功名之途以尽其用也。则《周官》之府史胥徒,其不以卑职冗员限其终身可知已。后世不为之谋其生,而但为之抑其格,则犯科为奸、不自受重者十人而九。此亦为之长者之过也。"贵与马氏曰:"按两汉二千石长吏皆可以自辟曹掾,而所辟之人多取管属贤士之有才守者,盖必如是乃能知闾里之奸邪,黔庶之休戚,故治状之显著常必由之。后世长吏既不与之以用人之权,而士自一命以上拘于三互之法,不使之效职显能于本土,士之贤者亦以隐情惜已不预郡府之事为高,而与郡守、县令共治其民者,则皆凶恶贪饕、舞文背理之胥吏,大率皆本土人也。然则岂三互之法可行之于僚掾,而独不可行之于胥吏?可施之于有行止之命官,而独不可施之无藉赖之恶少乎?"

《茅注》本大字:"而兵农未始判也。今骄兵耗匮国力",亦已极矣。臣谓"禁卫之外,不渐归之农,则将贻深虑。府史胥徒之役,毒遍天下,不更其制,则未免大患。"

茅注:俊卿章氏曰:"三代役法莫详于周。《周礼》五两军师之法,此兵役也。师田追胥之法,此徒役也。府史胥徒之有其人,此胥役也。比闾族党之相保,此乡役也。有司徒焉,则因地之善恶而均役;有族师焉,则校民之众寡以起役;有乡大夫焉,则辨年之老少以从役;有均人焉,则论岁之丰凶以行复役之法。"愚按,此所谓兵,即兵役也。此所谓役,即胥役也。"府史胥徒受禄公上",就役言;"兵农未始判"句,就兵言。二句乃言古之制如此。"骄兵"二句,言兵之弊;"禁卫"以下,则言当思所以处兵之道也。"府史胥徒之役"二句,言役之弊;"不更其制"以下,则言当思所以处役之道也。郑康成谓:"《周礼》'小司徒职'云'乃会万民之卒伍而用之。五人为伍,五伍为两,四两为卒,五卒为旅,五旅为师,五师为军,以起军旅'。"又云:"凡起徒役,无遇家一人。"是天子六军之士出自六乡也。朱子则谓:"乡遂之民以卫王畿,凡有征讨,止用邱甸之民。"章俊卿又谓:"《司马》注:王有四方之事,则冢宰命师于诸侯,小宰掌其戒具,虎贲氏以牙璋发之,畿兵不出也。"三说不同。盖王有征讨之事,先命师于诸侯,不足则用邱甸之民;又不足,然后及六卿与六遂也。周衰,天子之命令不行于诸侯,于是专用六军之士,故《祈父》之诗作。朱子曰:"今日之患在于主兵之员多,朝廷虽知其无用,始存其名,日费国家之财不可胜计。又刻剥士卒,使士卒困怨于下。若更不变而通之,则其害未艾也。此但可责之郡守,他分明谓之郡将,若使之练习士卒,修治器甲,筑固城垒,以为一方之守,岂不隐然有备而可畏?"王东岩曰:"古者兵法与役法不同。兵法自外及内,如有兵事,先遣邦国,不得已及遂,又不得已及乡。若役法,先内及外。此先王均内外轻重之意。"陈及之曰:"林勋《本政书》曰:凡调役之法,宜使丁夫皆十人为联,岁轮一人,只役一月,周而复始。凡执役在官,则其九人各于其家,偿其三日之役。如此民无道路之劳,官无交番之冗,公私各得其所,《周礼》所谓'五人为伍,十人为联'者也。想先王用民,大要如是。如《王制》每人役其三日,烦扰为甚。"按苏文忠公言:"三代之法,兵农为一,至秦始分为二,及唐中叶尽变府兵为长征卒。自是以来,民不知兵,兵不知农,农出穀帛以养兵,兵出性命以卫农,天下便之,虽圣人复起,不能易也。"韩魏公亦言:"养兵虽非古,然使良民得免父子兄弟夫妇生离死别之苦,实万世之仁也。"二公之言,诚所谓达时识变者。叶竹野氏乃谓"唐府兵之制未尽合古,故不能无将骄卒惰之患,其亦迂矣。李邺侯论府兵兴废之由:"至武后以后,甚有蒸熨手足以避其役。山东戍卒,多赍缯帛自随,边将诱之寄于府库,昼则苦役,夜絷地牢,利其死而没入其财,还者十无二三。其残虐如此。"司马温公论保甲之害:"至保正长以泥塓除草为名,聚之教场,得赂则纵,否则留之。公私劳扰数路,耕耘收获之事几尽废。"然则兵农合一之说为可行于今乎? 不可行于今乎? 此不待智者而能决也。惟有屯田之法得行,则循今之制而不失古之意。愚谓,于此有数善焉。彼应募为兵皆强悍无赖,今使之得有所事,不至于为非,一也。开垦荒田,可使天下无废壤,二也。且彼因屯田获利,耕者浸多,而吾可以省游手坐食之费,以稍宽民之力,三也。故农不可兼兵,而兵必不可不使知农也。胡敬斋谓:"屯田须于近便处立屯,如戍兵就在近边之地耕屯,郡兵就在近郡之地耕屯。一兵拨田一区,其入可食六七口,免其粮税。春夏秋就在屯所,于少暇小习战法,冬则入边城,大讲武备。其田皆官府措置。"胡氏之言颇有条理,因附着于此。朱子曰:"永嘉诸公以为兵农之分反自唐府兵始,却是如此。盖府兵家出一人,以战以戍,并分番入卫,则此一人便不复为农矣。"

贝原笃信曰：古者府史胥徒受禄公上，与今府史之禄自民而给之不同。兵农未始判也，言兵出于农而不费民俸也。

[7] 叶解：古者，民必有九年之食。今天下耕之者少，食之者众，地力不尽，人功不勤。固宜渐从古制，均田务农，公私交为储粟之法，以为凶岁之备。

《茅注》本大字："七曰民食。""古者，民必有九年之食。"无三年之食者，以为国非其国。臣观"天下耕之者少，食之者众，地力不尽，人功不勤"，虽富室强宗，鲜有馀积，况其贫弱者乎？或一州一县有年岁之凶，即盗贼纵横，饥羸满路。如不幸有方二三千里之灾，或连年之歉，则未知朝廷以何道处之，其患不可胜言矣！"固宜渐从古制，均田务农，公私交为储粟之法，以为之备。"

茅注：《王制》曰："国无九年之畜，曰不足；无六年之畜，曰急；无三年之畜，曰国非其国也。"吕东莱曰："古者以三十年之通制国用，则有九年之畜。遇岁有不登，为人主者贬损减省。如《周礼》'九式'所谓凶荒之式，又遗人掌县鄙之委积以待凶荒，而大司徒又以薄征散利，凡诸侯莫不有委积以待凶荒。凶荒之岁，为符信发粟振饥而已。后世势有不能行，则如李悝之平粜法，丰年收之甚贱，凶年出之振饥。其法常行，则谷价不贵，四民亦可各安其居。至汉耿寿昌为常平仓，亦本此法。又如汉宣帝本始元年，民载粟入关，毋得用传，后来贩粟者免税。此法一行，米粟流通，更有以田里之民，令豪户各出谷散而与之。又如富郑公在青州，处流民于城外室庐，措置种种有法。当时寄居游士分掌其事，不以吏胥与于其间。又如赵清献公在会稽，不减谷价，四方商贾辐辏。以上六七条，皆近时可举而行者。统而论之，先王有预备之政，上也；使李悝、耿寿昌之政修，次也；所在蓄积有可均处，使之流通，次也；咸无焉，设糜粥，最下也。有志之士，随时理会，以便其民可耳。"致堂胡氏曰："后世常平之法固在，而置仓于州郡，一有凶荒无收，有司固不以上闻也。良有司敢以闻矣，比及报可，委吏属出，而文移反覆，给散稽留，监临胥役相与侵没，其受惠者，大抵近郭力能自达之人耳。县邑乡遂之远，安能扶携数百里以就龠合之廪哉？至若逢迎上意，不言水旱，坐视流散，无矜恤之心，则国家大祸由此而起。如王莽之末年，元魏之六镇，炀帝之四方，鱼烂河决，不可收壅矣。必欲有备无患，当如隋文帝时长孙平所奏，令民间每秋皆出粟麦一石以下，贫富为差，储之当社，以为义仓。委社司检校，以备凶年。取之民也无多，而散之民也又甚便。于是择长民之官，行恤农之政，民其庶不至挤于沟壑矣乎！"顾亭林曰："古人谓藏富于民。自汉以来，财已不在民矣，而犹在郡国，不至尽輦京师，故所遇凶荒，良有司犹得以便宜振发救民，以天下各自有廪藏故也。宋太祖乾德三年，诏诸州支度经费外，凡金帛悉送阙下，无得占留。自此一钱以上皆归之朝廷，而簿领纤悉特甚于唐时矣。宋之所以愈弱而不可振者，实在此也。"又曰："明洪熙初，河南新安知县陶镕奏：'县在山谷，土瘠民贫，遇岁不登，公私无措，惟南关驿有储粮，臣不及待报，借给贫民。'上嘉其称职。即此观之，可见明初凡驿皆有仓，不但以供宾客使臣，而亦所以待凶荒囏阨，实《周礼》遗人之掌也。万历后，尽外库之银以解户部，而藩储亦无复有存，于是民穷盗起，而国事不可为矣。"愚按，顾氏谓宋一钱以上皆归之朝廷，州县无复存留，以至贫弱不振，其说固然。然六年又诏"钱物并留本州管系，不得押领上京"，与三年诏异者。盖宋初惩唐末以来藩镇擅有财赋之弊，故不得不下无得占留之诏，至六年则纲纪粗立，官吏皆知畏法，天下财物自当藏之州县，以备意外不虞之警急，固未尝拘守乾坤三年之诏令也。顾氏之说似未尽然。

[8]叶解：古者，四民各有常职，而农者十居八九，故衣食易给。今京师浮民数逾百万。此在酌古变今，均多恤寡，渐为之业以救之耳。

《茅注》本大字："八曰四民。""古者，四民俱有常职，而农者十居八九，故衣食易给"，而民无所苦困。"今京师浮民数逾百万"，游手不可胔度。观其穷蹙辛苦，孤贫疾病，变诈巧伪，以自求生，而常不足以生。日益岁滋，久将若何？事已穷极，非圣人能变而通之，则无以免患，岂可谓无可奈何而已哉？"此在酌古变今，均多恤寡，渐为之业以救之耳。"

茅注：浮民，谓非土著也。胔，量也。不可计量，言多也。《春秋穀梁传》："古者有四民：有士民，有商民，有农民，有工民。"胡敬斋曰："天下之衣食，尽出于农工商，不过相资而已。须是什之八九为农，一二为工商。今则工商居半，又有兵役，及僧道、尼巫、尸祝，富盛之家皆不耕而食。机杼本女子之事，今织匠以男为之。耕者少，食者多，如之何而不穷困也！"愚按，农为衣食所自出，又于四民中最为辛苦，终岁勤动，至不得以养其父母。而豪商巨贾坐享富厚，交通官府，势倾一时。所以汉法崇农抑商，入粟者补官，而市井子弟至不得为吏，虽不无矫枉过正，然亦可谓知所轻重矣。观《周礼》乡大夫兴贤能于朝，遂大夫帅其吏而兴甿。则乡遂皆有选举也，独市无之。盖自古工商不得入仕也。叶氏梦得曰："汉高祖禁贾人毋得衣锦绣绮縠絺紵罽，操兵乘骑马。其后又禁毋得为吏予名田，凡民一等，商贾独倍，其贱之至矣。敦本抑末，亦后世所不能行也。"

[9]叶解：圣人理物，山虞泽衡各有常禁，故万物阜丰而财用不乏。今

五官不修,六府不治,用之无节,取之不时。惟修虞衡之职,使将(按,"将"《四库》抄本作"长")养之,则有变通长久之势。

《茅注》本大字:"九曰山泽。"圣人奉天理物之道,在乎六府,六府之任,治于五官。"山泽虞衡各有常禁,故万物丰阜而财用不乏。今五官不修,六府不治",用之不节,取之无时,岂惟物失其性? 材木所资,天下皆已童赭斧斤焚荡,尚且侵寻不禁,而川泽渔猎之繁,暴殄天物,亦已耗竭,则将若之何? 此乃穷弊之极矣。"惟修虞衡之职,使将养之,则有变通长久之势"。

茅注:赭,止野反。六府,水、火、金、木、土、谷也。六者,财用之所自出,故曰府。见《书·大禹谟》篇。五官者,按《左传》晋太史蔡墨曰:"五行之官,是谓五官。木正曰勾芒,火正曰祝融,金正曰蓐收,水正曰玄冥,土正曰后土。"见昭公二十九年《传》。又按,贾公彦《周礼正义序》云:"昭十七年服注颛顼之下云:春官为木正,夏官为火正,秋官为金正,冬官为水正,中官为土正。高辛氏因之,至尧舜官号稍改。"愚按,五行之官,唐虞夏无考,惟《曲礼》六府有司土、司木、司水、司货。郑氏谓殷时制。货,金属,独无司火。《周礼》则山虞、林衡掌木,司爟、司烜掌火,土均、土训掌土,卯人、职金掌金,川衡、泽虞掌水。盖五官之设,昉于颛顼,至周而其法大备。今具在《周礼》可考也。上言五官而下独言修虞衡之职者,盖山虞主山林,出材木;川衡主川泽,出鱼鳖。二者尤日用必需,而取之最易无节者,故孟子亦尝专就此言之,意可见矣。朱子曰:"水如堤防溉灌,金如五兵田器,火如出火、纳火、禁焚菜之类,木如斧斤以时之类。古人设官掌此六府,盖为民惜此物,不使之妄用,非如今世之民用财无节也。"王氏曰:"土如辨肥瘠、相高下,以植百物之类。山无草木曰童。赭,赤地。"愚按,山泽之政有二:一在弛其禁,以与民同其利;一在严其禁,使取之有节。弛山泽之禁者,三代后贤主犹间有能之,然必严为之禁,使取之有节,而后有以尽财成辅相之道。后世未有讲此者,故程子特言之。

[10] 叶解:古者,冠、昏、丧、祭、车服、器用,等差分别,莫敢逾僭。故财用易给,而民有常心。今礼制不足以检饬人情,名数不足以旌别贵贱,奸诈攘夺,人人求厌其欲,此争乱之道也。以上十条,并节录本文。

张解:十事,经国治民之事也。师傅者,教导之职,自天子至于庶人皆不可缺,所以成就德业者也。六官者,天地四时之官,二帝三王以来皆有之,所以分理庶政者也。经界者,经画沟途封植之界,乃井地之分限,制民常产之规模也。乡党者,比、闾、族、党、州、乡、酂、遂联属之法,所以使民亲睦而易治也。贡士者,养秀民于学校,由县而升于州,由州而宾兴于太学,所以明人伦、化成天下者也。兵役者,寓兵于农,讲武以备不虞,而不至骄兵毒民,耗匮国力,以贻大患者也。民食者,耕三馀一,耕九馀三,均民田,丰积储,以备荒歉者也。四民者,士农工贾,各有常职,通财用,警游惰,重本抑末,以业其民,使衣食易给者也。山泽者,山虞泽衡,各有常禁,长养之使可长久,以阜万物而丰财用者也。分数者,冠、昏、丧、祭、车服、器用,各有差等分别,所以辨上下、定民志,使有所检饬,莫敢僭逾者也。

李解:师傅,三公三孤也。六官,治教礼刑政事也。经界所以井地,乡党所以安俗,贡士所以取人,兵谓军制,役谓庶人在官者,民食谓分田之法,四民谓士农工商之业。

《茅注》本大字:"十曰分数。""古者冠、昏、丧、祭、车服、器用,等差分别,莫敢逾僭。故财用易给,而民有恒心。"今制礼未修,奢靡相尚,卿大夫之家莫能中礼,而商贩之类或逾王公。礼制不足以检饬人情,名数不足以旌别贵贱。既无定分,则奸诈攘夺,人人求厌其欲而后已。此争乱之道也,则先王之法岂得不讲求而损益之哉?

茅注:分,音问。以上十条,并系程子本文。分,上下之分。数,多寡之数。李氏曰:"凡人耳目之欲,虽穷壮极丽,犹未足以厌之也。先王因人情而制之,以为贵贱等级,使贵者不得逞,贱者无所觊,则上下有体而朝廷以尊,费用有节而财力不乏。至于庶民亦有以防之,故大司徒'以本俗六安万民','六曰同衣服',谓虽有富者,衣服不得独异也。不然,则人可以僭上,上下无别,则朝廷不尊,费用无节,则财力乃乏,乱患所以作,礼逊所以衰也。"

[11] 李解:尽其道者,三代也;用其偏者,汉、唐也。

[12] 叶解:泥古而不度今之宜,徇复古之名而失其实,此固陋儒之见。然遂谓先王治法不可用于今,苟且卑陋,此又世俗之浅识,岂足以大有为而拯极弊哉?

张解:因论十事而反复言之,明古治之可复也。

李解:泥,去声。迂腐不切于世用,流俗苟安于近功,此先王之治所以不能复也。

茅注:傥,汤,上声,俗作"倘"。……复,扶又反。"趣"与"趋"同,古字通用。康,安也,《礼运》"是谓小康"。傥,或然之辞。

[集评]

胡敬斋曰:今人多言古道不可行于今,此乃见道不明、徇俗苟且之论。古今之道一也,岂有可行于古,不可行于今?但古今风气淳漓不同,人事烦简有异,其制度文为,不无随时斟酌而损益之。若道之极乎天地,具于人心者,岂有异哉? 不能因时损益以通其变者,正为道不明也。孔子所谓百世可知者,岂欺后世哉! 故明道论十事,谓非有古今之异,洵知道之言也。(《栏外书》、《价解》)

胡居仁曰:明道十事,他便是要举一世而甄陶之。此只是大纲目。若下手做时,想又精密。(《居业录》卷三)

又曰:明道所论十事,条理详备。先王之治,尽于此矣。当时若能用之,从容三代之法可复。(《居业录》卷五)

张伯行曰:十事,皆国家治法之切务,故程子历陈之。欲详其利弊者,尚取全文观之。

又曰:盖此法度无论古今,无论治乱,其规模措置,皆不可一日不讲。若此者乃圣王之法,亦即生民当然之理也。于此而或有所致疑,除是生民之理有穷尽断绝之时,则圣王之法乃可改易,而生民之理固未尝穷也。故后世有能举其规模,善其措置,则纪纲明于上,风俗成于下,而时雍可期,称大治矣。即或粗得大概,行其一二,亦可补苴罅漏,小致治安。此皆历代以来彰明较著之效验,载在史册可考者也。盖古法所遵,固宜通权而达变,而良规可守,无不可准古而宜今。苟或徒拘泥古法,不能随时变通以施之于今,或姑欲徇复古之名,而良法美意不能力行,而遂废其实。此则鄙陋之儒,见识迂浅,何足以论致治之道? 然若反是,而谓今人之俗情皆已变迁,大异于古人,先王之事迹断难拘守,再行于今日。只得趋自便之私,苟安目前,而不必务崇高之治,远大之模,则亦因循苟且,非大有为之论,未足以革薄从忠而济当今流极之弊政者也。

茅星来曰:明道所上十事,即所谓《周官》之法度也。而必有《关雎》、《麟趾》之意,然后可以行之。程子固已言之矣。不然,则宇文周氏创制立法,必本《周礼》,不可谓不行先王之道者矣。而不得兴于三代之隆者,其本不立焉耳。孟子所谓“徒法不能以自行”者,此也。

江永曰:神宗亦欲变法复古,有真儒不用,而用刚愎拂戾之人,则生民之不幸也。

管赞程曰:自“明道先生言于朝”至此为一章,明道论修学校为教,论十事为政。圣人复起,不易其言,惟此可以继周子之政教以臻郅治也。

张绍价曰:此统论治天下之道。天生民而作之君师,不外治之养之教之而已。师傅正君,治之本也。六官、分职,治之纲也。经界、民食、山泽,皆养民之事。乡党、贡士、分数,皆教民之事。兵役、四民,则皆治民之事。而谋所以养之教之也。

又曰：此二节为一章，上节论学校选举，此节详论治道。

4. 伊川先生上疏[1]曰：[一]三代之时，人君必有师、傅、保之官。师，道之教训；[2]傅，傅之[二]德义；[3]保，保其身体。[4]后世作事无本，知求治而不知正君，知规过而不知养德。[5]傅德义之道，固已疎矣；保身体之法，复无闻焉。[6]臣以为，傅德义者，在乎防见闻之非，节嗜好之过；[7]保身体者，在乎适起居之宜，存畏慎之心。[8]今既不设保傅之官，则此[三]责皆在经筵，欲乞皇帝在宫中言动服食，皆使经筵官知之。[9]有翦[四]桐之戏，则随事箴规；违持养之方，则应时谏止。[10]（旧注：《文集》[五]、《遗书》云：某尝进说[六]，欲令上[七]于一日之中，亲贤士大夫之时多，亲宦官宫人之时少，所以涵养气质，薰[八]陶德性。[11]）

[集校]

[一]《张解》本无"先生"二字。此条今见《河南程氏文集》卷六《表疏·论经筵第二劄子》，无"伊川先生上疏曰"句。

[二]"傅之"，《文集》作"傅其"。（《茅注》）按，《论经筵第二劄子》作"傅其"。

[三]《论经筵第二劄子》无"则此"二字。

[四]"翦"，《叶解》元刻本、《张传》本、《张解》本、《李解》本、《茅注》本作"剪"。"剪"同"翦"。

[五]吕本"《遗书》"上有"《文集》"二字。今按《文集·论经筵第一劄子》中有之，但"所以涵养"以下十字，作"自然气贤变化德性成就"。盖《遗书》所谓尝进言者，正指此劄而言之也，又安可复冠以"文集"二字乎？吕本误。（《茅注》）按，《叶解》元刻本及其四库抄本、《茅注》本无"文集"。"云"上，《叶解》元刻本及其四库抄本、《茅注》本增有"又"字。《江注》本及其四库抄本，"文集"二字在"本注（按，即《杨注》本"旧注"）"上，"本注"下有"遗书云"。笔者以为"文集"二字本当于原文后注明此条语录出处，而《杨注》本将其刻于"旧注"下，误。

[六]"说"，一作"言"。（朝刊《近思录》）按，"说"，《叶解》元刻本及其四库抄本、《茅注》本作"言"

[七]"人主"，叶从《遗书》作"上"。（《冯记》）按，"上"，吴邦模刻本、《江注》本及其四库抄本、朝刊《近思录》本作"人主"。

[八]“薰”,《江注》本及其四库抄本作“熏”。

[集注]

[1] 叶解:先生除崇正设(按,“设”《四库》抄本作“殿”)说书,首上此疏。

[2] 叶解:道,开诱也。

[3] 叶解:傅,附益也。

[4] 叶解:保,安全也。

张解:此先生除崇政殿说书,首上之疏,先明师、傅、保之名义也。盖三代之时,人君必有三公、三孤之官者,人各有司而义各有取。谓之师者,所以开导而诱掖之以教训之旨也。谓之傅者,所以傅佐而附益之以德义之行也。谓之保者,所以保护而安全其身体者也。因其义而官以名,居其官者,可不思尽其职乎?

茅注:道,音导。……“师道之教训”三句,见《大戴礼》及《汉书·贾谊传》。

[5] 叶解:君正则治可举,德盛则过自消。正君养德者,本也。求治规过者,末也。

张解:此言后世之辅君者不知自尽其职也。师、傅、保之官,固所以辅其君,而辅之之道,当先知其要紧而图之。后世之人,所见不明,不知先后轻重之分,故作事皆无根本之计。如出辅吾君,只知求致治之务,而不知致治之本在于正君;只知规君之过,而不知规过之本莫先养德。盖君正则事莫不正,而致治不难矣。德养则差处自少,亦将无过之可规矣。奈何不求其本务而徒争之于末乎?

茅注:此以下俱就保、傅二者言之,而此节则下文所谓“傅德义之道已疏”者也。其所以不言师者,盖不敢以“道之教训”自处之,意亦以“傅之德义”“保其身体”,而所以“道之教训”者已在其中。

[6] 叶解:后世徒存保傅之名而无其职。不言师者,今日经筵之官,则道之教训之事。

张解:惟不知辅佐之本,则教训之要,所失不待言。即傅德义之官,徇名失实,其道固已疏而鲜当矣。至保身体之官,亦依违从事,而切要之法复无闻焉。又何以朝夕左右,使君之身心俱淑,以为兴道致治之原乎?

李解:求治以正君为本,而正君之法又以养德为重、规过为轻,此师、傅、保之所以不可偏废也。经筵之职固近于道之教训之事,然保傅之官不设,其何以成君德哉?

茅注:复,扶又反。

　　〔7〕叶解：非礼之事，不接于耳目，嗜好之私，不溺乎心术，则德义进矣。

　　张解：此即傅德义之本也。德义之愆，多因外诱之乘而私欲之萌。故傅德义者，于外之所见所闻或有非礼，则必防之；于内之嗜欲好乐或有过差，则必节之。如是则德日纯而义日熟矣。

　　〔8〕叶解：外适起居之宜，内存畏谨之念，则心神庄肃，气体和平矣。

　　张解：此保身体之本也。身体之虞，又因日用起居之不谨，轻忽暴慢之日滋。故保身体者，外而起居之宜，不可不求其适；内而畏慎之心，亦当使之常存。如是，则身范愈端严，而气体愈舒泰矣。

　　茅注：好，去声。"见闻之非"自外，"嗜好之过"自内；"起居之宜"在外，"畏慎之心"在内。二者皆兼内外而言。

　　〔9〕叶解：宫中言动服食之间，经筵官皆得与闻之。则深宫燕私之时，无异于经筵讲诵之际。对宦官、宫妾之顷，犹若师保之临乎前也。

　　张解：又言经筵实类公、孤之任，当以权委重之，以收匡正之益也。盖今之既不设保傅之官，则人主之左右亲近，皆乏正人。惟有经筵时常讲读，不但教训之道所由系，即保傅之责皆惟其人是属矣。故欲乞皇帝在宫禁之中，凡一言一动，与夫衣服饮食，皆明示经筵官，使得与知之，则所谓见闻之防、嗜好之节、起居之宜、畏慎之心，无时不谨，而处深宫无异乎对大廷矣。

　　茅注：经筵，王者讲书处也。宋制：经筵无专官，侍从以上兼之，则为侍讲、侍读，庶官则曰崇政殿说书。讲读官旧隶集贤殿，元丰官制既行，而讲读始去翰林之名，自为经筵之官矣。"言动服食"，俱兼"傅德义"、"保身体"言之。按，先生欲以内臣十人供侍左右，使人君出一言、举一事、食一果实，皆得知之。

　　〔10〕叶解：《文集》。《史记》："成王与叔虞戏，削桐叶为珪，曰：'以此封若。'史佚曰：'天子无戏言。'遂请封叔虞于唐。"

　　张解：持养之方，谓持身养身之法也。言经筵既事事与知，设有失错之事，如剪桐之戏，则经筵闻之，得随其事而陈箴规之，言以正之，而不至于阙误。或违持养之方，则经筵闻之，又可应时进谏以止其欲，而不至于损伤。此今日之经筵，其责甚重，而不可徒视为劝讲之具文也。

　　李解：经筵官知言动，则不至于非僻，所以傅之德义也。知服食，则不至于衰侈，所以保其身体也。薛氏曰："伊川为讲官，以三代之上望其君，从与否，则在彼而已，岂肯自贬其道以徇之哉？"

　　茅注：持以言动言，养以服食言。

贝原笃信曰：此时哲宗冲幼故云尔。

[11] 杨注：伯邑据《文王世子》曰："凡三王教世子，必以礼乐。乐所以修内也，礼所以修外也。礼乐交错于中，发形于外，是故其成也怿，恭敬而温文。立太傅、少傅以养之，欲其知父子、君臣之道也。太傅审父子君臣之道以示之，少傅奉世子以观太傅之德行而审喻之。太傅在前，少傅在后，入则有保，出则有师，是以教喻而德成也。师也者，教之以事而喻诸德者也；保也者，慎其身以辅翼之，而归诸道者也。"

[集评]

朱子曰：古帝王兢兢业业，持守此心，未尝敢有须臾懈怠，而犹恐隐微之间，或有差失而不自知，故建师保之官以自开明，列谏诤之职以自规正。凡饮食、衣服、器用、财贿，与夫宦官、宫妾之政，无一不领于冢宰之官。使一动一静悉皆制以有司之法，而无纤芥之隙得以隐其毫发之私。此先王之治所以由内及外、至微至著、精粹纯白、无少瑕翳也。（《茅注》）

朱子曰：贾谊作《保傅传》，其言曰："天下之命系于太子，太子之善在于早谕教与选左右，教得而左右正则太子正，太子正而天下定矣。"此天下之至言，万世不可易之定论也。近世帝王所以教子之法，不过记诵书札之工，而未尝开以仁孝礼义之习，至于容貌辞气、衣服器用，则虽极于邪侈而未尝有以箴之也。僚属具员而无保傅之严，讲读备礼而无箴规之益。至于朝夕所与出入起居而亲审无间者，不过宦官近侍埽除趋走之流而已。夫以帝王之世当付托之统，而所以辅养之具疏略如此，是犹家有明月之珠、夜光之璧，而委之衢路之间、盗贼之冲也，岂不危哉？（《李解》）

辅氏曰：若程子之说，乃所谓正君养德之道。必如是，然后君德成而治有本，庶几三代可复。不然，虽欲言治亦苟而已。（《茅注》）

薛瑄曰：伊川《经筵疏》皆格心之论。三代以下，为人臣者，但论政事人才而已，未有直从本原，如程子之论也。（《读书录》）

陆稼书曰：经筵三札，不特辅导人主，人家教子弟者，皆不可不知。

张习孔曰：人君御经筵之时暂，处宫禁之时多。剪桐之戏，持养之方，惟妇寺得亲之。欲成就君德者，尤当奏请常御外廷，与贤士大夫接对，习熟欵洽，庶得随事纳规也。

张绍价曰：治道之本在君心。明道"十事"，首言师傅，以正君为先。伊川此《疏》，意亦相同。伊川为经筵讲官，上疏言三代之时，设师傅保之官，主于正君养德。今既不设此官，则其责皆在经筵。盖以三代哲王望其君，故其进说如此。

钱穆曰：中国传统言政治，必归于道，而又必求于教。即为君者亦须教，如是始得治，始得平。……伊川此条亦可谓一切制度之大本大源所在矣。（《随劄》）

5. 伊川先生《看详三学条制》云：[一]旧制，公私试补[二]，盖无虚月。学校礼义相先之地，而月使之争，殊非教养之道。请改试为课，有所未至，则学官召而教之，[三]更不考定高下。[1]制尊贤堂，以延天下道德之士，及置待宾、吏师斋，立检察士人行检等法。[2]又云：自元丰后，设利诱之法，增国学解额至五百人，来者奔凑，捨父母之养，忘骨肉之爱，往来道路，旅寓他土，人心日偷，士风日薄。[3]今欲量留一百人，馀四百人分在州郡解额窄处，自然士人各安乡土[四]，养其孝爱之心，息其奔趋流浪之志，风俗亦当稍厚。[4]又云：三舍升补之法，皆案文责迹，有司之事，非庠序育材论[五]秀之道。[5]盖朝廷授法，必达乎下。长官守法而不得有为，是以事成于下，而下得以制其上，此后世所以不治也。[6]或曰：“长贰得人则善矣。或非其人，不若防闲详密[六]，可循守也。”殊不知先王制法，待人而行，未闻立不得人之法也。苟长贰非人，不知教育之道，徒守虚文密法，果足以成人才乎？[7]

[集校]

[一]《张解》本无“先生”二字。此条今见《河南程氏文集》卷七《学制》，无“伊川先生《看详三学条制》云”句。

[二]《学制》“补”上有“试上舍”三字，下有“内舍”二字。

[三]“更”上，《学制》无“有所未至，则学官召而教之”句。

[四]吴本“土”误“士”。（《王记》）

[五]“论”，一作“抡”。（《茅注》）“论”，叶作“抡”。（《冯记》）“论秀”，叶、江作“抡”。（《考异》）按，《张解》本、《李解》本、《叶解》四库抄本、《江注》本作“抡”。

[六]“详密”下，《文集》有“上下相制”四字，文意更足。（《茅注》）按，“密”下，《学制》有“上下相制，为”五字。

[集注]

[1]叶解：设教之道，礼逊为先。

李解：先，去声。陈氏曰："伊川尝充崇政殿说书，同孙觉等看详国子监条制。相先，犹相尚。月使之争，谓月有试以较其高下，是使之争竞也。"

茅注：伊川时以通直郎充崇政殿说书，元祐元年五月，差同孙觉、顾临等看详国子监条例。三学，太学、律学、武学也。旧制，谓王安石与其党邓绾、李定辈所定学校科举之制也。学官各以其经试士，不待命于上，曰私试。必待命于上而后试，曰公试。盖私试学官自考，而公试则降敕差官也。凡私试，孟月经义，仲月论，季月策；公试，初场以经义，次场以论策，如省试法。公私试补者，外舍生月一私试，岁一公试，补内舍；内舍生间岁一舍试，补上舍也。云"更不考定高下"者，盖旧制糊名考校排定高下故也。

沙溪曰：三学，谓国子监、太学、四门。《性理群书》注：太学、宗学、生学。

[2] 叶解：尊贤，谓道德可矜式者。待宾，谓行能可宾敬者。吏师，通于治道，可为吏之师法也。三者皆才德过人，首延礼之，使士人知所向慕。次乃立检察士行之法。

张解：此伊川欲使学中士子知礼让、励行检也。公私试补者，公私皆有试，第其高下而补之也。旧制，公私皆有试补之法，殆无虚旷之月，欲以试之高下，示奖励也。程子言学校之中，乃礼义相推尊之地，而乃高下其名次，每月使之相争，是教让者适以教争，大非教养人才之道。自今请改试为课，课者，课其功以知学问之浅深而已。学问有所未至，则学官召而教之，更不考定其名次之高下，使知设教之道，原以习礼逊为先，而不必沾沾于争名为也。更制尊贤堂，以延天下道德之士。有道德，所谓贤者也。尊之，使学中有所矜式。若四方之士有行能可敬者，宾而待之；有通于治道可为吏之师者，馆而隆之。故于尊贤堂而外更置待宾、吏师二斋，以广其教。至于士人之行检，务期端方，不可不有以检察之，故立检察等法，使不得节节而沽名。凡此皆所以养育人才之良法也。

李解：此所谓举善而教，不能则劝也。

茅注：斋，侧皆反，经传通作"齐"。行，去声。制，置也。尊贤，谓道德可矜式者，使居此堂，长贰以下尊礼之。学录一人，专主供億，无其人则虚之也。斋，居室之别名。待宾斋，所以待行能可实敬者。吏师斋，则通于治道、可为吏之师法者居之。行，德行。检，操守。

[3] 叶解：偷，苟得也。薄，谓薄于人伦。

张解：又慨后来取士之弊也。自元丰以后，设取士之法者，欲以利禄诱之，使知所劝。增国学解士之额多至五百名，来者奔竞斗凑，舍弃父母之养而不顾,遗忘骨肉之爱而不恤。仆仆道路之间,寄居异乡之远,以求进取。而功名念重,天性情轻,人心从此日习为苟得,士风从此日就于衰薄,岂非利诱之法误之哉?

茅注:解,居拜反。唐进士由乡而贡,曰解;有定数,曰额。国学解额,嘉祐前一百人,元丰后始增至五百人。时以开封解额稍优,四方士子多冒畿县户以试。又有隶太学不及一年,亦往往冒户礼部,故先生云然。按,《语录》谢上蔡将还蔡州取解,且欲改经《礼记》。伊川问其故,曰"太学多士所萃,未易得之,不若乡中可必取也"。似又乡学宽而太学窄,何也?盖上蔡但就蔡人之习《礼记》者言之耳,非谓太学之额窄而人多也。

[4]李解:解、养,并去声。元丰,宋神宗年号。解额,谓取中之额数。……薄,忘恩也。

茅注:稍,苏老反。稍,渐也,一曰小也。朱子曰:"州郡试者多而解额窄,太学解额阔而试者少。又州郡只有解试一路,太学则兼有舍选捷径,可以智巧经营,所以士子不安乡举而争趋太学。故必先均太学解额、舍选之数,使与诸州不至甚远,而后有以定其志也。"

[5]叶解:旧制以不犯罚为行,试在高等为艺。按其文而不考其实,责其迹而不察其心。教之者,非育才之道。取之者,非论(按,"论"《四库》抄本作"抡")秀之法。

茅注:三舍:外舍、内舍、上舍也。初入学为外舍,外舍生升内舍,内舍生升上舍。凡内舍,行艺与所试之等俱优者,升为上舍。上舍分三等,上等取旨命官;一优一平为中,以俟殿试;一优一否或俱平为下,以俟省试。盖王安石因庆历中尝于太学置内舍生二百人,而遂广之为"三舍法"也。案文责迹,谓旧考察法,专据文簿计校等差。如以不犯法为行,试在高等为艺,注官及免礼部试、免解三等旌擢是也。育材,以教士而言;论秀,以取士而言。马贵与曰:"三舍升补之法,盖王安石设之,欲以引用其党耳。"愚按,此条虽统三学而言,而其实专论太学所以教士之道也。盖武学、律学特太学之分流,而非其本源之所在也,故独略焉。朱子曰:"乡举里选之法固善,今不能行,只就科举法中与之区处,使士子各通《五经》大义。凡《易》、《诗》、《书》为一科,而子年、午年试之;《周礼》、《仪礼》及二《戴记》为一科,而卯年试之;《春秋》及三传为一科,而酉年试之。义各二道。诸经皆兼《大学》、《论语》、《中庸》、《孟子》义一道,使写出注疏与诸家之说,而断以己意。论则分诸子为四科,而分年以附焉。诸史则《左传》、《国语》、《史记》、《两汉》为一科,《三国》、《晋书》、《南北史》为一科,新旧《唐书》、《五代史》为一科,《通鉴》

为一科。时务则律历、地理为一科,通礼、新仪为一科,以次分年,如经子之法。策各二道。"章枫山曰:"宋教士之法虽不及于古,然如学校之外又有书院之设,无利禄之诱。凡有志者,听其就学,有田以供给之,延名儒为山长以教之。诸老先生有不愿仕而反乐为开讲者,故往往作养得好人材出,后世之所不能及也。"

贝原笃信曰:宋三舍生徒初入外舍,月一私试,岁一公试,补内舍生。间岁又一试,补上舍生。

[6] 叶解:朝廷之法直达于下,中间更不任人,故长吏拘于法而不得自任,在下者反得执法,以取必于上。后世不治,皆此之由,非独庠序而已。

张解:解额太多,轻薄日长,非良法也。今欲酌量于解额五百人中,止留一百馀人在国学,其馀四百人则分在各州郡解额窄少处安置之,自然士人得就近肄业,各安乡里,得遂其父母兄弟之心,并消其奔趋营为、流浪轻浮之志,风俗亦当渐渐淳厚矣。又曰"三舍生升补之法,皆按其词章之文,责其行事之迹,以为去取",此乃有司任役之事,非庠序之中养育人材、抡选俊秀之道也。旧制:三舍诸生以不犯罚条者,为有行之士;考试列于高等者,为才艺之士。徒按其所作之文,而不考其品行之实;徒责其行事之迹,而不察其诚实之心。平日所以预教之者,既非养育人才之道;临时所以取用之者,又非抡选俊秀之法。则安所得良士而升之乎? 至于朝廷之取士也,授以一定之法,自上达之于下,有必然之规,无随宜之制。官长守其所授之法而遵行之,曾不得主张其间,以有所为。是以事局既成于下而有定例,则多寡高下,下之人得以必然之法胁制其上,虽乏贤能,亦不免徒取充选。此后世之政所以不治也。

茅注:长,张丈反,下同。按《文集》,论旧制考察之弊,"诸斋所取,学官就其中而论之,不得有易也;学官所考,长贰就其中而论之,不得有易也。易之则案文责迹,入于罪矣"。所谓"事成于下,而下得以制其上"也。愚谓,今世取士之制正是如此。朱子曰:"古人立法只是大纲,下之人得自为。后世法皆详密,下之人只是守法。法之所在,上之人亦进退下之人不得。"

[7] 叶解:或者谓任人,则人不能保其皆善;任法,则法犹可守也。殊不知法待人而后行。苟不得人,则虽有密法而无益于成才;苟得其人,则无待于密法,而法之密反害其成才之道。故不若略文法而专责任也。

张解:或有辨者曰,解额不必一定,取士难执成法是固然矣,然如此必为之官长佐贰者本是贤明之司,而得其人方能尽教育之道,得取士之公,可谓善矣,倘或非其人,反不若有定例成法,使防御闲卫之术详明周密,为可循途守辙而不至于坏也。殊不知凡事无治法而有治人,先王制法原待人而行,正为有人而制法,未闻立一不待得人之法,使人依法而无弊也。苟长贰既非其人,不知所以教育之道为问,徒守空虚之具文,详审之法制,果遂足以成就人才乎?吾有以知其不能矣。

李解:又贡举议略曰:"古者,学校选举之法,始于乡党而达于国都,教之以德行道艺,而兴其贤者能者。是以士有定志而无外慕,夙夜孜孜,惟惧德业之不修,不忧爵禄之不至。今之为法不然,虽有乡举而其取人之额不均,又设太学利诱之一途,监试漕试附试诈冒之捷径,以启其奔竞流浪之意。其所以教者,既不本于德行之实,而所谓艺者,又皆无用之空言,至于甚弊,则其所谓空言者,又皆怪妄无稽,而适足以败坏学者之心志。是以人才日衰,风俗日薄,朝廷州县每有一事之可疑,则公卿大夫官人差吏愕眙相顾而不知所出,是亦可疑其为谁之得失矣!盖尝思之,必欲乘时改制,以渐复先王之旧,而善今日之俗,则必如明道先生熙宁之议,然后可以大正其本,而尽格其末流之弊。如曰未暇则莫若且均诸州之解额,以定其志;立德行之科,以厚其本。罢去诗赋,而分诸经子史时务之年,以齐其业。又使治经者必守家法,命题者必依章句,答义者必通贯经文,条举众说而断以己意。学校则遴选实有道德之人,使专教导以来实学之士,裁减解额,舍选缪滥之恩,以塞利诱之途。至于制科、词赋、武举之属,亦皆究其利病而颇更其制,则士有定志而无奔竞之风,有实行而无空言之弊,有实学而无不可用之材矣。"

茅注:按《文集》,程子欲朝廷专任长贰,长贰自委属官以达于下。取舍在长贰,则上下之体顺,而各得致其功。朝议必有以专任长贰为不可者,以为不知任法犹可互相检制,故程子特为破其论如此。……项平甫曰:"宋初科场条制虽密,然犹有度外之事。如张咏当为举首,而以逊其乡人,则犹有朋友之义也。宋祁当为第一,而令与兄则犹有兄弟之恩也。延入客次,先通所为文,则犹有礼意也。李畋、张及二人并解,则犹未立额也。至如孙复、苏洵之用,犹出于常法之外,而雷简夫、姚嗣宗之官,或由于特达之授,然则其意固亦知徒文之不足以尽士也。"

[集评]

或问:后世人材不振,士风不变,在于科举之法。然使用明道宾兴之论、伊川看详之制,则今之在学校者皆由科举而出,则亦岂能遽变而至道哉?朱子曰:明道所言,始终本末,次第著明。伊川立法,以为之兆耳。然欲变今而从古,亦不过从此规模以渐为之具。其初不能不费力矫揉,久之成熟,

则自然不变矣。(《李解》)

朱子曰：先王之学，以明人伦为本，是以当是之时，百姓亲睦，风俗淳厚，而圣贤出焉。后世学校虽存，而不复此意，所以教之者，不过趋时干禄之技，而其所以劝勉程督之者，又适所以作其躁竞无耻之心。虽有良材美质，可与入于圣贤之域者，亦往往反为俗学颓风驱诱破坏，而不得有所成就。尚何能望其能致化民成俗之效，如先王之时哉？先生君子盖有忧之，故程夫子兄弟皆尝建言，欲以渐变流俗之缪，而复于先王之意。顾皆屈于俗儒之陋说，而不得有所施行矣。后之君子有能深考其说而申明之，其亦庶几矣乎！(《江注》)

又曰：今日学制，近出崇、观，专以月书季考为升黜，使学者屑屑然计较得失于毫厘间。而近世之俗，又专务以文字新奇相高，不复根据经之本义。以故学者益骛于华靡，无复探索根源、砥励名检之志。大抵所以破坏其心术者，不一而足。盖先王所以明伦善俗、成就人材之意，扫地尽矣。惟元祐间，伊川程夫子在朝，与修学制，独有意乎深革其弊，而当时咸谓其迂阔无所施行。今其书具在，意者后之君子必有能举而行之。(同上)

顾亭林曰：唐宋取士，虽程其一日之文，亦参之以平生之行，而乡评士论一皆达于朝廷。如唐贞元中陆贽知贡举，访士之有材行者于翰林学士梁肃，肃推荐二十馀人，尽知名士。温庭筠颇有才名，以士行尘杂，致累年不第。宋陈彭年举进士，轻俊喜谤主司，宋白知贡举，恶其为人，黜落之，彭年憾焉。后居近侍，为贡举条制，多所关防，盖为白设也。自此专务关防，所取者只较一日之艺，不复选择文行。甚者至露顶跣足，以赴科场，甚非求贤之意。范仲淹、苏颂之议，并欲罢弥封、誊录之法，使有司先考其素行，以渐复两汉选举之旧。夫以彭年一人之私，而遵之为数百年之成法，无怪乎繁文日密而人材实衰也！(《茅注》)

张习孔曰：此宋世之制，然会其大意，亦可裨于今。

张绍价曰：治道之本，君心而外，莫如学校。明道《学校劄子》，从本原上改革，体用兼备，作养人材之道，莫善于此。伊川《学制》，从末流上补救，故发此以为之兆耳。故朱子谓必如明道之议，乃可以大正其本，而尽革其弊。惜当时不听其言，而后世亦无能行之者耳。明清以来，专以科举取士，所业者不越乎制艺诗赋，而不知正学为何事，及其极弊，人材消乏，迂疏谬妄，不足以济时应变。乃扫除而更张之，废科举而兴学堂，期化无用为有用，此亦穷则必变之势，无足怪也。惜其所以为教，不本之孝弟忠信，而汲汲以开民智为先务，轻德育而重智育体育。平等自由，流血革命之说，浸灌学人胸臆,长其嚣陵悖逆之习,斫其良知良能之天。于是学校之设,不足以成就人材,而适以败坏人材。无礼无学,贼民斯兴,举世化为禽兽魑魅,而神州陆沈之祸,虽有智者,无以善其后矣。

6.《明道先生行状》云:[一]先生为泽州晋城令,[二]民以事至邑者,必告之以孝悌[三]忠信,入所以事父兄,出所以事长上。[1]度乡村远近,为伍保,使之力役相助,患难相恤,而奸伪无所容。[2]凡孤茕残废者,责之亲戚乡党,使无失所。行旅出于其塗者,疾病皆有所养。[3]诸乡皆有校,暇时亲至,召父老与之语;儿童所读书,亲为正句读;教者不善,则为易置;择子弟之秀者,聚而教之。乡民为社会,为立科条,旌别善恶,使有劝有耻。[4]

[集校]

[一]《张解》本无"先生"二字。《河南程氏文集》卷十一《明道先生行状》,无"《明道先生行状》云"句。

[二]"民"上,《明道先生行状》有"泽人淳厚,尤服先生教命"句。

[三]"悌",《张解》本、《李解》本、《叶解》四库抄本、《茅注》本作"弟"。

[集注]

[1]叶解:教民孝悌,为政先务。

张解:盖孝弟者,人伦之大,忠信者,立心之本。人人知所以事其父兄,出知所以事其长上,则本行既敦,风俗从此日厚矣。

茅注:泽州,宋属河东道,今隶山西布政司。晋城,县名,今废。

[2]叶解:五家为伍,五伍为保。伍谓相参比也,保谓相保任也。

张解:此防奸诈之法也。量度乡村道里之远近,设为伍保之法。五家为伍,五伍为保。参伍而保守之,使之遇力役之时则交相为助,遭患难之事则交相忧恤。如是则群情既亲,友爱孚洽,虽有奸邪诈伪之人,亦无所容于其间矣。

李解:难,去声。

茅注:度,音铎。奸,古颜反,亦作"奸",近本作"奸",非。"奸"与"干"通用。《周礼·大司徒》:"令五家为比,使之相保。五比为闾,使之相受。四闾为族,使之相葬。五族为党,使之相救。五党为州,使之相赒。五州为乡,使之相宾。"又《族师》:"五家为比,十家为联。五人为伍,十人为联。四闾为族,八闾为联。使之相保相受。"《士师》亦"合州、党、族、闾、比之联,与其人民之什伍,使之相安相受"。李景斋曰:"古者联比其民,而欢洽其心,使之有相保相受之法。而一有为不善者,则众庶之所共弃,而其身不得以自容,斯民安得而不移于善哉?"朱子曰:"既行伍保,便须教习武事。然司马温公尝行之,后来所教之人,更不理会农务,只管在家作闹,要酒物吃,其害不浅。古人兵出于农,却先教以孝弟忠信,而后驱之以此,所以无后来之害。"马贵与曰:"秦人所行什伍之法,与成周一也。然周之法则欲其出入相友,守望相助,疾病相扶持,是教其相率而为仁厚辑睦之君子。秦之时一人有奸,邻里告之;一人犯罪,邻里坐之,是教其相率而为暴戾刻核之小人。盖同一法也,而仁暴异矣。"

[3]叶解:孤茕而无依,残废而不全,羁旅而疾病者,皆穷民无告,使之各得所养。

张解:此体天地之仁,以补生成之憾,而济遭遇之穷者也。凡邑中有孤独而困瘁,与夫残疾而废弃者,彼既无所依倚,不能经营,责其亲戚乡党之人,时常䦷䘏,使无失所。或有行旅出于其途者,不幸疾病,则随其所在之人皆当照管调理,而使之各得所养。

李解:养,去声。

茅注:孤茕,谓孤寡茕独。残废,谓疲癃残疾。行旅惟疾病最苦,故抽出言之。今国家设立孤老养济院,使孤茕残疾者不至失所,意诚善也。然有司视为具文,不加检察,往往为浮浪游手之徒所据。甚有作奸犯律,无所不为,而孤茕残废者反不得少沾其惠。此则良有司之责也。

[4]叶解:观此,则养民善俗、平易忠厚之政可知矣。

张解:此又其教民之事也。诸乡村皆立学校,每闲暇时,先生亲至其中,召乡间父老与之语,以示优渥。儿童所读之书,则亲为之较正其句读,使不至差讹。其教儿童之师,或有不善,则为之更易而置其善者。选择乡中子弟之秀者,聚于学校而教之。乡间之民,岁时使为社会,又为立社会之科等条目,以旌别其孰为善、孰为恶。善者则旌而褒之,使有所劝而乐于为善;恶者则别而戒之,使有所耻而不敢为恶。皆先生化民成俗之善政也。

李解:"亲为"、"则为"、"为立"之"为","句读"之"读",易,并去声。乡校所以养蒙也,社会所以诫众也。其平易恳恻如此,真可谓民之父母矣。

茅注:"句读"之"读",大透反。马融《笛赋》作"句投",注:止也,与"逗"同。……校,即今义学也。亲至,谓先生亲至学也。句读,凡经书语绝处,谓之句;语未绝而点分之以便诵咏,谓之读。句点于字之旁,读则点于字之中。

[集评]

管赞程曰：自"伊川先生上疏"至此为一章，言养君德为出治之原，然后可言学制，以推教养于天下。

张绍价曰：此述明道为令，教民养民之政，以为守令之法。后世牧民之官，能留心狱讼，听断平允，已称循吏。求如程子之至诚恳恻，教养兼施者鲜矣。信乎学道则爱人，一命之士，苟存心于爱物，于人必有所济，而纯儒之设施，固迥异乎俗吏之为也。价按：以上三节为一段，一正君德，一详学制，一为令教养之法，皆治道之要务也。

泽田希曰：此章所言教养之道，明且备矣。唯一邑之治，而可推之于邦国天下也。且其事为平易温厚，见有德者气象。读者宜潜玩焉。

7.《萃》："王假有庙。"[一]《传》曰：[二]群生至众也，而可一其归仰；人心莫知其乡也，而能致其诚敬；鬼神之不可度也，而能致其来格。天下萃合人心、总摄众志之道非一，其至大莫过于宗庙，故王者萃天下之道，至于有庙，则萃道之至也。[1]祭祀之报，本于人心，圣人制礼以成其德耳。故豺獭能祭，其性然也。[2]

[集校]

[一]"传"上，《张解》本、《叶解》四库抄本有"伊川易"三字。

[二]此条今见《周易程氏传》卷三《萃传》。此处"群"上的文字，或编者辑录。

[集注]

[1]叶解：假，至也。王者至于有庙，则萃道之盛也。盖群生向背不齐，惟于鬼神则归仰无二。人心出入无时，惟奉鬼神则诚敬自尽。言人心之涣散，每萃于祭享也。鬼神，视之而弗见，听之而弗闻，然齐明盛服以承祭祀，则洋洋如在，可致来格。言鬼神之游散，亦每萃于宗庙也。

张解：此释《萃卦·象辞》。萃道之大，莫如王者至于宗庙以承祖考之时。伊川《传》曰：宗庙之礼，所以聚一己之精神，而祭祀之礼达于天下，亦所以聚天下之精神也。天下群生至众，立宗庙使之一其归仰。凡人之心，出入莫知其定处，而能以祭祀之故，使之致其诚敬。鬼神之不可测度也，而尽其诚敬以致其如在，亦能使之来享而来格。盖天下萃合生人之心，总摄众人之志者，其道固非一端，而其至大者，莫过于宗庙祭祀之际。故王者萃聚天下之道至于庙中，以承祖考，其萃道可谓至极而无以复加者也。夫水本水源之思,人所同然,诚敬感通之理幽明无间,先王以此萃之,其盛为何如!

茅注:假,音格。度,待落反。"群生至众"二句,总天下人心之萃而言。"人心莫知"二句,就一人之心之萃而言。"鬼神不可度"二句,正以验其归仰之一、诚敬之致处。"萃合人心"句,承上"莫知其乡"二句而言也。"总摄众志"句,承上"群生至众"二句而言也。此节总极言有庙为萃道之至。

[2] 杨注:《易传》。

张解:盖祭祀之义,以云"报"也。此报本之意,实本于人心之不容自己。圣人制为礼文以达之,乃所以成人心之德而使之各遂其隐,非多为是礼以勉强人也。盖此祭报之情,非独人心,物亦有之。故豺有时而祭兽,獭有时而祭鱼。其所以能祭者,非有所使之,本性则然也。

李解:归仰,以助祭者言。诚敬,以主祭者言。《月令》"九月豺祭兽,正月獭祭鱼"。

茅注:此承上节而言,以见圣人制祭祀之礼,亦不过因人心之萃而为之制也。季秋豺祭兽,孟春獭祭鱼,见《礼记·月令》篇。魏蒋济云:"豺、獭,自祭其先也。"

贝原笃信曰:《本义》"假"字为至乎宗庙之中,与程《传》异。

[集评]

朱子曰:"王假有庙",是祖考精神聚于庙。又为人必能聚己之精神,然后可以呈于庙而承祖考。今人择日祀神,多取神在日,亦取聚意也。(《语类》卷七十二)

张习孔曰:万物并育于天地之间,其不能不相萃者,物理之自然也。至于致萃之理,与保萃之道,则存乎人。无以致之,涣而不属;无以保之,合而终携。故一卦详言萃聚之道,欲人之善其所萃也。首言"王假有庙",盖萃道之至大,莫先于此,假庙之义,与武周达孝而治国如示掌同。

张绍价曰:此言萃天下之道,在于宗庙祭祀也。群生品类不齐,而于鬼神则归仰无二。人心出入无时,而于鬼神则诚敬自尽。人人有一不可度者在其意中,洋洋如在,临上质旁,自惕然而不敢肆,故萃人心、摄众志之道,莫过于宗庙。祭祀报本,先王因人心之同然者,制为节文。成其德,顺其性,即所以一其心也。新学家掇拾西说,大倡无鬼之论,甚且以天为空气,不能操福善祸淫之权。夫人至于不畏天,不畏鬼神,则亦何事不可为?举世尽无忌惮之小人,泯泯棼棼,互相倾轧,互相吞噬,欲统而一之,萃而合之,难矣哉!

佐藤一斋曰:豺獭非有心于祭,然其如有祭者,出于其性。援此以证其理之为自然。

8.^[一]古者戍役,再期而还。今年春暮行,明年夏代者至,复留备秋,至过十一月而归。又明年中春^[二]遣次戍者。每秋与冬初两番戍者皆在疆圉,乃今之防秋也。^[1]

[集校]

　　[一]《张解》本有"伊川曰"三字。

　　[二]"仲春"下,《经说》有"至春暮"三字。(《茅注》)按,"中",《李解》本、《叶解》四库抄本、《茅注》本、《江注》本作"仲"。此条今见《河南程氏经说》卷三《诗解》,"春"下有"至春暮"三字。

[集注]

　　[1]杨注:《经说》。

　　叶解:论《采薇》遣戍役。北狄畏暑耐寒,又秋气折胶,则弓弩可用。故秋冬易为侵暴,每留戍以防之。

　　张解:此见古戍边之法之善也。古者戍边之卒徒,每阅再期而后还。再期,两周年也。如今年春暮三月中行,明年夏代者方至戍所,前之戍卒复留而未还,以备秋时之警,至过十一月而归还家,却是再期。又明年二月中春,即遣次番之戍者。如此周而复始,是每秋与冬二季,初两番戍卒皆在疆场之上。盖一番留以备秋,一番归而在道,正值冬月。如此更番戒备,乃与今之另设秋防者无异也。所以然者,秋风凛烈,弓弩可用,故北狄易侵,每留戍以防之,然后无患也。

　　李解:《采薇》诗言"昔我往矣,杨柳依依",正行时也。《出车》诗言"昔我往矣,黍稷方华",至戍时也。《采薇》诗言"今我来思,雨雪霏霏",毕戍时也。《出车》诗言"今我来思,雨雪载途",正归时也。故再期而还。

　　茅注:戍,音庶,从人荷戈以守,会意,与"戌"别。还,音旋。期,音基。……论《诗·采薇》篇,遣戍役。防秋,唐宋遣戍之名。顾亭林曰:"守边将士,每至秋月草枯,出塞纵火,谓之烧荒。"王瑛谓:"卤所恃者马,马所恃者草。近年烧荒,远者不过百里,近者五六十里,卤马来侵,半日可至。当救边将遇深秋,率兵约日同出数百里外,纵火焚烧,使卤马无水草可恃。如此则在我虽有一时之劳,而一冬坐卧可安矣。"徐珵亦请"每年尽救坐营将官巡边,分为三路:一出宣府抵赤城独石,一出大同抵万全,一出山海抵辽东。各出塞四五百里烧荒,哨瞭如得侦探详明,可相机备御"。此烧荒旧法,又守边者所不可不知者也。

[集评]

　　张习孔曰:戍不更番,苦无休息,非《采薇》、《杕杜》曲体人情之至意。

但古者师行有节制,故不为民厉,后世则不然。元世祖著令,蒙古军守江南者,更番还家。盖以江南殷庶,视为鱼肉,故使蒙古更番岁易,厌者方去而栖者复来,轮转络绎,以茧丝其民耳。在世祖以为不加饷,而蒙古兵皆富,计莫巧于是矣,而更不计本固邦宁之说也。呜呼!法一也,古人行之则善,后世行之则不善,有治人,无治法,岂不信哉?

9. [一]圣人无一事不顺天时,故至日闭关。[1] [二]

[集校]

[一]《张解》本有“伊川曰”三字。

[二]此条见《外书》陈氏本,《拾遗》列《遗书》,误。(《茅注》)按,《杨注》本、《叶解》本等云此条出自“《遗书》”,误。此条今见《河南程氏外书》卷三《陈氏本拾遗》。

[集注]

[1]杨注:《遗书》,下同。

叶解:《复卦·象传》,说见第四卷。(按,《叶解》云“彖传”,或误,今见《复卦·象》:“先王以至日闭关。”)

张解:此释《复卦·大象》之辞。至日者,冬至之日也。冬至一阳复生,其气甚微,未可以有为。先王于此日闭其关塞,安静以养之。盖圣人所为之事,无一端不顺承天之时令。故当此天心复见之候,必顺养无害,以为后来发达之基。此亦“后天奉天”之一节也。

李解:当静而静,乃天时之自然也。

茅注:“至日闭关”,《复·象传》文也,说见第四卷。

[集评]

张习孔曰:《礼记·月令》之所载,皆所以顺天时也。

张绍价曰:圣人自饮食起居,以至尝庆刑威,无一事不顺天时。《周礼·月令》所载皆是也。至日闭关,安静以养微阳,亦顺天时之一事也。

10. [一]韩信多多益办,只是分数明。[1]

[集校]

[一]《张解》本有“伊川曰”三字。此条今见《河南程氏遗书》卷七。

[集注]

[1]叶解:分者,管辖阶级之分。数者,行伍多寡之数。分数明,则上下相临,统纪不紊,所御者愈众,而所操者常寡。

张解：分数者，管辖之分与多寡之数也。用兵须有统纪，如汉韩信对高祖言"臣多多益善"者，彼只是有法度以经纪之，使其分数明白，各有条理而不紊耳。夫分数明则臂指之势相承，指挥之柄在我，人虽多而法则一，无呼应不灵之患，亦无纠察不及之虞。宁有纷纭蒙蔽、不适于用者乎？故多多可以自信也。

茅注：分，音问。"多多益办"，见《汉书·韩信传》，《史记》"办"作"善"。高祖问信能将兵几何，而信对之如此。……王伯厚曰："按《孙子》：'治众如治寡，分数是也。'杜牧注谓：'韩信多多益办。'"戚继光曰："分数者，治兵之纲也。"朱子曰："若李光弼旗麾至地，令诸军齐进，死生以之是也。《八阵图》，自古有之。《周官》所谓'如战之陈'，盖即此法。"杨龟山曰："韩信在楚汉之间，则为善矣，方之五霸，已自不及，以无节制故也。但信用兵能以术驱人，使自为战，当时亦无有以节制之兵当之者，故信数得以取胜也。"

江注：分数明者，管辖有法，区画分明，能以简驭烦也。

[集评]

人杰问：淮阴多多益办，程子谓"分数明"，如何？曰：此御众以寡之法。且如十万人分作十军，则每军有一万人，大将之所辖者，十将而已。一万又分为十军，一军分作十卒，则一将所管者，十卒而已。卒正自管二十五人，则所管者，三卒正耳。推而下之，两司马虽管二十五人，然所自将者五人，又管四伍长。伍长所管，四人而已。至于大将之权，专在旗鼓。大将把小旗，拨发官执大旗，三军视之以为进退。（《语类》卷一百三十六）

张习孔曰：韩信能办者，止在将兵耳。信以匹夫而为王者，爵位孰多于此，乃无令终，此多而不能办者。陈平曰："使吾宰天下，亦如此肉矣。"此则能推其所宰而大用之也，谓之"多多益办"可耳。惜信只能明将兵分数也。

11. 伊川先生曰：[一]管辖人亦须有法，徒严不济事。今帅千人，能使千人依时及节得饭喫[二]，只如此者，亦能有几人？[1]尝谓军中夜惊，亚夫坚卧不起。不起，善矣，然犹夜惊何也？亦是未尽善。[2]

[集校]

[一]《张解》本无"先生"二字。此条今见《河南程氏遗书》卷十《洛阳议论》，"管"上无"伊川先生曰"句，有"正叔言"三字。

[二]"喫",《张传》本作"吃"。

[集注]

　　[1]叶解：管辖,统军之官。法,谓区画分数之法。

　　张解：管辖者,管束而统辖之也。大凡统管军人,须有法度方善。若徒恃其禁令之严,总不济事。苟不论法,试问当今管兵者勿论其多,亦勿论他事,即以帅千人言之,又即于千人中以饮食言之,求其能依蚤晚之时,及迟速之节,千人一齐得饭喫,只能如此者,亦曾有几人？岂非以能用法者之不易得乎？

　　茅注：刘安成曰："管与錧、辖同,车毂端铁也。辖与鎋、牵同,车轴头铁也。皆机要所在,故以为喻。"朱子曰："有老将尝言：临阵只在番休递上,分一军为数替,将战,则食第一替人,既饱遣之入阵,便食第二替人。觉第一替人力将困,即调发第二替人往代,第三替人亦如之。只如此更番,则士常饱健,而不至于困乏。张柔直守南剑,战退范汝为,只用此法。"愚按,朱子之说于程子所谓"依时及节得饭吃"者,发明最为详尽。盖管辖人须有法,此其一端也。

　　[2]叶解：汉景帝时,七国反,遣周亚夫将兵击之。军中夜惊,扰至帐下,亚夫坚卧帐中不起,有顷遂定。

　　张解：伊川论之曰：军人夜惊,而亚夫镇静,坚卧不起,其所以处仓卒之变,固云善矣。然谁为主将犹使军中不肃而至于夜惊,何也？则是亦有疏漏处,而未尽善故也。然则住军之道,欲求尽善而不至于夜惊,必自有详明谨慎之法,而不徒恃有仓卒之操持矣。

　　李解：帅,色界反。几,上声。管辖,谓统众法,即分数也。驭众固当以严,然徒严而法不立,则令亦岂能行之哉？亚夫,姓周,封条侯。胡氏曰："兵以仁义为本,当先严纪律,设谋制胜在后。"又曰："兵虽主之以仁义,亦须法律谋议具全方可用。"

　　茅注：周亚夫,绛侯勃子也。详见《史记》及《汉书》。此引以明管辖人须有法之意。

[集评]

　　江永曰：举此一事以明管辖有法之难。

　　张绍价曰：军旅固以严为主,然管辖亦须有法,徒严不济事。岳忠武论用兵之法曰："仁信智勇严"。仁信勇尚已,智亦最要。智优于百人者,方能管辖百人;智优于千人者,方能管辖千人。智不足而徒以严相尚,适足以取怒士卒,激之溃已耳,事奚由济！

又曰：罗忠节论制敌之道，曰《大学》"知止"数语尽之，则定静二字，固行军之要旨也。亚夫坚卧不起，知其无事也。然主将能定静，善矣；而军士未能定静，故犹夜惊，亦未尽善也。

12. [一]管摄天下人心，收宗族，厚风俗，使人不忘本，须是明谱系，收世族，立宗子法。[1]（旧注：[二]一年有一年工夫。）[2]

[集校]

[一]《张解》本有"伊川曰"三字。此条今见《河南程氏遗书》卷六。

[二]"一年"上，叶本有"又曰"二字，无"本注"字。（《茅注》）注：原注（按，即《杨注》本"旧注"部分的文字）叶讹作大字。（《冯记》）"又曰一年"句，吕本作小注。（《异同考》）"一"上，一有"又曰"二字。（朝刊《近思录》）按，"旧注"，《叶解》元刻本及其四库抄本作"又曰"，此句皆作大字。"旧注"，《茅注》本作"本注"。"旧注"下的文字，《张传》本单列刻印，似别作一条，即"又曰：一年有一年工夫。"

[集注]

[1]叶解：谱，籍录也。系，联属也。明之者，辨著其宗派。古者诸侯之适子适孙，继世为君，其馀无（按，"无"当依《四库》抄本作"庶"）子不得祢其先君，因各自立为本派之始祖，其子孙百世皆宗之，所谓大宗也。族人虽五世外，皆为之齐衰三月。大宗之庶子又别为小宗，而小宗有四：其继高祖之适长子，则与三从兄弟为宗；继曾祖之适长子，则与（按，此处当依《四库》抄本增补"再从兄弟为宗；继祖之适长子，则与"十四字）同堂兄弟为宗；继祢之适长子，则与亲兄弟为宗。盖一身凡事四宗，与大宗为五宗也。

张解：谱者，氏族之册籍也。系者，宗派之联属也。宗子之法，有大有小。……言在上者欲统摄天下人心，收拾宗族亲爱之情，以厚风俗之化，使人不遗忘根本所由来，须是修明谱牒，以辨其支派之系属，收世代族氏之人，而立宗子之法。庶几人人知尊祖敬宗，各有所统，而情意不至于涣散已。

茅注：系，胡计反。《大传》曰："别子为祖，继别为宗，继祢者为小宗，有百世不迁之宗，有五世则迁之宗。"《丧服小记》无"百世不迁"句，馀同。邱氏曰："按大宗则一，宗其继别子者也。小宗凡四：有继祢之小宗，则同父兄弟宗之；有继祖之小宗，则同堂兄弟宗之；有继曾祖之小宗，则再从兄弟宗之；有继高祖之小宗，则三从兄弟宗之。至于四从，则亲属尽绝，所谓'五世则迁'者也。《大传》独云继祢者,初皆继祢为始,据初而言之也。然《礼》所谓别子法,为诸侯世子设也。今人家以始迁及初有封爵仕宦起家者为始祖,以准古之别子;又以其继世之长子,准古之继别者。世世相继,以为大宗,其馀以次第分为继高祖、继曾祖、继祖祢为小宗。此法既立,则人皆知尊祖敬宗,亲睦之风行,而淳古之风复矣。"李氏曰:"按《礼》,别子之适子,世世继别子为大宗。族人五世外者,皆为之齐衰三月。母妻亦然。故大宗有族食、族燕之礼,所以收族也。夫五服者,人道之大者也。然上尽于高祖,则远者忘之矣。旁尽于三从,则疏者忘之矣。故立大宗以承其祖,族人五世外皆合之,宗子之家,序以昭穆,则是始祖常祀,而同姓常亲也。"叶竹野曰:"古者天子有帝系,诸侯有世本,所以别亲疏而序昭穆也。《周礼》系世之奠,属之春官,一讽之瞽矇,一奠之小史。小史,掌诸礼者也,读礼而掌奠系世,则教以礼之序。瞽矇,掌诵诗者也,诵诗而掌世奠系,则教以乐之和。序故有别,而昭穆不能乱;和故有亲,而亲疏不相离,法甚善也。后世小史之职废,瞽矇之官缺,系世既不复明,则昭穆失其序,亲疏失其和,而本支之所从出者,已不可得而辨,虽有氏族志存焉,亦岂可得而据耶?"吕伯恭曰:"古者建国立宗,其事相须。春秋之末,晋执蛮子以畀楚,楚司马致邑立宗焉,以诱某遗民,而尽俘以归。当典型废坏垂尽之时,暂为诈诱之计,犹必立宗,前此可知。"陈及之曰:"先王缀民以族,所以一天下。后世徒蔽于其害,而莫见其利,遂使先王良法美意不可复用。如商之七族,实封康叔;怀姓九宗,实封唐叔。必曰世家大族有害于国,则岂成王不仁于二叔哉?是以强宗大族,礼义足以齐其家,好尚足以帅其俗,正有国者之所以为治也。不幸鲁之威、齐之田,并国逐君,遂以大家为不可容。汉高祖都关中,徙齐诸旧楚昭屈,武帝以六条诏察州,首以强宗为言。陵夷至于五胡乱华,元魏分析荫户,而先王以族得民之意,散而不可复收矣。"按,《张子语录》中亦有此条。

[2]杨注:伯喦据《丧服小记》曰"别子为祖",谓诸侯之庶子别为后世为始祖也。谓之别子者,公子不得祢先君。"继别为宗",谓别子之世长子,为其族人为宗,所谓百世不迁之宗。"继祢者为小宗",谓别子庶子之长,为其昆弟为宗也。谓之小宗者,以其将迁也。"有五世而迁之宗,其继高祖者",谓小宗也。小宗有四:或继高祖,或继曾祖,或继祖,或继祢,皆至五世则迁。"是故祖迁于上,宗易于下,尊祖故敬宗,敬宗所以尊祖祢也。"五世者,谓上从高祖下至玄孙之子。此玄孙之子则合迁徙,不得与族人为宗,故云"有五世则迁之宗"。"四世之时尚事高祖,至五世之时谓高祖之父不为加服,是祖迁于上。四世之时仍宗三从族人,至五世不复宗四从族人,各自

随近为宗,是宗易于下。"东坡曰:"秦汉以来,天下无世卿。大宗之法,不可以复立。而其可以收合天下之亲者,有小宗之法存而莫之行,此甚可惜也!今夫天下所以不重族者,有族而无宗也。有族而无宗,则族不合,族不可合,则虽欲亲之而无由也。族人而不相亲,则忘其祖矣。"今世之公卿大臣贤人君子之后,所以不能世其家如古之久且远者,其族散而忘其祖也。故莫若复小宗,使族人相率而尊其宗子。宗子死则为之加服,犯之则以其服坐。贫贱不敢轻,而富贵不敢加之。冠昏必告,丧必赴。此非有所难行。今夫良民之家,士大夫之族,亦未必无孝悌相亲之心,而族无宗子,莫为之纠,率其势不得相亲,是以世之人有亲未尽而不相往来,冠昏不相告,死不相赴,而无知之民遂至于父子异居,而兄弟相讼,然则王道何从而兴乎!

叶解:行之以渐,持之以久。

茅注:又恐学者猝欲行之,或情意不相浃洽,法度未及周详,不能行之久远而无弊,故复言此以足之。

郑晔曰:问:"明谱系,立宗子,当行之以渐否?"退溪曰:"此非独收谱系、立宗子一事,谓凡为天下国家之道当如此。如云期月三年五年七年之类。"

贝原笃信曰:《程子遗书》七上文之"本注"也,盖言治法有渐须尚积累。

[**集评**]

张习孔曰:宋世人心风俗厚于今日,故先生云然。推此言也,一月一日以至分阴,皆当有之。

江永曰:后世不行封建,则所谓"别子为祖,继别为宗"者,唯有官职荫袭者可行。若士庶之家,传世既久,恐有窒碍难行者矣。今世间有推大宗子主祭者,然无法以维之。其宗子或贫困绝嗣,或流寓四方,或身为败类,不足为族人宗,则难以持久。唯立祠堂、明谱系,使人知尊祖敬宗而收族,则宗法虽不行,庶乎犹有统纪,不至于涣散,而风俗可厚也。朱子尝言大宗立不得,亦当立小宗云。

13. [一]宗子法坏,则人不自知来处,以至流转四方,往往亲未绝,不相识。今且试以一二巨公之家行之,其术要得拘守得,须是且如唐时立庙院,仍不得分割了祖业,使一人主之。[1]

[**集校**]

[一] 伊川语。(《茅注》、《冯记》)按,《张解》本有"伊川曰"三字。此条今

见《河南程氏遗书》卷十五《入闽语录》。

[**集注**]

[1] 叶解：立庙院，则人知所自出而不散。不分祖业，则人重其宗而不迁。

张传：此事吾郡颇能行之，似较优于海内。

张解：宗子之法，所以使人知木本水源之思者也。此法既坏，则人心离散，不自知其宗派所由来之处，以至轻去其乡，流转四方而不恤。往往有亲爱之谊未绝，遂尔不相识若路人者，深可慨也！今欲使天下尽行其法，亦难卒行。且试以一二公卿士夫家行之，亦足以风示天下。但其术要得拘谨坚守得定方可，须是且如唐时故事，世族立宗庙院宇，以为栖神承祭之所。子孙仍不得分割祖宗所遗之业，于族中择一能干之人主管其事。夫有庙院，则人心有归属而不散；不分祖业，则众志知所保守而不迁。宗法之善，凡以此也。

茅注：院，斋院也。唐庙垣为东门、南门，斋院在东门外稍北。按新旧《唐书·礼乐志》："开元十二年著令，一品、二品四庙，三品三庙，四品、五品二庙，嫡士一庙，庶人祭于寝。及定礼，三品以上不须爵者亦四庙，有始封为五庙，四品、五品有兼爵亦三庙，六品以下至庶人祭于寝。天宝十载，京官正员四品清望，及四品、五品清官，听立庙，勿限兼爵。虽品及而建庙未逮，亦听寝祭。太宗时，王珪以独祭于寝，为法司所劾，命有司为之立庙以愧之。"可见唐时此制甚重。《通鉴》谓"三品以上立家庙"，则似三品以下不立庙者。盖唐之初制然也。宋虽议举庙制，不果行，惟文潞公请立家庙，未知其制。至和初，西镇长安访唐庙之存者，得杜岐公遗迹，止馀一堂四室及旁两翼。嘉祐元年，始仿而营之。司马温公为之记云"自首至不相识，见宗子法之不可不行"也。"今且试以一二巨公"以下，乃所以论行宗子法之道也。"唐时立庙院"以下，正所谓"其术要得拘守得须是"者也。朱子曰："按《唐会要》'礼官议户部尚书韦损四代祖所立私庙，子孙官卑，其祠久废，今损官三品，准令合立二庙'。又韩文公《李郱墓志》云'将复庙祀'。盖以郱之先世尝有王封，而后世官卑不得立庙故也。然唐制亦非古，而本朝立法尤疏略，惟苏魏公尝议立庙与袭爵之法相为表里，其说为善。惜乎，当时不施行也！"愚按，据《会要》所言，则三品止得立二庙，又子孙官卑不得立庙，然则四品、五品恐未必得立庙也，颇与《通鉴》"三品以上得立庙"之说相合，岂《唐书》所载庙制虽屡经更定，而未果行耶？

[集评]

朱子曰：宗子法，虽宗子庶子孙死，亦许其子孙别立庙。(《语类》卷九十)

吴草庐曰：古之大夫元士有家者，盖都邑有食采之田，以奉宗庙。子孙虽不世爵，而犹世禄，承家之宗子，世世守其宗庙，而支子不得与焉。宗子出在他国，而不复，然后命其兄弟或族人主之，此古者大夫士之家所以与国咸休者也。(《价解》)

张绍价曰：不分祖业亦难行。惟建立公产义田，使贤者主之，斯善矣。然亦不能无弊，总视其子孙贤否何如耳。范氏义田，代生贤哲，故守之历久不废。吾邑敦本堂孙氏，立宗法，以大宗子主祭，公产三十馀顷，所订宗约，极为妥善。后人不能承继先志，吞噬自肥，日事争夺，终岁狱讼不息，致使邑人士咸以立公产为戒，甚可惜也！

14. [一]凡人家法，须月为一会以合族。[二]古人有花树韦家宗会法，可取也。每有族人远来，亦一为之。吉凶嫁娶之类，更[三]须相与为礼，使骨肉之意常[四]相通。骨肉日疏者，只为不相见，情不相接尔。[1]

[集校]

[一]《张解》本有"伊川曰"三字。

[二]此条今见《河南程氏遗书》卷一《端伯传师说》，"须月为一会以合族"作"须令每有族人远来，则为一会以合族，虽无事，亦当每月一为之。"可见，朱、吕在辑录四子语录时也有将原句节略加工者。

[三]"更"，江误"或"。(《冯记》)王、吴本"更"作"或"，《遗书》阴本作"更"，洪本同，从之。(《王记》)按，《江注》本及其四库抄本作"或"。

[四]"常"，江误"尝"。(《冯记》)按，"常"，《江注》本及其四库抄本作"尝"。

[集注]

[1]张传：太平无象，此其象乎？廉吏不使民有意外之祸，乃可行。

张解：凡宗族之人须时常相见，则志意亲熟。故人家之法，每月须立为一会之规，此乃所以合族众使之敦睦也。古人中相传有"花树韦家"宗聚会之法甚善，可取而行之也。其法，每有族人自远方来者，亦为之合族人而一会，使之交相熟识。或有吉凶事及嫁娶之类，族人更须相与问遗为礼，使亲亲之情时常相贯通。盖从来骨肉之亲所以日渐疏薄者，只为久远不相见，遂至笃挚之情彼此不相接不再传,而与行道之人无异尔。

李解:"只为"之"为",去声。吉。

茅注:唐韦氏宗族最盛,尝会饮花树下。《困学纪闻》云:"宗会法今不传,岑参有《韦员外家花树歌》:'君家兄弟不可当,列卿太史尚书郎。朝回花底常会客,花扑玉缸春酒香。'韦员外,失其名。此诗见一门华鄂之盛。"愚按,吉凶嫁娶,相与为礼,所以补韦氏宗会法之所不及也。《周官·大宗伯》嘉礼"以饮食之礼,亲宗族兄弟"。《文王世子》曰:"族食世降一等。"注云:"亲者稠,疏者稀。"疏云:"如齐期,一年四会食;大功,一年三会食;小功,一年二会食;缌麻,一年一会食。"《大传》曰:"族食族燕,所以收族也。"沈诚庵曰:"无事月会,恐族大人众,不胜其繁,亦难为继。惟因吉凶嫁娶之类,相与为礼,最为合宜。其大者莫如祭祀而备言燕私,因以聚合族人。其次则年及耆艾,纠族称觞,至于岁时酬酢往来,亦可以笃恩义。如此而骨肉之情常相接,自不至于日疏也。"

李澥曰:此云"会",则恐不独客宗族之会也。

[集评]

潜室陈氏曰:宗法之立嫡长之尊,有君道焉。大宗所以统其宗族,凡合族中有大事,当禀大宗而后行。小宗所以统其兄弟,如同祢者有大事,则同祢之兄弟当禀继祢之小宗而后行。此古者宗族人情相亲,人伦不乱,岂非明嫡庶之分,有君臣之义,由大宗小宗之法而然与?(《李解》)

张绍价曰:月为一会以合族,此法甚善。若更为祠禁宗规,相与讲明而共守之,父诏其子,兄勉其弟,则贤者有所劝而为善,不肖者有所惩而不敢为恶。于睦族之中,更为保族之道,则大善矣。

泽田希曰:古人方春花之发,宗族相会,以为花下之饮,此谓花树法。

15. [一]冠昏丧祭,礼之大者,今人都不理会。豺獭皆知报本,今士大夫家多忽此,厚于奉养而薄于先祖,甚不可也。[1]某尝修六礼,[2]大略家必有庙,[3](旧注:庶人[二]立影堂。)庙必有主,[4](旧注:高祖以上即当祧也。主式见《文集》[三]。又云[四]:今人以影祭,或一髭发不相似,则所祭已是别人,大不便。)[5]月朔必荐新,[6](旧注:荐后方食。)时祭用仲月,[7](旧注:止于高祖。旁亲无后者,荐之别位。)冬至祭始祖,[8](旧注:冬至,阳之始也;始祖,厥初生民之祖也。无主,于庙中正位设一[五]位,合考妣享之。)立春祭祖先[六],[9](旧注:立春,生物之始也。先祖,始祖而下,高祖而上[七],非一人也。亦无主,设两位分享考妣。)季秋祭祢,[10](旧注:季秋,成物之时也。)[11]忌日迁主,祭于正寝。[12]凡事死之礼,当厚于奉生者。人家能存得此等事数件,虽幼者,可使渐知礼义。[13]

[集校]

[一]卷十八。伊川语。(《冯记》)按,"冠"上《张解》本有"伊川曰"。此条今见《河南程氏遗书》卷十八《刘元承手编》。

[二]"立"字上,《遗书》有"无庙可"三字。(《茅注》)

[三]注"主式"句朱子增入。(《冯记》)

[四]"又云"一条见《遗书》卷六,馀互见原文及原注。(《冯记》)

[五]"二"叶误"一"。(《冯记》)"冬至"句,注"一位",吕、江作"二",误。(《考异》)按,"一",吴邦模刻本、《江注》本及其四库抄本作"二"。但笔者发现《近思录》吴邦模刻本似乎是先刻"一",然后又刻一短横,而为"二"字。

[六]"祖先",《叶解》元刻本及其四库抄本、吴邦模刻本、《张解》本、《李解》本、《茅注》本、《江注》本及其四库抄本作"先祖"。

[七]"而"江改"以"。(《冯记》)按,"而",《江注》本及其四库抄本作"以"。

[集注]

[1]李解:冠、养,并去声。

茅注:首三句,总"冠婚丧祭"言之。"豺獭"以下,止就"祭"而言。

[2]茅注:按《王制》:"六礼:冠、婚、丧、祭、乡、相见。"今见《仪礼》者,士冠、士婚、士丧,大夫士少牢、特牲、馈食,乡饮酒、乡射、士相见。程子尝云:"礼之名数,陕西诸公删定,已送与吕与叔。与叔今死矣,不知其书安在?然所定只礼之名数,礼之文非亲作不可。"又自言"修六礼将就,后被召遂罢。更一二年可成"。然今惟婚礼见《文集》,祭礼略附一二,及此所言大略耳。馀皆无考。陈龙川曰:"陈君举尝言,薛季宣士隆曾从袁道洁游,道洁及事伊川,得伊洛礼书,不及授士隆而死,今不知其书在何许?"按此则程子所云"六礼已自成书",但散亡不可见耳。

[3]叶解:自"庶人"以下皆本注。

笔者按,本条凡"旧注"所属的文字,《茅注》抄本皆抄作大字,貌似《近思录》原文,接之为茅注双行小字注文。

《茅注》本大字:"大略家必有庙","本注:庶人立影堂。"

茅注:影,古通作"景"。刘氏瑾曰:"晋葛洪始加'彡'为'影'字。""家必有庙"以下,乃程子所修之礼也,但上言"修六礼",此则只就祭礼言之耳。《尔雅》:"室有东西厢,曰庙;无东西厢有室,曰寝。"郑氏《月令》注:"前曰庙,后曰寝。"孔《疏》:"庙是接神之处,寝是藏衣冠之处。"朱子曰:"按《书·顾命》疏:'寝有东夹西夹。'《士丧礼》:'死于適寝,主人降袭经于序东。'注:'序东,东夹前。'则正寝亦有夹与厢矣。然则《尔雅·释宫》所谓'无东西厢'者,或专指庙之寝而言也。"《外书》云:"庙非祭则严肩之,童子奴妾皆不可使亵而近。"朱子曰:"古命士得立家庙,其制内立寝庙,中立正庙,外立门,四面墙围之。非命士,止祭于堂上。"又曰:"古者一世自为一庙,有门有堂有寝,凡屋三重,而墙四周焉。自后汉以来,乃为同堂异室之制,一世一室,而以西为上。如《韩文中家庙碑》有'祭初室'、'祭东室'语。今国家亦只用此制,故士大夫家亦无一世一庙之法,而一世一室之制亦不能备。故温公诸家祭礼,皆用以右为尊之说。"又曰:"兄弟异居,庙却不异,只合兄祭而弟与执事,或以物助之为宜。前辈有相去远者,则兄家设主,弟不立主,只于祭时旋设位,以纸旁标记逐位,祭毕焚之,似亦得礼之变。"又曰:"庙中自高祖以下,每世为一室,而考妣各主同匣。两娶三娶者,伊川谓庙中只当以元妃配,而继室者祭之他所,恐于人情不安。唐人自有此议,云当并配,其说见于《会要》可考也。出妻入庙,决然不可。为子孙者,只合岁时在其家之庙祭之,若相去远,则岁时望拜可也。族祖及诸旁亲,皆不当祭。有不可忘者,亦仿此例足矣。"愚按,程子谓白屋之家只用牌子,不可用主。然则既有牌子,则似无所事影堂矣,况程子固有影祭不便之说耶?故《朱子家礼》改曰"祠堂"。朱子曰:"古礼庙无二主,盖以为祖考精神既散,欲其萃聚于此,故不可以二。今有祠版,又有影,是二主矣。"又曰:"尝欲立一家庙,小五架屋,以后架作一长龛,堂以板隔,截作四龛,堂堂置牌位,堂外用帘。小祭祀时,亦可只就其处;大祭祀则请出,或堂或厅上皆可。"

江注:朱子曰:"古者命士得立家庙,伊川谓无贵贱,皆祭自高祖而下,但祭有丰杀、疏杀不同耳。""祭祖自高祖而下,当如伊川所论。温公祭自曾祖而下,伊川以高祖而服所当祭。今见于《遗书》者甚详。此古礼所无,创自伊川,所以使人尽孝敬追远之义。""伊川祭自高祖,始疑其过。要之既无庙,又于礼煞缺,祭四代亦无害。古之所谓庙者,其体面甚大,皆有门堂寝室,非如今人但以室为之。"

[4] 张解:伊川言冠、昏、丧、祭四者,乃礼之大关系者。今人都不料理体会,使其名义各有所当。夫豺獭皆知祭以报其本,今士大夫号称礼义之家,偏多忽略,丰于奉养其身,而薄于享其先世之祖宗,忘背根本,莫此为甚,

大不可也。故尝修六礼之书,其制则凡人家必立庙,以为奉先之所;庙必有主,以为栖神之位。而祭礼可自此行矣。

《茅注》本大字:"庙必有主","本注:高祖以上即当祧也。既祧主埋于所葬处。主式见《文集》。"

茅注:按《文集》:"作主用栗,取法于时月日辰。跌方四寸,象岁之四时;高尺有二寸,象十二月;身博三十分,象月之日。身、跌皆厚一寸二分,象日之辰。剡上五分为圆首,寸之下勒前为额而判之,三分之一居前连额,三分之二居后陷中,长六寸、广一寸、深四分,以书爵姓名行。合之植于跌,窍其旁以通中,圆径四分,居三寸六分之下,下距跌面七寸二分。粉涂其前,以书属称,旁题主祀之名,加赠易世则笔涤而更之,外改中不改。"又《外书》云:"每祭讫,则藏主于北壁夹室。"又潘氏谓:"周尺当今省尺七寸五分弱,而程子《文集》与温公《书仪》都误注为五寸五分弱,故用其制者多失其真。"然按今程《集》及《书仪》具在,并无五寸五分之说,不知潘说何所自来也。王氏曰:"主式古无传,只安昌公苟氏始有祠版,而温公因之。然字已舛讹,分寸不中度,难以遽从。程子创为式,极精。"朱子又云:"若亡者官号字多,则不必拘六寸之制。"温公《仪》"韬以囊,考紫妣绯"者,亦是以意裁之。所谓府君夫人者,自汉以来为尊神之通称,朱子说汉时牌已如此云。高氏曰:"观木主之制,旁题主祀之名,而知宗子之法不可废也。宗子承家主祭,有君之道,诸子不得而抗焉。故礼,支子不祭,祭必告于宗子。宗子为士,庶子为大夫,则以上牲祭于宗子之家。其祝词曰:'孝子某为介子某荐其常事。'若宗子居于他国,庶子无庙,则望墓为坛以祭。其祝词曰:'孝子某使介子某执其常事。'若宗子死,则称名不称孝。盖古人重宗如此。"问:"程子主式,士庶家可用否?"朱子曰:"他云已是杀诸侯之制,士庶家用牌子。"曰:"牌子式当如何?"曰:"温公用大板子,今但依程氏古式,而不判前后,不为陷中,及两窍不为栖,以从降杀之义可也。"问:"夫在,妻之神主宜书何人奉祀?"曰:"旁注施于所尊,以下则不必书也。"愚按,许氏《五经异义》谓公羊说:"卿大夫非有土之君,不得祫享昭穆,故无主,大夫束帛依神,士结茅为丛。"而郑氏亦谓:"大夫士不禘祫无主,以币帛袝于是。"崔灵恩、孔颖达、贾公彦并从之。然按今《公羊》无"卿大夫无主"之语。徐邈以谓《左传》"孔悝使贰车反祏于西圃",祏,藏主石函。《公羊》"大夫闻君之丧,摄主而往",言敛摄神主而已,不暇待祭也。皆明系大夫有主之文。礼言"重主道也,埋重则立主",经传未见大夫士无主之义,其言至为明晓。郑氏释孔悝反祏,以谓悝得有主者,或时君赐之,使得祀其所出之君。《正义》驳之,以谓孔悝,姑姓,春秋时国惟南燕姞姓,孔氏仕卫已历多世,不知本出何国,安得有所出君之主? 盖当时僭为之主耳。郑、孔既为大夫士无主之说,遇此等难通处,自不得不如此强解,无怪也。何氏释摄主,以为使兄弟或宗人摄行主祭之事。愚谓,如何说须于"主"下增一"祭"字乃可通,不知徐说直截了当也。又按《坊记》言"祭祀有尸,宗庙有主,示民有事也"。可见有祭祀则必有尸,有宗庙则必有主,其不得独遗大夫士明矣。伊川亦谓大夫士有重,应当有主,盖大夫以下不言尺寸,虽有主无以知其形制,故伊川杀诸侯之制而为之。又太中公封永年县开国伯,伊川印铭所谓乔伯始封于程,今复爵为伯,故可少杀诸侯之制为之,而士庶人有所不得用也。但按许慎《五经异义》云:"天子长尺二寸,诸侯长一尺,状正方,穿中央,达四方。"何休、范宁、徐邈并同。惟麋信引卫次仲云:右主八寸,左主七寸,广厚三寸。祭讫则纳于西壁,陷中去地一尺六寸。右主谓母,左主谓父,与何、范异。如程子主式,未有以见其为杀诸侯之制耳。又按,古者主有三:始死作重,以木为之,虽非主而神之所依,有主之道;既虞,乃埋重立主,以桑为之,置之于寝,随昭穆从祖祔食,祔毕更还于寝;至小祥作栗主入庙,乃埋杀主于庙左埋重处。今按《朱子家礼》分注,无栗,只用木之坚者亦可。大宗之家始祖亲尽,则迁其主于墓所不埋。其第二世以下祖亲尽,及小宗之家高祖亲尽,请出就伯叔亲未尽者祭之。亲皆已尽,然后迁其主,埋于所葬处。孔颖达曰:"每庙木主皆以石函盛之,所谓祏也。当祭则出之,事毕则纳于函,藏于庙北壁之内,所以辟火灾也。"朱子曰:"祔与迁,自是两事。祔者,奉新死之主以祭于其所当入之祖庙,而并祭其祖。若告其祖以将迁于他庙或夹室,而告新死者以将迁于此庙也。既告已,则复新死者之主于寝,而祖亦未迁。比练乃迁其祖入他庙或夹室,而迁新死者之主于其庙也。今既无古人昭穆庙制,只共一堂排列,以西为上,则将来祧其高祖,只趲得一位,新死者当移在祢处,如此则只当祔祢。今祔于祖,全无义理,但古人本是祔祖,若卒改之,后世或有重立庙制,则又须改也。"又曰:"《檀弓》篇云:'殷既练而祔,周卒哭而祔。'孔子善殷,但今丧礼皆周礼也。葬而虞,虞而卒哭,卒哭而祔,是一项事首尾相贯。若改从殷练而后祔,则周人之虞亦不可行。欲求殷礼而证之,又不可得。是以虽有孔子之言,而未敢从也。"杨氏曰:"《家礼》:'祔与迁皆大祥一时事,前期一日,以酒果告讫,改题递迁而西,虚东一龛以俟新主。厥明,大祥祭毕,奉神主入于祠堂。'"又按,朱子与学者书,则祔与迁是两项事。既祥而彻几筵,其主且当祔于祖父之庙,俟三年丧毕,祫祭而后迁。盖世次递迁,昭穆继序,其事至重,岂可无祭告礼! 但以酒果告,遂行递迁乎? 在《礼》,"丧三年不祭",故横渠说三年丧毕,祫祭于太庙,因其祭毕还主之时,递迁神主,用意婉转,此为得礼,而朱子从之也。又曰:"父在袝妣,则父为主,乃是夫袝妻于祖妣。三年丧毕未迁,尚袝于祖妣。待父他日三年丧毕,递迁祖考妣,始考妣同迁也。"高氏曰:"若袝妣,则设祖妣及妣之位,更不设祖考位。若考妣同袝,则并设祖考及祖妣之位,又袝后主,仍还寝,与迁不同。程子乃谓丧须三年而袝,若卒哭而袝,则《礼》卒哭,犹存朝夕哭,无主在寝,哭于何处?似误以袝为迁也。"问:"祧礼。"朱子曰:"天子、诸侯有太庙夹室,则祧主藏于其中。今士人家无此祧主,无可置处。《礼》注说藏于两阶,盖古者阶间人迹不到,取其洁耳。今则混杂,亦难埋于此,看来只得埋于墓所。"

江注:朱子曰:"伊川制士庶不用主,只用牌子。看来牌子当如主制,只不消做二片相合,及窍其旁以通中。"问:"士庶家亦可用主否?"曰:"用亦不妨,且如今人未仕,只用牌子,到任后不中换了。若是士人,只用主,亦无大利害。"问:"祧主当如何?"曰:"当埋之于墓。"

[5]《茅注》本大字:"又云:今人以影祭,或一髭发不相似,则所祭已是别人,大不便。"

茅注:髭,音咨;髭,《说文》:"口上须也。"按,程子云:"庶母亦当为主,但不可入庙,子当祀于私室,主之制度则一。"

[6]张解:月朔,每月之朔也。子孙之于祖宗,月必勿敢忘焉,因思每月各有物之新出者,供而荐之,而未荐则为子孙者不敢先食,所以示尊敬也。

《茅注》本大字:"月朔必荐新","本注:荐后方食。"

茅注:新,如五谷果食之类。又按,《外书》:"每月告朔茶酒。"《朱子语类》:"朔旦用酒果,望旦用茶。"……《礼·少仪》云:"未尝不食新"。按,陈、郑诸家注,皆以尝为荐新物于寝庙。愚按,训尝为荐新无据,当主秋祭之说为得。新,谓菽黍之类。盖古人于四时之祭,必荐其时食,未尝祭菽黍。虽已熟而未荐,故不敢先食,四时皆然。独言尝者,以万物成于秋故也,与此所云"荐新"之"新"不同。盖此统四时而言,彼则但就尝而言也。观《月令》尝麦、尝黍、尝新、尝麻、尝稻,皆言先荐寝庙,可见尝与荐自是两事,而不得即以尝为荐明矣。

[7]张解:时祭者,四时之祭也。天道三月而一变,时既易而念其祖,亦人情也。故四时必祭,而祭必用仲月者,盖以其时之中也。

《茅注》本大字:"时祭用仲月","本注:止于高祖。旁亲无后者,祭之别位。"

茅注:按"旁亲无后者",《遗书》本注云:"为叔伯父之后也,如殇亦各祭。"《遗书》又云："八岁为下殇,十四岁为中殇,十九岁为上殇,七岁以下为无服之殇,无服之殇不祭。下殇之祭终父母之身,中殇之祭终兄弟之身,上殇之祭终兄弟之子之身。成人而无后者,其祭终兄弟之孙之身。凡此皆以义起也。"时祭,谓四时之正祭也。每祭时,一主设一椅,主置椅上。其无后祔食者,则以纸标记为位置椅上,祭毕焚之。程子于下文"先祖之祭分享考妣"云"舅妇不同享",而此不言者,盖彼合祭一堂,此则各祀于其室故也。但今有祠堂者少,就有亦窄狭,不能一世一室,则当如朱子所云作一长匮以板隔截之法,每祭时请主出供堂上,一世一几,使考妣同享,以右为尊,略仿古各祭于其庙之意。至于其分可行祫祭者,则于冬祭一行之,而用程子分享考妣之法,皆祭自高祖以下,其已祧毁者自不得祭也。今人家并远祖及旁支无后者,皆合食一几,男妇杂沓,大为不便。且此似古之大祫,非士庶家所可用也。愚按,《仪礼》,少牢大夫礼于今月下旬筮来月上旬,特牲士礼即于旬初筮旬内之日。盖大夫以上尊时至,惟有丧故不祭,自馀吉事皆不废祭。若有公事及病,使人摄。士贱职亵,时至,事暇可以祭则筮其日,若祭时至有事不得暇,则不可以私废公故也。又按,《祭法》"適士二庙,官师一庙"。官师谓中下之士,一庙者祖祢共庙,亦先祭祖,后祭祢。又祭无问庙数多寡,皆同日而祭毕。故《仪礼》特牲少牢惟筮一日,明不别日祭也。又少牢"日用丁巳"。案《曲礼》内事以柔日,凡乙辛之类皆是,而必用丁巳者,郑氏云"取其令名,自丁宁,自变改,皆为敬谨之义"故也。又经云"来日丁亥,荐岁事"者。贾《疏》:"阴阳式法,亥为天仓,祭祀所以求福宜稼于田,故先取亥。"上旬无丁巳与亥,乃用馀阴辰也。《曲礼》"吉事先近日",故惟用上旬。上旬不吉,则至上旬又筮;中旬不吉,则至中旬又筮;下旬不吉,则止不祭。士则于上旬之初,得暇则筮日而祭,不得暇则不筮也。中旬、下旬皆然。下旬不吉,则亦止不祭。以卜筮不过三,而祭祀当以孟月,不容入他月故也。今按《朱子家礼》分注:"孟春下旬之首,择仲月三旬各一日,或丁或亥,先卜上旬之日,不吉则中旬,又不吉则不复卜,而直用下旬之日。后放此。"司马温公曰:"如不暇卜日,止依孟诜《家祭仪》,用二至二分亦可。"又曰:"按《王制》:'士有田则祭,无田则荐。'注:'祭以首时,荐以仲月。'但今国家时祭用孟月,私家不敢用,故用仲月。"朱子曰:"今之俗节,古所无有,故古人虽不祭,而情亦自安。今人既以此为重,至是日必具肴羞相宴乐。而其节物亦各有宜,故世俗之情,于是日不能不思其祖考,而复以其物享之。虽非礼之正,然亦人情之不能已者。但不当专用此,而废四时之正礼耳。"又曰:"韩魏公家处得最好,谓之节祠,杀于正祭。如欲不行,须自己亦不饮酒始得。"问:"或是先世忌日,则如之何?"曰:"却不思量到,古人所以贵卜日也。"又曰:"古者士庶止祭考妣,温公祭自曾祖以下,伊川则以为高祖有服不可不祭,自天子以至庶人一也,但有丰杀疏数不同耳。"问:"无后祔食之位。"曰:"古人祭于东西厢,今人家无东西厢,某家只位于堂之两边。祭食则一,但正位三献毕,然后使人分献一酹而已,如今学中从祀然。"问:"祭奠之酒,何以置之?"曰:"古者灌以降神,故以茅缩酌,谓求神于阴阳有无之间,故酒必灌于地,若奠酒则安置在此,今人以浇在地上,甚非也。既献,则彻去可也。"又曰:"酹酒有两说,一用郁鬯,灌地以降神,惟天子诸侯有之。一是祭酒,盖古者饮食必祭,今以鬼神自不能祭,故代之祭也。今人虽存其礼而失其义,不可不知。"又按,《大传》云:"大夫士有大事省于其君,于祫及其高祖。"则高祖不常祭可知。《祭法》言:"大夫无显考庙,适士无皇考庙,官师王考无庙而祭之。"则大夫不及高祖,适士官师不及曾祖明矣。伊川"皆祭自高祖以下"之说,盖亦以义起耳。而方氏若珽乃谓:"大夫四亲,分祀二庙,与太祖而三。适士无太祖,而四亲分祀二庙。官师则四亲共庙。庶人则祀四亲于寝。"以迁就经文而傅会之,则过矣。朱子又以"古者士庶止祭考妣",盖亦据《礼》"官师一庙"而言。然观《礼》"王考无庙而祭之"语,则知官师虽一庙,却兼祭祖也。窃意庶人亦兼祭祖,惟祭于寝为不同耳。李氏曰:"殇必适乃祭,则'王下祭殇五'节其据也。成人必宗子乃立后,则《仪礼·丧服》篇甚明。但程子此所云'殇与无后,祭之别位',《朱子语类》中论至此,不以为非。盖程子既以服制推祀高、曾,则殇与无后,亦可以有服祀之也。"愚按,曾子问:"宗子为殇而死阴厌,凡殇与无后者阳厌。"厌者,不成礼之祭也。鬼神尚阴暗,故宗子之殇以祖庙阴暗之处厌之,而凡殇则以阳明之处厌之也。又《丧服小记》谓:"殇与无后,从祖祔食。"盖庶子之不得祭者,其子之殇与无后皆可从祖而祭于宗子之家,然则固不独适殇当祭,而旁亲之殇与无后者,宗子皆得而祭之。程子之言固有自来也。独《祭法》谓祭殇,适士及庶人祭子而止。推而上之,大夫下祭二,则适孙而止;诸侯下祭三,则适曾孙而止;王下祭五,至于适来孙。盖凡庶殇皆不得祭,何况旁亲?朱子谓:"旁亲不尝祭,亦本此而推之也。故于此去'殇亦各祭'句不用,盖以成人之死而无后者犹可祭,而殇必不当祭也。"程子谓:"成人无后者之祭,兄弟之孙主之,终兄弟之孙之身,盖谓自父母而祭之,至兄弟之孙而止,兄弟之曾孙则不复祭也。非谓父母不祭,兄弟与其子皆不祭,直至兄弟之孙乃始主其祭也。其所论殇祭,亦当以是推之。"何氏曰:"曾子问:士缌不祭,谓主祭者已身有缌服,则不当行祭也。"又曰:"所祭于死者,无服则祭,郑注谓:'若舅,舅之子,从母昆弟,以己身于舅有小功,于舅之子及从母昆弟有缌。'然在所祭者而言,于是死者皆无服,又皆外服。神明之情自无阻也,则己虽有服,是私义也,何可以己之私义,而废祖先正统之常祀也!若堂弟之妇之类,在主祭者己身固无服阻碍。而上自二代言之,一则孙妇有缌麻,一则兄子妻有大功于死者,分明有服,又皆内服也,必无安焉享祭之情,则己虽无服可祭,是私祀,恐亦难以己之私礼,而通祖先必享之情也。"朱子曰:"古人居丧不祭,盖衰麻之衣不释于身,哭泣之声不绝于口,其出入、居处、言语、饮食,皆与平时绝异。故宗庙之祭虽废,而幽明之间两无憾焉。今人卒哭之后,遂墨其衰。凡出入、起居、言语、饮食,与平日所为皆不废,而独废此一事,窃恐有所未安。故学者但当自省所以居丧之礼,果能一一合礼,即废祭无可疑。不然,则卒哭前不得已准礼且废祭,卒哭后略仿《左传》杜注之说,遇四时祭日,以衰服特祀于几筵,用墨衰常祀于家庙可也。"又曰:"某顷居丧,于四时正祭则不敢祭,而俗节荐享则以墨衰行之。盖正祭三献受胙,非居丧所可行。而俗节则惟普同一献,不读祝、不受胙也。然亦卒哭后方如此。前此无衣服可入庙也,今服期丧未葬,亦不敢行祭。非略之,乃谨之也。"吴草庐曰:"朱子谓卒哭后,遇四时祭日,以衰服特祀于几筵,墨衰常祀于家庙。按凶服不可以接神,况墨衰乃世俗非礼之服,岂可服之以祀家庙?且丧礼,卒哭而祔之后,直至小祥方有祭。岂容中间又于四时祭日,而特祀几筵者乎?与《家礼》不合,恐一时未定之论。"

　　江注:问:"旧尝收得先生一本《祭仪》,时祭皆是卜日,今闻却用二至三分祭,如何?"朱子曰:"卜日无定,虑有不虔。温公亦云'止用分至亦可'。"问:"如此则冬至祭始祖,立春祭先祖,季秋祭祢,此三祭如何?"曰:"觉得此个礼数太远,似有僭上之意。"又问:"祢祭如何?"曰:"此却不妨。"问:"时祭用仲月,清明之类,或是先世忌日,则如之何?"曰:"却不思量到。古人所以贵于卜日也。""排祖先时,以客位西边为上,高祖第一,高祖母次之。只是正排着正面,不曾对排,(《王记》云:洪本如此,王、吴本"看"并作"著"。按,扬录,"只是正排看正面,不曾对排"十一字,分注"高祖母次之"句下。盖缘以西边为上,高祖第一,高祖母次之,是高祖在西,高祖母在东,恐人不明其所向,故录者复注此十一字以明其皆为南向也。古人祫祭,太祖东向,昭穆之南向北向,皆以西方为上。此言时祭则虚其东向之位,以高祖为第一,其排一,如祫祭时正排,皆看正面,不是对排也,其作"著"字者,误。)曾祖、祖父皆然。其中有伯叔、伯叔母、兄弟嫂,无人主祭而我为祭者,俱以昭穆论。如祔祭,伯叔则祔于曾祖之傍一边,在位牌西边安;伯叔母则祔曾祖母东边安,兄弟嫂妻妇则祔于祖母之傍。伊川云曾祖兄弟无主者亦不祭,只是以义起也。"永按,朱子排祖先位以西为上,盖谓神道尚右也。

然古人祫祭，尸在室，则以东向为尊，南向昭而北向穆。尸在堂，则以南向为尊，亦左昭而右穆。今人祭皆在堂，宜以最尊者居中，南向，馀则左右对排，似理得而心安。盖今人习于东上，若以尊者居西，反若不安也。又如夫妇合葬，夫必当居左，则祭位可知矣。旁观在后者，今人或别设一室祭之，似得伊川先生"祭之别位"之意。

价解：灵峰先生谓：祠庙神主，宜复尚右之制。贞立则谓尚右，固是古制，但今人堂室，尚左已久，门户有定，楹联、扁额、署款无不尚左，而忽于其中行尚右之礼，窒碍殊多。且东方物所生，尚左亦未尝无义可执。一二好礼君子，必欲复古人尚右之制，非特势有所不能，亦理可以不必也。

[8]张解：冬至，阳气始生之时。始祖，子孙所从生之始。祭以此时者，取报本返始之义也。

《茅注》本大字："冬至祭始祖"，"本注：冬至，阳之始也；始祖，厥初生民之祖也。无主，于庙中正位设一位，合考妣享之。"

茅注：《遗书》本注云："祭只一位者，夫妇同享也。"问："始祖是何祖？"朱子曰："或谓受姓之祖，如蔡氏则蔡叔之类，或谓厥初生民之祖，如盘古之类。"朱子曰："祭法须以宗法参之。古人所谓始祖，亦但谓始爵及别子耳，非如程子所祭之远，上僭则过于禘，下僭则夺其宗之为未安也。"

江注：问："始祖之祭。"朱子曰："古无此，伊川以义起。某当初也祭，后来觉得僭，遂不敢祭。古者诸侯只得祭始封之君，以上不敢祭。大夫有大功，则请于天子，得祭其高祖，然亦止得祭一番，常时不敢祭。程先生亦云'人必有（《王记》云：各本"祭"作"有"，义刚录作"祭"。观下句"有疏数"，则是本作"祭"字也，改从《语类》。）高祖，只是有疏数耳'。"又问："今士庶亦有始基之祖，莫亦止祭得四代，但四代以上则不可祭否？"曰："如今祭四代已为僭，古者官师亦只得祭二代，若是始基之祖，莫亦只存得墓祭。"永按，本注"厥初生民之祖"，疑亦指受氏者言之，如周之后稷也。程子尝言"我祖乔伯，始封于程"，则乔伯为程氏之始祖。今人祭始祖，或以受姓，或以改姓，或以有大功德，或以始迁。家自为礼，亦各有义。其太荒远者，亦不祭矣。

贝原笃信曰：初祖以下、高祖以上之祖不能遍举尽祭，故只举其始终，设二位而祭之，以统其馀乎。然则所谓"自始祖而下之第二世"者，乃始祖之子也。己身已上第六世之祖者，乃高祖之父也欤。

[9]张解：立春者，天地生物之气方长。凡祭始祖以下诸先祖，必于此时者，取其生生不已之意也。

《茅注》本大字：立春祭先祖，本注：立春，生物之始也。先祖，始祖而下,高祖而上,非一人也。亦无主设两位分享考妣。

茅注:《遗书》本注云:"二位异所者,舅妇不同享也。"问:"先祖是何祖?"朱子曰:"是始祖下之第二世,及己身以上第六世之祖。盖始祖及高祖以下至于祢,则自有时祭与冬至季秋之祭在,故兹不复祭也。"问:"何以只设二位?"朱子曰:"此只是以意享之而已。"

江注:问:"先生祭礼,立春祭高祖而上,只设二位,若古人祫祭,须是逐位祭。"朱子曰:"某只是依伊川说,伊川礼更略。伊川所定不是成书,温公仪却只做成了。""伊川时祭,止于高祖,高祖而上,则于立春设二位统祭之,而不用主。此说是也。却又云:'祖又岂可厌多? 苟其可知者,无远近多少,须当尽祭之。'疑是初时未曾讨论,故有此说。""古者大夫以下,极于三庙,而干(《王记》云:吴本"干"误"于",《礼大传》"干祫及其高祖",《集传》云:"干者,自下干上之义,以卑者而行尊者之礼,故谓之干。")祫可以及其高祖。"

[10]张解:季秋者,天地成遂万物之候。祢者,生成吾身之人。故祭祢者必取此时。盖以万宝告成之意,寓吾顾复鞠育之思也。

茅注:祢,奴礼反,音同泥,俗读如"弥"者,误。父庙曰祢。

[11]《茅注》本大字:"本注:季秋,成物之时也。"

茅注:人成形于父,故以成物之时祭之。但古礼祭祢即在时祭中,无别祭祢之文。程子因古有季秋享帝、以父配之之礼,而以义起之也。

[12]张解:忌日,当死之日,而子孙所忌讳者也。忌日必祭,祭则迁其所祭之主,安置于正寝而祭之。

李解:朱子曰:"古无忌祭,近日诸先生方考及此。"问:"忌日当哭否?"曰:"若是哀来时,自当哭。"又问衣服之制。曰:"某自有吊服绢衫绢巾,忌日则服之。"

茅注:忌日,亲之死日也。《檀弓》:"忌日不乐。"《祭义》:"君子有终身之丧。"忌日之谓也。又"忌日必哀",并谓死之日。俗以死者生日为生忌日,失之矣。正寝,今之正厅是也。按《礼》:天子六寝,诸侯以下三寝。其正者,天子、诸侯通谓之路寝,次燕寝,次后夫人正寝。卿大夫以下,其正者卿大夫曰适寝,士或谓之适室。然按《士丧礼》"死于适室",《丧大记》又言"士之妻皆死于寝",则寝与室通也。次燕寝,次适妻之寝。程子以庙中尊者所据,又同室难以独享,故祭之以此。或问:"横渠曰'忌日有荐',可乎?"曰:"古则无之,今有,于人情亦自不害。"按,朱子谓:"忌日祭只一位,如父忌日止设父一位,母忌日止设母一位,祖以上及旁亲忌日皆然。"问:"孝子有终身之丧,忌日之谓也。不知忌日何服?"朱子曰:"唐时士大夫依旧孝服受吊。五代时某人忌日受吊，某人吊之，遂于坐间刺杀之。后来只受人慰书而不接见，须隔日预办下谢书。俟有来慰者，即以谢书授之。不得过次日，过次日谓之失礼。服亦以亲疏远近为隆杀，大概都是黲巾黲衫。后来横渠制度又别，以为男子重乎首，女子重乎带。考之忌日，则用白巾之类而不易带。妣之忌日，则易带而不改巾，服亦随亲疏为隆杀。"问："先生忌日何服？"朱子曰："某只着白绢凉衫黲巾。"问："黲中以何为之？"曰："纱绢皆可。"又问黲巾之制。曰："如帕幅相似，有四只带，若当幞头然。"

[13] 杨注：《王制》："大夫士有田则祭，无田则荐。"注："祭以首时，荐以仲月。"今国家惟享太庙用孟月，自周六庙、濮王庙皆用仲月。以此私家不敢用孟月。

张传：此礼，今钜家亦行之。

张解：凡事死亡之礼仪，当加厚于奉养生人之数，方为尽诚敬之道。凡人家能存此等重祀报本之事数件，常行于岁时之间，则虽家中幼小无知者，亦可使习见其事而知生人礼义之不可无也。

[集评]

朱子曰：伊川木主制度，其刻刻开窍处，皆有阴阳之数存焉。信乎其有制礼作乐具也。（《语类》卷九十）

朱子曰：诸家礼皆云，荐新月朔。朔、新如何得合？但有新即荐于庙。（同上）

朱子曰：始祖、先祖之祭，伊川方有此说，故足以尽孝子慈孙之心。然尝疑其礼近于禘祫，非臣民所得用，遂不敢行。（《李解》）

杨氏曰：程子始祖之祭，所以明孝子慈孙报本追远深长之思、仁孝诚敬无穷之念。朱子则以为似禘而不敢行，但程子未尝建议于朝修定祭礼，故此亦特统言祭礼之大纲，未及于尊卑轻重隆杀之差也。朱子以为似禘不敢行者，以礼不王不禘故也。汉制既无太祖又不禘及初祖，此不可以为法。后之君子有能推明大传小记之文，虞夏殷周已行之礼，参之以程子朱子精微之论，则禘礼可行，而古人甚盛之典，复见于后世矣。（《茅注》）

江永曰：程子主于追远，朱子主于限制，学者择焉。今人先祖即从始祖祭之，其礼简略，似亦无害，又因是使人不忘其祖，亦可以励薄俗云。

灵峰先生曰：忌日以丧礼处之，黲巾素服以居，不饮酒，不食肉，不内寝，哀至则哭。此古今之通礼，申屠蟠忌日哀戚，辄三日不食。朱子遇讳日，必举家蔬食，白绢衫带黲巾以居，其庶乎得礼意与！（《价解》）

16.〔一〕卜其宅兆,[1]卜其地之美恶也。〔二〕地美则其〔三〕神灵安,其子孙盛。〔四〕然则曷谓地之美者？ 土色之光润,草木之茂盛,乃其验也。[2]〔五〕而拘忌者,惑〔六〕以择地之方位,决日之吉凶,甚者不以奉先为计,而专以利后为虑,尤非孝子安措〔七〕之用心也。[3]惟五患者,不得不慎：须使异〔八〕日不为道路,不为城郭,不为沟池,不为贵势所夺,不为耕犁所及。[4](旧注：一本：所谓五患者,沟渠,道路,避村落,远井、窑。)[5]〔九〕

〔集校〕

〔一〕"卜"上,《张解》本有"伊川曰"三字。

〔二〕此条今见《河南程氏文集》卷十《礼·葬说》,"地"上有"非阴阳家所谓祸福者也"句。

〔三〕一无"其"字。(朝刊《近思录》)按,"则"下,《叶解》元刻本及其四库抄本、《张解》本、《李解》本无"其"字。

〔四〕"然"上,《礼·葬说》有"若培壅其根而枝叶茂,理固然矣。地之恶者则反是"句。

〔五〕"而"上,《礼·葬说》有"父母子孙同气,彼安则此安,彼危则此危,亦其理也"句。

〔六〕"惑",江误"或"。(《冯记》)惑以择地之方位："卜其宅兆"条,王、吴本作"或以",《遗书》、阴本作"惑",洪本同,从之。(《王记》)按,"惑",《江注》本及其四库抄本作"或"。

〔七〕"厝",一作"措"字,通。(《茅注》)按,《张解》本、《李解》本、《叶解》四库抄本、《茅注》本、《江注》本作"厝"。

〔八〕"异",叶作"后"。(《冯记》)按,"异",《叶解》四库抄本作"后"。

〔九〕见《文集·葬说》,列《遗书》,误。(《茅注》)

〔集注〕

[1]叶解："宅,墓穴也。兆,茔域也。"

[2]茅注："卜其宅兆,而安厝之",《孝经·丧亲章》语也。"卜其地"以下,乃程子所以论之如此。盖古人所谓"地之美"者,其意不过如此而已,非有如后世堪舆家之说也。郑氏曰："葬,大事,故卜之。"按《外书》,程氏自先生兄弟所葬,以昭穆定穴,不用墓师以五色帛埋旬日,视色明暗卜地气善否。伊川尝言："某用昭穆法葬一穴,既而尊长召地理人到葬处,曰'此是商音绝处,何故如此下穴？'某应之曰：'固知是绝处,且试看如何。'某家至今人已

数倍之矣。”愚按《周礼》，冢人及墓，大夫所掌。皆始葬者居中，子孙则各就所出之祖祔葬，以昭穆为左右，而爵之尊者居前，卑者居后，自天子以至庶人一也。又《白虎通》引《春秋含文嘉》曰：“天子坟高三仞，树以松。诸侯半之，树以柏。大夫八尺，树以栗。士四尺，树以槐。庶人无坟，树以杨柳。”然则惟邱封高下与所树之木为不同耳。唐时犹各就所出祖茔祔葬，如韩文公《柳子厚墓志》“葬万年先人墓侧”，《祭十二郎文》“终葬汝于先人之兆”之类皆是也。今曲阜孔氏犹然，其不入孔林者，谓之外孔，如此则祖宗既得相聚一处，而子孙之祭扫亦易，法甚善也。今葬既各异处，甚有父子之葬，相隔数百里外者。至于年祀寖远，子孙式微，不复祭扫。有祖宗之墓，为豪强所窃，葬而不之知者，大可惧也。然则程子昭穆之法，固亦犹行古之道也。

[3] 茅注：此就世之惑于堪舆家之说者痛斥之，以见其与古人所谓安厝者异也。伊川又云：“《葬书》一术至百二十家，妄谬之甚。在分五姓。五姓者，宫、商、角、徵、羽也。至谓风水随姓而异，此尤大害也。古阴阳书本无此说，惟《堪舆经》黄帝对天老乃有五姓之言。黄帝时只有姬姜二三姓，其诸姓氏尽出后代，何得当时已有此语？固谬妄无稽之显然者，而世皆惑而信之，不亦愚乎？”愚按，《丧服小记》：“祔葬者不筮宅。”盖前人之葬已筮而吉，今祔葬便不必更筮。可见地之方位、日之吉凶，古人有所不择也。又按，唐太宗以近世阴阳杂书讹伪尤多，命太常博士吕才刊定，才皆为之序，质以经史。而其序《葬篇》云：“古者卜葬，盖以朝市变迁，泉石交侵，不可前知，故谋之龟筮。后世或选年月，或相墓田，以为穷通夭寿皆系乎此，非也。按礼：天子七日而殡，七月而葬；诸侯五日而殡，五月而葬；大夫三月，士庶人逾月，此直为赴吊远近之期，量事制法，故先期而葬，谓之不怀；后期而葬，谓之怠礼。此则葬有定期，不择年与月也。《春秋》：丁巳葬定公，雨不克葬，至于戊午襄事，君子善之。《礼》：卜先远日者，避不怀也。今法己亥日用葬，最凶。《春秋》：是日葬者二十余族，此葬不择日也。礼：周尚赤，大事用旦。殷尚白，大事用日中。夏尚黑，大事用昏。大事者何，丧礼也。此直取当代所尚，而不择时早晚也。郑葬简公，司墓大夫室当枢路，若坏其室，即平旦而堋，不坏其室，即日中而堋。子产不欲坏室，欲待日中。子太叔曰：‘若日中而堋，恐久劳诸侯大夫来会葬者。’子产、太叔不问时之得失，惟论人事可否而已。曾子曰：‘葬逢日蚀，舍于路左，待明而行。所以备非常也。’按法，葬家多取乾、艮二时，乃近夜半，又与礼乖，此葬不择时也。今法皆据五姓为之，古之葬者并在国都之北，赵氏之葬在九原，汉家山陵或散处诸城，又何上利下利、大墓小墓为哉？此则葬用五姓，不可信也。今以风水家言，遂择地

选时以希富贵。或云辰日不可哭泣，遂莞尔而对吊客。或云同属忌，于临圹遂吉服不送其亲，伤教败礼，莫斯为甚。"愚按，才所论甚正，《通鉴》删改颇与原文微别，《纲目》因之。愚谓不如原文更为详密，因从新旧《唐书》本订正附入，读者详之。

[4]张解：此论葬地之宜，以解当世之惑也。葬埋，大事也，何可不慎？而卜其墓宅茔兆者，卜其地之醇美与丑恶也。地土若醇美，则死者之神灵安，而所生之子孙亦盛，其理然也。然则曷为地之纯美而可用乎？其土之色有光辉润泽，其地所生之草木又秀茂美盛，乃其吉气之征验也。而昧于其理，多所拘忌者，为世俗所惑，必欲择地之方向坐位，占决日辰之吉庆凶咎，以为去取。其甚谬者，不以安奉先人之体魄为计，而专以利益后人之福泽为心，孝子之安厝其亲，其用心固宜若是乎？惟有所谓五患者，不得不谨慎以避之也。五患维何？须是使异日其地不至为人所行之道路，不至为人筑城郭，不至为人开沟池，不至为贵家势豪所侵夺，不至为耕田之犁耙所伤及。此皆有切于坟墓之患而不可忽者。

李解：择地之方位，理气之学也。决日之吉凶，尅期之学也。二者非可尽废，但必以形势为主，而后及之耳。朱子曰："葬之为言藏也，以子孙而藏其祖考之遗体，则必致其谨重诚敬之心，以为安固久远之计，使其形体全而神灵得安，则其子孙盛而祭祀不绝。此自然之理也。其或择之不精，地之不吉，则必有水泉地风蝼蚁之属，以贼其内，使其形体不安，而其子孙亦有死亡灭绝之忧，甚可畏也。其或虽得吉地而葬之不厚，藏之不深，则戈兵乱离之际，无不遭罹发掘暴露之变。此又其所当虑之大者也。"

茅注：犁，邻其反，犁，耕具。

[5]杨注：伯嵒据，司马文正公云："《孝经》曰：'卜其宅兆，而安厝之'，谓卜地决其吉凶耳，非今阴阳家相其山岗风水也。"国子高曰："葬者，藏也。"又曰"死则择不食之地而葬我焉"，明无地不可葬也。古者天子七月，诸侯五月，大夫三月，士逾月而葬。盖以会葬者远近有差，不得不然也。然礼文多云三月而葬，盖举其中制而言之。今五服年月敕王公已下，皆三月而葬。按，《春秋》："己丑葬敬嬴，雨不克葬，庚寅日中而克葬；丁巳葬定公，雨不克葬，壬午日下昃乃葬。"何尝择年月日时也？葬于北方北首，何尝择地也？考其祸福与今不殊。世俗信葬师之说，既择年月日时，又择山水形势，以为子孙贫富贵贱贤愚寿夭尽系于此。又葬书人人异同，此吉彼凶，纷纭莫决。其尸柩，或寄僧舍，或委远方，至有终身不葬，或累世不葬，或子孙衰替忘失处所，遂弃捐不葬者。凡人所贵身后有子孙者，正为收藏形骸耳。其子

孙所为乃如此,曷如无子孙死于道路,犹有仁者见而瘗之邪！人之禄命固已定于初生矣,岂因殡葬而可改？而世俗信之惑矣,使殡葬实能致人祸福,为子孙者岂忍使其亲臭腐暴露不葬而自求其利邪？悖礼伤义无过于此。然孝子之心虑患深远,恐浅则为人所扪,深则湿润速朽,故必择土厚水深之地而葬之。所择必数处者,以备卜之不吉故也。或曰:"士人久未葬者,非尽以阴阳拘忌之故,亦以家贫未能归葬故也。"予应之曰:"子路曰:'伤哉贫也,生无以为养,死无以为礼也。'孔子曰:'啜菽饮水尽其欢,斯之谓孝;敛手足形还葬而无椁称其财,斯之谓礼。'注:还,犹疾也,谓不及其日月。又子游问'丧具',夫子曰:'称家之有亡。'子游曰:'有亡恶乎齐。'夫子曰:'有母过礼苟亡矣,敛手足形还葬悬棺而窆,人岂其非之者哉！'昔廉范千里负丧郭,原平自卖营墓,岂待丰富然后葬其亲哉？近世河中进士周孟家贫,改葬其亲,骑驴出城,一仆荷锸随之,取其亲之骨,掘深坎埋之而归。此虽不及于礼,比于不能葬其亲者,犹贤矣。在礼未葬,不变服食粥,居倚庐寝苦枕块,盖闵亲之未有所归,故寝食不安。奈何舍之出仕,食稻衣锦,不知其何以为心哉？世人又有游官殁于远方,子孙火焚其柩收烬归葬者,夫孝子爱亲之肌体,故敛而葬之,残毁他人之尸在律犹严,况子孙乃悖谬如是。其始盖出于羌胡之俗,浸染中华,行之既久,习以为常,恬然莫怪,岂不哀哉？延陵季子适齐,其子死,葬于嬴博之间。骨肉归复于土,命也,魂气则无不之也。孔子以为合礼。必也不能归葬,葬于所在可也,不犹愈于焚之哉？"扪,音骨(穿七)。恶,音乌。齐,音子细切。窆,彼敛切。

茅注:"邮"或作"村"。窑,馀昭反,通作"窑"。……井,如冰井、煤井、盐井之类,非井泉之井。"煤"古通用"墨",如《水经注》所谓石墨是也。墨,读作平声,亦谓之石炭。窑,烧瓦窑也。井与窑并上三者为五也。愚按,五患当以"本注"所云为优。盖言沟渠道路,而不为城郭已在其中。避村落,自不为耕犁所及。远井窑,惧伤地脉,且使神灵不安。五患中之最切要者,惟不为贵势所夺,则"本注"无之,盖以此非可预慎故也。

江注:"因说地,曰:程先生亦云'拣草木茂盛处',便不是不择。伯恭却只胡乱平地上便葬,若是不知此理,亦不是。若是知有此道理,故意不理会,尤不可。"《答程允夫书》曰:"熹家中自先人以来,不用浮屠法,今谨守,但卜地未能免俗,然亦只求一平稳处。"永按,朱子之论如此,今之溺于俗说,与过为高论者,可知所折衷矣。又一条因说《易·睽卦》及之,见十卷。

[集评]

朱子曰:伊川先生力破俗说,然亦自言"须风顺地厚、草木茂盛之处乃

可"。然则亦须稍有形势,拱揖环抱,无空阙处,乃可用也。伯恭却只胡乱平地上便葬,大不是。(《茅注》)

(朱子)《答孙敬甫书》曰:阴阳家说,前辈所言,固为正论,然恐幽明之故有所未尽,故不敢从。今亦不须深考其书,但道路所经,耳目所接,有数里无人烟处,有欲住者亦住不得,其成聚落有宅舍处,便须山水环合,略成气象。然则欲掩藏其祖父,安处其子孙者,亦岂可都不拣择、以为久远安宁之虑,而率意为之乎?但不当极意过求,必为富贵利达之计耳。此等事自有酌中恰好处,便是正理。世俗固为不及,而必为高论者,似亦过之也。(《江注》)

顾亭林曰:先王制丧礼,始死而袭,袭而殓,三日而殡,殡而治葬。且其葬也,天子七月,诸侯五月,大夫三月,士逾月,贵贱有时。自袭而敛,敛而殡,殡而葬,中间皆不治他事,各视其力,日夕拮据,至葬乃已。其或不幸有事,故不得葬其亲者,虽逾三年不除服。食粥居庐、寝苫枕块,与初丧无异,盖愍亲之未有所归也。宋何子平以大明末东土饥荒,继以师旅八年,不得营葬,昼夜啼哭,常如祖括之日。唐欧阳通以母丧未葬,四年居庐,不释服。冬月,其家人密以毡絮置所眠席下,大怒,撤去。未有亲柩停久不葬,而宴乐嬉游与常人无异,如今人之所为者也!(《茅注》)

梁氏曰:《周官》说冢人、墓大夫之职,天子既以其昭穆而祔葬矣,诸侯亦各以其属祔葬焉,至于万民之众,亦令族葬而治以王官。盖其生也为君臣、为亲属,而其卒也葬以类从,有以见昭穆之序焉,有以严尊卑之分焉,有以褒崇其功德焉,有以不废其拜扫焉。其亲疏如戚,稽远如近,孝敬以存,人心以萃,由是也。自秦汉以来,天子之葬既各异处,而山陵营治侈费不赀,至王公以下多惑阴阳拘忌,甲可乙否,此是彼非,庶民之家亦纷纷然贪慕于富贵,或久而不葬,或葬之远方,或发掘频数,或争讼不已。思所以杜僭逾,崇孝敬,厚风俗,息争讼,为人上者,安可纵其自为而不严其禁令哉!(《茅注》)

张习孔曰:奉先与利后,非有二也。先茔无水蚁之害者,其后必昌。昌后者,先茔无害之征也。葬先而必卜,岂独为利后计乎?先生所刺,盖指拘泥太甚者耳。

17. 正叔云:某家治丧,不用浮图[一]。在洛,亦有一二人家化之。[1] [二]

[集校]

[一] "屠",一作"图"。(《茅注》)《小学》引作"浮屠"。(《王记》)沙溪

曰：通作"浮屠"。(《释疑》)

［二］此条今见《河南程氏遗书》卷十《洛阳议论》。

[集注]

［1］叶解：司马公曰："世俗信浮图诳诱，饭僧设道场，舍经造像，修建塔庙。曰：'为此者，减除大罪恶，必生天堂。不为者，必入地狱，受无边波吒之苦。'殊不知人生含血气，知痛痒，或剪爪剃发从而烧斫(按，"斫"《四库》抄本作"研")之，已不知苦，况于死者形神相离。形则入于黄壤，朽腐消灭，与木石等；神则飘若风火，不知何之。借使刲烧舂磨，岂复知之？安得有天堂地狱之理？"

张解：佛教之溺人已深，人家居丧，尽用浮图之说，非深知其谬，卓然有得于圣贤之道者，孰能不为所累乎！伊川自言其家不用浮图，在洛之乡人，观感已久，亦有一二人家知佛教之谬化而不用者。此可见天理人心终不泯灭，有其醒之，盖未有不悟者也。

李解：佛图，佛法也。洛，水名，在河南。以先生之化，而止及一二家，俗之蔽也久矣。或问："治丧不用浮图，或亲意欲用之，不知当何如处？"朱子曰："且以委曲开释为先，如不可回，则又不可咈亲意也。"

茅注：浮屠，谓佛也。为佛氏之教者，亦曰浮屠。李贤曰："即'佛陀'声之转也。"浮屠正号曰"佛陀"，与"浮屠"音声相近，皆西方言。其来转为二音，华言译之则谓之"净觉"。洛，洛阳，县名，属河南府。程子尝曰："道场之用螺钹，盖胡人之乐也。天竺人重僧，见僧必饭之，因使作乐于前。今用之死者之侧，是以其乐临死者也。至庆祷亦杂用之，是甚义理！"

[集评]

或问：亲死遗嘱教用僧道，则如何？曰：便是难处。或曰：也可以不用否？曰：人子之心有所不忍。这事须子细商量。(《语类》卷八十九)

张习孔曰：浮图之说最为无理，其法以亡灵在冥府受诸苦趣，必用彼超度之，是诟及先人也。故明理识体之家，多不用之。

18. ［一］今无宗子［二］，故朝廷无世臣。若立宗子法，则人知尊祖重本。人既重本，则朝廷之势自尊。［1］古者子弟从父兄，今父兄从子弟，由不知本也。且如汉高祖欲下沛时，只是以帛书与沛父老，其父兄便能率子弟从之。［2］又如相如使蜀，亦移［三］书责父老，然后子弟皆听其命而从之。［3］只有一个尊卑上下之分，然后顺从而不乱也。若无法以联属之，安可？［4］且立宗子法，亦是天理。譬如木,必有从根直上一榦,亦必有旁枝。又如水,虽远必有正源,亦必有分派处,自然之势也。[5]然[四]又有旁枝达而为榦者,故曰"古者天子建国","诸侯夺宗"云。[6][五]

[**集校**]

[一]"今"上,《张解》本有"伊川曰"三字。

[二]"今无宗子"下,《遗书》有"法"字。(《茅注》)按,此条今见《河南程氏遗书》卷十八《刘元承手编》,"子"下有"法"字。

[三]"遗",叶作"移"。(《冯记》)按,"移",《茅注》本、《江注》本及其四库抄本、朝刊《近思录》本作"遗"。

[四]"然"下,叶本有"而"字,衍。(《茅注》)叶"然"下衍"而"字。(《冯记》)"然而又有",吕本无"而"字。(《异同考》)"然"下,一有"而"字。(朝刊《近思录》)按,"然"下,《叶解》元刻本及其四库抄本、《张解》本、《李解》本有"而"字。

[五]以上并伊川语。(《茅注》)伊川语。(《冯记》)

[**集注**]

[1]叶解:古者,宗子袭其世禄,故有世臣。人知尊祖而重本,上下相维,自然固结而不涣散,故朝廷之势自尊。

茅注:问:"今大宗礼废,无立嫡之法,而子皆得以为后,则父为长子三年,何也?"朱子曰:"宗子虽未能立,服制自当从古,亦爱礼存羊之意。如汉时宗子法已废,然其诏令犹云'赐民当为父后者爵一级',此则礼意犹存也,岂可谓宗子法废,而诸子皆得为父后乎?"愚按,子"为父后者爵一级",至隋唐诏令犹有此语,不独汉时也。

[2]茅注:秦二世元年,陈涉起兵,沛令欲以沛应之,萧何、曹参谏之,因令召高祖。沛令后悔,闭城,城守欲诛萧、曹,高祖乃书帛射城上与沛父老,父老乃率子弟共杀沛令迎高祖。

[3]茅注:汉武帝元光五年,唐蒙略通夜郎,发巴蜀卒数万人治道。卒多物故,有逃亡者,用军兴法诛其渠率。巴蜀民大惊恐,乃使司马相如责唐蒙等,因谕告巴蜀民以非上意。愚按,程子因相如文中有"父兄之教不先,子弟之率不谨",及"让三老孝弟以不教诲之过"等语,故云"遗书责父老",其子弟听其命而从之,亦以《相如传》有相如还报及唐蒙已略通夜郎语而推见之,非如上高祖下沛,有明文可据也。事并详《史记》、《汉书》。

[4]叶解:汉初去古未远,犹有先王之遗俗。尊卑之分素定,所以上下

顺承而无遗（按，“遗”《四库》抄本作“违”）悖也。

张解：古之时宗法郑重，故人知尊尊亲亲，而子弟之卑幼，一惟父兄之尊长是从。今则尊尊亲亲之意蔑如，父兄之衰迈，反从子弟之壮盛而不能违。如此者由于宗法已坏，人不知重本故也。且如汉高祖时，去古犹未远，当其欲下沛郡时，只是以帛为书与沛中诸父老劝谕输诚，其父兄便足以服其众，而率子弟顺而从之。又如司马相如使蜀，时亦必移书责备蜀中之父老，然后子弟皆降心听命而归化。

李解：使，直吏反。分，去声。

茅注：分，音问，下如字。法，谓宗子法也。此以上皆以明上文“重本，则朝廷之势自尊”之意。

［5］叶解：直榦、正源，犹大宗也。旁枝、分派，犹小宗也。

张解：此见宗子之法，乃出于自然，而非强立也。盖宗子之法，不惟关系甚大，不可不立，且立之亦是本天之理，原有不可易者。譬如木之生长，必有从根柢直上一榦，亦必有从旁分出之枝。其直上者本也，其分枝则附于本者也。又如水之流行，必有正出之源头，亦必有分析为别流之派，其正出者一源相承也，其别流则同其源者也。此其分由于一而统于正，皆自然之势，而非故有所区别于其间也。

茅注：此以明宗子法当立之理。

［6］杨注：已上并《遗书》。

叶解：天子为天下主，故得封建侯国，赐之土而命之胙。诸侯为一国之主，虽非宗子，亦得移宗于己，建宗庙为祭主。

张传：夺，移也。欲行宗子法，必复世禄之制乃可。不然，宗子贫微，渐至猥鄙流荡，不能为宗人表率也。

张解：正本偏枝，不容混视，是固然矣。然而有旁出之枝，后来亦可直达而为榦者，故曰古者天子建立诸侯国，则天子为一宗；诸侯既主其国，则诸侯亦得别自为宗。无非以其有大功德故也。

茅注：“天子建国”，见《春秋·桓公三年》，《左传》师服语。“诸侯夺宗”，见班固《白虎通》及《汉书》。梅福请封孔子世以为殷后。书“天子建国”，言天子适子继世以为天子，其别子皆建之国以为诸侯，而诸侯不得祖天子，则当以兄弟之长者为宗。如周封同姓之国，凡兄弟之为诸侯者，皆以鲁为宗。至战国时，滕犹称鲁为宗国是也。夺宗者，言既为诸侯，则不得复为宗子，如夺之也。如诸侯嫡子嫡孙继世为君，则第二子以下不得称先君，而别子为祖，继别为宗是也。此总以明“旁枝达而为榦”之意。陈氏曰：“周之盛时,宗族之法行,故得以此系民,而民不散。及秦用商君之法,富民有子则分居,贫民有子则出赘,由是其流及上,虽王公大人亦莫知有敬宗之道,浸淫后世,习以成俗,间有纠合宗党,一再传而不散者,则人异之,以为义门,岂非名生于不足与?”

[集评]

朱子曰:今要立宗,亦只在人。有甚难处?只是而今时节,更做事不得。奈何!奈何!如伊川当时要勿封孔氏,要将朝廷所赐田五百顷一处给作一“奉圣乡”,而吕原明便以为不可,不知如何。(《语类》卷九十)

朱子曰:大宗法既立不得,亦当立小宗法。祭自高祖以下。亲尽,则请出高祖,就伯叔位,服未尽者祭之。嫂则别处,令其子私祭之。今世礼全乱了。(同上)

朱子曰:祭祀,须是用宗子法,方不乱。不然,前面必有不可处置者。(《江注》)

张伯行曰:由此观之,只有一个尊卑上下之分,然后人人有和顺亲长之心,乃易于顺从而不乱也。若无法度以联属其情意,安可以化民而成俗乎?此宗子法所以不可不立也。

管赞程曰:自“萃王假有庙”至此为一章,言萃合人心,莫大于宗庙。故推及宗庙祭祀丧葬之礼,皆本于人性而不能已。而戎役兵谋,亦必以得人和为本,故论宗庙,亦言及之。

张绍价曰:咸同间捻发之乱,城池之保存者,多藉本士绅之力,诚如亭林所云。而费县之王,汝南之张,以乡村土堡,抗贼势方张之焰,支撑六七年,屹然为一方保障。世家强宗,有益于国家如是。新学家谓必破坏家族,乃能成立国家主义,洵戆言也。价按,自“萃王假有庙”至此为一段,详论宗庙戎役兵谋宗法,及祭祀丧葬之礼。

19. 邢和叔叙明道先生事云:[一]尧、舜、三代帝王之治,所以博大悠远,[二]上下与天地同流者,[三]先生固已默而识之。[1]至于兴造礼乐、制度文为,下至行师用兵、战阵之法,无所不讲,皆造其极。外之夷狄[四]情状,山川道路之险易,边鄙防戍、城寨斥候控带之要,靡不究知。[2]其吏事操决,文法簿书,又皆精密详练。[3]若先生,可谓通儒全才矣。[4]

[集校]

[一] 此条今见《河南程氏遗书·附录·门人朋友叙述并序》,“尧”上

无"邢和叔叙明道先生事云"句。

〔二〕"上"上,《门人朋友叙述并序》有"悠远纤悉"句。

〔三〕"先生"上,《门人朋友叙述并序》有"其化之如时雨者"句。

〔四〕"夷狄",《张解》本作"各国",《叶解》四库抄本作"边围"。

[集注]

〔1〕叶解:所谓识其大者。

李解:博大,言其无外。悠远,言其无穷。默而识之,得其理而能推其用也。

茅注:识,音志,或作如字。以上明其体。

〔2〕叶解:垒土居民曰城,木栅处兵曰寨。斥,远也。候,伺也,谓远伺敌人。控,制御也。带,围护也。

茅注:"阵",古通作"陈",郭氏《佩觿集》、《颜氏家训》并谓,王羲之《小学》章始以阜傍作車,为军陈之陈,后人因之。"造其极"之"造",七到反。易,音异。寨,助迈反,通作"砦",又音塞。寨,军垒也,或谓边城要害处,经传通作"塞"。《月令》:"孟冬完要塞是也。"斥,度也。候,视望也,以望烽火。

〔3〕李解:精密者知之之明,详练者处之之当。

茅注:以上达其用。但上节以用之大者言,此以用之小者言也。

〔4〕杨注:《附录》。

叶解:操决,谓操持断决也。

张解:此见明道之才全而德备也。邢恕叙明道先生之事云:自古二帝三王之治,所以广博浩大,悠长久远,上下之间直与天地同其流通者,其治法道法,先生固默契融会,识之于心矣。至于兴造有所创作,礼乐本于中和,制度文为、品节条目之繁,下至行师之纪律、用兵之机括、战阵之规模,其法无所不讲明,而皆造其至极。他如外方诸国之人情形势,山川道路之险阻平易,边鄙绝远之区,防守戍御之重,城郭营寨之地,与斥候警报之所,山原之控引,流水之系带,其要害之处,无不穷究而知其宜。其出而为官也,凡吏治之事,操持决断之才,文移法律之间,以及簿书期会之务,又皆精细而周密,详明而谙练。凡此皆先生之肆应咸宜,体明而用达者也。谓之通儒全才岂虚誉哉!

茅注:"通儒"以体言,结首一节;"全才"以用言,结中二节。

[集评]

张习孔曰:朱子记此一篇,欲学者效之也。然则亦惜时君不能尽其才。

李文炤曰：体无不具，故用无不周，而仅以通儒全才称之，其识末矣。

佐藤一斋曰：刑恕推服明道如此，而于伊川则盖有所未满者，故社友多责其叛师耳。然恕不足责，但于此足觇伯叔两子之优劣。

20. [一]介甫言律是八分书，是他见得。[1][二]

[集校]

[一]《张解》本有"伊川曰"三字。

[二]此条，《叶解》元刻本紧接于第19条后刻印，未单列。据他本当单列作第20条。按，此条今见《河南程氏外书》卷十《大全集拾遗》。

[集注]

[1]杨注：《外书》。伯岊据《外书》云："介甫言律是八分书，是他见得。又有学律者言，今人析言破律。正叔谓律便是此律否？但恐非也。学者以传世以来未之能改也，惟近年改了一字。旧言指斥乘舆，言理恶者死，今改曰情理，亦非也。今有人极一场凶恶，无礼于上，犹不当死，须是反逆得死也耶。"八分书者，八分近理也。

叶解：朱子曰："律是《刑统》，历代相传，至周用（按，"用"《四库》抄本作"世"）宗命窦仪注解，名曰《刑统》。与古法相近，故曰八分书。"

张解：律者，刑书也。八分，言其道理未满足也。王介甫言律乃是八分之书，未能于所以治人者，全备无欠缺处也。伊川谓介甫此言，乃是他见得律中分际明白者也。

李解：介甫，姓王，名安石，宋宰相也。薛氏曰："人之所为，不犯条律即为义，犯之即为非义，则条律为八分书可见。"又曰："律之条目莫非防范人欲，扶翼天理，故谓之八分书。"

茅注：介甫，王氏，名安石，庆历二年进士，为神宗时宰相。律，谓《刑统》也。初，魏李悝撰次诸国法，著《法经》六篇。萧何定律，益为九篇。以后历代相承，但有损益。周显德四年，诏以律令古文难知，格敕不一，命御史知杂事张湜等训释，详定为《刑统》。宋受禅，诏判大理寺窦仪重定为三十卷。又按，宋随时参酌，别有编敕。建隆初，诏仪等上编敕四卷，凡一百有六条，与《刑统》并行。以后递有删改增修。至熙宁初，神宗以律不足以周事情，凡律所不载者，一断以敕，乃更其名曰《敕令格式》。元丰中，始成书二十有六卷，下二府参订颁行。然则神宗以后，固不尽用《刑统》也。故朱子谓"今世用《敕令格式》，皆太重，不如律"。胡三省谓"《刑统》终宋之世行之"者，盖以大旨固不出是书故耳。八分书，秦羽人上谷王次仲所作，钟繇谓之

"章程书"。蔡文姬《别传》："臣父邕言：割程邈隶字八分,取二分,割李斯小篆二分,取八分,因名。"书学惟篆法最古,八分书犹与篆相近,故云。

[集评]

朱子曰："律是八分书",言"八分"方是。(《语类》卷九十六)

问："介甫言律"一条,何意也? 曰：伯恭以凡事皆具,惟律不说。因有此条,遂谩载之。(同上)

朱子曰：律所以明法禁非,亦有助于教化,但于根本上少有欠阙耳。八分是其所长处,二分乃其所阙。此言是他见得者,盖许之之词。(《叶解》)

朱子曰：是律八分书,是欠些教化处。(《江注》)

管赞程曰：自"邢和叔叙明道先生事"至此为一章,言帝王之治虽本于礼乐,而兵阵夷情吏事刑事,亦不可不知。

张绍价曰：刑以弼教。律中所言,多以扶植伦教为主,故谓之八分书。若宣统庚戌所定父母危及子财产之律,处女寡妇和奸无刑之律,则伤教悖理甚矣。价按,以上二节为一段,以帝王之治,礼乐、制度、兵阵、夷情、吏事,总收前文,而以刑律附焉。

退溪曰：八分,非谓八分书法。盖谓政教有十分道理,而刑律所言占其八分耳。

李瀷曰：介甫非以法律为重于教化也,彼律书皆从教化中演出者,而于治只占分数,故程子以为知言也。

佐藤一斋曰：八分书,体混篆隶,言篆二分、隶八分也。荆公以律为八分书,意谓今法十分之八,古法仅存二分。盖谤其与古法相远也。(笔者按,退溪所言与朱子"欠些教化"意类似;佐藤一斋对八分书的解释、王荆公语意的解说,与国内学者不同,尚能自圆其说。)

21. 横渠先生[一]曰：兵谋师律,圣人不得已而用之。其术见三王方策、历代简书。惟志士[二]仁人,为能识其远者大者,素求预备而不敢忽忘。[1]

[集校]

[一]《张解》本无"先生"二字。此条今见张载《拾遗·近思录拾遗》,下同。

[二]"士",《江注》本作"人"。

[集注]

[1] 杨注：《文集》,下同。

叶解：《文集》，下同。（《冯记》云：今见《拾遗》，《朱子遗书》本"《文集》"下无"下同"二字，叶本有。）好谋而成，师出以律。虽圣人用师，无谋则必败，无律则必乱。特非若后世谲诈以为谋，酷暴以为律。斯其为远者大者，惟志士仁人为能识之。

张解：用兵必有谋略，行师必以法律。然师旅之兴，不能无扰于天下，圣人乃不得已而用之。其为术见于三王方策之所垂，历代简书之所载。惟有志之士、仁爱之人，为能知其计谋法律，乃行军远大之道，平素必精求其理，预为戒备，而不敢轻忽遗忘。盖诡诈残酷，皆狃近小之见；而临时无备，或贻疏略之失。皆非用兵之所贵也。

李解：兵谋，用兵之谋。师律，出师之律。方策，若《诗》《书》所载。简书，若《左传》、《史记》所录。远者大者，则禁诛乱之义，讲武治兵之方也。朱子曰："先王之制，内有六卿六遂都鄙之兵，外有方伯连帅之兵。内外相维，缓急相制。"又曰："握机之法，中外有轻重之权，阴阳有刚柔之节，彼此有虚实之地，主客有先后之数。轻重之权、刚柔之节者，家计也。以实击虚，以先夺后者，合变也。我易而敌常险，我简而敌常繁。此谓致人而不致于人。此其机要也。"

茅注：见，音现。谋，如分合、奇正之类。律，如步伐、止齐之类。平时则教以孝弟忠信之行、务农讲武之法，而临事则教以除暴救民、禁乱戢非，所谓远者大者也。西溪李氏曰："《甘誓》攻右、攻左，御非其马之正，《牧誓》六步、七步，四伐、五伐、六伐、七伐，皆不可乱。周公《司马法》坐作进退，皆有常节。鲁侯抚师，牛马臣妾戒以勿逐，以其乱部分后，不可以为师也。"程子曰："袁绍以十万众阻官渡，而曹操以万卒取之。王莽百万之众，而光武昆阳之众有八千，仍有在城中者，然则只是数千人取之。符坚下淮百万，而谢玄才二万人，一麾而乱。以此观之，兵众则易老，适足以资敌人。一败不支则自相蹂践，譬之一人躯干极大，一人轻捷，两人相当，则臃肿者迟钝，为轻捷者出入左右之，则必困矣。"问："用兵'掩其不备，出其不意'，王者用师当如此否？"曰："固是用兵须要胜，但须识所以胜之之道。汤武之师，自不须如此。看'罔有敌于我师'，便可见。然汤亦尝'升自陑'，陑亦间道，两军相向，必择可攻处攻也。右实则攻左，左实则攻右，不成道我不用计也。如韩信囊沙壅水之类，何害？他师众，非我敌，决水使他一半不得渡，自是理合如此。若汉楚既约分鸿沟，乃复还袭之，此则不可。"问："间谍之事如何？"曰："亦不可。"杨龟山曰："后世推诸葛亮、李靖为知兵，以其得法制之意，而不务侥幸故也。《周官》之法，虽坐作进退，亦皆有节。平时不讲，一旦缓急，何以应敌？学者不可以不知也。"又曰："自黄帝立邱乘之法以制军政,历世因之,未之有改,至周尤详。居则为比、闾、族、党、州、乡,出则为伍、两、卒、旅、军、师。天子无事岁三田以祭祀,宾客充君之庖而已,其事宜若缓而不切。而王执路鼓,亲临教战,苟其坐作进退、疾徐疏数,不用命者,则戮随之。其教习之严如此,故六乡之兵出则无不胜也,以威令素行也。"

[集评]

朱子曰：看古来许多阵法,遇征战亦未必用得。所以张巡用兵,未尝仿古兵法,不过使兵识将意,将识士情。盖未论临机应变,方略不同,只如地圆则须布圆阵,地方则须布方阵,亦岂容概论也?(《茅注》)

张习孔曰：素求预备,兵法之祖也。即孔子临事而惧,好谋而成意。

江永曰：志士仁人有任天下之志,有忧天下之心,故兵事亦留意焉。横渠先生少年喜谈兵,所谓"素求预备,不敢忽忘"者。

张绍价曰：儒者有志保国保民,必不可以不知兵。古之学者,文武并重,学礼乐即习射御。圣门中有若踊幕,冉有用矛,樊迟逾沟,皆能置身行间,执干戈以卫社稷。宋以后文武分途,士习为辞章无用之学,自命风雅,而以兵为鄙事,付之武夫悍卒。人以入伍为耻,国无尚武之风,外侮至而不能御,内乱起而不能平,日削日弱,而国将不国矣。士必有沈毅之质,畏慎之心,然后可以谈兵。轻浮少年,略读几卷兵书,涉猎武技王遁之术,辄慷慨自负,以为诸葛复生,罗山璞山俱不难为,大言不惭,放言无忌,其不为赵括、马谡几何? 故兵谋不可不学,而亦不可以易而学也。

22. [一]肉辟,于今世死刑中取之,亦足宽民之死,过[1]此,当念其散之之久。[2]

[集校]

[一]《张解》本有"横渠曰"三字。

[集注]

[1] 江注：句。

按,江永又云："叶氏读'宽民之死'为句,'过此'为句,未安。"认为应在"过"字后句读。

[2] 叶解：肉刑有五：刻颡曰墨辟,截鼻曰劓辟,刖足曰剕辟,淫刑曰宫辟,死刑曰大辟。至汉文帝治(按,"治"当依《四库》抄本作"始")罢墨、劓、剕、宫之刑,或回(按,"回"当依《四库》抄本作"曰")宫刑不废。今欲取死刑情轻者,用

肉刑以代之。外此当念民心涣散之久,必明礼义教化以维持之,不但省刑以缓死。

张解:肉辟,即《书》所谓五刑是也。汉文帝时始罢墨、劓、荆、宫之刑,止留死刑。横渠欲取死刑中情轻者,用肉刑以代之,亦庶几足以宽民之死。过此以往,又当念教化无术,民心涣散已久,故多犯法,亟思所以正其本,不徒有以缓其死而已也。

李解:汉文帝始罢墨、劓、荆,隋文帝并去宫,而肉刑废矣。于死刑之情轻者而用肉刑,亦足宽民之死,而不至于滥杀,然过此当念民心涣散之久,当有以教养之,不但省刑以缓死也。朱子曰:"徒流之法,既不足以止穿窬淫放之奸,而其过于重者,则又有不当死而死。如强暴赃满之属者,苟采陈群之议,而一以宫荆之辟当之,则虽残其肢体而实全其躯命,且绝其为乱之本,而使后无以肆焉,岂不仰合先王之意,而下合当世之宜哉?况君子得志而有为,则养之之具、教之之术,必随力之所至而汲汲焉,固不应因循苟且,直以不教不养为当然,而熟视其争夺相杀于前也。"

茅注:辟,婢亦反。……郑注《周礼·司刑》引《书传》曰:"决关梁、逾城郭而略盗者,其刑膑;男女不以义交者,其刑宫;触易君命、革舆服制度、姦轨盗攘伤人者,其刑劓;非事而事之,出入不以道义而诵不详之辞者,其刑墨;降畔、寇贼、劫掠、夺攘、挢虔者,其刑死。"膑谓断其膝骨,不言膑而言刖者,据《吕刑》之文也。汉文帝十三年,太仓长淳于意有罪当刑,女缇萦上书,愿没为官婢以赎父刑,帝恻然,遂除肉刑。然按文帝诏,谓:"今有肉刑三,而姦不止。"注谓黥、劓、斩趾三者,遂以髡钳代黥,笞三百代劓,笞五百代斩趾,独不及宫刑。至景帝元年,诏言孝文除宫刑,出美人,重绝人之世也,则知文帝并宫刑除之。景帝中元年,赦徒作阳陵者死罪,欲腐者许之,而武帝时李延年、司马迁、张安世兄贺皆坐腐刑,则是因景帝中元年之诏,宫刑复用,而以施之死罪之情轻者,其后亦不复闻,独《书正义》谓汉文帝止除墨、劓、荆,宫刑犹在,至隋间皇之初,始除男子宫刑,妇人犹闭于宫。孔氏及事隋,其言必有据也。但与景帝元年之诏不合。盖自景帝中元年后,宫刑复用,相沿至隋,乃始除之,而说者遂误,以谓文帝不除宫刑也。隋既除宫刑,于是乃定为笞、杖、徒、流、死,至今相承不改。其配远州者,则决杖黥面而遣之。《周礼》郑注:"墨,黥也。先刻其面,以墨室之。"则是黥与墨一也。《书》孔注:"墨,凿其额,以墨涅之。黥,黥面也。"则是黥与墨有别矣。故致堂以墨为五刑之正,黥为五虐之刑,分而二之,盖本孔氏说。然观《吕刑》五虐之刑,黥与劓则并列,且肉刑之中黥为最轻,又安得独以此为五虐之刑,而以为始于有苗乎?

但先王用之,使刑当其罪,而有苗则加于无辜之人为虐刑耳。后世籍民为兵,无罪而黥之,使终身不得自列于平民,宜胡氏斥以为不仁也。此者,指肉辟宽民之死而言;过此,则死刑矣。欲宽其死而不得,但当念其散之之久而已,谓宜哀矜而勿喜也。散,谓民情涣散,说见《论语》。浚仪王氏曰:“按《通鉴》,西魏大统十三年三月除宫刑,非隋也。”阎百诗曰:“是时疆宇分裂,西魏虽除宫刑,而北齐天统五年犹有应宫刑之诏,至隋开皇元年方永行停止也。”按,朱子于井田封建,皆以为不可复,独肉刑则谓“徒流之法,不足以止穿窬淫放之奸,其过于重者,又有不当死而死”,而欲采陈群之议,一以宫、剕等辟当之。按,《周礼·掌戮》:“墨者守门,劓者守关,宫者守内,刖者守囿。”盖虽刑馀之人,皆各有以处之,使无失所,故残其肢体而犹不至绝其生路。今皆不能行,而欲用肉刑,可乎?神宗初,韩绛、曾布议复肉刑。吕申公曰:“后世礼教未备,而刑狱繁,将有踊贵屦贱之讥。”王珪欲取死囚,试劓、刖之。吕公曰:“不可。试之不死,则肉刑遂行矣。”议遂寝,可谓老成之见。李氏曰:“先王之时,虽用肉刑,然人之下丽刑者实未尝遽用之,故司寇以圜土教罢民,凡害人者,其罪已定,夜置于圜土以囚之,尽施职事以役之,明书其所犯之罪于大方版,加诸背而耻之,其能翻然痛改则舍之,使还其乡里,然犹未能保其必善也,故必三年不齿,以验其果善与否。不齿者,如读法、饮射之类皆不得与是也。至其不能改而出圜土者,然后诛之。先王用刑,其委曲如此。”

[集评]

李公晦问:“恕”字,前辈多作爱人意思说,如何?曰:毕竟爱人意思多。因云:人命至重,官司何故斩之于市?盖为此人曾杀那人,不斩他,则那人之冤无以伸,这爱心便归在被杀者一边了。然古人“罪疑惟轻”,“与其杀无辜,宁失不经”,虽爱心只在被杀者一边,却又溢出这一边些子。(《语类》卷一百一十)

茅星来曰:古先王政教荡然无存,而独欲留肉刑,一旦用刑失当,刕者不可复属,恐非仁人所以用心也。

江永曰:肉辟,墨、劓、刖、宫也。张子欲以此代死刑之情轻者,亦足宽其死过。盖上失道而民散久,不幸入于死罪,所当念也。又按,今世死刑,情轻者但于流徙减等,终不忍用肉辟,尤善。

张绍价曰:不忍用肉辟,固善。近世新律,改笞杖徒流为罚锾,为无期徒刑,有期徒刑,苦工习艺,尤合于《周礼》圜土之法。然刑轻而民易犯,其于为治之道,固犹未得其平也。

23. 吕与叔撰《横渠先生[一]行状》云[二]：先生慨然有意三代之治，[三]论治人先务，未始不以经界为急。[四]尝曰："仁政，必自经界始。贫富不均，教养无法，虽欲言治，皆苟而已。[1]世之病难行者，未始不以呕夺富人之田为辞。然兹法之行，悦之者众，苟处之有术，期以数年，不刑一人而可复，所病者特上之[五]未行耳。"[2]乃言曰："纵不能行之天下，犹可验之一乡。"方与学者议古之法，共买田一方，画为数井，上不失公家之赋役，退以其私正经界、分宅里、正[六]敛法、广储蓄[七]、兴学校、成礼俗，救菑恤患，敦本抑末，足以推先王之遗法，明当今之可行。此皆有志未就。[3]

[集校]

[一]《张解》本无"先生"二字。

[二]"云"，叶作"曰"。(《冯记》)按，"云"，《张解》本、《叶解》四库抄本、《茅注》本作"曰"。此条今见张载《附录·吕大临横渠先生行状》，下同，此处无"吕与叔撰《横渠先生行状》云"句。

[三]"论"上，《吕大临横渠先生行状》有"望道而欲见"句。

[四]"尝"上，《吕大临横渠先生行状》有"讲求法制，……举而措之尔"数句。

[五]"未行"上，叶本有"人"字。(《茅注》)"未行"，叶上增"人"字。(《冯记》)"之"下，一有"人"字。(朝刊《近思录》)按，"未行"上，《叶解》元刻本及其四库抄本、《张解》本、《江注》本有"人"字。此句，《李解》本为"所病者特上未之行耳"、《附录》为"所病者特上未之行尔"。

[六]"正"，《叶解》元刻本及其四库抄本、吴邦模刻本、《张解》本、《李解》本、《茅注》本、《江注》本及其四库抄本作"立"。

[七]"储蓄"之"蓄"，吴邦模刻本作"畜"。

[集注]

[1]叶解：孟子曰："仁政，必自经界始。"盖经界不正，则富者有所恃而易于为恶，贫者失所养而不暇为善。教养之法俱废，其治苟且而已。

茅注："治人"之"治"，平声。"贫富不均，教养无法"，二者自经界不正之害也。

[2]李解：处，上声。

[3]张解：世之病井田之治，以为难行于今者，大抵以今日之田多归富人，欲行井田，势必夺之后可，故不能无所阻。不知此法一行，处处均平，悦

之者众,苟处之得其道,期以数年之间,不用刑罚一人而便可复矣。所病者特上之人,未有实心为政,决然行之耳。岂真有妨于富人而不可行哉?……如是,足以推见先王之遗法,明示当今以井田之可行而无难。此皆先生卓然有志复古,惓惓不忘者,惜乎未就而赍志以没耳。

茅注:敛,去声。菑,灾同。马氏曰:"按夹漈郑氏言:'井田废七百年,至魏孝文始纳李安世之言复行均田。男夫十五以上受露田四十亩,妇人二十亩。'然晋武帝时男子占田七十亩,女子三十亩。丁男课田五十亩,丁女二十亩。次丁男半之,女则不与。则亦非始于后魏也。但史不书其还受之法,无由考其详耳。或以后魏行均田,夺有馀以予不足,必致烦扰以兴怨谤。今观其立法,所受者露田,诸桑田不在还受之限。意桑田必是人户世业,是以栽植桑榆其上,而露田不栽树,则似所种者皆荒闲无主之田,必诸远流配谪无子孙及户绝者墟宅桑榆,尽为公田以供授受,则固非尽夺富者之田以与贫人也。又令有盈者无受无还,不足者受种如法。盈者得卖其盈,不足者得买所不足,不得卖其分,亦不得买过所足。是令其从便买卖,以合均给之数,则又非强夺之以为公田而授无田之人,与王莽所行异矣。此所以稍久而无弊欤。"刘道原曰:"后魏均田制度,似今世佃官田及绝户田出租税,非如三代井田。魏、齐、周、隋兵革不息,农民少而旷土多,故均田之制存。至唐承平日久,丁口滋众,官无闲田,不复给受,故田制为空文。《唐志》云:'口分、世业之田坏而为兼并。'似指以为井田之比,失之远矣。"

江注:问:"东坡破此论,只行限田之法,如何?"曰:"都是胡说!作事初如霹雳,三五年便放缓了。况限田之法虽举,于今一年淡一年,便寝矣。若欲行之,须是行井田;若不能行,则且如今之俗。那限田只是戏论。"

[集评]

问:横渠谓:"世之病难行者,以亟夺富人之田为辞。然处之有术,期以数年,不刑一人而可复。"不审井议之行于今,果如何?曰:讲学时且恁讲,若欲行之,须有机会。经大乱之后,天下无人,田尽归官,方可给与民。如唐口分世业,是从魏晋积乱之极,至元魏及北齐、后周,乘此机方做得。(《语类》卷九十八)

安卿问:横渠复井田之说,如何?曰:这个事,某皆不曾敢深考。而今只是差役,尚有万千难行处;莫道便要夺他田,他岂肯!(同上)

张习孔曰:先生议复古法,欲买田一方,画井立宅,广储蓄,成礼俗。先生之意则善矣。第未思再传之后,子孙蕃衍,又当分析,其宅里树蓄,终难剖判也。其或上之人,暂行之中原平衍数州之地,而渐设法以剪裁晋、楚、闽、蜀诸山郡可耳。然先生既有意,必有经久良法,后学浅识不能测也。

24. 横渠先生为雲岩令,[一]政事大抵以敦本善俗为先。[1]每以月吉,具酒食,召乡人高年会县庭,亲为劝酬,使人知养老事长之义。因问民疾苦,及告所以训戒子弟之意。[2]

[集校]

[一]《吕大临横渠先生行状》无"横渠先生为云岩令"句。

[集注]

[1]叶解:去浮华而务质,抑末作而尚本,皆敦本之事也。勉其孝悌,兴于礼逊,皆善俗之事也。

张解:民不敦本,则浮华逐末,皆足以为治之病。风俗既漓,家鲜孝弟之行,邑无礼让之化,不有以善之,治道如何可成?故先生之为雲岩县令也,政事大抵以此为先,其为治可谓知所重矣。

茅注:雲岩,县名,宋属永兴军路丹州。熙宁七年省为镇,入宜川县。今宜川,隶陕西延安府。敦本,如兴孝、兴悌之类。善俗,如让畔、让路之类。

[2]杨注:《形状》。

叶解:月吉,月朔也。

李解:食,音嗣。……官长与父老相亲,则下情得以上达,上意得以下宣矣。

茅注:养,去声。长,张丈反。亲为劝酬者,以身率先也。问民疾苦者,欲有以养之也;告所以训戒子弟者,欲有以教之也。

[集评]

张习孔曰:太和在成周宇宙间,不过是此景象。若能天下皆如此推行,安见后世之不为三代也!

张绍价曰:此述横渠先生为雲岩令,教民养民之政,以为守令之法。

25. 横渠先生[一]曰:古者有东宫,有西宫,有南宫,有北宫,异宫[二]而同财。[1]此礼亦可行。古人虑远,目下虽似相疎,其实如此乃能久相亲。[2]盖数十百口之家,自是饮食衣服难为得一。[3]又异宫乃容子得伸其私,所以避子之私也。子不私其父,则不成为子。古之人曲尽人情。必也同宫,有叔父伯父,则为子者何以独厚于其父?为父者又乌得而当之?[4]父子异宫,为命士以上,愈贵则

愈严。[5]故异宫犹今世有逐位,非如异居也。[6][三]

[集校]

[一]《张解》本无"先生"二字。

[二]"异宫"之"宫",原文本作"居",张子恐人疑如后世之"异居",故易以"宫"字。观下文"非如异居"句意自可见。(《茅注》)

[三]自"父子异宫"以下,程子《遗书》附《东见录》后,中亦有之。(《茅注》)今见《拾遗》。(《冯记》)按,此条今见张载《拾遗·近思录拾遗》。

[集注]

[1]江注:此《仪礼·丧服》传文。

[2]茅注:"有东宫"至"同财"十七字,见《仪礼·丧服》篇"世父母,叔父母"传。……《论》、《孟》中所载,如南宫适、北宫锜之类,盖各以所居之宫氏之。应劭"或氏于居",正谓此也。又按《传》谓:"有馀则归之宗,不足则资之宗。"注:"宗者,世父为小宗也。资,取也。"可见虽异居,而财仍长者一人主之,此所以能久相亲也。此就兄弟言之,盖兄弟异居,若不相亲者然,故张子特论之如此。

[3]叶解:族大人众,则服食器用固有不能齐者。同宫合处,则怨争之风或作矣。

张解:此言宗族异宫,正所以善全其睦族之情也。古者,族大人众,则所居之宫有东西南北之分。异其宫室而同其财用,此礼亦可行于今。夫古人之异其宫者,其思虑深远,自目下论之,迹似于疏,不相亲爱;以其实言之,必异其宫室,乃得猜嫌不作而久益相亲。盖数十百口之家,嗜好各殊,丰俭各异,饮食衣服,画一为难。惟异宫而处,故彼此不至于相形。使同宫合居,则争怨之端渐起,而亲爱之情反有不复终者矣。

[4]叶解:虽同宗祖,然亲疏有分。异宫者,亦使人子各得尽情于其亲也。不然,则交相病矣。

张解:此言诸父异宫,正所以得尽其为子之情也。诸父虽同一本,亲疏原自有分。惟异宫,乃使为子者得伸其爱亲之私。私则不必使人共知,故异宫者所以避之也。使子不致其私于父,则子职有亏,不得成为子。此古人异宫之制,正所以曲尽夫人情。若居必同宫,则叔父、伯父皆所当爱,为子者何以独厚于其父? 为父者独爱其子之厚,于心必不安,又乌得而当之乎? 盖诸父皆在所爱,情之公也;其父独在所厚,情之私也。子诚能尽其私,则合乎天理人情之至当,而亦不害其为公矣。

李解:焉,于虔反。

茅注："避子之私"至"不成为子"十五字,亦《仪礼》传文。"私其父"者,如《内则》所谓"鸡初鸣,盥漱,栉缭,笄緫,以适父母、舅姑之所"之类皆是。此一节反复申明古人所以异宫之意。

贝原笃信曰:上"私"字专厚父之私也,下"私"字指宴息而言。

[5] 叶解:一命为士,则父子亦异宫。愈贵,则分制愈密。

张解:此言父子异宫,因其分而有殊也。父与子亦异宫者,自一命为上,等而上之,其位愈贵,则分制亦愈密。盖爱亲之心,原人子之所同,而为所得为,又宜随在而自尽也。

茅注："由命士以上,父子皆异宫",见《礼记·内则》篇。引此以见命士以上,则不独兄弟异宫也。盖以父子亲爱,而其分制之严有如此,亦以明首节似相疏而实相亲之意也。郑康成云:"古者命士以上,年十五,父子异宫。"贾公彦云:"不命之士,父子虽同宫,其中亦隔别,各有门户。"

[6] 杨注:《乐说》。

张解:此又言异宫之制,不同于异居也。盖所谓异宫者,犹今世之有逐位,非遂分析而居也。夫异宫则得各尽爱亲之情,不异居则不失其敦伦之意。仁之至,义之尽,其兼得之矣。此下三条《集解》阙,今照原编补。

李解:为,去声。

茅注:逐位者,犹今兄东弟西之意。张子恐人疑为异居,故引以明之。

江注:朱子曰:"古者宗法,有南宫、北宫,便是不分财,也须异爨。今若同爨固好,只是少间人多了,又却不齐整,又不如异爨。"

贝原笃信曰:逐位者,逐一为序作各局也,非分财而离居。

[**集评**]

朱子曰:古父子异宫。宫如今人四合屋,虽各一处,然四面共墙围。(《语类》卷九十一)

张习孔曰:先生言古制,曲体人情,欲后人师其意也。善师其意,虽异居而恩义自美,否则异宫之中,亦有难调剂处。大抵古人之教,法非一端,其所以教民孝悌者,无不详备。沦濡积久,故有异宫同财之制,而无勃溪嫌疑之患也。

张绍价曰:同居同爨似亲,然事繁人杂,难以持久,则亲之适以疏之;异居异爨似疏,然易于整顿,可以持久,则疏之正以亲之。惟末世人情衰薄,异居即须异财,使子侄知生计之艰,各谋所以自立,乃为保家之道。但能有无相通,患难相恤,勿失其友爱之心,斯善矣。若异居而犹同财,一家用度,全仰给于一人,养成子侄依赖性质,一旦失其所恃,必贻颠覆之祸。慕长厚之虚名,而无以善其后,明达者所不为也。

26. ［一］治天下不由井地,终无由得平。周道止［二］是均平。［1］［三］

[集校]

　　［一］《张解》本有"横渠曰"三字。

　　［二］今见《经学理窟·周礼》。"止",江改"只"。(《冯记》)按,《江注》本作"只"。

　　［三］《张传》本将第26、27条连接在一起刻印,似合为一条。

[集注]

　　［1］杨注:《语录》,下同。

　　叶解:周道如砥,言其平也。

　　张解:理民之道,地著为本,故必建步立亩,正其经界。六尺为步,步百为亩,亩百为夫,夫三为屋,屋三为井。井方一里,是为九夫,八家共之,各受私田百亩,公田十亩。田有定分,豪强不得以兼并,自各得其平。治天下之法,使不由井地,则田里不均,游惰姦宄不轨之民得容于其间,而不平甚矣。

　　李解:周道,谓成周之治道。均平,则各得其所矣。胡氏曰:"唐太宗口分授田,遂致贞观之治。若圣王得人任职,随高低长短阔狭画成区数,每区以百亩为率,每亩以百步为率,分上中下三等。上等八口九口,中者七口六口,下者五口,未至五口或过乎九口,别行区处。"或曰:"田之数不可益,人之生无穷,只恐将来人多田少,养不给,如何?"曰:"天地间气只生得天地间许多人,既生之必能养之,将海内之田区画已定,籍记天下人口之数而加减之,只要均平,不拘多少。多则每区十人亦可,少则每区四五人亦可,当以田为母而区画已有定数,以人为子而增减以授之。"

　　茅注:治,平声。不由井地,则富者田连阡陌,贫者至于流离失所,故云"终无由得平"。周道,犹言大道也。止是均平,言必当力行井地也。

[集评]

　　张伯行曰:此井地之制,圣王所以均天下之田里,政立仁施,匹夫匹妇,各得其所。为治者可不法乎!

　　张绍价曰:周道均平,故可以长治久安。后世之法,不均不平,故治日常少,乱日常多。西洋竞言平等,然能平上下之等,而不能平贫富之等。大资本家、大地主家,役使劳动家如奴隶。贫者永贫,富者永富,不平已极。故有今日罢工、共产之祸。乱机所煽,行且及于吾国,甚可畏也。

李瀷曰:朱子《答张敬夫书》曰:"须就边郡官田略以古法,画为丘井沟洫之制,通行之,使彼此无疆场之争,军民无杂耕之扰,此则非惟利于一时,又可渐为复古之绪。"此言可补张子之馀意。

朴履坤曰:此取道路之平,以化王道也。

27. [一]井田卒归于封建,乃定。[二] [1]

[集校]

[一]"井"上,《张解》本有"横渠曰"三字。此条今见《经学理窟·周礼》。

[二]"定",《张传》本作"安"。《茅注》云:"以上并横渠语。"

[集注]

[1]叶解:国有定君,官有定守,故民有定业。后世长吏更易不常,相仍苟且,纵复井田,不归于封建,则其欺蔽纷争之患庸可定乎?

张传:愚有《井田辨》一篇,以与先生之指不同,不敢载此,见于别集。大约井田难行者,以弃地必多,赋税大诎。又不能一父止生一子,每至二三十年,又须改作分授也。

张解:封建之法,圣人所以制天下之命。法天而不私己,尽制而不曲防。分天下之地以为万国,而与英才共之。大小相制,内外相维。自黄帝、尧、舜迄于三代,皆因之而不变。故欲行井田之制,终归于封建,其势乃定。……此与上条合观之,张子经济之学可见,学者其深玩焉!

李解:或曰:"为今之计,必封建而后可以为治耶?度其势,亦可以必行而无弊耶?"朱子曰:"不必封建而后可为治也。但论治体则必如是,然后能公天下以为心,而达君臣之义于天下,使其恩礼足以相及,情意足以相通,且使有国家者各自爱惜其土地人民,谨守其祖先之业,以为遗其子孙之计。而凡为宗庙社稷之奉,什伍闾井之规,法制度数之守,亦皆得以久远相承,而不至于朝成而暮毁也。若犹病其或自恣而废法,或强大而难制,则杂建于郡县之间,又使方伯连帅分而统之,察其敬上而恤下,与其违礼而越法者,以行庆祝让之典,则曷为而有弊耶!"

茅注:"定"者,谓沟途封植之类,一一有以得其条理而无所阙也。叶水心曰:"自黄帝至于成周,天子所自治者,皆是一国之地。是以尺寸步亩,可历见于乡遂之中,而置官司、役民夫、正疆界、治沟洫,终岁辛苦,以井田为事。而诸侯亦各自治其国,百世不移。故井田之法可颁于天下。然江汉以南,潍淄以东,其不能为者,不强使也。今天下为一国,虽有郡县,吏皆总于上,率二三岁一代,其间大吏有不能一岁半岁而去者,是将使谁为之乎?是故封建既废,井田虽在,亦不可独行也。"愚按,伊川谓:"秦法固不善,亦有不可变者,罢侯置守是也。"又谓:"必井田,必封建,必肉刑,非圣人之道也。善治者,放井田而行之,而民不病;放封建而使之,而民不劳;放肉刑而用之,而民不怨。故善学者得圣人之意,而不取其迹也。迹也者,圣人因其一时之利而制之也。"于此亦可见程子之公平,而张子之言虽善,而有所不必拘矣。朱子曰:"封建亦有可行者,如有功之臣封之一乡,如汉之乡亭侯,田税亦须要均,则经界不可以不行,大纲在先正沟洫。"

江注:朱子曰:"封建井田,皆易得致弊。"

[集评]

朱子曰:井田之法要行,须是封建,令逐国各自去理会。如王畿之内,亦各有都鄙、家鄙。汉人尝言,郡邑在诸国之外,而远役于中都,非便。(《语类》卷一百八)

先生云:封建井田,乃圣王之制,公天下之法,岂敢以为不然!但在今日恐难下手。设使强做得成,亦恐意外别生弊病,反不如前,则难收拾耳。此等事,未须深论。他日读书多,历事久,当自见之也。(同上)

朱子曰:程先生幼年屡说须要井田、封建,到晚年又说难行,想是他经历世故之多,见得事势不可行。(《江注》)

王夫之曰:谓井田、封建、肉刑之不可行者,不知道也;谓其必可行者,不知德也。

茅星来曰:封建自不可复,而郡县之官宜慎择其人,以久其任而重其权。凡可以养士、足民、赡兵者,使皆得以便宜从事,然后严为之考课,以厚其赏罚。有功,则如汉赐爵关内侯之例,增秩加赏而勿易其官;无功,则降黜废弃,而更求能者。有罪,则流殛刑诛,而勿加宽贷,使之前有所劝,后有所畏。如此则有封建之实而无封建之害,或亦斟酌古今之一道也。不然,则郡县削弱,一旦横决奔溃,莫能支持,如明末张、李之乱,长驱直入,率由于此,可为深鉴。

江永曰:朱子之论,至矣!《语录》中有极言封建之弊者,文多不能尽载。凡井田封建,朱子姑采先儒之说,以其为先王治天下之大法也。学者当考朱子平日之言为断。

管赞程曰:自"横渠先生曰兵谋师律"至此为一章,详论兵刑、吏治、井田、封建以结之。

张绍价曰：自"横渠先生曰兵谋师律"至此为一段，详论兵刑、井田、封建、为令政事，及异宫同财之礼。

又曰：井田封建均难行。灵峰先生主张井田甚力，予未敢附和。刘幼云谓："井田传贤，皆圣王至公至平之法。然古今时势不同，行之今日，必至致乱。"洵笃论也。封建行于闭关之世，已未免利少害多。若处列强环伺之世，则万无可行之理。微论封国百里之制，不足以自立，即一省自为一国，如美德联邦之制，亦形势涣散，必召瓜分之祸。在昔印度，固洋洋大一统之国也，其后分国若干，乃为英人所乘，亡不旋踵。天下之势，合则强，分则弱。匈奴分南北而衰，罗马分东西而亡，自古为然，于今尤烈。近岁各省惩于兵祸，倡为自治之说，以冀免武人之鱼肉，谋近而不虑远，吾惧吾神州为印度之续也。末二节以治道遥应首节，收结通篇。以"平"字应首节作乐以平天下之情，起下卷武怒悲哀不平之意。

《近思录》卷之十
凡六十四条

臣　　道

[集评]

叶采曰：此卷论临政处事。盖明乎治道而通乎治法，则施于有政矣。凡居官任职，事上抚下，待同列，选贤才，处世之道具焉。

施璜曰：居官任职，则设施措置不能不与物接，故不能无事，然有一事必有一理，而其所以为事之理固已具于性分之内，但要人有廓然大公之心，事来惟顺理以应之而已。若厌其烦扰，欲绝而去之，则陷于佛老之空寂；若不察其理之当然，以机变为足以应事，则又流于商鞅、仪、秦智谋之末，为小人之归矣。故处事不用智计，不容一毫私意，只循天理而行，便是儒者气象，便是王道。第思事上抚下，待同列，选贤才，无非天理所在。苟不审于几微，失于省察，则又恐陷于人欲之私而不自知，及事后自觉其非，悔之晚矣。故必于事物初接、本心萌动之际，谨察精辨，熟为天理，熟为人欲，使善恶、是非、公私、义利判然于前，然后从其善而去其恶，行其是而止其非，扩其公而遏其私，正其义而不谋其利。如此既久，则义理益精，自无过与不及之差矣。故朱子于论治法之后，即教人以居官处事之方焉。

茅星来曰：此卷亦致知格物之事，即程子所谓"应接事物而处其当"是也。以居官任职事尤重大而不可忽略，故独详焉。凡六十四条。

张绍价曰：朱子曰："此卷处事之方"。价按，此卷以事君爱民处事与人之道为主，以存诚、得中、守正为总旨，以义理为分意。体似立纲，首五节为一篇纲领，以下分三段发明之。

钱穆曰：此目言应事之方，即犹言应事之道。（《随劄》）

泽田希曰：治体治法，论其素具。此篇方论举而措之术。对前两篇则彼言其体，此见其用，治国临政之道，丁宁详审如此。

1. 伊川先生上疏曰：[一]夫钟，怒而击之则武，悲而击之则哀，诚意之感而入也。告于人亦如是，古人所以斋戒而告君[二]也。[1] 臣前后两得进讲，未尝敢不宿斋预戒，潜思存诚，觊感动于上心。若使营营于职事，纷纷其思虑，待至上前，然后善其辞说，徒以颊舌感人，不亦浅乎？[2]

[集校]

[一]《张解》本无"先生"二字。此条今见《河南程氏文集》卷六《表疏·上太皇太后书》，无此句。

[二]"也"上，《上太皇太后书》有"者，何谓"三字。

[集注]

[1] 叶解：心诚则气专，气专则声应，不诚而能感乎？

张解：此程子《疏》中之语，见人臣告君，当积诚意以感动之。为讲官者不可兼以他职也。夫钟，无心之物，而随击而应，若可以心通之者。如人怀怒心以击之，则钟亦应之以武毅之声而有怒意；人怀悲心以击之，则钟亦应之以哀惨之声而有悲意，是何也？真诚之意有所感，虽金器亦可以入也，告语于人者，其诚意之感而善入，亦若是耳。此古人所以必宿斋预戒以养诚心，而后敢以告君，亦欲善其所以感之也。

李解：夫，音扶，后同。

茅注：齐，侧皆反，下同。此言感人必以诚意之意。

[2] 杨注：《文集》，下同。

张解：伊川言：臣前后两次进讲君前，当其未进时，未尝敢不宿斋预戒，外洁其身，内洁其心，沉潜思惟以静存诚敬之意，觊望有所感动于上心，庶其言易入也。若使不专其任，兼委他政，营营焉谋计职事，纷纷然役其思虑，则心无积诚。待至进讲于上前，然后斟酌善其辞说，徒欲以口颊唇舌感动于人，则其所言取办一时，无精诚之积，亦浅之乎告君矣，安望言之能入乎？

茅注：颊，音劫。颊，《说文》："面旁也。"此程子自道其事君之诚意，以冀感动于君心也。观程子"营营职事"之言，则知当日之所以使兼他职而固辞者，意固有在矣。此元祐元年《上太皇太后书》中语也。按《文集》，时讲读官五人，四人皆兼他职，唯伊川不领别官，近复差修国子监太学条制，无一人专职辅导者。执政之意，盖惜人才，不欲使之闲。又以为虽兼他职不妨讲读。故程子言之，以见讲读官当精思竭诚，专在辅导，不可兼他职之意。

[集评]

伊川前后进讲，未尝不斋戒，潜思存诚。如此则未进讲已前，还有间断

否？曰：不然。寻常未尝不诚，只是临见君时，又加意尔，如孔子沐浴而告哀公是也。（《语类》卷九十七）

张习孔曰：古人既有积诚悟主之学责其臣，亦有师保之训、匡救之德教其君。若禹皋之《谟》，《太甲》、《说命》之书是也。后世虽有积诚之臣，而无学问之君，如伊川先生之《疏》，其积诚也至矣，而时君未闻其进于善也，盖感之而无受者，如与木石言耳，岂其诚有未至哉？古今自帝王以至匹妇，精神感天而天动者多矣。至忠臣感君，不惜诛灭流窜，碎首沥血，巽言法语，无所不极，而能动其君者，不数见也。岂非天公而君私、天虚而君锢也欤！呜呼，人有感竹而笋生者矣，感水而鲲跃者矣。猛兽渡河，蝗不入境，异类皆可感也，而独听言者不可感？悲夫！

张绍价曰：此节以怒、武、悲、哀之不平，承上卷末节"平"字之意，以"诚"字领起通篇。告君必以诚，诚至方能动物。经筵进讲，故当善其辞说，开陈善道，以禁闭君之邪心。然必潜思存诚，庶几有所感动。夫虚假非诚，二三亦非诚。伊川地位，岂有虚假？但使营营于职事，纷纷其思虑，则心不免于二三，而诚意少散矣。诚不至而欲以颊舌感人，不可得也。

2. 伊川《答人示奏稿书》云：[一]观公之意，专以畏乱为主。颐欲公以爱民为先，力言百姓饥且死，丐朝廷哀怜，因惧将为寇乱，可也。不惟告君之体当如是，事势亦宜尔。[1]公方求财以活人，祈之以仁爱，则当轻财而重民；惧之以利害，则将恃财以自保。[2]古之时，得丘民则得天下。[二]后世以兵制民，以财聚众，聚财者能守，保民者为迂。[3]惟当以诚意感动，觊其有不忍之心而已。[4]

[集校]

　[一] 此条今见《河南程氏文集》卷九《书启·答人示奏草书》，无此"伊川《答人示奏稿书》云"句，且篇名"稿"为"草"。

　[二] "后世"上，《答人示奏草书》有"财散则人聚"句；"后世"下，有"苟私利于目前"六字。

[集注]

　[1] 叶解：徒言民饥将乱为可虑，而不言民饥将死为可伤，则人主徒有忧惧忿疾之心，而无哀矜恻怛之意矣。告君之体，必词顺而理直可也。

张解：此言臣之奏牍，当以爱民为急，时势之说，又其后着也。有示奏稿者，大要以民饥必致寇乱为言。伊川欲其得立言之本，故为书答之。言观公奏中之意，专以民饥致乱，其势可畏，据此为主，使人君闻之，或知所警。自我观之，不若以爱民之生为先务，言百姓之饥，且将至于死亡，其势甚急，其情甚可悯。冀朝廷闻言而生哀矜怜恤之念，则既有以动其本心之仁，因而惧之，以将为寇乱之渐。如此然后可以有益于时。此不惟人臣告君之体，立言有本，固当如是，即以事理情势论之，亦宜如是之有先后缓急尔。

茅注：丐，音盖。丐，求也。此言奏稿当以爱民为先之意。

[2] 叶解：哀矜之心生，则能轻财以救民之死。忧惧之心作，反将吝财以防民之变。

张解：盖公方以民饥而为求散财于上以活之，若能祈之以爱民为心，则君知民之当仁爱，自轻视财而重视民，财之发也自易。苟第惧之以寇乱之利害，则君存御乱之计，将谓惟财可以集事，而欲储财为自保之图，而吝啬意生，财更不可求矣。进言者，可不计及此乎？

贝原笃信曰：愚谓，"祈之"、"惧之"两"之"字，及下节"有不忍之心"，皆指天子言。祈，求也。

[3] 茅注：《周礼·小司徒》："四井为邑，四邑为丘，四丘为甸。"丘民，谓一丘之民也。犹古一成一旅之意。说见《孟子》。此两端所以明奏稿不可"专以畏乱为主"之意。愚按，程子亦因后世之见如此，故特言此，以见言之无益耳，非真谓兵与财之足恃也。后世富强莫如秦、隋，率皆二世而亡，而汉、唐稍知爱民，享国长久，可得云"保民者为迂"乎？

[4] 叶解："四井为甸，四甸为丘。"得乎一丘之民，则可以得天下。说见《孟子》。"后世以兵制民"，谓民有所不足畏；"以财养兵"（按，"养兵"当依《四库》抄本作"聚众"，原文亦为"聚众"），谓财有所不可阙。于是以聚财为守国之道，以爱民为迂缓之事。苟徒惧之以祸乱，则无恻隐爱民之心，愈增其聚财自守之虑矣。

张解：此又言古人知本计，而后世恃富强，君子惟在引君以当道，志于仁而已。古之时，能得乎邱民之心，则可以得天下，故民为邦本，此义甚重。后世每欲以兵节制乎民，以为虽不得民，民亦无奈何。第欲聚兵之众，非粮不可，于是欲恃财以聚众。若财既聚，便谓有所恃，而能长守其天下。一言保民，则目为迂疏寡当之论。世俗相沿久矣。惟当竭其诚意，感动上心，冀其知民疾苦，有以发其不忍之本心而已。若区区以将乱激之，恐无以开其轸民之思，而益以坚其聚敛之谋也。奏事者当知所重矣。

李解：朱子上疏曰："臣将命浙东，奉行救恤，民情嗷嗷日甚一日。窃谓有司之力诚有限量,而圣主天地父母,覆载生育之恩,则无终穷,以有限之力言之,则救护之切,拨赐之多,诚若不可有加于今日。然以陛下无穷之心论之,则岂不欲使此邦更得数十万之粟,以必救数十万之命,其忍直以无可奈何处之,而熟视其饥饿颠仆于前乎?”

茅注:此二句,所谓“欲公以爱民为先”者也。

贝原笃信曰:王观涛《四书翼注》云:“得乎丘民,非只是得一丘民之心,即天下之民归心也。只论个得民心可以有天下的道理。”愚谓,王说可据,叶氏注“得乎一丘之民,则可以得天下”之说,恐未是。

[集评]

许鲁斋曰:人臣为君言,只当言义理可与不可、当与不当。若以利害相恐动,则利害不应时,便不信矣。且如天道、福善、祸淫,有时而差,是天道亦不足信也。人只得求当于义理而已,利害一切不恤也。(《茅注》)

张习孔曰:古人云:“民犹水也,水能载舟,亦能覆舟。”后世人君虑其能覆我也,故聚财养兵,以力制民,使其不敢逆我尔,不知民困而国之元气亦伤矣。君之与民,犹父子也。父子不以恩义相感,而惟以力胜,可乎? 世有斯人,其召祸坠宗也决矣。先生教人祈君以仁爱,觊其有不忍之心,其益于国祚也大哉!

张绍价曰:此言告君之体,当以诚意感动,劝以爱民,不当怵以畏乱。孟子告齐梁之君,皆动其不忍之心,以劝其发政施仁,未尝以利害为言。后世兵与农分,人主所以自卫,与所以制民者,皆在于兵。惧以寇乱,则将聚财以养兵,而不肯散财以得民矣。惟感以诚意,觊其有不忍之心,庶于事有济耳。

3. 明道[一]为邑,及民之事,多众人所谓法所拘者,然为之未尝大戾于法,众亦不甚骇。谓之得伸其志则不可,求小补,则过今之为政者远矣。人虽异之,不至指为狂也。至谓之狂,则大骇矣。[1]尽诚为之,不容而后去,又何嫌乎?[2]

[集校]

[一] 此条今见《河南程氏文集》卷九《书启·答吕进伯简三》,“明道”上有“先兄”,“明道”下有“之”字。

[集注]

[1] 叶解:法令有未便于民者,众人为之未免拘碍。惟先生道德之盛,

从容裁处,故不大戾当时之法,而有补于民。人虽异之,而不至于骇者,亦其存心宽平而区处有方也。

张解:此见明道为政之善也。明道为邑令时,凡所以及民之事,皆众人所谓世法所拘、不可行于今者。然明道为之,未尝过亢,以大戾于法度,而众亦相忘而安之,不甚有骇异之见。此而谓明道已得伸其志而大有为则不可,第就目前论之,求其少补于治,则比今日之为政者过之远矣。人虽异而视之,亦不至指为狂妄而无当也。至谓之狂妄无当,则将大为骇异,不能一日安矣,然人之于明道固不尔也。可见王道不远乎人情,而政教未始不可行也。

[2]叶解:此又可以见先生忠厚恳恻之心,岂若悻悻然小丈夫之为哉!

张传:《升》六五曰:“贞吉,升阶。”阶虽易升而有级,如阶之升,则移风易俗之内,不失浅深节序之宜。盖王道不可以骤至也,先生以之。

张解:人之不肯行先王之政者,多诿为当今之世,若太执古,必至不容于时。不知我尽其当然,诚心为治,人亦未必不容。若果不容而后去之,不失其在我之所守,又何嫌而不肯为乎?

[集评]

东莱吕氏曰:当官以方便为上,如差科既不能免,即就其间求所以便民省力者,使不骚扰重为民害,其益多矣。(《茅注》)

管赞程曰:自篇首至此为一章,言处事以至诚感人为第一义。其原本于无极太极,其志在于希圣希天,其要在于无欲,其克己工夫,在于惩忿窒欲,迁善以发乾之用,其终则能以诚感人,以此处事,非偶然所能者。二程先生盖以身立教,现身说法。朱子于此书卷一、卷二、卷四、卷五及此卷,皆以此义为首,联络一片,发明乾道圣人之学行,读者详之。

张绍价曰:告君以诚,爱民亦以诚。守令之官,拘于法者不能有为,有为者又多戾于法,以取人之骇怪。明道道大德盛,从容裁处,不拘于法,亦不大戾于法,虽未能制民之产,得伸其教民养民之志,然过今之为政者远矣。盖尽诚为之,忠厚恳恻之意,有以深喻乎人心。故虽变通于法之外,而人不至指为狂也。

佐藤一斋曰:盖谓明道所为,颇出法外,不为法所缚。

4. 明道先生曰:[一]一命之士,苟存心于爱物,于人必有所济。[1]

[集校]

[一]《张解》本无"先生"二字。此条今见《河南程氏文集》卷十一《明道先生行状》,无"明道先生曰"句。

[集注]

[1]叶解:苟存爱物之心,必有及物之效。

张解:此见实心爱物者,不可有所诿而不自尽也。为官便当以爱物为心,爱物则随时随处皆能见惠,即如一命之士,至卑也,苟存诸心者,实能慈爱乎物,则欲与聚,而恶勿施。其于人也,必能实有所济。然则为官者,何人不当以爱物存心?而存心爱物者,又安得曰我位犹卑未可以有为乎?

李解:陈氏曰:"《周礼》一命受职,如今之第九品也。苟,诚也。物,即人也。一命犹然,况居大位者乎!"

茅注:见《行状》。

[集评]

薛瑄曰:"一命之士,苟存心于爱物,必有所济。"盖天下事,莫非分所当为。凡事苟可用力者,无不尽心其间,则民之受惠者多矣。(《读书录》)

张习孔曰:岂惟命士?布衣贱役,亦莫不然。

张绍价曰:一命之士,苟存诚心以爱民,必思为民解忿息争,兴利除害,有实惠以及人。人特患无爱民之心耳,勿诿为官小而不得有为也。

5. 伊川先生曰:[一]君子观天水违行之[二]象,知人情有争讼之道。故凡所作事,必谋其始,绝讼端于事之始,则无讼[三]由先[四]矣。谋始之义广矣,若慎交结朋[五]契券之类是也。[1]

[集校]

[一]《张解》本无"先生"二字。此条今见《周易程氏传》卷一《讼传》,无"伊川先生曰"句。

[二]"象"上,《讼传》无"天水违行之"五字。

[三]"无讼",《叶解》元刻本及其四库抄本、吴邦模刻本、《张解》本、《李解》本、《茅注》本、《江注》本及其四库抄本作"讼无"。

[四]"先",《叶解》元刻本及其四库抄本、吴邦模刻本、《张解》本、《李解》本、《茅注》本、《江注》本及其四库抄本作"生"。

[五]"朋",《叶解》元刻本及其四库抄本、吴邦模刻本、《张解》本、《李解》本、《茅注》本、《江注》本及其四库抄本作"明"。

［集注］

［1］杨注：《讼卦·象传》，《坎》下《乾》上，为《讼》。天西运水东流，故曰违行。交结，朋游亲戚也。契券，文书要约也。此皆生讼之端，故必虑其始。

叶解：《易传》，下同。……虑其始，必谨必明。

张解：此释《易·讼卦》大象之辞也。《讼》之卦象，天上水下，其行相违。君子观天水违行之象，知人情不一，安能无上下相违之时？故必有争讼之道，既不能免于讼，当先有以绝讼之端。故凡所作为之事，必于未为之始，谋之使尽善。能谋其尽善，则兴讼之端已绝于作事之始，而讼之弊亦无由生矣。夫最难无者，讼也，而实得诸谋始之道，则其义可谓广大而无以加矣。天下何者为兴讼之由？大抵交结契券之事为多。若能于初，致其谨慎，求其明白，所谓谋始者，即此类是也，而讼亦不禁而自绝矣。

茅注：券，从刀，劝平声，与从力者别。……二者偶举一二，以例其馀也。项平甫曰："《乾》阳生于《坎》水，《坎》水生于天一。《乾》、《坎》本同气而生者也，一动之后相背而行，遂有天渊之隔。由是观之，天下之事不可以细微而不谨也，不可以亲昵而不敬也。祸乱之端，夫岂在大？曹刘共饭，地分于匕箸之间；苏史灭宗，忿起于笑谈之顷。谋始之诲，岂不深切著明乎？"

朴履坤曰：以二象言之，天阳上行，水性就下，其行相违，所以成讼也。以二体言之，上刚下险，刚险相接，能无讼乎？又人内险阻而外刚强，所以讼也。

［集评］

张习孔曰：谋始，谋协乎天理人情之公，使杜绝其违端也。其中有一毫不协情理处，便是人心矛盾、甲乙聚讼之端，不可不慎。先生举二端以概其馀，亦是教人从至公处详慎，非计较利害之私也。

张绍价曰：君子无所不用其诚，而作事则有道矣。天行于上，水行于下，两相距违，《讼》之象也。君子作事必谋其始，揆理度情。凡可以致讼端者，皆预有以绝之，则讼无由生。谋始之义甚广，若慎交结明契券，皆其事也。价按，自篇首至此为一段，揭出告人、告君、爱民、作事四项，以为一篇纲领。

6. ［一］《师》之九二，为师之主。［二］恃专，则失为下之道；不专，则无成功之理，故得中为吉。［1］凡师之道，威和并至则吉也。［2］

[集校]

[一]《张解》本有"伊川曰"三字。

[二]此条今见《周易程氏传》卷一《师传》，下同，此处"恃"上无"师之九二，为师之主"句。或编者剪辑"恃"前语段而成此句。

[集注]

[1]叶解：恃专则失为下之道，如卫青不敢专诛，而具归天子，使自裁之是也。不专则不能成功，所谓"将在军（按，"军"《四库》抄本作"外"），君令有所不受"是也。二居中，故有得中之象。

张解：此释《师卦》九二爻义。以九居二，在《师》之中；一阳统乎群阴，为《师》之主。以阳居阴而又得中，故为恩威并行、随宜制胜之良将。盖在师之中，恃权专制，则失为下卑逊之道；不能专制，则威不立于阃外，而无成功之理。故得中为吉。辞曰"在师中，吉"者，此也。

茅注：《师卦》惟九二一阳居下卦之中，上下五阴顺而从之，是九二为《师》之主也。九二以刚居下而用事，六五以柔居上而应之，则倚任专矣。邓艾之承制拜假，事不待报，是恃专也。颜鲁公让功于贺兰进明，以至为所牵制，不能成功，则不专之患也。二居中，故有得中之象。愚按，程《传》于三五两爻"舆尸"并训作"众主"，即此《传》不专之意也。夫任将不专，使众主之，鲜有不败，是固然矣。然必先慎择其人，使其勇略仁信足以胜将帅任者，而后可专以任之。故《彖辞》曰"丈人"，六五曰"长子"，并老成之称，见非新进喜事、才弱志刚之辈所可与其选也。

[2]叶解：威而不和，则人心惧而离；和而少威，则人心玩而弛。九二刚中，故有威和相济之象。

张解：又即所谓得中者申言之。二之所以得中而吉者，何也？凡行师之道，纪律固在于严，然必有宽洪之意以行之，将卒一心，乃为善也。情意固当蔼恻，然必有约束之令以肃之，步伐不愆，乃为得也。能使威和并至，则得刚柔相济之义而吉矣。

茅注：恃专则不和，不专则无威。惟威和并至，为得中而吉。……杨诚斋曰："河曲之师，赵盾为将，而令出赵穿。邲之师，荀林父为将，而令出先縠。后世复有中人监军，从中牵制，皆取败之道也。"

[集评]

张习孔曰：先生释"中"字，取专而不过之义，与《本义》稍别。然两意俱可通，有刚中之德者，自能专而不过也。在字当看，古人命将，阃以外将军制之。苟任将不专，将虽在师而命制于上，虽在犹不在也。

茅星来曰：程子亦但就为将之道论之耳，人君之命将亦然。推心置腹所谓和也，信赏必罚所谓威也，未有舍此而能得将之用者。

张绍价曰：此言为将之道，贵于威和并用，以得中为吉也。

7. ［一］世儒有论鲁祀周公以天子礼乐，以为周公能为人臣不能为之功，则可用人臣不得用之礼乐，是不知人臣之道也。夫居周公之位，则为周公之事，由其位而能为者，皆所当为也。周公乃尽其职耳。[1]

[集校]

［一］《张解》本有"伊川曰"三字。

[集注]

　　[1] 叶解：《师卦》九二传。成王幼，周公摄政。周公没，成王思其勋德，锡鲁以天子之礼乐，使祀周公焉。孔子曰："成王之赐，伯禽之受，皆非也。"或者谓周公能为人臣不能为之功，故可用人臣不得用之礼乐。夫圣人之于事君也，有尽其道而已，非有加于职分之外也。若职分之外，是乃过为矣。

　　张解：成王以周公有大勋劳赐鲁祀，周公得用天子礼乐。世儒好为附会之论，以为周公之勋劳不比常人，夫惟能为众人臣所不能为之功，则可用人臣不得用之礼乐，以周公而用天子礼乐，似不为过。伊川严辨之曰"为是论者，皆不知人臣之大义者也"。夫居周公之位，则当为周公之事。周公之位乃人臣之位，周公之事亦人臣之事。由其位而有其事，凡其所能为者，皆其所当，非于职分之外有所加也。在周公亦不过自尽其职之当然耳。人不能为者，不能尽人臣之道也。为所当为而又用所不得用之礼乐，其非人臣之道则均也。故以天子礼乐祀周公，其非周公之志亦明矣。

　　李解：世儒，谓王介甫。鲁用天子礼乐，"成王之赐，伯禽之受，皆非也"。世儒曲为之说，故程子诋之。

　　茅注：以王安石有此言，因特论之。按，程子又云："子之事父，其孝虽过于曾子，毕竟是以父母之身做出来，岂是分外事？若曾子者仅可以免责耳。臣之于君，犹子之于父也。假如功业大于周公，亦是以君之人民势位做出来，而谓人臣所不能为，可乎？"

[集评]

　　张习孔曰：臣尽职以勤事，君称职以酬勋，逾其分，滥与僭交贵也。

江永曰：臣事君犹子事亲,皆无过分之事。

张绍价曰：此言人臣之道,所能为者,皆所当为,无过分之事也。周公亦只尽其职耳。后世人臣恃功骄恣,或赏不酬庸,而以怨望贾祸,由不知此义故也。

8.《大有》之九三曰：[一]"公用亨于天子,小人弗克。"[二]《传》曰：三当大有之时,居诸侯之位,有其富盛,必用亨通于[三]天子,谓以其有为天子之有也,乃人臣之常义也。[1]若小人处之,则专其富有以为私,不知公己[四]奉上之道,故曰"小人弗克"也。[2]

[集校]

[一] 吴本"曰"误"日"。(《王记》)按,"曰",《江注》四库抄本作"四",误。此条今见《周易程氏传》卷一《大有传》,无"《大有》之九三曰"句。

[二] "传"上,《张解》本、《叶解》四库抄本有"伊川易"三字。《大有传》无"传曰"二字。

[三] "通于"之"于",《易传》作"乎"。(《茅注》)

[四] "公以"之"以",叶、吕本并作"己",今从《易传》。(《茅注》)按,"己"《叶解》四库抄本、《茅注》本、《大有传》、朝刊《近思录》本作"以"。

[集注]

[1] 叶解：当《大有》之时,公侯擅所有之富,故戒之以"用亨通于天子"。如朝觐供贡之仪,凡所以奉上之道,皆不敢自有其有,乃为尽人臣之义也。

张解：此释《大有》九三爻义。九三居下之上,公侯之象。当大有而能忘其私以奉上,故曰"公用亨于天子,小人弗克"。伊川《传》曰："三当大有之时,居诸侯之位,各君其国,各子其民,有其富盛。"虽因天地之运,无非天子之泽,必出其所有,而用亨以通于天子。若谓"我国之所有乃为天子之所有,而非己所得私也",此人臣公尔忘私之常义也。

茅注：三,居下体之上,在下而居人上,公侯之象也。"以其有为天子之有",如程子所谓"蕃养其众,以为王之屏翰;丰殖其财,以待上之征赋"是也。此一节所以明"公用亨于天子"之意。……胡双湖曰："按《春秋传》晋文公将纳王,使卜偃筮之,遇《大有》之《暌》,曰：'吉。遇公用亨于天子之卦,战克而王亨,吉孰大焉?'则是卜偃时固读为'享'矣。"项平甫曰："《随》上六'王用亨于西山',《益》六二'王用亨于帝',《升》六四'王用亨于岐山'。程子或作'亨通'解，或作'亨盛'解，独于《益》六二作'享'，读者盖不敢解作享帝也。"

［2］张解：小人昧于公私之义，贪鄙成性。使之处《大有》之时，则专擅其富有之入，以为一己之私。不知己固天子之臣，正当致其身，公己以奉上，乃为人臣之当然。然此岂贪鄙之小人所能乎？故曰"小人弗克"也。

李解：处，上声，后放此。朱子曰："'亨'、'享'二字，据《说文》本是一字，故《易》中多互用。字画音韵，经中浅事，故先儒得其大者，多不留意，然此等不理会，枉费无限辞说牵补，卒不得其本义，亦甚害事也。"

茅注：此明小人所以弗克之意。

[集评]

朱子曰：古人于"亨"字作"享"、"烹"字通用。如"公用亨于天子"，分明是"享"字。《易》中解作"亨"字，便不是。（《语类》卷七十）

张习孔曰：先生言诸侯"有其富盛，必用亨通于天子"。盖以诸侯任天子之事，则凡土地之治辟，人民之蕃育，皆为天子之有，而无敢封靡于其邦也。岂如唐朝进奉之谓哉？

张绍价曰：此言人臣之道，不当私其所也。古者诸侯朝觐，贡献方物，以其有为天子之有，而不敢自私。此人臣之常职，非如唐之藩镇，朘削百姓，进羡馀以逢其君也。小人擅其富强，厚自封殖，不知奉上之道，故曰"小人弗克"。衰乱之世，度支告匮，司农仰屋，而自大吏以至守令，莫不贪于货贿，饱其囊橐，盈千累万，以快其醲豢富贵之私，国愈贫而若辈愈富。历代之亡，所以致之者非一，而臣下各私所有，实其大端也。

9.《随》九五之《象》曰："孚于嘉吉，位正中也。"[一]《传》曰：《随》以得中为善，《随》之所防者过也。盖心所说随，则不知其过矣。[1][二]

[集校]

［一］"传"上，《张解》本、《叶解》四库抄本有"伊川易"三字。此条今见《周易程氏传》卷二《随传》，无"传曰"二字。

［二］叶本与下条前后互易。案，《录》中不依原书次第者极多，此不必改。（《冯记》）按，此条，《叶解》元刻本及其四库抄本、《张传》本、《张解》本、《李解》本、《茅注》本、《江注》本、《价解》本、朝刊《近思录》本，与本卷第10条位置互易。

［**集注**］

　　［1］叶解：《震》下《兑》上为《随》。震，动也。兑，悦也。以悦而动，易过于随而不自知，故必得中为善。

　　张解：此释《随》九五《小象》之义也。言《随》五之"孚于嘉吉"，而《象》谓其"位正中"，何也？《随》之道，以得中为善，已得其中乃能孚人之中。嘉者，中也。《随》之所防闲而不可失者，恐其过也，过则不中。盖人心既有所悦而随，则易系于一偏，偏则不自知其过矣。五所以能"孚于嘉"者，以其中正而不偏故也。

　　茅注：孚，诚也，就九五中实言。嘉，善也，就六二中正吉。九五阳刚中正，下应六二之中正，故曰"孚于嘉"。正中，谓九五。

［**集评**］

　　管赞程曰：自"一命之士"至此为一章，言大小臣工，各以尽职为道。

　　张绍价曰：所随虽合正理，尤以得中为善。虽同心同德，亦当防其阿比，而不可或过。盖以说而随，易失之过，防其过而后能得乎中也。

　　10.　［一］人心所从，多所亲爱者也。常人之情，爱之则见其是，恶之则见其非。故妻孥之言，虽失而多从；所憎之言，虽善为恶也。苟以亲爱而随之，则是私情所与，岂合正理？故《随》之初九，［二］出门而交，则有功也。[1][三]

［**集校**］

　　［一］《张解》本有"伊川曰"三字。

　　［二］此条今见《周易程氏传》卷二《随传》，无"随之初九"四字。

　　［三］"人心"条，叶、江本俱移"《随》九五"条前，似是。（《考异》）按，此条，《叶解》元刻本及其四库抄本、《张传》本、《张解》本、《李解》本、《茅注》本、《江注》本、《价解》本，与本卷第9条位置互易。然据《随传》原文次序，此条位于前条上。

［**集注**］

　　［1］叶解：人心之从违多蔽于好恶之私，而失其是非之正。卦主于《随》，苟惟亲昵之随，则违正理矣。故必出门而交，则无所系累，而所从者有功也。

　　张解：此释《随》初九爻义也。人心之私，凡有所从多出于所亲爱之人。盖常情溺于所向，每不加察，爱之则不问其所为之合理与否，而只见其是；恶之亦不问其所为之合理与否,而只见其非。故妻孥所爱者也,凡有所言,虽出于失,而往往多从之。至于所憎者之言,虽出于善,亦以为恶而不从也。夫从违自有当然之理,苟徒以亲爱之故而随而从之,则只是私情之所交与,岂合乎是非得失之正理?故《随》之初,未有私主,若能出门而交,不私其随,则有功也。盖人能忘好恶之私,以合于是非之公,则择善而从,集益之功岂浅鲜哉!

李解:"恶之"之"恶",去声。

茅注:出门,谓非私昵。交不以私,故其随不失其正,而能有功。俞氏曰:"初九乃成卦之主爻,主不可以随人,故不言随而言交。"

[集评]

陈埴曰:阴阳以气而言,则为匹敌,无非正气。以类而言,则有贵贱,用分淑慝。故阳为君子,阴为小人,阳主善而阴主恶者,皆以类也。自有并行不悖之理,难执一方一面死定说也。

张氏曰:人能内不惑于妻孥,外不惑于谄谀,立身便自卓然。(《茅注》)

张习孔曰:出门者,如去偏蔽、破藩域之谓,人心偏蔽之害,有如门然,见其所见而昧其大通也。故所谓贞者,必出其门焉,然后可以尽与物之理得其随矣。出门在随人之前,平日理明私净,至交时亦即以此意行之。

张绍价曰:此言相随之道,门以内以亲爱而随之,则牵于私情,不合正理。惟出门以交,绝其昵比,择善而从,则得其是非之正,而所从为有功也。

11.《坎》之六四曰:[一]"樽[二]酒、簋贰、用缶,纳约自牖,终无咎。"[三]《传》曰:此言人臣以忠信善道结于君心,必自其所明处乃能入也。[1]人心有所蔽,有所通。[四]通者,明处也,当就其明处而告之,求信则易也,故云[五]"纳约自牖"。[2]能如是,则虽艰险之时,终得无咎也。[3]且如君心蔽于荒乐,唯其蔽也故尔,虽力诋其荒乐之非,如其不省何?必于所不蔽之事,推而及之,则能悟其心矣。自古能谏其君者,未有不因其所明者也。故讦直强劲者,率多取忤;而温厚明辩者,其说多行。[4][六]非唯告于[七]君者如此,为教者亦然。夫教必就人之所长,所长者,心之所明也。从其心之所明而入,然后推及其馀,孟子所谓"成德"、"达才[八]"是也。[5]

[集校]

[一] 此条今见《周易程氏传》卷二《习坎传》,无"《坎》之六四曰"句。

　　［二］"樽"本作"尊",后加"木"加"缶"加"瓦"加"土"者,各随所见也。（《茅注》）

　　［三］"传"上,《张解》本、《叶解》四库抄本有"伊川易"三字。《习坎传》无"传曰此言"四字。

　　［四］"通者"上,《习坎传》有"所蔽者暗处也,所"七字。

　　［五］"曰",叶从《易传》改"云"。（《冯记》）"云"一作"曰"。（朝刊《近思录》）按,"云"《江注》本及其四库抄本作"曰"。

　　［六］"非唯"上,《习坎传》有"且如……故其听也如响"数句。

　　［七］"告"下,《张传》本无"于"字。

　　［八］"财",一作"才"。（朝刊《近思录》）按,《茅注》本、《江注》本作"财"。

[集注]

　　［1］叶解:一樽之酒,二簋之食,复以瓦缶为器,质之至也,所谓忠信善道也。牖者,室中所以通明也。盖忠信者,纳约之本,虽怀朴素之诚,苟不因其明而纳焉,则亦不能入矣。

　　张解:此释《坎卦》六四爻义。樽酒者,一樽之酒。簋贰者,二簋之食。用缶,以瓦缶为器,质朴之极。所谓约也,喻人之忠信善道也。牖,室所受明处也。伊川言《坎》四之辞,乃言人臣欲以忠信之心、善道之术固结于君心,必自其君心所明白之处而开导之,则听从自易,而吾言乃能入而格君之心,此人臣进谏之善术也。

　　茅注:簋,音癸。缶,俯九反。樽,酒器。《周礼·春官》司尊彝,有献、象、著、壶、太、山六尊。外方内圆曰簠,内方外圆曰簋,皆盛黍稷器,并漆,赤中,有盖,象龟形。《考工记》:"旊人为簋,受一斗二升,高一尺,厚半寸,唇寸。"缶,瓦器。愚按,"旊人"疏:"祭宗庙皆用木簋。此用瓦簋者,据祭天地及外神尚质器用陶匏之类也。"盖樽与簋皆宗庙所用,有金玉雕文之饰,不专以瓦为之,故下文复言用缶,以见其为尚质也。《语类》以既云"樽酒簋贰",又云"用缶"为不成文理,盖朱子误以樽簋为专用瓦缶,故以复出"用缶"字为不成文理也。

　　［2］杨注:汉祖爱戚姬,将易太子,是其所蔽也,群臣争之者众矣。如其蔽而不察何? 四皓者,帝素知其贤而重之,此其不蔽之明心也,故因其所明则悟之如反手。赵王太后爱其少子长安君,不肯使为质于齐,大臣谏之虽强,如其蔽于私爱何? 爱其子而欲使之长久富贵者,其心之所明,故左师触詟因其明而导之,则其听也如响。

〔3〕叶解：人心各有所蔽，各有所通。攻其蔽，则未免扞格。因其明而导之，则易于听信。

张解：承上文"所明处"而言。人心大约有所蔽处，亦有所通处。蔽者，气拘物累，遂至于昏。而通者，本体之明，未尝或息，乃其所必有者也。当就其明处而告之，以充其量，求信吾言，则易为力。盖其理之所不昧者，易使之通晓也，故云"纳约自牖"。人臣能如是以告君，则隐而善入，闻者足戒，而言者无罪，虽艰险之时终能有济而得无咎也。

李解：樽、缶，至质之物，以象忠心善道也。牖，乃通明之处，以象人心之明也。

茅注：易，音异。程子又曰："人君有过，以理开谕之，既不肯听，却须就人君开明处进说，如左师触龙事之类。"

〔4〕叶解：讦者，发人之阴恶也。讦直则无委曲，强劲则乏和顺，故矫拂之过每至抵牾。温厚者其气和，明辨者其理著。故感悟之易，每多听从。"纳约自牖"，惟温厚明辨者能之。

张解：此即"纳约自牖"者而反覆言之也。盖人臣于君，谁不欲开其所蔽？而蔽岂易开乎？且如君心蔽于荒游佚乐，势固不得不有所诤，然唯其有所蔽，故至于荒乐若是。苟不思善启之，虽尽力诋谏其荒乐之非义，其如言之不能感动何？必也于其所不蔽之事，为之开陈其是非邪正，然后推类而连及之。则既明于此，便有通于彼，而能启悟其心，使之知返矣。

李解：讦直则尚气，强劲则违理，所以取忤也。温厚则气和，明辨则理足，所以多行也。

茅注：乐，并音洛。

〔5〕叶解：成德者，因其有德而成就之。达才者，因其有才而遂达之。皆谓就其所长开导之也。

张解：此又推"纳约自牖"之义以通于教也。盖凡心之明处易通，非惟告于君者其道当如此，即推之设教之道，亦自有必然者。夫教之术岂漫无所因而教之哉？必就其人之有所长处而启发之，故其教为易入。所长者，即其心之明处也。从其心之所明引而入之，了然不惑，然后推类以及其馀，使之亦皆晓畅而条达。此即孟子所谓"成德""达财"是也，皆就其明而通之也。教者如是，馀又可推矣。

李解：财，当作"材"。

茅注：此又推广言之，以见因其所明而导之，不独事君当然也。

朴履坤曰：非能济天下之险者，以其在高位故言。为臣处险之道，大臣当险难之时,惟至诚见信于君,其交固而不可间,又能开明君心,则可保无咎矣。夫欲上之笃信,惟当尽其质实而已。多议而尚饰,莫如燕享之礼,故以燕享论之。纳约,谓进结于君之道。牖,开通之义。室之暗也,故设牖所以通明。自牖,言自通明之处以况君臣所明处。

[集评]

朱子曰:事君,匡救其恶是正理。伊川说"纳约自牖"又是一等。(《江注》)

杨龟山曰:对人主语言及章疏文字,温柔敦厚尤不可无。如子瞻诗多涉讥玩,殊无恻怛爱君之意。荆公在朝论事多不循理,惟是争气而已,何以事君?(《茅注》)

张习孔曰:孟子之告齐王,多用此道,如曰"是心足以王"之类是也。

张伯行曰:自古能谏诤其君而相与有成者,未有不因其一节之所明而纳之,以归于正道者也。故纳诲无术,徒恃其讦直不回、强劲不屈者,率多触犯,而取君之忤;而温柔浑厚,明白辨析,以善其规讽之道者,其说多听从,而得行其志,岂非"纳约自牖"之明验乎?

李元绀曰:温厚非柔媚,明辨非阿谀,高允有焉。

张绍价:旧说,此言积诚以动主心,当因其明而开导之,则易于听信也。一樽之酒,二篮之食,复以瓦缶为器,质朴之极,所谓忠信善道也。牖者,室之所以通明也。盖忠信者纳约之本,而进言之时,又必自其明处而告之,则吾之言易入,而彼之蔽易开。古之善谏其君者,其言温厚和平,其理明白昭析。故人君易于感悟听从,所谓"纳约自牖,终无咎"也。

12.《恒》之初六曰:[一]"浚恒,贞凶。"《象》曰:"浚恒之凶,始求深也。"[二]《传》曰:初六居下,而四为正应。[三]四以刚居高,[四]又为二三所隔,应初之志,异乎常矣。而初乃求望之深,是知常而不知变也。[1]世之责望故素而至悔咎者,皆浚恒者也。[2]

[集校]

[一]此条今见《周易程氏传》卷三《恒传》,无"《恒》之初六曰"句。

[二]"传"上,《张解》本、《叶解》四库抄本有"伊川易"三字。《恒传》无"传曰"二字。

[三]"四"上,《恒传》有"柔暗之人,能守常而不能度势"句;"四"下,有"震体而阳性"。

[四]"又"上,《恒传》有"志上而不下"句。

[集注]

　　[1]叶解：初与四为位应，九与六为爻应。此理之常也。然为九二九三所隔，则已改其常矣。初六当常之时，知常而不知变，求之过深，是以至于凶悔也。

　　张解：此释《恒》初六爻辞及《小象》之义。《恒》之初六，所以言"浚恒"而戒其"贞凶"，而《象》又谓其"始求深"，何也？盖初六阴柔居下，而四为正应之爻。其必应者，理之常也。但四以刚性居高，震动上行，而情不下接，又为二、三两爻所间隔，其应初之志意已异乎平常相应之道矣。而初以其巽入之情，乃求望之深，欲尽其欢，欲竭其忠，是徒知常理之应为不可解，而不知人情之变已不可测也。如是则所求虽正，而期望太深，易生怨隙，故爻、《象》皆谓其不免于凶也。

　　[2]叶解：素，旧也。

　　张传：张耳、陈馀，所以凶终。

　　张解：又以世之不善处友者，证"浚恒"之失也。故素，故旧之素交也。言交友之道不可相求太深，世之责备期望于故旧素交之人极其无已，而终至于拂情逆势，致悔取吝而不能全者，皆深求于常理之中，而不知其过者也，亦"浚恒"而已。

　　茅注：初六爻《传》。……初六以阴柔居《巽》下，巽性务入，故"求望之深"。阴性柔暗，故"知常而不知变"。常就四为正应而言，变就为二三所隔而言。

　　江注：朱子曰："浚恒，是欲深以常理求人。"

[集评]

　　茅星来曰：此爻《本义》及程《传》皆就初"求望"上说，盖特其一端。其实凡事皆当审己量力，循序渐进，积久有成，不然则急遽无序，进锐退速，必不能以有恒也。

　　张绍价曰：进言固贵因其所明，又必审时度势。初六居下，位卑交浅，未可深有所求；四为正应，以刚居高，情不下接，又为二三所隔，应初之志，异乎常矣。初柔暗不能度势，深以常理求之，言欲其听，施欲其报，不量而入，徒取疏辱。故虽贞亦凶，贾生之陈疏，刘蕡之对策，皆浚恒也。

　　13.《遯》之九三曰：[一]"系遯，有疾厉；畜臣妾，吉。"[二]《传》曰：系恋之私恩，怀小人女子之道也，故以畜养臣妾则[三]吉。[1]然君子之待小人，亦不如是也。[2]

[集校]

[一] 此条今见《周易程氏传》卷三《遯传》,无"《遯》之九三曰"句。

[二] "传"上,《张解》本、《叶解》四库抄本有"伊川易"三字。《遯传》无"传曰"二字。

[三] "吉"上,《遯传》有"则得其心为"五字。

[集注]

[1] 叶解:九三下乘六二,有系恋之心,则失宜遯之时矣,故有灾危。然君子用是道以畜其臣妾,则可以固结其欲遯之心,是以吉也。

张解:此释《遯卦》九三爻义。当遯之时,便要果决而退,安可有留恋观望之意? 一或留恋观望则败名丧节,病痛百出,不危何待? 故占者所深戒也。伊川言"系恋之私恩",沾沾然以要结为意,此乃怀念小人女子之道,如仆妾之辈,稍示以眷恋,或能得其欢心而用之,故以畜臣妾则吉。爻辞亦非教人畜臣妻也,明此意馀无可用,惟畜臣妾或不妨耳。

茅注:系,音计。畜,许六反。养,去声。九三下比二阴,使有所系恋不得遯也,"故以畜养臣妾则吉"。问:"小人女子近之则不逊,远之则怨。若专以私恩怀之,未必不有悔吝,而此爻以为吉,何也?"朱子曰:"此爻不可大事,但可畜臣妾耳。御下而有以怀之,未必失正,但恐所以怀之者非其道也。"

[2] 叶解:御下之道,苟所当去,亦不可以系恋而姑息也。

张解:此又即畜臣妾之占而反之,以见系恋之私,无一而可。盖小人虽或可以恩结,而近之则不逊,果其当去,亦必决然去之。君子之待小人,亦未尝必以系恋者,贻姑息之悔也。

佐藤一斋曰:前"小人",是下贱臣仆;后"小人",是奸恶鄙夫。

[集评]

问:"畜臣妾,吉",伊川云:"待臣妾之道。君子之待小人,亦不如是",如何? 曰:君子小人,更不可相对,更不可与相接。若臣妾,是终日在自家脚手头,若无以系之,则望望然去矣。又曰:《易》中详识物情,备极人事,都是实有此事。今学者平日只在灯窗下习读,不曾应接世变。一旦读此,皆看不得。某旧时也如此,即管读得不相入,所以常说《易》难读。(《语类》卷七十二)

张习孔曰:《遯》以小人浸长为卦,君子小人当远如天山,方可自行其志,岂可系乎? 夫此系之道,以之畜臣妾则可耳。君子岂可以畜臣妾者,而以之待小人乎?

茅星来曰：原就九三之系而言，惟可以畜臣妾也，非谓畜臣妾之必当以系也。程子恐学者不察，而一以私恩系恋之，则必有优柔养奸之患。故又言此，以见系之有未尽吉者。其不言女子何也？盖女子不过侍巾栉、承恩宠，怀之未为不可，但不可使预外事耳。至小人而牵顾私情，酿成奸恶，则不可言矣。汉唐末阶乱并坐此，盖所以足《易》文未尽之意。

管赞程曰：自"人心所从"至此为一章，言处常人之法当如此。

张绍价曰：旧说，此言《遯》贵决而速，不可有所系恋也。疾，谓名节之亏；厉，谓中伤之危。以系恋之私恩，用于畜养仆妾，则得其心而吉。此非教其畜臣妾，乃言其不可大事耳。君子之待小人，当去则决于必去，不可有所系恋姑息，而贻无穷之悔也。

14.《睽》之《象》曰：[一]"君子以同而异。"[二]《传》曰：圣贤之处世，在人理之常，莫不大同，于世俗所同者，则有时而独异。[1][三]不能大同者，乱常拂理之人也；不能独异者，随俗习非之人也。要在同而能异耳。[2]

[集校]

[一] 此条今见《周易程氏传》卷三《睽传》，下同，此处无"《睽》之《象》曰"句。

[二] "传"上，《张解》本、《叶解》四库抄本有"伊川易"三字。《周易程氏传》卷三《睽传》无"传曰"二字。

[三] 按，吴氏补注谓："熊本'有时独异'下脱去'盖于秉彝则同矣，于世俗之失则异也'十五字，当从《易传》补入。"愚谓，人伦之常，内秉彝意已具，世俗所同，自是世俗之失，朱子删之更觉简尽，非熊氏脱去也。（《茅注》）按，《睽传》，"有时而独异"下有"盖于秉彝则同矣，于世俗之失则异也"十五字。

[集注]

[1] 叶解：圣贤之所为，惟顺乎理而已，岂顾夫世俗之同异哉！故循于天理之常者，圣贤安得不与人同？出于流俗之变者，圣贤安得不与人异？

张解：此释《睽卦·大象》之辞。《睽》之象，上火下泽，水火合体而性不同。君子观火泽之象，凡事不故为立异，而亦不混然从同，故以同而异。伊川言：圣贤之处世，总以理为衡。在人理之常，若纲常伦理之大共，日用事物之固然，君子莫不与人人同而无忤；至于世俗所同者，或风俗之流弊，好尚之偏私,则有时毅然持独异之见,而不从俗以伤义也。

茅注:暌,从耳目之目,与"暌违"之"暌"别。按,《本义》二卦合体而性不同,故为同而异也。盖《离》中女、《兑》少女,为合体。火炎上,泽润下,则性不同。人理之常,如人伦日用之类。有时独异,如战国尚功利诈谋,而孟子独言仁义,崇王道、黜霸功是也。

朴履坤曰:建安丘氏曰:"离火兑泽,二阴同体。而炎上润下,所性异趋,《暌》之象也。故君子体之以同而异,同以理言,异以事言。"

[2]叶解:同而能异,则不拂于人理之常,而亦不徇乎习俗之化,惟理之从耳。然其所以为异者,乃所以成其大同也。是亦一事而已。

张解:此言异同之见不可偏主也。天下之理本出于同,然若先立己见,必欲立异以鸣高,而不能大同者,此乃悖乱常经、拂逆义理之人,其乖戾甚矣。然天下之理又不容以混同,若不求其是,只思与时为俯仰,此又随乎流俗相习为非之人,诡随亦甚矣。圣贤之道,要在与人同其道,而不至于流,又能异乎众人之所为耳。然其异也,乃所以为同也。

茅注:此申明上文之意。

[集评]

过举程子《暌》之《象》"君子以同而异"。解曰:不能大同者,乱常咈理之人也。不能独异者,随俗习非之人也。要在同而能异尔。又如今之言地理者,必欲择之吉,是同也。不似世俗专以求富贵为事,惑乱此心,则异矣。如士人应科举,则同也。不曲学以阿世,则异矣。事事推去,斯得其旨。(《语类》卷七十二)

朱子曰:君子有同处有异处,如"周而不比"、"群而不党"是也。此处伊川说得甚好。(同上)

张习孔曰:此即和而不同、群而不党、周而不比之意。

张绍价曰:圣贤处世,循理而不徇俗,故大同之中有时独异。视听言动,圣贤与人同也。而奸声乱色不留聪明,淫乐慝礼不接心术,则异矣。饮食男女,圣贤与人同也。而饮食必得其正,夫妇相敬如宾,则异矣。不能大同,则乱常拂理,而为洁身乱伦之畸士;不能独异,则随俗习非,而为同流合污之乡原。佛、老异而不同,乡原同而不异,君子以同而异。

15.[一]《暌》之初九,当暌之时,虽同德者相与,然小人乖异者至众,若弃绝之,不几尽天下以仇君子乎? 如此,则失含弘之义,致凶咎之道也,又安能化不善而使之合乎?故必"见恶人,则无咎"也。[1]古之圣王,所以能化奸凶为善良,革仇敌为臣民者,由弗绝也。[2]

[集校]

[一]《张解》本有"伊川曰"三字。《睽传》无"《睽》之初九"句。

[集注]

[1]杨注:伯嵒曰:《睽》之初九曰:"悔亡。丧马勿逐,自复,见恶人,无咎。"

叶解:初与四位相应,而爻皆阳,为同德相与,不至睽孤。然当睽之时乖异者众,故必恢含洪之义,而无弃绝之意,则不善者可化,乖异者可合,乃无咎也。

张解:此释《睽》初九爻义。《睽》之初九本无正应,徒以阳刚同德,有相与之谊。然当睽之时,小人乖异而不相合者,亦至众矣。若尽弃绝而不与之交,不几尽天下之人皆相率而仇怨于君子乎?如此,则失含容宽宏之量,致使小人有戕害之意。是取凶咎之道也,又安能感化小人,使悔其不善以归于善,而与我有相合之一日乎?故必稍示优容而见恶人,使知君子未尝不可亲,则可无嫉恶太严之咎矣。

茅注:同德相与,谓初与四当相应之位,而爻皆阳也。乖异者众,亦就睽之时言之。

[2]叶解:弗绝之,则开其自新之路,而启其从善之机也。

张解:盖顽恶虽当不齿,而悔罪或有同心。惟绝之太过,则彼亦将果于自弃耳。古之圣王,曲尽人情,善为挽回,所以能化奸恶凶暴之人,使之回心向道,转为善良之行。革仇雠抗敌之辈,使之纳款输诚,乐为臣民之归者。由于自新有路,弗深恶而痛绝之也。

李解:朱子曰:"不绝小人,此事自是正理当然,非权谲之私也。然亦须有广大规模和平气象,而其诚心昭著足以感人,然后有以尽其用耳。"

[集评]

问:《睽》"见恶人",其义何取?曰:以其当睽之时,故须见恶人,乃能无咎。(《语类》卷七十二)

张习孔曰:恶人,素不相善之谓,非为恶之人也。先生所言,亦处《睽》之一道,非概言其当然也。

茅星来曰:盖当睽之初,其睽未深,恶人睽间之情犹未甚,故犹可见之以免避祸咎。若罪恶已极，所亟宜诛绝者，而犹托含弘之义，则未有不至丧名失节者也，又学者所不可不察也。

张绍价曰：君子虽不随俗习非，有时亦不弃绝小人。包容含宏，开其自新之路，方能化不善而使之合，故必"见恶人，则无咎"也。然此乃大贤以上之事，初学而欲为此，则乱于小人之群，而反为彼所化矣。

16. [一]《睽》之九二，当睽之时，君心未合，贤臣在下，竭力尽诚，期使之信合而已。[1]至诚以感动之，尽力以扶持之，明义理[二]以致其知，杜蔽惑[三]以诚其意，如是宛转以求其合也。[2]"遇"非枉道逢迎也，"巷"非邪僻由[四]径也，故《象》曰[五]："遇主于巷，未失道也。"[3]

[集校]

[一]"睽"上，《张解》本有"伊川曰"。此条今见《周易程氏传》卷三《睽传》，无"《睽》之初二"句。

[二]"义理"，江误倒。（《冯记》）明理义以致其知："睽之九二"条，〇 各本同，《易传》作"义理"。（《王记》）按，"义理"，《江注》本及其四库抄本作"理义"。

[三]"惑"，江误"害"。（《冯记》）王、吴本"惑"作"害"，《易传》折中，本作"惑"，洪本同，今从之。（《王记》）按，"惑"，《江注》本及其四库抄本作"害"。

[四]"由"，《易传》作"曲"。（《茅注》）折中本作"由径"，"由径"似是。（《栏外书》）按，"由"《睽传》作"曲"。

[五]"《象》曰"，《睽传》作"夫子特云"。

[集注]

[1]叶解：二五相应。然时方睽违，上下乖戾，故二必外竭其力，内尽其诚，期使疑者信、睽者合耳。

张解：此释《睽》九二爻义。人臣欲出而济睽，当先得乎君，而后可以有为。九二当《睽》之时，君心未能孚合，则身居下位，只宜竭其股肱之力，尽其忠敬之诚，期使吾君信其才之可用，心之勿欺，庶几有一心合德之日而已。

茅注：《睽》九二《象传》。

[2]叶解：内竭其诚以感动君心，外尽其力以扶持国政，此尽其在我者也。推明义理，使君之知无不至。杜塞蔽惑，使君之意无不诚。此启其君者也。如是宛转求之，睽者庶其可合，所谓"遇主于巷"也。巷者，委曲之途也。

张解：人臣求合于君亦非易易。必也积其至诚之心，以感动之于内；尽其勤敏之力，以扶持之于外。讲明义理之所以然，以致吾君之知；杜绝其遮蔽惑乱之端，以诚吾君之意。如是宛转奉承，无事不尽，无念不挚，然后可望其有合也。故为"遇主于巷"之象。

茅注：此明上文"竭力尽诚，期使之信合"之意。愚按，宛转求合，即指上四者而言。若有意求合而过为宛转，则是曲径诡遇，而非君子之所由矣。

[3] 杨注：伯畠据《睽》之九二曰："遇主于巷，无咎。"

叶解：上言"遇主于巷"，亦正理之当然。苟遇不以直，而至于枉道逢迎；巷不以正，而至于邪僻由径；苟求其合，而陷于邪枉，则又非"遇主于巷"之道也。

张解：此言人臣求合于君，原有当然之理，而非邪媚之小人所得藉口也。盖爻辞所云"遇"者，乃从容积渐以有合，非枉屈其正道以逢迎君意也。所云"巷"者，乃委婉曲折以相通，非偏邪险僻由乎小捷之径也。故象曰"遇主于巷"者，犹未失乎人臣格君之道也。若营钻以进身，阿徇以为容，则非遇主于巷之道矣。

茅注：此即孟子"恶不由其道"之意。

朴履坤曰：巷者，委屈之道也。遇者，会逢之谓也。当委屈相求，期于会遇，与之合也。所谓委曲者，以善道宛转，将就使合而已，非枉己屈道也。

[集评]

张习孔曰：指出"道"字，使屈己逢君者，不得借口。

张绍价曰：此言臣之于君，当委曲以求合也。至诚感动，尽力扶持，所以尽己之心。明义理，杜蔽惑，所以启沃君心。遇主于巷，宛转求合，非逢迎亦非由径。盖二五正应，九二以刚中行之，故委曲而非失道。若陆宣公之奏议，伊川之进讲，朱子之封事，莫不竭忠尽诚，委曲详备，以冀倖君之一悟，皆是道也。

17. [一]《损》之九二曰："弗损，益之。"[二]《传》曰：不自损其刚贞，则能益其上，乃益之也。若失其刚贞而用柔说，适足以损之而已。[1][三]世之愚者，有虽无邪心，而惟知竭力顺上为忠者，盖不知"弗损，益之"之义也。[2]

[集校]

[一]"传"上，《张解》本、《叶解》四库抄本有"伊川易"三字。此条今见《周易程氏传》卷三《损传》，此处无"《损》之九二曰"句。

〔二〕《损传》无"传曰"二字。

〔三〕"世"上,《损传》有"非损己而益上也"句。

[集注]

〔1〕杨注:伯昌据《损》之九二曰:"利贞,征凶,弗损,益之。"

叶解:刚正不挠,乃能有益于君。盖柔邪之人,阿意顺旨,惟务容悦。善而遇柔悦,善亦不进;恶而遇柔悦,必长其恶矣。故国有险佞之臣,士有善柔之友,皆有损无益。

张解:此释《损卦》九二爻义。九二刚中,志在自守,不肯损其名节,委曲以干进,而君实受其益而不知。伊川《传》曰:"人臣出图吾君,惟不自损其坚刚贞正之德,则能砥廉隅,助雅化,有益其上。虽其不能承顺君志,若无所益,而其不自损者,实乃所以益之也。若失其刚贞之德,而务为柔媚容说,在己既自损以求进,在君亦若乐得而用之。而骄君之志,逢君之恶,适足以损之而已,又何益之与有?"

茅注:说,音悦。刚贞以九言二居说体,故曰"用柔说"。董氏曰:"二以刚益五之柔,亦如初益四,而彼以为酌损之,与此不同,何也? 盖初以刚居刚,少损之则可裁度以助四,二以刚居柔,更损之将至媚悦以徇五矣。"林次崖曰:"九二在爻则为刚中,在人则为自守,不肯妄进。夫自守而不妄进,宜若无益于上矣。然由是而启时君尊德乐道之心,止士大夫奔竞之习,其益于上也不少。是弗损,乃所以益之也。"

〔2〕叶解:九二刚中,非有邪心者,但当损下益上之时,惟知损己以奉上,而不知臣道之少贬,未有能致益其君者,故有"弗损,益之"之戒。

张解:夫谁非人臣? 谁不求益于君? 然欲益君,非可以损己者为之,所谓枉己者,未有能直人者也。乃世之愚昧者流,不明于致君之大义,往往有人焉。其事上虽无邪僻之心,而止知竭一身之力以顺主上之意,谓此即是尽忠报国之道。殊不知徒以趋走承顺为恭,其自轻也甚矣。自轻者,安能有济于君? 若是者,盖不知"弗损益之"之义者也。

[集评]

张习孔曰:孟子当召见则不往,故曰"齐人莫如我敬王也"。

张绍价曰:委曲固所以求合,而刚贞亦所以益上,刚中守正,不自贬损,人君有所敬畏,百僚惮其风裁,弗损于己,而有益于人。若失其刚贞而用柔说,以顺上为忠,于己有损,于人无益,是不知"弗损益之"之义也。

18.《益》之初九曰:〔一〕"利用为大作,元吉,无咎。"《象》曰:

"元吉，无咎，下不厚事也。"[二]《传》曰：在下者，本不当处厚事。厚事，重大之事也。以为在上所任，所以当大事，必能济大事，而致元吉，乃为无咎。能致元吉，则在上者任之为知人，己当之为胜任。不然，则上下皆有咎也。[1]

[集校]

[一] 此条今见《周易程氏传》卷三《益传》，此处无"《益》之初九曰"句。

[二] "传"上，《张解》本、《叶解》四库抄本有"伊川易"三字。《益传》无"传曰"二字。

[集注]

[1] 叶解：大作，即厚事之谓也。卦当损上益下，初居最下，受上之益。是当大任者，必克济其事，而大善上下，乃可无咎。

张解：此释《益》初九爻辞及《小象》之义也。初九当《益》下之时，受上大益，当大有作为，以为报效，必大善而后得无咎。故《象》曰"元吉，无咎"者，以在下不当任厚事，既任厚事则必如是乃可塞咎也。伊川《传》曰：在下之人本不当受上厚益之事。厚事者，责重任大之事也。其处之而不辞者，以为在上所任，不容辞也。既不容辞，则所以当大事者必展其经纶，宏其才智，能济乎大事而致大善之效，乃为无咎。盖能大其作为，以著大善之效，则在上者任之，可谓知人之明，在己当此隆遇，亦有胜任愉快之美。不然，上为误用，下为虚声，皆不能无咎也。

李解：胜，音升。

茅注：下，谓初；上，谓四。朱子曰："如子之于父、臣之于君、僚属之于官长，皆不可以逾分越职。纵可为，亦须是尽善，方能无过。"

江注：朱子曰："若所作不尽善，未免有咎也。故释之曰'下不厚事也'。盖在下之人不当重事，若在下之人为在上之人作事，未能尽善，自应有咎。"

价解：刚贞固所以益上，而作事则必求尽善。

[集评]

朱子曰："元吉无咎"，吉凶是事，咎是道理。盖有事则吉，而理则过差者，是之谓吉而有咎。（《语类》卷七十二）

朱子曰：《益》之初九曰："利用为大作，元吉，无咎。"《象》曰："下不厚事也。"初九欲为九四作事，在下本不当处厚事，以为上之所任，故为之而致元吉，乃为之。又不然，不惟己不安，而亦累于上。向编《近思录》，说与伯恭:"此一段非常有,不必入。"伯恭云:"既云非常有,则有时而有,岂可不书以为戒?"及后思之,果然。(《语类》卷一百二十三)

张习孔曰:此爻自古无人足当,若效力外国,如苏武、班超之属可也。

张绍价曰:此乃受不次之擢,非常之任,如霍光受遗诏辅少主,卒能安汉。则武帝为付托得人,而光亦为能胜其任也。

19. [一]革而无甚益,犹可悔也,况反害乎? 古人所以重改作也。[1]

[集校]

[一]《张解》本有"伊川曰"三字。此条今见《周易程氏传》卷四《革传》。

[集注]

[1]杨注:伯峎据《革》之《象》曰:"革而当,其悔乃亡。"

叶解:《革卦·象传》。事之变更,则于大体不能无伤。苟非有大益、无后患,君子不轻于改作。

张解:此释《革卦·象辞》。《易》卦未有言"悔亡"者,惟《革·象》言"元亨利贞,悔亡"。伊川曰:革非得已,必人信之,而大通得正,其悔乃亡。此革而有益者也,若革而无甚益,人必以为纷更之病,犹有悔也。况一变更而多滋烦扰,反有所害者乎! 此古人所以重于改作,而不敢轻易以从事也。

茅注:或谓:"宋太祖受命,尽除五代弊法,用能易乱为治。"朱子曰:"不然。只是去其太甚者,其它法令条目多仍其旧。如王安石大纲不理会,却纤悉于细微之间,所以弊也。"

[集评]

朱子曰:为政如无大利害,不必议更张。议更张,则所更之事未成,哄然成扰,卒未已也。(《价解》)

张绍价曰:大作固必求尽善,而改作究未可轻言。

20.《渐》之九三曰:[一]"利禦寇。"[二]《传》曰:君子之与小人比也,自守以正。岂惟君子自完其己而已乎? 亦使小人得不陷于非义。是以顺道相保,禦止其恶也。[1]

[集校]

[一]此条今见《周易程氏传》卷四《渐传》,无此"《渐》之九三曰"句。

［二］"传"上，《张解》本、《叶解》四库抄本有"伊川易"三字。《渐传》无"传曰"二字。

［集注］

［1］杨注：伯啙据《渐》之九三曰："鸿渐于陆，夫征不复，妇孕不育，凶。利御寇。"《象》曰："夫征不复，离群丑也。妇孕不育，失其道也。利用御寇，顺相保也。"三将上进而无应援，当处正以俟时，安处平地则得渐之道矣。然三四密比而无应，故为之戒。夫谓三也，三不守正而与四合，是知征而不知复者也。妇谓四也，四若不正而与三合，则虽孕而不育者也。以三之过刚，所利在于御寇，守正而闲邪，所谓"御寇"也。

叶解：九三上下皆阴，是君子与小人同列相比也。君子以守正，而不失其身；小人亦以近正，而不敢为恶。以顺道而相保，保是能止其恶也。

张解：此释《渐》九三爻辞及《小象》之义也。《渐》之九三，过刚多失，惟利于御寇耳。伊川《传》曰：君子之与小人相近也，自守不可不严，故必以正。然此岂惟君子一身自完，全其在己之正而已？亦使小人因我之正不能相混，知所自持以不陷于非义。如是，乃以大顺之道相为保全，以御止其恶也。其利虽在君子，实亦在小人也。

李解：比，毗至反。

茅注：比，音避。《渐》九三《象传》爻词下，疑脱去"《象》曰：利用御寇，顺相保也"十字，今当增入。不然，则传文"顺道相保"句无下落矣。"与小人比"，指上下皆阴而言。"自守以正"，谓三也。熊氏曰："小人得不陷非义，亦以近正而不敢为非也。"

［集评］

张绍价曰：君子与小人同列，自守以正，而人无敢干以私，所以全其在己者而已。然小人亦有所严惮而不敢纵恣，以陷于非义，则亦足以御止其恶也。

泽田希曰：伊川以"御寇"为止恶，虽非《易》文本意，然理则正也。读者须别做一义看。

21.《旅》之初六曰：［一］"旅琐琐，斯其所取灾。"［二］《传》曰：志卑之人，既处旅困，鄙猥琐细，无所不至，乃其所以致悔辱、取灾咎也。［1］

［集校］

［一］此条今见《周易程氏传》卷四《旅传》，下同，此处"《旅》之初六

曰"为"初六"。

[二]"传"上,《张解》本、《叶解》四库抄本有"伊川易"三字。《旅传》
无"传曰"二字。

[集注]

[1]叶解:初居《旅》之下,故为志卑之人。此教人处旅困之道,当略细
故,存大体,斯免悔咎也。

张解:此释《旅》初六爻义。《旅》之初六,阴柔居下。当旅之时,凡事过
为琐屑,斯其所以取灾祸也。伊川言:阴柔志卑之人,见地不朗,度量不宏,
处旅境困苦时,所为鄙猥其志,琐细其行,无所不至。此乃其所以致悔吝羞
辱、取灾祸之端也。君子观此,所当略细故,存大体,使志意高朗,善处旅之
道也。

茅注:阴柔故志卑,居下故旅困。王伯厚曰:"'斯其所取灾',王辅嗣注
'为斯贱之役',唐郭京谓'斯'合作'傂'。但按《汉·左雄传》'职斯禄薄',
注:'斯,贱也。'不必改作'傂'。"愚谓,王说固然,然总不若程、朱解作此字
为稳。盖斯贱意已在上"琐琐"二字内也。

[集评]

赵汝楳曰:凡旅必有所志。君子志于行道,商贾志于懋迁。志卑之人,
不能识其大者,而较锥刀之小利,计琐屑之末节,人将咸厌且怒,所以致辱而
取灾也。(《价解》)

张习孔曰:旅之时以谦顺为用,以正志为主。位卑而志存焉,乃可尚
也。鄙琐不立,则其所谓灾者,自取之耳。

22. [一]在旅而过刚自高,致困灾之道也。[1]

[集校]

[一]《张解》本有"伊川曰"三字。

[集注]

[1]叶解:《旅卦》九三《象传》。过刚,则暴戾而乏和顺;自高,则矫亢
而人不亲附。处旅如是,必致困灾。

张解:此释《旅》九三爻义。《旅》之九三,过刚不中者也。凡事皆不可
过刚,况在旅时乎?在旅而过刚,则暴戾之气必为人所尤,过刚而自高,则骄
矜之色必为众所忌。其致困辱灾祸者,必然之道也。然则谦逊而下人者,其
于旅为无伤矣。

李解:释上九焚丧之义。

茅注：处旅之道，以柔顺谦下为先。三刚而不中，有过刚之象。居下体之上，又为《艮》体，有自高之象。过刚则暴下，自高则不顺于上，所以致困灾。困灾，如"丧其童仆"、"焚其次"之类是也。

价解：旧说，处旅以柔顺谦下为先。九三过刚不中，居下之上，骄亢自高，取困灾之道也。

[集评]

潘氏曰：居刚而用刚，平时犹不可，况旅乎？九三以刚居下体之上，则焚次；上九以刚居上体之上，则焚巢。位愈高，刚愈亢，则祸愈深矣。（《茅注》）

建安邱氏曰：处旅之道，以得中为善，故虽以四处上之下，无过高过卑之失，亦未得中，所以虽得资斧而心未快也。惟二五得二体之中，故二即次。怀资而得仆，五亦终有誉命之荣也。然二当位而五不当位，故五不免射雉亡失之患，然则居旅道之善，其惟六二乎！（同上）

茅星来曰：以上二条皆言处旅之道，上条言过卑固所以取辱，此言过高亦所以致灾。

23.《兑》之上六曰：[一]"引兑。"《象》曰："未光也。"[二]《传》曰：说既极矣，又引而长之，虽说之之心不已，而事理已过，实无所说。事之盛，则有光辉，既极而强引之长，其无意味甚矣，岂有光也？[1]

[集校]

[一] 此条今见《周易程氏传》卷四《兑传》，无此"《兑》之上六曰"句。

[二] "传"上，《张解》本、《叶解》四库抄本有"伊川易"三字。《兑传》无"传曰"二字。

[集注]

[1] 叶解：《兑》之上六，悦之极也。悦极而复引之，事既过而强为悦，何辉光之有？

张解：此释《兑》上六爻义。《兑》之上六，以阴柔处说之极，牵引其说而不能已。《象》曰：说当其可，则为光大，徒为牵引，未见其光也。伊川言：凡人之情，极则当止。今说既极，又引而长之，不能有所限制，虽其所以说之之心不肯便已，而事理之可说者已过而无馀绪，实亦无足说矣。夫事当盛大之时，则有光辉可象，既极矣而勉强引之使长，故作无端之说，其无意味而可厌甚矣，岂有光辉之可仰乎？

李解：说，音悦。

茅注：长，并张文反。强，巨两反。"说既极矣"及"事理已过"云云，并指上爻而言。蒋氏曰："当说之时，刚则有节，柔则无度。故初、二及四、五，四爻皆以刚阳而得吉，三、上二爻，皆以阴柔而致凶。"

李瀷曰：无意味，无实也。"光"者，实之发见也。

[集评]

杨氏曰：来兑，引兑，皆小人也。在君子则当来而勿受、引而勿去也。君子以道德相引，其道为光明，引而为说，则心术暧昧，行事邪僻甚矣，岂得为光乎？（《茅注》）

张绍价曰：过刚固足以取灾，而过说亦未免失己。上六居说之极，专务说人，引下二阳，相与为说，心之暧昧甚矣，故曰"未光"。《易》义如此，程《传》所言未详其意，姑阙所疑。

泽田希曰：上六居卦之极，事理既终，故曰"说既极矣"，又曰"事理已过"。此章盖欲说之中节也。为《兑卦》传故，单就说上而言。然推其意，要在喜怒哀乐，皆不至于引耳。

24.《中孚》之[一]《象》曰："君子以议狱缓死。"[二]《传》曰：君子之于议狱，尽其忠而已；于决死，极于[三]恻而已。[四]天下之事，无所不尽其忠，而议狱缓死，最其大者也。[1]

[集校]

[一] 此条今见《周易程氏传》卷四《中孚传》，无"《中孚》之"三字。

[二] "传"上，《张解》本、《叶解》四库抄本有"伊川易"三字。《中孚传》无"传曰"二字。

[三] "于"，江误"其"。（《冯记》）按，"于"，《江注》本及其四库抄本作"其"。

[四] "天"上，《中孚传》有"故诚意……宽也。于"数字。

[集注]

[1] 叶解：议狱而无不尽之心，致其审也；决死而有（按，"有"《四库》抄本作"存"）不忍之心，致其爱也。君子虽无往不尽其中心之诚，而于议狱缓死，则尤其所谨重者也。

张解：此释《中孚·大象》之义。《中孚》之象，上巽下泽，风感水受，贞信可通。君子体此以详议犯罪之狱，宽缓其当死之刑。伊川言：狱者，天下之大疑也,出入即关轻重。君子之议之,惟务尽其忠心,而不敢苟简以至于冤人。死者,刑法之最重也,顷刻即关存亡。君子之决之,惟务致其恻怛,而不敢躁急以贻轻易之悔。夫天下之事,何在不当尽吾心之忠? 而至于议狱缓死,则所关最大,尤所当尽心者也。

茅注:项氏曰:"狱之将决,则议之;其既决,则又缓之,然后尽于人心。《王制》:正听之,司寇听之,三公听之,议狱也。《周礼》:卿士旬而职听,遂士二旬而职听,县士三旬而职听,缓死也。故狱,成而孚,输而孚。在我者尽,故在人者无憾也。"邱琼山曰:"《易·象传》言刑狱者五卦,《噬嗑》、《贲》、《丰》、《旅》、《中孚》也。《噬嗑》、《贲》、《丰》、《旅》皆有《离》象,而《噬嗑》、《丰》则兼取《震》,《贲》、《旅》则兼取《艮》,惟《中孚》则有取于《巽》、《兑》者。先儒谓《中孚》体全似《离》,互体有《震》、《艮》。盖狱以明照为主,必先得其情实,则刑不滥。然非震以动之,则无有威断,又必艮以止之,然后不用其明以恣其威也。夫然后兑以议之,巽以缓之,原情定罪,至再至三。详之以八议,原之以三宥,议而又议,缓而又缓,求其出而不可得,然后入之;求其生而不可得,然后死之。本乎至诚孚信之心,存乎至仁恻怛之意,则在我者既尽,而在人者无憾矣。"

[集评]

朱子曰:今法家惑于罪福报应之说,多喜出人罪以求福报,是使无罪者不得直,而有罪者得幸免,是乃所以为恶也。何福报之有? 盖《书》所谓"惟刑之恤"者,亦欲其详审曲直,使不至于滥耳。岂谓极恶大罪概可从末减哉?（《茅注》）

张习孔曰:孚诚无所不用,而君子以为至诚恻怛之意,于用狱尤宜。故于狱之可疑者,诚心以鞫议,而用以宽释其不当死者焉。刑狱之人孚且及之,则庶民更可知矣。此亦化邦之一端也,古谓宽为缓,如"衣带日以缓"是也。

张绍价曰:狱者民命所关,稍有不尽其心,则死者不可复生,而贻无穷之悔。君子于议狱尽其忠,而于入中求出;于决死极其恻,而于死中求生。必使用刑者无毫发之疑,受刑者无毫发之憾,而后为仁人之用心也。

25. [一]事有时而当过,所以从宜,然岂可甚过也? 如过恭、过哀、过俭,大过则不可。所以小过[二]为顺乎宜也。能顺乎宜,所以大吉。[1]

[集校]

[一]《张解》本有"伊川曰"三字。《周易程氏传》卷四《革传》,下同。

[二]《小过传》，"过"上无"小"字，"过"下有"者"字。

[集注]

[1] 杨注：伯嵒据，"山上有雷，小过。君子以行过乎恭，丧过乎哀，用过乎俭。"

叶解：《小过卦·象传》。"行过乎恭，丧过乎哀，用过乎俭"，皆《小过》之以顺乎事之宜。若过之甚，则恭为足恭，哀为毁瘠，俭为鄙悋，又失其宜矣。

张解：此释《小过·大象》之辞。言事原不可或过，至有时而当过者，所以从权而为，随时之宜也。然亦只可小过，岂可甚过乎？如"行过乎恭，丧过乎哀，用过乎俭"，三者皆小过，所以犹可，若大过而为足恭，为灭性，为鄙吝，则不可矣。所以小过犹可者，谓顺乎时宜，不妨于过也。过而能顺乎时义之宜，是谓得中之权，所以为吉之大者也。

茅注：《小过·象》曰："飞鸟遗之音，不宜上，宜下，大吉，上逆而下顺也。"过恭、过哀、过俭，《象传》文也。事以得中为贵，然亦有时而当过者，要必有以顺乎事之宜，而使不至于太甚，故虽过而无有失也。陆君启曰："即夫子所谓宁俭、宁戚之意，理所当过，即是时中也。"

价解：旧说，此言事贵从宜，可以小过，而不可以甚过也。如行可小过乎恭，大过而至于足恭则不可；丧可以小过乎哀，大过而至于灭性则不可；用可小过乎俭，大过而至于隘陋则不可。合于事宜，于理为顺。虽小过于常，奚伤乎！

[集评]

朱子曰：《小过》是过于慈惠之类，《大过》则是刚严果毅底气象。(《语类》卷七十三)

朱子曰：《小过》是小事，又是过于小。如"行过于恭，丧过于哀，用过于俭"，皆是过于小。(同上)

朱子曰：三者之过，皆小者之过。可过于小而不可过于大，可以小过而不可甚过。(《江注》)

张习孔曰：事有时而当过，夫过岂有当哉？此如所谓仁可过，义不可过之说也。过恭者，卑不可遇；过哀、过俭者，丧易宁戚，不孙宁固。皆节取之义，虽过而不为甚过也。

李澐曰：过恭、过哀、过俭，皆非礼也。圣人之恭、哀与俭，岂曰过也乎？过则失中，初无大小之别也。愚以为此即以其心言之，行常歉乎恭，丧常歉乎哀，用常歉乎俭，故曰"小过"。小过乃所以无及之患也。

26. [一]防小人之道,正己为先。[1]

[集校]

[一]《张解》本有"伊川曰"三字。

[集注]

[1]杨注:以上《易传》。

叶解:《小过卦》九三传。待小人之道,先当正己。己一于正,则彼虽奸诈,将无间之可乘矣。其它防患之道,皆当以正己为先。

张传:《夬》二《象》曰:"有戎勿恤,得中道也。"《姤》五《象》曰:"九五含章,中正也。"先生此言,深合《易》义。

张解:小人之于君子,志趣不同,而行事遂分,本有妨害君子之意,不可不有以防之。然防之之道无他,只在正己而已。己既正,则在我无取诬之由,在彼亦无可乘之间,故其它防备之道,虽当随时知戒,而大要以正己为先著。何以正己?存诚寡过,循分尽职,以无失此己而已。

李解:释九三"勿过防之"之义。

茅注:小人,指众阴而言。《小过》当阳失位之时,三独以刚居正,而为众阴所忌恶,故其《传》云然。

[集评]

王伯厚曰:申屠嘉不受私谒,则可以折幸臣。董仲舒正身率下,则可以事骄主。魏相以廉正,霍氏不能诬。袁安、任隗以素行,窦氏无以害。故曰"正己为先"。(《茅注》)

张绍价曰:防小人而挟智用术,则君子之心计,必不敌小人之奸诈。惟正其在己,兢兢焉以求寡过而已。祸福之来,听之可也。

又曰:自"《师》之九二"至此为一段,引《易传》之言,以明事君待人爱民处事之道,在于安义理之当然,以尽诚为本,以得中为善,而归于以"正己为先"。

27. [一]周公至公不私,进退以道,无利欲之蔽。[1]其处己也,夔夔然存恭畏之心;其存诚也,荡荡焉[二]无顾虑之意。所以虽在[三]危疑之地,而不失其圣也。[2]《诗》曰:"公孙硕肤,赤舄几几。"[3]

[集校]

[一]《张解》本有"伊川曰"三字。此条今见《河南程氏经说》卷三《诗

解》,下同。

　　[二]"焉",叶本作"然"。(《茅注》)"焉",江改"然"。(《冯记》)"荡荡
焉",叶、江本作"然"。(《考异》)按,《叶解》元刻本及其四库抄本、《张传》
本、《张解》本、《李解》本、《江注》本作"然"。

　　[三]"在",一作"处"。(《茅注》)

[集注]

　　[1]叶解:周公之心在于天下国家,而不在其身。是以至公无私,而进
退合道,盖无一毫利欲之蔽。

　　张解:此言圣人之心公平无欲,所以为持身应事之本也。古今称任大
责重而当危疑之地者,莫如周公。然周公之心,却是至公无我,未尝有一点
自私之见。是以为进为退,一以当然之道为归,而无财利物欲之端,足以蔽
其心思而乱之。此所以为圣人之心体,而后人莫得及之也。

　　[2]叶解:夔夔,戒谨卑顺之貌。存诚者,自信之笃也。荡荡,明白坦平之
义。圣人虽当危疑之地,既不忿戾而改常,亦不疑惧而失守,是为不失其圣也。

　　张解:言周公以大圣人而遭流言之谤,其居处也敬谨自将,夔夔然存恭
慎畏惧之心。其自信此心之诚而无私妄也,荡荡然无瞻顾疑虑之意。所以
内信于己,外信于人,虽在危疑之地,终觉光明正大,不失其为圣人也。

　　茅注:危疑,谓遭流言之变也。

　　[3]叶解:《经说》,下同。《诗·狼跋》篇。硕,大也。肤,美也。孙,避
让也。谓有大美而谦逊不居也。赤舄,赤服之舄也。几几,进退安重貌。盖
其恭顺安舒之意如此。

　　张解:又引《诗》以证周公之端重而正大也。《诗》之美周公者,言公之
性情逊顺而虚,硕肤而大,故其赤舄之容几几然,进退安重,无不自得若是
也。可见大圣人之处忧患,无欲而存以恭畏之心,小心而出以镇重之度。
噫!此其所以为周公也与。

　　李解:孙,音逊。

　　茅注:孙,谦逊也。……单下曰屦,复下曰舄。汤氏曰:"几舄之内必有
屦,屦外又加以舄,故曰复也。夏以葛、冬以皮。舄与今屐相似,以木置履
下,干腊不畏泥湿,但无齿耳。屦、舄各象裳色。王舄有三:韦弁、皮弁,白
舄;冠弁之服,黑舄;而冕服则赤舄也。"……孔颖达曰:"葛屦所以当暑,特为
便于时耳。若行礼之服,虽夏犹当用皮。"

　　江注:朱子曰:"孙,让也。硕,大也。肤,美也。赤舄,冕服之舄也。几

几,安重貌。”

泽田希曰:“至公不私”以心言,“进退以道”以迹言。夔夔,敬谨之貌。荡荡,宽广之貌。圣人之心,只是存诚而已。

[集评]

朱子曰:公遭流言之变,而其安肆自得乃如此。盖其道隆德盛,而安土乐天,有不足言者,所以遭大变而不失其常也。(《江注》)

吕泾野曰:诗人只是从步履上看,便见得周公之圣。盖人内不足者,或有谗谤之言,步履必至错乱,不能安详,如谢安折屐,岂能强制得住?(《茅注》)

张绍价曰:人于变故之来,每失其常度,求如谢太傅之围棋赌墅,寇莱公之饮博欢呼,已不易得。然皆出于矫情,而不免于有意也。周公进退以道,至公而无一毫利欲之蔽。其处己也,夔夔然戒谨卑顺,常存恭畏。其存诚也,荡荡然广大宽平,无少顾虑,所以虽遭危疑,而不失其圣,步履之间,亦安重如常也。

东正纯曰:夔夔而不荡荡是不敬,荡荡而不夔夔是不诚。此是圣学之骨髓,王道之所出也。

28. [一]採察求访,使臣之大务。[1]

[集校]

[一]《张解》本有“伊川曰”三字。

[集注]

[1]叶解:采察民隐、求访贤才二事,使职之大者也。

张传:采察者,知民利病也。求访者,识下贤才也。

张解:此见使臣非无当务之急也。使臣奉命而往,所重者固在使事,而一路长征,虚阅岁月,岂无使臣所宜留心之处?是必于所过地方采察风土民情,求访贤人君子,庶几周知风俗之不同,斟酌众论之尽善,而周旋应对间亦足以补其不逮,而不辱乎王命也。故使臣虽无兼权而必以二者为大务,亦可知人臣循分称职,无时无处不当尽心如此也。

茅注:释《诗·皇皇者华》章。盖因每章有咨诹、咨谋、咨度、咨询语,而释其义也。李氏曰:“《周官》撢人之职,‘掌诵王志,道国之政事,以巡天下邦国而语之’。则是使臣之职,欲其周遍咨访,无所不及也。”范氏曰:“唐陈大德使高丽,以赂遗觇其险阻,诡诈诱其人民,以为奇能,借口归报,启人主征伐之志,失使臣之职矣。”愚按《秋官·小行人》每所至,“万民之利害为一书,礼俗政事教治刑禁之逆顺为一书,悖逆暴乱作慝犹犯令者为一书,礼丧凶荒厄贫为一书,康乐和亲安平为一书。凡此五物者,每国辨异之,以反命于王,以周知天下之故”。然则采察求访,因古使臣之道然也。

[集评]

朱子曰:《诗》云:“载驰载驱,周爰咨诹。”使臣自以每怀靡及,故广询博访,以补其不及,而尽其职也。(《江注》)

辅庆源曰:人君正以耳目,不得与远民相接,故遣使以宣己意而通下情,为之使者岂可不务广询博访、以副君意耶?(《茅注》)

张绍价曰:采察求访,以周知闾阎之疾苦,地方之风俗利病,在野之隐逸贤士。宣上德而达下情,莫要于此,故为使臣之大务。

29. 明道先生[一]与吴师礼谈介甫之学错处,谓师礼曰:为我尽达诸介甫,我亦未敢自以为是,如有说,愿往复。此天下公理,无彼我。果能明辨,不有益于介甫,则必有益于我。[1]

[集校]

[一] 此条今见《河南程氏遗书》卷一《端伯传师说》,“明道先生”作“伯淳近”。

[集注]

[1] 杨注:《遗书》,下同。

叶解:先生忠诚恳至,词气和平如此,岂若悻悻好胜自是者之为哉!

张解:此见明道立心忠诚公普,故其论事和平,待人恳至,无人不闻而生感也。先生尝与吴师礼谈论王介甫之学所差错之处,未尝不尽其忠告之意。故更谓师礼曰:“可为我将所谈之说,尽述而通之介甫,言我之所论亦未敢自信,以为一出于道理之是,而无可易。如介甫有说,欲辨质是非,愿更以其说往复折证。此乃天下公共道理,原不是彼私的,亦不是我私的,果能讲明辨别以归于是,彼我皆当有益。若不有益于介甫,则必有益于我。总求得益耳,非欲争胜也。”似此和平之语,虽介甫之执拗亦安得不服乎!

李解:“为我”之“为”,去声。

茅注:吴师礼,字安仲,杭州钱塘人。太学上舍赐第,工翰墨,以直秘阁知宿州卒。安石行事之错,由其学之错故也。程子特就源头处论之。

[集评]

朱子与陆氏门人书曰:讲论义理,只是大家商量,寻个是处,初无彼此

之间,不容更似世俗庶捭回覆,爱惜人情。才有异同,便成嫌隙也。(《李解》)

王阳明曰:凡今天下之论议我者,苟能取以为善,皆是砥砺切磋我也,则在我无非警惕修省,进德之地矣。昔人谓攻吾之短者是吾师,师又可恶乎!(《栏外书》)

张习孔曰:介甫执拗,良是心粗,未尝深究义理。故先生欲与往复明辨,推论至精之义,则理无遁情,介甫自服矣。

江永曰:介甫惟自以为是,先生以虚公无我之说箴之,而介甫终不能改也。

张绍价曰:天下之理,惟其是而已。但能捐去彼我之见,虚心求益,往复辨明,以折衷至当,则人己两有所益。明道之言,大公无我,而介甫自以为是,所以卒于执拗,以误国而病民也。

30. 天祺[一]在司竹,常爱[二]用一卒长,及将代,自见其人盗笋皮,遂治之,无少贷。罪已正,待之复如初,略不介意。[三]其德量如此。[1]

[集校]

[一] 此条今见《河南程氏遗书》卷二上《元丰己未吕与叔东见二先生语》,“天祺”下有“自然……为重也。昔”数字。

[二] “爱”,杨本作“要”。(《茅注》)按,《叶解》元刻本及其四库抄本、吴邦模刻本、《张解》本、《李解》本、《茅注》本、《江注》本及其四库抄本、《元丰己未吕与叔东见二先生语》作“爱”。

[三] “其”上,《元丰己未吕与叔东见二先生语》有“人观”二字。

[集注]

[1] 叶解:德量大,则不为喜怒所迁。

张解:司竹,司竹木之任也。……可见天祺之自治其性情者已深,故能不以溺爱流为姑息之恩,又能不以迁怒存其愍懑之见,喜怒几乎中节矣。

李解:长、少,并上声。司竹,官名。

茅注:长,张文反。治,平声。贷,度耐反。复,扶又反。……天祺于熙宁三年,以监察御史里行言事,出知江陵府公安县,改陕州夏县转运使,举监凤翔府司竹监。马贵与《文献通考》云:“河南淇园竹,自魏晋后各置官守之。后魏有司竹都尉,隋曰司竹监,唐因之,有监丞、监副,掌植养园竹之事。”愚按,淇园,在今河南卫辉府淇县,魏晋后久废。其至宋犹置官守之者,乃盩厔县司竹园，非淇园也。马氏混为一，误矣。然按《元史·食货志》，元初卫辉、怀孟、京兆、凤翔，皆有在官竹园，各置司竹监掌之，至元末始罢。则司竹不独在凤翔也，盖自元增置之耳。盩厔，今属陕西西安府。笋皮，楚谓之箬，亦竹箭。

[集评]

张习孔曰：其人必有改过之诚，故待之如初。若矫饰于从前，而败露于一旦，则恩义不必裁，而委任自当节矣。

李文炤曰：不以爱而掩其过，不以罪而迁其怒，非有德量者不能也。

张绍价曰：旧说，溺爱者不能治之无少贷，迁怒者不能待之复如初。即此一事，足以见天祺德量之宏。

泽田希曰：天祺所恶在其恶而不在其人，故有罪则治之无少贷，不以将代之际而忽略之。罪已正矣，无复所恶，故待之如初，略不介意。是不念旧恶之心，可以进乎不迁怒焉。所以程子称之。

31. [一]因论"口将言而嗫嚅"云：若合开口时，要他头也须开口，[1]（旧注：如荆轲于樊於期。）须是"听其言也厉"。[2]

[集校]

[一]吕本无"明道"二字。（《茅注》）卷三，与下条皆明道语。"因论"，叶上增"明道"二字。（《冯记》）按，"因"上，《张解》本、《叶解》四库抄本、《茅注》本有"明道"二字。此条今见《河南程氏遗书》卷三《谢显道记忆平日语》，下同。

[集注]

[1]张解：明道因与人论"口将言而嗫嚅"一句，云如此情状，最是不济。所言只论该不该耳，若合开口时，虽要用他头，如荆轲于樊於期事也，须开口直说，何故作嗫嚅不开口之态？樊於期事，非理之正，特借之以见至难言者犹言之耳。

李解：樊於期得罪于秦，奔燕。荆轲欲刺秦王，令其刎首以献，使之不疑。

江注：事见《史记·刺客传》。

[2]叶解：嗫嚅，欲言而不敢发之貌。厉，刚决之意。理明义直，内无不足，则出于口者，自然刚决，不可回挠，安有嗫嚅之态？朱子曰："合开口者，亦曰理之所当言。樊於期事，非理之所得言。特取其事之难言而犹言

之耳。"

张解：承上文。当言则言，须使人听其言严厉，有不可犯之气。盖理明义直，无不足于内。合开口，即据理言之，方成个大丈夫辞气。彼嗫嚅者何为乎！

李解：理定则辞确，非尚气也。

茅注：嗫，尼叶反。嚅，音如。

[集评]

张习孔曰：有至大至刚之气，乃克如此。

管赞程曰：自"睽之象曰"至此为一章，言处变之道。

张绍价曰：理之当然者，即当直言无隐，不可有所畏慑而不敢言。然必见理明，养气盛，祸福荣辱毁誉之念，无一毫介于胸中，方能侃侃不挠，无少顾忌，否则不能然矣。

32.[一]须是就事上学。《蛊》"振民育德"，然有所知后，方能如此。何必读书，然后为学？[1][二]

[集校]

[一]明道语。(《茅注》)伊川语。(《冯记》)按，"须"上，《张解》本有"明道曰"三字。

[二]张习孔曰：此节周氏本取以系之第二卷"有人治园圃"一节之下，其解释殊为牵强。盖治园圃者，徒用力而不知用心。如孔子斥樊迟以小人，而进之以为上之道也。故程子以"振民育德"勉治园圃者，若曰"何必劳力，然后为学"，固不倍于圣人之教也。此节乃是谓人须当就事上学，所重在行；"何必读书，然后为学"，正与前节意相反。周氏徒以"振民育德"四字偶同，遂取而连属之，而不顾文义之难解。今记于此，读者详之。

[集注]

[1]叶解："振民育德"，修己治人之事也。然必知之至，而后行之至，无非学也，岂但读书而谓之学哉？子路亦尝有是言，而夫子斥之，何也？盖为学之道固不专于读书，必以读书为穷理之本。子羔既未及为学，而遽使之以仕为学，则非特失知行之序，而且废穷理之大端。临事错缪，安能各当其则哉？程子之教，固以读书穷理为先务，然不就事而学，则舍简策之外，凡应事接物之际，不知所以用力，其学之间断多矣。二者之言各有在也。

张解：此见君子之学，必求有用，非徒事占毕而无当也。盖学所以明理应事，须是就事上学，最为亲切。如《易·蛊卦·大象》言"君子以振民育德",此二者,皆修己治人切要工夫。然必习熟既久,有所真知之后,方能振之育之,则即此是学,何必读书,然后为学乎?此二句,子路所见斥于孔子者,然子路欲以仕为学,则天下无躐等漫试之理,固是强言。明道以学问而论,则即事是学,而道理自有阅历愈进之境,又是正论,非可一例观也。

茅注:事上学,谓即事而穷其理也。振民所以治人,育德所以修己。二者皆以行言,故曰"有所知后,方能如此"。"有所知",应上"就事上学"而言也。

[集评]

李文炤曰:振民育德,治己治人之事也,然必有所知而后能之,岂必专求之简策哉?盖无所知而不求之于书,则为冥行,孔子所以恶子路之佞也。有所知而专求之于书,则无以履其事,程子所以取子路之言也。意各有在,学者审之。

张习孔曰:读书之外自有学,为学之实即成书。

茅星来曰:今人将事与学看作两截,所以学为俗学,事为俗事,不然则日用应接无非事,即无非学也。时皆以读书为学,故程子云然。

张绍价:为学期于有用。博稽载籍,投之以事,而茫然莫措,则学为无用矣,故教以"就事上学"。

郑晔曰:有所知,已是穷理也;方能如此,振民育德也。程子之意,盖以"就事上学"为重。谓为学不必读书而已,即朱子所谓为学不必读书之意。

李瀷曰:蛊事也,振民民社之事,育德学之进也。"振民育德",即"就事上学"也。然必先有格致之功,然后方能振之、育之,而此不可专靠读书之力。故曰"何必读书,然后为学"。此一句帖解上学之语,振民育德,不必专靠于读书,须就事上学方为体认之实验,而其间亦须以知为先,随究随行,方可深造。所谓"馀力学文"是也。如振民固宜先究学,优而始仕,然其事又非读书所可了办。其于古今之变,缓急之势,实合博询详验,对同勘合,方能临事有功也。谓之"何必",则非专以读书为非也。若谓惟读书可以尽之,则不然也。

33.[一]先生见一学者忙迫,[二]问其故。曰:"欲了几处人事。"曰:"某非不欲周旋人事者,曷尝[三]似贤急迫?"[1]

[集校]

[一]伊川语。(《茅注》、《冯记》)按,"先生"上,《张解》本有"明道"二

字。《谢显道记忆平日语》,无"先生"二字。陈荣捷云:"见《遗书》卷三,页五上。云'右伊川先生语'。今此处以属明道,亦误。"(《陈论》)

[二]"问"上,《谢显道记忆平日语》有"先生"二字。

[三]"尝",叶误"常"。(《冯记》)按,"尝",《张解》本、《叶解》四库抄本作"常"。

[集注]

[1] 叶解:事虽多为之必有序,事虽急应之必有节。未闻可以急遽苟且而处之者。

张传:存乎所养。

张解:此言急迫非所以处事之道也。先生见一学者慌忙急迫殊少从容之意,问其故,曰:欲料理几处人事之繁,故不得不尔。明道化之曰:"某非不欲周旋处置人事者,然处之必有序,应之自有节,从容料理,亦足了人之事,曷尝如贤辈着急迫如此也!"

李解:几,上声。周旋者,从容而泛应之也。欲以忙迫了之,则所处之不中其节者必多矣。

[集评]

张伯行曰:此不惟性情有所未安,即事体亦当有错。然则先生之应事从容,可想见矣。

张绍价曰:此言作事宜戒忙迫。

34. [一]安定之门人,往往知稽古爱民矣,则于为政也何有?[1]

[集校]

[一]"安"上,《张解》本有"明道曰"三字。此条今见《河南程氏遗书》卷四《游定夫所录》,下同。按,佐藤一斋曰:"此条《小学》以为伊川语。《近思》系文公亲撰,故以明道为定。"(《栏外书》)

[集注]

[1] 叶解:胡安定教学者以通经术,治时务,明体适用,故其门人皆知以稽古爱民为事。稽古则为政之法,爱民则为政之本。

张解:安定,胡瑗字也,尝为湖州教授,置"经义"、"治事"二斋以教学徒,故其门人皆知明体适用之学。沉潜于经义,便是稽古;实体于治事,便能爱民。稽古、爱民者,政事之根本也。安定之门人既能知此,则其教成矣,于以从政,何难之有? 明道盖实见其门人多有如此者,非虚誉也。

李解:陈氏曰:"门人,如刘彝、钱藻、范纯仁、钱公辅是也。稽古,经义斋之事。爱民,治事斋之事。何有,言不难也。"

茅注:安定,胡氏郡望。韩文公《胡良公神道碑》:"胡姓系出安定,后徙清河"是也。先生名瑗,字翼之,泰州海陵人,为湖州教授。时方尚词赋,独立"经义"、"治事"等斋,以敦实学,从之游者常数百人。

[集评]

张习孔曰:安定教泽之远如此。

张绍价曰:旧说,安定之教,以明体适用为主,故置"经义"、"治事"二斋。居经义斋者,读书穷理,有稽古之功。居治事斋者,存心济世,有爱民之具。体用兼备,本立道生,以之为政不难矣。

35. 门人有曰:"吾与人居,视其有过而不告,则于心有所不安,告之而人不受,则奈何?"[一]曰:与之处而不告其过,非忠也。要使诚意之交通,在于未言之前,则言出而人信矣。[1]又曰:[二]责善之道,要使诚有馀而言不足,则于人有益,而在我者,无自辱矣。[2]

[集校]

[一]"曰"上,吕本无"明道"二字。(《茅注》)"曰",叶上增"明道"二字。(《冯记》)按,"曰"上,《张解》本、《叶解》四库抄本、《茅注》本增有"明道"二字。

[二]"责善"以下,《遗书》内自为一条。以其意相发明,因并录之。(《茅注》)按《游定夫所录》,"责"上无"又曰"二字。

[集注]

[1]叶解:诚意素孚,则信在言前。

张解:此见朋友之谊当诚意交孚,然后可以有言也。明道之门人有问曰:吾与人同居,若明见其过而隐而不告,则于吾心有所不安;然告之而人不听吾言,不受吾规,则言者、听者俱难释然矣,将奈何?明道曰:与之处则为亲熟之交,而不肯告之过误之事,非尽心交友之道也。然告之,亦自有所以善其告之之方耳。要使真诚之意,彼此交通,在于未出言之前则此心相谅已久,一言出而吾友亦信其无他,受之不逆矣。

李解:不告则非尽己之忠告,而徒恃乎言,亦无以致人之信,故贵乎平日之积诚也。

[2]叶解:诚意多于言语,则在彼有感悟之益,在我无烦渎之辱。

张解：且真诚之意,非徒积于言先也。并当使此意充积极盛,方为无憾。故又曰:责善者,朋友之道也。要使此心相孚,实意常觉有馀。而所告之言乃是不容以己,常若不足,则言者重而闻者感,于人有听受之益,而在我无见疏之辱,斯为善矣。

江注:"诚有馀而言不足",谓诚至而不为烦数也。其进言之时,自当宛转开导,非谓言不可尽。如是而人犹不受,则夫子亦谓"不可则止"矣。

[集评]

张习孔曰:孔子答子贡问友,而先之以忠。子夏论谏,而先之以信。然则君子当先自治乃可以益人。

张绍价曰:信而后谏,未信则以为谤。诚意未孚,而欲规其过,虽善其辞说,而人不听。故必诚在言前,然后言出而人信之。言不足者,宛转开导,无沽直暴过之意。或略引其端,以使之深思;或罕譬而喻,以俟其自悟。委曲详备之中,总有含蓄不尽之意,如是则于彼有益,而不至以数取辱矣。

泽田希曰:门人意患人不信受,程子唯患己之诚不至。盖至诚而不动者,未之有也。苟诚意之交通于人,每在于未言之前,则言一出而人必信从之。如此而犹不信,则彼人之妄耳,吾奚患耶?

36.[一]职事不可以巧免。[1]

[集校]

[一]《张解》本有"明道曰"三字。此条今见《河南程氏遗书》卷七。

[集注]

[1]叶解:职所当为,而巧图规避,是自私用智之人也。

张解:居一官则有一官当尽之事,所谓职事也。若欲求免其事,则必巧为规避之术。在为之者,方自喜其用心之巧,而不知其不可。职有未尽则为旷官,事或旁诿则为不诚。勿论其不可幸免,即使免焉,此心何以对上下?比之溺职,其情更可恶矣,可不戒哉?

茅注:职事,职所当为之事也。巧免,则避难而就易,避劳而就逸也。

[集评]

朱子曰:当官者勿避事,亦勿侵事。(《李解》)

张绍价曰:居其职者任其事,竭忠尽力,犹恐有负官守。巧图规避,非事君忠敬事后食之义也。

37. [一]"居其[二]邦,不非其大夫",此理[三]最好。[1]

[集校]

[一]《张解》本有"明道曰"三字。此条今见《河南程氏遗书》卷六。

[二]"其",《叶解》元刻本及其四库抄本、吴邦模刻本、《张解》本、《李解》本、《茅注》本、《江注》本及其四库抄本作"是"。

[三]"理"字疑是"意"字,或是"义"字。(《张传》)

[集注]

[1]叶解:朱子曰:"下讪上,则无忠敬之心。"

张解:此见士君子立言宜凛轻薄之戒也。好言人过,已非忠厚之道。况大夫者,天子所命以父母是邦者也。居是邦则有尊亲之谊,其所云"不非"者,有不敢非、不忍非之道焉。通其义,即为尊者讳、为亲者讳之意。既安分谊,亦存厚道,故曰"此理最好"。

李解:所谓其默足以容也。

茅注:语见《家语·子夏问》篇。子路以夫子不答鲁大夫练而杖之问,为有所不知也,而子贡语之以此。按,《荀子·子道》篇亦有此语,但"练而杖"作"练而昧","邦"作"邑"。非,非议之也。盖泛论其理则可,直论其人则不可。非其大夫且不可,况敢言朝政得失乎?

江注:夫子答练而杖(《王记》云:各本"床"并作"杖",俗刻《家语》亦作"杖"。按,《荀子·子道》篇作"练而床",杨倞注云:"练,小祥也。"《礼记》曰:"期而小祥,居垩室,寝有席,又期而大祥,居复寝,中月而禫,禫而床也。"据此,则杖乃转写之误。万清轩先生云:"亲不在三日成服。杖练而犹杖,似不可谓非礼,与《集注》指其人数句意不合。其为'床'字之误无疑。杨氏举礼节为言,可见练而床之非礼,与《集注》合矣,今改正。")之问,指其人则言不知,不指其人则言非礼是也。事见《家语》。盖居是邦,当存敬上之心也。若非居是邦,或为是邦之先大夫,则议论固有及之者矣。由是推之,今时郡县官员长短得失,亦非君子所宜言。

[集评]

朱子曰:"居是邦不非其大夫",只是不议其过恶,若大夫有不善,合当谏正者,亦不可但已。(《语类》卷二十五)

陈氏曰:不非议其过恶,有忠敬意。此古语,而程子称之。(《李解》)

张绍价曰:好议论人短长,往往以言语贾祸。居是邦而非其大夫,不惟失忠敬之心,亦非保身之道也。

38. [一]"克勤小物"最难。[1]

［集校］

　　［一］《张解》本有"明道曰"三字。《李解》本有"明道先生曰"五字。此条今见《河南程氏遗书》卷十一《师训》,下同。

［集注］

　　［1］叶解:不忽于小,谨之至也。

　　张解:勤,犹言谨也。小物,小节目之事也。大节所关,人多矜持,至于细行,则多忽略。能于此敬谨,勿有过差,最是难事。盖非存省功深、义精仁熟、动容周旋中礼者,不能也。

　　李解:朱子曰:"学者常要亲细务,莫令心粗。"

　　茅注:语见《周书·毕命》篇。吴氏曰:"小物犹言小事。不忽小事,谨之至也。"

　　江注:克勤小物,惟精密谨愨者能之,亦惟才大者能不忽于小。

［集评］

　　薛氏曰:克勤小物者,以善无不在,为学之切要。(《李解》)

　　张习孔曰:知其难,是真克勤者。

　　张绍价曰:《书》云:"不矜细行,终累大德。"人于日用言动,往往谨于大而忽于小。非工夫严密,不肯丝毫放过者,不能克勤小物,故程子以为最难。

　　39.［一］欲当大任,须是笃实。[1]

［集校］

　　［一］《张解》本有"明道曰"三字。

［集注］

　　［1］叶解:笃实则力量深厚,而谋虑审固,斯可以任大事。

　　张解:欲当大任者,人多取才,其实不如取德,故须是操行醇笃、立心信实之人,乃可以当之。盖笃实则事不虚假,有详审精密之识;气能镇静,有坚忍不拔之操。故能克胜其任,鲜有败事也。

［集评］

　　朱子曰:今人大率以才自负,自待以英雄,以至恃气傲物,不能谨严,以此临事,卒至于败而已。要做大功名,越要谨密,未闻粗疏阔略而能有成者也。(《李解》)

　　张习孔曰:是以君子诚之为贵,不诚则无物矣。

　　张绍价曰:曾子在圣门最为笃实,托孤寄命,是何等担当!胡文忠曰:"司马公脚踏实地,便是经天纬地之才。"

40.　^[一]凡为人言者,理胜则事明,气忿则招怫。^{[二][1]}

[集校]

[一] 自"克勤小物"以下,并明道语。(《茅注》)并卷十一,明道语。(《冯记》)按,《张解》本有"明道曰"三字。

[二]"忿",《遗书》作"胜"。怫,符勿反,一作"拂"。(《茅注》)"怫",一作"拂"。(朝刊《近思录》)按,"忿",《师训》作"胜"。"怫",《叶解》元刻本作"拂"。

[集注]

[1] 叶解:理胜而气平,则人易晓而听亦顺。或者理虽明而挟忿气以临之,则反致扞格矣。

张解:为人言者,与人辨其是非得失也。以理为主,反覆开陈以喻之,则其事易于晓畅明白。若以气为主,动多激烈以争之,则彼亦将尚气相加,反以招怫逆之病矣。是以事理通达而心气和平者,为能言之人,而义理相孚、客气咸消者,亦无不可以感人而使之悟也。

李解:为,去声。

茅注:怫,怫郁也。言所以明理,理胜则言必平正通达而无病,故事明白而人易从。苟以忿戾之气出之,则言出而动招怫郁,虽理胜事明,亦扞格而不能入也。

[集评]

江永曰:为人言者,从容以理开喻之,则人易晓而言易入矣。

佐藤一斋曰:愚尝谓处事平心易气,人自服。才动于气,便不服。与此意符。

41.　^[一]居今之时,不安今之法令,非义也。若论为治,不为则已,如复为之,须于今之法度内处得其当,方为合义。若须更改而后为,则何义之有?^[1]

[集校]

[一]《张解》本有"明道曰"三字。此条今见《河南程氏遗书》卷二上《元丰己未吕与叔东见二先生语》,下同。

[集注]

[1] 叶解:《中庸》曰:"非天子,不议礼,不制度,不考文。"居下位而守上之法令,义也。由今之法而处得其宜,斯为善矣。若率意改作,则已失为

下之义。

张解：此亦为下不倍之义也。一王必有一王之法令，士君子居今之时，不安守今时之法令，便非尊王之义也。若论居官为治之事，不出而为则已，如复出而为之，须就今时之法度内，斟酌便宜，处置得其停当，方为合于义理。若以时制为非，须更易改变而后为之，则是自用自专，此意已为倍理之甚矣，又何义之与有？

李解：论、当，并去声。更，平声。处得其宜，乃制事之术。若更改而后为，则非为下不倍之义矣。

茅注：复，扶又反。处，上声。……此为在下位者言之。朱子曰："韩魏公、富郑公皆言新法不便。韩魏公见上不从，只就其法上为之区处，使不至扰民而已。富公则直用自己法度，后遂为人所劾罢，然毕竟谓之是不得。盖大不可行则有去而已，直行己意固不可也。"

[集评]

朱子曰："不安今之法令"，谓在下位者。（《语类》卷九十六）

张习孔曰：法令之善者，将顺其美，推广其仁，不必言矣。其不善者，宽得一分，则下受赐一分。

江永曰：明道先生为邑，当法令繁密之际，未尝从众为应文逃责之事，而亦不病其拘碍者。今之法度内，处得其当也。

42.　[一]今之监司，多不与州县一体。监司专欲伺察[二]，州县专欲掩蔽。不若推诚心与之共治，有所不逮，可教者教之，可督者督之。至于不听，择其甚者去一二，使足以警众可也。[1]

[集校]

[一]《张解》本有"明道曰"三字。

[二]"伺察"下，叶本有"州县"二字，《遗书》无。（《茅注》）"专欲伺察州县，州县专欲掩蔽"，吕本少"州县"二字。（《异同考》）"县"下，一有"州县"二字。（朝刊《近思录》）按，"察"下，《叶解》元刻本及其四库抄本、《张解》本、《李解》本增有"州县"。有此二字，语义更足。

[集注]

[1]张解：此言上官须体念下属，协心为治也。今之为监司官者，多自恃其权柄，不与州县官联为一体之情。为监司专欲窥伺密察州县之所为，以苛求其罪，故为州县者，遂欲掩饰遮蔽，以瞒上官之耳目。是上下交相病也。

然则为监司者,不若推真诚虚公之心,与州县共襄政治。或州县有所不及之处,其未至于败坏、尚有可教者,则从而教之;其已错过不可挽回者,可督责之,以惩其后。至于始终蒙蔽、不听教督者,择其尤可恶者,去一二人,用以警戒众人,勿复如彼之所为而已。若以察为明,以刻为公,非上下同心协力之道也。

李解:监,平声。去,上声。监司,安抚转运提刑之官,所以监州县者也。上伺察而下掩蔽,是以术相疑欺耳,岂若推诚共治之为一体乎?然人材不齐,昏者教之以善,惰者督之以法,顽傲者然后不得已而去之,则劝惩并行矣。

茅注:伺,音四,又音斯。

陈注:为督抚之道,尽于是矣。

[集评]

张习孔曰:监司之不推诚以与州县,唯用伺察者,欲攫其财也。州县不推诚以事监司,唯用掩蔽者,己攫民财,不欲监司之分其肥也。治疾者治其本,治官者治其贪。不言其攫财之弊,而求推诚以共治,不可得也。

茅星来曰:首四句言今时监司之弊。"不若"以下,则为监司论所以待属官之道也,推诚心与之共治,正所以与州县一体者也。不能共治者则教之,教之而不从者则督之,总欲与为一体而已。

张绍价曰:监司不与州县一体,上疑其下,下蒙其上,而事之不得其理者多矣。必推诚以相与,使贤者效其忠,能者展其才,然后可以共治国家之事。其有所不逮,可教者教,可督者督,至于不听,择其尤甚者去一二以警众,一以至公无私行之可也。

43. 伊川先生曰:[一]人恶多事,或人[二]悯之。世事虽多,尽是人事。人事不教人做,更责谁做?[1]

[集校]

[一]卷十五,伊川语。(《冯记》)按,《张解》本无"先生"二字。此条今见《河南程氏遗书》卷十五《入闽语录》,无"伊川先生曰"五字。

[二]"或人",《叶解》四库抄本作"吾甚"。

[集注]

[1]叶解:人事虽多,皆人所当为者。苟有厌事之意,则应之必不尽其理矣。

张传：其自任以天下之重如此。

张解：此警厌事者之非也。《易》曰"言天下之至赜而不可厌也"，奈何人有因事之多而恶之者，或者不察，以其所恶为无可奈何之思，且相与悯之，不知世间事虽极其多，何一不是关系生人之事？既系生人之事，不教人去做为，问这些事谁是能做，谁是当做，将更责备谁人使之做乎？

李解：恶，去声。

茅注：教，平声。

[集评]

吴氏曰：人能各尽其所当为之事，则世事何患其多。（《茅注》）

张习孔曰：人事有善有恶，既做其善者，便当遏其恶者。遏恶之事繁矣，此多事之不能免也。

江永曰：有厌事之心，则有怠惰苟且之病。知其为人所当为，则虽多而不厌矣。

张绍价曰：事无大小难易，莫非性分之所固有，职分之所当为。有厌烦之心，则必因循苟且，怠人事而废天职。

44. [一]感慨杀身者易，从容就义者难。[1]

[集校]

[一] 卷十一，明道语。（《冯记》）按，"感"上，《张解》本有"伊川曰"，《李解》本有"明道先生曰"，《茅注》本有"明道"。陈荣捷云："见《遗书》卷十一，页十一上，乃明道语。此处则作伊川语，又误。"（《陈论》）按，此条今见《河南程氏遗书》卷十一《师训》。

[集注]

[1] 叶解：一时感慨，至于杀身而不顾，此匹夫匹妇犹或能之。若夫从容就义，死得其所，自非义精仁熟者莫之能也。《中庸》曰"白刃可蹈，中庸不可能"是也。

张解：杀身皆足以成仁，舍生皆所以取义，而死之难易亦有不同者。如人有所感忿慨慕，遂至杀其身而不顾者，其死也乃激于一时血气之事，犹属易能者也。至若分在当死，从容淡定，无激昂慷慨之迹，以死之所在乃吾义所当然，恬然就之以为安者，此乃义理之勇。非天性醇厚、学问精熟者，不足以与此，岂不难哉？

李解：从，七容反。

茅注：易，音异。从，音冲。

[集评]

厚之问："感慨杀身者易，从容就义为难"。如何是从容就义？曰：从容谓徐徐。但义理不精，则思之再三，或汩于利害，却悔了。此所以为难。（《语类》卷九十六）

张南轩曰：君子不避难，亦不入于难，惟当夫理而已。于所不当避而避，固私也。于所不当预而预，乃勇于就难，是亦私而已。如曾子、子思之避寇或不避，三仁之或死或不死，皆从容乎义之所当然而已。（《叶解》）

张习孔曰：人当详审其易，果决其难。详审则不徒死，果决则不苟生。

张绍价曰：感慨杀身者，出于一时之意气，故易。若夫历时既久，则意气消而身家妻子之念重，非识明志坚，确有见于理之当死，而无一毫之系累者，不能从容以就义，此其所以难也。

佐藤一斋曰："从容就义"，程子本意盖指殉节者。平岩说是也，南轩所说，恐非程意。

45. 人或劝^[一]先生以加礼近贵^[二]，先生曰：何不见责以尽礼，而责之以^[三]加礼？礼尽则已，岂有加也？^[1]

[集校]

[一] 卷十七，伊川语。（《冯记》）按，"先生"上，《李解》本、《茅注》本有"伊川"。"先生"，《张解》本作"伊川"。又按，此条今见《河南程氏遗书》卷十七。

[二] "近贵"，《李解》本作"贵近"。

[三] 朝刊本《近思录》无"以"字。

[集注]

[1] 叶解：此与"孟子不与右师言"同意。

张传：尽礼者，孟子所谓"我欲行礼"是也。

张解：人之相接，自有当然之礼。因近贵而有所加，此侧媚之态，岂伊川所肯为乎？或人不知此义，而以为劝，先生亦难明言，第曰：何不见责以尽礼，而反责以加礼。若以尽礼相责，则恐礼文未尽，在己或不及知，犹可言也。以加礼相责，则礼有定分，原不容加，不可言也。盖礼至于尽，则亦已矣，岂有可加乎？有所加则非礼矣，此亦不恶而严之意也。

李解：尽礼者分之当然，加则过其则，而取耻辱矣。

茅注：尽礼则止循夫分所当然，不使有欠缺而已。加则溢于本分之外，其极至于由窦吠篱,无所不至,不可以不谨也。

江注:不妄悦人,即是尽礼。

[集评]

朱子曰:观程子之言,则为人僚属,世俗常礼有不可废者,亦自当随例,不须大段立异,不济得事,徒为人所指目憎嫌,却费调护求宽假,所屈愈多也。(《茅注》)

管赞程曰:自"须是就事上学"至此为一章,言就事上学,则有实用。以敦笃其实心,在己足以当大任,应物亦以诚动人。

张绍价曰:礼贵得中,加则谄,不尽则傲。傲非中,君子不为也。谄非中,君子亦不为也。故礼有尽而无加。

李瀷曰:孔子曰:"事君尽礼,人以为谄也。"程子曰:"尽礼则已,岂有加也?"礼者,中而已矣,自是加减不得。

46. 或问:"簿,佐令者也。簿所欲为,令或不从,奈何?"^[一]曰:当以诚意动之。今令与簿不和,只是争私意。令是邑之长,若能以事父兄之道事之,过则归己,善则唯恐不归于令。积此诚意,岂有不动得人?^[1]

[集校]

[一]"曰"上,《张解》本有"伊川"二字。此条今见《河南程氏遗书》卷十八《刘元承手编》,下同。

[集注]

[1]叶解:过则归之己,善则归之令,非曰姑为此以悦人,盖事长之道当如是也。

张解:此见积诚乃服事官长之道也。或问:县中有主簿之职,所以佐令者也。佐令则当依令而行,或簿有所欲为之事,而其令执己见不从,则奈之何?伊川曰:此亦无他术,只当以忠诚之意感动之,使之降心相从而已。凡今之令与簿所以不和,只是争私家客气之意,不知令是邑之长,有父兄之道焉。簿所以佐之,有子弟之道焉。若能以事父兄之道推而事之,事有过差则归己之失,政有美绩则必推让其功,惟恐不归于令。积此诚恳之意以事长上,岂有不感动得人之理?孟子曰:"至诚而不动者,未之有也。"又何患夫令之不可事而簿之不可为乎?

李解:簿,主簿也。令,邑宰也。诚意者,忠君爱民之实心也。私意,则一己之偏见而已。责己而让人则无争,岂有不足以动人者哉?

茅注:长,张丈反。……按,宋制:县千户以上置令、尉、主簿,凡三员。户不满千置令、尉,县令兼主簿事。户不满四百止置主簿、尉,以主簿兼知县事。户不满二百止置主簿,兼令、尉。盖唐簿之上有丞,而宋无之,故曰"簿,佐令者也"。此章言事上官之道,亦不独簿之于令当然也。

江注:此条合之"监司"一条,上之使下,下之事上,皆以诚为本。

[集评]

张习孔曰:此须遇监司台宪之良者则可。不然,遇每归己,则获遣去矣。然先生教人,宁获遣去,不可不尽吾诚也。

茅星来曰:程子之言诚善,然令亦当推诚与之共治,使得各举其职,然后从而考其成,以计功过,如此则己既不烦,而属官亦争相淬励以自效,兼可使历练吏事,此亦所以教诲之也。

张绍价曰:《大学》云"弟者所以事长",过则归己,善则归亲,此在家事父兄之道也。居下位者,以事父兄之道事其上,感以诚意,安有不能动人者乎?

佐藤一斋曰:此条盖为主簿言之如是也。然县令得其人,则主簿亦岂有抵牾乎? 令簿一和,而诸政可举矣。"以诚意动之"一语,是上下紧要训言。

47. 问:"人于议论,多欲直己,无含容之气,是气不平否?"[一]曰:固是气不平,亦是量狭。[1]人量随识长,亦有人识高而量不长者,是识实未至也。[2]大凡别事人都强得,惟识量不可强。[3]今人有斗筲之量,有釜斛之量,有钟鼎之量,[4]有江河之量。[5]江河之量亦大矣,然有涯,有涯亦有时而满,惟天地之量则无满。故圣人者,天地之量也。圣人之量,道也;常人之有量者,天资也。[6]天资有[二]量须有限,大抵六尺之躯,力量只如此,虽欲不满,不可得也。[7]如邓艾位三公,年七十,处得甚好,及因下蜀有功,便动了。[三][8]谢安闻谢元(玄)破符[四]坚,对客围棋,报至不喜,及归,折屐齿,强终不得也。[9]更如人大醉后益恭谨者,只益恭[五]便是动了,虽与放肆者不同,其为酒所动一也。又如贵公子,位益高,益卑谦,只卑谦便是动了,虽与骄傲者不同,其为位所动一也。[10]然惟知道者,量自然宏大,不[六]勉强而成。[11]今人有所见卑下者,无他,亦是识量不足也。[12]

[集校]

[一]"曰"上,《张解》本有"伊川"二字。

[二]"有"江改"之"。(《冯记》)天资有量须有限:"问人于议论"条第二节,〇 王、吴本作"天资之量",《遗书》、《集解》阴本并作"有量",洪本同。(《王记》)"天资有量",江本作"之"。(《考异》)按,"有",《江注》本及其四库抄本作"之"。

[三]"便动了"下,《遗书》有"言姜维云云"五字。(《茅注》)按,《刘元承手编》有此五字。

[四]"谢元"之"元",避讳改字,本为"玄"。"符坚"之"符",《张解》本、《李解》本、《茅注》本、《江注》本及其四库抄本作"苻",是。

[五]"只益恭"下,吕本无"谨"字,《遗书》同。(《茅注》)叶"恭"下增"谨"字。(《冯记》)"只益恭"下,叶本下有"谨"字。(《考异》)"只益恭谨",吕本无"谨"字。(《异同考》)按,"只益恭"下,《叶解》元刻本及其四库抄本、《张解》本、《李解》本、《茅注》本、《江注》本增有"谨"。《遗书》、《近思录》吴邦模刻本无"谨"字。

[六]"勉",江上增"待"字。(《冯记》)按,"宏",《江注》四库抄本作"宜";"勉"上,《江注》本及其四库抄本增"待"字。

[集注]

[1]叶解:量狭故常欲己胜,而无含容之气。

张解:此见器量之所关匪浅也。或问:人于议论事理之间,大抵多欲直自己之所见,无肯存包含容受之气者,此或未能养气,故多忿争而不能平否?伊川曰:固是为气所使,不能和平,然亦不尽关气,总是度量浅狭,故只知有己、自觉己之是耳。

[2]叶解:见识陋,则人己得失之间皆为之动,是即量之狭也。故识之长则量亦长。

张解:承上文。量有广狭,而推本言之,以为量由于识也。盖凡人之量固出于性生,而大要亦随见识而长,见地高一层则度量亦广似一层。顾亦有识见则甚高旷,而度量偏不见其长者,究竟是识力所及尚有影响之处,实于道理之无穷有所未尽也。

[3]叶解:惟识与量,则随人天资学力所至,而不可强也。

张解:此见识量必由养到而然也。大凡人于他事,犹可勉强见长,惟识与量不可以勉强为也。识未到则其中之理必不能了然透彻,量未广则偶有所触便不能廓然有所包涵,盖一毫妆饰不得也。

李解:量以所容言,识以所见言。所见者高,则所容者广。其识高而量不长者,则以徒知其理而未能得之于心,是识实未至也。

茅注:长,并张丈反;强,并区两反,下同。

[4]叶解:十升为斗。筲,竹器,容斗二升。釜,容六斗四升。十斗为斛,十釜为钟。

张解:此言人之量各不同,而如其器以为量,皆未离乎器者也。

佐藤一斋曰:今人,盖指今所称有学人,非指寻常乡人。

[5]茅注:"釜",《周礼》作"鬴"。鐘与鍾同,古字通用。……鍾,乐器。鼎,烹饪之器。鐘、鼎,皆古重器,故并言,非鍾釜之鍾也。

[6]叶解:圣人之心纯乎道,道本无外,故其量亦无涯。天资者,气禀也。气禀则有涯,常人而能学以通乎道,极其至,则亦圣人之无涯也。

张解:此又即量之大者极言之也。离乎器而言量,则又有如江河之量者。江河之量亦可谓至大矣,然尚有涯涘可寻,是有边际。有时雨积水多,亦自满溢矣。惟天地之量则无边际可限,故无满溢之时,圣人无满溢之量,则亦天地之量也。圣人之所以与天地为量者,道为之也;常人之以有量见称者,天资为之也。天资有厚薄,则量亦随而大小矣。

[7]李解:薛氏曰:"道大无穷尽、无方体。圣人体道无二,其量无所不容,又安有满时耶?"

[8]茅注:邓艾,字士载,棘阳人。司马宣王辟为掾,累遣征西将军,平蜀,进位太尉,为卫瓘所害。艾与汉姜维相持,每战,辄身先士卒。以子忠战不利,引退,叱出将斩之,驰还更战,大胜。及蜀君臣面缚舆榇诣军门降,艾执节解缚,焚榇,受而宥之。检御将士,无所虏略。绥纳降附,使复旧业。皆所谓"处得甚好"也。其《遗书》有言姜维云云者。按,《魏志·邓艾传》:"艾深自矜伐,谓蜀士大夫曰:'诸军赖遭某,故得有今日耳。如遇吴汉之徒,已殄灭矣。'又曰:'姜维自一时雄儿也,与某相值,故穷耳。'有识者笑之。所谓'因下蜀有功而动'也。"

[9]叶解:事见魏晋史。

张解:此言量有限必满,因引古人之矜持不得者以为证也。邓艾,三国时魏将,与钟会入蜀,艾请从阴平由邪径奇兵取胜,后以恃功为钟会所杀。谢安,晋太傅,谢元(玄)其侄也。武帝时为车骑都尉,率众八万击秦苻坚,大败秦兵于淝水。伊川言:人之天资,有其本量,既有本量,须是有所限。大抵六尺之躯,一身力量,只是如此。徒以躯体论,虽欲不满足不可得也。如魏邓艾位至三公,年登七十,所处爵齿俱优,器量亦自甚好。及因下蜀有功,便为功所动,不免自恃以取祸。又晋谢安,为太傅,风度自重,闻其侄谢元(玄)已破苻坚时,对客围棋,报至不喜,强自持重,及归,入门,不觉屐齿之折,究竟勉强不得,何也? 以其量有限也。然则如艾与安者,可谓天资之量而已。

茅注:玄,字幼度,镇西将军第三子也。苻坚,蒲洪子也。洪以谶文有"草付应王",又其孙坚背有"草付"字,遂改姓"苻",俗本从竹作"符"者,误。秦苻坚率众,号百万,次于淮、肥。玄与安子琰及桓、伊等以精锐八千渡水决战,破之。捷书至,安方对客围棋,看书既竟,便摄放床上,了无喜色,棋如故。客问之,徐答曰"小儿辈遂已破贼"。既罢,还内,过户限,心甚喜,不觉屐齿之折。其矫情镇物如此。愚按,史非以屐齿之折为喜,盖特以形容其喜之至,故虽屐齿已折而犹不自觉耳。不然则屐齿之折,初何关于喜? 喜亦岂能折屐之齿耶?

贝原笃信曰:谢石者,谢安之弟。谢玄者,谢安之侄。苻坚者,秦王也。强者,强持也。

[10] 叶解:居之如常而不为异者,量足以胜之也。一有意于其间,虽骄肆谦恭之不同,要皆为彼所动也。

张解:又以醉人、贵公子明矜持之量非可以言量也。人之量狭者,往往欲矜持恃以自广,不知矜持即是不能忘矣。如人大醉之后,心知不可放肆,故益自持恭谨。只此益恭谨之意,便是为酒所动,虽与放肆者敬肆不同,而其为酒动心则一也。又如贵家公子地位益崇高,心知其不可骄慢,故益卑下谦退,只此益卑谦之意,便是为贵所动,虽与骄傲者谦傲不同,其为位而动心则一也。然则量之狭者,原自矜持不得耳。

茅注:为,并去声。

[11] 叶解:知道者,虽穷居陋巷而不加损,虽禄之以天下而不加益,举世誉之而不加劝,举世非之而不加沮,何者? 道固不为之而有增损也。

江注:此所谓"量随识长"也。然此亦谓大贤以下之人,若圣人与道为一,更不必言知道。

[12] 杨注:伯曷据《程氏外书》云:"惟圣人之量与天地并,故至多不盈,至少不虚。凡人为器量所拘,到满后自然形见。本朝向敏中号有度量,至作相,却与张齐贤争取一妻,为其有十万囊橐故也。王随亦有德行,仁宗尝称王随德行,李淑文章。至作相,萧端公欲得作三路运使,及退,随语堂中人曰:'何不以溺自照面,看做得三路运使无?' 皆量所动也。今人何尝不动,只得绫写一卷便动,又干他身分甚事。"

张解：天资之量，固不可强之使广，然量岂终不可学乎？惟知得道理无穷，此心亦当与道理为无穷，则量不期其宏大而自然宏大，不待勉强而包涵之量自成。今人有所见，日流于卑污低下者，此无他，故亦是其识量不足，故只见及此，只安乎此耳。然则圣人自然合道，其与天地为量者，固不易言，而求知乎道，以扩其所见，则拘迫之量亦未必不可化也已。

[集评]

胡氏曰：人以小小功业动其心，只是不识义理。如邓艾下蜀，助篡逆以灭人之国，罪大矣。谢安时，中原沦没不能匡复，仅得一胜而屐齿折，器量之小可知。(《茅注》)

张习孔曰：醉后益恭谨，贵后益卑谦。先生终嫌其为酒为贵所动，此争在有心无心耳。颜渊愿无伐善，无施劳。此时终多一"愿"字，盖有志而未逮之时也。进此以往，则忘矣。"公孙硕肤，赤舄几几"，斯先生所谓不动者乎！

李文炤曰：知道则至大者在我，万物不得而动之矣。

张绍价曰：量随识长，读书明理，以扩其识。识见既高，则人己之间，无所容其计较，而量自宏矣。

又曰：先儒云："尧舜事业，一点浮云过太虚。"胡峰阳曰："泰山高矣，绝顶之外，无预于山也，克伐甚么。"邵康节诗云："唐虞揖让三杯酒，汤武征诛一局棋。"识得此意，则绝大功业，不足以动其心矣。世之君子，是己非人，喜誉恶规，一言不合，即以意气相加。甚矣，其量之隘也！甚矣，其不知道也！

东正纯曰：量狭则动气。欲气不动，须求之于量。量随识，识即学识之识也。

48.　[一]人才有意于为公，便是私心。[1]昔有人典选，其子弟系磨勘，皆不为理，此乃是私心[二]。[2]人多言古时用直，不避嫌得，后世用此不得。自是无人，岂是无时？[3]（旧注：因言少师典举，明道荐才事。）[4]

[集校]

[一]《张解》本有"伊川曰"三字。

[二]"心"，叶本作"意"。(《茅注》)"心"叶作"意"。(《冯记》)"是私 意̲"，叶本作"心"。(《考异》)"乃是私意"，吕本"意"作"心"。(《异同考》)按，"心"，《李解》本、《叶解》四库抄本作"意"。

[集注]

[1]叶解：公者，天理之自然。有意为之，则计较安排，即是私意。

张解：公者，天地之道而生人之理也。人能为公，岂不是好？然为之者，只本其自然，循其当然，便是公的道理；一着为公之意，即有所为而为，便是私心矣。

[2] 叶解：选举者，朝廷之选举也。进退之权，实非己之所得而有，子弟该磨勘而不为理，盖避私嫌。而不知如此是以选举为己之私恩，乃是私意也。于此可以识大公之道矣。

张解：典选，典主选举之事也。磨勘，研磨勘验其舛错也。言昔有人典主选举，其子弟应举者，该磨勘其舛错。典者以其为己之子弟，理之恐是涉私，因避嫌而不为理。伊川以为此着意为公，乃是私心也。夫朝廷选举，公天下之事也。子弟可选，为之较正，使无妨于举，亦是为公。若以我之典而避嫌不为理，是以此事为我得私去取也，是未能忘私心者也。

茅注：系，该也。磨勘，宋制：文武官吏皆按年分磨勘其功绩，以转升官阶也。此以明上文"有意为公便是私心"之意。

[3] 叶解：本注云：心（按，《四库》抄本作"因"）言少师典举、明道荐才事。苟能以至公之心行至公之道，何嫌之避？何时而不可行？

张解：承上文避嫌即私心而言。人又多以古时淳朴，人皆用直道而行，故不避嫌疑，亦自行得。后世人心不直，每多疑忌，用此不避嫌之法，恐行不得，程子因决之曰：自是人无秉公之心，故怕人疑而避嫌耳。非无可秉公之时，必避嫌而后为公也。

茅注：直，谓直道也，此指不避嫌而言。"古时用直"三句，乃程子述时人之言如此。"自是无人"二句，言当用直，不必避嫌，以见无古今之异也。

江注：不为理磨勘者，避私嫌也。有意避嫌，虽公亦私。苟能以大公之心行之，当迁则迁，当黜则黜，何嫌之避？亦何时而不可行？程子谓"凡人避嫌者，内不足也"。内不足，则上不见信于君，下不见信于友，欲不避嫌而不得矣。

[4] 笔者按，"旧注"所属文字，《茅注》本抄作大字（按，即"本注：因言少师典举，明道荐才事"），接之双行小字注解。

茅注：少师，讳羽，字冲远。官尚书兵部侍郎，赠太子少师。二程先生之高王父也。太平兴国五年典试贡士，得人居多。其典举不避嫌处未详。明道荐才者，神宗尝使明道推择人才，明道所荐者数十人，而以父表弟张载暨弟颐为首。引此以明"自是无人，岂是无时"之意。

[集评]

吴氏曰：有意为公，即南轩所谓"有所为而为之"者也。（《茅注》）

张习孔曰:父子相隐,孔圣之所许;不避亲仇,君子之所称。古人持论如此,故可以用直不避嫌也。后世有此,则弹刺随之,故使举世亡大公,而用私心者,主世者与持论者驱之也。虽然德不足以取人信服,故主世者以不肖相防,持论者逢主意而攻其隙,是则先生所谓无其人而不得借口于无时也。

张绍价曰:古人内举不避亲,至公而无私心。典选者,操黜陟之权,子弟与他人一例而视,当迁则迁,当黜则黜,何嫌之避?乃子弟当磨勘,而置不为理,自以为公,而不知正避嫌之私也。少师典举,明道荐才,皆以至公之心,行至公之道。安见古时之直,遂不可用于今也!

49. 君实尝问先生云:"欲除一人给事中,谁可为者?[一]"先生曰:[二]初若泛论人才却可,今既如此,颐[三]虽有其人,何可言?君实曰:"出于公口,入于光耳,又何害?"先生终不言。[1]

[集校]

[一] 此条今见《河南程氏遗书》卷十九《杨遵道录》,下同,此处"者"下有"愿为光说一人"句。

[二] "初"上,《杨遵道录》有"相公何为若此言也? 如当"数字。

[三] "颐",《杨遵道录》作"某",以下第50、51 条与此同。

[集注]

[1] 叶解:泛论人物,则无不可。若择人任职,乃宰相之事,非在下位者所可与矣。此制义之方也。

张解:司马温公尝问伊川曰:"刻有给事中缺,欲升除一人补之,未知谁可为者?"伊川应之曰:"当初若不言要除补,只泛论人材,却好直言其人。今既需补缺,颐心中虽有其人可胜此任,亦何可明言? 言之即是私荐矣。"君实尚未豁然,复言曰:"只出于公之口,入于光之耳,别无人知,又何害于事?"殊不知义有未安,虽无人知,亦不当说,况出口入耳? 尔我明有涉私之迹,何为犯之? 故先生终不一言,此可见先生之一私不染也。

李解:给事中,官名,主谏诤者。或问:"以公言之,何嫌之足避? 岂先生于此,亦未能自信耶?"朱子曰:"前贤语默之节,更宜详味。吾辈只为不理会此等处,故多悔吝耳。"

茅注:给事中,掌封驳之官,唐、宋属门下省,以有事殿中因名。

江注:问者为失言,言之则为出位。当默而默,制义之方也。

［集评］

厚之问：伊川不答温公给事中事，如何？曰：自是不容预。如两人有公事在官，为守令者来问，自不当答。问者已是失。曰：此莫是避嫌否？曰：不然。本原已不是，与避嫌异。（《语类》卷九十六）

张习孔曰：大臣识当用才，岂能有飞耳长目？势不得不出于谘访。苟行谘访，舍程子之贤而谁属哉？温公之问诚善也，程子既有其人而隐之不言，是上章之所谓避嫌矣。若温公出口入耳之言，似又以深秘为计，疑皆非大公之道也。而朱子特有取焉，岂无说与？呜呼！司马、程、朱，当世大贤也，小子浅识，何足以窥之？聊记以为直而弗有焉耳。

张绍价曰：此事似近避嫌，然用人乃宰相之权，非局外所得预。泛论人才则可，实指其人则不可。故江氏以为"当默而默，制义之方"，非避嫌也。

佐藤一斋曰：程子以至公之心，行至公之道。即荐所知一人，亦当无害。而温公再问，终不言。何邪？愚案，"虽有其人，何可言？"则语气似有其人。其人或是伊川自拟耳，所以终不言。施氏"不得其人"故不言，恐不然。

李澂曰：问可为给事中者，犹可以公直而言之。若以出口入耳为心，则便是绸缪私曲也，奚可哉？温公于是误矣。

50. 先生[一]云：韩持国服义，最不可得。一日，颐与持国、范夷叟泛舟于颍昌西湖，须臾，客将云[二]："有一官员上书谒见大资。"颐将为[三]有甚急切公事，乃是求知己。颐云："大资居位，却不求人，乃使人倒来求己，是甚道理？"[1]夷叟云："只为正叔太[四]执，求荐章，常事也。"颐云："不然。只为曾有不求者不与，来求者与之，遂致人如此。"持国便[五]服。[2]

［集校］

［一］"先生"，《张解》本作"伊川"。

［二］"云"叶作"去"。案，《遗书》卷二十一上亦载此事，云"典谒白有士人坚欲谒公"，客将，即典谒也，叶误。（《冯记》）按，"云"，《张传》本、《叶解》四库抄本、《江注》本及其四库抄本作"去"。

［三］"谓"，《朱子遗书》本作"为"，江从《遗书》改"谓"，从之。（《冯记》）"将为"一作"将谓"。（《栏外书》）按，"为"，《江注》本及其四库抄本、《杨遵道录》作"谓"。

［四］"正叔"，一作"姨夫"。（《茅注》、《栏外书》）按，"太"，《江注》四库

抄本作"大"。

［五］"便",一作"大"。(《茅注》)

［**集注**］

［1］叶解:韩维,字持国。范纯礼,字夷叟。在上位者,当勤于求贤,岂当待人反求知? 求知者失己,使之求知者失士。

张解:此见执政当以求士得贤为急,而闻过引咎,又以见持国之服义也。持国,名维,韩忠宪公之子,为宋门下侍郎。伊川言持国服义,不自是,最不可及。曾一日与泛舟颍昌西湖,时范夷叟同在坐。须臾,传事之人言,有一官员上书欲参谒见大资。大资者,持国官职之尊称也。程子疑其有紧急公务,后方知是来求荐知之书,因诘之云"大资居高位,当以求贤为急,却不能求人,乃使人有才不见用,倒来求见知于己,是甚道理?"此乃伊川以荐贤为国之公道责持国也。

茅注:"客将"之"将",去声。大,如字。为,去声,下同。……范夷叟,名纯礼,文正公仲淹子也。颍昌,即许州,元丰三年升为颍昌府,盖以神宗自颍王升储故也,今隶开封府。西湖上有德星亭,汉时为陈宝、荀淑建也。客将,即牙将,以其主客往来因名。张绎《师说》作"典谒"。按,王偁《东都事略》:"持国于元祐二年以资政殿大学士出知邓州,改汝州,知颍昌府。"而《宋史》但云"知邓州",王、薛两《通鉴》因之。盖以无事而略之耳。资政称大资者,犹参政称大参,观文称大观也。不求人者,在我为失士,倒来求者,在人为失己,此人己两失也。

［2］张解:伊川之责持国,正理也,亦公心也。夷叟乃欲为持国解脱,云:只为正叔太过于拘执,故为此刻责耳。若论今世求荐举书,亦平常所有事,何足深咎? 程子更折之曰"吾所言者,不是谓荐书不可有也,只为平日所荐不公,有当荐者,不求便不与,而来求者欲结私恩即与之,遂致人知求之为得,故知此不惮求也"。持国闻之即服其言,苟非慕义心诚,安肯闻规自屈若是? 故程子谓其"最不可得"也。

李解:客将,传命之官。大资,谓资政殿大学士。

茅注:又祁宽录尹氏语,谓:"持国与两先生善,欲屈致之。两先生至,暇则同游西湖。"愚按,韩公《明道墓志》谓:"先生罢扶沟,贫无以家,寓止颍昌。余方为守,遂得从先生游。"盖韩公知颍昌凡三,其再知颍昌,则明道同伊川寓止。而祁录所谓"暇则同游西湖"者也。元祐初,韩公复出守颍昌,则明道已卒,而伊川往访,同韩、范二公游也。此自是二事。吕氏《童蒙训》谓:"韩公闲居颍昌,伊川自洛往访。"时范右丞夷叟亦居颍昌,但伊川明云"大资居位",且有官员求知,而伊川复以"不求人"责之,则吕氏"闲居"之误,明矣。又按,持国有《与明道湖上独酌》诗云:"曲肱饮水程夫子,晏坐焚香范使君。"似夷叟居颍昌,乃在明道罢扶沟时。后读曾文昭公《忠宣墓志》有"请还颍昌里第"语,然则范氏固侨居颍昌,故前后并得同游与。

贝原笃信曰:求荐之事,习而成俗,如韩愈亦然,况他人乎!

[集评]

朱子曰:使当世王公大人不俟人之求己而汲汲于求人,则天下岂有遗才废事乎!(《李解》)

张习孔曰:不难持国服义,而难先生直言。

张绍价曰:大臣以进贤为急务,搜罗人才,广询博访,汲汲焉惟恐不及,何待于人之求? 待其求而后用,则不求而遗弃者多矣! 且贤者必不求,求者未必贤。以求不求为用舍,长奔竞干谒之习,而贤才屈抑于下,非大臣以人事君之道也。

51. 先生因言:今日供职,只第一件便做他底不得。吏人押申转运司状,颐不曾签。国子监自系台省,台省系朝廷官。外司有事,合行申状,岂有台省倒申外司之理? 只为从前人只计较利害,不计较事体,直得恁地。[1]须看圣人欲正名处,见得道名不正时,便至礼乐不兴,是自然住不得。[2]

[集注]

[1] 叶解:《春秋》书法,王人虽微,序于诸侯之上,尊王也。

张解:此见内重外轻,朝廷体统所当然,不可不谨也。先生因言:今日在国子监供职,只第一件事体便做不得。监内吏人不识体统,便要押申详转运司状。申者,自下奉上之义也。程子自言不曾签押此申状,盖国子监自系京畿台省衙门,台省乃系朝廷内官,在外诸司有事,合行申详之状在内台省,无倒申外边有司之理。只为从前之人,只计较利害,遂以外司为关系,不计较事体有尊卑之别,直得不识轻重,恁地押申,其实不该如此也。

茅注:为,去声。元符三年复以伊川判西京国子监。既受命,即谒告,欲迁延为寻医计。既而供职,门人尹焞疑之。先生曰:"吾之不能仕,盖已决矣。但以上初即位,首被大恩,不如是,何以仰承德意? 受一月之俸焉,然后惟吾所欲耳。"此盖先生供职之初,既以解门人之疑,而因以此语之也。押者,文书作"花"字也,亦谓之"署"字。签,签押也。国子监自是五监,非台省也。以台、省、寺、监四者,皆朝廷官,故概言之。"国子"以下,明所以不签之故。只计较利害者,盖恐内太重,必有植党营私之患,故令倒申外司,以稍抑之耳。事体者,内外尊卑之体统也。恁地,犹言如是也。

[2]叶解:说见《论语》。名分不正,则施之于事者,颠倒而无序,乖戾而不和,礼乐何以兴? 此自然必至之势。

张解:言我之所以强欲争此体统者,非无谓也。须看圣人为政欲正名分处,是为何? 见得圣人道名分不正时,便至无序不和,而礼乐不兴,思到是则名分所关甚大,若不正如何住得! 故程子之争,重内轻外,亦所以正名分也,亦自然住不得也。奈何随例签押申状,不顾朝廷之体乎?

李解:自下达上曰申。国子监虽卑,内宫也;转运司虽尊,外宫也,岂有以内申外之理? 名之不正,孰大于是! 按,先生尝勾管西京国子监,又权判西京国子监,而皆辞归。不知此语在何时也。朱子曰:"程子所论西监申状,足以验圣言于日用之间。"

茅注:说见《论语》。引此以明上文之意见,非故为矫异也。

价解:旧说,此言台省无倒申外司之理。……外司有事,合行申状于台省。事体方顺理,名分亦得其正。……故先生言今日供职,此一件便做不得也。

[集评]

朱子曰:明道德性宽大,规模广阔。伊川气质刚方,文理密察。其道虽同,而造德各异。故明道尝为条例司官,不以为浼,而伊川所作《行状》乃独不载其事。明道犹谓青苗可且放过,而伊川乃于西监一状,计较如此。此可谓不同矣。然明道之放过,乃孔子之猎较为兆;而伊川之一一理会,乃孟子之不见诸侯也。此亦何害其为同耶! 但明道所处是大贤以上事,学者未至而轻议之,恐失所守;伊川所处虽高,然实中人皆可跂及,学者只当以此为法,则庶乎寡过矣。然又当观用之浅深,事之大小,裁酌其宜,难执一意,此君子所以贵穷理也。(《江注》)

张习孔曰:政体乖舛,久非一事,无序不和极矣。此礼乐不复行于后世也。呜呼! 是谁之过与?

贝原笃信曰:言今日在官者以供官职之事,须为第一件事便专力务为,勿做他底计较利害等事也。庶乎供为臣之职。

52.[一]学者不可不通世务。天下事譬如一家,非我为则彼

为,非甲为则乙为。[1][二]

[集校]

[一]"学者"上,《张解》本有"伊川曰"三字。此条今见《河南程氏遗书》卷二十二下《附杂录后》。

[二]卷二十二下,以上皆伊川语。(《冯记》)

[集注]

[1]杨注:已上并《遗书》。

叶解:(按,《冯记》云:叶无"已上并《遗书》"五字。)君子在(按,"在"《四库》抄本作"存")心正大如此,其所以讲明世道者,盖亦非分外之事也。

张解:世务者,当世之事务,如兵农、礼乐、刑名、钱穀之类皆是。学者读书穷理,是欲有用于天下,则世务安可不通? 盖天下事总是这些人办,譬如一家有多少人,便当为多少事,非我即彼,原推托不得。若不通世务,不知其所学何事,从未有修齐治平不自格致诚正中来者也,亦从未有不能修齐治平而可以言格致诚正者也。

李解:朱子曰:"今人之患在于徒末务,而不究其本,然只去理会本,而不理会末,亦不得。时变日新而无穷,安知他日之事非吾辈之责乎? 若应变而不合义理,则平日许多工夫依旧都是错了。"

茅注:世务,如天文、地理、礼乐、制度、兵刑皆是。朱子曰:"范文正公自为秀才时,便以天下为己任,无一事不理会过。一旦仁宗大用之,便做出许多事业。"

[集评]

张习孔曰:视彼我、甲乙为一家,故世务有所不得辞也。

张绍价曰:通达世务,方为有用之学。儒者修之于己,既有所得,即宜取国家典礼、制度、法律、兵谋、农田、水利一切诸要政,精心讲求。风俗之得失,民生之利病,地利之险要,外夷之情势,亦宜留心考察。一旦出而效用,方不贻空疏无具之讥。勿以天下事为分外事,谓非我所宜学也。

53.[一]"人无远虑,必有近忧",思虑当在事外。[1][二]

[集校]

[一]《外书》卷二,伊川语。(《冯记》)按,"人"上,《张解》本有"伊川曰"。

[二]以上并伊川语。(《茅注》)此条今见《河南程氏外书》卷二《朱公掞

问学拾遗》。

[集注]

〔1〕杨注：《外书》，下同。

叶解：苏氏曰："虑不在千里之外，则患在几席之下。"此以地之远近言也。一说"先事而图之，则事至而无患"。此以时之远近言也，然其理则一也。（笔者按，佐藤一斋认为苏端明所言，"意在揣摩，洛、蜀不相容，今援此语，恐非伊川之意"。）

张传：事外尚当思虑，况事内乎？

张解：引夫子之言而释之，以见人凡事当思患而豫防也。夫子言人无久远之思虑，必有迫近之忧患。程子言所以谓必有远虑者，盖以人之思虑当在所事之外，方能整暇而无轻忽之病。若事已迫则神不宁，亦不能善其思虑矣。近忧之必有，不待言也。

茅注：在事外，谓虑之远也，如不为旦夕苟且之计，不为目前自便之策是也。

[集评]

李文炤曰：事外兼时与地而言，盖思虑周于事外，则足以待事会之变矣。

江永曰：思虑在事外，则图之早，防之周，而近患可免矣。

张绍价曰：旧说，苏氏谓"虑不在千里之外，则患在几席之下"，以地言也。饶氏谓"虑不及千百年之远，则患在旦夕之近"，以时言也。无论地之远近，时之远近，要皆虑之于远，则备豫而近忧可弭。

54.〔一〕圣人之责人也常缓，便见只欲事正，无显人过恶之意。〔1〕

[集校]

〔一〕《张解》本有"伊川曰"三字。此条今见《河南程氏外书》卷七《胡氏本拾遗》。

[集注]

〔1〕张传：夫子之论微生高、臧武仲是也。

张解：圣人之于人，无处不是忠厚之意，即以责人论之，其用意常多宽缓，便见得圣人只欲其事归于正当，无欲显暴人过恶之意也。能改即止，岂有责人无已之患乎？

茅注：只欲事正，公也。无显人过恶之意，恕也。公而恕，所以责人常缓。

［集评］

　　李文炤曰：欲事正者，义之尽。不显人过者，仁之至。

　　张绍价曰：圣人道大德洪，故责人常宽缓不迫，观《论语》所载可见。惟鸣鼓之攻，则极为严厉，以其党恶害民，故不得不然耳。

　　55. 伊川先生云：[一]今之守令，唯制民之产一事不得为，其他在法度中甚有可为者，患人不为耳。[1]

［集校］

　　［一］《张解》本无"先生"二字，"云"作"曰"。此条今见《河南程氏外书》卷十二《传闻杂记》，下同，此处无"伊川先生曰"五字。

［集注］

　　［1］叶解：制民之产，谓井田贡助之法。

　　张传：宋时文法宽平如此。

　　张解：此见居官者当尽其所可为，不可以不得为一概诿之也。如今之守令，惟制民之产，如古井田之法，阻于时势而不得为。然止此一事耳，其他在法律制度之中，尽有利于今、无阻于时，而皆甚可为者，特患人无实心为政，多诿之而不为耳，可胜慨哉！

　　李解：朱子曰："作县固非易事，然尽心力而为之，必无不济。今人多是自放懒了，所以一纲弛而众目紊也。"

　　茅注：吕希哲于治平中见先生，而先生语之以此。甚有可为者，如训士则设书院、明礼让之类，养民则修陂塘、兴水利，以及常平、平粜之类。朱子曰："徒赈济于凶荒之馀，虽善，不济事。"

［集评］

　　江永曰：法度中有可为之事，惟有爱人之实心者能为之。

　　张绍价曰："制民之产，谓井田贡助之法"，非守令所得为。其他兴利除害，教民养民之政，在法度之中者，则大有可为。如明道之令晋城，横渠之令云岩，皆是也。特患人不肯实心任事耳。

　　56. 明道先生作县，凡坐处皆书"视民如伤"四字，常[一]曰："颢常愧此四字。"[1]

［集校］

　　［一］"常"，叶误"尝"。（《冯记》）按，"常"，《张解》本、《李解》本、《叶

解》四库抄本、《茅注》本作"尝"。

[集注]

　　[1] 张传：能愧则民不伤。民伤者，不知愧也。

　　张解："视民如伤"，孟子所称文王者也。作县者，能存得此意，爱民亦甚矣。故先生作县时，凡所尝坐之处，皆书此四字以自警省。尝自言曰"颢每时常惭愧见此四字"，盖其心乎爱民，犹觉未能视之如伤也，推此心也，其即文王之心乎！

　　李解：坐处皆书，欲其触目而警心也。犹自言有愧，则其罪己恤民，不自满足之意为何如耶！

　　泽田希曰："伤"字属民。视民如有伤，爱之至也。《左传》曰："国之兴也，视民如伤。"《孟子》曰："文王视民如伤。"

[集评]

　　杨氏曰：观先生之用心，应是不错决挞了人。古人于民，若保赤子，为其无知也。无知则不察利害所在，教之趋利避害，全在保者。故凡事疑有后害，或于民所见未到者，常与他作主始得。（《茅注》）

　　薛氏曰：余每欲责人，常念此意而不敢忽。又曰：大贤尚然，后之临民者当如何哉！（《李解》）

　　张绍价曰："视民如伤"，此至仁之心，万物一体之怀。明道犹以为愧，后人更当何如！

　　57. 伊川[一]每见人论前辈之短，则曰："汝辈且取他长处。"[1]

[集校]

　　[一]"伊川"下，《李解》本、《叶解》四库抄本、《茅注》本增有"先生"二字。

[集注]

　　[1] 叶解：扬人之短，本为薄德，况前辈乎？

　　张传：人能常明此念，即大舜取善用中之学。

　　张解：人情多好言人短，即于论前辈亦然，不知屡言其短，不惟伤忠厚之意，在己亦未见有效法长进处矣。故伊川每见人论前辈之短者，则劝之曰"古人岂无长处？汝辈欲论前辈，不如且就其长处取之，较为有益也"。

　　李解：取其长处而不言其短，则于我有益而于前辈不失其尊敬之意矣。

茅注：祁宽问尹和靖：“伊川谓永叔如何？”尹氏曰：“前辈不言人短。”因遂以此告之也。

[**集评**]

朱子曰：此意甚善。今人往往见二先生自许之高，便都有下视前辈意思，此俗不可长也。（《李解》）

陈埴曰：后辈于前辈便有少长之分，此皆前辈（按，清同治刻本增“风流”二字）所以助成仁也。

江永曰：前辈之短，非所当议。舍短取长，则有进德之益，而无浮薄之失。

张绍价曰：前辈之失，有关于学术人心者，不得不明辨，以正告天下万世。孔子小管仲之器，斥微生之直，恶臧文仲之窃位而讥其不仁不知，皆是，然非初学之事也。后生小子，议论前辈之短，取快一时，徒以长其浮薄，而无裨于进修。程子教以取他长处，使之有所观法，以收进德之益也。

钱穆曰：中国人处世，善与人同，与人为善，乐取于人以为善，遂以养成和合之风。……伊川此条或犹可为今日国人对自己民族传统中之前贤往圣有所取法。（《随劄》）

58．刘安礼云：[一]王荆公执政，议法改令，言者攻之甚力。明道先生[二]尝被旨赴中堂议事，荆公方怒言者，厉色待之。先生徐曰：“天下之事非一家私议，愿公平气以听。”荆公为之愧屈。[1]

[**集校**]

[一] 此条今见《河南程氏遗书·附录·门人朋友叙述并序》，无“刘安礼云”四字。

[二] “尝”上，《门人朋友叙述并序》无“明道先生”四字，而有“至有发愤肆骂，……吾所不为”数句。

[**集注**]

[1] 杨注：《附录》，下同。

叶解：刘立之，字安礼，程子门人也。熙宁初，王荆公安石参知政事，创制新法，中外皆言其不便，荆公独愤然不顾。明道先生权监察御史里行，被旨赴中堂议事，从容一言之间，荆公乃为之愧屈。盖有以破其私己之见，而消其忿厉之气也。

张解：此见明道之诚能动物也。……安礼言：王荆公参知政事时，议行新法,改旧时律令,天下言事者攻击之甚力。明道先生尝被内旨,召赴中堂参议政事,荆公方怒言事者,以明道亦是言事之类,严厉其颜色以待。先生从容言曰:"天下事乃天下公共道理,非一家自私之议论,愿公和平其气,以听天下公言,勿先存怒气使言者色阻也。"荆公闻之,为惭愧屈服。

李解:法令,谓青苗手实等事。中堂,宰相议政之所。明道一言,而荆公为之愧屈,亦盛德之感孚也。

茅注:郭雍称其登门最早,精于吏事云。中堂,中书堂也。中书省堂,为中堂者,犹尚书都省堂称"都堂"也。按宋制:宰相议事及见客于中堂,枢密议事及见客于都堂。中堂亦曰政事堂。时先生权监察御史里行,故被召议事。朱子曰:"所谓'平气'者,非欲使甲操乙之见、乙守甲之说也。亦非谓都不论事之是非也。但欲姑暂置其是己非彼之意,然后可以据事论理,而终得其是非之实耳。"

[集评]

朱子曰:新法之行,诸公实共谋之。虽明道先生不以为不是,盖那时也是合变时节。但后来人情汹汹,明道始劝之以不可做逆人情底事。及王氏排众议,行之甚力,而诸公始退散。道夫问:新法之行,虽途人皆知其有害,何故明道不以为非?曰:自是王氏得来有害。若使明道为之,必不至恁地狼狈。(《语类》卷一百三十)

张习孔曰:荆公尚是名教中人,故闻言愧屈。若遇忮愎之相,先生必又别有所以动其听者,所谓因人而施也。

东正纯曰:王荆公执拗我意,虽司马诸公,不少屈下。唯见明道则深感服。虽不用其言,然足以见明道之德矣。

59. 刘安礼问[一]临民,明道先生[二]曰:使民各得输其情。[1]
问御史,曰:正己以格物。[2]

[集校]

[一]《门人朋友叙述并序》,"刘安礼问"作"立之尝问先生以"。

[二]"先生",叶无此二字。(《冯记》)按,《张解》本、《叶解》四库抄本、《茅注》本无"先生"二字。《李解》本、《门人朋友叙述并序》无"明道先生"四字。

[集注]

[1]叶解:民情皆得以上闻,则自无不得其所之患,然非平易聪达者能

之乎！

张解：为官当以亲民为要，临之以威，则民隐不得上闻。惟以宽临之，使民有不得已之情，各得自输陈于长上之前，而冤抑者鲜矣。民间之利害，亦靡不尽达，而可以行其兴革之道，古人云"平易近民，民必归之"，此之谓也。

李解：陈氏曰："输，犹尽也。"平易近民，使下情各得上达，则所以处之者，自无不各当矣。

茅注：输，送也。如物相输送也，民得输其情，而后民之情有以上达，或有不平处，上之人得以平之，则民自无不得其所之患矣。

[2] 叶解：居上既正，则下有所感而正矣，非徒事乎刑罚之严也。

张解：为上之道，固在亲民，而吏或作弊为奸，安可不有以御之？安礼故又问御吏，而明道曰：御吏亦不在于刑罚之严与访察之密也，己能不贪不虐，而所以自持者正矣。则以此御吏，吏亦习见其上之正，未有不迁善远罪以赴官长之意，以致政事之平者，是乃所以格物也，御吏之善术也。

李解：格，亦正也。

茅注：格，感格也，言正己而推之，以格夫物也。盖必正己而后物可以格，非谓己正而物自无不格，可无事防检劝惩之道也。

[集评]

张习孔曰：官无欲，则民得输情，而不为触讳。后世防民监谤者，以民言情，则不便于己，故距绝之。所谓"闻其声，不忍食其肉"，盖远庖之智也。

江永曰：正己以格物，不徒恃乎苛察严威也。

管赞程曰：自"或问簿"至此为一章，以辨诚伪之异，其文义首尾相应。

张绍价曰：旧说，平易近人，使民各得输其情，则下无冤抑，而地方之利弊，无不悉知。御吏非徒恃乎苛察威严也，必先正其身，则有以畏服吏之心志，正其不正以归于正。价按，自"周公至公无私"至此为一段。引程子之言，以明处事、爱民、事上、接人之道，在于存诚循理合义，而归于正己以格物。

东正纯曰：据此，则明道亦似以"格"为"正"者，但"物"字与阳明少不同耳。

60. 横渠先生曰：[一] 凡人为上则易，为下则难。然不能为下，亦未能使下，不尽其情伪也。大抵使人，常在其前[二]己尝为之，则能使人。[1]

[集校]

[一]《张解》本无"先生"二字。此条今见《经学理窟·义理》,无"横渠先生曰"五字。

[二]熊氏、吴氏并于"其前"句绝,非。(《茅注》)按,因此《茅注》本在"使人"、"为之"下分别注云"句"字。

[集注]

[1]杨注:《文集》。伯岊据《文王世子》曰:"知为人子然后可以为人父,知为人臣然后可以为人君,知事人然后能使人。"此之谓也。

叶解:乐于使人而惮于事人,此常情也。然知事人之道,然后知使人之道。己未尝事人,则使人之际必不能尽其情。

张解:此言使人之不易也。凡人之情,当其为上,则发号施令,殊觉易为;使之为下,则奉命承旨,转觉甚难。然究之事不亲历,人情何由体贴?不能为下之人,便不能使下,何也?以其所为之情伪曲折,我不尽知也。大抵欲使人者,常在其身前日已尝为之,凡所以趋承效力之数,轻重缓急无不了然心中,则能斟酌使之,无所往而不当也。

李解:易,去声。乐于使人而惮于事人,此人之常情也。然不能为下,亦安能使为下者循分称职而不尽其情伪哉?常在其前已尝为之,则知事人之道,推此心以使人,必无不以其道者矣。

茅注:上、下,以上下司而言。情,实也。为上者出令以使人,故易;为下者听命于人,故难。然或苦于为下之难而不能为,则下之情伪有所不知,不但为所欺罔,而己之所以使之者,亦必不能以尽其道,故亦未能以使下也。盖使人作事,常于其前身自为之,则有以尽其情伪,所以能使人也。

江注:己尝事人,则使之之际能尽其情,而亦能知其伪。

[集评]

张习孔曰:此之谓絜矩之道。

茅星来曰:古人言为县令者,必为丞簿;为郡守者,必为通判;为监司者,必为郡守。不然,虽有善政,不宜骤擢。其见盖与此合,当不但欲使之亲民,知利害所在而已。

张绍价曰:为上易,为下难,此特以势位言耳,实则为上更难于为下。《礼》曰:"知事人然后能使人。"未尝为下,以尽事上之道,而居高位以临下,颐指气使,惟我驱策,骄气胜而不肯下人,安能尽人之情伪?

61. [一]《坎》"维心亨",故"行有尚"。外虽积险,苟处之心亨不疑,则虽难必济,而"往有功也"。[1]今水临万仞之山,要下即下,无复凝滞之[二]于[三]前。惟知有义理而已,则复何回避? 所以心通。[2]

[集校]

[一]《张解》本有"横渠曰"三字。此条今见《横渠易说·上经·习坎》。

[二]"险",杨、叶、吕本并作"之"。(《茅注》)"之"《张子全书》作"坎"。(《释疑》)按,"之",《茅注》本作"险"。

[三]"于",《叶解》元刻本及其四库抄本、吴邦模刻本、《张解》本、《李解》本、《茅注》本、《江注》本及其四库抄本、《横渠易说·上经·习坎》作"在"。

[集注]

[1]叶解:《坎》为重险,故曰"积险"。二、五以刚居中,故外虽有积险,其中心自亨通而无所疑惧也。心亨而无疑,则可以出险矣。

张解:此释《坎卦·象辞》。《坎卦》上下皆坎,有积险之象,然二五皆刚中为心,全天德之刚,则不为物欲所挠,有心亨之象,故行有尚。横渠言:虽积险之境,而处之止有一心。苟处之而此心亨通不疑,则素其位而行,无非天理,虽极难事,亦必有济。以是而往,自有功也。

茅注:难,去声。

[2]杨注:《易说》,下同。

叶解:此以《坎》象而言。人于义理,苟能信之笃、行之决,如水之就下,则沛然而莫御,何往而不心亨哉?

张解:又以水之趋下,明心亨之理。今夫水,临万仞之山,遇泻落处,要下即下,无复凝结滞凝之在其前而迟疑不往者。盖以水原疏明洞达,可分可合,可止可行,不失其性故也。人之居心,惟知有义理而已,则此理无适不然,复何有迟疑回避,所以无往不通达也。

李解:释《坎·象》之义,而因言其象也。

茅注:愚按,临万仞之山,所谓积险也。要下即下,无复凝滞,所谓"处之心亨不疑"也。"险在前"以下,申明所以"要下即下,无复凝滞"之意。

[集评]

张习孔曰:维心亨,即不论境遇。心遂其亨,即有尚也。心亨根有孚来,天下急躁之人,不能有功。欺诈之人,不能有功。今惟实心坚忍,百折不回,天地鬼神,亦且格其专致矣。故曰"行有尚"。水要下即下,惟其有孚也。

62. [一]人所以不能行己者,于其所难者则惰,其异俗者虽易而羞缩。惟心弘,则不顾人之非笑,所趋义理耳,视天下莫能移其道。[1]然为之,人亦未必怪。[2]正以在己者义理不胜[3]惰与羞缩之病,[4]消则有长,不消则病常在[二]。意思齷齪,无由作事。[5]在古气节之士,冒死以有为,于义未必中,然非有志概者莫能。况吾于义理已明,何为不为?[6]

[集校]

[一]《张解》本有"横渠曰"三字。

[二]此条今见《横渠易说·下经·大壮》,"在"下有"消尽则是大而化之之谓圣"句。

[集注]

[1]叶解:志不立,气不充,故有怠惰与羞缩。惟心弘则立志远大,义理胜则气充。

张解:此见人之立心贵宏,宏则无怠惰羞缩之病。凡人所以不能自行其己之是者,于其事之所难为,则怠惰而不能为。其有异于习俗之事,虽属易为,而众既莫为,则自己亦羞愧畏缩而不乐为。惟心中宏大者,则能不顾人之非议耻笑,我之所趋向,惟有义理之当为耳。义理当为时,视天下之纷纷,总莫能移其所行之道,尚何惰与羞缩之足云!

茅注:易,音异。心弘而不顾人之非笑,则无羞缩之患矣;趋义理而莫能移其道,则无有惰之患矣。

江注:心大而志立,故无羞缩与惰之病。

[2]江注:难能异俗之事,义理所当为,故人亦终不之怪。

[3]李解:不顾非笑则何羞缩之有?所趋义理则何惰之有?皆非心弘者不能也。况果能为之人,亦未必怪,无所庸其羞缩,特患己之义理不胜,则终不免于惰耳!

[4]茅注:或于"不胜"句绝,非。

[5]叶解:滕文公行三年之丧,始也,父兄百官皆不欲。文公以义理所当,为发哀戚之诚心,人亦莫不悦服。所患在我义理不胜,则不能自强,故有惰与羞缩之患。

张解：又言惰与羞缩之害事也。盖所为虽异于习俗，然苟道所当为为之，人亦未必非而怪之。正以在己者，义理未能实见得是，遂不足以自胜，则惰与羞缩终不能免，每至自弃耳。夫惰与羞缩之病，若能消去，则义理之心便有充长之势。此天理人欲不容并立者也。若不消则病根常在，意思间龌龊猥浅，无由作得事体。

茅注：长，张丈反。消，指惰与羞缩之病而言。长，谓义理之心。龌龊，急促局陋貌。

江注：惰与羞缩之病，常与义理相为消长。

[6]叶解：志气感慨，虽未必中于义，而死且不顾。况吾义理既明，尚何怠惰羞缩之为？举重明轻，所以激昂柔懦之士。

张解：又以气节之士，明义理之当为则为也。在古气节之士，如忠臣义士之勇烈，恒冒死以有所为。其为也，于义或未必中乎当然之则，然奋然为之，非有志气节烈者莫能如此。况吾既于义理明白自信，则心安事当，何所惮而不为？欲行己者，尚其发愤而为雄乎！

李解：中，去声。龌龊，心不弘者也。气节之士尚不至惰与羞缩，况义理既明者，何惮而不肯为乎？

茅注：释《大壮卦·象辞》。冒死有为，则死且不顾，何有惰与羞缩之为患乎？于义未必中，见义理未必素明，而临难且有所不避也。不为，指惰与羞缩而言也。

陈注：要在其义之慊，则气自不馁，而人自不疑。

佐藤一斋曰："志概"之"概"，与"概量"之"概"同，非感慨慷慨之"慨"。

[集评]

朱子曰：近世士大夫不以节操为事，凡事回互，却笑人慷慨奋发，以为必蹈于矫激之祸。此风更不可长。盖事只论当为与不当为，如当为，岂可避矫激之名而不为乎？（《茅注》）

张习孔曰：曾子所谓"大勇"义盖如此。

张绍价曰：知有义理，而无所回避，非勇者不能。孔子曰："见义不为无勇也。"无勇则气不足以配道义，怠惰羞缩，而不能有为。惟心大志立，不顾人非笑，惟义理是趋。举世誉之而不加劝，举世非之而不加沮，视天下莫能移其道，何所容其怠惰，又何所容其羞缩！

又曰：秉彝攸好，人之欲善，谁不如我？义理当为，而毅然为之，世俗亦未必怪。如滕文公行三年之丧，而远近见闻，无不悦服，又非止不怪己也。

又曰：义理胜，自无惰与羞缩之病，否则义理之念，不胜其畏难苟安；随俗习非之念,病根常在,意思醒醒,安能作事?

又曰:自古气节之士,刀锯在前,鼎镬在后,冒万死而不悔。虽未必合于义理之中,然激昂慷慨,非有志概者不能。况儒者明于义理,当为即为,何疑何惧,怠惰而不振,羞缩而不前哉!

63. [一]《姤》初六:"羸豕孚蹢躅。"豕方羸时,力未能动,然至诚在于蹢躅,得伸则伸矣。[1]如李德裕处置阉宦[二],徒知其帖息威伏,而忽于志不忘逞,照察少不至,则失其几[三]也[四]。[2]

[集校]

[一]《张解》本有"伊川曰"三字。此条今见《横渠易说·下经·姤》,无"姤"字。

[二]"阉",一作"群"。(《茅注》)按,"宦",《叶解》元刻本、《张解》本作"官"。

[三]"几",《张传》本作"机"。

[四]"也",一作"矣"。(《茅注》)

[集注]

[1]叶解:羸,弱也。蹢躅,跳跃也。豕性阴躁,虽当羸弱之时,其诚心未尝不在于动也,得肆则肆矣。犹小人虽困,志在求逞,君子所当察也。

张解:此释《姤》初六爻义。《姤》之初六,一阴始生于下,其势必盛,甚可畏也。象羸弱之豕,其诚意在于蹢躅前行,有不终止之势。盖豕方羸弱时,力未能动,然心未尝忘所以动也。故至诚在于蹢躅,得伸则伸矣,可不戒乎?君子之于小人,其当防微杜渐亦如是耳。

茅注:胡氏曰:"五阳之下,一阴甚微,故于豕为羸。"王伯厚曰:"一许敬宗在文馆,唐为武氏矣。一杨畏居言路,元祐为绍圣矣。羸豕之孚,左腹之入,可不戒哉!"

[2]杨注:伯嵒据,李德裕得君(武宗),中人仇士良愈恐。会昌二年上尊号,士良宣言宰相作赦书,减禁军缣粮刍菽,以摇怨,语两军曰:"审有是,楼前可争。"德裕以白帝,命使者谕神策军曰:"赦令自朕意,宰相何豫?尔渠敢是?"士乃帖然。士良惶惑不自安,明年以疾辞罢,固请老,诏可。士良之老,中人送还第,谢曰:"诸君善事天子,能听老夫语乎?"众唯唯。士良曰:"天子不可令闲暇,暇必观书,见儒臣。则又纳谏,智深虑远,减玩好、省游幸,吾属恩且薄而权轻矣。为诸君计,莫如殖财货盛鹰鸟,日以毬猎声色蛊

其心，极侈靡使悦不知息，则斥经术暗外事，万机在我，恩泽权力，欲焉往哉！"伯嵒谓：天下之治乱，常系于君子小人之进退。君子进则必治，小人进则必乱，而或进或退之间，各植党与互相倾轧，日胎月积而不已，其为天下国家之患可胜言哉！汉之末年，陈蕃、李膺号为君厨俊及，以矫小人之习，而党锢之祸兴。唐之中世，德裕之徒欲排僧孺训注，以孤小人之党，而朋党之事起。汉唐之亡，良由于此。我朝仁皇去丁谓，相王曾，出夏竦，用杜、富、韩、范，而四十二年之治亘古无及。熙宁，大臣擢新进少年，以为己助，诸君子力争而不胜。迨至元祐，司马、吕、范以老成秉国钧，一时善类如苏、如程，朋而翼之，小人之党如章、如蔡，屏绝殆尽。界限严而藩篱密，本真壮而邪气消，骎骎乎泰治之盛矣。夫何司马公即世，局势随变。小人之蹊隧不绝，君子之扃鐍不严。一启于范纯仁持平之论，而小人之魂返；再启于吕大防内恕之心，而小人之脉盛；三启于韩忠彦建中之说，而曾布、蔡京引类杂袭，小人病已，跳梁于育之上膏之下矣。逮夫党籍立碑，凡所谓君子者不弃之寂寞之滨，则逐之岭海之外，而居朝廷布当路者，无一非小人也。卒稔靖康之变，而曾无伏节死义，为国固守者。敌至燕山则守燕山者降，敌至中山则守边者退，至黄河则守河者溃，再至河北则河北之师皆奔，复寇河南则四方勤王之师观望而不进矣。六如给事盛言以张敌之威，四尽中书竭力以为敌之奉，误君卖国，忍耻偷生，靖康之事言之可为痛哭，揆厥攸初，皆君子为小人所胜而然也。遘者一阴之卦也，而初六一爻，小人之萌蘖者也。圣人不忽其微而系之爻辞曰"羸豕孚蹢躅"，所以著小人之情状也，为君子者可不戒哉！

　　叶解：唐武宗时，德裕为相，君臣契合，莫能间之。官（按，《四库》抄本作"宦"）寺之徒帖息畏伏，诚若无能为者，而不知其志在求逞也。继嗣重事，卒定于宦者之手，而德裕逐矣。盖几微之间，所当深察。

　　张传："至诚"解"孚"字，言其真心积虑，在于狂逞。为善有诚，为恶亦有诚也，故曰"至诚"。

　　张解：观德裕之事，而阴柔之渐长，其当戒益明矣。盖德裕当时处置宦者，徒知其贴息畏伏，无所能为。至于小人屈于一时，志不忘逞，则此意德裕忽而不计，后来照管稍有不及处，则失其几会而为所中矣。岂不惜哉？可不惧哉！

　　茅注：李德裕，字文饶，唐赵郡人，宰相吉甫子，武宗时贤相。大中初，贬崖州司户参军，三年卒。"阉"经传通作"奄"，以其精气奄闭因名。

[集评]

　　茅星来曰：张子谓德裕"照察少不至，则失其几"。然观仇士良教其党，以奢靡蛊惑其君,勿使读书、亲近儒生,以知前代兴亡,然后吾辈可以得志,而德裕不之知也。则此辈布置之密与德裕防闲之疏,可以概见,恐并未能帖息威伏也。惟刘、杨二枢密以愿慤不敢与事,已为老宦所尤,他可知矣。卒之定策大事,权归宦寺,德裕束手见逐,其所由来渐矣。呜呼! 以士良之策早得,反其道而用之,正君定国,无逾此者,虽百士良其何能为? 而惜乎其不能也!

张绍价曰:旧说,此言处事当察几微。《姤》之后之初六,一阴始生,其端甚微,而其势必盛,如赢弱之豕,力未能动而必至蹢躅跳跃而进。君子宜深为备,不可忽也。

64. [一]人教小童,亦可取益。绊己不出入,一益也;[1]授人数数,己亦了此文义,二益也;[2]对之,必正衣冠,尊瞻视,三益也;常以因己而坏人之才为忧,则不敢惰[二],四益也。[3][三]

[集校]

[一]"人"上,《张解》本有"横渠曰"三字。按,《张解》云:"此条旧列十卷末,叶平岩云'当在十一卷之末',以所言自是教学事也,今从之。"因而张氏遵从《叶解》注文所言将此条移于第十一卷末,为第22条。

[二]"惰",叶本作"堕"。(《茅注》)《语录抄》。此条亦见《经学理窟·义理》。(《冯记》)"不敢惰",叶本作"堕"。(《考异》)"不敢堕",吕本"堕"做"惰"。(《异同考》)按,"惰",《叶解》元刻本及其四库抄本、《张传》本、《张解》本作"堕",吴邦模刻本作"堕",《李解》本、《茅注》本、《江注》本及其四库抄本作"惰"。

[三]此段疑当在十一卷之末。(《叶解》元刻本)按,此条,《杨注》宋刻本列于第十卷末。而茅星来则云:"此条所论,皆教小童时所以自处之道,非论教小童之道也。叶氏谓'当在十一卷'者,非。"因而茅氏仍归于第十卷。又按,《朱子语类》中,朱子曰:"《近思录》大率所录杂,逐卷不可以一事名。如第十卷亦不可以事君目之,以其有'人教小童'在一段。"依此,当初辑录时朱熹将此条编次于本卷。

[集注]

[1]叶解:取益,谓有益于己。绊,牵系也。

张解:此言教小学之有益,犹《书》所谓"教学半"也。盖人尝以教小童为有妨己功,不知教学之中,在己亦可取益。凡教小童,则必日与之同在学中,是有绊系己身,使不得时常出入。不出入则少外物之诱,是自己得宁静之道,一益也。

茅注:绊,音半。

[2]叶解:数数,犹频数也。了,晓彻也。

张解:教小童者,必授之以书,且授之不是一时便休,至数数然不已,则在己亦必了然于此书之文义矣。夫书贵习熟,以授小童之故,而使书理常在目前,在己又得时习之功,是二益也。

茅注:数,并入声。

江注:上"数",如字;下"数",音朔。谓授书遍数多也。

[3]杨注:《语录》。

张传:此蒙师"四箴"也。

张解:且在我之威仪必谨,亦学问要紧工夫也。而教小童,则必正其衣冠,使子弟有所严惮,尊其瞻视,使子弟有所取法。是得小童以摄自己之威仪也。非三益乎? 抑凡人之志气,最患其有颓堕委靡之病。教小童则受人教育之托,常恐因己教坏人之才质,以此为忧,则必自求其有可教人之本,而不敢自堕其所学,岂非四益乎?

茅注:坏,音怪。……朱子曰:"更须自己勉力,使义理精通、践履笃实,足以应学者之求而服其心,则成己成物,两无亏欠矣。"

[集评]

李文炤曰:出入绊,则其益在专;文义了,则益在明;衣冠正、瞻视尊,则其益在敬;不敢惰,则其益在勤。何往而非学哉!

茅星来曰:细玩各条,乃泛论处事接物之道居多,其言事君者仅三十馀条,正不独末条有"人教小童"一段在也。

江永曰:教小童者,或多出入,授书草率,惰慢无威仪,不顾坏人才,是不善取"四益"矣。

管赞程曰:自"横渠先生"至此为一章,以救常人处事之通病。

张绍价曰:旧说,此言教童子之益。一益可以拘束身心,二益可以晓彻文义,三益可以整肃威仪,四益可以省察愆尤。蒙养为作圣之基,责任甚重。能知此四益,以养正为己任,则师道立而善人多矣。

又曰:此节以教小童之益,回应首节告人以诚,起下卷教学之道。价按,自"横渠先生"至此为一段,言使下行己处事教人之道,在明于义理,而归于中正。

佐藤一斋曰:此条仅是蒙师之益,义理甚浅,似可不必采录。

《近思录》卷之十一
凡二十一条

教　人

[集评]

叶采曰：此卷论教人之道。盖君子进则推斯道，以觉天下；退则明斯道，以淑其徒。所谓得英才而教育之，即新民之事也。

许衡曰：古昔治平之兴，必本于小学与大学之教也。(《语录》)

马常沛曰：教人，则为传道之计。(《近思续录叙》)

施璜曰：天地间惟有此道，人生天地间惟有此学。地无边腹，时无古今，人无穷达，官无文武，无不可学，无不可为贤为圣，故曰人性皆善，人皆可以为尧舜。第患无提撕警觉之人耳，如有人焉，提撕警觉，呼寐者而使之寤，虽至颛蒙未有不醒然悟、蓬然觉者也。故君子进则推斯道以觉天下，伊、傅、周、召之事功是也。退则明斯道以淑其徒，孔、曾、思、孟之事功是也。而教人之事功更大。天下英才，一半是天生，一半是教成。苟得一世明睿之才，而以所乐乎己者，教而养之，则斯道之传，得之者众，而天下后世将无不被其泽矣。岂仅一时泽加于民之事功而已哉？但教人之道亦有成法，子以四教文行忠信。有师儒之责者，自当以孔圣为法，因材而笃，循循善诱。故朱子于居官处事之后，而以教人之道继之，明乎圣贤之心，无所偏倚，出则以行道为主，处则以教人为第一义也。然皆推己以及人，故叶氏曰"即新民之事"，学者宜尽心焉。

茅星来曰：前于为学之道已详，而此则教人为学之道也。盖学优而仕，固可出而见之事业，如不得已，则惟有明斯道以淑其徒而已。小学、大学皆有之，亦新民之事也。凡二十一条。朱子曰："古人初入小学，止是教之以事，如礼、乐、射、御，及孝、弟、忠、信之事；自十六七岁入大学，然后教之以理，如致知格物，及所以为忠、信、孝、弟者。"

张绍价曰：朱子曰"此卷教学之道"。价按，此卷以圣人之教、《大学》之法为主。以易其恶、至其中、由其诚、尽其材、理其心、归之正为总旨。以读书、知道、成德、成材为分意。体似立纲，首节为一篇纲领，下分五段以发明之。

钱穆曰：从"教学之道"前面的诸目，"可见当年理学家为学所重，亦即其施教之所重矣。学与教，皆有关人生之大全体，故言道，不言方。"（《随劄》）

1. 濂溪先生曰：[一]刚善，为义，为直，为断，为严毅，为干固；恶，为猛，为隘，为强梁。柔善，为慈，为顺，为巽；恶，为懦弱，为无断，为邪佞。[1]惟中[二]者，和也，中节也，天下之达道也，圣人之事也。[2]故圣人立教，俾人自易其恶，自至其中而止矣。[3]

[集校]

[一]《张解》本无"先生"。此条今见《周子通书·师第七》，无"濂溪先生曰"五字。

[二]"惟中"下，吕本无"也"字。(《茅注》)按，"惟中"下，《叶解》元刻本及其四库抄本、《张解》本、《茅注》本、《江注》四库抄本、《周子通书·师第七》有"也"字。"中"下，《江注》本有"也"字，《江注》四库抄本无"者"字。

[集注]

[1]叶解：朱子曰："气禀刚柔，固阴阳之大分，而其中又各有善恶之分焉。恶者固为非正，而善者亦未必皆得乎中也。"

茅注：断，并都玩反。问："人有刚果过于中，如何？"朱子曰："只为见刚果胜柔，故一向刚去，须如周子分别方可。"问："何以制之使归于善？"曰："须于中求之。"

[2]叶解：朱子曰："此以得性之正而言也。然其以和为中，与《中庸》不合，盖就已发无过不及者而言之，如《书》所谓'允执厥中'者也。"

茅注："中节"之"中"，去声。

[3]杨注：《通书》。

叶解：朱子曰："易其恶，则刚柔皆善，有严毅慈顺之德，而无强梁懦弱之病矣。至其中，则其或为严毅，或为慈顺也，又皆中节，而无太过不及之偏矣。"

张解：此言圣人教人以变化气质为先也。人性皆善，而所禀气质之性不齐。禀阴为柔，禀阳为刚，刚柔之中又各有阴阳，以为善恶之分。故析而言之，刚之善者，为义而能裁，直而不曲，断而明决，严峻而强毅，干事而坚固也。其恶者，为猛而暴躁，隘而褊狭，强梁而不顺理也。柔之善者，为慈而惠爱，顺而温和，巽而谦逊也。其恶者，为懦弱不能自立，无断而多疑，奸邪而谀佞也。然恶者固为非正，而善者亦未必皆得乎中，唯有阴阳合德，兼得刚柔之善，而为无过不及之中者，气禀清明纯粹，发而为喜怒哀乐，无所乖戾而和也，中乎天理自然之节也，天下所共由之达道也，是圣人之能事也。故圣人以己性之中，立修道之教，既以身作则，而又有诗、书、礼、乐，以品节限制之。凡以使人变化气质，自易其刚柔之恶，自至于善之中而止。此师道之立，所以继天而有功者也。此章所谓"中"与中庸不同，而与《书》之言"允执厥中"者相合。君子而时中，亦是恁地看。盖单就已发言之，故即以和为中，若中庸之中，则兼中和二字之义。

茅注：朱子曰："知其所偏而欲胜之，固在吾日用之间，屡省而痛惩之，然使不明于理而徒欲救其偏，亦恐矫枉之过而反失夫中也。故学者虽莫急于自修，而不加以读书讲学之功，则无以见夫道体之全，而审其是非邪正之端也。"

价解：吴敬庵曰："欲使天下皆善，在于以师教之而已。盖天之理无不善，而人所禀之气质有不齐。于是刚柔既分，而善恶又异，有兼得刚柔之善，而无过不及者为中。此其气质清明纯粹，而有以全其天理者为至矣。析而言之，刚之善者，为直而不屈也。义能裁制也，断而明决也，严峻而强毅也，干事而坚固也。其恶者，为猛而暴遽也，隘而不能容也，强梁而不顺理也。柔之善者，为慈而惠爱也，顺而温和也，巽而谦退也。其恶者，为懦弱而不能自立也，无断而多疑也，奸邪而谀佞也。夫恶者固非正，而善者亦未必得事理之当然，惟无过不及之中，亦即无所乖戾之和也，发而皆中节者也，天下所共由之达道也，是圣人之能事也。故圣人以在我之中，而立修道之教，使人变化气质，全尽天理，然实用其力，岂他人所能与哉？在于自易其刚柔之恶，而一归于善，自至其无过不及之中，而发皆中节，如是而已。此师道之所以立也。"

[集评]

朱子曰：此章所言刚柔即《易》之两仪，各加善恶即《易》之四象。《易》又加倍，以为八卦，而此书及图则止于四象，以为水、火、金、木，而即其中以为土。盖道体则一，而人之所见详略不同，但于本体不差，则并行而不悖矣。（《茅注》）

朱子曰：濂溪说："性者，刚、柔、善、恶、中而已矣。"濂溪说性，只是此五者。他又自有说仁、义、礼、智底性时，若论气质之性则不出此五者。然气禀底性便是那四端底性，非别有一种性也。（《存性编》）

朱子曰：子思之所谓中，以未发而言；周子之所谓中，以时中而言也。（《释义》）

王夫之曰：节者，中之显者也。喜怒哀乐之未发而未有节者存，则发而中者谁之节乎？岂天下之有节乎？是从其白于外之说矣。故周子曰"中也者，和也"；张子曰"大和所谓道"；卓矣。虽喜怒哀乐之未发，而参前倚衡，莫非节也。

刁包曰："允执厥中"一言，万世心学之宗，亦万世经学之宗也。如《易》只是要刚柔得中，《书》只是要政事得中，《诗》只是要性情得中，《礼》只是要名分得中，《春秋》只是要赏罚得中。中之一字，便该尽五经大义矣。

颜元曰：既云"气禀之性即是四端之性，别无二性"，则恶字从何加之？可云"恶之性即善之性"乎？盖周子之言善恶，或亦如言偏全耳。然偏不可谓为恶也；偏亦命于天者也，杂亦命于天者也，恶乃成于习耳。（《存性编》）

颜元曰：既言此，何不学古人而身见之？要之，孔门称古昔，程、朱两门亦称古昔，其所以称者则不同。孔门是身作古人，故曰"吾从周"；二先生是让与古人，故曰"是难"。孔门讲礼乐，程、朱两门亦讲礼乐，其所以讲者则不同也。孔门是欲当前能此，故曰"礼乐君子不斯须去身"，二先生是仅欲人知有此，故曰"姑使知之。"（《存学编》）

张习孔曰：此又用"三德"之道也。

管赞程曰：自"濂溪先生曰刚善"至此为一章，言变化气质之道，圣人之事，张子于学者有问，多告以知礼成性，变化气质之道，学必如圣人而后已，正谓此也。其脉上承卷一一二两章，卷二首章，卷四首条，至纯亦不已，卷五至卷十之首章，皆是也。卷五以上，皆论为学之方，当以第一义为标准。卷六以下，论应物之道，当以第一义自勉。居家之孝，当如曾子。出处之义，当如古人。故其治平，则能以无妄育物，兴造礼乐。处事则能以诚意感人。皆归功于变化气质。故《中庸》二十章，论为政在人，而卒教以变化气质，然则教人为学，岂有出此之上哉？先儒云"学贵变化气质，道在涵养本原"。程按，不从涵养本原入手，则己之病痛，茫然不知，虽欲变化，将于何处入手？观谢上蔡自言去个"矜"字，伊川便许其"切问近思"，若非切问近思，不知气质之病，又安知变化之贵？况涵养本原，比之切问近思，尤为切实。以其心静气平，病痛自见，省身自密。治心和气，惟此为宜，必须有笃实之资，乃能从事于斯，经久不懈，方见其功。盖气质根于有生之初，根深蒂固，日日生长。今欲变之，固为天下第一难事。若非奋十一千百之力，不足以为功。吕与叔曰：“今以卤莽灭裂之学，或作或辍。以变其不美之质，及不能变，则曰天质不美，非学所能变，是果于自弃，其为不仁甚矣。”窃尝深慕李延平之潜养思索，以变豪勇之气，甚急之性。至于语默动静，端详闲泰，自然之中，若有成法，精明纯一，触处洞然。泛应曲酬，发必中节。此则虽愚必明，虽柔亦将强矣，可以为法矣。

张绍价曰：此节以圣人立教，承上卷末节之意，领起通篇。

又曰：此节为一段，言教人之道，在于使人变化气质。“自易其恶，自至其中”，乃一篇之纲领也。下文详言之。

2. 伊川先生曰：[一]古人生子，能食能言而教之。[1]大[二]学之法，以豫为先。[2]人之幼也，知思未有所主，便当以格言至论日陈于前，虽未晓[三]知，且当薰聒，使盈耳充腹，久自安习，若固有之，虽以他言[四]惑之，不能入也。[3]若为之不豫，及乎稍长，私意偏好生于内，众口辩言铄于外，欲其纯完，不可得也。[4][五]

[**集校**]

［一］《张解》本无“先生”。《上太皇太后书》无“伊川先生曰”五字。

［二］《小学总论》“大”作“小”。（《释疑》）按，“大”，《上太皇太后书》作“小”。

［三］“晓”，江改“有”。（《冯记》）王、吴本作“有知”，《遗书》、《集解》、阴本并作“晓”，洪本同，今从之。（《王记》）“未 晓 知”，江本作“有”。（《考异》）按，“晓”，《江注》本及其四库抄本作“有”，其重刻本中王鼎校次本、吴棠刻本与之同。

［四］“言”，《张解》本、《江注》本及其四库抄本作“说”。

［五］《文集》，见元祐元年《上太皇太后书》。（《茅注》）按，此条今见《河南程氏文集》卷六《上太皇太后书》。

[**集注**]

［1］叶解：古者子生，能食则教之以右手，能言则教之唯诺。

张解：此言教子贵豫，所以养其纯心为圣功之基也。是古人之于子，当其初生，而教固已行乎其间矣。

茅注：能食则教之以右手，能言则教之男唯女俞。见《记·内则》篇。

〔2〕杨注：伯嵒据《学记》曰："大学之法，禁于未发之谓豫。"

〔3〕叶解：此所谓"少成若天性，习贯（按，"贯"《四库》抄本作"惯"）如自然"者也。

张解：人生十五始入大学，而大学之法早已寓乎小学之中，盖以豫为先，……夫人之幼也，其天机全，知识未开，思虑未纷，胸无偏主之见，教者正易为力。便当以义理之格言、圣贤之至论日于其前，讲明开导。虽未尽能知晓，亦不必遽责之知晓，只当薰陶其心、噪聒其耳，使耳之所听、腹之所充，皆无他说，久自安而习之。其于吾之所教，若素所固有，则亦必能晓而知之矣。所谓"少成若天性，习惯如自然"，后虽有淫词邪说若以惑之，而心有主则不能入，此豫道也。

李解：知思未有所主，其心方虚，以格言至论实之，则先入而为主矣。故他言有不能惑也。

茅注：聒，音括。……薰，薰炙。聒，讙语也。"人之幼也"以下，明教之所以当豫之故。

〔4〕杨注：《文集》。

叶解：教之不早，及其稍长，内为物欲所陷溺，外为流俗所销靡，欲其心德之无偏驳，难矣。

张传：此蒙养至言也。家训固要，又当择里处仁，内外交养。

张解：若父兄之教不先，子弟习与年长，内有声色嗜好之私意，一发而偏；外有群居终日之邪僻，交口而铄。此时虽以正道绳之，既悍而难制，亦格而不入，欲反其驳以归于纯，补其缺以底于完，难乎难矣！程子此言，为父兄者各当敬书一通也。

李解：好，去声。私意偏好，己私之发也。众口辩言，物欲之诱也。

茅注：长，张丈反。……先生以供职以来，六侍讲筵，但见诸臣拱手默坐，当讲者立案旁，解说数行而退，如此虽弥年积岁，所益几何？或以为主上方幼，且当如此，因特言此，以见教之不可不早也。《颜氏家训》曰："人之教子，于其始有知，不可不使之知尊卑长幼之礼。若侮詈父母、殴击兄姊，父母不加诃禁，反笑而奖之，彼既未辨好恶，谓礼当然。及其既长，习以成性，乃怒而禁之，不可复制矣。于是残忍悖逆，无所不至。盖父母无深识远虑，不能防微杜渐，溺于小慈，养成其恶故也。"此又以不豫之患言之。东莱吕氏曰："唐虞三代设教，与后世学校不同。舜命夔典乐教胄子，《周官》大司乐掌成均之法，皆是掌乐之官掌教。盖其优游涵养，鼓舞动荡，有以深入人心处，却不是设一个官司。秦汉以后，误作官司，故与唐虞三代题目自别，虽足以善人之形,而不足以善人之心。《周礼》一书,若师氏、保氏、大司乐、大胥、小胥之类,所教者不过国子,当时乡遂所以兴贤能,未尝见有设教之官。盖学校事大体重,非有司簿书期会之可领,此学者所当深思也。"

价解:俾人自易其恶,自至其中,其教必始于幼学。……《易》曰:"蒙以养正,圣功也。"又曰:"童牛之牿,元吉。"古人生子,能食即教以右手,能言即教以男唯女俞,皆养之以正,教之于豫,禁之于未发。所谓"童牛之牿"也,盖人当幼时,知识未开,天性未漓,日以格言至论陈于其前,使盈耳充腹,以涵育而熏陶之,幼而习焉,长而安焉,异物不能迁,他说不能惑矣。教之不豫,及其稍长,内摇夺于私意偏好,外销铄于众口辩言,欲其德性纯完,不可得也。

[集评]

陆子寿曰:古者教小子弟,自能言能食,即有教,以至洒扫应对之类,皆有所习,故长大则易语。今人自小即教做对,稍大即教作虚诞之文,皆坏其性质。(《语类》卷七)

朱子曰:古者,小学已自暗养成了,到长来已自在圣贤坯模,只就上面加光饰。(同上)

朱子曰:古人自能食能言,便已教了,一岁有一岁工夫。到二十时,圣人资质已自有十分。大学只出治光彩。(同上)

王夫之曰:天性之善,皆能培栽而覆倾;如物之始蒙,勿但忧其稚弱,正恐欲速成而依非其类,则和风甘雨亦能为之伤,故曰"蒙以养正"。养之正者,学以聚之,问以辨之,宽以居之,仁以行之,则能不依流俗之毁誉,异端之神变,以期速获而丧其先难,故曰"利御寇"。

颜元曰:既知少时缺习善之功,长时又习于秽恶,则为学之要在变化其习染,而乃云"变化气质",何也?(《存学编》)

张绍价曰:格言至论,朱子《小学》备矣。科举取士之时,束发受书,即歆以状元宰相之荣。今之蒙养学校,乳臭未干,即饫闻平等自由之说。《小学》一书,束阁不观,无惑乎人心日坏,而犯上作乱之徒,且接迹于天下也。

东正纯曰:朱子编《小学》书,意亦在于此。

3. 《观》之上九曰:[一]"观其生,君子无咎。"《象》曰:"观其生,志未平也。"[二]《传》曰:君子虽不在位,然以人观其德,用为仪法,故当自慎省,观其所生,常不失于君子,则人不失所望而化之矣。[1]不可以不在于位,故安然放意,无所事也。[2]

[集校]

　　[一] 此条今见《周易程氏传》卷二《观传》,无“《观》之上九曰”句。

　　[二] “传”上,《张解》本有“伊川易”。《观传》无“传曰”二字。

[集注]

　　[1] 叶解:上为无位之地,故曰“不在位”。然当观之时,高而在上,固众人所观瞻而用为法则者。要当谨畏,反观内省己之所为,常不违乎君子之道,而后人心慰满得所矜式也。

　　张解:此释《观》上九爻《象》。观者,有以示人而为人所仰也,其亦我也。九五自我言之,谓之我生。上九自人言之,谓之其生。微有主宾之异。生,生平行事也。上九阳刚,居尊位之上,不当事任而亦为人所观,必合君子,乃得无咎。《象》曰“志未平”者,言不可忘戒惧也。程子又取而释之,谓上九为无位之地,是君子以道自高者。然天下之人,方将奉为师表,观我之德,矜而式之,用以为仪法,则其道不可苟焉而已。故当于一身之视、听、言、动,应事接物,自慎省其得失。果其所生,常不失为君子之行,反观无疚,则道德学术,可以仪表一世。而人之望于我者,不失其所望,而群然化之矣。此君子所以无一息之或懈也。

　　茅注:此言教者当自修其身,以为学者观法也。所生,凡在己视、听、言、动,应事接物处皆是。

　　[2] 杨注:《易传》。

　　叶解:释“志未平”也,言高尚之士亦不可以轻意肆志也。

　　张传:《本义》谓:“卦以观示为义,爻以观瞻为义。”愚以初二三四辞,是观瞻。五上地尊,当从观示之义,矜式之地,民具尔瞻,岂可忘戒惧乎?

　　张解:若以不在位之故,轻意肆志,忘其戒惧,则大失人望,无足为人矜式,岂君子所以为君子乎! 人不可不观其象而玩其占也。

　　李解:“观之”之“观”,去声。不在位而放意者,方外之士害义而伤教者也。

[集评]

　　朱子曰:上九之“观其生”,则是就自家视听言动应事接物处自观。九五、上九“君子无咎”,盖为君子有刚阳之德,故无咎;小人无此德,自当不得此爻。(《语类》卷七十)

　　朱子曰:君子之心,常存敬畏,虽不见闻,亦不敢忽,所以存天理之本然,而不使离于须臾之顷也。(《中庸章句》)

江永曰：人所观瞻，而自修之志稍懈，则不足为人望矣。

张绍价曰：以言教尤必以身教。上九处无位之地，当观之时，高而在上，为世师表，国人之所矜式。观其德以为仪法，宜时自慎省，自一身之视听言动，以至应事接物，常不违乎君子之道，则人望而化之矣。必能自勉为君子，然后能教人为君子也。

4.[一]圣人之道如天然，与众人之识甚殊邈也。门人弟子既亲炙，而后益知其高远。既若不可以[二]及，则趋望之心怠矣。故圣人之教，常俯而就之。[1]事上临丧，不敢不勉，君子之常行。不困于酒，尤其近也。而以己处之者，不独使夫资之下者勉思企及，而才之高者亦不敢易乎近矣。[2][三]

[集校]

[一]《张解》本有"伊川曰"三字。

[二]"不可"下，叶本无"以"字。（《茅注》）叶无"以"字。（《冯记》）一无"以"字。（朝刊《近思录》）按，《叶解》元刻本及其四库抄本、《张解》本无"以"字，恐脱。

[三]当是《论语解》，今阙。（《冯记》）陈荣捷云："（《经说》）今不见。一部分见《萃言》卷二，页四下。"（《陈论》）按，此条前几句，今见《河南程氏粹言》卷二《圣贤篇》。朱熹《论语集注》卷四《述而第七》有相似语。而《杨注》本、《叶解》本等均言出自"《经说》"，不知据何版本而言。

[集注]

[1]叶解：圣人教人循循善诱，常俯而就之，盖亦因其资以设教，不使之徒见高远而自沮也。

张解：此取《论语》之言而明其意，见圣人循循善教也。圣人浑身天理，随处发见，故其道如天然，与众人滞于一隅之识，其相去盖什伯也。门人弟子亲近其德而熏炙之，入乎其中，益知其高且远。故以足发如颜子，犹有仰、钻、瞻、忽之叹；以知来如子贡，犹有不闻性天、不见美富之说。则若于圣人之道，无可几及之理。夫圣人原欲使人终日孳孳，勉为企及也，既群知为不可及，则趋望之心怠矣，岂圣人意乎？故圣人之教，虽不躐等，亦必俯而就之，不使之徒见高远而自沮，有如下文所云也。

[2]杨注：《经说》。伯岊据《子罕》篇：子曰："出则事公卿，入则事父兄，丧事不敢不勉，不为酒困，何有于我哉？"

叶解：说见《论语》。道固不外乎日用常行之间，在圣人无事乎思勉耳。夫子设教，固常人之所可勉，而贤者之所不可忽也。

张传：事上临丧固为庸行，然语其至，则中庸不可能也。孔子之所以加勉焉，固矣。至于酒困，圣人之所必无，而引类而言之，何欤？盖嗜欲之萌，其端甚隐。夫子之致戒者微矣，岂如世人沉湎之谓哉？由文武至于孔子，数百馀岁，其间称睿圣者，只卫武一人；而《宾筵》之戒惓惓焉，故致谨于酒，亦圣人之所重也。今观此诗，其备列酒人之丑至矣，宁武公而有是欤？毛氏序云以刺幽王是也。然则孔子言此，其亦以之勉他人乎？

张解：盖圣人之道虽大，而实不离人伦日用之间，故众人所能知能行也。观其言曰"出则事公卿，入则事父兄，丧事不敢不勉"，此三者君子常行也。又曰"不为酒困"，此一事尤其近也，而兢兢以己处之，自歉为"何有于我"。斯言也，不独使学者天资之下者，见以为常且近，则有勉焉企及之心。即才之高而易失之过者，亦当闻言思返，不敢以为近而忽之。此圣人之教所以善也。

李解：行、易，并去声。处，上声。夫，音扶，后同。

茅注：易，音异。……引此以明俯而就之之意。

[集评]

朱子曰：道有大小精粗。大者精者，固道也；小者粗者，亦道也。观《中庸》言"大哉圣人之道！洋洋乎发育万物，峻极于天"，此言道之大处，优优大哉！"礼仪三百，威仪三千"，是言道之小处。圣人教人，就其小者近者教人，便是俯就。然所谓大者精者，亦只在此，初无二致。要在学者下学上达，自见得耳，在我则初无所隐也。（《语类》卷三十四）

朱子曰：程子之意精矣，但失不以"何有于我"为圣人之谦辞耳。（《江注》）

管赞程曰：自"古人生子"至此为一章，言教人以豫为先，而自省当严密。教人须俯就，各适其道而已。

张绍价曰：君子修德，足以为人仪法。然或过于高远，则人以为不可几及，而趋望之心以怠。圣人之道如天，而教人则常俯而就之，事上临丧，不为酒困。君子之常行，引以自处，以示道本中庸，非有甚高难行之事。不独资之下者，勉思企及，足以鼓其进修。而才之高者，亦不敢贪慕高远，忽视卑近，以为不足为，空自大而卒无得矣。价解，自"伊川先生"至此为一段，言《大学》之法，以豫为先。自省不失为君子，而教人则须俯而就之，使可企及。

5. 明道先生曰：^[一]忧子弟之轻俊者,只教以经学念书,不得令作文字。^{[1][二]}子弟凡百玩好皆夺志。至于书札,于儒者事最近,然一向好著,亦自丧志。^[2]如王、虞、颜、柳辈,诚为好人则有之,曾见有善书者知道否？平生精力,一用于此,非惟徒废时日,于道便有妨处,足知丧志也。^[3]

[集校]

[一]《张解》本无"先生"二字。此条今见《河南程氏遗书》卷一《端伯传师说》,无"明道先生曰"五字。

[二]《遗书》与下分为二条。(《茅注》)按,此条,自"子弟"《叶解》元刻本另起一行单列刻印,似别作一条。

[集注]

[1]叶解：志轻才俊者,惮于检束而乐于驰逞。使之习经念书,则心平气定。使作文字,则得以用其才而长其轻俊矣。(郑晔云："经学,《六经》之学。念,犹诵也。叶注恐未当。")

张解：此言教子弟者,当以求道为志,而不可有以夺之也。盖子弟愚蠢固可忧,其轻俊者亦可忧。轻俊之人,惮拘束而好驰骋,故心易放而离道愈远,只当教以经学念书,使其心有所检而不至于放,因以穷究义理,涵养德性则其志道也专矣。若令作文字,好使才气,长其浮华,恐易夺其求道之志,非所以为训也。

茅注：《遗书》与下分为二条。

江注：常(《王记》云：王、吴本"今"作"常",今依洪本。)人于子弟轻俊者,不以为忧而以为喜,且早教之作文以干进。他日轻俊之害,不可胜言,此由父兄之无识。

[2]李解：好、丧,并去声,下同。著,直略反。陈氏曰："忧者,忧其不能致远也。盖少年之轻浮俊逸者,惟教以经学读书,则可以收其放心而于道知所向。若使作文字,则心愈放而离道远矣。凡百玩好,如画与琴棋之类。夺志,谓夺其求道之志。书习字札小简,固儒者之一艺。若专工乎此,则亦丧其求道之志也。"

[3]杨注：《遗书》,下同。

叶解：王右军羲之,虞永兴世南,颜鲁公真卿,柳河东公权,皆工书札,亦各有风节,表见当世,然终不足以知道。盖专工一艺,岂特徒费时日,妨于学问？而志局于此,已失其操存之本矣。

张解：盖子弟之志难专，凡百玩好皆足以夺之，无论非儒者事。即如习字作简，于儒者之事最近，然偶为之则可，若专攻于此，亦丧志之一端。前世如王羲之、虞世南、颜真卿、柳公权皆善书者，风节稜稜，各有表见，以为好人则诚有之，然终不可云知道。夫以数君子天资识力非寻常比，使其志专乎道，岂难晓悟？惟其志局乎此，不会长进。曾见有善书者知道否？是故志者力所由生也。平生精力不可误用，一用于此便妨于彼，不但荒废时日，而舍本逐末，才华日长，浮靡日生，于道必有妨害处。足知志为之丧，不可以其为儒者事而专治欲精之也。然则教子弟者，急当植其根本，而以立志求道为切务乎！

茅注："玩好"、"好著"之"好"，去声。丧，并去声。曾，音层。此因上"不得令作文字"之言而申明之。玩好，如画与琴棋之类；夺志，夺其求道之志。书札，亦文字之一也。《史·司马相如传》，请为天子游猎之赋，上令尚书给笔札。注："木简之薄小者。"时未用纸，故给札以书，后人遂以此为纸札字用。王羲之，字逸少，琅邪临沂人也，官右军将军，会稽内史，晋时人。虞世南，字伯施，越州余姚人，官弘文馆学士；颜真卿，字清臣，京兆万年人，官吏部尚书，使李希烈，不屈死，赠司徒，谥文忠；柳公权，字诚悬，京兆华原人，官至右散骑常侍，并唐时人。善书，又书札之一也。吕泾野曰："各人拣自己所累处一切尽除去，不必是声色货利，只写字作诗，凡嗜好一边皆是。"

[集评]

《传习录》曰：种树者，必培其根；种德者，必养其心。欲树之长，必于始生时删其繁枝；欲德之盛，必于始学时去夫外好。如外好诗文，则精神日渐漏泄在诗文上去，凡百外好皆然。（《栏外书》）

张氏曰："教弟子以经学念书，似为末节。然欲收其放心，养以理义，舍是又无别法。"问："如此不见长进，如何而可？"曰："教之用心而已，或随事问其义理，或设难令其剖析，或盘诘察其记忆，或见人质其邪正，皆是引其用心之方。"（《茅注》）

张习孔曰：先生尝曰："某写字时甚敬，非是要字好，只此是学。"愚谓，写字甚敬，主一无适，虽不要好而自好矣。岂惟写字？他事皆然。吾虽未见先生之字，知其必工也。然则善书者，未尝知道，以其意主于书耳。先生则意主于敬而书自工，于道何伤乎？由是推之，读书者意主于明道，则为格物致知；意主于博闻，则为玩物丧志。同一书也，所主者不同，而内外损益之判天渊矣，学者可不致辨乎？

江永曰：书札犹丧志，其它玩好可知。故书札惟欲楷正，不必求工。

张绍价曰：旧说，凡百玩好，如书画琴棋之类，皆足夺其求道之志。至于习字作简，乃儒者之一艺。然专心好之，亦自丧志，如王羲之、虞世南、颜鲁公、柳公权诸人，皆工书札，各有风节。然生平精力专用于此，不免玩物丧志，故终不足以知道，学者可不戒哉！

6. [一]胡安定在湖州，置治道斋[二]，学者有欲明治道者，讲之于中，如治民、治兵、水利、算数之类。[1]尝言刘彝善治水利，后累[三]为政，皆兴水利有功。[2]

[集校]

[一]《张解》本有"明道曰"三字。此条今见《河南程氏遗书》卷二上《元丰己未吕与叔东见二先生语》，下同。

[二]东正纯曰："治道斋"，《小学》诸书作"治事斋"，"道"似误。或曰初"治道"，后改"治事"，未知何据也。（笔者按，佐藤一斋有相近之说。）

[三]"累"，《遗书》作"果"。（《茅注》）

[集注]

[1]茅注：朱子曰："胡公开治道斋，亦非独只理会此，如所谓头容直、足容重、手容恭等语，却是本原。"

[2]叶解：治民，如政教施设之方；治兵，如战陈部伍之法；水利，如江河渠堰之利；算数，如律历、九章之数。

张解：此言教人者当明治道以适于用也，学所以见之治，治所以行其学，故治道不可不豫为讲。胡安定为湖州教授时，尝设数科，分为数斋，治道其一也。治民，如政教设施之方；治兵，如行阵止齐之法；水利，如江河渠堰之利；算数，如律历九章之类。各随其聪明材质预先讲明，以为临事应变之用，此经济实学也。刘彝，安定弟子。安定尝言其善治水利，盖其讲明者素矣。后出为政，累以兴水利有功于世，则坐言起行之验也。

李解：累，上声。

茅注：刘彝，字执中，福州人，后第进士，为胊山令，作陂池，教种艺。熙宁初神宗择水官，以彝悉东南水利，除都水丞。久雨汴涨，议开长城口，彝请但启杨桥斗门，水即退。所谓"善治水利"者，推此类可见。马贵与曰："三代之时，捐膏腴之地以为沟洫浍川，故能时其蓄泄以备水旱，所以水利之说三代无有。自秦人开阡陌，废井田，任民所耕，不计多少，而沟洫之制大坏，后之智者,因川泽之势引水以溉田,而水利之说兴焉。史起、郑国之徒,以此为功。然水,就下者也。陂而遏之,利于旱岁。不幸霪潦,则其害有不可胜言者,此翟子威、杜元凯所以决坏堤防以纾水患也。"

江注:安定又有经义斋,专讲明经义。

[**集评**]

朱子曰:论安定规模虽少疏,然却广大着实。(《语类》卷一百二十九)

朱子曰:安定胡先生只据他所知,说得义理平正明白,无一些玄妙。(同上)

张习孔曰:圣贤无有体无用之学。

张伯行曰:今人蠹守章句,懵于经济,儒术迂疏,贻人口实,学者之责,亦教者之责也夫。

张绍价曰:学者既知修己之道,尤必明于治人之道,故以安定教人之事言之。

7. [一]凡立言,欲涵蓄意思,不使知德者厌、无德者惑。[1]

[**集校**]

[一]《张解》本有"明道曰"三字。

[**集注**]

[1] 叶解:知德者玩其意而不厌,无德者守其说而不惑。朱子曰:"近看尹先生《论语说》,句句有意味,不可以为常谈而忽之也。"

张解:立言,谓立说垂世以教人也。涵蓄意思,则义理包蕴于中,越咀嚼越有味。知德者玩其意而有得于心,则不厌;无德者守其说而可以寡过,则不惑。若索性说尽,不惟多枝叶,非有德之言,义理亦浅露单薄矣。知此可悟古今经传之别。

茅注:厌,谓厌其说之繁芜也;惑,谓惑其说之澜翻也。

江注:轻于立言,无涵蓄意思,知德者厌其无味,无德者惑于(《王记》云:王、吴本"其"作"于",今依洪本。)轻扬。朱子尝谓尹氏《论语说》句句有味,而于张无垢《中庸解》粗暴浅露,举程子此语讥之,可知立言之方矣。

[**集评**]

张绍价曰:教人以道,不能无借于言。但立言贵有涵蓄,意思深远,须使意馀于言,勿使言馀于意。

钱穆曰:教者必为学者留地步,且让学者自求,教者只开示门路,不烦多言。引其端,使学者自启自发。果学者愚无知,多言亦适以增惑。

（《随劄》）

李滉曰：立言无意思，则无准的可寻，故无德者不能去就，而易以惑乱。若知德者，则厌怠而弃之而已。

8.^[一]教人未见意趣，必不乐学。欲且教之歌舞，如古《诗》三百篇，皆古人作之。如《关雎》之类，正家之始，故用之乡人，用之邦国，日使人闻之。^[1]此等诗，其言简奥，今人未易晓。别欲^[二]作诗，略言教童子洒扫应对事长之节，令朝夕歌之，似当有助。^[2]

［集校］

［一］"教"上，《张解》本有"明道曰"三字。按，佐藤一斋云"《遗书》为伊川语"。陈荣捷云："《遗书》卷二上，页六下。《小学》卷五《嘉言》页二下，引作'伊川语'。"（《近思录详注集评》）

［二］"别欲"，叶本作"欲别"。（《茅注》、《考异》）"别欲"，叶误倒。（《冯记》）"别欲作诗"，《集解》洪本同，各本并作"别欲"。（《王记》）吕本"欲别"作"别欲"。（《异同考》）"别欲"，一作"欲别"。（朝刊《近思录》）按，"别欲"，《叶解》元刻本及其四库抄本、《张传》本、《张解》本作"欲别"。

［集注］

［1］茅注：趣，去声。乐，音洛。……诗最易感发，《三百篇》皆然也。《关雎》之类，又特举其切要者言之。"日使人闻之"以上，言古所以教之歌舞本如此也。"此等诗"以下，则为今人设法耳。事长，如《内则》"即席饮食，必后长者"之类。朱子曰："《虞书》夔教胄子，与《周礼》大司徒之职俱用乐者，盖教人朝夕从事于此，使此心有所约束不至放失。且乐有节奏，学之者急不得，缓不得，久之自移，易人性情。"又曰：尝疑《曲礼》"衣无拨，足无蹶，将上堂，声必扬，将入户，视必下"等，皆是古人教小儿语。

［2］张解：教人者必有以兴起其好学之心，而后乐之不厌，若未见此中意趣，心多扞格，那肯好学。故古人教童子歌诗学乐、舞勺舞象，无非欲见意趣，使其性情手足之间皆得其养而欣欣乐学耳。古诗三百篇咏叹淫佚，意味深长，故夫子云"兴于《诗》"，又云"《诗》可以兴"，如首篇《关雎》之类，尤为正家之始，最极切要。当时乡人、邦国皆遍用之，正欲使人日闻其诗，有以得哀乐之正，而想见不淫、不伤之风也。然此等诗言简约而意深奥，老师宿儒犹待训诂而后通，况童子耶！今欲别作易晓之诗，教之以洒扫、应对、事长之节，使习为易能之事，朝夕唱叹，意趣跃如，似于小学不为无助。朱子尝作

《六经》《四书》中要义,约为韵语,名曰《性理吟》,以训其子,亦即明道先生"别欲作诗"之意也。

李解:乐,于教反。易,去声。长,上声。陈氏曰:"乐,喜好也。《关雎》,《周南》《国风》《诗》之首篇。《关雎》等篇为教于闺门之内,乃正家之始,故当时上下通用之。简奥者,辞简约而意深奥也。以洒扫等事编为韵语,令朝夕咏歌之,庶见意趣而好学矣。"

[集评]

张习孔曰:孔子曰:"兴于《诗》,成于乐。"舜教胄子,命夔典乐。古之箴铭,皆作韵语。盖声音讽咏之际,感人最深。先生此说,深合教胄之典。

张绍价:立言固贵有涵蓄,然专于涵蓄,而人未见意趣,必不乐学。古人教童子歌诗学乐,舞勺舞象,无非欲见意趣,以兴起其好善之心。惟古诗三百篇,言简意奥。今人未易通晓,故程子欲别作诗,略言洒扫应对事长之节,以教童子。然其诗未尝作也。朱子《性理吟》百首,最得程子之意。《感兴诗》诸篇,虽非为童子设,而于学者亦极有助。

9. [一]子厚以礼教学者最善,使学者先有所据守。[1][二]

[集校]

[一]《张解》本有"明道曰"三字。

[二]《张传》本将第9、10条连在一起刻印,未分条单列,据他本当单列。

[集注]

[1]杨注:横渠先生家,其童子必使洒扫应对给侍长者,其女子必使观祭祀纳酒浆。尝曰"事亲奉祭,岂可使人为之"。至于丧祭之礼,皆先生倡之。

叶解:礼以恭敬辞逊为本,而有节文度数之详。学者从事乎此,则日用言动之间,皆有依据持守之地。

张解:孔子曰"立于礼",……故张子以此立教,最为得之正,欲学者于日用言动之间,得依据持守之地也。尝曰:"由至著入至简,可使不得叛而去。"自后关中之学者多尚气节,盖其验欤。

价解:教以诗歌,和之以乐也。乐主和,礼主节,知和而和。不以礼节之,欢欣鼓舞之意多,而收敛整肃之意少,则学者无所依据而不可行,故必教之以礼,纳于规矩准绳之中,方有依据持守之地。

［集评］

先生曰：古人自幼入小学，便教以礼；及长，自然在规矩之中。横渠却是用官法教人。礼也易学，今人乍见，往往以为难。某尝要取三《礼》编作一书，事多磋过。若有朋友，只两年工夫可成。（《语类》卷九十三）

胡敬斋曰：程子谓横渠门人守礼节没滋味，如吃木札相似。言其少穷理致知功夫，于理不深造，非以守礼为不善也。苟能于礼节中深体密察而谨守之，则知行两尽，此理实有诸己矣。（《茅注》）

颜元曰：张子以礼为重，习而行之以为教，便加宋儒一等。（《存学编》）

管赞程曰：自"忧子弟"至此为一章，言教人以读书修德，歌诗学礼为要，以作文学字为害道。

张绍价曰：自"明道先生"至此为一段，言教人当使之读经书，知道德；歌诗以助其意趣，学礼使有所据守。

钱穆曰：学者自有据守，则不必尽赖之师矣。据守之于身，则言教不如身教，不如改言学于言不如学于身。学于身，则不啻学于己矣。……孔子言学而时习之不亦悦乎，只是自身经验，令人亦亲验之，不强人以必信，此为对学者留地步，亦可谓是礼。（《随劄》）

10. ［一］语学者以所见未到之理，不惟所闻不深彻，久［二］将理低看了。[1]

［集校］

［一］卷三，伊川语。（《冯记》）按，"语"上，《张解》本有"明道曰"三字。陈荣捷云："《遗书》卷三，页四上，明指为伊川语。与此处作明道语不同。"（《陈论》）此条今见《河南程氏遗书》卷三《谢显道记忆平日语》。《张解》云"明道曰"，误。

［二］"久"，《张解》本、《叶解》四库抄本、《李解》本、《茅注》本、《江注》本及其四库抄本作"反"。

［集注］

[1] 叶解：学者见所未到而骤以语之，则彼不惟无深造自得之功，而亦且轻视之矣。

张解：圣门教不躐等，苟学者见识未到而骤语之，不惟教无由入，学无由明，所闻不得深彻，反将妄意躐等，将理低看了。此所以性与天道，夫子罕言之也。

李解：知其浅而不知其深，故所闻不深彻。得其似而以为真，则反将理低看之矣。

江注：未见到之理，必俟其深造将有得，而后语之。否则，不惟不能深晓，而亦以浅易轻视之矣。

[集评]

张习孔曰：将理低看了者，闻之而不行。以为如是止矣。学礼而有所依据，则躬行实践，其理乃出。愚少壮时看《论语》，纵解得极深微，终是卑浅。今亦只此《论语》，只此平常之解，较之少壮时，更见高深，愚何敢谓今日已见到，但谓进于少壮时耳。

张绍价曰：圣人教不躐等，中人以下不可语上。当其可之谓时，不量学者所造之浅深，而概语以高远之理，则彼不惟不能领会，且将以为浅易而忽视之，是子夏所谓诬也。

钱穆曰：如孔子言仁，因学者各人境界不同，故所语亦异。（《随劄》）

11.　[一]舞射便见人诚。[1]古之教人，莫非使之成己。[2]　[二]自洒扫应对上，便可到圣人事。[3]

[集校]

[一]《张解》本有"明道曰"三字。此条今见《河南程氏遗书》卷五。

[二]自"自"以下，《张传》本单列刻印，似别作一条。

[集注]

[1]江注：舞射必诚，乃可应节命中。

[2]叶解：舞者所以导其和，射者所以正其志。要必以诚心为之，诚者所以成己也。

张解：此言教人必以诚，诚者彻始彻终。故舞、射虽细事，而舞所以导其和，射所以正其志，不诚则不能中。舞射之节，便可见人诚，诚所以成己也。古圣人立教合下，即使之成己，岂沾沾技艺乎哉！

李解：舞中节、射中度，皆诚之所发也。诚者，所以成己也。洒扫应对，立诚之始，由之而安焉，即可至圣人之事矣。

茅注："成己"承上"诚"字而言，诚者所以自成，故云。程子尝言："舞中节、射中鹄、御中度，皆诚也。"此独不及御者，以于学者少缓也。

[3]叶解：洒扫应对，即是教之以诚；诚之至，即是圣人事。

张传：下学而上达。

张解：盖道无精粗本末，自洒扫应对至精义入神，地位贯通只一理。所以然者，诚而已矣。圣人亦只是诚，故教人以诚，便是教人做圣人。圣人可学而至信然。

茅注："洒扫应对"，见前。

佐藤一斋曰：上，是以上，非里字意，与次条语势同。

[集评]

朱子曰：此亦节其理之在是，而由是可以至于彼。苟习焉而察，而又勉焉以造其极，则不俟改途而圣可至耳。岂曰一洒扫一应对之不失其节，而遂可直以圣人自居也哉！（《江注》）

黄勉斋曰：洒扫应对虽至小，亦由天理之全体而著见于事物之节文。圣人之所以为圣人者，初不外乎此理，特其事事物物皆由此理，而不勉不思，从容自中耳。（《茅注》）

张绍价曰：此言教人以诚，便可为作圣之基。舞射必以诚心为之，乃可应节命中。诚者所以诚己，圣诚而已。自洒扫应对以上，行远自迩，登高自卑，由庸行之常，推之以极其至，无所不用其诚，则可至于圣人之城矣。

12. [一]自"幼子常视无[二]诳"以上，便是教[三]以圣人事。[1]

[集校]

[一]《张解》本有"明道曰"三字。此条今见《河南程氏遗书》卷六。

[二]"无"，本作"毋"。（《叶解》）按，"无"，《张解》本、《江注》本作"毋"；《叶解》四库抄本、《茅注》本、《江注》四库抄本作"毋"。

[三]"教"下，叶本有"人"字。（《茅注》）"便是教"下，叶本有"人"字。（《考异》）按，"教"下，《张解》本、《叶解》四库抄本增有"人"字。

[集注]

[1]叶解：说见《曲礼》。"视"与"示"同。诳，欺妄也。小未有知，常示以正事。此即圣人无妄之道也。

张传：如此看，方知圣人可学而至。

张解：圣人无妄，常示毋诳，便是教以圣人无妄之事。盖幼子未有知识，不示以诚，便教坏了。《易》曰"蒙以养正，圣功也"，可勿豫乎？

茅注：幼子天真未漓，常示之以不可欺诳，使之一言笑、一步履无有不实。不欺幽独，不愧屋漏，亦不过从此充积以至于极也。故曰"便是教以圣人事"。

江注：小学皆是教之以诚，诚即圣人事也。

［集评］

朱子曰：圣人教小儿洒扫应对，件件要谨。(《语类》卷七)

东莱吕氏曰：教小儿先以恭谨，不轻忽，不躐等。读书乃馀事。(颜元《存学编》)

张绍价曰：诚者圣人之本，圣学基于蒙养。"常视毋诳"以上，皆是教之以诚，而作圣之基在是矣。

13. ［一］先传后倦，君子教人有序：先传以小者近者，而后教以大者远者。非是先传以近小，而后不教以远大也。[1]

［集校］

［一］《张解》本有"明道曰"三字。此条今见《河南程氏遗书》卷八。

［集注］

［1］叶解：子游讥子夏之门人：于洒扫应对进退末事则可矣，于道之本原则无如之何。子夏闻而非之，曰："君子之道，孰先传焉？孰后倦焉？"盖君子教人，先后有序，不容躐等而骤进。非谓传以近小者于先，而不教以远大者于后也。

张传：此当与上二条参看。近小中自有远大，教有先后，悟有浅深，非二事也。

张解：详见《论语》本注。子游讥子夏，以其小者近者传于门人小子，而其大者远者却自倦教，则似先后之间教者有所私吝。不知理无异致，教必以序。先后者，教人之序也。是教他从小者近者先理会起，渐渐至于大者远者，非一传之后便不复传，而有心倦教。

李解：陈氏曰："小者、近者，谓洒扫应对进退之事。大者、远者，谓明德新民之事。"

茅注：说见《论语》。吕氏曰："后生学问，且须理会《曲礼》、《内则》、《少仪》等篇，洒扫应对进退之事，及《尔雅》、《广雅》训诂等文字，然后可以语上。下学上达，自当脱然有得，度越诸子。不如是，则是躐等，终不能成。"

［集评］

朱子曰："洒扫应对"，"精义入神"，事有大小，而理无大小。事有大小，故其教有等而不可躐；理无大小，故随所处而皆不可不尽。(《语类》卷四十九)

叶采曰：子夏正谓教人小大有别。前段程子之说，却就洒扫应对上发明，理无大小，自是一义。

张伯行曰：程子取于子夏之意申明之，以为序不可躐。君子教人本应如此。

张绍价曰：洒扫应对，小者近者也，由此可至于圣人。大者远者也，非近小无以至远大。故君子教人有序，而不语以未到之理。

14. 伊川先生曰：[一]说书必非古意，转使人薄。学者须是潜心积虑，优游涵养，使之自得。今一日说尽，只是教得薄。至如汉时说下帷讲诵，犹未必说书。[1]

[集校]

[一]《张解》本无"先生"二字。此条今见《河南程氏遗书》卷十五《入闽语录》，下同，此处无"伊川先生曰"五字。

[集注]

[1]叶解：理贵玩索，至于口耳之传，末矣。"下帷讲诵"，如董仲舒之徒，说(按，佐藤一斋曰："说"字，恐"事"字讹。)见汉史。

张传：圣人无行不与，是善说书者。下此而时观弗语，开而弗达，皆是此意。不然，言及于数进而不顾其安，是《学记》之所病也。

张解：今人授业解惑，动称"说书"。不知学者未尝体会其中，与之讲说，只作一场空话，那能融贯。此非古意也，转使听之者看得义理单薄。凡教学者，须要他潜心勿放，积虑能通，优焉游焉，涵泳持养，以至义理浃洽于中，深造而自得之，则所得者厚。今一日说尽，无复言外之意，耐他咀味，只是教得薄了。至如《汉书》中称董仲舒"下帷讲诵"，可谓勤矣。然所云讲诵者，乃是自家用功，非如今说书之谓也。

李解：朱子与张敬夫书曰："士人所录问答，其间极有可疑处，又有泛然之间略不曾经思，答之未竟，而遽已更端者，亦皆一一酬酢，此非惟于彼无益，而在我者亦不中语默之节矣。又随问随答，若与之争先较捷者，此其间能无牵强草略处，流传谬误，为害不细，就令皆是，亦徒为口耳之资。程子所谓'转使人薄'者，盖虑此耳。"

价解：君子教人有序，贵使之自得，不可一日说尽。

[集评]

薛敬轩曰：夫子所谓"不愤不启，不悱不发"。孟子所谓"引而不发，跃如也"。圣人教人，皆略启其端，使彼深思而自得之，则守之固而不忘。后之人有于圣贤引而不发者，极论其底蕴，使学者一见之顷，即谓吾已尽领其妙，而不复致思。其实不能真得于心，徒为口耳之资已耳。(《价解》)

张氏曰：学者不从自己身心上字字句句体验得来，总是随明随暗，虽明不亲切。（《茅注》）

管赞程曰：自"语学者"至此为一章，言教人始于诚实，中于有序，终于自得。

张绍价曰：自"语学者"至此为一段，言君子教人以诚而有序，使学者潜心自得。

钱穆曰：教者须教得学者优游涵养，自己心智成长，始能自得，此是厚。一口把道理说尽，反令学者薄了。（《随劄》）

佐藤一斋曰：班《史》，董仲舒"下帷讲诵，弟子传以久次相授业，或莫见其面。"案，汉代说经重传，必谨守传来训诂，诵而授之，古风淳朴可想也。且其曰"下帷"，曰"莫见其面"，则身在帷中而讲诵之，亦可推也。后世则经师执经，抗颜据上座，纵横捷辩。轻轻薄薄，唯多是贪。不似古者之简质敦厚。故程子叹之如此耳。

15. [一]古者八岁入小学，十五入大学，择其才可教者聚之，不肖者复之农亩。盖士农不易业，既入学则不治农，然后士农判。[1] [二]在学之养，若士大夫之子，则不虑无养；虽庶人之子，既入学则亦必有养。[2]古之士者，自十五入学，至四十方仕，中间自有二十五年学，又无利可趋，则所志可知，须去趋善，便自此成德。后之人，自童稚间已有汲汲趋利之意，何由得向善？故古人必使四十而仕，然后志定。只营衣食却无害，惟利禄之诱最害人。（旧注：人有养，便方[三]定志于学。）[3]

[集校]

[一]《张解》本有"伊川曰"三字。

[二]自"在"以下文字，《张传》本单列刻印，似别作一条。

[三]注"方"，江脱此字。（《冯记》）方定志于学："古者八岁"节，○洪本如此，王、吴本"方"作"便"，《遗书》、《集解》阴本作"便方"，误多一"便"字。（《王记》）"方"，江本无。（《考异》）按《张解》本无"便"，《江注》本及其四库抄本无"方"。

[集注]

[1]叶解：古者，自国之贵游（按，"游"《四库》抄本作"胄"）子弟，及士庶人之子，八岁则皆入小学，十五则入大学，然后择其材之可教者聚之于学，其不

可教者复归之农亩。

　　张解：此言教养人材，使有定志，方能趋善以成德也。人材皆是自幼养成，但童稚时，才之可教与否，尚未知也。古者八岁皆使入小学，养其德性，收其放心，而试其可教与否。迨至十五，而其才见矣。于是择其才之可教者，聚于大学之中，而业为士，其不肖者则使复田亩，而业为农。盖才分则业分，士、农不能易业，治乎此不兼治乎彼，此士、农之所以判，而教人者当有以养成之也。

　　茅注：小学、大学者，按《学记》：“家有塾，党有庠，术有序，国有学。”郑氏读“术”为乡遂之“遂”。陈可大《集说》则云：“‘术’当为‘州’，州之学曰序。”《周礼》：州长“春秋以礼会民而射于州序”是也。愚谓，当从陈氏为得。盖州、术以字形相似而误也。但“州长”，《集说》作“乡大夫”，则误也。古者二十五家为闾，而有塾；二十闾为党，而有庠；二十五党为州，而有序。所谓乡学也。塾升之庠，庠升之序，然后乡之大夫总五序所升，从而考校以择其秀异者，俾入国之小学而教之。《大戴记·保傅》篇注所谓庠门、虎门是也。盖小学自闾、党、州至于国皆有之，大学则惟国有之。然虽闾、党、州皆有小学，亦曰塾、曰庠、曰序而已，不得称学也。惟国称学，故曰“国有学”。孟子亦言“学则三代共之”。凡经传所谓“入学”者，皆谓国学也。六遂之教与乡同，经不言者，盖六乡在内，举内以见外也。如饮曰乡饮，射曰乡射，宾兴曰乡三物，纠民曰乡八刑，皆不及遂可见。郑注“州长职”云“序，州党之学”，则党学曰序。而此云“党有庠”者，是州、党与乡同处，则在乡学不别立序也。遂之学不见于经传，然乡学既名庠，则遂学亦宜名庠，自当以皇氏之说为正。而六乡自州学以下，六遂自县学以下，皆为序也。《正义》谓与党连文，故知“术”读为“遂”。愚谓，如此则“术”正当读为“州”。盖五党为州，若遂学则应自县而升矣。陈氏《礼书》谓：“遂官降乡官一等，则遂之学亦降乡一等，故与州、党同名为序。”然则县鄙以下之学何独不降于州、党而同为序耶？“择其才可教”以下，则承“入大学”言之。盖八岁入小学，后兼习农事，故《尚书大传》有“距冬至四十五日，始出学傅农事”之说。而陈氏《礼书》亦谓《班志》“坐里胥邻长于塾”者，所以教之耕。盖尝就小学言之，至入大学，则不复治农矣。为士则任以近郊之地，如载师“士田”之说，程子下文所谓“入学必有养”也；其不能为士者，则授以二十五亩之田，即孟子所谓“馀夫”也。可见古人十五岁时，为士、为农已判，皆有以自养，而不复仰给于父母矣。《尚书大传》云：“王子八岁而出就外舍，束发而入大学；公卿之世子、大夫元士之适子，十有三年始入小学，二十入大学。”又云：“大夫七十而致仕,退老归其乡里。大夫为父师,士为少师,耰鉏已藏,新谷已入,岁事已毕,馀子皆入学。年十五始入小学,见小节、践小义焉;年十八始入大学,见大节、践大义焉。距冬至四十五日,始出学,傅农事,上老平明坐于右塾,庶老坐于左塾,馀子毕出,然后皆归。夕亦如之。馀子皆入,父之齿随行,兄之齿雁行,朋友不相逾。轻任并,重任分,颁白者不提携,出入皆如之。"愚按,《尚书大传》所谓"八岁而出就外舍,束发而入大学"者,盖即《大戴记·保傅》篇及《白虎通》所谓"八岁入小学,十五入大学",此王子之礼也。小学云"外舍"者,以小学在外故也。而十三小学、二十大学,则公卿大夫元士之适子入学之期也。其所谓十五小学、十八大学者,则通公卿以下及士庶人之子弟言之,故曰"馀子皆入学"。馀子对适子而言也。又其上下文所言皆系农事可见矣。然则其入学之早晚不同,何也?曰:凡经传所称大学、小学,皆指天子之学而言也。而其所谓公卿大夫之子弟,与夫国之俊秀者,亦皆就天子之国言之也。盖古者凡入学以齿,虽天子之元子亦齿于士,虽大夫元士之子及国之俊选亦上与王子齿。其重如此,所以惟天子之子八岁便入小学,其馀则必先有以教之,俟少长知君臣上下之义,然后令入学。其分愈卑,其入学愈迟。如《内则》六年教之数与方名,以至十年就外傅学书计、学幼仪之类,皆所以先教之于家,至十有三年学乐、诵诗、舞勺,方可入学。下至闾里间,皆以里老之有道德者为左右师,以至升之序、升之庠,几经考校。其升之学者,皆司徒之所论定以选其秀者也,故其教而成之也易为力,所以至十五才入小学,而十八便能入大学也。《王制》"诸侯、天子命之教,然后为学",亦指诸侯之国学而言也。其州闾乡党之学,不待天子之命也。故下文"小学在公宫南之左,大学在郊",但言国学,未尝及乡学也。又孔《疏》:"此小学、大学,殷制。周则大学在国中,小学在西郊。"愚谓,不如《礼书》分天子、诸侯说为得。盖本文明云"公宫",又蒙上"天子命之教,然后为学"说,则其为诸侯之学无疑也。

[2] 李解:养,去声,下同。

[3] 叶解:先王设教,养之周而待之久,士有定志,专于修己而缓于干禄,故能一意趋善,卒于成德。后世反是。只营衣食者,求于力分之内,未足以夺志,故无害;若诱于利禄,则所学皆非为己,而根本已拨矣,故害最甚。

张传:上篇云"择其可教者聚之"。既聚之,则官必为之制食,然后驱而之善,故士之从之也轻。今古制不可复,士习之坏有由然也。

张解:故在学之养,其为士大夫之子,固不虑无养也,虽庶人之子,既已别其为秀而使之入大学矣,则亦必一样教养,使与天子之元子、卿大夫士之适子,相为齿让。盖古者之制,四十始仕,自十五至四十,中间二十五年,春秋《礼》、《乐》,冬夏《诗》、《书》,凡所谓格致、诚正、修养、治平之道,日日讲究,行之久,习之熟,又别无利可趋,则其志定,不得不专意趋善,卒于成德。

李解:胡氏曰:"见得道理明白,利禄便不敢苟取;养得此心纯熟,利禄自不肯苟取。古人以礼义立身,以财养身,但当以义制利,不以利害义。故程子以只营衣食无害,惟利禄之诱最害心,然衣食亦要合义,不可苟也。"

笔者按,"旧注"所属文字,《茅注》本抄作大字,接之注解。如"本注:人有养,便方定志于学。"

茅注:愚按,古者士农异业,凿然无疑,故樊迟请学稼圃,而夫子斥以小人。孟子亦曰:"有大人之事,有小人之事。"又曰:"居仁由义,大人之事备矣。"然则既入学不复治农,则必有养,方定志于学,其理自不易也。朱子谓士升而上亦有时,春夏耕耘,秋冬肄业,而疑程子"学必有养"之说为无据,且谓"安得许多粮给之",恐是未定之论。按《语类》,问:"士人受田如何?"朱子曰:"上士、中士、下士是已命之士,已有禄。如管子士乡十五,是未命之士。若农皆为士,则无农矣。故乡止十五亦受田,但不多。"《周礼》载师所谓"士田"是也。观此,则前说之误必矣。又按,郑司农谓"士田者,士大夫之子得而耕之田也"。后郑则谓"士读为仕,仕者亦受田所谓圭田也"。然观载师"士田"、"贾田"并称,则朱子以士田为士所受之田,其说得矣。后郑既以贾田等俱为其家所受田,何独于此乃必读士为仕乎?且其后引《食货志》云"士工商家受田,五口乃当农夫一人",则士田为士所受之田明矣。又按,士受田,五口当农夫之一,则是每人当二十亩也。

[集评]

朱子曰:古者初入小学,只是教之以事,如礼乐射御书数及孝弟忠信之事。自十六七入大学,然后教之以理,如致知、格物及所以为忠信孝弟者。(《语类》卷七)

朱子曰:程子之言,未知何所据。古者教士,其比闾之学,则乡者坐于门,而察其出入。其来学也有时,既受学,则退而习于其家。及其升而上也则亦有时,春夏耕耘,馀时肄业,未闻上之人复有以养之也,夫既给之以百亩之田矣,又给之以学粮,亦安得许多粮给之耶?(《李解》、《江注》)

张伯行曰:后世小学不讲,大学不养,又不待四十而仕,人争嚣竞。童稚始知读书,父兄便教他图富贵,取功名,其志止此,是汲汲所趋者,利而已矣,何由向善?故古人必使四十始仕者,非特以其道明德立之候,亦所以先定其志,使专于为己也。夫君子谋道不谋食,谋食皆害道,只是营衣食者,求于力分之内,未足夺志,犹却无害。若为利禄所诱,汩没纷华,根本先拨,为害不细。今之人材所以不古若者,职是故耳。

张绍价曰:程子谓"只营衣食却无害",又云"人有养方定志于学"。后世国家无养士之典,士之致力于学者,不能不兼营衣食,然亦须有分际,稍一着重,则趋善之意微,而趋利之意胜矣。朱子答许顺之曰:"顺之既有室家,不免略营生理。此固不得不尔,粗有衣食之资,便免俯仰于人,败人意思。此亦养气之一助也。但不可汲汲皇皇,役心规利耳。"陆稼书曰:"此即鲁斋所云'学者以治生为急'也,但急字要看得好,不要认做汲汲皇皇之意。"

16. [一]天下有多少才! 只为道不明于天下,故不得有所成就。且古者"兴于《诗》,立于礼,成于乐",如今人怎生会得? 古人于《诗》,如今人歌曲一般,虽闾巷童稚,皆习闻其说而晓其义,故能兴起于《诗》。后世老师宿儒,尚不能晓其义,怎生责得学者? 是不得"兴于《诗》"也。[1] [二]古礼既废,人伦不明,以至治家皆无法度,是不得"立于礼"也。[2]古人有歌咏以养其性情,声音以养其耳目[三],舞蹈以养其血脉。今皆无之,是不得"成于乐"也。[3]古之成材也易,今之成材也难。[4]

[集校]

[一]《张解》本有"伊川曰"三字。此条今见《河南程氏遗书》卷十八《刘元承手编》,下同。

[二]此条,自"古礼"《叶解》元刻本另起一行单列刻印,形式上似别作一条。

[三]"舞"上,《遗书》无"目"字。(《茅注》)

[集注]

[1] 叶解:古人歌诗,习熟其说而通达其义,故吟讽之间足以感发其善心,而惩创其逸志。

张解:此言人才成就之难,因世变而分古今也。三代而上,人皆有所藉,以成就其才。后世亦有多少才,只为先王教人之法荡然尽废,而道不明于天下,卒至成就者寡。即如《论语》所云"兴《诗》、立礼、成乐",是皆学者得力次第,历历可按者也。今之人虽欲按其候而求之,其将能乎? 盖古之歌诗如今之歌曲也,乡人用之、邦国用之,虽比闾曲巷中无知之童稚,莫不习熟其说,通晓其义,故吟讽之下,足以感发其善心,而惩创其逸志。今之诗不复作矣,仅存古《诗》三百,其言简奥难晓,即号老师旧儒,白首穷经,尚有疑义,如何责之后生小子? 则学者之初所谓"兴于《诗》"者,安在也? 材之不成,此其一也。

[2]叶解:礼,所以叙人伦而施之家国者,皆有法度以为据依,故能有立也。

张解:礼,所以序亲疏贵贱,秩然详明。自家而达之国天下,学者守其法度,皆可以为据依,故能有立也。周衰礼废,制度文为,已非先王之制。是以人伦不明,即近而治家,且无法度,则学者之中所谓"立于《礼》"者,安在也? 材之不成,此亦其一已。

[3]叶解:歌咏声诗,温柔笃厚,有以养其性情也。五声成文,八音相比,鸿杀疏数,节奏和平,有以养其耳目也。至于手之舞、足之蹈,执其羽籥干戚之器,习其屈伸、俯仰、缀兆、舒疾之文,是以容貌得庄,行列得正,进退得齐,心志条畅,而血气和平,是有以养其血脉也。

张解:乐,所以导和,如歌咏声诗,其唱叹淫佚之意,有柔婉乐易之风,是养其性情也。五声成文,八音相比,高下疏数,节奏和平,入耳而不烦,辨色而不奸,是养其耳目也。至于手之舞、足之蹈,执羽籥干戚之器,习俯仰、疾徐之文,容貌以庄,行列以正,进退以齐,心志条畅,而血气和平,是养其血脉也,故学之成必由之。今则古乐亡而妖声作,徒以荡人心、坏风俗而已,则学者之终所谓"成于乐"者,安在也? 材之不成,此又其一也。

[4]杨注:伯邑据,晦翁曰:"兴,起也。诗本性情,有邪有正,其为言既易知,而吟咏之间,抑扬反覆,其感人又易入。故学者之初,所以兴起其好善恶恶之心,而不能自己者,必于是而得之。礼以恭敬辞逊为本,而有节文度数之详,可以固人肌肤之会,筋骸之束。故学者之中,所以能卓然自立,而不为事物之所摇夺者,必于此而得之。乐有五声十二律,更唱迭和,以为歌舞八音之节,可以养人之情性,荡涤其邪秽,消融其查滓。故学者之终,所以至于义精仁熟,而自和顺于道德者,必于此而得之。是学之成也。"

张传:此亦当与上章参看。

张解:非材之难,所以成其材者实难。古有成之之方,其道明也;今无成之之具,其道不明也。难易之故,从可知矣。然学者不随世变为迁流,卓然欲自成立,则三百篇之可以兴者固在也。礼乐虽缺,而恭敬者礼之本,和乐者乐之本,得乎其本亦足以立身成德。此又程子言外之意也。

李解:冠、易,并去声。从《论语集注》文。

茅注:易,音异。

[**集评**]

朱子曰：古者学校选举之法始于乡党，而达于国都。教之以德行道艺，而兴其贤者能者。盖其所以居之者无异处，所以官之者无异术，所以取之者无异路，是以士有定志而无外慕，早夜孜孜，惟惧德业之不修，而不忧爵禄之未至。若夫三代之教，艺为最下，然皆有实用而不可阙，其为法制之密，又足以为治心养气之助，而进于道德之归，此古之为法所以成人材、厚风俗、济世务而兴太平也。（《茅注》）

真氏曰：自周衰礼乐崩坏，然礼书犹有存者，尚可考寻，乐则书阙不存。后之为礼者，既不合先王之制，而乐尤甚焉。今世所用，大抵郑卫之音，杂戎翟之声而已，适足以荡人心、坏风俗，何能有补乎？然礼乐之制虽亡，而礼乐之理则在，学者诚能以庄敬治其身，和乐养其心，则于礼乐之本得之矣，亦足以立身而成德也。三百篇之诗，虽云难晓，今诸老先生发明其义，了然可知。如能反复涵泳，真可以感发兴起，则所谓"兴于《诗》"，亦未尝不存也。（《李解》）

张习孔曰：盖古之学者，既入学则必有所养，今之学者不得不自营衣食，无优游涵濡之暇，虽欲效古人，势不能也。故曰"今之成材也难"。

张绍价曰：此承上章"成德"而言。德以体言，材以用言，朝廷诱人以利禄，而兴诗、立礼、成乐之教，一切无之。故学者无定志，趋利而不趋善，安望其成德成材乎？……学者果能依西山之说而用功焉，则成材亦不难矣。特患人不立志，而为利禄所诱耳。

东正纯曰：《诗》之要，只是"思无邪"。礼之本，只是"无不敬"。乐之旨，只是"乐而不淫，哀而不伤"。

17.　[一]孔子教人，"不愤不启，不悱不发"。盖不待愤、悱而发，则知之不固；待愤、悱而后发，则沛然矣。[1]学者须是深思之，思而[二]不得，然后为他说便好。[2]初学者须是且为他说，不然，非独他不晓，亦止人好问之心也。[3][三]

[**集校**]

[一]《张解》本有"伊川曰"三字。

[二]"而"，江误"之"。（《冯记》）王、吴本"而"作"之"，《遗书》、《集解》阴本作"而"，洪本同。（《王记》）"而"，一作"之"。（朝刊《近思录》）按，"而"，《叶解》元刻本、《江注》本及其四库抄本作"之"。

〔三〕以上并伊川语。(《茅注》)并卷十八,伊川语。(《冯记》)

[集注]

〔1〕杨注:伯嵒据晦翁曰:"愤者,心求通而未得之意;悱者,口欲言而未能之貌。启,谓开其意;发,谓达其辞。"

〔2〕叶解:愚谓,不待愤悱而遽启发之,则未尝深思,其受之也必浅;既无所得,其听之也若亡。启发于愤悱之馀,则思深力穷,而倏尔有得,必沛然而通达矣。

张解:说见《论语》本注。盖愤,是未知而不安于不知,有发愤求知之意;悱,是将有知而知犹未彻,有欲言不达之貌。圣人教人,所以必待愤悱而后启发之者,盖未尝愤悱则未尝深思,遽与之言,其听之也若存若亡,即有所知,安能坚固! 若既愤悱,迎其机而导之,倏然有得,则沛然流通矣。所以然者,通微之道生于思,思深力穷,然后为他说,意未开者开之,词未达者达之,如此便好。此圣人勉既学者为受教之地而非靳也。

李解:为,去声,下同。思而不得,愤悱之候也,然后说焉,启发之机也。

茅注:此因孔子之言而释之如此。"沛然"者,朱子所谓如时雨之化是也。游氏曰:"张子厚学成德尊,识者谓与孟子比。然犹秘其学,不轻为人讲,以为虽复多闻不务畜德,徒善口耳而已。明道先生谓之曰:'道之不明久矣。人善其所习,自谓至足,必欲如孔门"不愤不启,不悱不发",则师资势隔,而先王之道或几乎熄矣。故今且当随其资而诱之,虽识有明暗,志有浅深,亦各有得焉,而尧舜之道庶可驯致。'子厚用其言。故关中学者躬行之多,与洛人并。"

江注:问:"如何是沛然?"曰:"此正所谓时雨之化。譬如种植之物,人力随分已加,但正当那时节,欲发生未发生之际,却欠了些子雨。忽然得些子雨来,生意岂可御也!"

价解:圣人因材施教,必待愤而后启,悱而后发,所以能成德达材也。旧说,愤是不知此理,而不安于不知,故发愤求知;悱是微知此理,而知犹未彻,故半茹半吐,不能说明。愤者意全未开,故启以开其意;悱者意稍开,而未能达之于辞,故发以达其辞。不启不发,正欲使之愤悱,以受吾启发,非以启发之无益,而反生其惑也。

〔3〕杨注:已上并《遗书》。

叶解:此又诱进初学之道。

张传:初学者须且为他说,即孔子举一隅之意。

李解:好,去声。初学而不以言指示之,则学不知所向,而问不知所疑,非所以诱进之也。

茅注：此又以发孔子未尽之意。盖初学者自不知有愤悱，若不之启发，何由有开悟处？故复言此以见教人不可执一道也。

[集评]

朱子曰：此虽圣人教人之语，然亦学者用力处。(《语类》卷三十四)

张伯行曰：此推广《论语》言外之意，言初学者，文理意义全然未知，不先为讲解，何处思起，须是且为他说，所以引其疑而使之问也。若亦必待愤悱而后启发，不独他不晓得愤悱，并亦不能问，是止人好问之心矣。岂可以既学者律之？此又圣人诱进初学之道而非骤也。

管赞程曰：自"古者八岁"至此为一章，言古今教法有盛衰，故成材有难易，因推原孔子教法之良也。

张绍价曰：初学之士，则须先为讲说，诱而进之，以启其好问之心。若必待其愤悱而后启发，则彼将永无愤悱之一日矣，教人不一法也。

18. 横渠先生曰：[一]"恭敬撙节退让以明礼"，仁之至也，爱道之极也。[1]己不勉明，则人无从倡，道无从弘，教无从成矣。[2]

[集校]

[一]《张解》本无"先生"二字。此条今见《正蒙·至当篇第九》，无"横渠先生曰"五字。

[集注]

[1]叶解：《曲礼》曰："君子恭敬撙节，退让以明礼。"郑氏曰："撙，犹趋也，谓趋就乎。节，约也。恭敬者，礼之本。撙节退让者，礼之文。"诚能从事乎此，则视听言动之间，天理流行，人欲消尽，而心德全矣。是仁之至也。恭敬则无忽慢，撙节则无骄溢，退让则无怨争，是皆所以尽仁爱之道者也。

张解："礼仪三百，威仪三千，无一物而非仁。"君子从事于恭敬撙节退让，皆所以明礼也。而视听言动之间，天理流行，则心德全，故曰"仁之至"也。仁主于爱，恭敬则无慢忽，撙节则无骄溢，退让则无怨争，是皆尽乎仁爱之道，故曰"爱道之极也"，礼可以不明哉？

茅注：撙，祖本反，从手，俗从木者非。撙，裁抑也。节，俭约也。仁以全体言，爱以发施处言也。盖人有一毫人欲之私，则必无以检束其身心，而非实有慈爱恳至之意周流贯彻，则亦有行之而不能尽者。故曰此"仁之至，爱道之极也"。张子尝言："礼仪三百，威仪三千，无一物而非仁。"即此意也。

[2] 杨注:《正蒙》。

叶解:明,谓明礼也。人必以礼而倡,率道必以礼而宏大,教必以礼而成就。

张解:勉而明之则存乎己,盖礼之为用甚大。人非礼无以倡率,道非礼无以扩充,教非礼无以成就。故学者必以礼为据守焉。尽礼则尽仁,为仁由己而不由人者也。

茅注:此以见理之不可不明也。

[集评]

颜元曰:宋儒胡子外,惟横渠之志行井田,教人以礼,为得孔孟正宗。(《存学编》)

张习孔曰:明礼非自成己而已也,所以成物也,故曰"仁之至也"。成己成物,是合外内之道也,故曰"爱道之极也"。

张伯行曰:此张子以礼教人,欲人勉而明之也。

江永曰:此张子言以礼教人当自勉也。教者能恭敬、撙节、退让以明礼,则能率人使成材,是仁之至;能宏道以教人,是爱道之极。

东正纯曰:礼就理言,仁就性言,爱就心言。

19. [一]《学记》曰:"进而不顾其安,使人不由其诚,教人不尽其材。"[1]人未安之,又进之;未喻之,又告之,徒使人生此节目。不尽材,不顾安,不由诚,皆是施之妄也。[2]教人至难,必尽人之[二]材,乃不误人。观可及处,然后告之。圣人之明[三],直若庖丁之解牛,皆知其隙,刃投馀地,无全牛矣。[3]人之才足以有为,但以其不由于诚,则不尽其才。若曰勉率而为之,则岂有由诚哉![4]

[集校]

[一]《张解》本有"横渠曰"三字。此条今见《张子语录·语录抄》,下同。

[二]《张传》本无"之"字。

[三]"明",《叶解》元刻本、《张传》本作"教"。

[集注]

[1] 叶解:其安、其诚、其材,皆谓受教者。

张解:此发明《学记》之言,见教者不可妄施也。其安、其诚、其材,皆谓受教者。三患，实相因而然，故下文释之。

茅注：此三句，《学记》之文也，下文乃详解之。其者，指受教之人而言。

朴履坤曰：《学记》本注：不顾其安，不恤学者之安否也。不由其诚，不肯实用其力也。不尽其材，不能尽其材之所长也。

［2］叶解：此言"进而不顾其安"，"徒使人生此节目"。盖三患实相因而然，皆陵节躐等，不当其可而施之也。

张解：盖教人有其节，若学者心尚未安于此，又欲以他事进之，所谓不顾其安也，则是强其所未喻而又告之，便不由其诚矣。徒使人生此节目，犹言添这件数耳，安能尽其材乎？此句属上文读。不顾安，不由诚，乃转下语，言不当可而施之，皆是妄也。

茅注：此明"进而不顾其安"之意。盖不由诚、不尽材之患皆由于此，不可以不谨也。

［3］叶解：此言教人必尽其材。圣人随材施教，各当其可，如庖丁解牛，洞见间隙，无全牛矣。事见《庄子》。

张解：承上文。言教不妄施，所以教人至难。必须各随其材有以尽之，方不误人。观其可及处，然后告之，所以顾其安、由其诚也。惟圣人为能知之，其知人之明洞见间隙，因而投之。教者学者，不相扞格，有如善解牛者游刃有馀之能也。

茅注：此明"教人必尽其材"之意。《易》言"纳约自牖"，即此意也。

［4］杨注：《横渠礼记说》，下同。伯岊据《学记》曰："今之教者，呻其佔毕，多其讯，言及于数，进而不顾其安，使人不由其诚，教人不尽其材。其施之也悖，其求之也佛。夫然，故隐其学而疾其师，苦其难而不知其益也。虽终其业，其去之也必速，教之不刑，其此之由乎？"呻，吟也。佔，视也。毕，简也。讯，问也。道之本寓乎理，其末见乎数。

叶解：此言"使人不由其诚"，勉强为之，而无诚意，虽材所可为者，亦不能尽之矣。朱子曰："尝见横渠简与人，谓其子日来诵书不熟，宜教他熟诵，尽其诚与材。"

张解：大凡人之才虽有大小，无不足以有为者，但非其心之所欲为，而出于诚。然所以往往不尽，是欲尽其材必由其诚也。而欲使之由其诚，则必循序渐进，勿强以所未至，勿迫以所不堪，他自心安意肯而为之诚矣。若勉率而为之，不顾其安，则岂有由诚哉？

茅注：此见三者，又以使由其诚为主，不然，则虽进之而安，亦必不能以尽其材也。朱子曰："若是逼得他，他便来厮瞒，便是不由诚。"问："便是他解此两句,只作一意解否?"曰:"固是。既是他不由诚,自是材不尽。"

[集评]

张习孔曰:教人不尽其材,最是枉屈事。圣人之养人,必使无夭阏而尽其天年。圣人之教人,必使无扞格而尽其天质。不尽人之材者,与夭折人之生同过也。

张伯行曰:此章大意,言教人要尽其材,而材非可勉强使之尽。首引《学记》之言,三句意实一贯;次段正释《学记》之意,言不顾其安,不由其诚,则不尽其材也;三段言唯圣人施教,为能尽其材也;四段言尽其材必由其诚,必顾其安也。反覆言之,总欲使人随材施教,各当其可耳。

江永曰:不顾学者之能受而强进之,人虽勉强为之,而无诚意。既无诚意,则亦不能尽其才质。三者相因,皆躐等陵节之弊也。

王白田曰:不度其所能知能行,而强之以所不能知不能行,是进而不顾其安也。强之以所不能知不能行,而不必其能知能行,是使人不由其诚也。其不能知不能行者,卒不可以强,而所能知能行,反有所废弃遗忘而失之,是教人不尽其材也。(《价解》)

张绍价曰:欲弘道以教人,在由其诚以进其材,不可以陵节而妄施。

20.[一]古之小儿,便能敬事。长者与之提携,则两手奉长者之手;问之,掩口而对。[1]盖稍不敬事,便不忠信。故教小儿,且先安详恭敬。[2]

[集校]

[一]《张解》本有"横渠曰"三字。

[集注]

[1] 叶解:说见《曲礼》。捧手,习扶持尊者。掩口而对,习其乡尊者屏气也。

张解:此言教小儿者,必先去其骄惰之心,所以培忠信。敬事长者,弟子之职,骄惰成性,久将难驯,故古之人豫有以教之,当其为小儿时,便能知敬事之道,如《曲礼》所载:"长者与之提携,则少者必两手捧长者之手,所以习扶持也;长者有所问,则少者必掩口而对,所以习其乡尊者屏气也。"即此二端,可见言动之间悉闲以礼,而骄惰之根除矣。

茅注:或于"敬事长者"句绝,非。奉,敷勇反。敬事,谓敬其所事也,与《论语》"执事敬"、"事思敬"意同。下特举事长一节以见敬事之意,他如洒扫之类皆然。盖小儿无事可见，故特举此以见其概说。

[2] 杨注：《横渠礼记说》。

叶解：安详则不躁率，恭敬则不诞慢。此忠信之本也。

张解：盖人以忠信为主，忠信其本也。稍不敬事长者，便不忠信，故教之安详恭敬，正所以敬事而存忠信耳。安，谓安静而不轻躁；详，谓详审而不粗率；恭，谓端庄见于外者；敬，谓畏惧存于中者。先以此教之，则渐有以收其放心，久自安习而德性纯熟，必无有不尽其心而悖于理者。

李解：释《曲礼》之意。奉手所以承意也，掩口所以屏气也，安详则气不暴，恭敬则心不放，而忠信可渐立矣。

茅注：此明小儿所以不可不教之敬事之意。

[集评]

朱子曰：古人小学只教之以事，便自养得他心，不知不觉自好了。如今全失了小学工夫，要补填实难。（《张解》）

张习孔曰：此《礼记》教人之法。苟无教者，小儿不自能也。

张绍价曰：诚由敬入，忠信诚也。能敬然后能诚，故须先教以安详恭敬。

21. [一]孟子曰："人不足与適也，政不足与间也，唯大人为能格君心之非。"非惟君心，至于朋游学者之际[1]，彼虽议论异同，未欲深较。惟整理其心，使归之正，岂小补哉！[2] [二]

[集校]

[一]《张解》本有"横渠曰"三字。

[二]按，此条下《张解》本将《近思录》第十卷的最后一条（即第64条）归属于本卷，作第22条，因该条语录内容似与第十一卷相近。然卷十第64条下茅星来注文所言亦颇有理（见卷十"茅注"），其侧重于强调为师者、为政者的自处之道，因而笔者认为《张解》本的第22条归属于第十卷为宜。

[集注]

[1] 茅注：朋游以同辈言，学者以后辈言。

[2] 杨注：《横渠孟子说》。伯岊曰："与適"、"与间"，已见第八卷君道门。

张传：格君心者，惟大人为能，非常人所及也。格朋友之心，使之归正，则在我者，亦岂易言哉？

张解：此因孟子之言而推广其义，朱注备矣。盖格心者，正本清源之道也。……道全德备之大人，固以此事君，学者于朋友交游之间亦当准以此道。不必深为辨较于立论之异同，但当探其本心而整顿调理之，使反其不正者而归于正，此即所谓"格心之非"者也。盖议论之所争者小，格心之所补者大，至于非心既格，则议论亦终出于正矣。每见侪辈交游，拗见聚讼，琐屑细故，终角门户，议论惊天，心术未必粹然一归于正。惜无能有格其非而整理之者也。

李解：间，去声。適，音谪。朱子谕诸职事曰："学校之政不患法制之不立，而患理义之不足以悦其心。诸生蒙被教养之日久矣，而行谊不能有以信于人，岂专法制之不善哉！亦诸君子未尝以理义教告之也，故今增修讲问之法。诸君子其专心致思，务有以渐摩之，无牵于章句，无滞于旧闻，要使之知所以正心诚意，于饮食起居之间，而由之以入于圣贤之域，不但为举子而已，岂不美哉！然法制之不可后者亦既议起之矣。惟诸君子相与坚守而力持之，使义理有以博其心，规矩有以约其外。如是而学者犹有不率，风俗犹有不厚，则非有司之罪，惟诸君留意。"

茅注：適，音责。……此从孟子之言而推论之，如此见不独事君当然也。朋游以同辈言，学者以后辈言。"整理其心，使归之正"，有以为入德之基，故曰非小补也。

[集评]

朱子曰："大人格君心之非"，此谓精神意气自有感格处，然亦须有个开导底道理，不但默默而已。伊川解"遇主于乡"，所谓"至诚以感动之，尽力以扶持之，明理义以致其知，杜蔽惑以诚其意"，正此意也。（《语类》卷五十六）

许鲁斋曰：革人之非，不可革其事，要当先格其心。其心既革，其事有不言而自革者也。（《许文正公遗书》）

管赞程曰：自"横渠先生"至此为一章，言以身立教为本，以由诚尽材为法，使以忠信，格其非心，以归于正，为成功也。

张绍价曰：有大人之德者，能格君心之非，以归于正，然后用人行政，各得其正。非惟君心，人心莫不有非。朋游学者之际，徒计较于议论异同之间，而无正本清源之功末矣。惟整理其心，使归之正，然后补救挽回，所益甚大，何以能整理其心，亦教之忠信恭敬而已。整理其心归之正，遥应首节易其恶至其中，又以起下卷改过之意。价按，自"横渠先生"至此为一段，言当勉明于礼，教人由其材、尽其诚，以忠信恭敬、整理其心，使归之正。

《近思录》卷之十二
凡三十四条

警戒（迁善改过）

按，《叶解》元刻本及其四库抄本、《张解》本、《茅注》本、《江注》四库抄本等卷下题云"三十三条"。而本卷第 34 条仅《杨注》本有，其文字内容与卷五第 41 条语录的前一段文字同。若除去重复，则仍为 33 条。

[集评]

叶采曰：此卷论戒谨之道。修己治人，常当存警省之意，不然，则私欲易萌，善日消而恶日积矣。

施璜曰：古之帝王圣贤无不常存警戒之意，虽以舜之大圣南面恭已，安有可戒之事，而益犹以怠荒戒，皋陶以逸欲戒，禹以傲虐戒，岂忧其有是而豫防之耶！抑知其无是而姑为是言以儆之也。盖以人心惟危，稍不敬畏便流于逸豫而不自知。所谓"惟圣罔念作狂"是也。故唐虞三代之君臣有正心诚意之功者，无不崇敬畏、戒逸欲，交相儆戒于丰亨豫盛之日，惟恐私欲易萌盤乐怠傲以自求祸也。而孔门传授心法亦只是戒慎恐惧与谨独而已。此修己治人之要，道不可须臾离也。后世君臣不知警省之意者，往往怠胜敬、欲胜义，以至善日消而恶日积，人欲横流，天理灭绝，丧败国家者多矣。然后知生于忧患而死于安乐，其言洵不诬也。故修己治人之道，虽大圣大贤亦必以怠荒逸欲为戒，学者岂可不时时省察而使人欲之萌潜滋暗长于隐微之中乎？

茅星来曰：此与第五卷相似而实不同。盖第五卷就其当省察克治者言之，此则就人之不能省察克治者而摘其疵病，以深警而痛戒焉，则其意愈深而语愈加切矣。诚意、正心、修身、齐家、治国、平天下之事皆有之。凡三十三条。《语类》作"改过及人心疵病"。

张绍价曰：朱子曰"此卷改过及人心疵病"。价按，此卷以改过修德为主，以人心道心为总旨，以理欲公私为分意。体似立纲，首二节为一篇纲领，下分三段以发明之。

钱穆曰：全书十四目，惟"改过"二字重见，亦可见朱子当时编为此书特重此两字。重功利，则惟言进步。重道义，则无进步可言，惟求改过。（《随劄》）

泽田希曰：圣贤之道，修己治人二端而已矣。此一书之所论，亦岂外于此耶？而非警省戒谨，则私欲日长，天理日消，身何由修而尚望治人乎？故及是书之将终，叙以此篇所以贯前之数篇也。

1. 濂溪先生曰：[一]仲由喜闻过，令名无穷焉。今人有过，不喜人规，如护疾而忌医，宁灭其身而无悟也。噫！[1]

[集校]

[一]《张解》本无"先生"二字。此条今见《周子通书·过第二十六》，无"濂溪先生曰"五字。

[集注]

[1]杨注：《通书》。

叶解：子路有改过迁善之实，故令名无穷焉。

张解：此言知戒警者必以改过为先也。子路天资刚果，孟子称其"闻过则喜"。喜者，喜其得闻而改之，是勇于自修而非以博名也。然而令名垂于无穷，至与舜、禹并称，若子路者，允为百世之师矣。盖人不幸而有过，犹身之有疾也。过必得人规，始知所以改之之方；疾必得人医，始知所以药之之剂。今人有过必讳，是自掩护其疾，忌医下药，势必陨灭其身，彼宁甘之而不悔悟，岂不可哀之甚哉？夫子属望改过，惓惓三致意，而周子又说到灭身，提醒瞆瞆。凡百君子各宜猛省。

[集评]

蔡虚斋曰：周子谓仲由"令名无穷"者，非谓喜闻过一事令名也，因喜闻过而勇于自修，故有善可称而令名无穷也。（《茅注》）

张绍价曰：首二节承上卷末节之意，以领起通篇。子路天资刚勇，人告以有过，喜得闻而改之，勇于自修，令名无穷焉。忠言逆耳利于行，良药苦口利于病，有过不喜人规，则忠言无由而入，必至丧德。如护疾而忌医，则良药无由而进，必至灭身，可慨也夫！

2. 伊川先生曰：[一]德善日积，则福禄日臻。德逾于禄，则虽盛而非满。自古隆盛,未有不失道而丧败者也。[1]

[集校]

[一]《张解》本无"先生"二字。此条今见《周易程氏传》卷一《泰传》,无"伊川先生曰"五字。

[集注]

[1] 杨注:《易传》,下同。

叶解:《泰卦》九三传。

张传:德者,盂也;禄者,水也。人当大其盂以为受,否则宁节所受以相称可也。

张解:此言人当修德以为受禄之地,为禄过于德者,警也。德非有心于禄,而禄有不期自至之理。盖上天无亲,惟德是亲。修德所以积善,得禄便是有福。"德善日积,则福禄日臻"者,天理之公也。是故德胜其禄,虽所享者厚,不为过侈,何患丧败?人事修于下,天道应于上,理有固然,非幸致也。若夫德善未积,所享虽薄,犹惧不偿,况隆盛乎?自古以隆盛而致丧败,皆由失道而无德,人可不汲汲修德乎哉!

李解:丧,去声。释《泰》九三爻之义。

茅注:行德则善,受禄则福,德为善之实,禄为福之实。故下止言德与禄也。臻,至也。逾,过也。隆盛而溢其量曰满。盖三居《泰》之中,在诸阳之上,泰之盛也。泰盛则有将否之渐,惟于方泰之时愈厚其德,而不敢自安逸,则可常保其泰矣。

[集评]

朱子曰:汉初人未甚繁,气象较好,到武、宣极盛时,便有衰意。人家亦然,如"家人嗃嗃,悔厉,吉。妇子嘻嘻,终吝",亦此理也。(《茅注》)

叶采曰:德胜于禄,则所享者虽厚而不为过。禄过其德,则所享者虽薄且不能胜,况于隆盛乎?隆盛之败丧,必自无德者致之也。

张绍价曰:喜闻过则德善日积;有过不喜人规,则失道而丧败。《中庸》言大德者必得禄位名寿。《易》言积善之家,必有馀庆。君子修德,原无徼福之心,然德善日积,则福禄日臻,亦理之自然者也。

3. [一]人之于豫乐,心说[二]之,故迟迟,遂至于耽恋不能已也。《豫》之六[三]二,以中正自守,其介如石,其去之速,不俟终日,故贞正而吉也。[1][四]处豫不可安且久也,久则溺矣。如二可谓见几而作者也。[2]盖[五]中正,故其守坚,而能辩之早、去之速也。[3]

[集校]

[一]《张解》本有"伊川曰"三字。此条今见《周易程氏传》卷二《豫传》,下同。

[二]"说",《茅注》本、《江注》本及其四库抄本、《豫传》作"悦"。悦、说古通用。

[三]《豫传》无"《豫》之六"三字。

[四]"处"以下文字,《张传》本单列刻印,似别作一条。

[五]"中"上,《豫传》无"盖"字,有"夫子因二之见几……以有中正之德也"数句。

[集注]

[1]叶解:人处豫乐,易至耽恋。六二中正,上又无应,特立自守,其节之坚,介然如石,无所转移也。其去之速,不俟终日,无所耽恋也。

张传:凡物两间为介,介训分辨,即《系词》所谓"知几"也。由见之明,故去之速。去非去豫,去其诏渎也。不诏不渎,则以顺动为豫矣。

张解:此释《豫》六二爻象也。豫,安乐也。处安乐之地而心说之,不肯决然舍去,故迟之又迟,至于耽着系恋而不能已,此常情也。独六二一爻居中得正,上又无应,特立自守,其德安静而不躁动,如石之坚,确有不可移夺者,惟其德如是。是以去之之速,不俟终日,无迟迟耽恋之意,贞正而吉也。处豫之道,固当如是也。

朴履坤曰:此"其介如石",似是坚介之意。

[2]茅注:《豫》六二爻《传》。"六二,介于石,不终日,贞吉。"《系辞下传》,夫子释之云:"君子见几而作,不俟终日。"邱氏曰:"《豫》诸爻以无所系应者为吉。《豫》初应四,而三五比四,皆有系者也,故为凶为悔为疾。独六二阴静而中正,与四无系,特立于众阴之中,而无迟迟耽恋之意。方其静也,则确然自守,而介于石。及其动也,则见几而作,不俟终日。盖其所居得正,故动静之间不失其正,吉可知矣。"

[3]杨注:伯嵒据《豫》之六二:"介于石,不终日,贞吉。"《象》曰:"不终日,贞吉,以中正也。"

叶解:惟其自守之坚,故能见几而作。

张解:大抵豫虽安境,然处安思危,不可自以为安,而耽恋且至于久,久则反以溺人,而忧至矣。如六二,可谓不溺于豫,而敏于见几者也。几者,动之微,人只为不中正,汩于利欲之私,狃于便安之境,外物足以夺其守,所以心为昏蔽,事至莫辨,又安能于吉凶祸福未来之先,早图而速去之? 二惟中正,淡然无欲,物不能夺,其守坚矣。是以能见几而辨之早,不终日而去之速也。《大学》曰“安而后能虑”,周子曰“静虚则明”,其是之谓乎!

李解:乐,音洛。说,音悦。处,上声,下同。释《豫》六二爻义。

茅注:《豫》六二《象传》。辨之早,就介于石,言明也。去之速,就不终日,言刚也。介有分辨意,故云“辨之早”。

[集评]

张绍价曰:失道而丧败,莫甚于豫。人心悦于豫乐,守为所移,识为所蔽,遂至耽恋而不能已。六二中正自守,特立不移,其节如石之坚,其去之速,不俟终日,脱然无一毫私欲之累,故贞正而吉也。处豫既安且久,溺于其中,而不能自拔,其心日以昏蔽,昧于吉凶祸福之几。六二既中且正,操守坚确,思虑详审,能于事几之微,先见而预图之,辨之早,去之速,所以不溺于豫也。

4.[一]人君致危亡之道非一,而以豫为多。[1]

[集校]

[一]《张解》本有“伊川曰”三字。

[集注]

[1]叶解:《豫卦》六五传。衰世之君,大率以逸豫致危亡,可不深戒哉!

张解:逸豫而不知儆,则多致危亡,故制治于未乱,保邦于未危。帝切畴咨,王陈无逸,诚戒之也。

李解:声色田游无往,非《豫》六五之所以贞疾也。

茅注:五以柔居尊,威权去已,不能自立。如汉成、宋徽之类皆是也。然大约沉溺于豫,不能节制以至于此,可不戒哉!

[集评]

张习孔曰:能顺动则不致危亡矣。《豫》以人心和乐取义。豫之前,有所以致之者;豫之后,有因而狃之者。圣人以其所致之善,故美其辞于卦,而虑其所狃之失,故著其戒于爻卦辞与《象传》。虽甚美之辞,而有儆戒之意,以为豫之得此者,惟顺动也。苟非顺动,建侯行师可易举乎!

泽田希曰:忧不生于忧而每生于乐。三代以下,其以逸豫生衰乱,致危亡,奚翅相半？有国家者,可不深戒乎哉？

5.[一]圣人为戒,必于方盛之时。[二]方其盛而不知戒,故狃安富则骄侈生,乐舒肆则纲纪[三]坏,忘祸乱则衅孽萌,是以浸淫不知乱之至也。[1]

[集校]

[一]《张解》本有"伊川曰"三字。

[二]此条今见《周易程氏传》卷二《临传》,"方"上有"圣人豫为之戒曰……盖不能戒于盛也"数句。

[三]"纲纪",叶误倒。(《冯记》)"纲纪",一作"纪纲"。(朝刊《近思录》)按,"纲纪",《叶解》元刻本及其四库抄本、《张传》本、《张解》本作"纪纲"。

[集注]

[1]叶解:《临卦·象传》。骄侈每生于安富之馀,纲纪每废于舒肆之日,衅端祸孽每兆于无虞之中,故方盛之时实将衰之渐。圣人为戒于早,则可保其长盛矣。

李解:乱伏于方盛之时,《临》之所以"八月有凶"也。

茅注:《临·象》:"至于八月有凶。"传:"方盛,谓二阳方长于下也。"《周易正义》曰:"阳长之卦,每卦皆应'八月有凶',但此卦名《临》,是盛大之义,故于此卦特戒之耳。若以类言之,则阳长之卦,至于终末,皆有凶也。"孔《疏》:"《临》为建丑之月,从建丑数到《否卦》建申之月为八月也。三阴既盛,三阳方退,小人道长,君子道消,故八月有凶。以盛不可终保,圣人作《易》以戒之也。"愚按,此系《临·象辞》,自应从《临卦》推去。孔氏说当为得之,不知朱子何以不取也,姑附记于此,以俟知者。王伯厚曰:"《临》所谓'八月',其说有三:一云自丑至申为《否》,一云自子至未为《遯》,一云自寅至酉为《观》。程《传》取自子至未,《本义》兼取《遯》、《观》二说。"

[集评]

张伯行曰:此极言安乐之害,见常人之乐,君子所惧也。盖方盛之时,乃将衰之渐,虽曰天道,实由人事。骄侈生于安富,纲纪废于舒肆,祸衅发于不及觉,而乱孽起于不及防。如水之渐浸而至于淫溺,恬焉不知乱之将至。惟圣人为能思患而豫防之,则可以久安长治。有天下国家者,奈何不知所戒哉？

张绍价曰:人君耽于豫乐,多在国家隆盛之时。圣人于盛时即为之戒,使其常存畏惧之心,兢兢业业,持盈保泰,自不至于危亡。否则狃于安福,乐于佚肆,自以为泰然无患,而忘祸乱之将至。恣为骄侈,纲纪日坏,衅孽日萌,浸淫以至于乱,由不知戒之故也。

6.[一]《复》之六三,以阴躁处动之极,复之频数而不能固者也。[1]复贵安固,频复频失,不安于复也。复善而屡失,危之道也。[2]圣人开[二]迁善之道,与其复而危其屡失,故云"厉无咎"。不可以频失而戒其复也,频失则为危,屡复何咎? 过在失而不在复也。[3]（旧注：[三]刘质夫曰：频复不已,遂至迷复。）[4][四]

[集校]

[一]《张解》本有"伊川曰"。此条今见《周易程氏传》卷二《复传》,无"《复》之六"三字。

[二]"开"下,吕本无"其"字。（《茅注》、《异同考》）"开",叶下增"其"字。（《冯记》）"开"下,一有"其"字。（朝刊《近思录》）按,"开"下,《叶解》元刻本及其四库抄本、《张解》本、《茅注》本有"其"字。

[三]"刘质夫曰"以下,叶本自为一条。（《茅注》）"刘质夫"以下十二字,吕本作小注。（《异同考》）按,自"刘"下,《张传》本单列刻印,似别为一条。

[四]注,见《外书》卷四,叶讹作大字。（《冯记》）按,自"旧注"以下,《叶解》元刻本作大字。

[集注]

[1]叶解：《震》下《坤》上为《复》。三既阴躁,又处震动之终,其于复善也,躁动而不能固守者也。

张解：此释《复》六三爻《传》也。……《复》之六三以阴居阳,不中不正,是为阴躁,又震动之终。则其于复善也,为躁而动,屡失屡复,而不能固守其德者也。释"频复"二字之义。

茅注：数,入声。阴谓六,躁谓三。处极之极,谓居震体之终也。赵氏曰："三为震动之极,故曰频。"

[2]叶解：有失而后有复,屡复而屡失,不常（按,"常"《四库》抄本作"当"）其德,危之道也。

张解：复贵勿失,以安静而固守,乃为善耳。今乃屡复屡失,则是不安于复也,岂能固乎? 苟安而固,何至频复? 言频复则频失可知,故曰复善而复失,危之道也。厉,危也。此释"厉"字之义。

　　[3]叶解:屡失故危厉,屡复故无咎。无咎者,补过之称。

　　张传:三正是日月至焉一等人,谓之频复,则其所至者暂,未能根深宁极。摇摇而不宁,故曰厉。然由此频频而复之,习惯则能自然,困勉渐臻安利,无咎。

　　张解:失可危,而复则可与。圣人欲人为善,故开其迁善之道。"与之"之意及"危之"之意,并系于一爻,而云"厉无咎"。无咎者,善补过也。若曰不幸之中,犹有幸焉,非可以其频失之故,虽复无益,而并戒其复也。盖以其频失则危之,使知所戒;以其屡复则无咎,使知所劝。戒劝备至,总开人迁善之道,以其过在失而不在复,圣人惓惓之意也。兼释"无咎"二字之义。刘质夫曰:"频复不已,遂至迷复。"盖久则玩溺而昏迷之极,终亦必不能复。如上六之象,人欲肆而天理灭矣,可不警哉?

　　李解:厉,危也。

　　茅注:与,许也。

　　[4]杨注:伯畠据《复》之六三曰:"频复,厉,无咎。"《象》曰:"频复之厉,义无咎也。"

　　叶解:刘绚,字质夫,程子门人也。频复频失而不止,久则玩溺而不能复,必至上九之迷复矣。

　　张传:经文止云"频复",未云"频失"。所谓迷复也,不缘频复不已。

　　茅注:刘质夫,名绚,程子门人。先世常山人,祖舜卿以仕宦始家河南,以荫为潞州长子令。元祐初,韩维荐其经明行修,为京兆府教授。王岩叟、朱光庭又荐为太学博士,卒于官。迷复,上六爻辞也。徐氏曰:"上六位高而无下仁之美,刚远而无迁善之机,厚极而有难开之蔽,柔终而无改过之勇,是昏迷而不知复者也。"

[集评]

　　张氏曰:人于过失,当时或不能自知,过后未有不悔,但不能乘此悔心力图自新,他日临事差忒如故。韩昌黎所谓"当其在辱,亦克知悔,及其既宁终莫知戒"。如此则终身所言所行只是有悔,安得悔亡?(《茅注》)

　　张绍价曰:人能刚健静止,则复于善而守之固。《复》之六三,以阴躁处动之极,阴柔则无毅力,躁动则无定守,频复频失,而不能安固者也。圣人危其屡失,故惕之曰厉,以使之知戒。与其能复,故许之曰无咎,以使之知勉。所以开迁善之门,而杜迷复之渐也。

7.[一]睽[二]极则咈戾而难合,刚极则躁暴而不详,明极则过察而多疑。《睽》之[三]上九,有六三之正应,实不孤,而其才性如此,自睽孤也。[1]如人虽有亲党,而多自疑猜,妄生乖离,虽处骨肉亲党之间,而常孤独也。[2]

[集校]

[一] 叶增"伊川先生曰"五字。(《冯记》)按,《叶解》四库抄本有"伊川先生曰",《张解》本有"伊川曰"三字。

[二] "睽",《叶解》元刻本及其四库抄本、吴邦模刻本、《张传》本、《张解》本、《江注》本作"暌",下同。

[三] 此条今见《周易程氏传》卷三《睽传》,"上"上无"《睽》之"二字。

[集注]

[1] 叶解:《兑》下《离》上为《睽》。上居《睽》之终,是睽之极也。以九居上,是刚之极也。居《离》之终,是明之极也。有是三(按,"三"《四库》抄本作"一")者,何往而不睽孤哉! 虽有正应,亦不合矣。

张解:此释上九"睽孤"二字义也。……上之为位,处《睽》之终,则为睽极;九为阳刚,以刚在上,则为刚极。离之为言明也,以明在上,则为明极。合而言之,值咈戾难合之地,而又以躁暴不详、过察多疑之人处之,故虽上爻与六三本为正应,实不患孤,但以三为二阳所制,未能来合而已。以刚极、明极处睽极之位,其才性如此,自猜狠而乖离也。虽有正应,亦不合矣,何往而不"睽孤"哉?

茅注:"睽孤"二字,上九爻辞。

[2] 杨注:伯嵒据《睽》之上九曰:"睽孤见豕负途,载鬼一车。先张之弧,后说之弧,匪寇婚媾。往遇雨则吉。"《象》曰:"遇雨之吉,群疑亡也。"

叶解:多自疑猜,过明之患也。妄生乖离,过刚好睽之致也。

张解:盖人不可过明,过明则多自疑猜;人又不可过刚,过刚则妄生乖离。如今之人虽有亲党而不免于此,则不特与他人不合,即处骨肉亲党之间,人亦不敢依附而常见孤独,岂非自诒伊戚乎? 惟能以此为戒,庶乎先睽后合,而睽者不至于终睽矣。

李解:离,去声。"居离之终,是明之极也"。以上九之刚应六三之柔,故曰正应。

茅注:此即上节之意而申明之,以见其必睽孤也。

[集评]

张习孔曰:以睽则孤,以遇雨则吉,可见睽未有不可合者。大抵刚明之人,易于躁察,亦易于觉悟。故张弧说弧,转于俄顷,不难变寇为婚也。

茅星来曰:前言"颜子刚而明,故有不善未尝不知,知之未尝复行",则明与刚固美德也。而此又云然者,盖聪明刚果,过甚则为患。如汉明帝综核操切而汉业渐衰,唐宣宗英明强察而唐不复振,刚与明其可极乎? 是故古之贤君不耀威武,不峻刑诛,降心以受言,温恭以接下,凡此所以济其刚也。不务苛察,不矜摘伏,集公议以为耳目,采群言以验得失,凡此所以益其明也。不然,未有不至于睽孤者。

张绍价曰:人与人以至诚至公相与,原无所用其疑猜乖离。《睽》之上九,与六三为正应,本自不孤,而以刚极处睽极明极之地,多自疑猜,妄生乖离,自取睽孤也。人处骨肉亲党之间,而咈戾难合,躁暴不详,过察多疑,则人孰与亲附? 所以常至孤独也。

8. [一]《解》之六三曰: [二]"负且乘,致寇至,贞吝。"[三]《传》曰:小人而窃盛位,虽勉为正事,而气质卑下,本非在上之物,终可吝也。[1]若能大正,则如何? 曰:大正,非阴柔所能也。若能之,则是化为君子矣。[2]

[集校]

[一] 此条,《叶解》元刻本紧接于第 7 条末刻印,未单列,似合为一条。

[二] 此条今见《周易程氏传》卷三《解传》,无"《解》之六三曰"五字。

[三] "传"上,《张解》本、《叶解》四库抄本有"伊川易"三字。《解传》无"传曰"二字。

[集注]

[1] 叶解:负者,小人之事也。乘者,君子之器也。故为小人窃盛位之象,勉为正事者,贞也。然而阴柔卑下之质,冒居内卦之上,非其所安,是以吝也。

张解:此释《解》六三爻义。负者,小人劳力之事。乘者,有德君子所御之器。寇至者,非有所指,借言无其德而居其位,必致见夺于人也。贞,正也。程子之意,以为《解》之六三以阴柔冒居内卦之上,是为小人窃居盛位,有"负且乘"之象。据非其分,盗思夺之,虽使勉为贞正之事,然而气质阴柔,自是卑下,本非可在上位之物,才德不称,终见羞吝也。世之盗得阴据者,可以戒矣。

茅注:六三阴柔,是小人也,而居下之上,则窃盛位矣。勉为正事,谓贞也。气质卑下,就六三阴柔而言,本非在上之物,谓下卦也。

[2] 张解:复设一辨,以为小人,勉之不已而为大正,则可以免咎否?因言大正之事,断非阴柔之质可勉而能,若能之则有变化气质之功,无才无德之小人,且化为有才有德之君子,不得复以小人目之矣。何咎之有?然而必不能也。所云"勉为正事"者,不过撺不善以著其善耳,奈何辄不自量而为盗之招哉!

李解:负者,小人之象;乘者,窃盛位之象。

茅注:大正,就"贞"字而极言之也。"如何"者,谓可免咎与否也。阴柔才弱,不能奋发有为,故曰"大正,非阴柔所能"。

[集评]

胡氏曰:小人得有高位者,盖由上之人慢其名器,不辨贤否而与之,以至为众人所夺,而致寇戎之害也。(《茅注》)

张习孔曰:六三爻辞,盖据解难之事,而追论致难之由。天下之所以乱,皆由小人在位,上慢下暴,处非其据,若负且乘者。然后窥伺之奸,借端伐罪,以发难端,是贼寇之兴,此辈所致也。及寇乱既平,犹然窃据高位,负乘如故,方且自以为贞。然致寇之罪,终亦安逃乎?即其既往,究其将来,甚可羞也。

张绍价曰:君子居高位,则德称其位。《解》之六三,以阴柔居下之上,小人而窃盛位,如一负荷者而乘车。据非其分,虽勉为正事,而气质卑下,德不称位,未可以久居人上,殊可羞吝。若能以理制欲,以公灭私,则大正而可化为君子,然惟阳刚者能之,阴柔者不能也。

9.《益》之上九曰:[一]"莫益之,或击之。"[二]《传》曰:理者,天下之至公;利者,众人所同欲。苟公其心,不失其正理,则与众同利,无侵于人,人亦欲与之。若切于好利,蔽于自私,求自益以损于人,则人亦与之力争。故莫肯益之,而有击夺之者矣。[1]

[集校]

[一] 此条今见《周易程氏传》卷三《益传》,"莫"上无"《益》之上九曰"五字。

[二] "传"上,《张解》本、《叶解》四库抄本有"伊川易"三字。《益传》无"传曰"二字。

[集注]

[1] 叶解:在上者,推至公之理,而与众同其利,则众亦与之同其利。

苟怀自私之心,而惟欲利己,则人亦各欲利其己,而夺其所利矣。《益》之上九,人莫益之,而或击之者,以其求益之过也。

张传:《孟子》曰:"王如好货,与百姓同之,于王何有?"否则上下交征,不夺不厌矣。

张解:此释《益》上九爻义。《震》下《巽》上为《益》,《益》之上九,以阳处极,非能行益于人,而欲自求益之甚,故莫益而若或击之。击,夺也。程子之意,以为利必准乎理,私不可害公。天下之无私者,理也。众之公好者,利也。苟以至公存心推而准之,不失乎理之正,则天下之利与天下共之,己不侵夺于人,人亦欲与之同其利。若怀着私意专欲利己,必昏蔽而忘义理。虽损人之事有所不顾,则人之好利谁不如我,亦必与力争,不但莫益,更有击而夺之者矣。夫子曰"放于利而行多怨",孟子曰"不夺不厌",圣贤均深戒也。

李解:好,去声。

茅注:上九《象传》。胡雲峰曰:"二不求益而或益之,自外来也;上求益而或击之,亦自外来也。孰有以来之? 五之吉由中心之有孚,上之凶由立心之弗恒,吉凶之道未有不自心生者。"

[集评]

茅星来曰:《正义》谓:"上九处《益》之极,益之过甚者也。求益无厌,怨者非一,故莫益之,而或击之也。"其言可谓深切著明矣。呜呼,为人上者可不戒哉!

张绍价曰:理者人心之所固有,故为天下之至公,利者人生之所必需,故为众人所同欲。循理而公其利于天下,我公则人亦公,无侵于人,人必与之,不求利而利莫大焉;徇欲而私其利于一己,我私而人亦私,有损于人,人必争之,利未得而害莫大焉。"莫益之,或击之",争民施夺,悖入悖出,皆起于以利自私之故,可不戒哉!

10.《艮》之九三曰:[一]"艮其限,列其夤,厉薰[二]心。"[三]《传》曰:夫止道贵乎得宜,行止不能以时,而定于一,其坚强如此,则处世乖戾,与物睽绝,其危甚矣。[1]人之固止一隅,而举世莫与宜者,则艰蹇忿畏焚挠其中,岂有安裕之理?"厉薰心",谓不安之势,薰烁其中也。[2]

[集校]

[一] 此条今见《周易程氏传》卷四《艮传》,"艮"上无"《艮》之九三曰"

五字。

[二]“薰”，江并改“熏”。(《冯记》)按，“薰”，《江注》本及其四库抄本作“熏”，本条下同。

[三]“传”上，《张解》本、《叶解》四库本有“伊川易”三字。《艮传》无“传曰”二字。

[**集注**]

[1]叶解：限，界分也。列，绝也。夤，膂肉也，亦一身上下之限也。三居内卦之上，实内外之分，故取象皆为限止之义。所贵于止者，谓各得所宜止，而无过与不及也。苟不度时中，而一于限止焉。坚执强忍如此，则违世绝物，危厉甚矣。

张解：此释《艮》九三爻义。……薰，薰烁也。伊川释之，以为学固取乎能止，然止贵得宜。事之在天下，时行时止，不可执。犹限之在人，或屈或伸，不可艮也。……而过刚不中，当限之处而艮其限，则一体之中不得屈伸，上下判隔，如列其夤一般，是强止于所不当止，不能以时而胶于一定。其坚忍强执如此，以之处世，必乖违悖戾，与物永不相合，甚危道也。

茅注：夤，音寅。腰为上下之界限，故曰限。列，判隔也。夤，脊骨也。“其坚强如此”以上，释“艮其限”。“处世乖戾”二语，释“列其夤”。沙随程氏曰：“限分上下，夤列左右，各止其所，无相资相待之意，故危薰心。”

[2]杨注：限者，身之上下之际也，即腰胯也。夤，膂也，当中脊之肉也。三以过刚不中，当限之处而止于一定，则不得屈伸，而上下判然，如列其夤矣。列，分裂也。

张传：初是时止而止，二是时止而不止，三是时行而不行。“寂然不动者心之体，如之何可以徇物？感而遂通者心之用，如之何可以绝物？”此二所以心不快，三所以厉薰心也。

张解：因取“厉薰心”之故而极言之。拘固一隅以为止，而举世之大至莫与之相宜者，则身之所处，艰而多阻，窒而多难，有所不平则忿，有所不得则畏。如火之将焚，如木之见挠，交迫于中，岂有安舒宽裕之理？此其所以厉薰心也。本求静也，而动反随之；本求安也，而危益甚焉。厉薰心，谓不安之势，薰而烁之，忧思内郁也。夫心者，一身视以为止，而不得其宜，遂至于此。可见得理则安，失理则危，当止不当止之间，亦循乎理而已矣。

李解：夫，音扶。

茅注：固，胶固也。中，即心也。艰、窒、忿、畏四者，皆其所以薰心者也。

价解：限，谓上下之险。夤，夹脊骨也。列，崎立之意。夫止道贵乎得宜,当止则止,当行则行,不可胶于一定。《象传》所谓"动静不失其时,其道光明也"。

[集评]

胡氏曰:寂然不动者心之体,如之何而可以徇物?感而遂通者心之用,如之何而可以绝物?三过刚不中,确乎止而不能进退,以至上下隔绝,是绝物者也。惟见其危厉薰心而已。(《茅注》)

杨氏曰:此爻是恶动以为静,而反至于动心者。盖心之与物本相联属,时止而止,时行而行,则事应于心,而心常泰然,有意绝物,则物终不可绝,而心终不可静矣。(同上)

张习孔曰:三当限处。正屈伸所在,此岂可艮乎?乃过刚不中,一味强制,则血脉判隔。如列其夤矣,原其本心,以为尽绝感应,可以息心自养,不知恶动求静,此心已先动了,适足以危困其心而已。此正告子强制之学。

张绍价曰:《艮》之九三,过刚不中,不可止而强止之,拘执胶固,定于一而不能应物,处世乖戾,与物睽绝,如"艮其限,列其夤",不能屈伸俯仰,而心无宁静之时矣,危孰甚焉!人之固止一隅,而世莫与宜者,绝物求静,而心愈不静,徒见其危厉薰心,如火之烁而已。

11. [一]大率以说而动,安有不失正者。[1] [二]

[集校]

[一]《张解》本有"伊川曰"三字。此条今见《周易程氏传》卷四《归妹传》,下同。

[二]《张传》本将第11、12条连接在一起,未单列刻印,似合为一条。

[集注]

[1]叶解:《归妹·象传》。《兑》下《震》上为《归妹》。兑,悦也。震,动也。"心有所好乐,则不得其正",况从欲而忘返者耶!

张解:此释《归妹》次节《象辞》。……妹,少女也。《兑》以少女,从《震》之长男。又兑,说;震,动。是其情以说而动。人情有所好乐,则不得其正,况从欲而忘返乎?

李解:《归妹》内说外动,是以说而动也。

茅注:《归妹·象》曰:"征凶,位不当也。"吴氏曰:"卦以少女从长男,则非其配偶。说以动,则恣情纵欲。中爻不正,则阴阳皆失其常。三、五柔乘刚,则不顺,宜其凶也。然四者又以'说以动'为重。"

[集评]

双湖胡氏曰：动而说为《随》，此阳倡而阴和，男行而女随，得男女之正，故元亨利贞。"说以动"为《归妹》，则是阴反先倡而阳和，女反先行而男从，失男女之正，故"征凶，无攸利"。(《茅注》)

张伯行曰：程子推广言之，言大凡以说而动，皆未有不失其正性者，学者所当深戒也。

张绍价曰：止道贵得其宜，妄动尤所当戒。以说而动，纵欲灭理，必失其正。凡事皆然，而男女之欲尤甚。

12.[一]男女有尊卑之序，夫妇有倡随之理[二]，此常理[三]也。若[四]徇情肆欲，唯说是动，[五]男牵欲而失其刚，妇狃说而忘其顺，则凶而无所利矣。[六][1]

[集校]

[一]《张解》本有"伊川曰"三字。此条今见《周易程氏传》卷四《归妹传》。

[二]"礼"，叶本作"理"。(《茅注》)按，"理"，《张解》本、《茅注》本作"义"。

[三]"礼"，叶本作"理"。(《茅注》)按，"理"，《茅注》本作"礼"。

[四]《归妹传》"徇"上无"若"，而有"如《恒》是也。苟不由常正之道"句。

[五]"男"上，《归妹传》有"则夫妇渎乱"句。

[六]"则凶而无所利矣"，《归妹传》为"如《归妹》之乘刚是也。所以凶，无所往而利也。"

[集注]

[1]叶解：同上。《震》长男，《兑》少女。以说而动，则徇情肆欲，必且失其常理而致凶矣。

张解：此释《归妹》三节《象辞》。男女交媾，本天尊地卑之序。夫妇配合，乃阳倡阴随之义。此理之常，常即正也。然情不可徇，欲不可肆，动必以理，乃利有攸往。若徇情肆欲，如《归妹》之三五，以柔乘刚，惟说是动，则宜刚者失其刚，宜顺者忘其顺，伤身败德，岂人理哉？此《归妹》之所以凶而往，无攸利也。故君子重以为戒，而发乎情，必止乎礼义焉。

李解：释《归妹·象辞》之义。

茅注：《归妹·象》曰：“无攸利，柔乘刚也。”此常理也。以上指《恒卦》而言，《巽》上（按，“上”当为“下”）《震》下（按，“下”当为“上”）曰《恒》，震刚在上，巽柔在下，尊卑之序也。震长男而动于外，巽长女而顺于内，倡随之礼也。“徇情肆欲”以下，则极言以说而动之不可也。

[集评]

张习孔曰：《大象》曰：“君子以永终知敝。”归妹之敝，始于说而极于征。古者诸侯一娶九女，嫡夫人及左右媵皆以娣侄从。妹即娣也，妹从嫡而归，是妾媵之贱，非可与夫与嫡敌体者。惟当自守卑退，以事元妃。若有所征进，则是干宠匹嫡，犯分斁伦，凶而无所利矣。究其所由，则始于悦也。

张绍价曰：男尊女卑，天地之定位。夫倡妇随，阴阳之定体，故曰常理。悖常理而徇情肆欲。唯说是动，男牵于欲，女狃于说，渎乱淫邪，人道灭绝。既曰凶，又曰无攸利。六十四卦中所未有也，圣人之垂戒深矣。男女之别，人禽之别也。欧美婚姻自由，正《归妹》所谓说以动者，论者必欲提倡彝俗，变人类为禽兽，诚不知其何心也。

泽田希曰：人苟牵欲，则常屈于万物之下。贪禄者常屈于权门，好色者常屈于少艾。如此之类，安有不失刚者？ 故夫子曰：“枨也欲，焉得刚？”

13. [一]虽舜[二]之圣，且畏巧言令色，[三]说之惑人，易入而可惧也如此。[1][四]

[集校]

[一]《张解》本有“伊川曰”三字。

[二]孔、蔡《传》并作“尧”。（《茅注》）“舜”当作“尧”。（《栏外书》）

[三]《周易程氏传》卷四《兑传》，“说”上有“安得不戒也？”句。

[四]此《兑卦》五爻，程《传》篇末之文也。此文计二百二十一字，今朱子所录才二十二字，且突起无文理，疑传刻所遗。（《张传》）按，今察《兑传》，张氏此言属实。

[集注]

[1]杨注：以上并《易传》。

叶解：《兑卦》六五（按，佐藤一斋曰：“六五”当作“九五”。）传。巧言者，工佞之言。令色者，善柔之色。皆务以悦人也。人心喜顺恶逆，故巧言令色，易以惑人。凡说之道皆然，不可不戒也。

张传：此释《兑》九五爻义。三柔居刚，为下兑。主动而求阳之悦，故曰来兑。上柔居柔,为上兑。主静而诱阳之悦,故曰引兑。来兑之恶易见,本爻当凶;引兑之情难知,故此爻当戒。

张解:皆工为媚说,务以惑人,人心喜顺而恶逆,鲜有不为所惑者。虽以大舜之圣,且犹以此为畏,况其下焉者乎? 凡说之道,易入而可畏,莫不如此。此不以其道不说者,断必归之君子。

李解:易,去声。巧,好也。令,善也。惑而入之,所谓"孚于剥"也。

茅注:说见《书·皋陶谟》篇。但禹本言"能哲而惠","何畏乎巧言令色孔壬"。而此直云舜畏,亦断章取义耳。又"惟帝其难",孔、蔡《传》并作"尧",此则作舜说也。

朴履坤曰:九五得尊位,而处中正尽,说道之善矣。而圣人复说有厉之戒。盖尧舜之盛,未尝无戒也,以五在说之时而密比于上六,故为之戒。

[集评]

张绍价曰:巧言悦耳,令色悦目,最易惑人。自古人君好谀悦色,惑于嬖宠妇寺,败家亡国相随属,皆是物也。舜犹畏之,况其下者可不惧乎? 价按,自"人之于豫乐"至此为一段,引《易传》之言,论改过修德及失道丧败之故,详辨理欲公私之界,以使人自治其心。

14. [一]治水,天下之大任也,非其[二]至公之心,能捨己从人,尽天下之议,则不能成其功。岂方命圮族者所能乎?[1]鲧虽九年而功弗成,然其所治,固非他人所及也。惟其功有叙,故其自任益强,咈戾圮类益甚,公议隔而人心离矣,是其恶益显,而[三]功卒不可成也。[2]

[集校]

[一]"治"上,《张解》本有"伊川曰"三字。此条,《叶解》元刻本紧接于第13条后刻印,未单列。据他本当单列为第14条。今见《河南程氏经说》卷二《书解·尧典》。

[二]"其"江改"具"。(《冯记》)"非其至公",江本作"具"。(《考异》)按,"其",《江注》本作"具"。

[三]"显而"下,叶本有"其"字。(《茅注》)叶"功"上增"其"字。(《冯记》)"而其功卒不可成也",吕本无"其"字。(《异同考》)按,"而"下,《张解》本、《叶解》四库抄本有"其"字。

[集注]

[1]叶解：方，不顺也。命，天理也。圮族，败类也。夫任天下之大事者，非一人之私智所能集，要必合天下之谋而后可也。苟上不顺乎天理，下不依乎群情，恃其才智，任己而行，乌能有济？

张解：此言任天下之大事，成天下之大功者，非一人私智所能集也。如尧之时，洪水滔天，择人而治。此非易任，必以至公之心，不矜不伐，用人由己，使天下有一得之议，皆得自尽于前，是以迄有成功。如四岳所荐之鲧，乃“方命圮族”之人，岂能胜此大任乎？……自谓己贤，自谓己智，任意而行，乌能有济！

茅注：圮，从“人己”之“己”，音杞，与“圮上”之“圮”别。程子谓：“方，不顺也。命，正理也。谓其不循正理，而毁圮族类，倾陷忌克之人也。”朱子则谓：“命，命令也。方命，谓止其命令而不行也。王氏所谓图则行，方则止，犹今言废阁诏令也。盖鲧悻戾自用，不听人言语，不受人教令也。”二说不同，自当以朱子为正。

[2]杨注：《经说》，下同。

叶解：公议隔而得失莫闻，人心离而事功莫与共之者矣。

张解：夫鲧所少者，非才也。《书》称“九载绩用弗成”，然其所治，固非寻常他人所可比。凡人而无才，犹不敢师心自用，惟少有才，其功略有可叙，谓人莫己若，故自任益强，咈乎情、戾乎理，败坏乎族类，日以益甚。于是公议隔而得失莫闻，人心离而事业莫共矣。是以当时殛之，后世讥之，其恶益显，而功卒不可成也。观《书》所云“莫与争功”、“莫与争能”。帝之所以赞禹者，其即鲧之所以败事乎！

李解：方，阁也。命，上之令也。圮，败也。族，类也。方命则公议隔，圮族则人心离。

[集评]

朱子曰：天下之事，逆理者如何行得？……禹之行水，亦只端的见得须是如此，顺而行之而已。鲧绩之不成，正为不顺耳。（《语类》卷五十七）

张习孔曰：尧试用鲧，而但戒之以钦哉。盖“敬”之一字，实“方命圮族”之对治也。鲧之才气非不赡，所少者一敬耳。

管赞程曰：自篇首至此为一章，言过皆生于悦豫，原于刚愎自用。专以利己为事，而欲改过，必自喜闻过始。

张绍价曰：当天下之大任，必以至公之心行之，舍己从人，博采群议，方能有成功。以舜之圣，而好闻察迩；以诸葛武侯之才，而集思广益，况其下者而敢自负才智乎？……治水天下之大任，鲧之才固有可用，而自恃其才，上逆君命，下拂群情，力战天下之公议，以独伸己见，人心离贰，谁与共事业？此其所以恶日显而功卒不成欤！《楚辞》所谓"鲧婞直以亡身"，正谓此也。

15. [一]君子敬以直内。微生高所枉虽小，[二]而害[三]则大。[1]

[集校]

[一]《张解》本有"伊川曰"三字。

[二]此条今见《河南程氏经说》卷六《论语解·公冶长》，下同，此处"微生高所枉虽小"作"所枉虽小"

[三]"害"下，叶本有"直"字。（《茅注》、《考异》）"害"，江下增"直"字。（《冯记》）"害直则大"，吕本无"直"字。（《异同考》）按，"害"下，《张解》本、《叶解》四库抄本、《江注》本增"直"字。

[集注]

[1]杨注：伯嵒据，子曰："孰谓微生高直？或乞醯焉，乞诸其邻而与之。"伯嵒谓：微生高乞邻之醯，以为己醯而与之。此夫子所以讥其非直，向使高能明告之，以我之所无而求诸人，以济其乏，恐亦未害，其为直也。

叶解：微生，姓，高，名。君子敬以直内，不容有一毫之邪枉，所谓直也。微生高以无为有，曲意徇人，盖邪枉之态不能掩者。其事虽微，所以害于直者甚大，故圣人因以立教。

张解：此发明《论语》所言之意。君子居敬以直其内，不容有一毫私曲也。内直则己不自欺，安有欺人之事？微生高于或人乞醯之时，以无为有，曲意徇物，多少周旋，自欺欺人。所枉者事虽小，而有害于直则甚大，故圣人因以立教。

李解：乞醯事之大小者也。以邻之醯饰为己有，则害直之大者也。

[集评]

朱子曰：醯，至易得之物，尚委曲如此，若临大事，如何？当有便道有，无便道无。才枉其小，便害其大，此皆不可谓诚实也。（《语类》卷二十九）

张习孔曰：微生乞醯，先生就中看出不敬，学者所当理会。

张绍价曰：君子敬以直内，廓然大公，是非有无，均以直道行之，安所用其委曲？微生高于一醯之微，犹曲意徇物如此，若临大事，更当何如？故所枉虽小，害直则大。

16. [一]人有欲则无刚,刚则不屈于欲。[1]

[集校]

[一]《张解》本有"伊川曰"三字。

[集注]

[1]杨注:伯岊据"子曰:'吾未见刚者。'或对曰:'申枨。'子曰:'枨也欲,焉得刚?'"伯岊谓,"能胜物之谓刚,故常伸于万物之上;为物掩之谓欲,故常屈于万物之下"。(按,据《叶解》本,此句,杨氏引用上蔡语而未注明。)

叶解:谢上蔡曰:"刚与欲正相反。"

张解:刚以理为主,有以胜物,而常伸于万物之上者也。人若有欲,则为物压得头低,常屈于万物之下。虽刚者不止无欲,而欲乃不刚病根,故程子谓"人有欲则无刚,刚则不屈于欲"。而谢上蔡又谓"刚与欲正相反",其于《论语》刚欲之辨,析之精矣。

李解:刚者常伸,欲者自降。

价解:人有欲则无挺然特立之志,声色货利,皆得引之以去,焉得刚?刚则浩然正大之气,常伸于万物之上,一切人欲之私,俱不得而干之,故不屈于欲。

[集评]

朱子曰:欲与刚正相反。若耳之欲声,目之欲色之类,皆是欲。才有些被他牵引去,此中便无所主。焉得刚?(《语类》卷二十八)

朱子曰:人之资质,千条万别,自是有许多般。有刚于此而不刚于彼底,亦有刚而多欲,亦有柔而多欲,亦有刚而寡欲,亦有柔而寡欲,自是多般不同,所以只要学问。学问进而见得理明,自是胜得他。若是不学问,只随那资质去,便自是屈于欲,如何胜得他!(同上)

张习孔曰:天理人欲,从不并立。

17. [一]人之过也,各于其类。君子常失于厚,小人常失于薄;君子过于爱,小人伤[二]于忍。[1][三]

[集校]

[一]《张解》本有"伊川曰"三字。

[二]王、吴本、《遗书》、《集解》阴本并作"伤于忍",《论语集注》作"过于忍",洪本同,今从之。(《王记》)

[三]以上并伊川语。(《茅注》)

[**集注**]

[1] 叶解：君子小人之分,在于仁与不仁而已。故仁者之过,常在于厚与爱;不仁者之过,常在于薄与忍。

张解：故人不同,其过亦异,当各以其类辨之。君子失于厚、过于爱,或为无心之感触,不能自禁;或为事势之躯迫,不敢自白。如此之类,虽亦为过,如官街上错路。若小人则一于薄与忍,肆欲妄行,坠入荆棘中矣。过岂可例论乎？夫子所以有"观过知仁"之论也。

茅注：以上三条见《论语》。朱子曰："程子亦只是举一隅耳。若君子过于廉,小人过于贪;君子过于介,小人过于通之类,皆是。"愚按,程子因本文言仁,故以厚、薄、爱、忍言之。朱子则以此为专言之仁,故复就贪、廉、通、介之类推广言之。

[**集评**]

朱子曰：厚与爱,毕竟是仁上发来,其苗脉可见。（《语类》卷二十六）

朱子曰：此段也只是论仁。若论义,则当云：君子过于公,小人过于私;君子过于廉,小人过于贪;君子过于严,小人过于纵。观过斯知义矣,方得。（同上）

真西山曰：此圣门观人之法,然为人君者,尤当因臣下之过而察其心,如爱君而极谏,不无狂讦之过;爱民而违命,不无矫拂之过。要其用心,则皆仁也。人君取其仁而略其过可也,若奸邪之臣巧于揜覆,未必有过之可指,而其心则不可问矣。（《茅注》）

张绍价曰：君子之心公而恕,故常失于厚、过于爱,观其过而仁可知;小人之心私而刻,故常失于薄、过于忍,观其过而不仁可知。

18. 明道先生曰：[一]富贵骄人固不善,学问骄人害亦不细。[1]

[**集校**]

[一]《张解》本无"先生"二字。此条今见《河南程氏遗书》卷一《端伯传师说》,下同,此处无"明道先生曰"五字。

[**集注**]

[1] 杨注：《遗书》,下同。

叶解：君子之学,为己而已。以学问骄人,非特其学为务外,而傲惰败德,学亦不进（按,佐藤一斋曰：（叶采）注谓"学亦不进",似与本文不协,当改做"害亦莫大焉"。）矣。

张解：人有骄心，无一而可，以富贵骄人者，此俗辈也。气盈识浅，卑卑何足深论？学问骄人亦极害事。盖君子之学为己而已，义理无穷，勤学好问，长见不足，骄何从生？立心为人起见，便是务外之学。一段浮气矜张，更是长傲之端，招损启衅，自家永无进益处，其为害岂细故哉？甚矣，骄之不可也！

茅注：人之学问虽极富有日新，亦止以尽人道所当然，固不必骄。而义理无穷，亦终身行之而不能尽，则又无可骄也。况骄则气盈，气盈则识量狭隘，百病都生。

[**集评**]

张习孔曰：为圣贤之学问，则不骄人。为词章之学问，未免病此。

李文炤曰：富贵骄人，挟其外物者也，固有危溢之咎，而非保身之道也。学问骄人，挟其内蕴者也，亦有矜肆之失，而非为己之修矣。

19. [一]人以料事为明，便骎骎入逆诈億不信去也。[1]

[**集校**]

[一]《张解》本有"明道曰"三字。

[**集注**]

[1]杨注：伯岳曰："逆，未至而迎之也；億，未见而度之也。"（按，杨伯岳常常直接引用朱熹《易经》的话语，却又不予注明。）

叶解："子曰：'不逆诈，不億不信。'"愚谓，事而无情曰诈，言而无实曰不信。诈者巧，而不信者诞也。杨（按，《四库》抄本作"扬"）子雲谓："匿行曰诈，易言曰诞"是也。若事未显，而逆料臆度之，则自流于巧，而惑于疑，未必得事之情实矣。人以料事为明者，必至于是。周子曰："谓能疑为明，何啻千里！"

张解：料事，揣料事机也。……盖人能居敬穷理，则自然先觉，物不能遁。若专以揣料时事为明，固未必悉中乎事，即幸而偶中，我已自处于诈不信，以待事之来，岂非渐入逆億去耶？学者当以诚而明，勿学此等人也。

李解：不能明理而但以料事为明，则必不以诚待人，渐至欺。未至而逆之，疑未见而億之也。

贝原笃信曰：骎骎，马前进貌。

[**集评**]

张习孔曰：料事可也，以此为明，则有骄矜之心矣。孔子之料三桓子孙，孟子之料盆成括，未尝自以为明也。

江永曰：喜料事则逆億之心熟，虽中犹为私意小智，况未必皆中乎！

张绍价曰：人能居敬穷理，则此心虚灵，洞明人情世故，不待逆億，而自然先觉。若以料事为明，便驺驺入于逆億，习为私智小慧，非圣贤之正道也。

20.［一］人于外物奉身者，事事要好。只有自家一个身与心，却不要好。苟得外面物好时，却不知道自家身与心，却已［二］先不好了也。［1］

[集校]

［一］《张解》本有"明道曰"三字。

［二］《小学》引此，"却已"作"已自"。（《王记》）

[集注]

［1］叶解：所谓"以小害大、贱害贵"者也。

张解：外物，声色臭味以及一切货利皆是也。既谓之外，何须要好？自家身心不好，便不可复偿，怎生不要好？世人无识，要于外面讨好者，谓其可以奉身耳，岂知役自家之身心，干办没紧要之外物，欲以奉身，身已先为物屈，物纵好，身心却已不好矣。可笑之甚！可哀之甚！

李解：陈氏曰："外物之奉身者，如饮食、衣服、宫室之类。身不好谓身不检，心不好谓心不收。"

茅注：朱子曰："人亦有奉身俭啬之甚，而笃好外物，如财货声色之类，盖亦只因私欲不能克之故也。"

[集评]

张绍价曰：人于外物奉身者，味欲其甘，衣欲其华，色欲其美，事事要好，独身心则任其昏昧放逸，而不要好。奉身外物，皆戕贼人心之具，外物愈好，而身心愈坏，孟子所谓"小害大、贱害贵"也，惑之甚矣！

钱穆云：近代人则尽把心放在外面物上去，甚至拼其身以争，甚至举其家倾其国以争，所争亦仍只是些外面物。（《随劄》）

21.［一］人于天理昏者，是只为嗜［二］欲乱著他。庄子言："其嗜欲深者，其天机浅。"此言却最是。［1］

[集校]

［一］《张解》本有"明道曰"三字。此条今见《河南程氏遗书》卷二上《元丰己未吕与叔东见二先生语》。

［二］"嗜",《庄》作"耆"。(《茅注》)

[集注]

［1］叶解：嗜欲多,则志乱气昏,而天理微矣。二者常相为消长。

张解：人心自有天理,故动静之间皆理之流行,而天机于焉勃发,何至昏暗不明? 只为在外之嗜欲,入而乱之,便觉昏了。虽嗜欲亦人所不能无,而徇之则为人欲,理欲二者常相消长,故庄子有云"嗜欲深者,其天机浅"。庄子固异学,此言却最是。审乎此,而寡之又寡,则天理自渐渐明矣。

李解：为,去声。著,七略反。嗜欲,五官所嗜之欲也。天机,五性所发之机也。庄子,名周,固异端之学,而此言则是,所以节取之。朱子曰："人只有个天理人欲,此胜则彼退,彼胜则此退,无中立不进退之理,凡人不进则退也。"

茅注：说见《庄子·大宗师》篇。……庄子,名周,字子休,蒙人。著书名《南华经》。

江注：天机,天理发动之机也。

价解：天理之在人心,本自昭著,只为嗜欲所乱,故昏而不明。嗜欲深则神气昏浊,天理之发见常少,譬如明珠沉埋污泥中,则宝光掩蔽,不能发露也。

[集评]

张习孔曰：吾儒以天理对嗜欲,庄子以天机对嗜欲,意趣微有不同。先生引之,正如善相马者,不计其牝牡骊黄也。

钱穆云：人皆认嗜欲即己心,却不知天机是何等样事物,优游涵养,正为养此心之天机。《语》、《孟》则称为德。(《随割》)

沙溪曰：庄子他言虽非,而此语精致,故下"却"字。

22. 伊川先生曰：［一］阅机事之久,机心必生。盖方其阅时,心必喜,既喜,则如种下种子。[1]

[集校]

［一］《张解》本无"先生"二字。此条今见《河南程氏遗书》卷三《谢显道记忆平日语》,下同,此处无"伊川先生曰"五字。

[集注]

［1］叶解：庄子曰："有机械者必有机事,有机事者必有机心。"

张解：机事,谓机巧之事。机心,谓变诈之心。盖当其阅机事之时,见为巧秘,欣然有动于中,是喜之心也。既以此为喜,便好行小慧,如种田者下一种子,久而自熟,行险徼幸,终为小人之归矣。所以君子平生所为无不可对人言者,洞开重门,故能常使其心光明正大,无阴险叵测之态也。

李解：因是事而生是心,如播种于地,待时而发耳。

茅注：上"种",去声,下如字。……朱子曰："庄、老之言亦自有可取者,但须中有所主,不为异教所汩。识其意所以异于圣人者何如耳。"

[集评]

张习孔曰：病在一"喜"字。孟子以机变之巧为耻,孔子以好行小慧为难,未尝喜也。如此阅机事,自能捐逆億而先觉矣。

张绍价曰：阅机事之久,于凡阴谋诡计机械变诈,心中必喜。喜则如种子既下,自然萌蘖,故机心必生。机心既生,则日用行事,皆取必于智谋,而不循天理之正,最为害道,不可不戒。

钱穆云：此条亦本庄子。……二程语,则尽是不合时宜之言,此正所谓人心疵病也。(《随劄》)

23. [一]疑病者,未有事至时,先有疑端在心；周罗事者,先有周事之端在心。皆病也。[1]

[集校]

[一]《张解》本有"伊川曰"三字。

[集注]

[1]叶解：周罗,俚语,犹兜揽也。事未至而有好疑喜事之端,则事至之时有不当疑而疑、不当揽而揽者矣。故治心者,必去其端。

张解：周罗,犹俗云包揽也。心不可以废事,只是明足灼理,物来顺应,则于事之可信不可信、当为不当为,皆于其事之至而立决之,那有疑病与周罗之病？人之有二病者,其根皆伏于未有事之先。心本灵也,而有以障之,则疑端伏矣。心本虚也,而有以扰之,则周事之端生矣。是皆为心之病,故事之至也,必有不当疑而疑,不当揽而揽者。欲治其病,先去其端,要惟居敬穷理而已。

茅注：疑病者,猜嫌疑虑之病。端,端绪也。

[集评]

张习孔曰：此与上章参看。苟为先觉是贤,则不必疑事周事也。

茅星来曰：穷理之功至，则疑之病去矣；自治之心切，则周罗事之患去矣。

张绍价曰：旧说，明足以灼理，安有疑病？物来而顺应，安有周罗事之病？事未至而先有多疑喜事之端，必有不当疑而疑，不当揽而揽者。欲治此病，全在居敬穷。

24. [一]较事大小，其弊为枉尺直寻之病。[1][二]

[集校]

[一]《张解》本有"伊川曰"三字。

[二]以上并伊川语。(《茅注》)

[集注]

[1]叶解：事无大小，惟理是视。或者有苟成急就之意。谓道虽少屈，而所伸者大；义虽微害，而所利者博，则有冒而为之者。原其初心，止于权大小，遂至枉尺直寻，其末流之弊，乃有不可胜言矣。

张解：事无大小，惟理是视。若计较于大小之间，则有苟成急就之心，便是利根，必至害道。其弊也，有托为"所屈者小，所伸者大"，如陈代"枉尺直寻"之说，谓功利为可徼，谓礼义为可弃，其病不可胜言矣。原其初心，止为计较大小，冒然为之，遂至于此，最宜深省。

茅注：此言事无大小，皆不可以有忽也。

[集评]

朱子曰：吴氏谓子夏"小德出入可也"之言，不能无弊。盖学者一以小失为无害而为之，则于大节必将有枉寻而直尺者矣。(《茅注》)

张习孔曰：正其谊，不谋其利，此病可袪。

樱田虎门曰：事有大小，而理无大小。故学者凡于天下之事，无大无小，只当务尽道理。今专较其大小，则是其心必为忽于小而急于大，惟事之视或遗于义。故其流必至于枉尺直寻也。但事理不能两全者，亦不可不权其轻重，乃所谓权者也。然亦唯视乎理之轻重云尔。至于事之大小，则未必较也。

25. [一]小人、小丈夫，不合小了，他本不是恶。[1]

[集校]

[一]《张解》本有"伊川曰"三字。此条今见《河南程氏遗书》卷六。

[集注]

[1] 叶解：性无不善，而局于气质，汩于利欲者，自小之耳。

张解：均是人也，廓然与天地同其体，何以谓之"小人、小丈夫"？彼自小之耳，局于气质，汩于利欲，所以堂堂七尺之身，自安于小而不之惜，夫岂其性恶哉？孟子曰"从其大体为大人，从其小体为小人"，此之谓也。

李解：或曰："小人硁硁者也，小丈夫悻悻者也。岂若金壬妾妇之比哉？"此说亦通。

茅注：旧本并于"他"字句绝，非。不宜如此而如此，曰"不合"，今俗语有之。

价解：天之所以命人者，至善无恶。充以学问，皆可为大人，皆可为大丈夫。拘于气禀，蔽于物欲，自小之耳，非性之本恶也。

郑晔曰："他"指小人、小丈夫言也。

[集评]

茅星来曰：程子亦只据《孟子》"尹士章"所谓"小人"、"小丈夫"而论之耳。小，谓识量之浅狭也。盖尹士但未闻君子之大道，故据所见言之如此。其心固无他也，故云"他本不是恶"。若淳于髡、陈贾之徒有意作恶，自不得与尹士同科矣。愚按，此条说者皆作泛论，理甚难通。如《大学》"小人闲居为不善，无所不至"，岂得谓之不是恶？且又何以必与小丈夫并论耶？学者特习而不察耳。

樱田虎门曰：小人对君子言，是泛说。小丈夫对大丈夫言，专以局量言，其实亦无两义。

26. [一]虽公天下事，若用私意为之，便是私。[1]

[集校]

[一]《张解》本有"伊川曰"三字。此条今见《河南程氏遗书》卷五。

[集注]

[1] 叶解：事虽出于公而以私意为之，即是私也。故学者以正心为本，论人者必察其心，不徒考其事。

张解：此辨公私于心术之微也。事虽是公，而所以为之之意则私，这便是私。所谓有所为而为之者，皆利也。圣门于假仁假义者，辨而斥之，其论观人，则曰察其所安，故学者当正心也。

茅注：熊氏曰："如见人饥寒与之衣食，稍有要誉之心，即私矣。"

[集评]

朱子曰：将天下正大底道理去处置事，便公；以自家私意去处之，便私。
（《语类》卷十三）

张习孔曰：公天下事，只见天下也。私者，既见天下，又见己也。

张绍价曰：如桓文尊周攘夷，固是公。然只借以取威定霸，便是私。凡
事皆然，宜时时省察，时时克治。

27. ［一］做官夺人志。[1]［二］

[集校]

［一］《张解》本有"伊川曰"三字。

［二］卷十五，伊川语。（《冯记》）此条今见《河南程氏遗书》卷十五《入
闽语录》。

[集注]

［1］叶解：仕而志于富贵者，固不必言。或驰骛乎是非予夺之境，而此
志动于喜怒爱恶之私；或经营于建功立业之间，而此志陷于计度区画之巧。
德未成而从政者，未有不夺其志，学者所当深省也。

张解：此为德未成者言也。若理义素明，操持素定，学优而仕，当为则
为，不为利疚，不为害沮，随位尊卑，皆可行志，孰得而夺之？如可夺，则亦不
得谓之志矣。

李解：问："仕宦夺人志。或言为富贵所移也，愚意以为不特言此。但
才仕宦，则于滞碍处，有随时区处之意，浸浸遂入于徇俗之域，与初间立心各
别。不知程子意果出于此否？又不知人未免此病而仕宦，又何以救之？"朱
子曰："夺志之说是也。若欲救此，但当随事省察而审其轻重耳。然几微之
间，大须著精彩也。"

[集评]

张习孔曰：此与科举坏人心术一意。做三代盛时官，便不夺人志。呜
呼，是谁之过与！

张绍价曰：士方贫贱，亦自立志皎然。一入仕途，便有祸福、荣辱、得
失、毁誉之念，介其意中，遂不免刓方为圆，随俗苟且，故"做官夺人志"。

28. ［一］骄是气盈，吝是气歉。[1]［二］人若吝时，于财上亦不
足，于事上亦不足，凡百事皆［三］不足，必有歉歉之色也［四］。[2]

[集校]

[一]《张解》本有"伊川曰"三字。

[二]此条今见《河南程氏遗书》卷十八《刘元承手编》,下同,"人"上有"曰:吝何如是?曰:……是一事。且"数句。

[三]《张传》本无"皆"字。

[四]吕本"色"下有"也"字。(《茅注》、《异同考》)"也",叶无此字。(《冯记》)一无"也"字。(朝刊《近思录》)按,"色"下,《张解》本、《叶解》四库抄本、《茅注》本无"也"字。

[集注]

[1]李解:朱子曰:"骄吝虽有盈歉之殊,然其势常相因。盖骄者吝之枝叶,吝者骄之根本,故常验之天下之人,未有骄而不吝、吝而未骄者也。"

[2]叶解:骄,矜夸。吝,鄙啬也。骄气盈者,常觉其有馀。吝气歉者,常觉其不足。惟君子所志者道,故无时而盈,亦无所不足。

张解:此言吝与骄同病,学者不可不儆也。盖骄者矜夸,故为气盈;吝者鄙啬,故为气歉。惟其气歉,是以常见不足。于财如是,于事亦如是,终身有歉歉之色,而无至大至刚、心广体胖气象,故骄吝皆学问之累。而吝者骄之本根,人当善养浩然之气,使其气常充,则自无此病也。

茅注:上"骄"、"吝"并言,下但就"吝"言之者。

江注:朱子曰:"吝之所有,乃骄之所恃也。故骄而不吝无以保其骄,吝而不骄无所用其吝。此盈于虚者,所以必歉于实;而歉于实者,所以必盈于虚也。"问:"气之盈歉,如何?"曰:"骄吝是一般病,骄是放出底吝,吝是不放出底骄。如人病寒热,攻注上则头目痛,攻注下则腰腹痛,热发在外似骄,寒包缩在内似吝。"

[集评]

先生云:一学者来问:"伊川云:'骄是气盈,吝是气歉。'歉则不盈,盈则不歉。如何却云'使骄且吝'?"试商量看。伯丰对曰:盈是加于人处,歉是存于己者。粗而喻之,如勇于为非,则怯所迁善。明于则人,则暗于恕己,同是一个病根。先生曰:如人晓些文义,吝惜不肯与人说,便是要去骄人。非骄,无所用其吝;非吝,则无以为骄。(《语类》卷三十五)

茅星来曰:按,《遗书》则"人若吝时"以下,乃程子因或人以"吝何如则是"为问而复告之如此,亦以言吝而骄可知也。吝者,百事皆不足,必有歉歉之色;则骄者百事皆有馀,必有盈盈之状。程子所以不别言也。朱子曰:"骄者吝之所发,吝者骄之所藏。如理本天下之公,必吝惜而不以告人者,盖恐为人所同得,则我便无以骄于人,故必私之于己,使独自有之。货财亦然,惟其欲骄所以吝也。"愚按,程子分二病言之,朱子则谓骄生于吝,其势相因。盖人固有骄而未必吝,吝而未必骄者,亦有骄而且吝者。程子就其分者言之,故有气盈、气歉之别。朱子以其合者言之,则谓骄生于吝。必兼此二说,而其义始为完备。

张绍价曰:骄是傲人所无,务为矜夸,故其气常盈。吝是私己所有,巧自闭藏,故其气常歉。骄吝虽有盈歉之殊,而皆起于自私之一念。惟勇于克己,以善公诸天下,则自无二者之病矣。人若吝时,于财必鄙啬,于事必退缩。凡事皆不足,有歉歉之色,必无浩然刚大之气也。

29.　[一]未知道者如醉人,方其醉时,无所不至;及其醒也,莫不愧耻。人之未知学者,自视以为无阙,及既知学,反思前日所为,则骇且惧矣。[1][二]

[集校]

[一]《张解》本有"伊川曰"三字。

[二]以上并伊川语。(《茅注》)同上,以上皆伊川语。(《冯记》)

[集注]

[1]张解:人不学,不知道。道者,是是非非,一毫不容走作。世上胡行乱走,只缘于道理上不明白,如人方醉,何事不为,醒则自愧耻矣。人未曾学,昏昏瞆瞆,自以为是,亦犹麯蘖之薰心也。既学之后,灼见义理,回思前日所为,大是错谬,岂不自为骇惧,又何异醉梦中蘧然一觉乎? 若终于不学,毕生沉湎,成悖而颠,己不自骇而人骇之,己不自惧而人惧之,则亦妄人也已矣。

李解:骇,所以戒已往。惧,所以警将来。

茅注:自视以为无缺,犹醉之无所不至也。既学而知,骇且惧,犹醒时之愧耻也。

[集评]

朱子曰:今人未有所见时,直情做去,都不见得。一有所见,始觉所为多有可寒心处。(《语类》卷十三)

张习孔曰:有进益,人方能为此语。今之骇惧者亦鲜矣,其学可知也。

张绍价曰:人之未知道、未知学者,昏迷于利欲。如人方醉时,颠倒错乱,无所不至,而自视以为无缺。及其知道知学,则如醉者之醒,愧耻之心生,而骇且惧矣。然则人之为不善者,不必深责也。亦教之以道,教之以学,则彼自知悔悟,而改其前日所为矣。

30. 邢七[一]云:"一日三点检[二]。"明道先生[三]曰:"可哀也哉!其馀时理会甚事?盖仿三省之说错了,可见不曾用功。"[1]又多逐人面上说一般话。明道责之。邢曰:"无可说。"明道曰:"无可说,便不得不说。"[2][四]

[集校]

[一]"恕",吕本作"七"。(《茅注》)"七",叶改"恕"。(《冯记》)吕本"恕"作"七"。(《异同考》)按,"七",《张传》本、《张解》本、《叶解》四库抄本、《茅注》本作"恕"。

[二]"点检",江误倒。(《冯记》)按,《江注》本及其四库抄本作"检点"。

[三]"先生",叶无此二字。(《冯记》)按,《张解》本、《叶解》四库抄本、《茅注》本无"先生"二字。"明道先生",《传闻杂记》为"伯淳",本条中下两处"明道",亦作"伯淳"。

[四]此条见《外书》。谢上蔡语录列《遗书》,误。(《茅注》)见《外书》卷十二。(《冯记》)按,此条今见《河南程氏外书》卷十二《传闻杂记》。陈荣捷云:"今见《外书》卷十二,页六上下。《遗书》卷三,页三上,有十馀字,意同。"(《陈论》)

[集注]

[1]茅注:曾子日以三事自省,恕误以为三次点检,故程子警之。

[2]杨注:以上《遗书》。

叶解:曾子三省,谓日以三事自省。邢仿其言乃云"一日三次点检"。

张传:无可说者,自欺而不见其过也。不得不说者,欲其自知而自讼之也。

张解:曾子三省之学,非是一日只省三事,其馀都不点检。正于"终日乾乾"中,猛见得切身要务,尤无时无处不宜用其心。今邢恕泥着三字,仿其意而为之说曰"一日三点检",又不言所点检者何事。明道以为可哀,哀其放肆之时多,修省之时少也,故曰"馀时理会甚事"。盖袭古人之唾馀,实于古人之意看错。可见自己不曾踏实用功,若曾用功过来,便知此身那一刻可放松,那一件不要理会,安得只云一日三次,又好向人面前说一般大话,真若勤学不倦者。明道责之之意,尚欲其返己体认,引伸其说也。乃含糊答应,谓"无可说",详不置辨,心还执拗。明道谓"无可说,便不得不说"者,犹言即此三字便不得不为之辨正也,其裁抑之之意深矣。

李解:曾子以事言,邢恕乃以时言。明道所以责之也。

茅注:"便不得不说",言既无可说则亦不必说矣,便如此"不得不说"乎? 乃诘问之辞。此二者皆心不存之故也。心存则随时省察,随事体验,语默动静,皆不敢苟,故无二者之失。

[集评]

陈埴曰:此学人言语,不知如见肺肝。一日三点检,闲时何处去? 此语与"三省"言语霄壤异。

张习孔曰:恕之行事,布在奸臣传者不可胜举。此其未得志时之言也,先生已能察其微,诚不可掩尔。

管赞程曰:自"君子敬义直内"至此为一章,细辨其过小大,而搜寻其病原也。

张绍价曰:君子之治身心,审辨于理欲公私之界,时时省察,无时无处,不用其力,方可以迁善改过。刑恕谓一日三次点检。其馀更理会何事? 盖误仿曾子"三省"之说,而未尝实用其功也。学无心得,逐人面上人云亦云,而在己则实无可说,可哀也哉!

又曰:自"治水天下之大任"至此为一段,引程子之言,详论理欲公私之辨,示人以改过修德之方,在于知道知学,以点检身心,实用其功。

31. 横渠先生曰:[一]学者捨礼义,则饱食终日,无所猷为,与下民一致,所事不逾衣食之间、燕游之乐尔。[1]

[集校]

[一]《张解》本无"先生"二字。此条今见《正蒙·中正篇第八》,无"横渠先生曰"五字。

[集注]

[1]杨注:《正蒙》。

张解:礼义者,生人之根本,猷为所从出也。民不知学,不得以猷为之事责之,则亦姑置勿论可也。既为学者,便当为上等之人,乃亦舍礼义而不讲,徒饱食以终日,所谋何猷? 所为何事? 衣冠士类竟与下民一般,其所事只是衣食,则志趣可厌,其所乐只是燕游,则品地可知,未足与议也。

茅注:乐,音洛。猷为,谋猷作为也。下民,凡不知学者皆是,所谓民,斯为下者也。

［集评］

茅星来曰：学者当以礼义为根本，而后考之经史以究其蕴，反之吾身与心以尽其实，则知日以精，行日以笃，自可渐进于圣贤之域。不然，则读书作文皆以益其放而已，又何必所事不逾衣食燕乐间，然后为与下民一致乎？

张绍价曰：君子以义制事，以礼制心。理胜则欲自寡，何暇役志于衣食燕游？若舍礼义而饱食终日，无所谋猷作为，逐逐于衣食，役役于燕游，仁义之良心，尽销铄于流连醉饱之馀。民斯为下，何足与言学哉？

32.［一］郑、卫之音悲哀，令人意思留连，又生怠惰之意，从而致骄淫之心，虽珍玩奇货，其始感［二］人也，亦不如是切，从而生无限嗜好，故孔子曰必放之。亦是圣人经历过，但圣人能不为物所移耳。[1]

［集校］

［一］《张解》本有"横渠曰"三字。此条今见《拾遗·近思录拾遗》，下同。

［二］"感"，叶本作"惑"。(《茅注》)今见《拾遗》。"感"，叶改"惑"。(《冯记》) 感 人"，叶、江本作"惑"。(《考异》)吕本"惑"作"感"。(《异同考》)"感"，一作"惑"。(朝刊《近思录》)按，"感"，《张解》本、《叶解》四库抄本、《江注》本作"惑"。

［集注］

[1] 杨注：《横渠礼乐说》。

张解：欲人戒溺音以养聪而绝嗜也。盖声音之移人至易，而人心之不惑恒难。郑卫之音靡曼淫泆、节调悲哀，人一听之，心与音逐，则渐就懈弛，因之纵逸不检，其受惑也甚于珍玩奇货。彼以目接，固足丧志，此以耳受，尤足移心。凡百嗜好，从此牵援矣。所以孔子必放而绝之，亦由入耳感心，深见其然。但圣人主宰定，自能不移耳，否则灭天理而穷人欲，其究有不胜言者。君子姦声乱色不留聪明，良有以哉？此下二条《集解》阙，今照原编补。

李解：思、好，并去声。始于增悲，终于导欲，此圣人所以防之也。"经历过"者，穷理之功，不为物所移者，心安于正之效。

茅注："意思留连"三句，总极言郑卫之音惑人之切也。

［集评］

张习孔曰：圣人之放郑声，以其淫耳，恐非悲哀之谓。圣人经历过，此诚体会之语。

东正纯曰：郑声淫，只是浸淫，不止女色。故曰悲哀，曰留连，曰怠惰。而悲哀也，留连也，怠惰也，女色居多，犹是戒之在色。不止女色，而女色太甚矣。

33.　[一]孟子言反经[二]特于乡原之后者，以乡原大者不先立，心中初无怍[三]，惟是左右看，顺人情，不欲违，一生如此。[1]

[**集校**]

[一] 以上并横渠语。（《茅注》）按，《张解》本有"横渠曰"三字。

[二] "经者"，叶无"者"字。（《冯记》）"反经"下，叶、吕本有"者"字。（《考异》）"反经特于乡原"，《遗书》本"经"下有"者"字。（《异同考》）按，"经"下，吴邦模本、《江注》四库抄本、朝刊《近思录》本有"者"字。《拾遗·近思录拾遗》有"者"字。《孟子》原文无"者"字。

[三] "怍"，一作"作"。（《李解》）"作"，吕本作"怍"，一作"主"。（《茅注》）"怍"，叶误"作"，江改"主"。（《冯记》）心中初无主："孟子言反经"条，○ 洪本"主"误"怍"。（《王记》）"无作"，江本作"主"。（《考异》）"心中初无作"，《遗书》本"作"作"怍"；家塾本"作"下注："一作怍"；别本"作"作"主"。（《异同考》）"怍"，一作"主"。（朝刊《近思录》）按，"怍"，《叶解》元刻本、吴邦模刻本、《张解》本、《茅注》本作"作"，《叶解》四库抄本、《价解》本作"主"，《江注》本作"忤"，《江注》四库抄本作"怍"。佐藤一斋认为：据孟子，乡愿谤狂猥，自以为是，则知"无怍"是心中无所怍，非"无所主"；作"怍"似是。

[**集注**]

[1] 杨注：《横渠孟子说》。伯峀曰：乡原，乡里所谓愿人也。《荀子》"愿悫"，字皆读作"愿"。孔子以其似德而非德，故谓"德之贼"。孟子曰："阉然媚于世者，是乡原也。"阉，如奄人之奄，闭藏之意也。言此深自闭藏，以求亲媚于世也。反，复也；经，常也，万世不易之常道也。兴，兴起于善也。又据孟子曰：君子反经而已矣。经正，则庶民兴，庶民兴，斯无邪慝矣。

叶解：是是非非，必有定理，而好善恶恶，必有定见。今乡原浮沉俯仰，无所可否。盖其义理不立，中无所主，惟务悦人，以是终身，乃乱常之尤者。君子反经，复其常道，则是非昭然，而乡原伪言伪行，不得以惑之矣。

张传："经"字，即是忠信廉洁。乡原病根在一"似"字。反经者，反其真也。真忠信，真廉洁，立于此，似者焉廋？故孟子言反经于乡原之后。

张解：此孟子特揭以警世，而张子欲人知所自立也。

李解：朱子曰："读书则实究其理，行己则实践其迹。念念向前，不轻自恕，则在我者虽甚孤高，然与他人元无干预，亦何必私忧过计而陷于同流合污之地乎！"

茅注：先立乎其大者，见《孟子》。初无作，言其随人俯仰，心中初未尝有所作为也。

[集评]

朱子曰：乡原是个无骨肋底人，东倒西擂，东边去取奉人，西边去周全人，看人眉头眼尾，周遮掩蔽，惟恐伤触了人。"君子反经而已矣"，所谓"反经"，去其不善，为其善者而已。（《语类》卷六十一）

管赞程曰：自"横渠先生"至此为一章，皆论常人易犯之过，为士者必先去此，然后可以学道。

张绍价曰：乡原，非之无举，刺之无刺，无过可摘，居似忠信，行似廉洁，似德非德，而反乱乎德，故孔子以为"德之贼"。大者不立，顺人情，不欲违，必不能规人之过，必不能喜闻过以修德积善。此回应首二节之意。乡原邪慝之尤，吾道之异端，为害最甚，此以起下卷之意。价按，横渠先生之言，自为一段，前二节以理欲言，末节以公私言。乡原私己之甚者，君子反经，而后大公无私之道出焉。学者知此，明礼义、放淫声，反常道、恶乡原。道心为主，人心听命，则过可改、德可修，而不至失道以丧败矣。

34. 世学不讲，男女从幼便骄惰坏了，到长益凶很[一]，只为未尝为子弟之事，则于其亲已有物我，不肯屈下，病根常在。[1][二]

[集校]

[一] 按，"很"据卷之五第41条当作"狠"。

[二]《杨注》宋刻本此条与其卷五第41条前面一段文字同，恐杨伯峱衍注时剪辑于此，单列为一条。《叶解》元刻本、吴邦模刻本、《张传》本、《张解》本、《茅注》本、《江注》本及其四库抄本、《集说》本、《价解》本无此条。此条今见《经学理窟·学大原上》。

[集注]

[1] 杨注：《语录》。

《近思录》卷之十三
凡一十四条

辨　异　端

[集评]

真西山曰：百家之说，惟老氏所该者众。……老子，众异端之源也。愚谓，佛者，弃君父、违家国，而逃之灵山也。……佛，又众异端之薮也。夫异者一端，浅夫且犹惑焉，况集众异端而为一异端！是宜乎聪明之士，皆沉溺于空寂之说，而颛愚之众，又咸奔走于福利之途也。周、程、张、朱，盖深惧之悯之，而深揭夫性命之理以示人，夫岂得已欤！（《汪读》）

叶采曰：此卷辨异端。盖君子之学虽已至，然异端之辨尤不可以不明，苟于此有毫厘之未辨，则贻害于人心者甚矣。

施璜曰：正学既明，则异端不可以不辨。不辨，则邪说横流，坏人心术，甚于洪水猛兽之灾。辨，则可以熄邪说，而正人心。士君子生于斯世，以扶正道为己任者，宜辨之，弗明弗措也。盖异端非圣人之道而别为一端，其始不过毫厘之差，其终奚啻千里之谬。熊澧川先生曰：吾儒存的是一点天真，异端存的是一种妄念；吾儒养的是一团义理，异端养的是一个精魂。或明畔吾道，显与为敌；或阴乱吾实，阳窃其名。岂可不与之深辨而纵其惑世诬民哉？况乎佛、老之学，弥近理而大乱真，甚相似而绝不同。弥近理者，托乎理；大乱真者，全是欲。将戒慎恐惧之心渐灭殆尽。苟非物格知至理明义精者，安能与之较是非计得失乎？故君子做居敬穷理工夫既久，则视异端妖妄之说陷溺人心，真是正路之蓁芜，圣门之闭塞，必辟之而后可以入道也。朱子曰："邪说惑众，人人得而攻之，不必圣贤，犹《春秋》之法，乱臣贼子，人人得而诛之，不必士师。"故此卷所辑九先生之语，词严义正，辨之极力，《孟子》曰："予岂好辨哉？予不得已也！"学者宜深体焉。

茅星来曰：此下二卷亦致知格物之事，即程子所谓"论古今人物，别其是非"是也。异端，凡非圣人之道，而别为一端者皆是。而释氏惑世为深，故辨之独详。老氏次之，神仙又次之。凡一十四条。

张绍价曰：朱子曰"此卷异端之学"。价按，此卷以佛、老之言近理，惑世之害尤甚为主。以儒者潜心正道，不容有差，本领不是，一齐差却，为总旨。以心性、心迹、心气、天人、有无为分意。体似立纲，首二节为一篇纲领，下分二段以发明之。

钱穆曰：所谓辨异端，非不致意于异端之学，乃从异端中阐明出正道来。……（四子）皆是辨异端以归于正道也。（《随劄》）

泽田希曰：朱子："异端非圣人之道，而别为一端也。"荀子曰："仁者爱人，故恶人之害之也；义者循理，故恶人之乱之也。"夫君子之道不外乎仁义，而异端之术惑世诬民，充塞仁义，率兽食人，此君子之所以深恶而痛绝也。然己之学未至，则欲力辨异端而无其则矣，在彼无损，在己无益，犹不治腹心之疾而徒忧疮痍，终无补于养生也。此书前之诸篇论在己之道既备矣，故至于此叙以是篇。孟子曰："杨、墨之道不息，孔子之道不明。"程子曰："佛、老之害甚于杨、墨，而今为害亦莫甚于佛氏。学者不志于道则已，苟志于此，则固不可不明辨而深斥焉。"然而辟之之道，直撞其巢窟，碎其头脑可矣。世儒多不达，其排佛教唯止皮肤，言论文末，或却为彼所屈，箝口龁舌，何其陋哉！学者熟读此篇，深试细推，则庶乎得其要矣。子朱子此篇之纂辑有大补于学哉！

1. 明道先生曰：[一]杨、墨之害，甚于申、韩。佛、老之害，甚于杨、墨。[1]杨氏为我，疑于仁[2]；墨氏兼爱，疑于义[3]。[二]申、韩则浅陋易见。故孟子只辟杨、墨，为其惑世之甚也。[4]佛、老其言近理，又非杨、墨之比，此所以为害[三]尤甚。[5]杨、墨之害，亦经孟子辟之，所以廓如也。[6]

[集校]

[一]《张解》本无"先生"二字。此条今见《河南程氏遗书》卷十三《亥八月见先生于洛所闻》，无"明道先生曰"五字。

[二]"义"叶本作"仁"，"仁"叶本作"义"。今按，《遗书》与叶本同。但《入关语录》又以为我是义，兼爱是仁，则互易亦未为不可也。且于义较胜，故定从吕本。（《茅注》）"杨氏"二句：《孟子集注》及《语类》俱同此，叶与《遗书》"仁"、"义"二字互易。（《冯记》）"为我疑于仁"，《遗书》本作"疑于

义";"兼爱疑于义",《遗书》本作"疑于仁"。家塾本"仁"下注"一作义"，
"义"下注"一作仁"。（《异同考》）按，"疑于仁"之"仁"，《张传》本、《茅注》
本、《江注》本及其四库抄本、朝刊《近思录》本作"义"；"疑于义"之"义"，
《张传》本、《茅注》本、《江注》本及其四库抄本、朝刊《近思录》本作"仁"。
清代张伯行认为"一本作'为我疑于义，兼爱疑于仁'，谓杨朱一身之外截然
弗恤，疑于义而不知有致身之义，则非义矣；墨翟无所不爱，疑于仁而爱无差
等，视至亲无异众人，则非仁矣。语势更顺。"（《张解》）而同时期的茅星来
云："《入关语录》又以为我是'义'，兼爱是'仁'，则互易亦未为不可也，且于
义较胜，故定从吕本。"（《茅注》）《孟子注》，义属杨，仁属墨。此则反之，恐有
误。（《星湖书》）佐藤一斋曰："《全书》及《孟子注》并作'杨氏为我疑于义，墨
子兼爱疑于仁'，是也。"（《栏外书》）

　　［三］"为害"，江误"其惑"。（《冯记》）《遗书》、《集解》阴本、洪本同，
王、吴本"为害"作"其惑"。（《王记》）按，"为害"，《江注》本及其四库抄本、
《江注》重刻本中，王鼎校次本、吴棠刻本作"其惑"。

［集注］

　　［1］叶解：杨朱、墨翟，详见《孟子》。申不害者，郑人，以刑名干韩昭
侯，昭侯用以为相。韩非，韩之诸公子，善刑名法术之学。佛者，本西域之胡
（按，"胡"《四库》抄本作"人"），为寂灭之学，自汉以来，其说始入中国。老者，
周柱下史老聃也，其书言清净无为之道。

　　张解：此言世变愈甚，邪说愈横，不得不辞而辟之也。杨，杨朱。墨，墨
翟。……周衰以来，圣学榛芜，异端蜂起，皆足以诬世惑民。然论其害，则有
甚不甚之殊。盖至佛老而虚夸诡谲之情、险巧儇浮之态，虽服衣冠、通今古
者，亦受其簧惑而莫之悟也已。

　　李解：是皆异端，而其害有浅深焉。

　　茅注：申不害，……著书二篇曰《申子》。韩非者，……非见韩削弱，数
以书谏韩王，不能用，作《孤愤》、《五蠹》、《内外储》、《说林》、《说难》十馀万
言。秦王见其书，悦之，会秦攻韩急，王遣非入秦，以李斯毁，下吏，斯使人遗
之药，使自杀。申韩之学并本于黄老而主刑名法术。佛者，本天竺迦维卫国
净饭王太子，出家学道。谓之佛者，华言觉也，将以觉悟群生也。没后，弟子
大迦叶与阿难纂述其言成书。自汉以来，其说始入中国。老子者，楚苦县
人，李氏，名耳字伯阳，一字聃，周守藏室之史也。后见周衰，西出函关隐去，
关尹喜强之著书，因为言道德之意五千馀言而去，莫知其所终。以其生即白
首，因号"老子"，或云以其年老著书，故号其书曰《老子》。前说近是。

[2] 李解：一作"义"。

[3] 李解：一作"仁"。

[4] 叶解：杨氏为我，可谓自私而不仁矣，然而犹疑似于无欲之仁。墨氏兼爱，可谓泛滥而无义矣，然犹疑似于无私之义，故足以惑人也。若申、韩之刑名功利，浅陋而易见，故孟子但辟杨、墨，恐其为人心之害，而申、韩不足辟也。

张解：此申言杨、墨之害也。为我，疑似于无欲之仁，其实是自私而不仁；兼爱，疑似于无私之义，其实是泛滥而不义。盖非仁非义者易明，疑仁疑义者易惑，不有以辟之，恐为人心之害而流入于禽兽，此孟子所以昌言排之也。若申不害、韩非之徒，不过藉刑名法术以弋爵禄、取功利耳，浅陋易见，不足辟也。

李解：为、易，并去声。为我者，近似于洁身之义；兼爱者，近似于济物之仁。若申、韩则止言功利，所以浅陋也。

茅注：易，音异。义有分辨意，为我似之；仁有一体意，兼爱似之。仁义，道也。杨、墨于道近似，故其惑世为甚。此明上文"杨、墨之害，甚于申、韩"之意。

[5] 李解：佛氏专言心性，故最近于理，然大乱乎真，所以为害尤甚也。朱子曰："今释氏亦有两般。禅学，杨朱也，苦行布施，墨翟也。道士则全是假，今无说可辟。"

茅注：金仁山曰："佛氏寂灭类杨，而禅定立脱之说过之；慈悲普施类墨，而平等无生之说过之。盖兼无父无君之教，而资率兽食人之祸者，所以其害为尤甚。"此明上文"佛、老之害，甚于杨、墨"之意。

[6] 杨注：《遗书》，下同。

叶解：佛氏言心性，老氏谈道德，皆近于理，又非杨、墨之比，故其为人心之害尤甚。扬子云曰："古者杨、墨塞路，孟子辞而辟之，廓如也。"朱子曰："杨朱即老聃弟子。孟子辟杨、墨，则老、庄在其中矣。"

张传：杨、墨之道，孟子一辟，遂熄。而佛、老之教，延续至今，则后人无孟子之力可知也。然当日天下之言，不归杨则归墨，而孟子之说孤行无助。今则圣道昌明，二氏不能为之掩，则亦韩、欧诸子之力与！

张解：此申言佛、老之害也。佛、老把人伦物理灭迹扫尽，言愈近理而愈乱真。盖佛言心性，老谈道德，若与吾儒相似。然佛氏只以空寂为心性，而不知仁义礼智信为心性之所固有；老氏只以虚无为道德，而不从日用所当行处体察其所以然，则言心性适害心性，言道德适害道德。昔之惑人也，乘其迷暗;今之惑人也,因其高明。

　　李解:杨、墨之害,经孟子之辟而郭如。若佛氏则自列御寇有西方圣人之称,至汉明之世而传其书,至神光之徒而传其学,程子之辟之也,岂得已哉!朱子曰:"庄老绝灭未尽,至佛则人伦灭尽,至释则义理灭尽,要其实一耳。盖害未有不由浅而深者。"

　　茅注:"廓如"句,见《法言·吾子》篇。此又就杨、墨而言,以见不可不辟之意。朱子曰:"释氏只《四十二章经》是古书,馀皆中国文士润色成之。《维摩经》亦南北时作,宋景文《唐书赞》说佛多是华人之谲诞者,攘庄、列之说佐其高,却被他捉得正赃。列子说耳、目、口、鼻、心、体处有六件,佛家便有六根,又三之为十八戒。初间只有《四十二章经》,到东晋便有谈议,后来谈议厌了,达摩遂脱然不立文字,只是默然端坐,便心静见理。道家之书,只《老子》、《庄》、《列》及丹经而已。丹经如《参同契》之类,然已非老氏之学。《清净》、《消灾》二经,皆摹学释氏而误者。《度人经》、《生神章》皆杜光庭撰,最鄙俚是《北斗经》。苏子瞻作《储祥宫记》,说后世道者皆是方士之流,其说得之。"王伯厚曰:"傅奕排释氏,谓中国幻夫模象庄、老,以文饰之。"宋景文作《李蔚传赞》,亦云华人之谲诞者,攘庄周、列御寇之说佐其高。然则释氏用老、庄之说也,非老、庄与释氏合也。朱子谓佛家窃老子好处,道家窃佛家不好处。姚崇诫子孙以谓"道士本以玄牝为宗,而无识者慕僧家之有利,约佛教而为业"。斯言当矣。胡致堂谓经论科仪依仿佛氏而不及者,自杜光庭为之,考诸姚崇之言则非始于光庭也。

[集评]

　　朱子曰:杨朱,学为义者也,而偏于为我;墨翟,学为仁者也,而流于兼爱。本其设心岂可邪哉?皆以善而为之耳。特于本原之际,微有毫厘之差,是以孟子推言其祸,以为无父无君而陷于禽兽,辞而辟之,不少假借。孟子亦岂不原其情,而过为是刻核之论哉?诚以其贼天理、害人心于几微之间,使人陷溺而不自知,非若刑名狙诈之术,其祸浅切而易见也。是以拔本塞源,不得不如是之力。(《文集》卷三十)

　　问:墨氏兼爱疑于仁,此易见;杨氏为我,何以疑于义?曰:杨朱看来不似义,他全是老子之学,只是个逍遥物外,仅足其身,不屑世务之人。只是他自要其身,界限齐整,不相侵越,微似义耳,然终不似也。(《语类》卷五十五)

　　朱子曰:"老子只是要长生,其病易见。释氏于天理大本处,见得些分数,然却认为己有而以生为寄。故要见得父母未生时面目,既见,便不认作众人公共底,须要见得为己有,死后亦不失。故黄蘗有偈与其母云'先曾寄

宿此婆家'，以父母之身为寄宿处。其无情义绝灭天理可知。"（《茅注》）

胡氏曰：圣贤待异端极严，真如待贼相似。盖异端害道如莠之乱苗，其害大而深。功利害道如众草乱苗，其害小而浅。（《李解》）

又曰：杨、墨无父无君，老、佛人伦物理灭尽，非杨、墨比也。老氏谈道德，然以虚无玄妙为道德，适以灭其道德。佛氏言心性，然以寂静空豁为心性，适以灭其心性。老氏虽虚无，然亦终不奈这道理实有何，故灭不尽。禅家索性打空，只消一个空字，把天下道理灭迹殆尽。（同上）

王夫之曰：佛、老之初，皆立体而废用。用既废，则体亦无实。故其既也，体不立而一因乎用。庄生所谓"寓诸庸"、释氏所谓"行起解灭"是也。君子不废用以立体，则致曲有诚；诚立而用自行；逮其用也，左右逢原而皆其真体。故知先行后之说，非所敢信也。

刁包曰：浮屠、老聃，其学亦云精矣。彼亦何尝不言仁义礼智且信也。然而未得其道者，以其父子、君臣、夫妇之间有缺典故也，所以谓之异端。汉祖唐宗，其治亦云伟矣，彼亦何尝不行仁义礼智且信也。然而未得其道者，以其父子、君臣、夫妇之间有渐德故也，所以谓之杂霸。文清曰："三纲五常，为学为治之本。"余谓三纲又五常之本也。

张伯行曰：古者杨、墨塞路，孟子辞而辟之，廓如也。此扬子雲之所以赞孟子者，今独无孟子其人乎？圣道不终息，斯民有先觉，辨析精微，崇正辟邪，非程子之责而谁责哉！

张绍价曰：此二节杨、墨、佛、老之害，承上卷末节乡原之害。以佛、老之言近理，为害尤甚；学者潜心于道，不容有差，领起通篇。孔子言攻乎异端之害，而未尝实指其人。孟子距杨、墨，正人心，息邪说，而先圣之道赖以不坠。韩子谓"有功不在禹下"，非诬也。杨氏为我，其迹有似于义；墨氏兼爱，其迹有似于仁。申不害、韩非，以刑名法术干时主，取爵禄，浅陋易见。孟子斥杨、墨无父无君，比之禽兽，为其惑世之甚，非申、韩之比也。老子以虚无清净言道德，佛氏以妙明圆觉言心性，弥近理而大乱真，为害尤甚，非杨、墨之比也。

钱穆曰：个人自由近于杨，集体极权近于墨，所谓杨、墨之言盈天下，不之杨则之墨，天下分裂而为二。……宋明理学以辨佛、老为宗旨，其事难于孟子。然注意在精微处、高明处，而忽略了广大中庸处。于修齐方面多发明，于治平方面少创建，遂与汉唐儒若相歧趋。（《随劄》）

栗谷曰：佛氏之说有精有粗。粗者，不过以轮回报应之说广张罪福，诱胁愚迷，使之奔走供奉而已；其精者，则极论心性而认理为心，以心为万法之本,认心为性,以性为见闻作用,以寂灭为宗,以天地万物为幻妄,以出世为道,以秉彝人伦为桎梏,其用功之要,则不立文字直指人心,见性成佛。顿悟之后,方加渐修,若上根之人,则或有顿悟顿修者。……又有陆象山与朱子并世而生,挥斥致知之功,以为支繁失真,专用功于本心……佛氏之害如外寇之侵突,陆氏之害如奸臣之误国。此不可不知。

朴履坤曰:释、老其气象规模大概相似,而老氏之学尚自理会自家一个浑身,释氏则自家一个浑身都不管了。

2. 伊川先生曰:[一]儒者潜心正道,不容有差,其始甚微,其终则不可救。如"师也过,商也不及"。[1]于圣人中道,师只是过于厚些,商只是不及些。然而厚则渐至于兼爱,不及则便[二]至于为我,其过不及,同出于儒者,其末遂至杨、墨。[2]至如[三]杨、墨,亦未至于无父无君,孟子推之便至于此,盖其差必至于是也。[3]

[集校]

[一]《张解》本无"先生"二字。此条今见《河南程氏遗书》卷十七,"儒"上无"伊川先生曰"五字,有"大抵"二字。

[二]"便",《叶解》元刻本作"使"。

[三]"至于杨、墨",吕本"于"作"如"。(《异同考》)按,《张传》本无"至如"二字。"如",《张解》本、《李解》本、《叶解》四库抄本作"于"。

[集注]

[1]杨注:伯峟据晦翁曰:"子张才高意广,而好为苟难,故常过中。子夏笃信谨守,而规模狭隘,故常不及。"或问:"'师也过,商也不及',于何见之?"伯峟应之曰:"如子夏之门人问交于子张。子张曰:'子夏云何?'对曰:'子夏曰:可者与之,其不可者拒之。'子张曰:'异乎吾所闻。君子尊贤而容众,嘉善而矜不能。我之大贤与,于人何所不容? 我之不贤与,人将拒我,如之何其拒人也!'即二人之言而观其气象,其一迫狭,其一过高,师岂非过,商岂非不及乎?"

[2]江注:或问:"杨、墨学出于师、商,信乎?"朱子曰:"胡氏论之当矣。"

价解:儒者潜心正道,不容有差,有差者皆惑于异端近理之说,而误入歧途也。其始差以毫厘,其终谬以千里,虽有良师益友,不能挽救。圣人之道,中而已矣,过则失中,不及则未至。为我兼爱,皆非中道,其害至于无父无君,甚可畏也。

[3] 叶解:师,子张名。商,子夏名。子张才高志广,泛爱兼容,故常过乎中。子夏笃信自守,规模谨密,故常不及乎中。二子于道亦未远也。然师之过,其流必至于墨氏之兼爱。子夏之不及,其后传田子方,子方之后为庄周,是杨氏为我之学也。孟氏推杨、墨之极致,则兼爱者至于无父,盖爱其父亦同于路人,是无父也。为我者至于无君,盖自私其身而不知有上下,是无君也。

张传:苏子《荀卿论》,正得其情。

张解:此见正道不可有毫发之差,儒者当慎之于始也。始之不慎,所差不过甚微,而千里之缪有不可救正于终者。如圣门子张、子夏皆潜心正道之儒,即夫子评为过、不及,亦以中道律之,略有些子差耳。然由子张之才高意广,泛爱兼容,则渐至兼爱。由子夏之笃信谨守,规模狭隘,则便至为我。初为儒者,末流异端,可畏也。就是杨、墨之异端,尚窃疑仁疑义之说,岂敢蔑视君父大伦?而孟子穷兼爱之极致,必至以路人视其父;穷为我之极致,必至自私其身而不知有君,岂是苛论善乎?胡敬斋之言曰:"入头最怕差,将来无救处;下手又怕偏,将来偏到底。"故程子教人读《大学》,曰:"学者必由是而学焉,则庶乎其不差矣。"其教人读《中庸》,又曰:子思恐其久而差也。圣贤兢兢如此。

李解:朱子与汪圣锡书曰:"苏学邪正之辨,终未能无疑于心。杨朱学为义者也,而偏于为我;墨翟学为仁者也,而流于兼爱。本其设心,岂有邪哉?皆以善而为之耳,特于本原之际,微有毫厘之差。是以孟子推言其祸,以为无父无君而陷于禽兽,诚以其贼天理害人心于几微之间,使人陷溺而不自知,非若刑名徂诈之术,其祸浅而易见也。以此论之,今日之事,王氏仅足为申、韩、仪、衍,而苏氏学不正而言成文,又非杨、墨之比。愚恐孟子复生,则其取舍后先必将有在矣。"

茅注:为,去声。……此借子张、子夏以明不容有差之意。师之过,商之不及,所谓"其始甚微"也。兼爱为我,以至于无父无君,所谓"其终不可救"也。

江注:朱子曰:"杨朱但知爱身,而不复知有致身之义,故无君。墨子爱无差等,而视其至亲无异众人,故无父。"

陈注:程子之举师、商,只是取"过不及"三字,以明道之不容有差,一差则必至于杨、墨,似非论其源流也。

[集评]

敬之问：杨、墨。曰：杨、墨只是差了些子，其末流遂至于无父无君。盖杨氏见世间人营营于名利，埋没其身而不自知，故独洁其身以自高，如荷蒉、接舆之徒是也。然使人皆如此洁身而自为，则天下事教谁理会？此便是无君也。墨氏见世间人自私自利，不能及人，故欲兼天下之人人而尽爱之。然不知或有一患难，在君亲则当先救，在他人则后救之。若君亲与他人不分先后，则是待君亲犹他人也，便是无父。此二者之所以为禽兽也。（《语类》卷五十五）

朱子曰：杨、墨之说恐未然。杨氏之学出于老聃之书，墨子则晏子时已有其说。非二子之流弊也。（《茅注》）

朱子曰：程子论杨、墨之源流，考之有未精者。若曰"佛氏之害甚于杨、墨"，"儒者潜心正道，不容有差"，则皆至论也。（《江注》）

胡氏曰：杨朱即庄周所谓"杨子居"者，与老聃同时。墨翟又在杨朱之前，宗师大禹。而晏婴，学之者也，以为出于二子，则其考之不详，甚矣。（同上）

管赞程曰：自篇首至此为一章，以辟杨、墨之害。

张绍价曰：《论语集注》云："子张才高意广，而好为苟难，故常过中。"以此说格之，则程子过厚之说，似觉未当。

又曰：杨朱为我，纵欲也。有君则不得恣所欲为，必无君而后可纵其欲。今之变专制为共和，亦犹行朱之道耳。墨翟短丧薄葬，以三年之丧，为败男女之交；以失父母而号不止，为愚之至。其言至为悖谬。孟子斥二子无父无君，非过也。

钱穆曰：伊川此条，语更和平。故持论贵得其中，贵免于差，所谓是非仅在此。（《随劄》）

3. 明道先生曰[一]：道之外无物，物之外无道，是天地之间无适而非道也。即父子而父子在所亲，即君臣而君臣在所严，以至为夫妇、为长幼[二]、为朋友，无所为而非道，此道所以不可须臾离也。然则毁人伦、去四大者，其分[三]于道也远矣。[1][四]故"君子之于天下也，无适也，无莫也，义之与比"。[2]若有适有莫，则于道为有间，非天地之全也。[3]彼释氏之学，于"敬以直内"则有之矣，"义以方外"则未之有也。[4]故滞固者入于枯槁，疏通者归于恣肆，此佛之教所以为隘也。吾道则不然，率性而已。斯理也，圣人于《易》备言之。[5] 又曰[五]：佛有一个觉之理，可以"敬以直内"矣，然无"义以方外"，其直内者，要之其本亦不是。[6][六]

[集校]

　　[一]《张解》本无"先生"二字。此条今见《河南程氏遗书》卷四《游定夫所录》，无"明道先生曰"五字。

　　[二]《张传》本倒乙，作"为长幼、为夫妇"。

　　[三]"外于道"之"外"，吕本作"戾"。（《茅注》）"分"，叶作"外"。（《冯记》）"戾于道"，吕本作"分"，江本作"外"。（《考异》）"其外于道"，《遗书》本"外"作"分"；家塾本"外"作"戾"。（《异同考》）"分"一作"外"。（朝刊《近思录》）按，"分"，《叶解》元刻本、《张传》本、《李解》本作"戾"；《张解》本、《叶解》四库抄本、《茅注》本、《江注》本作"外"。笔者以为作"戾"，语意更足。

　　[四]自"故"始，以下文字，《张传》本另起一行单列刻印，似另作一条。

　　[五]"又云"以下，叶本大字，无"本注"字。（《茅注》）注，叶讹作大字。（《冯记》）"又曰"以下，吕本作小注。（《异同考》）按，"又曰"，吴邦模刻本、朝刊《近思录》本作"又云"，《茅注》本、《江注》本及其四库抄本作"本注：又云"。又按，此注文，《叶解》元刻本及其四库抄本、《茅注》本作大字。

　　[六]《张传》本，将第4条紧接其后刻印，未单列。

[集注]

　　[1] 叶解：物由道而形，故道外无物；道以物而具，故物外无道。人于天地间不能违物而独立，故无适而非道也。今释氏乃毁弃人伦，灭绝四大，其戾于道远矣。释氏以地、水、火、风为四大，谓四大幻假而成人身。寂灭幻根，断除一切。

　　张传：故有物必有则，此先生所谓道外无物、物外无道也。庶民去之，君子存之，人之异于禽兽者，辨诸此耳。

　　张解：此见顺理尽伦所以为儒，灭亲去己所以为释。儒、释之分，邪正之悬也。盖天下无性外之物，循其性而行之则为道，故道即器，器即道。形上在于形下之中，形下无非形上之理，天地间无适不然也。如父子、君臣、夫妇、长幼、朋友，皆所谓物；亲之严之之类，皆所谓道。欲须臾离之而有不可者。今释氏以……一切，则是毁弃人伦而不知有亲，屏去四大而不知有己。不知有亲，身于何来？不知有己，心于何存？身心俱灭，道于何寄？其外于道也,不亦远乎!

李解:长,上声。离,去声。父子君臣,物也。为亲为严,即道也。释氏乃欲毁除人伦,出家独善。四大,谓地、水、火、风,为血肉神气也。释氏又欲除去四大,以求真性,皆戾道之远者也。

茅注:《楞严经》:"身中坚相为地,润湿为水,暖触为火,动摇为风。"《圆觉经》谓:"发毛、爪齿、皮肉、筋骨、髓脑、垢色,皆归于地,唾涕、脓血、津液、涎沫、痰泪、精气、大小、便利,皆归于水,暖气归火,动转归风。"释氏谓四大幻假而成人身,故欲绝灭幻根,断除一切,其戾于道也,远矣!朱子曰:"释氏地、水、火、风,粗而言之,地便是体,水便是魄,风、火便是魂。"

价解:道不外日用伦常。《诗》曰:"天生蒸民,有物有则。"则即道也,物生于道,故道外无物。道寓于物,故物外无道。父子君臣夫妇长幼朋友,皆物也。亲义序别信之则,皆道也。天地之间,无适而非道,道所以不可须臾离也。佛氏毁人伦、去四大,以伦常为幻迹,以人身为幻身,欲一切灭绝而扫除之,离物而别求所谓道,其外于道也远矣。

[2]茅注:说见《论语》。此言儒者之道本如此也。

[3]叶解:适,可也。莫,不可也。比,从也。君子之于天下,无可无不可,惟义之从也。今释氏可以寂灭无为,而不可以察理应事,必欲断除外相,始见法性,非天地本然全体之性矣。

张解:夫天下原不能遗物独立,则自有知明处当的道理,不可以一毫私意与乎其间。故君子无意于可而必欲为,无意于不可而必欲不为。惟义所可,从而可之;义所不可,从而不可之耳。此君子无须臾之离道,而与道为无间者也。今释氏以寂灭为可,而以处事应物为不可,是以莫生适,心不比义,视道有空缺之处,而有所间断矣。岂知道无往而不在,现有色相,何能断除色相?现在世间,何能脱离世间?出家乃可求道,则必在家无道,亦觉其背天逆地之甚,而于天地全体之流行者未尝窥见也。

茅注:间,去声。此以下所以极言释氏之弊,以见其外道之远也。

[4]叶解:释氏习定,欲得此心收敛虚静,亦若所谓"敬以直内"。然有体而无用,绝灭伦理,何有于义?

张解:就释氏之学论之,习定此心,收敛虚静,亦若吾儒常惺惺之法,与所云"敬以直内"者相合。然天下事理,各有当然之义。一切扫灭,不求精察,则有体无用,吾儒所云"义以方外"者,未之有也。既无方外之义,则敬之云者,亦只是一个灵觉。无所主宰,犹无寸之尺,无星之秤。其直内之本,亦不是矣。

李解：比、间，并去声。有可有不可，则非义，而况尽去伦物，以成其莫，专务寂灭，以成其适。虽近似于直内之敬，而何有方外之义乎？

茅注：王伯厚曰："石林叶氏云：'晋宋间，佛学初行，其徒犹未有称僧，通曰道人。其始皆从所受学，如支遁本姓关，学于支谦为支；帛道猷本姓冯，学于帛户梨密为帛是也。至道安始言佛氏释迦。今为佛子，宜从佛氏，乃请皆姓释。'"朱子曰："此游定夫所编，恐有差误。必如下《东见录》中说，'既无义以方外，则其直内者岂有是也？'始圆足无弊。"

[5]叶解：释氏离器以为道，故于日用事物之间，或拘或肆，皆为之病。名为大自在，而实则隘陋，而一毫不容也。若吾儒率性之道，动静各正，既不病于拘，亦不至于肆。圣人赞《易》，所谓"知至至之，可与几也。知终终之，可与存义"。"敬以直内，义以方外"，"时止则止，时行则行，动静不失其时"，体用本末，备言之矣。

张解：惟其不知内外合一之道，故其为说偏于空寂。今人为其所惑而不之辨，一味拘滞、固执不化者，则劳筋苦骨，屠肤乞钵，入于枯槁而无人道；其疏旷自恣、矫语通达者，则浮沤世故，超豁顿悟，归于恣肆而侮天地。是皆外物以为道之病。名为"大自在"，而一物无所见，一步不可行，适以见佛教之隘也。若吾儒则率性之谓道，动静各正，体用无间，既不病于拘，亦不失于肆，程子所谓"自天命以至于教，我无加损焉"者，而其理，圣人于《易》备言之。夫《易》广矣大矣！其言"精义入神"，言"知至至之，知终终之"，言"时止则止，时行则行"，言"有天地然后有万物"，及"有君臣上下，然后礼义有所错"之类。凡以见天地之间，无适非道，操存省察，勿离须臾。据此以断释氏之诬，判若河汉矣。

李解：枯槁乃戒定之徒，恣肆乃狂禅之辈，然其胸中皆一毫不容，所以为隘也。儒者之道，率性而已。《易》所谓智周道济、范围曲成者，岂不言之悉备乎？

茅注：适、莫，则滞固而入于枯槁矣。无适与莫，而不知义之是比，则疏通而归于恣肆矣。率性，如前所谓"即父子而父子在所亲"之类是也。圣人，谓孔子。独言《易》者，蒙上"敬以直内，义以方外"语而言也。

[6]叶解：佛学，禅者觉也。觉者，心无倚着，灵觉不昧，所谓"常惺惺法"，若可"敬以直内"矣。然而无制事之义，则其所谓觉者，犹无寸之尺，无星之两，其直内之本亦非矣。

[集评]

问：佛家如何有"敬以直内"？曰：他有个觉察，可以"敬以直内"，然与吾儒亦不同。他本是个不耐烦底人，故尽欲扫去。吾儒便有是有，无是无，

于应事接物只要处得是。(《语类》卷九十六)

朱子曰：释氏所谓"敬以直内"，只是空洞无一物，故不能"方外"。圣人则湛然虚明，万物具足，方能"义以方外"。(《茅注》)

问：《遗书》云：释氏于敬以直内，则有之；义以方外，则未也。恐未安。(朱子)曰：前日童蜚卿正论此，以为释氏本与吾儒同，只是其末异。某与言正是大本不同，因检《近思录》有云"佛有一个觉之理"云云。这是当时记得全处，前者记得不完也。只无义以方外，则连敬以直内也不是了。程子谓释氏"唯务上达而无下学，则其上达岂有是邪？"亦是此意。(《江注》)

朱子曰：宇宙之间理一而已，天得之而为天，地得之而为地，而凡生于天地之间者，又各得之而为性，其张之为三纲，其纪之为五常。盖皆此理之流行，无所适而不在。若其消息盈虚，则自未始有物之前，以至人物消尽之后，终则有始，始则有终，又未尝有顷刻之或停也。儒者于此既有以得乎心之本然矣，则其内外精粗必不容有纤毫之或间，而其所以修己治人、垂世立教者，亦不容有纤毫造作轻重之私焉。是以因其自然之理，以成自然之功，则有以参天地，赞化育，而幽明巨细无一物之或遗也。若夫释氏则有自其团地之初，而与此理已背驰矣，乃欲其所见之不差，所行之不谬，则岂可得哉？盖其所以为学之本，正为恶此理之充塞无间，而使己不得一席无理之地以自安，恶此理之流行不息，而使己不得一息无理之时以自肆也。是以叛君亲、弃妻子，入山林、捐躯命，以求其所谓空无寂灭之地而逃焉，其量亦已隘，而其势亦已逆矣。然以其立志之坚苦、用力之精专，亦有以大过人者，故能卒如所欲而实有见焉。但以其言行求之，则所见虽自以为至玄极妙，有不可以思虑言语到者，而于吾之所谓穷天地、亘古今不可易之至理，则反瞢然其一无所睹已。虽自以为直指人心而实不识心，虽自以为见性成佛，而实不识性，是以殄灭彝伦堕于禽兽之域而不自知其有罪。盖其实见之差有以限之，非其心之不然，而故欲为是以惑世而罔人也。至其为说之穷，然后乃有不舍一法之论，有似始有，为是遁辞以盖前失之意，然亦其秉彝之善有终不可得而泯灭者，是以剪伐之馀而犹有此之仅存，又牵于实见之差，是以有其意而无其理，能言之而卒不能有以践其言也。凡释氏之所以为释氏者，始终本末不过如此，盖亦无足言矣。然以其有空寂之说，而不累于物欲也，则世之所谓贤者好之矣。以其有玄妙之说，而不累于形器也，则世之所谓智者好之矣。以其有死生轮回之说，而自谓可以不沦于罪苦也，则天下之佣奴爨婢黥髡盗贼，亦翕匌而归之矣。此其为说所以张皇辉赫震耀千古也。(《李解》)

张习孔曰：吾儒之直内方外，合而言之也，未有内直而外不方，亦未有外不方而内可云直者。惟其交养互发，故曰敬义立而德不孤，否则，一不立而两俱隳矣。释氏既不能义以方外，则其所谓直内者，不过孤守虚寂，虽其功效至于灵明炯然，然与吾儒之内具四端而立大本者，实有迳庭矣。故先生曰"要之其本亦不是"也。

4.[一]"释氏本怖死生为利，岂是公道？[1]唯务上达而无下学，然则其上达处，岂有是也？元不相连属，但有间断，非道也。[2]孟子曰：'尽其心者，知其性也。'彼所谓识心见性是也，若存心养性一段事[二]无则[三]矣。[3]彼固曰出家独善，便于道体自不足[四]。"[4]或曰："释氏地狱之类，皆是下为[五]根之人设此怖，令为善。"先生曰：至诚贯天地，人尚有不化，岂有立伪教而人可化乎？[5][六]

[集校]

[一]《张解》本有"明道曰"三字。此条今见《河南程氏遗书》卷十三《亥八月见先生于洛所闻》。

[二]一无"事"字。（朝刊《近思录》）按，"段"下，《叶解》元刻本无"事"字。

[三]"无则"，《叶解》元刻本及其四库抄本、吴邦模刻本、《张解》本、《李解》本、《茅注》本、《江注》本及其四库抄本、《亥八月见先生于洛所闻》作"则无"。

[四]"自不足"，一作"已非矣"。（朝刊《近思录》）

[五]"下为"，《叶解》元刻本及其四库抄本、吴邦模刻本、《张解》本、《李解》本、《茅注》本、《江注》本及其四库抄本、《亥八月见先生于洛所闻》作"为下"。

[六]以上明道语。（《叶解》、《李解》、《茅注》）按，《张传》本将第5条紧接其后刻印，未单列。

[集注]

[1]叶解：释氏谓有生必有灭，故有轮回。今求不生不灭之理，可免轮回之苦，此本出于利己之私意也。

张解：此言释氏不知死生之说，不察学达之理，不识心性之原，不晓为善之公，皆以利己私心，成为异学伪教者也。气聚故生，气散故死。死者无能复生，散者无能复聚。此阴阳昼夜之道，天理自然之公也。释氏谓有生则有灭，以死生为轮回，以轮回为苦海。要寻一个真身真性，可以不生不灭者，超脱轮回之苦,分明是贪生而不知所以尽生之道,怖死而不知原始反终。死生之说,只成自私自利妄见,岂是公道？夫道之公者,当生则生,当死则死,全受全归,朝闻夕可,天地无有始而不终之理,则无有生而不死之物,何贪何怖,何月私利为哉？

茅注：怖,音布。为,去声。怖,惧也。

[2]杨注：伯嵒曰,绝学而求顿悟,故无下学工夫。道器本不相离,今捨物以明理,泯迹以求心,岂知道者哉！（按,此处《杨注》、《叶解》的注文相同,故删叶解语。）

张解：凡释氏之说,豁然顿悟,立地成佛,若超出于道德性命之上者,恁地捷快。然道器不相离,满眼都是实理,那能废得下学循序工夫。既已不循其序,而于人伦日用工夫欠缺,则其上达处,乃是注心于茫昧不可知之地,以为洁净决活。上者何物,达者何事,岂有是也？道本是彻上彻下,周流连属。若离下以求上,则元不连属,有间断而非道矣,尚可谓之上达乎哉？

茅注：属,之六反。间,去声。断,都玩反。务上达者,求了悟也。无下学者,屏弃事物也。人之所以事事物物穷究其理者,惟求其有是无非而已。今既扫除一切,而惟求此心之了悟,故曰"岂有是也"。如是则离事物以求理,欲应事物又惧理之有失,则不相连属而有间断,非道体之本然矣。

[3]杨注：伯嵒据晦翁曰："释氏略见得心性影子,都不见里面许多道理。政使有存养之功,亦只存养得他所见影子,终不分明。"

张解：夫道散于事物,具于心,而原于性。孟子曰："尽其心者,知其性也。"即《大学》所谓物格知至也。彼释氏识心见性之说,亦若与孟子之言相近。但只见得自家一个精神知觉,在光明不昧中,遂指为心性,是不过恍惚之间略见心性影子,未曾见里面许多道理,故不肯实用存养之功。若孟子所谓"存其心养其性"一段说话,盖无之矣。然则释氏以精魂为心,而非真识心也;以作用为性,而非实见性也。不识心性,则其不识道也固宜。

茅注："识心即离念,见性即解脱。"唐益州保唐寺无住禅师所以答杜鸿渐之语也。今《五灯会元》、《指月》、《传灯》诸录中有之。谢上蔡曰："释氏所谓性,乃吾儒所谓心。释氏所谓心,乃吾儒所谓意。"朱子曰："此恐纪录者有误。盖释氏于心性之间,固不可谓之无所见,但只略见得心性影子,初未尝仔细向里面体会其理。亦不可谓之不能存养,但只存养得所见影子,非心性之真巨。"吕氏曰："禅学所谓明心见性者,必先截断事理而后能洞见本体。达摩谓'净智妙圆,体自空寂'八字,即此是佛性。"罗整庵谓其"有见于心,无见于性"。不知离却性,则心已不尽,安得谓之有见于心哉！后来阳儒阴释之徒，如杨简之言下忽省此心，詹阜民之下楼忽觉澄莹，王阳明之龙场恍若有悟，皆止见释氏之妙圆空寂，而非孟子之所谓心，亦止到得他"觉"字"悟"字，而非孟子之所谓知与尽也。

[4] 杨注：道本人伦，今日出家，则于道体亏欠大矣。（按，此处《杨注》、《叶解》的注文相同，故删叶解语。）

张解：使释氏识所谓心性，则知道在人伦庶物无一可遗，本非不足。在家庭中尽有许多可学可达者，岂肯蔑视君亲、捐妻子，出家独善以为利耶？彼之言曰"出家独善"，这四字便三纲废、五常绝，道体自不足矣，其他更不消说。

李解：薛氏曰："道无有不到处，亦无有间断处。释氏出家修行是有不到处，专务上达而无下学，是有间断处，又得为道乎！"朱子曰："圣门之学，下学而上达，至于穷神知化，亦不过德盛仁熟而自至耳。若如释氏理须顿悟，不假渐修之云，则是上达而下学也。然为彼学者自谓有见，而于四端五典、良知良能、天理人心之实然而不可易者，皆未尝略见仿佛，甚者披根拔本，颠倒错谬，无所不至，则夫所谓见者亦用心太过，意虑既绝，恍惚之间，瞥见心性之影像耳。其与圣门真知实见、端的践履、彻上彻下、一以贯之者，岂可同年而语哉？"又曰："释氏也说存心养性，只是差处便在这里。吾儒所养者是仁义礼智，他所养者是视听言动。"

茅注：道体无所不备，而人伦为大。今日出家，则无父子兄弟夫妇之伦；曰独善，则无君臣朋友之伦，便于道体自不足矣。

[5] 李解："为下"之"为"，去声。或问："世之为恶者死，若无地狱治之，彼何所惩？"朱子曰："尧舜三代之世，无浮屠氏，乃比屋可封，天下太平。及其后有浮屠，而为恶者满天下，若为恶者必死然后治之，则生人立君又焉用！"或问："孟子言尽心知性，存心养性。而释氏之学，亦以识心见性为本，其道岂不亦偶有同者耶？"朱子曰："儒、佛之所以不同，正以是一言耳。"曰："何也？"曰："性也者，天之所以命乎人而具乎心者也。情也者，性之所以应乎物而出乎心者也。心也者，人之所以主乎身而以统性情者也。释氏所指以为心性者，实在精神魂魄之聚，而吾儒所谓形而下者耳。至其所谓识心者，则必别立一心以识此心，而其所谓见性者，又未尝睹乎民之衷、物之则也。既不睹乎性之本然，则物之所接，情之所发，皆不得其道理。于是概以为己累而尽绝之，虽至于反易天常、殄灭人理而不顾也。然则佛氏之所以异其本，岂不在于此一言之间乎！"曰："释氏之不得为见性则闻命矣，至于心则吾曰尽之存之，而彼曰识之，何以不同而又何以见其别立一心耶？"曰："心也

者,人之所以主乎身而统性情者也,一而不二者也,为主而不为客者也,命物而不命于物者也。是以圣人之教,使人穷理以极其量之所包,胜私以去其体之所害,而未尝曰反而识乎此心,存乎此心也。若释氏之云识心则必收视反听,以求识其体于恍惚之中,如人以目视目,以口龁口,虽无可得之理,其势必不能不相汝尔于其间也。此非别立一心而何哉?"曰:"然则其徒盖有实能恍然若有所睹而乐之不厌,至于遗外形骸而死生之变不足以动之者,抑又何耶?"曰:"是其心之用,既不交于外矣;而其体之分于内者,乃自相同而不舍焉。其志专而切,其机危而迫,是以精神之极而一旦惘然若有失也。近世所谓看心之法,又其所以至此之捷径,盖皆原于庄周承蜩削镰之论,而又加巧密焉尔,然昧于天理而特为是以自私焉,则亦何足称于君子之门哉?"

茅注:释氏谓为善者升天堂,为恶者堕地狱。又以地狱、饿鬼、畜生为三途,言人之为恶者必堕此也。又添阿修罗、天神、地祇为六道。朱子曰:"胡明仲谓释氏更不分善恶,信奉之者,则虽杀人之贼亦可升天堂。其诋佛者,即是恶人,堕入地狱。"愚按,唐武三思尝言:"我不知世间何者谓之善人,何者谓之恶人。但于我善者则为善人,于我恶者则为恶人。"意正如此。

江注:司马温公曰:"天堂地狱,若果有之,当与天地俱生。自佛家(《王记》云:王、吴本"法"作"家",今依洪本。)未入国中之前,人死而生者亦有之矣,何故无一人误入地狱见阎罗等十王者耶? 不学者固不足与言,读书知古者亦可以少悟矣。"

[集评]

朱子曰:只无"义以方外",则连"敬以直内"也不是了。又曰:程子谓释氏"唯务上达而无下学。然则其上达处,岂有是耶!"亦此意。(《语类》卷一百二十六)

朱子曰:释氏自谓识心见性,而其所以不可推行者,为其于性与用分为两截也。圣人之道,必明其性而率之。凡修道之教无不本于此,故虽功用充塞天地,而未有出于性外者。释氏非不见性,及到作用处,则曰无所不可为,故弃君背父,无所不至者,其性与用不相管也。(《茅注》)

朱子曰:明道论释氏下学上达处,则无渗漏矣,其下文说尽心知性,语亦不完。二先生语中亦间有如此处,必是记者之失。程子论释氏有尽心知性而无存养之功者,正承上文,讥其无下学、非上达,不连属而有间断之病,非真以是许之也。其论直内方外,而曰既无方外,则所谓直内者,其本亦不

是,意亦如此。(《江注》)

朱子曰:庄、老绝灭人伦,义理未尽。至佛则人伦灭尽,禅则义理灭尽。佛法初入中国,止说修行,尚未有许多禅底话也。(《茅注》)

张习孔曰:释氏本怖死,故求脱离生死。先生一言勘破其隐。又以地狱之说怖众人,使趋其教。无论不能得,纵得之,亦何益于人伦纲纪、民生日用之事乎?故先生以为非公道。公道者,彼我平等之谓。今使修其教者托钵而食,受徒而嗣;外其教者,耕贸而供,配偶而育,岂平等之道哉?苟天下尽遵其教,则衣食人道皆绝,彼亦不能行矣。故其教虽盛,亦不能尽惑天下后世也。

张伯行曰:程子所以辟释氏者,至矣。或人曲为之解,以为释氏心欲劝人为善,而人莫不贪生怖死,故设为天堂地狱、轮回因果之类,使他知有所惧而为善,是为下根人说法,何罪之深也!程子又辟之,以为天下惟诚可以化人,盖实心实理相感乎也。今诚之至者,往往可以贯天地,而不可以格愚顽。是人尚有不化于诚者,岂有心不如是而设教如是?伪莫大焉,而可以化人者乎?甚矣!欲上达而适见其怖死,欲愚人而适以自愚,抛自家之心性,觊无端之私利。以是观之,释氏之本末概可知矣。

张绍价曰:“敬以直内,义以方外”,下学之功也。下学人事,方能上达天理。释氏绝学而求顿悟,务上达而无下学,间断而不连属,非道之本然,亦非道之当然,则其上达岂有是处耶?释氏明心见性,与吾儒之尽心知性相似,然只认得一己之精魄,光明不昧,便执以为心性,初未识心性之理也。其坐禅工夫,单超直入,前后际断,将义理根源,全然灭绝,与吾儒存心养性,从不睹不闻中,戒慎恐惧,以存天理之本然者,迥不相同。此其所以差而不可救也。

又曰:释氏天堂地狱之说,是不识阴阳死生之道也。若以为为下根而设怖,令为善,则是伪也,其去道愈远矣。

5. [一]学者于释氏之说,直须如淫声美色以远之。不尔,则骎骎然入[二]其中矣。[1]颜渊问为邦,孔子既告之以二帝、三王之事,而复戒以“放郑声,远佞人”,曰:“郑声淫,佞人殆。”彼佞人者,是他一边佞耳,然而于己则危,只是能使人移,故危也。至于禹之言曰:“何畏乎巧言令色!”巧言令色[三]直消言畏,只是须着如此戒慎,犹恐不免。释氏之学更不消言常戒,到自家自信后,便不能乱传[四]。[2]

[集校]

[一]《张解》本有"明道曰"三字。此条今见《河南程氏遗书》卷二上《元丰己未吕与叔东见二先生语》,下同。

[二]"入"下,吕本无"于"字,《遗书》有。(《茅注》)"入",叶下增"于"字。(《冯记》)按,"入"下,《叶解》元刻本及其四库抄本、《张解》本、《茅注》本、《元丰己未吕与叔东见二先生语》、朝刊《近思录》本有"于"字。

[三]"直消言畏"上,叶本无"巧言令色"四字,今从《遗书》及诸本增。(《茅注》)"巧言令色直消言畏",叶误脱"巧言令色"四字。(《冯记》)"巧言令色",叶本只一句。(《考异》)"巧言令色"下,吕本多"巧言令色"四字。(《异同考》)一无重文四字(按,即"巧言令色")。(朝刊《近思录》)按,《叶解》元刻本及其四库抄本、《张传》本、《张解》本无后一"巧言令色"四字。若有之则语意足。

[四]"传",吴邦模刻本、《张解》本、《李解》本、《叶解》四库抄本、《茅注》本、《江注》本及其四库抄本、《元丰己未吕与叔东见二先生语》作"得"。《叶解》元刻本脱"后便不能乱传"六字。

[集注]

[1]李解:远,去声,下同。淫声美色以快耳目之欲,异端之说以遂自私自利之情,其惑人心一也。

茅注:骎,音侵。……骎骎,马行疾貌。

[2]叶解:初学立心未定,必屏远异端之说。信道既笃,乃可考辨其失。

张解:此言释教乱人,非信道之笃,未有不为所溺者。徒言常戒,不如实求自信也。释氏之说,皆便于私意人欲之实,故论其弃情灭性,则与淫声美色之增悲导欲者,迥不相同,而论其为害则一。直须如此屏绝,否则,有渐入其中而不自知者。盖学者不知所戒,固无以坚所信,虽以颜子之贤,孔子既告以四代礼乐,而犹戒以"放郑声、远佞人",且明斥其弊。夫声与心通,淫自内出,戒之宜也。彼佞人者,口给御人,是他一边佞,似非切己病痛,然己不能远而听之则危。所以然者,以能变乱是非,使人移其所守,故危也。不独夫子告颜渊,即禹亦尝以"巧言令色"戒矣。然其言曰"何畏",似不足畏者,何也?畏者,戒慎之谓。岂有巧令在侧,不消言畏者?只是中无主宰,怀着戒慎,犹恐不免。况吾儒于身心性命道理,未能原始反终,实见人伦日用,无适非道,则虽日以释氏为戒,而未尝不骎骎入其中。故学者不消言常戒,只要反求自信，到自信后便如冰炭之不相入，不能以彼之非乱我之是也。程子又尝云"知玉之为宝，则人不能以石乱之；知醴之为甘，则人不得以蘖乱之"。亦此意耳。

[集评]

张绍价曰：释氏言觉，言识心见性，最为近理而易惑人，故须如淫声美色以远之。然空言远之，亦恐无益，须潜心于道，实用下学之功。敬以直内，义以方外。尽心知性以明其理，存心养性以履其事，于吾道知之真，信之笃，则视彼近理之言，皆为诐淫邪遁之辞，而自不能乱矣。

佐藤一斋曰：此条末语大意谓学者宜屏绝释氏，不读其书。至斯学自信后，则假令读之，亦不能乱我也。叶注"考辨其失"，本意稍左。

6.[一]所以谓万物一体者，皆有此理，只为从那里来。"生生之谓易"，生则一时生，皆具[二]此理。人则能推，物则气昏推不得，不可道他物不与有也。[1]人只为自私，将自家躯壳上头起意，故看得道理小了[2]他底。放这身来，都在万物中一例看，大小大快活。[3]释氏以不知此，去他身上起意思，奈何那身不得，故却厌恶，要得去尽根尘，为心源不定，故要得如枯木死灰。然没此理，要有此理，除是死也。[4]释氏其实是爱身，放不得，故说许多。譬如负贩[三]之虫，已载不起，犹自更取物在身。又如抱石投[四]河，以其重愈沉，终不道放下石头，惟嫌重也。[5]

[集校]

[一]《张解》本有"明道曰"三字。

[二]"完"，一作"具"。（《李解》）"完"，杨本作"具"。（《茅注》）按，"具"，吴邦模刻本、《张解》本、《李解》本、《茅注》本、《江注》本及其四库抄本、《元丰己未吕与叔东见二先生语》作"完"。

[三]按《遗书》及诸本，"版"并作"贩"，盖俗以音相近而误"版"为"贩"耳。（《茅注》）"贩"，江改"版"，盖从《尔雅》。（《冯记》）"负版"，叶、吕本俱作"贩"，误。（《考异》）按，"负贩"，《叶解》四库抄本作"蝜蝂"，《李解》本、《茅注》本、《江注》本及其四库抄本作"负版"。

[四]"投"，《元丰己未吕与叔东见二先生语》作"沉"。

[集注]

[1]叶解：天地之理，流行化生。人之与物，均有是生，则亦均具是理，

所谓"万物一体"也。然人所禀之气通,故能推。物所禀之气塞,故不能推。

张解:此言释氏不知万物一体之理,所以欲脱根尘,而不知皆私妄之见,决无是理也。人只渺然一身,乃谓万物一体,而与天地无异,其说近诞实非诞也。人与万物同具此理,只为从大源头上,乾道变化,各正性命,那里生来,生生不已而变易无穷,道即行乎其间,故《易》曰"生生之谓易"也。生则一时生,略无馀欠,浑然完具,而岂一人之所得私乎?但人为万物之灵,得气之通,推扩得去,物得气之塞,则昏而不能推耳。其实生之气虽异,生之理无异,不可谓他物无与,而我可以私而利之也。万物一体,又何疑焉!

茅注:为,去声,下同。……"此理",谓健顺五常之性也。"那里",指阴阳五行而言。"皆完此理"以上,是从有生之初说,见此理固人与物所同具也。但人禀气清,故能推;物禀气昏,故推不得,为稍异耳。是从有生之后言也。然亦物之气昏不能推以相及耳,不可谓他物不与之同有此理而不得推也,所以深明万物一体之意。朱子曰:"人物气禀有异,不可道物无此理,穿牛鼻、络马首,皆是随他所通处。仁义礼智,物岂不有,但偏耳。"此以本然者而言。"生生之谓易",见《易·系辞上传》。

[2]茅注:句。旧本并于"他底"句绝,非。

佐藤一斋曰:"看得道理小了",宜句。"他底",属下文,犹言其人。

[3]叶解:人知万物一体之理,不为私己之见,自然与物各得其所。

张解:知万物一体之无疑,何至牿于形气之私而不能相通,只为将自家躯壳上妄起意念。盖理是无私底,躯壳则有私矣。见识既拘,心胸自隘,道本大也看小了。他所以处处窒碍,件件系缚,欲求活泼泼地之乐,不可得也。须将这身放在万物中,不从躯壳起见,思身与万物之所以一,又思身与万物之所以殊,一例看他,则日用间见得天理流行,有心性便须存养,有伦物便须明察,顺受其正,各止于所,一切大小事极大快活。何苦何累,而私己之念可以去矣。

李解:为、与,并去声。有此生则有此理,人与物一也。能以此身与万物同观,全而生之,亦全而归之,则乐莫大焉!

茅注:承上节而言,万物本自一体,但人不能无自私之见,故与万物不相连属。不然,则物我一原,自无所往而不得矣。他底,指古圣贤而言,即应上"万物一体"句说也。

江注:大小大快活,犹云许多快活也。

价解:性者万物之一源,人物同有此理,完全具足,无少亏欠,特人得其秀而灵者,故能推此理。物则气昏而不能推,非人有此理,而物无此理也。

人惟自私，故所见者小。若知万物一体之理，不为私己之见，物我两忘，胸次悠然，直与天地万物上下同流，各得其所，何快活如之，安所用其烦恼厌恶？

[4]叶解：释氏惟不知万物一体，顺理而行，本无障碍。顾乃自生私见，为吾身不能不交于物也，遂欲尽去根尘，空诸所有。佛书以耳、目、口、鼻、身、意为六根，（按，《四库》抄本有"舌"，无"口"。）以色、声、香、味、触、法为六尘。其说谓幻尘灭，故幻根亦灭；幻根灭，故幻心亦灭。然心本生道，有体则有用，岂容绝灭哉？

李解：思、恶，并去声。去，上声。

茅注：佛家以慈悲广大普度众生为说，似有万物一体意，而不知此正其所以自私者也，故特辨之。佛书……眼入色、耳入声、鼻入臭、舌入味、身入触、意入法为六入。其说谓幻尘灭，故幻根亦灭；幻根灭，故幻心亦灭。所以要去尽根尘也。去尽根尘，所以空其身之所有也。枯木死灰，所以空其心之所有也，皆是去他身上起意思也。

价解：释氏不知万物一体之理，自私自利，从躯壳起意，不惟毁弃人伦，出家独善，并此身亦以为幻妄。以耳、目、鼻、舌、身、意为幻根，以色、声、香、味、触、法为幻尘，离却幻身，别寻一真身真性，故欲灭绝根尘，使此心如枯木死灰。以求其所谓大自在大解脱者，而不知其无是理也。

[5]叶解：原释氏之初，本是爱己。妄生计较，欲出（按，"出"《四库》抄本作"世"，误）离生死，而不知去私己之念，本无事也。

张解：此穷究释氏之病源而言之。盖他许多说话，名为舍身，实是爱身，牿于有我之私，为这躯壳无处放得，故设为"尽去根尘"一切浮荡之说。譬如虫之为物至小者也，为贪负贩不胜其重，更复取物在身，越多越重。又如抱石投河，不知放下石头，只嫌其重，终自沉溺。而己厌恶烦难愈增烦难，寻觅快活愈欠快活，曷若克去有己之私。探此身所从来，则身一日生即一日备万物之理，而不敢寘其身于枯槁；身一日死即一日完万物之理，而何须苦其身于轮回。

李解：负版之虫，介虫之属。

茅注："负版"，《尔雅》作"傅，负版"，郭璞云："未详。"惟唐《柳宗元集》有《蝜蝂传》云："善负小虫，行遇物，辄持取，仰其首负之，背愈重，虽困剧不止。"程子说盖本此。……"说许多"，如去尽根尘之类是也。"已载不起"，以喻奈何那身不得。"犹自更取物在身"，以喻去根尘之类。"抱石"，以喻私己之念。"河"，以喻世界。若能将私己之念放下，则廓然大公，物来顺应，自无所往而不利矣。以其重愈沉，所以要去根尘也。

价解：释氏欲脱离生死，本为爱身之至，特安放身心不稳，故以根尘为累，而欲灭绝之。然欲脱离生死，而生死卒不可脱；欲灭绝根尘，而根尘卒不可灭。徒自取烦恼，以为此心之累，如负版之虫，载而不起，抱石投河，重而愈沉而已。

[集评]

朱子曰：释氏说顽空，又说真空。顽空便是空无物，真空却是有物，与儒说略同。但他都不管天地四方，只是理会一个心，如老氏亦只是要存得一个神气。又曰：顽空者，如死灰槁木；真空，则能摄众有而应变。又曰：儒者以心与理为一，而彼以心与理为二。盖由见处不同，彼见得心空而无理，此见得心虽空而万理皆备也。然近世一种学问，虽说心与理一而不察乎气禀物欲之私，是见得不真，故其发亦不合理，却与释氏同病。《大学》所以贵格物也。（《茅注》）

陈埴曰：不是自家穿络他，乃是物性各有不同。牛必须穿鼻，络首则非其性矣；马必须络首，穿鼻则非其性矣。是他物性各自有由行之路，如此即不干圣人事，设使牛而可络首，马而可穿鼻，则是不由物性乃由圣人矣。

刘念台曰：程子谓"须将身与万物一例看"。凡宇宙间道德事功，在人在我总无二理，着一毫彼此多寡见，便是从自家躯壳上起意。此内外、公私、义利、王霸之分。（《茅注》）

张习孔曰：释氏怖死，故求超脱生死。吾儒不怖死，故只说个殀寿不贰，修身以俟之。吾儒所以不怖死者，看得万物一体，生生死死，俱在天地间。生者但当修其万物皆备之我，反身而诚，强恕而行。人而如此，则所谓一体者，自在吾身，何妨于死？纵举世无其人，而此理常在天地间，固不从一人而尽也。惟其如此，殀寿岂足以贰其心哉？释氏看得吾身只是一己，故谆谆护持之。其所成就，亦惟一己是效，与人全无涉，此所以为私也。

张伯行曰：释氏以不知万物之一体，其视身徒为躯壳，要寻自家快活而不得所以快活之实，遂于此身苦难安置，自起厌恶之心。以耳、目、鼻、舌、身、意为幻根，以色、声、香、味、触、法为幻尘。谓幻尘灭则幻根灭，幻根灭则幻心亦灭，尽欲去其根尘，使心源硬定，如枯木死灰。殊不知人生在世无一事可废，无一物可少，那有枯木死灰之理？必欲如此，死而后可。死则气散，气散则身尽也。否则有身便有心，有心便有体有用，如何绝得？

又曰：程子始则推原其理，以究释氏之病之所自起；终则勘验其隐，以穷释氏之病之所由成。反覆剖析，其为吾道之干城，至矣！

7. 人[一]有语导气者,问先生曰:"君亦有[二]术乎?"[三]曰:"吾尝夏葛而冬裘,饥食而渴饮,节嗜欲,定心气,如斯而已矣。"[1]

[集校]

[一] "人",《叶解》元刻本、《张传》本作"又"。

[二] "亦"下,吴邦模刻本无"有"字。

[三] 曰吾:叶上增"明道"二字。(《冯记》)按,"曰"上,《张解》本、《叶解》四库抄本、《茅注》本有"明道"二字。此条今见《河南程氏遗书》卷四《游定夫所录》。

[集注]

[1] 叶解:圣贤养生,顺理窒欲而已。岂若偏曲之士,为长生久视之术者哉!

张解:此程子知命之学也。寿夭生死,造化阖辟之大机。而以术自鸣者,谓有长生久视之诀,可以导气延年,聪明之士争慕效之,故人亦有以此问程子者。不知术非君子所贵,而理则日用不违。衣服饮食,所以养生也,一有不谨,则伤生之事出其中。是故寒暑因乎运,后天而奉天时,饥渴得其正,不以口腹之害为心害。此无异术,只是顺理节欲而已。然节嗜欲以定心气,所谓心和则气和,气和则形和,不言养生而养生之理亦寓,顺受其正,知命立命者,正如斯也。若窃造化之大机,谓天地间果有不死之物,是为无造化矣。岂有是理乎?

李解:节嗜欲,而外去其诱,定心气耳。内静其扰,所以养心也。岂若熊经鸟伸之术哉?

茅注:导气,如庄子所谓"吐故纳新"是也。节嗜欲,用也。定心气,体也。

[集评]

张绍价曰:养生家导气之术,亦是自私自利。从躯壳起见,非理之自然,虽与释氏不同,要皆非道之正也。程子所答,皆顺理窒欲之事。

8. [一]佛氏不识阴阳[二]、昼夜、死生、古今,安得谓形而上者与圣人同乎?[1][三]

[集校]

[一] 《张解》本有"明道曰"三字。

[二] "阴阳",《张传》本作"阳阴"。

［三］以上并明道语。(《叶解》四库抄本)卷十四,明道语。(《冯记》)此条今见《河南程氏遗书》卷十四《亥九月过汝所闻》。

[集注]

［1］叶解：(按,此处《四库》抄本有"伊川先生曰"五字)：形而上者,性命也。阴阳、昼夜、死生、古今,乃天命之流行,二气之屈伸。释氏指为轮回、为幻妄,则其所谈性命,亦异乎圣人矣。

张解：佛氏虚空之谈,自以为形而上者,似与圣人"形而上者谓之道",说若相同,而不知离形下安有所谓形上?如圣人所云：形上,性也、命也、太极也。阴阳、昼夜、死生、古今,乃太极动而生阳,静而生阴,动极复静,静极复动,天命之流行,率性之自然,而不容已者,岂非形上所寓?释氏乃指为轮回、为幻化,则不识阴阳、昼夜、死生、古今之理,其所谓"形上"亦异乎圣人矣。而犹谓见性成佛,上达顿悟,至奇至妙,适见其妄而已矣。

李解：朱子曰："释氏只于自己身上认得一个精神魂魄,有知有觉之物,便即目为性,把持作弄,到死不肯放舍。若果如此,则是一个天地性中别有若干人物之性,每性各有界限,不相交杂,改名换姓,自生自死,更不由天地阴阳造化。而为天地阴阳者,亦无所施其造化矣,是岂有此理乎?"

[集评]

张绍价曰：形上为道,形下为器。器亦道,道亦器,不可混而为一,亦不容离而为二。太极形而上者也,阴阳形而下者也。太极不杂乎阴阳,亦不离乎阴阳。明于太极动而生阳,静而生阴之理,则昼夜死生古今,一以贯之矣。释氏欲脱离轮回,超出阴阳之外,不识阴阳,即不识昼夜生死古今。其言觉,言识心见性,舍形下以求形上,离道器而二之。安得谓形而上者与圣人同乎?

钱穆曰：中国人主和合。但亦必先知分别,乃始知和合。形而上必有形而下与之作分别,形而下则必有形而上与之为和合。阴阳昼夜,死生古今,乃形而下之分别,而形而上之和合即存其中。(《随劄》)

9.［一］释氏之说,若欲穷其说而去取之,则其说未能穷,固已化而为佛矣。只且于迹上考之,其设教如是,则其心果如何?固难为取其心不取其迹,有是心则有是迹。王通言"心、迹之判",便是乱说。[1]故不若且于迹上断定不与圣人合。其言有合处,则吾道固已有;有不合者,固所不取。如是立定,却省易。[2]［二］

[集校]

　　[一]"释氏"上,《张解》本有"伊川曰"三字,《茅注》本有"伊川先生曰"五字。此条今见《河南程氏遗书》卷十五《入闽语录》。

　　[二]卷十五,与下条皆伊川语。(《冯记》)陈荣捷云:"来自《遗书》卷十五,页十上,伊川之言。此处则误归为明道语。"(《陈论》)按,尚不明陈先生"误归为明道语",所指何本。

[集注]

　　[1]江注:文中子云:"汝所问者迹也,吾告汝者心也,心、迹之判久矣。"

　　[2]杨注:伯嵒据,伊川尝问学佛者曰:"《传灯录》几人?"云:"千七百人。"伊川曰:"某敢道千七百人,无一人达者。果有一人见得圣人'朝闻道夕死可矣',与曾子易箦之理,临死须寻一尺布帛裹头而死,必不肯削发胡服而终。是诚无一人达者。"禅者曰:"此迹也,何不论其心?"曰:"心迹一也,岂有迹非而心是者? 正如两脚方行,指其心曰'我本不欲行也,两脚自行'。岂有此理? 盖上下本末内外都是一理,方是道。"

　　张传:迹上断者,先生固有所指。愚前所谓托钵而食,受徒而嗣,亦迹也。

　　张解:此为初学者定辟邪之要领,直截明快,无毫发差者也。释氏谲诞,说不胜穷,初学自信未熟,欲穷其说以为去取,恐未能攻彼之短,却已被他降下,渐为所化,骎入佛教而不自知矣。今为学者计,只就迹上判定。迹者,心之著也。迹正则心必正,迹邪则心必邪。近世士大夫于佛学,每每言他设教虽差,心犹有可取。殊不知心迹合一,彼既以是设教矣,则其心果如何? 不取其迹而取其心,固甚难也。王通亦尝言心迹之判,此是析理未精,胡乱说话。天下未有迹非而心是者,为穿窬自是有贼心,为光棍自是有恶念,贪财贿自是无廉耻,贪功名自是无气节。今释氏灭伦断种,背天逆地,其迹彰彰可考,故不若且于迹上断定,与圣人不合,不待深辨而明。倘其言有与圣人合处,则圣人已详言之,求之吾道可矣,奚必佛? 其不合者,粗鄙俗恶,固所不取。如是则彼无所遁其巧,是非可以立定。此辨佛学之要法,工夫却省易,学者所可依据也。愚按,心迹之判,如屈于时势之类,固亦有之。究竟委曲真切之心,即从迹上想见,故夫子曰"观过斯知仁矣"。断未有明欲如是而可诡为之说,曰心不如是者也。且佛学之言,那有与圣人合处? 只如言心性、言主静、言快乐等话,习儒家唇吻以佐其浮诞。源头既差,终无是处。但初学见识低,恐以其合于圣人之言,不敢判定,故伊川曰"吾道固已有",且教他放下,盖皆为学者设处也。

李解:或问:"我素不喜异端之书,然徒知其迹而未究其实,倘遇辩诘必穷矣,不知如此当何以处之?"朱子曰:"理有未穷,则胸中不能无疑碍,虽不陷溺亦偶然耳,况未必不陷溺耶!穷理工夫不可有所遗,然又当审其缓急之序也。"

茅注:断,都玩反。省,所井反。易,音异。"心迹之判",见《中说·问易》篇。程子又曰:"文中子有一件事,半截好,半截不好。如魏徵问:'圣人有忧乎?'曰:'天下皆忧,吾独得不忧?'问疑。曰:'天下皆疑,吾独得不疑?'徵退,谓董常曰:'乐天知命,吾何忧!穷理尽性,吾何疑!'此言本极好。却又云'徵所问者迹也,吾告汝者心也,心、迹之判久矣',便乱道。"朱子曰:"事有当忧疑者,有不当忧疑者,然皆心也。文中子以为有心、迹之判,故程子非之。"

江注:毁弃人伦是其迹之大异者,然则其心皆无父无君也,尚何取于彼哉?

[集评]

朱子曰:释氏见得高底尽高。或问:他何故只说空?曰:说玄空,又说真空。玄空便是空无物。真空却是有物,与吾儒说略同。但是他不管天地四方,只是理会一个心。如老氏亦只是要存得一个神气。伊川云:"只就迹上断便了。"不知他如此要何用!(《语类》卷一百二十六)

朱子曰:佛氏之学,今不消穷究他,伊川所谓只消就迹上断便了。他既逃了父母,虽说如何道理也使不得,如此则自足以断之矣。(《李解》)

胡氏曰:内外心迹终二他不得。空则内外俱空,实则内外俱实,有则内外俱有,无则内外俱无,是则内外皆是,非则内外皆非,正则心迹皆正,邪则心迹皆邪,固未尝二也。(《李解》)

叶采曰:此言虽为初学立心未定者设,然孟子辟杨、墨,亦不过考其迹而推其心,极之于无父无君。此实辨异端之要领也。

张绍价曰:释氏之说,蔓延虚夸,且善为遁辞,令人不可究诘。学者无真知灼见,而欲穷其说以去取之,则駸駸入其中而与之俱化,故不如只就迹上考之。学佛者皆谓取其心不取其迹,不知体用一源,显微无间。心即迹之所本,迹即心之所发,有是心则有是迹,安得判而为二,如王通之所云乎?释氏言觉,言识心见性,是其心也。毁人伦,去四大,出家独善,是其迹也。其迹如是,其心欲如何。迹,形而下者也。心之理,形而上者也。形下之迹,既与圣人不合,则心之形而上者,亦必与圣人有异。就迹上判断,则确然有以自立,能不为彼所惑矣。

10. 问:"神仙之说有诸?"[一]曰:若说白日飞升之类,则无;若言居山林间,保形炼气,以延年益寿,则有之。譬如一炉火,置之风中则易过,置之密室则难过,有此理也。[1]又问:"杨[二]子言'圣人不师仙,厥术异也',圣人能为此等事否?"曰:此是天地间一贼,若非窃造化之机,安能延年? 使圣人肯为,周、孔为之[三]矣。[2]

[集校]

[一] 此条见《刘元承手编》,乃伊川语。旧本并作明道,误。(《茅注》)"曰"上,叶误增"明道"二字。(《冯记》)按,"曰"上,《张解》本、《叶解》四库抄本有"明道",《茅注》本有"伊川"。陈荣捷云:"亦伊川言,见《遗书》卷十八,页十上,与此处所列为明道语异。"(《陈论》)按,此条今见《河南程氏遗书》卷十八,题下注"伊川先生语"。

[二] "扬",《朱子遗书》本、叶本皆作"杨",江改"扬"。(《冯记》)按,《叶解》元刻本、吴邦模本、《江注》四库抄本、《刘元承手编》作"杨",误。《张解》本、《李解》本、《江注》本作"扬"。"杨子",即扬雄,《杨注》本卷十四第6条则云"扬子",此处"杨"当作"扬"。

[三] "之"下,《刘元承手编》有"久"字。

[集注]

[1] 茅注:易,音异。

[2] 杨注:伯喦据,伊川一日入嵩山,王俟已候于松下。问:"何以知之?"曰:"去年已有消息来矣。"盖先生前一年尝欲往,以事而止。或问:"方外之士有人来看他,能先知者,有诸?"曰:"有之。向见嵩山董五经能如此。"问:"何以能尔?"曰:"只是心静,静而后能照。"又问:"圣人肯为否?"曰:"何必圣贤,释氏稍近道理者便不肯为。释氏尝言庵中坐,却见庵外事,莫是野狐精。释犹不肯为,况圣人乎?"又据晦翁曰:"气久必散。人说神仙,一代说一样。汉世说安期生,至唐以来则不见说了,却又说钟离权、吕洞宾。今又不见说了,看得来他也只是养得分外寿考,终久亦散了。"又言:"古时安期生之徒,皆有之也。是被他炼得气清,皮肤之内骨肉皆已融化为气。其气又极其轻清,所以有飞升脱化之说。然久亦渐渐消磨尽了。"

叶解:人之精气,聚则生,散则死。彼有见于造化之机,窃而用之,使精气固结而不散,故能独寿,此理之所有也。顾其自私小技,圣贤弗为耳。

张传:非道求生,是为逆天,故不为也。

张解:此言神仙之说,非造化自然之理,圣人不为也。盖物有始终,人有生死,无非阴阳阖辟之自然者。卫生家乃倡为神仙之说,欲超出阴阳造化之外以常存。自昔迄今,哆口争谈。故或问程子果有此理乎,程子谓人无生而不死,如白日飞升之类,决无此理。若僻处闲静,息嚣止纷,讲呼吸吐纳之方,习用逆导顺之法,保形炼气以求延年。此如置炉火于风中,火易泄则易过;置于密室无风之地,火难泄则难过。理亦有之,然总无久而不散,谓此形可以长存者也。或又问扬子雲有言"圣人不师仙",为其择术之异,彼行彼法,我行我法耳,疑圣人不为,非不能也。程子以为圣人自是不为,然不止是异术。此乃天地间一贼,岂有人而可以为贼者?天地间聚散之正理,造化司其柄,人生其中只好顺受其正,今以延年之故盗弄阖辟,翻腾道理,偷生全躯,侥幸喘息,如鼠窃之辈,播弄神通时亦攘窃些须,总非有道得财。圣人岂肯作此等悖道徇利事耶?若使圣人肯为,周公孔子无不知无不能,当亦为之矣。勿说无是理,断不可存是心也。

李解:窃造化之机,即《阴符经》所谓"五贼在心","三盗既宜"也。圣人事天,顺受其正,岂肯为之乎?

茅注:"圣人不师他(按,"他"疑为"仙")"二语,见《法言·君子》篇。

江注:朱子《感兴诗》曰:"飘飘学仙侣,遗世在云间。盗启元命秘,窃当生死关。金鼎蟠龙虎,三年养神丹。刀圭一入口,白日生羽翰。我欲往从之,脱屣谅非难。但恐逆天道,(《王记》云:洪本作"但恐违天理",《朱子文集》作"逆天道",王、吴本同,从之。)偷生讵能安!"

[集评]

问:神仙之说有之乎?曰:谁人说无?诚有此理。只是他那工夫大段难做,除非百事弃下,办得那般工夫方做得。(《语类》卷四)

朱子曰:人言仙人不死。不是不死,但只渐渐销融了,不觉耳。盖他能炼其形气,使渣滓都销融了。唯有那些清虚之气,故能升腾变化。(《语类》卷一百二十五)

薛氏曰:万物始终,乃阴阳造化自然之理。神仙者,必欲超出阴阳造化之理以常存,必无此理。又曰:仙者虽窃造化之机以延年,亦未有久而不散者。不然,自古以仙得名者多矣,何千百年不见一人在世耶?(《李解》)

张绍价曰:老子云:"谷神不死,是谓玄牝。玄牝之门,是谓天地根。绵绵若存,用之不勤。"修炼家长生久视之术,皆源于此。其后狡黠者,造为白日飞升之说,以诳诱庸愚,然安有此理? 若保形炼气以延年,如炉火置之密室则难过,亦有是理也。

11. 谢显道[一]历举佛说与吾儒同处问伊川先生。先生[二]曰:恁地同[三]处虽多,只是本领不是,一齐差却。[1]

[集校]

[一] 此条今见《河南程氏外书》卷十二《传闻杂记》,“谢显道”作“吾曾”。

[二]《传闻杂记》无“先生”二字。

[三]“同”,《张传》本作“明”。

[集注]

[1] 杨注:《外书》。

叶解:大本既差,则其说似同而实异。

张解:此下四条《集解》阙,今照原编补。

李解:朱子曰:“释氏弃了道心,取人心之危者而作用之,遗其精者,取其粗者以为道。如以仁义礼智为非性,而以眼前作用为性也。此是原头处错了。”又曰:“子静云‘释氏与吾儒所见亦同,只是义利公私之间不同’。此说不然,只被原头处不同,吾儒万理皆实,释氏万理皆空。”

茅注:差,初加反。佛说与吾儒同处,如所云“明心见性”,与儒者所谓“尽心知性”同也。“有物先天地,无形本寂寥,能为众象主,不逐四时凋”,与儒者所谓“太极”同也。“主人翁惺惺着”,与儒者所谓“戒慎恐惧”同也。“会万物于一己”,与儒者所谓“万物一体”同也。又如云“知之一字,众妙之门”,与儒所谓“知性知天”同也。本领,根本要领也。本领不是,如言定、言空之类是也。朱子曰:“陆子静尝言‘儒佛差处,只是义利之间’,某谓此犹是第二着,只他根本处便不是。当初释迦为太子时,出游见生老病死苦,遂厌恶之,入雪山修行,从上一念便一切作空看,惟恐割弃之不猛,屏除之不尽,吾儒却不然。盖见得无一物不具此理,无一理可违于物。佛说万理皆空,吾儒说万理皆实,从此一差,方有公私义利之不同。”

江注:问“佛氏所以差”。朱子曰:“从劈初头便错了,如天命之谓性,他把做空处(《王记》云:王、吴本“虚”作“处”,《语类》作“虚”,洪本同,从之。)说了。吾儒见得都是实,他底从头到尾都是空。”

佐藤一斋曰:本领不是,谓弃人伦、遗事物。

[集评]

朱子曰：儒、释言性异处,只是释言空,儒言实。释言无,儒言有。(《语类》卷一百二十六)

朱子曰：释氏只是守得些光明,全不识道理,所以用处七颠八倒。儒者则居敬为本,而穷理以充之,其本原不同处在此。又曰：彼于天理大本处见得些分数,便须要见得为己有,死后亦不失,儒者只随他天理去,更无分毫私见,屈伸往来,皆是自然如此。(《茅注》)

张伯行曰：此谢上蔡欲穷释氏之说而去取之。不知大本既差,则其说似同而实异,程子固断定其不与圣人合,而区区同异,亦无庸置辨矣。

管赞程曰：自"道之外"至此为一章,严辟释氏而兼及于仙,以佛之害大也。

张绍价曰：佛氏有见于心,无见于性。吾儒以理之实者为性,佛氏以气之灵者为性。吾儒千言万语,皆以发明义理之性。佛氏千言万语,皆以发明灵觉之心。其相似处,正是大相反处,故曰"本领不是,一齐差却"。知其本领之所以差,则近理之言,自不至为所惑矣。

又曰：吾儒致中以立大本,正所以涵养天命之性也。未发时虽无义理条件,却有义理本源。存者存此,养者养此而已。儒者静中工夫,全是一段敬畏之心。释氏以理为障,只要葆固灵慧,向无相光中常自在,将义理根源,全行斩断,与吾儒戒慎恐惧之意,相去天渊。此处一差,则无往而不差矣。价按,自"明道先生曰道之外无物"至此为一段,以心性心迹心气,辨佛、老近理惑人之说之差。

12. 横渠先生曰：[一]释氏妄意天性,而不知范围之[二]用,反以六根之微因缘天地,明不能尽,则诬天地日月为幻妄,[1]蔽其用于一身之小,溺其志于虚空之大,此所以语大语小,流遁失中。[2]其过于大也,尘芥六合；其蔽于小也,梦幻人世。谓之穷理,可乎?[3]不知穷理而谓之[三]尽性,可乎? 谓之无不知,可乎?[4]尘芥六合,谓天地为有穷也；梦幻人世,明不能究其[四]所从也。[5]

[集校]

[一]《张解》本无"先生"二字。此条今见《正蒙·大心篇第七》,无"横渠先生曰"五字。

[二]"天",一作"之"。(《李解》)"天用"之"天",杨、叶本并作"之",吕本作"天",注"一作之"。(《茅注》)按,"之",《叶解》元刻本、吴邦模刻本、

《张传》本、《李解》本、《茅注》本、《正蒙·大心篇第七》作"天"。

　　［三］《张传》本、《正蒙·大心篇第七》无"之"字。

　　［四］"究"下,《正蒙·大心篇第七》无"其"字。

[集注]

　　［1］叶解:范围,犹裁成也。圣人尽性,故能裁成天地之道。释氏乃欲识性,而不知范围之用,则是未尝知性也。谓六根悉本天地,六根起灭,无有实相,天地日月等为幻妄。

　　张解:言释氏缘不知性而沦于虚无幻妄也。……其诬甚矣。

　　茅注:天性,谓天体也。……天用,即化育也。

　　［2］叶解:厌此身之小,则蔽其用而不能推。乐虚空之大,则溺其志而不能反。故其语大语小,展转流遁,皆失其中。

　　茅注:用周乎事物,而彼则蔽于一身之小;志贵于笃实,而彼则溺于虚空之大。

　　［3］茅注:人世之事何一非身之所当尽,而彼直视为梦幻,所以明蔽其用于一身之小。

　　［4］叶解:上下四方为六合。谓六合在虚空中,特一微尘芥子耳,所以言虚空之大。一切有为法,如梦幻泡影,所以言人世之微。此皆不能穷理尽性之过。

　　［5］杨注:《正蒙》,下同。

　　叶解:佛说谓虚空无穷,天地有穷,人世起灭,皆为幻妄,莫知所从来也。

　　张传:朱子诗云:"西方论缘业,卑卑喻群愚。流传世代久,梯接凌空虚。顾盼指心性,名言超有无。捷径一以开,靡然世争趋。号空不践实,踬彼榛棘途。谁哉继三圣,为我焚其书!"此诗"号空不践实"一言,正中其弊。释氏虽谓尘芥六合,六合何尝尘芥乎? 虽欲梦幻人世,人世何尝梦幻乎? 人莫大焉,无亲戚君臣上下,是彼之罪,实有可诛。彼之言全无可据,所谓"号空不践实"也。此朱子所以欲焚其书乎!

　　茅注:"明不能究其所从",言彼之明不能究其所从来,故以人世为梦幻耳。

[集评]

　　薛瑄曰:释子尘芥六合。然六合无穷,安得尘芥之? 梦幻人世。然人世皆实理,安得梦幻之?(《读书录》)

　　张伯行曰:夫道虽无形,实不外于气。朱子尝云"须是有此气方能承当得此理,若无此气,则此理如何安顿可见"。故道无穷,气亦无穷,乌得谓天地为有穷哉?释氏尘芥六合,谓虚空无穷,天地有穷,则是离道于气而溺其志于虚空之大矣。人身之在世,伦常日用聚散死生,其所从来皆道之所为,本非小也。释氏梦幻人世,则视身为无,如梦寐幻妄,不能究其所从来,岂非蔽其用于一身之小乎?总缘不知所谓性,故其说之荒诞若此。而世有高明者,且多惑溺其中,亦于理有未穷而已,苟非辟之,何以入道哉!

张绍价曰:诚者物之终始。诚,实理也。阴阳合散,无非实者,六合人世,皆实理所弥纶。语大莫载,此实理也;语小莫破,此实理也。实理天命之性也,圣人穷理尽性,故能范围天地之化。释氏于天性,妄意之而已,故不知范围之用。以六根之微,区区之见,窥测天地,诬天地日月为幻妄,谓一切皆空,一身之用,尚有所蔽,而不能推,溺其志于空虚。语大则尘芥六合,语小则梦幻人世。一言以蔽之,不能穷理而已。不能穷理,则不能尽性。谓天地为有穷,不知人世所从来。尘芥焉,梦幻焉,此其所以妄意天性,而不知范围天地之用也。

佐藤一斋曰:释氏億度天命之性,认为真空,而不知有范围裁成之道,反认形气以谓,"六根之微因缘天地"。盖其明不能尽理,不知气之有理,则遂并天地日月,亦归之幻妄,可谓诬甚矣。(笔者按,一斋所言较叶采分明。)

13.　[一]大《易》不言有无。言有无,诸子之陋也。[1]

[集校]

[一]《张解》本有"横渠曰"三字。此条今见《正蒙·大易篇第十四》。

[集注]

[1]叶解:《易》曰:"一阴一阳之谓道。"盖阴阳之运,其所以然者,即道也。体用相因,精粗罔间,不可以有无分。后世异端见道不明,始以道为无,以器为有。有者为幻妄,为土苴。无者为玄妙,为真空。析有无而二之,皆诸子之陋见也。

张传:不识所指,不敢妄论。"易有太极","神无方,易无体",《系辞》之言也。

茅注:《系辞》传云:"形而上者谓之道,形而下者谓之器。"夫形而上、下者皆谓之形,则其不得以道与器分有形无形明矣。而孔氏《正义》乃以道为无,以器为有,且曰:"《易》理备,包有无,而《易》象唯在于有。"盖自王弼祖述老庄,以"有无"论《易》,而孔氏专主王注,故其说云然。张子之言,盖为此而发。问:"释氏之无与老氏之无,何以异?"曰:"老氏仍是有,如所谓'无欲观其妙,有欲观其徼'是也。释氏则以天地为幻妄,以四大为假合,则是全无也。"……按,此条《易说》中亦有之。

江注:朱子曰:"周子云'无极而太极'。周子之言有无,以有无为一;老氏之言有无,以有无为二。"永按,《易》不言有无,谓不言无也。《易》谓"易有太极",是只言有耳。程子尝云:"圣人作《易》,未尝言无,惟'无思也,无为也',此戒夫作为也。然下即曰'寂然不动,感而遂通天下之故',是动静之理,未尝为一偏之说。"此《易》不言无也。老子云:"万物皆生于有,有生于无。"庄子又推言之曰:"有有也者,有无也者,有未始有无也者,有未始有夫未始有无也者。"诸子之言之陋如此。

[集评]

问横渠"言有无,诸子之陋也"。曰:无者无物,却有此理。有此理则有矣。老氏乃曰"物生于有,有生于无"。和理也无,便错了。(《语类》卷九十八)

茅星来曰:王弼、何晏祖述老庄,崇尚虚无,朝野慕效,皆乐任放,废职业。裴𫖯著《崇有论》以释其蔽,此所谓"言有无"者也。后世学者,非穷深极微而入于无,则浅陋固滞而溺于有,异学俗学之弊实源于此。张子所以示人求道之方,莫切于此,读者详之。

汪绂曰:"大《易》不言有无"一语,非知《易》者不能道。

张绍价曰:《易》言形上形下,而不言有形无形。盖器有成毁,可以有无言,而道不可以有无言也。气有聚散,可以有无言,而理不可以有无言也。虚空之中,无非道之所充周,理之所布濩,可以谓之无乎？老氏谓"万物生于有,有生于无"。以器为有,以道为无,以气为有,以理为无,判道器而二之,判理气而二之,陋见也。

14. [一]浮图[二]明鬼,谓有识之死[三],受生循环,遂厌苦求免,可谓知鬼乎?[1]以人生为妄见[四],可谓知人乎?[2]天人一物,辄生取舍,可谓知天乎?[3]孔孟所谓天,彼所谓道,惑者指"游魂为变"为轮回,未之思也。[4]大学当先知天德,知天德则知圣人、知鬼神。今浮图剧[五]论要归,必谓死生流转,非得道不免,谓之悟道,可乎?[5](旧注:悟则有义有命,均死生,一天人,推知昼夜,通阴阳,体之无二。)[6]自其说炽传中国,儒者未容窥圣学门墙,已为引取,沦胥其间,指为大道。[7]乃其俗达之天下,致善恶、知愚、男女、臧获,人人著信。[8]使英才间气,生则溺耳目恬习之事,长则师世儒崇[六]尚之言,[9]

遂冥然被驱,因谓圣人可不修而至,大道可不学而知。故未识圣人心,已谓不必求其迹;未见君子志,已谓不必事其文。[10]此人伦所以不察,庶物所以不明,治所以忽,德所以乱。[11]异言满[七]耳,上无礼以防其伪,下无学以稽其弊。[12]自古诐、淫、邪、遁之辞,翕然并兴,一出于佛氏之门者已[八]五百年。向[九]非独立不惧,精一自信,有大过人之才,何以正立其间,与之较是非,计[十]得失哉![13]

[集校]

[一]《张解》本有"横渠曰"三字。此条今见《正蒙·乾称篇第十七》。

[二]"图",《张传》本、《正蒙·乾称篇第十七》作"屠",下同。

[三]"死",江误"鬼"。(《冯记》)王、吴本"死"作"鬼",《正蒙》作"有识之死",《遗书》、阴本、洪本同,从之。(《王记》)"有识之死",江本作"鬼"。(《考异》)按,"死",《江注》本及其四库抄本作"鬼"。

[四]按《正蒙》,"人生为妄见"之"见"字,当衍。(《星湖书》)

[五]"剧",原书作"极"。(《茅注》)按,《正蒙·乾称篇第十七》作"极"。

[六]"崇",《正蒙·乾称篇第十七》作"宗"。

[七]"满",叶本作"入"。(《茅注》)"满",叶作"入"。(《冯记》)"异言满耳",叶本作"入"。(《考异》)"异言入耳",吕本"入"作"满"。(《异同考》)按,《叶解》元刻本及其四库抄本、《张解》本作"入"。

[八]"已",叶、吕本并作"千",吕注"一作已"。(《茅注》)"已",叶误"千"。(《冯记》)"千五百年",《遗书》本"千"作"已";家塾本"千"下注"一作已"。(《异同考》)按,"已",吴邦模刻本、《张解》本、《叶解》四库抄本、《江注》本及其四库抄本、《正蒙·乾称篇第十七》作"千"字。据《茅注》考证,作"已"较妥。

[九]"向非独立"之"向"作"自"。(《星湖书》)按,"向",《正蒙·乾称篇第十七》作"自"。

[十]"得失"上,《杨注》本无"计"字;《叶解》元刻本、吴邦模刻本、《茅注》本、《江注》本及其四库抄本、《正蒙·乾称篇第十七》等有"计"。

[集注]

[1]叶解:精气聚则为人,散则为鬼。散则渐灭就尽而已。释氏谓神识不散,复寓形而受生,是不明鬼之理也。

茅注:有识之死,谓人虽死而神识不散也。厌苦求免,谓欲脱离生死也。

〔2〕叶解：人生日用，无非天理之当然。释氏指为浮生幻化，岂为知人乎？

茅注：气聚而人以生，此实理也。佛氏指为浮生幻化，是以人生为妄见也。

〔3〕叶解：天人一理，今乃弃人事而求天性，岂为知天乎？

茅注：日用云为，人事也，然莫非天理之当然。而佛氏断除一切，见性成佛，是欲舍人事而求天理也。

〔4〕杨注：阴阳、昼夜、生死、往来，道之常也。以悟道则可以免死生流转，岂不惑哉？

茅注：此以下申明上三节之意。徐氏曰："由太虚有天之名，由气化有道之名。孔孟所谓天，本谓道之所从出。而佛氏直认太虚为道，于是屏弃一切人事，别求了悟，此所以不知天与人也。《易》言'游魂为变'，是气之散而为鬼。今佛氏以变为轮回，此所以不知鬼也。""游魂为变"，见《易·系辞上传》。愚按，陈氏无己，有"游魂为变"为轮回之说，张氏讥之是也。然张子以"物溃反原"解"游魂为变"，亦有轮回之弊，所以见非于程子也。

江注：孔子答宰我鬼神之问云："骨肉毙于下，阴为野土；其气发扬于上，为昭明。焄蒿、凄怆，此百物之精也，神之著也。"是即"游魂为变"之说也，指为轮回，惑矣！

价解：张子曰"由太虚有天之名"，语殊未融。张子之意，本以理言，而谓之太虚，则似止以气言，故朱子谓其以太虚太和为道体，却只是说得形而下者也。孔、孟言天，有以气言者。今夫天斯昭昭之多是也，有以理言者，获罪于天，无所祷也。知其性则知天是也。气可以虚言，理不可以虚言，此处孔孟所谓天，彼所谓道。天字正指太虚，以气言也。若以理言之，则天者理之所从出。道之大原出于天，孔孟所谓天，与释氏所谓道，迥不相同。张子之说，犹未免言气而遗理也。

〔5〕叶解：当生而生，当死而死，是则有义有命。生死均安，何所厌苦？天人一致，何所取舍？知昼夜，通阴阳，则知死生之说，何所谓轮回？

张解：此张子历举佛说之诬并其流弊言之，欲学者崇正辟邪而断然不惑也。……孔孟所谓天，溯道之所从来也；释氏直以天为道，而不复修人事。其惑之甚者，指"游魂为变"为轮回受生之说，尤为未之思也。《大学》当先知天德，知天德则因以知圣人、知鬼神。如此，方谓之知道。今释氏之极论，必谓死生流转，非得道者不免。夫道以免轮回，非率性之道矣，谓之能悟道可乎？……甚矣，释氏之诬也！

〔6〕茅注：要，平声。大学，指儒者之学而言。天德，即天道之本然者，如下文所谓死生、天人、昼夜、阴阳之类皆是。剧，甚也，原书作"极"。要归，要领指归也。知天德，则知天理不外于人事，而辄生取舍者，非矣。知圣人，则知日用伦常，无非实理之当然，而以人生为妄见者，非矣。知鬼神，则知屈伸往来，无非感应之自然，而以受生循环厌苦求免者，非矣。必以知天德为先者，盖圣人、鬼神无非天德故也。义当尽之于己，如所谓知天知人是也。命则听之于天，如所谓生死是也。体之无二，言以昼夜阴阳之理体验之，而死生天人之理无有二也。无二，即所谓均与一也。朱子曰："老氏欲保全其身，意思多；释氏又全不以其身为事，自谓别有一物，不生不灭。欧公尝言'老氏贪生，释氏畏死'。其说亦好。"又曰："儒者以理为不生不灭，释氏以神识为不生不灭。"

价解：大学当先知天德，天德即天命之性，率性之道。知天德，则圣人之所以为圣人，鬼神之所以为鬼神，均灼然无疑矣。今释氏谓人自有生以来，识神用事，念念迁移，流转不停，便是轮回种子，必闭关习静，灭尽念虑，万缘皆空，将无始劫来，前尘妄想，一齐顿断。觅得真心真性，然后可以得道，超出轮回，是不知天德也，谓之悟道，可乎？

〔7〕茅注：炽，盛也。沦，《尔雅》"率也"，疏云："谓相牵率"。胥，相引也，一曰沦陷也。

〔8〕茅注：知，音智。著，直酌反。臧获，说见第六卷。

〔9〕茅注：间，去声。恬，徒兼反。长，张丈反。恬，安也。

〔10〕茅注：迹，谓有迹之可见者，凡言行之类皆是。

〔11〕叶解：世儒于圣门未有所见，而耳目习熟固已陷溺于异端，乃谓不假修为，立地成佛，不立文字，教外别传。不修而至，故谓"不必求其迹"。不学而知，故谓"不必事其文"。

茅注：衰乱每由于怠忽，故谓乱为忽。见《书·益稷》篇。

〔12〕茅注：上无礼，则法度不立，故无以防其伪；下无学，则不知是非，故无以稽其弊。

朴履坤曰：稽其弊，按《韵会》："稽，留止也。"恐是止止之意也。

〔13〕杨注：横渠《正蒙》曰："诡服异行，非修先王之礼，何以防其伪？邪说异教，非通圣人之学，何以稽其弊？"

茅注：此条按《宋文鉴》，则《与吕微仲书》也。愚按，佛法自汉明帝永平十年入中国，至宋康定、庆历间，共九百十馀年。然初亦未甚盛，直至梁普通七年达摩入来,不立文字直指人心,其说始大行,至此仅五百四十馀年。云"五百"者,举大数也,并无千五百年。或谓汉武故事,昆邪王杀休屠王来降,得其金人之神,置之甘泉宫。而刘向《列仙传》谓七十四人已在佛经,则是佛入中国始于汉武,至成、哀间已有经矣。后人承牟子、范晔之讹,故云佛法始于明帝,其实非也。愚谓,政使有之,而魏晋间士大夫未闻有宗其教者,如何可以为一出于佛氏之门耶?且武帝至此亦无千五百年,故断从"已"字为得。朱子曰:"佛氏所谓三身者,法身,释迦之本性也;报身,释迦之德业也;肉身,释迦之真身而实有之人也。今遂分为三身而骈列之,则既失其指矣。而道家之徒又仿此而为三清,昊天上帝反居其下,悖戾僭逆,莫此为甚。"又曰:"佛书如《四十二章》、《遗教》、《法华》、《金刚》、《光明》之类,其所言者不过清虚缘业之论,神通变见之术而已。及其中间为其学者,如惠远、僧肇之流,乃始稍窃庄、列之言以相之。然犹未敢正以为出于佛之口也,至其久而耻于假借,则遂显然篡取其意,而文以浮图之说。如《楞严》所谓'自闻'即庄子之意,而《圆觉》所谓'四大各离,今者妄身当在何处',即《列子》所谓'精神入其门,骨骸反其根,我尚何存'者也。凡若此类,不可胜举。然其说皆萃于书首,其玄妙无以继之,然后佛之本真乃见。如结坛、诵咒、二十五轮之类,以至于大力金刚、吉盘荼鬼之属,则其粗鄙俗恶之状,与书首所言判然矣。《楞严》本只是咒语,后来房融添入许多道理说话。咒语想亦浅近,但其徒恐译出则人易之,故不译。所以有咒者,盖浮图居深山中有鬼神蛇兽为害,故作咒以禁之。缘他心灵,故能知其性情,制御得他,咒全是想法。西域人诵呪,如叱喝,又为雄毅之状,故能禁伏鬼神。"

[集评]

陈埴曰:凡古书言天处,皆指理而言,非但谓苍苍者。凡古书言道处,皆主物而言,非但谓空空者,故横渠以太虚气化释之。凡说性处,虽主气,必带理。此皆古人制字之深意,当作如是看。

张习孔曰:浮屠剧论要归,谓必生死流转,非得道不免。其曰生死流转者,谓人死于此,又受生于彼,惟得道则死而不受生,可免流转之苦也。夫轮回之事,吾不得而见之,亦不得而论之。若夫求免之说,则大谬矣。开辟至今,全赖斯人以扶持世道,苟皆求免而去,世宙何赖焉?是求免者,固非吾所愿也。若谓人苟为恶,则入于虫畜之属,永脱生死,则免此矣,故汲汲求之。若然,则当不为恶以免虫畜可也,求免生死不可也,况又未必能求而免乎?此先生斥其未尝悟道也。

张伯行曰:佛教自汉明帝入中国,至梁武、唐宪则俗益炽盛,达之天下矣。儒者未得容其窥圣学之门墙,已为佛说引取,沦胥其间。遂指其说为大道,迷而不悟,致使天下从风,人人著信而不疑。纵有英才间出,生则溺于耳目恬习之事,长则惑于俗儒崇尚之言,冥冥昏昏,被其驱率。……此人伦庶物所以不明不察,而治所以滋忽,德所以日乱也。诡诞之言,洋溢人耳。上之司治者,不修先王之礼,则无以防其伪;下之为士者,非通圣人之学,则无以稽其奸。使诐淫邪遁之辞,翕合兴起,皆出佛氏之门。盖千五百年于兹,文人名士,胸无主见,往往陷溺其中。即稍稍不惑者,亦不能辨析毫厘,正言显斥佛说之害人久矣。自非独立不惧,精一自信,而有大过人之才识者,何以卓然立于邪说横行之日,而与之较其是非,计其得失哉?辟异端而崇正学,乃吾儒之责,此张子所为惓惓也夫!

汪绂曰:明道、横渠都曾泛滥于彼家搜索过。朱子亦看过佛经,故其辨之者最为明切。韩昌黎则想未深看佛经,故其所以辨之者,亦只辨得他粗浅一层。至于与大颠言而谓其颇能外形骸,则是已几为所动矣。要其心体本好,故尚能守得定,自是豪杰之士。

管赞程曰:自"横渠先生曰"至此为一章,亦严辟释氏,而兼及诸子焉。

张绍价曰:天以阴阳五行之气,生人生物,而理亦赋焉。所谓性也,率是性而行之,即道也。道者日用事物之实理,气聚为人,而此理在人身;气散为鬼,则此理远之天地,非人之所得私矣。释氏谓人死之后,识神复去受生,是不知既散不能复聚也,可谓之知鬼乎?以人生为妄见,是不知实理之在人也,可谓之知人乎?舍人取天,分天人为二物,可谓之知天乎?总之不知道而已。孔孟所谓天,彼所谓道,天为太虚,道为实理。彼以虚空为道,故不知天与人也。佛氏有轮回之说,论者以"游魂为变"当之,不知《易》大传所言,乃谓魂游魄降,散而为变,乃鬼之归,非谓人死为鬼,鬼复为人也。

又曰:自释氏之说盛行中国,下者惑于祸福,"或徼寿禄子孙于弋获,或觊富贵利禄于他生"。高者溺于空虚,单超直指,立地顿悟,一超真入如来地,得其道,便可脱离轮回,跳出阴阳,一切有为,皆是幻妄。故圣人可不修而至,大道可不学而知,圣人之迹,可以不求,《六经》之文,尽是糟粕,转转差互,流祸无穷。苟非独立不拘,精以辨似是之非,一以守吾道之正,乌能不为所惑乎?此节极言佛氏之说,近理惑人,为害最甚,以回应首章。以"圣人可不修而至"二句,起下卷之意。价按,自"横渠先生"至此为一段,以天人有无心迹,辨佛、老近理惑人之说之差。

李瀷曰:自佛法入中国至横渠之世,不满千岁,况汉明之时始有此教,而岂至于翕然并从耶?今云"千五百年"则错。

《近思录》卷之十四
凡二十六条

圣 贤 气 象

[集评]

朱子曰：凡人须以圣贤为己任。……然圣贤禀性与常人一同。既与常人一同，又安得不以圣贤为己任。(《语类》卷八)

叶采曰：此卷论圣贤相传之统，而诸子附焉。断自唐虞尧舜，禹、汤、文、武、周公，道统相传，至于孔子。孔子传之颜、曾，曾子传之子思，子思传之孟子，遂无传焉。于是楚有荀卿，汉有毛苌、董仲舒、扬雄、诸葛亮，隋有王通，唐有韩愈，虽未能传斯道之统，然其立言立事有补于世教，皆所当考也。逮于本朝，人文再辟，则周子唱之，二程子、张子推广之，而圣学复明，道统复续，故备著之。

李光地曰：性理之学，至宋而明。自周、程授受，粹然孔、孟渊源。同时如张、如邵，又相与倡和而发明之，从游如吕、如杨、如谢、如尹，又相与赓续而表章之。朱子生于其后，绍述周、程，参取张、邵，斟酌于其门弟子之同异是非。然后孔孟之指，粲然明白，道术一归于正焉。(《性理精义·凡例》)

刁包曰：孔子之道，天下万世所共由也。使非颜、曾、思、孟，羽翼于前，天下万世，何由而知有孔子之道乎？使非周、程、张、朱，表章于后，天下万世，何由而知有孔子之道乎？然则孔子之道，得此九人者而后晓然于天下万世。若曰吾自有捷径，而不必于周、程、张、朱也。吾不知周、程、张、朱而外，岂别有所谓颜、曾、思、孟乎？吾不知颜、曾、思、孟而外，岂别有所谓孔子乎？入手一差到底无得手处，学者慎之。

施璜曰：首卷论道体，要人先识个大头脑，则为学庶乎其不差；末卷论圣贤，要人识个大模范，则为学有所持循，卓然成立真人品。故自尧、舜以至朱子集周、程之大成，圣贤之渊源，支派具在焉。盖圣人即天地也，扬子云

"观乎天地则见圣人",程子曰"不然,观乎圣人则见天地"。诚以圣人之心,如天地造化生养万物而不尸其功,故圣人之德无所不盛。古之称圣人者,自其尤盛者而言之,尤盛者见于所遇也。其次则是贤人,学者必识圣贤之体,圣人犹化工也,贤人犹巧工也。圣人愈自卑而道自高,贤人不高则道不尊。此圣贤之分也。熊澧川先生曰:全体浑成无一毫亏欠,大用流行无一毫息间断者,圣人也。全体立而微有亏欠,大用行而微有间断者,大贤也。体具而多亏欠,用著而多间断者,贤者也。若众人则无所为用之发,而并不知所为体之存矣。盖圣人之身,天地万物之身;圣人之心,天地万物之心。故欲为圣贤之学者,必于身心上用功,且天下道理只在身心,身心之外无第二物,反求之外无第二事,何其约也。总之,圣贤之心,正大光明,洞然四达,故能春生秋杀,过化存神,而莫知为之者。学者须识得此气象而求之,庶无差失矣。

张绍价曰:朱子曰"此卷圣贤气象"。价按,此卷以性之反之为主,以学圣人为总旨,以道德为分意。体似顺纲,首四节为纲,下分二目以应之。

钱穆曰:中国儒学最要是在如何作人。道释两家亦然。惟道家偏主隐退,释氏偏主出世,而儒家则修齐治平主要在做一圣贤。……学圣贤,非可依其时依其位学其行事,如知学其气象,则庶可有入德之门,亦可期成德之方矣。然所谓圣贤气象究何指,则不如阴晴晦明之易见易知。能依此目所言反之身,求之心,则亦近在一己身心之内,庶可俯仰而自得,亦可朝夕于斯而日进无疆矣。此为有宋理学家一绝大新发明。(《随劄》)

泽田希曰:此卷备论古今圣贤,盖周、程、张子之学,即二帝、三王、孔、曾、思、孟相传之道。而孟子以降,及宋鸣于一世之诸贤,虽未能关斯道之统,然亦皆得其一体,而莫非圣学门庭焉!故于终篇具载悉录,所以著明此书一部之渊源旨趣也。其意盖本乎《语》、《孟》之末,历叙群圣云尔。

1. 明道先生曰:[一]尧与舜更无优劣,及至汤武便别。孟子言"性之""反之",自古无人如此说,只孟子分别出来,便知得尧舜是生而知之,汤武是学而能之。[1]文王之德则似尧舜,禹之德则似汤武。要之皆是圣人。[2]

[集校]

[一]《张解》本无"先生"二字。此条今见《河南程氏遗书》卷二上《元丰己未吕与叔东见二先生语》,无"明道先生曰"五字。

[集注]

[1] 杨注：伯昺据晦翁曰："性之者，得全于天，无所污坏，不假修为，圣人至也。反之者，修为以复其性，而至于圣人也。"

[2] 杨注：《遗书》，下同。

叶解：性之者，生而知之，安而行之，天性浑全，不待修习者也。反之者，学而知之，利而行之，修身体道，以复其性者也。文王"不识不知，顺帝之则"，盖亦生知之性也。禹"克勤克俭，不矜不伐"，盖亦学能之事也。

张解：此综论尧、舜、禹、汤、文、武，以为圣人之准，非品第其优劣也。尧曰"钦明"，舜曰"浚哲"，史称"重华协于帝"，其无优劣明矣，及至汤、武不无稍别。然自古未有以定之者，直到孟子以尧舜为"性之"，以汤武为"反之"，分别出来。后人方知有生与学之别。盖……尧舜不失其性，汤武善反其性，别而究未尝别。文王之德之纯，"不识不知，顺帝之则"，则亦生知之性也，故曰"似尧、舜"。夫子之赞禹曰"无间"，其明德远矣，顾得精一执中之传，而为尧舜之见知，且其克勤克俭，不矜不伐，则亦学而能之，以复其性者，故曰"似汤、武"。要惟圣人为能尽其性，性无不尽，则初虽有安勉之分，及其成功一也，故曰"皆是圣人"。然则尽"反之"之功，以全"性之"之理，其能无望于行法俟命之君子乎！

江注：朱子曰："尧舜天性浑全，不假修习。汤武修身体道，以复其性。""以《书》观之，汤毕竟反之之功极细密，如'以义制事，以礼制心'等语。又自谓'有惭德'，觉多不是。往往自此益去加功，如武王大故疏，其数纣之罪，辞气暴厉，如汤便都不如此。"

价解：武王反之之功，在丹书敬义数语。敬胜怠，即以礼制心也。义胜欲，即以义制事也。孟子称其"不泄迩，不忘远"，故同为反之之圣人。惜其所以致功者，不见于书耳。

[集评]

朱子曰：圣人之心，不曾有个起头处。"尧舜性之"，合下便恁地去，初无个头。到"汤武反之"，早是有头了，但其起处甚微。五霸则甚大。(《语类》卷六十)

朱子曰：程子论尧、舜、禹、汤、文、武，非其学臻圣域，则孰能及此乎！(《李解》)

张习孔曰：圣人如此差等者，是生质禀受之不同。修为之功，当无异也。

张绍价曰：此节以"学而能之"及"皆是圣人"二句，承上卷末节之意，领起通篇。

钱穆曰：明道承孟子意,把汤武与尧舜分别了。其实细读《论语》,孔子已先有此分别,但孔孟皆不分别在其事功上。……其所分别,则只在气象上。……宋儒提出气象二字来分别圣贤,气象本属天,人人可知。但以言人文,则似无可指说。气象两字从《周易》来,对中国文化精神却有大意义存在其中。(《随劄》)

2.[一]仲尼,元气也;颜子,春生也;孟子,并秋杀尽见。[1]仲尼无所不包;颜子示“不违如愚”之学于后世,有自然之和气,不言而化者也;孟子则露其材[二],盖亦时然[三]而已。[2]仲尼,天地也;颜子,和风庆云也;孟子,泰山岩岩之气象也。观其言,皆可见之矣。[3]仲尼无迹,颜子微有迹,孟子其迹著。[4]孔子尽是明快人,颜子尽岂弟,孟子尽雄辩。[5]

[集校]

[一]《张解》本有“明道曰”三字。此条今见《河南程氏遗书》卷五。

[二]“材”,江从《遗书》改“才”。(《冯记》)按,《李解》本、《江注》本及其四库抄本、《河南程氏遗书》卷五作“才”。

[三]“然”,《遗书》注“一作焉”,江改“焉”。(《冯记》)“时然而已”,江本作“焉”。(《考异》)按,“然”,《江注》本及其四库抄本作“焉”。

[集注]

[1]叶解：夫子大圣之资,犹元气周流,浑沦溥博,无有涯涘,罔见间隙。颜子亚圣之才,如春阳块北(按,“块北”《四库》抄本作“盎然”),发生万物,四时之首,众善之长也。孟子亦亚圣之才,刚烈明辩,整齐严肃,故并秋杀尽见。

张解：此反覆形容圣贤气象,欲人潜心体认,反求诸己而学之也。夫子阴阳合德,不刚不柔,太和充满,众理渊涵,如一元之气,浑沦溥博,自然而然,无二无间,此圣不可知者也。颜子则亚圣之资,盎若春阳,蔼若春风,万物发荣滋润,到处皆有生意,如言而无所不说,进而未见其止,即其验也。孟子亦亚圣之才,而有刚明果毅,整齐严肃之意,如诸侯不往见,管晏不肯为,所谓“并秋杀尽见”者,亦于此验也。

李解：元气,太和之气,周流四时也。春生,则微露其发育之机。并秋杀尽见,则悉著其敛肃之象。朱子曰：“并秋杀尽见,以春生为主而兼举之也。"

茅注：见，音现。

[2]叶解：夫子道全德备，故无所不包。颜子不违如愚，与圣人合德，后世可想其自然和气，嘿而成之，不言而信者也。孟子英材发越，盖亦战国之时世道益衰，异端益炽，又无天子主盟于其上，故其卫道之严，辨论之明，不得不然也。

张解：元气贯通乎四时，则无所不包，此仲尼之道全德备，非一善可名者也。春意发生，则有自然之和气，此颜子之"不违如愚"，与圣人合德，令后世可以想见，默而成之，不言而信者也。秋爽气清，高旷轩朗，此孟子之英气发越，为露其才，盖亦战国之时，异端滋炽，又无夫子主盟其上，故其卫道之严，距邪之力，不得不然者也。

李解：道全德备，故无所不包。和气，即春生之气。不言而化，谓推以及物，不待言而人自化之也。朱子曰"时然而已"，恐是战国风气所致。或恐更有时既无人不得不自任之意，或说秋杀气象，不常如此，盖有时而或见之也，未知孰是。

茅注：问："孟子露其材，盖亦时然而已。岂孟子亦有战国之习否？"朱子曰："亦是战国之习。如三代人物自是一般气象。《左传》所载春秋人物又是一般气象，战国人物又是一般气象。"

[3]叶解：天地者，高明而博厚也。和风庆云者，协气祥光也。泰山岩岩者，峻极不可逾越也。

张解：何以拟之？仲尼之"无所不包"，其天地之无不持载，无不覆帱者乎！颜子得天地自然之和，其和风庆云之协气祥光乎！孟子得天地清刚之气，而发见呈露，其泰山岩岩气象，峻极而不可逾越者乎！今《语》、《孟》之言具在，学者读其书，想见其为人，可信其不诬已。

[4]叶解：夫子浑然天成，故无迹。颜子"不违如愚"，本亦无迹，然为仁之问，喟然之叹，犹可窥测其微。至于孟子，则发明底蕴，故其迹彰彰。

张解：天地无心而成化，虽日发育万物，人莫得窥其迹者也。仲尼之一理浑然，泛应曲当，如是焉已。风云变化，虽不知其所以然，而微有迹可见，如颜子为仁之问，喟然之叹，庶乎可以窥测其微也。泰山岩岩，壁立万仞，其中景物，昭布森列，如《孟子》一书，发挥透露，不留馀蕴，其迹著明也。

李解：浑然天成，从容中道，是以无迹；博文约礼，稍示进修之端，则微有迹矣。知言养气，尽彰德业之盛，则其迹著矣。朱子曰："孟子明则动矣，未变也。颜子动则变矣，未化也。"

　　[5] 杨注：伯嵒据，上蔡先生曰："人之气禀不同。颜子似弱，孟子似强。颜子具体而微，所谓具体者，合下来有恁地气象，但未彰著耳。微，如知微、知彰之微。孟子强勇，以身任道，所至王侯分庭抗礼，非孟子恁地手脚也撑拄此事不去。虽然，犹有大底气象，未能消磨得尽。不然，藐大人等语言不说出来。"

　　叶解：夫子"清明在躬"，犹青天白日，故极其明快。颜子"有若无、实若虚，犯而不校"，故极其岂弟。孟子"息邪说、讵诐行、放淫辞"，故极其雄辨。

　　张解：大抵圣贤所造，非学者可及。"孔子尽是明快人"，明者，心无渣滓，人欲尽而天理见也；快者，心无系累，万物一体而因物付物也。所谓气质清明、义理昭著，廓然大公，物来顺应是也。"颜子尽岂弟"，岂，和乐也。弟，谦逊也。有若无，实若虚，犯而不校，无伐善，无施劳皆是也。"孟子尽雄辩"，息邪说、距诐行、放淫辞，以至陈贾、淳于髡之徒，排击剖割，息其喙而后止，可谓雄矣。

　　李解：岂弟，音恺悌。不思而得，明之至也。不勉而中，快之至也。"岂弟"者，春生之仁之所形。"雄辩"者，秋杀之义之所发。

　　江注：问："颜子之微有迹处。"曰："如'愿无伐善，无施劳'皆是。若孔子无迹，只是人捉摸不着。"问："孟子露其才，时焉而已。或曰非常如此，盖时出之耳，或曰战国之习俗如此，或曰世衰道微，孟子不得已耳。三者孰是？"曰："恐只是习俗之说较稳。大抵自尧舜以来，至于本朝，一代各自是一样气象不同。"

　　朴履坤曰：岩岩，《诗》注：积石貌。岂弟，《诗》注：岂乐弟易也。

[集评]

　　问"颜子春生，孟子并秋杀尽见"。曰：仲尼无不包，颜子方露出春生之意，如"无伐善，无施劳"是也。使此更不露，便是孔子。孟子便如秋杀，都发出来，露其才。如所谓英气，是发用处都见也。又曰：明道下二句便是解上三句。独"时焉而已"难晓。（《语类》卷九十六）

　　叶采曰：此段反复形容大圣大贤气象，各臻其妙。古今之言圣贤，未有若斯者也，学者其潜心焉。

　　张习孔曰：孟子师道也，颜子弟道也。孟子若得亲受业于孔门，与诸弟并肩，其气象或又不如此。

　　张伯行曰：由是观之，圣人全体太极，颜子得仁意思多，孟子得义意思多。学者苟能会观而体认之，则士希贤，贤希圣，圣人洵可学而至也。岂徒深仰止之思已哉？

陈沆曰：惟圣贤能知圣贤。观明道形容孔、颜、孟子处，直是神会默契，岂言语揣仿所能者耶？

汪绂曰：颜子语不多见，而周子称其能发圣人之蕴，程子称其为"和风庆云"。今只想不违如愚气象，即无伐无施，喟然叹曰等章，则圣人之蕴，固惟颜子发之而教后世无穷矣。

钱穆云：此条观圣贤气象，古人少言，明道始提出。其实此中甚包道家味，亦兼含佛家味。理学家亦求兼容并包，学孔子天地气象。濂溪、明道若近颜子之微有迹，故后起理学家群尊之。伊川若近孟子泰山岩岩之气象，故每启后起理学家之争。实则明道之后不得不出有伊川，正犹颜子之后不得不出有孟子，此皆明道之所谓时然也。（《随劄》）

3.［一］曾子传圣人学，其德后来不可测，安知其不至圣人？如言"吾得正而毙"，且休理会文字，只看他气象极好，被他所见处大。后人虽有好言语，只被气象卑，终不类道。[1]

［集校］

［一］"曾子"上，《张解》本有"明道曰"三字，《茅注》本有"伊川先生曰"五字。此条今见《河南程氏遗书》卷十五，题下注"伊川先生语"，《入闽语录》题下注云"或云：明道先生语"。

［集注］

［1］叶解：曾子悟一贯之旨，已传圣人之学矣。至其易簧之言："吾何求哉？吾得正而毙焉，斯可矣。"自非乐善不倦，安行天理，一息尚存，必归于正。夫岂一时之所能勉强哉！《遗书》又曰："曾子疾病，只要以正，不虑死，与武王'杀一不辜，行一不义，得天下不为'同心。"（按，佐藤一斋认为："武王作圣人为妥。杀一不辜，行一不义，得天下不为，圣人固皆如此。然孟子此句本就伯夷、伊尹言，则今表为武王，似不妥。"）

张解：此言曾子学圣人之学，心圣人之心，所见者大，气象高明也。曾子立志诚笃，反身循理，悟一贯之旨，已传圣人之学矣。后来德日进而不可量，几至圣人地位，如易簧之时云"吾得正而毙"，又何求焉？非其心圣人之心，所行不逾矩者，安能为此言？学者且勿于言语文字上求之，看他一息尚存，乐善不倦，是何气象！岂不极好？由其平日战战兢兢，临深履薄，真见得天地间只有一理，造次颠沛皆必于是，一或不正，无以中处乾坤而成其为人，所见之大如此，故其气象从容自得。后人虽能勉强说几句好言语，亦若有得于道，只被气象卑，终不类有道者。盖循理则日进高明，笃实而后有辉光气象,不从外得也。程子又曰:曾子易箦之际,与"行一不义、杀一不辜而得天下不为"者同心。非以其所见之大,可以跻于圣人之域哉?

李解:曾子悟一贯之旨,示大学之方,是传圣人之道也。易箦事,见《礼记》。朱子曰:"易箦之事,季孙之赐,曾子之受皆为非理。或者因仍习俗常有是事而未能正耳。但及其疾病不可以变之时,一闻人言而必举扶以易之,则非大贤不能矣。"

[集评]

真西山曰:曾子之启手足,盖以为知免矣。而易箦一节,犹在其后,全归之难如此。学者可以不战兢以自省欤!(《价解》)

张习孔曰:曾子之死,门人详记之,见于《论语》者二,见于《檀弓》者一。其气象皆可互见。孔子曰:"与死于臣之手,宁死于二三子之手。"曾子正合此意,子路之死结缨,亦生平得圣人之教来。

张绍价曰:曾子之学,诚笃守约,日省其身,自治诚切。一生战战兢兢,临深履薄,仁以为己任,死而后已。观其得正而毙之言,生死呼吸之际,而气象从容如此。非造道深达天德者,殆未易及此也!

4.[一]传经为难。如圣人之后才百年,传之已差。圣人之学,若非子思、孟子,则几乎息矣。道何尝息?只是人不由之。"道非亡也,幽、厉不由也"。[1]

[集校]

[一]"传"上,《张解》本有"明道曰"三字。此条今见《河南程氏遗书》卷十七,题下注"伊川先生语"。

[集注]

[1]叶解:群经定于夫子之手,至孟子时才百年间,微言绝而大义乖矣。犹赖曾子之门有传,子思、孟子之徒(按,佐藤一斋曰:或曰"之徒"二字当删。)相继缵述,提纲挈领,辟邪辅正,以垂万世,如《论语》、《大学》、《中庸》、《孟子》之书可见矣。

张解:经,所以明道也。一字一句之差,则失明道之本指,而异端邪说得以间之,故传经为难。孔子删定《六经》,述往训,示来者,如日中天,道统赖以不晦。夫何没才百年便有传之而差者?盖由门人弟子各分支派,转相师授,未免拘文牵义,堕于己见之偏。惟子思得曾子之传,作为《中庸》。孟子又得子思之传,作为"七篇"。理真脉正,如性道教、仁智勇,以及性善养气,崇仁义黜霸显之论,真可以昌明大道,得圣人传经之意者。若非此二人相继缵述,提纲挈领,则几乎息矣。夫道本于天,具于人,万古长存,一刻无间,何尝或息?只为微言绝大义乖,坦易道路,置之荆棘,人自不由耳。不由故不得圣人之真传,否则《六经》具在,即无子思、孟子亦可讲习涵泳而得之,而况嫡派相传,昭然若揭,可不身体力行,而自勉为由道之人哉?

李解:荀卿传《礼》而以为伪,左丘明传《春秋》而失之诬。此其差之甚者也,非子思、孟子提纲挈领,辟邪辅正,以垂万世,则圣人之学几何而不息乎!道在天地,岂有息哉?特苟非其人则不虚行耳。

茅注:差,初加反。《汉书》董仲舒《对贤良策》云:"夫周道衰于幽、厉,非道亡也。幽、厉不繇也。"

江注:末二句,董仲舒《对策》语。

贝原笃信曰:子夏传之田子方,田子方传之庄子。是圣人之后百年已差于如此之类而可见。

[集评]

朱子曰:孔门弟子,如子贡后来见识煞高,然终不及曾子。如一唯之传,此是大体。毕竟他落脚下手立得定,壁立万仞。观其言,如"彼以其富,我以吾仁","可以托六尺之孤","士不可不弘毅"之类。故后来有子思、孟子,其传永。孟子气象尤可见。(《语类》卷九十三)

张习孔曰:圣贤传经,举其大意而经自不差。后人字句而研究之,转失经旨。传经者传心也,此心得其大原,则于经无所不合。传之百年而差者,心差也。

管赞程曰:自篇首至此为一章,皆言圣人之学,但其中所造有高下耳。

张绍价曰:孔子传经以教天下万世,殁才百年,而异说蜂起。非曾子作《大学》,以明修己治人之道;子思作《中庸》,以明义理精微之极;孟子作"七篇",知言养气,息邪距诐。则孔子之道,几为诸子所夺而息矣。道何尝息?人自不由之耳。自孟子没,而圣学不传者千万五百年。程、朱氏起,而圣道始焕然大明于世。良知家、汉学家,必欲排而去之,而圣道亡矣。新学家,并孔、孟排而去之,而圣道愈亡矣。"道非亡也,幽、厉不由也。"价按,自篇首至此为一段,论尧、舜、禹、汤、文、武、孔、颜、曾、思、孟之德。虽有性反之不同,皆圣人之学,肩道统之传者也。

钱穆曰:是明道之甚赞孟子,而其上尚有颜子一境,此其见道之高,求道之深。若谓乃轻视了孟子,则失之远矣。(《随劄》)

5. [一]荀卿[二]才高,其过多。扬雄才短,其过少。[1]

[集校]

[一]《张解》本有"明道曰"三字。此条今见《河南程氏遗书》卷十八,题下注"伊川先生语"。

[二]"卿",一作"子"。(《李解》)"卿",吕本作"子"。(《茅注》)"子",叶作"卿"。(《冯记》)《遗书》本"卿"作"子";家塾本"子"下注"一作卿"。(《异同考》)按,"卿",吴邦模刻本、《江注》本及其四库抄本、《集说》本、《价解》本作"子"。

[集注]

[1]叶解:荀卿,名况,字卿,为楚兰陵令。扬雄,字子雲,为汉光禄卿。荀卿才高,敢为异论,如以人性为恶,以子思、孟子为非,其过多。扬雄才短,如作《太玄》以拟《易》,《法言》以拟《论语》,皆模仿前圣之遗言,其过少。

张解:荀卿敢为放言高论,作书数万言,以性为恶,以礼为伪,以子思、孟子为非,故曰"才高,其过多"。扬雄"剧秦美新"之谈,过亦甚矣,然摹仿前圣之遗言,作《太玄》拟《周易》,作《法言》拟《论语》,故曰"才短,其过少"。圣学自孟子而外,几失其传。韩昌黎评荀、扬,以为"择焉不精,语焉不详"。其实二子之过,非止不精不详已也。

茅注:朱子曰:"荀子亦有说得好处,'君子大心则天而道,小心则畏义而节',又说'能定而后能应',皆是好语。扬子无好处,说到深处,只是走入老庄窠窟里去,如清静寂寞之说,皆是也。"

[集评]

朱子曰:荀卿则全是申、韩,观《成相》一篇可见。他见当时庸君暗主战斗不息,愤闷恻怛,深欲提耳而诲之,故作此篇。然其要,卒归于明法制,执赏罚而已。他那做处粗,如何望得王通!扬雄则全是黄、老。某尝说,扬雄最无用,真是一腐儒。他到急处,只是投黄、老。如反《离骚》并老子《道德》之言,可见这人更无说,自身命也奈何不下,如何理会得别事?如《法言》一卷,议论不明快,不了决,如其为人。他见识全低,语言极猷,甚好笑!荀、扬二人自不可与王、韩二人同日语。(《语类》卷一百三十七)

张习孔曰:才高则气扬,才短则气谨。

6. [一]荀子极偏驳,只一句"性恶",大本已失。扬[二]子虽少过,然已自不识性,更说甚道?[1]

[集校]

[一]《张解》本有"明道曰"三字。此条今见《河南程氏遗书》卷十九，题下注"伊川先生语"。

[二]"扬"，叶作"杨"，下并同。(《冯记》)按，"扬"，《叶解》元刻本、《杨遵道录》作"杨"。

[集注]

[1]叶解：率性之谓道。荀子"性恶"，扬子"善恶混"，均之不识本然之性，何以语道？

张解：此言荀、扬诬本然之性，本领差则其馀皆差也。盖性者，大本也，率性之谓道，礼义教化，皆自性中出。圣人不过因而品节修明之。荀子以人性为恶，则是诬天地专生恶人，天下万世之人尽宜为恶。圣人之礼义教化，矫揉造作，皆属伪为，其悖理之甚，岂非极偏驳而本已失者乎？孟子言"性善"，在本原上见得是，故百事皆是。荀子在本原上见错，故百事皆错。扬子则见孟子说"性善"，荀子又说"性恶"，他无可说，只说得个"善恶混"，亦是才短模糊之见。然性者，道所从出，要识得真"道"字，方体认亲切。既不识性，又说甚道？均有悖于圣学者也。

茅注：《荀子·性恶》篇："人之性恶，其善者伪也。"扬子《修身》篇："人之性也善恶混。修其善则为善人，修其恶则为恶人。气者所识善恶之马也。"此因韩退之有"荀与扬大醇小疵"之说而论之如此。朱子曰："程子说'荀子极偏驳'、'扬子虽少过'此等语，皆是就分金秤上说下来。若不曾看荀子、扬子，则所谓偏驳、少过等处亦见不得。"

江注：问："扬雄言'学者所以修性'，故伊川谓扬雄为'不识性'。"曰："性不容修，修是揠苗。"

[集评]

朱子曰：荀子只见得不好底，扬子又见得半上半下底。(《语类》卷四)

朱子曰：若三子虽论性，却不论得性，都只论得气，性之本领处又不透彻。荀子只见得不好人底性，便说做恶。扬子见半善半恶人底的性，便说做善恶混。韩子见得天下有许多般人，故立为三品，说得较近。(《语类》卷五十九)

张绍价曰：孔子言继善成性，实为孟子性善之说所从出。荀子务与孟子相反，故以性为恶，遂至畔孔子而不恤，于义理本源，全未窥见，故程子谓其大本已失。扬子谓人之性善恶混，正告子湍水之说。扬子不宗孟子，而反有取于告子，其不识性，甚矣。道者，率性之谓，以性为善恶混，则亦将以道为善恶混欤。不识性,又安足语道?

7.［一］董仲舒曰:"正其义［二］,不谋其利;明其道,不计其功。"此董子所以度越诸子。［1］［三］

[集校]

［一］"董"上,《张解》本有"明道曰"三字。此条今见《河南程氏遗书》卷二十五,题下注"伊川先生语",《畅潜道录》题下注云"胡氏注云:识者疑其间多非先生语"。

［二］"义",《张解》本、《叶解》四库抄本、《江注》四库抄本、《畅潜道录》作"谊"。

［三］以上并伊川语。(《茅注》)以上皆伊川语。(《冯记》)

[集注]

［1］叶解:自春秋以来,举世皆趋功利。仲舒此言最为纯正。

张解:董子天人三策,详明凯切,而"正谊不谋利,明道不计功"二语尤为要领。世间只为"功利"二字坏却许多心术,败却许多事业。盖有计功谋利之心,则虽事属道义,究竟全是功利,不能正不能明矣。故朱子曰:"仲舒所立甚高,后世不如古人者,以道义功利关不透耳。"打透此关,踏实地做工夫,无些毫徇外为人,存养自己心性,参赞天地位育,都算做义道之当然,而非有所为而为之,则学是圣学,道是王道。诸子中谁能见得到、说得出者,惟董子能言之,程子谓其"度越诸子",岂虚也哉?

茅注:仲舒语,见第二卷。"度越诸子",见《汉书·扬雄赞》。颜师古曰"度过也"。或谓:"此语是有是非无利害,如何?"朱子曰:"是不论利害,只论是非,理固然也。要亦当权其轻重,方尽善。但今人止知有利害,于是非全轻也。"

江注:朱子曰:"汉儒惟董仲舒三篇说得稍亲切,终是不脱汉儒气味。只对江都易王云:'仁人正其谊,不谋其利;明其道,不计其功。'方无病,又是儒者语。""仲舒资质纯良,摸索道得数句,如正谊不谋利之类。然亦非他真见得这道理。""仲舒本领纯正,班固所谓'醇儒'极是。至于天下国家事业,恐施展未必得。"

[集评]

朱子曰:仲舒所立甚高。后世之所以不如古人者,以道义功利关系不透耳。(《语类》卷一百三十七)

先生曰："正其谊,不谋其利。明其道,不计其功。"谊必正,非是有意要正。道必明,非是有意要明。功利自是所不论。仁人于此有不能自己者。"师出无名,事故不成;明其为贼,敌乃可服。"此便是有意立名以正其谊。(同上)

胡氏曰:学者以此立心,便广大高明,充之则纯儒,推而行之,即纯王之政。(《李解》)

刁包曰:孔、孟而后周、程而前,醇正不杂者,董子一人而已,韩昌黎、王河汾不及也。

张绍价曰:此外则正心以正朝廷,任德而不任刑之对,亦极醇正,卓然高出两汉诸儒。惟所作《春秋繁露》,王鲁绌夏,亲周故宗,受命改制,穿凿附会于《公羊》之外,遂启后世乱臣贼子犯上作乱之祸,则不能为董子宽也。

8.[一]汉儒如毛苌、董仲舒,最得圣贤之意,然见道不甚分明。下此即至扬雄,规模又窄狭矣。[1]

[集校]

[一]《张解》本有"明道曰"三字。此条今见《河南程氏遗书》卷一《端伯传师说》。

[集注]

[1]杨注:伯峚据郑氏《诗谱》曰:"鲁人大毛公为《诂训传》于其家,河间献王得而献之,以小毛公为博士。"《前汉·儒林传》:"毛公,赵人,为河间献王博士,不言其名。"《后汉·儒林传》:"赵人毛苌传《诗》。"董仲舒有传可考,毛公言行不闻于世,今所可见者,惟《诗诂训》耳。

叶解:毛苌治《诗》,为河间(按,"河间"《四库》抄本作"汉时")献王博士。仲舒举贤良对策,为胶西相。二子言治皆以修身齐家为本。先德教而后功利,最为得圣贤意。扬雄以清净寂寞为道,无儒者规模。或问:"伊川谓仲舒见道不分明。"朱子曰:"如云'性者生之质,性非教化不成',似不识本然之性。"

张解:此评次汉儒之短长,使后学知取舍也。毛公,名苌,得子夏之传,为河间献王博士,善治《诗》。献王悦之,取其《诗传》加毛字,以别齐、鲁、韩三诗。齐,谓辕固;鲁,谓申公;韩,谓韩婴也。董仲舒通《春秋》,汉武帝举贤良方正之士,仲舒为举首,帝亲策问以古今治道,疏对再三,语甚亲切。程子谓其"最得圣贤之意"者,毛以"修身齐家"为论治之要,董以"正谊明道"为格君之本是也。……扬雄《法言》、《太玄》似知遵圣论道者,故曰"下此即至扬雄",然学老氏将取固与之术,卒为莽大夫,非儒者规模,其窄狭又甚矣。

茅注:"苌",《后汉书》作"长"。按孔氏《毛诗正义》、《汉书·儒林传》云"毛公,赵人也。为河间献王博士",不言其名。《初学记》:"荀卿授鲁国毛亨,作《诂训传》以授赵国毛苌。时人谓亨为大毛公,苌为小毛公。"朱子曰:"董子识得本原,如云'正心修身,可以治国平天下',又'仁义礼乐皆其具',俱说得好。"问:"见道不分明处。"曰:"如'命者天之令,性者生之质,情者人之欲。''命非圣人不行,性非教化不成,情非制度不节'等语,似不识性善模样。又云:'明于天性,知自贵于物。知自贵于物,然后知仁义。知仁义然后重礼节,重礼节然后安处善,安处善然后乐循理。'又似见得性善模样,终是说得骑墙,不甚分明端的。"

江注:"扬子为人深沉,会去思索。然《太玄》亦是拙底功夫,道理不是如此。"

[集评]

问:伊川于毛公,不知何所主而取之?曰:程子不知何所见而然。尝考之《诗传》,其紧要处有数处。如《关雎》所谓"夫妇有别,则父子亲;父子有亲,则君臣敬;君臣敬,则朝廷正;朝廷正,则王化成"。要之,亦不多见。只是其气象大概好。(《语类》卷九十六)

张习孔曰:汉儒穷经之功多,事心之功少,故然。

张伯行曰:使三子者得圣人为之师,讲明而实践之,其所成就当益有进,而惜乎止于斯也。学者综而观之,其亦可知所折衷也夫!

9. [一]林希谓扬雄为禄隐。扬雄,后人只为见他著书,便须要做他是,怎生做得是?[1][二]

[集校]

[一]"林"上,《张解》本有"明道曰"三字,《李解》本、《茅注》本有"伊川先生曰"五字。"林希"下,《杨遵道录》有"尝有此说"四字。

[二]伊川语。(《冯记》)按,此条今见《河南程氏遗书》卷十九《杨遵道录》,卷下题云"伊川先生语"。

[集注]

[1]杨注:伯嵒据程氏又曰:"西汉儒者有风度,惟董仲舒。大毛公解经虽未必皆当,然味其言,大概然尔。"扬子《法言》末篇曰:"周公以来,未有汉公之懿也,勤劳则过于阿衡。汉兴二百一十载而中天,其庶矣乎!"

叶解：禄隐，谓浮沉下位，依禄而隐，即禄仕之意也。雄失身事莽，以是禄隐，何辞而可？

张解：扬子雲失身事莽，大节已亏，而人犹以为禄隐。禄隐者，道不行而浮沉下位也。子雲固如是哉？人但见其所著之书奥衍深僻，诧其有才，便要说他是，故为迁就其说，岂知不识性、不识道，即其为书，亦皆不知而作，徒以艰深之词文浅易之说，怎有是处？人勿为其所惑可也！

李解："只为"之"为"，去声。扬雄为莽大夫，是失节也。而林希以为浮沉下僚，依禄而隐，盖以其著书而傅会之耳。

茅注：按《遗书》，或问："括囊还做得在位使否？"先生曰："六四位是在上，然《坤》之六四却是重阴，故曰贤人隐，便做不得在位。"又问："恐后人缘此谓有朝隐者。"先生既答以"安有此理"，而遂以林希尝有此说语之也。林希，字子中，长乐人。阿章惇意草，元祐诸贤谪词。

退溪曰：是，即"是非"之"是"。谓后人见雄著书，便须要以雄为是，如何得为是耶？做，非谓杨雄做是也，谓后人以雄为是耳。

[集评]

朱子曰：扬子雲为人深沉，会去思索。如阴阳消长之妙，他直是去推求。然而如《太玄》之类，亦是拙底工夫，道理不是如此。盖天地间只有个齐耦，奇是阳，耦是阴。纯是少阳，夏是太阳，秋是少阴，冬是太阴。自二而四，自四而八。只凭推去，都走不得。而扬子却添两作三，谓之天地人，事事要分作三截。又且有气而无朔，有日星而无月，恐不是道理。亦如孟子既说"性善"，荀子既说"性恶"，他无可得说，只得说个"善恶混"。若有个三底道理，圣人想自说了，不待后人说矣。看他里面推得辛苦，却就上面说些道理，亦不透彻。看来其学似本于老氏。如"惟清惟静，惟渊惟默"之语，皆是老子意思。（《语类》卷一百三十七）

胡氏曰：扬子雲之言沉晦，见道不明也。辞不厉，所守不确也。（《李解》）

张习孔曰：是非之心人皆有之，千百世同然者也。苟实非是，如何做得是？著书岂能欺有识之士乎？

灵峰先生曰：《法言》涩而晦，《太玄》劳而拙。拟圣贤以博名誉，内怀躁竞，外示恬退，冯道之先导欤！（《价解》）

10. [一]孔明有王佐之心，道则未尽。王者如天地之无私心焉，行一不义而得天下，不为。孔明必求有成而取刘璋。圣人宁无成耳,此不可为也。[1]若刘表子琮,将为曹公所并,取而兴刘氏,可也。[2]

[集校]

[一]《张解》本有"明道曰"三字。此条今见《河南程氏遗书》卷二十四《邹德久本》,卷下题云"伊川先生语"。

[集注]

[1]叶解:诸葛亮,字孔明。东汉末,曹操据汉将篡,孔明辅先主,志欲攘除奸凶,兴复汉室,而其规模宏远,操心公平,有王佐之心,然于王道,则有所未尽。盖圣人之道,如天地发育,无有私意,行一不义虽可以得天下而不为。先主以诈取刘璋,孔明不得以无责。盖其志于有成,行不义而不暇顾。若圣人则宁汉无兴,不忍为此也。

张解:诸葛亮,……鞠躬尽瘁,死而后已。义理见得极正,规模做得极大。故程子赞其"有王佐之心",而谓于王道有未尽者,盖王者之心与天地同其无私,不计成败,止论是非。如其非义,即行一事可得天下之大,亦必不为。而孔明则急于致主有成,故先生入蜀取刘璋,孔明与有责焉。虽以璋之昏弱,先主不取,后亦将为强有力者夺之,而时尚安堵,又以亲亲之道来贪冒诈取,于义何居?若使圣人处此,宁汉业之无成,必不包藏祸心,蔑同姓之亲,攘非分之利。此孔明所以于道有未尽也。

茅注:孔明先世葛氏,琅琊诸县人,后徙阳都。阳都先有葛姓者,时人谓诸葛,因氏。刘璋,字季,江夏竟陵人,益州牧焉子也。张松劝璋迎先主。先主至涪,璋往会之。松劝先主于会袭璋,先主不忍。松兄广汉太守肃惧祸及己,因发其谋,璋收松斩之,敕诸关戍文书,勿复得通先主。先主怒,还兵击璋,所在战克,进围成都,璋降,迁之公安,以病卒。事详《后汉书》及《蜀志》。

[2]杨注:伯嵒据,刘璋据益州,张松劝璋结刘备,遣法正将四千人迎备,令讨张鲁。庞统言于备曰:"荆州荒残,东有孙车骑,北有曹操,难以得志,得益州以为资,大业可成。"备曰:"以小利而失信义于天下,奈何?"统曰:"事定之后封以大国,何负于信?"松兄肃发其谋,璋斩松,敕关成诸将勿与备通。备怒,进据涪城,围成都。诸葛亮、张飞等以兵会,璋开城降。

叶解:先主依刘表。曹操南侵,会表卒,子琮迎降。孔明说先主取荆州,先主不忍。琮降则地归曹氏矣。取以兴汉,何负于表?较之取刘璋,则曲直有间矣。或谓先主虽得荆州,未必能御曹操,然此又特以利钝言者也。

张解：盖行而宜之之为义，王道贵有权衡，当先主依刘表于荆州，会操南侵，表卒，子琮欲降。孔明说先主取荆州，事与取璋意同，而曲直则有间矣。盖琮出降曹，地为曹并，汉室山河拱手奉贼，乘势取之，推亡固存，无负于表，有裨于汉，揆之道义正合。虽先主不从其言，不得以此言为孔明咎也。程子此论得春秋褒贬之意，所谓"圣人之律令，化工之肖物"也。

李解：诸葛亮，……但其学杂于申、韩，故于道有未尽者。刘璋，亦汉宗，迎先主共守蜀。孔明乃任先主诈而取之。刘琮将以荆州降曹操，先主又怀旧恩而不忍取，所以进退失据也。朱子曰："荆蜀视魏而不伐，自合当取，兼在是时，舍此无以为资。若能声其罪而取之却正，若似如此，宁可事不成。只为后世事欲苟成功，欲苟就，便有许多事。孔明大纲却好，只为如此，便有斑驳处。"

茅注：刘表，字景升，山阳高平人，为荆州牧。卒，子琮举州降曹操。先主久之乃觉，或劝先主攻琮，荆州可得。曰"刘荆州临亡托我以孤遗，背信自济，吾所不为，且死何面目以见荆州乎？"遂将其众去。事详《后汉书》及《魏志》。

江注：问："杀（《王记》云：王、吴本"取"作"杀"，煇录本作"取"，洪本同，从之。）刘璋事，何如？"曰："这只是不是。"

[集评]

朱子曰：忠武侯天资高，所为一出于公。若其规模，并写《申子》之类，则其学只是伯。程先生云："孔明有王佐之心，然其道则未尽。"其论极当。（《语类》卷一百三十六）

张习孔曰：儒者设身处地，生孔明之世，而欲善其所行，实不可得。强如袁、曹，非其人，不可辅也。正如汉献，无其遇，不能达也。差贤如刘备，无其资，不可成也。惟有抱王佐之才，独善其身可耳。

张绍价曰：程子此论，固为义之至精。但自刘焉在益州阴图异计，使张鲁将兵，掩杀汉中太守，断绝斜谷，作乘舆车具千馀，名为宗室，实为叛臣，其罪已不容诛。刘璋暗弱，不能存恤其民，揆之兼弱攻昧之道，于义亦在所当取。且昭烈不取，亦必为曹氏所并，与其弃之以利曹，何若取之以兴汉，则于义亦未为伤也。第不知圣人处此，正复何如耳。若刘琮降曹，取之固无伤于义。然是时曹兵已迫，独力御之，势必不支，能取而不能守，智者不为也。昭烈、孔明，或有见于此乎！

11. [一]诸葛武侯有儒者气象。[1]

[集校]

　　[一]《张解》本有"明道曰"三字。此条今见《河南程氏遗书》卷十八《刘元承手编》,卷下题云"伊川先生语"。

[集注]

　　[1]杨注:伯畕据,蜀先主诣亮,因屏人曰:"汉室倾颓,姦臣窃命,主上蒙尘。孤不度德量力,欲信大义于天下,而知术浅短,遂用猖獗,至于今日。然志犹未已,君谓计将安出?"亮答曰:"自董卓以来,豪杰并起,跨州连郡,不可胜数。曹操比于袁绍,则名微而众寡,然操遂能克绍,以弱为强者,非惟天时,抑亦人谋也。今操已拥百万之众,挟天子而令诸侯,此诚不可与争锋。孙权据有江东,已历三世,国险而民附,贤能为之用,此可与为援而不可图也。荆州北据汉沔,利尽南海,东连吴会,西通巴蜀,此用武之国,而其主不能守,此殆天所以资将军,将军岂有意乎?益州险塞,沃野千里,天府之土,高祖因之以成帝业。刘璋暗弱,张鲁在北,民殷国富,而不知恤。知能之士思得明君。将军既帝室之胄,信义著于四海,总揽英雄,思贤如渴,若跨有荆、益,保其岩阻,西和诸戎,南抚夷越,外结好孙权,内修政理,天下有变,则命一上将将荆州之军,以向宛洛,将军身率益州之众出于秦川,百姓孰敢不箪食壶浆以迎将军者?诚如是,霸业可成,汉室可兴矣。"刘表卒,琮为嗣,会曹操军至,蒯越、傅巽劝琮降操,琮从之。操至新野,琮遂举州降。时刘备屯樊,琮不敢告备,备久之乃觉,或劝备攻琮,荆州可得。备曰:"刘荆州临亡托我以孤遗,背信自济,吾所不为。"

　　叶解:孔明辅汉讨贼,以信义为主,以节制行师,以公诚待人。至于"亲贤臣,远小人","诹诹善道,察纳雅言",有大臣格君之业。朱子曰:"孔明虽尝学申、韩,然资质好,却有正大气象。"

　　张解:三代而下,尚权诈、急功利,虽有经济干办才,中少儒者气象。独武侯隆中抱膝,承昭烈三顾而后起,其出处之正,与伊尹之"嚣然"、"幡然"者同。至其以忠事主,以义讨贼,以节制行师,以公诚接下,以信赏必罚治军,以大德不以小惠治民。日在战斗雲扰中,胸若无事,而思虑细密,神化不测。读其将殁自表之辞,则知澹泊宁静,天下物欲,举不足以动之。程子所以称其"有儒者气象"也。

　　李解:武侯,亮之谥武侯。出处以正,事君以忠,治国以公平,讨贼以信义,皆儒者之气象也。

　　茅注:此程子所以语孙觉者如此。

江注:"鞠躬尽力,(《王记》云:洪本"瘁"作"力",按《三国志裴注》载,《后出师表》作"瘁",王、吴本同,从之。)死而后已","成败利钝,非所逆睹(《王记》云:王、吴本"睹"并误"赌"。)"数言,尤近儒者气象。

[集评]

问:"诸葛亮有儒者气象",如何?曰:孔明学不甚正,但资质好,有正大气象。问:去刘璋一事,如何?曰:此却不是。又问:孔明何故不能一天下?曰:人谓曹操父子为汉贼,以某观之,孙权真汉贼耳。先主孔明正做得好时,被孙权来战两阵,到这里便难向前了。权又结托曹氏父子。权之为人,正如偷去刘氏一物,知刘氏之兴,必来取此物,不若结托曹氏,以贼托贼。使曹氏胜,我不害守得一隅。曹氏亡,则吾亦初无利害。(《语类》卷九十六)

胡氏:处事不用智计,只循天理,便是儒者气象。(《李解》)

刁包曰:开国无以加于周,而曰忠厚;做人无以加于诸葛武侯,而曰谨慎。呜呼!传道守身之道,不能复赞一辞矣。

张习孔曰:武侯气象,从"澹泊明志,宁静致远"二语来观其用兵,每有不动声色,雍容不迫处,非厚养何能如此!

张绍价曰:武侯必待三顾而后出,与伊尹必待三聘而后起同,三代下出处之正,未有如武侯者也。《出师表》得古大臣告君之体,先儒谓其与《伊训》、《说命》相表里,谅哉!

12. [一]孔明庶几礼乐。[1]

[集校]

[一]《张解》本有"明道曰"三字。此条今见《河南程氏遗书》卷二十四《邹德久本》,卷下题云"伊川先生语"。

[集注]

[1]叶解:文中子曰:"使孔明而无死,礼乐其有兴乎!""亮之治国,政刑修治(按,"治"《四库》抄本作"举"),而人心豫附,名正言顺,礼乐其庶几乎!"(按,佐藤一斋曰:"亮之治国"以下,程子答门人欲。)

张解:孔明以王道治蜀,虽军旅数兴,而蜀人歌思,至于久而不忘。有"以佚道使民,以生道杀民"之意,几于"导之以礼乐,则民和睦"者。故文中子有言曰"孔明而无死,礼乐其有兴乎!"程子亦曰"诸葛亮已近王佐,其治国政刑修治,而人心豫附,名正言顺,礼乐其庶几乎!"后有作者,欲比拟前贤,难矣!

茅注:朱子曰:"义利之大分,武侯知之,有非他人所及者,亦其天资有过人处。若其细微之间,则不能无未察处。观其读书之时,他人务为精熟,而己则独观大意。此其大者,固非人所及,而不务精熟,亦岂得无欠阙耶!"

[集评]

问:孔明兴礼乐如何？曰:也不见得孔明都是礼乐中人,也只是粗底礼乐。淳录云:孔明也粗。若兴礼乐,也是粗礼乐。砥录云:孔明是礼乐中人,但做时也粗疏。(《语类》卷一百三十六)

陈埴曰:孔明是天资带得,又从学问中撺出来。据他用事行师调度,若当升平之时做出,必须光明,不止汉唐人物。

张习孔曰:先儒云:"事得其序之谓礼,物得其和之谓乐。"孔明之相汉,法度修举而治得大体,忠诚恳至,而人心豫附,其事序而物和也,当无歉矣。宜程子以礼乐许之也。

张绍价曰:武侯娶妇得丑女,有清心寡欲之功。此兴礼乐之本也。出师讨贼,名正言顺,使天假之年,必能灭魏斩睿,兴复汉室,修明政刑,人心豫服。事得其序,物得其和,以兴礼乐,庶几乎!

13. [一]文中子本是一隐君子,世人往往得其议论,附会成书。其间极有格[二]言,荀、扬[三]道不到处。[1] [四]

[集校]

[一]《张解》本有"明道曰"三字。

[二]"格",《叶解》四库抄本作"至"。

[三]"扬",《叶解》元刻本作"杨"。

[四]以上并伊川语。(《茅注》)以上皆伊川语。(《冯记》)按,《河南程氏遗书》卷十九《杨遵道录》,卷下题云"伊川先生语"。

[集注]

[1]杨注:伯岊据伊川曰:"文中子之言,有半截好有半截不好者。如魏徵问:'圣人有忧乎？'曰:'天下皆忧,吾独得不忧？'问疑。曰:'天下皆疑,吾独得不疑？'徵退,谓董常曰:'乐天知命,吾何忧？穷理尽性,吾何疑？'此言极好。下半截却云'徵所问者迹也,吾告汝者心也。心迹之判,久矣',便乱道。"又曰:"文中子续经甚谬,恐无此。如续《书》始于汉,自汉以来制诏又何足记？续《诗》之备六代,如晋、宋、后魏、北齐、周、隋之诗又何足采？"

叶解:文中子,王氏,名通。隋末不仕,教授于河汾。其弟王凝,子福、時等,收其议论,增益为书,名曰《中说》。朱子曰:"其书多为人添入,真伪难见,然好处甚多。就中论世变因革处说得极好。"又曰:"文中子论治体处,高似仲舒而本领不及,爽似仲舒而纯不及。"

张解:文中子,……虽其论治道不免碎细,称佛为西方圣人,则亦于大本大原未有所见,然有荀、扬所不能道及者。荀、扬说性差,则所说皆差。文中子犹知所谓中,是以极有格言也。……合程、朱之言观之,可以知其为人矣。

李解:薛氏曰:"《法言》涩而晦,《中说》畅而浅,《中说》胜《法言》。"朱子曰:"道之在天下者,未尝亡,而其晦明通塞之不同,则如昼夜寒暑之相反,故二帝三王之治,《诗》、《书》六艺之文,后世莫能及之。盖非功效言语之不类,乃其本心事实之不侔也。王仲淹生乎百世之下,读古圣贤之书,而粗识其用,则于道之未尝亡者,盖有意焉。而于明德新民之学,亦不可谓无其志矣。然未尝深探其本,而尽力于其实,以求必得夫至善者而止之,顾乃不胜其好高欲速之心,汲汲乎日以著书立言为己任,则其用心为己外矣。及其无以自托,乃复捃拾两汉以来文字言语之陋、功名事业之卑,而求其天资之偶合,与其窃取而近似者,依仿《六经》,次第采辑,因以牵挽其人,强而跻之二帝三王之列。则彼之赞《易》,岂足以知先天后天之相为体用,而高文武宣之制,是岂有精一执中之传? 曹、刘、沈、谢之诗,是岂有物则秉彝之训? 叔孙通、公孙述、曹褒、荀勖之礼乐,又孰与伯夷、后夔、周公之懿? 至于宋魏以来,一南一北,校功庆德,盖未有以相君臣也,而欲攘臂其间,夺彼予此,以自列于孔子之《春秋》哉! 盖既不自知其学之不足以为周、孔,又不知两汉之不足以为三代,而徒欲以是区区者比而仿之于形似影响之间,傲然自谓足以承千圣而绍百王矣。而不知其初不足以供儿童之一戏,又适以是而自纳于吴楚僭王之诛,使夫后世知道之君子,虽或有取于其言而终不能无恨于此,其亦可悲也已。至于假卜筮象《论语》,而强引唐初文武名臣以为弟子,是乃福郊、福畤之所为,而非仲淹之雅意。然推原本始,乃其平日好高自大之心有以启之,则亦不得为无罪矣。"或曰:"仲淹之学固不得为孟子之伦矣,其视荀、扬、韩氏亦有可得而优劣者耶?"曰:"荀卿之学杂于申商,子雲之学本于黄老,而其著书之意盖亦姑托空文以自见耳,非如仲淹之学颇近于正而粗有可用之实也。至于退之《原道》诸篇,则于道之大原,若有非荀、扬、仲淹之所及者。然考其生平意向之所在,终不免于文士浮华放浪之习,时俗富贵利达之求。而其览观古今之变,将以措诸事业者,恐亦未若仲淹之致恳恻而有条理也。是以予于仲淹独深惜之,而有所不暇于三子,是亦《春秋》责备贤者之遗意也,可胜叹哉!"

茅注：文中子，见第三卷。朱子曰："文中子于作用处晓得，故上书欲兴太平，为周公事业。及知时势不可为，则急退而续《诗》、《书》，续《元（玄）经》，又欲为孔子事业。殊不知孔子时有三代礼乐制度典谟，故可以明道。汉魏下，不背道者甚鲜，安可取而续《诗》、《书》、《春秋》耶？"

江注：朱子曰："王通极开爽，说得广阔，缘他于事上讲究得精，故于世变兴亡、人情物态、更革沿袭、施为作用、先后次第都晓得，识得个仁义礼乐都有用处。若用于世必有可观，只可惜不曾向上透一著，于大体处有所欠阙，所以如此。若更晓得高处一著，那里得来。只细看他书，便见他极有好处。非特荀、扬道不到，虽韩退之也道不到。""文中子其间有见处也，即是老氏，又其间被人夹杂，今也难分别。但不合有许多事，全似孔子。其间论文史及时事世变，煞好。""伊川谓文中子有些格言，被后人添入坏了，看来必是阮逸诸公增益张大，复借显者以为重耳。"

［集评］

问：王通病痛如何？曰：这人于作用都晓得，急欲见之于用，故便要做周公底事业，便去上书要兴太平。及知时势之不可为，做周公事业不得，则急退而续《诗》、《书》，续《玄经》，又要做孔子底事业。殊不知孔子之时接乎三代，有许多典、谟、训、诰之文，有许多礼乐法度，名物度数，数圣人之典章皆在于是，取而缵述，方做得这个家具成。王通之时，有甚么典谟训诰？有什么礼乐法度？……如《中说》一书，都是要学孔子。《论语》说泰伯"三以天下让"，他便说陈思王善让。《论语》说"殷有三仁"，他便说荀氏有二仁。又提几个公卿大夫来相答问，便比当时门人弟子。……《中说》一书，固是后人假托，非王通自著。然毕竟是王通平生好自夸大，续《诗》续《书》，纷纷述作，所以起后人假托之故。后世子孙见它学周公、孔子学不成，都冷淡了。故又取一时公卿大夫之显者，缵缉附会以成之。毕竟是王通有这样意思在。虽非他之过，亦他有以启之也。……然王通所以如此者，其病亦只在于不曾子细读书。他只见圣人有个《六经》，便欲别做一本《六经》，将圣人腔子填满里面。若是子细读书，知圣人所说义理之无穷，自然无工夫闲做。他死时极后生，只得三十馀岁。它却火急要做许多事。（《语类》卷一百三十七）

张习孔曰：文中子是有意明圣人之道。荀、扬未免借圣人驰骋己见。

14.［一］韩愈亦近世豪杰之士，如《原道》中言语虽有病，然自孟子而后，能将许大见识寻求者，才见此人。[1]至如断曰："孟氏[二]醇乎醇。"又曰："荀与扬[三]择焉而不精,语焉而不详。"若不是他见得,岂千馀年后便能断得如此分明?[2]

[集校]

[一]"韩愈"上,《张解》本有"明道曰"三字,《李解》本有"明道先生曰"五字。此条,《叶解》元刻本紧接于上条末刻印,未单列。据他本当单列为第 14 条。

[二]"孟子",叶作"孟氏"。(《冯记》)按,"孟氏"之"氏",吴邦模刻本、《茅注》本、《江注》本及其四库抄本作"子"。

[三]此条今见《河南程氏遗书》卷一《端伯传师说》,"扬"作"杨"。

[集注]

[1]李解:豪杰之士,可以造圣贤者也。《原道》辨老、佛之非,明帝王之迹,皆大见识也。朱子曰:"仁者爱之理。事之合宜者为义。曰'博爱',曰'行而宜之',则皆将用作体矣。"又曰:"《原道》中举《大学》,却不说致知格物。苏子由《古史》举《中庸》,却不说明善诚身,都是无头学问。"

[2]叶解:韩愈,字退之,仕唐为吏部侍郎。尝著《原道》,其间如"博爱之谓仁",则明其用,而未尽其体。如"道德为虚位",则辨其名,而不究其实。如言"正心诚意"之学,而遗"格物致知"之功。凡此类皆有疵病,然其扶正学、辟异端,秦汉以来未有及之者。至于论孟氏之与荀、扬,尤其卓然之见也。

张传:退之文,不独《原道》,它文多独见语,无所承藉,所谓"无文王犹兴"者也。观其《答张籍书》,是其于道,实有所得。其有功名教者,如《张中丞传后叙》。后世新旧《唐书》,皆取诸此。使无此文,而独据李翰之传,则张、许、霁雲之精忠大节,其逸没不传者多矣。

张解:程子以为豪杰之士者,盖生于道坏学敝之时,无师友讲明之助,卓然有见,扶正辟邪,真超乎凡民之上而为豪杰者。所著《原道》诸篇,其中如言"博爱之谓仁",但言其用而未及其体;言"道德为虚位",但辨其名而未究其实。语若微有病,然自孟子以后,家自为学,人自为说,孰知尧、舜、禹、汤、文、武、周公、孔、孟为相传之正统?孰知仁义道德之必合而言之?孰知人性有五而情有七?孰知孟子之功不在禹下?又孰知排释诋佛,敢于犯鳞触霆滨死而不顾?许大见识,可谓绝无仅见。至于推论孟子之与荀、扬,定其醇疵,判若黑白,若不是他于圣道正学见得真,安能如此断得确?宜为程子所推重。而朱子亦曰韩文公"见得大意已分明"也。

李解：择焉不精，不得其理之一也。语焉不详，不知其分之殊也。

江注：朱子曰："韩退之却有些本领，如《原道》其言虽不精，然皆（《王记》云：洪本"皆"误"者"。）实，大纲是。"问："《遗书》第一卷言，韩愈近世豪杰，扬子雲岂得如愈。第六卷则曰，扬子之学实，韩子之学华，华则涉道浅。二说取予似相抵牾。"曰："只以言性论之，则扬子善恶混之说，所见仅足以比告子。若退之见得到处，却甚峻绝，性分三品，正是说气质之性。至程门说破气字，方有去著。此退之所以不易及，而第二说未得其实也。"问："韩子称孟子'醇乎醇'，荀与扬'大醇而小疵'。程子谓，韩子称孟子甚善，非见得孟子意，亦道不到，其论荀、扬则非也。窃谓韩子既以'失大本，不识性'者为大醇，则其称孟子'醇乎醇'，亦只是说得到，未必真见得到。"曰："如何见得韩子称荀、扬'大醇'处，便是就论性处说？"又云："韩子说荀、扬大醇是泛说，与申不害、韩非之徒较之，则荀、扬为大醇。韩子只说得那一边，凑不着这一边，若是会说底，说那一边亦自凑着这一边。"

［集评］

朱子曰：自古罕有人说得端的，惟退之《原道》庶几近之，却说见大体。程子谓"能作许大识见寻求"，真个如此。他资才甚高，然那时更无人制服他，便做大了，谓"世无孔子，不当在弟子之列"。（《语类》卷九十六）

朱子曰：如韩退之虽是见得个道之大用是如此，然却无实用功处。……只是做诗、博弈，酣饮取乐而已。观其诗便可见，都衬贴那《原道》不起。至其做官临政，也不是为国做事，也无甚可称，其实只是要讨官职而已。（《语类》卷一百三十七）

朱子曰：王通于施为作用处极分晓，却于大体处不窥见。退之于大体处见得，而于作用施为处却不晓。又曰：文中子根基浅，却是以天下为心。韩文公虽见得道之大用，然却无实用功处，只是欲求官职而已。（《茅注》）

陈埴曰：三品之说，略似《论语》"性近习远"。

薛氏曰：性理之学，经周、程、张、朱诸君子发挥如此明白，当时亲炙者尚失其意。而韩子生于道术坏烂之后，无所从游质正，乃能卓然有见，排斥异端，扶翼正道，遂有立于天下后世，真可谓豪杰之才矣。（《李解》）

王阳明曰：退之，文人之雄耳；文中子，贤儒也。后人徒以文词之故，推尊退之，其实退之去文中子远甚。（《栏外书》）

陈荣捷曰：朱子以为汉唐诸儒实不解孔孟中心思想，……于新儒家哲学内涵，殊无贡献。（《陈论》）

15.　[一]学本是修德,有德然后有言。退之却倒学了,因学文日求所未至,遂有所得。[1]如曰:"轲之死不得其传。"似此言语,非是蹈袭前人,又非凿空撰得出,必有所见。若无所见,不知言所传者何事。[2] [二]

[集校]

[一]《张解》本有"明道曰"三字。

[二]伊川语。(《茅注》、《冯记》)按,此条今见《河南程氏遗书》卷十八《刘元承手编》,卷下题云"伊川先生语"。陈荣捷云:(3、4、5、6、7、9、10、11、12、13、15 条)"皆伊川语。今皆在第一条'明道先生曰'之下,则当是作明道语,与来源处不同。除非第四'传经'上原有'伊川先生曰'五字,《遗书》漏去。然此假设无据,不容以意度之也。"(《陈论》)但是,今见第 3 条出自《遗书》卷十五《入闽语录》,该《入闽语录》题下注云"明道先生语",因而清人张伯行曰"明道曰",茅星来又曰"伊川先生曰",存有异议。并且,又见上述其他各条源自《遗书》,题下云"伊川先生语",而张伯行以为"明道曰",李文炤、茅星来则以为是"伊川"语。由此看来,这些条目的出处在清人眼中存有争议,故关于各条语录来源仍需详考之。

[集注]

[1]叶解:古之学者务修己(按,"己"《四库》抄本作"德")而已,德之既盛,则发于言辞,有自然之文。退之反因学文而有所见。

张解:德,本也。文,末也。古之学者务修德而已。德积于中,文自见于外,所谓"有德者必有言"。退之学文而后见道,是由末以及本,却倒学了,然不如今之学文者,荒忽其本意,或固滞而无所通达。盖因学文日求所未至,观其论"得之于心,应之于手","先醇后肆","仁义之人,其言蔼如",皆优游涵泳之功,充积既久,遂有所得,如《原道》、《原性》、《师说》诸篇,皆度越诸子,而不同于无用之赘言。

[2]叶解:朱子曰:"韩文公见得大意已分明,只是不曾向里面省察,不曾(按,"曾"《四库》抄本作"能")就身上细密做工夫。"

张解:盖其见识高卓,发前人所未发。如以孟子之后为无传,放胆说出,独撰己见,既非附会,亦非穿凿捏空,强为杜撰之谈,必有上下千百年之见,勘破大圣贤之心,方知孟子以前如何是嫡派真脉,孟子以后如何是小醇大疵。若无所见,则彼言所传者何事?岂意中漫不知所指,糊涂作此等说话?是知退之约《六经》之旨为文章,即未可谓修德之士,亦可以为行远之文矣。故朱子曰:"韩退之却有些本领,非欧阳公比。"

李解:朱子曰:"孟子之所传者何哉? 曰仁义而已矣。所谓仁义者,又岂外乎此心哉? 尧舜之所以为尧舜,以其尽此心之体而已。禹、汤、文、武、周公、孔子传之,以至于孟子,其间相望,有数百年者,非得口传耳授相付属也。特此心之体,隐乎百姓日用之间,贤者识其大,不贤者识其小。而体其全且尽者,则为得其传耳。"

茅注:黄东发曰:"所传者,即《原道》篇所谓'其位君臣父子,其教礼乐刑政,其文《诗》、《书》、《易》、《春秋》,以至麻丝、宫室、粟米、蔬菓、鱼肉',皆道之实也,故曰以是而传。以是者,指《原道》之书'所谓道'者而言之,以明中国圣人皆以此道而为治也。故他日论异端曰'果孰传之耶',正言此之所谓道者无非实,而其传具有自来;彼之所谓道者无非虚,而初无所自传云尔,非他有面相授受之密传也。"愚按,观公《送文畅序》"道莫大乎仁义,教莫正乎礼乐刑政",下便接"尧以是传之舜"云云,则所传者指仁义及礼乐刑政,言之明矣。仁义便是性,道便是率性之道,教便是修道之教。中庸要领已具于此。朱子所谓"于道之大体大用已见得",及"见得大意已分明"者,盖即指此而言之也。

江注:问:"韩公虽有心学问,但于利禄之意甚重。"曰:"他也是不曾去做工夫。他于外面皮壳上都见得,……只从粗处去,不见得原头来处。平日只以诗文、饮酒、博戏为事。"问:"'轲之死不得其传',程子以为非见得真实,不能出此语。而屏山以为'孤圣道,绝后学',如何?"先生笑曰:"屏山只要说'释子道流,皆得其传'耳!"

[集评]

朱子曰:韩文公第一义是去学文字,第二义方去穷究道理,所以看得不亲切。(《语类》卷一百三十七)

朱子《韩文考异》云:诸贤之论,惟程子此条,为能极其深处。然考诸临川王氏之书,则其诗有曰:"纷纷易尽百年身,举世何人识道真。力去陈言夸末俗,可怜无补费精神。"其为予夺,乃有大不同者,故尝折其衷而论之。窃谓程子之意,固为得其大端,而王氏之言,亦自不为无理。盖韩公于道,知其用之周于万事,而未知其体之具于吾之一心;知其可行于天下,而未知其本之当先于吾之一身也。是以其言常详于外而略于内,其志常极于远大,而其行未必能谨于细微。虽知文与道有内外浅深之殊,而终未能审其缓急重轻之序,以决取舍;虽知汲汲以行道济时、抑邪崇正为事,而或未免乎贪位慕禄之私,此其见于文字之中,信有如王氏之所讥者。但王氏虽能言此,而其所谓道真者,实乃老、佛之馀波,正韩公所深诋,则是楚虽失而齐亦未为得耳。

张习孔曰:退之却倒学了,因学文遂有所得。此先生独见之言,从无人说得出,然因此可见退之之学,功夫实深,必有反求内证之力。不然,古今学文者多矣,何以不能言退之之所言?若论著书立说,必先有德而后有言。若论徙义进道,不妨学文而后有得,颜子之博文是也。明道先生亦曰:“泛滥于诸家,出入于老、释亦几十年,返求诸《六经》而后得之。”此学文之效也。

管赞程曰:自“荀子才高”至此为一章,言三代下千馀年,无有闻道而至圣人者。

张绍价曰:自“荀子”至此为一段,论荀、扬、毛、董、武侯、文中、韩子之学,皆未能闻道而造于圣人也。

16. 周茂叔胸中洒落,如光风霁月。[1]其为政[一]精密严恕,务尽道理。[2][二]

[集校]

[一]“政”,原文作“治”。(《茅注》)

[二]见遗事,“其为”以下,潘兴嗣所撰《墓志》。(《冯记》)陈荣捷云:“今见《周子全书》卷十九,页三七一,与卷二十,页三九九。”(《陈论》)按,查洪德注释《近思录》云,此条出自“《宋史·周敦颐传》、潘兴嗣《濂溪先生墓志铭》”。

[集注]

[1]杨注:《通书·附录》。

叶解:见黄庭坚所作《诗序》。李延平每诵此言,以为善形容有道者气象。

张解:天理周流,本无窒碍,中有未净,故多系累。周子心契太极,其胸中精莹明彻,不疑所行,实有以得。夫仲尼、颜子之乐,是以洒洒落落,如光风霁月、清旷高远之象。若有一毫私吝,心何处得此也耶!……而朱子作《周子赞》,亦曰“风月无边,庭草交翠”。向非真有得于道,而漫学洒落,则是逍遥闲适归于放旷而已,岂洒落之谓乎?

茅注:洒,沙也反。……朱子曰:“所谓洒落者,只是形容其不疑所行、清明高远之意。若有一毫私吝心,则何处更有此等气象?”此节言其体。

[2]叶解:见潘延之所撰《墓志》。又孔经父祭文云:“公年壮盛,玉色金声,从容和毅,一府皆倾。”

张传：惟其胸中洒落,故能为政如此。世之为政不尽道理者,由胸中不洒落耳。

张解：观其为政,而其气象愈可思矣。精详者难于缜密,严毅者不能宽恕,周子则兼而有之。盖其洞见道妙,随物观理,务期各尽。故孔经父祭文云:"玉色金声,从容和毅。"可谓得之矣。当时之人见其政事精绝,则以为宦业过人;……窃谓胸中洒落者,无欲也,诚也;为政精密严恕者,动正而用和也,诚精故明也。周子之学,其妙根于《太极》一图而已。

茅注：此节言其用。

[集评]

朱子曰：濂溪在当时,人见其政事精绝,则以为官业过人。见其存山林之志,则以为襟袖洒落,有仙风道气,无有知其学者。惟程太中独知之。这老子所见如此,宜其生两程子也。(《语类》卷九十三)

朱子赞先生像曰：道丧千载,圣远言湮。不有先觉,孰开我人! 书不尽言,图不尽意。风月无边,庭草交翠。(《李解》)

胡敬斋曰：此二语终有清高意,必如所谓心广体胖、晬面盎背、充实光辉,真有道气象。(《茅注》)

刁包曰：周元公似颜子,请从纯粹处学之;张明公似曾子,请从艰苦处学之;程纯公似子思,请从精微处学之;程正公似孟子,请从严毅处学之。

陈沆曰：洒落是无欲之验。人能无欲,自有清明和乐气象。黄梨洲称刘念台先生:"从严毅清苦之中,发为光风霁月。"可谓善学周子者矣。

钱穆曰：明道辨历代名贤,自孟子下有荀卿、董仲舒、扬雄、诸葛亮、王通、韩愈,而及周濂溪。光风霁月之语,则采自同时诗人黄鲁直。斯亦见明道持论之严,而气象之宽和矣。(《随劄》)

陈荣捷曰：诚、性、命、太极诸观念,确俱源于《太极图》及《通书》。微周子之贡献,新儒学将有不少之缺隙;微《太极图》之观念,新儒学亦殊缺乏其基础。此朱子之所以苦心孤诣,以周子为道统中重要之一环,初无论其哲学含有道家气味也。……以周子列于孟子与二程之间。(《陈论》)

17. 伊川先生撰《明道先生行状》曰：[一]先生资禀既异,而充养有道。[1]纯粹如精金,[2]温润如良玉;[3]宽而有制,[4]和而不流;[5]忠诚贯于金石,[6]孝悌通于神明。[7]视其色,其接物也,如春阳之温;[8]听其言,其入人也,如时雨之润。[9]胸怀洞然,彻视无间。测其蕴,则浩乎若沧溟之无际;[10]极其德,美言盖不足以形容。[11]先生行己,内主于敬,而行之以恕;[12]见善若出诸己,[13]不欲弗[二]施于人。[14]居广居而行大道,[15]言有物而动[三]有常。[16]先生为学,自十五六时,闻汝南周茂叔论道,遂厌科举之业,慨然有求道之志。未知其要,泛滥于诸家,出入于老、释者[四]几十年,返求诸《六经》而后得之。[17]明于庶物,察于人伦。[18]知尽性至命,必本于孝弟;穷神知化,由通于礼乐。[19]辨异端似是之非,开百代未明之惑,秦、汉而下,未有臻斯理也。[20]谓孟子没而圣学不传,以兴起斯文为己任。其言曰:"道之不明,异端害之也。昔之害近而易知,今之害深而难辨。昔之惑人也,乘其迷暗;今之入人也,因其高明。[21]自谓之[五]穷神知化,而不足以开物成务。[22]言为无不周遍,实则外于伦理。[23]穷深极微,而不可以入尧舜之道。[24]天下之学,非浅陋固滞,则必入于此。[25]自道之不明也,邪诞妖异之说竞起,塗生民之耳目,溺天下于污浊。虽高才明智,胶于见闻,醉生梦死,不自觉也。是皆正路之蓁芜,圣门之蔽塞,辟之而后可以入道。"[26]先生进将觉斯人,退将明之书。不幸早世,皆未及也。其辨析精微,稍见于世者,学者之所传耳。[27]先生之门,学者多矣。先生之言,平易易知,贤愚皆获其益,如群饮于河,各充其量。先生教人,自致知至于知止,诚意至于平天下,[28]洒扫应对至于穷理尽性,[29]循循有序。病世之学者捨近而趋远,处下而窥高,所以轻自大而卒无得也。[30]先生接物,辨而不间,[31]惑[六]而能通。[32]教人而人易从,[33]怒人而人不怨,[34]贤愚善恶,咸得其心。[35]狡伪者献其诚,[36]暴慢者致其恭,[37]闻风者诚服,[38]觌[七]德者心醉。[39]虽小人以趋向之异,顾于利害,时见排斥,退而省其私,未有不以先生为君子也。[40]先生为政,治恶以宽,[41]处烦而裕。[42]当法令繁密之际,未尝从众为应文逃责之事。人皆病于拘碍,而先生处之绰然;众[八]忧以为甚难,而先生为之沛然。[43]虽当仓卒,不动声色。[44]方监司竞为严急之时,其待先生率皆宽厚,设施之际,有所赖焉。[45]先生所为[九]纲条法度,人可效而为也。至其道之而从,动之而和,不求物而物应,未施信而民信,则人不可及也。[46]

[集校]

[一]《张解》本无"先生"二字。此条今见《河南程氏文集》卷十一《明道先生行状》，无"伊川先生撰《明道先生行状》曰"句。

[二]"弗"，叶作"勿"。（《冯记》）按，"弗"，《叶解》元刻本及其四库抄本、《张传》本、《张解》本、《李解》本、《茅注》本作"勿"。

[三]"动"，叶作"行"。（《冯记》）"动有常"，叶本作"行"。（《考异》）"动"一作"行"。（朝刊《近思录》）按，"动"，《叶解》元刻本及其四库抄本、《张传》本、《张解》本、《李解》本作"行"。

[四]"者"，《叶解》元刻本、《张传》本作"亦"。

[五]"谓"下，吕本有"之"字。（《茅注》）叶无"之"字。（《冯记》）"自谓穷神知化"，吕本"谓"下有"之"字。（《异同考》）按，"谓"下，《叶解》四库抄本、《茅注》本无"之"。"自谓之"，《张解》本作"自为"。

[六]"惑"，《叶解》元刻本及其四库抄本、吴邦模刻本、《张解》本、《李解》本、《茅注》本、《江注》本及其四库抄本、《明道先生行状》作"感"。

[七]"觊"，叶本作"观"。（《茅注》）"觊德者"，叶本作"观"。（《考异》）"观德者"，吕本"观"作"睹"。（《异同考》）按，《叶解》元刻本及其四库抄本作"觊"。

[八]"忧"上，吕本无"人"字。（《茅注》）叶"众"下衍"人"字。（《冯记》）"众人忧以为甚难"，吕本无"人"字。（《异同考》）按，"忧"上，《张解》本、《茅注》本有"人"。

[九]"所为"，《张传》本作"谓"。

[集注]

[1]叶解：资禀得于天，充养存于己。

张解：此篇形容明道广大详密、浑化纯全。是大贤以上事，非伊川不能知之深、言之悉也。孟子以后，惟周子默契道体。明道先生义理本原，固受之周子，而通透洒落，发明理致，浑然天成，不犯人力，则有充然自得者，可直溯孔、孟而上接道统之传，是以伊川详言之。资禀，谓其所得于天者；充养，谓其所存于己者。此二句为一篇之纲领。盖质非中和，后来成就虽好，能造其极而不能合于中；养有未充，则虽天资高，而精微周折恐有所未尽。资与学齐到，所以非诸儒可及。

[2]叶解：纯粹而不杂。

[3]叶解：温良而润泽。

张解：以其天资之高，得天地清淑之气。如金玉不比凡物，而又加以锻炼琢磨之功，愈加精良。故纯一不杂，真粹无私，如金之精也。温而能理，润而能泽，如玉之良也。金坚刚，玉柔顺，其"刚柔合德"者乎！

［4］叶解：宽大而有规矩。

［5］叶解：和易而有撙节。

张解：惟其德之备，故其行之善。凡人偏急者不可以容物，则宽为贵。宽易失之纵，乃于宽大之中，井井条理，各有节度。亢戾者，不可以入道，则和为贵。和易失之流，乃于和缓之中，恭敬撙节，不随波靡。宽和是资禀，有制不流是充养，其"发皆中节"者乎！

［6］叶解：忠诚之至，可贯于金石。

［7］叶解：孝悌之至，可通于鬼神。

张解：其积于躬也，无不尽之心，无不实之意。忠诚可以贯金石；笃事亲之爱，敦从兄之敬，孝弟可以通神明。所谓诚正之学，修齐之本也。

李解：行，去声。有制，言其有规矩也。不流，言其有撙节也。贯于金石，言其无间也。通于神明，言其无方也。

［8］叶解：春阳发达，盎然其和。

张解：其发于外也，接物之色，盎然其和，如春阳发达，万物受其鼓动而不知。有道之气象如此，所谓"温温恭人"者乎！

［9］叶解：优游而不迫，沾洽而有馀。

张解：入人之言，渐濡不迫，如万物得时雨之润。有德者必有言，如此所谓"仁义之人，其言蔼如"者乎！

［10］叶解：胸次洞达，无少隐匿。然测其学识所蕴，则又深博而无涯。

张解：是其由内达外，皆盛德之符。人得而见之，无从而测之。盖胸怀洒落，如洞开重门，彻底空明，表里如一。而其学识之所蕴蓄，则深博无涯涘，如沧溟之浩浩荡荡不知所际。朱子所谓"贤愚皆获其益"，而学者未至，则不可轻议之者乎！

李解：间，去声。春阳之温，和乐而可亲也。时雨之润，游而中节也。彻视无间，则易直。沧溟无际，则宏深。

朴履坤曰：彻视无间，注："无少隐隐"。按，无间者，无有间隙也。注所谓"隐慝"，恐误。（按，指出叶解不足。）

［11］叶解：以上一节，言资禀之粹、充养之厚也。

张解：德之可以一善名者，则可因其所近而形容之。若夫众善悉涵，虽有美言，善为拟议，正恐偏而不该，反失其实。故伊川于极其形容之下，又为赞不啻口之辞。

茅注：溟，音明。溟，海也。

［12］叶解：敬主于身，而恕及于物。敬则其本正而一，恕则其用公而溥。

张解：综先生之行己而论之。敬以持身，无妄思，无妄动；恕以及物，推心如心。敬其本也，恕其用也。本立而用有以行，故心存而理得也。

［13］叶解：与人为善也。

［14］叶解：视人犹己也。

张解：是以廓然大公，忘乎人己之见。见善若出诸己，不知其在人也；不欲勿施于人，视人犹乎己也。刘立之曰"先生闻人一善，咨嗟奖劳，惟恐其不笃"，与伊川"善若出诸己"句合。

［15］叶解：居天下之广居，不安于狭陋；行天下之大道，不由于邪僻。

［16］叶解：言必有实，故曰物；行必有度，故曰常。以上一节，言行己之本末也。

张解：心之所居，以天地万物为一体，不处于狭陋。身之所行，以是非可否为裁制，不由于邪僻。言必以实，不为虚夸浮饰之言，则有物；行必以度，不为新奇诡异之行，则有常。

李解："行有"之"有"，去声。敬以存心，恕以及物，见善若出诸己，视人犹己也。不欲勿施于人，推己及人也。居广居者，体之立。行大道者，用之推。言必有实，故曰物；行必有度，故曰常。

［17］叶解：濂溪先生为南安军司理参军时，程公珦摄通守事。视其气貌，非常人，与语，知其为学知道也。因与为友，且使其二子受学焉。而《程氏遗书》有言："再见周茂叔后，吟风弄月以归，有'吾与点也'之意。"明道学于濂溪者，虽得其大意，然其博求精察，益充所闻，以抵于成者，尤多自得之功。

张解：综先生之为学而论之。世方习科举之业，妨功夺志，未必切合于修己治人之大道。先生十五六时，濂溪为南安军司理参军，先生奉父命受学焉。闻其论道，遂厌举业，慨然以道为志。自言"再见茂叔后，吟风弄月以归，有'吾与点也'之意"。盖其所志者大，即夫子"十五而志于学也"。又不敢废闻见择识之功，博求于多以归于一，故以诸家之同异，老、释之虚无，亦尝泛滥出入于其间，穷其说、究其蔽，如是者几十年。知其不可以为训也，返而求诸《六经》。明道之书，内圣外王，精粗毕备，优游涵泳，至久而自得之。盖学之博而择之精，即夫子之所谓"不惑"也。

李解：父珦使之从学，得闻《太极》、《易通》之旨。其言固要，但必参验于《六经》而后得之，故尝曰'吾学虽有所受，然天理二字却是自家体贴出来。'夫图书虽善言天理，然非有以体贴之，亦徒为入耳出口之学而已。或问："二程之于濂溪，亦犹横渠之于范文正公耳。"朱子曰："先觉相传之妙，非后学之所能测，诵其诗，读其书，则周、范之造诣固殊，而程、张之契悟亦异。如曰仲尼颜子所乐，吟风弄月以归。皆当时口传心授的当亲切处。后来二先生举似后学，亦不将作第二义看。然则《行状》所谓'求之《六经》，然后得之'者，特语夫功用之大全耳。至其入处，则自濂溪不可诬也。若横渠之于文正，则异于是。盖当时粗发其端而已，受学乃先生自言，岂自诬者耶！"

茅注：汝南，周氏郡，周平王少子烈食采汝坟。汉兴，仍封其后于汝，是为正公，虽后屡迁徙，犹称汝南。……朱子曰："明道当时已见大意，故始虽博取而能不为所惑。若此见得未的，而更以释、老等说助之，恐为所漂荡而无以自立也。"

[18]叶解：明则有以识其理，察则加详于明。

张解：由是准《六经》之旨以穷其理，而知道不外于庶物人伦之间，明之而有以识其当然，察之而又加详焉。则日用间见得天理流行，无少欠缺，而其中是非黑白，各有条理矣。

[19]叶解：孝悌，说见第四卷。《乐记》曰："天高地下，万物散殊，而礼制行矣。流而不息，合同而化，而乐生（按，"生"《四库》抄本作"兴"）焉。通乎礼，则知万化散殊之迹；通乎乐，则穷万化同流之妙。"此言明乎天，实本乎人也。

张解：本《六经》之理以履其事，而知道不外于孝弟礼乐之要。心所具为性，性所从出为命。人之不学而能，不虑而知，根于性命之自然者，为孝弟。孝弟为仁义。知仁义之实，则知为尽性至命之本矣。神，天德也；化，天道也。……此则知天知人，合而一之者也。

茅注："明于庶物"二句，说见《孟子》。朱子曰："'尽性至命'二句，以心言；'穷神知化'二句，以用言。"

江注：朱子曰："《明道行状》说孝弟礼乐处，上两句说心，下两句说用。"

[20]李解：明者知其故，察者详其用。孝弟之迹，即性命之蕴。尽焉至焉而本之，则本末一贯。礼乐之著，即神化之微。穷焉知焉而通之，则体用一原。此所以高不堕于虚无，卑不囿于形器，而能辨似是之非，开未明之惑也。

价解：释氏之学，有见于心之灵觉，无见于心之义理。辨异端者，须就心性隐微处，剖析分明，方足以知其似是之非。若仅就事理显处，别禅于儒，则不待程、朱而能之矣。

[21]叶解：昔之害，杨、墨、申、韩是也；今之害，老、佛是也。浅近故迷暗者为所惑，深远故高明者反陷其中。

张解：天人之理明，则是非之辨真。盖非圣人之道而别为一端者，往往以似乱真。自信不到，则无以为辨之之本。而人心之惑既久，何由能开？先生识真守定，独砥于沦胥波靡之会，秦汉以来，未有能及之者也。观其自附孟子之后，身任斯文之统，发而为言者，卓然可见矣。初言"异端"，泛言之也；继言"昔之害"，指杨、墨、申、韩言之也；"今之害"，指佛、老言之也。杨、墨、申、韩之言浅近，但足以惑迷暗之人，而高明之士犹知其非。至佛、老则推而高之，鉴而深之，聪明才智反为附会，遍天下皆受其惑矣。此之不可不辨也。

李解：陈氏曰："昔之害，谓杨、墨；今之害，谓佛氏。"

[22]叶解：自谓通达玄妙，实则不可以有为于天下。

张解：盖彼之所谓高深者，是乃所以为卑陋也。据其邪遁之说，自以为通达奥妙，于天地神化之良能，无不穷而知之，而人事生理，颠倒错乱，不足以有为于天下。则与吾道之"明庶物"者异矣。

茅注：陈氏曰："开物，谓人所未知者开发之；成务，谓人所欲为者成全之。"

[23]叶解：自谓性周法界，然实则外乎人伦物理。

张解：自以为性周法界，一黍之中呈现三千大千。其言无不周遍，而废三纲五常，把父子君臣、天地上下之理殄灭尽了，是外于伦理也。则与吾道之察人伦者异矣。

茅注：其所言自以为大包法界，细入微尘，无不周遍矣。而实则外于人伦物理。胡氏曰："释氏窥见心体，故言为无不周遍。然未知止于其所，故外伦理而妄行。"夏氏以"言为"为所言所为，拘泥不可从。

[24]叶解：尧舜之道，大中至正。穷深极微，是过之也。

张解：又以为穷深极微，超出阴阳之外，为不生不灭之说。而不知无浅非深，无微非显，尧舜以来相传之道，大中至正，其以教易明而事易行也。索隐行怪，便不可入尧舜之道。则与吾道之"性命必本孝弟、神化由通体乐"者异矣。

李解：释氏直指人心，自谓穷神知化矣，而不足以开未有之物、成将为之务，是体用之二致也。言为性周法界无不周遍矣，而实则外于人之伦、物之理，是显微之殊途也。虽则穷深极微，而岂可入尧舜大中至正之道乎？

朴履坤曰：不可以入尧舜，注："大中至正。"按，似非本文正意。上文"自谓"之意，止于"穷深极微"。（按，指出叶解不足。）

[25]李解：浅陋固滞，词章训诂之习也。

[26]叶解：浅陋固滞者，乃刑名功利之习，训诂词章之士是也。学者不入于浅陋固滞，则必入于老、佛之空无。

张解：大抵天下之学者，不得《六经》旨要之所存，是以其迷暗者，既为刑名功利之术、训诂词章之习锢而蔽之，患其浅陋固滞，不足以明道。而其非迷暗者，则好高喜捷，必入于此种虚无怪幻之谈，而道将何自明乎？夫惟道之不明也，异端竞为邪说。使民有耳目而不聪明，如或塗之；使民有心思而多污浊，如将溺焉。自负高明，不能善用才智，只为习见习闻，胶黏不化。生则如醉，罔知与生俱来之理；死则大梦，莫识原始反终之义。是皆于光明正大之路多置蓁芜，为学入德之门，竟行蔽塞者。于此之时，欲使学者由斯路，出入斯门，以进乎道也，非毅然辟之不可。先生之言若此，其辨异端以正人心，与孟子距杨、墨同功也。

李解：塗，若以泥壅之也。溺，若陷入于水也。其生若醉，而不知修己治人之术、下学上达之方；其死若梦，而不知原始反终之说、存顺没宁之旨。乃不自觉其醉梦，而以为醒寤，其亦可悯也已。先生之辟之也，岂得已哉？

茅注：蓁，草盛貌。芜，秽也。

[27]叶解：以上一节，言学道之本末，与其辟异端、正人心之大略也。

张解：先生为一时之人心计，则将以斯道觉斯民；为万世之人心计，则将明之书以示来者。乃进既不大用于时，退而著书。未就，不幸享年仅五十四，力皆未及。今所存者，其辨剖明析，至精至微，令世人可奉为楷模，信守勿违，则皆其时从游之学者汇辑叙述，循诵师传云耳。使天假之年，其昌明正道，更当何如？自此以上，皆言其为学辟邪之本末也。

李解：学者所传，即李籲、刘绚、吕大临、谢良佐、游酢、苏昞等所录之语是也。

茅注：见，音现。

[28]茅注：此专就《大学》之教言之也。陈氏曰："格物致知，所以求知所止。诚意至于平天下，所以求得所止。"

[29]茅注：此兼大小学之教言之也。陈氏曰："洒扫应对，小学之教也。穷理，即致知至于知止之事。尽性，即诚意至于平天下之事。"

[30]叶解：此一节，言教人之道。本末备具，而循序渐进，惟恐学者厌卑近而务高远，轻自肆而无实得也。

张解：综先生之教人论之。先生之学，大而有本，故其为教，进必以渐。当时学者争游其门，可谓多矣。其言总不越于人情物理，平易易知。贤者神而明之，则日进无疆，而愚者亦有所循以寡过，是皆获其益也。譬如河水，挹取不穷，各随饮者之量。量有大小，皆虚而往，实而归，不患其不充足。其教人不倦如此。然而教无躐等，如教人以求知也，则自学、问、思、辨，实尽致知之事，以至于真知所当止之地。中间理一分殊，不希顿悟。其教人以力行也，则自好恶慎独，实尽诚意之事，以至于举而措之平天下之大，中间功效次第，知所先后，凡以约之。于下学之中，使人从洒扫应对工夫做起，自然渐渐向上去，至于穷理尽性而止。所云"远必自迩，高必自卑"，其循循有序又如此。正为近世之学者游心空荡，有舍近趋远、处下窥高之病，轻于自大，义理茫然，所以开示亲切，使学者有以识其门庭也。

李解：易，去声。舍、处，并上声。下同。贤愚皆获其益，因材而施之也。致知者知之始，知止者知之终。诚意者行之始，平天下者行之终。陈氏曰："循循，有次序貌，谓先习之于小学而后进之于大学。而《大学》之教，又自有其序也。趋，奔也。窥，犹瞰也。卒，终也。此学者之大病，程子教人循循有序，盖病乎此矣。"

茅注：舍近趋远，承"致知至于知止"二句而言。处下窥高，承"洒扫应对"二句而言。未致知而求知止，未诚意而求平天下，是舍近而趋远也。方洒扫应对而求穷理尽性，是处下而窥高也。

［31］叶解：是非虽明，而亦不绝之。

茅注：辨，分辨也。间，间隔也。言虽贤否自有分辨，而物我一体未尝有间也。

［32］叶解：感而必应。

张解：综先生之接物论之。是非必辨，不为苟同之见，而物我无间，不以其人之异于我而遂生畛域也。感而能通，所谓心如洪钟，"小叩则小鸣，大叩则大鸣"者乎！

［33］叶解：教人各因其资，而平易明白，故易从。

朴履坤曰：教人而人易从，注："教人各因其资"。按，注说恐非。诚在言前，故人自化而易从也，且非但指学者。（按，指出叶解不足。）

［34］叶解：怒所当怒，而心平气和，故不怨。

张解：教人各因其资，不强以难知难能之事，使过者可俯而就，不及者可跂而及，故人易从。怒人，则因其可怒而怒之，心平气和，不念其旧，不阻其新，故人不怨。

[35] 叶解：爱而公，故咸得其欢心。

张解：以万物一体之怀，扩民胞物与之量，贤愚善恶，仁者无不爱也，故咸有以得其心。

[36] 叶解：待人尽其诚，而人不忍欺之。

[37] 叶解：待人尽其礼，而人不忍以非礼加之。

张解：自尽其诚，诚能动物，故虽狡而好用其智、伪而好行其私者，亦莫不输款曲而献其诚。自笃其恭，恭者不侮人，故虽暴而有狠戾之气、慢而有怠肆之心者，亦莫不生谦逊而致其恭。

[38] 叶解：诚服者，真实而非勉强。闻风而服，则无远不格矣。

[39] 叶解：盛德所形见者，熏乎至和，如饮醇酎。

张解：其盛德所乎，无间远近，故远者闻风，则切景行之私，诚服而非饰情；近者觌德，则饮太和之醇，心醉而无厌志。

[40] 叶解：先生以议新法不合，遂遭排斥。然当时用事者亦曰"伯淳忠信人也"，则其言行之懿，有不可诬者。以上一节，言接物之道。

张解：懿德之好，人心同然。故虽共事之小人，薰莸本不同器，且为利害起见，恐君子之终轧己为后患也，不得不排之使不见用，斥之使不见信。然退而察其私，居燕闲之地，评论及之，未有不以为君子者。如王荆公与先生论事不合，而尝谓先生忠信，是其验也。

李解：间，去声。间，谓拒绝之。易从者，各当其可也。不怨者，各中其节也。待人尽诚，而人不忍欺之，故献其诚。待人尽礼，而人不敢以非礼加之，故致其恭。诚服者，实行之被于远。心醉者，盛德之乎于近。小人，谓王介甫之党。

茅注：荆公与先生虽道不同，而尝谓先生忠信。先生每与论事，心平气和，荆公多为之动。

[41] 叶解：开其自新之路，改而止（按，"止"《四库》抄本作"正"）。

[42] 叶解：得其要领，且顺乎理。

张解：综先生之为政论之。不尚严苛，虽治恶人，宽以待之，使得自新，未尝绝人向善之路，其"不恶而严"之义乎！不事综核，虽处极烦，顺理则裕，得其要领，自见优游暇豫之休，其"居敬行简"之义乎！

[43] 叶解：法令峻密，而先生未尝为苟且应命之事。然而处之有道，故不见其碍；为之有要，故不见其难。

张解：法令，易以绳人。居下位者不得自行己志，相率为虚文逃责而已。先生揆之以理，争之以义，虽当法令繁密，未尝苟且从众。总欲处得其当,而非以为矫也。故尝自言曰"职事不可以巧免"。人惟为法令所拘,是以动多窒碍。先生处之绰然,不拘于法,亦未尝戾于法,故其自言曰"人虽异之,不至指为狂人"。惟以法令为忧,是以千难万难,唯先生为之沛然,摆脱得开,无事不从容,故其自言曰"一命之士,苟存心爱物,于人必有所济",是之谓"行所无事"者乎!

[44]叶解:理素明而志素定。

张解:志不足以帅气,则仓卒急迫,不能自持,往往动于声色之际。先生"理素明而志素定",及乎事变之来,不失其常,所谓"震惊百里,不丧匕鬯",先生有焉。所以然者,敬而已矣。

[45]叶解:忠信恳恻,足以感人。故能不徇时好,而得遂其所为。

张解:在下位不获乎上,民不可得而治。先生忠信恳恻,足以动人,故虽位乎其上者,如监司各宪,方且竞为严切刻急,人皆望风震怖,独为先生所化,率以宽厚相待。不但无以挠先生之法,并且引以为重,凡有设施,交相依赖。所以然者,诚而已矣。

李解:治恶以宽,待其自新也。处烦而裕,得其要领也。法令严密,谓青苗手实方田均输等法。处之有道,故不见碍。为之有要,故不见其难。"理素明而志素定",故不动声色,诚足以感之,理足以服之。故待之宽厚,而设施有所赖焉。

茅注:卒,音猝。

[46]杨注:《文集》。

叶解:政令设施,可仿而行。道化孚感,不可力而致。以上一节,言为政之道。

张解:凡先生之居官莅民,所以著为纲领条目,一切法度,次第井然,各有规矩,人人可敬而行之。然法可得而师,德不可勉强而至。先生躬行道民,而民自从,不待禁令之烦;至诚动人,而人自和,如在钧陶之中。尽其在我,不求物应,而应者不疾而速;信在言前,未尝施信,而信之者不言而喻。此其德盛化神,几于圣人地位,非其所禀之粹,所养之厚,乌能若是?是岂人所可及哉?

李解:政可勉而为也,化不可力而致也。使先生之得邦家,其效岂下于时雍风动者耶!胡氏曰:"此圣人境界上事,声色之于以化民末也。"

茅注:道,音导。叶氏连上为一节,今正之。此节言感应之速,有人之所不可及者。朱子曰:"明道尝为条例司,不以为浼。而伊川所作《行状》乃独不载其事。明道谓青苗可放过,而伊川乃于西监一状较计如此。盖明道所处是大贤以上事,学者未至而轻议之,恐失所守。伊川所处虽高,然实中人皆可跂及,又当观用之浅深、事之大小,裁酌其宜,难执一意。君子所以贵穷理也。"按,伊川先生既殁,门人高弟多已先亡,无有能形容其德者,故是编独阙焉。然先生尝谓张绎曰:"我之道盖与明道同,异时欲知我者,求之于此文可也。"读者详之。

[集评]

问:"尽性至命,必本于孝弟。"尽性至命是圣人事,然必从孝弟做起否?曰:固是。又问:伊川说:"就孝弟中,便可尽性至命。今时非无孝弟人,而不能尽性至命者,由之而不知也。"谓即孝弟便可至命,看来孝弟上面更有几多事,如何只是孝弟便至命?曰:知得这孝弟之理,便是尽性至命,也只如此。若是做时,须是从孝弟上推将去,方始知得性命。如"孝弟为仁之本",不成孝弟便是仁了! 但是为仁自孝弟始。(《语类》卷九十六)

黄榦曰:窃闻道之正统,待人而后传。自周以来,任传道之责、得统之正者,不过数人,而能使斯道章章较著者,一二人而止耳。由孔子而后,曾子、子思继其微,至孟子而始著。由孟子而后,周、程、张子继其绝,至先生而始著。盖千有馀年之间,孔孟之徒所以推明是道者,既以煨烬残阙、离析穿凿,而微言几绝矣。周、程、张子崛起于斯文湮塞之馀、人心蠹坏之后,扶持植立,厥功伟然。未及百年,蹐驳尤甚。先生出,而自周以来圣贤相传之道一旦豁然,如大明中天,昭晰呈露。(《勉斋集》)

朱子曰:明道之言,一见便好,久看愈好,所以贤愚皆获其益。伊川之言,乍见未好,久看方好,故非久于玩索者不能识其味。此其自任,所以有成人材尊师道之不同。(《江注》)

陈埴曰:两句(按,即"知尽性至命,必本于孝弟;穷神知化,由通于礼乐。")皆由粗至精,由学者至圣人,谓本是一串道理,但须还踏实蹙底做起。本孝弟而尽性至命,此行之极至。通礼乐而穷神知化,此知之极至。佛氏尽性至命矣,而不本于孝弟,则行之过也。庄氏穷神知化矣,而不通于礼乐,则知之过矣。

又曰:尽性知命,穷神知化,皆圣人事。欲学圣人皆从实地上做起,升高必自下,陟遐必自迩。此程门切实之学,积累之久,将自有融液贯通处,非谓一蹴便能。

胡敬斋曰:明道先生天资高,本领纯,察理精,涵养熟,故不动声色,而天下之事自治;涵育熏陶,而天下之物自化,孔子以下第一人也。伊川所撰《行状》,形容明道广大详密,浑化纯全。非工夫积累久地位高者,解会不得

也。今分六节,虚心熟读而精思之,宛然如见明道先生矣。(《价解》)

胡氏曰:程子天资高,其于义理不甚用穷索,只优游涵泳以得之。虽曰返求诸《六经》,然亦不甚费力。自孔、颜以下,造诣精深,未有及之者。(《李解》)

吴氏曰:行远自迩,升高自下,学之序也。自大小学之序言之,洒扫应对,近者下者也。穷理尽性,远者高者也。以大学之序言之,格物致知,诚意正心修身,非近而下者乎?齐家致国平天下,非远而高者乎?(同上)

张杨园曰:学者好言"尽性至命",而不尽爱敬之实;好言"穷神知化",而不思进反之义。遗下学而希上达,所谓穷深极微,而不可以入尧舜之道者也。(《茅注》)

刁包曰:孔孟之道,至程、朱而明;程、朱之道,至文成而晦。学者有志斯道,须去其所以晦程、朱者,而后得其所以明孔孟者。不然含糊两可,终无入处。

又曰:程子云:"吾学虽有所受,天理二字却是自家体贴出来。"我辈深思而熟玩之,与深人言,道德性命之说毕括此矣。与浅人言,使为善者所恃,而为恶者有所惧,其有裨于心术隐微之地,不既多乎!语上语下都用得着。此程氏之所以继往圣开来学也。

张伯行曰:读伊川此文,条分缕析,而反覆深思之,则知明道先生与道为体,一团和气,纯是天理浑成。初无求异于人,而其不得不异者,则有时而独异。虽不得高位以泽天下,而以斯道倡之于人,使人知佛、老之为非,孔孟大道得先生而后传,补助天地,厥功茂焉。他日,伊川谓张绎曰:"我昔状明道之行,我之道与明道同,欲知我者,求之此文可也。"明道、伊川,造德各异,而不害其为同者,道一而已。道认得真,各成其质,各就其学,终归一致,无分彼此。若夫本领既差,一齐差却,则虽同而大不同。此孟子之后,所以必推河南两先生也。

陈沆曰:此等皆形容圣贤之文,初学虽望知霄汉,然惟熟读深味,于无事时常体此意于胸中,使鄙吝不萌,久之庶有入处。若徒赞叹羡慕而已,何益之有?

陈荣捷曰:程颐建基其本人哲学在理之上,朱子则致力奠定其整个新儒学系统在理之上。汉唐诸儒于理学,殊无贡献。即邵、张诸儒之于此,亦仅有一隅之见。因之二程乃被认为道统传授之主要血脉。(《陈论》)

18. 明道先生曰:[一]周茂叔窗前草不除去[二],问之,云"与自家意思一般".[1][三]（旧注：子厚观驴鸣，亦谓如此。）[2]

[集校]

[一] 此条今见《河南程氏遗书》卷三《谢显道记忆平日语》，下同，此处无"明道先生曰"五字。

[二] "除"下，叶本无"去"字。（《茅注》）"去"，叶无此字。（《冯记》）吕本"除"下有"去"字。（《异同考》）按，《叶解》元刻本及其四库抄本、《张传》本、《张解》本无"去"。

[三] 《张传》本将此条编次于第 16 条下。

[集注]

[1] 叶解：天地生意流行发育，惟仁者生生之意，充满胸中，故观之有会于其心者。

张传：推此便是四时行焉，百物生焉意况。

张解：天地之大德曰生，所以生生者仁也。方当春时，生意发育，随处呈现，即可于窗前之草验之。周子胸中仁理完足，不觉有会于心，所以云"与自家意思一般"。按，明道书：窗前草茂覆砌，或劝之芟，曰"不可，常欲观造物生意"。伊川谏折柳枝，曰"方春发生，不可无故摧折"。合而观之，可见元者善之长也，大哉乾元，万物资始，自古圣贤无时不默察其本心之仁，而唯恐伤之也。

茅注：指生意周流无间而言。

江注：问："周子言'窗前草不除去'，即是谓生意与自家一般。"曰："他也只是偶然见与自家意思相契。"又问："横渠观驴鸣，是天机自动意思？"曰："固是。但也是偶然见他如此，如谓草与自家意一般，木叶便不与自家意一般乎？ 如驴鸣与自家呼唤一般，马鸣便不与自家一般乎？"

[2] 杨注：《遗书》，下同。伯嵒据潘兴嗣撰《濂溪先生墓铭》云："吾友周茂叔，讳惇颐，其先营道人。父讳辅成，任贺州桂岭县令。君幼孤，依舅氏龙学郑向，向爱之如子。向名子，皆用惇字，因以惇名君。景祐中奏补试，将作监主簿，授洪州分宁县，部使者奏举南安军司理。运使王逵以苛刻莅下，君与之辨狱，不为屈，因置手板，归取诰敕纳之，投劾而去，逵为之改容。复荐之移郴令，改桂阳令，皆有治绩。用荐迁大理丞，知洪州南昌县。改太子中舍金判覃恩，改虞部员外郎通判永州，改驾部。赵抃参大政，奏为广南东路转运判官，迁虞部郎中，提点本路刑狱。得疾，恳请郡符知南康军。熙宁六年六月七日卒于九江郡之私第，享年五十七。君尝过浔阳，爱庐山，因筑室溪上，名之曰濂溪书堂。善谈名理，深于《易》学，作《太极图》、《易说》、

《易通》数十篇,诗十卷,藏于家。子二人:曰寿、曰焘。"

　　茅注:盖取其有自得意也。

[集评]

　　问:周子窗前草不除去,云"与自家意思一般"。此是取其生生自得之意邪? 抑于生物中欲观天理流行处邪? 曰:此不要解。得那田地,自理会得。须看自家意思与那草底意思如何是一般?(《语类》卷九十六)

　　王阳明曰:至宋周、程二子,始复追寻孔、颜之宗,而有"无极而太极","定之以仁义中正而主之静"之说。(《传习录》)

　　冯友兰曰:从天之观点以观事物,则对事物有一种同情底了解。……宋儒以为此都是圣人气象。其所以是圣人气象者,因此皆是能从天之观点以观物者之气象也。(《新理学》)

　　退溪曰:非谓与庭草一般,亦只谓与自家意思一般。彼物自然涵生,自然能鸣以通意,便是与自家一般处。

　　19. 张子厚闻生皇子[一],喜甚;见饿莩者,食便不美。[1][二]

[集校]

　　[一]"生皇子",江改"皇子生"。(《冯记》)按,《江注》本及其四库抄本作"皇子生"。

　　[二]明道语。(《茅注》、《冯记》)按,《张传》本将此条编次于第 22 条下(《张传》本的第 22 条位于此本第 24 条下,且于第 22 条下又增入若干段文字,并作大字,其中排列于后的三条文字依次是此本的第 19 条、20 条、25 条)。

[集注]

　　[1]叶解:此即《西铭》之意。亦其养德之厚,故随所感遇,蹴然动于中而不可遏。初非拟议作意而为之也。

　　张解:仁者以天地之心为心,故己之休戚与万物之休戚相为流通。张子作《西铭》,以大君为吾父母宗子,又以凡天下之颠连无告者皆吾兄弟,则闻生皇子而喜,见饥莩者而不甘食,即《西铭》意也。盖实见得性体分明,随所感遇,动于中而不可遏,非有所作意而为之也。

　　朴履坤曰:按群书注:闻皇子之生而喜,是喜宗子之有传也。见民之饥而辍食,是忧兄弟颠连而无告者也。

[集评]

　　必大曰:"'子厚闻皇子生,喜甚。见饥莩,食便不美'者,正淳尝云:'与人同休戚。'陆子寿曰:'此主张题目耳。'"先生问:"曾致思否?"对曰:"皆是均气同体,惟在我者至公无私,故能无间断而与之同休戚也。"曰:"固是如此,然亦只说得一截。如此说时,真是主张题目,实不曾识得。今土木何尝有私? 然与他物不相管。人则元有此心,故至公无私,便都管摄之无间断也。"(《语类》卷九十六)

张习孔曰:忧喜不系于一己。

20. 伯淳尝与子厚在兴[一]国寺讲论终日,而曰:不知旧日曾有甚人于此处讲此事?[1]

[集校]

[一]"兴"作"相"。(《茅注》)此条今见《河南程氏遗书》卷二上《元丰己未吕与叔东见二先生语》。

[集注]

[1]叶解:吕原明曰:"此处气象,自有合得如此等人,说此等话道理。"

张传:看得此会甚大。

张解:千载上下,皆此心此理,则旧日合有如此人,讲论亦合有如此事。当时二先生终日讲论,今亦不知其何事,而乃于兴国寺中作此疑语者,正以见道脉相续,必得朋友讲习之益,但恐自有此寺以来,久为念佛谈禅之地,汩没异教,未审甚人体究此事。惓惓守先待后之意,无在不寓,亦可概见矣。

李解:叹知道者之少也。

茅注:按,《吕侍讲家传》中亦有此语,与此字句微别。又但言与二程诸公,不言子厚。……盖兴国寺旧名相国寺,宋太平兴国中改今名,在开封府城内。

[集评]

张绍价曰:孟子殁后,圣学不传。自有兴国寺以来,只是念佛谈禅,安得有同志讲学之事? 明道此言,盖深慨昔之无此事,而深幸今之有此事也!

21. 谢显道[1]云[一]:明道先生坐如泥塑人,接人则浑是一团和气。[2][二]

[集校]

[一]"云",《张解》本、《李解》本、《叶解》四库抄本、《茅注》本作"曰"。此条今见《河南程氏外书》卷十二《传闻杂记》,下同,此处无"谢显道云"

四字。

　　［二］《张传》本将此条编次于此本的第 17 条下。

［集注］

　　［1］杨注：名良佐,字显道。

　　［2］杨注：《外书》,下同。伯昷据,明道先生,名颢,字伯淳,葬于伊川,守太师致仕潞国公文彦博题其墓曰：“大宋明道先生程君伯淳之墓。”其弟伊川先生序其所以为墓表曰：“周公没,圣人之道不行。孟轲死,圣人之学不传。道不行,百世无善治;学不传,千载无真儒。无善治,士犹得以明夫善治之道,以淑诸人,以传诸后。无真儒,天下贸贸焉,莫知所之,人欲肆而天理灭矣。先生生千四百年之后,得不传之学于遗经,将以斯道觉斯民,天不慭遗,哲人早世,乡人士大夫相与议曰：‘道之不明也久矣。先生出,倡圣学以示人,辨异端,辟邪说,开历世之沉迷,圣人之道得先生而后明,为功大矣。’于是帝师采众议而为之称以表其墓。学者之于道知所向,然后见斯人之为功,知所至,然后见斯名之称情。山可夷,谷可堙,明道之名,亘万世而长存。勒石墓傍,以诒后人。元丰乙丑十月戊子书。”明道先生十岁能为诗赋,十二三时群居庠序,如老成人。故户部侍郎彭公思永许妻以女。逾冠中进士第,调京兆府鄠县主簿,再期以避亲,再调江宁府上元主簿,再期就移泽州晋城令,用荐者改著作佐郎,寻以御史中丞吕公著荐,授太子中允,权监察御史里行。荆公行新法,先生言既行,恳求外补差,权发遣京西提点刑狱,累请得罢,改差签书镇宁军节度判官,岁馀得监西京洛河竹木务。荐者言其未尝叙年劳,丐迁秩,特改太常丞。彗星见,先生应诏论朝政极切,执政屡进拟,神宗皆不许,手批与府界知县,遂差知扶沟县事。数月,右府同荐,除判武学。新进者言新法之初,首为异论罢,复旧任,官制改,除奉议郎,继以亲老求近乡监局,得监汝州酒税,改承议郎。召为宗正寺丞,未行,以疾终。元丰八年六月十五日也,享年五十有四。

　　叶解：所谓“望之俨然,即之也温”。

　　张传：君子三变,有道者类然。

　　陈注：此如天地之气。当天冬时,极其收敛凝密,及至春来,便浑是和气。

　　朴履坤曰：一团,退溪曰：“犹一般,但一般分为各段而言,一团以合为一团而言。”

［集评］

　　张伯行曰：坐如泥塑人,静而不偏不倚之中也。接人浑是和气,动而中节之和也。总是主敬功深，故其动静之间非勉强拟合，而人之亲承其下者，自有"望之俨然，即之也温"气象。非上蔡默识于心而有得焉，亦不能若是形容也。

张绍价曰：坐如泥塑，是静时气象。接人一团和气，是动时气象。而所以涵养未发之中，与夫发皆中节之和，均可于此想见。

22. 侯师圣[1]云：[一]朱公掞见明道于汝，归谓[二]曰："光庭[2]在春风中坐了一个月。"[3][三]游、杨初见伊川，伊川瞑目而坐，二子侍[四]立。既觉，顾谓曰："贤辈尚在此乎？日既晚，且休矣。"及出门，门外之雪深一尺。[4]

[集校]

[一]《传闻杂记》无"侯师圣云"四字。

[二]"谓"下，吴邦模刻本、《张传》本、《张解》本、《李解》本有"人"字。

[三]《张传》本将"游"以上文字拟作一条，编次于此本的第 24 条下。自"游"以下，《张传》本此处无。

[四]"侍"，江误"俟"。(《冯记》)按，"侍"，《江注》本及其四库抄本作"俟"。

[集注]

[1]杨注：名仲良，字师圣。

[2]杨注：朱光庭，字公掞。

[3]张传：学者如朱公掞，方不徒为学。

笔者按，《张传》本在此条下，将下列各段文字刻作大字，如同《近思录》原文。今列之如下：

① 司马温公与吕申公同荐劄子，谓颐有经天纬地之才，制礼作乐之具。又谓颐道则贯彻三才，无一毫之为间；德则并包众美，无一善之或遗；学则博通古今，无一物之不知；才则开物成务，无一理之不总。故圣人之道至此而传。

② 尹彦明云：先生之学，本于至诚，其见于言动事为之间，处之有常。疏通简易，不为矫异，不为狷介，宽猛合宜，庄重有体。又曰：先生践履尽《易》，其作《传》，只是因而写成，求先生之学，观此足矣。(按，在这段话下有张习孔注文："《易》有善恶是非，先生以一己为衡，好善而恶恶，主是而辨非，如身之处其境，故曰践履尽易。")

③ 邵氏《见闻录》云：先生为讲官，乞于殿上坐讲，又入侍之际容貌极庄。时文潞公以太师平章事，或侍立终日不懈，上虽喻以少休，不去也。人或以问先生曰：君之严，视潞公之恭虔为得失？先生曰：潞公四朝大臣，事幼主不得不恭，吾以布衣职辅导，亦不敢不自重也。（按，在这段话下有张习孔注文："先生因时制宜如此，岂有师傅成法可遵，不过义精人熟，随事皆合耳。"）

④ 谢显道云：伊川才大，以之处大事，必不动声色，指顾而集。游、杨初见伊川，伊川瞑目而坐，二子侍立。既觉，顾谓曰："贤辈尚在此乎？日既晚，且休矣。"及出门，门外之雪深一尺。（按，这段话下有张习孔注文："录此既见游、杨之恭，亦见先生有以化游、杨也。"）

⑤ 先生归自涪州，气象容貌，皆胜平昔。（按，此处下有张习孔传曰：学无止息如此。）

⑥ 先生疾革门人进曰：先生平日所学正要今日用。先生力疾微视曰：道著用，便不是。其人未出寝门而先生卒。（按，在这段话下有张习孔注文："先生平日所学，已浑化于当身，与之为一矣，岂有可举而用者乎？孔子从心所欲，即此境界。"）

⑦ 明道先生尝谓先生曰：异时使人尊严吾道者，吾弟也。若接引后学，随人才，而成就之，则予不得让焉。

⑧ 先生尝谓张绎曰：我昔状明道先生之行，我之道，盖与明道同；异时欲知我者，求之于此文可也。

⑨ 先生接学者甚严厉，晚年乃更平易，盖其学已到至处，但于圣贤气象差少从容耳。（按，此段文字与《杨注》本注文近似。）

笔者又按，此处紧接前面几段文字后依次是《近思录》第十四卷的第19条、第20条、第25条。

茅注：掞，舒店反。侯仲良，字师圣，河东人，二程先生舅氏无可之孙。朱光庭，字公掞，河南偃师人，以给事中封还。刘丞相挚罢政制落职，后迁集贤院学士。汝，州名，今属汝宁府。时明道以亲老求近乡监局，得监汝州酒税，故公掞于此见之。《遗书》内刘绚过汝所闻，乃是时语也。

[4]杨注：伯嵒据，师圣又云："伊川晚年接学者乃更平易，盖其学已到至处，但于圣人气象差少从容尔。明道则已从容，惜其早死不及用也，使及用于元祐间，则不至有今日事矣。"

叶解：皆程子门人也。明道接人和粹，伊川师道尊严，皆盛德所形，但其气质成就有不同耳。明道似颜子，伊川似孟子。

张解：此合言二先生之师范也。……游酢，字定夫。杨时，字中立。

皆程子门人。坐春风中者,接物如春温,有粹和之气,无忿厉之容,即明道自云"接引后学,随人材而成就之"者是也。侍立之久,至于雪深一尺,不命之去不敢去者,气质刚方,持身严肃,故事之者知所敬畏,即明道所云"异日能使人尊严师道者,吾弟也"。明道似颜子,伊川或云似曾子,或云似孟子。

李解:(朱子)赞伊川先生像曰:"规圆矩方,绳直准平,允矣君子,展也大成,布帛之文,菽粟之味,知德者希,孰识其贵。"

茅注:是时明道已殁,而游、杨复师事伊川于洛。此一条言二先生气象之不同也。

[集评]

朱子曰:明道浑然天成,不犯人力。伊川功夫造极,可夺天巧。(《文集》卷三十一)

朱子曰:颜子、明道是好仁,孟子、伊川是恶不仁。(《语类》卷二十六)

陆陇其曰:明道言居敬处多,伊川言穷理处多。(《问学录》)

张习孔曰:录此既见游、杨之恭,亦见先生有以化游、杨也。

张伯行曰:窃谓,以其质愿言之,则似曾子,而曾子较谨守。以其劲特言之,则似孟子,而孟子较高阔。合观之可以想二先生气象,而及门之好学不倦,亦于中可见矣。

佐藤一斋曰:邢恕推服明道如此,而于伊川则盖有所未满者,故社友多责其叛师耳。然恕不足责,但于此足睹伯叔两子之优劣。

23. 刘安礼[1]云:明道[一]先生德性充完,粹和之气,盎于面背,乐易多恕,终日怡悦。立之从先生三十年,未尝见其忿厉之容。[2][二]

[集校]

[一] 此条今见《河南程氏遗书·附录·门人朋友叙述并序》,无"刘安礼云:明道"六字。

[二] 《张传》本将此条编次于此本的第21条下。

[集注]

[1] 杨注:刘立之,字宗礼。

按,据《伊洛渊源录》卷十四、《宋元学案》卷三十载:"刘立之,字宗礼,河间人。"二程门人。此处"安礼"当作"宗礼"。

[2] 杨注：《附录》。

叶解：明道先生质之美、养之厚、德之全，故其粹然发见，从容岂弟如此。百世之下闻之者，鄙夫宽，薄夫敦，而况于亲炙之者乎！

张解：刘立之，幼从先生教养，知先生最详，故述其为人如此。原其德性者，天资优也。言其充完者，学养到也。粹和之气益于面背者，根心而发自大本上流出也。乐易多恕者，无欲故乐，明通故易，公溥故恕也。终日怡悦者，不忧惑惧，故怡悦也。相从三十年之久而忿厉不形者，中心安仁，满腔子都是恻隐之心也。先生其遂至于斯乎！

茅注：乐，音洛。易，音异。

[集评]

张习孔曰：此与上条（按，指本卷第21条）皆足以征先生德盛而养纯矣。乃先生为鄠簿小官时，断疑狱，脯蟄龙，辨伪券，赈灾教义诸事，虽强力者不能为。至于立朝敢言，不畏强御，及金书镇宁，而纳溃卒，塞决河，格凶恶，斩势宦，大勇凝然莫可犯，则与安（按，"安"当为"宗"）礼所见又迥若两人。乃知有本者，必有用也。徒从安（按，"安"当为"宗"）礼所见者知先生，岂能尽先生乎！

24. 吕与叔撰《明道先生[一]哀词》云：先生负特立之才，知大学之要，博文[二]强识，躬行力究，察伦明物，极其所止，涣然心释，洞见道体。[1]其造于约也，虽事变之感不一，知应以是心而不穷；虽天下之理至众，知反之吾身而自足。[2]其致于一也，异端并立而不能移，圣人复起而不与易。[3]其养之成[三]也，和气充浃，见于声容，然望之崇深，不可慢也；遇事优为，从容不迫，然诚心恳恻，弗之措也。[4]其自任之重也，宁学圣人而未至，不欲以一善成名；[5]宁以一物不被泽为己病，不欲以一时之利为己功。[6]其自信之笃也，吾志可行，不苟洁其去就；吾义所安，虽小官有所不屑[四]。[7]

[集校]

[一] 叶无"先生"二字。（《冯记》）按，"明道"下，《张传》本、《张解》本、《叶解》四库抄本无"先生"二字。此条今见《河南程氏遗书·附录·哀词》，无"吕与叔撰《明道先生哀词》云"句。

[二] "博文强识"之"文"，本作"闻"。此句出于《典礼》。（《星湖书》）

[三] "养之成"，《张传》本作"就之"。

[四]"不屑"下,疑落一"辞"字。(《张传》)

[**集注**]

[1] 叶解:识,记也。博文强识,博学也。躬行力究,力行也。"察伦明物"以不(按,"不",当依《四库》抄本作"下"),物格而知至也。

张解:此以推尊称美之词,抒其哀慕迫切之诚,可补《行状》所不及,而益信先生之优入圣域也。先生杰然于千百年之后,以兴起斯文为己任,可谓负特立之才;以格物致知为孔门入德之要,开示学者,可谓知大学之要。文者,道之散见,博闻强识,所以尽学问思辨之事,非以章句训诂为能穷遗经也。躬者,道之实体,躬行力究,所以尽笃行之事,非以仪章度数为能尽儒术也。"察伦明物,极其所止",则物格知至而知所止矣。"涣然心释,洞见道体",则自得之而资深逢原矣。

茅注:强,区两反。识,去声。

佐藤一斋曰:大学,只是大学问,非国学,非书名。

[2] 叶解:应感无穷,而实本乎吾心。物理散殊,而皆备乎吾身。言其学虽博而有要也。

张解:先生之学,盖由博以归于约者也。心为酬酢万变之主,人心一太极,虽事感不一,贵随时处中,要皆应以是心,不失本然之权度,而变化无穷焉。身为万物皆备之原,人身一天地,虽物理散殊,必知明处当,要皆反之吾身,自有各足之定分,而感而遂通焉。则于天下之理一分殊,皆止于其所而无疑矣。

李解:此言得道之效。

[3] 叶解:致一者,见之明而守之定。故邪说不能移,百世以俟圣人而不惑也。

张解:且由精以致于一者也。是非既辨,则如有所立卓尔,虽以异端争衡,不能移我心之独是;心理本同,则百世以俟而不惑,后有圣人复起,不能易此理之同。然则于吾学之守先待后,有以身任其责而无歉矣。

李解:易,去声。此言守道之力。

茅注:复,扶又反。

[4] 叶解:和易而有涵蓄,宽裕而恳至也。

张解:先生有以自养其浑浩冲融,而令人想见于气象事为之际。盖其养既成,外柔而内刚,发之乎声,见之乎容,无非太和之气,充溢流浃。然巍乎其崇,渊乎其深,可尊可亲,而不可慢也。外方而内直,遇事当为无不优为,自觉从容之体,顺应不迫。然诚以始之,诚以终之,不贰不息,而弗之措也,则阴阳合德,敬义立而德不孤矣。

李解:从,七容反。此言体道之用。

茅注:见,音现。从,音冲。措,委置也。

[5]茅注:士君子立志,自当如此。然善无大小,随分皆当自尽。如以目前所当为之事而舍之而不为,曰"吾不欲以一善成名也",是又与于自欺之甚者也。此等处学者须善看,不以辞害志焉,可也。

[6]叶解:自任之重,所志者远。不安于小成,不急于近功。

张解:先生有以自懋其学问事功,而令人想见其修身见世之志。盖其自任之重也,以圣人为可学而至,志乎其大,不安于小成,沾沾一善成名,非所贵也。以万物为必各得其所,泽有不被,则引为予辜,规规小利近功,非所尚也。则下学上达,而尧舜君民皆欲于吾身亲见之矣。

李解:修己不安于小成,及物不急于近功,所以任道也。

[7]叶解:志若可行,不洁其去以为高;义择所安,亦不屑于就以自卑。

张解:先生有以自决于用舍行藏,而令人想见其去就出处之宜。盖其自信之笃也,出将以行吾志,志可行则道可行,故不洁其去以为高;处将以安吾义,义当安则命当安,故不屑于就以自卑。则以道殉身,而非枉道以殉人者矣。吕与叔所言,与伊川相合,要皆论其道德、学业、身世、出处之大节,俾学者有所观感而兴起。然不用圣贤许多工夫,则亦看圣贤不出也。

李解:行吾志而无慕于名,安吾义而无择于位,所以信道也。

[集评]

朱子《明道先生像赞》曰:扬休山立,玉色金声。元气之会,浑然天成。瑞日祥云,和风甘雨。龙德正中,厥施斯普。(《文集》卷八十五)

张习孔曰:伊川先生撰《明道先生行状》曰:"我之道盖与明道同。异时欲知我者,求之于此文可也。"《哀词》亦当合《行状》观之,两先生具在是矣。

管赞程曰:自"周茂叔"至此为一章,以言圣人复起也。

25. 吕与叔撰《横渠先生行状》云:康定用兵[一]时,先生年十八,慨然以功名自许,上书谒范文正公。公知其远器,欲成就之,乃责之曰:"儒者自有名教,何事于兵!"因劝读《中庸》。先生读其书,虽爱之,犹以为未足,[1]于是又访诸释、老之书,累年尽究其说,知无所得,反而求之《六经》。嘉祐初,见程伯淳、正叔于京师,共语道学之要。先生涣然自信曰："吾道自足，何事旁求！"于是尽弃异学，淳如也。[2]（旧注：[二]尹彦明云：横渠昔在京师，坐虎皮，说《周易》，听从甚众。一夕，二程先生至，论《易》。次日，横渠撤[三]去虎皮，曰："吾平日为诸公说者，皆乱道。有二程近到，深明《易》道，吾所弗[四]及，汝辈可师之。"）[3]晚自崇文移疾，西归横渠，终日危坐一室，左右简编，俯而读，仰而思，有得则识之。或中夜坐起[五]，取烛以书。其志道精思，未始须臾息，亦未尝须臾忘也。[4]学者有问，多告以知礼成性、变化气质之道，学必如圣人而后已，闻者莫不动心有进。[5]尝谓门人曰："吾学既得于心，则修其辞；命辞无差，然后断事；断事无失，吾乃沛然。精义入神者，豫而已矣。"[6]先生气质刚毅，德盛貌严，然与人居久而日亲。其治家接物，大要正己以感人。人未之信，反躬自治，不以语人，虽有未谕[六]，安行而无悔。故识与不识，闻风而畏。非其义也，不敢以一毫及之。[7][七]

［集校］

　　[一]"时"，叶上有"之"字。（《冯记》）"康定用兵之时"，吕本无"之"字。（《异同考》）"兵"下，一有"之"字。（朝刊《近思录》）按，"用兵"下，《叶解》元刻本及其四库抄本、吴邦模刻本、《张解》本有"之"。

　　[二]注：见《外书》卷十二。（《冯记》）

　　[三]"撤"，《叶解》元刻本、吴邦模本、《价解》本作"徹"。

　　[四]"不及"之"不"，吕本作"弗"。（《茅注》）"弗"，叶作"不"。（《冯记》）王本"及"误"皮"。（《王记》）按，"弗"，《张解》本、《叶解》四库抄本、《茅注》本作"不"。"及"，《江注》本作"皮"，南京图书馆藏本有无名氏朱笔改作"及"。

　　[五]"起坐"，宋本作"坐起"。（《茅注》）按，《叶解》元刻本及其四库抄本、吴邦模刻本、《张解》本、《李解》本、《茅注》本、《江注》本及其四库抄本作"起坐"。

　　[六]"谕"，《叶解》四库抄本、《茅注》本、《吕大临横渠先生行状》作"喻"。

　　[七]此条今见张载《附录·吕大临横渠先生行状》。

［集注］

　　[1]茅注：仁宗康定元年，西夏赵元昊攻保安军，取金明砦，李士彬父子被执，乘胜抵延州城下，执副总管刘平、石元孙以归，又陷塞门诸砦，所谓

"用兵时"也。范文正公时为陕西招讨副使,故先生上书谒之也。先生与邠人焦寅游,寅喜谈兵,先生悦其言,故亦喜谈兵。

[2]叶解:此可以见横渠先生勇于从善,无一毫私(按,"私"《四库》抄本作"系")吝之意,非大公至明,孰能如是!

张解:此《状》,张子为学始末,见其精思力践,进道之勇,大约得气之刚者为多也。宋康定时,国苦于用兵,豪杰可以见才之会。张子幼喜《孙》、《吴》,年十八,慨然功名自期许。虽其壮心浩气不同凡夫,亦是学养未到,气质未变,故上书谒范文正公,而公责之,劝使读《中庸》也。《中庸》为性道教之书,体会有得,则天地万物皆吾度内,动静寂感,触处洞然。若夫兵,凶器也,圣人不得已而用之,孙、吴岂闻道者乎?非文正公不能成张子远大之气量,非张子不能受文正公名教之格言,此时之气质一变矣。既而读《中庸》而爱之,犹以为未足。又访释、老之书,至于累年之久,悟为异端邪说,无有所得,然后反而求之《六经》,知与《中庸》相发明,守其说而勿失。盖不析众非无以决一是,其后作《正蒙》诸书,辟释、老最力,则此时之气质又一变矣。……则与叔所云"共语道学之要",在嘉祐初,当即此时。而始焉不废旁求之功,终焉方悟自足之妙,不特释、老邪说,不为汩没,即泛涉百家,亦觉糟粕,尽弃异学,见道本原,无味之味,至味存焉,故曰"淳如也"。而此时之气质又一变矣。

李解:累,上声。康定、嘉祐,宋仁宗年号。范文正公,名仲淹,字希文,宋参政也。

茅注:尹和靖以"尽弃异学"语言之,程先生云:"表叔平生议论,谓颐兄弟有同处则可,若谓学于颐兄弟,则无是事。顷,属与叔删去,不谓尚存斯言,几于无忌惮。"然按《渊源录》谓"尽弃异学"语,一本作"尽弃其学而学焉",则"尽弃异学"语,恐是后来所改。

[3]茅注:为,去声。……按,《外书》注:"逐日虎皮出,是日更不出虎皮也,自是乃归陕西。"朱子曰:"横渠之学实亦自成一家,但其源则自二程发之耳。"

[4]李解:识,音志。崇文,为校书崇文殿之官。朱子曰:"理会道理须是说得出,一字不稳,便无下落,所以横渠中夜便笔之于纸。若论道理却未熟,然他地位却要如此,高明底则不必如此。"

茅注:崇文,宋藏书馆名。乾德初,置三馆于长庆门西,谓之西馆,书凡八万卷。太平兴国三年,帝临幸,嫌其陋,命于升龙门东北创立三馆,赐名"崇文院",迁西馆书贮焉。三馆者,史馆、昭文馆、集贤院也。元丰定官制,改名秘书省。神宗熙宁二年，吕正献公荐先生有古学，召见，问治道。先生曰："为政不法三代者，终苟道也。"帝悦，以为崇文院校书。移疾，颜师古《汉书注》："移书言疾也。"愚按，犹今言告病也。

[5]杨注：伯嵒据《震泽记善录》云："学者须是下学而上达，洒扫应对即是道德性命之理。"《礼记》："凡为长者粪之礼，必加帚于箕上，以袂拘而退。其尘不及长者，以箕自向而扱之。"试体究此时此心，即尧舜揖逊之心，即群后德逊之心，即黎民于变时雍之心，且洒扫者谁欤？与应对者谁欤？其理微矣。樊迟问仁，子曰："居处恭，执事敬，与人忠，虽之夷狄不可弃也。"学者只是说过，试以此言践履之，体究之，斯知上达之理矣。圣人之道无本末，无精粗，彻上彻下，只是一理。

叶解：说并见前。

李解：知，音智。知崇以致知，礼卑以力行，则习与性成，而气质不能囿之，圣人可学而至矣。

茅注："知礼成性，变化气质"，说见第二卷。

[6]叶解：人于义理，其初得于心者，虽了然无疑，及宣之于口、笔之于牍，则或有差。故命辞无差，则所见已审，以是应酬事物，知明理精，妙用无方矣。是皆穷理致知之功素立，而非勉强拟议于应事之时也。

张解：此一节言张子之学，全是苦心得之，其用功恁地亲切也。熙宁二年，被召入对，除崇文院校书。与执政不合，明年移疾西归，居于横渠故地，鄙陋不堪，而处之怡如。"终日危坐一室"，即明道教人静坐之学也。左右简编，俯读仰思，即张子所云"琴瑟简编，常使心在于此"也。"有得则识之，中夜取烛以书"，即子夏所云"知其所亡，无忘其所能"也。其志道精思，须臾不息不忘，如此即张子自云"比他人自是勇处多"也。盖其为学，深探远赜，知日进乎高明，而又正容谨节，以礼为据守，欲变化气质以成其性。其苦心极力，多不外此。故学者有问，亦多告以知崇如天，礼卑如地，成性存存，道义之门，凡所以变化气质之道。以圣人为必可学，学不至于如圣人，而有不可已者。循循善诱，学者闻其言，莫不竦动其心，有所进益。又尝谓门人："为学难以顿悟，必优游涵泳，求其有得于心。既得之矣，则或宣之口，或笔于书，而修之为辞。必字斟句酌，不使有毫厘之差。命辞无差，然后以之应断事物，知明理精，而妙用无方矣。此豫道也。"若未能有得而无差，临时断事，那能无失？故能沛然精义入神以致用者，皆平日穷理致知之功素立，而勉强拟议于应事之时也。

茅注：断，都玩反。"精义入神"，说见第二卷。

江注：朱子曰："横渠言'吾学既得于心'云云，他意谓须先说得分明，然后行处分明。今人见得不明，故说得自侊侗，如何到得行处分明？""横渠言'吾学既得于心'云云，看来理会道理须是说得出，一字不稳便无下落，所以中夜便笔之于纸，只要有下落。横渠如此……。""天理人欲之分，只争些子，故周先生只管说个'几'字，然辨之又不可不早，故横渠每说'豫'字。"

[7] 杨注：伯嵒据，横渠先生，讳载，字子厚。世大梁人。父迪，仕仁宗朝，终于殿中丞知涪州事，卒于官。诸孤皆幼，不克归，侨寓于凤翔郿县横渠镇之南大振谷口，因徙而家焉。登嘉祐二年进士第，始仕祁州司法，迁丹州云岩县令，又迁著作佐郎佥书渭州军判官公事。熙宁二年冬被召入对，除崇文院校书，明年移疾。十年春复召还馆，同知太常礼院。是年冬谒告西归，十有二月乙亥行次临潼，卒于馆舍。享年五十有八。没之日惟一甥在侧，囊中索然。明日门人之在长安者，继来奔哭致赙襚，始克敛，遂奉柩归殡于家。卜以元丰元年二月癸酉葬于涪州墓南之兆。娶南阳郑氏，有子曰因，尚幼。

叶解：德貌严毅，而中诚恳恻，故与人久而益亲。躬自厚而薄责于人，故人心服，而不敢加以非义。

张解：此一节言张子之德性，威而不猛，躬自厚而薄责于人也。盖其气质刚毅，则不屈于物欲，而持终如始，其德盛则充养有道，而气质不足以限之。其貌严，则正大之气所积而发自有威之可畏。然与人居久而日亲者，诚心恳恻，恒爱恒敬也。凡其入而治家，出而接物，皆正己以为感人之本。不责人之未信，反求诸身。安意而行之，人虽终有未喻，而己不以为悔，所谓以责人之心责己，则尽道是也。故能得人心之畏服，不敢以非义及之。伊川答张子书尝谓其无宽裕温厚之气，"更望完养思虑，涵泳义理，他日当自条畅"。若以此节论之，何尝不宽裕温厚？想有得于程子之言而益加进者乎？张子真可谓天下之大勇矣！

茅注：治，并平声。

[集评]

朱子曰：横渠教人道："夜间自不合睡。只为无可应接，他人皆睡了，己不得不睡。"他做《正蒙》时，或夜里默坐彻晓。他直是恁地勇，方做得。(《语类》卷九十九)

朱子曰：横渠作《正蒙》时，中夜有得，亦须起写了，方放下得而睡。不然，放不下，无安著处。(同上)

朱子《横渠先生像赞》曰：早悦《孙》、《吴》，晚逃佛、老。勇撤皋比，一变至道。精思力践，妙契疾书。《订顽》之训，示我广居。(《文集》卷八十五)

张习孔曰：横渠先生气象似孟子。学既得于心，即修其辞命。今在《正蒙》、东西《铭》等篇具在。此横渠先生之辞命也。学者详而味之，亦异于世之为辞命者矣。愚益以知《文言》之所谓修辞者，殆亦与此意近。

张伯行曰：横渠受益于文正，明道得原于茂叔；横渠访释、老而后求《六经》，明道亦出入释、老而反求《六经》；横渠见二程，涣然曰"吾道自足，何事旁求"？明道再见茂叔，吟风弄月以归，有"吾与点也"之意。次第得力，约略相近。但明道得气质之中和，不用矫揉；横渠得气质之刚毅，尚须变化，为少异耳。

又曰："气质"二字，是张子立标以明道。"知礼"二字，是张子亲切用工夫。"豫"字是张子谨严真精神。学者宜留心焉。

26. 横渠先生曰：[一]二程从十四五[二]时，便脱[三]然欲学圣人。[1][四]

[集校]

[一]《张解》本、《叶解》四库抄本、《茅注》本无"先生"二字。此条今见《经学理窟·学大原上》，无"横渠先生曰"五字。

[二]"五"，《经学理窟·学大原上》为"岁"。

[三]"脱"，一作"锐"。（《李解》、朝刊《近思录》）"锐"，吕本作"脱"，注"一作锐"。愚按，从"锐"为优。（《茅注》）"锐"，《朱子遗书》本作"脱"。（《冯记》）《遗书》、《集解》阴本作"脱然"，王、吴、洪本作"锐"，施本同。（《王记》）《遗书》本"锐"作"脱"；家塾本"脱"下注"一作锐"。（《异同考》）按，"脱"，《张解》本、《叶解》四库抄本、《茅注》本、《江注》本作"锐"。

[四]《叶解》元刻本无此第26条。《张传》本将此条编次于此本的第17条前。

[集注]

[1]杨注：伯喦据，伊川先生，名颐，字正叔，明道先生之弟也。明道生于明道元年壬申，伊川生于明道二年癸酉，年十四五，同受学于舂陵周茂叔先生。皇祐二年，伊川年十八，上书阙下，劝仁宗以王道为心。间游太学，时海陵胡翼之先生方主教导，尝以《颜子所好何学论》试诸生，得先生所试大惊，即延见，处以学识。举进士，嘉祐四年廷试报罢，遂不复试。治平、熙宁间，近臣屡荐。元丰八年，哲宗嗣位，司马光、吕公著、韩绛上其行义于朝。十一月丁巳，授汝州团练推官，西京国子监教授，寻召赴阙。元祐三年三月

至京师,除宣德郎,秘书省校书郎,先生辞曰:"祖宗时布衣被召,自有故事,今臣未得入见,未敢祗命。"于是召对。太皇太后面喻,将以为崇政殿说书,既而命下,八月差判登闻鼓院。先生言入谈道德,出领诉讼,非用人之体,再辞不受。后以大臣不说,谏议大夫孔文仲论奏,差管勾西京国子监。先生再上奏乞归田里,又乞致仕不报。五年正月,丁太中公忧去,七年服除,除直秘阁,判西京国子监。监察御史董敦逸以为有怨望轻躁语,五月改授管勾崇福宫,未拜,以疾寻罢。元祐元年,哲宗初亲政,申秘阁西监之命,绍圣间以党论放归田里。四年十一月送涪州编管。元符三年正月,徽宗即位,移峡州。四年,以赦复宣德郎,任便居住,还洛。十月,复通直郎,权判西京国子监。建中靖国二年五月追所复官,依旧致仕。崇宁二年四月,言者论其本因奸党论荐得官,虽尝明正罪罚而叙复过优,著书非毁朝政,于是有旨追毁出身以来文字。先生于是迁居龙门之南,止四方学者曰:"尊所闻,行所知可矣。不必及吾门也。"五年复宣义郎,致仕。大观元年九月庚午卒于家,年七十有五。

张解:志于学者希矣,况语及圣人,则群生退诿,孰敢以此为学? 不知同得五行之秀,人皆有圣人材料。圣人只是一个完人,步步就人伦日用中,无越言,无越动,做到纯熟便是。故学圣人,不要从圣人身上起意,须从自家身上硬立根脚。十四五时,正当志学之年,而二程先生即锐然以此为学,真有得于周子"希圣""希天"之旨者。周子每令二先生寻仲尼、颜子乐处,所乐何事。盖亦早以圣人期之,宜其后来优入圣域也。孟子云"人皆可以为尧舜",乃所愿则学孔子也。古人不肯以第一等事让第一等人,而今人只是日慑气短,此道之所以不明不行也。

李解:朱子曰:"明道浑然天成,不犯人力。伊川工夫造极,可夺天巧。"朱子题像赞自警曰:"从容乎礼法之场,沉潜乎仁义之府。是予盖将有意焉,而力莫能与也。佩先师之格言,奉前烈之遗矩,惟暗然而自修,或庶几乎斯语。"

茅注:此言二程自幼立志如此,以见人之皆可以为圣人也。……识者以为知言。

[集评]

朱子曰:伊川《好学论》十八时作。明道十四五便学圣人,二十及第,出去做官,一向长进,《定性书》是二十二三时作。是时游山,许多诗甚好。(《语类》卷九十三)

刁包曰:余观于周、程、张、朱,殆其人与五子(孔、颜、曾、思、孟)俱称大贤,当以四子之例处之,此数百年旷典而未之举也。愚尝从而私拟之曰:"周元公见圣,程纯公悟圣,程正公修圣,张明公勉圣,朱文公会圣。"以此言公诸天下万世,使学道者知宋五子,即周四子,孔子而后,此九人者,其弗可几及也已。

张习孔曰:夫子十五而志学,积十五年之功,始能立。二程先生,志学之年亦同。其泛滥于诸家,出入于老、释,亦几十年,然后反求诸《六经》,是亦夫子能立之候也。

茅星来曰:二程已见于前,此复引横渠之言以终之者,盖隐以二程接古圣贤相传之统,亦所以俟后圣于无穷也,其旨深矣。

管赞程曰:自"吕与叔撰横渠先生行状"至此为一章,言横渠亦学圣人以传其道也。

张绍价曰:学以立志为第一义。二程子自十四五时,便锐然欲学圣人,盖与孔子十五志学同,所以卒成大儒。言学便以圣为志,欲学圣人之学,先立圣人之志。孟子愿学孔子,而与滕文公道性善,告以成覸三人之言,使笃志力行,以学圣人。盖不如是,决不能有成也。朱子编《近思录》,而终之以此,其策励后学之意,至深切矣。学者可不勉哉!价按,自"周茂叔"至此为一段,论周子、二程子、张子之学,皆闻道而造于圣人之域者也。末节以"学圣人"回应首节,并回应首卷《太极图说》圣人及君子修之之意,收结完密。与《中庸》以上天之载,回应天命之性,同一机柚。

历代《近思录》传本的序跋、题记汇编

（分国内外两部分，主要依据撰写序跋时间或版本年代先后编次）

《近思录》原序　　　　　　　　　　　　　　　　　〔宋〕朱　熹

淳熙乙未之夏，东莱吕伯恭来自东阳，过予寒泉精舍。留止旬日，相与读周子、程子、张子之书，叹其广大闳博，若无津涯，而惧夫初学者不知所入也。因共掇取其关于大体而切于日用者，以为此编。总六百二十二条，分十四卷。盖凡学者所以求端(首卷论道体。)、用力(二卷总论为学大要，三卷论致知，四卷论存养。)、处己(五卷论克己，六卷论家道，七卷论出处义利。)、治人(八卷论治体，九卷论治法，十卷论政事，十一卷论教学，十二卷论警戒。)之要(按，一无"之要"二字。)，与夫所以辨异端(十三卷。)、观圣贤(十四卷。)之大略，皆粗见其梗概。以为穷乡晚进、有志于学而无明师良友以先后之者，诚得此而玩心焉，亦足以得其门而入矣。如此，然后求诸四君子之全书，沈潜反覆，优柔厌饫，以致其博而反诸约焉。则其宗庙之美，百官之富，庶乎其有以尽得之。若惮烦劳，安简便，以为取足于此而可，则非今日所以纂集此书之意也。五月五日，(按，吕氏家塾本增"新安"二字)朱熹谨识。(收录在元刻明修本《近思录》，宋·叶采集解；参见明代嘉靖十七年吴邦模刻本《近思录》，宋·朱熹、吕祖谦同辑。)

《近思录》原跋　　　　　　　　　　　　　　　　　〔宋〕吕祖谦

《近思录》既成，或疑首卷阴阳变化性命之说，大抵非始学者之事。祖谦窃尝与闻次缉之意，后出晚进于义理之本原，虽未容骤语，苟茫然不识其梗概，则亦何所底止？列之篇端，特使之知其名义，有所向望而已。至于馀卷所载讲学之方、日用躬行之实，具有科级。循是而进，自卑升高，自近及远，庶几不失纂集之指。若乃厌卑近而骛高远，躐等陵节，流于空虚，迄无所依据，则岂所谓"近思"者耶？览者宜详之。淳熙三年四月四日，东莱吕祖谦谨书。(收录在元刻明修本《近思录》，宋·叶采集解；参见明代嘉靖十七年吴邦模刻本《近思录》，宋·朱熹、吕祖谦同辑。)

《近思录集解序》 〔宋〕叶　采

皇宋受命,列圣传德,跨唐越汉,上接三代统纪。至天僖(按,当作"禧")、明道间,仁深泽厚,儒术兴行。天相斯文,是生濂溪周子,抽关发朦(按,一作"蒙"),启千载无传之学。既而洛二程子、关中张子,缵承羽翼,阐而大之。圣学湮而复明,道统绝而复续,猗与盛哉!中兴再造,崇儒务学,遹遵祖武,是以钜儒辈出,沿溯大原,考合绪论。时则朱子与吕成公采摭四先生之书,条分类别,凡十四卷,名曰《近思录》,规模之大而进修有序,纲领之要而节目详明,体用兼该,本末殚举。至于辟邪说,明正宗,罔不精覈(按,一作"该")洞尽,是则我宋之一经,将与四子并列,诏后学而垂无穷者也。尝闻朱子曰:"四子(按,即《四书》),《六经》之阶梯;《近思录》,四子之阶梯。"盖时有远近,言有详约不同,学者必自近而详者,推求远且约者,斯可矣。采年在志学,受读是书,字求其训,句探其旨,研思积久,因成《集解》。其诸纲要,悉本朱子旧注,参以升堂记闻及诸儒辨论,择其精纯,刊除繁复,以次编入,有阙略者,乃出臆说。朝删暮辑,逾三十年,义稍明备,以授家庭训习,或者谓寒乡晚出,有志古学而旁无师友,苟得是集观之,亦可创通大义,然后以类而推,以观四先生之大全,亦"近思"之意云。淳祐戊申长至日,建安叶采谨序。(收录在元刻明修本《近思录》,宋·叶采集解。)

《进近思录表》 〔宋〕叶　采

臣采言:先儒鸣道,萃为圣代一经。元后崇文,兼取微臣之集传,用扶世教,昭揭民彝。臣采实惶实恐,顿首顿首。窃惟邹轲既殁而理学不明,秦斯所焚而经籍几息。汉专门之章句,训诂仅存;唐造士以词华,藻绘弥薄。天开皇宋,星聚文奎。列圣相承,治纯任于王道;诸儒辈出,学大明于正宗。逮淳熙之初元,有朱熹之继作。考图书传集之精粹,溯濂洛关陕之渊源,摭其训辞,名《近思录》,汇分十有四卷,六百二十二条。凡求端用力之方,暨处己治人之道,破异端之扃鐍,辟大学之户庭,体用相涵,本末洞贯,会六艺之突奥,立四子之阶梯,人文载开,道统复续。臣昔在志学,首受是书,博参师友之传,稍穷文义之要,大旨本乎朱氏,旁通择于诸家,间有阙文,乃出臆说,删辑已逾于二纪,补缀仅存于一编。只欲备初学之记言,讵敢尘乙夜之睿览。兹盖恭遇皇帝陛下天锡圣智,日就缉熙。遵累朝之尚儒,讲诵不违于寒暑;列五臣于从祀,表章远迈于汉唐。岂徒褒显其人,正欲阐明斯道。俯询《集解》之就绪,遽命缮写以送官。偿于宫庭朝夕之间,时加省阅。即是周张程朱之列,日侍燕间。固将见天地之纯全,明国家之统纪,表范模于多士,垂轨辙于百王。粤自中古以来,未有若今之懿,臣幸逢上圣,获效愚衷,顾以萤爝之微,仰裨日月之照。五千文十万说,虽莫赞于法言;四三王七六经,愿益恢于圣化。所有《近思录集解》壹部拾册,谨随表上进以闻。干冒宸严,臣无任战汗屏营之至。臣采实惶实恐,顿首顿首谨言。淳祐十二年正月日朝奉郎监登闻鼓院兼景献府教授臣叶采上表。(收录在元刻明修本《近思录》,宋·叶采集解。)

《分类经进近思录集解》跋　　　　　　　　　　〔明〕张元祯

此书元祯得诸同乡溪西王氏宪副,三山陈公文耀因取而翻刻焉,其嘉惠后学之心甚盛。但此书终卷,据其篇目,自明道程纯公以后,并残缺不在,因僭与公采原《录》之未分类者补成之。然原《录》载伊川行迹独不备,而此书篇目特有伊川程正公一类在明道后,不知当时采之何书,意亦不出朱子所编《伊川年谱》也。用是复僭与公撮取《年谱》中所载伊川行己大节缀入之,庶便初学之搜索焉。盖察言以求其心,考迹以观其用,学者读此书,其于二程子尤不可以不之详也。刻成,谨识其由于末简。时成化九年癸巳八月朔,南昌张元祯谨书。(收录在明万历年间吴勉学校刊本《分类经进近思录集解》,宋·叶采集进,明·周公恕类次,明·吴勉学校阅。)

《近思录》跋　　　　　　　　　　　　　　　　〔明〕汪　伟

《近思录》为卷十四,为条六百二十二,惟我文公与成公所铨定。近时刻本既多淆乱,又建安叶采有《集注》,代郡杨伯嵒有《衍注》,皆未能突有所发明。伟承乏成均,患诸士枝叶繁而本根昧,思有以易之。乃与同寅中兄景伯时取是编,考定其条件,正其谬误,缮写刻之,以复于旧。诚能反覆周洽,熟读而精思之,虽有疑窒,自当相说以解,一日既有所得,然后知向之区区于口耳文词者之为末也。纂集之旨,二先生言之备矣。文公则忧夫惮劳而安简便者之陋,成公则惧夫厌卑近而骛高远者之疏。夫贤智之过与愚不肖之不及,此道之所以不明不行也。伟愿与诸同志加勖焉。刻且半,诸生卢襄偶得宋本,取以相较,良合。时正德己卯岁秋九月既望,后学弋阳汪伟谨书。(收录在明崇祯九年张隽等刻本《近思录》,宋·朱熹、吕祖谦同辑。)

《刻近思录成序后》　　　　　　　　　　　　　〔明〕贾世祥

有宋际文运之隆,濂溪周子、河南两程子、横渠张子继作,其立言,有《太极图》、《通书》、《易传》、《外书》、《经说》、《文集》、《西铭》、《正蒙》等书。

是皆羽翼《六经》，而上接孟子以来千载不传之统，自后有考亭朱子又集大成者，以四子之书广浩无涯，初学未易指寻，乃与东莱吕氏共择其切要语为《近思录》。盖道之用，散在天下，而其本具之人心，初非高且远者，是故其思近则机发，机发则心虚，心虚则理得，而辟邪崇正，律己治人，推之天下无难也。圣贤之学，帝王之道，皆不外是矣。窃叹夫近时学者以文辞相尚，以声色利达相高，间有潜心体道者，则目为固陋、为愚腐，甚者群起而攻之，为怪异。噫！我国家右文远过宋氏，亦奚为有是哉？盖学者不近思、不立其本之故也。予不幸蚤登科第，茫然自愧，无以立天地间，于是坚志于簿书纷错之际，强力于事务交变之馀，惴惴焉惟求不失其心足矣。顾才性愚拙，志气昏懦，尚未之能尔，谨书此于卷末以自警，且将以遗塾人也。若夫天下知学之士，则无事于言矣。嘉靖丁亥春正月壬午，雁门贾世祥谨序。（收录在明嘉靖六年贾世祥刻本《近思录》，宋·朱熹、吕祖谦同辑。）

《近思录叙》 〔明〕林应麒

录者何，录哲言以明心学也；思者何，心之官也；近者何，因心也。心之官则思，犹目之官则视、耳之官则听也。听因于声，视因于色，故同声而听，虽尽耳也，无改闻矣；同色而眠，虽尽目也，无改见矣。触而应，过而无迹，不虑而知，不学而能，如鉴效照，如钟应响，无古今圣愚，一也。何独至于心而疑之？正心者之于思也，亦若是而已矣。廓然而大公，物来而顺应。是以先天而天弗违，后天而奉天时，考诸三王而不谬，百世以俟圣人而不惑也。其所由病也，则不因以为之故尔。或将也，或迎也，或留也，或战也，四者思之莫因也，是以远也。其犹病耳者之自鸣乎，不因于声矣，将不可得而听也；由病目者之自翳乎，不因于色矣，将不可得而视也。此之谓失其本心。《系辞》曰："天下何思何虑，天下殊途而同归，一致而百虑。"《通书》曰："无思，本也。思，通用也。"呜呼，尽之矣！是则近思之说也。使得其说而通之，则于是录思亦过半；不然，执是录而拘拘求之事为之末，以证所谓近思，抑又远矣。希程张君令吴江时，惟取是录，托吴子以传，其亦探本之义也与哉！予承乏二载，始克读而序之，思与同志共明其旨云。嘉靖戊戌秋季望后仙居林应麒书。（收录在明嘉靖十七年吴邦模刻本《近思录》，宋·朱熹、吕祖谦同辑。）

《近思录跋》 〔明〕吴邦模

《近思录》者，朱、吕二夫子之所为编也，我玉泉张先生令吴江，以是书为士人进道之基,不宁取给于身心,异时居官任政所以尊主庇民者,端有赖焉。盖事有本末,道无精粗,其致一也。属命邦模复新诸梓,愧不肖不足以窥先生之盛心,而窃疑其在此也。庸表而出之,俾读者庶几有益,而是书也,抑不宁弥文尔矣。虽然,尝观先生经纶之略、牧爱之方、清修之节,而实推于渊源之渐,若今《律吕》《史纲》之解之纂可考焉。是书也,先生其身之矣,读者当重嘉先生而知所法也。谨载拜稽首而为之跋云。乃若名编之意,则二夫子之序具存,不敢复言,惧赘也。延陵后学吴邦模题时。(收录在明嘉靖年间吴邦模刻本《近思录》,宋·宋朱熹、吕祖谦同辑。)

《重刊近思录序》　　　　　　　　　　　　〔明〕刘仕贤

道一而已矣。孰为近焉?孰为远焉?以言乎远则不禦,以言乎迩则静而正,一以贯之尔矣。一者何也?心也。心之理谓之道,心之官谓之思,无思而无不通谓之圣。夫学所以希圣也,学而不思,何以作睿?思而不近,何以基远?故思者圣功之本也,近者推行之则也。《书》曰"若陟遐必自迩",其此之由乎?世之学者,驰神于外,役志于物,而反之身心之间,每扞格焉。吾不知其可与入圣也。晦庵朱子暨东莱吕氏,讨论圣学,纂修名言,而为《近思录》以范后世。予尝读而思之:学莫先于知方,故首之以求端;方不可以徒知,故次之以用力;力必为乎己,故次之以处己;成乎己即成乎物,故次之以治人;是数者皆所以黜邪而居正也,故次之以辩异端、观圣贤终焉。夫学而达于圣贤,亦既远且大矣,而其实不越乎心,其思不出乎位。何远非近?何近非远?斯道也,其一致矣乎。予嘉先儒之垂教,而病学者之遗近也,因重梓以示焉。嘉靖戊戌春三月之吉,赐进士出身钦差巡按浙江等处监察御史南昌仰峰刘仕贤书。(收录在明嘉靖十七年刘仕贤刻本《分类经进近思录集解》,宋·叶采集进,明·周公恕类次。)

《近思录标题释义》　　　　　　　　　　　〔明〕汪道昆

道一而已。熟为近?熟为远?以言乎远则不禦,以言乎迩则静而正,一以贯之尔矣。一者何,心也。心之官谓之思,无思而无不通谓之圣。夫学所以希圣也,学而不思,何以作睿?思而不近,何以基远?故思者圣功之本也,近者推行之则也。《书》曰"若陟遐必自迩",其此之由乎?世之学者,驰神于外,役志于物,而反之身心性情间,每扞格焉。吾不知其可与入圣也。晦庵朱子暨东莱吕氏,讨论圣学,纂修名言,而为《近思录》以范后世。予尝读而思之:学莫先于知方,故首之以求端;方不可以徒知,故次之以用力;力必为乎己,故次之以处己;成乎己即成乎物,故次之以治人;是数者皆所以黜邪而居正也,故次之以辨异端、观圣贤终焉。夫学而达于圣贤,亦既远且大矣,而其实不越乎心,其思不出乎位。何远非近,何近非远,斯道也,其一致矣乎。予嘉先儒之垂教,而病学者之遗近也,因类而聚之,复标而出之,相与发明先儒之阃奥,以加惠后学云。新安汪道昆撰。(收录在明代万历年间刊本《近思录集解》,宋·叶采集解,明·汪道昆校。)

《重编近思录》　　　　　　　　　　　　　　　　〔明〕金汝谐

欲测周天之度,则寸管是矣。欲适方舆之广,则蛙步是矣。故功至天地位,万物育,世有不诧为高远之事乎,而约之戒惧慎独綦近矣。乃庶民冯冯而生,感物而动,其思憧憧,若泛沧溟者之忘杪,恣盘游者之忘家,故《易传》受之以艮止,而子舆氏亦曰"求放心"。求放心者,慎思之旨也。说者谓:圣人何思何虑?余应之曰:圣人之思几殚矣。奥而阴阳变化,隶首之所不能穷,而圣心穷焉。第圣神之思,常寄于愚夫愚妇之所与知;而百姓之思,常索于圣神之所不知。当时圣孔子者以多能,以多闻,而圣人应之曰:"吾有知乎哉!"故三思不如九思,则思有事内事外之别也。心在事内,则放心收而可以入圣。而世儒谓朱、陆异指,乃《近思》一录,非晦翁尊德性之学乎?近莫近于性,近思则从求放心入门,从戒惧凝精,而可以臻位育,自迩自卑之说也。婺故紫阳阙里,而遗书或轶而无纪,或缺而不完,得是《录》也,于真学思过半矣。万历丁未仲秋朔日,知婺源县事当湖金汝谐谨撰。(收录在明万历三十五年朱崇沐刻本《重编近思录》,明·朱吾弼重编,明·金汝谐、任家相、吴学行、詹士敏参阅,明·朱崇沐订梓。)

《重编近思录》序文　　　　　　　　　　　　　　〔明〕任家相

侍御朱公既刻紫阳先生全书成,复检《近思录》授朱生崇沐,为易善本,而朱生以序属余,余悚然曰:"是恶容叙!"夫其纂言之意,与守约该博之方,二先生示之不啻详已,恶容叙?虽然,余小子忆鼓箧时,侍汝南赵太宰公,初试余以切问近思之目,遂陪过庭,闻为学之训甚切至。盖公最善耿天台先生,而其学一宗主紫阳,真衾影不愧者。无何小子去公日远,而道不加修,驰骛于声尘,泛滥于枝叶,犹未免为乡人耳。顷徽天幸,司铎紫阳先生桑梓,侍御公嘉惠全书,得纵观先生之学之全,而兹录实为之橐籥,宁独周、程、张三先生之要语已乎?夫人心犹火也,火之光外传,传而不止则灭。火之精为日,日息地中而后能行健,故近思者,存夜气者也。夜气存,则可以通微而作圣。周公之思兼,尼父之不食不寝以思,皆是物也,而恶乎近,恶乎弗近,余小子窃愿与二三子服膺是《录》。若亲灸紫阳先生,以终践太宰公之遗训,此庶几矢言乎,叙则何敢赘。时万历丁未岁中秋日,署婺源校事任家相顿首谨识。(收录在明万历三十五年朱崇沐刻本《重编近思录》,明·朱吾弼重编,明·金汝谐、任家相、吴学行、詹士敏参阅,明·朱崇沐订梓。)

《刻近思录补小引》　　　　　　　　　　　　　　　〔明〕江起鹏

予至不才,年十龄,先大夫授以《近思录》、薛文清公《读书录》,曰:“此理学正脉也。”年十三,授以程明道先生《语略》、王阳明先生《则言》。迄年登志学,而先大夫仙逝矣,手泽具在,时为儆心。既而为塾师,得胡敬斋先生《居业录》,益用向往。嗣命姚江,予乡先达范晞阳公时谓予曰:“方今学者谭虚骛空,深为世道忧。罗整庵先生《困知记》、蔡虚斋先生《密箴》,皆正学也。”予呕求二书读之,实有启发,遂欲溯紫阳先生而下以及诸先生书,仿《近思录》例补缀成编。而紫阳先生书浩瀚无所从入,抵留都,得予年友高云从氏《朱子节要》,实拟《近思录》成者。再商之寅友陈德远氏,意实符契。而同署汪子木、葛水鉴氏,吾乡汪惟正氏,皆汲汲以正学为念,若有同心,时以其暇,编次成书。稿成,适紫阳先生裔孙朱汝洁氏校书留都,见而喜之,以为有裨于乃祖之学也,遂与吾季儿可元,以其私界之梓人云。万历甲辰长至日,新都江起鹏羽健父书于留署不素轩。(收录在明万历三十二年江起鹏自刻本《近思录补》,明·江起鹏辑补,明·陈邦瞻参订,明·葛寅亮校阅。)

《重锲近思录原序》　　　　　　　　　　　　　　　〔明〕高攀龙

朱子曰:《四书》为《五经》之阶梯,《近思录》为《四书》之阶梯。言所由以从入之序也。从兹而至圣人之道,譬之植五谷者,下种既真,培之溉之,熟可计时而待;匪是,是种稊稗而欲其为五谷也。夫近思者,近取诸己。近取诸己,万理具备,视听言动由是,君臣父子夫妇昆弟朋友之间由是。圣人之道,如此而已矣。要在人默而识之。默而识之曰悟,循而体之曰修,修之则彝伦日用也,悟之则神化性命也。圣人所以下学而上达,与天地同流,如此而已矣。此其教所以贤愚胥益,为能开物成务,惠天下万世于无穷也。今之说者好言悟,夫悟诚足贵也;惩之者又讳言悟,夫悟奚可少也。“立卓”非颜之悟乎? 至于“不迁怒贰过”,斯其悟真悟矣。“一贯”非曾之悟乎! 至于“启手足”,斯其悟真悟矣! 今之悟者何如耶? 或摄心而乍见心境之开明,或专气而乍得气机之宣畅,以是为悟,遂欲举吾圣人明善诚身之教,一扫而无之。决堤防以自恣，灭是非而安心，谓可以了生死。呜呼！其不至于率兽食人而人相食不止矣！予既仿《近思》而节朱子要语，秦生彦熙欣然有意其间，并刻《近思录》。乌乎，逃虚空者闻人足音跫然而喜，况于今之时乎！于今之时，有能读《小学》、《近思录》，而斤斤修彝伦日用之间以为学者，吾必谓之曰圣人之徒也。万历甲辰季冬，锡山后学高攀龙序。（收录在明崇祯五年刻本《五子近思录》，明·钱士升编。）

《五子近思录序》 〔明〕钱士升

《近思录》集自紫阳，旧称四子。高忠宪公复取紫阳全书比类而纂之，名曰《朱子节要》。于是濂、洛、关、闽之微言，并揭中天矣。顾两书同类异名，马帙各别。原忠宪本旨，直以不敢遽拟大儒，故两行以俟后人之合耳。其合称《五子近思录》，则自兹刻始。嗟呼，学术之坏久矣！百年以前，诋諆传格物者，比于杨墨夷狄，浸淫流失，风尚遂成。初学小生未识之无，便抹杀传注，识田中已无复有义理种子矣。微独传注即孔孟仁义之说，悍然发冢而操刃焉，大胆放言，稚狂相扇，居今世而取诸儒庋阁饱蠹之陈言，家论而户说，是欲以井田封建之法行之叔季也，可不谓大惑乎！呜呼，真亦弗思而已！诚近取诸身，反观深省，目何以视，耳何以听，口何以言，手足何以持行，天与人何以无间，人与禽兽何以几希，原始要终何以知生知死，则于五子之言必有憬然而悟，瞿然而悔，爽然而解者矣！《洪范》曰"思作睿"，孟子曰"思则得之"，周子曰"无思本也，思通用也"，高子曰"思者思其无思也"，思之时义大矣哉！虽然，余非能思者也。今有膏粱于此，不自食而号于人曰"曷不食"，食者饱矣，己能无馁乎？然则余之大惑，盖在此而不在彼也。书此以志吾愧。崇祯壬申孟秋，魏里后学钱士升敬书于寅清堂之南轩。（收录在明崇祯五年刻本《五子近思录》，明·钱士升编。）

《近思录集解》序 〔明〕陆云龙

尝读宣尼之约人思也，曰"再思"，子思子曰"慎思"，皆近之旨也。然则仅局之一身一室已乎？善乎《易》之言曰"思不出其位"，位在则穷千古、彻天下，非远也。不然，志伊尹之所志者，非学颜子者所学，引为切己事欤。所惜者秦汉以来，开治悉以马上，矜拳勇而尚阴谋，其馀守文之主，或崇黄老，或祖申韩，即有一二修饰礼乐、表章理道者，又不获真儒，获真儒而不能用，遂令诠句字者浪云入室，跼步履者辄侈及门，甚则贪墨侈肆之夫，反仄不端之士，亦依托焉，口尧行蹠，而儒效大裂。即昌黎，予犹怪其进之亟亟，此则病在弗思,病在误思。诚思则思。夫乾父坤母,生我不小,胞民与物,倚我正愍,形生知发,作何持循,知化穷神,从何证入。富贵福泽,厚我之生,不容役思以妄营;贫贱忧戚,玉我于成,不得老思以规脱。处作真儒,出为名世,维思之绩,乃废而不讲者久。无学术遂无事功,拈道体示人,几作爰居钟鼓。经学不明,谁启知行之路;心性未粹,乌睹齐治之规。存发皆衍,进退何据,其不得希圣希贤也,固其所也。迨周、程、张四先生出,首揭道体,源本《六经》,以学开知,以知策行,先存养以完未发,继克治以清悔吝,自治治人,诎邪崇正,功固有序。而晦庵、东莱两先生复循其叙,实以所言,名为《近思录》。从此著思,吾固知高谈天地而非渺,深言物理而非窔,昏可得惺,睿乃作圣,揖子渊,驾保衡,尧舜君民于是在矣。第世不观理而观效,曰:"有宋理学大明而国日削,若是乎贤者无益于国,其绪言亦无劳吾思。"嗟乎! 党禁方开,伪学旋逐,何日是诸贤行志之日? 是欲以宣尼之不能治春秋,孟氏之不能治战国,横以课之诸贤也,不亦冤乎! 试观明典,太祖高皇帝观心有《铭》,清教有《录》;成祖文皇帝则辑《性理》诸书,嗣后圣圣相承,递为表章。理学既明,真儒辈出。如我浙章文懿以括退著,陈恭愍以直节著,至王文成早以谏言,晚以奢定,岂云儒迂无当哉! 理学亦何负于国也! 则夫崇正学,礼真儒,以收实效,圣天子之事;典教化,一士趋,以成人材,良有司之责。去嗟卑叹老之俗肠,浣镂月珛冰之浮思,相与讲学以明道,切问近思,止则思为颜、孟,仕则思为伊、周,固亦草野所宜自矢者,兹《录》岂非津梁欤!《录》初分十四卷、十四类,后有晰为数十类者,道理自一,曷为多岐? 厌其剖碎,因订正而复其故,且为之序云。崇祯乙亥重九,钱塘陆云龙雨侯甫题于翠娱阁中。(收录在明崇祯八年刻本《近思录》,宋·叶采集解,明·陆云龙、丁允和订正。)

《近思录》题跋 〔清〕沈叔埏

埏按《历代名儒传》:"祖谦字伯恭,尚书右丞好问之孙,自其祖始居婺州。祖谦之学本诸家庭,有中原文献之传。长从林之奇、汪应辰、胡宪游,又友朱子及张栻,讲索益精。举进士,复中博学宏词科,除太学博士,兼国史院编修官、实录院检讨官。及轮对,首勉孝宗留意圣学,且言恢复大事,召试馆职。尝喜陆九渊之文而未识其人,考试礼部得一卷,曰'此必江西小陆文也',揭示果然。人服其精鉴。《实录》成,进对言治道体统,愿虚心以求天下之士,执要以总万事之几,今日固当激厉其事功,尤当爱护其根本。迁著作佐郎,寻兼礼部,以末疾丐祠。建丽泽书院,以会友讲学。病中犹为日记,察物内省不以一日懈。除直秘阁。卒年四十五,谥曰成。祖谦学以关、洛为宗,尝言静多于动,践履多于发用,涵养多于讲说,读经多于读史,工夫然后可久可大。少卞急,一日诵读《论语》至'躬自厚而薄责于人',一时意气皆平。朱子每称学如伯恭,方是能变化气质,所讲画将以开物成务,居家之政皆可为后世法。尝欲编《近思录》,因与朱子同止寒泉精舍,分类抉微,一月而成。又尝修《读诗记》、《大事记》,皆未成书;考定《古周易》、《书说》、《阃范》、《官箴》、《辨志录》、《欧阳公本末》,皆行于世。学者称东莱先生。"

又按《续文献通考》:"理宗嘉熙二年,改谥忠亮。景定二年,追封开封伯,从祀孔庙。明嘉靖九年,改称先儒吕子。"

庚寅重九后五日剑舟梴读看一遍。(题写于清初吕氏家塾读本《近思录》,宋·朱熹、吕祖谦同辑。)

《近思录后跋》　　　　　　　　　　　　　　〔清〕邵仁泓

《近思录》坊本甚多,或有依明贤本增入紫阳者,或有分门别类体制乖错者,或有遵原本而全删叶注者,或有存叶注而妄加去取者,凡此俱非善本。泓于汲古后人师郑五兄架上得宋刻朱子原本,并叶氏原注,请归读之。因叹原本之美备,实足以该四子之精微,而叶注之详明,又足以阐《近思》之实理。今世有志之士,于举业一途莫不遵守宋儒,而于是书尤人所家弦而户诵者,奈何纷更原本,丹黄叶注为也。泓因亟刊之,以公同志,读是书者,以是书为举业之精粹可也,以是书为圣道之渊源亦可也。吴郡后学邵仁泓沧来谨跋。(收录在清康熙年间邵沧来重订本《近思录集解》,宋·朱熹原编,宋·叶采集解。)

《近思录原本集解》序　　　　　　　　　　　〔清〕朱之弼

昔文公尝曰:"四子,《五经》之阶梯;《近思录》,四子之阶梯。"夫周、程、张四先生全书非不厘然备也,然而闳博无涯,文公与吕成公虑后学不知所从入,因节取其全书为《近思录》,择其精粹切实有关于身心日用者六百二十二条,分为十四卷,而全体大用无不备焉。暨淳祐间建安叶采本文公旧注、诸儒辩论辑为注解,而后四先生精蕴昭然日星矣。迨周氏公恕就十四卷中分为二百馀类,未免文义挂漏,前后割裂,海内所传者皆此本,较之原本纷更多矣。故后人只知原本之善,不知叶注之精,又以为分类始于叶氏,不知叶氏止就原本集解,分类之繁盖始于周氏公恕也。近今间有原本,及求叶注原本,概未之见。甲寅春夏,予与同学庚子大也、刘子伯贤,取叶注依次分载于原本十四卷中,但割裂既久,遗忘颇多,诸所缺略悉从四先生全书、《朱子全集》、《性理大全》诸书,逐一增入,庶几此书复称美备。盖四先生之精蕴萃于《近思录》,《近思录》之精蕴详于叶注,遵原本则条例该括,存叶注则义理详明,后之学者其亦从事于此,而无事旁求矣。时康熙十三年岁在甲寅长至日,北平朱之弼识。(收录在清康熙十三年刻本《近思录原本集解》,宋·叶采集解,清·朱之弼诠正。)

《五子近思录叙》 〔清〕李振裕

予少时读《近思录》,窃叹义理精微,经周、张、二程四子发挥,语语着实,无毫发渗漏。朱子与东莱严为采择,虽以共城涑水素所推服者,而曾不入一语,其旨深矣!然昔儒谓朱子集诸儒之大成,学者读四先生之言而不得朱子之言类聚观之,则犹未能得其会通也。琼山《学的》、梁溪《节要》,皆纂集朱子粹言,欲以续乎《近思》者也。但《学的》体仿《论语》,《节要》虽照《近思》之例,而其书单行不显,附于《近思》之后,故二书均未克大彰于世,穷乡晚进不能睹《朱子全书》,亦并无由睹朱子要旨,良足惜已!我皇上崇儒重道,表章正学,紫阳、鹿洞御额煌煌。予前奉命校士江南,饬多士惟程朱是守,士以此知读《性理》、《近思》诸编。考校之暇,尝博观《朱子全书》,窃欲兼取《学的》、《节要》所采者,依类分门附于《近思》各条之下,庶便士子诵读。旋膺简命还朝,历更机务,兼领史局,日夕靡暇,欲取向所增《广近思》一录,以便士子传习者益有志焉而未逮矣。近门人朱启昆来谒,出示其乡硕儒汪星溪所编《五子近思录》,实获我心,捧读累日,叹其合编之旨与紫阳、东莱同一苦心,更以成琼山、梁溪二公之志。学者读是编,由五子而阶梯乎四子,由四子而阶梯乎《六经》,其有益于圣教岂浅鲜哉?闻星溪醇儒笃行,著述满家,紫阳、东林学者至今俎豆之。予观是编,亦足想其梗概云!时康熙甲戌端阳前二日,吉水李振裕序。(收录在日本天保六年刻本《五子近思录》,清·汪佑编,清·汪鉴校。)

《近思录原本集解》序 〔清〕朱之弼

《近思录》文公所手订,《节要》载文公语,学者读《近思录》而不读文公语录,未有不以为阙如者也。文公集四子之大成也,广大精微,行之笃而说之详。盖日星为昭而莫可纪极,学者苦其载籍浩繁而不得其要领。往余读文公传注、《文集》诸书,稍有所见,随即札记以防遗忘,日久浸成卷帙,欲仿《近思录》编次分类,抄写以付家塾,与《近思录》并藏之。后得高景逸先生

《朱子节要》,读之与予相吻合者十之七八。先生一代大儒,其所辑汇无庸增损,今付梓人与《近思录》合刻,公诸同志。盖以宋代大儒,自孟氏之后,有濂溪、关、洛之学,而列圣之道备;有考亭之学,而列圣之道明。是集也,先生盖掇其大指,择其精粹,其曰道体、曰论学、曰致知、曰存养、曰克治、曰家道、曰出处、曰治体、曰治法、曰居官处事、曰教人之法、曰警戒改过、曰辨别异端、曰总论圣贤,凡皆先生之所论定者,一如文公之纂集四子,粲然明备。首卷论阴阳变化性命之理,欲学者知所从入而载记独详。六卷论家道,申明祭祀之典,不啻再三,以为家之重事而人所易略,尤见苦心焉。至于馀卷所载讲学之方与日用躬行之实,别理欲于微芒,明道器于一致,深求乎无极太极之妙,而实不离乎匹夫匹妇之所知,大至于位天地、育万物,而实不外乎暗室屋漏之无愧。盖至远而近,至微而显,合前圣后圣而会之一堂,俾学者有所依据而易于诵习,有益于后学,功不在《近思录》下矣。时康熙十四年岁在乙卯夏至日,北平朱之弼识。(收录在清雍正九年修补本《近思录原本集解》,宋·叶采集解,清·朱之弼诠正。)

《近思录传序》　　　　　　　　　　　　　　　　〔清〕张习孔

《近思录》者,吾乡先正朱晦庵先生所哀集周、张、二程四子之文辞德业,举其要领,编次成书,以嘉惠后学者也。先生与东莱吕伯恭氏读四子之书,以为广大闳博,若无津涯,恐初学之士不知所从入,故采其关于大体、切于日用者,辑为此篇,分为十四卷,总六百(按,或脱"二"字)十二条。精粗、本末、先后之序,条理精善,其功于往圣、德于来者,甚盛心也。至淳祐间,建安叶氏为之集解,自序已经进御。后乃有曰鹭洲周公恕者,取叶氏本参错离析之,先后倒乱,且有删逸,仍冒叶氏名,曰"分类集解",创为二百馀类,全失朱子之意。流传既久,几乱本真,世亦无知而辨之者,此实后学者之责也。习孔幸同先生梓里,凡先生一言一字,无论其云仍世守,保无亡失,而郡邑之士亦家藏户习,代有表章。至于此录,上自天地阴阳之奥,下及修己治人之方,无弗具备。上智之士,循习不已,可以入圣。即姿质中下,随其力之所至,亦不失为善人。诚学者所当服膺而弗失也。习孔自少受读是书,喜其约而备、微而显,昕夕玩诵,意有所会,辄不自揆,敬为传数行,附缀本文之下,以相发明。序次篇章悉本朱子之旧,日诠月徙,积成篇集。自甲寅编定以来,又已数易其稿,间有旁通微辨,要亦本乎心之所明,直而弗有。盖不敢屈抑依附以蹈不诚之愆,或亦无悖于先贤戒欺之旨欤。尝见朱子《与孙敬甫书》"《易说》初以未成,故不敢出,近觉衰耄不能复有所进,颇欲传之于人"云。习孔虽抱望道未见之志,而衰耄甚于朱子,其不能进于是也,愧慊当无已矣。呜呼!义理无穷而资识有量,以孔子之圣,且以不能徙义为忧,习孔何人,敢谓此编为不易之书哉?亦以日迫崦嵫,微志窃同夫朱子云尔。况保其故物,无使紊轶,固后学所宜有事也。用是不避僭逾之责而溃于成,以俟后之君子择焉。康熙戊午二月甲子新安张习孔序,时年七十有三。(收录在清康熙十七年饮醇阁刻本《近思录传》,清·张习孔著,清·张潮、张渐校。)

《朱子近思录叙》　　　　　　　　　　　　　　〔清〕朱显祖

昔晦庵先生在寒泉精舍,与东莱吕先生读周、张、程子四先生书,"叹其广大宏博,若无津涯,而惧夫初学者不知所入也",因取其关于大体而切于日用者,为《近思录》一编,分为十四卷,共六百(按,疑脱"二")十有二条。凡学者所以求端用力、修己治人与夫辨异端、观圣贤者,皆已见其梗概。故尝答人书曰:"此录本为学者不能遍观诸先生之书,故掇其切要,使有入道之渐。若已看得通晓,自当推类旁通,以致其博。若看得未熟,则只此数卷尚不能领会,何暇更求全书而悉观之乎!"观先生原序及答书之意,可以知前《录》之不可少。然而先生之书,《录》中未及自载,则余今日之不自揣而辑此书也,其即窃取先生当日所以辑四子之意也欤。康熙甲子春正吉日,江都后学朱显祖自叙。(收录在清光绪二十八年刻本《朱子近思录》,清·朱显祖辑,清·朱澐校,绍宅藏板。)

《朱子近思录》又叙　　　　　　　　　　　　　〔清〕朱显祖

忆余幼无知识而有志师古,偶以制艺见知于常镇兵宪张公调鼎,延余署内,训其子畿,因得与三吴胜友游。有孝廉张君星瑞者,世家多藏书,问知余所好,辄举所见书种为赠,而中有荆川唐先生后鹤微者所辑孔、颜、曾、思、孟及诸先儒书为《宪世》一编。余受而读之,至朱子集内所发明,与平日所见《四书》、《易》、《诗》、《楚辞》等注已有不同,由是深动于中,谓必更有不止于此者。因请之张公,遍觅坊中所有,遂得十有馀种《文集》且百卷,《答问》八十卷,《别集》更十卷,真斯文之渊薮,一时未易窥测者也。既而返故土,伏读深思,益究心于先生之学。因思自孔孟以后,历汉唐来十(按,当作"千")有馀载,始得有宋周、张、二程诸大儒直追尧舜相传之意,其间精微广大,赖先生《近思》一录为之阶梯,俾后学得以入门。而先生在宋儒中更称集大成者,乃其生平格言实行反未载于《录》内,岂非读《近思录》者之大憾也乎!因举历年中笥藏心忆者,日举以诲子澐,因从而录之,取要删繁,一循前书之例,不敢稍有差越。至于全书之中格言实行殆不胜收,更为分辑《希贤录》、《师承录》及《程朱经书子史说》等书,此书则准之前录,不能多载。然使有志于学者,即未遽睹先生之全,亦由此可以见其大要。而先生所辑周、张、程子原《录》后,更得先生之《录》而思之,不尤可以见四姓五贤之备,而无复馀憾也乎!显祖又叙。(收录在光绪二十八年刻本《朱子近思录》,清·朱显祖辑,清·朱澐校,绍宅藏板。)

《近思续录序》 〔清〕柯崇朴

《近思续录》十四卷,乃宋觉轩先生蔡模仿朱子《近思录》例,集朱子遗言类次之。崇朴既得而卒读,爰校订其字句之讹谬,因刊行之,而为叙曰。《记》云"作者之谓圣,述者之谓明",明、圣者,述、作之谓也。夫岂易言哉!《六经》之书尚已,孔子为之删定赞修,而后焕焉与日月同光。此孔子之述而不作,功在万世也。是后火于秦,杂于汉,支离晻翳者,千五百馀年。迨宋室嗣兴,名儒辈出,得不传之旨于遗经,斯道璨然复明于天下。然周、程、张子之书,广大闳博,若无津涯,此朱子《近思录》所由作。而其言曰:"《四书》为《五经》之阶梯,《近思录》为《四书》之阶梯。"则朱子之明,诚足以近述诸儒而上继孔子也。乃朱子生平诸经之传注,交友之书疏,同堂之讲论,至精至详,惜后世更无有如朱子者起而述之。故其广大闳博者,犹散漫无统,惟忠宪高景逸先生集为《朱子节要》,然其明或未足及之,故我师吕晚邨先生谋更为纂辑,会疾革不就。呜呼,岂天之无意斯文耶!何后起者之不得与于斯文也!犹幸是编尚存,崇朴获购而读之。夫觉轩为九峰先生令嗣,亲炙师承,为得其要领已。间尝论之,近世儒者之失,莫大于不循下学,妄希上达,以致知格物为支离,以直捷了悟为能事,未明日用,辄语性天。所谓心性,所谓良知,总不过借我儒字目,以阴行其诐淫邪遁之说,于朱子之道,怯者阳奉而阴违,黠者明攻而肆诋。呜呼!正学不明,邪说日炽,不有朱子,谁为正之!不有述朱子者,又谁为翼之哉!是书虽约,然首明道之大体,以示之端,继言为学之要、修己治人之方,终则辨别邪异,统论圣贤,以一其向。使学者得此而潜玩焉,触类引伸,豁然贯通,循夫择善固执之理,裕夫明体达用之功,则于朱子之广大闳博者,亦可得其门而入矣。由是邪说不攻而自破,正学已晦而复明,则觉轩之述,其有功于朱子,并有功于圣学,岂浅鲜哉!此崇朴所急为刊布意也。原本有古溪先生熊刚大集解,句栉字比,意极详明,然朱子之书明白简易,原可不烦辞说,故辄删去,以待学者自得焉。康熙己巳夏日,嘉善后学柯崇朴序。(收录在清康熙二十八年刻本蔡模《近思续录》,清·柯崇朴校订,天盖楼藏板。)

《朱子近思录序》 〔清〕宋实颖

余闻之前哲曰:"读书取科第未是第一等事,惟学为圣贤者当之。"夫学为圣贤或终老不遇,读书以取科第,则往往成大名、显当世,此读书之士所以争趋科第,求其矢志为圣贤者不多见也。余不敏久已,无心仕宦,近以宫墙一席,寄迹昭阳,亦庶几得有志者讲求斯道,窥圣贤之奥云尔。昭阳多伟士,工文学,故其地历有闻人居撰席,科第翩起,不胜述也。顾考其前有韩先生者,家素贫,裹糇业陶,过鲁庙见诸贤从祀之典,遂矢志正学,治《孝经》、《小学》,笃行孝弟,卒晓吾儒宗旨。此其人何如人与!宋胡安定公先生泰州讲堂址,至今在焉。余过海陵,肃然瞻对,想见其为人,真读书不为科第者。汉董子相江都,发明圣真,续几绝心传,惠兹来学,此岂一科第事哉!然则取科第与为圣贤相去诚远矣。昭阳接壤江都,徵士行不独工文且知正学者,固得天绮朱子文与其人,并得其家学所在,其尊人雪鸿先生,少读书,不急仕进,数奇几得而失,泊如也,游心理窟者数十年,著述极赡。同志先刊其《朱子近思录》一种行世。夫朱子之书博矣,穷年毕月不可卒读,雪鸿独取而该繁举要,续晦庵原录之后。盖不忍五贤有阙业,而以圣贤自期,期天下后世也,使起安定诸前哲于今,不以为当然乎!雪鸿继安定诸前哲后,宗朱子之传,天绮承家学,源深本厚,宜其不徒工文字取功名也。圣贤之学,前后赖雪鸿不坠哉!顾又念朱子"近思"之义,体用毕该,显微合辙,原非斤斤一身者比。士之进取科第者,能由朱子意以修治身心,讲求经济,则上报君父而下利民生,己物兼成,天地古今一体。吾知其不愧圣贤,益可以重科第矣。是为序。康熙庚午夏六月,年家同学弟广平宋实颖既庭氏书于昭阳学舍。(收录在清光绪二十八年刻本《朱子近思录》,清·朱显祖辑,清·朱澐校,绍宅藏板。)

《朱子近思录》跋 〔清〕朱 澐

澐七岁先慈见背,即侍家大人晨昏左右,自句诲以至今,犹一日也。家大人悯不肖何恃,独居一室已三十馀年,惟是孳孳力学不倦。方澐留心举业一途,谓进取之道在是,而家大人以为未然;近又以步趋众贤,率习为诗辞,家大人复以为未然。过庭之际,独谆谆以此心此理为训,恨不肖未之逮也。因益举生平所辑诸大儒修己诲人等书,专为讲授,寒灯暑拂,未尝少辍。自分何幸,而得此于失恃之后,不至终于蒙昧,失其所归也哉!同志诸友人闻而好之,期授之梓。澐何敢自私,先刊《朱子近思录》一种,将更请之家大人次第刊行,以就正有道焉。不肖男澐百拜敬识。（收录在清光绪二十八年刻本《朱子近思录》,清·朱显祖辑,清·朱澐校,绍宅藏板。）

《朱子近思录》跋　　　　　　　　　　　　　〔清〕陈　均

　　雪鸿先生深心力学,乐志忘年,其于书也无不读,而理学尤所究心。数十年中,采辑撰注成编者,不下十馀种,未尝出以示人,人亦未有知者。己巳秋,令子天绮偶以语诸同学,同学见者欣然请授之梓,以公同好。先生以为心理所同,非一己所得而秘,乃先出《朱子近思录》,俾均校阅。均三复之下,俨然如对晦庵夫子,而目睹心维,不啻亲承其謦欬。先生之嘉惠余小子者,诚多也! 若其书蒐采之精,遴辑之富,汇别条分,文从字顺,深得先贤本旨,则有目者所共睹,不得谓余之阿私所好矣。刻成,以志其后。年家同学侄陈均顿首拜题。（收录在光绪二十八年刻本《朱子近思录》,清·朱显祖辑,清·朱澐校,绍宅藏板。）

《朱子近思录》跋　　　　　　　　　　　　　〔清〕张　渐

　　昔朱子与东莱先生辑《近思录》于寒泉精舍,盖读周、张、二程四先生之书而为之者。宋叶氏有传,为周氏分类以行,非复朱子十四卷之原本矣。近日吕晚村先生锓善本无注,而先大夫则尝为传,依朱子之次第,海内学者皆以为有功圣门。独是书唯四先生之言,而朱子自著不载。厥后高忠宪公著《朱子节要》,其意亦与《近思》等,然略而弗详。先大夫常隐以为憾,每于过庭之下,命不肖兄弟曰:"朱子之学,著已近里,于近思之义尤切。吾生平于朱子书恐未窥其全备,尔小子当留心于此,广蒐博览,续辑一录,庶几为四姓五贤全业。"渐因永矢此言,日孳孳于此道,不图雪鸿先生已先先大夫而有此举也。其辑此《录》也,实殚数十年精力,而五先生始有全书,藏之于家。为训子计,一日访之,天绮出以示予。予反复寻绎其旨,以为此固先大夫志也,恨不早出,俾当时一见耳。因敬劝之梓,以公于世,所以表彰圣贤、牖迪来学者,端于是乎有赖,先生遂不得辞。于书既成,谨勒数语,以志先大夫之昔有同志云。年家同志侄张渐顿首拜跋。（收录在清光绪二十八年刻本《朱子近思录》,清·朱显祖辑,清·朱澐校,绍宅藏板。）

《五子近思录序》　　　　　　　　　　　　　〔清〕汪　佑

　　每读朱子诲言曰:"修身大法,《小学》备矣;义理精微,《近思录》详之。"

言求详乎此,而因类推其全书,则详者益详,庶美富可驯至也。又曰:"四子,《六经》之阶梯;《近思录》,四子、《六经》之阶梯。"言厌饫其书,由四先生而循企邹鲁虞夏之堂,庶入室其先资也。虽然取资四先生,而不得集群儒大成之书类聚观之,则所纂集旨趣诇识,始终条理,皆会通于大成分量中也,彼分类多门纰缪,原旨者舛矣。在昔文庄丘子,尝采朱子之书尊为《学的》,拟效《论语》,而自附于曾子、有子之门人。梁溪高子,尝准《近思录》例,辑为《朱子节要》,不敢拟于《近思》,而特梓以昭学则。愚以为当取《节要》合编之,犁然五子,如五行之不可阙一矣,更取《学的》与《节要》合订焉,由五子而阶梯四子、《六经》,由群儒大成而阐群圣大成,所称科级毕具,羹墙三古,孰逾于兹? 惟《学的》多采《集注》粹言,顾《集注》,朱子身体四子而吻合圣贤之的也,学者概宜熟读精思,不可拣择出入。矧新学叛朱,其徒貌注,尤当尊为不祧完书。四子之有《集注》,可称五子,犹《近思》之入紫阳,是为五子也。愚故于《学的》之采《集注》者多略焉,其馀则二先生汇编确当若合符节,诚取五子之书玩心厌饫,而濂、洛、关、闽之道会于一,前圣后圣之道亦昭融于一,正学永丽乎中天矣。若夫合编朱子与四先生类聚较研,又可见集群儒之大成于斯,尤得其梗概也。新安后学汪佑谨序。(收录在清康熙三十二年刻本《五子近思录》,清·汪佑编,清·汪鉴校。)

《五子近思录跋》 〔清〕朱启昆

汪星溪先生之学,平正笃实,宗我文公。其著述之富,亦几与文公并。殁后数年,嗣君晦叔欲广其书于天下,每恨力有未逮也。今冬刻《五子近思录》成,乞予一言弁诸简端。予惟五君子之言精微广大,而先生合编之意旨甚深且远,后生末学眇无智识,茫乎莫测其涯埃,敢赘片辞于卷末哉! 虽然,自幼禀承庭训,涉猎前人遗编,窃叹义理精微,周、程、张诸君子发挥几尽,而终有未尽者,迨我文公而乃罔不尽焉。盖其睿智之高,问学之密,兼以年寿之永,教学相长之多,故所见所发真有过于前人者。学者读四先生之书,而未合观乎朱子之书,则终不能无所阙憾。此琼山《学的》、梁溪《节要》拳拳蒐辑,而星溪因而合编之,尤为大成全观也。则是编出,而朱子集大成之梗概,昭著于世,而四先生之言,益有所论定折衷焉。由是五子之言著,则孔、曾、思、孟之言益著,星溪之功于斯岂不大哉! 晦叔甘贫守己,冷落寒毡,矻矻表章遗文,嘉惠来学,其操行有可风者,则又庆星溪之有后也已。康熙癸酉冬至前十日,后学朱启昆谨跋。(收录在清康熙三十二年刻本《五子近思录》,清·汪佑编,清·汪鉴校。)

《近思续录》叙 〔清〕马常沛

自唐虞十六字传心,而后列圣相承,历二千年而生孔子,实集列圣之大成,而其要则在删订《六经》。《六经》订矣,而孔子之著述言动则不自记,必待门弟子于数十年之后而后成,而百家之纷纭以息。自秦汉而下,道失其传,荀、扬诸儒,历代相承,虽有表彰之功,而见偏识小,言人人殊。历千馀年而至有宋周、张、二程真儒辈出,而终之以朱子,实集诸儒之大成,其要则在《近思录》。《近思录》作,而诸儒表彰《六经》之功于斯大著,而朱子之著述言动,一时门人虽有纂集记载,而采取或有未备,审择容有未精,且各自为书,散而无统。又五百年,而吾邑始有直斋刘先生,乃尽取朱子之书而详味之,寝食其中,昼夜不间,逾四十馀年,心力具瘁,而作《近思续录》,录朱子之著述言动也。其分类一准前录,而折衷于《文集》、《或问》、(按恐脱《语类》)三书之中,删其繁,摘其要,按类编次,条分缕悉,汇成一书,共十四卷。而后朱子之书昭然大备。始于道体,道原于天也;继以为学、致知、存养、克己,道修于身也;家道,道自近始也;出处、治体、治法、政事,则为行道之谋;教人,则为传道之计;申命警戒,坚其向道之心;指示异端,严其非道之辨;终以圣贤,则道必待人后行之意也。次第详明,委曲诰诫,列圣道统之传,诸儒表彰之功,统于是乎备矣,苟能熟读而慎思之,于道其庶几乎!

康熙甲戌录讫,欲一言以记其始末,历十九年而不就。自审天分薄劣,读书不熟于先儒之言,茫然无所窥,不敢妄有论说也。至壬辰六月,余病风十越月矣,不能动移尺寸,幸此心不甚回惑,右手略能把笔,思一生不了事无大于此者,因力疾扶坐,凭几书此数语。盖自愧不才,深有负先生之教诲也。晚矣,云何! 康熙五十一年壬辰六月三日乙卯,受业门人马常沛盥手敬书。

书成,先生手录一部,虞章手录一部。先生故后,皆为学使者徐、黄二公购去,止馀此一部,为余手录,自始至终不间他人一字。起于癸酉七月朔,成于甲戌闰五月七日,历十一月而工始毕。此系先生晚年定本,极为详密,功成而先生病矣,实绝笔也。珍重珍重! 常沛再识。(见清康熙三十二年至三十三年马常沛抄本《近思续录》,清·刘源渌编。)

《近思续录小引》 〔清〕陈舜锡

《近思录》何为而续也? 盖忧学者入道之无阶而续也。朱夫子有言曰:"四子,《六经》之阶梯;《近思录》,又四子之阶梯。"讵不以学者之求端用力、处己治人,与夫辨异端、观圣贤之大略毕载《近思录》中,可以渐达乎《学》、《庸》、《论》、《孟》也哉! 乃读之者,又复夥义意之简奥,惮指趣之渊深,将大道终无自而入乎。安丘直斋刘先生，天姿颖异，乐善好学，潜心于朱夫子《文集》、《或问》、《语类》诸书者，馀四十年。尝曰："此中至味无穷，惜知者鲜耳！"既而与门人仍《近思录》篇目，集成一书，名《近思续录》。盖亦窃比之意云尔。间尝受而读之，未始不叹是书之广大精微也。上明天道，则无极太极之真、二气五行之运、元亨利贞之常、通复往来之故、阖辟消长之机、屈伸变化之妙备焉。下明人道，则仁义礼智之性、喜怒哀乐之情、貌言视听之则、亲义别序之经、礼乐刑政之具、吉凶悔吝之说详焉。学以致此道，则有穷理居敬、直内方外、希贤希圣之功；知以明此道，则有自近及远、由粗入精、积累渐进之序。言存养，则静中有动，动中有静，而复艮互用；言克己，则制乎其外，绝乎其内，而明健相资。由是以正伦理，以笃恩义，而家道睦矣；穷则独善，达则兼善，而出处宜矣。至于挈纲维而端治体，修典制而明治法，通经权而敷政事，以迪进觉天下，退淑吾徒而有教育，内切忧危、外勤惕厉而有警戒。辨异端似是之非，使飞升坐化之说不得行；列圣贤递传之绪，使帝王师儒之统无惑紊。天下有广大精微逾于是书者乎？学者诚从事于此，以探圣经贤传之指，则《近思录》与四子、《六经》，一以贯之矣，又何患入道之无阶哉！舜锡手录是书毕，不忍没先生之苦心也，因述其略云。门人陈舜锡谨识。时康熙三十九年岁次庚辰八月十三日癸酉。（见清康熙四十年陈舜锡抄本《近思续录》，清·刘源渌编。）

《近思续录》跋　　　　　　　　　　　　　　　〔清〕陈舜锡

　　《近思录》何为而续也？盖忧学者入道之无阶而续也。朱子有言曰："四子，《六经》之阶梯；《近思录》，四子之阶梯。"讵不以学者之求端用力、处己治人，与夫辨异端、观圣贤之大略毕载《近思录》中，欲从事于四子以渐达《六经》者，不可不自《近思录》始也哉！乃世之人，或悼义蕴之渊深，或鄙词语之拙朴，读之者又往往而鲜，然则大道终无自而入矣乎？直斋刘先生有忧之，取朱子《文集》、《或问》、《语类》诸书，仍《近思录》篇目分次其言，以诱后学，曰"续录"，盖亦窃比之意云尔。间尝受读而细绎之，未尝不叹是书之广大精微而无所不备也。上明天道，则无极太极之奥、元亨利贞之常、通复往来之故、易简生成之德、阖辟消长之机、一神两化之妙，瞭如也。下明人道，则仁义礼智之性、喜怒哀乐之情、肃义哲谋之则、亲义别叙之经、礼乐中和之节、作止语默之宜，灿然也。学以致此道，则有穷理居敬、直内方外、深造自得之功；知以明此道，则有实地真切、渐进积多、上达一贯之序。言存养，则静中有动，动中有静，而复艮互用；言克己，则制之于内，防之于外，而明健相资。由是以正伦理，以笃恩义，而家道成矣；穷则独善，达则兼善，而出处正矣。至于挈纲维而端治体，修典制而明治法，通经权而敷政事，以迫进觉天下，退淑吾徒而教育宏，内切忧危，外勤惕厉而警戒深，有一不彰明较著者乎？而犹辨异端似是之非，使坎离铅汞不生不灭之说息；详绝学递传之绪，使帝王师儒历圣群贤之统尊。宁复有奥指微词，为是书阐发之所未及者哉？学者诚从事于此，以徐读夫《近思录》，而渐博乎四子，以为驯致于《六经》焉，则大道之阶梯不待远求矣，又何患入之之无基耶！锡学也晚，于道渺无所见，而先生所以辑是书之意，尝窃闻其略而不忍使之湮没弗传也，因为之叙云。康熙四十年岁次辛巳九月十一日乙未，门人陈舜锡谨识。（收录在清光绪十七年补刻本《近思续录》，清·刘源渌编。）

《近思续录》跋　　　　　　　　　　　　　　　　〔清〕马恒谦

　　夫道统之传，远自羲、轩，至于孔、孟，圣贤接受，精一同心，千有馀岁矣。自孟子而后不得其传，道几湮灭无闻也。至宋周、程、张子，一时星聚，道统复续，传之未久，异学混真，幸赖我朱夫子出，阐扬《六经》，训注《四书》，彰明奥义，集阙大成，所著书有《易本义》等九部，所编次有《论孟集义》等一十二部，又有《文集》一百二十馀卷、《语类》一百四十卷、《仪礼经传通解》若干卷，由是理无不明，道无不备。洵我夫子千古之圣、百世之师也。今渠邱直斋刘先生尝曰："朱子之书，吾信之如神明，敬之如父母矣。"先生于是潜心肆力于紫阳之经传，神魂梦寐，身心性命倚之，实忘食废寝，不炉不扇，俛焉；日有孳孳，毙而后已也。先生尝教同人曰："修身大法，《小学》备矣，义理精微，《近思录》详之。"朱子尝谓周、程、张子为《五经》之阶梯，《近思录》为四子之阶梯，此《近思录》之所以不可不读也。但恐学者苦《近思录》之简奥，圣道无由窥其精蕴，先生于是采集考亭之著作精粹详明者，纂为《近思续录》，以为前录之阶梯。洵哉！先生朱子之功臣也。先生尝曰："余不揣，取朱子之《文集》、《或问》、《语类》而错综编次之，为《近思续录》十四卷。渌手抄五卷，装潢汇成五帙，自作一函，为内篇可也；其馀众人所抄者九卷，装潢汇成九帙，亦作一函，为外篇可也。共十四卷，分作内外二函，似出天意不由人为者也。盖此道原有修己、治人本末二事，故此书亦有内外两篇、上下两函也。自古帝王列圣道学相传，至朱子而集大成，发其精蕴。今辑此书，略见梗概，读者诚能得其要领，则从此而尽读朱子之书，当无不浃洽于心而贯通其理矣。"先生之是编也，因朱子集周、程、张四子精意微言而为《近思录》，先生所以集朱子之精意微言而为《近思续录》也。先生之道犹朱子之道,先生之心仍朱子之心也。先生沥尽心血二十馀年,于朱子《文集》、《或问》、《语类》三书,沈潜反复,撮辑纂序,晨昏灯火,席不暇暖,风雨几砚,手不停笔,以至衣敝榻穿,体寒手冻,皆弗自恤也,务求先圣之道彰明较著而后已。凡三创草、三脱稿而始成矣。此编之所载者,天道心性之原,伦理纲常之大,进学修德之方,经国化民之本,学术邪正之分,圣道流绪之传,举凡宇宙间万物之理,精粗显隐,经权常变,莫不备具而咸在焉。学者学此而已矣,知者知此而已矣,精一传心之文,今不在兹乎!诚有志于进德而修业者,祈于此书潜玩而加意焉。康熙四十年岁次辛巳菊月重九日,门人马恒谦顿首撰。(收录在清光绪十七年补刻本《近思续录》,清·刘源渌编。)

《五子近思录发明序》 〔清〕施 璜

圣人之道大矣,然学者必有所由以从入之序焉,苟不识其门庭而欲升入圣人之堂室,何可得乎?故朱子既注释《学》、《庸》、《语》、《孟》,以弘昭圣人之道,复手集周子、二程子、张子之书,掇取其关于身心日用者,教人先识其门庭。尝谓学者曰:"《四书》者,《五经》之阶梯;《近思录》者,《四书》之阶梯。"夫阶梯也者,言所由以从入之序也。然则《五经》以《四书》为阶梯,读《四书》无入处,则不可以言《五经》;《四书》以《近思录》为阶梯,读《近思录》无入处,则不可以言《四书》也明矣。虽然,孔子之道自孟子后失传者一千四百馀年,至周子、二程子、张子而始著,至朱子而始大著。夫既集周、程、张四先生之言为阶梯,若不得朱子精粹切要之言合观之,则学者终有所阙憾。故星溪汪子将琼山先生所著《朱子学的》,与梁溪先生所著《朱子节要》合编之,以续于周、程、张之后,"近思"于是为完书,而阶梯之说亦于是为详备矣。但《近思录》在昔有平岩叶氏《集解》阐发,四先生之精蕴昭然如日星。今五子合编尚少注解,故璜与同志讲习五子于紫阳、还古两书院者有年,遂自忘其固陋,略有发明,于叶注之精者而益求其精,其未及注者则蒐辑而补之。又尝读薛子《读书录》、胡子《居业录》、罗子《困知记》与高子《遗书》,喜其皆由《近思》以升入《四书》、《五经》之堂室者,先后一揆,若合符节。迨读北平孙氏《学约续编》,亦谓薛、胡、罗、高四先生,羽翼周、程、张、朱五先生者也。于是汇萃其精要者,以附于各卷之末,盖即以四先生之言发明五先生之旨,而意益亲切,语更详备焉。朱子谓:"穷乡晚进、有志于学而无明师良友以先后之者,诚得此而玩心焉,亦足以得其门而入矣。"愚为此编虽于圣人之蕴不能大有发明,然于穷乡晚进之士得此而玩心焉,亦庶几有少资助云。康熙乙酉秋九月戊子,紫阳后学施璜虹玉氏敬书于还古书院之归仁堂。（收录在清康熙四十四年刻本《五子近思录发明》，清·施璜纂注，清·吴曰慎、汪鉴阅正。）

《近思录序》 〔清〕张伯行

集群圣之成者孔子也，删定往训，垂为《六经》，而道统治法备焉。集诸儒之成者朱子也，采撷遗书，作《近思录》，而性功王事该焉。夫尧、舜、禹、汤、文、武、周公之圣，使不得孔子继起而绍述之，则《诗》、《书》、《礼》、《乐》，虽识大识小之有人，而残缺灭裂之馀，谁为阐圣言于来祀？以周子、程子、张子诸儒之贤，使不得朱子会萃而表章之，则微文大义所与及门授受而讲贯者，即未尽泯没于庐山之阜、伊洛之滨、关中之所传贻，然而斯人徒与寥落几何？一脉绵延，安恃不坠？况其时又有介甫之坚僻，杨、刘之纤巧，佛、老之寂灭虚无，浸淫渐染，卒难划除，其势皆足为吾道敌。惟子朱子承先启后，崇正辟邪，振寰宇之心思，开一时之聋聩，亟取周子、二程子、张子各书，采其关于大体、切于日用者，辑为是《录》，俾学者寻绎玩味，心解力行，庶几自近及远，自卑升高，而诐淫邪遁不能淆，训诂词章不得而汨没焉。此则许鲁斋所称"为入圣之基"，而朱子亦谓"四子，《六经》之阶梯；《近思录》，又四子之阶梯"者也。噫！尧、舜、禹、汤、文、武、周公虽圣，得孔子而益彰；周子、二程子、张子虽贤，不亦得朱子而益著哉！我皇上德迈唐虞，学配孔孟，性功与王猷并懋，道统偕治法兼隆。故《六经》、四子而外，每于濂、洛、关、闽四氏之书，加意振兴，以宏教育。近复特颁盛典，俎豆宫墙，跻朱子于十哲之次。诚以集群圣之成者孔子，用是师表于万世；集诸儒之成者朱子，故能启佑乎后人也。伯行束发受书，垂五十馀年，兢兢焉以周、程、张朱为标准，而于朱子是《录》，尤服膺弗失。间尝纂集诸说，谬为疏解，极知浅陋无当，然藉是以与天下之有志者，端厥趋向，淬厉濯磨，毋厌卑近而骛高远，毋觊凌躐而遁虚无，然后优柔厌饫，有先后次序，所谓江海之浸，膏泽之润，涣然冰释，怡然理顺，以不负先儒谆复诲诱之心也。于是乎士希贤而贤希圣，其以维持道脉，光辅圣朝，斯文之盛未艾矣。爰命李生丹桂、史生大范校梓，而书此以为序。康熙五十一年壬辰仲夏谷旦，仪封后学张伯行题于姑苏之正谊堂。（载于清康熙五十一年刊本《近思录》，清·张伯行集解，正谊堂藏板。）

《续近思录序》 〔清〕张伯行

自朱子与吕成公采撷周、程、张四子书十四卷，名《近思录》，嗣是而考亭门人蔡氏有《近思续录》，勿轩熊氏有《文公要语》，琼山邱氏有《朱子学的》，梁溪高氏有《朱子节要》,江都朱氏有《朱子近思录》,星溪汪氏又有《五子近思录》。虽分辑合编,条语微各不同,要皆仿朱子纂集四子之意,用以汇订朱子之书者。余于四子《近思录》服膺有年,业为《集解》一书,因又念朱子会通群儒之大成,卷帙繁多,诸先正前后搜辑不遗馀力,其惓惓为道之心可谓至矣!夫斯道期于不孤,故承先启后,吾党之责。朱子虑穷乡晚进之有志于学者,或无明师良友以先后之,而辑《近思》为入德之门。蔡氏、熊氏以至汪氏六先生,又恐朱子之书遽难卒读,爰择其精粹明显、关于身心、切于行习者,各出己意而纂集之,务使全体大用靡不具备,固亦犹是朱子之意也。独怪世之躬列儒林者,不为俗学之卑陋,则为曲学之支离,冥然悍然,如失舵之舟日漂泊于颠风巨浪中,与时浮沉,茫然莫知所止。噫!是不惟获戾四子,而实重负朱子,其亦不思而已矣。窃尝念学圣之道,莫要近思。子夏曰:"博学而笃志,切问而近思。"程子谓近思者"以类而推"。而真西山又以为不驰心高远,就其切近者而思之。则知义类精微,未有不由于真切平实之地玩索寻绎,而凡行远自迩,升高自卑,殊非躐等凌节、空虚无据者所得与也。信乎!圣学之阶梯,日用躬行之科级,非四子《近思录》无从入,非朱子《续近思录》不尤为学者一大憾事哉!第余往岁,辑《濂洛关闽书集解》,其于朱子《文集》、《语类》诸书,略勤撷拾,不无散见于诸先正各集中者,兹录雅不爱其重出,故于诸先正集中或删或补,未能强同。要其关于身心、切于行习、备乎全体大用,条分类别,精实而详明,当亦无殊旨也。爰不揣固陋,谬为诠释,冀有发明于前人未尽之意,且期无负乎朱子诲诱后进之深心。夫然后正学光昌,圣人之门庭昭然在目,而登堂入室,庶不患其难几及焉。吾深愿天下学者自周、程、张四子而外,亟与恬吟密咏乎斯编。康熙四十九年庚寅仲秋谷旦,仪封后学张伯行题于姑苏之正谊堂。(载于清康熙四十九年正谊堂刻本《续近思录》,清·张伯行集解。)

《广近思录序》　　　　　　　　　　　　　　　　　〔清〕张伯行

朱子《近思录》十四卷,采辑四子之言,体用兼该,义理条贯。余服膺既久而诠释之,诠释之不已而又续之,续之不已而又广之。岂务乎哉?良以天下之理本一而分则殊,不思固不能达,思之而不博观群言,亦无以会众理而归于一。夫千金之裘非一狐之腋,大厦之材非一丘之木,况身心性命之渊奥至粹至精,道德事功之讲求至闳至博,尤有研之而益深,扩之而愈大者乎?且夫言近而指远者,善言也。自有宋迄元明,中间发挥圣蕴继濂、洛、关、闽之后者,实惟是数大儒遗书,其言平实,其指深远,可诵可法,特患后之人弗思耳。至于类纂合编,仿诸《近思录》之例,则尤本末次第森然具列,其序有不可紊,而其功有不可缺者,章章较著也。盖未有天地已有道,道实居乎天地之始;既有天地即有道,道又充满乎天地之间。是故首之以道体,言道之大原出于天也。而道于何附?待人而行。人之为道也,必溯流以穷源,由博而返约,于是乎有学。学矣,而穷理以致其知,存养、克治以践其实,故身修而后可与言家道,家道立而后可与论出处,出处正而后可与论治体、治法、政事,数者备而天德王道不亦绰有馀裕乎!然圣贤之生于世,又非自有馀已也,为之教学以启诱愚蒙,为之戒警以唤醒聋聩,为之辨别异端以辟邪崇正,循是尚(按,一作"而")知适从,则所谓士希贤、贤希圣者在是矣,故以总论圣贤终焉。此一十四卷之大指,抑何其条贯而绵密也。噫!朱子之为此书也,缕分类聚,统摄万端,引而伸之,触类而长之,靡有涯涘。后之学者不从此反己体察,磨礱淬厉,徒懵懵然涉猎浮词,入耳出口,为帖括计,是虽欲望先圣先儒之门墙不可得,况堂奥乎?此余于《近思录》所为,既诠释之而又续之,既续之而又广之,冀有以章明义蕴,引进后人,而且以辅翼儒书于不堕也。是编自南轩、东莱、勉斋,迄许、薛、胡、罗,汇集七家言,皆粹然无疵,近里著己,朱子所谓关于大体、切于日用者。学者诚由《近思录》而并及夫《续》与《广》二录,寻绎玩味,沉潜反覆,万殊一理,悠然会心,夫然后《六经》、四子之书,不为口耳,当必有身体而心验之者,入圣之阶梯无逾斯矣。是则余所以纂集此书之意,非务多也,盖明师良友不于数大儒乎取资,而吾将安仿也夫。康熙五十年辛卯孟冬,仪封后学张伯行书于姑苏之正谊堂。(载于清康熙五十年正谊堂刻本《广近思录》,清·张伯行辑,清·柳椿、陈绍濂仝校。)

《近思录集解》序 　　　　　　　　　　　　〔清〕李文炤

昔者,衰周之运,百家竞作,孔孟之徒有忧之,缉微言而成《论语》,遵正学而著"七篇",使学者不迷于向方,其功盛矣。秦汉以降,道术分裂,荀、扬、王、韩各驾其说而不能相一。有宋周子,以先知先觉之诣,建图属书,并冕群言,以传之程氏,而张氏亦与有闻焉。顾其业至广,其说愈详,学者乃或望洋而兴叹,甚至未尝究其巅末而妄肆诋诃,有如陆九渊议《太极》之非,是大原可得而湮也;林栗攻《西铭》之失,是弘纲可得而绝也;程迥诋主敬之误,是圣功可得而废也;陈亮疑道治天下之迂,是王猷可得而杂也。朱子盖深悯之,于是不得已而为近思之录。著性命之蕴,而天下之言道者有所宗;揭进修之要,而天下之言学者有所准。至于穷理居敬检身之方,理家入官均平天下之法,以逮应物教人制心之则,与夫闲邪说宗正学之归,莫不举之有要,而循之有序,诚可以羽翼四子而补其所未备焉。欲求数君子之道而不先之以是书,固不得其门而入矣。然其微辞奥义,多未易晓,朱子虽往往发明之,而散见于各书,(《四书集注》《或问》《大全》《文集》《语类》。)盖学者欲观其聚焉而不得也。窃不自揣,为之裒集而次列之,而又取其意之相类与其说之相资者,条而附之,以备一家之言。至其所阙之处,则取叶氏、陈氏、薛氏、胡氏之说以补之,(叶氏,名采,字平岩,著《近思集解》。陈氏,一名埴,字器之,著《近思杂问》;一名选,字士贤,著《小学集注》。薛氏,名瑄,字德温,著《读书录》。胡氏,名居仁,字淑心,著《居业录》,其与《近思录》相发者取之。)间亦或附己意于其间,庶几可以便观览、备遗忘,以待同志者之取裁而已矣。呜呼!学者诚能逊志于此书,则诸子百家皆难为言,而于内圣外王之要,不患其无阶以升,校之役志于词章之中,老死于训诂之下,风推浪旋,无以自拔,而忧共矜衣钵之传者,其大小之不同量,为何如也!聊志其概于此,以自警云。康熙庚子仲夏天中节,湘川李文炤谨序。(收录在清雍正十二年四为堂刻本《近思录》,清·李文炤集解。)

《近思录集注原序》　　　　　　　　　　　　　　〔清〕茅星来

　　子朱子纂辑周、程、张四先生之书以为《近思录》,盖古圣贤穷理正心修己治人之要实具于此,而与《大学》一书相发明者也。故其书篇目,要不外三纲领、八条目之间,而子朱子亦往往以《小学》并称,意可见矣。先君子默存先生尝手录是书,俾不肖星来受而卒业,谓曰:“此圣道阶梯也。”星来反复寻绎,久而稍觉有得,颇思博求注解,以资参讨。顾今坊间所行者,惟建安叶氏《集解》而已,杨氏泳斋《衍注》则藏书家仅有存者。星来尝取读之,粗率肤浅,于是书了无发明,又都解所不必解,其有稍费拟议处则阙焉,至于中间彼此错乱,字句舛讹,以二子亲承朱子绪论,而其为书乃如此,其他又何论乎?然则彼穷乡晚进,无明师良友以先后之者,虽使有志于学,得是书而玩心焉,亦恐终无以得其门而入矣。星来用是不揣固陋,辄购取四先生全书及宋元来《近思录》本,为之校正其异同得失。其先后次第,悉仍其旧本。舛错仿朱氏《论孟》重出错简之例,注明其下,不敢擅自更易也。本既定,然后乃敢会萃众说,参以愚见,支分节解,不留疑窦。其名物训诂,虽非是书所重,亦必详其本末,庶几为学者多识之一助。又仿朱氏《论孟》附《史记》世家、列传例,取《伊洛渊源录》中四先生事状,删其繁复,为之注释,以附简端。盖是二书相为表里,且以见《录》中所言,实可见诸施行,四先生固已小用之而小效也。其与朱子有未尽合处,亦以愚见斟酌从违,使会归于一也。盖星来悉心探讨,随得随记,亦已有年。期于是书粗有所补,弆之箧衍,以为后之有志于学者取焉。康熙辛丑七月七日,归安茅星来序。(收录在《钦定四库全书》子部儒家类,台湾商务印书馆影印文渊阁本。)

《五子近思录辑要》序 〔清〕孙嘉淦

昔朱子与吕伯恭读周、张、二程之书,因掇其关于大体而切日用者,编为《近思录》十四卷,以为穷乡晚进有志于学而无明师良友以先后之者,即此可以得其门而入焉。故曰:"修身大法,《小学》备矣;义理精微,《近思录》详之。"又曰:"四子,《六经》之阶梯;《近思录》,四子之阶梯也。"有明邱文庄公采朱子之书,尊为《学的》,高忠宪公又准《近思录》例,辑为《朱子节要》,星溪汪子合编之,以为《五子近思录》,而濂、洛、关、闽之微言灿然备矣。然而张子之言间有出入,二程之语多出于门人所记,朱子之学与年俱进,其早年所著有晚而更之者矣,后之学者目不睹五子大全,又恐泥其抑扬近似之辞,或有毫厘千里之谬。盖非前人之书尚有未善,而吾所以忧后学之心至无已也。书有以多为富,亦有以简为明,有语之而欲详,有择焉而欲精,因不揣固陋,即旧编而更审择之,非敢僭为去取,惟期言愈简而意愈明,庶学者不迷所趋焉,虽受诞妄之讥,不遑恤也。时雍正五年正月,合河孙嘉淦谨序。(收录在清雍正五年刻本《五子近思录辑要》,清·孙嘉淦订。)

《重订近思录集解朱子节要合刻序》 〔清〕孙濩孙

濂、洛、关、闽之学,至今日表章称极盛矣。圣祖仁皇帝钦定《性理精义》、《朱子全书》颁示学宫,风励天下,一时卿士大夫奉为拱璧。顾其书卷帙浩繁,穷乡晚进之士罕寓目焉。吾家合河先生督学江南,令生童诵朱子《近思录》,坊本寥寥,颇未易觏。及先生以国子祭酒督学京畿,爰取星溪汪子合编之《五子近思录》,择其言尤精要者,名曰《辑略》,刊授乡国学生,咸感发兴起,思以圣贤自淬励,则是书之为功大矣哉!我皇上崇道右文,欲举薄海内外而甄陶之,特诏直省拔乡学士贡成均,复举有积学笃行者,分列六堂课业。而合河先生既晋秩工部侍郎,仍掌祭酒事,于是天下之士裹囊负笈,喁喁然而来。《辑略》一书流传日多,将弗给于用。去年冬,余见有鬻版于市者,拂尘网视之,则《近思录集解》与《朱子节要》二书合刻。因急购归,与友人山阳吴方岳、徐州周汝峰细加考订其缺略讹舛,付良梓人刓补完好,期以公之天下。考是版乃先进北平朱大司空所刻,未审何故不流布,似今日

《辑略》之多,且浸淫剥落于风雨鼠蠹间,岂书有幸有不幸欤?抑所谓事与时会,必待表章极盛之日而始一出,以为佽助功也。是二书者为《五子近思录》所自出,学者得而潜玩之,既窥原本之全,愈见合河先生决择之精,由是以读《性理精义》、《朱子全书》诸本,而身体力行,必有真儒辈出,以仰副两朝崇实黜浮之至意。合河先生育材报国,不愧名臣,而余备员司经,校雠乃其职守,亦可借是以稍塞旷瘝之咎云。时雍正辛亥春日,高邮后学孙濩孙谨序。

(收录在清康熙朱之弼刻,雍正九年孙濩孙修补印本《近思录原本集解》,宋·叶采集解,清·朱之弼诠正。)

《近思录原本集解》跋　　　　　　　　〔清〕吴泰、周毓崟

居尝喜读宋五子书,及来京师窥合河先生《五子近思录辑略》,叹其择焉而精,禆学道人大也。嗣于都市见《近思录集解》并《朱子节要》合刻版,盖北平朱公家藏,岁久蠹残,多亥豕讹矣。因趣执友孙沛村先生购获之,相与校雠覈订,复成完书。考朱公讳之弼,字右君,官大司空,嗜儒先著论,捐俸付梓者最夥,二帙其片羽也。今圣天子崇尚实学,合河先生视祭酒事,既修明五子书,又本白鹿洞之教以造士,海内翕然向风。沛村与合河同派,敦属前修,而北平旧锓适沦市肆间,藉沛村以流布于当世,为合河赞助功,洵所称事与时会,待表章极盛之日而始出欤。校订毕,用志所缘起。至书之为义泊编纂氏姓,读者自能辨之,故不缀。雍正辛亥春,后学吴泰、周毓崟谨识。

(收录在清康熙朱之弼刻,雍正九年孙濩孙修补印本《近思录原本集解》,宋·叶采集解,清·朱之弼诠正。)

《近思录集注后序》　　　　　　　　　　〔清〕茅星来

《近思录集注》既成,或疑名物训诂非是书所重,胡考订援据之不惮烦为?曰:此正愚注之所以作也。自《宋史》分“道学”、“儒林”为二,而后之言程朱之学者,往往但求之身心性命之间,而不复以通经学古为事,于是彼稍稍知究心古学者,辄用是为诟病,以谓道学之说兴而经学寝微。噫!何其言之甚欤?夫道者,所以为儒之具也;而学也者,所以治其具也。故人不学则不知道,不知道则不可以为儒,而不通知古今则不可以言学。夫经,其本也。不通经,则虽欲博观今古,亦泛滥而无所归也。《宋史》离而二之,过矣。伊川分学者为三:曰文章,曰训诂,曰儒者。夫《六经》皆文章也,其异同疑似,为之博考而详辨之,即训诂也。子曰:“有德者必有言。”非儒者之文章乎?孟子曰:“不以文害辞,不以辞害志。以意逆志,是为得之。”非儒者之训

诂乎？然则文章也，训诂也，而儒之所以为儒者，要未始不存乎其间。然而伊川且必欲别儒于文章、训诂之外者，何也？盖欲求儒者之道于文章、训诂中则可，而欲以文章、训诂尽儒者之道则不可。其本末先后之间，固有辨也，奈之何进训诂、章句之学于儒林，而反别道学于儒之外，其无识可谓甚也。夫道学与政术判为二事，横渠犹病之，况离道学与儒而二之耶？甚矣，其蔽也。盖尝窃论之，马、郑、贾、孔之说经，譬则百货之所聚也；程、朱诸先生之说经，譬则操权度以平百货之长短轻重也。微权度，则货之长短轻重不见，而非百货所聚，则虽有权度亦无所用之矣。故愚尝以谓：欲求程、朱之学者，其必自马、郑诸传疏始。愚故于是编，备著汉唐诸家之说，以见程、朱诸先生之有本，俾彼空疏寡学者，无得以藉口焉。乾隆元年正月之望，归安后学茅星来谨识。（收录在《钦定四库全书》子部儒家类，台湾商务印书馆影印文渊阁本。）

重刊《近思录集解》序　　　　　　　　　　　　〔清〕陈弘谋

子朱子与东莱先生读周子、程子、张子之书，择其关于大体切于日用者，编为《近思录》，凡格致诚正之方，修己治人之要，节目详明，体用兼备。朱子曰："四子者，《六经》之阶梯；《近思录》者，四子之阶梯。"又以穷乡晚进有志于学无良师友之助者，得此亦足以得其门而入。朱子诱掖后学之苦心，尤在于此。平岩叶氏用力于此书最专且久，所著《集解》原本朱子旧注，参之诸儒辩论而附以己说，明且备矣。弘谋服膺此编，携之箧衍。近见滇中罕所流布，因出以重付梓人，将散之列郡，俾义塾家塾，人置一编也。夫滇士之有志于学者多矣，得此编而沉潜玩索，切己体认，依类贯通，由是以求濂、洛、关、闽之全书，以穷《六经》之奥旨，当必有深造自得而不能自己者，此余所切望于滇人士也。刊既竣，敬书于简端以竢。乾隆元年正月既望，桂林陈弘谋谨序。（载于清乾隆元年陈氏培远堂刊本《近思录集解》，宋·叶采集解。）

《重刻近思录集解序》　　　　　　　　　　　　〔清〕尹会一

子朱子有言："修身大法，《小学》书备矣；义理精微，《近思录》详之。"诚以二书固圣道之阶梯，学者所宜亟尽心也。自人骛词章，此二书或罕寓目，欲以入道难矣。余备官淮海，以商士请，因安定故祠辟书院，延余同年友王罕皆太史为师。既进诸生，屡申《小学》，尤欲以《近思录》与讲明而切究焉。仪封张先生《集解》，致为晓畅，惜版已漫灭，乃与太史商重锓之。盖太史故尝讲学于先生之门，而余亦获交嗣君西铭宪副，窃闻庭训，得藉手兹编，广先生教泽，余二人实厚幸焉。按《集解》旧节四十馀条，先生当自有意。顾念后出晚进，未睹朱子原编，兹悉为增列。采宋叶平岩先生辑注参补之，欲学者得尽见此书之全也。谨序。乾隆元年丙辰夏五，博陵后学尹会一书于维扬使院。（收录在清乾隆元年维扬安定书院刻本《近思录》，清·张伯行集解，清·尹会一参订，清·高堂赓、张文校。）

《近思录集注序》　　　　　　　　　　　　〔清〕江　永

道在天下，亘古长存，自孟子后，一线弗坠。有宋诸大儒起而昌之，所谓"为天地立心，为生民立道，为去圣继绝学，为万世开太平"，其功伟矣！其书广大精微，学者所当博观而约取，玩索而服膺者也。昔朱子与吕东莱先生晤于寒泉精舍，读周子、程子、张子之书，叹其闳博无涯，恐始学不得其门，因共掇其关于大体、切于日用者，为《近思录》十四卷。凡义理根原，圣学体用，皆在此编。其于学者心身疵病，应接乖违，言之尤详，箴之极切。盖自孔、曾、思、孟而后，仅见此书。朱子尝谓："四子，《六经》之阶梯；《近思录》，四子之阶梯。"又谓：《近思录》所言，"无不切人身、救人病者"。则此书直亚于《论》、《孟》、《学》、《庸》，岂寻常之编录哉！其间义旨渊微，非注不显。考朱子朝夕与门人讲论，多及此书，或解析文义，或阐发奥理，或辨别同异，或指摘瑕疵，又或因他事及之，与此相发，散见《文集》、《或问》、《语类》诸书，前人未有为之荟萃者。宋淳祐间，平岩叶氏采，进《近思录集解》，采朱子语甚略。近世有周公恕者，因叶氏注，以己意别立条目，移置篇章，破析句段。细校原文，或增或複，且复脱漏讹舛，大非寒泉纂集之旧。后来刻本相仍，几不可读。永自早岁，先人授以《朱子遗书》原本，沈潜反覆有年。今已垂暮，所学无成，日置是书案头，默自省察，以当严师。窃病近本既行，原书破碎，朱子精言，复多刊落。因仍原本次第，哀辑朱子之言有关此《录》者，悉采入注。朱子说未备，乃采平岩及他氏说补之，间亦窃附鄙说，尽其馀蕴。盖欲昭晰，不厌详备。由是寻绎本文，弥觉义旨深远，研之愈出，味之无穷。窃谓此《录》既为四子之阶梯，则此注又当为此《录》之牡钥，开局发鐍，祛疑释蔽，于读者不无小补。晚学幸生朱子之乡，取其遗编，辑而释之，或亦儒先之志，既以自勖，且公诸同好，共相与砥砺焉。乾隆壬戌九月丁巳朔，婺源后学江永序。（收录在清嘉庆十二年刻本《近思录》，清·江永集注。）

《考订朱子世家引言》　　　　　　　　　　　〔清〕江　永

婺源有朱子，吴文正公所谓"景星庆云，泰山乔岳"者也。邑志仿《史记》例，儒林以下皆为传，特尊朱子于"世家"，宜矣。而昔之载笔者，诠次

《年谱》,事迹甚疏略,又复考核不精,纪载失实,且朱子以名称,张、吕亦称名,独于陆氏兄弟称字,此何为者邪? 其于延平授受之间,则有独得宗旨之说,其叙鹅湖之会曰:"未合并而去。"叙白鹿之会曰:"议论乃多有合者,特请子静升讲席以发明之。"盖有明中叶后,学术渐漓,大率谓学有宗旨,重在体认,而诋程、朱之格物,轻朱子之传注,为支漓,为务外,又复和合朱、陆两家而一之。故于称名称字之间,微寓尊陆之意,于语意抑扬之间,微寓朱、陆始异终同之意。夫尊朱子于"世家"而隐尊陆,不可为训也。圣朝尤重道崇儒,编纂诸书,周、程、张、邵、朱皆称子,未有称名者。而先达属辞如此,盖由学术之乖,举世同流,虽紫阳故乡亦不免染其馀波,溺焉不返。后来吾邑虽有硕儒巨公,学醇言正,为狂澜砥柱者,于此篇犹惮改弦。休邑赵氏修府志,遂承用之,不知旧志之多疵也。今新志于此篇尤不敢草草,谨依《年谱》、《行状》、《宋史》核实纪载,勿冗勿遗,所以还其星云山岳之旧。而白鹿之讲,特指出所讲者为喻义喻利之章,俾后学毋惑于旧志之说云。(收录在清嘉庆十二年刻本《近思录》,清·江永集注,附《考订朱子世家》一卷。)

《重刻近思录集解序》　　　　　　　　　　　〔清〕尹会一

余备官淮海,时辟安定故祠为书院,与山长王罕皆太史每进诸生,申以《小学》,旋锓张清恪公《近思录集解》,讲明而切究之。诚以"修身大法,《小学》书备矣;义理精微,《近思录》详之"。考亭之言固俟诸百世而不惑者也。又云"《近思录》一书,无不切人身救人病者",则是精微之理反求自得。所谓"近思",其义尤明。学者未入其门、未历其阶而漫语博通,虽日从事于《六经》、四子之书,恐犹昧于以类而推之要旨,其他又何论焉! 自余视学江苏,所以奉行功令,发挥《小学》者,不遗馀力矣。订刊纂注既成,爰取安定书院所藏《近思录》旧版,重加修补,与《小学》并行。有志之士苟能循是为功,既厚培其本根,复详求其次第,设诚于内而致行之,则博与约相乘互进,当有日新而不能已者,若陂陁必自迩,其于道也盖庶几焉。乾隆十有三年戊辰如月,博陵后学尹会一题于澄江书院。(见清乾隆十三年尹会一抄本《近思录》,清·张伯行集解。)

《近思录集朱》序　　　　　　　　　　　　　〔清〕黄叔璥

程子云:"著述不得已,如彼耒耜陶冶之器,一不制,则生人之道有不足。"朱子录《近思》,所谓制生人之道,为天下后世利用也。生人之道不外于理,圣贤之言一理也,古今之人一心也。濂、洛、关中四子阐明正学,紫阳尊闻行知,因事立教,有一外于四子之言乎? 盖周、张之书,朱子表章之;《二程遗书》,朱子汇次之。惟其理同,其心同,故其言同也。朱子之言散见于《或问》、《语类》、《大全》、《文集》内,诠释《近思录》所载者什之七八,有非系正条,以类而推而其理实相通者,又什之二三。裒集荟萃,爰于各条之下,件系于左,珠还合浦,通体光呈,较叶本所载者不啻数倍。罗整庵先生曰:"理精洁微妙,至为难言,苟毫发失真,虽欲免于窒碍而不可得。"今集朱子之言,间补以儒先成语,仿《章句》圈外注意,不惟四子之真昭然若揭,而朱子渊源有自,其真益著。学者若知得朱子之言,便知周、程之语,语语著实,由此而体认心理之同,于以修己治人,而制生人之道,为天下后世利用,则《集朱》一书,可不谓《近思录》之阶梯哉! 乾隆岁在甲戌仲春,后学黄叔璥谨识。(见清乾隆十九年黄叔璥辑《近思录集朱》,稿本。)

《宁化阴氏近思录集注序》　　　　　　　　　　　〔清〕阴立方

　　《近思录集注》,归安茅君星来艺宿所著也。乾隆己卯仲冬,翠庭雷先生持以授方,曰:"此书字多讹错,注亦间有繁委。子为我代撰一序,并校正节删焉。"方敬受以归,未卒业,而雷先生捐馆舍矣。推先生命序之意,或欲入京过浙,付还请序之人为之刊刻流布,而孰意其遽作古人哉! 厥后方遵前命校节,而序则非可追代,即代亦无可施用矣。思欲奉还先生之家,恐其遗失,孤茅君之心,故不敢也。盖朱子谓:"《四书》为《五经》之阶梯,《近思录》为《四书》之阶梯。"与东莱吕子共相编次,当时讲学者众,义理著明,不藉于注。今去朱子五百馀年,士皆沉溺括帖之中,求其矢志圣学者,虽千万人无一二焉,义理之不明匪一日矣。而地名、官职、俗语、方言亦多不同,读者难以骤通,虽有叶注,未及详明。茅君究心三十年,博采群书为之训释,稿经数易,详明精确。《录》中但载周、程、张子之言,未及朱子之语,今注中多采朱子之语,以为义理之折衷,即可当朱子《近思录》矣。学者读有心得,则圣学始终之功、致君泽民之道咸备,而凡阳儒阴释之说永不能惑,其嘉惠后学之心可谓盛哉! 茅君为鹿门先生七世孙,子前夭而无后。《原序》作于崑圃,黄公称此书之美甚具,而以为全体大用之书,天德王道,一以贯之。诚知言也。方初未艾家康,冀有馀力,可为刊刻,侵寻荏苒,今已七十有五,而贫病相将,决可知其力不从心矣。但此书当辅《四书》、《五经》,并垂天壤,不可听其泯没,惟望得一好学力义之君子授之,俾为刊布,庶几无负于先生三十年来命序之意,与茅君三十年间用心之勤,而朱子在天之灵亦用以慰焉。乾隆戊申孟夏朔后二日,后学宁化阴承方谨序。

此序流布,或先生与黄公子孙及茅君族人见之,愿多为刊刻,即可来方家领取。不然,方若将死,当择笃实君子付托收藏,以待其人。自记。(收录在清嘉庆二十二年刻道光三年印本《近思录》,宋·朱熹、吕祖谦同辑。)

《近思录集注》跋　　　　　　　　　　　　　　　〔清〕李承端

前秋谒相国石君师,出《近思录集注》抄本,语端曰:"江先生辑朱子之语以注朱子之书,至为精切,虽非时儒所好,然使是书得行,必将有读之而兴起者,用裨益于世道人心不浅。夫人必能体程、朱之心,然后能为程朱之学,躬行实践,岂在多言?以江先生之发挥汉学,著述等身,考据家莫不宗仰。至其深入宋儒奥窔,研悦而羽翼之,则知者鲜矣。"端受书退,因与锐斋汪君互相校雠,订其讹舛,请正于师,醵资授梓。今梓成,不幸师不及见,未得一序言,为可惜也。然其表章正学以迪后进之盛心,于兹刻盖三致意云。嘉庆十二年丁卯春正月,婺源后学李承端谨识。(收录在清嘉庆十二年李承端校订本《近思录》,清·江永集注。)

《朱子原订近思录序》　　　　　　　　　　　　　　〔清〕王　鼎

学术与治术,一以贯之者也。古之圣贤,戒慎恐惧,主敬存诚,默察乎天命民彝之本,体验于躬行实践之余,而天地之所以裁成,民物之所以发育,经典之所以灿陈,与夫一切制度文为之毕列,而与时损益以各适其宜者,悉于是乎出,推之人心而同,放之天下而准。故学为有本之学,而治为可久之治。况夫学术醇则风尚端,胶庠稽古之士,范身名教,而乡里之薰其德而善良者,效可立睹,又为裨益政教之急务乎!欧阳子曰:"教学之法,本于人性,磨揉迁革,使趋于善,至于礼让兴行,而风俗醇美,然后为学之成。"诚哉!是言也。国家以经义育才,自太学以迄郡州县,莫不立之学而设之官。教之之法,则使人日诵习《五经》、四子书,以讲求义理之精,为升选登进之阶。海内之士,争自濯磨,学术画然一出于正,以应朝廷之选者,盖百七十馀年矣。窃尝思之,人受天地之中以生,而治以协天地之大同。道者,所由适于治之路也。尧、舜、禹、汤、文、武、周公之治,集于孔子。孔子之道,著于孟子。秦火以后,汉之江都,隋之河汾,唐之昌黎,皆能阐发道义,力任正学。然或见其本而倚于偏,或窥其广大而未极乎精微,其他纷纭舛错,解经而不得圣人之用心者,指不胜屈,于异端害道,又何责焉?宋周、程、张、朱诸大贤出,剖晰于理欲之微,并进乎知行之功密,动静之交养,见内外之合一,自(按,一作"由")小学以及大学,由治己而推之治世,钜细精粗,本末始终,莫不同条而共贯,体立而用行,然后千古之道统治法,灿然以明,而后世得有所取法。今科场功令,命题一本《五经》、四子书,其援引传说,必以朱子为断,诚以朱子之道,孔孟之道也。夫圣人之道,高矣美矣,而朱子引之以近。圣人尽其性,推而行之,以尽人物之性,极于赞化育,参天地,而朱子则教学者慎之于思。昔吕东莱先生过于寒泉精舍,朱子留与阅周、程、张四家之书,择其切实粹精,裨于性情心术之正,人生日用之恒,经世宰物之宜者,得六百二十二条,分为十四卷,名曰《近思录》。其后往复商榷,久而始定,以此为下学切要功夫,且曰:《近思录》,四子书之阶梯;四子书,《五经》之阶梯也。然则士生文教昌明之会,诵圣贤之书,志圣贤之志,学圣贤之学,以仰体作人之化者,舍是书其何以为阶哉! 嘉庆壬申冬,余奉命视学江右。抵任后,循例按试各郡,恭绎皇上“饬士习,厚风俗,正人心”之谕,兢兢与士子相勖以实学,爰取《近思录》为入德门户,士之颖异者,翕然知所尊尚,而潜心研究之。予亦时能陈其义蕴。顾其所读本,率皆近世汪氏、施氏之编,且坊刻歧误甚多,非复朱子之旧矣。忆予廿年前,得婺源江氏慎修《集注》,极为完善,十年前又得大兴朱文正公与徽人之宦京师者新刻江氏本,合而校之,藏诸箧中。因出以商诸中丞芝圃先公,重为刊刻,遍示学宫弟子,公曰善。遂与方伯柏田袁公、廉访孟岩盛公暨僚属等,输赀发刊,起癸酉冬十一月,越次年夏五月告成。按学分大小而周布之,盖人人得善本焉。夫是书自朱子手订后,淳祐中叶氏采进《集解》,一遵原本。其后周公恕分标细目,移动本文,破碎纠纷,不免漏落妄增之讥。新安朱氏本,或节去本文,或以本文讹入分注,又或讹叶注为本文,谬伪滋甚,大率沿周氏本而益其误也。汪氏、施氏又取朱子语附益其中,复引后儒之说发明之,均失原编之义。兹刻江氏集注,标名曰《朱子原订近思录》,从其朔也。余惟古昔教育人才之法,莫重于学。而学宫之制,我朝更详备于古。学所以求道也,道成己而成物者也。士君子穷经致用,思圣天子振兴文治,广励师儒之意,原欲使经正民兴,俾乡有善俗,国有真才也。其服习必于仁义,而所学必求衷诸正,不矜博览章句之能,尽捐富贵利达之见。一志虑之专,以戒夫浮薄之失;殚切磋之益,而力致夫道德之精。以之持己,则诚而明;以之式俗,则顺而祥;以之处家国天下之事,无所施而不当。则必于《近思录》基之。体认既熟,于以读四子书,始恍然于义理之悦我心;由四子书而研穷诸经,益恍然于唐虞三代之学与治,运用天理而合乎人情者,亘万古而不易。然后博稽史传,考制作之得失,验人心之邪正,自厘然以辨,而不蔽以偏私。由是取以备公卿大夫百职事之选,才皆预定,而设施亦皆素所习闻,即偶处乡曲,而训俗型方,亦已立立人、己达达人事也,岂不休哉! 若夫拘守是书而不复旁通,徒事口耳而不求心得,甚或撷拾腐说,支离傅会,而一毫无裨于实用,反使记诵之学嗤其陋,词章之学哂其拙,此则蹈嘉定以来末学谈理之流弊,非今日刊刻之意矣。读者幸鉴余之苦心也夫。嘉庆十有九年岁次甲戌夏五月,关中王鼎序并书。(收录在清嘉庆十九年王鼎校次本《朱子原订近思录》,清·江永集注。)

《重刻近思录序》　　　　　　　　　　　　　　〔清〕先　福

卜子云:"切问而近思"。近思云者,将以收其放心也。操之则存其固有之良,舍之则亡其本来之善。圣狂殊途,只争克念与否耳。朱子《近思录》一编,为学者切要之橐钥,所当朝夕循诵以发深省者也。省厓使者视学西江,顷语予云:"江右为人文之薮,代有英贤。輶轩所及,课士命题,类多博通淹雅,斐然可观。若再勖以先儒心性经术之精、修己治人之要,其所进当不止是。"因嘱刊《近思录》,遍布学宫,俾知证曏。爰与方伯、廉使、观察诸公,共商剞劂。梓成,因弁简端,并敬告以勖多士。嘉庆十九年岁在甲戌春二月初吉,长白先福谨序。(收录在清嘉庆十九年王鼎校次本《朱子原订近思录》,清·江永集注。)

《重刊近思录后记》　　　　　　　　　　　　　〔清〕姚　椿

昔子朱子患当世穷乡晚进有志于学而无明师良友以先后之,则不得其门而入,乃与东莱吕成公辑为是书,传世已久。近世之士,多溺于辞章训诂,其于是书,或未暇读,抑或视为平近无奇,而不遑深究其义。于是此书之作,若存若亡,此于先正著书之心,固未敢谓能得其意者已。椿少而失学,未获研究,中年多病,乃始服膺。窃以为经学之枢缄,人伦之的鹄,言近而旨远,语简而义该,学者诚由是而求之,则于夫子之门,其登堂而入室也何有?适得是书善本,辄为付梓,以广流传。虽此书之存,不因此增重,而区区之志,固有所不容已也。今天子敦重儒术,方表章《朱子全书》,以风厉学者,草茅之士,所以仰承德化,其意恉亦未尝不窃取于斯。至此书,宋有建安叶氏采注本,国朝则归安茅氏星来、婺源江氏永皆有笺释,载于《四库书目》。叶氏注今既未暇刻,江氏注闻有刻本,亦未及见。而茅氏之书,则雷通政鋐自浙携之入闽,以付其友阴明经立方,今存宁化阴氏,见诸所刊文集中,亟称其善。椿以为能读是书,则必将求诸家之集解而探讨之,考其学术之醇驳,详其辨说之异同,博观约取,以冀心得,此则子朱子之所望乎后人,而吾党有志之士所宜交勉者也。嘉庆二十二年十二月甲午,娄后学姚椿谨识。(收录在清嘉庆二十二年刻道光三年印本《近思录》,宋·朱熹、吕祖谦同辑。)

《近思录》姚椿批跋　　　　　　　　　　　　〔清〕姚　椿

朱止泉《朱子圣学考略》卷四,于《书近思录后》篇云:"向读是书篇,朱子教人苦心良法,虽隔五百馀年,如承謦欬,安敢不尽心力以从事于兹!既卒斯编,乃究四先生全集,依此十四则而求之,虽有门径可寻,终觉浑噩难透。又从《朱子语类》所论四先生处,反复推究,若有端绪,而用力得力未见次第之的确者。又从《朱子文集》、《语类》、《或问》全编,沈潜玩味,然后得朱子工夫先后始终之序,修己治人之法,全体大用所在,而循循勉力焉。于是四先生之全体大用,显然明白矣。呜呼!朱子所遗诸编,乃万世来学之规矩与!"

长兴王豫云:"予尝目归安茅钝叟为博雅陈同甫。已而以所注《近思录》见示,余语之曰:'同甫是未见《近思录》之钝叟,钝叟是已读《近思录》之同甫。'茅亦受之,而不以为牾。"椿按:王氏之言是也。然同甫与朱文公、吕成公同时,《近思录》之成在淳熙乙未,是时文公年四十六,成公年三十九,而同甫以绍熙四年擢第遽卒,计年五六十间。当淳熙乙未,与二公年相上下,又与往来,计无不见是书者,是则见而不肯读耳,观《龙川集》中与文公论王霸书可见。娄姚椿识。"《四书》,《五经》之阶梯;《近思录》,《四书》之阶梯。"学者不可不知此言,尤不可不思此意。樗寮病叟识。(见嘉庆二十二年刻道光三年印本《近思录》,宋·朱熹、吕祖谦同辑,清·姚椿批校本。)

《重刊近思录集注序》　　　　　　　　　　　〔清〕张日晟

《近思录》十四卷,考《朱子年谱》成于淳熙二年乙未,时年四十有六。先是数年间编次《二程遗书》及《外书》,作《太极图传》,作《通书解》,作《西铭解义》,皆有成书。其于四子之遗言既已熟贯精求,深造有得,然后掇其精粹以诏后学,犹且与执友东莱吕氏商榷往复,久而后出。盖继往开来,诲人不倦,若是其精且详也。乾隆间婺源江慎修先生,生朱子之乡,读朱子之书,博通精奥,躬行孝弟,卓然为当世大儒,著书布海内,累数百卷。而此《集注》独久而后出,考自序成于壬戌,先生年六十有二矣。盖亦终身为之而不厌者。其所采辑皆取诸《语类》、《或问》诸书,比类发明,条理精密,不特不敢轻下己见,并不敢杂以他儒之议论,俾后之学者一意遵朱而不惑于多歧,其笃信谨守又如此,故自叶仲圭《集解》以下注释者数家,惟此最为善本。道光壬寅,日晟承乏大梁,给谏星湖前辈方主讲于斯,每进诸生,课以前贤语录文字,士多砥行自爱者。一日携此本示余,大兴朱文正公所刻也。余受而读之,豁然如昧之得明,奋然如蹶之思起。因知原刊板已散失,传本久稀,爰为重校付梓,以授院生,使人各一编,诵习探玩,身体力行,其于学术人心必有兴起者矣。刊既成,谨识岁月缘起于首简。《朱子世家》一篇,《婺源志》旧文而江先生订定者,原本附刻于后,今亦仍其旧云。道光甲辰春三月,贵筑张日晸序。（收录在清道光二十四年大梁书院刻本《近思录》,宋·朱熹、吕祖谦同辑,清·江永集注。）

《朱子原订近思录》跋 〔清〕孙锵鸣

《近思录》世多行汪氏、施氏本,皆失寒泉手纂之旧。慎修先生删繁订误,一复旧观,即取朱子之语以注朱子之书,疏通证明,视叶氏《集解》尤为精切。其书初出于朱文正相国家,吾师王文恪公重刻于豫章使院。锵鸣视学粤西,求是书善本不可得。同年龙翰臣学士自楚北归,出此本相示,遂重校付梓,开雕于辛亥之七月,迨壬子春,围城燹火,匠氏云散,工中辍,至冬□剞劂始就。□□□□□于此至,兹编之有裨于□□□□兴,夫□□□是书之法,则有紫阳、东莱□□□□□□□□□□□□□。孙锵鸣跋。（收录于清咸丰二年刻本《朱子原订近思录》,清·江永集注,清·王鼎校次,清·孙锵鸣重校。）

《重刻近思录序》 〔清〕何桂清

儒者之学,二程子直接孔孟之传,而导其源者周子,同时羽翼之者张子,至朱子而集其大成。朱子生平著述散见于文集者,间有早晚之殊,而醇乎醇者,则四子书章句集注也。但注家之体,随经训释,学者未易窥其大全。惟与东莱吕成公所辑《近思录》十四卷,则分别部居,皆有深意,如门阶堂户,秩然可循。朱子自云《近思》为四子之阶梯者,此也。自元迄明之中叶,学者咸守一先生之言。成化而后,心学渐兴,几等是书于弁髦,始犹师友之间私相传习,继乃滥及于场屋之文。所谓"文衰于隆、万",非文衰也,其所以为文者失也。我朝崇尚正学,进朱子于庙堂而学术复出于一。顾自国初,诸老提唱汉学,风会所趋,承学之士皆殚其精神于训诂考证之一途,以为精博,而厌宋学为简陋。虽间犹通儒力为表章,而终莫能易后进之好尚,故是书近今又尠传本。阳湖赵朗甫编修为余壬子礼闱所得士,慨然有志振兴宋学,而又病人之骛高远而忘切近也。爰鸠同志重刻是书,以广其传。庶几家置一编,而义理渐浃于人心,非特文运由此日隆,将见有豪杰之士感发于此,以上追四子、《六经》之旨，而延斯道之统绪者，可立竢也。抑又思之北宋以前，儒者之病在于务外，故周、程、张子之意皆欲引之于内。南渡而后，人皆知用心于内矣，而禅定之说又阴附焉。朱子目击其敝，故其持论务于卑而不敢稍高，一于方而不敢稍圆，与周、程、张子之词气又有略殊，而其本原则出于一也。是在读书论世，善会其旨焉可矣。咸丰七年岁在丁巳冬十月既望，昆明何桂清谨序。（收录在清咸丰七年湛贻堂刻本《近思录》，宋·朱熹、吕祖谦同辑。）

《近思录》序　　　　　　　　　　　　　　　　〔清〕李联琇

凡书为晦庵之书，皆足扶翼正学，若《近思录》者其尤要也。学者既不为章句、训诂、辞赋、考订之学，卓然归正学，其中高明之流有失之太过者，即大儒如象山、阳明，而当湖杨园犹以异端为况，始知晦庵所以成是《录》之意也。陆王之学有为何思何虑之说，则将无所思；有为致良知之说，则即所思而不论其近与否，不知未审善恶之机，而遽慕诚之无为，其流遂以空虚为悟矣。未尽人伦之察，而遽夸庶物之明，其流遂以了彻为能矣。大学之道，首重诚意，意之所发为思，引而至于修齐治平而当其用。思以求诚，又不外格致以知止。盖知止则所思不越，所谓反身而诚，求仁莫近也。然则"近思"云者，其即圣门所谓能近取譬为仁之方，亦即《中庸》审问、慎思之指，考亭盖甚惧学者毫厘千里之失，茸举是《录》，为陆王之学作之防者不深且远哉。联琇鲁钝不文，于性命身心毫无所得，顾朗甫太史以重刊是《录》邮示余。按，是书成于淳熙二年，参证者东莱吕氏，今取《博议》较之，与是《录》相去远矣。学者能有悟于"近思"之指焉，当亦不迷于所入，而于太史扶翼正学之心庶乎其不负也。已读竟，以管见之所及识于篇。咸丰七年岁次丁巳秋九月，临川李联琇谨序。（收录在清咸丰七年湛贻堂刻本《近思录》，宋·朱熹、吕祖谦同辑。）

《校刻近思录札记》跋　　　　　　　　　　　　　〔清〕冯景琦

案，朱子以首卷阴阳变化性命之理非始学者之事，既属吕成公为序明之。又言"看《近思录》，若于第一卷有未晓，且就第二第三卷看起"。又答李子能曰"程先生说涵养须是敬，进学则在致知"。《近思录》前三四卷专说此事，此《近思录》读法也。景琦年十三四，先子即课读之，及长漫不加省，殊未有得。咸丰丁巳，赵君曾向重刻是《录》，以校事相属。乃与史君致准遍检各书，用诸本参勘，以《朱子遗书》本为定。叶注据邵刻，江注据江西本。所见粗浅,良多罣漏,又未睹乌程茅氏本,容俟续得,后校入也。冬十月,武进冯景琦谨记。(收录在清咸丰七年湛贻堂刻本《近思录》,宋·朱熹、吕祖谦同辑。)

《近思录校刊本后序》　　　　　　　　　　〔清〕谢应芝

自孔子手定《六经》以垂教,门弟子相与承传,宋儒始定为四子书,其间千五百年。战国纵横,士习大坏,遂遭秦人之祸。汉儒崇经学而节义兴,魏晋流为清虚,风俗颓靡,延及于唐,尚词章藻缋,卒之纪纲不振,犹幸董、王、韩数大儒渊源勿替。宋兴群贤接踵,圣学大明,濂溪周子著《太极图说》、《通书》,发天人之蕴,阐《周易》、《中庸》之旨。明道伊川二程子《定性书》、《好学论》,宣敬义知行之要,而伊川《易传》义理尤备。横渠张子《西铭》、《正蒙》比于《孝经》、《孟子》。而《近思录》者,四子之精言,朱子暨东莱吕子为之者也。自是而后,明人好讲学而气节亦盛。

本朝当五百岁闻知之时,李文贞、汤文正、陆清献并兴,为正学宗传。盖古今运会之盛衰,胥由于士习。凡异日之公卿大夫,具旋乾转坤之责者,无非昔之为士者也。而士习之正,则里党之教,与学校共操其权,未有习为惝心溺志之学,而能正身以及家国天下也。朱子尝曰:"修身之法,《小学》备矣;义理精微,《近思录》详之。"是故非《小学》,无以为蒙养之正;非《近思录》,无以穷理尽性以至于命。士生千百载后,绍承濂、洛、关、闽之学,以延孔孟相传之绪。於戏,岂不赖有是书也哉!宋叶氏采尝为之注,而茅氏星来、江氏永皆名于时,然于原书互有异同。咸丰丁巳,吾乡赵君曾向据善本重刊,同志为详校,而吴君容光、周君赞襄相与助赀,赵君之弟曾采与焉。刊成属序,固辞不获,乃为后序云。阳湖谢应芝谨序。(收录在清咸丰七年湛贻堂刻本《近思录》,宋·朱熹、吕祖谦同辑。)

《朱子原订近思录》跋　　　　　　　　　　〔清〕吴　棠

《近思录》通行淳祐间叶采《集解》本。江氏《集注》成于乾隆七年,刊本辄未易得。山阳丁俭卿晏好蓄书,而所有亦仅《集解》。往岁秋,俭卿长子寿昌出守严州,箧中携有王文恪公刻本,出以见示。读之恍接寒泉纂论謦欬,怡然涣然。命工重刻,延秀水高伯平均儒校订,凡七月而毕。溯注成之始,今已一百二十四年。文恪视学江西,嘉庆十九年刊是本,序云"廿年前得江氏注本甚完善,十年前又得大兴朱文正公与徽人之官京师者新刻本,合而校之,刊示学宫弟子"。婺源李承端跋云:"相国石君师出《近思录集注》抄本,语端曰：'江先生辑朱子之语以注朱子之书，至为精切，裨益于世道人心不浅。'"按，文恪《序》廿年前所得完善本，合徽人新刊刻本校之，则即李《跋》所谓文正抄本。可见是书刻本无多得，故不易而寻绎。文正所谓"辑注精切，裨益于世道人心不浅"之意，其难在读而循之，以敦厥行，而不可沾沾以得是本为足喜也，愿与读者共勉之。同治四年壬戌，盱眙后学吴棠谨识。（收录在清同治四年望三益斋刻本《朱子原订近思录》，清·江永集注。）

《近思录集注》跋 〔清〕应宝时

《近思录》江氏集注，辑朱子之语以注朱子之书，非叶仲圭以下诸家所及。朱文正公称其"至为精切，裨益于世道人心不浅"，非虚言也。往年盱眙吴公得王文恪公江右雕本，重刻于袁浦，楚北崇文书局踵而刻之。吴刻传播未广，板携入蜀中，东南学者多以不得其书为憾。予权篆苏藩，值书局开雕书籍，爰出旧藏婺源洪氏刻本，暨吴刻本，属元和王孝廉炳校刊之。孝廉以各本互有异同，复取《语类》、《或问》诸书，详加雠校，订正舛讹，然后付诸剞劂。夫朱子当日纂集此书，岂徒使人玩其文词？亦欲学者循是反求，身体而力行之，以驯造乎明体达用之实，学术以是正，人才以是淳（按，一作"醇"），则国家致治之原亦于是乎出。然则读是书者，其必潜心体验，由朱子之言尽通周、程、张子之道，以上探四子、《六经》之精奥，而实有诸躬，庶无负纂集此书之意也乎！江氏复有《考订朱子世家》一篇，正邑志之疏失，于朱、陆异同之说，考之尤详，末附《天宁寺会讲辨》，辟谬订讹，皆读朱子书者所不可不知也。贵筑张君序称原本附刻《集注》之后，今王、洪诸本均无之。因（按，一作"今"）据吴氏所刻补刊附后，俾还江氏之旧云。同治己巳夏五月，永康后学应宝时谨识。（收录在清同治八年江苏书局刻本《近思录》，清·江永集注。）

《近思续录》跋 〔清〕华 钧

《近思续录》一书，安邱刘直斋先生集紫阳诸书而成者也。其五世孙刘庄年廉访主青州讲院，携来稿本。适济东徐桓生观察、青州李乐亭太守皆庄年同年友，与宰益都徐子信及金悛斋，翕然捐资，开局刊刻，后以需费甚多未能蒇事。钧于同治丁卯冬权篆益都，得睹是书，不禁欣然叹曰："其语微而显，朴而纯，浅之为日用寻常之道，深之即身心性命之精，极之无非天地阴阳之撰，自小学以迄大成不能一息偶离者，尤为初学入德之要也。"喜是书之有功于人，而惜其刊刻未竣，不能广传海内、昌明圣道耳。时徐子信犹侨居于此,晤言及之,始得巅末。钧因捐资补刻,仍同徐子信核校完竣。呜呼!是书之刻始自道光乙巳年,迄今二十馀载矣,竭诸公之财与力,犹俟钧成九仞一篑之功,其中文字之缘,有莫之为而为者耶?钧愧不文,兼以劳形案牍,不能讲明切究,而未尝不恨见是书之晚也。夫圣贤之学,有诸己而后求诸人。钧不能求诸己而深有望人,是以立义学十馀处,各颁一部,欲后之学者得所师承,倘能朝夕讲诵,其有裨于修己治人之道为不浅也。此板永存青州学署,如好学者捐资印刷固为大幸,但板不得携去以致散亡。天下事成之难而败之易,况系同人捐资,宜公同好,无论何人不得视为己有,即先生后嗣当亦不易钧之言矣。同治八年岁次己巳六月,知益都县事津门后学华钧谨识。(收录在清光绪十七年刘景宸补刻本《近思续录》,清·刘源渌编。)

《五子近思录辑要》序　　　　　　　　　　〔清〕麻竹师司马

昔朱子谓周、程、张四子之书,广大闳博,若无津涘,因与吕伯恭掇取其关于大体、切于日用者,为《近思录》十四卷,以为志学者入德之门。后人增集语录,非复旧本原文,未免太繁,惟江慎修《集注》称为善本。合河孙文定公,因读者以衍说过多,望洋而返,致生厌卷,编《近思录辑要》。虽不如《集注》之昭晰详备,而去取审慎,宋贤语录精华粹焉,其简明中正,后学可奉为指归。谢退谷曰:"《近思录》集周、程、张粹言,所言高远,孔、曾、思、孟,言甚卑近,朱子谓《近思录》为四子之阶梯,缘后人读《四书》只当作文之用,不向自己身上领取。《近思录》非当时作文之书,苟肯读之,必切实向自己身上领取。"其论尚有见解,知《近思录》之兼摄身心,即知《四书》之切于日用,人人宜体会义理也。今之不读《近思录》者,大抵不知向躬行上讲求,且畏其高远而难施功力。又粗浮之人,病不简约,浅尝即止;妄庸之徒,放言高论,不识径途,遂终身为俗儒,而不可与入圣贤之道。故不寻绎《近思录》,而失朱子与吕伯恭编辑之深衷也。《辑要》一书,删繁就简,择焉而精。士人遵此入门,定志识,养德性,由是博观周、程、张、朱各种全书,玩索其义蕴,荟萃其微言,深造逢原,诣理探本,则圣贤体用具备之学也。校订蒇事,麻竹师司马欣然以校刊为任,遂刊存霞城书院,为多士砥砺之资焉。时癸酉岁同治十二年夏四月也。(收录在清同治十二年霞城书院刻本《五子近思录辑要》,清·孙嘉淦订。)

《近思录集注》跋　　　　　　　　　　　　〔清〕何　璟

《近思录》十四卷,朱子与吕子伯恭同编。宋有叶氏采集解,康熙中有茅氏星来集注,又有李氏文焰集注,其后婺源江氏永因周公恕之颠倒原文,复次第蒐讨,更为集注,即今本也。叶、茅、江三家注均著录《四库》。李注浅陋。江注尤重于时,嘉庆间朱文正公始刊江注于京邸;及王文恪公任督学,又刊于江西;同治初吴仲宣漕帅又刊于清江;近又刊于鄂省书局,惟粤中流传未广。余因检家藏王本重梓之,至是凡五刻矣。大凡学校修明,人才辈出,必先有人焉为导其源,继复有大力者激其流、扬其波,而后宗派始盛。溯自惠半农学士督粤学,崇尚汉儒经训,阮文达公益表彰之,开学海堂,辑《皇清经解》,以网罗粤中俊彦,几几乎家毛、韩而户马、郑焉。惟关、闽、濂、洛之书阙如未备,岂白沙、甘泉之遗泽就湮敉,抑无导源扬波其人耶?今学使章采南祭酒甫下车,即以振兴道学为事,刊《小学集解》,播诸庠序,试士有发明性理蕴奥者,辄拔冠其曹,粤人士遂蒸蒸向风,争求五子书读之。夫性理之书赜矣,是《录》与《小学》相表里,无小非大,无近非远,朱子所谓关于日用、切于大体者,又谓穷乡晚近有志于学,得此而玩心,庶知入道之门。故《录》中反覆商订,不惮再三,古贤觉世深心,拳拳如是,非如《语类》第及门所辑也。学者诚能笃信敏求,因是以遍读性理全书,博收而约取,审端而致力,求至乎圣贤之所归,将正人心、厚风俗、济世用者,胥于是乎在。余刊斯《录》,所以赞学士提倡道学之志,则斯《录》为《四书》之阶梯,江注又斯《录》之阶梯也。昔高安朱文端公督学关中,得《张子全书》旧稿于其裔孙五经博士绳武之家,即为刊布。余更以文端期学使,庶几白沙、甘泉之遗泽,久郁而一发之,盖非惟导其源也,且冀激其流、扬其波云。又是刻悉仍王本,惟每卷旧题"朱子原订"字,窃谓寒泉旧业同辑并题,专属紫阳,不无偏举,谨遵《四库总目》,仍题《近思录集注》,所厘正者仅此已。光绪元年春二月,香山后学何璟敬跋。(收录在清光绪元年刻本《近思录集注》,清·江永集注,清·王鼎校本,清·何璟重刊。)

《近思录集解》跋　　　　　　　　　　　　　　〔清〕王守恭

　　光绪甲申冬,津河广仁堂重刊叶解《近思录》,守恭谬任校字之役,适友人送《近思录》本至,展视之,则同门友猗氏孙应文所刊吕本,经先师朝邑先生点定,即守恭二十年来所读本也。喜甚,爰商之堂中诸同志,加先生句读于叶本。会手民写样已讫,虑字上下无空,乃定字旁,圈者为句,点者为读,斯亦可矣。守恭昔从芮城、朝邑、三原三先生游,授读是书,惟朝邑先生于儒先书尤深入,为二先生所推重。自应文本出,而秦、雍、豫、晋之读是书者,往往据兹句读以为析疑地。今又移刊叶本以广于世,其裨益后学,岂浅鲜哉!先生所辑《纲领》十七条,今亦冠于卷端。守恭录《考异》若干条,附于其末云。十月之望,华阴王守恭谨跋。(收录在清光绪十年津河广仁堂刻本《近思录集解》,宋·叶采集解。)

《重刻〈小学〉〈近思录〉序》　　　　　　　　　　〔清〕贺瑞麟

《六经》古无有也,而成于孔子;《四书》古无有也,而成于朱子。《六经》、《四书》而后,求其可继此二者,莫切于《小学》,莫精于《近思录》,而亦皆成于朱子。盖所谓传授圣贤心法,以适于《六经》、《四书》者也。学者不学圣贤则已,欲学圣贤而不由斯二书,是犹立数仞之墙而浮埃聚沫以为基,航断港绝潢以望至于海也,必不可得矣。自朱子以来,前哲尊信此二书,其效灼然可观。或疑信相半,或疑而不信,且咨訾议者,其所得浅深得失、偏正纯驳,岂待问而知哉? 人心风俗之本,学术治理之原,皆于此系焉。二书今多刊行,然真知而笃好之者,果有其人乎? 诸家注本亦不无可取,要未有如朱子传义章句集注其人者,为可惜耳! 兹依某氏家塾本为之重刻,读者能于此二书深究入德之门、造道之方,则圣贤途辙可循而入,不至误落坑堑,而《六经》、《四书》之旨,亦庶乎其不难尽得之矣。书此以资天下有志之士。光绪丙戌九秋,三原贺瑞麟识于正谊书院。(收录在清光绪十年三原刘氏传经堂刻本《近思录》,宋·朱熹、吕祖谦同辑。)

《五子近思录发明》跋　　　　　　　　　　　　　〔清〕沈锡周

湘潭布衣李君光翟笃守程朱之学,出初刻《近思录发明》示余。余窃维圣贤之学,穷理尽性,以至于命而已。理原于天、具于性,义理之性有善无恶,故人皆可以为尧舜;气质之性有善有恶,故人必须变化于学问。学之事,自五伦五事以至万事万物莫不各有其当,然与其所以然之理,必因其所已明者而益求之。圣贤之书析其微,致其精,体之于身,而殚其诚,敬义夹持,终食无间。夫然后优游渐进,乃有以复乎性之本然,而尽乎学之能事。然志或不立,则无以成始而成终;志立而不精,求之圣贤之书,则泛滥无归,久或沉溺于异说,支离于考据,于为己之学终无当焉。天佑斯文,笃生周、程、张子,又生朱子以集其成,所辑《近思录》一书,发明圣贤大义微言,如皦日中天,明彻无疑,四子、《六经》而外,仅见此书。呜呼,至矣! 星溪汪氏益以朱子之言为“五子”,施氏又取明四先生附之,虽疑于僭,然使先圣之理、朱子之意益申明于天下,其有功后学为不浅矣。因取原刻本详正其讹脱,锓诸枣梨;又以四先生之言原刻字小不便寻绎,拓而大之以自励,并以公世之好学者。锓竟,属冯君福瑞为之校雠,冯湘潭诸生,亦厉志程朱之学者也。光绪十四年季冬朔,新繁后学沈锡周谨跋。(收录在清光绪十四年沈锡周家塾刻本《五子近思录发明》,清·施璜纂注,新繁沈氏家塾藏板。)

《补刻近思续录序》　　　　　　　　　　　〔清〕刘景宸

青州云门书院旧藏安邱刘直斋先生《近思续录》板片,乃其五世孙庄年廉访主讲云门时所刻也。笾钥弗谨,致多散佚。余庚寅秋来守斯郡,适柏云卿太史主讲席,相与惜之,检查原板计残缺四十馀页,亟求善本,捐廉摹锓,详加雠校,复成完璧。工既竣,爰缀数语,以志颠末。后之学者,其共珍而护之,毋使前人遗书仍有缺而不备之憾焉,则幸甚。光绪十有七年岁次辛卯仲夏,知青州府事中州刘景宸谨识。(收录在清光绪十七年刘景宸补刻本《近思续录》,清·刘源渌编。)

《重刻近思录集注后序》　　　　　　　　　　〔清〕邵松年

昔倭文端师相致俞子襄学使书曰:"《小学》课士,诚根本要图,而《近思录》义理精微,天德王道一以贯之,《小学》而外似可进以此书,令士子朝夕讲贯,实践躬行。足下按试之时为之谆切讲明,诱掖奖劝,俾得循途守辙,咸知希圣希贤,师道立则善人多,善人多则天下治,讵为中州人士之幸已耶!"松年辛卯春,奉命视学两河,适为我师桑梓之乡,亦即子襄前辈督学之地。窃念伊洛为理学之宗,历代名儒载之洛学两编者,班班可考,至我朝为尤盛焉。河山灵秀所钟,意必多经明行修、笃信好学之士,轺轩采访,无日能忘。曩者既刊《庸言》、《吕子明职》、《先正学规》诸书,颁示诸生矣。且夫学不致广大,不足以见道之本原也;学不尽精微,不足以析道之毫芒也。程子曰:学之道必先明诸心、知所往,然后力行,以求其至。则亦安能习于浅陋,而不求夫义理之精微,与夫天德王道之所以一贯者,以躬行实践为希贤希圣之阶乎! 箧中藏有江慎修先生《近思录集注》善本,因特命工重刊,颁之各学。关中王定九相国一序,穷源竟委,剀切详明,重书以弁于首;茅钝叟先生一序,持论明通,屏除门户,特书以附于后。诸生读之,讲明切究,身体力行,以为读四子书之阶梯,即以为希贤希圣之阶梯,夫而后博览经义,广证史鉴,底蕴既厚,则体用兼赅,岂徒欲空谈性理,冒为道学之名而已哉! 此则使者刊布之意也,亦即我文端师致子襄学使书中之意也夫。光绪二十年岁在甲午夏五月,提督河南学政翰林院编修宛平邵松年谨序。(收录在清光绪十九年河南学署重刻本《近思录》,清·江永集注。)

《广近思录》序　　　　　　　　　　　　　　　〔清〕邵松年

昔人有论《近思续录》者,朱子曰:"今书已尽多了,更有却看不辩。"此无泛骛之说也。学者生今之世,距朱子时已七百馀年,历宋元明,其间若许子文正、薛子文清诸先生,恪守程朱,阐明大道,其言无不与《近思录》相发明,学者研究性理,又乌可不约取而熟读深思哉? 余既重刊江氏《近思录集注》,因取仪封张子清恪《广近思录》,择其尤切要者刊附于后,而朱子后数百年儒者之言,精粹悉聚于此。至朱子阐发周、程、张义理者,江氏悉采为《近思录注》,且《朱子全书》学者亦宜尽读之,故于清恪《续录》则从其略焉。光绪二十年岁在甲午夏五月,宛平后学邵松年谨序。(收录在光绪二十年河南学署刻本《广近思录》,清·张伯行编。)

《近思续录》题识　　　　　　　　　　　　　　〔清〕连梅轩

《近思录》周、二程、张四子之语,朱子手辑之;《近思续录》朱子之语,门人蔡觉轩手辑之。夫觉轩固九峰之子,亲炙于朱子之门,学有所得而编集,非徒以类而推也,况所取皆多朱子手成之书中语,尤便于初学。凡四百三十八条,分十四卷,一依《近思录》例。纯粹精详,无异四子。余与《论孟集注》、《近思录》恒并读之,试问知言之君子以为何如也? 光绪二十五年己亥冬日,澄城连春魁梅轩谨识。(收录在清光绪三十一年重刻本《近思续录》,宋·蔡模集编,清·张普重刊,清·杨玉清署检,正谊书院藏版。)

《朱子近思录》叙　　　　　　　　　　　　　　〔清〕乔树枏

昔朱子与吕伯恭氏会于寒泉精舍,相与读周子、程子、张子之书,掇其关于大体而切于日用者,编为《近思录》,谓为"四子之阶梯",又谓"四子,为《六经》之阶梯"。盖朱子之学广大精微,由博反约,非谓学者墨守是编,遂足穷尽天下古今事物之变也。国朝江慎修氏《集注》,阐明朱学,博取《文集》、《语类》诸书,逐条编注,以证明四贤之要旨,几于抉择无遗矣。而康熙朝江都朱氏则有《朱子近思录》一编,盖以朱子读四贤书之心读朱子之书也。其门目义例与朱子原书相同,其为紫阳之功臣,殆与江氏无以异者。顾是书世鲜传本,今越千兵部乃与宝臣阁部梓而行之。学者苟由是书以进窥朱子之堂奥,于其所谓居敬穷理者三致意焉,务俾《大学》格物致知之义大显于天下,无效庄生所讥,守一先生之言暖暖姝姝者,而自昔圣贤相传博约兼资之旨,庶几赖以不坠云。大清光绪二十八年冬十二月癸巳,华阳乔树枏谨叙。(收录在清光绪二十八年绍越千、铁宝臣刻本《朱子近思录》,清·朱显祖辑,清·朱澐校。)

《朱子近思录》跋 　　　　　　　　　　　　〔清〕萨克达保善

自昔理学,宋儒尚矣。二帝三王之道,非孔子无以传;而孔、曾、思、孟之书,非周、程、张、朱之注无由阐发其旨。昔人曾言之矣,惟五子《近思录》所辑系朱子原订,其间《太极图说》、《西铭》等篇,理甚渊微,设非朱子表章出之,谁得窥其涯涘。而《朱子近思录》复赖朱显祖公辑成,愈征体用一源,显微无间矣,理则深入,语能显出,深者见深,浅者见浅,学者苟视为浅近不能深思而有得,不几失"近思"之旨乎! 今国家创设大学堂,培植士林,一道同风之盛,庶几可复然。末学之徒,或驰骛高远,歆羡泰西列邦之政教风俗,鄙弃中国性理之学,以为不足复存,不知西人之所以齐政教而饬风俗者,必先自治其心始,士固未有不明性理而可与言修齐治平之业者也。是知治事之必原子性理,乃中外之通义。读书之宜究乎性理,尤千古不易之常经也。善家藏有《朱子近思录》旧刻本,前呈知交绍君越千一览,便喜其言近旨远,理则最为切近。遂商之铁君宝臣出资翻刻,嘱襄校对。二君之重刊是书,诚为振兴正学起见。善虽不敏,不敢告劳,爰校刊成帙,以备分观,俾向学之士深思而有得焉,其于驰骛高远之习庶可免矣。时光绪二十八年嘉平月,后学萨克达保善谨跋。(收录在清光绪二十八年绍越千、铁宝臣刻本《朱子近思录》,清·朱显祖辑,清·朱澐校。)

《近思续录重刊序》 　　　　　　　　　　　　〔清〕张　普

岁在光绪甲辰,澄城连君梅轩,以其手抄宋儒蔡氏觉轩《近思续录》,属普重锓之木。普时方托朝邑杨君温如督刻《清麓先生答问遗语》,遂即以是书并委任之。窃惟先生一生酷嗜朱子之书,命门下里人刘君东初悉校梓之,不少遗漏,而此书乃独阙如。夫蔡氏三世,亲炙考亭,其造诣固皆出类拔萃者,其所纂编岂寻常比而可空哉! 普愧未能略绍先生之学,其亦勉述先生之一事乎! 顾是抄依天盖楼藏板,系嘉善柯氏较订本,而其间小注舛误脱落殊甚,至其条段之先后离合,字句之增删移易,蔡氏固用意深微,然恐亦未必果皆其本然也,抑或柯氏刻时已失其真,而天盖又非柯氏之的本耶? 温如悉遍考朱子原文,对勘里正,数十昼夜未遑稍懈,而犹自讼迫于时促工催,未克研究之尽,其含糊者尚居什之二三。且曰:"觉轩受学考亭最后,其所采之粹美精确,实皆符合朱子晚年定论,概非后世选编者所可及,惟常用力于此者知之。独其去取编次之详审细密处,尚有未尽领略得其旨者,若十四卷不及子思、周子之类,其一端也。要之,是书之大体纯正周备,直续《近思》原录而无愧,洵为洛、闽之嫡派,于学术大有关系。学者正当与原录一例熟读玩索,不可释手者也。"因并记温如语。而郃阳贺君敬修、雷君立夫、淄川孙君仲玉、蓝田牛君梦周、三原王君亮甫,咸与襄办之,役不敢没焉。乙巳季秋望旦,会祭朱文公祠罢,三原张普谨识。(收录在清光绪三十一年重刻本《近思续录》,宋·蔡模集编,清·张普重刊,清·杨玉清署检,正谊书院藏版。)

《近思录》题跋　　　　　　　　　　　　　　〔民国〕高　基

东原、姬传并时齐誉,同揭橥考据、义理、词章三事,谓缺一不可。今观两君所造,实亦不能尽餍人意,盖兼擅之难也。春木先生稍晚出,其学虽本桐城,而方面最广。往在石子内兄处读先生手校《尔雅注疏》,精覈淹贯,有出邵、郝两家外者。岁己巳,偶游沪肆,又得先生手批自刻《近思录》十四卷,朱墨灿然,大都体道之言。前后三跋,署"樗寮病叟",当系晚年案头读物,然后叹学人能事,至先生而始兼以布衣,名动诸侯,非偶然也。翌年庚午,石子四十揽揆,即举此为赠,因系先德遗书,尤极宝爱。忽忽十年,遭乱避地,遥望故园,痛心在目。石子仍命僮收拾丛残,此书幸得无恙,因属补题数字。斯父未坠,神武中兴,他日当更登君松韵草堂为君寿也。民国庚辰四月,高基识于上海。(见嘉庆二十二年刻道光三年印本《近思录》,宋·朱熹、吕祖谦同辑,清·姚椿批校本。)

《五子近思录随笔序》　　　　　　　　　　　〔民国〕张梅亭

昔朱子辑周子、程子、张子之言为《近思录》一书,其书广大精微,内圣外王,一以贯之,非浅学之士所能骤窥也。然其中义蕴时时发挥于《朱子语类》及《文集》各书,读《近思录》者必先读朱子之书,而后得朱子作书之意与四先生立言之旨。故梁溪高子准《近思录》例辑为《朱子节要》,以示后学,而星溪汪氏遂于《近思录》每条之下增入朱子之说,为《五子近思录》,其后玉虹施氏又仍汪本而附以薛、胡、罗、高四家之说,为《五子近思录发明》。盖皆以朱子之言证朱子之书,非欲自成一编,以与朱子之书并立。夫《近思录》一书,四先生之粹言也。欲读是书者,自当取四先生之全书读之,庶有以窥其美富。朱子之书虽足与印证,然言各有当,岂必合为一编而不顾原本编辑之微意耶? 然著书之道,务在启发后学,使易于领会而已。得著书者之所自为说,以发明其所著之书,则读者之领会固自易易也。愚盖尝致力于《近思录》一书矣,强探力索者累年,而茫无畔岸,及徐取合编读之,则文意相发,义理相贯,读之既久,而四先生之说亦若恍然而有会于心者。盖四先生之说多引而未发,而朱子之说则明白通畅,无少疑滞故也。故以《近思录》而论,则原书自不可易,而以读《近思录》者而论,则合编亦可并行而不悖也,则《五子近思录》者亦讲学家不可少之书欤。章邱李青函先生勤一生以治朱子之学,所著《居业录注释》之外,又有《五子近思录随笔》一书。随笔云者,不拘拘于注书之体,期于发挥义理而已。故不但正文有注,而原注亦有注,眉批旁诠,上下皆满,盖合一生之精力而成,非一朝一夕之功也。夫先生非不知原本之不可增损也,而必有于是而注之者,其意亦欲由朱子以窥四子,犹汪、施二家合编之意云尔。惟是书为先生自课之作,非有意于著书传后,故学者不甚措意。然其启迪后学之功实不后于《居业录注释》一书,特无人表章,故不得与汪、施二家并行于世。孟君雒川恐其久而遂湮没也,因付梓以公诸同好,属王君伯屏为之校正,而以序文属梅。朱子之言曰:“《近思录》者,四子之阶梯。”梅则谓:《五子近思录》者,《近思录》之阶梯。而先生是书,又《五子近思录》之阶梯也。学者苟能循是书,以求朱子作书之意与夫四先生立言之旨,是则雒川印布此书之微意也夫。壬戌三月,莱芜后学张梅亭序。(收录在民国十一年刻本《五子近思录随笔》,清·李元绸编著,民国·王翰校订。绿野堂藏板。)

《五子近思录随笔序》　　　　　　　　　　〔民国〕王　翰

　　《五子近思录随笔》一书,吾邑李青函先生之所著也。先生毕生言动胥依礼法,其接人也宽厚和平,其处事也巨细得宜。亲疏远迩、识与不识,其善者莫不爱之重之,尊以为师;其不善者,则畏避愧怍,凛凛然、惕惕然,唯恐先生之闻其名也。其待后进也,循循善诱,请业请益者如饮河然,无不各满其量以去,而终未有知先生学问之所出者。所著《居业录注释》、《五子近思录随笔》二书,先生殁后,其曾孙乐三藏之四十馀年而未有以示人。其后孟君华轩始将《注释》一书梓以行世,而海内始知有先生矣。独是《随笔》一书,工费颇钜,流布不易,仍如珠之在渊,徒见其光芒而已。孟公雒川慷慨好义,举凡赈灾兴学之事,莫不首先出赀,身为之倡,而于世道人心尤拳拳焉。爰取是书,嘱为校阅,将付剞劂。窃以先生之书,随手著录,默验心得,本无意于著书而传后。先生之为人,尔室潜修,尚友古人,又未尝聚徒而讲学,因是惟寂惟漠,而声名不出百里之外。夫子曰“君子求诸己”,子思曰“君子之道暗然而日章”,如先生者,岂非求诸己而暗然之君子哉!世之读是书者,诚能由书以通五子之书,而上窥《六经》,不如镤之得钥乎?学先生之为人以合于有宋大儒,而远希周孔,不如堂之有阶乎? 行远自迩,登高自卑,即谓先生之书,为学者之基础也可。壬戌五月,同邑后学王翰谨撰。(收录在民国十一年刻本《五子近思录随笔》,清·李元绅编著,民国·王翰校订。绿野堂藏板。)

《近思录解义序》　　　　　　　　　　　　　　〔民国〕张绍价

继《四书》、《六经》而载道者《近思录》。《四书》、《六经》圣人传道以垂教万世,自辞章考据家起,哗世取荣,弋名干禄,经为无用之糟粕,道术遂为天下裂,周、程、张子崛起千数百年后,发挥道要,默契邹鲁。紫阳朱子采录精言,勒成一编,惧人骛于高远,蹈于卤莽,而引之于近,慎之于思。学者读其书,始恍然于先圣遗经皆切身心,而深悟辞章考据之为陋。《近思录》所以阶梯《四书》、《六经》,允为入道之津梁。朱子纂辑是书,体裁略仿《学》、《庸》,与《论》、《孟》之单章只句各为一义不相联贯者异。后之注是书者,乃不取则于《学》、《庸》章句,而取则于《论》、《孟》集注,章各为解,节各为说,无由观其会通。朱子当日编辑之意,郁而不明,学者始终用功之要,亦缺焉弗详。予弱冠后,即服膺是书,而莫能识其要领,中年获交琅邪(按,或作琊)刘君缄三,缄三之言曰:"《近思录》一书,规模宏大,纲目精详,文理接续,血脉贯通,六百二十二条,分之为十四卷,合之直如一篇。"予依其说读之,沉潜反覆,垂二十年,颇有所见,不揣固陋,撰为《解义》,分析其章段,提挈其纲维,疏通其节目,阐发其蕴奥。道原于天,学尽于人,理之所以明,心之所以存,身之所以修,家国天下之所以齐治平,出处进退之义,礼乐制度之文,处事教人之方,改过迁善之法,异端之近理乱真,圣贤之可学而至,主敬存诚,尽人合天,宏纲奥旨,灿然明著。虽于朱子编辑之意,未敢谓吻合无间,而学者有志向道,循是求之,以进于《四书》、《六经》,固无难得门而入矣。夏正甲子岁秋八月甲辰,即墨后学张绍价序。(收录在民国二十五年青岛同文印书局铅印本《近思录解义》,民国·张绍价撰。)

《近思录集说序》　　　　　　　　　　　　　　〔民国〕管赞程

孟子殁而圣道不传,汉之训诂、唐之词章,既不足以明道,而杨、墨、老、庄、申、韩、苏、张、孙、吴、释迦达摩之言,又塞仁义而乱天下,士不见圣道者千馀年,迨五季衰而坏乱极矣。宋兴,文运天开,聚五星于奎,而周子出,不由师传,默契道体,开千载绝学而著《图》、《书》,推无极太极为万化之根,以中正仁义全德,扫荡百家,平定于一,其学必本于静而立人极,以静为诚之复,天命之性,可与天地合德,功极位育,上接洙泗,下启河洛。河洛二程传其道,扩大推明,出《大学》、《中庸》于《礼记》,阐为学次第于《大学》,明传授心法于《中庸》,使道心之微,人伦之著,事物之众,鬼神之幽,皆洞贯于一,而颜、曾、思、孟之传,焕然复明于世,赫赫照人耳目,如日月经天,江河行地。横渠张子见而知之,紫阳朱子闻而知之,编辑周、程、张子精言,以为此录,名之曰《近思》。教人切近精思,变化气质,痛斥记诵博识为玩物丧志,无心得为买椟还珠,定其学之道曰主敬致知力行。其求端之方虽多,固皆可以入手,惟类聚孔孟言仁,研穷大概,最称良法。此法渊源《学记》,比物丑类,相说以解,三代以上所传,不比寻常立法。能效其法,惟有南轩张氏,衰《鲁论》言仁,讲明实践,卒成宋代大儒。后之学者,果能实心研究,以身体验,专心致志,必发其端,主敬则有本体可守,外患不入,致知力行则有思路可寻、端绪可接,念念不忘,为之不厌,然后积累精专,次第而遍,而学级遂一进。此后目光自远,能及高深远大,致知则有精意可玩,主敬则有要约可据,能持其志使气不乱,从容涵泳,思虑日以清明,自能默契圣贤立言之旨,可以论学取友,而学级又一进;从此默识所得,玩心高明,主敬则能耸起此心,教其精一,自无一毫杂乱,致知则能味其真腴,探其闳奥,潜心之久,自当知类通达,可谓深造,而学级又一进。自是而后,居敬穷理,如江海之浸、膏泽之润,自然渐渍浃洽,心与理一,不言自得于己。吕东莱序此书,称其具有科级,循是而进,自卑升高,自近及远,亦先接此义,使人共晓。前人所注数家,未言求端之方,渐次经由之实,朱子编辑之意既晦,学者入门渐进之路又塞,则此书虽存,而能知其贵者盖鲜。历选前圣之书,论其科级具备,序次详明,以及艰难曲折,补偏救弊考功,惟此为密。虽掇拾各书而成,而卷中前后浅深联络一片,如天衣无缝。能通乎此,则视《四书》之高下浅深,皆有分寸以得其梗概。朱子谓《近思录》阶梯《四书》,学者果至此,则其言始验。自此以读二程、周、张之全书,玩《四书》、《六经》之微妙,仰见宫墙美富,始信主静可以立极,圣人可学而至,而不懈于用力,使功利有所制而不得肆,异端有所避而不得骋,则齐家治国以平天下,天地位,万物育,亦由所学而推之,学与政无二致矣。赞程不敏,不能尽发其蕴,而于求端用力之方,其间进步之渐,分章以详其始末,珠联以贯其血脉,随时以救其弊病,使循阶而不可躐等,此则稍有发明。至于辩异端似是之非,开百代未明之惑,关系学者之大,特加详焉。初学之士,其有取焉,则亦未必无少补云。夏正乙亥八月壬寅,黄岩后学管赞程序。(收录在民国二十五年浙江印刷所铅印本《近思录集说》,民国·管赞程撰。)

《近思录集说后序》　　　　　　　　　　〔民国〕管赞程

　　尝读东莱吕氏之序，曰此书具有科级。今寻其科曰：乾道圣人之学，坤道贤人之学，化雨成德为德行之科；其次则进学以达财，为言语政事文学之科，各随性之所近以成其财德。论乾道者，在卷一，谓之主静立极，思诚研几。在卷二，颜子好学之论，明道定性之书，内积忠信，所以进德，本之子思《中庸》首章，皆生知之亚，上智之资之所为也，或有天资不逮，而其志不肯屈人下者，则有省事明善，惟进诚心，先识仁而后实有诸己，亦可以寻孔颜乐处。及卷四自静养微阳，以至纯亦不已，皆本之《中庸》末章，亦学乾道以至圣人，若其功有不逮，亦不失为成德君子。论坤道者，在卷一，则以义处物，观生物气象，以助其仁，如曾子之格物，以精察力行为本，孟子之知言，以集义养气为主，以心之制，判断事物之理，则理精而行力，浩气随知言而自生，知言因集义而益笃。孔门求仁之法，得其宗传者，非偶然也。在卷二，敬义既立而德盛，直方自大而无妄，明动相资，知行并进，思绎立诚，忠信进德，随乾道后以至圣人。其次亦可以成德，在孔门为德行之士，所谓成德以仁为先者也。此外所学惟知讲论诵读，故教以才学便须知著力处，以发其端，既学便须知得力处，以立其本，庶不为博泛为人之弊。又言博学笃志，切问近思，优游厌饫，皆使心不外驰，而所存自熟，仁在其中，是以忠恕违道不远，可以体之而为仁，但气质之病未化，故要刚决果敢，可以猛进于仁，在孔门为达财之士，所谓进学以知为先者也。德行之科，则有高下之殊；达财之科，则有言语政事文学之异。其科既具，其级又明，科各有级，而功用大小，亦各相承，使德行不流于异端，言语不流于训诂，文学不流于词章，政事不流于治园圃，而必有振民育德之实，然后终之以坤道、乾道，回缴上文以尽其义，可谓盛水不漏矣。盖主敬致知并进，敬义相辅而行，然后求仁得仁，自有日新之益，必其性静而能先立其大者，乃能进乎圣人之域，亦坤道贤人之学也。始之以学问思辨，以择善而为知，终之以笃行，以固执而为仁，朱子序《中庸》曰"'择善固执'，则精一之谓"，以接十六字心传，为乾道圣人之学，故亦为《中庸》所载，同为传授心法者也。然先坤道而后乾道者，先由知入，使其通明，便继以仁而趋于笃实，不经一贯而直达全德，不使知胜于仁，而不肯复进，此乾道可通诸科而一之，观《中庸》不言一贯，可以知其意矣。人若先从各科入者，其后亦可以转入乾道，故必以此统缴上文而结之，又可以应首条希圣希天之意，即明道所谓自乡人而可至于圣人之道，朱子所谓大哉精一，传万世、立人纪，其编辑卷二论为学大要，可谓无微不达，无理不周也。如有不信，可举古人之学以证之，有如子贡之资，为颜子下聪明第一，固以多学而识传一贯者，然观孔子之心,不愿其止于此也。故尝举以方颜子。又以知我其天启其学,予欲无言发其问,圣人教不轻发,而能尽发精蕴,盖欲其转入乾道,使立诚而默契,收奇功于一原,不欲其达财,以列言语之科,出曾子之下,闻性天道而已。惜乎! 其终不喻,仅以知传一贯,不以行传一贯,故不能连进诚意,顺达正修,朱子论传得其宗者,推颜、曾而不及子贡,又于《论语集注》,感此两章难得之传,亦尝深惜之矣。程、朱尝论横渠十五学恭而安不成,可知多少病痛,以其气质偏驳夹杂,初从博杂过来,故其自言学来三十年,始见宗庙之美,室家之好,天下议论,莫能易此,是时年已五十,其所见者,岂非天下大本,万物皆备于我乎? 此后所学不过八年,必其转入乾道,乃能进德有如此之速也。观其言曰:"每日须求多少为益,求德性之益与学问之益,勿使俄顷闲度,三年,庶几有进。"又曰:"言有教,动有法,昼有为,宵有得,息有养,瞬有存。"又曰:"敦笃虚静者仁之本,此难以顿悟,苟知之,须久于道,实体之,方知其味,夫仁亦在乎熟之而已。"又曰:"存虚明,久至德,顺变化,达时中,仁之至,义之尽也。"观此可以知其所学所造矣。为后学者,读其《西铭》,学其变化气质之道,感其论学,必如圣人而后已,闻者莫不动心有进,非转入乾道圣人之学者,安能动人若此之深乎? 故此书亦采其说,以附周、程之后,足见其为传道之人,可为万世法程者,大有在也。学者有志圣人,自当深味乎其言。夏正丙子二月,管赞程序。(收录在民国二十五年浙江印刷所铅印本《近思录集说》,民国·管赞程撰。)

《近思录解义跋》 〔民国〕朱玉麟

丁卯冬,予余航海问道灵峰,路出青岛,谒范卿先生于刘寓。先生乃灵峰夫子高弟,为吾同门之先进者也,遂以所著《中西学说》、《通辨》见惠。其书精阐师说,明辨学术,为自方植之《汉学商兑》后所不可多得之书,而纯粹以精,有方植之所不及者。(此本灵峰先师语麟者。)又出所注《近思录解义》见示,余受而读,见其支分节解,脉络贯通,详略相因,巨细毕举,而凡诸说皆得以曲畅旁通,而各极其趣,诚有如朱子所云者。余遽起而拜之,曰:"先生此书加惠后学不浅,乃吾道之光也。"后尝萦系于心不忍释怀,今已出版问世,幸得卒读,学者果能由是循序渐进,默契心通,知行并进,存养交修,而进之于《四书》、《六经》,吾知于圣贤之道有不难至者矣。丙子二月,濮县后学瑞生朱玉麟书于黄华书屋。(收录在民国二十五年青岛同文印书局铅印本《近思录解义》,清·张绍价撰。)

《近思录》跋文 〔高丽〕李鲁叔

是书诸儒极论学问思辨之功,具众理而亚（圣）学终始备矣。予尝求之而未获焉,逮庚戌春分得晋阳司艺朴先生尚衷祖行,而因出一部以嘱刊行,是大常金公广远之所藏也。辛其斯得,嘉其所嘱,与辛刺金公张君□书记,命工镂梓,又资按部郭朝列仪以讫其功,其于亚门造道之径,升堂之阶不外乎是,志学之士庶几勉旃以副寿传之意。庚戌己丑朔星山鲁叔谨识。

中正大夫晋州牧使兼管内劝农防御使李仁敏,朝奉郎晋州牧判官□劝农防御使赐紫金鱼袋金子赟司录。校正成生郑翼吾,乡贡进士郑思吾,色户长正朝门□飞□,刻板道人戒松,道人戒桓。（载于朝鲜半岛高丽朝恭愍王十九年星山李氏刊本《近思录》,宋·朱熹、吕祖谦共撰,宋·叶采集解。）

《近思录》跋文 〔朝鲜〕权　近

永乐元年春二月,殿下谓左右曰:凡欲为治必须博观典籍,然后可以穷理正心而致修齐治平之效也。吾东方在海外,中国之书罕至,板刻之本易以剜缺,且难尽刊天下之书也。予欲范铜为字,随所得书必就而印之,以广其传,诚为无穷之利。然其供费不宜敛民,予与亲勋臣僚有志者共之,庶有成乎! 于是悉出内币,命判司平府事臣李稷、知申事臣朴锡命、右代言臣李膺等监之;军资监臣姜天霍、长兴库使臣金庄侃、代言司注书臣柳黄、寿宁府丞臣金为民校书,著作郎臣朴允英等掌之;又出经筵古注《诗》、《书》、《左氏传》以为字本。自其月十有九日而始铸,数月之间多至数十万字。恭惟我殿下浚哲之资、文明之德、万机之暇,留神经史,孜孜无倦,以浚出治之源而阐修文之化,思广德教,以淑当时而传后世拳拳焉! 为铸是字以印群书,可至于万卷,可传于万世,规模宏大,思虑深长,如此王教之传、圣历之永,固当并久而弥坚矣。是年后十一月初吉,推忠翊戴佐命功臣正宪大夫参赞议政府事判礼曹事宝文阁大提学知经筵春秋成均馆事吉昌君臣权近拜手稽首敬跋。（收录在朝鲜李朝世宗十八年刻本《近思录》,宋·朱熹、吕祖谦共撰,宋·叶采集解。）

《近思录》跋文 〔朝鲜〕卞季良

铸字之设可印群书,以传永世,诚为无穷之利矣。然其始铸字样有未尽善者,印书者病其功不易就。永乐庚子冬十有一月,我殿下发于宸衷,命工曹参判臣李蕆新铸字样,极为精致。命知申事金益精、左代言臣郑招等监掌其事,七阅月而功讫,印者便之,而一日所印多至二十馀纸矣。恭惟我恭定大王作之于前,今我主上殿下述之于后,而条理之密又有加焉者。由是而无书不印,无人不学,文教之兴当日进,而世道之隆当益盛矣。视彼汉唐人主规规于财利兵革以为国家之先务者,不啻霄壤矣,实我朝鲜万世无疆之福也。永乐二十年冬十月甲午,正宪大夫议政府参赞集贤殿大提学知经筵同知春秋馆事兼成均大司成臣下季良拜手稽首敬跋。(收录在朝鲜李朝世宗十八年刻本《近思录》,宋·朱熹、吕祖谦共撰,宋·叶采集解。)

《近思录》跋文 　　　　　　　　　　　　　　〔朝鲜〕金　镔

宣德九年秋七月,殿下谓知中枢院事臣李蕆曰:卿所尝监造铸字印本,本固为精好矣。第恨字体纤靡,难于阅览,更用大字本重铸之尤佳也。仍命监其事,集贤殿直提学臣金墩直、集贤殿臣金镔、护军臣蒋英实、佥知司译院事臣李世衡、议政府舍人臣郑陟、奉常注簿臣李纯之、训鍊观参军臣李义长等掌之,出经筵所藏《孝顺事实》、《为善阴隲》、《论语》等书为字本,其所不足,命晋阳大君臣琛书之。自其月十有二日始事,再阅月,而所铸至二十有馀万字,越九月初九日,用始以印书,一日所印可至四十馀纸,字体之明正,功课之易就,比旧为倍矣。恭惟我殿下圣学无厌,万机之暇,潜心载籍,思欲便利于用,广布于下,俾人人皆得以讲明焉。凡再变而铸字之文,尤为尽美,诚我朝鲜万世之宝也哉!宣德九年九月日,中训大夫试集贤殿直提学知制教经筵侍读官臣金镔拜手稽首敬跋。(收录在朝鲜李朝世宗十八年刻本《近思录》,宋·朱熹、吕祖谦共撰,宋·叶采集解。)

《近思录》跋文 　　　　　　　　　　　　　　〔朝鲜〕金　汶

朱子尝言:"修身大法,《小学》备矣;义理精微,《近思录》详之。"二书之切于人伦道学而不可不讲也。如是惟我殿下慨念世之学者,率皆忽于明善诚身之学,而徒务于涉猎记诵之末,思欲广布是书以祛兹弊,顾其旧本间有误字,乃命臣汶雠校。臣汶谨考群书参其同异,凡诸改正阙疑悉受睿断,仍命铸字所模印颁赐,俾人人读《小学》书以正其操履,读《近思录》以识其门庭而不迷于所从。呜呼,我殿下尊崇正学维持世教之意至矣哉!正统元年六月日,奉训郎集贤殿副校理知制教世子左司经臣金汶拜手稽首敬跋。(收录在朝鲜李朝世宗十八年刻本《近思录》,宋·朱熹、吕祖谦共撰,宋·叶采集解。)

《近思后录》跋文 　　　　　　　　　　　　　〔朝鲜〕卢守慎

守慎晼得《困知记》,见其言正大精微,多发未发,大有功于程朱之门,顾以随手札录,前后互见,恨未易融会也!昔朱子答门人,谓程氏遗书类编也好,只恐言仁处或说著义,言性处或说著命,难入类耳,却终编成《近思录》,后仍复有《续》、《别》二录,至今学者赖之,辄敢撮取记言汇属十四门,拟为《后录》,独其间数条不免分截迁就。嘻!此朱夫子所以有难意也。嘻!此将慎自以便于参究而融会焉已。嘉靖庚申上冬四日,后学卢守慎书于沃州之苏斋。(载于朝鲜李朝明宗十五年笔写本《近思后录》,朝鲜·卢守慎编。)

《近思录》跋文　　　　　　　　　　　　　　　〔朝鲜〕尹　箕

《近思录》为四子之阶梯,初学之关钥,而中外无板,穷乡晚学欲讲罕见,莫不病焉。具使相凤岭以斯文领袖来按莸道,体圣上崇学之意,遂广锓经史于一道人,命予刻是书于是邑,凡五阅月而刊毕。嘻!既刊不印,既印不读,是无益于有板,而非具相之志也,庶有志者勖之。万历戊寅五月□日县监尹箕谨识。(载于朝鲜李朝宣祖十一年礼山县刊本《近思录》,宋·朱熹、吕祖谦共撰,宋·叶采集解。)

《御制近思录序》　　　　　　　　　　　　　　〔朝鲜〕李性源

夫切问近思,《鲁论》之攸载,学问之要道,而即朱夫子编辑而成书者也。嘻!予本晚学,辛丑陞储以后,始专意讲学,其年条详备于《读书录》中,今何架叠。嘻!命代理之,前七书已毕,复讲之前,《庸》、《学》轮读,千千万万,梦想之外。壬午复政,讲亦自复,故不获已,复读《论》、《孟》,重讲《诗》、《书》,讫工之后,仍欲继读《周易》,静而思之,《四书》、二经之重讲已是异事,何必准三经义,经历伏羲、文王、周公、孔子四大圣而成者也,顾不重欤。虽然,以予学浅,岂曰博约,而嘻气日益衰、心日益耗,此正祛繁就简之时,且此编与《小学》紫阳之先后编辑者。嘻!明年即予就传之年,故欲效先正文敬公金宏弼之意,其欲复讲《小学》,故问于领事经筵官,大抵此书集周子、两程子、张子书而条凡六百二十二,卷亦十四,而首论道体、末论警戒而结之,是朱夫子专精于一编者。今年讲此书,明年讲《小学》,此亦慕紫阳之一端,其果潜心演绎,紫阳所云"宗庙之美,百官之富",庶乎得其万一,已讲之《论》、《孟》,欲讲之《易传》,俱载于此,其亦举一而讲三。今予读此,岂曰偶然?况朱夫子序此,即淳熙二年五月五日,吕东莱追书亦三年四月四日。嘻!今予所讲之月,是东莱书序之月,亦岂偶然也哉!且今日看叔程子所云一"和"字,心有所兴感,此正予暮年一字良剂也,岂可以衰耗而忽之也哉?

不逾其日,特书卷首而自警焉!岁乙酉孟夏下弦日识,通训大夫行弘文馆副修撰知制教兼经筵检讨官春秋馆记事官臣李性源奉教谨书。(收录在朝鲜李朝仁祖年间戊申字本《近思录》,宋·朱熹、吕祖谦共撰,宋·叶采集解。)

《广州府刊〈小学〉〈近思录〉跋》　　　　　〔朝鲜〕洪启禧

余莅南城,城有僧寺,亦所以备城守也。缁徒无以为生,往往有贩书为业者,余为之募匠助其事。缁徒问宜刊何书,余谓《小学》、《近思录》当与四子通作《六书》,而今本帙大,穷儒鲜有藏者,若以朱先生旧本入梓,则刊者功省,购者费少,彼此交相益也。遂倩人缮写。盖《小学》有朱先生本注,见于何氏《集成》,而未有能表章者,友人宋文钦士行、任圣周仲思剔出而发挥之,然后其为先生笔始明,故今谨依其本而录之。《近思录》则用《朱子遗书》中所载者,此盖不袭坊本割裂舛错,而一依原本订正,最为可信故也。仲思于《小学》本注有考证诸篇,而力诎不能并刻。余为"考异"各附卷末,以见诸本同异焉。兹刻出而两书面目始复,其切尤足以寄后学之敬慕云尔。崇祯三癸丑重阳日行广州府留守洪启禧谨书。(载于朝鲜李朝仁祖八年木版本《近思录》,宋·朱熹、吕祖谦共撰。)

《御制忠定公权㮰袖珍〈近思录〉序》　　　　〔朝鲜〕徐荣辅

我朝鸿朗之会,实始我中庙盛际,而八方茹祉、九扈肇春,治化文运,若有適相符者。于是乎圣祖垂拱无为,数与儒学之臣讲天人性命之蕴,至今颂其事者,怳如沂雩濂洛上下同流之气像,而故忠定公权㮰袖珍《近思录》亦坟蹟中一盛观也。盖当庆会楼设赏花之宴也,侑既醉之什,赓喜起之章,君臣一堂,相与前席亹亹者,自夫道体之本原、存养之工夫,以及乎家齐国治之术、道统异端之辨,首尾皆是说也。诸臣既退,掖庭人撤其席,得袖珍本《近思录》以献,圣祖教曰:"此必权㮰袖中物。"其还之,及问于㮰,果然。今见其书无款识之可据为谁藏,而直指㮰而还之者,昼访夜对,㮰之随顾问而效启沃,无非此书之精义奥旨。上所以知臣,下所以见知于君,自有契遇之暗亲。詑于当时,传诸后世。逮夫先朝另赐别本而书其事以识之,何其盛矣!予于甲寅因近臣之奉使峤南,俾取其袖珍原本,及书事另赐之别本,三复敬玩,摩挲起感。夫耦耕而怀书,行迈而带经,遊宴而不离卷,跬步而不忘学,古亦有人矣。然皆循名考实以著其铢积才累之勤,而曷尝闻太液之肆筵才罢,树叶之馀香犹存,见其书知其人,有如㮰之蒙被光宠之人者哉!汉儒之三十重席,唐臣之七宝粧山,史氏虽言千古遭逢,彼皆属于观美之侈然,固不足比论,猗乎治化隆而文运辟,贻谟长世尚未艾,亭午嘉会之休祥,征于一人一事,足可以触类而溯源。予以是言弁其袖珍本,仍颂《心经》一部,使归弆而并寿诸无穷。(先正文纯公李滉亦曾有手订之《心经》,袖珍而编简古雅,点画不刓。予在春邸时,从先正后孙为僚属者求见之,今又得忠定家藏《近思录》旧本,序其卷首还之也。宣赐《心经》者,两书义例互为表里,两臣事迹亦相近似,为岭土人士,俾作楷范于永久也。)予践阼之十有八年甲寅仲秋也。通政大夫承政院左副承旨兼经筵参赞官春秋馆修撰官奎章阁检校直阁知制教臣徐荣辅奉教谨书。(载于朝鲜李朝正祖十八年木板本《近思录》,宋·朱熹、吕祖谦共撰,宋·叶采集解。)

《近思录释疑序》　　　　　　　　　　　　　〔朝鲜〕金长生

吾友草溪郑时晦于侪流最少,少于我十五岁,奄然先我而逝既久,而悲叹之意常往来于怀也。时晦尝谓余:吾受教于先人矣,曰尔当以栗谷为师、金某为友,故敢与吾子相从尔。自是切磋道义,相期特深。曩余读《近思录》到难会处,引诸儒诸说,间附以己见,录作一册,请时晦刊正,已过十馀稔矣。今年秋罗校理万甲谪海西,将行以时晦所撰《释疑》四卷见寄。盖罗于时晦为甥,时晦未及净写,属于罗君故也。程、朱格言逐条类聚,亦取瞀说录于其间,盖见时晦相信之笃也。闲中一阅,怳若謦欬之相接,而前日所疑释然冰解,老境得此,诚大幸也。第于其中或有可疑者,恨未及时晦在世时评论归一耳。时晦早事向里,出入栗谷、龟峰两先生之门,学有所得,居家多可取之行,立朝不与人苟同,或州县或田野,盘桓不进,其意盖可想矣。及至今上朝多被眷重委任责成,将有所施,不幸齎志而没,惜哉!思时晦而不见,见时晦之所著,差可慰怀,遂为之序。崇祯二年己巳重阳,沙溪金长生书。(载于朝鲜李朝显宗二年木板本《近思录释疑》,朝鲜·郑晔著,朝鲜·宋时烈校。)

《近思录释疑后序》　　　　　　　　　　　　〔朝鲜〕宋时烈

始余谒文元公老先生于溪上,先生首授以《近思录》一部,而并以《释疑》四册视之,曰:"此吾友守梦公之所编也,读《近思》者不可以无此也。"时余蒙陋益甚,无以窥其梗概,又方亲受先生旨诀,似若无事于此者。未几,先生殁,踽踽若穷人之无归,而有幽室求物之叹,乃取此书以理旧学,则字有其训,句有其解,不翅若瞽者之有相矣。而又凡老先生平日议论,多在其中,怳若复承謦欬于函丈之间,窃不胜羹墙江汉之思也。又多以朱子说从门补入,互成部居,是不待觉轩之手而宛一寒泉之续编,其功可谓大矣。于是追忆先生之言,果知此书之不可无也。第其凡例无甚宾主,又其先后间或错置,意其为草本而未及修定尔。余窃僭不自揣,从一二同志,参其校雠,稍改旧样,大书《近思》本文以为之纲,而以其所释诸说分注于其下,又正其次序之舛者,使其纲目相承,井伍不紊。盖欲其便于考阅而已,非欲求异于原书也。其间或不免有修润损益之处,亦以其所闻于老先生者,而不敢以妄意穿凿,以犯不韪之罪也。盖公与老先生俱学于栗谷之门,其渊源宗络无有不同,则今其所闻于老先生者,亦公平日之绪论也。况公之此书固与平岩注本有异同,而不以为嫌者,本欲公天下之义理而无一毫彼我之私,则正亦不能不以此有望于后人也。若曰公能操其戈以入平岩之室,而反自有墨守之心,顾语后世曰"一字不可改易"云尔,则非所以知公者也。噫!九原可作,必将莞尔而笑,以为粗得其当日之心矣。顾自始学以至于今,殆将三十年矣。悼前修之益远,惧馀韵之终泯,每抱遗编,徒切伤叹,今海州牧使罗公星斗,以公之宅相谋入于梓,以寿其传。而以余尝与知其颠末也,求余一言以识,故辄书于简末如右云。崇祯纪元之三十四年辛丑秋夕,后学恩津宋时烈谨序。(载于朝鲜李朝显宗二年木板本《近思录释疑》,朝鲜·郑晔著,朝鲜·宋时烈校。)

《李子近思录》　　　　　　　　　　　　　　〔朝鲜〕李度中

宋子有言曰:朱子后孔子,栗谷后朱子。此万世不易之言也。栗谷先生亚于生知,浑然天成,缵前烈之遗绪,迹三代之绝轨,际遇穆陵,汇征善类,王道之兴已有七八分,渐矣竟为东人所坏。了知道之不行,退而设教于首阳之下,其年丁丑也。越三年己卯,德教大行,四方风动,学徒云集,庠舍不能容。我默斋先祖及门已先九年矣。先生述作亦皆诵习。先生既没,门徒百馀人,默斋独上万言疏,洞卞师诬。仁庙改王之礽,刊进遗集,阐明师道,惟吾祖为然。小子窃闻之,周、孔之垂名教,尊祖尊贤,其义一也。故岁在甲戌,重刊《全书》也。小子相其役,远仿二程之书,近稽宋子之例,拟称《李子全书》,以致尊尚之义。异议横生,诬狱继起,遂沮称子之论,并陷尊栗之人。呜呼!先生道既不行于前,名又不著于后,是天之未相斯文也。是岁己卯,亦吾祖肆业栗门之年也。小子之继祖业而纂师书义固当,窃不自揆,依汪氏编朱子近思事汇辑《全书》要语为十四编,冠之以李子之号。余曰:为人君而有志于典学立政者,舍此书不得。余曰:为人臣而有志于致君泽民者,舍此书不得。余曰:为人师而有志于成就天下人材者,舍此书不得。余曰:为人士而有志于推寻圣贤正脉者,舍此书不得。春三月甲午,门人后孙延安李度中序。(见朝鲜笔写本《李子近思录》,朝鲜·李珥著,朝鲜·李度中编,朝鲜·李垂校。)

《续近思录序》

〔朝鲜〕吴熙常

余尝从关北多士,闻故参奉凤岩韩公隐居教授,蔚然为北儒之冠,至今衣缝掖者咸翕然宗之,意其窔学博识必有以大过人者,乃者公孙国襈携公所辑《续近思录》三号,千里来访,属余为序。窃惟子朱子《近思》一书,即《四书》之津筏也,大而天人性命之原,细而日用躬行之实,包涵该括,开卷灿然,其所以继往开来者,可谓至深至切矣。明(按,当为"清")儒张伯行又取朱子微言之关于学问者,汇分类次,编为《续录》。夫朱书之宏博浩穰,不啻倍蓰于四子之遗书,而宇宙间义理至朱子而大备,兹《续录》之所由作也。今公此书发凡立例,一遵寒泉之成规,而拣择去取,与张氏之书大略相似,旷世殊域不谋同志者亦云异矣,况其为书也。分之则各专一家,合之则互见得失,虽与之并行,无伤也。噫!公主于穷北荒僻之野,奋起孤唱,与中华述者相上下,所谓豪杰之士非耶!且闻公蒐辑之时年已七十有馀,右腕病痿,左搦管缮写卒稿,好学之诚老而弥笃,尤非浮慕之所可几也。苟使北方之学者皆能以公之心为心,而沉潜于是编之中,俟其怡然涣然,以进乎大全,则庶几钜细不遗,博约两进,虽不见张氏书足矣。异日是编傥入中国,而有具眼者则尚可见朱子书大明于左海,而绝徼之外亦有如张伯行者出焉,是不可以无传也。于是略加修整而序之。公讳梦麟,学于崔鹤庵慎门人韩耻庵世襄,鹤庵之学出于华阳宋文正云尔。崇祯后四己卯季冬下澣,首阳吴熙常书。(收录在朝鲜李朝纯祖十九年木活字本《续近思录》,朝鲜·韩梦麟编。)

《续近思录》序文

〔朝鲜〕韩梦麟

昔晦庵朱先生与东莱吕成公读濂溪、明道、伊川、横渠四先生之书,叹其广大宏博而虑学者未知其要,昧于所入,于是掇取其关于大体切于日用者,凡六百馀条,条分类别,合为十四篇,名之曰《近思录》,使初学之士领其要而得其门焉。其惠后学深矣。厥后刘子澄编为《近思续录》,以禀于朱先生,先生称嘉焉。愚未知其取谁书,为之而想必好而可玩也。今不得见,可慨也已。噫!朱夫子性理道学上说话,不啻倍蓰于周、程、张诸贤之书信,所谓义理之府库,学门之表准,其一言一语,无非可读可法,而第其篇秩浩穰,若无畔岸,学者不能遍观而尽识。退溪先生所为《节要》,文庄丘氏所次《学的》,

极其要切,便于省览。故余于病中闭门取读,甚觉其言之有味,其义之无穷而,但年老病笃,心昏目盲,其于二书犹觉其多,乃敢不顾僭越,採其尤切于学者六七百言,又于《四书》注疏中取其紧要者数百条,编为一书,而一依《近思录》条目为次,号曰《续近思录》,以为朝夕寓目之资而。顾我识见粗浅,编次杂错,自愧谬妄,不足出而示人也。然此皆朱子之书也,非我撰出之辞也。老而如我之精力短乏者,性之如我之钝根不敏者,苟取此而玩赜焉,未必无少补云尔。崇祯三周岁在丁丑,后学韩梦麟著。(收录在朝鲜李朝纯祖十九年木活字本《续近思录》,朝鲜·韩梦麟编。)

《近思续录》序文 〔朝鲜〕宋秉璿

　　维我东方自殷师以后变夷为夏,而逮至本朝道学彬彬,浸淫乎大宋之世,盖静退作于前,抽关启键若濂溪周子,栗谷之通透洒落如伯程子,沙溪之实践又似乎张子,而尤庵晚出,发挥运用,殆同于紫阳夫子,猗歟盛哉!秉璿自早岁受读五先生书,而广大宏博,窃有望洋之叹,故积年随抄得千馀条。是岁夏与外弟金圣礼复加删定,仿《五子近思》之例,条分类别,编为一书。凡于求端用力、处己治人之要,洎夫辨异端、观圣贤之事,罔不备载,则可以为进学之阶也。学者不以人僭逾而废之,循是而进,亦庶乎得其门而入矣。盖不先力乎此,直欲求诸五先生全集,则地负海涵,未易见其涯际,必须由其要而致其博,然后可以尽得宗庙百官之盛矣。窃尝闻朱子之言,曰“《近思录》四子之阶梯”也,五先生之学,即周、程、张、朱之道。而阐明四子之旨,则此书安知不为四子、《近思》之羽翼也欤!略叙纂集之意,奉以禀质于博雅君子云尔。崇祯二百四十七甲戌秋七月己未,恩津宋秉璿谨识。(载于朝鲜李朝高宗十一年木板本《近思续录》,朝鲜·宋秉璿撰。)

《星湖先生近思录疾书》 〔朝鲜〕李　瀷

　　昔者天子罕言命与仁。罕言者,特罕与初学言至传心传道,虽欲嘿其口,得乎?故撰《易·系辞》,津津乎天人性命之原,与他日不侔,如子思之《中庸》,孟子之“七篇”,俱是究极原初之文,其义亦太煞发露矣。圣王不作,民俗日趋鲁莽,邪说并起,又从而惑乱之,至周、程诸子之时,殆不可以力挽。然仁人之心,岂可但已,如障倒澜,如食疾子,迷若愈远,诲斯愈勤。其意若曰:与其浅而陋,宁深而悦也;与其略而难晓,宁详而或悟也。若又徒虑其躐易而未十分说破,则此道将不复明于世,是以言之于夫子之世,则简而切言之。于周、程之时,则奥而繁繁,非君子之所欲也,势也。而说者曰德衰则言高,谈谈性命,诸子之陋也。呜呼! 其不思哉。然以今观之,儒学日屈,无所事事,谓诸子之书不可卒,既不欲致思于其间,虽欲志焉,浩浩莽莽,亦远而无得也。要其专意四子,不得不措,非此书不可信乎! 朱子纂集之功又不在四子下也。余始受读龃龉棘口,未入隽永,久久思量,稍稍路开,觉有天壤间一大欢喜,比如聪明日漏,始知尘埃里坐在也。余恐后来家塾子弟投脚下手未见意趣,如向之迷,吾辄加笺解,俾有以易入云尔。(载于朝鲜李朝时期写本《星湖先生近思录疾书》,朝鲜·李瀷编。)

《海东七子近思录序》 〔朝鲜〕丰城后学

昔我明斋先生命定斋朴文烈公取士子事行文字,依《近思》门类汇分抄录合成一帙,以为我东之一经,定斋公不幸早世,遂使先生之未就。余甚恨焉! 壬午夏申友义世过余茔室,语及此事,仍相与之勉曰:"先师遗训郑重而未果,岂非吾侪之耻欤?"遂哀合抄节,粹要删正,由博而造约,越三年书始成。呜呼! 以吾谀闻寡识,何敢妄生意见,别立门庭,求多于前人也! 只为承明翁之遗志,循考亭之旧规,依样编辑而已,非敢曰有补于斯文,聊自为牖昏警怠之资焉! 甲申九月五日,丰城后学谨识。(载于朝鲜李朝写本《海东七子近思录》,朝鲜·朴文烈编。)

《续近思录》序文 〔朝鲜〕李汉膺

子朱子承周、程、张四夫子统绪,推广辨明之时,则有若张南轩、吕东莱两先生菀为道义契,相与讲讨切磨之,其所以相助相长之者大矣。朱子殁后三百年有二载,而退陶李子生于东方,讲明朱子之学,以斯道为己任。今天下沦没,道学弁髦,而独我东诸贤,绍修洛闽《近思》之学,实退陶倡之也。朱子尝与东莱选周、程、张书为《近思录》,曰:"四子,《六经》之阶梯;《近思录》,四子之阶梯。"其蹟甚美,而大有功于后学也。膺也生最晚,慕退陶以及朱、张、吕,而其书浩博,茫不知下手。于是,乃敢採掇四子集要语,篇目一依《近思录》例,名曰《续近思录》,僭矣无所逃罪。然后之学者有意于四子者,由是而寻焉,则庶乎得其门而入也。然则斯又为《近思录》之阶梯,而以及四子、《六经》,退翁所谓"溯伊洛而达洙泗,无往而不可者"是矣。但才学不逮,且极荒,抄纂之际极费心力,而疏脱之过乌得免也,是可惧也已。时强圉大荒落南吕上浣,真城李汉膺谨识。(载于朝鲜李朝时期木板本《续近思录》,朝鲜·李汉膺编。)

《近思录释义序》　　　　　　　　　　　　　　〔韩国〕卢相稷

　　四子书出,而《六经》之旨大明。周、程、张四先生出,而四子之绪复传。天下之士,皆知道学之不泯,然朱子惧学者之未易窥其要领也,与吕成公取四先生之书而抄节切己者,名之曰《近思录》,于是而四子有阶梯矣。建阳叶氏以为是编也,出于朱子,故朱子之正论未载,恐令后生有遗憾,採为《集解》,而并收吕成公及张南轩、黄勉斋、蔡节斋、李果斋之说,而献于朝,广诸海内,殆为刘瀹所编《濂洛论语》及《大全》之右。然叶氏之解尚有不能详明者,此芝村朴公履坤《释义》之所由成也。公灵川人,早从青泉申太常学文章,既而请益于大山李先生之门,叹曰“道非高远”,遂用力于是书,复搜宋儒之论,参订东贤之语,随得随札,藏之箧衍,为虫蠹所困,识者颇惜之。后孙圭焕基凤族裔一燦在璿玑烈燧谋所以公之,遣在禧基洛,属相稷编摩。盖本录六百二十二条,而所释者仅十之七八,然所引所按,井井有据,足以资益于读者,但惜其半途捐馆,未及益致精密,又未及厘定头绪也,乃一一悬揭于本条之下,再易稿而送之。噫!叶注之为世诵习久矣,犹未免今日雌黄,况公所札记者,未卒其业,相稷所谓梳洗者不过整其部次而已,安得完书哉?具眼之人或有以复加思量,庶不负公札记之至意云尔。己巳谷雨节,光州卢相稷谨序。(载于韩国石板本《近思录释义》,朝鲜·朴履坤著。日本昭和八年印刷。)

《近思录序》　　　　　　　　　　　　　　　　　　〔日〕山崎嘉

　　晦庵先生曰:“《近思录》好看,四子、《六经》之阶梯”,“《近思录》四子之阶梯”。信哉!是言也。孟子没而圣学不传者,其无此阶梯也。夫学之道在致知力行之二,而存养则贯其二者也。汉唐之间非无知者也,非无行者也,但未曾闻存养之道,则其所知之分域,所行之气象,终非圣人之徒矣。至于宋濂溪周子继往圣而开来学,其所谓“无极而太极”,则启大《易》之秘而发《中庸》之妙也。诚能有得于斯,则四子、《六经》可不治而明矣。然此岂若异端顿悟之所得哉?先生教伯恭做数语载于后,正为此也。窃谓:“一高卑合远近者,圣人之道也;升高自卑、行远自近者,圣人之教也。或驰于高远,或滞于卑近,则皆非道非教也。”先生此编以《近思》之名而极高妙之言,小学、大学工夫悉备焉,实学者入道之阶梯,不可不好看也。当时邓绚问之略而不切,故先生且随答之而已。后来陈潜室答人问之也,问者杂而不切,其答亦非达者语也。虽何北山著《发挥》,恐微言未析也。叶仲圭为《集解》,杨伯嵒为《衍注》,皆未能深有所发明。汪器之议之是也。戴亨之《补注》,柳贯之《广辑》,皆叶解之亚流也。周公恕乱成书为《分类》,张元祯、陈文耀雷同而补成之,共犯不韪之罪耳。抑此编之后,刘子澄取程门诸子之说,编为《续录》,先生以谓诸子终不及程子,接续其意思不得矣。其后蔡觉轩以先生之书编为《续录》,采张氏、吕氏之书为之《别录》。嘉尝阅之,不满于心,聊试论之。夫先生经解之外,说天人之道,莫详于"元亨利贞"、"太极"之二说,然选乎"太极"说而遗"元亨利贞"说,何耶? 仁爱之有味,智藏之无迹。先生丁宁开示之,其全收仁说,则爱之亲切足以味之乎! 其截取四性之论,虽有冬藏之言,而不闻其说之详,则无迹之微意,孰得而识之哉!《玉山讲义》发挥四子,旁通情也,此为学者用力而讲之,宜依先生编入好学论之例矣。《敬斋箴》是存养之要也,《白鹿洞揭示》则教学之法而《大学》以来之规也,《答吴晦叔知行书》则《大学》之蕴而传者之所未发也。皆不载之,其他可惜者犹多,今不尽论之也。《别录》之编不取南轩《主一箴》,不举东莱《大事记》,其亦遗恨也。盖有周、程、张子而微先生,则此书之编不可成矣。先生以后更无先生,则注解之眼、续编之手,果望于谁哉! 宽文十年夏五月九日,山崎嘉敬义序。(载于日本宽文十年洛阳武村市兵卫、大坂同佐兵卫刊本《近思录》,宋·朱熹、吕祖谦同辑,日·山崎嘉训点。)

《书近思录备考之后》　　　　　　　　〔日〕贝原笃信

《近思录》之为书,于周、程、张子之道既足见其梗概。学者熟读而有得,则于道亦思过半矣。予尝伏读其书于此,搜索有资于训诂者,妄辑而为一书。窃惟子朱子以为"义理精微,《近思录》详之",是岂可以训诂求哉? 然又闻之学者之于经,未有不得于辞而能通其意者,是以敢私记以备他日之考索云尔。宽文戊申六月十日,筑前后学贝原笃信谨识。(日本宽文八年吉野屋权兵卫刊本《近思录备考》,日· 贝原笃信辑。)

《近思续录》跋文

朱夫子挺命世之资,承濂洛之统,广大精微,博应曲当,于圣贤之书深浅精粗毫分缕析,直穷其到底而止,既皆质诸鬼神而无疑,百世以俟圣人而不惑矣。圣模贤范复粲然于世,如大明中天,凡有目者悉可得见之,於戏,盛矣至矣! 斯又于周、程、张四夫子之书,而取其关于大体,切于日用者,辑为《近思录》。"近思"者,何谓也? 程子曰"以类推之",所谓"求端用力、处己治人、辨异端、观圣贤",其纲也。自《六经》、《语》、《孟》之后,未有如此之明且尽者也,而其躬自折理无毫厘之缪,处事无过不及之差。所以垂教于世者,盖无与于此于斯。门人觉轩先生效夫子之例而专辑其言行,名之曰《近思续录》,合二录而潜玩以有得焉,则天下岂有不可穷之理、不可为之事哉?矧亦从之,以及夫全书,以及《六经》,则何有不通乎?若惮烦劳安简便,以为足于此,而于夫子之全书不以沉潜反复,优柔厌饫,以致其博而反诸约焉,则其宗庙之美,百官之富,岂足以窥见乎?窃以先圣所以设教,则天命之发见于人事者,即修己治人之道也。四子所以发明者,亦此道也。朱子所以研精者,亦此道也。古今一道,千圣一揆,时虽有异,言如合符,是皆所谓为天地立心,为生民立道,为前圣继绝学,为万岁开太平,而道统之所寄者也,于呼至矣乎!或曰:"子朱子于温公、康节,其平日尊之至矣,且于他书则多取其言,而于彼录则无或取之者,何也?"曰:"二公之学,固非小子所敢为言,而依夫子之言而窃窥之,其学各有所长,而于其大本处未免有少异,则已为二本矣。其立言虽深邃,制行虽笃实,于此录论传授之心法,义理之精微,则不得取之,至他书泛论物理,则从其所长而不得舍之。盖不可以毫厘之差,自有不得不然矣。於乎,严哉!"或又曰:"横渠之于二程,固有高下,不可诬焉,而朱夫子于《近思录》取其言次于程子。吕、张之于朱子,犹横渠之于程子,而觉轩不同录,而别录之者,何也?"曰:"窃按横渠之于程子,犹备体有生熟之分耳。吕、张之学亦虽后生非所妄论,而亦以朱子言二公之学皆疏略,南轩疏略从高处去,伯恭疏略从卑处去之类而视之,则二公之高下亦可见,而共不得列于《续录》,不亦宜乎?然而其言行适有与夫子同旨而切于日用者,不可亦以表之不为用工之助,故别录之,而不杂于师说,固非有不足于斯以附之也。"余昔在海南,闻有此《录》而索之不能获焉,乃不自量而私欲效退溪先生,因不得见王鲁斋之所选之朱子书而自加损约,以为用工之地,而凡于朱夫子之说虽略记之,而以不敏且无馀力,而未能遂其志,闲幸得此书,不胜欢赏焉。抑于其选之精粗、节之当否,则非小子所敢议矣。而又同志之辈欲广其传以共讲之,因命剞劂氏繡梓。顾虽有先儒之注解,而妄意以为未足为定说,故今不专取之而姑竢他日云尔。宽文戊申八月望日,谷勿谨题其后。(载于《近思续录》十四卷,南宋·蔡模集编。日本宽文八年刊本。)

《近思录集解》跋文　　　　　　　　　　　　　　〔日〕宇由的

尝闻"《近思录》,四子之阶梯"。我又欲阶梯《近思录》而示后学升堂之道,故校此于四先生之全书及《易》、《诗》、《书》、《语》、《孟》,其馀可解此书者,《朱子语类》、《性理大全》等若干编汇集细释之。庶下国远乡乏载籍者见之,为博学笃志之便,岂不教学之一助乎!延宝丁巳四月甲子求身堂宇由的跋。（载于日本延宝六年刊本《近思录》，宋·朱熹、吕祖谦合辑，宋·叶采集解。日·宇都宫遯庵标注。）

《近思录说略序》 〔日〕泽田希

昔者朱夫子之与东莱吕先生纂集《近思录》也，盖欲使人考周、程、张子之学，因得以窥道学之渊源也。其言曰：“《近思录》，四子之阶梯。”又曰：“义理精微，《近思录》详之。”於戏，士苟有志于学，不原四子而将何据耶，不讲义理而将何力耶？然则是书实为学之要务，求道之模楷也。但其为说者，虽有叶仲圭之《集解》、何北山之《发挥》，而字义事实未尽训释，文理微旨或未阐明，以故初学艰于其辞，惑于其意。迨近世，亦稍有为之说，不惟失鱼兔兼谬筌蹄者往往而然。希初受读而窃忧之，乃自濂、洛、关、陕全书，以至诸儒百家之论说，及子史字书异端之编，博搜旁考，质以师友之言，间亦附以管见，而笔之简牍，月订岁改，积若干年而成书焉，名曰《近思录说略》，明其不精详也。深韫书匮，以备自己遗忘。会家君闻之，命采其书阅之，欣然言曰：“吾思之允矣，不图子之能成余志也。速锓诸梓，使学者有所依据也。”希以非素志，屡辞谢之，家君强之不辍，然后幡然以谓，是编辑先儒之说十而八九，后学乏书劳求者独采于此，则亦不可谓无益焉，若夫管见中片言只字，或有初学万一之补则斯可也，己奚必避杜撰之讥而拒家严之命哉！于是遂出附诸剞劂氏，望后之君子正其纰缪，以辟来学之惑；悯其苦心，以恕僭逾之罪云尔。享保庚子三月朔日，武江泽田希书。（载于日本享保五年芳野屋权兵卫刊本《近思录说略》，日·泽田希著。）

《近思录说略序》 〔日〕伊藤长胤

予近与泽田常省翁相识，隐居丹州，时到都下，见过弊庐，云：“男希自幼嗜学，覃思经籍，弱冠为会津度所识，擢居儒职，尝著《近思录解》，已成帙。愿弁一言其首。”予以宋朝传先之说，与先人之旨不同，辞之再四，谓：“疑而序之非情也，序而疑之非礼也。令嗣亦时通书四，屡叙缱绻，不以其趣之不一，误蒙推奖。”曰：“愿因子之言以托不朽。”辞而不可，乃予心窃自许曰：唯叙其交际之好、萤雪之劳以应之，亦何不可？而未果。岁月荏苒，杳无消息。项日翁来叩予门曰：“向所告书梓将成，而希也不幸，溘先朝露。予年八旬，唯有一息，日望其成立，而今如此，冀托子之笔，寿予儿之名于永世亦足矣。”泪与言下，予情不忍拒，乃诺曰：“此书也，考覈精详，援据明悉，采濂洛之旨，而穷其源委，其才之敏与业之勤，既有以过乎人也，则其书之传也必矣，固不待予之言矣。唯恨不相聚一堂,亲接謦咳,商确论辨,以归于一是之地耳。吾岂敢谓人之心如吾心乎,彼不可得焉,则我得矣。不永其天,怅也奈何!"遂叙其言,以寓挂剑之意云。时享保五年庚子秋九月,京兆伊藤长胤序并书。(收录在日本享保五年芳野屋权兵卫刊本《近思录说略》,日·泽田希著。)

《近思录》自序　　　　　　　　　　　　　　　　〔日〕百年溪

　　学问之道无它,博文约礼而已矣。博文者,读书接物,以多其见闻,皆是也。约礼者,收敛其博而归之于践履是也。譬诸医药,药有君臣佐使,佐也使也,亦皆臣也。以三臣而辅一君也,非以一君而役于三臣也。故约礼君也,博文臣也,古之君子多其臣者,欲以成其君也。后世学者遗弃其君,而唯其臣是取,将以夸其济济之多也,不亦左乎!朱文公编此书,名以"近思",其意虽在自卑升高,自近及远,而其患后世学病之如是,而欲以有瘳之也。盖亦有焉。余也不自揣,尝以国字略解四子、《六经》,及《小学》书,以便童蒙。今又取此书解之,愿读者能内视而不外骛云尔。天保壬寅夏六月,讚岐百年溪撰。雲楼早瀬乾瑞书。(载于日本天保十四年河内屋太助等刊本《近思录馀师》,日·百年溪撰。)

《近思录》跋　　　　　　　　　　　　　　　　　〔日〕必山岛圭

　　我朝俗读华夏之书者,百人而不过一二。故何者?以其字常不触目,难冰解也。百年先生尝有《馀师》之撰。《六经》、四子、《小学》皆公木大行于世,虽童蒙之辈喜而读之,其所以读之者,以国字解之易通晓也。今兹《近思录馀师》成,盖其意在升高自卑,行远自近焉。呜呼!先生之功大矣,应书肆森本之需,以一语附卷末云。浪华必山岛圭。(载于日本天保十四年河内屋太助等刊本《近思录馀师》,日·百年溪撰。)

《活板近思录序》　　　　　　　　　　　　　　　〔日〕安　聚

　　子朱子曰:"四子,《六经》之阶梯也;《近思录》,四子之阶梯。"可见欲学圣人之道者,不可不读四子,而读四子者尤不可以不读《近思录》矣。藩祖土津公既读《小学》,焚弃异说,专崇正学,既使山崎嘉讲四子而后及于是书,以宽文十二年十一月终帙,实薨前一月也,其崇奉之隆亦可见矣。风靡使然,当时士大夫有志于学者莫不讲焉,中间伊物之徒出于是书尤极诋呵,昧者惑焉,往往用供覆瓿,唯不过一二故家束阁之藏而已,可胜惜哉!方今作成之方,申明祖制专以四子及是书课试学子,而雕本不多,讲者病焉,书库中本有活版字印一函,盖藩祖时物,云二三子与书库官议请印刷,将以便讲习也。呜呼,藩祖蓄字印,殆有若豫为今日而设者,二三子之举其所以将顺美意者,可谓至矣!抑又有说,自今以往讲是书者仰体藩祖崇奉之意,遵方今作成之方,自濂洛而洙泗,敬诵而谨行之,其处也孝子,其出也忠臣。毋使平日讲学徒为空言,则此亦将顺之大者而不可不勉也。天保二年二月壬子安襞序。(载于日本天保二年活字印本《近思录》,宋·朱熹、吕祖谦合辑。)

《活版近思录跋》 〔日〕山内俊温

学中刷印《近思录》,其议起于己丑之夏,其工毕于辛卯之春,其意专在奉公家教育之意,指引学徒而趋于正路也。夫此书之为圣学之阶梯、大道之标表也,固矣。然苟学徒立志之不实,致力之不勤,唯骛于空文而疏于实践,则所谓买椟还珠之蔽,学者之大病也。嗟乎!吾藩学校之盛,近古所未曾有,其设教亦不求日用彝伦之外,要在使人成德达材、各尽其器用而已。为生徒者日夜孜孜勉学,蕴而德行,行而事业,以供国家之用,则是吾之所以望于学徒,而读此书者所不可不知也。天保二年三月甲子山内俊温题。(载于日本天保二年活字印本《近思录》,宋·朱熹、吕祖谦合辑。)

《近思录训蒙辑疏序》 〔日〕高津泰

朱子曰:"四子,《六经》之阶梯。《近思录》,四子之阶梯。"然则学者苟志圣贤之道,而欲穷洙泗之渊源者,舍此书而无他途也。其急于学者如此,而注此书者平岩叶氏之外不多见,何也?盖元明以降,取士惟于《四书》,故《四书》之说汗牛充栋,而其他则舍而不讲也乎。惟怪叶氏私淑于北溪陈氏,其说宜得朱子之意,而其注往往不满于人意。故我先儒闇斋山崎氏尽除之,单以白文行于世。要之,博洽精通如闇斋可矣,他人则不可也。以是益轩贝原氏有《备考》,遯庵宇都宫氏有《鼇头》,惕斋中村氏有《钞说》,习斋泽田氏有《说略》,其言人人殊而无所统一。吾公惧学中子弟多岐亡羊,命儒臣安襞改注此书。惜乎!安子仅注二篇,未卒业而没焉,因使门人泰等校而上梓,将以省子弟誊写之劳也。或问于余曰:"安子注虽详确,惟此二篇不能尽全书之旨,将若之何?"余应之曰:"二篇不能尽全书之旨固也。然第一篇论性命之理,以极斯道蕴奥。第二篇则论为学之方,以示学者入德要道。故朱子曰:'若于第一卷未晓得,且从第二第三看起,久久后看第一卷则渐晓得。'由是观之,此二篇虽谓为学者成始成终亦可也。且安子前奉命採择宋元明清

诸家之说裨朱说者,著《四书训蒙辑疏》二十有九卷。学者若熟读二篇而其
馀注之所未备,参考诸前书,推类旁通,则庶几足以尽其义乎! 是岂非吾公
所以有是命之微意乎?"问者唯唯而退,遂录是语,以弁简首。弘化三年十月
朔旦,高津泰谨序。门人田坦书。(载于日本弘化四年刊本《近思录训蒙辑
疏》,日·安裍著。)

参 考 文 献

古 典 部 分

经部

《四书章句集注》,(宋）朱熹撰,中华书局,1983 年 1 版。

史部

《宋元学案》,(清）黄宗羲原著,全祖望补修,陈金生、梁运华点校,中华书
    局,1986 年 1 版。

《明儒学案》,(清）黄宗羲著,沈芝盈点校,中华书局,1985 年 1 版。

《清儒学案》,(清）徐世昌撰,中国书店影印,1990 年 1 版。

《四库全书总目》,(清）永瑢等撰,中华书局,1965 年 1 版。

《中国古籍善本书目》,顾廷龙等编,上海古籍出版社,1996 年 1 版。

《古书目录》,韩国国立中央图书馆,1970 年发行。

《奎章阁图书韩国本综合目录》,(韩国）李荣基编,信兴印刷株式会社,1981
    年 1 版。

《韩国所藏中国汉籍总目》,(韩国）全寅初主编,首尔学古房,2005 年初版。

《高丽大学校汉籍综合目录》,高丽大学校中央图书馆编,1984 年发行。

《东京大学东洋文化研究所汉籍分类目录》,(日本）东京大学东洋文化研究
    所编,日本昭和五十六年三月,汲古书院发行,缩印本。

《京都大学人文科学研究所汉籍目录》,(日本）京都大学人文科学研究所
    编,日本株式会社同朋舍出版,昭和五十六年十二月发行,缩印版。

《日本藏汉籍善本书志书目集成》,贾荣贵辑,北京图书馆出版社,2003 年

1 版。

《和刻本汉籍分类目录》（补正版），（日本）长泽规矩也著，汲古书院，2006
　　年 1 版。

《日藏汉籍善本书录》，严绍璗撰，中华书局，2007 年 1 版。

《越南汉喃文献目录提要》，刘春银、王小盾、陈义编，台湾中研院文哲所，
　　2002 年初版。

子部

《泳斋近思录衍注》，（宋）朱熹、吕祖谦辑，（宋）杨伯嵒衍注，南宋
　　刻本。

《近思杂问》，（宋）陈埴撰，元代建宁书坊刻本。

《近思录》，（宋）朱熹、吕祖谦辑，（宋）叶采集解，元刻明修本。

《近思录》，（宋）宋朱熹、吕祖谦辑，明嘉靖六年贾世祥刻本。

《近思录》，（宋）朱熹、吕祖谦辑，明嘉靖十七年吴邦模刻本。

《分类经进近思录集解》，（宋）叶采集进，（明）周公恕类次，明嘉靖十七年
　　刘仕贤刻本。

《分类经进近思录集解》，（宋）叶采集进，（明）周公恕类次，（明）吴勉学校
　　阅，明万历年间吴勉学校刊本。

《近思录集解》十四卷，（宋）叶采集解，（明）汪道昆校，明代万历年间
　　刊本。

《近思录补》，（明）江起鹏辑补，（明）陈邦瞻参订，（明）葛寅亮校阅，明万
　　历三十二年江起鹏自刻本。

《重编近思录》，（明）朱吾弼重编，（明）金汝谐、任家相、吴学行、詹士敏参
　　阅，明万历三十五年朱崇沐刻本。

《五子近思录》，（明）钱士升编，明崇祯五年刻本。

《近思录》，（宋）叶采集解，明崇正八年陆云龙、丁允和订梓本。

《近思录》，（宋）朱熹、吕祖谦辑，明崇祯九年张隽等刻本。

《近思录原本集解》，（宋）叶采集解，（清）朱之弼诠正，清康熙十三年刻本。

《近思录传》，（清）张习孔撰，清康熙十七年饮醇阁刻本。

《近思续录》，（宋）蔡模撰，（清）柯崇朴校订，天盖楼藏板，清康熙二十八年
　　刻本。

《五子近思录》，（清）汪佑编，清康熙三十二年刻本。

《近思续录》，（清）刘源渌编，清康熙三十二年至三十三年马常沛抄本。

《近思续录》,(清)刘源渌编,清康熙四十年陈舜锡抄本。

《五子近思录发明》,(清)施璜纂注,清康熙四十四年序刻本。

《广近思录》,(清)张伯行辑,(清)柳椿、陈绍濂仝校,清康熙五十年正谊堂
　　刻本。

《近思录集解》,(宋)朱熹原编,(宋)叶采集解,清康熙年间邵仁泓重订
　　刊本。

《读书记》,(宋)真德秀著,收入清康熙年重刻《真西山全集》本。

《近思录》,(宋)朱熹、吕祖谦辑,(清)李文炤集解,清雍正十二年四为堂
　　刻本。

《近思录》,(宋)朱熹、吕祖谦辑,(清)张伯行集解,(清)尹会一参订,
　　(清)高堂赓、张文校,清乾隆元年维扬安定书院刻本。

《近思录集解》,(宋)叶采集解,清乾隆元年陈氏培远堂刊本。

《近思录集朱》,(清)黄叔璥辑,清乾隆十九年稿本。

《近思录》,(宋)朱熹、吕祖谦辑,(清)茅星来集注,清乾隆年抄本,收入
　　(清)永瑢等编文渊阁《四库全书》,台湾商务印书馆影印,1986年。

《勉斋集》,(宋)黄榦著,收入(清)永瑢等编文渊阁《四库全书》,台湾商务
　　印书馆影印。

《语录》,(元)许衡著,收入清乾隆五十五年刻《许文正公遗书》本。

《近思录》,(宋)朱熹、吕祖谦辑,(清)江永集注,清嘉庆十二年李承端校
　　订本。

《朱子原订近思录》,(清)江永集注,(清)王鼎校次,清嘉庆十九年刻本。

《近思录》,(宋)朱熹、吕祖谦辑,清嘉庆二十二年刻道光三年印本。

《近思录》,(宋)朱熹、吕祖谦辑,(清)陈沆补注,清代嘉庆年间白石山馆
　　稿本。

《五子近思录》,(清)汪佑编,(清)汪鉴校,日本天保六年刻本。

《朱子原订近思录》,(清)江永集注,(清)张日晸重刻本,清道光二十四年
　　大梁书院刻本。

《近思录》,(宋)朱熹、吕祖谦辑,清咸丰七年湛贻堂刻本。

《读书录》,(明)薛瑄著,收入清同治五年刻《正谊堂全书》本。

《居业录》,(明)胡居仁著,收入(清)永瑢等编文渊阁《四库全书》,台湾商
　　务印书馆影印。

《问学录》,(清)陆陇其撰,收入清同治五年刻《正谊堂全书》本。

《近思录》,(宋)朱熹、吕祖谦辑,(清)江永集注,清同治八年江苏书局

刻本。

《续近思录》,(清)张伯行集解,清同治九年福州正谊书院刻本。

《近思录集注》,(清)江永集注,(清)王鼎校本,(清)何璟重刊,清光绪元年刻本。

《近思录》,(宋)朱熹、吕祖谦辑,清光绪十年三原刘氏传经堂刻本。

《近思录》,(宋)朱熹、吕祖谦辑,(宋)叶采集解,清光绪十年津河广仁堂刻本。

《五子近思录发明》,(清)施璜撰,新繁沈氏家塾藏板,清光绪十四年沈锡周家塾刻本。

《近思续录》,(清)刘源渌编,清光绪十七年刘景宸补刻本。

《近思录集注》,(清)江永集注,清光绪十九年河南学署重刻本。

《广近思录》,(清)张伯行编,光绪二十年河南学署刻本。

《朱子近思录》,(清)朱显祖辑,(清)朱澐校,绍宅藏板,清光绪二十八年刻本。

《近思续录》,(宋)蔡模集编,(清)张晋重刊,(清)杨玉清署检,正谊书院藏版,清光绪三十一年重刻本。

《五子近思录随笔》,(清)李元绀编著,(清)王翰校订,绿野堂藏板,民国十一年刻本。

《近思录集说》,(清)管赞程撰,民国二十五年浙江印刷所铅印本。

《近思录解义》,(清)张绍价撰,民国二十五年青岛同文印书局铅印本。

《朱子语类》,(宋)黎靖德编,王星贤点校,中华书局,1994年1版。

《近思录》,(宋)朱熹、吕祖谦辑,(宋)叶采集解,高丽朝恭愍王十九年木板本。

《近思录》,(宋)朱熹、吕祖谦辑,(宋)叶采集解,朝鲜李朝世宗十八年木板本。

《近思后录》,(朝鲜)卢守慎编,李朝明宗十五年笔写本。

《近思录》,(宋)朱熹、吕祖谦辑,(宋)叶采集解,李朝宣祖十一年礼山县刊本。

《李子近思录》,(朝鲜)李珥著,李朝笔写本。

《近思录》,(宋)朱熹、吕祖谦辑,(宋)叶采集解,李朝仁祖年间戊申字本。

《近思录》,(宋)朱熹、吕祖谦辑,李朝仁祖八年木版本。

《近思录释疑》,(朝鲜)郑晔著,李朝显宗二年木板本。

《星湖先生近思录疾书》,(朝鲜)李瀷编,李朝时期写本。

《近思录》，（宋）朱熹、吕祖谦辑，（宋）叶采集解，李朝正祖十八年木板本。

《续近思录》，（朝鲜）韩梦麟编，李朝纯祖十九年木活字本。

《近思续录》，（朝鲜）宋秉璿，李朝高宗十一年木板本。

《海东七子近思录》，（朝鲜）朴文烈编，李朝时期写本。

《续近思录》，（朝鲜）李汉膺编，李朝木板本。

《近思录释义》，（朝鲜）朴履坤著，日本昭和八年石板本。

《近思录疾书》，（朝鲜）李瀷撰，朝鲜写本。

《近思录备考》，（日本）贝原笃信辑，日本宽文八年吉野屋权兵卫刊本。

《近思录》，（日本）山崎嘉训点，宽文十年洛阳武村市兵卫、大坂同佐兵卫
　　刊本。

《近思录》，（宋）朱熹、吕祖谦辑，（宋）叶采集解，（日本）宇都宫遯庵标注，
　　延宝六年刊本。

《近思录说略》，（日本）泽田希撰，享保五年芳野屋权兵卫刻本。

《近思录》，（宋）朱熹、吕祖谦辑，天保二年活字印本。

《近思录徐师》，（日本）百年溪撰，天保十四年河内屋太助等刊本。

《近思录训蒙辑疏》，（日本）安裹著，弘化四年刊本。

《近思录栏外书》，（日本）佐藤一斋著，天保十年写本。

《近思录参考》，（日本）东正纯撰，收入日本大正八年《泽泻先生全集》。

集部

《潜室陈先生木钟集》，（宋）陈埴著，元代建宁书坊刻本。

《周子通书》，（宋）周敦颐撰，上海古籍出版社据清道光二十六年何绍基刻
　　《宋元学案》本为底本排印，2000 年 1 版。

《张载集》，（宋）张载著，中华书局据明万历四十八年沈自彰凤翔府《张子
　　全书》官刻本为底本排印，1978 年 1 版。

《二程集》，（宋）程颢、程颐著，上海古籍出版社据清同治十年涂宗瀛刻本
　　《二程全书》为底本排印，1981 年 1 版。

《潜室杂记》，（清）刁包撰，清雍正年刻本，收入《续修四库全书》，上海古籍
　　出版社影印，2002 年 1 版。

《船山思问录》，（清）王夫之撰，上海古籍出版社据民国二十二年上海太平
　　洋书店排印《船山遗书》本为底本排印，2000 年 1 版。

《习斋四存编》，（清）颜元撰，上海古籍出版社据民国十二年四存学会《颜
　　李丛书》本为底本排印，2000 年 1 版。

《王阳明全集》,(明)王守仁撰,上海古籍出版社据明隆庆六年谢廷杰刻
　　《王文成公全书》本为底本排印,1992 年 1 版。

现 代 部 分

著作

《朱子新探索》,陈荣捷著,台湾学生书局,1988 年初版。

《中国近三百年学术史》,钱穆著,商务印书馆,1997 年 1 版。

《宋代理学三书随劄》,钱穆著,三联书店,2002 年 1 版。

《朱子新学案》,钱穆著,三联书店,1992 年 1 版。

《近思录》,刘凤泉译注,山东友谊出版社,2001 年 1 版。

《近思录》,陈永革注评,江苏古籍出版社,2001 年 1 版。

《朱子大传》,束景南著,商务印书馆,2003 年 1 版。

《余英时文集》,余英时著,广西师范大学出版社,2004 年 1 版。

《中国与朝鲜半岛关系史论》,杨军、王秋彬著,社会科学文献出版社,2006
　　年 1 版。

《新理学》,冯友兰著,三联书店,2007 年 1 版。

《近思录详注集评》,陈荣捷著,华东师范大学出版社,2007 年 1 版。

《朱学论集》,陈荣捷著,华东师范大学出版社,2007 年 1 版。

《近思录》,查洪德、李林慧注释,中国三峡出版社,2008 年 1 版。

《近思录》,王宝华译注,三晋出版社,2008 年 2 版。

《〈近思录〉版本与传播研究》,程水龙著,上海古籍出版社,2008 年 1 版。

《近思录全译》,于民雄译注,贵州人民出版社,2009 年 1 版(修订本)。

《近思录通解》,朱高正著,华东师范大学出版社,2010 年 1 版。

《〈近思录〉研究》,姜锡东著,人民出版社,2010 年 1 版。

《近思录集释》,张京华辑校,岳麓书社,2010 年 1 版。

《朱子全书》,朱杰人、严佐之、刘永翔主编,上海古籍出版社、安徽教育出版
　　社,2002 年 1 版。

《日本史概说》,(日本)坂本太郎著,汪向荣、武寅、韩铁英译,商务印书馆,
　　1992 年 1 版。

《近思录注解丛编》,(韩国)宋熹准编,学民文化社,1999 年影印本。

论 文

《现代日本朱子学》,高令印撰,《浙江学刊》,1988 年第 6 期。

《儒家思想东渐及朝鲜儒学的基本历程》,刘沛霖撰,《解放军外语学院学报》,1991 年第 6 期。

《〈近思录〉与儒家"出处之义"》,严佐之撰,《中华文史论丛》第 58 辑,上海古籍出版社,1999 年。

《朱子近思录导读》,严佐之撰,(宋) 朱熹、吕祖谦撰《朱子近思录》,上海古籍出版社,2000 年 1 版。

《〈近思录〉研究》,何佳骏撰,台湾师范大学 2000 年硕士毕业论文。

《〈近思录〉思想研究》,林明贤撰,台湾辅仁大学 2003 年硕士毕业论文。

《吕祖谦与〈近思录〉的编纂》,杜海军撰,《中国哲学史》,2003 年第 4 期。

《朱子〈近思录〉指略》,张京华撰,《吉首大学学报》,2005 年第 3 期。

《宋叶采〈近思录集解〉版本源流考》,程水龙、严佐之撰,《华东师范大学学报》,2006 年第 5 期。

《江永〈近思录集注〉版本源流考》,程水龙撰,《文献》,2007 年第 1 期。

《朱子之〈近思录〉》,陈荣捷撰,陈荣捷《朱学论集》,华东师范大学出版社,2007 年 1 版。

《明代中后期〈分类经进近思录集解〉考述》,程水龙、曹洁撰,《图书馆杂志》,2008 年第 4 期。

《〈近思录〉的传入和理解》,(韩国) 宋熹准撰,韩国《韩国学论集》第 25 辑,1998 年。

《初铸甲寅字本〈近思录〉有关版本研究》,(韩国) 姜顺爱撰,韩国《书志学研究》第 24 辑,2002 年。

《儒学家贝原益轩对日本近现代的影响》,(日本) 海老田辉已撰,《当代儒学的发展方向》(当代儒学国际学术研讨会论文集),吴光主编,汉语大词典出版社,2005 年 1 版。

后　记

　　光阴荏苒，不知不觉间四年时光即逝。拙作的构思编写，源于 2008 年我在复旦大学中国语言文学博士后流动站时的研究报告，当初幸得导师陈正宏、严佐之先生的不断赐教和鼓励，我方在晨鼓夜更之中于 2010 年夏完成初稿并答辩出站。后又经过不断充实、修改，才有了今天的模样。从八年前开始进行《近思录》文献的调查探研，到今天拙稿的完成，若能为朱子学文献整理研究尽绵薄之力，也不算是枉费多年心血了。

　　我的专业是中国古典文献学，这是一个须要坐冷板凳，又要不断辛劳查阅各种资料的专业。因而多年来我不停地奔波于全国各地，乃至日本、韩国等地图书馆，颠簸辗转、风餐露宿，已是家常便饭。好在行万里路、阅万卷书，亦可谓人生一大收获。记得博士研究生阶段，为了完成博士论文，我常一边借债打工，一边外出调研，终于对《近思录》版本的演变有了一个比较清晰的认识，也为日后的博士后出站报告资料的查阅奠定了基础。

　　在复旦大学博士后流动站期间，我的报告在 2008 年秋开题报告、2009年初夏中期考核、2010 年夏出站报告时，多次得到诸位专家学者的肯定与指教，因此我非常感谢陈思和教授、陈广宏教授、吴金华教授、黄霖教授、张德兴教授、朱立元教授、戴耀晶教授、龚群虎教授、刘钊教授、张业松老师的帮助！并衷心感谢老师们对我的报告予以"优秀"的评价！

　　2009 年至 2010 年，在复旦大学博士后工作站领导和诸位教授的帮助下，我的报告很荣幸地获得中国博士后科学基金项目二等资助、中国博士后科学基金特别资助。这些资助如雪中送炭，使我能完成报告的后期调研、修正、充实。而且，工作站的顾美娟、朱嫣敏、王益新等老师，还给我们创造了很好的研究条件和快乐的业馀生活，因此我当感谢老师们的辛勤付出和关心爱护！

　　在复旦大学博士后工作站期间，我也得到复旦大学古籍研究所领导和各位老师的关爱，2009 年，《近思录集校集注集评》很荣幸获得全国高等院校古籍整理研究工作委员会直接资助项目。因而,我衷心感谢全国高校古委会、复旦大学古籍所专家们给予的指导、帮助!

《近思录》是理学入门的经典读物,影响深远,其思想惠及国内外,也裨益于当下与后世学子。2003年我的博士导师严佐之先生指导我研究《近思录》,"这是一个难得的好课题"(陈正宏先生语)。自那时起,在严老师的细心指导下,我努力探索,于2006年完成博士论文《〈近思录〉版本与传播研究》(被评为华东师大优秀博士论文)。尽管有了前期探研的基础,但是博士后报告须要分别校勘、整理各类版本,校勘文字、考辨源流真伪、输入相关文献信息,费时之多、压力之大,都是我始料未及的。幸运的是,在整理研究《近思录》文献过程中,又得到导师陈正宏先生长期耐心指教,我的报告2010年夏顺利通过答辩,被评为优秀报告。所以,我要特别向多年指教我的严、陈二位恩师表示深切的感谢!

拙作实际上是我七八年来坚持不懈调研的心血结晶。初始时我竭力将近七八百年来史上留存的《近思录》文献进行了完整细致的汇辑,接着便去校对现存《近思录》主要版本,校勘厘清《近思录》注解文字异同,汇总朱熹及各时期主要学者关于《近思录》各条语录之评述。因此,多年来我既要收集七八百年来国内历朝历代有代表性的重要的《近思录》传本,也要关注朝鲜半岛、日本的传本,工作量之大,是我以前从未经历过的。记得开始调研各种版本时,我常常节衣缩食,抽出点滴时间、用很有限的工资,不断前往相关图书馆,对需要整理的版本进行考订或核对,其中酸甜苦辣自是别有一番滋味。

在进行调研、编写的过程中,2009年初夏我女儿的出世在给我喜悦的同时,更增加了我的劳动强度,真可谓"痛并快乐着"!好在妻子曹洁不断给予鼓励帮助,除自己工作外,常常抱着婴儿读校文稿;我的岳父母也全力支持我们,帮助我们照看幼女,使得我在东奔西走之中稍能安心于斯,年迈父亲的康健也免去了我不少顾虑。拙作的完成也融汇了亲人的一份心血,我自当感谢亲人们的理解关爱!

2011年夏在原报告基础上修改而成的书稿,非常荣幸地入选了国家社科基金后期资助项目。这使我信心倍增,有较好的条件去对原稿再作充实、完善。在此,我非常感谢国家社科基金诸位评审专家给予的鼓励帮助!

在获得国家社科基金前后,我利用在温州大学教学科研工作的业余时间,前往日本、韩国访学调研,将所得经典文献资料及时融入文稿,努力增强拙作所采文献的代表性和增加科学研究价值。如今,在结题之际,除前文当感谢者外,我还应感谢在学术道路上给予我诸多关怀教诲的鲁国尧教授、黄德宽教授、束景南教授、陈广忠导师、诸伟奇教授!并感谢温州大学科技处、外事处、人文学院领导和同事的关心帮助,感谢丁治民教授给予的关心指教!感谢日本广岛大学、京都大学、东京大学、早稻田大学、国立公文书馆,韩国京仁教育大学、首尔大学、高丽大学、梨花女子大学、国立中央图书馆、国会图书馆等机构给予的友善帮助!

　　拙作即将付梓,然我仍不敢有丝毫懈怠,书中国内与东亚区域的《近思录》有关文献尚未很好地融合,加之我学养有限,文中一定存有不尽人意之处,敬请各位师长、同道不吝赐教!实际上,我常常在想,在各位先生的不断支持教诲下,若自己的辛勤耕耘对时贤和后学有点滴助益,则足矣!

2011 年 11 月 26 日程水龙于上海